Giovanni Battista Sammartini and His Musical Environment

Studi sulla storia della musica in Lombardia
Collana di testi musicologici

diretta da
Albert Dunning

Volume IV

Publications of the Pietro Antonio Locatelli Foundation
Pubblicazioni della Fondazione Pietro Antonio Locatelli
Publications de la Fondation Pietro Antonio Locatelli
Veröffentlichungen der Pietro Antonio Locatelli - Stiftung
Publicaciones de la Fundación Pietro Antonio Locatelli
Amsterdam - Cremona

GIOVANNI BATTISTA SAMMARTINI AND HIS MUSICAL ENVIRONMENT

EDITED BY
ANNA CATTORETTI

BREPOLS
TURNHOUT
MMIV

THE PRESENT VOLUME HAS BEEN MADE POSSIBLE WITH ASSISTANCE FROM
HEINEKEN ITALIA, MILAN

© BREPOLS 2004

All rights reserved. No part of this publication may be reproduced,
stored in a retrieval system, or transmitted, in any form or by any means,
electronic, mechanical, photocopying, recording, or otherwise, without
the prior permission of the publisher.

D/2004/0095/51

ISBN 2-503-51233-X

Dedicated
to the Memory of
Eugene K. Wolf
the Scholar, the Friend
1939 – 2002

Stichting P.A. Locatelli

Portrait of Giovanni Battista Sammartini, by Domenico Riccardi, property of the Civico Museo Bibliografico Musicale of Bologna.

Contents

Preface ... ix

Eugenia Bianchi
    La Milano di Giovanni Battista Sammartini ... 1

Marco Brusa
    Storia e fortuna di un'attribuzione: il *Ciro in Armenia* per il
    Regio Ducal Teatro di Milano (1753) ... 25

Bathia Churgin
    Stormy Interlude: Sammartini's Middle Symphonies and Overtures in Minor ... 37

Mariateresa Dellaborra
    Giovan Battista Sammartini operista ... 63

Cosetta Farina
    Giovanni Battista Sammartini. I notturni con il flauto del fondo Waldstein ... 99

Ada Beate Gehann
    Merkmale der Konzertsatzform in der späten Kompositionsphase G. B. Sammartinis ... 137

Jehoash Hirshberg and Simon McVeigh
    The «Virtuosi Instromenti» and the Milanese Concerto in the Early Eighteenth Century ... 203

Sarah Mandel-Yehuda
    Levels of Tonal Polarity in Symphonic Second Movements by Antonio Brioschi ... 245

Adena Portowitz
  Links between Structure and Expression in a Selected Group of
  Sammartini's Middle and Late Symphonies — 261

Filippo Emanuele Ravizza
  Giovanni Battista Sammartini. La produzione per strumento a tastiera — 285

Umberto Scarpetta
  Gli «organi obbligati» nella produzione di Giovanni Andrea Fioroni
  per il Duomo di Milano — 331

Tova Shany
  G. B. Sammartini's Sonatas for Cello and B.C.: Style Change in the Making — 341

Maria Grazia Sità
  I Filarmonici in trasferta. Le uscite dei sinfonisti milanesi nel 1760 e nel 1765 — 363

Marina Toffetti
  Sammartini in commissione d'esame presso il Duomo di Milano (1733 - 1773) — 417

Marina Vaccarini Gallarani
  Giovanni Battista Sammartini. Le cantate quaresimali del 1751 — 475

Charles R. Verble
  Giovanni Battista Sammartini, a Sacred Composer in His Own Right — 509

Eugene K. Wolf
  Andrea Zani's *Sinfonie da camera*, op. 2 (Casalmaggiore, 1729) — 531

Anna Cattoretti
  Giovanni Battista Sammartini. Cronologia della vita.
  Testimonianze e giudizi dei suoi contemporanei — 549

Notes on the Text and Abbreviations — 657

Index of Names — 659

Preface

Today, more than three hundred years after Sammartini's birth and almost a hundred since the beginning of his rediscovery, studies on the composer have accelerated in a dynamic and lively manner. New findings, new analyses of his music and important new comparisons with the works of contemporaries have proceeded hand in hand with the appearance of critical editions of his works (not many, but nonetheless of the highest standard) and fine recordings that are making his music increasingly accessible. This is a sure sign of interest in a musician of crucial importance, both for the intrinsic value of his music and for the role he played in the transition from a consolidated and well-tried idiom (that of the Baroque) towards new and unknown possibilities of expression and form. The compositional career of Giovanni Battista Sammartini (Milan, 1700/1 - 15 January 1775) fully reflects the important stylistic development that took place in 18th-century Europe: that from the Baroque style to the early Classical style, and extending to the mature Classical style. In fact this singular composer remained on the international musical scene for over fifty years without ever allowing his approach to become either passive or mannered; on the contrary he continually suggested new paths for the younger of his contemporaries to follow.

From the approximately 450 works by Sammartini known today the resulting picture is that of a man composing in all the main vocal and instrumental genres of his day, including some of the more particular and curious ones. He was *maestro di cappella* and organist in numerous Milanese churches and 'congregations'; he performed the duties of judge in competitions at the Duomo and the other churches of the city; and he was music master in a convent of nuns, in the prestigious colleges, in the homes of selected noble families and in the service of the Archduchess Maria Beatrice d'Este. Among the names most frequently encountered in Sammartini studies, we also find the various patrician families that opened their houses to literati and actively cultivated music, such as the Agnesi, Archinto, Belgiojoso, Borromeo, Castelbarco d'Adda, Clerici, Crivelli, Giulini, Greppi, Litta, Melzi, Serbelloni, Sforza Visconti di Caravaggio and Simonetta, as well as the Duke of Parma (who had contacts with Milan and received the dedication of Sammartini's String Trios, op. 7), Governor Pallavicini and Count Carlo Firmian. These were just a few of those who showed a keen awareness of his exceptional talent. Moreover, as a member of the Accademia dei Trasformati, he fully participated in the intellectual and literary circles of Milan, a city judged to be one of the most important Italian centres for its trade, for the circulation of ideas and also for its art and music. The governors appointed by Austria never failed to entrust him with important commissions, and then not only for important official celebrations. One particular initiative of great significance was the organization of public concerts by Governor Pallavicini on the 'esplanade of the Real Castello' for a few years from 1749: events that largely entailed the performance of symphonies composed and directed by Sammartini himself. We know that these concerts (thrice-weekly, no less) were enthusiastically attended by the whole citizenry, to the extent that on one occasion (7 September 1752) Pallavicini asked the Archbishop 'if the service could end in time to give the nobility and large numbers of the populace the possibility of enjoying the diversion of such a noble symphony'. Naturally we find Sammartini among the leading spirits behind the Accademia Filarmonica, founded in 1758 by a group of 'amateurs', whose aims included that of forming a trained orchestra capable of playing symphonic music. Finally, we must not forget the commitments that involved Sammartini outside the boundaries of the city and permitted his music to spread widely not only throughout the 'capitals of music' like Paris, Vienna, Prague and London, but also elsewhere in Austria, Bohemia, Germany, Sweden, Switzerland and Holland, etc.[1]

---

[1]. The following is a succinct survey of the dissemination of his works; for more detail the reader is referred to the Tavole Cronologiche at the end of the book. In France, evidence of the spread of Sammartini's works can be found from as early as the 1730s right up until his last compositional period, as is attested by the recent discovery (in F-Pn) of eight of his symphonies, among which the latest that is known to us is J-C 26, dated August 1772. In addition, we learn that his works were performed by various Parisian orchestras, such as those of Pierre Philibert de Blancheton (a large number of works are preserved in the Fonds Blancheton), the Marquis Adrien-Nicolas de Lasalle d'Offemont and the Fermière générale Alexandre Jean Joseph Le Riche de La Pouplinière (Jenkins, Newell - Churgin, Bathia. *Thematic Catalogue of the Works of Giovanni Battista Sammartini: Orchestral and Vocal Music*, Cambridge (MA), Harvard University Press, 1976, p. 98), as well as at the *Concert Spirituel* (*ibidem*, p. 7). According to Giuseppe Carpani (Carpani, Giuseppe. *Le Haydine ovvero Lettere su la vita e le opere del celebre maestro Giuseppe Haydn*, Milan, Buccinelli, 1812, p. 66), the first to introduce his music to Austria and Vienna in particular was Count Ferdinand Bonaventura von Harrach, governor of Milan from 1747 to 1750, and yet we know of a performance of Sammartini's *Memet* at the court theatre in Vienna as early as 1732 (the score of this work is preserved at the Abbey of Heiligenkreuz near Vienna). For a long time, in any case, Sammartini must have retained his connections with the Austrian high aristocracy, and it seems that right into old age he continued to fulfil the terms of a contract that required him to send the court of Prince Esterházy at least two symphonies a month, as well as any other composition, which would have been gratefully received and paid for separately (see Carpani, Giuseppe. *Op. cit.*, p. 66). Though this last item of information is unconfirmed, a letter from Giovanni Falasca, friar and musician, to Padre Martini in Bologna does confirm that in 1756 Sammartini tried out in Milan certain works to be sent to Vienna. We know that his symphonies were performed in Salzburg (in the 1750s?) and that others were purchased in Vienna, some before 1759, others in 1760, by Friedrich Egk, count of Hungersbach, for the chapel of the bishop of Olmütz (Jenkins, Newell - Churgin, Bathia. *Op. cit.*, pp. 40 and 47). His works are also well represented in the libraries of various

Sammartini's career as a composer started in the 1720s and from that point of departure there began a formidable development that enabled him to remain a progressive spirit right up to the mid 1770s. Although his fame is surely mainly associated with the origin of the symphony (the first dated examples of which are found in the 1730s), it is worth remembering that his production (both vocal and instrumental) also encompasses other new genres, like the string quartet and quintet,[2] and includes some of the earliest examples encountered in the history of music.

Stylistically, Sammartini was an innovator, principally in the sense that he defined new formal structures and forged a language that strove to distinguish itself from the Baroque idiom in every way.

In the profusion of surprises, inventions, thematic elaborations and exchanges of materials and roles among instruments that abound in Sammartini's works, we detect the incessant challenge of a man who succeeds in combining sublime economy and strong effect. The form is clear, though often neither constrained by fixed patterns

---

Austrian monasteries. Sammartini's music was known in BOHEMIA (at the time closely linked to Austria) right from the 1730s (as shown by the inventory of the works added to the archive of the Military Order of the Knights of the Cross with the Red Star, in the years 1737 - 1738), and his renown increased there in the following decades. Evidence to this effect is the large number of sacred and secular works preserved in Prague (partly from the Waldstein-Valdstejn collection of Duchcov-Doksy and in the collections of Counts Filip Pachta and Christian Philipp Clam-Gallas) and elsewhere. In the UNITED KINGDOM, according to Burney, his music was well known, and particularly prized by the Duke of Cumberland, brother of George III. Here and in France many printed editions of Sammartini's music were published. In GERMANY, the Margrave Carl Friedrich of Baden-Durlach ordered from Sammartini a large number of compositions, many of which are still preserved at the Badische Landesbibliothek of Karlsruhe; 'nuovissime sinfonie milanesi' and even certain arias were performed in 1751 at Frankfurt am Main; a copy of the libretto of *L'Ambizione superata dalla Virtù* (Milan, 1734) is preserved in Dresden (where the opera was probably staged), together with other Sammartini sources; the publisher Breitkopf of Leipzig lists various works by the composer in his catalogues and others are preserved in many German libraries. Father Marianus Müller, who stayed in Milan in the 1750s (as a pupil of Paladini) and most likely knew Sammartini, introduced his music (sacred works above all, though not exclusively) to the monasteries and religious colleges of SWITZERLAND. Although the collection of the Benedictine Abbey of Einsiedeln is particularly important, works by the Milanese composer are also preserved in the libraries of Basel and Zurich, among others. The great popularity of Sammartini in SWEDEN is attested by the number of works found today in Stockholm, Uppsala, Lund and other minor centres. In AMSTERDAM a symphony by Sammartini was among the nine chosen to celebrate the centenary of the Theatre in 1738. In ITALY, the largest collection is that of the Library of the Conservatorio 'G.Verdi' in Milan (Fondo Noseda). It can be assumed, however, that the corpus of Sammartini's works is much larger and more widespread than appears from the sources surviving in the libraries throughout Europe, not to mention other places where one would hardly expect to find them, such as the mission of Chiquitos in BOLIVIA, whither Sammartini's symphony J-C 4 was brought by an enterprising Swiss Jesuit and played by the local population until the present day (WAISMAN, Leonardo. 'Das Musikarchiv von Chiquitos', in: *Martin Schmid (1694-1772), Missionar-Musiker-Architekt. Ein Jesuit aus der Schweiz bei den Chiquitano-Indianern in Bolivien*, hrsg. von Eckart Kühne, Historisches Museum Luzern, Maihof Druck, Luzern, 1994, pp. 184-185).

[2]. CATTORETTI, Anna. '1771-1773: gli ultimi quintetti per archi di Giovanni Battista Sammartini, i primi di Luigi Boccherini', in: *Chigiana*, XLIII, N.S. 23 (1993), pp. 193-229.

nor organized into regular periods. The ideas are unfolded fluently, displaying ingenuity (inventiveness and surprise) in the thematic reprises, whereas the moments of brilliant caprice are never too conspicuously stressed. Whether effervescent or uncommonly delicate, the melodic line is consistently expressive and charged with tension, achieving moments of rare beauty above all in the instrumental slow movements. Most evident, finally, is the search for a well-defined directional and dramatic focus, obtained by a carefully coordinated use of the harmonic, rhythmic, timbral and dynamic elements – an aspect further accentuated in the sacred and secular vocal works by the close attention paid to the interpretation and rendering of the poetic texts.

One aspect that still needs detailed reconstruction is that of the number and importance of the group of excellent instrumentalists and composers[3] who transformed 18th-century Milan and Lombardy (including the areas immediately outside its borders) into such an important driving force for the new music. The large orchestra of the Teatro Ducale, the orchestras used at the city's various churches and palaces (which were either regularly employed or recruited when occasion required), the presence of the renowned group of *professori di sinfonia* or symphonists surrounding the person of Sammartini, the institution of the Accademia Filarmonica, the thrice-weekly concerts at the Castello: all of this gives a good idea of Milan's marked propensity for playing – and attending performances of – ensemble music for large instrumental forces of a high standard (as attested by the foreign travellers De Brosses and Burney).[4] It is especially unfortunate, therefore, that the economic and socio-cultural conditions of northern Italy in the period following Sammartini's death prevented the further development and consolidation of a tradition and 'school', in spite of the excellent conditions established during Sammartini's lifetime.

It is worth remembering that Sammartini's pupils probably included Gluck (in Milan, in the service of Prince Melzi, from 1737 to 1745) and that the list of younger colleagues who knew him personally and were in some cases awed by his stature included many distinguished names: Niccolò Jommelli, with whom he collaborated in 1753 on

---

[3]. Among the many instrumentalists and composers, we here mention only the best known: Maria Teresa Agnesi, Ignazio Balbi, Carlo Balliani, Antonio Brioschi, Giuseppe Ferdinando Brivio, Melchiorre Chiesa, Giacomo Cozzi, Giovanni Andrea Fioroni, Ferdinando Galimberti, Giorgio Giulini, Giovanni Battista Lampugnani, Giovanni Maria Marchi, Carlo Monza jr., Giuseppe Paladino, Giovanni Perroni, Gaetano Piazza, Angelo Maria Scaccia, Mattia Stabingher, Giuseppe Vignati, Carlo Zuccari, the flautist Johann Aber and the violinist Luca Felice Roscio. Among their number we can also include the important foreigners who visited Milan or spent certain periods in the city, including Johann Christian Bach, also known as the 'Milanese Bach'. Finally, we must also remember that many young musicians who were most likely trained in Milan and appear as orchestral players in the city's lists of payment at the beginning of their careers subsequently chose to emigrate and take their talents and skills elsewhere; a case in point is that of Giuseppe Sammartini.

[4]. See the 'Tavole cronologiche', *passim* and 'Testimonianze, Burney'.

the composition of two cantatas; Johann Christian Bach, who was in Italy between 1754 and 1762 and in Milan on various occasions (from 1757 in the service of Count Agostino Litta, from 1760 second organist of the Duomo and *maestro di cappella* of S. Maria di Caravaggio dei Padri Trinitari Scalzi, though with frequent periods of absence), and who in a letter dated 1760 to Padre Martini described him as '[...] a strong composer... whom Your Reverence will know by fame, and very good at this sort of music [...]' (see the 'Tavole cronologiche, 1760); Gaetano Pugnani, soloist in the orchestra directed by Sammartini in Casalmaggiore and Mantua in 1760; Luigi Boccherini, soloist in the orchestra directed by Sammartini in Pavia and Cremona in 1765; the flautist Mathias Stabingher (as above); Felice Giardini, who gave Charles Burney a letter to take to Sammartini on his arrival in Milan in 1770; and finally Wolfgang Amadeus Mozart, in Milan in the years 1770 - 1773, who significantly began his quartet production at the end of his first stay in the city (KV 80, Lodi 15 March 1770). Most likely Sammartini also had contacts with the Mannheimers Ignaz Holzbauer, in Milan on various occasions (in the 1730s, between 1744 and 1747, and again in 1759) and Christian Cannabich, in Milan in 1754 with a grant from the Elector Carl Theodor (see the 'Tavole cronologiche, Anni Cinquanta'); and perhaps also with Josef Mysliveček (*Il Gran Tamerlano* was staged in Milan in 1771) and many other musicians, particularly those who presented their operas at the Teatro Ducale and stayed in the city on those occasions.[5] From the correspondence of Sammartini with Padre Martini, finally, there emerges a strong mutual respect.

It is a matter of some regret that so much of Sammartini's music has been inexplicably lost, and that in Milan itself, the very centre of his activities, there are fewer traces of his production than are (fortunately) preserved, in the form of manuscript copies and early printed editions, in the libraries and archives throughout the rest of Europe.

The prevailing impression left by Sammartini's work, above all that of his maturity, is of the 18th-century world dissolving into a new age. Hence the importance of the conceptual and musical threads that link him to the composers of the following generation, beginning with those who knew him in person, like Gluck, Boccherini and Mozart. At a historical and stylistic moment of such instability and difficulty, poised between the decline of a strongly rooted style and the onset of new tendencies that at times were fragile and fleeting, Sammartini succeeded in shaping a distinctive personal compositional path. In this way he contributed greatly to the development of a Classical style that achieved its moment of greatest creativity precisely when his long, active life was approaching its end.

---

[5]. Paglicci-Brozzi, Antonio. *Il Regio Ducal Teatro di Milano nel sec. XVIII (1701-1776)*, Milan, Ricordi, 1894, pp. 114-129. That Sammartini attended the theatre is known for certain, thanks to a document of 1749 (see the 'Tavole cronologiche', 1749).

Included in this volume is an article by Bathia Churgin, the musicologist who more than any other has advanced the cause of Sammartini studies, through painstaking and continuous research into his works, the cataloguing of the orchestral and vocal compositions (with the late Newell Jenkins, scholar and conductor), the formulation of attributions, the elaboration of methods for analyzing his music, the preparation of editions and the publication of an endless stream of articles and papers that both give a full account of the master himself and clarify the relations with his contemporaries and the musicians of the next generation. Another illustrious scholar who agreed to take part in this project was Eugene K. Wolf, who recently passed away. Though mainly known for his authoritative studies of Johann Stamitz and the Mannheim school, he dedicated his last article, published here, to the symphonies of Andrea Zani. When the *Fondazione - Stichting Pietro Antonio Locatelli* made known its decision to dedicate the present volume to Wolf's memory, even if he had never produced studies specifically on Sammartini and the Milanese school, I gave my full approval, not only on account of my fond memories of this great gentleman of musicology, but also because I view it as an important signal: that we can definitively shelve the *querelles* that for years have divided the musicologists who concerned themselves with the various 'schools' through which the so-called Classical style gradually emerged. At last a more objective vision of history seems to have superseded the heated debate on the birth of the symphony, which formerly consisted in defending the primacy of either the school of Mannheim or that of Milan (not to mention further competition from Paris, Vienna and London). And we owe this particularly to scholars like Bathia Churgin and Eugene Wolf. In place of the more or less veiled nationalist claims, which can be dated back to the 18th or early 19th century and were surely partly magnified by over-concentration on one or other musician (or one or other school), we can now contemplate a more enlightened 'European' collaboration, one that will surely advance our understanding of the various great musicians involved and offer a more interesting picture of their reciprocal influences.

This does not mean, however, that this first volume devoted to Sammartini should not also be dedicated to the many who contributed with energy and intelligence to the rediscovery of his music: starting with Luigi Torchi (1901), Fausto Torrefranca (1913), George de Saint-Foix (1913), Gaetano Cesari (1917), Robert Sondheimer (1920), Guglielmo Barblan (1958) and Claudio Sartori (1960), and extending right down to the admirable Newell Jenkins (1915 - 1996),[6] whose discoveries, studies and transcriptions were accompanied by many of the first modern performances and recordings of Sammartini's works, and the indefatigable Bathia Churgin, to whom more is owed than to anyone else.

---

[6]. For the information of scholars, all the transcriptions and recordings of Sammartini's music made by Newell Jenkins are now located in the Yale University Music Library.

Preface

We hope that this will be just the first in a series of volumes assembling studies on Sammartini and his 'school', especially since reasons of space have made it impossible to include all the contributions that we would have wished.

Among the articles that specifically tackle Sammartini's music, Bathia Churgin analyzes certain minor-key symphonies and overtures that can be ascribed to the 'middle period' and Ada Gehann offers an important contribution on the violin concertos, while Cosetta Farina examines the *Notturni* for flute and strings, Adena Portowitz the links between structure and expression in certain symphonies of the composer's maturity, Filippo Emanuele Ravizza the keyboard sonatas, Tova Shany the sonatas for cello and continuo, Mariateresa Dellaborra the operas, Marina Vaccarini Gallarani the sacred cantatas and Charles R. Verble the psalms and other sacred works, including the *Missa Solemnis* J-C 100.

Then there are two contributions of a documentary character. Maria Grazia Sità uses new sources to make a detailed reconstruction of an important event in Sammartini's life: the visits to Pavia and Cremona in 1760 and 1765 of both the composer himself and the attendant group of 'Milanese symphonists'. Marina Toffetti, on the other hand, investigates Sammartini's sensitive role as examiner at the Duomo of Milan, also providing materials and ideas for anyone wishing to investigate the composer's stylistic development, ranging from his knowledge of the strict polyphonic style to his conscious desire for innovation.

Then there are articles dedicated to aspects of the production of various contemporary composers from the Lombard-Piemontese area. The figures studied include Antonio Brioschi (Sarah Mandel-Yehuda), Giovanni Andrea Fioroni (Umberto Scarpetta), Andrea Zani (Eugene K. Wolf), Angelo Maria Scaccia, Giuseppe Ferdinando Brivio, Giuseppe Sammartini, Carlo Zuccari and Giovanni Perroni (dealt with in the article by Jehoash Hirshberg and Simon McVeigh). Finally, an interesting problem of attribution is resolved in Marco Brusa's article, concerning the Milanese Ignazio Balbi and Maria Teresa Agnesi, about whom we now know that they were both composers of a *Ciro in Armenia* (though in different years).

The opening article, by Eugenia Bianchi, provides an introduction to 18th-century Milan with references to institutions and personalities of the artistic and cultural world, as well as hitherto unpublished information on Sammartini himself. The volume closes with a contribution by the present writer, in the form of a chronological presentation of information concerning the composer, his family and his fortunes (with references to the performance of his works), as well as a section devoted to the opinions expressed by his contemporaries.

My debts of gratitude are numerous: first of all, my deepest thanks to the members of the steering committee of the *Fondazione - Stichting Pietro Antonio Locatelli* of Amsterdam-Cremona, chaired by Professor Bert W. Meijer (*Istituto Universitario Olandese di Storia dell'Arte* of Florence), for offering me the possibility to realize this volume; to Professor Albert Dunning, Secretary-General of the *Fondazione - Stichting Pietro Antonio Locatelli* and Professor of History of Modern and Contemporary Music at the Department of Musicological Sciences in Cremona of the University of Pavia, with whom I have had the honour to collaborate for over ten years on historical musicology and the critical editions of early music;[7] to Bathia Churgin, Professor at the University of Bar-Ilan (Israel), who continues to be an imperative point of reference for all concerned with Sammartini, his period and the issues surrounding the birth of the Classical style. To Drs Marina Vaccarini (Milan) for her help in tracking down the iconographic material and rereading parts of the volume; Maria Grazia Sità (Milan), the loyal companion of my archival research; Roberto Illiano (Cremona) for his help in the editorial work and in particular for correcting the bibliographic references; Massimiliano Sala (Cremona) for the digitalization of the images and pagination; Fulvia Morabito and Attilio Bottegal (Cremona), colleagues at the *Fondazione - Stichting Pietro Antonio Locatelli* for their invaluable suggestions; Kathleen K. Hansell (Chicago, IL) and Franco Pavan (Milan) for valuable information; and Hugh Ward-Perkins (Verona) for his translation work. To Cinzia Barbagelata, Riccardo Doni and Carlo De Martini (Milan) for playing Sammartini's music in Milan.[8] To all the authors for their generosity, patience and kindness. To all the librarians and archivists whose fundamental work has made the progress of studies possible. To Javier Pérez Forte, who also plies the trade of composer in Milan (though some three centuries after Sammartini), for his constant support and advice. To Clara and Bruno, the perfect parents. And to Lila, for her infectious 'brio'.

Milano - Casorate Sempione (VA) Anna Cattoretti
February 2004

---

[7]. Particularly the ten volumes of the critical edition of Pietro Antonio Locatelli's *Opera omnia*, produced between 1991 and 2001 under the direction of Professor Albert Dunning, published by Schott (Mainz-London) and elevated to the status of Italian National Edition by the Ministry of Heritage and Cultural Affairs (Rome). Indeed it was precisely Professor Albert Dunning, supervisor of my degree thesis, who recommended that I should study Sammartini, and his chamber music in particular. For this and for all his teaching (which went well beyond the bounds of musicology) I shall always be infinitely grateful.

[8]. In October 2001 a day of studies chaired by Bathia Churgin and a series of concerts dedicated to Giovanni Battista Sammartini in the third centenary of his birth took place in Milan, under the auspices of the City Council. The events were organized, with the help of the present writer, by the Associazione Musica Laudantes, directed by Riccardo Doni and by the Fondazione Arcadia, directed by Dr Alessandra Rossi Lürig.

La Milano di Giovanni Battista Sammartini

Eugenia Bianchi
(Milano)

Nel 1700 o nei primi giorni del 1701 Giovanni Battista Sammartini nasceva probabilmente a Milano, città nella quale avrebbe vissuto per settantacinque anni, consumando una fulgida carriera[1]. A quell'epoca il capoluogo lombardo poteva vantare un'intensa attività musicale che fioriva nelle chiese, nei conventi e nei collegi, nelle accademie private (coltivata inoltre dai numerosi 'dilettanti'), nei pubblici concerti e nel suo rinomato teatro. E malgrado l'opinione di chi, come Haydn, lo qualificò solo un «imbrattacarte»[2], Sammartini fu l'astro musicale della Milano del Settecento e la sua fama si spinse molto oltre i confini cittadini. Il compositore tenne alta la temperatura del contesto musicale milanese, oltre che per i suoi valori artistici assoluti, anche per l'apertura alle novità espressive legate alle origini della sinfonia. A questo proposito non è un caso che l'umanista francese Charles de Brosses non esitò ad affermare che la musica strumentale aveva il suo regno proprio in Lombardia[3].

Dati alla mano, i punti salienti della carriera di Sammartini comprendono: il ruolo di maestro di cappella in una decina delle più ambite chiese cittadine, alcune delle quali con orchestra fissa, come Sant'Ambrogio; il ruolo di compositore ufficiale di alcune mani-

---

* Un ringraziamento particolare a Marina Vaccarini Gallarani (Milano) per il reperimento delle immagini allegate al testo.

[1]. Offrono interessanti contributi settoriali sul compositore, soprattutto in rapporto all'argomento del presente articolo: Cesari, Gaetano. 'Giorgio Giulini musicista. Contributo alla storia della sinfonia in Milano', in: *Nel secondo centenario della nascita del conte Giorgio Giulini istoriografo milanese*, 2 voll., Milano, Stucchi, Ceretti e C., 1916, vol. I, pp. 139-239; Barblan, Guglielmo. 'La musica strumentale e cameristica a Milano nel '700, in: *Storia di Milano*, 17 voll., [Milano], Fondazione Treccani degli Alfieri per la Storia di Milano, 1953 - 1966, vol. XVI: *Principio di secolo (1901-1915)*, parte X *La musica a Milano nell'età moderna*, cap. IV *La musica strumentale e cameristica a Milano nel '700*, 1962, pp. 619-660; Pestelli, Giorgio. 'La musica in Lombardia durante l'età teresiana e giuseppina', in: *Economia, istituzioni, cultura in Lombardia nell'età di Maria Teresa*, a cura di Aldo De Maddalena, Ettore Rotelli, Gennaro Barbarisi, 3 voll., Bologna, Il Mulino, 1982, vol. II, pp. 700-717; Malipiero, Riccardo. 'Spettacoli musicali e invenzione della sinfonia', in: *L'Europa riconosciuta: anche Milano accende i suoi lumi*, Milano, F. Motta, 1988, pp. 339-369; Fertonani, Cesare. 'Aspetti della musica strumentale a Milano nel secondo Settecento', in: *L'amabil rito. Società e cultura nella Milano di Parini*, a cura di Gennaro Barbarisi, Carlo Capra, Fernando Mazzocca, 2 voll., Bologna, Cisalpino, 2000, vol. II, pp. 859-885.

[2]. Per questa notizia *cfr.* ad esempio Malipiero, Riccardo. *Op. cit.* (vedi nota 1), p. 350.

[3]. De Brosses, Charles. *Lettres familières sur l'Italie*, Paris, Bezard, 1799, edizione italiana a cura di C. Levi e G. Natali, *Viaggio in Italia. Lettere familiari*, Milano-Roma, 1957, lettera LI al Signor Maleteste, pp. 349-386.

ILL. 1: Luigi SCOTTI, Giovanni Battista Sammartini e Johann Christian Bach, incisione, XIX secolo, (Milano, Conservatorio di Musica 'Giuseppe Verdi'). Si ringrazia la Biblioteca del Conservatorio 'G. Verdi' di Milano.

festazioni pubbliche, di carattere sacro o politico - celebrativo; in gioventù, l'attività di orchestrale presso il Teatro Ducale, dove il compositore è documentato nel 1720; la presenza nelle più prestigiose accademie musicali private; la fondazione, nel 1758, dell'Accademia Filarmonica. Infine per quanto riguarda la didattica, Sammartini fu maestro apprezzato tra i nobili dilettanti di musica, insegnò al Collegio dei Barnabiti in Sant'Alessandro e fu maestro di canto di Beatrice d'Este, come attesta una lettera scritta al conte milanese Antonio Greppi il 27 dicembre del 1763, dove tra i vari precettori dell'arciduchessa, viene citato «un Sammartino per il canto»[4].

Non meno impegnato a livello culturale, Sammartini frequentò il mondo intellettuale milanese, quello più vivace, propositivo, più aperto e aggiornato. Fu infatti membro dell'Accademia dei Trasformati, vivaio della cultura milanese di pieno Settecento e raduno della migliore 'intellighenzia', non solo lombarda. I membri dell'Accademia erano soliti riunirsi presso palazzo Imbonati, in contrada di Marino — oggi Piazza San Fedele —, per verseggiare, discutere di scienza, letteratura, musica, ma anche di problematiche sociali o di moralità civile. Erano 'trasformati' uomini del genere di Pietro Verri, Cesare Beccaria, Paolo Frisi, Giuseppe Parini[5].

Da questo sommario profilo emerge il dato di fatto a cui si è già accennato: la presenza costante di Giovanni Battista Sammartini in alcune delle più tipiche manifestazioni in cui si espresse la civiltà milanese del XVIII secolo. E proprio di alcuni di questi fenomeni si intende trattare in questa sede, con una finalità duplice: quella di offrire spunti significativi per comprendere la cornice sociale nella quale visse il compositore e quella di evidenziare come costui sperimentò fino in fondo, in quanto musicista aperto alle nuove espressioni della sua arte, lo spirito del suo tempo, che con l'Austria, e in particolare con l'imperatrice Maria Teresa, maturò radicali riforme e un'intelligente valutazione del proprio passato[6].

---

[4]. *Cfr.* lettera di Claudio Nicola Stampa al conte milanese Antonio Greppi (ASM, Dono Greppi, cart. 326). Compaiono inoltre «un Religioso per l'Idioma Latino, e Tedesco», «l'Allovardi per il Ballo», «un Rusca per la Pittura». «Sammartino per il canto» potrebbe indicare un più generale insegnamento di musica e di fatto Giovanni Battista compare dal 1767 tra gli addetti della corte con l'assegno mensile di 8 zecchini (CESARI, Gaetano. *Op. cit.* - vedi nota 1 -, p. 163, nota 3).

[5]. In generale sull'Accademia dei Trasformati, *cfr.* SEREGNI, Giovanni. 'La cultura milanese nel Settecento', in: *Storia di Milano, op. cit.* (vedi nota 1), vol. XII: *L'età delle riforme (1706 - 1796)*, 1959, pp. 577-586; FONTANA, Roberto. *Cenni storici sull'Accademia dei Trasformati di Milano*, Genova, Archivio storico P. P. Somaschi, 1975 e GASPARI, Gaetano. 'Accademici e letterati verso l'età nuova', in: *L'Europa riconosciuta [...], op. cit.* (vedi nota 1), pp. 315-337. Anche il musicista milanese Carlo Zuccari era Accademico Trasformato.

[6]. Oltre ai saggi di BARIÈ, Ottavio. 'La cultura politica dell'età delle Riforme' e di VALSECCHI, Franco. 'Dalla Pace di Aquisgrana alla battaglia di Lodi', ambedue in: *Storia di Milano*, vol. XII, *op. cit.* (vedi nota 5), pp. 419-456 e 269-416, risultano particolarmente validi per studiare il periodo anche i saggi contenuti negli atti del convegno *Economia, istituzioni, cultura in Lombardia [...], op. cit.* (vedi nota 1), i saggi contenuti nei volumi *L'Europa riconosciuta [...], op. cit.* (vedi nota 1), in *Pietro Verri e il suo tempo*, a cura di Carlo Capra, 2 voll., Bologna, Cisalpino, 1999 e nel catalogo della mostra *L'amabil rito [...], op. cit.* (vedi nota 1). Si veda inoltre, in relazione soprattutto alle arti, PINTO, Sandra. 'La promozione delle arti negli stati italiani', in: *Storia dell'Arte Italiana. Settecento e Ottocento*, a cura di Federico Zeri, Torino, Einaudi, 1982, vol. II; in particolare, per il Ducato di Milano, le pp. 824-835.

Il percorso di Sammartini si snoda all'interno di un secolo particolarmente vivace, che nel caso del Ducato di Milano assistette alla trasformazione dell'assetto politico, amministrativo, economico e culturale in cui si era consumato il secolo precedente. Come è stato giustamente sottolineato[7], il compositore apre gli occhi nella Milano spagnola, ancorata alla tradizione secentesca, e li chiude nella Milano illuminata dei fratelli Verri; è maestro di cappella della congregazione del SS. Entierro presso la chiesa gesuitica di San Fedele a Milano e, quando passa a miglior vita, i Gesuiti, congregazione compresa, sono stati soppressi da circa due anni.

In effetti la qualificazione di Settecento milanese come un'epoca del nulla incipriato, incastrato nel groviglio del suo passato senza potersi mutare, è valida solo per i primi decenni, quando il fastoso, vuoto, dorato secolo si era esibito in tutte le sue tentazioni. Quelli della maturità di Sammartini invece furono anni di trasformazioni, finalizzate a creare un ambiente in grado di soddisfare le esigenze dello Stato asburgico, che, proprio nel Ducato di Milano, di cui era entrato in possesso nel 1706[8], voleva creare il punto di forza del suo dominio in Italia.

Fu l'Austria quindi il motore di questo rinnovamento. Intenzionata a fare di Milano il banco di prova del suo riformismo, seppe tra l'altro sfruttare la 'forza' locale, attorniandosi, intelligentemente, di un valido gruppo di nobili milanesi, che l'aiutarono a smantellare il vecchio assetto oligarchico e corporativo, a combattere privilegi e diseguaglianze, a modernizzare l'istruzione, nonché a ridurre la potenza della chiesa, che ancora viveva la rendita della felice stagione borromaica[9]. Nelle arti figurative, poi, indirizzò qualsiasi espressione verso il neoclassicismo, già in auge nei principali centri di cultura italiani ed europei[10].

---

[7]. PESTELLI, Giorgio. *Op. cit.* (vedi nota 1), p. 714.

[8]. Quando l'Austria, attraverso i suoi alleati tra cui Eugenio di Savoia, prende possesso del Ducato di Milano di cui sarà padrona incontrastata, salvo la ventennale parentesi napoleonica, per quasi centocinquant'anni. Per un inquadramento storico di carattere generale *cfr.* ANNONI, Ada. 'Gli inizi della dominazione austriaca', in: *Storia di Milano*, vol. XII, *op. cit.* (vedi nota 5), pp. 1-266 e VALSECCHI, Franco. *Op. cit.* (vedi nota 5), pp. 269-416.

[9]. Quella dei vescovi Carlo e Federigo Borromeo, quest'ultimo fondatore, nel 1603, dell'Accademia Ambrosiana, prestigiosa istituzione milanese.

[10]. Fu il governo asburgico, diretto dal ministro plenipotenziario Carlo Giuseppe di Firmian, giunto a Milano da Napoli nel 1759, a chiamare, verso la fine degli anni Sessanta del Settecento, quelle personalità che avviarono il rinnovamento dell'arte milanese, a quell'epoca ancora legata alla tradizione barocchetta. Tra questi artisti, i più noti sono l'architetto folignate Giuseppe Piermarini, lo scultore carrarese Giuseppe Franchi, i pittori Martin Knoller (tirolese di Steinach) e Giuliano Traballesi fiorentino, e l'ornatista ticinese Giocondo Albertolli. A queste personalità affidò prima di tutto il rinnovamento di Palazzo Ducale, cantiere emblematico di un gusto ispirato ai canoni neoclassici. Sul Neoclassicismo a Milano si veda MAZZOCCA, Fernando – MORANDOTTI, Alessandro – COLLE, Enrico, con la collaborazione di BIANCHI, Eugenia. *Milano neoclassica*, Milano, Longanesi, 2001.

La Milano di Giovanni Battista Sammartini

Ill. 2: Marc'Antonio Dal Re, *Città di Milano*, 1734 (Milano, Civica Raccolta di Stampe 'Achille Bertarelli').

Su questa linea di trasformazione e di rinnovamento si pone anche Sammartini, se si tiene conto che la sua musica sinfonica è il risultato della volontà di aggiornare i mezzi espressivi della sua arte con l'invenzione di formule, non solo nuove e alternative a quelle della musica barocca, ma anche del tutto coerenti con il temperamento musicale e le condizioni sociali dell'ambiente in cui consumò la sua carriera.

Certo, per quanto Sammartini visse tutti i presupposti delle riforme asburgiche, di queste sperimentò solo alcuni frutti. Non assistette ad esempio agli esiti della riforma scolastica e religiosa, alla diffusione del neoclassicismo[11] o alla trasformazione dell'assetto urbanistico della sua città, avviato solo verso la metà degli anni Settanta da Giuseppe Piermarini, giunto a Milano al seguito di Vanvitelli nel 1769 e divenuto subito architetto camerale e arciducale, con il compito preciso di far assumere al capoluogo lombardo l'aspetto di una capitale laica, del genere di Praga o di Graz[12].

Ma come si presentava la Milano di Sammartini? Fino agli anni Settanta del XVIII secolo, Milano era una città del tutto inopportuna al ruolo di capitale, mancando, soprattutto, sedi per l'apparato statale, compresa una residenza adeguata per l'arciduca Ferdinando e la rispettiva consorte Beatrice d'Este. Dalle piante di metà Settecento (*cfr.* ILL. 2), dalle guide e dalle descrizioni dei viaggiatori stranieri[13], emerge la città plasmata centocinquant'anni prima dai Borromei, i quali avevano posto come poli dominanti dell'ornato e del decoro pubblico solo i simboli del potere religioso[14].

---

[11]. L'Accademia di Brera, che scalzava il tradizionale apparato scolastico monopolizzato dai collegi dei Gesuiti di Brera e dei Barnabiti in Sant'Alessandro, venne infatti fondata solo nel 1776 (sull'istituzione è ancora valido il contributo di DEL CONVITO, Giovanna. 'Le origini dell'Accademia di Brera a Milano', in: *Archivio Storico Lombardo*, LX – 1922 -, pp. 472-515). Le riforme religiose, per quanto avviate già all'inizio degli anni Sessanta, si concretizzarono solo più di un decennio dopo con l'imperatore Giuseppe II (*cfr.* VALSECCHI, Franco. *Op. cit.* - vedi nota 5 -, pp. 269-416). Per quanto riguarda infine l'arte, solo dopo la metà degli anni Settanta e soprattutto grazie alla prima attività degli artisti citati (vedi nota 10), si assiste ad una effettiva diffusione del neoclassicismo.

[12]. Sul Piermarini a Milano *cfr.* DORIA, A. – RICCI, G. 'L'attività di Piermarini in Lombardia', in: *Piermarini e il suo tempo*, catalogo della mostra, Milano, Electa, 1983 e TABARRINI, Marco. 'L'attività architettonica di Piermarini in Lombardia', in: *Giuseppe Piermarini: i disegni di Foligno. Il volto piermariniano della Scala*, catalogo della mostra, Milano, Electa, 1998.

[13]. De Brosses, tipico umanista francese e in viaggio in Italia tra il 1739 e il 1740, parla di Milano (di cui pubblica anche una carta, *op. cit.*, vol. II - vedi nota 3 -) nella lettera del 16 luglio 1739 intitolata *Memoria su Milano*. La guidistica milanese di metà Settecento è monopolizzata dalla guida di LATUADA, Serviliano. *Descrizione di Milano ornata con molti disegni in rame delle Fabbriche più cospicue che si trovano in questa metropoli*, 5 voll., Milano, Giuseppe Cairoli, 1737 - 1738.

[14]. Emblematico tra la fine del XVI e la prima metà del XVII secolo risulta l'operato milanese di architetti quali Pellegrino Tibaldi, Fabio Mangone, Francesco Maria Richino. Riguardo alla trasformazione di Milano operata dall'Austria, si vedano i vari contributi raccolti nel volume di SCOTTI TOSINI, Aurora. *Lo Stato e la Città. Architetture, istituzioni e funzionari nella Lombardia illuminista*, Milano, Angeli, 1984.

Ill. 3: Marc'Antonio Dal Re, *Il Duomo di Milano*, 1750 (Milano, Civica Raccolta di Stampe 'Achille Bertarelli').

Milano, a metà Settecento, era un agglomerato che si sviluppava quasi esclusivamente all'interno della cerchia dei Navigli, con edifici disposti lungo le strade principali che collegavano i bastioni. Occupava il centro piazza Duomo, più piccola di quella attuale, circondata da negozi di lusso e da caffè. La cattedrale, ancora incompiuta (*cfr.* Ill. 3), si presentava con un tetto in tegole, arricchita solo da sei guglie e con la facciata in parte coperta da mattoni: una vera e propria delusione per i viaggiatori stranieri come De Brosses[15], che sugli italiani che sprecano troppi superlativi, cita proprio l'esempio del Duomo di Milano e scrive : «Da tanto tempo sento predicare inaudite meraviglie di questo famoso duomo, […], la cui facciata è la cosa più stupenda, la cosa più meravigliosa che appena arrivato non potevo far di meglio che precipitarmi a contemplarlo. Avete visto o forse la possedete, la bella stampa che raffigura questa facciata; […]; difetti non glie ne so trovare, se non quello di non esistere».

---

[15]. De Brosses, Charles. *Op. cit.* (vedi nota 3), vol. II, lettera del 16 luglio 1739, p. 93. *Cfr.* le Tavole cronologiche in questo volume, 1739-1740.

Ill. 4: *Prospetto Interiore del Regio et Ducale Palazzo*, in: Latuada, Serviliano. *Descrizione di Milano ornata con molti disegni in rame delle Fabbriche più cospicue che si trovano in questa metropoli*, 5 voll., Milano, G. Cairoli, 1737 - 1738, vol II, tavola fuori testo tra le pp. 128-129.

Palazzo Ducale (*cfr*. Ill. 4), aveva l'aspetto quattrocentesco che precede quello attuale, frutto della trasformazione di Piermarini della metà degli anni Settanta e a quel tempo ospitava il Teatro Ducale, dove Sammartini presentò le sue opere[16].

Altro fulcro della vita cittadina era Piazza Mercanti, dove si trovavano, tra le altre cose, le Scuole Palatine, il Collegio dei Fisici e la Sala della Badia dei Banchieri. Novanta erano le chiese parrocchiali, trecento i conventi e i monasteri, più di millecinquecento le confraternite, circa quattromila le botteghe artigianali e più di cento le corporazioni di arti e di mestieri.

Milano era una città abbastanza popolata, con i suoi 120.000 abitanti, di cui una parte preponderante era composta da contadini, artigiani, mercanti, servitori, strati intermedi

---

[16]. Sul Teatro Ducale e sugli altri teatri che precedono la Scala *cfr*. Bascapè, Giacomo Carlo. *Il «Regio Ducal Palazzo» di Milano dai Visconti a oggi*, Milano, Banca Popolare di Milano, 1969, in particolare le pp. 39-53.

tra nobiltà e poveri o mendicanti, la cui sussistenza era legata alla frivolezza e agli sfrenati consumi dei ricchi. Potente e numeroso era il clero, che divideva i suoi privilegi con il dieci per cento della popolazione laica ricca, per lo più rappresentata dal ceto nobiliare, composto da famiglie la cui antica nobiltà era un fatto acquisito, da famiglie che avevano comprovato il titolo di fronte al tribunale araldico (la così detta nobiltà araldica) e infine da famiglie che avevano comprato o avevano ottenuto gli ambiti titoli per opere meritorie, legate prevalentemente all'attività politica e diplomatica (nobiltà diplomatica)[17].

Era, quella milanese, una nobiltà ricca, vivace, legata alle tradizioni, ma non provinciale, sontuosa nel vestire e nell'arredare i suoi palazzi, amante della musica e dei teatri, nonché seguace di mode deteriori. Ne sappiamo qualcosa da Parini, che nel *Dialogo sopra la nobiltà*, ma soprattutto nel poemetto *Il Giorno*, contrappone la frivolezza del protagonista, uno scioperato nobile «Giovin Signore», all'austerità di vita e alle imprese militari degli «ispidd'avi». Certo il letterato pensava ai 'parvenus', all'ozio e alla frivolezza di alcuni patrizi, testimoni della stagione crepuscolare della società milanese[18].

Ma proprio all'epoca di Sammartini qualcosa stava cambiando. Tra i nobili si diffondevano libri francesi, nei salotti si discuteva anche di politica, scienza, letteratura, e in certi ambienti altolocati era abiurato lo sfarzo spagnolesco di qualche decennio prima. All'avvio delle riforme asburgiche poi, ci fu anche chi seppe esercitare in modo intelligente le prerogative derivategli dal suo ceto nobiliare, trovando una felice mediazione tra la sua indipendenza e il potere governativo, volto a spezzare l'intricatissimo labirinto dell'amministrazione secentesca[19].

Certo la nobiltà milanese del XVIII secolo fu anche particolarmente scrupolosa nella celebrazione dei suoi riti e delle regole dell'etichetta. Si pensi ad esempio che nelle chiese solo i nobili avevano la possibilità di portare con sé cuscini e borse per i libri di devozione,

---

[17]. Offrono un quadro sintetico di Milano a metà Settecento, oltre a VIANELLO, Carlo Antonio. *Il Settecento milanese*, Milano, Baldini & Castoldi, 1934 e SEREGNI, Giovanni. *Op. cit.* (vedi nota 5), pp. 569-656, i saggi di CAPRA, Carlo. 'Milano al tempo di Giuseppe Parini', in: *La Milano del Giovin Signore. Le arti nel Settecento di Parini*, catalogo della mostra a cura di Fernando Mazzocca, Alessandro Morandotti, Milano, Skira, 1999, pp. 25-33, e '«I cenci e l'oro». Ricchezza e povertà nella Milano di Parini', in: *L'amabil rito* [...], *op. cit.* (vedi nota 1), vol. I, pp. 31-44.

[18]. Sulla questione si veda ad esempio DONATI, Claudio. 'La nobiltà milanese nelle fonti documentarie e nella satira pariniana', in: *Interpretazioni e letture del Giorno*, a cura di Gennaro Barbarisi e Edoardo Esposito, Bologna, Cisalpino, 1998, pp. 177-204; COLOMBO, Rosa Maria. 'Il lusso del Giorno', in: *L'amabil rito* [...], *op. cit.* (vedi nota 1), vol. I, pp. 253-265; GIBELLINI, Pietro. 'L'elaborazione del Giorno: aspetti ideologici', in: *ibidem*, vol. I, pp. 457-481.

[19]. Si pensi a personalità come Pietro Verri. Un altro esempio di nobile che riuscì a sfruttare il potere derivatogli dal suo censo e poi dal suo ceto per ottenere una posizione politica e sociale invidiabile fu il conte Antonio Greppi, banchiere, uomo politico addetto alla Ferma generale della Milano austriaca. Sul personaggio si vedano GREPPI, Edoardo. 'Il conte Antonio Greppi (1722 – 1799) imprenditore, finanziere, diplomatico nella Lombardia austriaca del Settecento', in: *Archivio Storico Lombardo*, CXXI (1995), pp. 399-430 e gli atti del convegno svoltosi a Milano nel 1996 e pubblicati in *Archivio Storico Lombardo*, CXXII (1996).

Ill. 5: abito maschile, 1775 - 1785 ca. (Como, collezione Alberto Tagliabue).

e per accedere ai teatri solo costoro potevano usufruire di fiaccole ed essere accompagnati da un servitore. D'obbligo era il corso delle carrozze in via Marina, ritrovo della Milano altolocata, dove si faceva sfoggio di ricchezza e, come nei teatri, si creavano, si consolidavano, si rompevano i rapporti.

Anche per la moda vigevano regole ferree, monopolizzate dalla Francia. L'uomo ad esempio si vestiva con la marsina (*cfr.* Ill. 5), una giacca lunga fino a ginocchio, completa di sottomarsina, che era una sorta di gilet. Preziosi pizzi uscivano dalle maniche e dal collo della giacca e i pantaloni andavano oltre il ginocchio, dove erano chiusi da una cintura. Si portava poi la parrucca, con capigliatura spesso a tre code o del tipo più semplice 'a borsa', e indispensabile era la spada, il cui uso decadde con gli anni Settanta, quando si assistette, soprattutto nelle classi intellettuali, ad un cambiamento in direzione della moda inglese, più semplice e più pratica. Così avvenne anche per la moda femminile, che all'epoca di Sammartini prediligeva l'uso dell'*andrienne*, una sopravveste da indossare sul sottanino, che chiudeva sul davanti l'ampia scollatura con una pettorina e con maniche allargate 'a pagoda' lunghe fino al gomito, da cui uscivano preziosi pizzi (*cfr.* Ill. 6)[20].

---

[20]. In generale sulla moda e sullo stile di vita della società nobiliare milanese di pieno Settecento *cfr.* Vianello, Carlo Antonio. *Op. cit.* (vedi nota 17); Levy Pisetsky, Rosita. 'La vita e le vesti dei milanesi nel '700', in: *Storia di Milano*, vol. XII, *op. cit.* (vedi nota 5), pp. 857-946; Buttazzi, Grazietta. 'Il Settecento «Col piumato cappel sotto l'ascella»', in: *L'Europa riconosciuta [...]*, *op. cit.* (vedi nota 1), pp. 83-109.

Ill. 6: abito femminile, 1760 - 1770 ca. (Como, collezione Alberto Tagliabue).

Nella Milano del Settecento si faceva molta musica[21]. Era un dato di fatto che attirava e affascinava i viaggiatori stranieri dei *tours d'Italie*, nei quali Milano rappresentava la seconda tappa, dopo Torino e prima di Venezia[22].

Si faceva musica nelle chiese, dove vigevano i maestri di cappella, numerosissimi, con un uditorio composto non solo da nobili, ma anche da artigiani, mercanti, clero, nonché poveri e mendicanti. Qui Sammartini giocò un ruolo primario.

«Sammartini è maestro di cappella di almeno metà delle chiese milanesi, ed il numero delle sue messe è quasi infinito», ebbe infatti a scrivere Burney nel suo volume, edito nel 1771[23]. Non lo fu nella cappella ducale di Santa Maria della Scala, abbattuta per lasciare il

---

[21]. A questo proposito è interessante la fonte del Burney (BURNEY, Charles. *The Present State of Music in France and Italy*, London, Becket and Co., 1771, traduzione italiana a cura di Virgilia Attanasio, [Napoli], Remo Sandron, 1921, pp. 15-43) che a Milano visita chiese, conservatori, teatri. Nel campo della musica la Lombardia ha una posizione di tutto rispetto soprattutto grazie a Giovanni Battista Sammartini. Altre informazioni, anche per le notizie che seguono, si trovano in VIANELLO, Carlo Antonio. *Op. cit.* (vedi nota 17).

[22]. Per un inquadramento generale sui viaggi di stranieri a Milano nel Settecento si veda GARMS, Elisabeth - GARMS, Jörg. 'Milan est une des plus belles villes de l'Italie', in: *L'Europa riconosciuta* [...], *op. cit.* (vedi nota 1), pp. 9-35.

[23]. BURNEY, Charles. *Op. cit.* (vedi nota 21), p. 35.

posto all'omonimo teatro[24], ma in molte altre tra le quali: Santa Maria del Carmine dove, ricorda ancora Burney[25], si suonava il venerdì mattina e in Sant'Ambrogio, dove tra l'altro, il 18 gennaio 1741, diede prova delle sue capacità con la messa a più voci in suffragio del cardinale Benedetto Erba Odescalchi. Proprio nella sala della canonica attigua alla chiesa, si tenevano ottime accademie musicali, apprezzati convegni della migliore società milanese e raduno di tutti quei suonatori e cantanti di prim'ordine che giungevano a Milano[26].

Nel corso di alcune festività la musica accompagnava anche spettacoli di carattere sacro e le chiese diventavano teatro. Famosa ad esempio era la messa in scena della *Deposizione di Cristo* nel Convento dei Cappuccini di San Vittore agli Olmi, uno spettacolo che si svolgeva ogni venerdì, al suono di musica lugubre[27].

Si faceva musica anche nei conventi, che a Milano certo non mancavano, e Sammartini fu un assiduo frequentatore di alcune accademie che si svolgevano entro quelle mura. Sembra sia stato insegnante e maestro di cappella presso il convento di agostiniane di Santa Maria Maddalena, che un tempo sorgeva tra via Rugabella e piazza Bertarelli. Qui ebbe modo di udirlo ad esempio Burney, testimone anche delle note capacità musicali delle suore dotate di belle voci[28]. È verosimile pensare che Sammartini abbia avuto a che fare anche con il convento di Santa Redegonda, vicino al Duomo, dove i concerti di clavicembalo e di canto allietavamo le giornate di qualche sconosciuto e delle religiose stesse, tra cui, verso la metà del Settecento, era famosa tale suor Quinzana, apprezzata soprattutto per le sue virtù canore[29].

A Milano si faceva musica anche durante particolari eventi celebrativi e in queste circostanze la musica strumentale e la vita sociale erano strettamente unite in una grande concentrazione di forze. La musica accompagnava fastose rappresentazioni, dove erano d'obbligo gli apparati effimeri, una delle espressioni più caratteristiche della teatralità e dell'immaginazione barocca. Si addobbavano le vie e le piazze con architetture e decorazioni provvisorie, progettate da illustri architetti con lo scopo di dare alla città un aspetto magnifico e comunicare ai partecipanti l'immagine di un ducato ricco e potente. Agli architetti si affiancavano pittori, scultori, artigiani, compositori per l'accompagnamento musicale;

---

[24]. Sulla chiesa, che sorgeva nell'area poi occupata dal Teatro alla Scala si veda ad esempio CAVALIERI, Federico. 'Santa Maria della Scala' in: *Le chiese di Milano*, a cura di Maria Teresa Fiorio, Milano, 1983, pp. 176-177.

[25]. BURNEY, Charles. *Op. cit.* (vedi nota 21), p. 31.

[26]. Di queste accademie, in quanto frequentate dal conte Giorgio Giulini, scrive ad esempio CESARI, Gaetano. *Op. cit.* (vedi nota 1), p. 156.

[27]. Per questa sacra rappresentazione si vedano ad esempio le testimonianze di alcuni viaggiatori stranieri riportate da GARMS, Elisabeth - GARMS, Jörg. *Op. cit.* (vedi nota 22), 1988, p. 88.

[28]. BURNEY, Charles. *Op. cit.* (vedi nota 21), p. 37. Il convento sorgeva — come informa il Latuada (LATUADA, Serviliano. *Op. cit.* - vedi nota 13 -, vol. III, p. 84) — sulla strada che «dal Ponte di Porta Lodovica riconduce al centro della città».

[29]. Delle virtù musicali e canore delle suore del convento di Santa Redegonda parla anche LATUADA, Serviliano. *Op. cit.* (vedi nota 13), vol. I, p. 150.

Ill. 7: Giacomo MERCORI, Tempio eretto in onore di San Carlo Borromeo ideato da Carlo Giuseppe Merlo, incisione, 1751 (Milano, Civica Raccolta di Stampe 'Achille Bertarelli'). *Scenographia del Tempio Ottangolare* [...] *entr'al quale fu posata l'Arca, ove conservasi il Sagro Corpo del sempre Glorioso S. Carlo, in occasione della solenne Translazione del med.mo seguita nella Città di Milano il g.no 21 Settembre 1751.* [...] *Ingen. Carolus Ioseph Merula inv. Iulius Galiorius delin. Umil.mo ed Oblig.mo Serv.re Giacomo Mercori.*

teologi e retori venivano interpellati per l'elaborazione iconografica e per la redazione di panegirici atti a magnificare le qualità del celebrato[30]. È noto che Sammartini fu ingegnere sonoro di alcune di queste manifestazioni, tra cui ad esempio quella per il trasferimento delle reliquie di San Carlo Borromeo da Santa Maria Podone, al Duomo (1751); in questa occasione realizzò la musica per diverse accademie di suono e di canto nelle sedi maestosamente parate[31] dall'architetto Carlo Giuseppe Merlo (Milano, 1690 - 1760) (*cfr.* ILL. 7).

---

[30]. A questo proposito si veda BARIGOZZI BRINI, Amalia. 'Gli apparati effimeri', in: *Settecento lombardo*, catalogo della mostra a cura di Rossana Bossaglia e Vittorio Terraroli, Milano, 1990, pp. 429-439. Ma per notizie di prima mano, si veda BORRANI, Giuseppe. *Diario milanese*, ms. 1-42 segg., conservato alla Biblioteca Ambrosiana di Milano.

[31]. Sul tempietto si veda la scheda di BARIGOZZI BRINI, Amalia. *Op. cit.* (vedi nota 30), pp. 437-438. Il tempietto in Santa Maria Podone, rappresentato in un incisione di Giacomo Mercori su disegno di Giulio Galiori conservata nella Civica Raccolta di Stampe 'Achille Bertarelli' di Milano, venne commissionato dal conte Renato Borromeo.

Ill. 8: Giovanni Maria Riva *Prospettiva del Gran Castello di Milano verso alla città*, ca. 1730 (Milano, Civica Raccolta di Stampe 'Achille Bertarelli').

Si faceva e si ascoltava musica anche nei collegi diretti dai Gesuiti a Brera e dai Barnabiti in Sant'Alessandro. Sammartini stesso diresse alcune accademie e ottenne l'incarico di maestro presso il Collegio barnabitico, che verso la metà del XVIII secolo, rappresentava uno dei poli dell'istruzione a Milano, dove i giovani di nobile famiglia venivano educati alla cultura delle scienze e delle arti, compresa la musica, di cui spesso davano prova nelle accademie o nelle feste organizzate durante le ferie di Carnevale[32].

Anche sulla spianata del Castello Sforzesco (*cfr.* Ill. 8) si faceva musica. Qui, a partire dal 1749, il governo organizzò concerti sinfonici all'aperto, ideati dall'allora governatore di Milano conte Gian Luca Pallavicini[33]. In determinate occasioni, quali ad esempio gli onomastici dell'imperatore Francesco I o di Maria Teresa, si elevava entro le mura del Castello, opportunamente illuminato, un'orchestra a più ordini che suonava dinanzi ad una sfilata di equipaggi e a tutta la cittadinanza. Furono Sammartini e il suo gruppo di strumentisti, i protagonisti indiscussi di queste manifestazioni, dove, come ebbe a scrivere Cesari, la sinfonia uscita «dai dorati salottini del galante Settecento, dalle aule accademiche e dai templi, s'incontrò con la folla all'aperto e divenne, nei diletti procurati al popolo milanese, un elemento propulsore»[34].

[32]. Per quanto riguarda gli intrattenimenti teatrali e musicali nel collegio barnabitico in Sant'Alessandro si veda anche Latuada, Serviliano. *Op. cit.* (vedi nota 13), vol. III, p. 112.

[33]. Chiamato da Maria Teresa, il patrizio genovese Gian Luca Pallavicini, fu importante uomo politico e riformatore della Milano di metà Settecento (sul personaggio *cfr.* Annoni, Ada. *Gli inizi della dominazione austriaca, op. cit.* – vedi nota 8 -, pp. 213-214).

[34]. Cesari, Gaetano. *Op. cit.* (vedi nota 1), vol. I, p. 157. Si veda comunque anche Barblan, Guglielmo. 'La musica strumentale e cameristica a Milano nel '700', *op. cit.* (vedi nota 1), pp. 632-633.

Il centro della vita musicale milanese però era il Teatro Ducale, quello «grandissimo e assai bello» descritto da Burney nel 1770[35] e incendiatosi sei anni dopo, il 24 febbraio del 1776. È il teatro che precede la Scala, ricostruito su progetto di Gian Domenico Barbieri nel 1717, sui resti di uno precedente, che aveva seguito la stessa sorte il 15 gennaio 1708. Alto 30 metri, largo 27, lungo 53, a una platea, a tre ordini di palchi, con un'orchestra composta, secondo una stima del 1748[36], da ventidue violini, sei viole, sette bassi, due oboi, due fagotti e cinque trombe, oltre a due clavicembali, era in gestione a impresari che organizzavano le varie stagioni musicali e che avevano l'obbligo di versare parte degli incassi al Collegio delle Vergini Spagnole, convertendo così, in opere di beneficenza denaro proveniente dal divertimento[37].

Il Ducale offriva buona musica ma anche ottimi balletti, come testimonia Alessandro Verri, che in una lettera inviata al fratello Pietro, il 4 gennaio 1775, scrive: «Ti invidio anche il fischiato ballo della morte di Agamennone, perché io non ho idea del buono dacchè sono a Roma. Sono molti anni che non vedo ballare e attualmente Milano è la capitale d'Italia dove meglio si gode questo spettacolo»[38].

Al Ducale Sammartini realizzò tre opere: *L'ambizione superata dalla virtù* (1734) con scenografia di Pietro Righini, l'*Agrippina moglie di Tiberio* (1743) e la *Gara del genio germanico con il genio d'Italia* (1747), ambedue con scenografie dei fratelli Galliari, e quest'ultima composta su commissione di Gian Luca Pallavicini che voleva così celebrare la nascita, avvenuta il 28 maggio del 1747, del terzogenito di Maria Teresa, Pietro Leopoldo[39] (*cfr.* ILL. 9).

---

[35]. BURNEY, Charles. *Op. cit.* (vedi nota 21) p. 19. *Cfr.* la sezione TAVOLE CRONOLOGICHE in questo volume, 1717, 1747-1748.

[36]. *Cfr.* CESARI, Gaetano. 'Giorgio Giulini musicista. Contributo alla storia della Sinfonia in Milano', in: *Rivista Musicale Italiana*, XXIV, 1917, pp. 1-34 e 210-271; p. 21.

[37]. Per queste notizie si veda ad esempio BASCAPÈ, Giacomo Carlo. *Op. cit.* (vedi nota 16), 1969, pp. 39-53. Per i teatri appena precedenti alla Scala (il Teatro delle Commedie o di Corte poi detto Teatrino e impropriamente chiamato Salone Margherita, rifatto dall'architetto Pietrasanta nel 1695 e incendiatosi nel 1707, e il Teatro Regio Ducale, rifatto nel 1717 e incendiatosi il 24 febbraio 1776), offre un'interessante testimonianza VERRI, Pietro. *Storia di Milano con la continuazione del Barone Custodi*, 4 voll., Capolago, Tipografia elvetica, 1837, vol. IV, p. 270, cap. 32. A proposito della confusione sui nomi dei teatri di corte e la ricostruzione definitiva della loro storia, *cfr.* invece DAOLMI, Davide. *Le origini dell'Opera a Milano (1598 - 1649)*, Turnhout, Brepols, 1998 (Studi sulla storia della musica in Lombardia, 2), pp. 9-11: 429.

[38]. *Carteggio di Pietro e di Alessandro Verri dal 1774 al 1775*, a cura di Edoardo Greppi e Alessandro Giulini, Milano, 1931, vol. VII, p. 92: lettera spedita da Roma, il 4 gennaio 1775.

[39]. Spettacolo musicale a quattro voci con musica di Sammartini sulle parole di Guido Riviera. Lo spettacolo era una vera e propria adulazione a Maria Teresa, virtualmente presente con un grande ritratto su trono al centro. L'addobbo del teatro, a noi noto attraverso un'incisione di Marcantonio Dal Re (Milano, Civica Raccolta di Stampe 'Achille Bertarelli'), era stato ideato dall'architetto Francesco Croce. Per queste notizie si veda ad esempio BARBLAN, Guglielmo. 'Il teatro musicale in Milano nei secoli XVII e XVIII', in: *Storia di Milano*, vol. XII, *op. cit.* (vedi nota 5), p. 980.

Ill. 9: Marc'Antonio Dal Re, *Prospetto del Gran Teatro di Milano in occasione delle maestose Feste di giubilo per la Nascita di Pietro Leopoldo Arciduca d'Austria celebrate da Sua Eccelle. il Sig. Conte Plenipotenziario Gioan Luca Pallavicino […] 28 maggio 1747* (Milano, Civica Raccolta di Stampe 'Achille Bertarelli').

Certo, anche l'operato di Sammartini al Ducale dovette confrontarsi con la scenografia lombarda di metà Settecento, quella che vide il monopolio dei tre fratelli Bernardino (Andorno, 1707 - Treviglio 1794), Giovanni Antonio (Andorno, 1709 - Treviglio 1790) e Fabrizio Galliari (Andorno, 1714 - Milano 1783) e in seguito di Gaspare Galliari (Milano, 1761 - 1823). Interpreti di soluzioni tipicamente barocchette, praticarono una scenografia contraddistinta da un illusionismo riconducibile non a precise regole prospettiche, ma all'atmosfera e alla suggestione creata con un segno mobile e ricco di effetti cromatici; lontani dall'ottenere la dimensione eroica e classica della scena, predilessero quella intimista, elegiaca e pastorale, arricchendo gli sfondi paesaggistici con rovine, padiglioni esotici e giardini dagli arabeschi leggeri[40] (*cfr.* Ill. 10).

---

[40]. Sulla scenografia del fratelli Galliari si veda Viale Ferrrero, Mercedez. *La scenografia del '700 e i fratelli Galliari*, Milano, 1963. Per la loro presenza a Milano si veda Zatti, Susanna. 'Scenografi in Lombardia: dall'illusione al vero', in: *Settecento lombardo, op. cit.* (vedi nota 30), 1990, pp. 441-472; in generale sulla scenografia

Ill. 10: Gaspare GALLIARI, *Rovine di un palazzo*, disegno a penna acquerellato, XVIII secolo, ultimo quarto (Milano, Civico Gabinetto dei Disegni).

Una concezione, la loro, che si contrappose a quella di Ferdinando Bibiena, il più importante scenografo del Settecento, attivo in Lombardia a partire dalla fine del XVII secolo. Presso la sua scuola si formò Pietro Righini (Parma, 1683 - 1742), architetto teatrale e scenografo di talento e sapiente costruttore di architetture e di «effetti spettacolari» che lasciavano stupiti gli spettatori[41].

La scenografia, una delle più caratteristiche manifestazioni dell'arte milanese del Settecento, giocò un ruolo non secondario ai fini del successo o della stroncatura delle opere del Ducale, comprese quelle di Mozart. Non a caso Giuseppe Parini commentando

---

di metà Settecento VIALE FERRERO, Mercedez. 'Le scene dei teatri musicali di Milano negli anni di Parini', in: *L'amabil rito* [...], *op. cit.* (vedi nota 1), vol. II, pp. 809-833.

[41]. Sui Bibiena si vedano ad esempio LENZI, Daniela. *L'arte del Settecento emiliano, Architettura, Scenografia Pittura di Paesaggio*, catalogo della mostra, Bologna, 1979. Sulla loro attività milanese *cfr.* sempre ZATTI, Susanna. *Op. cit.* (vedi nota 40), 1990, pp. 441-472 e VIALE FERRERO, Mercedez. 'Le scene dei teatri musicali di Milano negli anni di Parini', *op. cit.* (vedi nota 40), pp. 809-833. Sul Righini *cfr.* LENZI, Daniela. *Op. cit.*, pp. 279-280 e ZATTI, Susanna. *Op. cit.*, pp. 461-462.

le opere rappresentate dall'illustre musicista al Ducale, accenna sempre all'apparato scenografico: riguardo al *Mitridate* ad esempio scrive che il «dramma ha incontrato la pubblica soddisfazione», non solo «per l'eccellenza della Musica», ma anche «per il Buon gusto delle decorazioni» progettate dai fratelli Galliari, mentre per l'*Ascanio in Alba*, che «la decorazione poi tutta e la pittura delle scene dei Galliari, specialmente molto adattate al soggetto e al carattere pastorale del dramma davano, non meno delle altre cose, grazioso risalto alla rappresentazione»[42]. Del resto anche Mozart e il padre Leopold, assistendo nel 1773 al *Sismano nel Mogol*, rimasero estremamente stupiti della scenografia dei Galliari e sono frequenti, nelle lettere di Pietro Verri al fratello Alessandro, accenni o descrizioni di scenografie viste al Ducale[43].

Ancora da Pietro Verri e da Giuseppe Parini abbiamo testimonianze di prima mano sulla vita che si svolgeva in teatro, dove i nobili si recavano non solo per ascoltare buona musica.

Parini stranamente non inserisce, nella redazione finale de *Il Giorno*, l'impegno teatrale del 'Giovin Signore', ma ne avrebbe voluto parlare e in termini non del tutto edificanti. A questo proposito i manoscritti de *Il Vespro* e de *La Notte* (Milano, Biblioteca Ambrosiana) contengono interessanti annotazioni: «gli altri vanno per sollevarsi dalle fatiche», scrive, «Tu [riferendosi al 'Giovin Signore'] solo vi vai per coronar coll'estrema le fatiche del giorno»[44]. Ovvio il richiamo all'intenso, faticoso e altrettanto vuoto tempo che i nobili di un certo tipo trascorrevano a teatro.

Il tempo passato a teatro dalla nobiltà, nei palchi privati affittati per l'intera stagione, era vivace, a volte chiassoso e distratto, spesso ricco di incontri galanti, conversazioni, discussioni, frammezzo a momenti di riposo dove ci si poteva concedere anche qualche sonno ristoratore. Non mancavano anche vere e proprie zuffe 'blasonate', come quella che avvenne il 14 agosto 1770 al Ducale tra Carlo Durini e Giuseppe Sommariva, che era uno dei sei direttori del teatro. La lite era stata causata da un giudizio negativo dato dal primo su un ballo che aveva messo in scena un episodio dell'*Eneide* in termini non del tutto conformi al testo virgiliano[45]. Un fatto di cronaca spicciola, indicativo però della passione che spingeva a teatro i milanesi, i quali forse non erano così lontani dai compagni romani,

---

[42]. Riguardo al *Mitridate* si veda la recensione pubblicata sulla *Gazzetta di Milano* del 2 gennaio 1771 e per l'*Ascanio in Alba* quella pubblicata sulla *Gazzetta di Milano* del 23 ottobre 1771.

[43]. *Cfr.* ad esempio la lettera di Pietro al fratello del 25 aprile 1770 o quella scritta sempre da Pietro ad Alessandro il 7 marzo 1770 relativa ad un ballo che inscenava l'*Orfeo* (*Carteggio di Pietro e Alessandro Verri*, a cura di Francesco Novati ed Edoardo Greppi, Milano, 1911, 12 voll., vol. III, pp. 260-263 e pp. 206-209).

[44]. Sulla questione *cfr.* NICORA, Laura. 'Giuseppe Parini dal Teatro Ducale alla Scala', in: *L'amabil rito* [...], *op. cit.* (vedi nota 1), vol. II, pp. 911-931, in particolare p. 927.

[45]. Il fatto è raccontato da Pietro Verri in una lettera scritta al fratello Alessandro da Milano in data 15 marzo 1770 (*cfr. Carteggio* [...], *op. cit.* - vedi nota 38 -, vol. III, pp. 422-423). Tra le varie lettere di Pietro e Alessandro Verri che trattano di teatro *cfr.* ad esempio, quella di Alessandro a Pietro del 3 febbraio 1770 sui teatri di Roma (vol. III, pp. 178-179) o quella di Pietro al fratello da Milano del 21 febbraio 1770 (vol. III, pp. 189-192) sulla stagione teatrale milanese di quell'anno.

«frenetici per partiti de' teatri», come scrive Alessandro Verri in una lettera a Pietro del 3 febbraio 1770, impazienti, quando arriva qualche novità, di «andare la prima sera della nuova opera», per cui sono disposti a pagare prezzi esorbitanti. In teatro ne succedono di tutti i colori, scrive ancora, e «Vi fu uno che [...] buttò dall'alto di un palco un coltello contrappesato con piombo per ammazzare il maestro; ma fallò e cadde il colpo sul cembalo. Vedi che pazzie enormi, e che fanatismo»[46].

Probabilmente più tranquille e frequentate da un pubblico selezionato erano le accademie musicali che si svolgevano nei palazzi cittadini e nelle ville di delizia dislocate nei dintorni di Milano[47]. Particolarmente quotati erano ad esempio gli spettacoli teatrali organizzati da Francesco Carcano nel suo palazzo lungo il Naviglio dell'Ospedale, o quelli che si svolgevano a palazzo Litta in corso Magenta, uno dei centri milanesi più raffinati di vita mondana del XVIII secolo e tra i pochi esempi rimasti nel capoluogo lombardo del fasto esteriore dell'architettura e dell'arredo barocchetto (cfr. ILL. 11). Famosi erano anche gli spettacoli, soprattutto tragedie, organizzati da Clelia Borromeo del Grillo nella sua casa di via Rugabella e non meno ricercati quelli offerti da Antonio Greppi nei suoi palazzi. E proprio ad uno di questi spettacoli fa riferimento Carlo Goldoni in una lettera spedita al nobile il 9 giugno 1759[48], dove informa di avere inviato il «dramma buffo, ch'ella mi ha comandato», che «poi ò a lei, o al maestro di musica, o a chi dirigga l'opera, qualche cosa non piacesse, ad ogni cenno sarò pronto a cambiare [...]». Frequenti, nelle residenze patrizie, erano anche le accademie musicali, di cui Sammartini era certo ospite particolarmente ricercato e gradito. Essendo tra i più importanti compositori sinfonisti della piazza lombarda di metà Settecento, egli infatti divenne l'idolo delle sfere più elevate del dilettantismo milanese, che proprio in queste occasioni poteva manifestare il suo doveroso talento musicale.

Forse Parini esagera quando scrive di accademie musicali messe in atto per una nobiltà che assisteva «frammezzo a gare, liti, ripicche» e che sparlava delle capacità musicali e canore del padrone, dopo averlo ascoltato, ovviamente, in rispettoso silenzio[49]. Sicuramente non mancarono, anche all'epoca di Parini, accademie dove ci si recava solo per ascoltare buona musica, come potevano essere ad esempio quelle ricordate da Burney[50] o

---

[46]. Cfr. la lettera di Alessandro Verri al fratello Pietro del 3 febbraio 1770 (Carteggio [...], op. cit. - vedi nota 38 -, vol. pp. 178-180).

[47]. Di esse parla anche Burney (BURNEY, Charles. Op. cit. - vedi nota 21 -, p. 28). La prima che il viaggiatore inglese ascoltò fu un'accademia di dilettanti che si svolse in casa privata. Il padrone di casa suonava il primo violino, accompagnato da all'incirca quattordici esecutori: alcuni violinisti, due flauti traversi, un violoncello e un piccolo contrabbasso. La padrona eseguiva la parte vocale. A Milano Burney fu anche invitato in una casa «a sentire cantare tre sorelle istruite dal maestro Lampugnani». Per notizie sulle accademie private milanesi, si veda CESARI, Gaetano. Op. cit. (vedi nota 1), vol. I, pp. 139-239; VIANELLO, Carlo Antonio. La giovinezza di Parini, Verri e Beccaria, Milano, Baldini & Castoldi, 1933; SEREGNI, Giovanni. Op. cit. (vedi nota 5), pp. 633-636 e MALIPIERO, Riccardo. Op. cit. (vedi nota 1), pp. 339-369.

[48]. Archivio di Stato di Milano, Dono Greppi, cartella 320.

[49]. Così nel manoscritto de Il Giorno conservato alla Biblioteca Ambrosiana di Milano. A questo proposito comunque cfr. GIBELLINI, Pietro. Op. cit. (vedi nota 18), vol. I, pp. 457-481.

[50]. BURNEY, Charles. Op. cit. (vedi nota 21), p. 19 e segg.

Ill. 11: *Palazzo Litta a Milano*, 1750 circa (Milano, Civica Raccolta di Stampe 'Achille Bertarelli').

quelle offerte da Giorgio Antonio Clerici nel suo splendido palazzo milanese[51]. Chissà se si suonava nella maestosa cornice della galleria dipinta da Giambattista Tiepolo. Il pittore veneziano vi raffigurò il *Carro del Sole, Allegorie e Divinità*, tra sfoggio di eleganze, fughe di infinite visioni, luci, masse e colori in grado di creare uno spazio illusorio che assorbe completamente quello reale. Si tratta di un'opera non solo di alto valore artistico, ma anche emblematica della poetica del Settecento, di cui rispecchia soprattutto il tentativo di portare anche nelle arti figurative quella sfarzosità complicata della vita sociale che aveva trovato la sua più completa espressione nel teatro.

Vi erano poi le accademie di palazzo Pertusati in Porta Romana, dove nacque e si svolse l'Arcadia milanese[52], quelle organizzate nel palazzo di Porta Orientale o nella sua

[51]. Che tra l'altro per un certo tempo accolse gli arciduchi a Milano, Ferdinando e Beatrice d'Este. Sul palazzo si rimanda a RAIMONDI, Alfonso. *Palazzo Clerici*, Milano, Rizzoli, 1939. Verso la metà del XVIII secolo l'edificio fu ristrutturato da Giorgio Antonio Clerici, marchese di Cavenago signore di Trecate, tra i sessanta decurioni di Milano e, nel 1758, ambasciatore straordinario di Maria Teresa a Roma. Astro fulgido della famiglia e scialacquatore dei beni aviti, chiamò il Tiepolo nel 1740 per affrescare la galleria del suo palazzo milanese in occasione delle nozze con Fulvia Visconti. Con il pittore contribuirono abilissimi intagliatori, ebanisti e decoratori. Sugli affreschi di palazzo Clerici cfr. GEMIN, M. - PEDROCCO, Francesco. *Giambattista Tiepolo*, Venezia, Arsenale, 1993, pp. 332-333.

[52]. Sull'Arcadia a Milano cfr. SEREGNI, Giovanni. *Op. cit.* (vedi nota 5), pp. 569-571; GASPARI, Gaetano. *Op. cit.* (vedi nota 5), in particolare le pp. 322-333.

villa di delizia di Gorgonzola, dalla contessa Maria Vittoria Serbelloni nata Ottoboni, nobildonna colta, spiritosissima, amante della musica, attrice nelle manifestazioni che organizzava presso il suo teatro. Sammartini dovette sicuramente frequentare le accademie della nobildonna, per altro giudicate da Parini, salvo qualche eccezione, piene di «scioperati e ignoranti»; lo fa pensare il rapporto diretto che egli ebbe con la nobile, nella cui villa di Gorgonzola tra l'altro soggiornava quando, nel 1762, accadde il fattaccio che costò a Parini il posto di precettore presso casa Serbelloni. Anzi fu proprio la figlia del compositore, apprezzata cantante, ad essere schiaffeggiata dalla nobile, in disappunto perché l'ospite era ansiosa di fare ritorno a Milano[53].

Come compositore ed esecutore, Sammartini, con il suo seguito di musicisti dilettanti[54], fu anche chiamato alle accademie organizzate nel suo palazzo di Porta Romana dal marchese Filippo Visconti di Caravaggio, che, nel settembre del 1748, dedicò anche due intrattenimenti musicali al governatore Gian Luca Pallavicini[55] (cfr. ILL. 12).

Un'orchestra di dilettanti doveva accompagnare il Nostro anche nelle accademie di palazzo Melzi, a Porta Nuova, dove risiedeva il ministro plenipotenziario Carlo Giuseppe di Firmian. Uomo di primo piano nel panorama politico milanese di secondo Settecento, mosso dall'intento di fare del capoluogo lombardo una capitale di alto livello culturale, era solito organizzare accademie musicali e fu qui, tra l'altro, che il 7 febbraio 1770 Giovanni Battista ebbe l'onore di incontrare Mozart con il padre Leopold[56].

Sempre riguardo ai rapporti professionali con la nobiltà milanese, è assai probabile la presenza del compositore nelle accademie di palazzo Simonetta, edificio noto anche tra i viaggiatori stranieri per l'eco prodotto dalla sua conformazione architettonica[57]. Sammartini ebbe infatti un rapporto di stima e di amicizia con un membro di quella famiglia, Stefano

---

[53]. Sull'opinione di Parini riguardo alle Accademie Serbelloni cfr. SEREGNI, Giovanni. Op. cit. (vedi nota 5), p. 635. Per qualche cenno sul fatto cfr. BARBLAN, Guglielmo. 'La musica strumentale e cameristica a Milano nel '700', op. cit. (vedi nota 1), p. 643, nota 4.

[54]. Così spesso definisce l'orchestra di Sammartini CESARI, Gaetano. Op. cit. (vedi nota 1), vol. I, pp. 139-239.

[55]. Del palazzo, che sorgeva in Porta Romana, parla ad esempio BIANCONI, Carlo. *Nuova guida di Milano*, Milano, 1787, p. 182. Il marchese Filippo Visconti di Caravaggio nel settembre 1748 offrì due accademie in onore del governatore Pallavicini con musicisti diretti da Sammartini. (CESARI, Gaetano. Op. cit. - vedi nota 1 -, vol. I, pp. 156 e 159).

[56]. Su Mozart a Milano si veda l'ultimo contributo di DEGRADA, Francesco. 'Le esperienze milanesi di Mozart: una rivisitazione critica', in: *L'amabil rito* [...], op. cit. (vedi nota 1), vol. II, pp. 731-750. Carlo Giuseppe di Firmian, uomo di primo piano nella Milano austriaca di metà Settecento, incarna il legame voluto da Maria Teresa tra Vienna e Milano. Aveva in mente una Milano capitale lombarda di alto prestigio anche nell'arte. Fu mecenate di Mozart, amante dell'arte e collezionista (sui suoi interessi artistici cfr. SCOTTI TOSINI, Aurora. 'Il conte Carlo Firmian, collezionista e mediatore del 'gusto' tra Milano e Vienna', in: *Economia, istituzioni, cultura in Lombardia* [...], op. cit. - vedi nota 1 -, pp. 667-689).

[57]. Ad esempio Burney (BURNEY, Charles. Op. cit. - vedi nota 21 -, pp. 33-34) scrive di essersi recato in palazzo Simonetta per udire questi particolari suoni dell'eco.

Ill. 12: Marcantonio Dal Re, *San Giovanni in Conca e il Palazzo Visconti di Caravaggio* (Milano, Civica Raccolta di Stampe 'Achille Bertarelli').

Simonetta, il quale associò a impegni pastorali e dottrinali, lo studio per la musica, «nella quale sentì egli tanto innanzi e diede tali saggi di esimio gusto, da essere ognora consultato dal celebre San Martini ogni volta che questi esponeva al pubblico una sua nuova musical produzione»[58].

Infine i rapporti tra Sammartini e alcune delle personalità più in vista della Milano del XVIII secolo, trovano interessante materia di indagine nel legame instaurato con il conte Giorgio Giulini, più noto come storiografo, che come musicista[59]. Prima di tutto perché Giulini, come Pietro Verri, Paolo Frisi, Cesare Beccaria o Giuseppe Parini, incarna i caratteri della nobiltà milanese colta, illuminata e soprattutto impegnata a livello politico, eco-

---

[58]. *Cfr.* la nota biografica all'edizione ottocentesca *Poesie di Stefano Simonetta*, Milano, 1816. Stefano Simonetta, nato alla fine del XVII secolo e morto a Milano nel 1754, fu parroco in San Fermo a Milano, dottore in teologia ed esorcista, si dedicò allo studio del greco e alla medicina, fu accademico trasformato, studiò musica. Su Stefano Simonetta *cfr.* anche Seregni, Giovanni. *Op. cit.* (vedi nota 5), p. 592.

[59]. Giulini, conte di Vialba e Villapizzone, è infatti noto soprattutto come autore delle *Memorie Spettanti alla Storia, al Governo e alla descrizione della città e campagna di Milano nei secoli bassi*, Milano, 1774; per un profilo sintetico *cfr.* Seregni, Giovanni. *Op. cit.* (vedi nota 5), pp. 597-599.

nomico, amministrativo, culturale, con cui Sammartini entrò in diretto contatto, sia come accademico trasformato, sia come frequentatore dei salotti che radunavano il meglio della società milanese. Secondariamente, in quanto Giulini, come giustamente è stato scritto[60], rappresenta una manifestazione interessante e seria del dilettantismo della musica emanato dalla nobiltà intellettuale e dalla vita accademica del Settecento, quel dilettantismo che lo stesso Sammartini favorì con la sua attività didattica e professionale. Formatosi presso i migliori musicisti che Milano poteva offrire in quel momento, compreso Sammartini, Giulini, verso il 1760, era particolarmente apprezzato per i suoi componimenti di musica strumentale e per le sue 'ouverture', richieste soprattutto da amici o da conoscenti[61]. E come la maggior parte della nobiltà milanese illuminata, egli frequentava «tutti quei divertimenti che specialmente nel carnevale si accostumavano; danze, allegre cene, mascherate [...], ma amava il teatro, non per semplice ozio come i più fanno, ma per ascoltare le opere che vi davano da buoni attori o per la musica che sempre il dilettava assai»[62]. Ma al teatro, che era luogo di frequenti distrazioni, preferiva le accademie degli amici, cultori anch'essi di musica. Frequentava le accademie che si tenevano presso i canonici di Sant'Ambrogio, quelle della contessa Serbelloni, del ministro Firmian e di Maria Teresa Agnesi Pinottini (1720 - 1795), anch'essa trasformata nonché eccellente musicista, esecutrice e compositrice, ma che amava dare, soprattutto nella stagione autunnale, ottimi intrattenimenti musicali o teatrali nella villa da lei fatta costruire a Boffalora[63], dove aveva organizzato anche un teatrino. Qui convenivano illustri personalità, tra cui Alessandro e Pietro Verri.

---

[60]. CESARI, Gaetano. *Op. cit.* (vedi nota 1), vol. I, pp. 139-239. È del Cesari l'analisi della vicenda musicale del conte milanese Giorgio Giulini, che verso il 1760 era annoverato tra i buoni compositori di musica strumentale. Giulini studiò musica con Giovanni Battista Sammartini che gli insegnò le nozioni della scienza armonica e gli strumenti, Giuseppe Sammartini, oboista da cui trasse il maneggio degli strumenti a fiato, Carlo Zuccari (tra i primi violini dell'orchestra del Teatro Ducale, dopo Federico Todeschino) che gli insegnò a suonare il violino. Suoi maestri furono anche, per il clavicembalo, Carlo Borrone e per il salterio, Antonio Antoniani (*ibidem*, pp. 153-154). Di Giulini musicista tratta anche Giambattista Baseggio in: DE TIPALDO, Emilio. *Biografie degli italiani illustri*, 8 voll., Venezia, Alvisopoli, 1841, vol. VIII, pp. 72-77.

[61]. Esemplificativa a questo proposito è la lettera spedita dal conte Giantomaso Calvi, da Parma, il 24 luglio 1739 alla nipote Ottavia Tornielli Cacciapiatti di Novara, perché, in quanto amica del Giulini, facesse da tramite per procurargli alcune sonate «cioè qualche concerto con violino obbligato, e delle Ouvertures» per le tre Accademie che alla settimana si svolgevano in casa sua (della missiva scrive CESARI, Gaetano. *Op. cit.* - vedi nota 1 -, vol. I, pp. 149-150).

[62]. Questa citazione è tratta da DE TIPALDO, Emilio. *Op. cit.* (vedi nota 60), p. 73.

[63]. Sulla Villa di Boffalora, fatta costruire verso la metà del XVIII secolo, *cfr.* PEROGALLI, Carlo - FAVOLE, Paolo. *Ville dei Navigli Lombardi Lombardia 1*, Milano, 1967, p. 299. In quella residenza venivano organizzate, almeno fino al 1745, accademie dove le parti canore erano in genere affidate alla sorella di Giorgio Giulini, Laura, «che vaghissima e dotata di dolcissima voce e maestra nel porgere formava la prima delizia di quei divertimenti» (DE TIPALDO, Emilio. *Op. cit.* - vedi nota 60 -, p. 73).

Storia e fortuna di un'attribuzione: il *Ciro in Armenia* per il Regio Ducal Teatro di Milano (1753)

Marco Brusa
(Milano)

Accade a volte nella storiografia della musica che una notizia sia tramandata da un autore al successivo quasi sospinta da forza d'inerzia e che trascorrano molti anni prima che uno studioso vi rilevi un'imprecisione e si adoperi per eliminare l'errore. Non di rado si tratta di un'attribuzione sulla cui inesattezza getta luce qualche nuovo documento, o che si rivela infondata perché mai nessuna pezza d'appoggio sembra essere esistita a sua giustificazione, come avviene nel caso che ci accingiamo a presentare.

La musicista milanese Maria Teresa Agnesi[1] (1720 - 1795) è generalmente ritenuta l'autrice della musica e del libretto dell'opera *Ciro in Armenia* rappresentata nel Regio Ducal Teatro di Milano il 26 dicembre 1753. In quanto segue constateremo innanzitutto che l'attribuzione, tramandata da circa un secolo, non è mai stata documentata in alcun modo, né può essere a tutt'oggi provata. Per quanto concerne la musica, o perlomeno parte di essa, saremo in grado di proporre una differente attribuzione a favore d'Ignazio Balbi, compositore attivo a Milano, sulla cui biografia ci informano documenti dal 1720 al 1773[2]. Forniremo inoltre nuove notizie sul libretto, che in futuro potranno rivelarsi utili per chiarirne la paternità, e cercheremo infine d'indagare il motivo che portò ad associare all'opera il nome di Maria Teresa Agnesi.

Due fonti ci informano in maniera diretta sul *Ciro in Armenia* allestito a Milano nel 1753: un periodico dell'epoca, nelle cui pagine leggiamo l'annuncio della prima rappresentazione, sul quale torneremo tra poco, e il libretto a stampa, che si apre con il seguente frontespizio[3]:

---

[1]. Dal 1752 moglie di Pietro Antonio Pinottini, donde talvolta l'impiego del doppio cognome Agnesi Pinottini.

[2]. *Cfr.* BRUSA, Marco - SEIFERT, Herbert. 'Balbi, Ignazio', in: *The New Grove Dictionary of Music and Musicians*, Second Edition, edited by Stanley Sadie, 29 vols., London, Macmillan, 2001, vol. II, p. 528.

[3]. Ci siamo serviti dell'esemplare conservato a Milano presso la Biblioteca Nazionale Braidense (segnatura: Racc. Dramm. 6019/4). In questa e in tutte le successive trascrizioni e citazioni siamo intervenuti nell'uso dell'interpunzione, di maiuscole e minuscole, di accenti e apostrofi. Le eventuali abbreviature sono state sciolte senza darne conto.

Marco Brusa

>Ciro in Armenia. Dramma per musica da rappresentarsi nel Regio-Ducal Teatro di Milano nel Carnovale dell'anno 1754, dedicato a Sua Altezza Serenissima il Signor Duca di Modena, Reggio, Mirandola ec. ec., amministratore e capitano generale della Lombardia Austriaca[4]. In Milano, MDCCLIII, nella Regia Ducal Corte, per Giuseppe Richino Malatesta stampatore regio camerale. Con licenza de' superiori.

Dopo una pagina bianca segue la dedica (pp. *3-*5)[5] firmata «Umil.mi, div.mi ed obb.mi ser.ri, i Cavalieri delegati», quindi, dopo un'altra pagina bianca, l'argomento (pp. *7-*8)[6], le mutazioni di scene (p. *9) con l'indicazione: «Inventore e pittore delle scene il sig. Gio. Battista Ricardi, con compagno sig. Antonio Ghezzi», e successivamente (p. *10) i personaggi e gli interpreti:

Armeni	Persiani
Tigrane, figlio d'Arsace e destinato sposo di Palmide. *Sig. Gio. Tedeschi, detto Amadoro.*	Ciro, re di Persia. *Sig. Domenico Luino.*
Palmide, principessa di Frigia. *Signora Colomba Mattei.*	Semira, sorella di Ciro. *Signora Camilla Mattei.*
Arsace, re d'Armenia. *Sig. Litterio Ferrari.*	Araspe, generale e confidente di Ciro. *Sig. Antonio Priori.*

Infine, dopo i personaggi e nella stessa pagina: «Compositore de' balli il sig. Giuseppe Salomone detto di Vienna. Il vestiario è rara invenzione del sig. Francesco Mainini». Il testo dell'opera, suddiviso in tre atti, inizia nella pagina immediatamente successiva e si estende per cinquantanove pagine (pp. 1-59).

---

[4]. Francesco III d'Este (1698 - 1780).

[5]. Abbiamo contrassegnato con un asterisco le prime dieci pagine del libretto, tutte non numerate ad eccezione della pagina *3.

[6]. Trascriviamo l'argomento: «Era Ciro, figlio di Cambise e di Mardane, sovrani di Persia, sul punto di mover guerra all'Assiria colle armate unite di Media e di Persia, quando il re d'Armenia, della Media tributario, credendo opportuna l'occasione per sottrarsi al vassallaggio, negò alla Media il tributo e coll'Assiria collegossi. Volle Ciro soffocare ne' suoi principj quest'incendio, sospese perciò le mosse verso l'Assiria e si lanciò sopra l'Armenia. Furon ben presto dissipate le poche milizie dal re d'Armenia raccolte e non tardò molto a cadere egli stesso nelle mani del vincitore, e la stessa sorte ebbe una principessa di Frigia destinata sposa di Tigrane, suo figlio. Questo principe, grande amico di Ciro perché stato con esso educato, niente sapendo dell'accaduto, giunse nello stesso tempo da lontana parte e ritrovò il padre e la sposa in potere di Ciro. Tentò quanto seppe per ottenere la libertà, ma per molto tempo indarno. Finalmente, allorché sembravangli più disperate le cose, gli fu dalla generosità del vincitore rilasciato il padre, la sposa e il regno. Questo è quanto Senofonte nel secondo e terzo libro della Ciropedia somministra di storico fondamento alla presente azione, la quale ha il suo principio dalla fuga del re e della reale sposa».

La seconda fonte che proponiamo consente di collocare la data della prima rappresentazione al 26 dicembre 1753, giorno d'apertura della stagione di Carnevale al Regio Ducal Teatro. Si tratta di una notizia pubblicata sul numero 52, «Per il mercoledì 26 Dicembre 1753», dei *Ragguaglj di varj paesi*, periodico stampato a Milano da Giuseppe Richino Malatesta:

> È in pronto per essere rappresentato per la prima volta sopra di questo Regio Ducale Teatro il primo dramma per l'entrato Carnovale, intitolato il Ciro in Armenia, poesia di nuovo composta da un celebre autore milanese, e concorrendo a renderlo più aggradevole la perizia degli attori, come la proprietà delle decorazioni inventate ed eseguite dal rinomato signor[7] Giambattista Ricardi col suo compagno il sig. Antonio Ghezzi, ed essendovi altresì il vestiario molto bene addattato, d'invenzione del più volte nominato sig. Francesco Mainini, abbiamo tutto il fondamento di sperare che sarà per incontrare l'universale approvazione.

Benché le due fonti non rivelino l'identità del poeta né quella del compositore, i due ruoli sono stati attribuiti a Maria Teresa Agnesi in diverse pubblicazioni[8]. Qua e là compaiono i nomi di altri presunti autori del libretto (Giovanni Claudio Pasquini, Gianvito

---

[7]. Nel testo si legge «sianor».

[8]. Per l'attribuzione della poesia e della musica a Maria Teresa Agnesi *cfr.*: SALVIOLI, Giovanni - SALVIOLI, Carlo. *Bibliografia universale del teatro drammatico italiano con particolare riguardo alla storia della musica italiana*, vol. I con appendice, Venezia, Premiato Stab. Tipo-Litog. Carlo Ferrari, 1903, col. 770 del vol. I e col. 55 dell'appendice; SIMONETTI, Silvana. 'Agnesi, Maria Teresa', in: *Dizionario Biografico degli Italiani*, a cura dell'Istituto della Enciclopedia Italiana, Roma, Società grafica romana, 1960—, vol. I, pp. 443-444; IDEM. 'Agnesi, Maria Teresa', in: *Die Musik in Geschichte und Gegenwart. Allgemeine Enzyklopädie der Musik*, hrsg. von Friedrich Blume, 17 Bde., Kassel, Bärenreiter, 1949 - 1986, vol. XV, coll. 52-53; HANSELL, Sven. 'Agnesi, Maria Teresa', in: *The New Grove Dictionary of Music and Musicians*, edited by Stanley Sadie, 20 vols., London, Macmillan, [6]1980, vol. I, p. 157; 'Agnesi Pinottini, Maria Teresa', in: *Dizionario Enciclopedico Universale della Musica e dei Musicisti*, diretto da Alberto Basso, 13 voll., Torino, U.T.E.T., 1983 - 1990, *Le Biografie*, vol. I, p. 27; COHEN, Aaron I. *International Encyclopedia of Women Composers*, 2 vols., New York-London, Books & Music, [2]1987; HANSELL, Sven. 'Agnesi-Pinottini, Maria Teresa', in: *The New Grove Dictionary of Opera*, 4 vols., edited by Stanley Sadie, London, Macmillan, 1992, vol. I, p. 36; SARTORI, Claudio. *I libretti italiani a stampa dalle origini al 1800. Catalogo analitico con 16 indici*, 7 voll., Cuneo, Bertola & Locatelli, 1990 - 1994; HANSELL, Sven - KENDRICK, Robert L. 'Agnesi, Maria Teresa', in: *The New Grove Dictionary of Women Composers*, edited by Julie Ann Sadie and Rhian Samuel, London, Macmillan, 1994, pp. 3-4; *Sammartini e il suo tempo. Fonti manoscritte e stampate della musica a Milano nel Settecento*, a cura di Marco Brusa e Attilio Rossi, Roma, CIDIM - Società Italiana di Musicologia, 1997 (supplemento a *Fonti Musicali Italiane*, I/1996), pp. 9-10; *Il Regio Ducal Teatro di Milano (1717 - 1778). Cronologia delle opere e dei balli con 10 indici*, a cura di Giampiero Tintori e Maria Maddalena Schito, Cuneo, Bertola & Locatelli, 1998, p. 55. Alcuni studiosi lasciano anonimo l'autore del libretto e attribuiscono la musica a Maria Teresa Agnesi: SONNECK, Oscar George Theodore. *Library of Congress. Catalogue of Opera Librettos Printed Before 1800*, 2 vols., Washington, Government Printing Office, 1914, vol. I, p. 288; SCHMIDL, Carlo. *Dizionario Universale dei Musicisti*, 3 voll., Milano, Sonzogno, 1937, vol. I, p. 17; BARBLAN, Guglielmo. 'Il teatro musicale in Milano nei secoli XVII e XVIII', in: *Storia di Milano*, 17 voll., [Milano], Fondazione Treccani degli Alfieri per la Storia di Milano, 1953 - 1966, vol. XII: *L'età delle riforme (1706 - 1796)*, 1959, pp. 947-996,

Manfredi, Francesco Mainini) e della musica (ancora Francesco Mainini)[9], ma è agevole verificare che si tratta di sviste o di deboli congetture. Mainini è infatti responsabile del vestiario nell'opera della quale ci stiamo occupando, mentre Pasquini e Manfredi scrissero il libretto per due precedenti *Ciro in Armenia*, rappresentati l'uno a Vienna nel 1733 con musica di Georg Reutter[10], l'altro a Verona nel 1750 con musica di Daniel Barba[11]. Indagheremo in seguito i motivi dell'attribuzione a Maria Teresa Agnesi, mentre ora dobbiamo rivolgere l'attenzione a Ignazio Balbi, che noi riteniamo compositore della musica, o d'una parte di essa, per il *Ciro in Armenia* milanese del 1753.

Tre lettere inviate da Balbi a padre Martini sono conservate oggi a Bologna presso il Civico Museo Bibliografico-Musicale. La prima, datata 11 novembre 1753 da Milano

---

in part. p. 983; KUZMICK HANSELL, Kathleen. *Opera and Ballet at the Regio Ducal Teatro of Milan, 1771 - 1776: A Musical and Social History*, Ph.D. Diss., Berkeley, University of California, 1980, p. 946: per *Ciro in Armenia* e per la successiva opera nella medesima stagione, *Lucio Vero* di Niccolò Jommelli (1754), l'autrice della tesi attribuisce parte della musica dei balli a G. B. Sammartini, una notizia per la quale non abbiamo trovato alcuna conferma (per *Lucio Vero* abbiamo consultato l'esemplare del libretto conservato a Milano presso la Biblioteca Nazionale Braidense, segnatura: Racc. Dramm. 6019/3). Al termine di questa lunga nota cogliamo l'occasione per ringraziare Laura Nicora, alla quale dobbiamo alcune delle precedenti indicazioni bibliografiche, nonché svariati suggerimenti che si sono rivelati preziosi nella stesura del presente articolo.

[9]. Il nome di Francesco Mainini quale autore della musica è registrato in SALVIOLI, Giovanni - SALVIOLI, Carlo. *Op. cit.* (vedi nota 8), col. 770 del vol. I, poi sostituito dal nome di Maria Teresa Agnesi nell'appendice, col. 55. «G. Manfredi» è indicato come autore del libretto da MANFERRARI, Umberto. *Dizionario universale delle opere melodrammatiche*, vol. I, Firenze, Sansoni Antiquariato, 1954, p. 25 (la musica è attribuita a Maria Teresa Agnesi). Si veda infine STIEGER, Franz. *Opernlexikon*, 4 Teile (*Titelkatalog, Komponisten, Librettisten, Nachträge*), Tutzing, Hans Schneider, 1975 - 1982, che nel catalogo per titoli attribuisce la musica a «Francesco Mainini (Maria Theresia Agnesi)» e il libretto a «Clod. Pasquini» (I: *Titelkatalog*, 3 voll., 1975, vol. I, p. 247), mentre nel catalogo per autori, alla voce Agnesi, attribuisce il libretto alla compositrice sotto lo pseudonimo di Francesco Mainini (II: *Komponisten*, 3 voll., 1978, vol. I, p. 7).

[10]. Non conosciamo alcun esemplare del libretto di quest'opera. La partitura, conservata a Vienna nella Musiksammlung della Österreichische Nationalbibliothek con la segnatura: Mus. Hs. 17 976, presenta il seguente frontespizio (cortese comunicazione di Günter Brosche con lettera dell'11.1.1999): «Ciro in Armenia. Festa di camera per musica da rappresentarsi nel giorno felicissimo natalizio della Sacra Cesarea Cattolica e Real Maestà di Carlo VI Imperador de Romani sempre Augusto, per comando della Sacra Cesarea Cattolica e Real Maestà di Elisabetta Cristina Imperadrice regnante. Anno 1733. La poesia è di abbate Pio Claudio Pasquini in attual servizio di S. M. C. e Catt. La musica è di Giorgio Reutter, compositore di S. M. C. e Catt.».

[11]. Due esemplari del libretto sono conservati nella Biblioteca Civica di Verona (segnature: D. 368/12; D. 380/9): «Ciro in Armenia. Dramma per musica del nob. signor Gianvito Manfredi veron., da rappresentarsi il Carnovale dell'anno 1750 nel Nuovo Teatro dietro alla Rena di Verona, dedicato all'impareggiabil merito di S. E. la Signora Cecilia Priuli Valmarana, capitania di Verona. In Verona per Dionigi Ramanzini librajo a S. Tomio. Con licenza de' Superiori». A p. 7 i «Personaggi»: «Ciro, principe e general dell'armi de' Medi: *la sig. Caterina Baratti romana*. Aspasia, moglie di Oronte, schiava di Ciro: *la sig. Orsola Strambi luchese*. Oronte, sotto nome di Araspe, re d'Armenia, sposo di Aspasia: *la sig. Anna Bastiglia bolognese*. Janisbe, amica di Aspasia: *la sig. Ottavia Barberini fiorentina*». Dopo i personaggi, sempre a p. 7: «La musica è del sign. Daniel Barba veronese. Li balli sono d'intierissima invenzione del sig. Andrea Cattani. Il vestiario è tutto di nuova invennione del sig. Nadal Canziani». Le pagine da 8 a 28 contengono il testo dell'opera, suddiviso in tre atti.

(c. 1^r: «Milano, 11.9.^{e} 1753»), merita di essere presa in esame perché trasmette un'informazione preziosa per la nostra indagine[12]. Sull'ultima pagina (c. 2^v) si legge l'indirizzo: «Al molto Reverendo Padre e Signor Padron Colendissimo il Padre Giovanni Battista Martini, Maestro nel Convento di San Francesco, Bologna». La c. 1^{r-v} reca la lettera di Ignazio Balbi, la c. 2^r un suo breve *post scriptum*. A c. 1^v, inoltre, sono aggiunte alcune righe del cavaliere Agostino Litta, nobile d'illustre famiglia e mecenate. Leggiamo anzitutto la lettera di Balbi:

> [c. 1^r] Carissimo Padre Maestro, con l'occasione che si porta costì il Padre Casera[13] non manco di passare al mio amatissimo Padre Maestro gli atti del mio dovere, memore della di lei somma cordialità e compatimento alle mie debolezze. Ho terminato questa opera di Milano e ho reso alla meglio che ho potuto contento il signor Amadori, come spero anche di farlo con gl'altri, ma temo che la forte fatica mia venga ad esser gettata a mottivo d'un libro nuovo che cadrà di sua natura quando che un sforzo di musica che ho fato non cavasse qualche sofferenza et caetera: Dio me la mandi buona. Qui presente si trova il signor Cavaliere Litta, che cordialmente lo riverisce unitamente all'amatissimo signor Antonio Bernachi e tutti [c. 1^v] li virtuosi della vera musica et caetera. Sa il signor Cavaliere che sta per stamparsi un certo tomo instrutivo per la musica, onde a suo tempo e mediante il dovuto pagamento desidera averlo subito e perciò si raccomanda a Vostra Paternità molto Reverenda. Mi voglij bene, mi conservi il suo amore, mi commandi, che io sono e sarò sempre con particolar stima di Vostra Paternità molto Reverenda devotissimo ed obligatissimo servitore ed amico. Ignazio Balbi.

Queste le righe aggiunte dal cavaliere Agostino Litta a c. 1^v:

> Non posso a meno di umiliarli in iscritto li miei rispetti, unitamente al mio caro Bernacchi ed al Minelli e Pasi, pregandoli a ricordarsi di me che studio di sempre più rendermene della loro memoria degno. La prego non risparmiarmi gli suoi comandamenti, quando la mi creda capace di qui servirla, e pieno di stima mi protesto. Cavaliere Litta.

Infine il *post scriptum* di Balbi a c. 2^r:

> Amadori, che si trova qui presente, le bacia le mani, e al signor Bonifacij consegno la piccola scatola di papié mascié[14].

---

[12]. Le lettere sono descritte da SCHNOEBELEN, Anne. *Padre Martini's Collection of Letters in the Civico Museo Bibliografico Musicale in Bologna. An annotated Index*, New York, Pendragon Press, 1979, p. 39, nn. 346-349 (tre lettere di Balbi e una risposta di padre Martini). La lettera che qui trascriviamo è la n. 346 e reca la segnatura: I.9.49.

[13]. Sei sono i personaggi menzionati nella lettera, oltre al Litta. Quattro sono noti cantanti: Amadori (G. Tedeschi), A. M. Bernachi, G. B. Minelli e A. Pasi. Padre Casera è forse da identificare con Giuseppe Cassera, superiore nel Convento di S. Francesco a Milano (*cfr. ibidem*, pp. 121-122). Per il «signor Bonifaci» non siamo in grado di fornire ulteriori notizie.

[14]. Rimane qualche dubbio circa l'interpretazione delle ultime due parole, che leggiamo «papié mascié» oppure «papié mascia», probabilmente dal francese *papier mâché* (cartapesta).

Nella lettera è importante considerare il riferimento di Balbi a una propria opera per Milano: dopo avere annunciato a padre Martini di averne terminata la stesura, il compositore aggiunge parole di speranza e di apprensione sull'esito del proprio lavoro e ci permette così di comprendere che l'opera è ancora in attesa di andare in scena[15]. La data della lettera (11 novembre 1753) e il riferimento di Balbi a uno degli interpreti (Amadori) ci consentono di supporre che l'opera sia proprio il *Ciro in Armenia* rappresentato a Milano il 26 dicembre di quell'anno con il cantante Amadori (Giovanni Tedeschi) nel ruolo di Tigrane[16]. Una conferma proviene da alcuni manoscritti del secolo XVIII conservati a Parigi (Bibliothèque nationale de France) e a Berkeley (University of California, Music Library)[17], che trasmettono un duetto e cinque arie attribuiti a Ignazio Balbi e recanti i nomi dei cantanti Amadori (Giovanni Tedeschi) e Colomba Mattei, interprete quest'ultima del personaggio di Palmide nella stessa opera. Dal confronto dei manoscritti con il libretto del 1753 si rilevano le seguenti concordanze:

Ah, se conosci amor
– Libretto (1753), p. 6: atto I, scena III, aria di Palmide;
– F-Pn: Mus. D.15304 (*olim* Cons. n° 395), pp. 257-263: «Sig:ra Colomba Mattei. Aria. N° 9. Del Sig:r D:n Ignatio Balbi dilettante», per voce (C1) e strumenti (G2, G2, C3, F4) in Fa Magg[18].

Padre... sposo... (oh Dio!), che giorno!
– Libretto (1753), p. 17: atto I, scena XIII, aria di Palmide;
– F-Pn: Mus. D.15306 (*olim* Cons. n° 395), pp. 281-291: «N.° 11. Sig:ra Colomba Mattei. Aria del Sig:r D:n Ignatio Balbi dilettante», per voce (C1) e strumenti (corni-F4/F4, oboi-G2/G2, G2, G2, C3, F4) in Mi♭ Magg.

Dove son? Qual notte opprime
– Libretto (1753), p. 20: atto I, scena XVII, aria di Tigrane;
– F-Pn: Mus. D.15309 (*olim* Cons. n° 395), pp. 333-346: «Sig.r Amedori. Aria del Sig:r D:n Ignatio Balbi dilettante», per voce (C1) e strumenti (corni-G2/G2, G2, G2, C3, F4) in Do Magg.

---

[15]. La preoccupazione di Balbi si percepisce in un passo il cui preciso significato rimane oscuro: «[...] ma temo che la forte fatica mia venga ad esser gettata a mottivo d'un libro nuovo che cadrà di sua natura quando che un sforzo di musica che ho fato non cavasse qualche sofferenza et caetera: Dio me la mandi buona».

[16]. Si veda qui a pag. 2 l'elenco dei personaggi e degli interpreti desunto dal libretto.

[17]. Il MS 96 di Berkeley porta sul frontespizio il seguente titolo: «Arie diverse con parte cantante e basso. In Pisa l'anno 1756». Per una descrizione si veda EMERSON, John A. *Catalog of Pre-1900 Vocal Manuscripts in the Music Library, University of California at Berkeley*, Berkeley-Los Angeles-London, University of California Press, 1988 (University of California Publications: Catalogs and Bibliographies, 4), pp. 143-144.

[18]. Abbiamo indicato le chiavi con le lettere C (do), F (fa) e G (sol) seguite da un numero che indica la riga del pentagramma su cui sono collocate (1 = riga inferiore).

Disperato in erme arene
– Libretto (1753), p. 31: atto II, scena VII, aria di Tigrane;
– F-Pn: Mus. D.15305 (*olim* Cons. n° 395), pp. 265-279: «N.° 10. Sig.r Amadori. Aria del Sig.r D. Ignazio Balbi», per voce (C1) e strumenti (corni-F4/F4, oboi-G2/G2, violini-G2/G2, C3, F4) in Mi♭ Magg.
– US-BE: MS 96, cc. 20ʳ-25ʳ: «Sig:r Amedori. Aria del Sig:r D:n Ignazio Balbi dilettante», per voce (C1) e strumenti (corni-F4/F4, oboi-G2/G2, violini-G2/G2, C3, F4) in Mi♭ Magg.

Lungi da sguardi miei (F-Pn: *Longi da sguardi miei*)
– Libretto (1753), pp. 38-39: atto II, scena XII, duetto di Palmide e Tigrane;
– F-Pn: Mus. D.15307 (*olim* Cons. n° 395), pp. 293-318: «N.° 12. Duetto del Sig:r D:n Ignatio Balbi dilettante», per due voci (C1, C1: «Sig:r Amedori» e «Sig:ra Colomba Mattei») e strumenti (G2, G2, C3, F4) in Fa Magg.

Ah, come vuoi ch'io freni (F-Pn: *Ah, come voi che freni*)
– Libretto (1753), p. 46: atto III, scena IV, aria di Tigrane;
– F-Pn: Mus. D.15308 (*olim* Cons. n° 395), pp. 321-332: «N.° 13. Sig:r Amedori. Aria del Sig:r D:n Ignatio Balbi dilettante», per voce (C1) e strumenti (corni-C4/C4, oboi-G2/G2, G2, G2, C3, F4) in Si♭ Magg.

Le precedenti concordanze, unitamente alla lettera indirizzata da Balbi a padre Martini, costituiscono una prova per l'attribuzione a Balbi della musica del *Ciro in Armenia* rappresentato a Milano nel 1753. In attesa di una controprova — questa potrebbe essere ad esempio la partitura completa, della quale per ora non si ha però notizia — diremo prudenzialmente che Balbi ha quantomeno collaborato all'opera con la composizione dei sei brani che sinora si sono potuti rintracciare. Per avere maggiori informazioni sul libretto, invece, è necessario chiarire finalmente il ruolo di Maria Teresa Agnesi nel caso di cui ci stiamo occupando.

Rileggiamo i due passi nei quali Giovanni e Carlo Salvioli hanno discusso l'attribuzione di *Ciro in Armenia*, inizialmente nel volume primo della loro *Bibliografia*[19]:

> Ciro in Armenia. Melodramma per musica. Poesia di Maria Teresa Agnesi. Musica di Francesco Mainini. Rapp. nel T. Ducale di Milano nel Carn. 1754. Il libretto non dà alcuna indicazione né sulla poesia, né sulla musica. Il Fétis col solito seguito attribuisce la musica di un *Ciro in Armenia* e di altre tre opere alla Agnesi, il Quadrio, milanese e contemporaneo, attribuisce invece la poesia di questo dramma alla Agnesi e la musica a Francesco Mainini.

e successivamente nell'appendice[20]:

---

[19]. SALVIOLI, Giovanni - SALVIOLI, Carlo. *Op. cit.* (vedi nota 8), col. 770 del vol. I: questa è probabilmente la sede in cui per la prima volta è stata proposta l'attribuzione a Maria Teresa Agnesi del *Ciro in Armenia* del 1753.
[20]. *Ibidem*, col. 55 dell'appendice.

> Ciro in Armenia. Col. 770. La Maria Teresa Agnesi fu realmente la compositrice della musica, come asseriva il Fétis, il quale questa volta ha ragione. Oltre che il *Ciro in Armenia* la Agnesi musicò altri due drammi, la *Sofonisba* e la *Nitocri*, e molte cantate, la più parte rappresentate in Milano.

Fétis, citato nei due passi, e prima di lui Gerber, hanno effettivamente attribuito un *Ciro in Armenia* a Maria Teresa Agnesi, ma non hanno indicato né la data, né il luogo della prima rappresentazione[21]. Ancora più interessante è la testimonianza di Quadrio — anch'egli citato nella *Bibliografia* di Giovanni e Carlo Salvioli —, che nell'ultimo volume della sua opera *Della storia e della ragione d'ogni poesia* tratteggia il seguente profilo di Maria Teresa Agnesi[22]:

> Maria Teresa Agnesi, milanese, dottissima compositrice di musica, fatte ha le note a moltissime cantate ed a tre drammi, il primo de' quali, che è la *Sofonisba*, è stato ricevuto da S. M. l'Imperatrice Regina con dimostrazioni di particolare aggradimento. Il secondo, intitolato il *Ciro in Armenia*, è stato egualmente accetto a S. M. il Re di Polonia Elettor di Sassonia, ed il terzo, che è la *Nitocri*, si dee fra giorni mettere in pruova nella sua casa paterna. Questa illustre donzella, ella è sorella degnissima della celebre donna Maria Gaetana Agnesi, matematica insigne e lettrice onoraria dello Studio di Bologna.

Si noterà che il riferimento di Quadrio non può essere al *Ciro in Armenia* rappresentato a Milano nel 1753, poiché il volume da cui è tratta la citazione reca la data 1752. Si deve trattare perciò di una precedente opera con lo stesso titolo, dedicata, come informa Quadrio, al re di Polonia elettore di Sassonia[23]. Proprio a questa precedente opera possiamo associare una partitura un tempo conservata a Dresda (D-Dl) e oggi perduta, sulla

---

[21]. FÉTIS, François Joseph. *Biographie universelle des musiciens et bibliographie générale de la musique*, 8 voll., Bruxelles, Leroux-Meline, 1835 - 1844, vol. I, p. 21; GERBER, Ernst Ludwig. *Historisch-biographisches Lexicon der Tonkünstler*, 2 Bde., Leipzig, J. G. I. Breitkopf, 1790 - 1792, vol. I, p. 15.

[22]. QUADRIO, Francesco Saverio. *Della storia e della ragione d'ogni poesia*, 5 voll. (in 7), Bologna, Ferdinando Pisarri, 1739 (vol. I), Milano, Francesco Agnelli, 1741 - 1749 (voll. II-IV), Milano, Antonio Agnelli, 1752 (vol. V). Il passo citato è nel vol. V, p. 294. A p. 550 del vol. III/2 (1744) Quadrio ci informa sull'attività di Francesco Mainini: «Giovanni Barbieri e Francesco Mainini inventarono gli abiti per la *Candace* e per la *Semiramide*, rappresentate in Milano nel 1733, ma quest'ultimo, come molto dotto e perito in quest'arte, gli abiti ancora fu eletto a ideare e a formare per la *Clemenza di Tito* e per l'*Artimene* e per la *Zoe* nel 1738, per lo *Scipione nelle Spagne* nel 1740, per l'*Artaserse* nel 1742, per l'*Agrippina* e per il *Demofoonte* nel 1743 e per l'*Arsace* nel 1744, drammi tutti in detta città recitati».

[23]. Alla medesima conclusione giunge Robert L. Kendrick, collocando a Dresda e datando agli anni antecedenti il 1752 la prima esecuzione del *Ciro in Armenia* di Maria Teresa Agnesi. Tra breve potremo fornire una spiegazione per le differenze cui accenna lo studioso tra il libretto del 1753 e una partitura incompleta conservata presso la Biblioteca del Conservatorio Giuseppe Verdi di Milano: KENDRICK, Robert L. 'Agnesi (Pinottini), Maria Teresa', in: *Die Musik in Geschichte und Gegenwart. Allgemeine Enzyklopädie der Musik, begründet von Friedrich Blume. Zweite, neubearbeitete Ausgabe*, hrsg. von Ludwig Finscher, 26 Bde., Kassel-Basel-London-New York-Prag, Bärenreiter; Stuttgart-Weimar, Metzler, 1994—, *Personenteil*, vol. I (1994), coll. 197-199.

quale siamo informati grazie a una vecchia scheda della Sächsische Landesbibliothek e a una breve descrizione di Eitner: la partitura recava il titolo *Ciro in Armenia* e conteneva una dedica, con firma autografa di Maria Teresa Agnesi, indirizzata a Federico Augusto. Questi può essere identificato con Federico Augusto II elettore di Sassonia, nonché re di Polonia con il nome di Augusto III (1696 - 1763, re ed elettore dal 1733)[24].

Se da un lato dobbiamo lamentare lo smarrimento della partitura di Dresda, avvenuto nel corso della seconda guerra mondiale, d'altra parte possiamo rallegrarci per avere a disposizione una copia manoscritta del libretto, tuttora conservata presso la Sächsische Landesbibliothek[25]. Il libretto, intitolato semplicemente «Ciro in Armenia» (p. 1), non è datato e non reca l'indicazione degli autori, ma possiamo essere quasi certi che si tratti dell'opera musicata da Maria Teresa Agnesi, considerata la sua ubicazione a Dresda e il riferimento a una «compositrice» nell'avvertimento indirizzato «Al lettore» (pp. 6-7), che qui trascriviamo:

> Conciosiacosaché le opere drammatiche dell'incomparabile signor abbate Metastasio siano state replicatamente poste in musica da più cellebri professori, né convenevole cosa essendo ad una dilettante compositrice l'inegual competenza di que' gran maestri, ha essa sperato che la novità di un dramma e la diversità delle parole le avrebbe suggerito idee diverse e motivi meno sentiti. Quindi è che per maggior sollecitudine si è accinta a porre in musica il presente libro di mano in mano che dal poeta si andava componendo, ma per avere questi mancato dal prosseguirlo ha dovuto altri graziosamente supplire col fraporvi alcune scene mancanti nell'atto 2.do ed aggiungervi tutto l'atto 3.^{zo}, per non lasciare così imperfetta una musica già tanto avanzata ed a sì alto oggetto

---

[24]. La vecchia scheda della Sächsische Landesbibliothek – Staats- und Universitätsbibliothek Dresden è intestata al nome di «Agnesi, Maria Teresa Donna», reca la segnatura «Mus. 3275 / F/1» e presenta la seguente descrizione (le parentesi quadre sono nella scheda): «Ciro in Armenia. Drama per musica. Dedicationsschreiben mit eigenhd. Unterschrift d.Verf. an Friedr. Aug. [1. August III.] (Auff. Mailand 1771). Part. 4°». Sotto «[1. August III.]» è stato aggiunto: «II». Robert Eitner indica quale dedicatario «Friedrich August I. (III.)»: EITNER, Robert. 'Agnesi, Pinottini Maria Teresa', in: *Biographisch-bibliographisches Quellen-Lexikon der Musiker und Musikgelehrten der christlichen Zeitrechnung bis zur Mitte des neunzehnten Jahrhunderts*, 10 Bde., Leipzig, Breitkopf & Härtel, 1900 - 1904, vol I, p. 52. La datazione che abbiamo proposto (1752 quale *terminus ante quem*) ci permette di escludere che la data indicata sulla scheda (1771) si riferisca alla prima esecuzione, così come ci ha consentito di precisare l'identità del dedicatario. A questo proposito concordiamo con l'ipotesi che Urte Härtwig ci ha comunicato dalla Sächsische Landesbibliothek con una lettera del 21.7.1998 in risposta ad una nostra richiesta: «Wie Sie richtig vermuten, muß es sich bei der Widmung der Partitur nicht um Friedrich August I., sondern um Friedrich August II., Kurfürst von Sachsen (1696 - 1763) handeln, der als König von Polen den Namen August III. trug. Wahrscheinlich war das Dedicationsschreiben nur an 'Friedrich August' (ohne weitere Bezeichnung) gerichtet, was später fälschlicherweise zu 'Friedrich Aug. I. August III.' ergänzt worden ist; auf unserer Katalogkarte wurde unter dieser irrtümlicher Ergänzung ja auch bereits eine 'II' hinzugefügt».

[25]. D-Dl, segnatura: MT 4° 117 Rara (*olim* Lit. Ital. D 357). Anche per la segnalazione di questo libretto siamo riconoscenti a Urte Härtwig, che ha risposto in modo puntuale ed esauriente alla nostra richiesta relativa alle opere di Maria Teresa Agnesi nella Sächsische Landesbibliothek.

consagrata. Il che è quanto credesi neccessario di avvertire per non inutile notizia de' legitori in ordine al presente libro.

Alle prime due pagine (la prima con il titolo, la seconda bianca) segue l'«Argomento» (pp. 3-5)[26], quindi, dopo l'avvertimento alle pp. 6-7, l'elenco degli «Attori» (p. 8):

> Ciro di Persia.
> Arsace, re d'Armenia.
> Tigrane, figlio d'Arsace, destinato sposo a Palmide.
> Palmide, principessa di Frigia, destinata sposa a Tigrane.
> Semira, sorella di Ciro, amante non corrisposta di Tigrane.
> Araspe, capitano e confidente di Ciro.

Il vero e proprio testo del libretto, suddiviso in tre atti, prende avvio alla pagina successiva (p. 9) e si conclude a pagina 100.

Grazie al confronto con il libretto rintracciato a Dresda è ora possibile riconsiderare una partitura manoscritta, conservata a Milano, contenente il terzo atto incompleto di un *Ciro in Armenia* senza indicazione d'autore[27]. Oggi possiamo infatti affermare che la partitura milanese, sinora attribuita in via soltanto ipotetica a Maria Teresa Agnesi[28], concorda con il libretto manoscritto di *Ciro in Armenia* conservato nella Sächsische Landesbibliothek. La partitura è costituita da 37 carte ed è acefala, aprendosi con le parole «parla, o padre» dall'aria di Tigrane *Sposa, è ver... ma quel tiranno*, che conclude la quinta scena dell'atto terzo. Da questo punto essa procede senza interruzione sino alla fine dell'opera[29].

---

[26]. Trascriviamo l'argomento: «Armeno re d'Armenia — che chiameremo Arsace —, dopo essere stato vinto da Astiage re de' Medi, patteggiò con esso un annuo tributo, con obbligo di accompagnarlo in tutte le sue militari imprese e di non fare alcuna fortezza. Non passò molto che Arsace, presa l'occasione in cui Astiage trovavasi impegnato in una guerra cogli Assirj, ricusò di pagare il tributo, fabricò fortezze e strinse lega con essi. Per lo che, non essendo Astiage allora in caso di vendicarsi apertamente con l'armi, per consiglio di Ciro di Persia s'appigliò alla frode, acconsentendo che Ciro istesso, sotto pretesto d'una caccia generale solita da lui farsi nei confini dell'Armenia, tentasse di sorprendere Arsace senza difesa, come infatti le riescì facendolo prigioniero con tutta la real famiglia. In questo stato di cose giunse Tigrane, primogenito d'Arsace, di ritorno da un viaggio che aveva fatto, e presentatosi a Ciro, del quale era stato più volte compagno di caccia, tanto seppe perorare che ottenne al padre la libertà ed il regno sotto le condizioni da Zenofonte riferite nel lib. 3. della vita di Ciro. Si finge che Semira, sorella di Ciro, lo abbia seguitato in tale impresa spinta da occulto amore per Tigrane, da lei più volte veduto in Media compagno di Ciro nella caccia. Si finge ancora che fra prigionieri vi fosse Palmide, principessa di Frigia, di fresco gionta in Armenia alle nozze di Tigrane. Il violento amore che si finge conceppito da Ciro per questa principessa, la di lei costante fedeltà al suo sposo, l'amore di Semira da Tigrane disprezzato, le gare di fortezza fra Palmide ed Arsace formano l'intreccio del presente dramma, ed il ravedimento di Ciro la soluzione. La scena è nella capitale del regno di Armenia».

[27]. I-Mc, segnatura: Fondo Noseda Z 6-2.

[28]. *Cfr.* HANSELL, Sven. 'Agnesi-Pinottini, Maria Teresa', in: *The New Grove Dictionary of Opera*, *op. cit.* (vedi nota 8); *Sammartini e il suo tempo* [...], *op. cit.* (vedi nota 8): nei due lavori l'attribuzione alla compositrice si riferisce erroneamente al *Ciro in Armenia* del 1753; si veda inoltre KENDRICK, Robert L. *Op. cit.* (vedi nota 23).

[29]. Con i dati raccolti sarebbe possibile identificare a questo punto anche un'altra partitura manoscritta,

Con la nostra indagine siamo così giunti a identificare due diverse opere intitolate *Ciro in Armenia*. Della prima, databile al più tardi al 1752 e dedicata a Federico Augusto II elettore di Sassonia, abbiamo individuato una copia manoscritta del libretto (a Dresda, D-Dl) e la partitura manoscritta incompleta del terzo atto (a Milano, I-Mc). La musica dell'opera può essere attribuita alla compositrice milanese Maria Teresa Agnesi. Del successivo *Ciro in Armenia*, eseguito nel Regio Ducal Teatro di Milano il 26 dicembre 1753, possediamo il libretto a stampa, nonché alcune arie e un duetto manoscritti conservati a Parigi (F-Pn) e a Berkeley (US-BE). I brani sono attribuiti a Ignazio Balbi, che è forse da considerare l'autore della musica per l'intera opera.

I libretti dei due *Ciro in Armenia* differiscono l'uno dall'altro, ma sono evidentemente imparentati. Il loro rapporto non è provato soltanto dalla stretta analogia degli argomenti e dalla presenza dei medesimi personaggi, ma anche e soprattutto dalle numerose concordanze a livello testuale, che coinvolgono intere arie, duetti e lunghi passi di recitativo. Accade che i passi concordanti siano talvolta collocati in posizioni diverse nel corso della narrazione, come appare dalla tabella seguente, che riunisce duetti e arie comuni ai due libretti (le ultime due colonne indicano l'atto e la scena nel libretto manoscritto conservato a Dresda e nel libretto a stampa del 1753):

			(ms. in D-Dl)	(stampa, 1753)
Sofri con alma invitta	aria	Arsace	I,i	I,i
Ah, se conosci amor	aria	Palmide	I,iii	I,iii
Quanta beltà finor	aria	Ciro	I,iv	I,v
Padre... sposo... oh Dei, che giorno!	aria	Palmide	I,x	I,xiii
Dolor che laceri	aria	Arsace	I,xi	I,xiv
De mesti casi tuoi	aria	Semira	I,xiii	I,xvi
Dove son? Qual notte oprime	aria	Tigrane	I,xiv	I,xvii
Senza sì vasto impero	aria	Ciro	II,i	II,iii
Cesserà la sorte attroce	aria	Tigrane	II,iv	III,ix
Se tranquilla un'aura spira	aria	Semira	II,v	II,viii
Più bella sorte addita	aria	Arsace	II,ix	II,xi
Lungi da sguardi miei	duetto	Palmide e Tigrane	II,x	II,xii
In noi pugna un doppio core	aria	Araspe	III,i	II,vi
Se per sì dolce amore	aria	Palmide	III,vii	III,vii

Talvolta i segmenti concordanti presentano differenze anche notevoli, come nell'aria di Palmide *Ah, se conosci amor* che proponiamo ad esempio:

---

che analogamente a quella milanese trasmette soltanto una parte, in questo caso il solo secondo atto, di un anonimo *Ciro in Armenia*. Il manoscritto è conservato nella Biblioteca privata Borromeo sull'Isola Bella (Lago Maggiore), collezione alla quale non ci è stato consentito l'accesso. Anche questa seconda partitura è stata attribuita senza alcuna prova a Maria Teresa Agnesi: si vedano i primi due riferimenti della nota precedente.

<table>
<tr><td>(ms. in D-Dl)</td><td>(stampa, 1753)</td></tr>
<tr><td>
Ah, se conosci amor,
  l'affanno del mio cor
  e questo intenderai
  barbaro pianto.
Poveri affetti miei,
  chi detto avrebbe mai
  ch'oggi soffrire, oh Dei,
  doveste tanto?
</td><td>
Ah, se conosci amor,
  tu pur conoscerai
  l'affanno del mio cor,
  tu questo intenderai
  barbaro pianto.
Scorgi la sorte mia,
  sei vincitore e sai
  dei vincitor qual sia
  il più bel vanto.
</td></tr>
</table>

Per ora gli autori dei libretti rimangono ignoti e saranno quindi necessarie ulteriori indagini per sciogliere i problemi di attribuzione e per chiarire se il libretto del 1753 è una rielaborazione del precedente, oppure se i due testi letterari sono in altro modo collegati. Per quanto riguarda la musica non è invece possibile stabilire per il momento se vi siano connessioni tra le due opere, poiché i pochi brani sinora individuati non consentono confronti.

Giunti a questo punto, quasi ormai alla conclusione del nostro lavoro, possiamo tentare di ricostruire i passaggi che portarono ad attribuire a Maria Teresa Agnesi il *Ciro in Armenia* del 1753. Sin dai tempi di Quadrio (1752), e poi con Gerber (1790) e Fétis (1835) tra i musicologi, un'opera intitolata *Ciro in Armenia* era annoverata tra le composizioni di Maria Teresa Agnesi. La partitura dell'opera fu segnalata da Eitner nel 1900 e sino a quel momento non erano noti né la data, né il luogo della prima rappresentazione. In seguito, quando si venne a conoscenza del libretto anonimo del *Ciro in Armenia* rappresentato a Milano nel 1753, il nome della compositrice fu associato automaticamente a questa nuova testimonianza. L'imprecisione fu in sostanza il risultato di una valutazione condotta sulla base di una conoscenza soltanto parziale delle fonti[30], e l'eventualità che altri compositori potessero avere posto in musica un libretto con lo stesso titolo — è il caso di Balbi per *Ciro in Armenia* — non venne presa in considerazione. Forse non sarà del tutto inutile tenere presente che percorsi associativi analoghi a quello poc'anzi descritto possono essere alla base di varie difficoltà d'attribuzione che costellano la storia della musica e della musicologia, non ultime quelle relative al fenomeno delle attribuzioni contrastanti per le quali è spesso difficile proporre soddisfacenti spiegazioni[31].

---

[30]. Non erano infatti noti, o non erano stati ancora esaminati e confrontati, il libretto manoscritto di *Ciro in Armenia* conservato a Dresda, la partitura incompleta di Milano, le arie e il duetto attribuiti a Ignazio Balbi nelle biblioteche di Parigi e di Berkeley, la lettera di Balbi a padre Martini.

[31]. Si pensi al libretto del *Ciro in Armenia* del 1753, attribuito da alcuni a Maria Teresa Agnesi, da altri a Giovanni Claudio Pasquini, da altri ancora a Gianvito Manfredi. In questo caso la relativa ricchezza di documentazione ha consentito di sciogliere la difficoltà e di chiarire che le tre attribuzioni non sono casuali, poiché tutti e tre i personaggi hanno legato il loro nome a opere intitolate *Ciro in Armenia*. Analoghe situazioni potrebbero essersi verificate anche laddove le informazioni in nostro possesso non sono sufficienti per ricostruire nella loro interezza le cause di attribuzioni discordi.

Stormy Interlude: Sammartini's Middle Symphonies and Overtures in Minor

Bathia Churgin
(Ramat-Gan)

There is a long history concerning the expressive associations of modes and keys[1]. In the late Baroque style, the minor mode occurs frequently as the tonic key of instrumental and vocal music. Expression in minor can be neutral or even joyful (think of J. S. Bach's Orchestral Suite in B minor), as well as tragic or melancholic. Many fewer works in minor, however, were written by composers in the Classic period, and normally such works have special dramatic and expressive qualities. In the words of Bernard Rywosch, «A symphony in the minor means something out of the ordinary for a symphonist of the eighteenth century. The minor, as the tonality of the outer movements, is the vehicle for the expression of passion or grief»[2]. It is not only the symphony but all genres of instrumental works, however, that embody such expressive effects. We are familiar with such works by Haydn, Mozart, and Beethoven. If we take Mozart, for example, there exists a select group of great works in C minor (the Piano Sonata, K. 457, the Piano Fantasy, K. 475, and the Piano Concerto, K. 491); D minor (the String Quartet, K. 421 and the Piano Concerto, K. 466); and G minor (the Piano Quartet, K. 478, the String Quintet, K. 516, and the Symphony No. 40, K. 550).

Haydn produced the greatest number of his symphonies in minor — six — in the period c. 1765 - 1772, each in a different key: No. 26 (d), No. 39 (g), No. 44 (e), No. 45 (f♯), No. 49 (f), and No. 52 (c)[3]. Taken together with other significant Haydn works in minor for keyboard, string quartet, and religious music, this period has been given much attention as

---

[1]. See STEBLIN, Rita. *A History of Key Characteristics in the Eighteenth and Early Nineteenth Centuries*, Ann Arbor (MI), UMI Research Press, 1983.

[2]. The quotation from the dissertation on Haydn's symphonies by Rywosch comes from LANDON, H. C. Robbins. *Haydn, Chronicle and Works*, 5 vols., Bloomington-London, Indiana University Press, vol. II, 1978, pp. 272-273.

[3]. When keys are cited in a series, small letters refer to minor keys and capital letters to major keys. Minor chords and key relationships are also indicated by lower-case Roman numerals. Thus, iii refers to a minor chord or key on the third degree. Such numerals also identify diminished chords. A superscript above a measure number indicates the beat, as m. 15^1 refers to m. 15, beat 1.

Haydn's *Sturm und Drang* period. Because it preceded the literary movement in Germany with this name, whose first famous works were written in 1773 - 1774 by Goethe, there has been considerable controversy regarding the interpretation of this stage of Haydn's stylistic development. Rather than emphasizing a single dramatic period in music in the later 1760s and early 1770s, some commentators such as Leonard Ratner and Max Rudolf believe that the *Sturm und Drang* can be thought of as a musical topic throughout the Classic period (Ratner), with examples even in the years c. 1730 - 1760s, especially in opera and the *recitatif obligé* (Rudolf), an approach this writer finds quite convincing[4]. The following study of Sammartini's middle symphonies and overtures in minor, music dated far earlier than Haydn's *Sturm und Drang* symphonies, was undertaken to see whether these works reveal a more dramatic musical language and conception of form as the Haydn examples. See the tables below for basic information regarding Sammartini's symphonies and overtures in minor.

G. B. Sammartini: symphonies and overtures in minor

Table 1
Scoring and dates

Early Period (up to c. 1739)

J-C 9	str. *a4*; on the basis of style: late 1720s/early 1730s.
J-C 23	str. *a3*; c. 1732 or before.
J-C 59	str. *a3*; c. 1732 or before.

Middle Period (c. 1740 - c. 1758)

J-C 8	2 hn., str. *a4* (2 ob. in 1/cantata; first mvt. overture to Lenten cantata J-C 117, perf. 5 March 1751).
J-C 56	str. *a4*; (2 ob., 2 hn. in 1/cantata; first mvt. overture to Lenten cantata J-C 122, perf. 9 March 1759) (style 1740s).
J-C 57	2 hn., str. *a4*; before 9 April 1749 (perhaps c. 1744/1745).
J-C 58a	str. *a4*, pub. 11 Sept. 1758 (style 1740s).
J-C 118	2 ob., 2 hn., str. *a4*; overture to Lenten cantata, perf. 12 March 1751.
J-C 119	2 ob., 2 tr., str. *a4*; overture to Lenten cantata, perf. 19 March 1751.

N.B. *a3* = 2 vn., bs.; *a4* = 2 vn., va., bs.

---

[4]. See RATNER, Leonard G. *Classic Music: Expression, Form and Style*, New York-London, Schirmer Books-Macmillan, 1980, p. 21; RUDOLF, Max, for a literary and musical survey in 'Storm and Stress in Music', in: *Bach*, III (1972), Parts I-III, repr. in vol. XXV (1994), pp. 6-35. A similar point of view is expressed in HOFFMANN-ERBRECHT, Lothar. 'Sturm und Drang in der deutschen Klaviermusik von 1753 - 1763', in: *Die Musikforschung*, X (1957), pp. 466-479. The article by HEARTZ, Daniel – BROWN, Bruce Alan. 'Sturm und Drang', in: *The New Grove Dictionary of Music and Musicians*, Second Edition, edited by Stanley Sadie, 29 vols., London, Macmillan, 2001, vol. XXIV, pp. 631-633, does not consider *Sturm und Drang* as a topic, though it mentions the *recitatif obligé* in Jommelli and Traetta operas. The bibliography does not list the Rudolf article. See also the article: FINSCHER, Ludwig. 'Sturm

Table 2
Keys, tempos, meters, lengths

Early Period (up to c. 1739)

	TEMPO	KEY	METER	LENGTH
J-C 9	Allegro	c	3/4	60
	Affettuoso	E♭	2/4	40
	Allegro	c	3/8	73
J-C 23	Allegro	d	2/4	45
	Grave	F	12/8	30
	Presto	d	3/4	79
J-C 59	[1 missing]	–	–	–
	Affettuoso	B♭	2/4	60
	Allegro	g	2/4	67

Middle Period (c. 1740 - c. 1758)

	TEMPO	KEY	METER	LENGTH
J-C 8	Risoluto assai	c	¢	63
	Andante	f	2/4	37
	Minue[tto] Spiritoso assai	c	3/4	68
J-C 56	Allegro	g	C	43
	Andante [pianissimo]	c	3/4	47
	Presto	g	C	53
J-C 57	Presto	g	3/8	96
	Andante	E♭	2/4	32
	Allegro	g	3/8	159
J-C 58a	Spiritoso	g	¢	69
	Largo e piano	E♭	¢	40
	Spiritoso	g	3/8	77
J-C 118	Presto	g	¢	96
J-C 119	Presto	g	3/4	87

und Drang', in: *Die Musik in Geschichte und Gegenwart. Allgemeine Enzyklopädie der Musik, begründet von Friedrich Blume. Zweite, neubearbeitete Ausgabe*, hrsg. von Ludwig Finscher, 26 Bde., Kassel-Basel-London-New York-Prag, Bärenreiter; Stuttgart-Weimar, Metzler, 1994—, *Sachteil*, vol. VIII (2002), col. 2018-2022. Finscher is against referring to *Sturm und Drang* as a general style category. In SISMAN, Elaine R. article 'Haydn's Theater Symphonies', in: *Journal of the American Musicological Society*, XLIII (1990), pp. 292-352, the author has pointed to the theater as the probable influence on Haydn's *Sturm und Drang* symphonies. In WEBSTER, James. article 'Haydn, Joseph', in: *The New Grove* [...], *op. cit.*, vol. 11, p. 179), the writer states that Haydn's new symphonic style may have been influenced by his intensive composition of sacred music and opera from 1766.

A survey of Sammartini's extant authentic works provides a revealing picture of the role of the minor mode in Sammartini's music in general. In his instrumental compositions we find of 67 extant symphonies, 7 symphonies in minor, more than 10%, a high percentage for the Classic period; but of c. 170 largely string trios only 2 trios in minor. Except for a one-movement keyboard sonata in D minor, all Sammartini's other instrumental works — the concertos, concertinos, marches and minuets, solo and duo sonatas, quartets, and quintets — all have major tonics[5].

Turning to the vocal music, a different pattern emerges. In the operas, the arias in minor decline radically from four in the more Baroque-influenced *Memet*, J-C 88 (1732) to only one each in Sammartini's next operas, the early Classic *L'Ambizione superata dalla virtù*, J-C 89 (1734), and *L'Agrippina*, J-C 90 (1743). Of the surviving secular works, only the charming Glee *Campana che suona*, J-C 98 (pub. 1762) is in minor. The real place for the minor mode in Sammartini's music, besides the symphonies, is in his sacred music. While some movements and sections in minor are not associated with dramatic texts, such as the *Gloria Patri* in the two settings of the *Dixit Dominus*, J-C 105 and J-C 106, most examples in minor are attached to dramatic and tragic texts. These are the *Qui tollis* settings in the extant *Glorias*, J-C 100 and J-C 102; the *Crucifixus* in the *Credo*, J-C 103; the highly dramatic *Deposuit* in the *Magnificat*, J-C 111; the *Miserere*, J-C 112 (1750), with six of eight numbers in minor; and the eight cantatas for the first five Fridays in Lent, J-C 117 - J-C 124 (1751, 1759, 1760). The extant Lenten cantatas — only 8 survive with music of 48 known works of this type — contain the highest proportion of movements in the minor besides the *Miserere*[6].

Dating

Of the three early symphonies in minor, two, J-C 23 and J-C 59, can be placed among the earliest dated Classic symphonies. Autograph copies of movements II and III are found among four trio symphonies in autograph located in Paris, the Bibliothèque nationale[7]. The

---

[5]. Two keyboard sonatas in D minor (I-Rc) and A minor (I-Gl) are doubtful. This survey reinforces the probability that these one-movement sonatas are not by Sammartini, as does their fully Baroque style. The sonata in A minor has been included in an edition of 18 keyboard sonatas ascribed to Sammartini in: SAMMARTINI, Giovan Battista. *Sonate per organo o cembalo*, a cura di Mariateresa Dellaborra, Milano, Bottega Discantica, 1999.

[6]. For the librettos of the lost cantatas, see App. C J-C 20-56 in JENKINS, Newell - CHURGIN, Bathia. *Thematic Catalogue of the Works of Giovanni Battista Sammartini: Orchestral and Vocal Music*, Cambridge (MA), Harvard University Press, 1976. Four additional librettos are listed in SARTORI, Claudio. *I libretti italiani a stampa dalle origini al 1800. Catalogo analitico con 16 indici*, 7 voll., Cuneo, Bertola & Locatelli, 1990 - 1994. The music for the eight Lenten cantatas was scored by Pater Sigismund Keller of the abbey of Einsiedeln, Switzerland. He made two copies of his scores, the Einsiedeln score in 1875 and a second score in 1880, now in Munich, Bayerische Staatsbibliothek. Most of the original parts are lost.

[7]. For the scores and remarks on the dating of these early symphonies, see my edition *The Symphonies of*

first movements of two of these symphonies, J-C 66a and J-C 38 (found complete elsewhere) were used by Sammartini as introductions to Acts II and III of his first opera, *Memet*, dated 1732, thereby dating the entire group of four symphonies by 1732. The symphony a4, J-C 9, is surely another of the earliest symphonies, probably dating from the late 1720s or early 1730s. It appears in the Opus 1 of the Fonds Blancheton in the Conservatoire collection of the Bibliothèque Nationale. These early symphonies in minor are serious in mood but do not contain any unusual features, except perhaps their uniformly long, expressive slow movements and non-minuet finales. In fact, the finale of J-C 23 is far longer and richer in ideas and harmony than the first movement.

Each of the four middle symphonies and two overtures in minor bears specific dates, though same dates seem too late, a situation that often occurs regarding the available dates for Sammartini's works[8]. The earliest date is attached to Sammartini's most dramatic symphony, J-C 57; Gluck, who probably studied with Sammartini in 1737-1741, borrowed the finale (omitting the horns) as the introduction to the second part of his serenata *La Contesa dei numi*, first performed in Copenhagen on 9 April 1749. This date gives a *terminus ad quem* for the symphony, which is listed in the Sammartini thematic catalogue. However, I believe the date can be pushed back by a few years at least. Since Gluck borrowed the first movement of another Sammartini symphony, J-C 44, as the first movement of his three-movement overture to the serenata *Le Nozze d'Ercole e d'Ebe*, first performed in Pillnitz, near Dresden, on 29 June 1747, both symphonies were probably in his possession by 1747. One may even go one step further and suggest that both symphonies were probably composed before Gluck left Milan after the premier of his last opera for the city on 31 January 1745. There is no information on Gluck's activities in Milan thereafter. It has been suggested that he left the city — or Italy — in the late summer of 1745[9]. A dating of the two 'Gluck' symphonies

---

G. B. Sammartini. Volume 1: The Early Symphonies, Cambridge (MA), Harvard University Press, 1968 (Harvard Publications in Music, 2). Information on the sources of all works discussed in this article is given in JENKINS, Newell - CHURGIN, Bathia. *Thematic Catalogue of the Works of Giovanni Battista Sammartini* […], op. cit., (see footnote 6). For further analysis and context for the works discussed here, see CHURGIN, Bathia. *The Symphonies of G. B. Sammartini*, 2 vols., Ph.D. Diss., Cambridge (MA), Harvard University, 1963; Ann Arbor (MI), UMI 74.26282, 1974. The latest information on Sammartini's life and work is given in my article, 'Sammartini, Giovanni Battista', in: *The New Grove* […], op. cit., (see footnote 4), vol. XXII, pp. 209-215.

[8]. Thus, for example, J-C 66a, whose first movement was used as the introduction to Act II in the opera *Memet* (1732), was published in a slightly different version in London in 1745. The symphony J-C 38, whose first movement appears as the introduction to Act III of *Memet*, was published in Paris in 1741/1742.

[9]. It is possible that Gluck went to London via Frankfurt for the coronation of Franz I as Holy Roman Emperor on 28 September 1745. Gluck's first opera for London was performed on 7 January 1746. See HOWARD, Patricia. *Gluck, An Eighteenth-Century Portrait in Letters and Documents*, Oxford, Clarendon Press, 1995, pp. 12-13. For a reproduction of the MS containing Gluck's version of the finale of J-C 57, see my edition, *Giovanni Battista Sammartini: Ten Symphonies*, New York-London, Garland, 1984 (The Symphony 1720 - 1840, a comprehensive collection of full scores in 60 vols., edited by Barry S. Brook and Barbara B. Heyman, series A/II), pp. xxxviii-xxxix. See also my article 'Alterations in Gluck's Borrowings from Sammartini', in: *Studi musicali*, IX/1 (1980), pp. 117-134.

by 1745 fits their style in which the viola and the bass double more consistently than in later works of the 1740s. Using these parameters, the date of J-C 57 can be pushed back as early as c. 1744/1745.

The date c. 1750 - early March 1751 is available for the first movement of a symphony in C minor, J-C 8, and two one-movement overtures in G minor used by Sammartini as introductions to the first three of his cycle of five cantatas for the Fridays in Lent, performed in Milan on 5, 12, and 19 March 1751. These works were written for the congregation SS.^{mo} Entierro that met in the Jesuit church of S. Fedele. Sammartini was the *maestro di cappella* of the congregation from 1728 to 1773, and his first set of Lenten cantatas dates as early as 1725. Other symphonic movements were included in the 1751 cycle of cantatas 4 and 5, as well as a cantata dated 1759. It seems likely that the symphonies were written first in such cases and the initial movements extracted for use as overtures. The incorporation of first movements from symphonies in a dramatic context occurred in *Memet*, and may have been a regular practice respecting other cantatas whose music is lost.

The two symphonies in G minor with dates later in the 1750s are J-C 58a and J-C 56, though both embody traits of the 1740s. J-C 58a was published in Paris by La Chevardière in a *vari autori* collection announced 11 September 1758. Since, as mentioned earlier, Sammartini's works were often published years after they were composed, the date of 1758 should not be taken as a date of composition. Both the printed and manuscript sources call for strings alone, which also suggests the decade of the 1740s as well as the thinner texture of the first movement with frequent violin doublings. Another early trait is the old-fashioned 3/8 finale, which comes as a surprise after a dramatic first movement and expressive *Largo*. A second version of the symphony in Stockholm, J-C 58b, replaces the 3/8 finale with the striking overture to the cantata J-C 118 (see also footnote 19).

The first movement of J-C 56 appears as the overture to a later Lenten cantata, J-C 122, performed on 9 March 1759, thus providing an ultimate date for the symphony. This symphony too is scored for strings alone in its only complete version in Ms. (found in Zurich). The scoring again suggests a dating in the 1740s as does the texture of the outer movements in which the violins frequently double at the unison. Further, the overture version adds 2 oboes and 2 horns and contains a revision of the development section (see below), indicating an earlier genesis of the symphony.

In summary, there seems to be a limited period in which Sammartini composed his extant middle symphonies and overtures in minor, dating c. 1744/1745-1751. All of these works, as we shall see, contain unique dramatic traits not found earlier or later in Sammartini's symphonic output. After this period, Sammartini wrote no symphonies in minor, and only three of his 12 late symphonies, c. 1759-1772, include slow movements in the minor mode.

Stormy Interlude: Sammartini's Middle Symphonies and Overtures in Minor

Choice of Keys

According to the listings in Jan LaRue's *A Catalogue of 18th-Century Symphonies,* the minor keys most frequently found for Classic symphonies are D, C, and G minor, in that order[10]. Though Sammartini also chose these keys for his symphonies and overtures, the order differs. Sammartini prefers G minor in four symphonies and two overtures, followed by C minor in two symphonies and D minor in only one early symphony. Actually, most of Sammartini's operatic arias in minor are also in G minor and it is the favored key for the slow movements of his symphonies in G major (11 of 15 works). Sammartini's preference for G minor matches the choice of this key by leading later 18th-century Austrian symphonists[11]. The preferred minor keys in the *Miserere, Magnificat,* and Lenten cantatas are G, C, and F minor and these keys appear both between and within movements of Sammartini's symphonies in minor.

A basic difference can be seen in the key relationships between movements in the early and middle symphonies in minor. The early symphonies contain slow movements in the conventional relative major, while all the middle symphonies reject this standard choice. Two slow movements of the symphonies in G minor (J-C 57 and J-C 58a) are in the submediant major, E♭, and two are in the subdominant minor (J-C 56 and J-C 8), maintaining the minor mode throughout the cycle, a rare choice. On the other hand, the selection of the submediant major within a cycle in minor becomes much more common. We are familiar with such choices in the works of Haydn, Mozart, and Beethoven, but the tradition, as we can see, is an old one and it goes back in Classic music to the 1740s in Sammartini, though even further back in the Baroque to the music of Corelli and Vivaldi[12].

The Symphonic Cycle as a Whole

Of the four middle symphonies in minor, only J-C 8 ends with a minuet, the most common type of finale in the middle period. The minuet, however, is long and serious,

---

[10]. See LaRue, Jan. *A Catalogue of 18th-Century Symphonies, Volume I: Thematic Identifier,* Bloomington-Indianapolis, Indiana University Press, 1988.

[11]. These statistics were compiled in an unpublished study of key choices and slow-movement key relationships in the Classic symphony by Eli Greenzweig (Netanya, Israel). The Austrian composers that he checked were Dittersdorf, Joseph and Michael Haydn, Hofmann, Mozart, Ordoñez, Pleyel, and Vanhal. Sammartini's preference for G minor is one of several examples showing that his symphonies share important features with the Viennese symphonic tradition. Greenzweig believes that the paucity of slow movements in minor in Sammartini's late symphonies reflects the trend toward the major mode in all movements of Classic symphonies in those years.

[12]. All references to keys and choice of key come from Eli Greenzweig. Another striking example of a symphony in minor keys throughout is J. C. Bach's impressive symphony in G minor, Op. 6, No. 6 (published in 1770), whose slow movement is in C minor. The only symphony entirely in minor by Haydn, Mozart, or Beethoven is Haydn's Symphony No. 49 in F minor (1768), a church sonata type beginning with a slow movement.

and shares textural activity and special harmonic effects with the first movement. While J-C 58a has a weaker 3/8 finale, both J-C 56 and J-C 57 present strong finales, longer and richer than the first movements. The finale of J-C 57 is actually far longer than the first movement and constitutes one of the earliest examples in the Classic symphony of a climactic finale.

All fast movements of the symphonies and the fast overtures are in sonata form, sometimes without repeat marks (non-repeating sonata form), as in J-C 56/I, J-C 57/I, and J-C 58a/I and II. All these movements contain recapitulations beginning with the primary theme except in J-C 57/III, where the reprise starts with a new theme that includes the basic motive of the primary theme in a thoroughly reformulated recapitulation. The slow movements, however, differ almost completely from the formal pattern of the fast movements. Only the structure of J-C 58a/II has a connection with sonata form, being organized as a binary sonata form, with the recapitulation starting from the transition. Sammartini rarely uses this early type of sonata form, and prefers an exposition-recap form for the slow movement or very occasionally, a full sonata form with reprise starting from the primary theme. The remaining three slow movements deviate strikingly from the standard slow movements by Sammartini of this period. Two, J-C 57/II and J-C 8/II, have simple binary forms, and one, J-C 56/II, is a non-modulating two-part form. All the slow movements feature a four-part texture (with horns in J-C 57/II), though the fast outer movements often have a three-part texture (excluding J-C 8 and J-C 58a/III).

Among the particular features of these symphonies are the long development sections in all the sonata-form fast movements. These sections are more than 50% the length of the exposition, the one in J-C 57/I even being a measure longer than the exposition. Though long developments appear in some middle symphonies, in this period most developments are short — less than 50% of the length of the exposition — reflecting the influence of the Italian overture, which has its greatest impact in these years. The two overtures in minor, despite their intensity, also follow the Italian-overture model in their brief though effective development sections.

We have already seen that the symphonies in minor feature cycles with strong finales and that the fast movements contain unusually long developments for this period. Many other aspects set these symphonies and overtures apart from the middle symphonies in major. Among these striking effects are the use of distant keys, dissonant chords, chromaticism, wide melodic leaps, strong climaxes or intensifications in the development and recapitulation, and expressive thematic transformations. Other effects are revealed by analysis of each work. Many of these effects are associated with the *Sturm und Drang* symphonies of the late 1760s and early 1770s by Haydn and other composers of the period.

We may wonder why Sammartini composed four symphonies and two overtures in minor within a relatively short span of time. The loss of most of the Lenten cantatas and of other works as well as the paucity of dates and information regarding Sammartini's life and compositions in this period make it impossible to answer this question. We can only point to one work in 1750 that may be related to this repertory, the great *Miserere* in C minor, J-C 112, that has survived in a dated score made by Sammartini's copyist Hand A.

Dramatic aspects of the symphonies and overtures

J-C 57

This symphony is not only the greatest of Sammartini's symphonies in minor, but surely one of the greatest Classic works in the *Sturm und Drang* style. It deserves to become a standard work in the repertoire of Classic symphonies. The fast movements embody most intensely the dramatic features mentioned above and others as well, such as intensified dynamic and textural contrasts (especially in the finale), and a special rhythmic tension in the first movement that incorporates both 9/16 and 3/8 meters (though only 3/8 is specified). The horns, pitched in E♭, fully participate in the dramatic style, reinforcing, doubling, and holding long, suspenseful pedals. The parts range over two octaves, from the third to the thirteenth harmonics.

Since I have given a detailed analysis of this work in my Garland edition, I will focus here on certain unique features, with illustrations not included in my discussion[13]. Sammartini unified the opening *Presto* with motives from the primary theme (identified as P), which recur in all the thematic functions of this monothematic form. The primary theme itself is heard complete in three different versions in Sammartini's last example of the influence of late Baroque ritornello form in his symphonies, another indication of the symphony's early dating in the 1740s as is the sequential style of P's second phrase. The P theme appears three times, increasing in length — 8, 9, and 10 measures (not counting elisions) — and placed in keys rising in thirds — G minor, B♭ major, D minor (Ex. 1).

---

[13]. See the comments in my edition, *Giovanni Battista Sammartini: Ten Symphonies*, op. cit. (see footnote 9), pp. xxxv-xli, and score 5 for the music. I have incorporated some of my remarks in this discussion. The symphony was conducted by Newell Jenkins, using my edition, in a concert at Alice Tully Hall, New York City, marking the bicentennial of Sammartini's death on 15 January 1975. A tape of this performance is in my possession. In my analysis I have used symbols taken from LaRue, Jan. *Guidelines for Style Analysis*, Warren (MI), Harmonie Park Press, ²1992, pp. 54-58. These are P (themes in the primary key area), PT (a unit that leads from P to T or S), T (transition themes connecting the two main key areas), S (themes near the start of the second key area), SK (S-like themes, i.e. lyrical or characteristic, in the closing section), K (cadential or closing themes near the end of the secondary key area), and N (new material or function after the exposition). Themes are numbered 1P, 2P, etc. The letters a and b designate phrases, and m motives.

Ex. 1: J-C 57/I, (mm. 1-8, 9-17¹, 36-46¹), three versions of the primary theme.

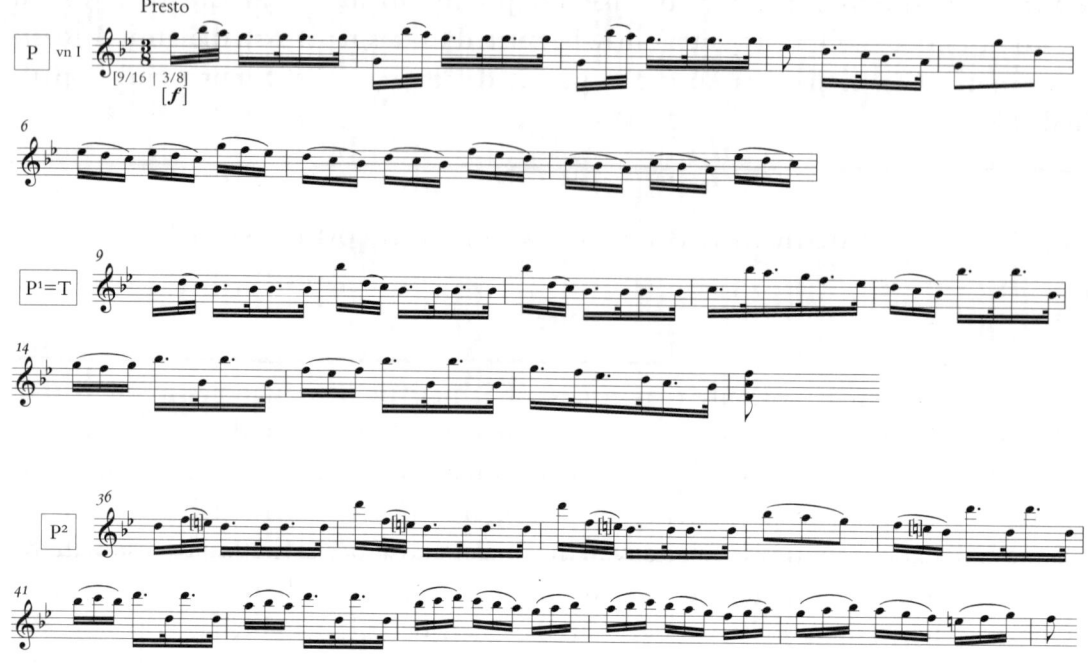

The immediate repeat of P (P¹) in B♭ functioning as the transition is another early feature. The final presentation occurs at the start of the development after a modulatory transition from the end of the exposition, a unique effect that intensifies the structural continuity. The recurrences in B♭ and D minor make new use of P motives, recombining them differently each time, and the tessitura rises with emphasized high notes of $b\flat_2$ and d_3. An added harmonic factor in P is the series of dissonances produced by the second violin part in the sequential b phrase, dissonances of major and minor seconds with the first violin, and major and minor ninths against the bass. Such dissonances at the start of the exposition are indeed rare and indicate that the musical events to come will go beyond conventional expectations.

In its transitional function (P¹), it is Pb that is varied, as it becomes dominated by the trochaic rhythm, while the triplets have a new scalar pattern. The cadence of Pa now anticipates Pb, thus linking the phrases that had been originally separated. Harmonically, Pb is no longer sequential, but set with slow moving chords establishing the second key and ending on V, not I.

The third appearance of P (P²) is climatic, being placed in the highest range of the theme and the development section. P² fuses P and P¹. Pa resembles P¹ but includes a new motive from the start of the S area (m. 20) in its fourth measure. The next three measures parallel P¹ but invert its triplet motive. A variant of the original b phrase with the same sequence then follows to the end of the theme, the triplet motive found in its original and inverted forms, a similar version also used in S. The growth, enrichment, and intensification of P is an important aspect of Sammartini's imaginative monothematic structure in which P motives are further varied and combined contrapuntally in the S and K areas.

Because of the strong integration of the exposition, Sammartini introduces for the sake of contrast a totally new theme in the development after the appearance of P². The meter changes to a clear 3/8 and the new theme presents snap rhythms and biting dissonances (recalling such effects in Pb), with chromatic inflections. Sammartini harmonizes the theme largely on dominant pedal points of C minor and B♭ major, further increasing the tension.

It is the recapitulation that constitutes the climax of the movement. Only Pa returns and it is extended to reach a variant of S in a high register, again emphasizing d3. The theme appears twice, first around the dominant and then, in a lower register, around the tonic. This theme frames the most extraordinary effect in the movement, a long 13-measure dominant pedal point that takes up more than one-third of the recapitulation and recalls the 3/8 meter featured in the development. A wide-ranged chordal melody is organized in a dramatic deceleration pattern of surface rhythm and harmony, coordinated with staccato-legato and *forte-piano* contrasts. The drawn-out dominant minor ninth chord in the final four measures is a truly Beethovenian effect (Ex. 2)[14].

Ex. 2: J-C 57/1, (mm. 76-88), the new S unit in the recapitulation.

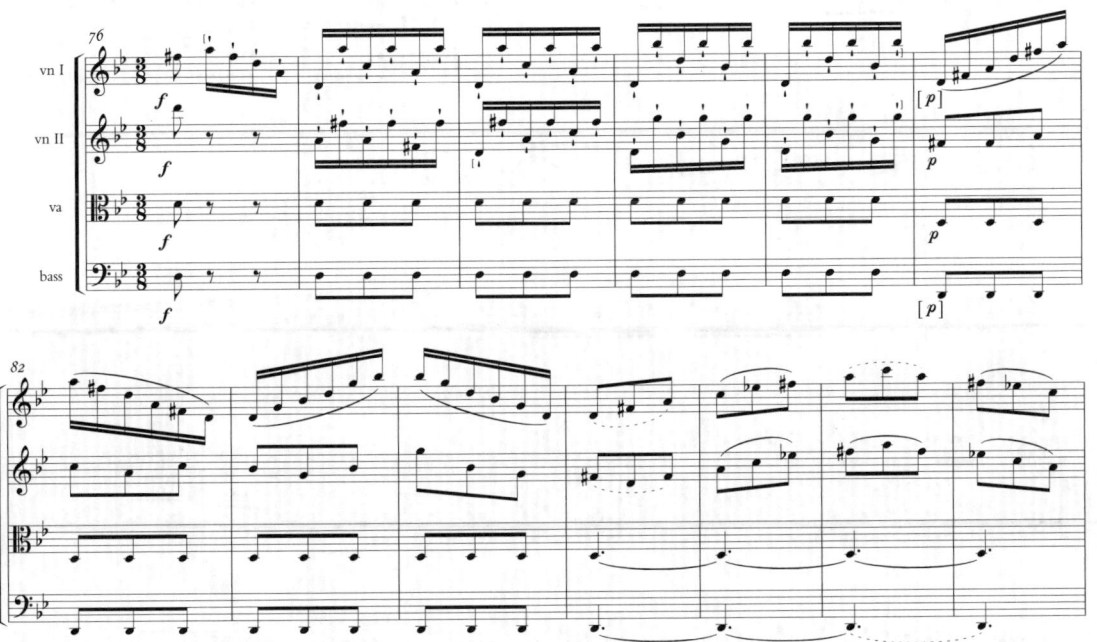

[14]. For another discussion of the recapitulation and an analytical diagram, see my article 'The Recapitulation in Sonata-Form Movements of Sammartini and Early Haydn Symphonies', in: *Joseph Haydn: Bericht über den Internationalen Joseph Haydn Kongress, Wien, Hofburg, 5. - 12. September 1982*, hrsg. von Eva Badura-Skoda, München, Henle, 1986, pp. 135-340: 138-139.

The finale is the longest in the Sammartini symphonies besides the minuet-rondo in J-C 52, which probably belongs to the late middle period. The drama begins with the abrupt chord starting Pa, followed by a long descending scale played alone by the first and second violins in unison (I identify the scale motive as Pm). The scale descends a minor ninth from the minor sixth degree, e♭, and contains both e♭ and e♮, the latter found at the bottom of the scale in order to avoid an augmented second. Scale motives dominate the rich succession of ideas almost like a 'fate' motive (Ex. 3).

Rising and falling motives in the melody and bass, on both downbeat and upbeat, appear in all functions except 2K and throughout the recapitulation. Especially prominent are descending scales of a sixth in 1S and 2S, and a fifth in augmentation in the bass of 1K.

Ex. 3: J-C 57/III, (mm. 1-4, 9-11, 15-18, 27-33, 42-44, 47-51, 52-57), different versions of the descending-scale motive.

Of Sammartini's middle and late fast symphonic movements, this movement is the only example where the recapitulation is not established by a clear return of the primary theme. Instead, a dialogue ensues between a questioning phrase around the dominant played by the first violins, which enter alone and *piano*, the phrase derived from 2P, and a reply by the full string orchestra in a *forte* unison on the descending sixth version of Pm. A variation of the violin phrase is answered a second time by violent broken chords in the unison and *forte* violins. Only then does the original descending line of a ninth appear, almost entirely in unison. This confrontation cannot help but remind us of Gluck's *Orfeo* and the dramatic dialogue between Orfeo and the Furies (Ex. 4).

Ex. 4: J-C 57/III, (mm. 114-129), orchestral dialogue at the start of the recapitulation.

Again, the recapitulation is reformulated and climactic. It is not only developmental — each function is altered — but its new tragic expression gives it tremendous force. The section omits entirely the PT, 2S, and 2K functions as it concentrates on the basic functions in new versions (except for 3K). Further, 1S and 1K exchange positions. 1K appears before 1S in its variant form from the development with an intensified canonic setting, and it fills the center of the section in the highest range, emphasizing d_3. 1S then returns in a new subdued form, with its reduced texture extended in the two violins alone, and with a new subdominant nuance. The initial phrase ends with a questioning motive related to the new P theme, the motive appearing too just before 1S in the ending of 1K; thus, this motive links the three main functions of the recapitulation. The transformed 1S has a new peremptory cadential reply, using the three-note version of Pm. In the abbreviated repeat of the *piano* phrase, the same *forte* reply occurs, but this time eliding with a shortened 3K to end the movement. Thus, the dialogue here occurs differently and more intensely than in the exposition.

A long dramatic development begins, as in the first movement, with a citation of P, here Pa in the secondary key of B♭, followed by a new theme. This triadic theme in eighths has an agitated tremolo accompaniment derived from 2K. The passage modulates through the keys of E♭, A♭, f and b♭, the last three keys among the most remote key relationships found in Sammartini's symphonies (♭II, ♮vii, and iii), though they recur in other movements in G minor, as we shall see. These daring modulations are accompanied by an unpredictable plan of *piano-forte* alternations in an acceleration-deceleration pattern, the measures grouped 4-2-2-2-4-6 (see mm. 71-92).

Sammartini makes the second part of the development entirely *forte*. He varies 1K (which picks up the triadic motive of the new theme) and 2K, enriching both contrapuntally. The development ends with a long retransition of 11 measures on a dominant pedal that builds rhythmic activity and a higher range in preparation for the surprising *piano* start to the recapitulation. This long development is actually a measure longer than the recapitulation and is probably the most dramatic that Sammartini ever wrote. In many ways, the first and last movements of this symphony represent Sammartini's greatest achievement in the symphonic idiom.

The formal simplicity of the binary *Andante* in J-C 57 has its purpose too. This movement, with a kind of trio-sonata texture often found in early Haydn symphonies, can be understood as a calm oasis between two stormy and highly complex movements. Even so, it picks up the snap rhythm of the first movement's new theme, and its key of E♭ returns in the development of the finale. The full four-part texture plus horns give it a rich resonance.

Overture to the Lenten cantata J-C 118, Il Pianto delle pie Donne

This overture, one of Sammartini's finest movements, displays a powerful structure and daring tonal relationships. Of the symphonic works in minor, it is second only to J-C 57 in its quality and intensity[15].

---

[15]. For the score of the overture see *Giovanni Battista Sammartini, Il Pianto delle pie Donne*, edited by Marie Marley, Madison (WI), A-R Editions, 1990 (Recent Researches in the Music of the Classical Era, 34, general editor Eugene K. Wolf). The cantata was recorded with the title *Giunta sei pur* (text of the opening recitative) by the Italian Chamber Orchestra and soloists, Newell Jenkins, conductor, Boston, Haydn Society, HSL-75.

One of the striking features of the overture is the return of P as 1S in the relative major, B♭, at the start of the second key area. This is a totally different effect from the immediate recurrence of P as T, found in J-C 57/I or using P motives in 1S. We associate this type of recurrence especially with Haydn's later symphonies, but the Sammartini examples show that the device predates Haydn[16]. In Sammartini's symphonies it appears in an early symphony dated before 1740, J-C 39/III, and five middle symphonies (J-C 1, J-C 6, J-C 18, J-C 20, and J-C 49)[17]. Here, in J-C 118, P returns with certain differences but is clearly identifiable. The theme lacks the *forte* chords at the start of the measures 1 and 3, the reduced texture, and *forte-piano* contrasts of Pa and Pb. Rather, the entire theme returns *pianissimo* in the strings *a4*, and Pb is cut from four to three measures.

Ex. 5: J-C 118, (mm. 78-84¹), the new S unit in the recapitulation.

---

[16]. Movements with the recurrence of the primary theme at the start of the second key area are usually called monothematic, a term that has often been found to be inadequate, since in truly monothematic movements all the functions are derived from P, as in J-C 57/I. Jan LaRue calls the primary theme that recurs as S transfunctional (personal communication). Michelle Fillion, in her paper cited below, calls the device 'Main Theme Transposition'. She states that though it occurs occasionally in Haydn's sonatas from the earliest works onward, it is used 'without exception' in all the piano sonatas starting from 1784. See FILLION, Michelle. 'Sonata-Exposition Procedures in Haydn's Keyboard Sonatas', in: *Haydn Studies: Proceedings of the International Haydn Conference, Washington, D.C., 1975*, edited by Jens Peter Larsen, Howard Serwer and James Webster, New York-London, Norton & Co., 1981, pp. 475-481.

[17]. Only in J-C 18 is P varied and inverted.

As we know, this kind of fairly literal return usually necessitates a major alteration in the recapitulation at the same point in the structure[18]. Here, in the reprise, after an abbreviated P and T, in place of 1S there appears a long V pedal of 6-1/4 measures (with overlapping between the end of T and the start of the pedal). This new thematic unit, which we will call NS (a new secondary theme), appears *pp* just as 1S in the exposition, but there occurs a great change in the theme, with a combination of motives from 1S and SK (see Exx. 5 and 6).

The upbeat quarter-note motive from 1Sb was picked up in SK in the exposition to become an expressive gesture with sigh-like half-steps and falling skips. We can see the transformation of this idea in the first violin, with free imitation in the second violin. Sammartini adds here a solo for the two oboes in a chain of 2-3 suspensions, intensifying the passage with dissonances, oboe 1 moving down chromatically from $b\flat_2$ to $f\natural_2$. The harmony also does not move conventionally, but contains the unusual progression of the diminished seventh chord of V moving to the diminished seventh of IV (mm. 79-81), the end of the pedal featuring dominant ninths of G Minor (mm. 82-83). This complete transformation of 1S constitutes one of Sammartini's most dramatic strokes, and, as in J-C 57, it introduces a significant area of dominant tension in the recapitulation.

Tonal relations go beyond the early Classic norm. Most unusual is the tonal layout of the exposition, where the striking SK theme is set almost entirely in B♭ minor rather than B♭ major (see Ex. 6). The return to B♭ major occurs only in the final measure of the long theme and brief cadential unit of three measures. This succession of keys almost makes a three-key exposition — g-B♭-b♭, the pattern of which we all know from the exposition of Beethoven's *Appassionata* Piano Sonata, Op. 57/1 (1804 - 1806): f-A♭-a♭. Since SK is a long, expressive theme of 10 measures (6+4), longer than the 8-measure P, the minor mode stands out. It underlies a theme of great pathos and tension, placed again on an unusual *pp* dynamic level, and set off by the only open cadence in the exposition. In the dialogue between the violins, the march-like dotted rhythm is offset by a passionate lyrical reply with rising half-step sighs and falling skips of a minor sixth, octave, and minor third, cadencing with a diminished fourth. The *forte* tutti interjection, a favorite middle-period device, brings the first cadence on the root position tonic. In the repeat, with the violin parts exchanged, the *forte* comes a measure earlier, establishing the major mode. The theme is one of the few long characteristic themes in Sammartini's fast orchestral movements and departs from his usual preference for buffo, brilliant, or occasionally lyrical themes[19].

---

[18]. See WOLF, Eugene K. 'The Recapitulation in Haydn's *London* Symphonies', in: *The Musical Quarterly*, LII (1966), pp. 71-89.

[19]. In J-C 58b, the overture replaced the weaker finale of J-C 58a, as mentioned earlier. This version of the symphony exists in two manuscript copies in the Stockholm Statens Musikbibliotek (S-Skma). One copy belongs to the Leuhusen collection (discovered after the publication of the Sammartini catalogue), and its provenance, either Italian or Spanish, is not yet determined. Carl Leuhusen collected many musical works when he was secretary of the Swedish Embassy in Spain, 1749 - 1757. The second copy is Swedish, as indicated in the Sammartini catalogue (see footnote 6), and was probably made from Leuhusen. Oboe and trumpet parts

Ex. 6: J-C 118, (mm. 37-49), the SK theme in B♭ minor.

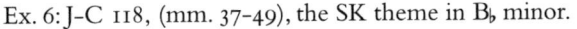

are found for the overture-finale and the first movement. Trumpets replace the horns of J-C 118 and these as well as the oboe parts differ almost completely from the parts found in the Einsiedeln score. Unlike the original oboe parts, the oboes here almost always double the first and second violins, and both violins also accompany the oboe solos in the development rather than doubling them. It is doubtful that these parts stem from Sammartini. It is also doubtful that Sammartini would place such a strong first-movement type at the end of the symphony. Nevertheless, the Stockholm parts have value as the only extant 18th-century sources for the overture. These parts, however, were not consulted for the A-R edition of the overture (see footnote 15). I am very indebted to Anna Lena Holm of the Stockholm Statens Musikbibliotek for her assistance and information regarding these manuscripts.

Overture to the Lenten cantata J-C 119, Il Pianto degli Angeli della Pace

Though less complex and dramatic than the overture to J-C 118, this overture shares an important feature with the overture to J-C 118: the expressive intensification in the recapitulation of the S area.

Most unusual is the thematic transformation of 1S (see Ex. 7). In the exposition, 1S appears as a short, almost buffo phrase, placed on a tonic pedal and inflected by a chromatic half-step at the start of each of its three measures. The chord alternation of I-IV$_4^6$-I is a cliché of the time. The theme's basic motive recurs almost humorously as a cadential flourish at the end of the tutti 3S (m. 28). In all of its presentations, 1S remains *piano*.

Ex. 7: J-C 119, (mm. 15-17, 42-45, 48-51, 66-70), the transformation of 1S.

The expressive climate begins to change in the opening measures of the development. A new lyrical imitative phrase features half-step motion, an initial eighth rest, and a concluding sigh motive, all surely derived from 1S (mm. 38-41). A stronger change occurs with the first variant of 1S (1S^1) that follows. The phrase expands to four measures and 2m now rises and falls a third, the sigh motive filling in the original rest at the end of the measure. The thirds are further contrasted by staccato and legato performance. Here, 2m is reiterated on changing seventh chords, the upper melodic note harmonized as the dissonant seventh of the harmony, a far cry from the original tonic pedal and its simple chordal alternation.

After the start of 3S confirms the modulation to C minor, 1S^2 recurs in the function of retransition. Repeating 1S^1 at the fourth below, the phrase is again reharmonized, this time largely on the V pedal of G minor, with melodic emphasis on the minor ninth of the chord (e_b). The first violin intensifies the effect with punctuation rising in thirds.

In its final appearance in G minor in the reprise, $1S^3$ expands to five measures. Now the chords change in each measure and the theme ends on a dissonant vii7 of V that resolves only with the elision to 2S starting on V. For the first time 1S alternates between the violins. The theme reverts to its original rhythmic pattern, but with new expressive leaps of a rising sixth and octave before returning to the third, which rises and falls as in $1S^1$ and $1S^2$. The staccatos stem from previous variants as well. Thus, $1S^3$ recombines details from the previous three versions (as P^2 in J-C 57/I). The final measure provides the greatest surprise, with a new intensification from a scalar rise on beat 1 and a new octave leap, as well as the harmonization on the dissonant, chromatic diminished seventh chord. New melodic leaps enlarge the range of the theme from a diminished fifth to a seventh, ninth, and tenth. The last version of 1S is thus the longest, the most varied in texture, harmony, range, and melodic interval, and the most intense in expression. This theme has progressed from the buffo style to sensibility and indeed tragic feeling.

In the recapitulation the effect of structural and expressive growth continues with the expansion and intensification of 2S, lengthened from 10 to 13 measures. Sammartini excludes the more formal 3S of six measures, a unit in the exposition that separated a double appearance of 2S. The total effect of the alterations is an increase in tension and a closer integration of the recapitulation with the dramatic numbers of the cantata.

We should mention the primary theme for a few special details. One is the bass line of Pa, with its unusual skip of the diminished fourth (g-b_b-$f_\sharp$). Another is the strong contrast presented by Pb (mm. 4-5), with its sudden *piano*, slow surface and harmonic rhythm (a slowdown from two chords to one chord per measure), and the large descending octave skip — all signaling the pathos to come.

J-C 58a

The most dramatic movement of the symphony is the first. One outstanding feature is the highly disjunct primary theme of 12 measures. Here we find unusually wide leaps, including a major 7th, an 11th, an augmented 9th, and a 13th, all in m. 3 (Ex. 8).

Ex. 8: J-C 58a/I, (mm. 1-5), the primary theme.

Even the later T and K functions include such energetic leaps. All these functions sharply contrast with a much calmer secondary area where the two S themes contain smaller melodic intervals, especially of the third, a slower surface rhythm moving in eighths, and legato performance.

A startling device is the use of unaccompanied violins in unison, recalling J-C 57/III (see also Ex. 8). This occurs in the very opening of the first and last movements as well as the start of the closing section in the exposition of the first movement[20]. There, a sweeping descending B♭ scale of two octaves ends on a♭, a dramatic effect presented twice in the K area. The a♭ implies the dominant seventh of E♭, to which it resolves, and which is also an important key in all three movements.

The first movement too exploits unusual tonal relationships. Thus, most of 1S is harmonized in B♭ minor, not the expected B♭ major, while 2S restores the major but on a tense dominant pedal colored by the major ninth. We saw a similar use of B♭ minor in the SK theme of the overture to J-C 118, indicating that this distant relationship was a favorite in the G-minor context. The key also recurs in the long modulating retransition at the end of the development section (Ex. 9). This passage touches on keys in a descending sequence: c, b♭, A♭, and g, the tonic exceptionally reached two measures before the recapitulation begins. Among the keys too is the very distant Neapolitan A♭ major. Sammartini has heightened the suspense here in three additional ways: the retransition is largely in reduced texture, with occasional punctuation by the lower strings; the phrase structure of 2+1 measures is reversed in the last three measures as 1+2, so that one-measure accelerations occur in the modulations b♭-A♭-g; and sharp *forte-piano* dynamic contrasts appear as well[21].

Ex. 9: J-C 58a/I, (mm. 43-52), the retransition and start of the recapitulation.

---

[20]. In the first movement, the passages include the bass or bass and viola on the first quarter.

[21]. The example is based on the Ms. copy of the symphony in Prague, Národní Muzeum, written in the Milanese Hand C. Since the dynamics are confused in the first violin, these indications follow the basic patterns in the second violin.

J-C 56

Though the first movement of J-C 56 is found as the overture to the Lenten cantata J-C 122, performed 9 March 1759, the style of the symphony belongs to the 1740s, as mentioned earlier. In the overture version two oboes and two horns are added in typical fashion: the oboes double the violins *colla parte* except for the solos in the development, where they mostly play the duet passages formerly in the violins; the horns add discrete punctuation and pedal points. The music of the cantata itself shows later style traits, such as slower harmonic rhythm, larger rhythmic values in the more varied bass parts, more four-part writing in the strings, and a richer harmonic spectrum.

Ex. 10: J-C 56/I, (mm. 25-30), revisions in the development and start of the recapitulation.

Further, changes in the development section of the overture clearly constitute revisions of an earlier model (Ex. 10). Besides adding pedal points in the violins for the new oboe duets, Sammartini makes the first violin part more active and thematic; and he reduces the texture in the retransition by omitting the bass except for punctuation on beat one, thus highlighting the tutti entrance of the reprise. A subtle harmonic change (m. 26) replaces the augmented sixth chord of C minor by a vii^6 of G minor moving to i^6 of the key, thus returning more decisively to the tonic before the retransition. The final measure of the movement was also altered in the overture version, which ends more abruptly on beat one rather than beat three, probably because the tonic is reached on beat three of the preceding measure[22].

Some dramatic features of the first movement include the large leaps in Pb spanning an 11th, 12th, and 13th, and the rare melodic chromaticism in the development. The strong finale, which surprisingly includes more lyrical passages than the first movement, also exploits several dramatic unison cadences in all parts of the movement, including the leadback to the reprise. Harmonically, the development in the finale contains a reference to the Neapolitan chord of C minor (on D♭), and a lyrical phrase sequence in F minor and E♭ major before the retransition on the dominant pedal point. Here again Sammartini introduces the remote key of F minor, as in J-C 57/III, and the favored key of E♭, the key of F minor also echoing the Andante.

The main surprise of the symphony is the unique Andante in C minor. In an uncommon example of a non-modulating movement the structure resembles the two-part arrangement of exposition-recap form (see the diagram below)[23].

TIMELINE: J-C 56/II

									(Ph)	
exp.	Pa	b		So	a	So¹	a¹	|1Ka	a¹	2K
29 mm.	1	4	5	9	10	11	15¹	15²	16	19	23	26	29
c:	V		V		V	f: V	i		c: V		V	V
	ped.		cad.		ped.		cad.		ped.		ped.	cad.

		(Pah dev.)				(2K)	
rec.	Pa	Nb		So	a²	|NK	
18 mm.	30	33	34	39¹	39²	40	45	47 mm.
	V			i		f: V-	c: i
	ped.			cad.		-cad. c	ped.

o: introductory measure
h: motive from accompaniment ( ) above symbol gives derivation

The contrasting S theme, presented first in F minor, the subdominant, is transposed immediately to V of C minor. In the shortened recapitulation, it returns again in F minor,

---

[22]. The half measure phrasing shows the movement is organized typically in a compound 4/4 meter as 2 x 2/4 rather than a true 4/4. Thus, the development begins on beat 3 rather than beat 1. I have called this effect 'combined meter'. For a history of this type of meter see GRAVE, Floyd K. 'Metrical Displacement and the Compound Measure in Eighteenth-Century Theory and Practice', in: *Theoria*, 1 (1985), pp. 25-60.

[23]. There are only two other examples of non-modulating slow movements in Sammartini, both early and short, J-C 14/II and J-C 39/II, the latter a brief connective movement. Both movements are in minor. For many more examples in the symphonies of Brioschi, see the article by Sarah Mandel-Yehuda in this volume.

untransposed, but cadences in C minor. Harmonic suspense and chromaticism compensate for tension produced by departing from and returning to the tonic. The first part ends on V of C minor, and 31 measures of pedal points on the dominants of C minor and F minor keep the harmony in suspense. The harmonic setting is also intensified by diminished seventh chords in S and the Neapolitan of C minor, almost always superimposed on V of C minor. This chord, which recurs several times in P and 1K, connects with the minor sixth degree (d_b) of F minor, heard in the bass in S as a neighbor-note of V.

The primary theme illustrates the style and texture (Ex. 11). This theme contains nine of the twelve tones of the chromatic scale; the two augmented seconds are favorite expressive intervals, and the melodic line is further inflected by intervals of a diminished 3rd, diminished 7th, major 7th, and a very dramatic falling minor 13th. The first four notes make a descending tetrachord. Its long operatic association with lament, death, and tragedy would have been identified by all contemporary audiences[24].

Ex. 11: J-C 56/II, (mm. 1-9), the primary theme.

We can regard this movement as a dramatic arioso, its melodic line in S and K broken up by rests declamatory in effect. An expressive sigh motive of a rising major or minor second unifies the movement. Present in the melody and accompaniment of Pa (see Ex. 11), the motive is further developed in 1K, 2K, and the recapitulation.

Just as a continuous formal melodic line is partially avoided, so is a continuous bass line and a fully cohesive texture. We find much two-part texture in the violins, while, especially in Part 1, the lower parts are often silent or providing the barest harmonic punctuation.

The indication 'pianissimo', which appears in the two lower parts, probably applies to the upper parts as well, since the *sempre piano* slow movement is a common Sammartini type. Here the dynamic level, lowered even more to *pianissimo*, adds an air of mystery as well as contrast with the outer movements.

---

[24]. See ROSAND, Ellen. 'The Descending Tetrachord: An Emblem of Lament', in: *The Musical Quarterly*, LV (1979), pp. 346-359.

In Sammartini's symphonies, this movement is a unique experiment in a dramatic style, embodying the expression of profound melancholy. The frequent rests and tentative character remind us of the *Adagio* in Haydn's Symphony No. 49 in F minor (1768). The *Andante* is most remarkable in the context of Italian orchestral music of the period.

J-C 8

This symphony, whose first movement was used as an overture to the first Lenten cantata, J-C 117, performed on 5 March 1751, has survived in its three-movement form only in a Venier print announced in Paris in July 1757. While the Paris version includes two horns in the outer movements, the Einsiedeln copy has only two oboes plus strings, and another copy of the first movement in Prague calls for strings alone[25].

Ex. 12: J-C 8/1, (mm. 1-6¹), the basic motives of the movement.

The Einsiedeln version differs considerably from the Paris print, with staccato rather than legato markings in many passages, different dynamics, and some differences in notes and texture. The retransition, for example, appears in the violins alone with oboe doubling, and lacks the high bass in the violas. There are also some large leaps in the retransition omitted in the Paris version. The oboes are not *colla parte* and do not go below their range as in J-C 56/1. They are obviously original.

Unlike the other symphonies in minor, J-C 8 features a largely four-part string texture in all the movements. It is the only symphonic movement of this group that starts with a powerful tutti unison (m. 1). In the outer movements, and especially the first movement, the violins often present contrasting lines and motives, a two-line texture in the thematic functions characteristic of many works of Sammartini but rarely sustained so consistently[26]. The bass and viola bear thematic material as well, in exchange with the

---

[25]. The Prague copy, from the Osek monastery, probably stems from the performance of J-C 117 in Prague in 1753.

[26]. The term 'two-line theme' was suggested by Jan LaRue.

upper parts, and in paired arrangements, especially between the second violin and viola, but also between the first violin and bass, as in 1K (mm. 20-21).

The compact and contrapuntal first movement is one of Sammartini's most unified movements. Even the development has hardly any new material. In this respect, it is even more unified than the fast movements of J-C 57. The entire movement draws on five motives found in the first three measures (Ex. 12). These motives are varied in interval and rhythm, and recombined contrapuntally in the succeeding functions and development section. The S area begins with a slightly varied presentation of measures 2, 4, and 5, somewhat like the nearly full return of P as 1S in the overture to J-C 118, and here too the recurrence is omitted in the recapitulation.

A striking effect is the emergence of the repeated-note counterpoint in the second violin in mm. 2-3 as the final march-like second cadential theme (Ex. 13). The eighth-note counterpoint to this theme in the second violins and violas recurs as the leadback from the retransition to the reprise and from the end of the cadential theme to the final cadence, another fine detail in this remarkably integrated movement.

Ex. 13: J-C 8/1, (mm. 24-28), the transformation of 3m in the final closing theme.

Also unusual are the many pedal points in the movement, most of them on the dominant: V of E♭ major in the exposition with 2S; V of C minor at the start of the development, the pedal eventually becoming the starting point for the main modulation to G minor; V of G minor in the development with a variant of 2S just before the retransition; V of C minor in the recapitulation with a second variant of 2S. Except for the pedal on V at the start of the development, the pedal points with 2S build tension toward resolution in the closing section or the cadence of the development before the retransition. In the G-minor pedal point Sammartini achieves the melodic climax of the movement with stress on d_3 in mm. 38-40, heard only here in the entire symphony in fact.

A special aspect of the first movement is its heading *Risoluto assai*. This rather infrequent indication occurs in ten vocal settings and movements in Sammartini's music, from the opera *Memet* (1732) to the cantatas of 1751, 1759, and 1760, as well as the *Magnificat*. It occurs in two symphonic first movements, J-C 1 in C major (the only example in major) and J-C 8.

Five of the examples are in C minor, the other minor keys being g and f. Three headings have modifications: *Risoluto assai* (J-C 8/I), *Non tanto risoluto* (aria in the Lenten cantata J-C 121; 1751), and *Risoluto e presto* (aria in the Lenten cantata J-C 124; 1760). The article on this term by David Fallows in *The New Grove Dictionary of Music*, both editions, states that the term appears c. 1800, but we can see from these examples that it was used far earlier.

According to the 18th-century theorist, H. C. Koch, the term not only means 'decisive', but also indicates a style of performance in which 'the tones are performed not legato but detached from one another'[27]. Thus, the frequent staccato indications of the Einsiedeln version of the first movement are far more appropriate for the style than the many legato indications of the Paris print, the staccato performance making a more powerful effect.

In conclusion, an investigation of these works, which are probably dated 1744/1745 - 1751, has uncovered many dramatic effects associated with the later *Sturm und Drang* style. A more complete list than that given earlier includes sudden and unusual dynamic contrasts, orchestral unisons and dialogues, intensified counterpoint, distant keys, an emphasis on minor, dissonant harmony and melody, highly disjunct melody, rhythmic complexity, heightened climaxes and intensifications in the development and reformulated recapitulation, a tendency toward motivic or thematic recurrence and combination, thematic transformation, and formal and expressive novelty. These works reinforce the belief that the *Sturm und Drang* style can be found throughout the Classic period, even in its early Classic phase. While the fast movements of J-C 57 and the overture to the Lenten cantata J-C 118 represent the most complete realization of this style, the remaining examples exploit many dramatic devices as well. Taken as a group, Sammartini's middle symphonies and overtures in minor must surely be included in a consideration of the origin and development of the dramatic symphony in minor in the Classic period.

---

[27]. See KOCH, Heinrich Christoph. *Musikalisches Lexikon*, Frankfurt am Main, 1802; Rpt. Hildesheim, Olms, 1964, col. 1268. The full entry reads: «Risoluto, entschlossen, beherzt, soll eine Vortragsart anzeigen, bey welcher die Töne nicht sangbar in einander schmelzen, sondern gleichsam wie von einander abgesondert vortragen werden».

GIOVAN BATTISTA SAMMARTINI OPERISTA

Mariateresa Dellaborra
(MILANO)

DEL PRIMO MELODRAMMA DI Giovan Battista Sammartini[1], probabilmente composto per il Teatro del Broletto di Lodi[2], sopravvive la partitura che reca l'intestazione: *Memet tragedia / 1732*[3].

Il teatro di Lodi, costruito nel 1679, era gestito da quattro Decurioni eletti dal Comune che avevano il compito di amministrare il rapporto tra la Congregazione dei palchettisti e la città stessa e di nominare l'impresario per l'allestimento degli spettacoli. Pur rimanendo quindi di proprietà della città, il teatro aveva tutte le caratteristiche di un luogo aristocratico in cui forse solo la platea poteva essere aperta al pubblico pagante[4].

---

[1]. Il debutto del musicista in ambito vocale era avvenuto l'8 dicembre 1726 con l'Oratorio *Gesù bambino adorato dalli pastori*. *Cfr.* SARTORI, Claudio. 'Giovanni Battista Sammartini e la sua corte', in: *Musica d'oggi*, Milano, Ricordi, III (1960), pp. 6-9.

[2]. Come già segnalato da Newell Jenkins e Bathia Churgin (*cfr.* JENKINS, Newell - CHURGIN, Bathia. *Thematic Catalogue of the Works of Giovanni Battista Sammartini: Orchestral and Vocal Music*, Cambridge (MA), Harvard University Press, 1976, p. 117), l'indicazione che la recita avvenne a Lodi si ricava da STIEGER, Franz. *Opernlexikon*, 4 Teile (*Titelkatalog, Komponisten, Librettisten, Nachträge*), Tutzing, Hans Schneider, 1975 - 1982, I: *Titelkatalog*, 3 Bde., 1975, vol. II, p. 626, che cita così «Memet op. 3 Giamb. Sammartini. Lodi 1732 (Uraufführung)». Il manoscritto originale dello zelante funzionario ministeriale austriaco Stieger, conservato presso la Österreichische Nationalbibliothek, Musiksammlung, di Vienna, è stato dattiloscritto dalla signora Dorothea Javorsky di Vienna e su quella trascrizione si è basata l'edizione moderna.

[3]. Nel catalogo delle opere di Sammartini (*cfr.* JENKINS, Newell - CHURGIN, Bathia. *Op. cit.* - vedi nota 2 -, pp. 111-117) il *Memet* è indicato con la sigla J-C 88. La partitura è conservata in Austria nel Zisterzienserstift, Musikarchiv di Heiligenkreuz, (A-HE, segnatura: IVb). La scoperta della partitura, nel 1955, si deve a Jan LaRue: *cfr. The Symphonies of G. B. Sammartini. Vol I: The Early Symphonies*, edited by Bathia Churgin, Cambridge (MA), Harvard University Press, 1968 (Harvard Publications in Music, 2), nota 11, p. 8. La notizia è stata assunta poi da Jenkins e Churgin, che nel dettagliatissimo e tuttora fondamentale *Thematic Catalogue*, presentano *Memet* con una breve, ma puntuale descrizione riguardante il libretto, la datazione e le possibili esecuzioni. La partitura in formato oblungo (230 x 300 mm.) si compone di 193 carte.

[4]. Per approfondire la storia del teatro lodigiano *cfr.* OLDRINI, Gaspare. *Storia musicale di Lodi, studiata colla scorta delle cronache cittadine e di altri importanti documenti riflettenti la storia dell'arte*, Lodi, Tip. Quirico, Camagni e Marazzi, 1883; FÉ, Giuseppe. 'I teatri lodigiani a palchi dal 1679 ai giorni nostri', in: *Archivio storico per la città e i comuni del circondario e della diocesi di Lodi*, LII/1-2 (1933), pp. 3-59; DELICH, Luciana - OZZOLA, Lara. *Lodi: la città e i teatri tra il XVIII e il XIX secolo*, tesi di laurea, datt., Politecnico di Milano, Facoltà di Architettura, a.a. 1996 - 1997,

Se numerosi sono i dettagli circa una recita lodigiana di una certa opera intitolata *Il Coralbo*[5], avvenuta nel 1731, al contrario nulla si sa di quella del *Memet*. È stato invece possibile acquisire qualche notizia in più sull'opera stessa e sulla sua storia attraverso il rinvenimento di un libretto[6] relativo ad una recita successiva che finora non si conosceva: quella del 1733 per il Teatro Omodeo «nella regia città di Pavia», come recita l'intestazione dello stesso[7]: IL MEEMETTO / DRAMMA / PER MUSICA / DA RAPPRESENTARSI NEL TEATRO / OMODEO / NELLA REGIA CITTÀ DI PAVIA NELLA PRIMAVERA / DELL'ANNO 1733. / DEDICATO AL MERITO SOVRAGRANDE / DI SUA ECCELLENZA / LA SIGNORA MARCHESA / D.A PAOLA VISCONTI / LITTA / MARCHESA DI GAMBOLÒ, CONTESSA DI VALLE, & C., PAVIA, GIO: ANTONIO GHIDINI IN MERZERIA, 1733[8]. L'unico libretto finora conosciuto di *Memet*, ma attualmente disperso[9], era invece quello conservato presso lo Staatliche Museen Meiningen, Abteilung Musikgeschichte - Max Reger-Archiv, secondo un riferimento presente nel catalogo della Österreichische Nationalbibliothek di Vienna: MEEMETTE. / DA CANTARSI / NEL / TEATRO / PRIVILEGGIATO / DA / S.M.C.C. CATT. / IN VIENNA / NELL'ANNO MDCCXXXII. / VIENNA / GIO. PIETRO VAN GHELEN; anch'esso dunque risale al 1732 e attesta una recita viennese, come già rilevato da Bathia Churgin e Newell Jenkins[10].

Sul libretto pavese compare inconfutabilmente il nome di Giovanni Battista Sammartini, quale autore della musica, oltre a quello della dedicataria, la marchesa Paola Visconti Borromeo[11], e trovano posto molte altre indicazioni interessanti e utili a tracciare

---

pp. 281-291, 304-306; PIETRANTONI, Laura. *Il palcoscenico ritrovato. Storia del teatro musicale a Lodi dal XVII e il XX secolo*, Sesto San Giovanni, Il Papiro Editrice, 1993; GENESI, Mario Giuseppe. 'Cronologia degli spettacoli musicali dei teatri di Lodi e Codogno. Addenda 1676 - 1829', in: *Archivio storico per la città e i comuni del circondario e della diocesi di Lodi*, CXVII-CXVIII (1998 - 1999), pp. 151-206. È tuttavia impossibile ricostruire la vita del teatro durante il XVIII secolo in quanto l'intero archivio dopo il 1933 venne scorporato e dislocato in diversi luoghi, rendendo quindi difficoltoso se non impossibile il successivo ritrovamento del materiale. Va tuttavia notato che nessuno degli storici lodigiani che poté visionare l'intero fondo (Oldrini, Fé) fa riferimento alla rappresentazione del *Memet* e gli studi successivi (Pietrantoni, Genesi) lamentano la perdita di quel materiale.

[5]. Opera forse di natura un po' improvvisata se, come leggiamo sul frontespizio del libretto, la musica fu «del signor incognito» e le scene «[...] di quelli che si trovano». Nella dedica si apprende il nome del librettista — Francesco Spanò detto Silvio — che annota: «La presente operetta parto del mio debolo ingegno, 2 luglio 1731». *Cfr.* PIETRANTONI, Laura. *Op. cit.* (vedi nota 4), p. 69; SARTORI, Claudio. *I libretti italiani a stampa dalle origini al 1800. Catalogo analitico con 16 indici*, 7 voll., Cuneo, Bertola & Locatelli, 1990 - 1994, 6646, p. 230.

[6]. Si tratta del libretto citato in maniera incompleta da Sartori: «Il Maometto. Dramma per musica, Paris, 1733 m. G. B. Martini?», *cfr.* SARTORI, Claudio. *I libretti* [...], *op. cit.* (vedi nota 5), 14711, p. 61.

[7]. Il libretto è conservato a Parigi, nella Bibliothèque de l'Arsenal (F-Pa, segnatura: 8574).

[8]. Tutti i documenti trascritti in questo studio rispecchiano la grafia e gli *a capo* originali, ma non le maiuscole, uniformate all'uso moderno.

[9]. Per questa comunicazione si ringrazia la responsabile del Meiningen Museen, Herta Müller. Il libretto di 31 pp. portava la seguente segnatura: MEININGEN DI / II, 3C 220.

[10]. *Cfr.* JENKINS, Newell - CHURGIN, Bathia. *Op. cit.* (vedi nota 2), pp. 5, 117.

[11]. La marchesa Paola Visconti Borromeo fu donna lungimirante, amante delle arti (le si riconosce il «genio

IL MEEMETTO
DRAMMA
PER MUSICA
DA RAPPRESENTARSI NEL TEATRO
OMODEO
Nella Regia Città di Pavia nella Primavera dell'Anno 1733.

Dedicato al Merito Sovragrande

DI SUA ECCELLENZA

LA SIGNORA MARCHESA

D.ᴬ PAOLA VISCONTI
LITTA

Marchefa di Gambolò, Conteffa di Valle &c.

IN PAVIA, MDCCXXXIII.

Per Gio: Antonio Ghidini in Merzeria.

CON LICENZA DE' SUPERIORI.

ILL. 1: frontespizio del libretto del *Memet* relativo alla rappresentazione del 1733 al Teatro Omodeo di Pavia (Parigi, Bibliothèque de l'Arsenal, segnatura 8574).

un quadro più dettagliato dell'opera nel suo complesso: sono indicati i nomi dei cantanti, vengono precisate l'ambientazione, la divisione in scene e le mutazioni delle stesse. Grazie a tutti questi elementi anche la partitura e soprattutto la trama risultano più comprensibili. Tra i dati manca tuttavia il nome del librettista, taciuto per motivi che si cercherà qui di indagare.

---

instancabile sempre professato alle Muse» *cfr.* il libretto [p. 1]), da sempre prodiga nel «patrocinare le operazioni nobili e virtuose» (*ibidem*). La dedica le viene fatta da «Gli interessati nel teatro» di Pavia il 18 maggio 1733. Donna Paola, figlia di Giulio Visconti, primo Ministro ne' Paesi Bassi, e quindi viceré nel Regno di Napoli, nel 1722 sposa il Marchese Antonio Litta Arese, Grande di Spagna, del Consiglio segreto e Generale Commissario di guerra nello stato di Milano, Lombardia e Piemonte e da questo momento il suo casato assume il primo posto tra le famiglie magnatizie di Milano. *Cfr.* SPRETI, Vittorio. *Enciclopedia storico-nobiliare italiana*, Milano, ed. Enciclopedia storico-nobiliare italiana, 1931, pp. 126-127.

ATTORI.

MEEMETTO. *Il Sig. Angelo Amorevoli.*
SOLIMANO. *Il Sig. Filippo Finazzi.*
IRENE. *La Signora Rosa Cerini.*
ZAIDE. *La Signora Maria Marta Monticelli.*
DEMETRIO. *La Signora Stella Onorata Cantelli.*

LA MUSICA

E' del Sig. Gio: Battista S. Martini Milanese.

LE SCENE

Del M. R. Sig. D. Antonio delli Allessandri Piacentino.

GLI ABITI

Sono d'invenzione delli *Signori Gio: Barbieri, e Francesco Mainino.*

MU-

Ill. 2: lista degli interpreti tratta dal libretto del *Memet* relativo alla rappresentazione del 1733 al Teatro Omodeo di Pavia (Parigi, Bibliothèque de l'Arsenal, segnatura: 8574).

Il Teatro Omodeo di Pavia, a differenza di quello di Lodi, era di proprietà privata — apparteneva appunto alla famiglia Omodeo — e tuttavia la città aveva diritto di giurisdizione su di esso essendo l'apertura di qualsiasi teatro pubblico o privato soggetta al rilascio di un permesso[12].

---

[12]. Giacomo Homodei nel 1694 aveva restaurato il teatro in abbandono chiedendo un contributo economico alla nobiltà pavese e da quell'anno aveva iniziato l'attività teatrale. *Cfr. Il teatro si racconta. Guida alla mostra sulla storia del teatro a Pavia dal XVIII al XX secolo*, I quaderni del Teatro, s.l., s.e., s.d., pp. 22-25 che precisa e arricchisce di nuovi dati la storia del Teatro Omodeo tracciata in precedenti studi, tra i quali *cfr.* il più recente, FERRARI BARASSI, Elena. 'Osservazione e commenti intorno agli spettacoli in musica nella Pavia settecentesca', in: *Bollettino della Società pavese di storia patria*, LXX-LXXI/1-4 (1973), pp. 3-34. Purtroppo il fondo relativo alla famiglia Homodei (conservato presso l'archivio privato dalla famiglia Dal Pozzo e recentemente inventariato e riordinato da Arche', cooperativa per lo sviluppo dei beni culturali) non conserva carte specificamente attinenti all'argomento della nostra ricerca. Dunque neppure in questo caso si è in grado di ricavare notizie sul motivo della scrittura al Sammartini e sull'esito dello spettacolo.

Dal libretto risulta che i cantanti furono: Angelo Amorevoli (Meemetto); Filippo Finazzi (Solimano); Rosa Cerini (Irene); Maria Marta Monticelli (Zaide); Stella Onorata Cantelli (Demetrio); le scene furono concepite da Don Antonio delli Allessandri, piacentino, mentre gli abiti vennero ideati da Giovan Barbieri e Francesco Mainino, attivi in quello stesso anno a Milano con *La Candace* di Giovanni Battista Lampugnani e *Semiramide* di Giovanni Porta, scritturati in entrambi i casi dall'impresario Antonio Puricelli.

Potrebbe essere costui il personaggio cardine di tutta la storia? Colui che procurò al Sammartini il contatto con Lodi e Pavia? I due senza dubbio dovevano conoscersi perché il Puricelli, insieme a Giovanni Antonio Rozio, dal 13 ottobre 1732 aveva assunto la gestione del Teatro Ducale di Milano subentrando all'impresa Giuseppe Ferdinando Brivio - Giovanni Domenico Barbieri[13]. Nella sua prima uscita milanese il Puricelli aveva allestito *La Candace*, debutto teatrale del ventisettenne Giovanni Battista Lampugnani, su libretto di Francesco Silvani e Domenico Lalli, e aveva chiamato per il ruolo di Candace (contralto) Vittoria Tesi Tramontini[14] e per il ruolo di Amasi (soprano) Angelo Amorevoli — uno degli interpreti presenti anche a Pavia. Tuttavia anche gli altri cantanti annotati nel libretto pavese compaiono spesso in quegli anni sulle scene nord-italiane, a volte formando parte dello stesso *cast*[15].

Puricelli organizzò soltanto la recita pavese o anche quella lodigiana? Utilizzò gli stessi cantanti? Per trovare risposte almeno parziali a queste domande, ci viene in soccorso il libretto pavese in cui si trova annotata un'aria del tutto assente nella partitura del 1732: *Non ha dolor più rio*, la cui musica ci viene fortunatamente trasmessa da una copia conservata a Bruxelles[16].

---

[13]. *Cfr*. Milano, Archivio di Stato, *Fondo Spettacoli Pubblici, Parte Antica*, cartella 34, *Cronologia degli spettacoli*.

[14]. Sull'attività milanese della famosissima contralto fiorentina, mattatrice incontrastata dei palcoscenici più prestigiosi d'Italia *cfr*. PAGLICCI-BROZZI, Antonio. *Il Regio Ducal Teatro di Milano nel secolo XVIII (1701 - 1776)*, Milano, Ricordi, 1893, pp. 30, 37-38; nello stesso testo si possono trovare notizie anche sull'Amorevoli e precisamente alle pp. 36-38, 56, 60-65.

[15]. Analizzandone rapidamente l'attività durante i due anni 1732 - 1733, si vede che: Angelo Maria Amorevoli di Venezia (debutto: 1719) nel 1732 era stato impegnato a Milano con le recite di *Antigona* [di Giuseppe Maria Orlandini?] e *Gianguir* di Giovanni Porta; ad Alessandria con *Alessandro Severo* di Gaetano Maria Schiassi e a Pavia con *Adelaide* di Nicola Porpora; nel 1733 a Lucca con *Merope* di Riccardo Broschi; a Piacenza con *Tigrane* di Giuseppe Antonio Paganelli; a Milano con *La Semiramide* di Giovanni Porta e *La Candace*. Filippo Finazzi di Bergamo (debutto: 1723) nel 1732 lavora a Venezia nell'*Alessandro nelle Indie* di Giovan Battista Pescetti e nel *Nino* di Francesco Courcelle; nel 1733 a Brescia nell'*Alessandro nelle Indie* e nel *Gianguir*. Maria Marta Monticelli di Bologna (debutto: 1728) nel 1732 è scritturata a Livorno in *Rodelinda regina de' Longobardi* [non si conosce il nome del compositore] e a Ravenna nella *Stratonica* di Gaetano Maria Schiassi; nel 1733 a Bologna con *Idaspe* [di Riccardo Broschi?] e a Genova ne *L'Olimpiade* di Antonio Caldara. Stella Onorata Cantelli [Mariani] di Bologna (debutto: 1724) nel 1732 è a Bologna con *L'amor fra nemici* [di Giacinto Andrea Cicognini?] e *La fede ne' tradimenti* [di Gaetano Maria Schiassi?] e a Ravenna con la *Stratonica*; nel 1733 a Venezia, con *Argenide* [di Baldassarre Galuppi?] e *Tigrane*. Rosa Cerini non è attestata in elenchi coevi. *Cfr*. SARTORI, Claudio. *I libretti* [...], *op. cit*. (vedi nota 5), Indici, vol. II, rispettivamente pp. 17-18, 140, 276-277, 448.

[16]. Conservata in partitura a B-Bc, (segnatura n. 4790), fu copiata nel 1900 dal Wotquenne che, oltre alla

L'aria, affidata a Irene e inserita *ex novo* nell'atto II come scena VII, venne probabilmente pensata espressamente per la signora Stella Fortunata Cantelli.

Una seconda aria (atto I, scena V: *Se vuoi che serva almen*), il cui testo non cambia nelle due fonti in questione, venne con ogni probabilità ascoltata a Pavia nella veste musicale — diversa rispetto a quella della partitura — trasmessaci da un manoscritto a sua volta conservato a Bruxelles[17]; ed anche in questo caso bisogna dunque ritenere che Sammartini accondiscendesse alle richieste dell'interprete, il signor Filippo Finazzi, Solimano 'pavese'. In altri due altri momenti invece le varianti pavesi non hanno nulla a che vedere con l'economia generale della storia, ma coincidono con modifiche pensate probabilmente per assecondare i cantanti: si tratta di due arie di paragone ricche di immagini e di stereotipi, destinate a Zaide (Maria Marta Monticelli), l'una aggiunta nell'atto II, scena VIII (*Qual tortorella / senza compagna / mio cor si lagna*) e l'altra indicata come aria alternativa per l'atto II, scena XI (*Limpido ruscelletto / sen torna lieto al mare*)[18].

Da questi elementi (dal fatto cioè che esistano un'aria aggiunta e una in alternativa) si può d'altra parte dedurre che né Finazzi, né la Cantelli fossero presenti nel cast della prima recita. Allo stesso tempo si sono potute ricondurre con certezza al *Memet* due arie che finora comparivano come 'sciolte'[19] e che probabilmente appartenevano alla partitura (attualmente dispersa) approntata appositamente da Sammartini per la recita pavese.

Il confronto tra il testo presente nella partitura del 1732 e quello ricavato dal libretto del 1733 permette di evidenziare alcune significative, talora fondamentali, varianti, utili alla comprensione della trama.

La storia, ambientata a Costantinopoli, è concentrata sulla passione di Maometto II, imperatore dei Turchi, per la schiava Irene, tratta da Bisanzio. Invaghitosi perdutamente di lei, innamorata a sua volta di Demetrio, è disposto a prenderla in sposa, contravvenendo a tutte le leggi di Tracia. Irene non ne vuol sapere di lui; ama soltanto Demetrio, del quale è tuttavia presa follemente d'amore anche Zaide, sorella di Irene. Completa la rosa dei personaggi

---

succitata indicazione, aggiunge «mis en partition d'après d'anciennes parties separées». L'originale settecentesco è disperso. Desidero ringraziare vivamente Paul Raspé, bibliotecario della Bibliothèque du Conservatoire Royal de Musique di Bruxelles e, in particolare, la prof.ssa Joanna Trecziak per avermi agevolato nel recupero del materiale in analisi e di quello relativo al secondo melodramma sammartiniano, *L'Ambizione superata dalla Virtù*.

[17]. Sul frontespizio di quest'aria, conservata anch'essa in partitura a Bruxelles (B-Bc, segnatura: 4799), copiata nel 1899 dal Wotquenne, è indicato proprio: «a Pavia, 1733». Pur avendone riportato l'intestazione e una dettagliata descrizione, JENKINS, Newell - CHURGIN, Bathia. *Op. cit.* (vedi nota 2), p. 140, non l'avevano riferita al *Memet*.

[18]. *Cfr.* l'APPENDICE. Purtroppo la musica di queste due arie è attualmente perduta.

[19]. Esse sono citate in: JENKINS, Newell - CHURGIN, Bathia. *Op. cit.* (vedi nota 2), con i numeri singoli: J-C 95 e J-C 97 (in cui è riprodotta diplomaticamente la dicitura presente sulla fonte belga: *Se voi che serva almen*), pp. 139, 140 e vengono ricordate come «separate arias» in JENKINS, Newell. 'The Vocal Music of G. B. Sammartini', in: *Chigiana*, XXXII, N. S. 12 (1977), pp. 277-309: 279.

Solimano, legato a sua volta a Zaide. Contro la decisione di Memet di sposare Irene insorgono i Giannizzeri, ma nulla sembra poter fermare l'imperatore. Quando si accorge di non poter vincere il cuore della donna, questi decide di mandarla a morte insieme a Demetrio, ma Solimano, prima, e Zaide, poi, lo convincono a mostrarsi vero sovrano, a non lasciarsi accecare dalla passione e a giudicare senza spirito di vendetta. Memet dunque si ravvede e assicura il lieto fine, pensando alle sue prossime vittorie e conquiste. E forse proprio in questo finale risiede l'originalità di tutta la storia: anziché inneggiare alla felicità dei due innamorati, il concertato finale riprende il tema della guerra e dell'amore, enunciato all'inizio da Memet stesso. In tutto il libretto si sottolinea altresì il problema del potere 'illegittimo', non sostenuto cioè dal consenso popolare, e della imprescindibile onestà necessaria alla sua gestione. Il governante vero viene dipinto come uomo che non si lascia mai trascinare dalle passioni, ma agisce correttamente, anche contro il proprio interesse e il proprio bene.

In almeno tre casi le varianti tra partitura e libretto consentono di comprendere meglio alcuni passaggi dell'intricata vicenda. La scena VI dell'atto I, grazie ad un'ampia interpolazione in recitativo, chiarisce il rapporto che lega Zaide a Demetrio. Ad essa seguono due nuove scene, non presenti in partitura, nella prima delle quali (VII) Demetrio riflette sulla condizione di dolore in cui cade un cuore innamorato che deve abbandonare l'amata e intona l'aria *Non ha dolor più rio*; nella seconda (VIII) Memet incontra Solimano e gli rivela chiaramente la sua passione per la schiava straniera Irene per conquistare la quale è disposto a utilizzare tutti i mezzi in suo potere. Nell'atto II scena X il personaggio di Zaide si staglia sugli altri ponendosi come risolutore della vicenda; Irene si mostra sdegnosa alle profferte amorose di Memet, rivoltele tramite Solimano, e si chiarisce il rapporto tra Zaide e Solimano grazie all'aria di paragone conclusiva della scena: *Freme funesta / crudel tempesta*. Nell'atto III, la scena VI, dominata dalla minaccia di duplice omicidio, nel libretto pavese diviene più concitata ed efficace drammaticamente e nella scena successiva (VII) Solimano aggiunge un'importante dichiarazione d'intenti (*Per dimostrare amore / a voi pupille care*)[20].

Il libretto pavese risulta così più frivolo e convenzionale rispetto al testo — più essenziale — di Lodi, ma aiuta il lettore a districarsi meglio nella storia. La fonte di *Memet* è da ricercare nell'*Irene* del conte Girolamo Frigimelica Roberti[21] (a sua volta modellata

---

[20]. Va rilevato altresì che Demetrio nell'atto III, scena IV, nella versione in partitura riflette su se stesso e descrive il suo stato d'animo di estrema disperazione per la perdita di Irene (*Palpito, sudo, tremo*); nel libretto invece è sdegnato, ma teso fermamente alla vendetta (*Godi pur, ma sol per poco*). Le aggiunte si ripercuotono anche sull'economia generale del numero di scene per atto: l'atto I nella versione per Lodi si conclude alla scena VI, mentre in quella per Pavia alla scena VIII; l'atto II per Lodi si conclude alla scena X; quello per Pavia alla scena XI; l'atto III ha invece lo stesso numero di scene nelle due versioni. Per una visione più precisa delle principali varianti e interpolazioni si rimanda tuttavia all'APPENDICE in cui si è predisposta una tavola sinottica.

[21]. Girolamo Frigimelica Roberti (1653 - 1732), erudito e cultore di letteratura classica, fu attivo tra 1694 e 1708 e compose libretti di opere di successo. Come si evince dai proemi dei suoi melodrammi, egli si ispira alle regole teatrali in discussione presso gli Arcadi e pur basandosi sui principi aristotelici, raccomanda moderata flessibilità che si adatti al carattere della tragedia, classificata in quattro tipologie. I suoi canoni estetici non

su una *Novella* di Matteo Bandello[22]), allestita a Venezia nel 1695 con le musiche di Carlo Francesco Pollarolo e riproposta a Napoli, nel 1704, con l'interpolazione di una trentina di arie di Domenico Scarlatti[23]. L'opera veneziana *Irene* è in cinque atti con sette personaggi[24]; quella napoletana è in tre atti con dieci personaggi[25], mentre *Memet* è diviso in tre atti con cinque personaggi: Memet, Irene, Demetrio, Zaide (sorella di Irene, con tutte le caratteristiche della veneziana Deianira), Solimano.

Tutte le parti eseguite dai comprimari sono dunque cassate nell'edizione sammartiniana, mentre sono riproposte le altre, che concordano ora con la versione veneziana, ora con quella napoletana[26]. Rispetto al testo dei libretti veneziano e napoletano, sono stati praticati tagli per rendere il tutto più agile ed essenziale e introdotti alcuni versi in sostituzione o di raccordo. Purtroppo, però, non sempre le parti tagliate permettono la comprensione della storia e la metrica non scorre in ogni suo punto elegante e esatta. Il fatto che già nel libretto pavese, rispetto a quello della 'prima' lodigiana, venissero aggiunti nuovi episodi, può significare proprio il desiderio di migliorarlo per favorire la maggiore comprensione della vicenda.

Ma chi operò i tagli e inventò le nuove sezioni? Forse lo stesso Sammartini o un versificatore sconosciuto non meritevole di essere nominato[27]?

Ostacolano l'ipotesi che il rimaneggiamento del libretto si debba ancora al Frigimelica Roberti diverse considerazioni: il cambio di titolo da *Irene* a *Memet*, attuato curiosamente

---

ebbero tuttavia fortuna. *Cfr.* BALATA, Nicola. 'Frigimelica Roberti', in: *Dizionario Biografico degli Italiani*, a cura dell'Istituto dell'Enciclopedia Italiana, Roma, Società grafica romana, 1960—, vol. L, 1998, pp. 543-547, cui si rimanda anche per la ricca bibliografia.

[22]. BANDELLO, Matteo. *Novelle*, Lucca, Busdrago, 1554.

[23]. *Cfr. Irene / tragedia / da rappresentarsi nel Teatro Grimano di San Gio. Grisostomo l'anno 1695*, in Venezia, Nicolini, 1695. *Cfr.* SARTORI, Claudio. *I libretti* […], *op. cit.* (vedi nota 5), 13641, p. 487. Nel libretto napoletano si legge invece: *L'Irene / drama per musica / da rappresentarsi nel teatro di / S. Bartolomeo di Napoli*, Napoli, Parrino & Mutio, 1704 e nella nota all'*Amico lettore* [p. 3] «Questo Drama […] ha ricevuto qualche alterazione dalla sua prima forma, […] per non defraudare alla lode (che degnamente è dovuta al sig. Gio. Battista Pullaroli primo compositore della musica) si segneranno l'arie del medesimo col segno §. Tutte l'altre sono del sig. Domenico Scarlatti. […]». *Cfr. ibidem*, 13642, p. 487.

[24]. Memet, Irene, Demetrio, Deianira (sorella di Irene, amante di Demetrio e amata da Solimano), Solimano (favorito di Memet, amante di Deianira), Halì (primo visir e di grande autorità presso Memet), Orobolo (servo di Deianira).

[25]. Memet II, Irene, Demetrio, Dejanira, Solimano, Halì, Alete (ajo di Deianira), Lesbia (dama di Irene), Dori (damigella), Nuto (giardiniere).

[26]. È lecito altresì ipotizzare che il libretto di *Memet* possa derivare direttamente da un altro libretto, disperso, indipendente dai due di Venezia e di Napoli. Relativamente alle trasformazioni tra le due *Irene* e ai problemi connessi al loro 'rifacimento' *cfr.* TERMINI, Olga. 'L'*Irene* in Venice and Naples: Tyrant and Victim, or the *Rifacimento* Process Examined', in: *Antonio Caldara Essays on his Life and Times*, edited by Brian W. Pritchard, Adelrshort, Scolar Press, 1987, pp. 367-407. I rapporti tra i libretti di *Irene* e *Memet* saranno invece investigati in un mio saggio di prossima pubblicazione.

[27]. Il compito di adattare i libretti era spesso affidato al poeta di teatro o ai letterati che gravitavano nell'ambiente.

a distanza di anni dopo le due rappresentazioni di Venezia e di Napoli, l'avanzata età del librettista — all'epoca già settantanovenne — e la sua morte avvenuta proprio nel 1732, in contemporanea con la prima lodigiana del *Memet*. Ma ancor più probante sembra l'inesperienza versificatoria emersa dall'analisi dei passi di testo ritoccati.

Si nota tuttavia che gli intenti artistici enunciati dal librettista nella prefazione dell'*Irene* veneziana non sono venuti meno neppure in questa nuova versione; il testo utilizzato per il *Memet* è tra l'altro molto più vicino a quello dell'*Irene* veneziana, rispetto a quello del libretto napoletano[28] poiché si tratta ancora, a più di trent'anni di distanza, di una «semplicissima tragedia, di quelle che si dicono appassionate, le quali non hanno personaggi occulti ed invece di peripezia, movono con la forza delle passioni […]. L'Irene affligge col pericolo, il quale cessato, rallegra»[29].

In questo ambito la musica del Sammartini dispiega al meglio le proprie risorse. Se il libretto, infatti, secondo una successione di eventi più o meno intricati, unisce un fatto storico — la presa di Bisanzio — a «poetica fantasia per accomodarsi alle scene»[30], la partitura si sviluppa in modo efficacissimo e coerente, svelando l'abilità sammartiniana anche in questo genere musicale[31].

Dopo la sinfonia iniziale in tre tempi (*Presto - Andante - Presto ma non tanto*), in cui si rivela l'interesse di Sammartini per lo strumentale e per una accurata resa espressiva (frequenti ad esempio le indicazioni *sempre piano*, *spiccato*, *etc.*), entra in scena Memet che, dopo un essenziale recitativo, intona un'incisiva aria di guerra con trombe, ben adatta a ritrarre il personaggio nel suo ruolo militare, teso alle conquiste di terre (e di cuori) (*Guerra guerra, voglio guerra*). Solimano gli risponde con un'aria leggiadra (*S'amai, se sospirai*) e subito dopo Irene (*Pensa che tua son io*) tratteggia il suo carattere innamorato, ma fiero, attraverso un'aria tutta giocata sui toni del *piano* e del *pianissimo*, dalla semplice e squisita scansione vocale. Di grande effetto è il recitativo accompagnato di Demetrio (*Anime disperate*) che prelude all'aria di furia (*Venite o furie*) di un certo impegno esecutivo, con uno strumentale efficacissimo impiegato al massimo delle possibilità e con le viole *divise* e le parti dei violoncelli distinte in più passaggi da quelle dei contrabbassi. Solimano si ripropone con un'aria (*Se vuoi che serva*) dall'andamento cullante, dolce, ma con agilità vocali, mentre Zaide conclude il primo atto con *Non è pena in amor più crudele*, che le consente di rivelare un animo affranto, attraverso tipologie convenzionali (tonalità di fa minore, sincopi e sospiri, cromatismi), ma sapientemente dosate. Già nel primo atto, dunque, tutti i personaggi sono tratteggiati nel loro carattere e chiariscono la loro posizione sentimentale nello svolgimento della storia.

---

[28]. In questo caso sembrerebbe dunque confermata l'ipotesi della derivazione da un libretto precedente alla messa in scena di Venezia e di Napoli.

[29]. Cfr. *Irene*, 1695, *L'auttore a chi legge*, [pp. 9-10].

[30]. Cfr. *Il Meemetto*, 1733, *Argomento*, [p. IV].

[31]. Ad esso ha dedicato un accurato esame JENKINS, Newell. 'The Vocal Music […]', *op. cit.* (vedi nota 19), pp. 283-286.

Il secondo atto, dopo un'introduzione strumentale[32] (*Presto*, in cui non mancano indicazioni espressive quali, ad esempio, *sempre pianissimo*), inizia con un'aria di Irene dall'ampio respiro in cui sono presentati i caratteri d'amore (*Sì ti conosco amor*); ad essa risponde, con spirito brillante e agile, Memet (*Non sa chi ben non ama*). Il duetto dei due innamorati (Irene e Demetrio) scivola vivace (*Se ben amano due corî*), sapientemente condotto con imitazioni e strumentazione espressiva (ora *pizzicato*, ora *con l'arco*). La nuova entrata di Solimano avviene con l'aria con trombe *prestissimo e staccato* (*Su di metalli e di sonore trombe*) dal carattere incalzante, impetuoso, e ad essa si contrappone nettamente l'intervento seguente, dolcissimo ma disperato, di Irene (*Misero amante core*), espressamente richiesto *senza cembalo*. Nel nuovo momento cruciale dell'azione, Sammartini inserisce ancora il recitativo accompagnato che apre al terzetto tra Demetrio, Zaide e Irene (*A me sarò crudele*), efficace per strumentazione e conduzione e che trova la sua conclusione ideale nell'aria di Zaide (*Sii pur fedele a me*), briosa ed incisiva. L'introduzione strumentale all'atto III, *Presto*[33], precede Memet che, con spirito disinvolto, inneggia al piacere (*Presto a godere chi tarda il piacere*). Irene sopraggiunge con una nobile aria (l'indicazione è *Affettuoso e Maestoso e non tanto Adaggio*) che la ritrae efficacemente (*Se mai dolce, se mai grato / ti fu il ben della tua Irene*), alla quale risponde con affanno e ansia Demetrio (*Palpito, sudo, tremo*) che esprime la sua angoscia al pensiero di perdere la donna amata. Con spirito diverso, più distaccato e sereno, appare Zaide (*Si viva, si mora*) dopo la quale compare la seguente indicazione: «s'apre una Sinfonia alla turca». Questa in realtà non è scritta in partitura, evidentemente perché rimandava a uno dei numerosi brani di tale carattere composti in altro tempo dal Sammartini[34]. Dopo la visione dell'esercito in battaglia, Memet declama il brillante: *Il mio amor ti fa regina*, ben diverso dalla sua ultima aria in cui rivela una certa irruenza e concitazione (*Son vendicato sì*). Di effetto trionfale è il concertato finale *Guerra, strage, ruine*.

Il quadro complessivo dell'opera prevede dunque:

Personaggio, registro	Atto I	Atto II	Atto III
Memet, tenore	1 aria	1 aria	3 arie
Solimano, soprano	2 arie	1 aria	
Irene, soprano	1 aria	2 arie duetto con Demetrio rec. acc. terzetto con Zaide e Demetrio	1 aria
Demetrio, contralto	rec. acc. 1 aria	duetto con Irene rec. acc. terzetto con Zaide e Irene	1 aria
Zaide, soprano	1 aria	1 aria terzetto con Irene e Demetrio	1 aria

---

[32]. Che corrisponde al primo tempo della sinfonia J-C 66a.
[33]. Che corrisponde al primo tempo della sinfonia J-C 38.
[34]. Non va dimenticato che Sammartini compose almeno una Marcia con fiati (J-C 86), come si trova

Nell'opera si trovano recitativi secchi, due recitativi accompagnati, 17 arie — tutte con il *da capo* — un duetto, un terzetto e un coro finale affidato ai cinque protagonisti. La strumentazione è prevalentemente con soli archi, ad eccezione di tre momenti in cui figurano anche le trombe: la prima aria di Memet nell'atto I; di Solimano nell'atto II e del concertato finale. Quest'ultimo passo prevede anche un piccolo intervento degli oboi.

Nell'assetto strutturale viene dato ampio spazio alle arie, con conseguente riduzione del loro numero per atto, e rilievo drammatico al recitativo accompagnato, impiegato in episodi di notevole tensione.

Sul piano tematico si nota non soltanto l'assenza di personaggi e scene comiche, come pure di mitologie che potrebbero favorire il meraviglioso scenografico, ma soprattutto l'esaltazione della legittima sovranità e il delineamento dei problemi e dei doveri del potere monarchico. La 'regalità' è intesa come servizio verso i sudditi, come sacrificio di ogni passione, che l'esercizio della sovranità comporta. Il sovrano è un despota illuminato e virtuoso, custode della legge che può ritorcersi contro di lui: egli è visto come esempio di saggezza, di mitezza, di temperanza, poiché guidato dalla ragione e dalla consapevolezza della propria alta missione di regnante[35].

★★★

Dopo una pausa di due anni, Sammartini ritorna all'opera con *L'Ambizione superata dalla Virtù*, commissionata per la stagione milanese di carnevale del 1735 e rappresentata per la prima volta nel Teatro Ducale il 26 dicembre 1734[36]. Il melodramma ha subíto una sorte travagliata sia per quanto riguarda il libretto, conservato adespoto[37], sia per la

---

indicato nella fonte conservata a Einsiedeln (CH-E, segnatura: 84/11). Cfr. JENKINS, Newell - CHURGIN, Bathia. *Op. cit.* (vedi nota 2), pp. 106-107). Proprio alla marcia si è fatto ricorso per la prima registrazione integrale in tempi moderni del *Memet*, effettuata dalla Camerata del Titano, diretta da Augusto Ciavatta per Dynamic CDS 386/1-3 su revisione della scrivente.

[35]. Il modo del tutto nuovo con cui viene affrontato il problema politico, non è inconsueto in Frigimelica Roberti che anche nel *Mitridate Eupatore* solleva la questione del potere illegittimo e presenta Mitridate come tiranno giusto e degno di gestire il potere. Per un approfondimento cfr. STROHM, Reinhard. *L'opera italiana nel Settecento*, trad. dal tedesco di Lorenzo Cavari e Lorenzo Bianconi, Venezia, Marsilio, 1991 (Musica critica), pp. 64-65.

[36]. Cfr. *Il Regio Ducal Teatro di Milano (1717 - 1778). Cronologia delle opere e dei balli con 10 indici*, a cura di Giampiero Tintori e Maria Maddalena Schito, Cuneo, Bertola & Locatelli, 1998, p. 36.

[37]. Il frontespizio recita: L'AMBIZIONE / SUPERATA / DALLA VIRTÙ / DRAMA / DA RAPPRESENTARSI NEL REGIO-DUCAL TEATRO / DI MILANO / SOTTO IL CLEMENTISSIMO PATROCINIO / DELLA / SACRA REAL MAESTÀ / DI / CARLO EMANUELE / RE DI SARDEGNA, DI CIPRO / DI GERUSALEMME, / E DUCA & & / NEL CARNEVALE DELL'ANNO 1735. / IN MILANO, MDCCXXXIV. / NELLA REG. DUC. CORTE, PER GIUSEPPE RICHINO MALATESTA / STAMPATORE REGIO CAMERALE. Conservato in I-Bc; I-Ma, I-Mb, I-Mc, I-Mscala; I-Rsc; I-Tci; C-Tu; F-Pn; cfr. JENKINS, Newell - CHURGIN, Bathia. *Op. cit.* (vedi nota 2), J-C 89, pp. 118-125.

> **L'AMBIZIONE**
> SUPERATA
> **DALLA VIRTU'**
> *DRAMA*
> Da rappresentarsi nel Regio-Ducal Teatro
> di Milano
> Sotto il Clementissimo Patrocinio
> DELLA
> **SACRA REAL MAESTA'**
> DI
> **CARLO**
> **EMANUELE**
> RE DI SARDEGNA, DI CIPRO,
> DI GERUSALEMME,
> E DUCA &c. &c. &c.
> *Nel Carnevale dell' Anno* 1735.
>
> San Martini　　　Gio. Battista
>
> IN MILANO, MDCCXXXIV.
> Nella Reg. Duc. Corte, per Giusepp. Richino Malatesta,
> Stampatore Regio Camerale.
> Con licenza de' Superiori.

ILL. 3: frontespizio del libretto de *L'Ambizione superata dalla Virtù* relativo alla rappresentazione del 1734 al Teatro Ducale di Milano.

musica, pervenuta incompleta[38]. Mancano documenti relativi alla genesi, all'allestimento e all'esito dello spettacolo; non viene dichiarato il nome del librettista, che studiosi occupatisi in precedenza dell'argomento hanno individuato con quello di Apostolo Zeno[39]. La

---

[38]. La musica è conservata presso la biblioteca del Conservatorio di Bruxelles in 23 fascicoli corrispondenti a 22 arie e al quartetto, non ordinati però secondo l'ordine del libretto (B-Bc, segnatura dei fascicoli: 4777-4803, mancano il 4790 e il 4799, mentre il 4780 è l'aria *Care pupille*, assente nel libretto e facente parte dell'oratorio *Gesù Bambino adorato dalli pastori* J-C 116, *cfr.* JENKINS, Newell - CHURGIN, Bathia. *Op. cit.* - vedi nota 2 -, pp. 169-170). Il merito della scoperta della partitura va a George de Saint-Foix che descrive le fasi del rinvenimento in: SAINT-FOIX, Georges de. 'Sammartini et les chanteurs de son temps', in: *Rivista Musicale Italiana*, XLIII/3-4 (1939), pp. 357-363. Per la descrizione fisica delle parti e per alcuni rilievi di tipo paleografico *cfr.* JENKINS, Newell - CHURGIN, Bathia. *Op. cit.* (vedi nota 2), pp. 124-125.

[39]. Il primo che rimanda ad Apostolo Zeno e al confronto con il dramma *Alessandro Severo* è SARTORI, Claudio.

storia narrata, infatti, comprensiva di argomento introduttivo e di motivazioni, è, ad eccezione di alcune parti comunque non sostanziali e coincidenti con le arie conclusive d'atto[40], quella dell'*Alessandro Severo* di Apostolo Zeno, sulla cui trama un versificatore abbastanza attento ha apportato le modifiche necessarie per adattare il tutto alla musica scenica[41].

La scelta del libretto si mantiene nel solco della migliore tradizione milanese: già dal 26 dicembre 1716, infatti, erano stati rappresentati con successo alcuni drammi per musica su libretto di Apostolo Zeno[42] e in particolare nel 1723, aveva avuto luogo la

---

I libretti [...], *op. cit.* (vedi nota 5), 1209, p. 128. Cfr. ZENO, Apostolo. *Poesie drammatiche*, Venezia, Giambatista Pasquali, 1744, VI, pp. 273-355. La notizia è ripresa da INZAGHI, Luigi - PREFUMO, Danilo. *Giambattista Sammartini. Primo maestro della sinfonia*, Torino, Eda, 1996, p. 55.

[40]. Le differenze si riconducono a due categorie: scene in cui differisce solo l'aria finale oppure scene con finali diversi. Al primo caso si ascrivono: atto I, scene 1, 2, 10, 11, 13 (parzialmente), 14; atto II, scene 3 (parzialmente), 11, 13, 14; atto III, scene 2, 5, 8, 9, 10, 11; alla seconda tipologia appartengono: atto I, scene 6, 8, 12; atto II, scene 2, 6, 7; atto III, scene 1, 3. In quest'ultimo gruppo le differenze consistono nella presenza o meno di un'aria conclusiva d'atto. Inoltre nel libretto di Zeno nei primi due atti c'è una scena in più (rispettivamente scena XII e scena XI). Nel II atto tuttavia il numero complessivo delle scene tra libretto e opera rimane invariato perché in Sammartini ne sono aggiunte *ex novo* due (scene XVI e XVII). Di tutte le arie divergenti più sopra citate ben otto sono desunte dal libretto *Alessandro Severo* — di mano anonima — messo in musica da Geminiano Jacomelli e rappresentato «nel regio ducal teatro di Piacenza in occasione della fiera l'autunno dell'anno 1732». Precisamente: atto I *Parto amante* (scena II), *Chi sa dir* (scena X), *Padre addio* (scena XIII); atto II: *Vo' morir* (scena III), *Se parlo e ti salvo* (scena XI), *Al calor del primo sole* (scena XIII); atto III: *Infedel dell'alta impresa* (scena VIII), *Alle palme, agli allori* (scena XI). Le rimanenti sono state invece appositamente scritte per la recita sammartiniana e vanno rimarcate in particolare le già citate scene XVI e XVII dell'atto II che sviluppano in modo originale 'l'interrogatorio' nei confronti di Salustia. Non esistono invece legami testuali con l'*Alessandro Severo* di Gaetano Maria Schiassi, il cui librettista è sconosciuto, rappresentato ad Alessandria nel 1732.

[41]. Vale anche in questo caso l'ipotesi già avanzata a nota 27. Al Ducale per lo meno dal 1721, era attivo in qualità di poeta, o meglio di *factotum*, Claudio Nicola Stampa. Cfr. BARBLAN, Guglielmo. 'Il teatro musicale in Milano nei secoli XVII e XVIII', in: *Storia di Milano*, 17 voll., [Milano], Fondazione Treccani degli Alfieri per la Storia di Milano, 1953 - 1966, vol. XII: *L'età delle riforme (1706 - 1796)*, 1959, p. 618; NICORA, Laura. 'I festeggiamenti a Milano per la promessa di matrimonio e le nozze di Maria Ricciarda Beatrice Cybo d'Este con l'Arciduca Ferdinando d'Austria', in: *Atti e memorie. Deputazione di storia patria per le antiche provincie modenesi*, serie XI, vol. XXI, Modena, Aedes muratoria, 1999, pp. 369-389 in cui viene prospettato l'*iter* abituale di lavoro per l'adattamento o la stesura di libretti.

[42]. Cfr. BARBLAN, Guglielmo. *Op. cit.* (vedi nota 41), pp. 970-976 confermato anche da SARTORI, Claudio. *I libretti* [...], *op. cit.* (vedi nota 5), 22600, p. 276, riferisce che l'opera inaugurale della stagione teatrale 1716 fu la *Statira* di Apostolo Zeno e Pietro Pariati con musica di Francesco Gasparini. A questa seguirono, tutte su libretto di Zeno, il 26 dicembre 1717 *Costantino*, (musica di Gasparini); 26 dicembre 1718 *Griselda* (musica di Antonio Bononcini); 28 gennaio 1719 *Eumene* (musica di Gasparini); 27 agosto 1719 *Ambleto* (musica di Giuseppe Vignati, Carlo Baliani, Giacomo Cozzi); 30 gennaio 1721 *Lucio Papirio dittatore* (musica di Antonio Caldara); carnevale 1722 *Flavio Anicio Olibrio* (musica di Gasparini). Dopo tale data i libretti di Zeno si diradano: il 28 agosto 1728 viene utilizzato il *Teuzzone* per *Zidiana* di Geminiano Jacomelli e nel carnevale 1732 *Gianguir* con musica di Giovanni Porta. Cfr. *Il Regio Ducal Teatro di Milano (1717 - 1778)* [...], *op. cit.* (vedi nota 36), pp. 21-36.

recita di *Alessandro Severo* su musica di Giuseppe Orlandini[43]. Proprio su quel soggetto[44], Sammartini si impegna a realizzare la sua seconda opera dedicata alla «sacra real maestà di Carlo Emanuele re di Sardegna»[45]. L'impresa Puricelli mostra interesse anche per i cantanti e chiama tutti nomi noti al pubblico milanese: la signora Vittoria Tesi Tramontini per il ruolo di Giulia Mammea (contralto); Angelo Maria Monticelli per quello di Alessandro (soprano); Antonia Cerminati per Salustia (soprano); Giuseppe Appiani per Claudio (contralto); Angelo Amorevoli per Marziano (tenore); Eleonora Sermantini detta la Polacca per Albina (contralto). Nel libretto sono citati anche il «Sig. Giovanni Battista San Martini», come autore della musica. il «Sig. Giovanni Mainino» come «inventore degli abiti», il «Sig. Pietro Righino di Parma, inventor delle scene», e il «Sig. Gaetano Grossatesta, inventore e direttore dei balli»[46].

Quasi tutte le parti musicali recano il nome del cantante cui sono destinate e concordano con il libretto milanese ad eccezione del personaggio di Albina che è indicata non come «Sermantini», ma come «sig. Salvioni»[47]. Non si sa se vi siano state repliche dell'opera.

---

[43]. Il libretto adespoto dell'*Alessandro Severo* del 1723, con la dedica dell'impresario Giuseppe Ferdinando Brivio «all'illustrissimo Girolamo del sacro romano impero conte Colloredo […] capitano generale dello Stato di Milano», riproduce in modo piuttosto fedele il testo originale di Zeno pur proponendo numerose varianti rispetto a quello sammartiniano. Ciò potrebbe suffragare l'ipotesi che la mano intervenuta nell'adattamento dei due libretti sia la stessa.

[44]. Per un approfondimento sui rapporti testuali *cfr.* nota 40.

[45]. Circa la dedica al regnante sabaudo, va ricordato che dall'11 dicembre 1733 Carlo Emanuele III era entrato ufficialmente come re in Milano riconquistando la Lombardia dagli Austriaci. La parentesi fu di breve durata e si chiuse con la pace di Vienna che il 3 ottobre 1735 restituì la Lombardia all'Austria. *Cfr.* ANNONI, Ada. 'Lo stato di Milano nella politica europea della prima metà del secolo XVIII', in: *Storia di Milano, op. cit.* (vedi nota 41), vol. XII, pp. 25-27.

[46]. *Cfr.* il libretto [pp. II-III]. Vittoria Tesi aveva debuttato con successo al Ducale (*cfr.* il sonetto a lei dedicato e riportato in BARBLAN, Guglielmo. *Op. cit.* - vedi nota 41 -, p. 975) nel 1722 con *L'Argippo*, e da quel momento vi era ritornata quasi ogni anno (1723, 1727, 1728, 1729, 1731, 1733); Amorevoli *cfr.* nota 15; la Sermantini (attiva dal 1733) nel 1734 aveva cantato ne *La forza dell'amore e dell'odio*; Monticelli (di Milano, attivo dal 1728) nel 1729 aveva preso parte a *La fortezza al cimento*; la Cerminati (detta la Napoletanina di Bologna, attiva dal 1725) nel 1732 aveva partecipato a *Il Demetrio*; Appiani (di Milano, attivo dal 1730) aveva debuttato a Milano nel 1730 con *Arminio* e vi era ritornato nel 1732 con *Il Demetrio*. *Cfr.* SARTORI, Claudio. *I libretti* […], *op. cit.* - vedi nota 5 -, *Indici*, vol. II, rispettivamente pp. 635; 17-18; 609; 446-447; 175-176; 26. Va notato altresì che Angelo Amorevoli aveva già rivestito il ruolo di Marziano nel già citato *Alessandro Severo* di Gaetano Maria Schiassi (Alessandria, 1732, in cui il ruolo di Giulia era impersonato da Barbara Stabili) e la Tesi quello di Giulia nell'altrettanto noto *Alessandro Severo* di Geminiano Jacomelli (Piacenza, 1732). *Cfr. ibidem*, vol. I, p. 91.

[47]. Sulle parti manoscritte non è possibile individuare se sia «sig. Salvioni» o piuttosto «sig.ra Salvioni» perché il rilegatore, che nel XIX secolo ha sistemato i singoli fascicoli, ha tagliato la scritta, di solito soprastante i titoli, rendendola incomprensibile. Il «sig.» al maschile, può aver tratto in inganno gli studiosi Jenkins e Churgin che identificano il cantante con Carlo Salvioni (*cfr.* JENKINS, Newell - CHURGIN, Bathia. *Op. cit.* - vedi nota 2 -, p. 125), attivo tra 1694 e 1697 (*cfr.* SARTORI, Claudio. *I libretti* […], *op. cit.* - vedi nota 5 -, *Indici*, vol. II, p. 40), mentre ritengo che «Salvioni» sia da identificare con Regina Salvioni de Marchi di Milano, attiva, a quanto attestato sinora, dal 1736 al 1741 (*cfr. ibidem, Indici*, vol. II, p. 585). Allo stesso modo il «Pinacci» indicato da PAGLICCI-BROZZI, Antonio. *Op. cit.* - vedi nota 14 -, p. 119 non individuerebbe il cantante Giovan Battista Pinacci

La vicenda è ambientata nel mondo romano nel periodo immediatamente successivo al regno di Eliogabalo (204 - 222 d.C.) ed è incentrata su Giulia Mammea che, dopo aver organizzato le nozze del figlio Alessandro Severo con Salustia, cerca di far ripudiare ed esiliare la nuora per non aver rivali nell'impero. Nel contempo giunge a Roma Albina, sotto spoglie maschili, alla ricerca del suo promesso sposo Claudio, prode guerriero al servizio di Marziano, padre di Salustia. Quest'ultima, venuta a conoscenza della sua sorte, accetta con dignità la decisione di Giulia, pur amando il marito e soffrendo per il distacco, mentre Alessandro, sebbene infelice per la perdita della moglie, si attiene ai comandi della madre. Marziano, invece, trama contro Giulia e con Claudio escogita un piano con cui o avvelenerà l'imperatrice o la farà perire con la sua spada. L'attentato è però scoperto da Albina che lo rivela a Salustia e questa sventa l'omicidio, ma viene minacciata da Giulia se non rivelerà il nome del colpevole. I soldati capeggiati da Marziano ritentano il piano, ma Salustia li ferma facendo da scudo alla sua imperatrice che, ammirata da tanta forza d'animo, la reintegra sul trono esortando tutti i sudditi, Marziano, Claudio e Albina, rappacificati e nuovamente uniti, ad inneggiare alla gloria.

Della partitura restano 23 arie e il quartetto finale del secondo atto[48]. Mancano: l'aria di Alessandro (atto I, scena IX) *Dirò... la madre*; l'aria di Giulia (atto II, scena V) *Non ho in petto*; tutti i recitativi; le sinfonie; i cori iniziale (*Viva viva il nostro Augusto*) e finale (*Alle palme, ed agli allorî*)[49].

Dal punto di vista musicale Marziano viene subito tratteggiato con un carattere irruente e tutte le arie che intona hanno un andamento volitivo e marziale; la prima con cui si presenta in scena (*Guida il tuo nume*) ha il sostegno dei corni da caccia ed evidenzia subito uno stato d'animo bellicoso; *Anche a costo del mio sangue*, aria conclusiva del primo atto, è molto articolata da un punto di vista musicale con l'organico che prevede raddoppi di viole e parti differenziate tra violoncelli e contrabbassi; *In cor di padre*, nel secondo atto, è sostenuta da un accompagnamento molto marcato ed è caratterizzata da una seconda parte (*Presto*) il cui andamento contrasta molto con la prima e coincide con concetti diversi espressi nel testo; *Infedel dall'alta impresa* conclude gli interventi di Marziano in modo molto efficace e coerente, utilizzando forti contrasti dinamici.

---

di Firenze (perché nel 1735 costui era all'apice della carriera e perciò difficilmente avrebbe accettato un ruolo non principale), bensì la cantante Anna Bagnolese Pinacci di Firenze debuttante nel 1726 (attiva sino al 1743 e nel 1735 non impegnata in altre produzioni operistiche). Cfr. SARTORI, Claudio. *I libretti* […], *op. cit.* (vedi nota 5), *Indici*, vol. II, pp. 521-522.

[48]. Ad essi ha dedicato un'attenta disamina JENKINS, Newell. 'The Vocal Music […]', *op. cit.* (vedi nota 19), pp. 287-289.

[49]. I cori con buona probabilità erano eseguiti dai solisti presenti in scena. Nel primo caso tuttavia, nella didascalia del libretto (atto I, scena I), oltre a Alessandro, Salustia, Marziano vengono citati anche il popolo e i soldati, ma ritengo solo come semplici comparse. Per il momento finale (atto III, ultima scena) invece sono previsti solo i sei personaggi.

Alessandro, personaggio debole da un punto di vista umano, è ben delineato attraverso quattro arie che sottolineano gli alterni stati d'animo vissuti nel corso della vicenda: la prima aria (*Parto amante*), dolce e cullante, coincide con il momento in cui egli parla alla madre dell'amata sposa; *Vo' morir*, nell'atto II, esprime invece, attraverso agilità sostenute da ricchi accompagnamenti strumentali punteggiati da ritmi lombardi, la disperazione dell'uomo e il suo desiderio di morire dopo aver appreso la notizia del suo involontario e inconsapevole ripudio della moglie, su istigazione della madre; *Al calor del primo sole* è un'aria di paragone molto ampia che, attraverso complesse colorature, evidenzia l'ansia di Alessandro di trovare una via per salvare Salustia. All'inizio del terzo atto, poi, con un'aria breve e leziosa (*Raggi di speme*) egli si rallegra per aver ritrovato sana e salva la moglie.

Giulia si sdegna eseguendo sincopi e note ribattute nella sua prima aria (*Sdegno, ingegno*), in cui il temperamento altero ed irruente emerge perfettamente; *Querele non sento* è invece un'aria vivace e piena d'effetto, ma la più interessante ed estesa è *In sì torbida procella* che descrive efficacemente il tormento dell'animo. L'ultima sua aria è piuttosto breve (*Dirò che sei*) ma prevede, unico esempio in tutta l'opera, l'uso concertante degli oboi.

Albina esegue nel complesso tre arie (*Non vuo' che un infedele*; *Dell'infido a te s'aspetta*; *Voglio dal tuo dolore*) la più interessante delle quali è quella centrale, nell'atto II, la cui ampiezza le permette di sfogare una tipologia vocale imperiosa e nel contempo sciolta.

Claudio rivela sempre una vocalità agile e di notevole estensione: le sue quattro arie infatti, ricche di salti melodici (con frequenti cambiamenti di chiave da contralto a soprano), fanno pensare ad un cantante dall'abilità tecnica straordinaria. L'accompagnamento orchestrale è costantemente ricco e adeguato a sostenere i movimenti melodici. Molto interessanti sono la prima aria (*L'onor del tuo comando*), dall'andamento solenne con disegni ostinati in arpeggio eseguiti da uno strumentale ricco, e la terza (*Su quelle luci*), dalla struttura piuttosto articolata. *Lascia di sospirar* e *Vanne alla bella*, rispettivamente seconda e quarta aria, rientrano invece nella tipologia già delineata, caratterizzata da estrema agilità ed estensione.

Salustia infine, personaggio molto nobile, è tratteggiata nei vari aspetti del carattere: fedele allo sposo e rispettosa verso il padre e verso Giulia, che pure la odia e la fa soffrire. Le quattro arie a lei destinate rivelano un animo travagliato e agitato, validamente sottolineato da una scrittura sincopata o densa di sospiri con ravvicinati contrasti dinamici di *piano* e *forte* ed efficaci indicazioni di *pizzicato* o *con arco* allo strumentale. La sua indole ansiosa si rivela sia quando si pone domande di carattere generale (come nella prima aria *Chi sa dir qual pena sia*) sia quando prende commiato dal padre (*Padre addio dammi un amplesso*) sia quando interviene nel momento cruciale, rivelando a Giulia il tentativo di omicidio (*Se parlo e ti salvo*) sia infine quando intona la sua aria conclusiva (*Affetti di padre*) in cui tuttavia contrappone a un momento iniziale travagliato, un secondo passaggio più sereno in *Allegro*.

Dal punto di vista compositivo in generale, appare estremamente valido l'uso delle modulazioni che sottolineano il testo in senso espressivo. Molto significativo è poi il quartetto *Non ho voci che di sdegno*, conclusivo del secondo atto[50], che vede Giulia, Alessandro, Salustia

---

[50]. Ad esso ha dedicato un'accurata analisi SAINT-FOIX, Georges, de. *Op. cit.* (vedi nota 38), p. 359.

e Marziano dialogare musicalmente presentando ognuno il proprio pensiero e mettendolo in discussione con gli altri, secondo un accurato intreccio delle parti, utilizzate ora a coppie ora individualmente. Soltanto nella terza sezione tutti si uniscono, in coincidenza delle parole: *Disperata in tal periglio*.

Il quadro complessivo dell'opera prevede dunque:

Personaggio, registro	Atto I	Atto II	Atto III
Giulia, contralto	2 arie	1 aria 1 aria perduta 1 quartetto	1 aria
Alessandro, soprano	1 aria perduta	2 arie 1 quartetto	1 aria
Marziano, tenore	2 arie	1 aria 1 quartetto	1 aria
Salustia, soprano	2 arie	1 aria 1 quartetto	1 aria
Claudio, contralto	2 arie	1 aria	1 aria
Albina, contralto	1 aria	1 aria	1 aria

Rispetto al *Memet*, le arie, tutte con *da capo*, sono più numerose e più varie nelle dimensioni[51]. La vocalità non subisce sostanziali variazioni, come pure il sostegno orchestrale che si mostra sempre ben condotto e adeguato e semmai più efficace a sottolineare i toni drammatici della storia che vede due donne — Giulia e Salustia — personificare la lotta tra Ambizione e Virtù. L'ambizione che acceca Giulia, illumina invece Salustia, ben consapevole di quali siano i valori da perseguire. Alla fine ritorna anche qui, come in *Memet*, la celebrazione della sovranità illuminata, perché Giulia si ravvede ed esalta ulteriormente la virtù morale della nuora.

★★★

Per la stagione di carnevale del 1743 i Cavalieri Delegati del Collegio delle Vergini Spagnole, gestori del Teatro Ducale di Milano[52], indirizzano a Otto Ferdinand conte di Traun e Abensberg due omaggi musicali: il primo è *Demofoonte*, «dramma per musica di Cristoforo

---

[51]. La prima aria di Claudio (*L'onor del tuo comando*, atto I, scena VI) si dipana per 74 battute in 2/4; il saluto di Salustia al padre (*Padre addio*, atto I, scena XIII) si svolge in 50 battute di 3/4, con la prima parte che si protrae per 40; l'aria conclusiva di Salustia (*Affetti di padre*, atto III, scena X) è di 86 battute in 2/4.

[52]. Avevano assunto l'esercizio dal carnevale 1742, per la rinuncia dei precedenti gestori, il Marchese colonnello don Giuseppe Sommariva, il Marchese don Ottavio Casnedi, Don Alessandro di Castel San Pietro e Don Ascanio Alfieri. La loro impresa si riferisce solo alle stagioni del carnevale e perdurerà sino al 1747. *Cfr.* Milano, Archivio di Stato, *Fondo Spettacoli Pubblici, Parte Antica*, cartella 34, *Cronologia degli spettacoli*.

Ill. 4: frontespizio del libretto de *L'Agrippina* relativo alla rappresentazione del 1743 al Teatro Ducale di Milano.

Gluck», rappresentato dal 6 gennaio al 27 gennaio 1743, e il secondo, di Giovan Battista Sammartini, allestito a partire dal 2 febbraio 1743[53], come recita il frontespizio del libretto: L'AGRIPPINA / MOGLIE DI TIBERIO / DRAMMA PER MUSICA / DI GUIDO RIVIERA PIACENTINO / DA RAPPRESENTARSI NEL REGIO-DUCAL TEATRO / DI MILANO NEL CARNOVALE DELL'ANNO 1743. / DEDICATO / A SUA ECCELLENZA / IL SIGNOR / OTO FERDINANDO / CONTE D'ABENSPERG, / E TRAUN / COLONNELLO [...], IN MILANO, MDCCXLIII NELLA REGIA DUCAL CORTE, PER GIUSEPPE RICHINO MALATESTA STAMPATORE REGIO CAMERALE. Gli impresari pensano di riuscire felicemente nell'intento perché, nella scelta del librettista, si sono affidati a «una delle più purgate penne, che adornano le italiane accademie» e non hanno badato a spese per «le sceniche decorose apparenze e popolari e magnifici spettacoli, oltre la spiritosa e maestrevolmente adattata

---

[53]. I Cavalieri Delegati, come si legge nella dedica al libretto [pp. 1-2], avendo riscosso «l'universale approvazione» con il primo dramma della stagione, sperano che *L'Agrippina* possa «incontrar la medesima sorte». Per la datazione cfr. *Il Regio Ducal Teatro di Milano (1717 - 1778)* [...], op. cit. (vedi nota 36), pp. 41-42. Il libretto è conservato in: I-Bc; I-Mb; I-Rn; US-Wc.

musica, che lo avviva»[54]. Sono convinti di aver realizzato una «drammatica rappresentazione in ogni sua parte appieno perfetta» ed espongono l'argomento storico prescelto per dar vita al quale hanno chiamato, oltre a un coro, sette cantanti di chiara fama: Cristoforo del Rosso per il ruolo di Augusto (tenore), Barbara Stabili per quello di Agrippina (soprano), Giovanni Carestini per Tiberio (soprano), Domenica Casarini per Livia (soprano), Agata Elmi per Agrippa (contralto), Felice Novelli per Elio Sejano (soprano) e Giuseppa Useda per Emilio (soprano). Come recita il libretto: «inventori e pittori delle scene» sono «li signori fratelli Galliari», «l'inventore degli abiti» è «il sig. Gio. Francesco Mainini», «compositore della musica» «il sig. Gio. Battista San Martino» e «l'inventore dei balli» è «il sig. Andrea Cattaneo»[55]. Il nome del librettista è indicato immediatamente sotto al titolo: si tratta di Guido Riviera piacentino, con il quale Sammartini ha già collaborato[56]. La presenza di Barbara Stabili e del sopranista Giovanni Carestini[57], in particolare, testimonia l'intento di realizzare uno spettacolo straordinario.

L'esito fu molto positivo, se si dà credito alle notizie apparse ripetutamente sul periodico milanese *Ragguaglj di varj paesi*:

> Terminarono domenica a sera con tutto il plauso, e numeroso concorso de' spettatori le recite del primo dramma rappresentato in questo Regio Ducale Teatro, sopra di cui sabato prossimo si darà cominciamento alle recite del secondo, intitolato l'Agrippina moglie di Tiberio, di nuovo composto dal signor Dottore Guido Riviera Piacentino, poeta de' più celebri, che illustrano al presente la

---

[54]. *Cfr.* la dedica presente nel libretto [p. 2].

[55]. Si tratta della stessa compagnia che allestisce il *Demofoonte* di Gluck, prima opera della stagione al Ducale. Cristoforo del Rosso di Pisa (debutto: 1735) approda a Milano nella stagione 1742 con *Artaserse* di Giuseppe Ferdinando Brivio e *Alessandro nelle Indie* di Gluck. Barbara Stabili Scarlatti di Firenze (debutto: 1726) canta per la prima volta a Milano proprio nella stagione 1743. Giovanni Battista Carestini di Ancona (debutto: prima del 1720) a Milano canta nel 1720 *La pace fra Seleuco e Tolomeo* di Francesco Gasparini e *Porsena* di Giuseppe Vignati; nel 1727 *Tamerlano* di Antonio Giaij; nel 1729 *La fortezza al cimento* di Tomaso Albinoni; nel 1730 *Arminio* di Adolf Hasse; nel 1731 *Artaserse* di Giuseppe Ferdinando Brivio e *Alessandro nelle Indie* di Gluck; nel 1732 *Antigona*, [di Giuseppe Maria Orlandini?] e *Gianguir* di Giovanni Porta; nel 1736 *Adriano in Siria*, di Riccardo Broschi e *La tirannide debellata* di Egidio Duni. Domenica Casarini Latilla di Venezia (debutto: 1736) a Milano canta nelle due opere della stagione 1743. Agata Elmi di Firenze debutta a Milano nel 1731 con *Arianna e Teseo* di Riccardo Broschi. Felice Novelli [non registrato in cronologie coeve] e Giuseppa Useda (Uzeda) Bigiogero di Milano, detta La Spagnoletta, debutta nel *Demofoonte* del 1743. *Cfr.* SARTORI, Claudio. *I libretti* [...], *op. cit.* (vedi nota 5), *Indici*, vol. II, rispettivamente pp. 236-237; 619-620; 147-148; 156; 256; 657.

[56]. Questo «dottore piacentino» fornisce a Sammartini anche i libretti di tre cantate — *Cristo coi discepoli*, *Cristo nell'orto* e *Cristo giudicato* — eseguite in San Fedele a Milano nella settimana santa 1743, precisamente l'8, 15 e 22 marzo.

[57]. La Stabili era cantante ammirata non solo dal pubblico ma anche dai poeti che in questa circostanza non risparmiarono componimenti in suo onore: *cfr.* INZAGHI, Luigi - PREFUMO, Danilo. *Op. cit.* (vedi nota 39), pp. 69-70; sull'indiscusso talento del Carestini, *cfr.* DEGRADA, Francesco. 'Carestini, Giovanni', in: *Dizionario Biografico degli Italiani, op. cit.* (vedi nota 21), vol. XX, pp. 83-85.

nostra Italia. Oltre l'ornamento, che riceve dalla musica spiritosa e ben adattata, composta dal nostro Giambattista San-Martino, e cantata con sì buon gusto da' signori virtuosi, da' quali vengono coperti i personaggi, resta condecorata la scenica azione con vaghe apparenze, e popolari magnifici spettacoli di nuova invenzione de' rinomati signori fratelli Galliari; avendo altresì intramezzati balli, inventati dal sig. Andrea Cattaneo. Per le quali cose tutte, da questa cittadinanza, si sta con grande impazienza di vederlo posto sopra le scene[58].

Nella settimana successiva si rinnova l'informazione:

> Sabato scorso come nella precedente si espose, fu rappresentato per la prima volta sopra di questo teatro Regio Ducale Teatro il secondo dramma del corrente carnovale, il quale certamente riportò, come si aspettava, il pieno aggradimento dal numerosissimo concorso intervenutovi, proseguito sempre nelle recite seguenti, venendo lodata non meno la naturalezza e soavità della poesia, quanto l'idea spiritosa e dilettevole della musica, col dovuto encomio al poeta sig. Dottore Guido Riviera ed al Maestro di cappella sig. Giambattista San Martino. Incontrarono pure la comune soddisfazione le magnifiche decorazioni, disegnate e dipinte da' signori fratelli Galliari, i balli, gli abiti ricchissimi, e qualunque altra cosa che concorre a renderlo in ogni parte compiuto[59].

E infine viene ribadito che:

> Va proseguendo con intiero concorso di nobiltà, cittadini e forastieri, qua portatisi in gran numero, la recita del secondo dramma, nelle precedenti lodato, distinguendosi sempre più fra gli altri virtuosi il sig. Giovanni Carestini, che sostiene a maraviglia la parte di Tiberio[60].

La storia è tratta dal mondo romano[61] ed è incentrata sulla sete di potere di Livia che vorrebbe il proprio figlio Tiberio come successore di Augusto sul trono di Roma. Tiberio è reduce da una vittoria sui Sicambri e sugli Svevi e rientrando trionfatore in Roma non vede l'ora di riabbracciare l'amata moglie Agrippina, ignaro che la madre stia tramando alle sue spalle per fargli sposare Giulia, figlia di Augusto, e assicurargli così la successione. Grazie alla complicità di Sejano, innamorato di Agrippina, Livia ha infatti intenzione di insinuare nei due sposi il dubbio del tradimento. In effetti a turno i due vengono a conoscenza di presunti reciproci amanti e si ripudiano a vicenda. Tiberio, convinto dell'infedeltà della moglie, firma il foglio di esilio, ma casualmente assiste, non visto, ad una scena di disperazione di Agrippina che rivela di essere stata costretta a mentire e che dichiara il suo amore costante per il marito.

---

[58]. *Ragguaglj di varj paesi*, Milano, Giuseppe Richino Malatesta, v, 30 gennaio 1743, p. 1. Il primo dramma cui si fa riferimento è ovviamente il *Demofoonte* di Gluck.

[59]. *Ibidem*, VI, 6 febbraio 1743, p. 1.

[60]. *Ibidem*, VII, 13 febbraio 1743, p. 1.

[61]. Il libretto [p. 8] cita espressamente le seguenti fonti: «Tacito, *Annales* 1, 2; Svetonio, *De vita Caesarum*; Plutarco, *Vitae illustres Virorum Graecorum et Romanorum*».

Il lieto fine è procurato da Agrippa — fedele consigliere di Agrippina e altro pretendente al trono, ma inviso a Livia — che apre gli occhi a Tiberio e lo esorta a ricongiungersi alla moglie, affermando apertamente che è stato tramato un inganno a danno dei due sposi. Viene accusato Sejano, che dichiara di aver eseguito gli ordini di Livia, la quale abilmente riesce a mettere tutto a tacere e accondiscende magnanimamente al ritrovamento della coppia. Accanto a questi personaggi agisce anche il fido seguace di Tiberio, Emilio, appositamente introdotto nella vicenda «per uso di questo teatro»[62].

Il libretto, rispettoso delle tradizionali unità, sviluppa una storia basata sulle passioni e sui caratteri, più che sull'intrigo, e la espone con rigore logico, eleganza lessicale e precisione metrica, ponendosi come ulteriore obiettivo la trasmissione di nobili propositi civili e morali. Peculiari sono l'attenzione e la cura riposte nella descrizione fisica e umana dei personaggi, non ancora sperimentate nei precedenti libretti sammartiniani. Molto interessante è ad esempio, il ritratto di Agrippina tratteggiato da Tiberio per permettere a Emilio di riconoscerla nel caso la incontrasse sulla via:

> Se una donna tu incontri, / nero il crin, nero il ciglio / bruno il volto e vermiglio, / vermiglio il labbro e tumidetto in parte / il seno acerbo e scarso; / ampia la fronte e due begli occhi ardenti: / rider frequente e il riso / tener sul labbro e dilatarlo in viso; / parlar più coi sospir che cogli accenti / mover languidi e lenti / i bei sguardi furtivi / e con quei sguardi altrui destar in petto / un improvviso affetto; ah se la vedi / quella fu la cagion delle mie pene, / quella è la sposa mia, quella è il mio bene[63].

così come la dettagliata descrizione di Agrippa e il conseguente paragone con il nocchiero che già da pochi indizi sa scoprire la minaccia della tempesta; innanzitutto: «un traditor ben spesso / lunge cerchiam, quando l'abbiamo appresso»; in seconda istanza:

> al ciglio oscuro e torbido; / ai biechi sguardi ardenti; / al torvo aspetto e pallido; / agli interrotti accenti / si scopre un traditor. / Così nocchier da picciola / nube, da picciol vento, / scorge vicino il turbine; / e su la prora attento / sta nel periglio allor[64].

o ancora le considerazioni di carattere universale che vengono proferite da Livia dapprima attraverso il recitativo:

> un ben ordito inganno / degno è di lode ancor. Cercar che giova / innocenza nel mondo, / se innocenza non v'è? o che fra noi / più virtù non si trova, /

---

[62]. *Cfr.* il libretto [p. 8]: «Il personaggio di Emilio è stato aggiunto per uso di questo teatro, potendosi a voglia altrui agevolmente levare e ridurre al suo primo essere il componimento, col togliere quelle scene, ove alla meglio egli è introdotto».

[63]. *Agrippina moglie di Tiberio*, atto I, scena V, p. 9.

[64]. *Ibidem*, atto I, scena XV, p. 23.

o la frode è virtù; questa celata / sta nelle grandi imprese, / e sol vizio divien, quando è palese.

e quindi nell'aria:

Saggio fra noi si tiene, / l'ingannator felice; / e allor sol reo diviene / quando ingannar non sa. / E se v'è alcun, che dice, / che colpa sia l'inganno, / fra quei che rei saranno / ei maggior colpa avrà[65].

I temi su cui si incentra e si sviluppa l'intera vicenda sono quelli dell'amore e della fedeltà coniugale, dell'innocenza calunniata e perseguitata, dell'onestà nella gestione del potere e si snodano in modo compatto e unitario senza episodi collaterali o diversivi. L'intreccio sentimentale è l'occasione per delineare le psicologie e i caratteri degli amanti la cui vicenda è connessa a quella politica: entrambe convivono perfettamente assumendo risalto a turno. L'eloquio è sostenuto e adeguato alla nobiltà dei contenuti ed enfatizzato dalla ricercata espressività drammatica della musica.

«Al suono di militari strumenti» un coro a quattro parti (soprano, due tenori, basso) sostenuto da oboi, due trombe, due trombe da caccia, timpani e archi, inneggia ad Augusto e a Tiberio (*Viva Augusto*). Con questa scena imponente si apre l'opera[66]. Ad essa fa seguito la prima aria di Augusto con trombe da caccia (*Vanne trionfa*) e quella di Emilio, con ritmo danzante e con trombe (*Dirò che ognora*). Estremamente significativa l'entrata di Agrippa con un'aria descrittiva (*Son passegger*) in cui dagli archi è efficacemente rappresentato il vagare confuso di un navigante tra flutti agitati e nembi densi. Senza l'aiuto del nocchiero, il meschino è destinato a perire. Livia predispone il suo piano nell'aria con trombe: *A un labbro mentitor*, dal carattere brillante, cui Tiberio risponde con un'altra di estrema agilità: *Torbida notte*, piena di virtuosismi e coloature, adeguatissimi per descrivere l'orrore notturno del mare in tempesta. Agrippina si oppone al pretendente Sejano che le sta insinuando il dubbio del tradimento da parte di Tiberio con un imperioso *Deh lasciami in pace*, condotto in *Presto* con gli archi soli. L'aria seguente di Tiberio[67] *So che ad altro oggetto* conferma la gara in agilità ed estensione tra la voce e i violini. A questa scena seguono dapprima l'incontro tra Agrippa e Agrippina e quindi tra i due e Sejano; alla fine Agrippa (*Al ciglio oscuro e torbido*, un'aria con trombe da caccia) rassicura Agrippina e nel contempo descrive i tratti fisici del traditore.

---

[65]. *Ibidem*, atto II, scena IV, p. 29.

[66]. Conservata in partitura a F-Pn, segnatura: ms. 1224-1226. Per le osservazioni sui tre volumi manoscritti, autografi, che la compongono nonché sui *contrafacta* delle arie *So che ad altro oggetto* (atto I, scena VIII) e *Non ho più vele* (atto I, scena XI) *cfr*. JENKINS, Newell - CHURGIN, Bathia. *Op. cit.* (vedi nota 2), pp. 125-134 che la indicano con il numero di catalogo J-C 90. Per la disamina della parte musicale *cfr*. JENKINS, Newell. 'The Vocal Music […]', *op. cit.* (vedi nota 19), pp. 289-292.

[67]. Nel libretto la scena XI termina con l'aria di Sejano *Medica man divide* che non trova realizzazione nella partitura.

SCENA XVII.

Agrippina.

E L'oggetto son'io   *in estrema agitazione.*
Così dell'altrui scherno? ah chi mai vide
Più misera di me? Sejan m'offende;
Mi tradisce Tiberio; una rivale
Si fa gioco di me: mille nimici
Mi veggo intorno; ahi lassa!
Non ho chi mi protegga, e chi mi aita,
Son derisa, oltraggiata, e son tradita.
Ove corro? ove fuggo? e dove trovo

ILL. 5: libretto de *L'Agrippina*, atto I, scena XVII, inizio del recitativo di Agrippina *E l'oggetto son'io*.

ILL. 6: partitura de *L'Agrippina*, atto I, scena XVII, recitativo di Agrippina *E l'oggetto son'io* (Parigi, Bibliothèque nationale, segnatura: ms. 1224-1226).

Nella seconda sezione dell'aria il suo tono cambia e si concentra su un vivace paragone con il nocchiero attento sulla prora se «scorge vicino il turbine». Ritmi lombardi e andamento incalzante sottolineano le parole d'amore di Sejano (*Se questi affetti miei*) verso Agrippina, alla quale spetta concludere l'atto con una scena (XVII) assai drammatica, articolata abilmente e composta da un recitativo accompagnato dal contenuto molto intenso, seguito dall'aria *Non ho più vele* (con trombe) in cui è conseguita perfetta aderenza tra testo e musica.

L'atto II si apre con la scena in cui Agrippa conferma la sua abilità di scrutare attentamente nell'animo umano e di trarre considerazioni di carattere generale: *Quel rio velen che in petto* si tramuta in un secondo momento tematico in cui il paragone al «leone feroce» porta a un nuovo atteggiamento strumentale ed espressivo. Nella scena seguente, Livia sola (*Saggio fra noi*) si impone in un serrato dialogo con gli strumenti tra cui non mancano le trombe, quindi Augusto (*Di regnar già sazio*) si misura con lo stesso strumentale e sciorina terzine e agilità in *Allegro assai*. La successiva aria di Tiberio (*Sento quest'alma*[68]) conferma l'attenzione riservata dal Sammartini al virtuoso Carestini, che viene lasciato libero di cadenzare qua e là e di sfoderare tutte le tipologie tecniche più complesse. Agrippina domina la scena X con la sua disperazione che si conclude con un leggiadro *Allegretto* in 3/8 con trombe (*Dal mio ben*), cui si contrappone l'imponente scena corale ambientata nel «foro Augusto» dove si trovano Augusto e Livia che attendono Tiberio, accompagnato da Agrippa e dai senatori e preceduto dal coro popolare che si dispone in due ali. «E in questo giorno / tra l'aura placida, / si sparga intorno / il bel piacer» declama una parte del coro, al quale fa eco l'intera massa (composta, come l'iniziale, da soprano, due tenori e basso) che intona il ritornello: «E in questo giorno ammiratore / del vincitore sia il mondo inter» e il tutto è sostenuto da trombe da caccia, timpani e da tutti gli archi in andamento marziale. Come nella scena corale del primo atto, spetta alla sovranità di Augusto concludere l'azione con una vivace aria con trombe rivolta a Tiberio (*Quel foco tuo primiero*), mentre sta a Livia, nella scena successiva su di uno strumentale con trombe marcato da ritmi lombardi, rimproverare il figlio per la sua debolezza d'animo e il suo atteggiamento poco consono ad un futuro regnante (*Lungi da lei*). Sejano, respinto per l'ennesima volta da Agrippina, si impegna in un'aria (*Con quell'onda che bagna l'arena*) dalle figurazioni onomatopeiche in cui lo sdegno e il rifiuto della donna, che si tramuteranno con il tempo in pena e spavento, sono paragonati alla tranquilla onda che bagna la sabbia e che poco a poco si trasforma in una «torbida piena» impossibile da arginare. Il dolcissimo duetto tra Agrippina e Tiberio (*L'idolo mio tu sei* - vedi le ILL. 7 e 8), conclusivo d'atto, riproduce perfettamente la struttura del dialogo parlato in cui i due sposi ora si alternano nell'esposizione del pensiero, ora si sovrappongono per sottolineare l'identità di pensiero e confermare i concetti: «Ah custodite oh Dei / questo sì caro amor. […] Ah che in un gran contento / v'è il suo tormento ancor».

La prima aria dell'atto III (*Chi di fierezza ha il vanto*) si incontra nella scena V in cui Agrippa, straziato per la pena di Agrippina ormai ufficialmente ripudiata ed esiliata, si impone di smascherare il traditore, determinazione musicalmente resa attraverso salti e ritmi puntati. Tiberio, dal canto suo, subisce le accuse di Augusto allorché rinuncia a Roma e al trono pur di avere nuovamente con sé l'amata moglie: viene definito superbo, orgoglioso e ingrato

---

[68]. Il testo nella partitura, per evidenti ragioni di opportunità esecutive, è duplice: *Sento quest'alma mia / Sento già l'alma mia*.

> 50 ATTO SECONDO.
>
> *Tib.* Sei l'Idol mio.
> L'Idolo mio tu sei,
> Alma dell'alma mia,
> Luce degli occhi miei;
> Più non ti posso dir.
> *Agr.* Vorrei spiegarti anch'io
> Questo piacer qual sia;
> Ma non lo può, cor mio,
> Il labbro profferir.
> *Tib.* Sposa.
> *Agr.* Mio ben.
> *Tib.* Tu sei
> L'anima del mio cor.
> a 2. (Ah custodite oh Dei
> (Questo sì caro amor!
> *Tib.* Ma tu ti affanni?
> *Agr.* Oh Dio!
> Temo.
> *Tib.* Di che?
> *Agr.* Non so.
> *Tib.* Non paventar, ben mio,
> Che fido a te sarò.
> a 2. (Ah che in un gran contento
> (V'è il suo tormento = ancor.
> L'Idolo ec.
>
> *Fine dell'Atto Secondo.*
>
> ATTO
>
> 51
> ATTO TERZO,
> SCENA PRIMA.
> Cortile.
> *Livia, e Sejano.*
>
> Ecco il foglio, o Sejano,
> Da mio figlio firmato: ad Agrip-
> Vanne tosto, e lo reca.   (pina
> o perdo in tanto
> ogni speme di lei.
> Va pur, che lunge
> Agrippina vedrai   (glie
> Cangiar voglia, e pensier: vanne, ch'io vo-
> Quinci partir; sollecito eseguisci
> Quanto per or t'impongo; a me la cura
> Lascia del resto, amico,
> Tu sarai pago un dì; so quel che dico.
>   *parte.*
>
> SCENA II.
> *Sejano, e poi Agrippina.*
>
> Andiam Sejano; io spero
> Veder vinto, ed oppresso

ILL. 7: libretto de *L'Agrippina*, atto II, scena XVII, duetto di Agrippina e Tiberio *L'idolo mio tu sei*.

in un'aria in *Presto* (*Giunge il tuo orgoglio a segno*) dai passaggi quasi turbinosi, in cui voce e strumenti si rispondono rapidamente con analoghe figurazioni. Virtuosismi addirittura superati da quanto si realizza nell'aria di Tiberio il quale, dopo le iniziali esitazioni «Madre..., la sposa... o Dio!», si lancia in audaci passi che descrivono il suo affanno e il suo spavento. A commento della scena, Emilio, per la prima volta accompagnato dalle trombe da caccia, rivela con andamenti melodici felicissimi di non volersi innamorare «se tal dolore tanto cordoglio reca amore». Nettamente contrapposto a questo è lo stato d'animo d'Agrippina che, in presenza di Livia, Sejano ed Emilio, lancia furente l'accusa di essere stata ingannata e tradita (*Perfidi m'ingannate*) e quindi placa il suo tono, che diventa mesto e afflitto, nella seconda parte dell'aria, alle parole «un'infelice amante». Partita la donna, Livia torna all'attacco di Augusto (*Allegro* con trombe) per convincerlo che Tiberio vuole chiedergli perdono e aspira alla mano di Giulia (*Le tue virtudi impresse*) e il povero Sejano, nella scena seguente, constata

Ill. 8: partitura de *L'Agrippina*, atto II, scena XVII, duetto di Agrippina e Tiberio *L'idolo mio tu sei* (Parigi, Bibliothèque nationale, segnatura: ms. 1224-1226).

di aver tramato solo per gli altri e di non aver tratto nessun vantaggio per sé (*Nel loro instabil core*). La risoluzione della storia è affidata ad Agrippa il quale richiama ai suoi doveri Tiberio e rivela ad Augusto il tradimento ai danni dei due sposi; infine i solisti concludono serenamente con trombe e timpani (*Se di piacer sì amabile*) inneggiando al perdono e all'innocenza.

Il quadro complessivo dell'opera prevede dunque:

Personaggio, registro	Atto I	Atto II	Atto III
Coro di popolo romano	1 coro	1 coro	1 coro
Augusto, tenore	1 aria	2 arie	1 aria con il coro
Agrippina, soprano	2 arie rec. acc.	1 aria 1 duetto con Tiberio	1 aria con il coro
Tiberio, soprano	2 arie	1 aria 1 duetto con Agrippina	1 aria con il coro
Livia, soprano	1 arie	2 arie	1 aria con il coro
Agrippa, contralto	2 arie	1 aria	1 aria con il coro
Elio Sejano, soprano	1 aria	1 aria	1 aria con il coro
Emilio, soprano	1 aria		1 aria con il coro

La partitura rivela un'orchestrazione molto più ricca delle precedenti opere[69]: gli strumenti sono sempre in primo piano anche con un ruolo concertante e con passaggi di notevole impegno esecutivo; tutte le arie con *da capo* sono precedute da ampie introduzioni che in alcuni casi preannunciano i temi delle voci. Accuratissima è sempre l'attenzione per la resa espressiva, con frequenti indicazioni agogiche e dinamiche. I recitativi secchi rivestono ancora molta importanza, mentre quello accompagnato ha una valenza dolorosa resa più efficace anche dalla veste timbrica più ricca. Il duetto coincide con un momento molto appassionato, dal tono lirico e sentimentale, in cui tuttavia non viene meno la vena drammatica. Imponenti e di struttura analoga, infine, i tre cori con figuranti che prevedono sezioni ritornellate con l'alternanza di solisti; il terzo momento corale invece si svolge in modo compatto, secondo lo schema già individuato nelle due precedenti opere. Sono dunque diminuiti i pezzi d'assieme dei solisti, mentre sono aumentate le arie solistiche e per la prima volta è stato introdotto il coro come elemento significativo nello sviluppo della storia

L'Agrippina è opera più 'moderna' sia per linguaggio — testuale e musicale — sia per trattamento orchestrale, frutto di molteplici e preziose esperienze maturate nell'arco di nove anni — tanto è infatti il tempo intercorso dall'*Ambizione superata dalla Virtù* — durante i quali Sammartini ha lavorato indefessamente in campo sinfonico e sacro. L'attività didattica[70] lo ha portato a contatto, tra gli altri, con Cristoph Willibald Gluck, che dal 1737, per iniziativa del conte Antonio Maria Melzi, si è recato da lui per apprendere le tecniche della composizione. Dalle lezioni sammartiniane il giovane allievo ottiene il biglietto da visita più sicuro per la prima scrittura operistica al Teatro Ducale di Milano e nel carnevale 1742, dopo il lutto per la morte di Carlo VI, propone il suo *Artaserse*, al quale fa seguire nel 1743 il già citato *Demofoonte* rappresentato a fianco dell'opera del maestro[71]. Nel Sammartini, invece, la frequentazione con il musicista tedesco produce probabilmente il duplice effetto di riprendere i contatti

---

[69]. Va notato che JENKINS, Newell - CHURGIN, Bathia. *Op. cit.* (vedi nota 2), p. 134 (come anche a pp. 124-125 in relazione all'*Ambizione superata dalla Virtù* J-C 89) riferiscono della possibilità che nell'orchestra durante i *Tutti* intervenissero *ad libitum*, pur non essendo indicati espressamente, anche i fagotti che raddoppiavano le parti del basso. Tale ipotesi, secondo i due studiosi, è suffragata dal fatto che in un organico dell'orchestra del Ducale stilato nel 1748 sono inclusi due fagottisti e, nel caso specifico dell'*Agrippina*, nell'atto I, scena IV sono indicati i fagotti in un passaggio che Sammartini in seguito ha cancellato.

[70]. Testimoniata da: FABRONIO, Angelo. *Vitae italorum doctrina excellentium qui saeculis XVII et XVIII floruerunt*, Pisa, Raffaello, 1778 - 1787, vol. III, p. 324; CESARI, Gaetano. 'Giorgio Giulini musicista. Contributo alla storia della Sinfonia in Milano', in: *Rivista Musicale Italiana*, XXIV (1917), pp. 14-15; SARTORI, Claudio. 'Giovanni Battista Sammartini […]', *op. cit.* (vedi nota 1), pp. 14-18; JENKINS, Newell - CHURGIN, Bathia. *Op. cit.* (vedi nota 2), pp. 5-6.

[71]. Non vanno inoltre dimenticati i contratti con lo stesso teatro per i tre anni successivi: nel carnevale 1744 il pasticcio *Arsace* in collaborazione con Giovanni Battista Lampugnani e il dramma *Sofonisba*; nel carnevale 1745 *Ippolito* (*cfr. Il Regio Ducal Teatro di Milano (1717 - 1778)* […], *op. cit.* - vedi nota 36 -, pp. 41-44), senza dimenticare i due melodrammi *Demetrio* e *Ipermestra* e il pasticcio *La finta schiava*, per Venezia, rappresentati rispettivamente per l'Ascensione del 1742, l'autunno 1744, l'Ascensione del 1744; *Tigrane* (settembre 1743), per Crema, e *Poro* (carnevale 1746) per Torino. *Cfr.* SARTORI, Claudio. *I libretti* […], *op. cit.* (vedi nota 5), rispettivamente nn. 7370; 13561; 10544; 23131; 18967.

con le scene e di sperimentare la validità e l'importanza delle conoscenze professionali e umane acquisite nei molti anni di attività, usufruendo nel contempo degli appoggi e dei sostegni goduti dal Gluck in Milano. Più che in una vera e propria competizione artistica[72], egli potrebbe così essersi impegnato in una prova intesa come felice opportunità di ritorno al teatro, settore forzatamente abbandonato per l'incombere di mille altre commissioni. Da un punto di vista più strettamente artistico-musicale egli ha poi inevitabilmente esercitato (e subìto) influenza sul quasi trentenne allievo e questo scambio culturale si è ripercosso indubitabilmente non solo sulle opere della stagione 1743 — *Demofoonte* e *Agrippina* — ma è persistito negli anni e ha informato per un certo periodo la produzione, teatrale e non, dei due[73].

✱✱✱

Con: LA / GARA DEI GENJ / NEL FELICE NASCIMENTO / DEL / SERENISSIMO / ARCIDUCA D'AUSTRIA / PIETRO LEOPOLDO / COMPONIMENTO DRAMMATICO /, MILANO, GIUSEPPE RICHINO MALATESTA, 1747[74] di cui non rimane traccia neppure sulle gazzette coeve, si chiude definitivamente la parentesi teatrale sammartiniana, che, pur non avendo apportato trasformazioni radicali nella storia del melodramma, ha comunque lasciato un'impronta piuttosto profonda e originale[75].

Innanzitutto il compositore si è avvalso di libretti particolari dimostrando, nel corso degli undici anni (1732 - 1743) che intercorrono tra la prima e l'ultima opera, di ricercare sempre testi credibili, storici o pseudo-storici, il cui fulcro è un ideale nobile da esaltare e di apprezzabile valore letterario. I personaggi si muovono con logica e sono animati da

---

[72]. Tale è la definizione proposta da JENKINS, Newell - CHURGIN, Bathia. *Op. cit.* (vedi nota 2), p. 10.

[73]. SAINT FOIX, Georges de. 'Les Débuts Milanais de Gluck', in: *Gluck Jahrbuch*, I (1913), pp. 32-40 oltre a rilevare le somiglianze tra *Demofoonte* e *Agrippina*, presenta alcuni passaggi da opere di Gluck (sino all'*Ipermestra* del 1744) che rivelano innegabili influssi sammartiniani. Concordo con il pensiero espresso dallo studioso — influenza da maestro ad allievo, piuttosto che viceversa — peraltro formulato anche da Prefumo in: INZAGHI, Luigi - PREFUMO, Danilo. *Op. cit.* (vedi nota 39), p. 76, di un «Gluck sammartiniano piuttosto che di un Sammartini gluckiano».

[74]. Il componimento drammatico su testo di Guido Riviera che serve, come si legge sul prezioso e raffinato libretto, «per introduzione ad una pubblica solenne festa da ballo, ordinata in testimonianza di giubilo da S. E. il signor conte Gian-Luca Pallavicini» organizzata per la nascita «del serenissimo arciduca d'Austria, Pietro Leopoldo», terzo figlio di Maria Teresa, fu allestito la sera del 28 maggio come si legge nel libretto [p. 2]. Oltre all'indicazione della circostanza per cui l'opera fu realizzata e del committente, nel libretto [p. 2] si legge: «La poesia è del sig. dottor Guido Riviera. La musica è del sig. Giambattista Sammartino. L'architettura e l'ornato sono di Francesco Croce; personaggi: Caterina Visconti, Gloria; Isabella Gandini, Fama; Ottavio Albuzio, Genio della Germania; Filippo Elisi, Genio dell'Italia». Di quest'opera sopravvive soltanto il libretto, conservato in una veste grafica pregevolissima in I-Ma, I-Mb, I-Rsc, I-Tn, e la prima aria *V'è chi per suo diletto*, conservata a F-Pn con segnatura D. 7413[6].

[75]. Per un'analisi generale della musica vocale, sia sacra sia profana, di Sammartini *cfr.* JENKINS, Newell. 'The Vocal Music [...]', *op. cit.* (vedi nota 19), pp. 277-309.

sentimenti di varia natura, che trovano riscontro nella realtà del dramma. La coerenza e il rispetto delle unità aristoteliche sono regolarmente osservati nei tre libretti, l'ultimo dei quali denota un arricchimento e una personalizzazione delle tradizionali impostazioni, poiché mira ad una puntuale descrizione dei personaggi, oltre che a introspezioni e a caratterizzazioni psicologiche piuttosto 'moderne'.

La parte musicale si basa sulle forme consolidate — recitativi, secchi e accompagnati, arie con il da capo, pezzi d'assieme, cori — il cui idioma rimane sostanzialmente costante. La strumentazione invece si raddensa divenendo più adeguata alle nuove situazioni affettive, di cui segue la rapida successione, e si arricchisce di elementi che sottolineano l'intensità delle emozioni e la tensione dei contrasti.

Per comprendere ancora meglio le sostanziali differenze tra le tre opere, va ricordato che *Memet* e *Ambizione* appartengono a una prima fase creativa, mentre *Agrippina* si inserisce in un secondo periodo stilistico[76]. Nell'*Agrippina*, infatti, l'elemento strumentale acquista una dimensione nuova e viene dato rilievo speciale ai singoli timbri. L'orchestra in quest'opera è in primo piano sia per le ampie introduzioni che precedono le arie sia per il sostegno costante e sempre significativo alle voci, assecondate in tutti i loro mutamenti d'animo.

La vocalità non si concentra esclusivamente sulle agilità, pur non deludendo le aspettative dei *virtuosi* cantanti, cui viene lasciato spazio e agio, ma suscita grande impressione e provoca turbamenti più o meno intensi attraverso la sinergia di molti mezzi quali, ad esempio, strutture armoniche efficaci o andamenti melodicamente caratterizzati.

Se già con *Memet* Sammartini aveva riversato in ambito teatrale i tratti caratterizzanti del suo personale stile sinfonico e aveva curato in modo particolare lo sviluppo drammatico della vicenda — pur concedendo l'abituale spazio ai virtuosismi belcantistici — mirando ad alcuni effetti espressivi[77] e distribuendo anche in modo equilibrato e razionale la narrazione e gli 'affetti', con *L'Ambizione superata dalla Virtù* compie un avanzamento ulteriore spogliando spesso le arie di sfoggi virtuosistici e dispiegando una scrittura capace di sottolineare le ragioni dell'azione dei singoli cantanti. Nel suo secondo melodramma accresce il numero dei personaggi (da cinque a sette) e amplia l'organico strumentale (agli archi aggiunge due oboi e due corni); le arie solistiche aumentano di numero (ventiquattro contro le diciassette di *Memet*) senza tuttavia essere distribuite secondo una logica ferrea e diminuiscono i pezzi d'assieme, rappresentati esclusivamente da un duetto e da un quartetto: splendido esempio di dialogo tra le parti in contrappunto raffinato e con modulazioni espressive che sottolineano il testo. Una concessione all'incipiente gusto galante può essere ravvisata poi nella scrittura di due arie, impostate come minuetti[78] stilizzati.

---

[76]. La divisione stilistica adottata è quella proposta da JENKINS, Newell - CHURGIN, Bathia. *Op. cit.* (vedi nota 2), pp. 21-24. Tale scansione cronologica, pensata da Bathia Churgin in particolare per le sinfonie, si è dimostrata valida anche per la restante parte del catalogo sammartinano.

[77]. Non si dimentichi, ad esempio, la sua cura nell'indicare l'uso o l'assenza del cembalo nel raddoppio del basso continuo di alcune arie o la richiesta agli archi di passaggi in pizzicato o con arco.

[78]. Tale è la struttura ravvisata nell'aria di Alessandro *Raggio di speme*, e in quella di Giulia, *Dirò chi sei*, entrambe nel secondo atto, da PREFUMO, Danilo. *I fratelli Sammartini*, Milano, Rugginenti, 2002, p. 94.

Con *L'Agrippina moglie di Tiberio* l'orchestra si fa ancora più ricca e varia (prevede oltre agli archi, due oboi, trombe da caccia, trombe e timpani nei cori) e contribuisce ad accentuare l'espressività drammatica, già di per sé molto viva grazie alla perfetta aderenza tra testo e musica; i sette personaggi sono meglio delineati e le venticinque arie ben distribuite in alternanza equilibrata con i recitativi.

Non è facile individuare e determinare con certezza gli stimoli e gli influssi che possono aver impresso una simile evoluzione stilistica all'opera sammartiniana. Negli anni in oggetto (1732 - 1743) il musicista ha avuto modo di ascoltare al Teatro Ducale[79] una serie di melodrammi di autori sia milanesi (quali Giovanni Maria Marchi, Giovanni Battista Lampugnani, Giuseppe Ferdinando Brivio[80]) sia napoletani (Francesco Araya, Egidio Romualdo Duni, Leonardo Leo). Se è difficile valutare quale sia stata la reale incidenza delle produzioni di paternità milanese[81], si possono invece avanzare ipotesi sulle connessioni con l'ambiente napoletano che può aver indotto Sammartini ad abbandonare o meglio a 'piegare' a nuovo indirizzo alcuni atteggiamenti tipici del suo stile: la mutevolezza ritmica[82], ad esempio, che sottolinea nei melodrammi gli affetti impetuosi; l'instabilità armonica, finalizzata all'espressione di particolari stati d'animo, e l'alternanza dinamica che accentua i toni drammatici.

Anche in ambito operistico, pertanto, così come è avvenuto in altri settori più ampiamente investigati della sua produzione, Sammartini mantiene la propria coerenza perseguendo uno sviluppo autonomo, senza dubbio non indifferente e insensibile alle mode del momento, ma tendenzialmente volto a elaborare un percorso congeniale alla propria sensibilità e contribuendo ad affermare uno stile teatrale moderno e, per certi versi, internazionale.

---

[79]. Per il dettaglio dei titoli e degli autori presenti in questo arco temporale nei cartelloni del Teatro Ducale *cfr. Il Regio Ducal Teatro di Milano (1717 - 1778)* [...], *op. cit.* (vedi nota 36), pp. 33-42. Che Sammartini si interessasse al melodramma e frequentasse il Teatro Ducale, viene tra l'altro confermato anche dai documenti. Infatti nel 1749 egli figura nei registri del Ducale, assieme a Giulini, fra gli 'accordati di porta'; l'entrata gli era concessa per 40 lire, mentre Giulini ne pagava 75 (*cfr.* CESARI, Gaetano. *Giorgio Giulini musicista* [...], *op. cit.* - vedi nota 70 -, pp. 1-34 e 210-271 e in particolare p. 23, nota 1; *cfr.* anche CATTORETTI, Anna. *Giovanni Battista Sammartini. I Quintetti per archi del 1773*, 2 voll., tesi di laurea, datt., Cremona, Università degli Studi di Pavia, Scuola di Paleografia e Filologia musicale, a.a. 1991 - 1992, vol. I, *Cronologia*, p. 25).

[80]. Questi musicisti agivano nello stesso ambiente del Sammartini accanto a numerosi altri i cui nomi sono noti attraverso diversi saggi tra cui si segnala: SARTORI, Claudio. 'Giovanni Battista Sammartini [...]', *op. cit.* (vedi nota 1), pp. 14-18; CESARI, Gaetano. *Giorgio Giulini musicista* [...], *op. cit.* (vedi nota 70), pp. 20-22; *Sammartini e il suo tempo. Fonti manoscritte e stampate della musica a Milano nel Settecento*, a cura di Marco Brusa e Attilio Rossi, Roma, CIDIM - Società Italiana di Musicologia, 1997 (supplemento a *Fonti Musicali Italiane*, I/1996).

[81]. Purtroppo la cospicua produzione degli autori milanesi menzionati sopravvive in minima parte, peraltro non ancora investigata. Per la scuola napoletana invece *cfr.* ROBINSON, Michael F. *L'opera napoletana. Storia e storiografia di un'idea musicale settecentesca*, Venezia, Marsilio, 1984, pp. 55-188.

[82]. Non va dimenticata a questo proposito la colorita espressione di «capricciosissimo milanese» usata dal CARPANI, Giuseppe. *Le Haydine*, Padova, Tipografia della Minerva, 1823, seconda edizione, p. 63.

Giovan Battista Sammartini operista

Appendice

Memet
Varianti principali, risultanti dal confronto tra il testo riportato nella partitura e quello proposto dal libretto utilizzato per la rappresentazione pavese.

Si riportano qui soltanto i passi con le modifiche più significative e sostanziali, tralasciando i cambiamenti di versi o di singola parola. L'asterisco è utilizzato per richiamare sezioni di testo uguali. Le parti in corsivo indicano le arie, quelle in tondo i recitativi. Le scene, nella colonna della partitura di Lodi, sono tra [ ] perché desunte dal libretto di Pavia.

Partitura	Libretto
Atto i [Scena vi] Zaide sola	scena vi Zaide sola e poi Demetrio
Zaide - Oh Dio, e sarà vero, che il misero Demetrio perda Irene? E Irene, la Germana, in braccio di Memet possa donarsi? Ma a che compiango e l'uno e l'altro? s'io amo Demetrio e lo vorrei già mio; Ah più che metto in arme la ragione e il dover contro il desio, meno torna ch'in mezzo al gran contrasto peno ben più ma nulla men l'adoro. [manca la sezione]	Zaide - Oh Dio, e sarà vero, che il misero Demetrio perda Irene? E Irene, la Germana, in braccio di Memet possa donarsi? Ma a che compiango e l'uno e l'altro? s'io amo Demetrio e lo vorrei già mio. [manca la sezione] Demetrio - Zaide al viver mio tolto è ogni scampo Zaide - Oh Dio! E qual soccorso! Demetrio – Da inumana empietà nulla sperar si lice. Ma contro sorte ria tenterà questo core di mostrar sua costanza, e suo valore. Zaide - Se di tal tuo martire Irene è la cagion. Tronca l'affetto e in Zaide troverai tutto il diletto.
Non è pena in amor più crudele,★ *che il vedere il bel, che s'ama,* *in poter della rivale;* *sia pur giusto il suo ardor, e sia fedele* *o sia amica chi lo brama,* *gelosia sempre è un gran male.* (parte) [Qui finisce l'atto I] [mancano le scene vii e viii]	*Non è pena in amor più crudele,★* *che il vedere il bel, che s'ama,* *in poter della rivale;* *sia pur giusto il suo ardor, e sia fedele* *o sia amica chi lo brama,* *gelosia sempre è un gran male.* Scena vii Demetrio - Sconsigliata tu parti, or che in perigli tu scorgi la germana d'amor favelli, e la vendetta e figli.

Partitura	Libretto
	Non ha dolor più rio *un core innamorato,* *che il fido oggetto amato* *dovere abbandonar.* *Frangere sol la morte* *Potrà quelle ritorte.* *Che d'un letal desio* *Si seppero formar.* Scena viii Memet - Infausta arrechi o pur tranquilla nuova dell'adorata Irene? Solimano - Che dirò mai! Finger convien! (*da sé*) Signor costante, e soda freme su'l tuo rifiuto, e sol n'ha doglia del mancato suo sposo. Memet - È una schiava straniera ferma, superba, e altera resiste a affetti miei? Ritorna, dille, se non s'arrende tosto alle voglie mie: con la forza, ch'io stringo l'ardir tuo insano a castigar m'accingo. Solimano - Ma pria ascolta! Temi de cieli… Memet - Taci… non t'avanzar. Solimano - Eseguisco il comando. Memet - Vanne. Oh dio alla mia bella li rinnovi la facella, la ferita del mio cor. Dille pur, che in dolce pace, ella spegni la sua face per goder sorte miglior. (*Qui finisce l'atto primo*)
Atto ii [Scena i] Demetrio e Irene [manca il recitativo] Irene - *Sì, ti conosco Amor,*★ *tu sei solo signor,* *dell'alma mia.* *Mi balza in petto il cor,* *sciolto da ogni timor* *di sorte ria.*	Scena i Demetrio e Irene Irene - Gran desio mi sospinge a rintracciar del mio diletto il piede in segno del mio amor della mia fede. *Sì ti conosco Amor,* ★ *tu sei solo signor,* *dell'alma mia.* *Mi balza in petto il cor,* *sciolto da ogni timor* *di sorte ria.*

Partitura	Libretto
[Scena VI] Solimano Memet, e poi Irene	Scena VI Spiaggia di Costantinopoli. Meemetto scende dalla Capitana con la sua corte, e nell'atto di discendere, compare un arco trionfale
[manca il recitativo]	SOLIMANO - Signor. Ecco siam giunti dove fra le vittorie valorosi i trofei sono più illustri per le tue grandi glorie.
SOLIMANO - *Su di metalli e di sonore trombe*★ *tuoni e rimbombe* *la terra, il cielo, e il mar.* *Ecco di Grecia il fulmine guerriero* *d'un altro impero* *comincia a trionfar.*	*Su di metalli e di sonore trombe*★ *tuoni e rimbombe* *la terra, il cielo, e il mar.* *Ecco di Grecia il fulmine guerriero* *d'un altro impero* *comincia a trionfar.*
[Scena VIII] Demetrio e Zaide […]	Scena VIII Demetrio e Zaide […]
DEMETRIO - Tutta quella pietà che per me posso,★ e che per me non trovo, io per te sento. Zaide non so ingannar, Irene adoro né mai d'altri sarà questo mio core, ma, oh dio, come turbata a noi sen viene. [manca l'aria]	DEMETRIO - Tutta quella pietà che per me posso,★ e che per me non trovo, io per te sento. Zaide non so ingannar, Irene adoro né mai d'altri sarà questo mio core, ma, oh dio, come turbata a noi sen viene. ZAIDE - *Qual tortorella* *senza compagna* *mio cor si lagna* *senza di te.* *L'alma tua bella* *non sente amore* *se al mio dolore* *non ha mercè*
[Scena X] Solimano, Zaide	Scena X Zaide poi Irene, poi Solimano seguito da paggi, che portano vari doni sopra bacile
ZAIDE - A tempo arrivi: sinceri patti in semplice discorso [manca la sezione]	ZAIDE - Potessi almeno del nemico Ottomano Atterrate veder le ingiuste brame: se pur sperar pretendo in difesa di Solimano (viene Irene) IRENE - Speranze disperate (da sé) flagellate il pensier furie dell'alma l'empio mar che solcate lido non ha né calma perché solo racchiude ciechi scogli, onde amare, arene ignude. Ma qui Zaide! (guardando Zaide l'incontra per abbracciarla)

Partitura	Libretto
	SOLIMANO - Leggiadra Irene. A te dal regal trono vengo con questi doni, se pronta assenti dell'indomito Trace al grande affetto. IRENE - Se con Demetrio il cielo mi tien fra le ritorte altri dall'idol mio non mi può separar fuor che la morte il suo affetto ricuso, i doni io getto *(getta i doni per terra)* SOLIMANO - E sì altera, e sdegnosa ricusi l'alta sorte, vendicherà il contumace errore. *(parte)* ZAIDE - Cieli, che sarà mai s'adopri tosto ogni più buon consiglio per evitar un sì fatal periglio. *Freme funesta* *crudel tempesta* *ma lieta calma* *per te quest'alma* *forse godrà?* *Il tuo bel core* *il mio furore* *placar saprà* SCENA XI Solimano e Zaide SOLIMANO - Dunque tu ancor in seno Fiamme d'amor nutrendo, nel timor, nella speme fosti rivale della fide Irene? ZAIDE - E con virtù robusta saprò emendar de miei trascorsi il sfogo. Ma già che qui siam soli sinceri patti in semplice discorso.
il mio volere è in poter tuo se vuoi. ★ SOLIMANO - Come tanta fortuna? e sì improvvisa? ZAIDE- Ogni amante ha un bel momento; se nol coglie è per sua colpa. […]	Il mio volere è in poter tuo se vuoi. ★ SOLIMANO - Come tanta fortuna? e sì improvvisa? ZAIDE- Ogni amante ha un bel momento; se nol coglie è per sua colpa. […] [qui prosegue come in Lodi sino alla fine della scena] [Alla fine del libretto viene data anche un'aria alternativa per Zaide: *Limpido ruscelletto* *sen torna lieto al mare* *senza fermare il piè.* *Anch'io al mio diletto* *torno con novo affetto* *senza lasciar la fé.*]

Giovan Battista Sammartini operista

Partitura	Libretto
Atto III [Scena IV] Demetrio e Zaide [...] Demetrio - *Palpito, sudo, tremo* *Dove io volga il guardo e il ciglio* *Non incontro che periglio* *e mi sento già morir* *La mia Irene, o dio, perdei* *e finiti i giorni miei* *sono a forza di martir.* (*parte*)	Scena IV Demetrio e Zaide [...] Demetrio - *Godi pur ma sol per poco,* *già s'affretta* *la vendetta* *per punir un empio cor.* *Tu tradisci regno, e fede.* *e del fallo egual mercede,* *al mio danno avrai tu ancor.*
[Scena VI] Memet, Irene, Solimano, Demetrio, Zaide [...] Memet - *Il mio amor ti fa regina* *se mia schiava il ciel ti fé* *Serva il fato ti destina* *ti vol sposa ecco il tuo re.* [...] Demetrio - (*a Irene*) Deh vivi, e regna tu ch'io lieto★ godo di morire per te. (*a Memet*) Me sol castiga, signor, me solo e lei per te conserva. [manca la sezione] Memet - Come? Fin le mie pene★ Insultar temerari! Fermate voi già altra, un'altra sorte di castigo gl'aspetta, se n'è in grado la morte perdo al vostro morir la mia vendetta. Zaide - Che sarà mai? Memet - Della più vile plebe Sia ludibrio costei. Viva per pena scornata e indifesa. Irene - Ohimé, che orrore! Memet - E a tutto sian presenti catenati e scherniti la sorella e lo sposo. Zaide - Di che colpa son rei?	Scena VI Meemetto, Irene con tutta la corte. Precedono Solimano, Demetrio, Zaide [...] [Aria non presente] Demetrio - (*a Irene*) Deh vivi, e regna tu ch'io lieto★ godo di morire per te. (*a Memet*) Me sol castiga, signor, me solo e lei per te conserva. Ecco quest'alma mia offro vittima pronta a' piedi tuoi godi crudele, e vedi... (*getta l'elmo dal capo, e tenta di cingersi il collo con la fune*) Irene - Lascia che fai? (*Li toglie la fune e la getta per terra*) Demetrio - Non eclissativi o cieli amati rai. Irene - Vivi caro tu vivi. E tu tiranno se vuoi compier tue brame, ten priego genuflessa, rendi tu stesso (*s'inginocchia*) Rendi del viver mio l'ore più corte.... Memet - Come? Fin le mie pene ★ Insultar temerari! Egli dal soglio già altra, un'altra sorte di castigo gl'aspetta, se n'è in grado la morte perdo al vostro morir la mia vendetta. Zaide - Che sarà mai? Memet - Della più vile plebe Sia ludibrio costei. Viva per pena delusa e vilipesa. Irene - Ohimé, che orrore! Memet - E a tutto sian presenti catenati e scherniti la sorella e lo sposo. (*vengono incatenati Irene e Demetrio*) Zaide - Di che colpa son rei?

Partitura	Libretto
DEMETRIO - Per qual delitto? IRENE - Non temo, no, dell'empia tua sentenza Non si perde innocenza e non si macchia onore da chi intatta ha la mente e puro il core. Fa' quanto sai! Non t'amerò in eterno. MEMET - Non più. Eseguite. DEMETRIO - Ah Irene! IRENE - Vado, o crudo, e consolo i dolor miei. Ch'ora vado innocente dove sarà Demetrio e tu non sei. [SCENA VII] Solimano e Memet MEMET- *Son vendicato, sì,* *ma di vendetta* *alcun piacere* *non sento al cor* *Se il suo tormento* *non dà contento* *al mio furore* *Sì l'amo ancor* SOLIMANO - Il mio zelo fedele al tuo gran sdegno★ or questo capo espone. Io fin col sangue compro la libertà d'utile ardire. Concedimi ch'io parlar e poi m'uccidi […] MEMET- L'indomita costanza★ cercai di spaventar con quel castigo, che solo mette orrore in che morte non teme. Va' e seguila sollecito, che spero la troverai pentita; e se pur dura nell'ostinata mente riconducila tosto. Al cielo, al mondo. farò presto vedere che Memette anche amante, è giudice e regnante. (*parte*) [manca la sezione]	DEMETRIO - Per qual delitto? IRENE - Non temo, no, dell'empia tua sentenza Non si perde innocenza e non si macchia onore da chi intatta ha la mente e puro il core. Fa' quanto sai! Non t'amerò già mai. MEMET - Non più. Eseguite. DEMETRIO - Ah Irene! IRENE – Parto, o crudo, e consolo i dolor miei. Ch'ora vado innocente dove sarà Demetrio e tu non sei. (*partono Irene, Demetrio e Zaide*) SCENA VII Solimano e Memet [Manca l'aria; la scena inizia subito con il recitativo di Solimano] SOLIMANO - Il mio zelo fedele al tuo gran sdegno★ or questo capo espone. Io fin col sangue compro la libertà d'utile ardire. Concedimi ch'io parlar e poi m'uccidi […] MEMET- L'indomita costanza★ cercai di spaventar con quel castigo, che solo mette orrore in che morte non teme. Va' e seguila sollecito, che spero la troverai pentita; e se pur dura nell'ostinata mente riconducila tosto. Al cielo, al mondo. farò presto vedere che Memette anche amante, è giudice e regnante. SOLIMANO -Va' pur, che d'un fellone sì vergognosa impresa farà questo mio cor l'alta difesa. *Per dimostrar amore* *a voi pupille care,* *le vostre angosce amare* *contento io vo' levar.* *Il mio costante core* *avrò sol pago anch'io,* *se per vostro desio* *vendetta saprò far.*

Giovanni Battista Sammartini.
I notturni con il flauto del fondo Waldstein

Cosetta Farina
(Milano)

La presenza del flauto nelle opere di Sammartini

Nel repertorio cameristico del Settecento il flauto viene spesso indicato in organico come possibile alternativa al violino, ma sempre più frequentemente, nel corso del secolo, gli autori lo utilizzano con la precisa intenzione di sfruttare il potenziale sonoro proprio dello strumento a fiato. Benedetto Marcello è tra i primi in Italia a scrivere sonate per flauto (*Suonate a flauto solo con il suo basso continuo per violoncello o cembalo... opera seconda*, Venezia, Gioseppe Sala, 1712), ma anche musicisti italiani attivi in area tedesca come Giovanni Battista Serini e Giovanni Battista Platti, sulla scia di Quantz, rivolgono al flauto la propria attenzione di compositori.

Tra i quartetti di Telemann (4 raccolte pubblicate nel 1730, 1733, 1738, 1752 circa, cui si sommano oltre 20 quartetti pervenuti in fonte manoscritta) sono presenti brani in cui gli archi vengono affiancati da uno strumento a fiato, flauto o oboe, e si trovano testimonianze della fortuna del genere nella produzione di numerosi autori prima di arrivare ai superbi esempi di W. A. Mozart[1].

La produzione cameristica di Giovanni Battista Sammartini, perfettamente allineata con le esigenze e le aspettative d'ascolto dell'epoca, rivela un notevole interesse per il flauto. Spiccano all'interno delle opere destinate al flauto 2 concerti solistici, 3 concertini polistrumentali ed una trentina di sonate a 3 per due flauti e basso, ma l'elemento che più colpisce è indubbiamente l'alto numero di quartetti scritti per flauto, due violini e basso. È ora possibile integrare e rendere più completa la catalogazione dei quartetti di Sammartini proposta da Bathia Churgin[2]. La studiosa segnala l'esistenza

---

[1]. W. A. Mozart scrisse 4 quartetti per flauto, violino, viola e violoncello negli anni settanta del Settecento. Si tratta dei quartetti K. 285, K. 285a, K. 285b, K. 298.

[2]. CHURGIN, Bathia. 'Did Sammartini influence Mozart's earliest String Quartets?', in: *Mozart Jahrbuch* (1991/1), pp. 529-539.

di 30 quartetti[3] composti dal musicista milanese, divisibili in tre gruppi. Il primo gruppo comprende i 4 quartetti per flauto, due violini e basso presenti nell'Opera v edita da Le Clerc nel 1751 ca[4] (Sonate IX-XII) e, sempre per lo stesso organico, i 6 quartetti dell'Opera IX edizione Walsh del 1762[5] e i 3 concertini conservati nella versione manoscritta autografa presso la Badische Landesbibliothek di Karlsruhe, datati 1750 (segnatura MusHs 795-797). 4 dei 6 quartetti presenti nell'Opera IX pubblicata da Walsh (Sonate I-II-III-VI) sono identici alle Sonate XII, XI, X, IX dell'Opera v edizione Le Clerc, come risulta dal confronto con le parti superstiti di violino e basso dell'Opera IX conservate presso la Bibliothèque nationale di Parigi. Il secondo gruppo raccoglie 9 quartetti per archi, per lo più con un violino solista, due violini e basso o violoncello, non datati, appartenenti al medio o tardo periodo della produzione di Sammartini, mentre il terzo gruppo è costituito dai 12 quartetti per archi conservati a Parigi e a Stoccolma[6].

Da questa catalogazione risultano dunque soltanto 9 quartetti con flauto. Sulla base di nuove ricerche[7], si può invece affermare che Sammartini compose sicuramente almeno 13 quartetti per flauto, due violini e basso. Oltre ai quartetti già ricordati da Bathia Churgin, esistono infatti altri 4 brani per questo organico: il Notturno in Re Maggiore, tramandato solo nella copia di Praga (CZ-Pnm, XXXIV B 43), 2 Concertini conservati unicamente a

---

[3]. I quartetti segnalati da Bathia Churgin sono 30 e non 29, come erroneamente riportato nell'articolo. Essi sono indicati a volte con la denominazione di 'quartetti', a volte ancora come 'concertini', 'sonate', 'notturni', 'concerti', 'intermezzo'.

[4]. *XII Sonate* [La; Do; Sol; Si♭; Mi; La; Re; Sol; La; Sol; Re; Sol] *otto a due violini e basso e quattro a flauto, due violini e basso da Giuseppe St. Martini Milanese, opera quinta*, Paris, Le Clerc [le cadet], Le Clerc, Boivin (gravé par Joseph Renou), 1751 ca. D'ora in poi quest'opera verrà indicata, senza ulteriori specificazioni, come: Op. V, Le Clerc.

[5]. *Six Sonatas call'd Notturni's in 4 parts for a German flute and two Violins with a Bass for the Violoncello or Harpsichord. Opera Nona*, London, J. Walsh, 1762. D'ora in poi quest'opera verrà indicata, senza ulteriori specificazioni, come: Op. IX, Walsh.

[6]. Si tratta di 6 quartetti, intitolati ciascuno *Concertino a 4: strumenti soli*, conservati presso la Bibliothèque nationale di Parigi (Mss. 1217-1222), di cui 2 sono per 3 violini e basso, 3 per 2 violini, viola e violoncello, 1 per 2 violini, viola e basso con datazione 1763, 1766 e 1767; degli altri 6 quartetti, conservati presso la Statens Musikbibliotek di Stoccolma e datati dalla Churgin 1771, 2 sono destinati a 2 violini, viola e violoncello, 2 a 2 violini, viola e basso e 2 a 2 violini, viola e basso o violoncello. Ulteriori informazioni sui quartetti conservati a Stoccolma si trovano in: GLASER, Margalit. *A Study of Six String Quartets in Stockholm by Giovanni Battista Sammartini*, M.A. thesis, datt., Ramat-Gan, Bar-Ilan University, 1987.

[7]. Chi scrive si è occupata in modo particolare del Fondo Waldstein, a Praga, e ha esteso la propria ricerca alla Badische Landesbibliothek di Karlsruhe e ad altre biblioteche europee. I risultati della ricerca sono stati raccolti nella tesi di laurea: FARINA, Cosetta. *I Notturni con flauto di Giovanni Battista Sammartini conservati a Praga*, tesi di laurea, datt., Università degli Studi di Milano, a.a. 1999 - 2000. Nella succitata tesi è stata fornita una trascrizione dei 5 notturni con flauto di Sammartini presenti nel Fondo Waldstein, mentre l'edizione critica degli stessi è in corso di realizzazione. Per le numerose indicazioni e i preziosi suggerimenti ricevuti durante la stesura del presente articolo (oltre che per l'invio di materiale), vorrei esprimere un particolare ringraziamento ad Ada Gehann (Tubinga), Katharina Müller (Zurigo), Marc Niubó (Praga), Angela Romagnoli (Rovereto), Claudia Vincis (Basilea), Massimo Gentili-Tedeschi (Milano), Anna Cattoretti (Milano).

Karlsruhe (D-KA, MusHs 781 e 784) ed il Notturno in La maggiore presente nella sola fonte di Zurigo (CH-Zz, Mus Ms A 181).

Le Sonate IV e V dell'Opera IX stampata da Walsh, tramandate in un'unica copia mutila dell'edizione, sono inoltre presenti, complete, in fonte manoscritta nella Badische Landesbibliothek di Karlsruhe (D-KA, MusHs 837 e 813), nella Zentralbibliothek di Zurigo (CH-Zz, Mus Ms A 181) e presso il Museo Nazionale di Praga (CZ-Pnm, XXXIV C 408 e XXXIV C 405). Il fondo della Badische Landesbibliothek di Karlsruhe è straordinariamente ricco di musiche di Sammartini e contiene ben 10 dei 13 quartetti con flauto dell'autore milanese. Oltre ai quartetti citati sinora si trovano infatti a Karlsruhe anche fonti manoscritte di 3 brani già presenti nell'Opera V edizione Le Clerc: *Concerto* MusHs 779 (Op. V, Sonata X); *Sonata* MusHs 815 (Op. V, Sonata IX); *Concertino* MusHs 814 (Op. V, Sonata XI). 4 quartetti con flauto, inoltre, sono presenti a Karslruhe in duplice fonte[8]. Purtroppo i manoscritti della biblioteca tedesca non sono registrati nel *Répertoire International des Sources Musicales* per le fonti manoscritte e non compaiono nemmeno nel catalogo della musica da camera di Sammartini pubblicato in *Sammartini e il suo tempo*[9]. Essi sono invece sommariamente segnalati nel repertorio di Eitner[10] e vengono catalogati nel volume di Gronefeld dedicato ai concerti per flauto scritti prima del 1850[11].

Il volume di Eitner dà inoltre notizia dell'esistenza di una sonata per flauto, due violini e basso presso la Hessische Landes- und Hochschulbibliothek di Darmstadt, ma l'istituzione stessa ha informato chi scrive che tale manoscritto è andato distrutto durante la seconda guerra mondiale.

Meritano una citazione particolare anche la Zentralbibliothek di Zurigo, che conserva i manoscritti di ben 8 quartetti di Sammartini per flauto, due violini e basso ed il Museo Nazionale di Praga, che ospita, all'interno del Fondo Waldstein, le fonti manoscritte di 7 quartetti con il flauto, di cui 1 in triplice copia.

L'Opera IX (London, J. Walsh, 1762) esiste in una sola copia conservata presso la Bibliothèque nationale di Parigi (segnatura: Vmg. 15171) ed è priva della parte origina-

---

[8]. Il *Concertino* MusHs 795, autografo, è tramandato identico anche dal manoscritto MusHs 787, così come il *Concertino* MusHs 796 figura nel manoscritto MusHs 785 e il *Concertino* MusHs 797 nel MusHs 786. La *Sonata a quatro* MusHs 814 è presente anche nella fonte MusHs 789, ma con intitolazione *Concertino*. È inoltre conservata in questa Biblioteca una *Partia* di Sammartini per flauto, violino, viola e basso (MusHs 806).

[9]. *Sammartini e il suo tempo. Fonti manoscritte e stampate della musica a Milano nel Settecento*, a cura di Marco Brusa e Attilio Rossi, Roma, CIDIM - Società Italiana di Musicologia, 1997 (supplemento a *Fonti Musicali Italiane*, I/1996), pp. 103-124.

[10]. EITNER, Robert. 'Sammartini, Giovanni Battista', in: *Biographisch-bibliographisches Quellen-Lexikon der Musiker und Musikgelehrten der christlichen Zeitrechnung bis zur Mitte des neunzehnten Jahrhunderts*, 10 Bde., Leipzig, Breitkopf & Härtel, 1900 - 1904, vol. VII-VIII, p. 408.

[11]. GRONEFELD, Ingo. *Die Flötenkonzerte bis 1850. Ein thematisches Verzeichnis*, 3 Bde., 1 Supplementband, Tutzing, Hans Schneider, 1992 - 1995, vol. 3, pp. 75-86. Nel catalogo di Gronefeld sono presenti tutti i 13 quartetti per flauto, due violini e basso di Sammartini, sebbene si tratti di brani cameristici e non di concerti per flauto solista.

le del flauto, anche se il catalogo della biblioteca parigina[12] ci informa che lo studioso George de Saint-Foix aggiunse una trascrizione della parte flautistica andata persa, non si sa se sulla base di una fonte manoscritta o a stampa oppure a titolo di ipotetico lavoro di ricostruzione. In questa raccolta, le Sonate I, III e VI corrispondono a 3 Notturni per flauto, due violini e basso conservati a Praga con segnatura XXXIV B 44, XXXIV B 2, XXXIV B 1[13].

La straordinaria incidenza dei quartetti con flauto nella produzione cameristica di Sammartini (alcuni dei quali si intitolano '*Notturno*') ha reso particolarmente interessante l'approntamento di un catalogo tematico dei brani appartenenti a tale genere scritti dal compositore milanese.

I QUARTETTI CON IL FLAUTO[14]
CATALOGO TEMATICO

GBS-qt fl 1

Tonalità:	Do Maggiore.
Fonti manoscritte:	1) *Sonata a quatro con Traversier Obligato Del Sig Gio Batta St. Martino*
	D-KA, segnatura: MusHs 813, parti.
	2) *Notturno a 4.° Due Violini Flutta e Basso Del Sigr. Gio: Batta San Martino*
	CH-Zz, segnatura: Mus Ms A 181, parti.
	3) *Sonata a Tre con traversiera obligata. Del sig. Gio Batta St. Martino*
	CZ-Pnm, segnatura: XXXIV C 405, parti.
Fonti a stampa:	(Sonata V, Op. IX, Walsh).
Rielaborazioni:	I e III movimento: *Concertino III, 4 Concerti à violino principale, primo, secondo & basso del sig.re Martino*
	CH-Bu, kr IV 289, Ms. 252; D-W[15]

---

[12]. LESURE, François. *Catalogue de la musique imprimèe avant 1800, conservèe dans les Bibliothèques publiques de Paris*, Paris, Bibliothèque nationale, 1981, p. 562.

[13]. Nel catalogo tematico, l'Opera IX edizione Walsh, mutila, è indicata tra parentesi tonde.

[14]. Il catalogo è ordinato per tonalità.

[15]. Cfr. *Sammartini e il suo tempo*, Op. cit. (vedi nota 9), p. 105.

Bibliografia: EITNER, Robert. *Op. cit.* (vedi nota 10), p. 409; GRONEFELD, Ingo. *Op. cit.* (vedi nota 11), vol. 3, pp. 77.
Edizioni moderne: nessuna.

GBS-qt fl 2

Tonalità: Do Maggiore.
Fonti manoscritte: *Concertino con Flutta Traversiera di Gio:Batta S. Martino*
D-KA, segnatura: MusHs 784, parti.
Fonti a stampa: nessuna.
Rielaborazioni: nessuna.
Bibliografia: EITNER, Robert. *Op. cit.* (vedi nota 10), p. 409.
Edizioni moderne: nessuna.

GBS-qt fl 3

Tonalità: Do Maggiore.
Fonti manoscritte: 1) *Concertino con Flutta Traversiera Obbligato Di Gio: Batta San Martino*
D-KA, segnatura: MusHs 796, manoscritto autografo datato 1750, partitura.
2) *Concertino con Flutta Traversiera di Gio Batta San Martino*
D-KA, segnatura: MusHs 785, parti.
3) *Concertino a Quattro del sig. Gio Batta S. Martino*
CH-Zz, segnatura: Mus Ms A 180, parti.
Fonti a stampa: nessuna.
Rielaborazioni: nessuna.
Bibliografia: EITNER, Robert. *Op. cit.* (vedi nota 10), p. 409; JENKINS, Newell - CHURGIN, Bathia. *Op. cit.* (vedi nota 35), p. 25 (D-KA, MusHs 796); CHURGIN, Bathia. 'New Facts in Sammartini Biography: The Authentic Print of the String Trios, Op. 7', in: *Journal of American Musicological Society*, XX/1 (Spring 1967), pp. 107-112: 110 (D-KA, MusHs 796); GRONEFELD, Ingo. *Op. cit.* (vedi nota 11), vol. 3, pp. 76.
Edizioni moderne: nessuna.

GBS-qt fl 4

Tonalità:	Re Maggiore.
Fonti manoscritte:	1) *Sonata à Tre [4] con Traversier Obligato Del Sig. Gio Batta St. Martino*
	D-KA, segnatura: MusHs 837, parti.
	2) *Notturno a 4.° Due Violini Flutta e Basso Del Sigr. Gio: Batta San Martino*
	CH-Zz, segnatura: Mus Ms A 181, parti.
	3) *Sonata a Trè con traversier obligato. Del sig. Gio Batta St. Martini*
	CZ-Pnm, segnatura: XXXIV C 408, parti.
Fonti a stampa:	(Sonata IV, Op. IX, Walsh)[16].
Rielaborazioni:	1) I e III movimento: *Concertino II, 4 Concerti à violino principale, primo, secondo & basso del sig.re Martino*
	CH-Bu, kr IV 288, Ms. 252; D-W, vedi nota 15
	2) III movimento: II movimento, II *Concerto, Concerti grossi /con due violini, viola e violoncello / obligati con due altri violini e basso / di ripieno. / Opera sesta / di / Gio: Batta St. Martini. / Questi concerti sono composti da diversi / Notturni del St. Martini / da / Francesco Barsanti. / London. Printed for J. Walsh in Catherine street in the Strand, 1757.*
Bibliografia:	EITNER, Robert. *Op. cit.* (vedi nota 10), p. 409; GRONEFELD, Ingo. *Op. cit.* (vedi nota 11), vol. 3, pp. 80 e 82.
Edizioni moderne:	Heinrichshofen's Verlag, Wilhelmshaven, 1962, a cura di Helmut Mönkemeyer.

GBS-qt fl 5

Tonalità:	Re Maggiore.
Fonti manoscritte:	*Concertino con Fluto Traversiera di Gio: Batta S. Martino*
	D-KA, segnatura: MusHs 781, parti.
Fonti a stampa:	nessuna.
Rielaborazioni:	nessuna.
Bibliografia:	EITNER, Robert. *Op. cit.* (vedi nota 10), p. 409.
Edizioni moderne:	nessuna.

---

[16]. Rispetto alle fonti manoscritte, questa versione a stampa presenta un movimento in più (*Minuetto Spiritoso*). Tale movimento coincide con il III tempo del Notturno in Re Maggiore (GBS-qt fl 6) conservato a Zurigo (CH-Zz, Mus Ms A 181).

GBS-qt fl 6

Il terzo movimento è presente unicamente nella fonte (3) conservata a CH-Zz, Mus Ms A 181[17]:

Tonalità:	Re Maggiore.
Fonti manoscritte:	1) *Sonata a quatro con Traversier Obligato Del Sig Gio Batta St Martino*
	D-KA, segnatura: MusHs 814, parti.
	2) *Concertino à 4to Flauto Traverso Violino Primo Concerto Violino Secondo contra Basso del Sig. Giov. Batta San Martino*
	D-KA, segnatura: MusHs 789 (II movimento: *Tempo di Menuet*), parti.
	3) *Notturno a 4.° Due Violini Flutta e Basso Del Sigr. Gio: Batta San Martino*
	CH-Zz, segnatura: Mus Ms A 181 (I movimento: *Affettuoso*), parti.
	4) *Sonata a Trè con traversiera obligata. Del sig. Gio Batta St. Martino*
	CZ-Pnm, segnatura: XXXIV C 407, parti.
Fonti a stampa:	1) Sonata XI, Op. V, Le Clerc.
	2) (Sonata II, Op. IX, Walsh).
Rielaborazioni:	II movimento: III movimento, V *Concerto, Concerti grossi / con due violini, viola e violoncello / obligati con due altri violini e basso / di ripieno. / Opera sesta / di / Gio: Batta St. Martini. / Questi concerti sono composti da diversi / Notturni del St. Martini / da / Francesco Barsanti. / London. Printed for J. Walsh in Catherine street in the Strand,* 1757.
Bibliografia:	EITNER, Robert. *Op. cit.* (vedi nota 10), p. 409; GRONEFELD, Ingo. *Op. cit.* (vedi nota 11), vol. 3, pp. 78 e 80.
Edizioni moderne:	nessuna.

GBS-qt fl 7

Tonalità: Re Maggiore.

---

[17]. Questo movimento coincide con il III tempo della Sonata IV Op. IX, Walsh: vedi nota 16.

Fonti manoscritte: *Notturno à 4to Flauto Traverso Violino Imo Violino 2do con Basso Del Sig Batta St. Martino*
                     CZ-Pnm, segnatura: XXXIV B 43 (nella parte del flauto: «Violino Principale o Flauto Traverso»), parti.
Fonti a stampa: nessuna.
Rielaborazioni: nessuna.
Bibliografia: RISM A/II; *Sammartini e il suo tempo. Op.cit.* (vedi nota 9), p. 106.
Edizioni moderne: nessuna.

GBS-qt fl 8

Tonalità: Re Maggiore.
Fonti manoscritte: 1) *Concertino con Flutta Traversiera Obbligata Di Gio: Batta S. Martino*
                     D-KA, segnatura: MusHs 797, manoscritto autografo datato 1750, partitura.
                     2) *Concertino con Flauto Traversiere obbligata di Gio Batta S. Martino*
                     D-KA, segnatura: MusHs 786, parti.
Fonti a stampa: nessuna.
Rielaborazioni: nessuna.
Bibliografia: EITNER, Robert. *Op. cit.* (vedi nota 10), p. 409; JENKINS, Newell - CHURGIN, Bathia. *Op. cit.* (vedi nota 35), p. 25 (D-KA, MusHs 797); CHURGIN, Bathia. 'New facts in Sammartini biography: the authentic print of the string trios, op. 7', *op. cit.* (vedi sopra), p. 110 (D-KA, MusHs 797).
Edizioni moderne: nessuna.

GBS-qt fl 9

Tonalità: Sol Maggiore.
Fonti manoscritte: 1) *Notturno a Quatro Con traversiera obblig. Del Sig St. Martino*
                     CZ-Pnm, segnatura: XXXIV B 2, parti.

2) *Concerto a Traversiera Flauto Violino primo Violino secondo e Basso del Sig. Gio:Batta St. Martino*
D-KA, segnatura: MusHs 779 [manca la parte di basso], parti.
3) *Notturno a 4.° Due Violini Flutta e Basso Del Sigr. Gio: Batta San Martino*
CH-Zz, segnatura: Mus Ms A 181ʹ (III movimento: *Minuetto*), parti.
4) *Concertino*
A-M, segnatura: V.N. 745, parti.
5) *Sonata n° III Gio. Batta. Sʳ. Martini*
F-Pn, segnatura: Vma.ms.323, trascrizione moderna, partitura e parte del flauto.

Fonti a stampa: 1) Sonata X, Op. V, Le Clerc.
2) (Sonata III, Op. IX, Walsh).

Rielaborazioni: II movimento: II movimento, *III Concerto, Concerti grossi / con due violini, viola e violoncello / obligati con due altri violini e basso / di ripieno. / Opera sesta / di / Gio: Batta St. Martini. / Questi concerti sono composti da diversi / Notturni del St. Martini / da / Francesco Barsanti. / London. Printed for J. Walsh in Catherine street in the Strand, 1757.*

Bibliografia: RISM A/II (CZ-Pnm); *Sammartini e il suo tempo. Op. cit.* (vedi nota 9), p. 106 (CZ-Pnm); EITNER, Robert. *Op. cit.* (vedi nota 10), p. 408 (D-KA); GRONEFELD, Ingo. *Op. cit.* (vedi nota 11), vol. 3, p. 83 (D-KA, CH-Zz, A-M).

Edizioni moderne: nessuna.

GBS-qt fl 10

Tonalità: Sol Maggiore.
Fonti manoscritte: 1) *Noturno a 4 Due Violini Flauto traverso con Basso Del Sig St Martino*
CZ-Pnm, segnatura: XXXIV B 44, parti.
2) *Notturno a 4.° Due Violini Flutta e Basso Del Sigr. Gio: Batta San Martino*
CH-Zz, segnatura: Mus Ms A 181 (II movimento: *Minuetto*), parti.
3) *Notturno (Sonata n° 1) G. B. San Martino*
F-Pn, segnatura: Vma.ms.322 (I movimento senza indicazione), trascrizione moderna, partitura.

Fonti a stampa: 1) Sonata XII, Op. V, Le Clerc (II movimento: *Minuetto*).
2) (Sonata I, Op. IX, Walsh).

Rielaborazioni: *Concertino 1, 4 Concerti à violino principale, primo, secondo & basso del sig.re Martino*
CH-Bu, kr IV 287, Ms. 252; D-W, vedi nota 15

Bibliografia: RISM A/II; *Sammartini e il suo tempo. Op. cit.* (vedi nota 9), p. 106; GRONEFELD, Ingo. *Op. cit.* (vedi nota 11), vol. 3, p. 83.

Edizioni moderne: nessuna.

GBS-qt fl 11

Tonalità:	Sol Maggiore.
Fonti manoscritte:	1) *Concertino con Flutta Traversiera di Gio: Batta San Martino*
	D-KA, segnatura: MusHs 795, manoscritto autografo datato 1750, partitura.
	2) *Concertino con Flutta Traversiera di Gio: Batta S. Martino*
	D-KA, segnatura: MusHs 787 (II movimento: *Tempo Moderato*), parti.
	3) *Concertino*
	F-Pn, segnatura: Vma.ms. 353, trascrizione moderna basata su D-KA MusHs 795, partitura.
Fonti a stampa:	nessuna.
Rielaborazioni:	per fl, vn e basso: *Sonata II, Six sonatas for a german flute and violin with a thorough bass for the harpsichord composed by Bapt. St. Martini of Milan*, London, A. Hummel, 1762.
Bibliografia:	EITNER, Robert. *Op. cit.* (vedi nota 10), p. 409; JENKINS, Newell - CHURGIN, Bathia. *Op. cit.* (vedi nota 35), p. 25 (D-KA, MusHs 795); CHURGIN, Bathia. 'New facts in Sammartini biography'. *Op. cit.* (vedi sopra), p. 110 (D-KA, MusHs 795); GRONEFELD, Ingo. *Op. cit.* (vedi nota 11), vol. 3, p. 84.
Edizioni moderne:	nessuna.

GBS-qt fl 12

Nella fonte (4) conservata a D-Rtt, Rtt Sammartini 8, flauto e violino I attaccano il I movimento all'unisono.

Tonalità:	La Maggiore.
Fonti manoscritte:	1) *Notturno ex A a 4 Violino Primo Violino Secondo Traversiere con Basso Del Sig. St. Martino*
	CZ-Pnm, segnatura: XXXIV B 1, parti.
	2) *Symphonia a Flauto traversiere obl., Violino Primo, Violino Secondo con fondamento del sig. St. Martino*
	CZ-Pnm, segnatura: XXXIV C 393, parti.

Giovanni Battista Sammartini. I notturni con il flauto del fondo Waldstein

3) *Sonata a Trè con Traversiera obligata. Del sig. Gio Batta st. Martino.*
CZ-Pnm, segnatura: XXXIV C 406, parti.

4) *Notturno a Quatro Con Flauta Traversiera Violino Primo Violino Secondo e Basso Del Sigr. Gio. Batta St. Martino*
D-Rtt, segnatura: Rtt Sammartini 8 (II movimento: *Allegro*), parti.

5) *Sonata a quatro Con Traversier Obligato Del Sig. Gio Batta St. Martino*
D-KA, segnatura: MusHs 815, parti.

6) *Notturno a 4.° Due Violini Flutta e Basso Del Sigr. Gio: Batta San Martino*
CH-Zz, segnatura: Mus Ms A 181, parti.

Fonti a stampa: 1) *Sonata IX, Op. V, Le Clerc* (II movimento : *Allegro*).
2) (*Sonata VI, Op. IX, Walsh*).

Rielaborazioni: 1) *Concertino IV, 4 Concerti à violino principale, primo, secondo & basso del sig.re Martino*
CH-Bu, kr IV 290, Ms. 252; D-W, vedi nota 15

2) II movimento: II movimento, *IV Concerto, Concerti grossi / con due violini, viola e violoncello / obligati con due altri violini e basso / di ripieno. / Opera sesta / di / Gio: Batta St. Martini. / Questi concerti sono composti da diversi / Notturni del St. Martini / da / Francesco Barsanti. / London. Printed for J. Walsh in Catherine street in the Strand, 1757.*

Bibliografia: RISM A/II (CZ-Pnm e D-Rtt); *Sammartini e il suo tempo. Op. cit.* (vedi nota 9), p. 106 (CZ-Pnm e D-Rtt); EITNER, Robert. *Op. cit.* (vedi nota 10), p. 408 (D-KA); HABERKAMP, Gertraut. *Die Musikhandschriften der Fürst Thurn und Taxis Hofbibliothek Regensburg-Thematischer Katalog (Mit einer Geschichte des Musikalienbestandes von Hugo Angerer)*, München, G. Henle Verlag, 1981, p. 262 (D-Rtt); GRONEFELD, Ingo. *Op. cit.* (vedi nota 11), vol. 3, p. 86 (CZ-Pnm, D-KA, CH-Zz).

Edizioni moderne: Breitkopf & Härtel, Wiesbaden, 1956, a cura di Günter Rhau.

Tonalità: La Maggiore.
Fonti manoscritte: 4) *Notturno a 4.° Due Violini Flutta e Basso Del Sigr. Gio: Batta San Martino*
CH-Zz, segnatura: Mus Ms A 181, parti.
Fonti a stampa: nessuna.
Rielaborazioni: nessuna.
Bibliografia: GRONEFELD, Ingo. *Op. cit.* (vedi nota 11), vol. 3, p. 85.
Edizioni moderne: nessuna.

Cosetta Farina

Il genere del notturno a Milano e nell'opera di Sammartini

L'esecuzione di musica strumentale in ambiente privato, nelle case nobiliari, conosce a Milano, nel Settecento, un'eccezionale diffusione. Tali concerti, che coinvolgono musicisti professionisti e dilettanti, rappresentano un appuntamento frequente all'interno dell'intensa vita mondana aristocratica, in cui l'intrattenimento salottiero viene intercalato dall'ascolto di pagine strumentali e vocali composte da autori locali.

Il termine 'notturno' designa nel diciottesimo secolo una forma strumentale destinata alle ore notturne, da suonarsi per lo più all'aperto, in genere intorno alle undici di sera[18]. Si tratta di un genere appartenente alla sfera della musica di svago, che trova la propria collocazione ideale nei parchi che circondano le residenze nobiliari. L'organico dei notturni è vario e cambia anche in relazione alla struttura e all'ampiezza dei movimenti; si tratta comunque di una forma più spesso cameristica che orchestrale, in cui assai frequente è l'intervento degli strumenti a fiato.

Il notturno da camera può avere cinque o più movimenti, come la serenata, ma anche da due a quattro, come avviene assai frequentemente nel divertimento. Dal punto di vista della destinazione, della forma e dell'organico il notturno presenta affinità strettissime con i generi della serenata, del divertimento e della cassazione, tanto che i termini possono spesso considerarsi intercambiabili. È certo, comunque, che l'inesattezza con cui copisti, editori e gli stessi compositori utilizzano i titoli, nel Settecento, non aiuta a riconoscere delle linee di demarcazione nette tra una forma e l'altra: i termini vengono per lo più scambiati con facilità e fonti diverse di una stessa composizione riportano frequentemente intitolazioni differenti.

---

[18]. La studiosa F. Schmitz-Gropengiesser (SCHIMTZ-GROPENGIESSER, Frauke. 'Nocturne', in: *Die Musik in Geschichte und Gegenwart. Allgemeine Enzyklopädie der Musik, begründet von Friedrich Blume. Zweite, neubearbeitete Ausgabe*, hrsg. von Ludwig Finscher, 26 Bde., Kassel-Basel-London-New York-Prag, Bärenreiter; Stuttgart-Weimar, Metzler, 1994—, *Sachteil*, vol. VII - 1997 -, coll. 212-214) attesta il 1754 come anno in cui per la prima volta è utilizzato il termine 'Notturno', nel titolo di un Quintetto di Haydn per due violini, due viole e basso (Hob. II: 2). Va tuttavia rilevato come alcune composizioni trattate nel presente articolo e denominate 'Notturno' in alcune fonti svizzere e praghesi, si trovino anche in due fonti a stampa databili rispettivamente 1751 (Op. V, Le Clerc - vedi nota 4 -) e 1757 (*Concerti grossi / con due violini, viola e violoncello / obligati con due altri violini e basso / di ripieno. / Opera sesta / di / Gio: Batta St. Martini. / Questi concerti sono composti da diversi / Notturni del St. Martini / da / Francesco Barsanti. / London. Printed for J. Walsh in Catherine street in the Strand*), la seconda delle quali rimanda a raccolte sammartiniane precedenti. Nel nostro caso particolare si tratta delle composizioni: GBS-qt fl 6 (in Re Magg.: *Notturno a 4.° Due Violini Flutta e Basso Del Sigr. Gio: Batta San Martino*, CH-Zz, Mus Ms A 181), GBS-qt fl 9 (in Sol Magg.: *Notturno a Quatro Con Traversiera obblig. Del Sig. St. Martino*, CZ-Pnm, XXXIV B 2; *Notturno a 4.° Due Violini Flutta e Basso Del Sigr. Gio: Batta San Martino*, CH-Zz, Mus Ms A 181), GBS-qt fl 10 (in Sol Magg.: *Noturno a 4 Due Violini Flauto traverso con Basso del Sig St. Martino*, CZ-Pnm, XXXIV B 44; *Notturno a 4.° Due Violini Flutta e Basso Del Sigr. Gio: Batta San Martino*, CH-Zz, Mus Ms A 181) e GBS-qt fl 12 (*Notturno ex A a 4 Violino Primo Violino Secondo Traversiere con Basso Del Sig. St. Martino*, CZ-Pnm, XXXIV B 1; *Notturno a Quattro Con Flauta Traversiera Violino primo Violino secondo e Basso Del Sigr. Gio. Batta St. Martino*, D-Rtt, Rtt Sammartini 8; *Notturno a 4.° Due Violini Flutta e Basso Del Sigr. Gio: Batta San Martino*, CH-Zz, Mus Ms A 181). Senza voler per il momento mettere in dubbio la validità delle asserzioni della Schmitz-Gropengiesser, si ritiene che l'argomento sarebbe degno di ulteriori approfondimenti.

Osservando la produzione di G. B. Sammartini e dei suoi concittadini, si nota come nella Milano del Settecento il notturno fosse un genere che godeva di larga fortuna e diffusione. La dicitura 'Notturno' o 'Sonata notturna' si ritrova infatti nella produzione di Giovanni Battista Sammartini con frequenza straordinaria e ricorre anche fra le opere di alcuni suoi seguaci[19]. I titoli serenata, cassazione, divertimento sono invece del tutto assenti nel catalogo di Sammartini, così come non risultano fra le opere dei contemporanei milanesi Giorgio Giulini, Antonio Brioschi, Giuseppe Ferdinando Brivio, Melchiorre Chiesa, Giovanni Andrea Fioroni, Giovanni Battista Lampugnani, Giacomo Machio, Carlo Monza jr., Giuseppe Paladino, Gaetano Piazza.

La produzione di notturni a Milano nel Settecento mostra una netta predominanza del modello formale in due movimenti, dove il primo tempo oscilla tra il *Larghetto* e l'*Allegro* ed il secondo è per lo più un *Minuetto*[20]. Le composizioni degli autori milanesi recanti l'intitolazione notturno presentano elementi comuni. La prima osservazione da fare riguarda la prevalenza delle sonate a tre strumenti fra i brani detti notturni; ed anche fra quelli di Giovanni Battista Sammartini predomina la forma della sonata a tre, del resto ancora assai largamente praticata nella seconda metà del Settecento. Altro elemento da sottolineare, riguardo l'organico dei notturni milanesi, è la presenza molto frequente, anche se non costante, del flauto. Esso è utilizzato da Melchiorre Chiesa, da Gaetano Piazza e da Sammartini, oltre che da altri autori legati al capoluogo lombardo, come Paisiello e Jommelli. La presenza del flauto nell'organico del notturno si riconduce allo stretto legame che esiste tra gli strumenti a fiato e le forme musicali affini al divertimento, fin dalle loro origini. Non è un caso, quindi, che anche Boccherini intitolerà 'Notturni' proprio le composizioni destinate agli «strumenti a vento»[21], mettendo in diretta correlazione la dicitura di 'Notturno' con la presenza in organico degli strumenti a fiato. La ricorrenza del flauto nei notturni della seconda metà del Settecento si evince anche dall'osservazione di un repertorio di musiche per flauto del XVIII secolo[22]. Tra gli autori di notturni destinati al flauto figurano compositori appartenenti al mondo austriaco e boemo (Joseph Haydn, Karl Ditters von Dittersdorf, Franz Joseph Dussek, Adalbert Gyrowetz, Florian Leopold Gassmann, Wenzel Pichl, Johan Baptist Vanhal), ma non mancano gli italiani quali Carlo Sala, Luigi Gianella, Gasparo Spontini, mentre i compositori francesi sono pochi, data la scarsa diffusione del genere in Francia.

---

[19]. Di Melchiorre Chiesa conosciamo 2 notturni e 7 sonate notturne; di Carlo Monza jr. 9 sonate notturne e di Gaetano Piazza, infine, 1 concertino notturno e 1 concerto notturno. Non è certo un caso che abbiano scritto notturni anche compositori non milanesi ma in qualche modo e per un certo periodo legati alla città lombarda e a Sammartini: si tratta di Niccolò Jommelli, di cui esistono 2 sonate notturne, di Giovanni Paisiello, che compose 1 notturno e di Johann Christian Bach, i cui *Six Trios or Notturnos* Op. II furono pubblicati a Londra intorno al 1765.

[20]. Anche i *Six Trios or Notturnos* Op. II di J. C. Bach (Londra, 1765) seguono la medesima tipologia in due movimenti, con il primo in tempo moderato (spesso in ritmo di marcia) e un *Minuetto* finale, testimoniando che tale forma ottenne anche in Inghilterra una certa fortuna.

[21]. I sestetti e gli ottetti dell'Op. 38.

[22]. VESTER, Frans. *Flute Repertoire Catalogue: 10.000 Titles*, London, Musica Rara, 1967.

Le combinazioni del flauto con altri strumenti sono molteplici[23], mentre il genere del notturno per flauto solo è rappresentato unicamente dalle due composizioni di Giovanni Battista Sammartini conservate nella collezione Giedde di Copenaghen con segnatura: mu 6210.1629 (I, 13).

La produzione di Giovanni Battista Sammartini comprende una straordinaria quantità di notturni. Si contano infatti circa 155 composizioni manoscritte recanti l'indicazione 'Notturno' e 30 sonate notturne, ugualmente manoscritte[24]. L'incidenza del genere del notturno sulla produzione di Sammartini appare veramente straordinaria, se si considera che l'intero *corpus* delle sue opere cameristiche conta circa 250 lavori. Dei 155 notturni di Sammartini ben 120 sono composti per due violini e basso, confermando la tendenza già osservata di privilegiare questo organico in ambito milanese; 2 notturni sono scritti per flauto solo e 25 per due flauti e basso. L'unico notturno che prescriva l'organico di flauto, violino e basso è presente in due copie manoscritte (una conservata a Praga con segnatura XXXIV B 7 e l'altra nel Fondo Ricardi di Udine con segnatura Ms. 83) ed è inoltre tramandato identico in una versione per due violini e basso, anch'essa consultabile a Praga (segnatura: XXXIV B 8). 8 notturni sono infine scritti per flauto, due violini e basso, secondo le fonti manoscritte conservate a Praga (segnatura XXXIV B 1, XXXIV B 2, XXXIV B 43, XXXIV B 44), a Zurigo (segnatura Mus Ms A 181) e a Ratisbona (segnatura Rtt Sammartini 8), ma compaiono altrove senza essere intitolati 'Notturni'. Va inoltre tenuto da conto il fatto che esistono altri quartetti con lo stesso organico e con simili caratteristiche formali che però vengono definiti sonate, concertini, ecc. nelle fonti.

Per quanto riguarda la successione dei movimenti, in questi notturni la struttura in due tempi appare predominante: essa infatti si riscontra in tutti i notturni presi in esame, tranne che in poche eccezioni[25]. I due movimenti del notturno sono sempre impostati nella

---

[23]. Dai gruppi di 3 o 4 flauti si passa ai trii per 2 flauti e basso o per flauto, violino e basso; il flauto può creare quartetti o quintetti con gli archi oppure abbinarsi al fortepiano. Le 2 composizioni 'notturne' di Gaetano Piazza presentano un organico ancor più particolare: esse sono infatti un *Concertino Notturno / a due Flauti Traversieri / Violini e Trombe da caccia / col Basso* ed un *Concerto à 6. / Notturno à Traversiero solo / con Violini, Trombe, e Basso*.

[24]. Tutti i brani sono conservati sciolti; soltanto 6 sonate notturne (reperibili presso la Biblioteca Trivulziana di Milano) sono raggruppate in una raccolta, così come 24 triosonate dette 'Notturni' si trovano assemblate in un manoscritto conservato a Zurigo, 7 quartetti per flauto, due violini e basso sono riuniti in una raccolta a Zurigo, ed altri 14 notturni sono consultabili ad Uppsala. I numeri qui indicati andrebbero naturalmente verificati confrontando tutti i brani tra loro e con le edizioni a stampa, al fine di accertare eventuali coincidenze oltre a quelle già indicate. Tra le opere edite si segnalano: le già citate 6 Sonate, Op. IX, Walsh (vedi nota 5) in cui le Sonate II, IV e V non presentano, nella fonte manoscritta, la dicitura di *Sonata Notturna* né di *Notturno*, e le *Sei sonate notturne a due violini e basso* [...] *opera VII*, Paris, Le Clerc, [1763 - 1767]. Di quest'ultima edizione esiste anche una copia autentica dedicata a Don Filippo Duca di Parma stampata da editore ignoto a Milano nel 1760. Le *Sei sonate notturne a due violini col basso del signor Giuseppe San Martini, opera VI*, Paris, Le Clerc, [1765 ca.] sono inoltre attribuibili a Giovanni Battista, nonostante rechino nel frontespizio il nome del fratello Giuseppe.

[25]. È stato preso in considerazione un campione di composizioni composto dai 4 notturni per flauto, due violini e basso conservati al Museo nazionale di Praga, dai 7 notturni per lo stesso organico presenti a Zurigo (di cui 3 sono coincidenti con i notturni praghesi), dal notturno per flauto, violino e basso conservato a Praga

medesima tonalità, maggiore, con l'eccezione di due soli casi. La forma sonata ritornellata appare il modello compositivo più frequente, anche nei minuetti, sebbene sia ancora presente la forma binaria di barocca memoria.

Il fatto che il notturno rivesta un ruolo di tale preminenza numerica nella produzione di Sammartini induce a pensare che si trattasse di un genere particolarmente apprezzato dal pubblico milanese del Settecento e questo spiegherebbe anche la presenza dei numerosi manoscritti di questo genere nei fondi del capoluogo lombardo.

I notturni con il flauto del fondo Waldstein

Ci occuperemo ora, in particolare, di 5 notturni di Sammartini comprendenti nel proprio organico il flauto e conservati presso il Museo Nazionale di Praga all'interno del Fondo Waldstein. Quattro di questi notturni prevedono l'organico per flauto, due violini e basso; un quinto notturno è scritto per flauto, violino e basso.

La presenza del flauto ed il titolo di 'Notturno' rappresentano un binomio estremamente interessante all'interno della produzione del compositore milanese. In particolare, l'organico di 'quartetto con flauto' riveste un ruolo di primaria importanza, tanto a livello storico, data la precocità e la numerosità degli esempi di Sammartini, quanto all'interno della personale indagine compositiva dell'autore, sempre volta alla sperimentazione di nuove valenze e possibilità di combinazione sonora (si pensi, a tale proposito, al suo interesse per il quartetto e il quintetto per archi degli anni Sessanta e Settanta)[26].

Un elemento particolarmente degno di nota ed illuminante riguardo alla prassi compositiva settecentesca è dato inoltre dalle rielaborazioni per diverso organico cui sono stati sottoposti alcuni dei notturni con flauto presenti nel Fondo Waldstein.

La ricerca delle fonti necessarie al lavoro di collazione e alla stesura del catalogo tematico ha richiesto materiale proveniente, oltre che da Praga, dalle biblioteche di Karlsruhe, Ratisbona, Parigi, Bruxelles, Basilea, Zurigo, Melk e Udine.

I brani conservati a Praga sono dunque:
- N° 1. Notturno in Re Maggiore per flauto, due violini e basso.
  Tempi: *Presto*, Re Maggiore **c**; *Larghetto*, Re Maggiore 3/4.
  Segnatura: XXXIV B 43.
- N° 2. Notturno in Sol Maggiore per flauto, due violini e basso.
  (nel manoscritto è erroneamente prescritto un flauto II al posto del violino II).
  Tempi: *Allegro*, Sol Maggiore **c**; *Larghetto*, Mi minore 2/4; *Minuetto con spirito*, Sol Maggiore, 3/4.

---

e nella collezione Ricardi di Udine, dai 55 notturni per due violini e basso giacenti nel Fondo Noseda della Biblioteca del Conservatorio di Milano (segnatura: Noseda A. 55. I-III).

[26]. Cfr. CATTORETTI, Anna, *Giovanni Battista Sammartini. I Quintetti per archi del 1773*, 2 voll., tesi di laurea, datt., Università degli Studi di Pavia, Scuola di Paleografia e Filologia musicale, a.a. 1991 - 1992, vol. I, p. 123.

Segnatura: XXXIV B 2.
- N° 3. Notturno in Sol Maggiore per flauto, due violini e basso.
   Tempi: *Con Spirito*, Sol Maggiore ¢; *Spiritoso*, Sol Maggiore 3/4.
   Segnatura: XXXIV B 44.
- N° 4. Notturno in La Maggiore per flauto, due violini e basso.
   Tempi: *Affettuoso*, La Maggiore 3/4; *Allegro spiritoso*, La Maggiore ¢.
   Segnatura: XXXIV B 1.
- N° 5. Notturno in Sol Maggiore per flauto, violino e basso.
   Tempi: *Larghetto*, Sol Maggiore 3/4; *Minuetto*, Sol Maggiore 3/4.
   Segnatura: XXXIV B 7.

TABELLA 1

		Tonalità	Organico	Fonti manoscritte	Fonti a stampa
N° 1	GBS-qt fl 7	Re Magg.	fl, 2 vl, basso	CZ-Pnm, segnatura: XXXIV B 43	nessuna
N° 2	GBS-qt fl 9	Sol Magg.	fl, 2 vl, basso	1) CZ-Pnm, segnatura: XXXIV B 2 2) D-KA, segnatura: MusHs 779 3) CH-Zz, segnatura: Mus Ms A 181 4) A-M, segnatura: V. N. 745 5) F-Pn, segnatura: Vma.ms. 323 (trascrizione moderna)	Sonata X, Op. V, Le Clerc; Sonata III, Op. IX, Walsh
N° 3	GBS-qt fl 10	Sol Magg.	fl, 2 vl, basso	1) CZ-Pnm, segnatura: XXXIV B 44 2) CH-Zz, segnatura: Mus Ms A 181 3) F-Pn, segnatura: Vma. ms. 322 (trascrizione moderna)[27]	Sonata XII, Op. V, Le Clerc; Sonata I, Op. IX, Walsh
N° 4	GBS-qt fl 12	La Magg.	fl, 2 vl, basso	1) CZ-Pnm, segnatura: XXXIV B 1 2) CZ-Pnm, segnatura: XXXIV C 393 3) CZ-Pnm, segnatura: XXXIV C 406[28] 4) D-Rtt, segnatura: Rtt Sammartini 8 5) D-KA, segnatura: MusHs 815 6) CH-Zz, segnatura: Mus Ms A 181	Sonata IX, Op. V, Le Clerc; Sonata VI, Op. IX, Walsh
N° 5		Sol Magg.	fl, vl, basso	1) CZ-Pnm, segnatura: XXXIV B 7 2) I-Udricardi, segnatura: Ms. 83	Sonata V in *Six sonatas for a german flute and violin with a thorough bass for the harpsichord composed by Bapt. St. Martini of Milan*, London, A. Hummel, 1762

[27]. In questa trascrizione moderna l'attacco del flauto nel I movimento è differito di sette battute, a differenza delle altre fonti manoscritte e a stampa, in cui flauto e violino I attaccano subito all'unisono. L'inizio della parte di sviluppo del I movimento vede però flauto e violino all'unisono, mentre nelle altre fonti manoscritte il flauto attacca dopo sette battute (l'unisono tra flauto e violino nelle prime battute dello sviluppo è riscontrabile nella fonte a stampa - XII Sonata ed. Le Clerc).

[28]. Le fonti di Praga con segnatura C 393 e C 406 non sono state consultate a causa della chiusura del Museo Nazionale di Praga nel periodo di stesura del presente lavoro.

Solamente il Notturno in Re Maggiore (N° 1) è presente nell'unica copia di Praga, mentre di tutti gli altri Notturni sono state rinvenute altre fonti, a stampa e/o manoscritte.

Merita di essere sottolineato il fatto che del quartetto in La Maggiore (N° 4) siano conosciute ben 6 fonti manoscritte e che il Fondo Waldstein conservi 3 manoscritti di questo brano, recanti ciascuno una diversa intitolazione (Notturno, Sonata, Symphonia).

La raccolta a stampa *Six sonatas for a german flute and violin with a thorough bass for the harpsichord composed by Bapt. St. Martini of Milan*, London, A. Hummel[29], che contiene anche il Notturno in Sol Magg. per fl, vl e basso (N° 5), può essere datata sulla base dell'avviso di pubblicazione, apparso sul *Public Advertiser* il 23 maggio del 1762[30]. Osservando le sei Sonate comprese nella raccolta si rilevano interessanti concordanze con altre composizioni di Sammartini. La Sonata II, per esempio, è un adattamento per flauto, violino e basso del Concertino I in Sol Maggiore per flauto, due violini e basso conservato nella versione autografa a Karlsruhe (segnatura: MusHs 795) e datato Ottobre 1750, in cui il primo tempo *Allegro moderato* è scritto in ¢, mentre nella Sonata per tre strumenti esso presenta il metro 2/4. Anche di altre Sonate dell'edizione Hummel esistono versioni differenti, variate nell'organico e nella tonalità[31].

L'Opera V edita da Le Clerc nel 1751 ca. comprende ben 3 dei Notturni di Praga con il flauto[32] (N° 2, Sonata X - N° 3, Sonata XII - N° 4, Sonata IX). L'edizione ha suscitato presso gli studiosi di Sammartini un dibattito circa l'identità del suo autore. Henry G. Mishkin[33] non accetta la datazione e le attribuzioni proposte da un eminente studioso di Sammartini, George Saint-Foix, il quale assegna *sine dubio* la paternità dell'Opera V a Giovanni Battista

---

[29]. Alcuni esemplari di questa edizione sono oggi reperibili nelle seguenti biblioteche: B-Bc; D-Dl; GB-CDp; GB-LEc; S-Sk. Chi scrive ha preso visione della copia conservata presso la biblioteca di Bruxelles.

[30]. *Cfr.* SAINT-FOIX, George de. 'La Chronologie de l'œuvre instrumentale de Jean Baptiste Sammartini', in: *Sammelbände der Internationalen Musikgesellschaft*, XV, 1913 - 1914, pp. 308-324.

[31]. La Sonata VI si trova, trascritta per due flauti soli, in *A third set of six sonatas or duets for two german flutes or violins, composed by St. Martini of Milan opera X*, London, J. Walsh (*Public Advertiser*, 23 Settembre 1763). L'*Andante ma grazioso* con cui inizia la Sonata III presenta lo stesso *incipit* del primo tempo del trio per due flauti e basso conservato nella collezione Ricardi di Udine con la segnatura MS. 90. La Sonata dell'edizione, però, è scritta in Do Maggiore, mentre il manoscritto di Udine è in Si♭ Maggiore. Lo stesso *incipit*, inoltre, figura anche in un trio per flauto, violino e basso contenuto in una raccolta manoscritta che reca come autore il nome di Carl Friedrich Abel ed è conservata ad Uppsala (segnatura: Instr. Mus. I hs 11b). Anche il primo tempo della Sonata IV dell'edizione Hummel ha lo stesso *incipit* di un trio per due flauti e basso appartenente alla collezione Ricardi (MS. 88); analogamente alla Sonata III, la versione stampata è scritta un tono sopra quella manoscritta, cioè in Re Maggiore anziché in Do Maggiore, ed inoltre è in 2/4 e non in ¢.

[32]. Questa edizione è oggi consultabile presso la Bibliothèque nationale di Parigi, mentre nella Zentralbibliothek di Zurigo è presente solo la parte del basso. Nella stessa biblioteca parigina e nel fondo della biblioteca del Conservatoire di Parigi (conservato sempre in F-Pn) è invece conservata una ristampa più tarda della raccolta.

[33]. MISHKIN, Henry G. 'The Published Instrumental Works of Giovanni Battista Sammartini: A Bibliographical Reappraisal', in: *The Musical Quarterly*, XLV/3 (July 1959), pp. 361-374.

Sammartini e non al fratello Giuseppe[34]. Anche Newell Jenkins e Bathia Churgin[35] rivendicano l'attribuzione dell'Opera v a Giovanni Battista adducendo delle motivazioni del tutto convincenti: queste Sonate, che rispondono ad uno stile assolutamente galante, sono presenti in altre raccolte a stampa del compositore milanese[36], nonché in numerosi manoscritti recanti il suo nome; infine alcune di esse compaiono nei cataloghi Breitkopf del 1762 e del 1767, sempre con attribuzione a Sammartini[37]. Inoltre, mentre Saint-Foix colloca questa edizione nel 1745 - 1746, gli studi più aggiornati di Bathia Churgin spostano la data al 1751 ca.

Per quanto riguarda il Notturno in La Maggiore (N° 4), è interessante notare come fra la copia manoscritta conservata a Praga e quella di Ratisbona si riscontrino numerose differenze, alcune piuttosto rilevanti. Il manoscritto di Praga presenta molti errori che vanno dalla scrittura di note chiaramente sbagliate e di ritmi non contenibili nella battuta, all'omissione di accidenti indispensabili. In presenza di divergenze fra le due fonti, le lezioni del manoscritto di Ratisbona paiono generalmente preferibili. Le differenze sostanziali fra la copia di Praga e quella di Ratisbona si riferiscono al ruolo del flauto: nella fonte di Praga, infatti, la parte del flauto viene sensibilmente ridotta in alcuni momenti essenziali della struttura formale (all'inizio dell'esposizione e dello sviluppo). È chiaro che non si tratta di varianti casuali, ma di precisi interventi volontari e sarebbe molto importante conoscere la parentela fra le due fonti per capire se si è trattato di un processo volto a ridurre la parte già esistente del flauto per rendere maggiormente solistico il ruolo del violino o se, viceversa, la parte del flauto sia stata incrementata per creare maggiore equilibrio sonoro tra le due voci superiori[38].

Attribuzione, datazione, organico

Il problema dell'autenticità di una composizione si presenta in modo particolarmente rilevante per chi si appresta a studiare il repertorio strumentale del Settecento e ancor più

---

[34]. SAINT-FOIX, George de. 'La chronologie de l'œuvre instrumentale de Jean Baptiste Sammartini', *op. cit.*, (vedi nota 30), pp. 308-324.

[35]. JENKINS, Newell - CHURGIN, Bathia. *Thematic Catalogue of the Works of Giovanni Battista Sammartini: Orchestral and Vocal Music*, Cambridge (MA), Harvard University Press, 1976, p. 191.

[36]. Nella già citata Op. IX, Walsh (vedi nota 5) e nei *Concerti grossi / con due violini, viola e violoncello / obligati con due altri violini e basso / di ripieno. / Opera sesta / di / Gio: Batta St. Martini. / Questi concerti sono composti da diversi / Notturni del St. Martini / da / Francesco Barsanti. / London. Printed for J. Walsh in Catharine Street in the Strand, 1757.

[37]. Le Sonate I, II, IV e VII compaiono fra i trii di Sammartini nel Catalogo Breitkopf del 1762, mentre la Sonata VI è segnalata nel supplemento del Catalogo Breitkopf del 1767. *Cfr. The Breitkopf Thematic Catalogue: The Six Parts and Sixteen Supplements 1762-1787*, edited by Barry S. Brook, New York, Dover, 1966.

[38]. Sia l'edizione parigina che la copia manoscritta di Karlsruhe coincidono con il manoscritto di Praga nell'attacco differito di cinque battute del flauto nel primo tempo, mentre negli altri punti esse seguono la lezione tramandata dalla copia di Ratisbona. È quindi ricercato un equilibrio tra le due parti superiori, anche se il primo tema conserva come elemento caratterizzante l'entrata successiva e non simultanea degli strumenti. La copia manoscritta conservata a Zurigo coincide invece con la lezione della fonte praghese.

nel caso di Sammartini, di cui possediamo pochissimi autografi e copie autentiche. I notturni praghesi presi in esame, tranne il Notturno in Re Maggiore (N° 1), compaiono all'interno di raccolte a stampa ufficialmente attribuite a Sammartini dai più moderni studi.

Per quanto riguarda la provenienza dei manoscritti conservati a Praga, nessuno di essi presenta contemporaneamente tutte le peculiarità tipiche dei copisti milanesi (caratteristiche abbastanza riconoscibili, segnalate nel catalogo di Jenkins e Churgin[39]), ma si rilevano alcuni di questi caratteri distintivi, per esempio la chiave di basso scritta al contrario, lasciando aperta la possibilità che si tratti di manoscritti prodotti a Milano o copiati da fonte milanese. Poiché l'unica parentela riscontrata è quella esistente tra i manoscritti con segnatura XXXIV B 2 e XXXIV B 44, si evince che le copie conservate a Praga non provengono dal lavoro di un solo copista e che pertanto sono probabilmente giunte nel fondo Waldstein attraverso canali diversi.

I notturni con flauto conservati a Praga possono essere ascritti al cosiddetto secondo periodo della produzione di Sammartini che, seguendo una cronologia accettata unanimemente, comprende gli anni tra il 1740 e il 1758 e si contraddistingue per l'affermazione di caratteri stilistici preclassici. Un valido riferimento per datare i notturni a quattro strumenti è fornito dai manoscritti autografi dei tre concertini conservati a Karlsruhe[40], sui quali compare la data ottobre 1750 e che presentano notevoli affinità con i lavori di Praga: la stessa indicazione di organico, l'articolazione in due movimenti e caratteristiche formali similari. Un ulteriore elemento a favore dell'attribuzione dei notturni di Praga al secondo periodo compositivo di Sammartini è il fatto che delle 34 sinfonie conservate nel Fondo Waldstein assieme ai brani cameristici, ben 32 appartengono al periodo centrale della produzione del compositore. Infine, le edizioni a stampa datate o databili con certezza, che riproducono la maggior parte di questi lavori, non fanno che confermare tale ipotesi.

Anche per quanto riguarda la definizione dell'organico, risulta molto importante un confronto con i tre concertini autografi conservati a Karlsruhe. Decisamente illuminante è una pagina manoscritta di Sammartini su foglio pentagrammato e inserita tra il primo e il secondo concertino [vedi Ill. 1]:

> Questi concertini devon eseguirsi con solamente quattro stromenti cioè un Flauto Traversier, due violini, mà che suonano di bon gusto, come un violoncello. La Flutta deve sempre suonare col P.mo Violino, essendo quella à parte principale; con di più li soli che sono qui notati. S'avverte che li violini devon suonare con tutta la maggior discrezione acciò la flutta debba sentirsi distintamente, e così anche deve suonare il violoncello.

Questi brani, ci dice Sammartini, devono essere eseguiti solo da quattro strumenti, senza raddoppi nella parte degli archi: si tratta dunque di composizioni espressamente ca-

---

[39]. Jenkins, Newell - Churgin, Bathia. *Op. cit.* (vedi nota 35), pp. 28-30.
[40]. Segnatura: MusHs 795-796-797.

Ill. 1: indicazioni autografe di Giovanni Battista Sammartini in *Concertini* per flauto, due violini e basso; D-KA, MusHs 795-797.

meristiche. La parte del basso è affidata al violoncello il quale, pur svolgendo un ruolo di supporto armonico, è considerato parte fra le parti e non più legato alla realizzazione del continuo. Va detto però che l'Opera IX edita da Walsh nel 1762 reca nel frontespizio l'indicazione «a Bass for the Violoncello or Harpsichord»: l'intercambiabilità dei due strumenti conferisce al basso una funzione ancora legata all'esecuzione del continuo, sminuendone il ruolo cameristico che è invece rivendicato dalle istruzioni autografe dell'autore. Anche l'Opera V edizione Le Clerc (1751 ca.) presenta la numerazione per il basso continuo. Il processo, di grande importanza storica, attraverso cui si abbandona la pratica del basso continuo è lungo e discontinuo: le edizioni a stampa testimoniano che ancora nella seconda metà del Settecento i quartetti potevano venir eseguiti con il continuo, ma le indicazioni di Sammartini dimostrano come l'autore già nel 1750 pensasse a una nuova forma cameristica, che egli porterà a sviluppi avanzati nel terzo periodo della sua produzione scrivendo i quartetti e i quintetti per archi.

Nel Notturno in Sol Maggiore (N° 2), la parte del basso presenta le indicazioni di esecuzione «pizzicato» e «con arco», confermando che tale parte è destinata al violoncello e che esiste una ricerca sonora anche sullo strumento più grave della formazione. Nella raccolta manoscritta di notturni conservata a Zurigo (segnatura Mus Ms A 181) la pagina che precede la parte del basso reca l'indicazione «Basso ovvero Violoncello»: la parte poteva quindi essere eseguita o con il 'Basso' o con il 'Violoncello'. Rispetto al ruolo del flauto, va notato che questo strumento nel Settecento è spesso considerato intercambiabile al violino. Nel catalogo delle opere a stampa di Giovanni Battista Sammartini la possibilità di scelta tra flauto e violino è indicata in quattro raccolte e in numerose composizioni inserite in miscellanee[41]. Le indicazioni autografe di Sammartini, comunque, non lasciano dubbi sul fatto che, laddove viene indicato soltanto il flauto, esso non potrà essere sostituito con un violino; viene anzi espressamente prescritto agli altri esecutori di adeguarsi alla sonorità dello strumento a fiato, affinché esso possa emergere come parte principale e al fine di realizzare un adeguato equilibrio sonoro all'interno di questa specifica formazione. Nei notturni di Praga il flauto non svolge però un ruolo prevaricante rispetto agli altri strumenti: esso è molto spesso all'unisono con il violino I, soprattutto nell'esposizione del primo tema. Le due parti superiori si riservano poi ciascuna qualche momento 'a solo' e svolgono anche un fitto dialogo contrappuntistico. Negli autografi di Karlsruhe la parte del flauto è scritta solo quando si differenzia dal violino I e suggerisce quasi un parallelo con il concerto solistico di tipo vivaldiano, in cui lo strumento solista partecipa al Tutti per poi distaccarsene. Queste considerazioni sono valide anche per il *Presto* del Notturno in Re Maggiore di Praga (N° 1), dove flauto e violino I sono all'unisono per quasi tutta l'esposizione e la ripresa, in mezzo alle quali si colloca uno sviluppo interamente affidato al flauto solo. Tutti gli altri notturni, invece, presentano una scrittura molto cameristica e dialogante, con grande scambio tra le parti. Questo vale soprattutto per il Notturno in tre tempi (N° 2) e per il Notturno in La Maggiore (N° 4), nei quali la scrittura contrappuntistica è molto densa e la forma particolarmente articolata. I *Minuetti*, invece, tendono sempre a ridurre il dialogo tra le parti e a privilegiare la verticalità e l'unisono tra le parti.

---

[41]. *Six solos for a german flute or violin with a thorough bass for the harpsichord or violoncello* [...] *opera* VIII, London, J. Walsh, 1759; *Six easy solos for a german flute or violin with a thorough bass for the harpsichord, composed by Sig. Gio. Battista St Martini* [...], London, R. Bremner, 1765 [attribuzione dubbia]; *A second set of six sonatas or duets for two german flutes or violins* [...] *opera* VII, London, J. Walsh, 1757 [attribuzione dubbia]; *A third set of six sonatas or duets for two german flutes or violins* [...] *opera* X, London, J Walsh, 1763; *Duetto*, in: *Scelta di sei duetti per due flauti, o violini, o fagotti composti da vari autor*, Paris, Bayard, Le Clerc, Castagnerie, Menue, s. d.; *Minuetti*, in: *Minuets perform'd at court, the masquerades, and all publik places. For the harpsichord, violin, or german flute, for 1749*, London, J. Walsh., 1749; *Minuetti*, in: *Rutherford's compleat collection of one hundred and twelve of the most celebrated minuets and their basses both old and new, which are now in vogue performedat court and at all publick assemblies the tunes are proper for the german flute, violin or harpsichord*, London, D. (& J.) Rutherford, 1775 - 1780 ca.; *Minuetti*, in: *Select minuets. Second book. Collected from the operas* [...] *for the harpsichord, german flute or violin*, London, J. Walsh, 1744 ca.; *Minuetti*, in: *Select minuets. Vol.* IV. *Collected from the operas* [...] *For the harpsichord, german flute, or violin*, London, J. Walsh, 1760 ca.; *Sonata*, in: *Six Sonatas for two german flutes or violins with a thorough bass the harpsichord or violoncello*, London, J. Walsh, 1753; *Composizioni*, in: *Warlike music, book* I, *being a choice collection of marches and trumpets tunes for a german flute, violin or harpsichord*, London, J. Walsh, 1758.

Gli strumenti dialogano sempre a coppie: per lo più il discorso musicale si snoda tra flauto e violino I, ma talvolta anche tra i due violini. Se nel primo caso il violino II sostiene ed accompagna, nel secondo caso invece il flauto tace; analogamente, quando il flauto è solista viene quasi sempre accompagnato da entrambi i violini, ma se è solo il primo violino, il flauto non partecipa all'accompagnamento. Lo strumento a fiato è quindi pensato come strumento 'principe' della formazione, non perché predomini sugli altri e rivesta un ruolo perennemente solistico, ma in quanto rappresenta una sonorità diversa emergente al di sopra della tessitura degli archi.

La forma

I notturni di Sammartini con flauto conservati a Praga rappresentano un esempio della scrittura cameristica del compositore milanese attorno alla metà del Settecento. È un periodo in cui, nella musica degli autori genericamente tardobarocchi e preclassici (oltre ai due fratelli Sammartini, ricordiamo Tartini, Locatelli, Tessarini, Geminiani, Pugnani, Barsanti fra i tanti della stessa generazione), si ravvisano i segni di un cambiamento e di una transizione. La forte e ancora persistente matrice barocca si sposa cioè alla nuova musicalità galante e alle forme che si affermeranno e codificheranno con lo stile classico. Si tratta di musica che deve essere letta non solo in prospettiva di ciò che seguirà, ma anche in rapporto alla tradizione musicale barocca, di cui rappresenta una manifestazione evoluta e modificata.

Osservati nella loro generalità, sotto il profilo della successione dei movimenti, i notturni praghesi rispondono alla tipologia predominante nelle composizioni in due tempi di Sammartini, con un primo tempo di andamento generalmente veloce e comunque non lento (tra il *Larghetto* e il *Presto*) e un secondo tempo in forma di *Minuetto*[42].

I *Larghetti* e l'*Affettuoso* di Sammartini, nei notturni, presentano generalmente una scrittura ricca di trentaduesimi, terzine veloci, ritmi puntati, con un basso che segna le crome: un carattere dunque molto ritmico e poco cantabile, in cui è fondamentale lo scambio melodico tra le due parti superiori e non l'effusione solistica di un canto. Nel tempo mediano del Notturno in tre tempi, *Larghetto*, pur essendo presente la consueta ritmicità dei temi di Sammartini, si rileva un senso melodico più morbido e arioso, esaltato dalla tonalità minore. Il Notturno in Re Maggiore (N° 1) presenta come secondo tempo un *Larghetto* in 3/4 che può essere facilmente riconosciuto come un *Minuetto*, e non solo perché presenta le stesse caratteristiche formali dei *Minuetti* appartenenti agli altri notturni.

---

[42]. Un solo Notturno, il N° 2, presenta la struttura classica in tre tempi mutuata dal concerto e dalla sinfonia all'italiana (veloce - lento - veloce). Inoltre, mentre in tutti e quattro i notturni in due tempi è mantenuta la stessa tonalità d'impianto (per il primo e il secondo movimento) e tale tonalità è sempre di modo maggiore, nel Notturno in tre tempi i due movimenti estremi sono nella tonalità di Sol Maggiore, mentre il tempo lento centrale, *Larghetto*, è scritto nel tono relativo mi minore. Questo movimento non solo rappresenta l'unico esempio di tonalità minore nei notturni praghesi, ma è anche l'unico caso in cui non viene adottata la forma sonata bensì una forma A-B-A'.

Il secondo tempo del II Concertino di Karlsruhe, infatti, è preceduto da questa scritta autografa di Sammartini: «Questo finale in forma di Minuetto deve suonarsi in tempo cantabile affettuoso». Qui, come nel *Larghetto* in Re Maggiore, si notano molte quartine e terzine di sedicesimi, mentre gli altri *Minuetti* presentano per lo più figure di crome. Evidentemente si tratta di *Minuetti* da eseguire più lentamente e in cui il carattere della danza viene ammantato da sfumature ariose e cantabili. Spesso inoltre in Sammartini i *Minuetti* compaiono con denominazioni differenti[43]. Il Notturno in La Maggiore (N° 4) si presenta come un caso isolato, poichè non si conclude con un *Minuetto* bensì con un esteso *Allegro spiritoso* in ¢: gli equilibri della forma dunque si invertono. Se infatti negli altri notturni il *Minuetto* finale è di dimensioni pari a quella del primo tempo o decisamente inferiori, qui il secondo tempo diventa il movimento più esteso e sviluppato.

Tutti i movimenti di questi notturni di Sammartini, con l'unica eccezione del *Larghetto* incluso nel Notturno in tre tempi (N° 2), si compongono di due parti ritornellate: nella prima è riconoscibile l'esposizione di forma sonata, mentre la seconda contiene lo sviluppo e la ripresa[44]. Il primo tema A, con cui esordisce l'esposizione, è dal punto di vista fraseologico estremamente regolare e simmetrico nei *Minuetti*, nonostante Sammartini non manchi di dimostrare la sua raffinata capacità inventiva anche nella costruzione tematica di semplici tempi di danza mediante scambi e rimandi interni. Il tema A di tutti gli altri movimenti ha invece un aspetto molto articolato e sempre diverso; spesso il compositore ne vivifica la struttura dall'interno sfruttando l'elemento ritmico per scardinare le simmetrie della battuta e del periodo. Per quanto riguarda il secondo tema B si può notare come nei *Minuetti* la configurazione fraseologica sia nettamente più chiara rispetto agli altri tempi, ma non così regolare come nei primi temi dell'esposizione. Quasi sempre il tema B, impostato nel tono della dominante, contiene al proprio interno un ritorno alla tonalità d'impianto del movimento, da cui poi modulare nuovamente in dominante e qui concludere l'esposizione. Nei quartetti, flauto e violino I espongono entrambi i temi del *Minuetto* all'unisono, accompagnati dal violino II, di modo che nessun gioco imitativo e contrappuntistico venga ad interferire con l'affermazione di temi nitidi e lineari: le parti strumentali si differenziano nella transizione ma tornano all'unisono nel secondo tema per concludere insieme l'esposizione. In tutti gli altri tempi, invece, il primo tema è pressochè sempre eseguito all'unisono, nella sua interezza o quasi, dalle parti superiori, mentre il tema B vede una maggiore differenziazione e indipendenza degli strumenti ed è sempre caratterizzato da un dialogo fra le parti. Talvolta gli strumenti vengono fatti entrare successivamente in

---

[43]. Per esempio, nel V e nel VI Quintetto per archi della raccolta manoscritta conservata presso la Bibliothèque nationale di Parigi con data 1773, i movimenti conclusivi sono rispettivamente un *Allegro moderato* e un *Allegro assai* chiaramente strutturati come Minuetto e Trio ma privi di tale intitolazione (*cfr.* CATTORETTI, Anna. *Op. cit.* - vedi nota 26 -, vol. I, p. 123).

[44]. Nell'analisi verrà utilizzata per comodità la terminologia riferita alla forma sonata, parlando di esposizione, sviluppo, ripresa, temi, transizione, ecc. anche se in realtà tali definizioni appartengono a un'epoca successiva a quella di Sammartini.

imitazione: il fatto di iniziare il secondo tema con un tessuto imitativo rafforza la distinzione e la caratterizzazione dei due temi. Va detto inoltre che talora Sammartini sottolinea la differenza tra A e B conferendo loro un carattere nettamente contrastante, in linea con lo spirito animatore della forma sonata settecentesca. Nell'*Allegro spiritoso*, II movimento del Notturno in La Maggiore (N° 4), il primo tema, oltre che molto esteso, è vivace e brillante; il tema B dura invece solo dieci battute, inizia in tonalità minore e presenta note lunghe in contrasto con le precedenti cascate di ottavi. Questo secondo tema crea una pausa di suggestiva sospensione in tono minore attraverso la sovrapposizione delle fasce sonore del flauto e del violino, segnate ritmicamente dai quarti del basso e del violino II. Ancora una volta Sammartini sfrutta l'entrata successiva degli strumenti in imitazione (Es. 1).

Es. 1: Sammartini, Giovanni Battista. Notturno in La Maggiore N° 4, II mov., *Allegro spiritoso*, bb. 35-44.

Dal punto di vista tonale emergono interessanti modulazioni al minore nel secondo tema. Talvolta Sammartini, volendo modulare ad un tono minore, non sceglie il relativo della tonalità in cui è impostato il tema, bensì il relativo della sottodominante: testimonianza, questa, dell'importanza che riveste il tono di sottodominante nei percorsi tonali scelti da Sammartini. Un'altra caratteristica delle modulazioni usate dall'autore milanese, che si riscontra anche nei temi B, è l'alternanza fra tonalità maggiore e minore con la stessa tonica. Vanno segnalati due casi in cui Sammartini, prima di concludere l'esposizione, introduce elementi di novità strutturale. Nell'*Allegro spiritoso* in La Maggiore (N° 4), II movimento, al termine del tema B e prima della cadenza viene riproposta la 'testa' di quattro battute del primo tema A, affidata ora al violino I. Questo *incipit*, che era già stato riascoltato al termine dello stesso lungo primo tema, si presenta ancora una volta testimoniando la sua persistenza nell'esposizione, ma questa volta si colora delle tinte minori portate dal secondo tema. Curiosamente, esso nello sviluppo sarà solo vagamente accennato. Anche nell'*Allegro* del Notturno in tre tempi (N° 2), I movimento, tra il tema B e la cadenza conclusiva si frappone altro materiale, questa volta assolutamente nuovo. Non si tratta più di una citazione di temi precedenti, bensì di un'idea tematica C nel tono della dominante. Essa non è imparentata con i temi A e B e, sebbene non si possa considerare un vero e proprio tema, rappresenta comunque uno spunto tematico del tutto nuovo.

Un elemento molto interessante delle esposizioni di Sammartini è rappresentato dalla transizione, che tra l'altro non è necessariamente modulante. Essa è del tutto assente solo nei due movimenti del Notturno per tre strumenti N° 5. Un caso particolare si trova nel *Minuetto* del Notturno in tre tempi (N° 2), III movimento. In questo movimento, infatti, si riconosce il fenomeno, identificato da Robert Winter[45] e studiato da Bathia Churgin[46], del '*bifocal close*'. Esso consiste in una transizione non modulante impostata nel tono d'impianto del brano in cui l'ultimo accordo di dominante diventa direttamente l'armonia di tonica della nuova tonalità sulla quale comincia il secondo tema. È un tipo di transizione che si ritrova nelle sinfonie di Sammartini del primo e soprattutto del secondo periodo, nonché in altri autori definiti preclassici come Brioschi e Stamitz. Sammartini utilizza il *bifocal close* anche nella musica da camera, sebbene nei notturni di Praga esso sia in netta minoranza rispetto ad altri tipi di soluzioni (Es. 2).

Es. 2: SAMMARTINI, Giovanni Battista. Notturno N° 2, III mov., bb. 11-20.
(Transizione: bb. 11-16, II tema: b. 17)

[45]. WINTER, Robert. 'The Bifocal Close and the Evolution of the Viennese Style', in: *Journal of the American Musicological Society*, XLII/2 (Summer 1989), pp. 275-337.
[46]. CHURGIN, Bathia. 'Communications', in: *ibidem*, XLVI/1 (1993), pp. 153-159.

Estremamente significativo, nelle transizioni di Sammartini, è il fatto che esse, tranne in un solo caso[47], presentino sempre una differenziazione delle parti strumentali. La transizione rappresenta cioè un elemento diversivo in cui le parti superiori si rendono indipendenti tra loro; questo risulta particolarmente rilevante nei *Minuetti*, dove entrambi i temi sono eseguiti all'unisono. In alcuni movimenti, inoltre, la transizione assume caratteri quasi tematici ed è eseguita da uno strumento solista. I casi più significativi si riscontrano nel Notturno in La Maggiore (N° 4), I e II movimento. Nel primo tempo la transizione è una nuova, piccola frase di quattro battute esposta dal violino I, che non ricomparirà nello sviluppo né nella ripresa: il flauto tace e violino II e basso accompagnano discretamente una melodia cantabile di carattere solistico. Essa esordisce con un intervallo di sesta discendente e si può notare come l'intervallo di sesta, discendente o ascendente, sia ricorrente e caratterizzi altri momenti cantabili della forma (discendente in una progressione all'interno del tema B nell'esposizione e ascendente nella ripresa; ancora discendente in un momento cantabile affidato al violino nello sviluppo). Nel secondo tempo del Notturno la transizione si presenta come un momento fortemente autonomo, affidato al violino solista che esegue non più una frase cantabile, ma un episodio virtuosistico in arpeggi di ottavi.

Parlare di sviluppo riferendosi alla musica di Sammartini è assolutamente anacronistico, poiché non siamo di fronte ad un processo di elaborazione tematica, come avverrà nelle successive forme di sonata, ma ad un episodio in cui predominano i due procedimenti fondamentali della progressione e dell'imitazione, legati ad un retaggio barocco. Utilizzeremo dunque il termine sviluppo in modo puramente indicativo. Il trattamento degli strumenti in questa parte centrale della forma è piuttosto vario e si riconoscono due tipologie: la prima, che riguarda la stragrande maggioranza dei casi, è basata sull'alternanza di sezioni diversificate e sul dialogo tra le parti; nella seconda, invece, uno strumento emerge con preminenza solistica. Lo sviluppo non si presenta come un'elaborazione dei temi dell'esposizione, ma è pur vero che spesso in esso compaiono accenni più o meno estesi a tale materiale tematico. Questo non avviene nei *Minuetti*, mentre è riscontrabile negli altri movimenti. Il più delle volte si tratta di semplici accenni a figure ritmiche e melodiche attinte dai temi, grazie ai quali lo sviluppo risulta imparentato con l'esposizione, caratterizzato cioè da una certa 'aria comune'. In alcuni movimenti, però, compaiono nello sviluppo delle vere e proprie citazioni, letterali o variate, di parte dei temi. Un esempio interessante è offerto dal *Presto* in Re Maggiore (N° 1), I movimento, nel cui sviluppo si riascolta parte del tema B ma con tutti gli intervalli rivoltati. È invece significativo sotto il profilo dello scambio tra le parti lo sviluppo dell'*Allegro spiritoso* in La Maggiore (N° 4), II movimento: esso inizia con un canone tra i due violini (bb. 60-65), concede un momento solistico al flauto e prosegue poi per mezzo della progressione (Es. 3).

---

[47]. Si tratta del II movimento, *Larghetto*, del Notturno in Re maggiore (N° 1), in cui flauto e violino I suonano all'unisono per l'intero movimento.

Es. 3: SAMMARTINI, Giovanni Battista. Notturno in La Maggiore N° 4, II mov., *Allegro spiritoso*, bb. 60-65.

È possibile individuare delle costanti nei percorsi tonali scelti da Sammartini nella fase dello sviluppo: in tutti i movimenti dei notturni in esame, tranne che in due casi[48], è presente la tonalità della dominante della dominante, ma nel tono minore. Soltanto nel primo movimento del Notturno in Sol Maggiore (N° 3) compare anche il tono della dominante secondaria nel modo maggiore oltre che in quello minore, ma questo ci riconduce ad un altro aspetto caratteristico della scrittura dell'autore, cioè l'alternanza di tonalità con la stessa tonica ma di modo diverso. Altro elemento costante negli sviluppi dei notturni è la presenza in essi del tono d'impianto del brano che, rispetto alla tonalità della dominante, acquista ora il ruolo di IV grado.

La ripresa si presenta come il momento forse più caratteristico della forma sonata utilizzata da Sammartini. In essa, infatti, il compositore sperimenta artifici sempre nuovi e nuove soluzioni per diversificare il ritorno dei temi dalla loro prima esposizione, dando prova di grande originalità e fantasia inventiva. Questo aspetto della scrittura di Sammartini è già stato ampiamente riscontrato nelle sinfonie del compositore e rappresenta quindi una costante nel trattamento da lui riservato alla forma. Nei notturni di Praga il primo tema si presenta esattamente identico all'esposizione soltanto in due casi[49]. In tutti gli altri movimenti, invece, solo l'inizio del tema viene riproposto in modo fedele, così che la ripresa sia assolutamente riconoscibile come tale. Il tema, per lo più, rimane invariato per la durata della prima frase, ma nella seconda parte presenta sempre delle sorprese, ottenute mediante l'introduzione di materiale nuovo o tratto da momenti diversi della forma. Nel Notturno per tre strumenti (N° 5) entrambi i tempi presentano nel primo tema della ripresa una progressione nuova dopo la citazione letterale dell'inizio, cui si attacca poi solo la parte finale del tema B: come avviene anche nel Notturno in Re Maggiore (N° 1), il primo tema è sottoposto allo stesso trattamento nella ripresa sia nel primo che nel secondo tempo del brano, dimostrando come Sammartini ricerchi una forma di continuità nel rapporto tra i movimenti. Ma il trattamento più singolare del primo tema lo si riscontra indubbiamente nell'*Affettuoso*

---

[48]. Sono i *Minuetti* XXXIV B 7 (N° 5, II movimento) e XXXIV B 2 (N° 2, II movimento).

[49]. *Con spirito* in Sol Maggiore (N° 3, I movimento) e *Minuetto con spirito* in Sol Maggiore (N° 2, III movimento). Nel primo tempo del Notturno in tre tempi (N° 2) la completa ripetizione è evitata attraverso l'introduzione di piccole variazioni melodiche e ritmiche.

del Notturno in La Maggiore (N° 4), I movimento. Qui infatti la ripresa esordisce con una versione del tema A in 'stretto', dove cioè le entrate degli strumenti sono ravvicinate rispetto all'esposizione. Il flauto anticipa di due battute la propria entrata creando una sovrapposizione del tutto nuova; segue una piccola progressione su cui si innesta poi il secondo tema (Es. 4).

Es. 4: SAMMARTINI, Giovanni Battista. Notturno in La Magg. N° 4, I mov., bb. 52-57.

La transizione, nella ripresa, viene spesso del tutto omessa o comunque drasticamente ridotta e talvolta è rinnovata. Il secondo tema viene frequentemente decurtato e sono riscontrabili variazioni e riduzioni anche nella frase iniziale. Talvolta il tema B risente, nella ripresa, di ciò che è avvenuto nello sviluppo. Nel *Larghetto* centrale del Notturno in tre tempi (N° 2), che non è strutturato in forma sonata, ma ha un'articolazione formale A-B-A' priva di ritornelli, sono riscontrabili elementi di vicinanza rispetto ai movimenti degli altri notturni: anche in questo *Larghetto* emergono frequenti passaggi per il tono della sottodominante e l'alternanza fra tonica maggiore e minore; ancora una volta la prima frase di A vede l'unisono delle parti superiori, che torna poi a segnare l'inizio di A'. E proprio questa sezione A' richiama da vicino le riprese di Sammartini, dalle quali è bandita la mera ripetizione ed elementi già proposti nella prima sezione si uniscono a nuove idee e a materiale presente nell'episodio diversivo della forma.

È ora possibile evidenziare i principali caratteri comuni ai notturni con flauto conservati a Praga, emersi dal lavoro di analisi.

1) STRUTTURA FORMALE. Si nota la predominanza assoluta del modello formale in due movimenti, con *Minuetto* finale; la scelta dei tempi risponde ai parametri tipici dell'epoca. I *Minuetti* sono caratterizzati da grande semplicità strutturale e di scrittura e la forma di sonata è utilizzata in tutti i movimenti con una sola eccezione.

2) TEMI. Si alternano temi simmetrici e irregolari, come nel repertorio sinfonico di Sammartini. Il contrasto tra i due temi della forma (A e B) è spesso sottolineato mediante un uso differenziato degli strumenti: A è legato all'utilizzo dell'unisono delle voci superiori, mentre B presenta un maggiore scambio dialogante fra le parti, talvolta procedimenti imitativi e varietà sotto il profilo tonale.

3) USO DEGLI STRUMENTI. Il flauto non ricopre un ruolo prevaricante rispetto agli archi ed è spesso all'unisono con il primo violino. I momenti 'diversivi', in cui si interrompe cioè l'unisono, sono la transizione e la sezione dello sviluppo.

4) Sezione dello sviluppo. Lo sviluppo è sempre modulante ed è riconducibile a due tipologie: a) alternanza di momenti chiaramente differenziati e di dialogo fra le parti; b) presenza di uno strumento solista. È talvolta riscontrabile in esso materiale dell'esposizione, identico o variato.

5) Ripresa. È indubbiamente il momento più caratteristico della forma, in cui Sammartini applica una straordinaria inventiva combinatoria, dando vita a sezioni diverse in ogni movimento. Del primo tema compare generalmente l'inizio, senza variazioni, e cambia la seconda parte; la transizione e il secondo tema sono invece ampiamente ridotti e modificati. È spesso introdotto del materiale tematico nuovo e, cosa assai interessante, Sammartini dimostra una particolare abilità nel cambiare la disposizione degli elementi appartenenti all'esposizione e nel riassemblarli mediante riduzioni e spostamenti.

6) Percorsi tonali. È possibile rilevare due procedimenti estremamente ricorrenti e caratterizzanti la scrittura di Sammartini: a) la continua alternanza tonica/sottodominante; b) il largo utilizzo della tonica minore e la frequente alternanza tra tonalità con uguale tonica ma modo differente.

Rielaborazione dei notturni per diverso organico

Il *mare magnum* delle fonti settecentesche non smette mai di riservare sorprese, recando testimonianza di un mondo musicale in cui la circolazione dei manoscritti rappresentava un elemento estremamente importante di comunicazione culturale, ma era anche causa di confusioni attributive e di spregiudicate operazioni editoriali. Assai comune era la prassi di riscrivere una composizione, propria o di altro autore, per un diverso organico, o di estrapolarne un movimento per inserirlo in un nuovo brano, magari modificandone la tonalità. Molte musiche di Sammartini non si sottraggono a questa pratica e il fatto che questo avvenga anche per i Notturni con flauto è indice della loro popolarità e di una notevole circolazione, soprattutto grazie alle edizioni stampate, testimoniata anche dalla presenza delle fonti in svariate biblioteche d'Europa.

Del Notturno in Sol Maggiore per flauto, violino e basso (N° 5) si conserva nel fondo Waldstein una seconda versione, nella quale al flauto si sostituisce un violino, senza che questo comporti differenze sostanziali[50]. La Tabella 2 illustra invece come interi notturni praghesi di Sammartini o singoli movimenti, estrapolati da questi, siano stati trasferiti e riutilizzati in altre composizioni[51].

---

[50]. Si tratta del *Notturno Trio ex G Violino primo Violino secondo con basso del Sig. St. Martino*, la cui segnatura è xxxiv B 8. Si rilevano differenze minime rispetto alla fonte per flauto, violino e basso. Gli errori più evidenti presenti nella fonte praghese con la parte del flauto non compaiono invece nella fonte per due violini e basso, nel manoscritto di Udine (segnatura: Ms. 83) e nell'edizione Hummel.

[51]. I notturni vengono indicati nella seconda colonna della tabella mediante la segnatura del Museo Nazionale di Praga, mentre tra parentesi è data l'indicazione della fonte a stampa.

TABELLA 2

NOTTURNO	FONTE	MOVIMENTO ORGANICO TONALITÀ METRO	RIELABORAZIONE	FONTE	AUTORE	MOVIMENTO ORGANICO TONALITÀ METRO
N° 4/I	CZ-Pnm, XXXIV B 1; (Sonata IX Op. V, Le Clerc, 1751 ca.; Sonata VI Op. IX, Walsh, 1762)	*Affettuoso* fl, 2 vl, basso La Magg. c	Concertino IV/1	4 *Concerti à violino principale, primo, secondo & basso del sig.re Martino* CH-Bu, kr IV 290 D-W (s.s.)	G. B. Sammartini	*Affettuoso* vl princ., 2 vl, basso La Magg. c
N° 4/II	CZ-Pnm, XXXIV B 1; (Sonata IX Op. V, Le Clerc, 1751 ca.; Sonata VI Op. IX, Walsh, 1762)	*Spiritoso* fl, 2 vl, basso La magg. ¢	Concertino IV/II	4 *Concerti à violino principale, primo, secondo & basso del sig.re Martino* CH-Bu, kr IV 290 D-W (s.s.)	G. B. Sammartini	*Presto alla capella* vl princ., 2 vl, basso La Magg. ¢
N° 3/I	CZ-Pnm, XXXIV B 44; (Sonata XII Op. V, Le Clerc, 1751 ca.; Sonata III Op. IX, Walsh, 1762)	*Con spirito* fl, 2 vl, basso Sol Magg. ¢	Concertino I/1	4 *Concerti à violino principale, primo, secondo & basso del sig.re Martino* CH-Bu, kr IV 287	G. B. Sammartini	*Con spirito* vl princ., 2 vl, basso Sol Magg. ¢
N° 3/II	CZ-Pnm, XXXIV B 44; (Sonata XII Op. V, Le Clerc, 1751 ca.; Sonata III Op. IX, Walsh, 1762)	*Spiritoso* fl, 2 vl, basso Sol Magg. 3/4	Concertino I/II	4 *Concerti à violino principale, primo, secondo & basso del sig.re Martino* CH-Bu, kr IV 287	G. B. Sammartini	*Spiritoso Menuetto* vl princ., 2 vl, basso Sol Magg. 3/4
N° 2/II	CZ-Pnm, XXXIV B 2; (Sonata X Op. V, Le Clerc, 1751 ca.)	*Larghetto* fl, 2 vl, basso mi min. 2/4	Concerto III/II	*Concerti grossi / con due violini, viola e violoncello / obligati con due altri violini e basso / di ripieno. / Opera sesta / di / Gio: Batta St. Martini. / Questi concerti sono composti da diversi / Notturni del St. Martini / da / Francesco Barsanti. / London. Printed for J. Walsh in Catharine Street in the Strand,* 1757	F. Barsanti	*Larghetto* 2 vl, vla, vc; 2 vl e basso di ripieno mi min. 2/4
N° 4/II	CZ-Pnm, XXXIV B 1; (Sonata IX Op. V, Le Clerc, 1751 ca.)	*Allegro spiritoso* fl, 2 vl, basso La Magg. ¢	Concerto IV/II	*Concerti grossi,* London, J. Walsh, Op. VI, 1757	F. Barsanti	*Spiritoso* 2 vl, vla, vc; 2 vl e basso di ripieno La Magg. ¢

La copia manoscritta dei *4 Concerti à violino principale, primo, secondo & basso del sig.re Martino* è conservata presso la Öffentliche Bibliothek der Universität di Basilea (CH-Bu, kr IV 287-290, Ms. 252) e nella Herzog-August-Bibliothek di Wolfenbüttel con titolo *4 Concerti a più strumenti*[52]. Tutti i brani di questa fonte presentano coincidenze con i quartetti per flauto, due violini e basso: il *Concertino II* è infatti composto dal I e dal III tempo della Sonata IV, Op. IX, ed. Walsh (il I tempo è presente anche nelle fonti manoscritte: D-KA, MusHs 837; CH-Zz, Mus Ms A 181 e CZ-Pnm, XXXIV C 408), mentre il *Concertino III* corrisponde alla Sonata V, Op. IX, ed. Walsh (conservata anche in versione manoscritta a Karlsruhe con segnatura MusHs 813, a Zurigo con segnatura Mus Ms A 181 e a Praga con segnatura XXXIV C 405)[53]. L'intitolazione 'Concerti' presente nel frontespizio del manoscritto di Basilea è scritta da mano diversa rispetto alla fonte, dunque non è originale (si tratta di una scrittura riscontrabile anche in altri manoscritti conservati nella biblioteca di Basilea e potrebbe presumibilmente appartenere ad un bibliotecario o ad un archivista). Il titolo delle composizioni è in realtà *IV Concertini a 3 violini et basso*, come riportato dallo scriba del manoscritto all'interno della fonte; sulle singole parti si trovano poi le indicazioni *Sonata*, *Concertino* o *Concerto*. Inoltre, tre dei quattro brani[54] si compongono di due movimenti, contrariamente ai concerti per strumento solista di Giovanni Battista Sammartini, che presentano sempre tre movimenti (gli unici concerti in due movimenti sono quelli per un gruppo di strumenti solisti). In due casi i concertini di Basilea derivano da sonate dell'Opera IX composte da tre movimenti: il *Concertino III* mantiene i tre movimenti della Sonata V Op. IX da cui deriva, mentre nel *Concertino II* viene eliminato il movimento centrale della sonata di provenienza (Sonata IV, Op. IX). Nel catalogo della biblioteca di Basilea[55] viene indicata la raccolta Opera IX di Sammartini pubblicata da Walsh nel 1762 come fonte di provenienza dei brani[56]. Tutto questo, unitamente alla scrittura chiaramente cameristica dei brani, è un'evidente riprova del fatto che si tratta di quartetti da camera senza raddoppi, in cui il violino I deve ricoprire un ruolo preminente, e non di concerti solistici per violino. La parte del flauto viene cioè

---

[52]. Cfr. *Sammartini e il suo tempo*. Op. cit. (vedi nota 9), p. 105. Questa fonte non è stata visionata da chi scrive.

[53]. Un altro esempio di rielaborazione di un quartetto con flauto per diverso organico è dato dal Concertino presente in duplice copia nella Biblioteca di Karslruhe (MusHs 795, datato 1750, e MusHs 787), poi trascritto per flauto, violino e basso nell'edizione *Six sonatas for a german flute and violin with a thorough bass for the harpsichord composed by Bapt. St. Martini of Milan*, London, A. Hummel, 1762 (Sonata II), v. p. 17.

[54]. Concertino I, II e IV.

[55]. REFARDT, Edgar. *Thematischer Katalog der Instrumentalmusik des 18. Jahrhunderts in den Handschriften der Universitätsbibliothek Basel*, Bern, Paul Haupt, 1957 (Publikationen der Schweizerischen Musikforschenden Gesellschaft, II/6), pp. 37-38.

[56]. In un articolo di Robert Sondheimer, in cui vengono citati il I e il III Concertino di Basilea, l'autore afferma che la silloge reca il sottotitolo di *Sonate à 4*. In realtà, come già osservato, i concertini vengono alternativamente definiti nelle parti 'Sonata', 'Concerto' o 'Concertino'. SONDHEIMER, Robert. 'Giovanni Battista Sammartini', in: *Zeitschrift für Musikwissenschaft*, III (November 1920), pp. 83-110: 90-91.

semplicemente affidata allo strumento ad arco ed al violino I è richiesto maggiore spicco rispetto agli altri due, ma non ci troviamo di fronte a una rielaborazione dei notturni per strumento solista e archi come l'intitolazione lascerebbe pensare. Saint-Foix[57] parla tuttavia della III, IV e V Sonata dell'Opera IX edita da Walsh come di veri e propri concerti per flauto ed in particolare riconosce nella V Sonata una scrittura segnatamente adatta al violino, adducendo proprio l'esistenza del manoscritto dei *Concerti à violino principale* di Basilea come riprova della sua ipotesi. In realtà, nei concertini conservati a Basilea la parte del violino principale è tratta dalla parte del flauto in due casi (II e III Concertino derivati dalle Sonate IV e V, Op. IX), ma proviene dalla parte del violino I dei quartetti negli altri due brani (I e IV Concertino derivati dalla I e VI Sonata, Op. IX). Questo, più che testimoniare la natura di concerti delle Sonate appartenenti all'Opera IX, può rimarcare il fatto che flauto e violino I siano per lo più considerati, nei quartetti, strumenti paritari e dialoganti e che il ruolo di spicco possa essere alternativamente assegnato all'uno o all'altro strumento. Come già sottolineato, il flauto emerge in quanto strumento più acuto e dotato di peculiari potenzialità sonore, ma momenti solistici sono destinati anche al violino I, soprattutto nelle Sonate dell'Opera IX (non così accade, per esempio, nei manoscritti autografi di Karlsruhe e nel Notturno in Re maggiore B 43 di Praga, in cui tutti i soli appartengono al flauto).

Per quanto riguarda i concerti grossi, l'avviso di pubblicazione apparso sul *Public Advertiser* risale al 7 ottobre 1757[58]. L'adattamento dei notturni per un nuovo organico si deve alla mano di Francesco Barsanti, un flautista, oboista e compositore italiano nato attorno al 1690, attivo a Londra a partire dal 1741 anche come collega di Giuseppe Sammartini nell'orchestra dell'Opera e morto prima del 1776 nella capitale inglese. Dei sei concerti, riscritti per due violini soli, due violini, viola, violoncello e basso, il primo è un adattamento della Sinfonia J-C 51 di Sammartini, mentre gli altri contengono movimenti desunti da tre raccolte a stampa sammartiniane: l'Opera V stampata da Le Clerc a Parigi; le *Six Sonatas for two Violins with a thorough Bass for the Harpsichord or Violoncello. Opera Quinta*, London, J. Walsh, 1756; e l'Opera IX edita da Walsh. Barsanti in un solo caso crea un concerto utilizzando esclusivamente i tempi di un'unica Sonata[59], mentre altrove assembla movimenti provenienti da sonate o addirittura da raccolte diverse[60]. Il criterio principale seguito da Barsanti è quello di separare i due movimenti della sonata originaria (di cui il secondo è

---

[57]. SAINT-FOIX, George de. *Op. cit.* (vedi nota 30), p. 321.

[58]. Le copie di questa edizione sono oggi reperibili nelle seguenti biblioteche: US-BEm; US-Bp; GB-Lbl; GB-Lcm; F-Pn; US-R; S-Sk; US-Wc (2 copie).

[59]. Nel VI Concerto tratto dalla I Sonata dell'Opera V edizione Le Clerc.

[60]. Barsanti utilizza movimenti tratti dalle seguenti Sonate dell'Opera V edita da Le Clerc: I, II e III tempo della I Sonata (due violini e basso) nel VI Concerto; I e III tempo della V Sonata (due violini e basso) nel III Concerto; I e III tempo della VI Sonata (due violini e basso) nel IV Concerto; I e II tempo della VII Sonata (due violini e basso) nel V Concerto; II tempo della IX Sonata (flauto, due violini e basso) nel IV Concerto; II tempo della X Sonata (flauto, due violini e basso) nel III Concerto; II tempo della XI Sonata (flauto, due violini e basso) come III movimento del V Concerto. Dall'Opera IX Barsanti ricava il III movimento della IV Sonata (*Minuetto spiritoso*), trasportato nel II Concerto come II movimento (*Largo*).

sempre un *Minuetto*) inserendo un terzo tempo centrale preso da altra sonata in modo da ricostruire la forma tipica del concerto in tre tempi. Secondo Saint-Foix[61] la trascrizione di Barsanti risponde a una precisa strategia editoriale volta a fornire al pubblico inglese l'equivalente, aggiornato in un linguaggio moderno, dei concerti grossi di Corelli e Geminiani, ancora considerati modelli degni di imitazione[62].

Presenza di composizioni cameristiche di Sammartini nel fondo Waldstein e nelle altre principali raccolte europee

La musica di Giovanni Battista Sammartini conobbe nel Settecento una straordinaria diffusione per tutta l'Europa, irradiandosi in versione manoscritta presso numerose dimore nobiliari, circoli amatoriali, orchestre private in Francia, Germania, Austria, Boemia, Scandinavia. Notevole fortuna essa ottenne anche in campo editoriale e venne pubblicata dai principali stampatori inglesi e francesi. Il successo del repertorio di Sammartini all'estero spiega l'attuale presenza di cospicui fondi di musiche di questo autore in svariate biblioteche straniere (francesi, ceche, danesi, svedesi, tedesche). Molti dei fondi che raccolgono manoscritti di Sammartini recano il nome della nobile casata che in passato fu proprietaria di tale patrimonio musicale. La musica italiana raggiungeva infatti l'estero sia perché portata direttamente dai propri autori, ospiti di corti straniere, sia perché commissionata da aristocratici signori, intenditori di musica ed esecutori dilettanti essi stessi: è quest'ultimo il caso delle opere di Sammartini, che viaggiarono ben più del loro autore, per il quale non sono invece attestati spostamenti rilevanti al di fuori della Lombardia.

L'ingente fondo praghese appartenuto alla famiglia Waldstein fu custodito prima nelle residenze della famiglia a Duchcov e in seguito a Doksy (utilizzando i nomi attuali dei luoghi nella Repubblica Ceca), sino al 1949, quando venne trasferita nel Museo Nazionale di Praga. Il fondo contiene 1530 manoscritti[63], per lo più databili intorno alla metà del Settecento, ed alcune edizioni a stampa della metà del XVIII secolo, fra cui, per esempio, una raccolta di Arie per violone di Lully ed un volume di Esercizi per cembalo di Krebs[64]. Il Fondo Waldstein non solo rappresenta una delle più estese ed importanti collezioni di musica di Sammartini, ma è anche fra i principali fondi di brani del primo classicismo; non esistono cataloghi settecenteschi della collezione Waldstein, probabilmente andati distrutti,

---

[61]. SAINT-FOIX, George de. *Op. cit.*, (vedi nota 30), p. 319.

[62]. Un'altra testimonianza della prassi diffusa di trascrivere sonate da camera in forma di concerti grossi è rappresentata dall'Opera V di Giuseppe Sammartini, pubblicata a Londra per i tipi di Walsh nel 1760. I concerti di questa raccolta sono infatti adattamenti di sei sonate per due violini e basso appartenenti all'Opera III dello stesso autore, edita da Walsh diciassette anni prima, nel 1743.

[63]. RUTOVA, Milada. 'Valdstejnská hudební sbírka v Doksech', in: *Sborník Národního muzea v Praze*, rada A-Historica, XXVIII (1974), No. 5, pp. 173-224.

[64]. *Jean-Baptiste Lully. Tous les Airs de violon de l'opera Amadis*, Amsterdam, Pointel, s.a.; *J. L. Krebs. Excercise sur le clavecin*, Haffner, Nürenberg, s.a.

ma sappiamo che essa contiene, per esempio, otto sinfonie di Joseph Haydn risalenti agli anni Sessanta[65]. Questa collezione annovera inoltre importanti manoscritti eseguiti da copisti milanesi e contiene opere di autori appartenenti alla cerchia di Sammartini, quali Giorgio Giulini, Antonio Brioschi, Giovanni Battista Lampugnani, Melchiorre Chiesa. Sebbene le fonti di archivio (lettere e altri documenti) non indichino con certezza il nome del responsabile dell'origine di questa collezione né il periodo in cui questo avvenne, l'ipotesi più plausibile assegna la formazione del fondo alla direzione del Conte Emanuel Philipp von Waldstein (1731 - 1775) e del suo primogenito Joseph (1755 - 1814). Sul frontespizio del Concerto per flauto di Valentini (segnatura XXXIV B 263), conservato nel fondo, è presente l'iscrizione «Ex rebus Emanuel Comtus de Waldstein»; su svariati manoscritti musicali della collezione, ed in particolare su fonti attribuite a G. B. Sammartini[66], compare inoltre il monogramma delle iniziali del Conte Emanuel, con ogni probabilità il diretto richiedente di queste musiche fatte copiare e pervenire dall'estero. La presenza nel fondo di opere di numerosi autori italiani e milanesi in particolare ammette anche l'ipotesi che questi manoscritti potessero essere direttamente acquistati dal Conte Emanuel a Milano. I legami della potente famiglia boema Waldstein con il mondo della musica furono inoltre garantiti dal più giovane figlio del Conte Emanuel, Ferdinand Ernst (1762 - 1823), compositore dilettante, amico e protettore di Beethoven, nonché dedicatario della Sonata per pianoforte Op. 53. Il posto di bibliotecario della collezione Waldstein fu ricoperto per ben tredici anni da Giacomo Casanova, che si trasferì nel castello di Duchcov nel 1785 e vi morì il 4 Giugno del 1798. Vienna, sede della corte imperiale, rappresentava indubbiamente il fulcro della vita culturale e musicale della zona, dove la nobiltà boema poteva ascoltare e procurarsi la richiestissima musica italiana. Anche il repertorio di Sammartini aveva rapidamente intrapreso la strada per Vienna e vi aveva incontrato il favore di numerosi aristocratici presso i più importanti salotti della città. Tra questi i Waldstein divennero evidentemente grandi estimatori del Sammartini, poiché si procacciarono un numero assai rilevante di sue composizioni.

Per quanto riguarda la produzione di Sammartini, il fondo contiene esclusivamente musica strumentale, cameristica e sinfonica, per un totale di ben 145 manoscritti, considerando però che molte composizioni sono presenti in due o più fonti. Quasi tutto il repertorio da camera di Sammartini oggi reperibile a Praga appartiene a questo fondo e per alcune composizioni il manoscritto della collezione Waldstein rappresenta l'unica fonte. Si tratta di un nutrito patrimonio: 38 trii per due violini e basso; 7 quartetti per flauto, due violini e basso; 1 notturno per flauto, violino e basso; alcune composizioni per cembalo. L'abbondanza di sonate a tre, per due violini e basso, di non difficile esecuzione, in due soli tempi, fa pensare che questo fosse uno dei generi cameristici più apprezzati in casa

---

[65]. LANDON, H. C. Robbins. *The Symphonies of Joseph Haydn*, London, Universal Edition & Rockliff, 1955, p. 19.

[66]. Le iniziali E.W. compaiono anche nel frontespizio di 4 quartetti per flauto, due violini e basso (segnature: C 405, C 406, C 407, C 408).

Waldstein ed è rimarchevole il fatto che ben 36 brani su 38 rechino il titolo di 'Notturno': un'ulteriore testimonianza della ricorrenza di questo genere nell'ambito della produzione di Sammartini. L'importanza del fondo Waldstein si misura però soprattutto nel campo sinfonico, dove Sammartini è rappresentato con 34 sinfonie. Contando che sono oggi attribuite al musicista di Milano 68 sinfonie autentiche, la metà esatta di esse si trova nella collezione appartenuta al Conte Waldstein. Altre 19 sinfonie presenti nel fondo sono state inoltre catalogate dagli studiosi Jenkins e Churgin nella categoria delle opere dubbie[67]. La collezione Waldstein, che ospita anche un concertino per due oboi, 2 corni, 2 violini e basso, rappresenta quindi il più ingente fondo esistente di sinfonie di Sammartini: 32 lavori appartengono al periodo centrale della sua produzione, mentre solo 2 sinfonie risalgono al primo periodo.

Oltre al fondo Waldstein, la città di Praga ospita altre collezioni comprendenti brani di Sammartini, giunte al Museo Nazionale da monasteri, chiese e castelli privati dopo la seconda guerra mondiale: il fondo Pachta (dal nome del Conte Filip Pachta, morto intorno al 1760), la collezione Clam-Gallas (del conte boemo Christian Philipp Clam-Gallas), i fondi di Osek e dei Kreuzherren (Osek è il nome della località in cui sorge un monastero cistercense; quello dei Kreuzherren è il potente ordine religioso-militare dei Cavalieri della Croce con la Stella Rossa). Nel fondo Clam-Gallas è conservato un manoscritto del secondo Settecento di un quartetto in Do maggiore per flauto, violino, viola e basso con attribuzione «*Del Sig. Martini*» (segnatura: CZ-Pnm, XLII A 131).

Se il fondo Waldstein di Praga rappresenta la principale fonte di sinfonie di Sammartini scritte nel periodo centrale della sua produzione, la più considerevole concentrazione di sinfonie del primo periodo si trova nel Fonds Blancheton (patrocinato da Pierre Philibert de Blancheton nella prima metà del Settecento) conservato presso la Bibliothèque du Conservatoire di Parigi.

La musica di Sammartini conobbe grande popolarità anche nei paesi del Nord Europa; in particolare uomini d'affari e intenditori di musica svedesi acquistarono vaste quantità di musiche milanesi durante i loro viaggi nei paesi meridionali per poi allargare le proprie personali collezioni. La Statens Musikbibliotek di Stoccolma conserva oggi oltre sessanta lavori di Sammartini, molti in doppia copia: il più ingente fondo di manoscritti fra quelli inglobati dalla biblioteca di Stoccolma è la collezione appartenuta alla società letteraria Utile Dulci, fondata nel 1766 e donata negli anni Novanta del XVIII secolo all'Accademia Reale di Musica della capitale svedese[68].

Un esempio emblematico della trasmigrazione all'estero del repertorio milanese è rappresentato dall'archivio musicale del monastero benedettino di Einsiedeln, nella Svizzera

---

[67]. JENKINS, Newell - CHURGIN, Bathia. *Op. cit.* (vedi nota 35), pp. 223-259.

[68]. Un problema comune alle biblioteche dell'Europa settentrionale, riguardo ai compositori italiani del Settecento, è l'erronea attribuzione di gran parte delle numerose opere qui conservate. Svariate ragioni storiche concorrono a spiegare questo fenomeno: l'ignoranza e la superficialità, ma anche la deliberata creazione di falsi da parte di copisti e collezionisti.

tedesca. È qui conservato infatti un cospicuo fondo di musica vocale sacra composta dal Sammartini e da altri autori a lui vicini copiata per lo più in area milanese, ma sono anche presenti lavori cameristici e sinfonie. Il monastero di Einsiedeln era famoso nei secoli XVIII e XIX secolo per le esecuzioni di musica sacra che solennizzavano le funzioni liturgiche; la disponibilità di un fondo musicale fornito e sempre aggiornato rappresentava dunque per i monaci svizzeri una fondamentale esigenza. Le vie attraverso cui un così ingente patrimonio di manoscritti milanesi giunse nell'archivio della cappella e quindi nella biblioteca musicale dell'abbazia sono essenzialmente due: in primo luogo esisteva a Bellinzona una scuola alle dirette dipendenze dell'abbazia di Einsiedeln che intratteneva stretti contatti con Milano e che con ogni probabilità ospitò inizialmente parte della raccolta musicale dei benedettini; inoltre padre Marian Müller von Aesch (1724 - 1780), abate di Einsiedeln dal 1773 alla morte, studiò composizione a Milano negli anni Cinquanta con Giuseppe Paladino, probabilmente conobbe Sammartini e si premurò di ricercare composizioni dei principali maestri occupati nelle chiese milanesi.

Di grande interesse è il patrimonio manoscritto conservato presso la Badische Landesbibliothek di Karlsruhe. Questa biblioteca è assai ricca di musiche composte da Giovanni Battista Sammartini, possiede tre manoscritti autografi datati ottobre 1750 (concertini per flauto, due violini e basso) e numerose copie eseguite da mano milanese, ma soprattutto detiene un vasto fondo di musiche strumentali di Sammartini: 13 sinfonie, 2 concerti, 2 concertini, una larga messe di musica da camera ed una sola aria vocale. Sappiamo inoltre che tra le musiche andate perse erano comprese 5 sinfonie e un'aria dall'opera *L'Agrippina*. Esistono, conservati nella biblioteca di Karlsruhe, 5 cataloghi manoscritti della collezione; 4 di essi sono cataloghi tematici e documentano un cospicuo numero di composizioni di Sammartini ora perdute. Uno di questi cataloghi fu vergato da J. M. Molter, Kapellmeister a Karlsruhe dal 1722 al 1733 e ancora dal 1743 al 1765; il suo catalogo è collocabile probabilmente intorno agli anni 1755 - 1762. In questi inventari sono elencati numerosi lavori, per lo più composizioni di musica sacra, composti da autori milanesi contemporanei di Sammartini; è quindi lecito supporre che esistesse intorno alla metà del Settecento un legame molto stretto tra Milano e Karlsruhe. Particolarmente degno di nota è il fatto che la biblioteca di Karlsruhe conserva un rilevante numero di composizioni di Giovanni Battista Sammartini destinate al flauto. Come si è potuto accertare, appartengono a questo fondo 10 dei 13 quartetti per flauto, due violini e basso composti da Sammartini. Sono inoltre conservati presso la biblioteca di Karlsruhe 2 concerti per flauto solo; 2 concertini, di cui uno per due flauti, due corni, due trombe e basso e l'altro per due flauti, due corni, due violini e basso; una partita per flauto, violino, viola e basso; un concerto per flauto solo di dubbia attribuzione. La presenza di un così cospicuo gruppo di musiche per flauto non può essere casuale, ma fa presumere che esistesse a Karlsruhe una committenza interessata in modo speciale al repertorio flautistico. In Germania alla metà del Settecento la musica per flauto conobbe un momento particolarmente felice grazie all'attività compositiva e teorica di J. J. Quantz e alla preferenza che lo stesso Federico il Grande, Re di Prussia, accordò al flauto traverso.

In Italia non sono presenti fondi di musiche di Sammartini paragonabili per mole ed importanza alle collezioni straniere finora menzionate e non vi è conservato alcun autografo del musicista. Rispetto alla collocazione delle fonti, Milano detiene però il primato di città con il maggior numero di notturni e sonate notturne composti da Sammartini, poiché le biblioteche locali ospitano i manoscritti di ben 68 composizioni recanti tale intitolazione. Se la città natale di Sammartini non ha conservato nulla della sua produzione sinfonica, sotto il profilo della musica da camera e dei notturni in particolare si presenta quindi assai meno povera. L'unica raccolta italiana che meriti di essere ricordata è il fondo Noseda ospitato dalla Biblioteca del Conservatorio di Milano. La conquista della città di Milano da parte di Napoleone Bonaparte nel 1796 contribuì sicuramente alla dispersione di molti manoscritti del Sammartini e al trasferimento di numerose fonti a Parigi. I nobili milanesi dilettanti di musica, che costituivano lo strato sociale ideale per la diffusione delle composizioni di Sammartini e per la riuscita delle sue iniziative musicali, nel Settecento furono spesso promotori di ingenti collezioni musicali private. Queste biblioteche personali erano costantemente aggiornate con le ultime novità e spesso arricchite da raccolte di strumenti pregiati; esse rappresentavano la fonte primaria dalla quale attingere brani per le esecuzioni nei salotti e nei giardini delle ville aristocratiche. Molte di queste collezioni furono smarrite in seguito all'estinzione della famiglia nobiliare che le aveva patrocinate, ma la causa più evidente di dispersione fu il progressivo esaurimento della tradizione dei concerti privati. Molte raccolte musicali nobiliari vennero cedute, smembrate, spesso finirono all'estero. I fondi donati alla Biblioteca del Conservatorio di Milano sono oggi molto difficili da identificare, perché ne sono stati persi i cataloghi e le composizioni sono state sciolte ed ordinate alfabeticamente insieme al repertorio della biblioteca. Il fondo raccolto nell'Ottocento da Gustavo Noseda contiene un vasto numero di composizioni cameristiche di Sammartini: per l'esattezza 23 sonate e 55 notturni per due violini e basso. Sono rappresentati nella raccolta anche altri autori milanesi contemporanei di Sammartini come Melchiorre Chiesa, Giovanni Battista Lampugnani, Carlo Monza jr., Gaetano Piazza.

Va inoltre menzionata la collezione, tuttora privata, del conte Federico Ricardi di Netro di Udine. Si tratta di un vasto fondo di musica da camera del diciottesimo secolo, particolarmente ricco di brani destinati al flauto, contenente numerosi manoscritti di brani cameristici composti da Sammartini, tra cui 1 notturno per flauto, violino e basso (Mus. 83), 1 notturno per due flauti e basso (Ms. 88), 1 sonata (Ms. 89) e 1 trio (Ms. 90) per due flauti e basso.

Degno di menzione è infine il fondo Giedde della Biblioteca Reale di Copenaghen, il cui fautore fu Werner Hans Rudolph Rosenkrantz Giedde (1756 - 1816), un membro della corte danese nonché flautista, probabilmente impiegato come Paggio di Camera e compositore dilettante egli stesso. Si tratta di una vasta collezione comprendente per lo più musica per flauto della seconda metà del Settecento. Essa contiene due soli manoscritti di Giovanni Battista Sammartini (notturni per flauto solo), ma è di grande interesse la scelta pressoché esclusiva del repertorio flautistico presente.

Merkmale der Konzertsatzform
in der späten Kompositionsphase G. B. Sammartinis

Ada Beate Gehann
(Tübingen)

Überlieferte Konzerte

DIE ZENTRALE STELLUNG IN Giovanni Battista Sammartinis Instrumentalschaffen nehmen zweifellos die Sinfonien, von denen heute 67 als authentisch betrachtet werden können, und die Kammermusikwerke ein[1]. Aber auch das Konzert, das seit der Frühphase zu Sammartinis kompositorischem Schaffen gehört, hat, wie langsam deutlicher wird, eine weit größere Bedeutung gehabt, als zunächst angenommen werden konnte. Zu den elf als echt genannten Konzerten im Sammartini-Werkverzeichnis von Jenkins und Churgin[2] kommen hinzu: ein Konzert-Fragment für Violine in D in der Klosterbibliothek der Benediktinerinnen-Abtei St. Andreas in Sarnen[3] sowie acht weitere (oder zumindest fünf, siehe weiter unten) erst vor wenigen Jahren aufgefundene Werke, je vier im Staatsarchiv in Wolfenbüttel[4] und in der Bischöflichen Zentralbibliothek

---

[1]. Siehe *Giovanni Battista Sammartini: Ten Symphonies*, edited by Bathia Churgin, New York-London, Garland, 1984 (The Symphony 1720-1840, a comprehensive collection of full scores in 60 vols., edited by Barry S. Brook and Barbara B. Heyman, series A/II), S. xvi.

[2]. JENKINS, Newell - CHURGIN, Bathia. *Thematic Catalogue of the Works of Giovanni Battista Sammartini: Orchestral and Vocal Music*, Cambridge (MA), Harvard University Press, 1976, S. 95-101.

[3]. Das Konzert wurde zuerst registriert in: *RISM Serie A/II: Musikhandschriften 1600-1800*, Mikrofiche 1, Stand 1983 (siehe *RISM Serie A/II: Musikhandschriften nach 1600, Thematischer Katalog auf CD-ROM*, München, K. G. Saur, 1995—, RISM A/II: 400.006.991). Von diesem Werk sind nur die Außenstimmen, Violino principale und Violoncello, erhalten. Violino principale ist unvollständig, im Anfangssatz fehlt er ab dem 2. Takt des dritten Ritornells bis zum Satzende und im langsamen Satz im ersten Ritornell und ersten Solo (bis einschließlich Takt 2 des zweiten Ritornells), siehe GEHANN, Ada Beate. *Giovanni Battista Sammartini. Die Konzerte*, Frankfurt am Main, Peter Lang (Europäische Hochschulschriften, Reihe XXXVI, Bd. 143), 1995, S. 319.

[4]. KINDLER, Klaus. *Findbuch zum Bestand Musikalien des herzoglichen Theaters in Braunschweig 18.-19. Jh.* (46 Alt), Wolfenbüttel, Selbstverlag des Niedersächsischen Staatsarchivs, 1990 (Veröffentlichungen der Niedersächsischen Archivverwaltung. Inventare und kleinere Schriften des Staatsarchivs in Wolfenbüttel, 5), S. 91-94. Auf diesen bedeutenden Fund hat Prof. Eugene K. Wolf die Sammartini-Forschung aufmerksam gemacht; die Autorin erhielt den Hinweis auf die Konzerte vor etlichen Jahren von Prof. Bathia Churgin.

Regensburg[5]. Bei den Regensburger Konzerten handelt es sich um zwei bislang unbekannte Violinkonzerte in G und A sowie um die bei Jenkins und Churgin, *Thematic Catalogue*, S. 199f., als verloren registrierten Konzerte in G und B, J-C C-8 bzw. C-9, beide für Solovioline. Die Manuskripte sind Mailänder Stimmenabschriften aus dem 18. Jahrhundert; das Konzert in B stammt von Schreiber «Hand B»[6]. Carl Proske, Kanonikus am Kollegiatstift der Alten Kapelle in Regensburg, hat diese Werke aus Italien, wohin er zwischen 1834 und 1838 drei Forschungs- und Studienreisen unternahm, mitgebracht (siehe HABERKAMP, Gertraut - REUTTER, Jochen. *Sammlung Proske - a.a.O.*, siehe Anm. 5 -, S. xf.). Die Wolfenbütteler Werke, zwei Violinkonzerte in Es und A, eine *Sinfonia Concertata Con Violino Obligato* in B und ein *Concerto à più Stromenti* in Es, sind in Mailänder Partituren des 18. Jahrhunderts überliefert; die Violinkonzerte in Es und A sowie die *Sinfonia concertata* stammen von Schreiber «Hand D», im dritten Satz der Konzerte in Es und A sind autographe Einträge Sammartinis vorhanden. Die vier Konzerte sind wahrscheinlich 1766 von Erbprinz Carl Wilhelm Ferdinand von Braunschweig, der ein ausgezeichneter Geiger war, bei seinem Besuch in Mailand erworben worden (siehe KINDLER, Klaus. *Findbuch - a.a.O.*, siehe Anm. 4 -, S. x, 92[7]).

Fünfzehn der insgesamt zwanzig Konzerte sind – charakteristisch für das italienische Konzert des 18. Jahrhunderts – für Violine komponiert, zwei für Flöte, die übrigen drei, *Concerti a più strumenti (obbligati)*, für eine Gruppe von Instrumenten (zwei Violinen und zwei Oboen, J-C 73 – Ob. II nur im 2. Satz konzertant; vier Violinen, J-C 76; das Wolfenbütteler Konzert, J-C 73.2, für eine Violine und zwei Oboen – teilweise treten die Violen konzertant hervor).

Unter Berücksichtigung der in den letzten Jahren aufgefundenen Konzerte, die teilweise eine zeitlich genauere Einordnung früher bekannter Werke möglich machen, ergibt sich folgende Chronologie in Sammartinis Konzertschaffen – die Numerierung der im Thematischen Katalog von Jenkins und Churgin nicht verzeichneten Werke stammt von Prof. Bathia Churgin (Incipits siehe im Anhang dieses Aufsatzes)[8]:

---

[5]. HABERKAMP, Gertraut - REUTTER, Jochen. *Bischöfliche Zentralbibliothek Regensburg: Thematischer Katalog der Musikhandschriften*, 3 Bde., München, G. Henle, 1989-1990, Bd. 3: *Sammlung Proske, Mappenbibliothek* (Kataloge bayerischer Musiksammlungen, 14/3), S. 347f.

[6]. Zur Bezeichnung der Mailänder Schreiber siehe JENKINS, Newell - CHURGIN, Bathia. *Thematic Catalogue* (a.a.O., siehe Anm. 2), S. 24ff.

[7]. Kindlers Angaben basieren auf: POCKELS, Carl Friedrich. *Carl Wilhelm Ferdinand, Herzog zu Braunschweig und Lüneburg. Ein biographisches Gemälde dieses Fürsten*, Tübingen, 1809, siehe besonders S. 135-141 und 218-229. – Der Erbprinz könnte die Werke auch auf seiner Rückreise aus Italien, die Anfang 1767 nach Pockels Angaben erneut über Mailand führte (vgl. S. 228f.), erworben haben.

[8]. Stilistisch lassen sich in Sammartinis Schaffen drei größere Perioden ausmachen, die im wesentlichen die Hauptströmungen in der Musik der Zeit widerspiegeln: ca. 1724-1739 Frühphase, ca. 1740-1758 mittlere Periode, ca. 1759-1774 Spätphase, siehe JENKINS, Newell - CHURGIN, Bathia. *Thematic Catalogue* (a.a.O., siehe Anm. 2), S. 21. Die hier vorgenommene Gliederung faßt Werke mit verbindenden Merkmalen zusammen, sie stellt keine Neueinteilung von Sammartinis kompositorischem Schaffen dar.

Konzerte vor ca. 1730
Concerto für Violine oder Violoncello piccolo in C, J-C 69, ca. 1726-1730

Konzerte von ca. 1730-1755

a) ca. 1730-1739/1740

Concerto für Violine in A, J-C 77.1, um 1731-1735

Concerto für Violine in F, J-C 74, ca. 1735-1739 (Mitteilung von Prof. Bathia Churgin)[9]

Concerto für Violine in A, J-C 77, um 1738?

Concerto für Flöte in D, J-C 72, um 1739/1740

Concerto für Violine in G, J-C 75, um 1739/1740

b) ca. 1740-1755

Concerto für Violine in G, J-C App. D-82.1, ca. 1740-1745

Concerto für Flöte in D, J-C 71-Version B, um 1745-1748[10], J-C 71-Version A, um 1750-1753[11]

Concerto für Violine in G, J-C App. D-81.2 (früher J-C App. C-8), ca. 1745-um 1750

Concerto für Violine in A, J-C App. D-84.1, um 1750-1754

Concerto a più strumenti obbligati in Es, J-C 73, gedruckt ca. 1756 (ca. 1750-1755)

---

[9]. Von diesem Konzert ist ein neues Manuskript in Agen bekannt geworden, anonym und ohne Überschrift, Violino principale fehlt, nur die Orchesterstimmen sind vorhanden, siehe MAILLARD, Jean-Christophe. *Bibliothèque musicale des ducs d'Aiguillon*, Agen, Patrimoine musical régional, 1999 (Archives départementales de Lot-et-Garonne), S. 153 (Nr. 735) und *RISM Serie A/II: Musikhandschriften nach 1600*, CD-ROM (*a.a.O.*, siehe Anm. 3), RISM A/II: 840.002.992.

[10]. Das Incipit des Konzertes ist in der Landesbibliothek Mecklenburg-Vorpommern im sogenannten «Blauen Katalog» eines noch nicht identifizierten Schreibers mit dem Titel *Catalogus derjenigen Musicalien so ich an den hochfürstl. Hoff nach Schwerin geliefert habe* (auf blauem Umschlag) verzeichnet. Der *Catalogus* dürfte nicht vor ca. 1750 geschrieben worden sein, da einige der nach Schwerin geschickten Werke die Datierungen 1748/1749 aufweisen. Für diese Informationen danke ich Herrn Raimund Jedeck von der Landesbibliothek Mecklenburg-Vorpommern in Schwerin. – Da 1756 Schwerin als herzogliche Residenz durch Ludwigslust abgelöst wurde, dürfte der *Catalogus* ca. 1750-1755 entstanden sein.

[11]. Seit November 1750 stand Sammartini mit dem Markgrafen Carl Friedrich von Baden-Durlach, der selbst ein begeisterter Flötenspieler war, in persönlicher Verbindung und schickte Abschriften seiner Werke nach Karlsruhe; dazu gehörte auch Version A des Flötenkonzertes. Diesen Hinweis erhielt die Verfasserin vor etlichen Jahren von Dr. Klaus Häfner, ehem. Leiter des Fachbereichs Musik an der Badischen Landesbibliothek (siehe auch HÄFNER, Klaus. *Der badische Hofkapellmeister Johann Melchior Molter (1696-1765) in seiner Zeit: Dokumente und Bilder zu Leben und Werk (mit einem Beitrag von Rainer Fürst); eine Ausstellung der Badischen Landesbibliothek Karlsruhe zum 300. Geburtstag des Komponisten*, hrsg. von der Badischen Landesbibliothek Karlsruhe, Karlsruhe, Badische Landesbibliothek, 1996, S. 361-364). Johann Melchior Molter, viele Jahre Hofkapellmeister in Karlsruhe, hat das Werk in seinen *Catalogus*, einem handschriftlichen Verzeichnis der Karlsruher Hofmusikalien, aufgenommen; der *Catalogus* dürfte frühestens 1755 angelegt worden sein, IDEM, *Molter - siehe oben -*, S. 200f. (Nr. 142) und 367 (Nr. 135).

Konzerte nach ca. 1755

a) ca. 1755-1760
   Concerto für Violine in D/Fragment, J-C 72.1, ca. 1755-1758
   Concerto für Violine in B, J-C 78.1 (früher J-C App. C-9), ca. 1757-1760 (vor 1762)
b) ca. 1761-1766
   Concerto für Violine in Es, J-C 73.1, November 1762
   Concerto a più strumenti obbligati in A, J-C 76, ca. 1761-1764
   Concerto für Violine in A, J-C 77.2, November 1764
   Concerto für Violine in D, J-C 70, gedruckt 1766 (ca. 1765)
   Concerto für Violine in B, J-C 78, gedruckt 1766 (ca. 1765)
   Sinfonia concertata für Violine in B, J-C 78.2, ca. 1765/1766
   Concerto a più strumenti in Es, J-C 73.2, wohl nicht vor 1766 (nach 1766?)[12]

Von ca. 1767-1774(/1775) sind von Sammartini bislang keine Konzerte (für ein Soloinstrument) bekannt[13].

Die Authentizität der in Mailänder Manuskripten G. B. Sammartini zugeschriebenen Violinkonzerte aus Regensburg – G-Dur/J-C D-82.1, G-Dur/J-C D-81.2 (früher J-C

---

[12]. Eine spätere Entstehung ist denkbar, da das Werk Merkmale aufweist, die in den erhaltenen Sinfonien aus der Zeit um 1770 auftreten. Das Interesse des Erbprinzen Carl Wilhelm Ferdinand von Braunschweig an italienischen Kompositionen seiner Zeit blieb auch nach seiner Rückkehr 1766/1767 aus Italien bestehen. Dies geht aus einem Brief vom 20. April 1769 an den englischen Gesandten in Neapel, Sir William Hamilton, hervor: «S'il paroit quelques choses de beau en Musique, je Vous prie de me le faire parvenir [...]». Dem Niedersächsischen Staatsarchiv in Wolfenbüttel dankt die Autorin für die Einsichtgewährung in das Original. Siehe auch den Hinweis bei KLEINAU, Hermann. *Findbuch zum Bestand Briefe des 16.-20. Jahrhunderts (298 N)*, 2 Bde., Göttingen, Vandenhoeck & Ruprecht, 1983 (Inventare und kleinere Schriften des Staatsarchivs in Wolfenbüttel, 3), Bd. 1, S. 271, Nr. 565 und Anm. 2 (Originale in 5 N 31, Abschriften in 298 N 565).

[13]. Sechs der obengenannten Konzerte sind in Immanuel Breitkopfs Katalog von 1762 angezeigt: J-C 69, 73, 74, 75 sowie die beiden Regensburger Konzerte in G und B J-C App. D-81.2 bzw. J-C 78.1, siehe *The Breitkopf Thematic Catalogue. The Six Parts and Sixteen Supplements. 1762-1787*, edited by Barry S. Brook, New York, Dover Publications, 1966, S. 67(35). – Die vier Konzerte J-C 69 und 73-75 überliefert die Musikabteilung der Staatsbibliothek zu Berlin – Preußischer Kulturbesitz. Alle Manuskripte tragen links oben auf dem Titelblatt die Numerierung des Breitkopf-Katalogs (R I. 1., R I. 2. etc.); die durchgehende Numerierung (No. 1, No. 2 etc.) und die Angaben zu den vorhandenen Bogen (bgn. = Bogen) auf den Titelblättern rechts oben dürften ebenfalls bei Breitkopf erfolgt sein (siehe dazu Breitkopfs *Nacherinnerung* zur Parte I^{ma} seines *Catalogo*, S. 32). Die Berliner Manuskripte haben wohl 1762 zu Breitkopfs Musikalienlager gehört, Näheres siehe *Giovanni Battista Sammartini. Four Concertos*, edited by Ada Beate Gehann, Middleton (WI), A-R Editions, 2002 (Recent Researches in the Music of the Classical Era, 67, general editor Eugene K. Wolf), S. 159. – Die Konzerte J-C 74 und J-C App. D-81.2 sind auch in dem handschriftlichen, ca. 1752-1769 datierten *Inventario per la musica* der Grafschaft von Pirnitz (Brtnice) verzeichnet, siehe JENKINS, Newell - CHURGIN, Bathia. *Thematic Catalogue* (a.a.O., siehe Anm. 2), S. 40, 99, 199f.; irrtümlich Antonio Vivaldi zugeschrieben ist das Konzert J-C 74 im «Blauen Katalog» in Schwerin (vgl. Anm. 10). Näheres zu den Konzert-Drucken des 18. Jahrhunderts siehe unter den entsprechenden Nummern des Sammartini-Werkverzeichnisses.

C-8), A-Dur/J-C D-84.1 – wird von Prof. Bathia Churgin aufgrund etlicher Stilmerkmale bezweifelt. Da alle drei Kompositionen spezifische Merkmale Sammartinischer Konzertsatzform haben und eine stilistische und formale Entwicklung des Solokonzertes bei Sammartini von ca. 1740 bis Anfang/Mitte der 1750er Jahre zeigen, neigt die Autorin dazu, die Werke als echt einzustufen; sie wurden deshalb in die obenstehende Chronologie aufgenommen[14].

Von den Werken unsicherer und wechselnder Zuschreibung aus dem Kapitel 'Doubtful and Spurious Works' des Thematischen Katalogs (S. 262ff.) tragen sechs Konzerte Merkmale, die auf Sammartinis Autorschaft hindeuten, für diese Werke fehlt jedoch bislang ein gesicherter Echtheitsnachweis[15]: Konzert für Violine in D/J-C D-79 (um 1750), Konzert für 2 Flöten in C/J-C D-75 (um 1730)[16], Konzert für Flöte in G/J-C D-83 (um 1735-1739; vor 1748), Konzert für Oboe in G/J-C D-82 (ca. 1740-1745), Konzert für 2 Oboen in D/J-C D-77 (um 1720-1725)[17] und Konzert für 2 Hörner in G/J-C D-84 (aufgrund der beiden Violen wohl nach ca. 1765/1766, siehe dazu weiter unten).

---

[14]. Nimmt man diese Werke und das Konzert J-C D-79 (siehe dazu die nachfolgenden Ausführungen), das möglicherweise um 1750 entstanden ist, aus der Gruppe der authentischen Werke heraus, so sind von Sammartini zwischen Konzert J-C 75, um 1739/1740, und dem in Sarnen aufbewahrten Konzert J-C 72.1, ca. 1755-1758, also über einen Zeitraum von rund 15 Jahren, keine Violinkonzerte überliefert.

[15]. Zu den folgenden Mitteilungen siehe auch GEHANN, Ada B. *Giovanni Battista Sammartini. Die Konzerte* (a.a.O., siehe Anm. 3), S. 200ff.

[16]. Von diesem Werk ist ein weiteres Manuskript in Härnösand, Länsmuseet Västernorrland, bekannt geworden, siehe *Sammartini e il suo tempo. Fonti manoscritte e stampate della musica a Milano nel Settecento*, a cura di Marco Brusa e Attilio Rossi, Roma, CIDIM - Società Italiana di Musicologia, 1997 (supplemento a *Fonti Musicali Italiane*, 1/1996), S. 105 (Nr. 1381) und *RISM Serie A/II: Musikhandschriften nach 1600*, CD-ROM (a.a.O., siehe Anm. 3), RISM A/II: 190.007.032. Das Manuskript mit der Überschrift *Concerto / A ----5 / Flauto Traverso Primo / Flauto Traverso Secundo / Violino Primo / Violino Secondo / et / Basso / del Singr: Martino* findet sich in der «Högre Allmänna Läroverkets i Härnösand musikaliesamling» I1 A. Der in Südschweden geborene Kopist Carl Nyhrén (1726-1789) war Pfarrer und hat sein ganzes Leben Musikalien gesammelt und abgeschrieben. Für diese Informationen danke ich Herrn Inger Stenman, Länsmuseet Västernorrland. – Das Werk dürfte aufgrund einiger barocker Merkmale relativ früh entstanden sein, die Datierung *Malmö 1752* auf der Titelseite bezieht sich offenbar auf das Jahr der Abschrift. Die vielen kleinen Varianten zwischen beiden in Schweden überlieferten Handschriften dieses Konzertes deuten auf verschiedene Vorlagen hin, eine gemeinsame Urschrift ist jedoch nicht auszuschließen.

[17]. Da über Giovanni Battistas Konzertschaffen in den 1720er Jahren aufgrund der spärlichen Überlieferung noch wenig bekannt ist und als Komponist auch sein älterer Bruder Giuseppe in Frage kommt, könnte ein eingehender Vergleich mit Giuseppe Sammartinis Konzerten zur Klärung der Autorschaft dieses Werkes beitragen. Nach neueren Erkenntnissen sind Giovanni Battista und Giuseppe Sammartini 1717 im Kirchenorchester von S. Celso in Mailand als Oboisten aufgetreten, und 1720 werden die «fratelli Martini» in dieser Funktion im Orchester des Regio Ducal Teatro genannt, siehe CHURGIN, Bathia. 'Sammartini, Giovanni Battista', in: *The New Grove Dictionary of Music and Musicians*, Second edition, edited by Stanley Sadie, 29 vols., London, Macmillan, 2001, Bd. 22, S. 209-215: 209. Möglicherweise war das Konzert zum gemeinsamen Musizieren bestimmt.

Das Konzert für «Violino Solo» J-C D-76 ist in der Sächsischen Landesbibliothek – Staats- und Universitätsbibliothek Dresden (*SLUB*) als *Concerto / ad Oboe Solo / con Violini. / Del Sig: Giuseppe San Martini* überliefert[18], das Flötenkonzert J-C D-81 zeigt auffallende Parallelen mit Konzerten Antoine Mahauts in der Badischen Landesbibliothek Karlsruhe und dürfte mit einiger Sicherheit von diesem Komponisten stammen. Die Konzerte für Violine, J-C D-80, und Flöte, J-C D-78, können stilistisch nicht G. B. Sammartini zugeordnet werden; Parallelen mit J-C D-76 deuten darauf hin, daß J-C D-80 (ursprünglich wohl ebenfalls ein Oboenkonzert) eine Komposition Giuseppe Sammartinis ist, J-C D-78, formal und stilistisch von beiden Werken abweichend, stammt vermutlich auch nicht von diesem Komponisten. Die vier im Thematischen Katalog als Verlust aufgeführten Werke J-C C-10 sind handschriftliche Partituren der Konzerte J-C 69, 73-75, die «auf der Kgl. Bibl. Berlin 1863» angefertigt wurden[19].

Das von Ingo Gronefeld erwähnte «Concerto» in A für *2: Flauti / 2: Violini / Basso* von «St: Martini» muß als verloren gelten[20]. Zwei weitere Konzerte von «Martini», ein Oboenkonzert in G-Dur und ein Flötenkonzert in B-Dur, sind in Dresden, *SLUB*, überliefert (Mus. 2763-O-1 bzw. Mus. 2763-O-4)[21]. Das Flötenkonzert, ein viersätziges,

---

[18]. Das Werk liegt in drei verschiedenen Quellen vor, die aus Pisendels Besitz kommen. Die Stimmenabschrift Mus. 2763-O-2a, oberitalienisch, vermutlich mailändisch, bildete die Vorlage für die Partitur Mus. 2763-O-2,1, die entgegen früheren Informationen (GEHANN, Ada B. *Giovanni Battista Sammartini. Die Konzerte* - a.a.O., siehe Anm. 3 -, S. 293) nicht von Pisendel stammt, sondern von einem bislang unbekannten Schreiber (Monogramm 'K', 'JK' oder 'JL'), aufgrund seines Schreibstils möglicherweise Musiker. Die zweite Partitur, Mus. 2763-O-2,2, von der Hand des Dresdner Schreibers C, vermutlich ein Pisendel-Schüler, ist eine Abschrift von Mus. 2763-O-2,1. – In zwei von diesen Schreibern angefertigten Partituren ist auch ein viersätziges Werk in Es überliefert, *Sonata ad Oboe Solo con V.V. del Sig: San Martini*, das Giuseppe Sammartini zugeordnet wird und in moderner Ausgabe zugänglich ist (*Giuseppe San Martini. Konzert Es-dur für Oboe, Streicher und Basso continuo*, hrsg. und bearbeitet von Hermann Töttcher, Hamburg, Hans Sikorski, 1968, Ed. Nr. 243); die Manuskripte, Mus. 2763-O-3,2 bzw. Mus. 2763-O-3,1 (letzteres von Schreiber C), kommen ebenfalls aus Pisendels Besitz. – Beide Werke dürften früh, vor Giuseppe Sammartinis Londoner Zeit, entstanden sein. Für die Informationen, die zur Klärung der Schreiber dieser Handschriften beigetragen haben, danke ich Dr. Ortrun Landmann, *RISM* Dresden.

[19]. Siehe GEHANN, Ada B. *Giovanni Battista Sammartini. Die Konzerte* (a.a.O., siehe Anm. 3), S. 5f.

[20]. GRONEFELD, Ingo. *Die Flötenkonzerte bis 1850. Ein thematisches Verzeichnis*, 3 Bde., 1 Supplementband, Tutzing, Hans Schneider, 1992-1995, Bd. 3, S. 75, KatGro 2220 - A; siehe J-C App. C-8.1 im Anhang dieses Aufsatzes. – Seit 1966 liegt in der Universitäts- und Landesbibliothek Münster als Leihgabe die «Fürstlich zu Bentheim-Tecklenburgische Musikbibliothek Rheda», aufgebaut im 18. Jahrhundert durch die damaligen Reichsgrafen zu Bentheim-Tecklenburg, anfangs auf Schloß Hohenlimburg. Das Incipit dieses Konzertes überliefert der handschriftliche *Catalogus musicus*, der ab 1750, mit Nachträgen bis 1768, unter der Leitung des «Directore musices» Johann Martin Dömming in (Hohen-)Limburg erstellt worden ist. Die Komposition ist in der Sammlung Rheda (Hohenlimburg) nicht erhalten. Diese Mitteilungen verdankt die Autorin Dr. Albert Ernst (†), Bibliotheksdirektor.

[21]. Die Konzerte kommen aus Pisendels Besitz. Die Stimmensätze des Oboenkonzertes stammen vom Dresdner Schreiber A, Überschrift auf dem Titelblatt, *Concèrt / a / Hautb Conc. / 2 Violini / Viola / e / Basso / del Sig.ᵉ / Martini*, und Stimmenbezeichnungen sind von Pisendel. Die Abschrift dürfte aufgrund

stilistisch und formal von G. B. Sammartinis Konzerten abweichendes Werk, stammt möglicherweise von Giuseppe Sammartini (von Giovanni Battista sind keine viersätzigen Konzerte überliefert)[22], ebenso das Oboenkonzert, ein frühes, vermutlich in den 1720er Jahren komponiertes Werk, aufgrund seiner für das Barockkonzert kennzeichnenden Merkmale (die Komposition zeigt allerdings auch einige Merkmale, die für G. B. Sammartinis Konzerte kennzeichnend werden).

Durch die Konzertfunde der letzten Jahre sind von Sammartini aus der Zeit nach ca. 1755 insgesamt sieben Violinkonzerte und zwei Ensemble-Konzerte, *Concerti a più strumenti (obbligati)*, vorhanden, die ein neues Licht auf das späte Konzertschaffen, insbesondere aus der ersten Hälfte der 1760er Jahre, werfen – zwei Konzerte dieser Gruppe, J-C 72.1 und J-C 78.1, dürften dem Ende der mittleren bzw. dem Beginn der späten Schaffensperiode entstammen. Im Mittelpunkt dieses Aufsatzes sollen jene Konzertsätze stehen, die in Ritornellform komponiert sind; sie liegt fast allen Sammartinischen Konzertsätzen zugrunde. Die Exemplifizierungen erfolgen anhand der beiden in Wolfenbüttel überlieferten Violinkonzerte in Es und A, J-C 73.1 bzw. J-C 77.2, die zusammen mit zwei Werken der frühen und mittleren Periode, J-C 74 und J-C 71-Version A/B, in einer textkritischen Edition dem Leser zur Verfügung stehen[23]. Die Datierungen «mese di 9bre 1762» bzw. «Mese di 9bre 1764» auf den Titelblättern der beiden Manuskripte stammen von Sammartinis Hand. Seitenblicke insbesondere auf die Violinkonzerte Haydns, die in den 1760er Jahren, also ungefähr zeitgleich bzw. nur kurze Zeit später, entstanden sein dürften[24], und die im folgenden Jahrzehnt, 1773 und 1775, komponierten Violinkonzerte Mozarts[25] sollen etliche Parallelen und Abweichungen der Konzertsatzform bei diesen Komponisten, wie sie sich aus dem Blickwinkel des Sammartinischen Konzertes darstellen, aufzeigen.

---

des Schreibstils von Schreiber A früh, um 1730(-1735), erfolgt sein; die französische Bezeichnung «Hautb», die Pisendel in späterer Zeit nicht mehr verwendet hat, spricht ebenfalls für eine frühe Abschrift. Das Flötenkonzert ist in einer «Studienpartitur» überliefert, die Pisendel selbst, relativ spät (nicht vor 1740), in sehr gedrängter, flüssiger Schrift geschrieben hat. Für diese wertvollen Hinweise danke ich Dr. Ortrun Landmann, *RISM* Dresden.

[22]. Incipits siehe in GRONEFELD, Ingo. *Flötenkonzerte* (a.a.O., siehe Anm. 20), Bd. 3, S. 86, KatGro 2151 - B.

[23]. *Giovanni Battista Sammartini. Four Concertos* (a.a.O., siehe Anm. 13).

[24]. *Joseph Haydn. Konzerte für Violine und Orchester*, hrsg. von Heinz Lohmann und Günter Thomas, München, G. Henle, 1969 (Joseph Haydn. Werke, hrsg. vom Joseph Haydn-Institut, Köln unter der Leitung von Georg Feder, Reihe III, Band 1). Enthält Konzert in C/Hob. VIIa:1, um 1761-1765, Konzert in A/Hob. VIIa:3, um 1765-1770, Konzert in G/Hob. VIIa:4, spätestens 1769. Zur hier angegebenen Datierung siehe FINSCHER, Ludwig. *Joseph Haydn und seine Zeit*, Laaber, Laaber-Verlag, 2000 (Große Komponisten und ihre Zeit), S. 528.

[25]. *Wolfgang Amadeus Mozart. Violinkonzerte und Einzelsätze*, hrsg. von Christoph-Hellmut Mahling, Kassel [...], Bärenreiter, 1983 (Neue Ausgabe sämtlicher Werke, Serie V, Werkgruppe 14, Band 1). Enthält Konzert in B/KV 207, Konzert in D/KV 211, Konzert in G/KV 216, Konzert in D/KV 218, Konzert in A/KV 219 – in der Reihenfolge Frühjahr 1773, 14. Juni, 12. September, Oktober, 20. Dezember 1775. Zur Datierung siehe *Vorwort*, S. XI.

Ada Beate Gehann

Bemerkungen zur Form

Sammartinis Konzerte haben seit der Frühphase drei Sätze in der Folge schnell–langsam–schnell; zweisätzig sind die *Concerti a più strumenti (obbligati)*. Sämtliche Konzerte stehen in Durtonarten, in den langsamen Sätzen wird (vermutlich seit Mitte/Ende der 1730er Jahre) die Tonart der IV. Stufe bevorzugt; in den nach ca. 1755 komponierten Konzerten scheinen Subdominant- und Dominanttonart gleichberechtigt zu sein[26]. Wohl seit den frühen 30er Jahren sind alle drei Sätze in Ritornellform gehalten – in Konzert J-C 69, das in der zweiten Hälfte der 1720er Jahre entstanden sein dürfte, haben, wie im Barockkonzert, nur die Außensätze Ritornellform. In den zweisätzigen Ensemble-Konzerten erhält der Anfangssatz Ritornellform. In raschen wie in langsamen Sätzen umrahmen vier oder drei Ritornelle drei bzw. zwei solistische Teile[27]; die Anlage mit drei Ritornellen und zwei Soloteilen kommt in den Werken von ca. 1755-1766 nicht mehr vor.

Formal sind in den 1760er Jahren gegenüber früheren Werken etliche Neuerungen zu verzeichnen: Mischformen entstehen, als Schlußsatz tritt das Rondo auf. Im ersten Satz der *Sinfonia concertata* verschmelzen Ritornell I und Solo I nach dem Vorbild einer Sinfonia-Exposition zu einem großen, von der Tonika zur Dominante modulierenden Formteil, der am Ende des Satzes als Reprise wiederkehrt. Dazwischen bilden wie im Konzert Ritornell II und Solo II zwei selbständige Formteile. Der langsame Satz hat Ritornellform (und Sonatensatzform), wobei die Ritornelle sehr kurz ausfallen. Der dritte Satz ist ein «*Rondò*», Presto, im 3/4-Takt in der Form A- :||: B-A' :||: C- :||: D :||: A-B-A' :||: E- :||: F-E' :||: A-B-A'; der zweite Satz des Ensemble-Konzertes J-C 73.2, *Spiritoso assai*, 3/4-Takt, erhält die Form A- :||: B-A' :||: C- :||: D-C' :||: A-B-A'[28]. Ein *Rondo spiritoso* im 3/4-Takt als zweiten Satz weist das Ensemble-Konzert J-C 76 auf[29]. Das 1766 gedruckte Konzert J-C 70 hat in allen drei Sätzen keine Ritornellform, sondern folgt im Aufbau einer dreisätzigen Sinfonia – ein weiteres Konzert dieses Typs, J-C 77, ist aus Sammartinis früher Schaffensperiode überliefert (in J-C D-75 hat der 1. Satz Ritornellform, 2. und 3. Satz haben wie in den Sinfonien zwei Teile, die zu wiederholen

---

[26]. Subdominante: J-C 70, J-C 77.2, J-C 78, J-C 78.1. Dominante: J-C 72.1, J-C 73.1, J-C 78.2 (J-C D-84). – Langsame Sätze in Moll kommen nur in frühen Werken vor (Tonikaparallele in J-C 69, Mollvariante in J-C 77).

[27]. Beide Formmodelle sind schon in den Außensätzen des frühen Konzertes J-C 69 nachzuweisen. Das in Vivaldis Konzerten häufig vorkommende Modell 5 Ritornelle/4 Soloteile findet man nur in den Außensätzen des Oboenkonzertes J-C D-82, siehe Gehann, Ada B. *Giovanni Battista Sammartini. Die Konzerte* (a.a.O., siehe Anm. 3), S. 252ff.

[28]. Der Schlußteil A-B-A' ist in den Partituren in beiden Sätzen nicht ausgeschrieben, sondern wird durch die Vorschrift «Da capo il primo Minuetto senza Ritornelli» angezeigt.

[29]. Zum 2. Satz der Ensemble-Konzerte J-C 76 und J-C 73 siehe Gehann, Ada B. *Giovanni Battista Sammartini. Die Konzerte* (a.a.O., siehe Anm. 3), S. 147ff.

sind)[30]. Einwirkungen aus der Sinfonia zeigt auch das «Sinfonia» überschriebene Konzert für zwei Hörner J-C D-84, für dessen Authentizität kein gesicherter Nachweis vorliegt. Die Außensätze haben Ritornellform, der Mittelsatz folgt in seiner Zweiteiligkeit einem langsamen Sinfonia-Satz. Umgekehrt scheint um die Mitte der 1760er Jahre auch die Sinfonia vom Konzert beeinflußt worden zu sein. Sinfonie J-C 21 erhält eine Solovioline, die in den Außensätzen die erste Violine verdoppelt, im langsamen Satz jedoch mit eigenem Part hervortritt. Die bislang bekannten Werke deuten darauf hin, daß Sammartini den Streichersatz *a quattro* im Solokonzert erst in den 1760er Jahren um 2 Oboen und 2 Trompeten (J-C 77.2, J-C 78.2), 2 Hörner (J-C 78) oder 2 Oboen und 2 Hörner (J-C 70) erweitert (in Werken vor 1760 geht Sammartini nur im Ensemble-Konzert J-C 73 über den vierstimmigen Streichersatz hinaus); zwei Violen treten ebenfalls in den 1760er Jahren, vermutlich erst in der zweiten Hälfte, auf (J-C 73.2, J-C D-84)[31].

Das erste Ritornell[32]

Seit seiner frühen Kompositionsphase verwendet Sammartini in den Außensätzen seiner Konzerte einen Ritornelltypus, der, in Anlehnung an kleinere, aber auch an größere Formen der Zeit, aufgrund der Modulation zur Dominante zweiteilig gebaut ist. Im allgemeinen umfaßt der erste Hauptteil je einen Abschnitt im Tonikabereich (das Hauptthema[33]) und im Dominantbereich (Ausweitungen auf zwei Abschnitte in beiden Tonartbereichen sind möglich); er schließt mit Kadenz ($V^{5/3} \mid I^8$) in der Quinttonart. Der zweite Hauptteil beginnt mit einer Rückmodulation, die zur V. oder I. Stufe strebt, danach folgen ein bis zwei Abschnitte in der Tonika; mit einer regulären Kadenz in der Grundtonart

---

[30]. Chappell White erwähnt nicht bei der kurzen Beschreibung von J-C 70 den Einfluß der Sinfonia auf die Form des 1. und 2. Satzes, siehe WHITE, Chappell. *From Vivaldi to Viotti. A History of the Early Classical Violin Concerto*, Philadelphia [...], Gordon and Breach (Musicology, 11), 1992, S. 136; Näheres zu den Konzerten J-C 70, J-C 77 siehe GEHANN, Ada B. *Giovanni Battista Sammartini. Die Konzerte* (a.a.O., siehe Anm. 3), S. 141ff. – J-C 70 trägt auf dem Titelblatt des Londoner Drucks von 1766 (ebenso J-C 78) die Bezeichnung «Grand Concerto», wohl aufgrund der größeren Besetzung. Möglicherweise lautete die Bezeichnung von J-C 70 ursprünglich «Sinfonia concertata», so wie auf dem Titelblatt von J-C 78.2.

[31]. Zwei Violen haben auch die späten Pariser Sinfonien J-C 26/August 1772, J-C 28/Oktober 1768, J-C 31/Januar 1769, J-C 60/September 1771 und J-C 63/Dezember 1769 sowie J-C 2/1771?; für diese Mitteilung danke ich Prof. Bathia Churgin.

[32]. Abkürzungen werden im weiteren Verlauf wie folgt verwendet: Ritornell I, Solo I, Ritornell II, Solo II etc. = R I, S I, R II, S II etc.; T = Tonika, Sp = Subdominantparallele, Dp = Dominantparallele, S = Subdominante, D = Dominante, d = Molldominante, Tp = Tonikaparallele, WD = Wechseldominante; TI/TV etc. = I./V. Stufe der Grundtonart etc.; N = Niederschlag.

[33]. Ein klar konturiertes, zweigliedriges Hauptthema (4+4 Takte) haben bereits die Außensätze des frühen Konzertes J-C 69.

endet das Ritornell[34]. Im Laufe des 18. Jahrhunderts, besonders deutlich seit ca. 1755, erfährt dieses Modell Modifikationen, die allmählich zur Herausbildung eines zweiten Themas im Dominantbereich des Ritornells führen.

In den späten Konzerten umfaßt der Tonikabereich der ersten Ritornellhälfte den Hauptgedanken, einen aus mehreren Taktgruppen gebildeten Abschnitt. Das Thema verläuft durchgehend im *forte*; mitunter treten *piano*-Glieder auf. In den Außensätzen von J-C 73.1 erklingt das Ritornell(haupt)thema, jeweils ein Anfangs- und ein Schlußglied aufweisend (T. 1/2, 3/4 bzw. T. 1-4, 5-8), im *forte*. In beiden Fällen schließt es auf der V. Stufe (im 3. Satz führt der Hauptgedanke den neuen Leitton ein [ein Verfahren, das auf die 1730er Jahre zurückgeht] und kündigt so schon sehr früh die Zieltonart des ersten Ritornellteils an; dem Schluß auf der V. Stufe geht die VI. Stufe mit großer Sexte voran). Bereits in Sammartinis früheren Werken zeichnet sich ein Verfahren ab, das allmählich mehr Bedeutung erlangt und schließlich zu einem charakteristischen Merkmal seiner Konzertritornelle wird: Der Hauptgedanke erhält an seinem Ende (nach einem Schluß auf der I. oder V. Stufe) eine Erweiterung, die die V. Stufe (VI$^{6\sharp}$ | V, IV$_\sharp$ | V) oder die Wechseldominante ansteuert und somit die Funktion erhält, die Zieltonart des ersten Hauptteils, die Dominante, vorzubereiten. Im 3. Satz des A-Dur-Konzertes J-C 77.2 (Notenbeispiel 1) erreicht das Ritornellthema in T. 6/N die I. Stufe der Grundtonart, danach wird die WD angestrebt (T. 7/5. Achtel) und anschließend zweimal bestätigt (T. 8/5. Achtel und T. 9/3. Schlag), wobei auf das Schlußglied des Tuttithemas zurückgegriffen wird (T. 4/2. Achtel-T. 6/1. Achtel). Im Anfangssatz erreicht das Ritornellthema die I. Stufe im Sextakkord (T. 5/3. Schlag) und wendet sich danach sogleich über die I. zur V. Stufe (T. 6/1. Schlag). Die nachfolgende Erweiterung, im Baß über steigenden und fallenden Akkordbrechungen gebaut (*e–gis–h–d'* und *cis'–a–fis–dis*, T. 6/7), läßt die Zieltonart E-Dur deutlicher hören; in der Schlußformel (T. 8) alternieren mehrmals die Stufen IV$_\sharp$-V. Abschließend bestätigt in T. 9 ein Orgelpunkt die V. Stufe.

Beide Ritornellhauptgedanken erhalten in den Außensätzen des A-Dur-Konzertes eine zweigliedrige Erweiterung, wobei zuerst eine neue Stufe (3. Satz) bzw. eine stärkere Schlußformel (1. Satz) angesteuert und danach bestätigt wird. (Die Bestätigung der Zielharmonie kann auch fehlen, das heißt, es wird lediglich eine neue Schlußbildung angestrebt, oder sie folgt gleich im Anschluß an die Zäsurformel des Hauptgedankens – im Violinkonzert J-C 78/3 beispielsweise endet das Thema auf der V. Stufe, die Erweiterung besteht nur aus einer Bestätigung, die den figurierten Tonikaorgelpunkt vom Beginn des Hauptgedankens in variierter Form auf die V. Stufe versetzt.) Durch dynamische Kontraste *piano–forte* setzt sich eine zweigliedrige Erweiterung (3+3 Takte) nach einem Schluß auf der V. Stufe im Ensemble-Konzert J-C 73.2/1 vom Hauptthema im *forte* ab; die Bestätigung der Grundstufe am Themenende, durch *piano*-Vorschrift hervorgehoben, kommt jeweils

---

[34]. Abweichend von diesem harmonischen Lauf J-C 69/1: T-S | -Tp, -T.

im 3. Satz der Konzerte J-C 72.1 und J-C 78.1 vor. – Erweiterungen, deren Auftreten bei Sammartini bis in die frühe Schaffensperiode zurückreicht[35], finden später auch Eingang in Haydns und Mozarts Ritornelle, siehe hierfür z.B. die unisono-Gruppe im 1. Satz der A-Dur-Violinkonzerte beider Komponisten, die von der I. zur V. Stufe leitet (Haydn, T. 5/6-8 bzw. Mozart, T. 16-19; bei Mozart siehe auch T. 9-11, wo die erhöhte IV. Stufe angestrebt wird, außerdem in KV 211/1, T. 5/6, die Bestätigung der V. Stufe). Eine zweigliedrige Erweiterung, wie sie besonders für Sammartinis spätere Konzertritornelle kennzeichnend ist, erhält z.B. KV 175/1 im Anschluß an die Grundkadenz (T. 10-15)[36]. Zu einem «Komplex von Anhängen» ausgeweitet – dreigliedrige Erweiterung mit Tendenz zur Verselbständigung – erscheint dieser Bereich bei Mozart in KV 216/1, T. 11-18 (in Ansätzen zeichnet sich eine solche Ausweitung bei Sammartini im Ensemble-Konzert J-C 73.2/1 ab).

Im Dominantbereich des ersten Ritornellhauptteils werden motivisch kontrastierende Taktgruppen, die zum Teil Rückbeziehungen auf den Anfangsabschnitt oder Unabhängigkeit in der musikalischen Substanz zeigen, aneinandergereiht; Verknüpfungen zwischen einzelnen Taktgruppen kommen gelegentlich auch vor. Kennzeichnend für diesen Bereich sind außerdem *piano*-Gruppen bzw. dynamische Kontraste *piano–forte*. In J-C 73.1, 1. Satz (T. 5-11) und 3. Satz (T. 9-23/N), eröffnet eine Taktgruppe im *piano assai* (mit *forte*-Schluß) bzw. im *piano*, die in harmonischer Hinsicht die Funktion eines Übergangs erhält und wie ein Vorspann dem Dominantabschnitt vorangestellt erscheint – im Anfangssatz nimmt die Taktgruppe zu Beginn Bezug auf das Incipit (vgl. die punktierten Intervallsprünge, jeweils Schlag 1/2, in T. 5 und T. 1). Die Fortführung zeigt im 1. Satz ein Mittelglied im *forte* und ein *piano assai* verlaufendes Schlußglied, im 3. Satz folgen im *forte* ein Orgelpunkt auf der neuen Dominante, der sich in T. 17 zur I. Stufe der Quinttonart wendet, eine Kadenzformel (T. 18) und ein die Zieltonart B-Dur festigender, im Baß die Akkordelemente *b–f–d–d–B* umspielender Anhang[37]. Im zwei Jahre später

---

[35]. Zu den internen und am Ende des Anfangsgedankens vorkommenden Erweiterungen siehe GEHANN, Ada B. *Giovanni Battista Sammartini. Die Konzerte* (a.a.O., siehe Anm. 3), S. 29ff. Beispiele aus den 1740er Jahren, in denen die Zieltonart der ersten Ritornellhälfte am Schluß des Hauptgedankens angekündigt wird, findet man in J-C 71-Version B(/A)/1, T. 7/8 (IV IV♯ | V) und J-C 71-Version B/3, T. 9-11 (IV♯). – Für die verschiedenen Erweiterungsmöglichkeiten am Ende eines «Satzes», die Koch in seiner Kompositionslehre als Anhang bezeichnet, siehe die Zusammenfassung bei BUDDAY, Wolfgang. *Grundlagen musikalischer Formen der Wiener Klassik. An Hand der zeitgenössischen Theorie von Joseph Riepel und Heinrich Christoph Koch dargestellt an Menuetten und Sonatensätzen (1750-1790)*, Kassel [...], Bärenreiter, 1983, S. 60f. (von Bedeutung für Sammartinis Ritornellhauptsätze in Notenbeispiel 25 besonders Punkt a/Beisp. 1 und 2 und Punkt c/Beisp. 1 – hinzu kommt das Anstreben der WD nach einem Schluß auf der I. Stufe).

[36]. In Haydns C-Dur-Konzert, 1. Satz, erhält der Tonikabereich zwei Abschnitte mit der Zäsurenfolge TI–TV (T. 1-8, 8/9-12). Die zweigliedrige Erweiterung, die auf die Dominanttonart vorbereitet, T. 12/13-16, wird dem zweiten Abschnitt angegliedert.

[37]. Ein sehr ähnliches Beispiel für die Gestaltung des Dominantbereichs findet man bei Haydn im 3. Satz des C-Dur-Konzertes, T. 7-21. Der Viertakter zu Beginn moduliert, ein Orgelpunkt auf der WD wird am Ende zur Kadenz geleitet, ein unisono-Anhang bestätigt. Dynamische Kontraste, wie sie bei Sammartini auftreten, fehlen.

komponierten Konzert J-C 77.2 erhält das Ritornell im Anfangssatz einen eigenständigen, rasche *piano-forte*-Wechsel aufweisenden Übergang (T. 10-14), wobei dieser, nachdem der Hauptgedanke bereits in einer mehrtaktigen Erweiterung die Dominanttonart ankündigt, die Zieltonart festigt; er schließt auf der I. Stufe der Quinttonart[38]. Danach folgt (im Unterschied zur Dominantpartie, die nach dem *piano*-Vorspann in J-C 73.1/1/3 einsetzt) ein klar konturierter Gedanke in der Dominante (T. 14-21/N), der deutlich Themenprofil gewinnt: Anfangs- und zur Kadenz leitende Schlußpartie stehen dabei im *forte*, während das zweite Glied im *piano* verläuft. Im 3. Satz beschränkt sich der Dominantbereich auf einen Orgelpunkt auf der WD mit Auflösung zur Zielstufe (Notenbeispiel 1, T. 9/10-13/Schlag 3), dessen Melodik, im *piano assai* vorgetragen, schon Merkmale eines «kantablen» Themas aufweist[39]. Das «Thema» eröffnet hier den Dominantbereich, ein «Übergang» wie im 1. Satz wird nicht eingeführt, die Vorbereitung auf die Zieltonart übernimmt die Erweiterung am Ende des Hauptgedankens.

Die Außensätze im A-Dur-Konzert J-C 77.2 zeigen, daß der erste Hauptteil des Ritornells Merkmale erhält, die für die Exposition der Sonatenhauptsatzform kennzeichnend sind. Es treten zwei Themen auf: ein Hauptthema in der Tonika und ein zweites Thema in der Dominante. Die als «Übergang» bezeichnete Partie ist ein Abschnitt, der im Dominantbereich entsteht und der zweiten Hälfte des ersten Ritornellhauptteils angehört. Die Öffnung zur Zieltonart, die in Form einer Erweiterung dem Hauptthema angegliedert wird, entwickelt sich aus dem Tonikabereich heraus und gehört folglich zur ersten Hälfte des ersten Ritornellhauptteils. Sie kann verschiedene Stärkegrade aufweisen: im 1. Satz von Haydns A-Dur-Konzert wird der neue Leitton nicht berührt (T. 5/6-8), während Sammartini im 3. Satz seines A-Dur-Konzertes die WD (eine Schlußbildung, die dem Dominantbereich angehört) anstrebt. In beiden Fällen folgt anschließend ein profilierter Gedanke, ein «zweites Thema», in der Dominante[40]. Abweichend von Sammartini und Haydn erfolgt nach der Öffnung zur V. Stufe die Fortführung bei Mozart in der Tonika; im 1. Satz von KV 211, 216, 218, 219 steht ein Abschnitt, der im ersten Solo als Seitenthema eingeführt wird[41]. Vereinzelt kann bei Sammartini eine Generalpause nach dem Ritornellthema bzw. nach dessen Erweiterung, die Zweiteilung der ersten

---

[38]. Einen Übergang, der zur WD leitet, erhält J-C 73.2/1.

[39]. Siehe den zweiten Ritornelltypus bei Koch, Heinrich Christoph. *Versuch einer Anleitung zur Composition* (Band I: Leipzig und Rudolstadt 1782, Band II: Leipzig 1787, Band III: Leipzig 1793), 2. Nachdruck Hildesheim, Georg Olms, 2000, Bd. III, S. 334. Zu «kantabel» vgl. den Artikel 'Cantabile' in: Idem. *Musikalisches Lexikon*, Frankfurt am Main 1802; 2. Nachdruck Hildesheim, Georg Olms, 1985, Spalte 299.

[40]. Haydn verwendet in allen Außensätzen seiner Violinkonzerte einen Ritornelltypus, der zur Dominante moduliert; ein «zweites Thema» im Dominantbereich bildet sich wie bei Sammartini erst heraus. Ein Beispiel, in dem Haydn die Dominantebene ähnlich wie Sammartini im 1. Satz des A-Dur-Konzertes gliedert, Übergang gefolgt von einem zur Kadenz führenden Abschnitt, liefert der 3. Satz des G-Dur-Konzertes, T. 19/20-23, 23/24-30 (Näheres dazu siehe bei der Besprechung des ersten Soloteils).

[41]. Erst durch das Auftreten dieses Abschnittes an entsprechender Stelle in der Soloexposition wird deutlich, daß es sich bei Mozart um das Seitenthema handelt, siehe dazu die Beschreibung des Anfangstutti von KV

Ritornellhälfte unterstreichend, auftreten (J-C 77.2/1, T. 9; in J-C 73.1/1, T. 4, von Vl. 1 überspielt; früher in J-C 73/1; siehe auch Haydn, Konzert in A, 1. Satz, T. 8). Bei Mozart ist die Generalpause nach der Öffnung zur V. Stufe bereits in allen Violinkonzerten, abgesehen von KV 207/1, vorhanden.

Die Rückmodulation hat in harmonischer Hinsicht die Aufgabe, den Wiedereintritt der Grundtonart vorzubereiten. Seit seiner frühen Kompositionsphase hat Sammartini in den Konzertritornellen drei Rückmodulationsmodelle verwendet, die 1752/1755 von dem Regensburger Kammermusikus und Musiktheoretiker Joseph Riepel anhand des Menuetts beschrieben worden sind[42]: «Fonte», die absteigende Sequenz II–I (Sp–T), «Monte» mit der aufsteigenden Stufenfolge IV–V (S–D) – beide Modelle berühren im Durchgang eine fremde Stufe – und «Ponte», das, ohne Zwischenstufen zu durchlaufen, von der Dominant- zur Grundtonart leitet.

In den späten Sammartini-Konzerten kommen Fonte- und Ponte-Rückführungen vor, Monte-Sequenzen IV–V, die bereits für Riepel als veraltet galten (er bezeichnet sie als «Schusterfleck»[43]), werden gemieden[44]. Allerdings bleibt das Anstreben der Subdominante weiterhin ein Merkmal der Rückmodulation. In J-C 73.1/1 (T. 12-17) wird diese unmittelbar vor Schluß einer Ponte-Rückleitung (T. 16/17) flüchtig berührt, während in J-C 77.2/3 (Notenbeispiel 1, T. 13/2. Hälfte-19) die Subdominante selbst als Ziel einer Sequenz V_6–IV_6 erscheint (T. 15/16), bevor die V. Stufe (T. 17) angesteuert wird. Fonte hingegen wird auch in den späten Werken als Sequenz gebaut (J-C 73.1/3, T. 23-27/N). Im Ensemble-Konzert J-C 73.2/1 treten beide Nebenstufen, S und Sp, auf.

In Werken der frühen und mittleren Periode schließt der erste Ritornellhauptteil mit einer regulären Kadenz auf der Dominante (siehe z.B. J-C 74/1/3, T. 16/17 bzw. T. 25/26), die Rückmodulation eröffnet im Folgetakt den zweiten Hauptteil, ähnlich wie in Tanzkompositionen der Zeit, z.B. im Menuett. In den späten Konzerten ist die Zäsur auf der Dominante in ihrer Wirkung deutlich schwächer. Eine Abschwächung kann durch verschiedene Mittel erreicht werden: kurzes bis flüchtiges Berühren des Kadenztones (J-C 77.2/1, T. 21; J-C 78/1-3); Vermeiden der Oktavlage in der Melodie (J-C 73.1/1, T. 11/3. Schlag; J-C 77.2/3, T. 13/3. Schlag); Abbruch des Kadenzvorgangs (J-C 73.1/3, T. 18/19, der Finalton in der Melodie tritt in oktavversetzter Lage ein); oder es wird anstelle der

---

[218/1] bei Küster, Konrad. *Formale Aspekte des ersten Allegros in Mozarts Konzerten*, Kassel [...], Bärenreiter, 1991 (Bärenreiter-Hochschulschriften), S. 32ff. Zum Fortgang in der Tonika bei Mozart siehe auch die neuere Arbeit von Schmid, Manfred Hermann. 'Orchester und Solist in den Konzerten von W. A. Mozart', in: *Mozart Studien*, Bd. 9, hrsg. von Manfred Hermann Schmid, Tutzing, Hans Schneider, 1999, S. 31ff.

[42]. Siehe Budday, Wolfgang. *Grundlagen* (a.a.O., siehe Anm. 35), S. 79f., 84ff.

[43]. Andere Bezeichnungen für diese Sequenz und weiterführende Hinweise siehe Budday, Wolfgang. *Grundlagen* (a.a.O., siehe Anm. 35), S. 79, Anm. 4.

[44]. Monte-Sequenzen treten in der frühen, zum Teil auch in der mittleren Periode auf (J-C 69/1/3, J-C 77.1/1, J-C App. D-82.1/1); schon in J-C 74/3 und J-C 71-Version B(/A)/1 meidet Sammartini solche Rückführungen.

Kadenz eine Zäsur auf der WD angestrebt (J-C 76/1). Dieses Vorgehen, das zunächst in Konzerten der 40er und frühen 50er Jahre vereinzelt auftritt (z.B. J-C 71-Version A/B/1, T. 16, und Version A/3, T. 16), setzt sich vermutlich seit ca. 1755 regelmäßig in beiden Außensätzen (bzw. in allen drei Sätzen) durch. Der Wandel in der Behandlung der Zäsur auf der Dominante machte eine engere Anbindung der Rückmodulation an den ersten Ritornellhauptteil möglich, so daß Dominantbereich und Rückmodulation schließlich auch ineinanderfließen konnten: in J-C 77.2/3 (Notenbeispiel 1, T. 13/3. Schlag) fallen Beginn der Rückmodulation und Ende des Dominantbereichs zusammen, die Rückführung bildet in diesem Fall den Nachsatz des Dominantthemas; im 1. Satz des Konzertes unterstreicht eine Generalpause, die nach der Rückmodulation eintritt, die engere Anbindung an den ersten Ritornellhauptteil (siehe T. 21-24). Dieses Vorgehen ist auch in Sammartinis Sinfonia-Sätzen ohne vorgeschriebene Wiederholung der beiden Teile nachzuweisen, siehe Sinfonie J-C 4/2, wo die Rückmodulation (T. 12-14) Teil 1 abschließt[45], und dürfte von dort auf das Konzerttritornell eingewirkt haben. In Fällen, in denen die Rückleitung die I. Stufe anstrebt, kann sie enger an die Fortführung gebunden sein, indem ihr Schluß und der Beginn des Folgeabschnittes zusammenfallen[46] – in J-C 73.1/3, T. 23-27/N, erscheint sie dem nachfolgenden Ritornellanfang im *forte* als *piano*-Vorspann vorangestellt (ähnlich dem Übergang im Dominantbereich), eine Dominantbereich und Beginn der Rückmodulation trennende Generalpause, und somit eine noch klarere Zuordnung zum zweiten Ritornellhauptteil, wird lediglich durch den Einsatz der zweiten Violine in T. 23 vermieden.

Die beiden Konzerte von 1762 und 1764 zeigen, daß sich modulierende und rückmodulierende Taktgruppen/Abschnitte im Sammartinischen Konzerttritornell in verschiedene Richtungen entwickeln können. Im 3. Satz des Es-Dur-Konzertes (J-C 73.1) werden Übergang (T. 9-13) und Rückmodulation (T. 23-27/N) als Vorspann, durch *piano*-Vorschrift kenntlich gemacht, den nachfolgenden Abschnitten vorangestellt (d.h., sie sind enger mit der Fortsetzung verbunden). Im 3. Satz des A-Dur-Konzertes (J-C 77.2) hingegen werden Modulation (T. 6-9; mit dem Ansteuern der WD strebt sie zu einer Zäsur, die traditionell einen Abschnitt im Dominantbereich beendet) und Rückmodulation (T. 13-19) enger an den vorausgehenden Abschnitt (also an den Tonika- bzw. Dominantbereich) gekoppelt; von der Fortführung sind sie durch eine Achtelpause in der Oberstimme (T. 9 und T. 19) getrennt.

In einigen Konzerttritornellen der schnellen Sätze erhält der rückmodulierende Abschnitt mehr Gewicht und wird – ähnlich dem Durchführungsteil in den Sinfonien – zu einem selbständigen Mittelteil ausgebaut. Die größte Ausdehnung mit 14 Takten hat diese Partie im Violinkonzert J-C 78.1/3 und im Ensemble-Konzert J-C 76/1 (in Werken der mittleren Schaffensperiode 16 Takte in J-C App. D-82.1/1 und 22 Takte in J-C App. D-84.1/3).

Klangkontraste und dynamische Kontraste kennzeichnen die Rückmodulation in den späten Konzerten (in Werken der frühen und mittleren Periode ist die Reduzierung

---

[45]. *Giovanni Battista Sammartini: Ten Symphonies* (a.a.O., siehe Anm. 1), S. 14(108).
[46]. Dabei verliert die Rückmodulation ihre Vollständigkeit, siehe Koch, Heinrich Christoph. *Versuch* (a.a.O., siehe Anm. 39), Bd. III, S. 92.

des Streicherapparates bei gleichzeitiger *piano*-Vorschrift vorzufinden). In J-C 73.1/1 und J-C 77.2/3 verläuft die Rückmodulation nach vorausgehendem und nachfolgendem *piano assai* im *forte*, umgekehrt steht in J-C 73.1/3 die *piano*-Rückführung zwischen zwei *forte*-Partien. In J-C 77.2/1 ist die Rückmodulation sowohl in klanglicher als auch in dynamischer Hinsicht abgesetzt: solistisches Hervortreten der Oboen, pausierende Trompeten; *piano*-Beginn nach vorangegangenem *forte*, *forte*-Schluß vor nachfolgendem *piano*.

Inhaltlich können die Rückmodulationen auf Material der vorangegangenen Abschnitte zurückgreifen, so z.B. in J-C 77.2/1, wo Rückmodulation und Dominantvorbereitung vom Ende des Hauptgedankens (T. 6/7) verknüpft sind. In J-C 77.2/3 zeigt die rückmodulierende Partie keine Rückbeziehungen, während die zur Festigung der V. Stufe eingesetzte Taktgruppe (Notenbeispiel 1, T. 17/6. Achtel-19) bereits in der Erweiterung des Ritornellhauptgedankens in dieser Funktion auf der WD steht. Die Wiederaufnahme des Ritornellanfangs zeigt die Rückleitung in J-C 73.1/1, eine Verknüpfung, die auch in Werken der frühen und mittleren Periode vorkommt.

NOTENBEISPIEL 1[47]: Konzert in A, J-C 77.2, 3. Satz, Ritornell 1, Takte 1-19

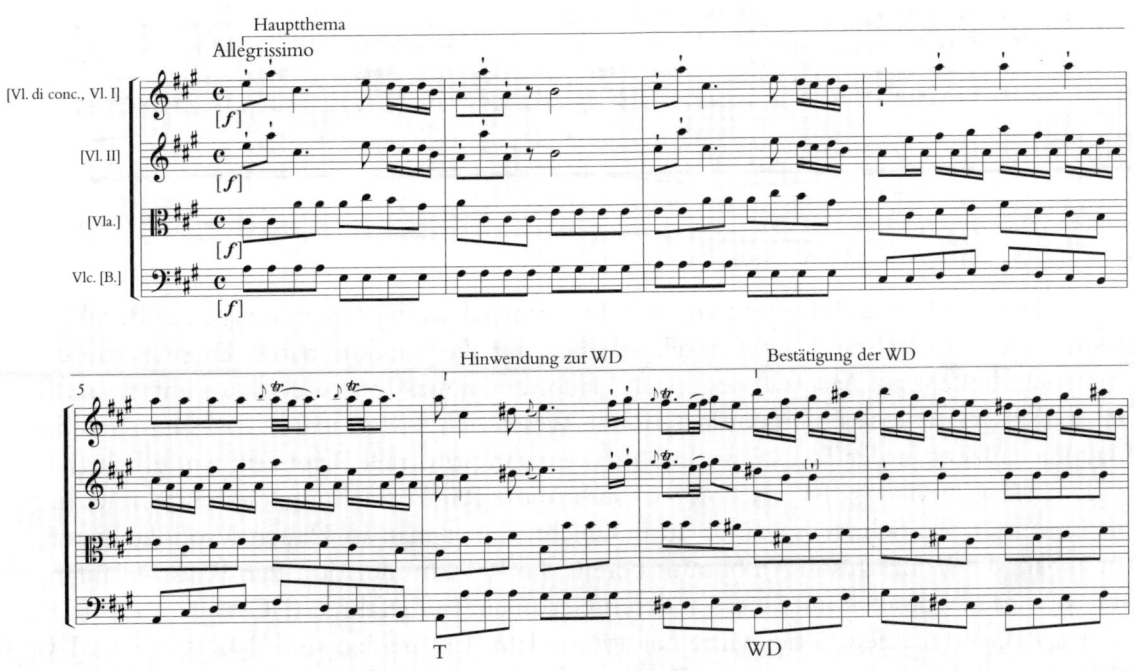

---

[47]. Der Abdruck der Notenbeispiele erfolgt mit freundlicher Genehmigung des Niedersächsischen Staatsarchivs in Wolfenbüttel (Notenbeispiele 1-3, 5-7) und der Bischöflichen Zentralbibliothek Regensburg (Notenbeispiele 4a, 4b).

Nach der Rückmodulation verläuft das Ritornell in der Grundtonart; das Berühren fremder Stufen beschränkt sich im allgemeinen auf die Subdominante. Diese Partie des Ritornells besteht aus Material des ersten Hauptteils, neues Tonmaterial kommt zwar vor, hat aber insgesamt eine untergeordnete Rolle. Wesentliches Merkmal ist das Aufgreifen des Hauptgedankens in der Tonika, wodurch das Eingangsritornell Reprisenform erhält (J-C 72.1/1/3, J-C 78.1/1/3, J-C 73.1/3, J-C 76/1; diese Rückbeziehung, die bei Sammartini bis in seine frühe Schaffensperiode zurückreicht, findet man in Haydns Violinkonzerten im 3. Satz des Konzertes in A). Nimmt bereits die Rückmodulation den Ritornellanfang auf, so wird gewöhnlich mit einem anderen Gedanken fortgefahren (J-C 73.1/1, T. 18ff.)[48]. In den Konzerten, die um die Mitte der 1760er Jahre entstanden sind (J-C 77.2/1/3, J-C 78/1/3 sowie J-C 73.2/1), wird der Dominantbereich in der Grundtonart aufgenommen. Diese Art der Verknüpfung, die das Aufgreifen des Ritornellbeginns zu verdrängen scheint,

---

[48]. Nur in dem Konzert der Frühphase J-C 74/1 eröffnet der Ritornellanfang sowohl die Rückmodulation als auch den nachfolgenden Tonikabereich (siehe T. 18f. und 28f.).

deutet darauf hin, daß um 1764/1765 der Dominantabschnitt, also jener Gedanke, der sich zu einem zweiten Thema profiliert, in Sammartinis Ritornellen größere Bedeutung erlangt[49]. Seit der Frühphase schließen die Ritornelle mit einer regulären Kadenz in der Ausgangstonart ($V^{5/3} \mid I^8$); eine Neuerung durch den Verzicht auf diese starke Schlußbildung zeigt das wohl späteste Konzert, das bislang bekannt ist, J-C 73.2/1. Die Generalpause am Ende des Formteils – man findet sie in J-C 72.1 und J-C 78.1 in den Außensätzen, in den Konzerten der 1760er Jahre in allen drei Sätzen sowie in den Anfangssätzen der *Concerti a più strumenti (obbligati)* und im langsamen Satz der *Sinfonia concertata* – ist ein Merkmal, das vereinzelt schon in frühen Werken vorkommt (J-C 77.1/3, J-C 74/1/3).

Wie verschieden Sammartini nach der Rückmodulation bei der Ausgestaltung des Tonikabereichs vorgehen kann, zeigen die folgenden vier Beispiele aus den Konzerten von 1762 und 1764. In J-C 73.1/1 hat der Tonikabereich zwei klar getrennte Abschnitte, die jeweils mit einer *piano assai*-Gruppe beginnen und mit einer *forte*-Partie schließen (T. 18-21, 22-27). Nachdem bereits die Rückmodulation (T. 12-17) das Anfangsglied des Hauptgedankens und die modulierende Anfangsgruppe des Dominantbereichs (jetzt zur S leitend) aufgegriffen hat, eröffnet der erste Abschnitt mit der *piano assai*-Schlußgruppe des Dominantabschnittes in leicht abgewandelter Gestalt – durch die Umwandlung der stärkeren Schlußformel $V \mid I^{4-3}$ (T. 11) in einen schwächeren «Einschnitt» $I \mid V_2$ (T. 19) kann die Taktgruppe offenbar auch am Beginn eines Abschnittes stehen –, die zweite, schließende Taktgruppe ist rhythmisch abgeleitet (vgl. T. 20 und T. 3). Der zweite Abschnitt weist mit der *piano assai*-Gruppe zu Beginn auf die mittlere Taktgruppe des Dominantabschnittes zurück (T. 8), führt dann aber mit dem aufwärts sequenzierten Terzintervall *c"–es"* in T. 23/24 neues Material ein. Der erste Teil der *forte*-Partie wiederholt das Schlußglied des vorausgegangenen Abschnittes, wobei die Tonikaharmonie durch den verspäteten Eintritt der Baßfinalis in T. 26 geschwächt ist, die kadenzierende Erweiterung variiert die Schlußformel in der Melodie, *es"–b'* → *es"–b'‑b'* (T. 26), und führt zugleich neues Material ein, ebenso der abschließende Kadenzüberhang (T. 27). Im 3. Satz des Konzertes hat der Tonikabereich (T. 27ff.) ebenfalls zwei Abschnitte. Der erste Abschnitt verbindet den Ritornellanfang (T. 1-3) mit der Schlußpartie des Dominantbereichs (T. 14ff.): Orgelpunkt (etwas verändert), Kadenzformel und Anhang, der jetzt im *piano* eingeführt wird. Das Ende der *piano*-Gruppe fällt zusammen mit dem *forte*-Beginn des zweiten Abschnittes (T. 39), wodurch der Übergang fließend wird. Der zweite Abschnitt erhält neues Material, zeigt aber auch leichte Anknüpfungen an vorgegebenes Material (vgl. T. 42/46 und T. 23/25).

In J-C 77.2/3 (T. 19/20ff.) wiederholt Sammartini das «kantable Thema» (*piano assai*) ohne seine Schlußformel (T. 13) in der Tonika und verbindet es mit einer neuen Kadenzgruppe im *forte* – die Taktgruppe wirkt analog zur Rückleitung als Nachsatz. Nach der regulären Kadenz in der Grundtonart (T. 25) wiederholt die anschließende Erweiterung den Anfang des Ritornellhauptgedankens, jetzt im *piano* (T. 1-3/1. Achtel um zwei Viertel gegen den Taktstrich verschoben), und das Schlußglied des Hauptgedankens in gekürzter und variierter Gestalt (Baßgang *d–cis–H–A* zweimal, zuerst in der oberen Oktave, vgl. T. 4-6 und 27/28) im *forte*[50]. Im 1. Satz des Konzertes werden beide Abschnitte des Dominantbereichs, Übergang und Thema, in der Tonika wiederholt (T. 25ff.). Dabei fällt im Übergang die Schlußwendung weg, wodurch er auf der V. Stufe

---

[49]. Diese Gestaltung könnte zu einer Kürzung des Eingangsritornells führen. Dabei würde unter Verzicht auf den Dominantbereich und die Rückmodulation das Seitenthema, ähnlich wie bei Mozart, in der Tonika stehen.

[50]. Der Hauptgedanke, der am Ritornellanfang in harmonischer Hinsicht die Aufgabe hat, die Grundtonart zu etablieren, erscheint demnach am Ritornellende nach der Vollkadenz auf der I. Stufe in der Funktion einer tonalen Festigung. Eine solche Verbindung zwischen Incipit und Ritornellschluß läßt sich bei Sammartini auch in früheren Werken nachweisen.

im Sextakkord schließt: deutliches Vermeiden einer Schlußformel in der Oberstimme, lediglich die punktierte Baßformel (vgl. T. 28 und 14) deutet darauf hin, daß im Tonikabereich zwei Abschnitte vorhanden sind. Durch diese Verkürzung wird der Übergang zum folgenden Abschnitt fließend, die Musik strebt rascher ihrem Ende zu, ein Verfahren, das Sammartini in der Reprise seiner Kompositionen anwendet. Das Dominantthema erscheint, abgesehen von den beiden Trompeten, ohne nennenswerte Veränderungen in der Tonika; die etwas modifizierte Schlußerweiterung, vgl. T. 34/35 und 20/21N, berührt vor der Kadenz die S und wird leicht gedehnt.

In den langsamen Konzertsätzen kommen mehrere Ritornelltypen vor. In den vor ca. 1755 komponierten Werken folgt das Ritornell dem zweiteiligen Schema der raschen Sätze, oder es verbleibt in der Haupttonart – nur im Durchgang werden fremde Tonstufen durchschritten (J-C 74, J-C 71-Version A/B). In der Spätphase findet man den zweiteiligen, zur Dominante modulierenden Typus, wie er für die raschen Sätze beschrieben worden ist, in den Konzerten J-C 73.1 und J-C 78 – in J-C 73.1 führt die Rückmodulation zur Wiederaufnahme des Ritornellanfangs, sie erscheint dem zweiten Ritornellhauptteil zugeordnet (sie beginnt in der Oberstimme nach einer Achtelpause in T. 10/Schlag 2 und endet mit dem Beginn des folgenden Abschnittes in T. 13/N; in der musikalischen Substanz entstehen Verbindungen zu einer modulierenden Taktgruppe des Dominantbereichs, vgl. T. 11-13/N und T. 6-9/N), in J-C 78 bildet diese Partie (gefolgt von einer Generalpause) den Schluß des ersten Teils (sie wirkt, nur drei Takte umfassend, wie eine Erweiterung des Dominantbereichs)[51]. Ein mit diesem Typus verwandtes Modell liefert das Regensburger Konzert in B J-C 78.1. Auch hier moduliert der erste Ritornellhauptteil zur Dominante und schließt mit einer regulären Kadenz (für den Dominantabschnitt siehe Notenbeispiel 4a, T. 9-15), doch die Fortführung strebt sehr rasch, ohne Rückbeziehungen auf vorangegangenes Material, zur Schlußkadenz in der Grundtonart. Die gesamte Partie nach der Dominantkadenz bis zum Ritornellende – Dominantorgelpunkt (am Ende Hinwendung zur I. Stufe), Tonikaorgelpunkt mit tiefalterierter Septime (die S wird dadurch fühlbar), Kadenz auf der I. Stufe, die Kadenz bestätigender Anhang – erweist sich als eine mehrgliedrig angelegte Rückmodulation[52].

Um die Mitte der 1760er Jahre treten in den Ritornellen der langsamen Sätze neue Merkmale auf: sie werden im Umfang in einigen Fällen wesentlich kürzer (J-C 77.2, J-C 78.2) und schließen auf der V. Stufe (J-C 77.2, J-C 78.2, J-C 78). In Konzert J-C 77.2 umfaßt der erste Teil nur einen Abschnitt, der aus einer *forte*-Gruppe in der Tonika D-Dur (T. 1/2) und einer zur Dominante A-Dur modulierenden Partie, anfänglich im *forte*, danach *piano* (T. 2/4. Achtel-4), gebildet ist. Der zweite Teil, dessen Beginn mit dem Schluß des ersten Teils verschränkt ist (T. 4/3. Schlag), greift das Incipit auf der V. Stufe auf und läßt ihm einen Orgelpunkt auf dieser Stufe folgen. Obgleich das Ritornell gegenüber J-C 73.1/2

---

[51]. Siehe GEHANN, Ada B. *Giovanni Battista Sammartini. Die Konzerte* (a.a.O., siehe Anm. 3), S. 52, Beispiel 20, T. 10-13. – In beiden Fällen schließt der Hauptgedanke im ersten Teil auf der I. Stufe (J-C 78, T. 5; J-C 73.1, T. 4/1. Schlag). Der Abschnitt des Dominantbereichs ist modulierend angelegt, er beginnt in der Ausgangstonart und führt in seinem Verlauf zur Dominante.

[52]. Das Eingangsritornell von J-C 72.1/2, von dem nur die Violoncello-Stimme vorhanden ist, scheint aufgrund der relativ kurzen zweiten Ritornellhälfte ebenfalls diesem Typus anzugehören.

und J-C 78/2 mit neun ₵-Takten deutlich kürzer ausfällt, bleibt die Zweiteiligkeit durch die Modulation zur Dominante in T. 4 noch gewahrt. In der *Sinfonia concertata* J-C 78.2 verläuft das aus einem Abschnitt von neun ₵-Takten gebildete Ritornell hingegen in der Tonika und wendet sich erst am Ende zur V. Stufe (T. 1-7 *piano* mit *forte*-Schluß auf der Tonika, T. 8/9 Dominantorgelpunkt im *piano* mit *forte*-Schluß); es ist das einzige Ritornell in den langsamen Sätzen der späten Konzerte, das keinen zweiteiligen Aufbau hat. Die deutliche Kürzung des Eingangsritornells, die in diesen beiden Werken auffällt, und die Endigung auf der V. Stufe stellen einen in die Zukunft weisenden Wandel in der Ritornellgestaltung des langsamen Satzes dar, wie z.B. die Anfangstutti in Mozarts Konzerten KV 211 (T. 1-8) und KV 216 (T. 1-4) zeigen (der *forte*-Schluß nach vorangegangenem *piano* in KV 216 erinnert an Sammartinis Vorgehen im langsamen Satz der *Sinfonia concertata*); in Haydns Violinkonzerten in A und G schließt das Anfangstutti, 21 bzw. 16 Takte lang, noch auf der I. Stufe mit einer regulären Kadenz.

Der erste Soloteil

Dieser Formteil führt in seinem Verlauf von der Tonika zur Dominante (nur in einem frühen Werk, J-C 69/3, wird die Subdominante angestrebt). Im harmonischen Ablauf ist eine Gliederung, wie sie für den ersten Hauptteil der Sonatensatzform kennzeichnend ist – Tonikaebene, Überleitung zur Dominante, Dominantebene –, auszumachen. Der Tonikabereich umfaßt einen oder zwei Abschnitte. Der erste Abschnitt, das Solo(haupt)thema, greift (in allen Schaffensperioden des Komponisten) in der Solostimme den Ritornellhauptgedanken auf – die Rückbeziehung beschränkt sich auf das Incipit bzw. auf das Anfangsglied (unverändert oder variiert), die Fortführung ist mehr auf die Erfordernisse des Interpreten zugeschnitten und kann neues Material einführen oder Ritornellmaterial verwenden; mitunter kann die Anlehnung an das Ritornellthema aber auch enger ausfallen. Die Wiederaufnahme des Ritornellbeginns obliegt jedoch nicht immer der Hauptstimme. Bereits in Konzertsätzen der frühen und mittleren Phase weist Sammartini den Ritornellanfang den Begleitinstrumenten zu (Vl. 1 oder Vl. 1 und 11), dabei hält die Solostimme, um den Ritornellbeginn im Orchester nicht zu verdecken, den Quint- oder Grundton des Tonikaakkordes aus (J-C 69/3, J-C 74/2, J-C 71-Version A/B/2). Zwei Beispiele für dieses Verfahren, wobei die Solovioline den Quintton des Grundakkordes spielt, kommen auch in den späten Konzerten vor (J-C 73.1/2, J-C 78/1). In drei weiteren Sätzen der späten Konzerte (J-C 73.1/3, Ensemble-Konzerte J-C 76/1 und J-C 73.2/1) führt Sammartini am Beginn des Soloteils einen neuen Hauptgedanken ein – Rückbeziehungen auf R 1 können vorhanden sein (vgl. in J-C 73.1/3 T. 53 und T. 2 sowie die Dreiklangsbrechungen T. 55/56, 2. Takthälfte, Vl. 1, und T. 10/12, 2. Takthälfte, Vl. 11)[53]. – Es zeigt sich folglich, daß Sammartini in seiner Spätzeit bei der Ausgestaltung bzw. bei der Eröffnung des Solohauptthemas von drei verschiedenen Möglichkeiten, die bis in

---

[53]. Dieses Vorgehen läßt sich seit der Frühphase nachweisen. In mehreren Konzerten vom Ende der frühen und aus der mittleren Periode eröffnet der Soloteil sogar in allen drei Sätzen mit einem Thema, das zu Beginn

seine frühe Kompositionsphase zurückreichen, Gebrauch macht; alle drei Verfahrensweisen treten im 1., 2. und 3. Satz des Es-Dur-Konzertes J-C 73.1 auf.

Am Ende des Solothemas steht in den raschen Sätzen ein Tutti-Einwurf im *forte*; in den langsamen Sätzen kann dieser sowohl im *forte* (J-C 77.2) als auch im *piano* (J-C 73.1, J-C 78.2) eintreten[54]. Er bestätigt mit Ritornellmaterial die angestrebte I. oder V. Stufe, kann dabei aber auch zur Harmonie des folgenden Abschnittes leiten (J-C 73.1/2, J-C 77.2/1) oder sogar modulierende Funktion annehmen (J-C 78/1). Das Ende auf der I. Stufe wird in mehreren Fällen mit dem Ritornellincipit markiert (dabei beginnt S 1 mit dem Ritornellanfang, J-C 78.1/3, J-C 77.2/2 – in beiden Soli nimmt der Tutti-Einwurf zugleich den Beginn des nachfolgenden Übergangs vorweg –, oder mit einem neuen Thema, J-C 76/1); in J-C 73.1/1 bildet die Schlußformel der Ritornell-Rückmodulation das Ende auf der V. Stufe (vgl. T. 31 und T. 17).

Zur näheren Illustration des oben Dargelegten wird das Solothema aus dem 3. Satz des A-Dur-Konzertes J-C 77.2 (Notenbeispiel 2) herangezogen. Es beginnt mit den Takten 1–3/N des Ritornells in leicht variierter Gestalt, die Figuration des folgenden Tonikaorgelpunktes ist neu, während der Orgelpunkt auf der V. Stufe zunächst ein Motiv des Ritornells in abgewandelter Form aufnimmt (vgl. Notenbeispiel 2, T. 33 und Notenbeispiel 1, T. 6, 10) und anschließend leichte Anklänge an die 16tel-Figuration der Rückleitung erkennen läßt. Das Ende des Solothemas fällt zusammen mit dem Beginn des Tutti-Einwurfs. Dieser nimmt das Schlußglied des Ritornellthemas auf und bestätigt damit die angestrebte I. Stufe (in bestätigender Funktion war die Taktgruppe schon zweimal im Ritornell zu hören, siehe Notenbeispiel 1). In diesem Satz treten folglich die beiden Glieder des Ritornellthemas am Anfang des Solothemas und am Ende als Tuttimarkierung auf, die Erweiterung, die in R 1 zur WD leitet, bleibt aus (die Modulation zur Dominante obliegt im Solo einem eigenständigen Abschnitt).

Im 1., 2. und 3. Satz des Konzertes J-C 77.2 strebt das Solothema zur I. Stufe der Grundtonart, in den Außensätzen des Konzertes J-C 73.1 hingegen wird die V. Stufe angesteuert. In allen fünf Sätzen umfaßt der Tonikabereich nur das Solothema; in den Ecksätzen von J-C 73.1 ist es vom nachfolgenden Übergang durch eine Generalpause, die nach dem Tutti-Einwurf auftritt, deutlich abgegrenzt.

In einigen Fällen erfährt die Tonikaebene eine Ausweitung, so daß nach dem Solothema ein weiterer Gedanke in der Haupttonart folgt. Die Zäsurenfolge TI–TV hat größere Bedeutung (J-C 73.1/2, J-C 76/1, J-C 78.1/1/2), aber auch TI–TI (J-C 78/2) oder, in einem früheren Werk, TV–TV (J-C 71-Version A/3) sind möglich. Der V. Stufe

---

vom Ritornellincipit unabhängig ist. Beide Verfahren – Verknüpfung der Anfänge von R 1 und S 1, motivische Unabhängigkeit der beiden Formteile zu Beginn – sind bereits im Barockkonzert vorgebildet.

[54]. Keine Tutti-Einwürfe haben wohl der 2. und 3. Satz des Konzertes J-C 72.1 (die Violoncello-Stimme pausiert), andere Markierungen, etwa unisono-Führung oder Terzenführung der Violinen I und II, sind denkbar.

Notenbeispiel 2: Konzert in A, J-C 77.2, 3. Satz, Solo 1, Takte 29-37/1. Hälfte

geht gewöhnlich die (chromatisch) erhöhte IV. Stufe voraus, die WD in Grundstellung an dieser Stelle bildet in J-C 78.1/2 eine Ausnahme (siehe aber weiter unten den Wandel in der Modulation, der sich in J-C 78/3 anbahnt); in J-C 78.1/1 verläuft der gesamte Abschnitt über einem Dominantorgelpunkt, in der Schlußbildung (T. 65/66) geht die Tonika als Quartsextakkord der V. Stufe voraus[55]. Bei der inhaltlichen Ausgestaltung kann auf vorangestelltes Material (R 1, S 1) zurückgegriffen werden, oder die musikalische Substanz ist vorwiegend neu; im Ensemble-Konzert J-C 76/1 ist die Wiederaufnahme des Solothemas (vom Ritornellhauptgedanken abweichend) in der Grundtonart, wobei es am Ende zur V. Stufe geleitet wird, vorzufinden. Den Abschluß des Tonikabereichs markiert unter Verwendung von Ritornellmaterial ein Tutti-Einwurf (in J-C 73.1/2 wird das Ritornellincipit auf der V. Stufe aufgenommen, in J-C 76/1 die Erweiterung vom Ende des Ritornellthemas). In Konzerten der 1760er Jahre schließen beide Abschnitte im Tonikabereich des Soloteils mit einem Tutti (J-C 76/1, J-C 73.1/2; früher schon in J-C 73/1); in J-C 78.1/1 erhält das Solothema eine schwächere Markierung – der Schlußwendung in der Solovioline (T. 60) wird in den Violinen I und II das Ritornellincipit unterlegt –, den stärkeren Tutti-Einwurf erhält der zweite Gedanke[56]. Eine Generalpause am Ende des

---

[55]. Diese Schlußformel tritt auch bei Haydn und Wagenseil auf, siehe BUDDAY, Wolfgang. *Grundlagen* (a.a.O., siehe Anm. 35), S. 36, Notenbeispiel 13 (zu den verschiedenen Formen des «Quintabsatzes», die zum Tonikabereich gehören, siehe S. 31-37).

[56]. Keine Tutti-Markierung haben die beiden Abschnitte der Tonikaebene in J-C 78.1/2 und J-C 78/2.

Tonikabereichs kommt in J-C 78.1/1 vor, in J-C 76/1 wird sie in der Oberstimme überspielt[57]. – Das 1766 gedruckte Konzert in B J-C 78 deutet darauf hin, daß Sammartini in der Spätzeit bei der Modulation auch neue Wege geht. Im 3. Satz bahnt sich im zweiten Gedanken des Tonikabereichs in harmonischer Hinsicht ein Wandel an. Der Abschnitt steht nicht mehr wie üblich eindeutig in der Grundtonart, sondern berührt über einen wiederholten Stufengang (I₆–IV–IV♯–V) den Leitton der Quinttonart. Die Schlußformel verläuft über einem Dominantorgelpunkt, wobei als Antepenultima die Tonika im Quartsextakkord und als Penultima die VI. Stufe mit großer Sexte erklingen; der abschließende Tutti-Einwurf zitiert den Ritornellanfang in quinttransponierter Lage. Im 1. Satz wird die modulierende Erweiterung des Ritornellthemas am Ende des Solothemas in leicht gekürzter Form als Tutti-Einwurf wiederholt und zu einer Dominantkadenz geführt (V³ | I⁸; die Tonikaebene hat keinen zweiten Sologedanken). In diesen zwei Sätzen erscheint die Modulation sozusagen «vorverlegt», sie findet nicht wie üblich im Übergang statt (das heißt in einem Abschnitt, der tonal, bzw. durch seine Schlußformel, dem Dominantbereich angehört, siehe die folgenden Ausführungen), sondern bereits im zweiten Abschnitt des Tonikabereichs bzw. wird (wie im Ritornell) dem Eröffnungsthema als Tutti-Einwurf angegliedert – hier scheint sich im Solo ein Wandel in der Modulation zu vollziehen, der möglicherweise von der Gestaltung der Tonikaebene der ersten Ritornellhälfte ausgeht[58].

Nach dem Solothema bzw. nach dem zweiten Abschnitt des Tonikabereichs folgt der Übergang zur Dominante; er schließt auf der V. oder I. Stufe der neuen Tonart, also mit einer Zäsur, die im Dominantbereich liegt. In den Werken der 1760er Jahre umfaßt diese Partie einen Abschnitt, der zweiteilig angelegt sein kann, oder mehrere, gewöhnlich zwei, klar getrennte Abschnitte. Verknüpfungen besonders mit den modulierenden und rückmodulierenden Taktgruppen des Ritornells treten auf, oder es dominiert neues Material. In manchen Sätzen fällt der Beginn mit einer lang ausgehaltenen Note, einer Halben, auf[59], oder der Beginn des Solothemas (mit dem Ritornellanfang verknüpft oder davon

---

[57]. Zur Ausweitung der Tonikaebene auf zwei Abschnitte siehe auch Haydns Violinkonzerte: Zäsurenfolge TI–TI in Konzert A-Dur, 3. Satz (T. 57, 69), TI–TV in den Konzerten C-Dur, 1. Satz (T. 47, 55/1. Schlag – das gliedernde Tutti, modulierend, tritt ähnlich wie bei Sammartini in J-C 78.1/1 erst am Ende des zweiten Gedankens auf), A-Dur, 1. Satz (T. 35, 39/40), und G-Dur, 3. Satz (T. 57, 66). Bei Mozart siehe z.B. KV 218/1, T. 42-56/57, 57/58-65, Zäsurenfolge TI⁸–TV. Anstelle eines zweiten Abschnittes, der zur V. Stufe strebt, erfährt das Solothema in KV 211/1 eine Erweiterung, die zu diesem Ziel führt: In T. 28/N ist die I. Stufe erreicht, die nachfolgende Taktgruppe, T. 28-30, bestätigt zuerst die Tonika, bevor sie die V. Stufe ansteuert.

[58]. Einwirkungen aus der Sinfonia sind ebenfalls denkbar, siehe Sinfonie J-C 62/1, T. 11-13 und J-C 26/1, T. 8-17 in *Giovanni Battista Sammartini: Ten Symphonies* (a.a.O., siehe Anm. 1), S. 4(120) bzw. 4(170)f.

[59]. Zum Beispiel: J-C 73/1; J-C 78.1/1; J-C 77.2/3, T. 37. Siehe auch Haydn, Konzert in A, 3. Satz, T. 70;

abweichend) wird erneut zitiert. Im Anschluß an die vollzogene Modulation kommt in einigen Außensätzen virtuose Figuration vor; fremde Tonstufen werden berührt, z.B. über Fonte-Sequenzen VI–V. Angestrebte Stufen können mit Ritornellmaterial hervorgehoben werden.

    In Konzert J-C 73.1/1 ist der Übergang zweiteilig (T. 31/32-38, 38-44/N). Teil 1 vollzieht die Modulation und strebt zur WD, die mit einem Orgelpunkt, abgeleitet von einem Tonikaorgelpunkt des Ritornells (T. 23/24), gefestigt wird. Der Orgelpunkt schafft zugleich, ohne größere Unterbrechung des musikalischen Flusses, die Überleitung zum zweiten, aus virtuoser Figuration gebildeten Teil. Dieser verläuft in der neuen Tonart und strebt am Ende über die Sequenz Tp–D (Fonte der Quinttonart) zu DI^3; der Schluß ist mit dem Beginn des folgenden Abschnittes verschränkt (siehe Notenbeispiel 3, T. 44/N). Eine zweiteilige Gliederung erhält der Übergang auch im 3. Satz des Konzertes. Der Abschnitt beginnt dort mit der Taktgruppe des Ritornells, die Übergangsfunktion hat, dabei wird sie von fünf auf sechs Takte verlängert und zur V. Stufe der neuen Tonart geleitet (siehe T. 63-68 und 9-13). Der Sechstakter bildet den ersten Teil des Übergangs, in dem die Modulation durch das Anstreben der WD vollzogen wird. Der zweite Teil (T. 69-82), eine virtuose Partie gebildet aus Sechzehntelfiguration und großen, effektvollen Sprüngen kombiniert mit fallenden Skalengängen, steht, abgesehen von einer kurzen Rückkehr zur Tonika (T. 71-73), in der neuen Tonart und schließt mit DI^{3-2-1}; abweichend vom 1. Satz wird im 3. Satz die Schlußbildung in der Solostimme deutlich ausgeformt. In beiden Außensätzen erhält der Übergang zwei Schlußbildungen der neuen Tonart in der Folge WD–D, wobei am Ende die volle Kadenz gemieden wird. – Die Ausweitung des Dominantbereichs, wobei eine längere, zumeist aus Figuration gebildete, technisch anspruchsvolle Partie des Solisten zwischen Modulation und kadenzierendem Schlußgedanken steht (der Ambitus der Hauptstimme erhält in einigen Fällen in diesem Soloabschnitt seine größte Ausdehnung im oberen Bereich), reicht bei Sammartini bis in die frühe Schaffensperiode zurück, siehe J-C 74/3, T. 86-101. In einem Werk der mittleren Periode, Ensemble-Konzert J-C 73/1, treten am Ende der Modulation und des virtuosen Abschnittes unisono-Markierungen auf. In dem späten Konzert in Es J-C 73.1/1/3 vollzieht sich, wie oben gezeigt, eine Annäherung zwischen Modulationsabschnitt und virtuoser Partie, die zu einem zweiteiligen Übergang führt. Im 1. Satz ist dabei durch die Markierung der WD mit Ritornellmaterial noch erkennbar, daß zwei Abschnitte aufeinandertreffen, im 3. Satz entfällt diese Markierung, der modulierende erste Teil, relativ kurz gehalten, gewinnt durch die Wiederaufnahme der Übergangspartie des Ritornells melodisches Profil, der virtuose Teil fällt wesentlich länger aus. In beiden Sätzen wird der Übergang, zentraler Abschnitt in S 1, zur ausgedehntesten und zugleich gewichtigsten Partie des

---

Mozart, KV 207/1, T. 32; KV 216/1, T. 51. Ein so markanter Beginn beschränkt sich allerdings nicht nur auf die Überleitung.

Formteils[60]. (Die Gestaltung des Soloteils im späten Ensemble-Konzert in Es J-C 73.2/1 läßt noch eine andere Entwicklung der virtuosen Partie für denkbar erscheinen, siehe dazu die Ausführungen weiter unten).

Im langsamen Satz des Konzertes J-C 73.1 erfährt nicht nur der Tonikabereich eine Ausweitung, sondern auch die Überleitung. Unmittelbar nach dem zweiten Gedanken in der Tonika folgt nicht, wie erwartet, die Modulation, sondern ein Orgelpunkt auf der V. Stufe (T. 27/28-30), der vorbereitende Funktion hat und als Vorspann der Modulation vorausgeht (die Grundtonart ist im Quartsextakkord noch deutlich fühlbar). Erst in einem zweiten Abschnitt, T. 30-35, wird die Modulation eindeutig vollzogen und mit einer Zäsur auf der I. Stufe der Zieltonart beendet (DI$^{4-3}$ – durch Stimmenkreuzung zwischen Solovioline und Vl. 1 abgeschwächte Schlußformel). Der folgende Abschnitt, T. 35-39, greift auf Ritornellmaterial zurück: Eine Taktgruppe, die im Ritornell zuerst im Dominantbereich modulierend und anschließend als Rückmodulation aufgetreten war, wird vom Orchester in der Quinttonart eingeführt – die Solovioline spielt eigenes Material – und mit einem fallenden Fonte Tp–D (eine Sequenz, die auch in der virtuosen Partie des 1. Satzes vorkommt) kombiniert. Der Abschnitt endet wie die vorausgegangene Modulation auf der I. Stufe der Quinttonart (DI$^{3-5}$). – In harmonischer Hinsicht stehen die Takte 35-39 einem Abschnitt des Übergangs nahe, durch die Einführung einer Taktgruppe aus dem Dominantbereich des Ritornells zeichnet sich aber bereits eine Position für die Einführung des gemeinsamen Seitenthemas ab, siehe dazu weiter unten J-C 77.2/1.

In allen drei Sätzen des Konzertes J-C 73.1 folgt der abschließende Kadenzbereich. Er umfaßt zwei Kadenzgruppen in der Dominante, wobei zuerst die Kadenz gemieden und erst am Schluß korrekt ausgeführt wird. In den Außensätzen erklingt die Schlußgruppe zweimal (1. Satz: T. 44-49/N, siehe Notenbeispiel 3; 3. Satz: T. 86-98/N): Nachdem zuerst die korrekte Auflösung der Kadenz gemieden wird (1. Satz, T. 46/N: Terzlage in der Oberstimme; 3. Satz, T. 92/N: Stimmenkreuzung zwischen Solovioline und Vl. 1), folgt im 1. Satz nach einem Zwischentakt die notengetreue Wiederholung, im 3. Satz ist die Wiederholung variiert, dabei wird eine Trugschlußwendung ausgelassen und der Kadenzvorgang gedehnt (vgl. T. 88 und 94 bzw. T. 91 und 96/97). Im Schlußsatz erhält dieser

---

[60]. Die Gliederung des Übergangs in zwei Teile ist auch in Haydns Violinkonzerten nachzuweisen. Einen in Sammartinis Konzert J-C 73.1/3 ähnlichen Übergang erhält der 3. Satz des G-Dur-Konzerts: Der Abschnitt moduliert im ersten Viertakter (T. 66/67-70) zur Dominante, wobei er auf den Übergang des Ritornells (T. 19/20-23) zurückgreift (Incipit und Schluß in leicht abgewandelter Form werden übernommen), der umfangreichere zweite Teil (T. 70/71-81), vorwiegend aus Figuration gebildet, strebt zur Dominantkadenz (siehe auch die Überleitung im 1. Satz, T. 25-27, 27/28-37 und in Konzert C-Dur, 1. Satz, T. 57-65, 66-81 – durch unisono-Führung der Orchesterstimmen in T. 65 klar gegliedert). Mozart greift diese bei Sammartini und Haydn bereits vorgebildeten Modelle in seinen Violinkonzerten auf (KV 207/1, T. 32-36, 36/37-48; KV 218/1, T. 66-73, 74-86; KV 211/1, T. 30/31-34, 34-39 – durch einen Orchestereinwurf in T. 34 untergliedert). – Die virtuose Partie, die bei Haydn und Mozart zu einer Kadenz auf der Dominante führt, kann auch bei Sammartini mit einer so starken Schlußformel enden; die Zäsurenfolge DI^3–DI^8 der beiden Teile erscheint ebenso möglich, worauf die zwei Abschnitte im Dominantbereich von J-C 72.1/1 hindeuten.

Bereich durch Rückbeziehungen auf das Eröffnungsritornell in der Ausarbeitung mehr Gewicht: Der Anhang aus der Dominantebene des Ritornells erscheint im Orchester, die Solovioline erhält eigenes Material (T. 82-86), und leitet die Kadenzgruppen ein. Im Anfangssatz hingegen fallen die beiden Kadenzgruppen sehr kurz aus und folgen dem Übergang unmittelbar nach.

NOTENBEISPIEL 3: Konzert in Es, J-C 73.1, 1. Satz, Solo 1, Takte 44-49

In der musikalischen Substanz verschieden sind die Kadenzglieder im 2. Satz. Der Abschnitt beginnt mit einer knapp gehaltenen Anfangswendung, das zweite Glied fällt länger aus und schließt korrekt auf der Dominante (T. 39/40, in T. 40 in der Oberstimme korrekte Kadenzauflösung gemieden; T. 40/2. Hälfte-43/N). Ritornellmaterial im Orchestersatz (T. 39, Vl. I und II) und markante Eröffnung in der Oberstimme heben den Kadenzbereich vom vorausgegangenen Abschnitt deutlich ab.

Die kadenzierenden Schlußgruppen, die in der Sonatenhauptsatzform im Anschluß an das Seitenthema folgen, bilden sich davon unabhängig heraus, bzw. können ohne ein solches auftreten, in diesem Konzert folgen sie in den Außensätzen nach dem Übergang (siehe auch J-C 71-Version A/B/2, T. 37-42/N). – Zum einen treten sie in den späteren Werken, wie in diesem Konzert, an die Stelle des kadenzierenden Schlußgedankens. In der Ausarbeitung erhalten sie durch Rückbeziehungen auf Material des Ritornells besondere Hervorhebung, siehe oben die eröffnende Taktgruppe in J-C 73.1/3 (T. 82-86) und weiter unten die Ausführungen zu J-C 77.2/1, Notenbeispiel 5, und J-C 77.2/2. Zum anderen bilden sie sich als Erweiterung des kadenzierenden Schlußgedankens (bzw. des zweiten Themas) heraus. In Notenbeispiel 4b ist die erste Kadenzgruppe T. 46-48/N Schlußglied des Abschnittes, sie ist zur Vollständigkeit bzw. zur Geschlossenheit des Gedankens notwendig, die zweite Kadenzgruppe ist bestätigende Erweiterung (ein früheres Beispiel hierfür findet sich in J-C 73/1). In Notenbeispiel 6 dagegen beginnt sich der Gedanke von den Kadenzgruppen T. 51ff. zu lösen, Näheres dazu weiter unten.

Bereits in Konzerten der frühen und mittleren Periode können zwischen Ritornell 1 und Solo 1 diverse Verknüpfungen auftreten, ohne daß es zur Ausbildung eines gemeinsamen zweiten Themas, das zuerst im Ritornell und danach im Solo in der Dominante steht, kommt. Mit dem Regensburger Konzert in B, J-C 78.1, zeichnet sich ab, daß gegen 1760, bzw. seit der zweiten Hälfte der 1750er Jahre, verstärkt Taktgruppen aus dem Dominantbereich und aus der Rückmodulation des Ritornells Eingang ins erste Solo finden (in allen drei Sätzen nimmt das Solo am Beginn das Ritornellhauptthema auf). In den Außensätzen wird in einem Abschnitt zwischen Modulation und Kadenzpartie auf Material der Ritornell-Rückmodulation zurückgegriffen[61], im Mittelsatz nimmt die Modulation selbst Bezug auf die Ritornell-Rückmodulation (zwischen Übergang und Kadenzpartie steht im Solo kein weiterer Gedanke in der Dominante). Der Dominantabschnitt des Ritornells wird im 2. und 3. Satz aufgenommen. Im 3. Satz hat er zwei Taktgruppen, wobei die Anfangsgruppe den Ritornellbeginn auf der V. Stufe leicht verändert wiederholt, die Schlußgruppe führt neues Material. Im Solo greift die Modulation (T. 52-63) diesen Abschnitt auf, sie beginnt mit der Anfangsgruppe (Incipit) und endet mit der Schlußgruppe, dazwischen steht virtuose Figuration[62]. Im langsamen Satz des Konzertes zeichnet sich im Solo eine andere Position für das gemeinsame Seitenthema ab. Die auf Imitation basierende Eröffnung des Dominantabschnitts (ein Orgelpunkt) erscheint im kadenzierenden Schlußgedanken (vgl. Notenbeispiel 4a, T. 9ff. und 4b, T. 43ff.; ab T. 48ff. bestätigende Erweiterung)[63].

---

[61]. Im Anfangssatz (T. 80-88) wird auf den Anfang und auf die Mitte der Rückmodulation Bezug genommen (danach folgt noch ein Orgelpunkt aus der Tonikaebene der zweiten Ritornellhälfte), im 3. Satz (T. 63/64-71) sind es die als Überleitung fungierenden Schlußtakte.

[62]. Das Ritornellincipit eröffnet demnach in diesem Satz den Dominantabschnitt des Ritornells, im Solo den Anfangsgedanken und den nachfolgenden Übergang. Diese Verknüpfungstechnik, die in früheren Werken primär im Ritornell (J-C 71-Version B/3, J-C App. D-81.2/3) oder im Solo (J-C 74/2, J-C 71-Version A/B/2, J-C 71-Version A/3) vorzufinden ist und nun in beiden Formteilen vorkommt, wird von Haydn später im 1. Satz seines Konzertes für Cembalo oder Hammerklavier D-Dur, Hob. XVIII:11, zum Monothematismus weitergeführt, siehe STEINBECK, Wolfram. 'Die Konzertsatzform bei Haydn', in: *Traditionen – Neuansätze. Für Anna Amalie Abert (1906-1996)*, hrsg. von Klaus Hortschansky, Tutzing, Hans Schneider, 1997, S. 641-662: 658ff.

[63]. Schon in zwei relativ frühen Konzerten findet man bei Sammartini Verknüpfungen zwischen den auf der Dominante kadenzierenden Abschnitten, J-C 74/1 (vgl. T. 70/71 und 11-13) und J-C 75/2, das Profil eines Seitenthemas haben sie noch nicht. Deutlich an motivischer Prägnanz gewinnt dieser Gedanke im Ensemble-Konzert J-C 73/1.

NOTENBEISPIEL 4a: Konzert in B, J-C 78.1, 2. Satz, Ritornell 1, Takte 9-15

Das Regensburger Konzert in B macht besonders deutlich, daß bei einer engeren Verknüpfung von R 1 und S 1 die Stellung der beiden Ritornellabschnitte im Solo zunächst verschieden sein konnte. Die Rückmodulation des Ritornells tritt nach der Modulation des Soloteils auf, kann diese aber auch selbst eröffnen. Der Dominantabschnitt, der sich allmählich zu einem Seitenthema profiliert, erscheint im kadenzierenden Schlußgedanken, kann aber auch in der Modulation auftreten. Etwas später, in dem 1762 komponierten Konzert J-C 73.1/2/3, werden, wie oben gezeigt, Taktgruppen aus dem Dominantbereich (bzw. aus Dominantbereich und Rückmodulation) mit neuer Oberstimmenmelodik in einem Abschnitt vor dem Kadenzbereich aufgenommen (2. Satz) oder dem Kadenzbereich als Einleitung vorangestellt (3. Satz).

Eine klare Position der beiden Ritornellabschnitte im Solo zeichnet sich in dem 1764 komponierten Konzert J-C 77.2 ab. Im Anfangssatz nimmt die Modulation (T. 41-51) zunächst Bezug auf den Übergang des Ritornells (vgl. T. 44/45 und 11/13), der folgende Abschnitt (T. 51-56) beginnt mit der Rückmodulation im Orchester (in quinttransponierter Lage, wobei die Schlußformel ausbleibt, vgl. T. 21-23 und 51-53) – die Solovioline erhält eigenes Material – und schließt mit einem Orgelpunkt auf der neuen Dominante; beide Abschnitte, Modulation des Soloteils und Rückmodulation des Ritornells, enden auf der

NOTENBEISPIEL 4b: Konzert in B, J-C 78.1, 2. Satz, Solo 1, Takte 43-51

WD. Anschließend folgt das Dominantthema des Ritornells in verkürzter Gestalt: nur die *forte*-Gruppen werden übernommen – zuerst vollständig, danach durch Inversion der Motivik leicht verändert und um die kadenzierende Schlußerweiterung gekürzt (vgl. T. 14-21/N und 56-60/N) –, und zwar v o r der kadenzierenden Schlußpartie. Durch die Aufnahme der Ritornellabschnitte in umgekehrter Reihenfolge scheint eine Zuordnung der Rückmodulation zum Übergang beabsichtigt. Das im Solo gekürzte zweite Thema erhält, durch seine Harmonik – über rasche Stufengänge im Baß wird sehr schnell die Dominantkadenz angestrebt –, durch seine melodisch-rhythmische Gestalt, klare Schlußwirkung. Bei der Ausgestaltung der abschließenden Kadenzpartie, Notenbeispiel 5, führt Sammartini eine Neuerung ein, wodurch zweites Thema und kadenzierender Schluß klar abgegrenzt sind: Die Erweiterung des Ritornellhauptthemas wird zuerst im Orchester eingeführt, die Wiederholung der Motivik obliegt dem Solo (vgl. T. 6-8/N und 60-62/1. Schlag); danach endet der Soloteil mit einer breit angelegten Kadenz auf der Dominante. – Eine solche Aufspaltung der Ritornellmotivik zwischen Orchesterstimmen und Solo am Beginn der Kadenzpartie scheint erst um die Mitte der 1760er Jahre aufzukommen, da sie lediglich in diesem Konzert und in J-C 78 auftritt.

NOTENBEISPIEL 5: Konzert in A, J-C 77.2, 1. Satz, Solo 1, Takte 60-64

Im langsamen Satz des Konzertes hat der Übergang zwei Abschnitte (T. 15/16, 17-20) mit der Zäsurenfolge DI$^{4-3}$–WD. Der sehr kurz konzipierte erste Abschnitt moduliert und greift das Incipit von S 1(/R 1) auf (Note 1-3; vom Tutti-Einwurf, T. 14, vorbereitet), im zweiten, die neue Tonart festigenden Abschnitt sind leichte Verknüpfungen mit R 1 vorhanden (vgl. T. 19/Schlag 1 und 3 mit T. 1/Schlag 3), und der Skalengang in T. 19/Schlag 4 ist bereits im Modulationsabschnitt in T. 15 zu hören; Anhaltspunkte, daß es sich hier um das Seitenthema handeln könnte, sind nicht vorhanden, der Abschnitt erscheint weder im Ritornell noch in der Reprise. Den Beginn des Kadenzbereichs markiert der Orchestersatz mit Ritornellmaterial (Vl. 1), ähnlich wie in J-C 73.1/2. Er umfaßt eine zweigliedrige Partie (T. 21/22, 22/6. Achtel–26/N), die auf die vorausgehende Markierung, siehe T. 20/21 und 22, bzw. auf das Eröffnungsritornell zurückgreift – es entsteht eine ähnliche Verknüpfung wie im 1. Satz: Ritornellmaterial erklingt zuerst im Orchester und anschließend, nach einer anfänglichen Abweichung, in der Solostimme.

Im 3. Satz eröffnet die Überleitung mit dem Baßgang *a–gis–dis–e*, der in R 1 am Ende des Hauptgedankens moduliert (T. 6/7) – der Baßgang erscheint oktavversetzt in gedehnter

Gestalt, zunächst in Vl. II, am Ende verdoppelt in Vla./B. (*a*‿*gis*‿*dis*‿*e'*/*e*, T. 37-40). In melodischer Hinsicht entstehen im Verlauf der Modulation nur lockere Verbindungen zu vorangestelltem Material, Taktgruppen des Ritornells werden nicht aufgenommen. Der Übergang strebt (wie im 1. und 2. Satz) zur WD (T. 45), eine Ausweitung auf zwei Abschnitte findet nicht statt, die Rückmodulation des Ritornells wird (vorerst) ausgeklammert. Unmittelbar nach der Modulation folgt das «kantable» Dominantthema des Ritornells; in Anlehnung an die Rückmodulation des Ritornells ist es mit einem aus Figuration gebildeten Nachsatz verbunden (Notenbeispiel 6, T. 45/46-51/1. Schlag). Der starke Schlußcharakter, den das Dominantthema des 1. Satzes erhält, fehlt, auch eine volle Kadenz bleibt aus. Zum Abschluß des ersten Solo erklingt eine zweiteilige Kadenzpartie, wobei ein Trugschluß (T. 52/53) der korrekten Kadenzauflösung vorausgeht. – Das Seitenthema bildet sich in diesem Satz i m Schlußgedanken des Soloteils heraus – der Übergang zur Kadenzpartie verläuft fließend (T. 51/Schlag 1), die Verbindung mit den Kadenzgruppen ist enger –, es scheint sich jedoch, anders als im Regensburger Konzert J-C 78.1/2 (Notenbeispiel 4b), durch seinen Umfang bzw. durch seinen zweigliedrigen Aufbau, der ihm Geschlossenheit verleiht, von den Kadenzgruppen abzusetzen.

NOTENBEISPIEL 6: Konzert in A, J-C 77.2, 3. Satz, Solo 1, Takte 45/46-57

Sammartini hat in diesem Konzert offenbar die «optimale» Lösung für die Plazierung der beiden Ritornellabschnitte, Dominantthema und Rückmodulation, gefunden. Wie die Außensätze zeigen, erklingt das zweite Thema in einem Abschnitt vor dem abschließenden Kadenzbereich (dieser hebt sich durch einen Orchestereinwurf ab), oder im Schlußgedanken, wobei es sich von den kadenzierenden Schlußgruppen löst (in beiden Fällen steht es jeweils vor der kadenzierenden Schlußpartie), bei gleichzeitiger Wiederaufnahme der Rückmodulation stehen beide Abschnitte in der Folge Rückmodulation–Dominantthema zwischen Modulation des Soloteils und Kadenzpartie. Die Rückmodulation erscheint dem Übergang zugeordnet, dabei erfährt dieser eine Ausdehnung auf zwei Abschnitte (ohne Inversion müßte die Rückmodulation im Seitensatz im Anschluß an das Seitenthema folgen); eine andere Position für die Rückmodulation des Ritornells zeichnet sich in Solo II ab, siehe hierfür den entsprechenden Abschnitt weiter unten. In den langsamen Sätzen der Konzerte in Es und A (J-C 73.1 und J-C 77.2) wird der Beginn des

Kadenzbereichs mit Ritornellmaterial im Orchestersatz kenntlich gemacht (T. 39 bzw. T. 20/21), die Ausweitung der Dominantebene ist ein Merkmal der Spätzeit, in früheren Werken steht gewöhnlich kein weiterer Abschnitt zwischen Übergang und Kadenzpartie – im langsamen Satz der *Sinfonia concertata*, dessen erstes Solo eine ähnliche Gliederung wie jenes im Mittelsatz des A-Dur-Konzertes erhält, zeichnet sich die Entstehung eines Seitenthemas über einem Orgelpunkt im Schlußgedanken ab (T. 26-29/N; in der Reprise ist der Gedanke in der Tonika vorhanden, das kurze Eingangsritornell hat kein zweites Thema); die Entstehung eines Seitenthemas vor dem Kadenzbereich bzw. vor der gliedernden Orchestermarkierung erscheint auch in langsamen Sätzen möglich (J-C 73.1/2). Die Einführung von Ritornellmaterial im Orchestersatz, wobei die Solovioline mit eigenem Part hervortritt (die Oberstimme des Ritornells entfällt oder bleibt erhalten), kommt in den überlieferten Konzerten vor allem in den 1760er Jahren vor[64] – dieses Verfahren, dem Mozart in KV 219/1 besondere Bedeutung zukommen läßt, indem er es an herausgehobener Position am Beginn des ersten Solo bei der Einführung des Hauptthemas einsetzt, findet demnach schon früher Eingang ins Solokonzert[65]. Zukunftsweisend in Sammartinis A-Dur-Konzert ist die Einführung eines gemeinsamen zweiten Themas in Ritornell und Solo; dabei bilden sich hierfür im Solo zwei unterschiedliche Positionen heraus. – Diese Positionen erhält das gemeinsame Seitenthema später auch bei Mozart. Es zeichnet sich die Entstehung sowohl hinten im Schlußgedanken des Soloteils ab, wobei es sich von den Kadenzgruppen absetzt (KV 211/1, T. 39/40ff., T. 48ff.; KV 314/1, T. 78ff., T. 90ff.), als auch davor (KV 219/1, T. 80/81-97; KV 216/1, T. 74-81) – durch letzteres ist offenbar die Möglichkeit zu einer stärkeren Ausarbeitung der Kadenzpartie geschaffen: In KV 216/1 wird wie von Sammartini in J-C 77.2/1/2 am Beginn, T. 81ff., Ritornellmaterial zuerst im Orchester und anschließend in der Solostimme präsentiert.

Daß sich bei Sammartini zwischen Ritornell und Solo in den 1760er Jahren, bzw. nach ca. 1755, ein gemeinsames zweites Thema in der Dominante erst herausbildet, zeigen auch die übrigen Konzerte jener Zeit. Im Anfangssatz von J-C 78, dessen erstes Solo in der Gliederung und in der Verknüpfung mit R 1 Parallelen zu J-C 77.2/1 erkennen läßt, wird aus dem Dominantabschnitt des Ritornells eine zweitaktige *piano*-Gruppe über dem Stufengang I–VII | VI–V | I in variierter Gestalt übernommen[66], im dritten Satz

---

[64]. Vgl. auch den Hauptgedanken in dem sehr früh entstandenen Konzert J-C 69/1, T. 1-8 und 54-61.

[65]. Im 1. Satz des Konzertes für Cembalo F-Dur, Hob. XVIII:3, übernimmt Haydn die Ritornell-Rückmodulation im Orchester an einer Stelle des Soloteils, an der das Seitenthema erwartet wird (siehe STEINBECK, Wolfram. *Konzertsatzform* - a.a.O., siehe Anm. 62 -, S. 658), der Solist erhält keinen eigenen Part.

[66]. Sammartini nimmt nur die mittlere Taktgruppe (wiederholter Eintakter) des insgesamt drei Taktgruppen umfassenden Dominantabschnittes auf, ein klares Themenprofil fehlt. Nach einer eintaktigen Einleitung, in der die Motivik zwischen Orchester und Solist wie im 1. Satz des A-Dur-Konzertes J-C 77.2 aufgespalten wird, folgt die Kadenzgruppe (wiederholter Eintakter). In einem vergleichbaren Fall in KV 216/1 löst Mozart eine Taktgruppe aus einem zweigliedrigen Abschnitt des Ritornells heraus und verbindet sie im Solo mit einer neuen (ebenfalls kadenzierenden) Taktgruppe (vgl. T. 19-26 und 74-81), bevor die kadenzierende Schlußpartie einsetzt.

wird Material des Dominantabschnittes modulierend (zur WD) und rückmodulierend (zur D) eingesetzt, in einem weiteren Satz, Ensemble-Konzert J-C 76/1, wird nur die Rückmodulation (ohne neue Oberstimmenmelodik) aufgenommen, sie erscheint zwischen Modulation und Schlußpartie. Im Wolfenbütteler Ensemble-Konzert in Es, J-C 73.2, das wohl späteste unter den vorliegenden Werken, erhält das Solo des 1. Satzes eine ähnliche Gliederung wie in den Außensätzen des Konzertes in Es J-C 73.1, wobei alle Stationen mit Ritornellmaterial markiert sind: das Solothema beginnt mit einem neuen Viertakter (*dolce*), in dem die Oboen I und II solistisch hervortreten (Oboe II spielt die Motivik der ersten Oboe im Abstand von zwei Takten nach), das *forte*-Schlußglied wiederholt das erste Schlußglied des Ritornellthemas (der zweigliedrigen *piano-forte*-Erweiterung vorausgehend, siehe weiter oben); die Modulation greift den Soloanfang auf und strebt zur WD, ein Tutti-Einwurf aus dem Übergang des Ritornells festigt die WD; die virtuose Partie, ausgeführt von der Solovioline, strebt zur Kadenz auf der Dominante, diese bestätigt ein Tutti, das den Dominantabschnitt des Ritornells eröffnet – zugleich ist die über einem Orgelpunkt imitatorisch konzipierte *piano*-Taktgruppe Einleitung der Kadenzpartie; die abschließende Kadenzpartie wird vom Solo ausgeführt. In diesem Satz alternieren folglich Solo- und Tuttiabschnitte, ohne daß es zur Ausbildung eines gemeinsamen zweiten Themas in der Dominante kommt. Der «Hauptgedanke» im Dominantbereich des Soloteils ist die virtuose Partie der Solovioline, das «Dominantthema» des Ritornells, der eröffnende Orgelpunkt, ist Bestätigung und Vorbereitung. Die Art der Verknüpfungen, die in diesem Satz zwischen Ritornell und Solo entstehen, deuten darauf hin, daß sich die virtuose Partie – anders als in den Außensätzen von J-C 73.1, wo sie enger an die Modulation gekoppelt ist – auch zu einem Seitenthema des Soloteils, dem das Seitenthema des Ritornells nachgestellt wird, entwickeln könnte[67]. In diese Richtung weist Mozarts Konzert KV 216/1, wo zwei profilierte Themen in der Dominante in der Folge Solo-Seitenthema–Ritornell-Seitenthema auftreten (T. 64-74/N, 74-81/N); die Gestaltung des Solo-Seitenthemas – motivisch prägnantes Anfangsglied gefolgt von Figuration – erinnert an Sammartinis Seitenthema im A-Dur-Konzert J-C 77.2/3 (Notenbeispiel 6)[68]. Ob sich der virtuose Teil bei Sammartini im Solokonzert auch tatsächlich zu einem von R 1 unabhängigen Seitenthema entwickelt, muß jedoch aufgrund fehlender Werke aus der Zeit nach 1766

---

[67]. Daß sich Abschnitte bei Sammartini in verschiedene Richtungen entwickeln können, zeigen die Eingangsritornelle (siehe weiter oben).

[68]. Die Interpretation des Abschnittes T. 64-74/N bei Mozart ist nicht einhellig, siehe dazu die Gliederung des Soloteils in KV 216/1 bei Küster, Konrad. *Formale Aspekte* (a.a.O., siehe Anm. 41), S. 96ff., wo diese Partie abweichend von der hier vertretenen Auffassung dem zweiten Modulationsbereich zugeordnet wird. (Das Solo in J-C 77.2/3 macht deutlich, daß ein Abschnitt mit einem Schluß auf der WD – von Mozart in KV 216/1 durch ein Tutti, T. 63/64, hervorgehoben – den Eintritt des Seitenthemas ausreichend vorbereiten kann.) Differenzierter die Darstellung bei Schmid, Manfred Hermann. *Orchester und Solist* (a.a.O., siehe Anm. 41), S. 53.

offenbleiben. – In Haydns Violinkonzerten zeichnet sich wie bei Sammartini in Ritornell I und Solo I die Entstehung eines gemeinsamen zweiten Themas in der Dominante ab. Während das C-Dur-Konzert, das wohl früheste Werk, in den Außensätzen noch kein solches Thema aufweist, zeigt das G-Dur-Konzert im 3. Satz Verknüpfungen zwischen kadenzierendem Schlußgedanken des Soloteils und kadenzierendem Dominantabschnitt des Ritornells, ähnlich wie sie bei Sammartini im Mittelsatz des Regensburger Konzertes in B auftreten – dabei hat der Abschnitt, T. 81/82ff., durch den mehrmaligen Wechsel zwischen den Hauptstufen der neuen Tonart deutlich die Zieltonart bestätigende Wirkung, also den Charakter eines Anhangs, nicht den eines Seitenthemas (für die Verknüpfungen zwischen Ritornell und Solo siehe T. 23/24-27/N und 81/82-85/N, T. 27/28 und 89/90 sowie den Baßgang T. 28-30 in der kadenzierenden Erweiterung T. 94-96). Wesentlich profilierter, und sowohl im Ritornell als auch im Solo vom kadenzierenden Schluß klarer abgegrenzt, ist der Gedanke im 1. Satz des Violinkonzertes in A-Dur, vgl. T. 9-15/5. Achtel und 53-59/Schlag 2; aufgrund der dominierenden Sechzehntelfiguration erhält das «zweite Thema», im Ritornell eine *piano*- und *forte*-Partie umfassend, bei Haydn «instrumentalen» Charakter.

ZUSAMMENFASSUNG

In Sammartinis früher und mittlerer Kompositionsphase bildet sich im Konzert am Anfang des Eingangsritornells und des ersten Soloteils ein klar konturierter, aus mehreren Taktgruppen geformter Hauptgedanke heraus; Verknüpfung oder motivische Unabhängigkeit zu Beginn (wobei ersteres größere Bedeutung erlangt) sind möglich. Zudem bilden sich im ersten Solo Gliederungs- und Modulationsmodelle heraus, die die Grundlagen für die Sonatenhauptsatzform(en) der späteren Klassik schaffen – die Ausweitung der Dominantebene auf mehrere Abschnitte in früheren Werken geht der Entstehung des Seitenthemas voran bzw. scheint sie im Konzert erst möglich gemacht zu haben[69]; des weiteren führt sie, durch das Auftreten eines Seitenthemas immer deutlicher erkennbar, zur Ausbildung eines mehrgliedrigen Übergangs (diese Mehrgliedrigkeit des Übergangs im Dominantbereich läßt mitunter die Bestimmung eines vom Ritornell

---

[69]. Der 1. Satz des Oboenkonzertes in G-Dur von «Martini» in Dresden, *SLUB*/Mus. 2763-O-1 (siehe weiter oben), zeigt, daß die Ausweitung der Dominantebene im ersten Solo in Mailänder Konzerten schon sehr früh, wohl in den 1720er Jahren, beginnt (nach der Modulation, die die WD erreicht, wird in zwei längeren Abschnitten jeweils die Dominantkadenz angestrebt; R II setzt überraschend in der Tonika ein). Bei Sammartini fällt sie in Konzerten der 1730er Jahre zunächst vereinzelt und seit der mittleren Schaffensperiode regelmäßig in den Ecksätzen auf (keine Ausdehnung unter den späteren Werken erfährt J-C 72.1/3, wo nach der Modulation sofort zum Schlußgedanken übergegangen wird, und J-C 77.2/3, das nach diesem Abschnitt das gemeinsame Seitenthema einführt); in langsamen Sätzen ist sie, wie schon erwähnt, ein Merkmal der späten Werke.

unabhängigen Seitenthemas schwierig erscheinen, siehe Anm. 68)[70]. Durch die Einführung eines zweiten Themas in der Dominante, das zuerst im Ritornell und danach im Solo erklingt, stellt Sammartinis A-Dur-Konzert von 1764 eine Abkehr vom Konzert der Vorklassik dar, zugleich ist es richtungsweisend für die weitere Entwicklung dieser Gattung. Die Entstehung eines «gemeinsamen» zweiten Themas zwischen Ritornell und Solo ist als Konsequenz einer allmählich enger werdenden Verknüpfung der beiden Formteile in der musikalischen Substanz zu verstehen – die Tendenz, ein eigenes Seitenthema zu etablieren, ist in früheren Werken im ersten Solo durchaus vorhanden (später z.B. in Mozarts Violinkonzert KV 207/3 auch erkennbar, siehe unten Anm. 71), diese Entwicklung scheint jedoch bei Sammartini durch das sich gleichzeitig immer deutlicher abzeichnende Eindringen von Ritornellmaterial ins Solo (vorerst) unterbrochen. Der zur Dominante modulierende Ritornelltypus, den Sammartini seit seiner frühen Kompositionsphase verwendet, erweist sich dabei als «ideal» für die Ausbildung eines Dominantthemas; zugleich stellt er sich als ein sehr wandlungsfähiges Modell heraus. Die Profilierung des Dominantabschnittes, bzw. einzelner Taktgruppen im Dominantbereich, zu einem zweiten Thema zeichnet sich erst in späteren Werken ab, also zu einem Zeitpunkt, wo er verstärkt Eingang in das erste Solo findet. Im Soloteil unterliegt jener Abschnitt, der in den schnellen Sätzen des Sammartinischen Konzertes zwischen Modulation und abschließendem Kadenzbereich steht, in der Regel eine virtuose Partie, einem Wandel: a) der Abschnitt wird enger an die Modulation herangeführt, so daß ein zweiteiliger Übergang entsteht (J-C 73.1/1/3; das Seitenthema des Ritornells folgt nach: Mozart, KV 211/1, T. 39/40ff.)[71]; b) an seine Stelle tritt die Rückmodulation des Ritornells, die Teil des Übergangs wird – das Seitenthema des Ritornells steht im Anschluß (J-C 77.2/1); c) der Abschnitt entfällt, es setzt das Seitenthema des Ritornells ein (J-C 77.2/3); d) der Abschnitt könnte sich zu einem Seitenthema des Soloteils profilieren (bzw. ein vom Ritornell unabhängiges Seitenthema tritt an seine Stelle), das Ritornell-Seitenthema erscheint danach (Ensemble-Konzert J-C 73.2/1; Mozart, KV 216/1, T. 64ff., 74ff.)[72] – die virtuose Partie bleibt aber auch später als

[70]. In der Sinfonia kommen solche Übergänge ebenfalls vor: In J-C 26/3 erhält die Exposition im Dominantbereich einen zweigliedrigen Übergang *piano–forte* (T. 7-10, 11-14, siehe *Giovanni Battista Sammartini: Ten Symphonies* - a.a.O., siehe Anm. 1 -, S. 20(186)); die Schlußformeln des Hauptthemas und des Übergangs sind rhythmisch verknüpft (vgl. T. 6 und T. 14).

[71]. Ein anderes Modell eines zweiteiligen Übergangs findet man in dem Konzert der mittleren Periode J-C App. D-81.2/1: Eine längere, aus Figuration gebildete Partie moduliert und ein kurzer Abschnitt (Orgelpunkt), motivisch prägnanter, bestätigt die Modulation (T. 52-59, 59-64). Später sehr ähnlich Haydn im 3. Satz des C-Dur-Konzertes, T. 51-70, 71-78(/82), und Mozart in KV 207/3, T. 93-107, 107-113. (Während bei Sammartini und Haydn danach die virtuose Partie des Solisten einsetzt, T. 64-72 bzw. T. 83-100/103, profiliert sich bei Mozart ein vom Ritornell unabhängiges Seitenthema, T. 114ff.) Ein weiteres Modell liefert J-C 72.1/3, hier führt der längere, motivische Prägnanz aufweisende erste Teil zur I. Stufe der Quinttonart, der kürzere zweite Teil erreicht mit Figuration die WD (T. 32-37, 38-41); ähnlich Mozart in KV 216/1, T. 51-58, 59-63/64.

[72]. In diese Richtung weist auch das frühere Ensemble-Konzert J-C 73/1. – Das «Vorverlegen» der

eigenständiger Abschnitt zwischen Modulation und Seitenthema des Ritornells erhalten (Mozart, KV 314/1, T. 64-76/77).

Das zweite Ritornell

Mit dem Schlußklang des ersten Soloteils beginnt das zweite Ritornell[73]. Es führt in den vorliegenden Werken von der Dominanttonart über verschiedene (leitereigene) Stufen – T, Sp, Dp, S, D (d), Tp – zu einer Zäsur auf der V. Stufe. Der Formabschnitt endet mit einer schwächeren Schlußformel in der Dominanttonart (reguläre Dominantkadenzen $V^{5/3} \mid I^8$, wie sie in Haydns und Mozarts Violinkonzerten vorkommen, sind selten), oder er leitet zur Haupttonart, wobei gewöhnlich auf der V. Stufe geschlossen wird[74]. Nebentonarten können im Verlauf des Ritornells mit einer klar ausgeformten Zäsurformel bekräftigt werden. Modulierende Ritornelle, die in Werken der frühen und mittleren Schaffensperiode Vorrang haben und vorzugsweise zur III. oder VI., einmal zur II. Stufe führen, treten seltener auf; der Schluß auf der V. Stufe dieser Tonarten scheint nun die reguläre Kadenz zu verdrängen[75]. Das zweite Ritornell ist, wie das Anfangsritornell, in fast allen Sätzen durch

---

Modulation (siehe weiter oben die Ausweitung des Tonikabereichs im Solo) läßt bei Sammartini die Entstehung eines vom Ritornell unabhängigen Seitenthemas auch am Beginn der Dominantebene für möglich erscheinen (somit hätte das Solo ähnlich wie das Eingangsritornell in J-C 77.2/3 ein eigenes Thema an dieser Position); in J-C 78/3 steht an der betreffenden Stelle der melodisch profilierteste Gedanke. Eine weitere Gestaltungsmöglichkeit zeichnet sich in KV 219/1 ab (sie weist Parallelen zum Eingangsritornell in J-C 77.2/1 auf): Nach der Öffnung zur Dominante am Ende des Tonikabereichs (T. 62-74/N) folgt am Beginn der Dominantebene ein kurzer Übergang (T. 74-80), «eine Art Vorspann» (Feil, Arnold. *Anmerkungen zu Mozarts Satztechnik* - siehe unten -, S. 369), der den «Auftritt» des gemeinsamen zweiten Themas wirkungsvoll vorbereitet. (Daß schon bei Sammartini nach der Öffnung zur Quinttonart ein kurzer Abschnitt am Beginn der Dominantebene den Charakter eines Vorspanns annehmen kann, zeigt Sinfonie J-C 26/1, wo eine solche Partie mit kontrastierender Dynamik *piano–forte*, T. 18-24, das «konzertante» Thema, T. 25-36/N, einführt, siehe *Giovanni Battista Sammartini: Ten Symphonies* - a.a.O., siehe Anm. 1 -, S. 5(171)ff.) – Feil, Arnold. 'Anmerkungen zu Mozarts Satztechnik. Anhand von Beobachtungen am 1. Satz des A-Dur-Violinkonzerts (KV 219)', in: *Studien zur Musikgeschichte. Eine Festschrift für Ludwig Finscher*, hrsg. von Annegrit Laubenthal unter Mitarb. von Kara Kusan-Windweh, Kassel […], Bärenreiter, 1995, S. 365-371.

[73]. Gelegentlich erscheint die Finalis in der Oberstimme in oktavversetzter Lage, siehe Notenbeispiel 4b, T. 50/51.

[74]. Frühe Beispiele für die Rückmodulation zur Tonika, wobei am Ende TV bzw. TI angestrebt wird, liefert J-C 75/1/2; unter den späten Werken findet man den Schluß auf der I. Stufe (TI³) im 2. Satz der *Sinfonia concertata*. In Werken vor ca. 1755 sind Dominantritornelle in schnellen Sätzen selten: J-C 69/1 und J-C 71-Version A/B/1 (J-C D-75/1, J-C D-82/3 – Schluß auf der V. Stufe der Quinttonart). In langsamen Sätzen scheinen sie etwas häufiger vorzukommen: J-C 74, J-C 71-Version A/B sowie in den beiden Regensburger Konzerten in G, J-C App. D-82.1, und A, J-C App. D-84.1 (ebenso in J-C D-79 – Schluß auf der V. Stufe der Quinttonart, J-C D-82, J-C D-83).

[75]. SpV (J-C 72.1/3), Kadenz Tp→TpV (J-C 77.2/3), TpV (J-C 73.2/1); in Konzerten aus der Zeit vor ca. 1755 schließen modulierende Ritornelle in aller Regel mit Kadenz.

eine Generalpause vom nachfolgenden Solo getrennt – diese deutliche Trennung von R II und S II findet man bei Sammartini schon in Konzerten der mittleren Kompositionsphase[76].

Das zweite Ritornell, im Umfang gegenüber R I gekürzt, trägt primär Material aus dem Eingangsritornell vor; eine motivisch neue Sologruppe von sechs Takten (*piano, konzertant*) führt der Komponist im Ensemble-Konzert J-C 73.2/1 ein. Ähnlich wie im zweiten Hauptteil des Eingangsritornells werden die Abschnitte zergliedert, neu zusammengefügt und dem harmonischen Lauf angepaßt. Am Beginn steht immer das Ritornellthema[77], vollständig oder in verkürzter Gestalt. Im harmonischen Ablauf fällt eine Gliederung in zwei Teile auf, die (vereinzelt schon in der mittleren Schaffensperiode) von einer Generalpause unterstrichen werden kann. Der erste Teil erhält dabei einen oder zwei Abschnitte, der zweite Teil einen Abschnitt. Dieses Vorgehen zeigen beispielsweise die Außensätze der Konzerte von 1762 und 1764. Der erste Teil fixiert kurz die Dominante und leitet zur Tonika (TV: J-C 73.1/1, T. 52) oder, über verschiedene Stufen, zu einer fremden Tonart, in den vorliegenden Sätzen zur Sp (SpV: J-C 77.2/1, T. 69; Sp: J-C 77.2/3, T. 66); in J-C 73.1/3 erhält er zwei Abschnitte, wobei die Fixierung der Dominante länger ausfällt (D: T. 105, Sp: T. 111). In den Anfangssätzen der beiden Konzerte tritt danach eine Generalpause ein, im 3. Satz von J-C 73.1, T. 111, wird sie von der zweiten Violine überspielt. Der zweite Teil strebt über verschiedene Tonstufen zur V. Stufe, worauf noch eine kurze Festigung und die Schlußformel folgen (J-C 73.1/1: T. 53-58, 58/59-60; J-C 73.1/3: T. 111-115/N, 115-119; J-C 77.2/1: T. 70-74, 74-76); in J-C 77.2/3 erfolgt die Modulation zur Tp, nach einer knappen unisono-Bestätigung wird am Ende die V. Stufe der Tp angestrebt (T. 66-72/N, 72-73). – Eine Zweiteilung im harmonischen Ablauf zeigen auch die Ritornelle in den Mittelsätzen der beiden Konzerte (J-C 73.1: T. 46/N; J-C 77.2: T. 27). Das Schlußglied in J-C 73.1, T. 49-51/N, vollzieht unter Rückgriff auf die Rückmodulation von R I die Überleitung zum Solo – der Schlußklang ist zugleich Anfang des Soloteils, die Generalpause entfällt (in J-C 78.2/2 erfolgt im Schlußtakt von R II, nach TI[3], die Modulation zur Sp, in der das folgende Solo einsetzt, eine Generalpause wird ebenfalls vermieden)[78]. In J-C 77.2 hat das Ritornell, mit nur vier Takten deutlich kürzer als in J-C 73.1, Überleitungscharakter[79].

Das zweite Ritornell ist in Sammartinis Konzerten wie das Eingangsritornell ein eigenständiger Formabschnitt, der zunächst gliedernd zwischen beiden Soloteilen wirkt. Aufgrund seiner Stellung zwischen zwei Soloteilen kann es im harmonischen Ablauf prinzipiell sowohl enger an S I gekoppelt als auch mehr auf S II ausgerichtet sein. Erstere

---

[76]. Das früheste Beispiel wohl in J-C 75/1. Siehe auch Haydn, Konzert in C, 3. Satz, T. 133 sowie Konzert in A, 1. und 3. Satz, T. 79 bzw. 132.

[77]. Hiervon in den überlieferten Konzerten abweichend lediglich J-C 74/2.

[78]. Dieses Vorgehen setzt sich später in Mozarts Violinkonzerten durch; die Generalpause zwischen R II und S II findet man nur in KV 207/2, T. 64.

[79]. Nicht mehr als eine Überleitung (D→T) ist das fünftaktige Ritornell auch im Mittelsatz der *Sinfonia concertata*.

Möglichkeit, bei der das Ritornell primär die Zieltonart des ersten Soloteils, die V. Stufe, fixiert und dem Formabschnitt neben seiner gliedernden auch eine stabilisierende Funktion verleiht, scheint in Sammartinis späten Konzerten eine geringere Rolle zu spielen – ein Ritornell, das nur kurz die Tonika berührt, ansonsten aber in der Dominante bleibt, hat z.B. J-C 76/1. (Solche Ritornelle dürften, entsprechend modifiziert, wohl zur Integration dieses Formteils in die Soloexposition geführt haben[80].) In Sammartinis Konzerten erhält das zweite Ritornell vielmehr die Aufgabe, vor allem durch seinen letzten Abschnitt, das nachfolgende Solo anzukündigen. – Während der erste Teil in den oben angeführten Beispielen von der Quinttonart wegstrebt, übernimmt der zweite Teil die Aufgabe, die Rückkehr zur V. Stufe zu vollziehen bzw. zu einer fremden Stufe zu leiten, um so in harmonischer Hinsicht den Hörer auf den Eintritt des Soloteils einzustimmen. – Dadurch hat es neben einer gliedernden zugleich auch eine vorbereitende Funktion, vergleichbar der Rückmodulation im Eingangsritornell[81].

Das zweite Solo

Dieser Formteil strebt in seinem harmonischen Verlauf bereits seit Sammartinis Frühphase über verschiedene Stufen zur Ausgangstonart zurück. Im Unterschied zum Vivaldischen Konzert ist die Modulation zur Tp oder Dp selten (vgl. dagegen oben R II); in den Konzerten von ca. 1755-1766 erfolgt nur im Anfangssatz von J-C 78.1 eine Modulation zur Dp. Das Anstreben der V. Stufe am Ende des Soloteils setzt sich in den Außensätzen allmählich seit der Zeit um 1740 durch, es verdrängt das ältere Verfahren, wonach S II und R III mittels einer regulären Kadenz auf der Tonika verkettet sind[82]. Auch der zur Dp modulierende Soloteil in J-C 78.1/1 vermeidet die Kadenz und endet auf der V. Stufe der Dp. In den langsamen Sätzen bleibt die Kadenz auf der Tonika bis in die Spätphase hinein erhalten (J-C 73.1, J-C 77.2), in zwei Fällen, J-C 72.1 und J-C 78, endet das Solo wie

---

[80]. Das Tutti wird Abschluß der Soloexposition, teilweise schon bei Haydn, später bei Mozart (z.B. Konzert für Cembalo F-Dur, 3. Satz, Hob. XVIII:3 und KV 219/1). Ein Beispiel, in dem das zweite Tutti Bestandteil der Durchführung ist, findet man in Haydns Violinkonzert in G, 3. Satz: Das zweite Ritornell, auf den Hauptgedanken in der Dominante gekürzt (T. 96-103/104), wird anschließend vom Solo in der Tonika gespielt. Die Transposition des Anfangsgedankens ist ein Verfahren, das den Beginn des zweiten Soloteils auszeichnet. Indem Haydn die beiden Abschnitte nicht vom Solo, sondern nacheinander vom Tutti und Solo ausführen läßt, erreicht er eine Integration des Tutti in den folgenden Formteil.

[81]. Im 1. Satz von Haydns Konzert für Cembalo oder Hammerklavier D-Dur, Hob. XVIII:11, wird ein zweiteiliges Tutti (T. 113-118, 118-126), modulierend: D→TpV, Abschluß des ersten und Vorbereitung des zweiten Solo, siehe FORSCHNER, Hermann. *Instrumentalmusik Joseph Haydns aus der Sicht Heinrich Christoph Kochs*, München-Salzburg, Musikverlag Emil Katzbichler, 1984 (Beiträge zur Musikforschung, Band 13), S. 241f. Eine derartige Weiterentwicklung des zweiten Ritornells ist auch bei Sammartini, wohl nach ca. 1766, denkbar (Anzeichen einer engeren Anbindung an S I, etwa durch Verzicht auf die Wiederholung des Ritornellanfangs, sind in den überlieferten späten Konzerten allerdings noch nicht vorhanden).

[82]. Das wohl früheste Beispiel eines Schlusses auf der V. Stufe liefert J-C 77.1/3.

in den Außensätzen auf der V. Stufe; im langsamen Satz der *Sinfonia concertata* bildet ein Orgelpunkt auf der V. Stufe der Subdominante den Abschluß.

Im Laufe der Zeit bildet sich in Sammartinis Konzerten am Beginn des zweiten Soloteils ein melodisch profilierter Gedanke heraus. In den späten Konzerten steht dieser Abschnitt in der Dominante, oder er beginnt im Quintton, wenn das zweite Ritornell einen Schluß auf der V. Stufe aufweist. Moduliert das Ritornell zu einer verwandten Molltonart, so eröffnet ein Abschnitt in dieser Tonart (J-C 72.1/3: Sp; J-C 73.2/1: Tp). Neu in den späten Konzerten ist, daß der Soloteil im Anfangsgedanken nicht mehr regelmäßig die Zielstufe des Ritornells aufnimmt, sondern unerwartet in einer anderen (ihr nachfolgenden) Tonart einsetzt; das heißt in einer Tonart, die bislang an zweiter Position im Solo stand. Dabei rückt zunächst die Tonika an den Beginn, die Sammartini gewöhnlich im zweiten Soloabschnitt, nach einem Anfangsgedanken in der Tp (siehe die Tonartenfolgen weiter unten), oder im Verlauf eines von der Dominante zur Tonika leitenden Anfangsgedankens anstrebt. In den vorliegenden drei Sätzen steht der Eröffnungsgedanke vollständig in der Tonika (J-C 77.2/3), oder er beginnt in der Tonika und leitet zu SpV (J-C 72.1/1, J-C 77.2/2); die Vorbereitung erfolgt am Ende des Ritornells mit einer Zäsur auf der V. Stufe (J-C 72.1/1, J-C 77.2/2) oder mit TpV (J-C 77.2/3). Eine weitere Tonstufe, die bei Sammartini an den Beginn des Soloteils treten kann, ist die Sp. Man findet sie nach einem zur Tonika strebenden Ritornell im langsamen Satz der *Sinfonia concertata*; zwischen Ritornell und Solo entsteht dadurch ein Dur-Moll-Kontrast. – Das Vordringen einer Tonart bis an den Anfang des Soloteils zeigt sich bei der Tonartenfolge (D–)T–Sp, die in den späten Sammartini-Konzerten mehrfach auftritt, besonders deutlich: in J-C 77.2/3 steht der Anfangsgedanke vollständig in der Tonika, die Sp wird (über eine Sequenz D–Sp, T. 81-88) im zweiten Soloabschnitt erreicht[83]; in J-C 72.1/1 und J-C 77.2/2 (T. 30-33) moduliert der Anfangsgedanke von der T zur Sp (SpV) – oder es wird wie in J-C 73.1/2 (T. 52/53, 53/54) das Tonika-Schlußglied des ersten Gedankens in die Sp transponiert bzw. wie in J-C 78/1 der gesamte Anfangsgedanke (Sequenz: Dominantorgelpunkt–Orgelpunkt auf der V. Stufe der Sp); in J-C 78.2/2 schließlich strebt bereits das zweite Ritornell am Ende zur I. Stufe, so daß der Anfangsgedanke von S II unmittelbar in der Sp einsetzen kann (die knappe Vorbereitung der Sp erfolgt im Schlußtakt des Ritornells). Auf diese Weise verschiebt sich der Eintritt der Sp aus dem zweiten Abschnitt allmählich nach vorn bis an den Anfang des Soloteils.

In insgesamt neun Sätzen der ca. 1755-1766 komponierten Konzerte greift der Anfangsgedanke das Hauptthema (Eröffnungsglied bzw. Incipit), meist in der Version des ersten Soloteils, auf; auch die obengenannten vier Sätze, deren Soloteil in der Grundtonart

---

[83]. Frühere und für die Erläuterung dieses harmonischen Ablaufs besser geeignete Beispiele in Sinfonie J-C 62/1, T. 31-34, 35-38 und J-C 62/3a, T. 36-41, 42-45, siehe *Giovanni Battista Sammartini: Ten Symphonies* (a.a.O., siehe Anm. 1), S. 6(122)f. und 17(133).

bzw. Sp eröffnet, nehmen den Hauptgedanken wieder auf (J-C 72.1/1-3[84], J-C 78.1/1/2, J-C 73.1/1, J-C 77.2/2/3, J-C 78.2/2). Sind die Anfänge von R I und S I verschieden, so kann S II mit dem Solothema beginnen (Ensemble-Konzerte J-C 76/1 und J-C 73.2/1). In den übrigen sieben Sätzen eröffnet der zweite Soloteil mit einem neuen Gedanken, dabei können lockere oder engere Verknüpfungen mit R I und S I entstehen (J-C 78.1/3, J-C 73.1/2/3, J-C 77.2/1, J-C 78/1-3). Rückbeziehungen von S II auf den Anfang von S I/R I sind bei Sammartini auch in früheren Konzerten nachzuweisen, siehe J-C 71-Version A/B/2, T. 1-3/N, 18-20/N, 55-57/N (vgl. außerdem J-C 74/3, T. 1 und 151). Dieses Verfahren scheint erst um 1765 an Bedeutung zu verlieren: J-C 72.1, das stilistisch früheste Konzert der hier behandelten Gruppe, verknüpft diese Teile wohl in allen drei Sätzen (zum 2. Satz vgl. Anm. 84), während in Konzert J-C 78 S II in jedem Satz mit einem neuen (motivisch teils abgeleiteten) Gedanken einsetzt. – Die Verknüpfung der beiden Soloteile am Beginn, wobei gleichzeitig Ritornell I und Solo I miteinander verbunden sind, ist auch für Haydns Violinkonzerte kennzeichnend (Haydn bevorzugt in S II die vollständige Wiederaufnahme des Hauptthemas), während Mozart in seinen Violinkonzerten, zumindest in den raschen Anfangssätzen, eine solche Verbindung meidet (man findet sie in den langsamen Sätzen von KV 211, 216 und 219); in KV 207/3, ebenso im 3. Satz von Haydns A-Dur-Konzert, sind wie in Sammartinis Ensemble-Konzerten J-C 76/1 und J-C 73.2/1 S I und S II verknüpft, die Anfänge von R I und S I zeigen keine Entsprechungen.

Das Ende des Eröffnungsgedankens wird in den raschen Sätzen der späten Konzerte fast immer mit einem Tutti-Einwurf markiert, ein Verfahren, das für die Klassik kennzeichnend wird. In den langsamen Sätzen erhält die erste Violine Ritornellmotivik (J-C 78.1; J-C 77.2, T. 33), oder es erscheint wie in J-C 78 ein (unisono-)Tutti aus R I[85]. Schlußmarkierungen bestätigen die erreichte Stufe und/oder bereiten harmonisch auf den folgenden Abschnitt vor; in J-C 77.2/3 (T. 78-80) führt das Tutti von der I. zur V. Stufe der Grundtonart. Die Abgrenzung des Anfangsgedankens durch einen Einwurf des Streichorchesters oder Markierungen in den Violinstimmen, wobei Ritornellmaterial zur Anwendung kommt, sind schon in Konzerten der frühen und mittleren Periode nachzuweisen (J-C 69/1, T. 124, unisono-Tutti; J-C 72/1, unisono-Führung der Violinen; J-C 71-Version B/1-3, Version A/1/2 – bei der Neukomposition des 3. Satzes in Version A, T. 89, nur Generalpause). Regelmäßig in beiden Außensätzen bzw. in allen drei Sätzen scheinen die Schlußmarkierungen aber erst seit dem Regensburger Konzert in B aufzutreten[86]. Die Orchestereinwürfe in den Außensätzen der späten Konzerte verwenden Ritornellmaterial, wobei in einigen Fällen auf das Hauptthema zurückgegriffen wird (J-C 77.2/1, vgl. T. 82 und 3/4N; J-C 78.1/3, Incipit – S II beginnt nicht mit dem Hauptthema;

---

[84]. Im langsamen Satz dieses als Fragment erhaltenen Konzertes entspricht das Incipit von S II jenem von R III. Daraus kann man schließen, daß R I und S I ebenfalls mit dieser Anfangswendung beginnen.

[85]. Keine Markierung haben J-C 73.1/2 (T. 54) und J-C 78.2/2.

[86]. Zu J-C 72.1/1-3 können aufgrund der fehlenden Stimmen keine Angaben gemacht werden.

J-C 76/1, Erweiterung des Ritornellthemas); in J-C 73.1/1 treten Verbindungen mit R II auf, vgl. T. 62 und 58. In den Konzerten von 1764 und 1766, J-C 77.2/3 (T. 78-80) und J-C 78/3, nimmt das Tutti den Schluß von R II auf, in J-C 77.2/3 geht dabei ein Takt aus dem Ritornellhauptthema voran; in J-C 78/1 ist der Anfangsgedanke eine Sequenz (siehe oben), beide Glieder haben verschiedene Tutti-Markierungen, wobei zuerst auf das Ende von R II und danach auf jenes von R I Bezug genommen wird. Neu sind die Oktavbrechungen in J-C 73.1/3 (T. 130), die Rhythmusformel entspricht jedoch dem Schlußtakt von R II. Eine Generalpause, die gelegentlich schon in Werken der mittleren Schaffensperiode auftritt (J-C 71-Version A/3, siehe oben, und J-C App. D-84.1/1 – jeweils ohne Orchestermarkierung), findet man nach den Tutti-Einwürfen in J-C 78.1/1, J-C 73.1/3, J-C 77.2/1/3 und J-C 78/1/3 (im 1. Satz nach beiden Sequenzgliedern).

In Konzerten der frühen und mittleren Periode folgt nach dem Anfangsgedanken gewöhnlich ein weiterer Abschnitt, der die Modulation zu einer verwandten Stufe oder zurück in die Grundtonart leitet. Dabei werden seit den 1730er Jahren für die beiden Soloabschnitte bestimmte Tonartenfolgen bevorzugt. Nach einem zur Tp, Dp oder Sp modulierenden Ritornell ist die Tonartenfolge Tp–T, Dp–D, Sp–S (für Sp–S liegt nur ein Beispiel in J-C 71-Version B/3 vor), das heißt, die Zieltonart des Ritornells wird zunächst im Anfangsgedanken des Soloteils beibehalten, bevor im zweiten Abschnitt eine neue Stufe angestrebt wird[87]. Die Anfänge der beiden Abschnitte können miteinander verknüpft sein, dabei wird das Anfangsglied oder das Incipit des Soloteils am Beginn des zweiten Abschnittes in der neuen Tonart aufgenommen[88]. Der zweite Soloabschnitt ist auch in späten Konzerten vorhanden, wobei er, fremde Tonstufen durchschreitend, mitunter eine größere Ausdehnung erfährt – im Ensemble-Konzert J-C 76/1 beispielsweise 20 Takte[89]. Folgende Zäsuren kommen am Ende der beiden Abschnitte in den schnellen Sätzen vor: a) nach Ritornellen, die auf der V. Stufe schließen, DI–TV (J-C 76/1), DI–DI (J-C 78.2/1, der zweite Abschnitt beginnt in der T), DI–TpV (J-C 78.1/3, J-C 73.1/1); b) nach Ritornellen, die zur Sp oder Tp modulieren, SpV–TV (J-C 72.1/3) bzw. TI(→V)–SpI (J-C 77.2/3).

Bei der inhaltlichen Ausgestaltung des zweiten Abschnittes kann verschieden vorgegangen werden. Der Abschnitt greift zu Beginn auf den Soloanfang zurück, wenn er in der Grundtonart anhebt (J-C 76/1, J-C 78.2/1), oder er beginnt mit einer melodisch-rhythmisch markanten Anfangswendung, die Ritornellmaterial aufnimmt oder motivisch unabhägig ist; im weiteren Verlauf dominiert Figuration, wobei Rückbeziehungen auf bekanntes Material auftreten können. Zum Beispiel: in J-C 73.1/1 (T. 63-69) eröffnet der Abschnitt mit einer aus Achteln und Zweiunddreißigsteln gebildeten Melodiewendung

---

[87]. Beispiele. Dp–D: J-C 74/1, T. 92-97, 98-101; J-C 74/3, T. 151-159, 160-184. Tp–T: J-C 71-Version A/3, T. 84-89, 90-98 (die Tonika wird im zweiten Soloabschnitt über eine Fonte-Sequenz II–I erreicht). Sp–S: J-C 71-Version B/3, T. 125-133, 134-144.

[88]. Siehe J-C 74/1, T. 92/93 und 98; J-C 71-Version B/3, T. 125-128 und 134-137.

[89]. Ein vergleichbares Beispiel findet man bei Haydn im 1. Satz des A-Dur-Konzertes, T. 85-102, in einem zur Tp modulierenden Soloteil.

aus R I (vgl. T. 63 und 10/11), gegen Ende treten Verknüpfungen mit S I auf (vgl. T. 68 und 44/47); in J-C 77.2/3 (T. 81-88) ist die aus Doppelgriffen gebildete, in langen Notenwerten voranschreitende Anfangswendung der Sequenzglieder D–Sp neu, anschließend werden diverse bekannte Figuren aufgegriffen (siehe die Trillerfigur T. 82/Schlag 3, 83/Schlag 1 und T. 29/Schlag 4; die 16tel-Gruppe T. 87/Schlag 3 und T. 38, 39, jeweils Schlag 4; die fallenden Terzbrechungen T. 87/Schlag 4 und T. 64, 70, jeweils Schlag 4); in J-C 78.1/3 bildet das Ritornellincipit die markante Eröffnung, der Orchestereinwurf des Anfangsgedankens nimmt die Motivik vorweg. Ein Verknüpfungsverfahren, das bei Haydn vorkommt – die Wiederaufnahme des zweiten Abschnittes aus dem Tonikabereich des ersten Soloteils –, zeichnet sich auch bei Sammartini ab[90], zudem können bei Sammartini Übergang des ersten Solo und zweiter Gedanke von S II Verbindungen zeigen – in dem vorliegenden Fall, J-C 78.1/3, wird jeweils das Ritornellincipit aufgenommen (zuvor erklingt es bereits am Beginn von S I, S II eröffnet abweichend)[91]. Das Ende des zweiten Soloabschnittes wird in einigen Konzertsätzen der 1760er Jahre wie der Anfangsgedanke mit einem Tutti oder mit einem Streichereinwurf markiert[92]. Die Schlußmarkierung verwendet Ritornellmaterial (Incipit von R I in J-C 76/1), oder sie ist wie in J-C 77.2/3 (in beiden Sequenzgliedern) aus den Begleitstimmen von S I/S II abgeleitet (vgl. T. 84/88 mit 41ff., Vlc./B. und 76f., Vl. I, II); in J-C 73.1/1 sind die Einwürfe der ersten beiden Sologedanken verknüpft (vgl. T. 69 und 62).

Die Rückkehr in die Grundtonart vollzieht sich im Sammartinischen Konzert nicht auf direktem Wege, sondern führt in mehreren Schritten über verwandte Tonstufen. Eine Neuerung in den späten Konzerten ist, daß Sammartini in einigen Sätzen auf einen zweiten Soloabschnitt verzichtet und sogleich nach dem Anfangsgedanken die Rückmodulation beginnen läßt. In einem solchen Fall steht der Anfangsgedanke in den schnellen Sätzen in der Dominante (ein Dominantorgelpunkt in J-C 73.1/3 bzw. der Tutti-Einwurf in J-C 77.2/1 kündigen am Ende den Eintritt der Haupttonart im folgenden Abschnitt an), verläuft

---

[90]. Im Ensemble-Konzert J-C 76/1 sind die Anfangsgedanken von S I und S II am Beginn verknüpft (Incipit von R I abweichend), im ersten Solo erfolgt die Wiederaufnahme des Solothemas (siehe weiter oben die Ausweitung des Tonikabereichs), im zweiten Solo nimmt der zweite Abschnitt die Eröffnungsgruppe von S II auf, dabei entsteht zugleich eine Verknüpfung zwischen den an zweiter Stelle stehenden Abschnitten der beiden Soli. Für Haydn siehe Konzert G-Dur, 1. Satz, T. 55/56(-60) und 23/24, sowie 3. Satz, T. 112-116 (die Schlußformel des Abschnittes liegt im folgenden Tutti) und 58-62/N. Im 3. Satz des A-Dur-Konzertes eröffnet das zweite Solo mit einem «zusammen geschobenen Satz» (KOCH, Heinrich Christoph. *Versuch* – a.a.O., siehe Anm. 39 –, Bd. II, S. 453ff., siehe besonders S. 460f., §. 123.): Die Taktgruppen des ersten und zweiten Abschnittes von S I werden in vertauschter Reihenfolge aufgenommen, vgl. T. 133-147 und T. 50-57, 58-65(/69); der Schluß führt in S II zur Subdominante und wird mit einem Orchestereinwurf (T. 149/150) gekennzeichnet.

[91]. Da in S I die Tonikaebene keinen zweiten Gedanken aufweist, ist der Übergang zweiter Abschnitt des Formteils.

[92]. Markierungen am Ende des ersten und zweiten Abschnittes treten bereits in früheren Werken auf: J-C 71-Version A/2 (siehe T. 58, 67), J-C 72/1, J-C D-83/3.

über einem Dominantorgelpunkt (J-C 78/3, die Grundtonart wird im Quartsextakkord fühlbar) oder leitet zur Subdominantparallele (J-C 78/1 – vollständige Transposition des Anfangsgedankens[93]). – Das Vordringen der Sp an den Anfang des Soloteils (siehe die Darstellung weiter oben) zeigt zugleich Verfahrensweisen, die zum Verzicht auf einen zweiten, die Modulation zu einer verwandten Stufe leitenden Abschnitt führen können[94]. Ähnliches zeigt sich bei der Tonartenfolge D–Tp. Zwei Beispiele von Sammartini und Mozart können diesen Wandel verdeutlichen: Während Sammartini in J-C 73.1/1 dem Anfangsgedanken in der Dominante einen zweiten Abschnitt folgen läßt, der am Ende zur V. Stufe der Tp strebt (T. 61-62, 63-69), erreicht Mozart dieses Ziel in KV 218/1 bereits im Anfangsgedanken (T. 115-125), indem er diesen von der D zur Tp leitet – in einem weiteren Schritt, unter Verzicht auf die Wiederaufnahme der Dominante, führt dieses Vorgehen zu einem Beginn des Soloteils in der Tp[95].

Die Rückmodulation in die Grundtonart erfährt in Konzertsätzen der 1760er Jahre zum Teil eine beträchtliche Ausdehnung. Aufgrund des harmonischen Ganges zerfällt sie in zwei Hälften: Die erste Hälfte, einen Anfangs- und Mittelteil umfassend, ist verwandten Tonstufen gewidmet, die zweite Hälfte, der Schlußteil, vollzieht die Rückkehr in die Grundtonart[96]. Anhand der raschen Außensätze von Konzert J-C 73.1 und J-C 77.2 sollen nachfolgend die verschiedenen Stationen der Rückmodulation und ihre inhaltliche Ausgestaltung dargestellt werden, dabei werden zunächst die Ecksätze von J-C 73.1 und der Anfangssatz von J-C 77.2 näher betrachtet. Ein markanter Anfang in Form einer knapp formulierten melodischen Wendung (J-C 73.1/1, T. 70), einer melodisch profilierten, zweigliedrigen Sequenz (J-C 73.1/3, T. 131-135) oder einer längeren (dreigliedrigen) Sequenz (J-C 77.2/1, T. 83-89/N) eröffnet diesen Abschnitt. In allen drei Beispielen sind Rückbeziehungen auf bekanntes Material vorhanden: in J-C 73.1/1 nimmt die

---

[93]. Die vollständige Transposition des Anfangsabschnittes findet man schon in früheren Werken (nach einem zur Tp modulierenden Ritornell) bei der Tonartenfolge Tp–T (J-C 72/3; J-C 75/3; in J-C 77.1/1 wohl als Vordersatz, 4+4 Takte, einer längeren, zu TV strebenden Sequenzpartie). An diese Eröffnung des Soloteils erinnert noch der 1. Satz in Haydns spätem Konzert für Cembalo oder Hammerklavier Hob. XVIII:11 mit der Präsentation des Hauptgedankens in h-Moll und D-Dur.

[94]. Das Auftreten einer von der Zieltonart des Ritornells abweichenden Tonstufe am Beginn von S II ist nicht zwingend mit einem Verzicht auf den zweiten Soloabschnitt verbunden. Dies zeigt sich z.B. in J-C 77.2/3, wo die Tonika im ersten Gedanken auftritt und anschließend eine Sequenz (D–Sp) als zweiter Gedanke eingeführt wird.

[95]. Auf ähnliche Weise dürfte auch die Dp an den Anfang des Soloteils gelangt sein, vgl. 1. und 2. Satz in KV 219. – Zum Vordringen einer Tonart an den Beginn des Soloteils bei Mozart, ein Prozeß, der sich schon in Sammartinis Kompositionen abzeichnet, siehe das Kapitel 'Modulationswege der Durchführung' bei SCHMID, Manfred Hermann. *Orchester und Solist* (a.a.O., siehe Anm. 41), S. 137ff.

[96]. Rückmodulationen mit einem derartigen harmonischen Lauf bilden sich schon in der mittleren Periode heraus, z.B. in J-C 73/1 und J-C App. D-84.1/3 (vgl. auch den entsprechenden Abschnitt in J-C 71-Version A/3, T. 98/99-109 [98/99-102, 103-109], 110-116/N).

Anfangswendung Bezug auf den Beginn des zweiten Soloabschnittes (T. 63), der auf R 1 zurückgeht; im 3. Satz von J-C 73.1 hebt sich der Fünftakter durch konzertante Wechsel, die eine Figur aus R 1/T. 1 aufgreifen, ab; in J-C 77.2/1 wird das Quartintervall, mit dem S II beginnt, variiert (vgl. T. 83/Schlag 1 und T. 77/Schlag 1; auch im weiteren Verlauf sind Rückbeziehungen auf den ersten Sologedanken vorhanden, vgl. T. 84 und 77). Dem prägnant konzipierten Anfang, der die Modulation (direkt oder über verschiedene Stufen) zu einer anderen Tonstufe leitet (SpV: J-C 73.1/1, T. 70; DpV$_6$: J-C 73.1/3, T. 135; Sp: J-C 77.2/1, T. 88/89N), schließt sich als Mittelteil eine aus virtuoser Figuration gebildete, in raschen Schritten voranschreitende Sequenzpartie an (in J-C 73.1/3 umrahmt von eintaktigen Wiederholungen), die zum Teil Rückbeziehungen auf vorangestelltes Material aufweist – in J-C 77.2/1 beispielsweise greift diese Partie (nachdem die Sp, Zielstufe der Anfangssequenz, mit einem kurzen Orgelpunkt, T. 88/89N, stabilisiert wird) am Beginn, T. 89/90, auf den Anfang der Rückmodulation, T. 83(/85/87), zurück und am Ende, T. 91/92, auf Material, das im Anfangsgedanken des zweiten Solo und in R 1 erklungen ist (T. 79/80 bzw. 16/17). Der harmonisch bewegte Mittelteil strebt am Ende zu einer Stufe, die auf die Rückkehr zur Ausgangstonart im Schlußteil vorbereitet. In den vorliegenden Beispielen sind es Dp (J-C 73.1/1, T. 78/N), DpV$_6$ (J-C 77.2/1, T. 92/Schlag 1) und S (J-C 73.1/3, T. 146/Schlag 4). Der Schlußteil fällt in den Anfangssätzen der beiden Konzerte mit sechs und sieben Takten (J-C 77.2 bzw. J-C 73.1) relativ kurz aus, mit 14 Takten umfangreicher gestaltet ist er in J-C 73.1/3. In allen drei Sätzen eröffnet der Schlußteil mit einem absteigenden Stufengang, der nach der Dp und nach DpV$_6$ zur V. Stufe (J-C 73.1/1, T. 78-79/Schlag 3; J-C 77.2/1, T. 92-95/Schlag 3), nach der S zur I. Stufe (J-C 73.1/3, T. 147-152) zielt. Im Anschluß wird die I. Stufe angestrebt (J-C 73.1/1, T. 81; J-C 77.2/1, T. 96) bzw. gefestigt (J-C 73.1/3, T. 152-154) und schließlich die V. Stufe, das eigentliche Ziel der Rückmodulation, über die chromatisch erhöhte IV. Stufe erreicht – diese Partie greift in allen drei Sätzen auf bekanntes Material zurück (siehe J-C 73.1/1, T. 80/81 und T. 68, 44/47, 37/38, 23/24; in J-C 73.1/3 nimmt der Stufengang zwei Figuren aus dem ersten Solo auf, vgl. T. 147 und T. 69, 91, siehe außerdem T. 152-154 und 89f./94f.; in J-C 77.2/1 vgl. T. 96 und T. 38/44, 11/18). Ein Orgelpunkt bestätigt die V. Stufe, danach leitet ein kurzer Übergang zum dritten Ritornell. Der Dominantorgelpunkt kann diverse Rückbeziehungen aufweisen: in J-C 73.1/1 geht der lombardische Rhythmus am Beginn auf R 1 zurück (vgl. T. 82 und 6f.); im 3. Satz von J-C 73.1 sind die fallenden Dreiklangsbrechungen in T. 157-159 bereits zuvor im Schlußteil erklungen (T. 152-154, vgl. auch T. 89f./94f.), das Ende des Orgelpunktes, T. 159/160, ist mit dem Orgelpunkt des ersten Solo, T. 78ff., verknüpft; in J-C 77.2/1 treten Verbindungen mit dem Schluß des Mittelteils der Rückmodulation auf (vgl. T. 97/98 und 91/92, siehe auch T. 79/80 bzw. 16-18). Der kurze Übergang, der zum dritten Ritornell leitet, wird in J-C 73.1/1/3 (T. 84 bzw. 160) von den Außenstimmen (Vl. princ./B.) bzw. von den Violinen ausgeführt, in J-C 77.2/1 (T. 98) ist diese Partie ein unisono-Tutti des Streichersatzes, das in rhythmischer Hinsicht auf R 1 zurückweist.

In den oben angeführten Beispielen scheint eine stärkere Zäsur am Ende der ersten Hälfte der Rückmodulation, ein «Absatz» (H. Chr. Koch), nicht beabsichtigt, der Übergang zum Schlußteil verläuft ohne größere Unterbrechung des musikalischen Flusses (J-C 73.1/1/3), oder eine schwächere Schlußformel geht voran (J-C 77.2/1: DpV₆). Gleichwohl entsteht hier eine Schnittstelle: Die harmonische Aktivität der ersten Hälfte gelangt zum Stillstand, die Modulation führt jetzt in die Zieltonart. Gleichzeitig kann der Beginn des Schlußteils durch melodische Prägnanz, durch Rückgriff auf bekanntes Material oder durch Imitation (J-C 76/1 und J-C 73/1 – in beiden Fällen mit dem Schluß des Mittelteils verkettet) gekennzeichnet sein; hinzu kommen Klangkontraste (Reduzierung oder Erweiterung der Begleitstimmen) und wie in den Anfangssätzen von J-C 73.1 und J-C 77.2 die Vortragsbezeichnung *dolce assai* in der Solostimme. Beide Hälften der Rückmodulation können auch wie in den vorliegenden drei Fällen im Umfang in einem relativ ausgewogenen Verhältnis stehen (J-C 73.1/1: T. 70-78/N, 78-84; J-C 73.1/3: T. 131-146, 147-160; J-C 77.2/1: T. 83-92, 92-98). Anders verfährt Sammartini bei der Rückmodulation im 3. Satz des Konzertes J-C 77.2. Hier sind alle Stationen durch klar ausgeprägte Absatzformeln markiert, so daß die Rückmodulation in drei selbständige Abschnitte, dem Anfangs-, Mittel- und Schlußteil entsprechend, zerfällt (T. 89-93, 94-108, 108-112). Auch in diesem Satz sind Verknüpfungen mit vorangegangenem Material vorhanden. Der Anfangsabschnitt nimmt das Synkopenmotiv des zweiten Themas abtaktig und diastematisch verändert in der Solovioline auf und läßt es von der ersten Violine im Abstand von zwei Vierteln nachspielen (vgl. T. 89 und 10/46); am Ende, T. 93, wird die WD angestrebt. Der harmonisch bewegte Mittelteil, mit insgesamt 15 Takten deutlich ausgedehnt, strebt über (D–T–)S (T. 101) und (S–D–T–S–D–)Tp (T. 106) zur D (T. 108/Schlag 1, siehe Notenbeispiel 7). Die Anfangsfiguration nimmt die erste Violine in T. 93 schon vorweg, in rhythmischer Hinsicht treten Rückbeziehungen zum Übergang des ersten Soloteils auf (T. 41ff.). Der Schlußteil (Notenbeispiel 7), der über den Quintenabstieg WD–D des Anfangs- und Mittelteils erreicht wird, nimmt am Beginn (T. 108/2. Hälfte) zwei Trillerfiguren des Mittelteils auf (T. 104/105) und verbindet sie mit der Rückmodulation des Ritornells (vgl. Notenbeispiel 1, T. 13-17). Die Ritornell-Rückmodulation, die Sammartini (abweichend vom Anfangssatz) im Übergang des ersten Solo ausgeklammert hat, erscheint nun am Ende des zweiten Solo, und zwar wie im Eingangsritornell in rückmodulierender Funktion. – Es bilden sich demnach in den Außensätzen dieses Konzertes zwei Möglichkeiten für die Positionierung der Ritornell-Rückmodulation heraus: zum einen im Übergang des ersten Solo, zum anderen im rückmodulierenden Schlußteil des zweiten Solo. – Ohne die I. Stufe der Grundtonart zu berühren, wird die V. Stufe über die chromatisch erhöhte IV. Stufe erreicht (T. 111/112). Der bestätigende Dominantorgelpunkt bleibt aus, es folgt sogleich ein kurzer Tutti-Übergang des Streichersatzes (T. 112). – Das Vermeiden der Grundstufe im Schlußteil der Rückmodulation sowie diverse Kürzungen, vor und nach Eintritt der Zielstufe, treten auch in anderen Konzerten auf: in J-C 76/1 beginnt der

Schlußteil imitatorisch auf der IV. Stufe, nachdem der Mittelteil die S erreicht hat, danach folgen Dominantorgelpunkt und Tutti-Übergang; in J-C 78/3 zielt der Mittelteil zur D, der Schlußteil setzt direkt mit dem Dominantorgelpunkt ein; in J-C 78/1 fehlt der Übergang, nach dem Dominantorgelpunkt schließt sich unmittelbar das dritte Ritornell an. In den Außensätzen von J-C 78 sind Verknüpfungen zum einen mit der Schlußpartie von S I, die auf eine *piano*-Taktgruppe aus dem Dominantabschnitt von R I zurückgeht (1. Satz, vgl. Anm. 66), zum anderen mit dem Anfangsgedanken des zweiten Solo (3. Satz) zu verzeichnen – im Anfangssatz dieses Konzertes scheint sich offenbar eine weitere Position für die Plazierung des Ritornell-Seitenthemas am Ende von S II herauszubilden. Kurze Tutti-Übergänge des Streichersatzes (die Bläser pausieren) dürften verstärkt erst gegen Mitte der 60er Jahre auftreten, da sie lediglich in den Konzerten von 1764 (J-C 77.2/1/3), 1766 (J-C 78/3) und in J-C 76/1 (jeweils unisono-Tutti im *forte*, teilweise aus R I abgeleitet) sowie im 1. Satz der *Sinfonia concertata* (*piano*-Tutti, kein Unisono) und in J-C 70/1/2 vorkommen. Durch die Angleichung der Besetzungsstärke des Streichersatzes an das folgende Ritornell lösen sich diese Übergänge vom Solo, sie sind stärker auf den kommenden Abschnitt ausgerichtet und gehen diesem wie ein Vorspann voran.

NOTENBEISPIEL 7: Konzert in A, J-C 77.2, 3. Satz, Solo II, Takte 108–113

Großräumig konzipierte Rückmodulationen, die eine ähnliche Gliederung wie bei Sammartini aufweisen, haben auch die Violinkonzerte Haydns und Mozarts – bei Haydn überwiegt noch in den Außensätzen die Modulation zur Tp (4x vorhanden), die Rückkehr zur Ausgangstonart findet man in zwei Fällen (jeweils im 3. Satz der Konzerte in A und G), während bei Mozart die Tp, abgesehen von KV 207/1/3, als Zieltonart des Soloteils (im Anfangssatz) keine Bedeutung mehr hat.

Im 3. Satz von Haydns A-Dur-Konzert führt ein sehr breit angelegter Anfangsteil (T. 151-164) über die Molldominante zur Tp (T. 154, 160, 164); die Eröffnung, wie bei Sammartini abgeleitet, nimmt Bezug auf eine Taktgruppe der zweiten Ritornellhälfte (vgl. T. 151-154 und 39-41)[97]. Der Mittelteil (T. 164-180) erreicht die Subdominante über die absteigende Quintenfolge WD–D–T–S, dabei greift die 16tel-Figuration auf den letzten Abschnitt des ersten Solo zurück (T. 92ff.); mit der Schlußformel IV | V endet das Solo in T. (181/)182 (die S am Ende des Mittelteils schafft die Möglichkeit, sofort zur Schlußformel IV–V überzugehen, in einem vergleichbaren Fall setzt Sammartini am Beginn des Schlußteils eine imitatorisch gestaltete Einleitung auf der IV. Stufe, die unmittelbar in den Dominantorgelpunkt übergeht, siehe oben J-C 76/1). Den stabilisierenden Dominantorgelpunkt, dem ein unisono-Ausklang folgt, läßt Haydn – anders als Sammartini – vom Tutti ausführen und verbindet es so enger mit S II; nach einer Generalpause setzt das dritte Solo ein. Im 3. Satz des G-Dur-Konzertes übernimmt der modulierende Tutti-Abschluß des zweiten Soloabschnittes durch das Anstreben der V. Stufe der Sp (T. 121/122) die Funktion, auf die absteigenden Quinten WD–D–T–S des Mittelteils vorzubereiten, der breitangelegte Anfang, wie ihn das A-Dur-Konzert im 3. Satz zeigt, entfällt[98]. Im Schlußteil (T. 140-159) erscheint jene Partie ausgebaut, die der Zäsurformel des Soloteils (T. 157/158) vorausgeht (Umspielung der Zielstufe des Mittelteils, rückmodulierender Dominantorgelpunkt); die Partie nach der Schlußformel beschränkt sich auf einen knappen Übergang (T. 158/159), der, wie bei Sammartini in J-C 73.1 vom Solo ausgeführt, zum folgenden Ritornell leitet – das dritte Tutti ist hier nicht wie im Schlußsatz des A-Dur-Konzertes Bestandteil der Durchführung, Haydn macht es wie Sammartini zum Anfang des folgenden Formabschnittes[99].

Der Verzicht auf einen zweiten Soloabschnitt zwischen Anfangsgedanken und Rückmodulation, der sich in Sammartinis späten Konzerten abzeichnet, ist auch in Mozarts Violinkonzerten zu verzeichnen (KV 211/1, 216/1, 218/1, 219/1; in KV 216/1 wird der Anfangsgedanke in der Molldominante zweimal präsentiert, zuerst mit einem Tuttischluß, T. 106-110, danach mit einem aus Figuration gebildeten Soloschluß, T. 111-117). Zur Illustration soll das zweite Solo von KV 211/1 herangezogen werden. Der Eröffnungsgedanke, T. 63-68, nimmt wie im vorklassischen Konzert die Tonart des zweiten Ritornells (Dominante) auf, ein unisono-Einwurf des Streichersatzes markiert das Ende. Die Rückmodulation beginnt mit einem motivisch prägnanten Zweitakter (T. 69/70), der, die Molldominante (im Unterschied zum Anfangsteil im 3. Satz von Haydns A-Dur-Konzert) nur flüchtig berührend, zur Tp strebt[100], dabei greift auch Mozart bekanntes Material auf (vgl. die abwärtsgerichtete Anfangswendung in der Solovioline T. 69/Schlag 1-3 und die aufwärtsstrebende Wendung im Seitenthema T. 9ff. bzw. 44ff., jeweils Schlag 1-3, die Schlußformel in der Solovioline T. 70 und 68 sowie die Rhythmusformel in den Violinen I und II, T. 70/Schlag 3/4 und T. 24/Schlag 3/4); der

---

[97]. Im 1. Satz des Konzertes greift der Anfangsteil, T. 103-111, einer Modulation zur Tp (Mittelteil: T. 111-123, Schlußteil: T. 124-132/N) auf das Seitenthema zurück; zu Sammartinis Rückbeziehungen auf das Seitenthema an analoger Stelle siehe oben J-C 77.2/3.

[98]. Die fallenden Quinten im Mittelteil der Rückmodulation findet man bei Sammartini in den Konzerten J-C 76/1 und J-C 78/1/2; die Vorbereitung erfolgt wie bei Haydn mit der Tp oder mit SpV.

[99]. Im italienischen Konzert, wie es sich bei Sammartini präsentiert, ist das dritte Ritornell in aller Regel enger mit S III verbunden, siehe dazu die Ausführungen im betreffenden Abschnitt.

[100]. Hier deutet sich an, daß bei einem Verzicht auf den zweiten Soloabschnitt die Tp nicht nur in den Anfangsgedanken des Soloteils Eingang findet, sondern, auf eine Taktgruppe zusammengedrängt, auch die Rückmodulation eröffnen kann.

sequenzierende, zweigliedrig angelegte Mittelteil (T. 70/71-75) leitet zur Sp. Der Schlußteil (T. 76-82) steuert im Solo zweimal die Zielstufe an (T. 77/3. Schlag, T. 79/N). Wie Haydn im 3. Satz des A-Dur-Konzertes (also abweichend vom Sammartinischen Konzert) läßt Mozart danach den Dominantorgelpunkt und einen kurzen unisono-Ausklang vom Tutti vortragen, hinzu kommt noch ein Übergang in den Violinen, der zum dritten Solo leitet[101]. – Der 3. Satz von Haydns A-Dur-Konzert und die Anfangssätze von KV 211, 216, 218, 219 gehören einem Formtypus an, der, seit den 1760er Jahren an Bedeutung gewinnend, auf das dritte Ritornell verzichtet; statt dessen tritt ein Tutti am Ende der Durchführung auf[102]. In Sammartinis (schnellen) Konzertsätzen sind vergleichbare Fälle nicht vorhanden.

In einigen Fällen weicht die Rückmodulation bei Sammartini von dem beschriebenen Verfahren ab. In drei Sätzen, J-C 72.1/3, J-C 78.1/3 und J-C 78.2/1, folgt nach dem Eröffnungsgedanken ein längerer, Nebenstufen berührender zweiter Soloabschnitt. Die Rückmodulation beschränkt sich im wesentlichen auf die Rückkehr zur Ausgangstonart und das Ansteuern der V. Stufe, also auf die oben im Schlußteil der Rückmodulation aufgezeigten Schritte, wobei sie teilweise eine größere Ausdehnung erfährt (J-C 72.1/3: 11 Takte; J-C 78.1/3: 18 Takte; J-C 78.2/1: 14 Takte + 3 Takte Tutti-Überleitung). Die Vorbereitung in harmonischer Hinsicht übernimmt anstelle des Mittelteils die Zielstufe des zweiten Soloabschnittes, TpV (J-C 78.1/3), D (J-C 78.2/1) bzw. TV (J-C 72.1/3 – nach dieser Zäsurformel erfolgt keine Rückmodulation, sondern eine Festigung der Grundtonart). Verknüpfungen treten mit der Ritornell-Rückmodulation auf: in J-C 72.1/3 beginnt und schließt der Abschnitt wie die Rückmodulation des Ritornells (Anfangstakt und Schlußformel werden übernommen), in J-C 78.1/3 ist die 18taktige Partie durch einen Tutti-Einwurf, Ritornellincipit, in zwei Abschnitte unterteilt, der erste vollzieht die Rückmodulation, der zweite greift Material aus der Rückmodulation des Ritornells auf.

Im ersten Satz des Ensemble-Konzertes J-C 73.2 fällt die Rückmodulation, obgleich sie im Anschluß an den Eröffnungsgedanken einsetzt, mit insgesamt neun Takten sehr kurz aus – der für einen schnellen Anfangssatz der Spätphase ungewöhnlich kurze Soloteil (8+9 Takte), in dem das Konzertieren der Oboen I/II und Violen I/II, paarweise wechselnd,

---

[101]. Ähnlich wie im 3. Satz von Haydns A-Dur-Konzert verläuft auch der Schlußteil in KV 219/1, T. 133ff. (Schlußformel, Dominantorgelpunkt, unisono-Tutti – hinzu kommt, aus letzterem abgeleitet, wie in KV 211/1 ein kurzer Übergang in T. 142f.); der sequenzierende Mittelteil fehlt, wohl aufgrund der frühen Rückmodulation im Anfangsteil (Fonte-Sequenz T. 127-133, die Auflösung zur Sp in T. 130 bleibt aus). Deutlicher ausgebaut ist der Schlußteil vor der Zielstufe in KV 216/1, T. 136ff. (Anfangsteil: T. 118-123, Mittelteil: T. 124-135): Nachdem Mozart zuerst den Beginn des zweiten Solo in der S zitiert (T. 136/137), treten wie bei Sammartini in J-C 73.1/3 von der IV. Stufe absteigende Stufengänge auf. In KV 218/1 entfällt der markante Anfang (seine Funktion übernimmt der Eröffnungsgedanke des Solo durch das Ansteuern von TpV in T. 125), die Rückmodulation beginnt unmittelbar mit dem sequenzierenden Mittelteil (T. 126-141), der Schlußteil beschränkt sich auf vier Takte (T. 142-145).

[102]. Siehe hierfür den ›Typ 3‹ bei SCHMID, Manfred Hermann. *Orchester und Solist* (a.a.O., siehe Anm. 41), S. 23f.; zu den Parallelen zwischen Mozarts Violinkonzerten und Johann Christian Bachs Klavierkonzerten am Ende der Durchführung siehe S. 202ff.

im Vordergrund steht, zeigt Parallelen mit Sammartinis späten Sinfonien, vgl. hierfür die Gliederung der Durchführung in Sinfonie J-C 26/3, T. 25-31, 31-40/41 (*Giovanni Battista Sammartini: Ten Symphonies - a.a.O.*, siehe Anm. 1 -, S. 21(187)ff.); die Auflösung des abschließenden Dominantorgelpunktes zur I. Stufe fällt in der Sinfonia mit der Reprise zusammen, T. 40/41, im Konzertsatz mit R III, T. 128/129. – Im einzigen zu einer verwandten Mollstufe modulierenden Fall, J-C 78.1/1, folgt nach dem Eröffnungsgedanken (Schlußformel TV) ein Abschnitt, der über S–Sp–d–Tp zur Zielstufe Dp leitet. Der dritte Abschnitt beendet das Solo mit einem Orgelpunkt auf der V. Stufe dieser Tonart; eine Generalpause steht zwischen Solo II und Ritornell III.

Verschiedene Gliederungsmodelle aufgrund der vorhandenen Zäsurformeln zeigt das zweite Solo auch in den langsamen Sätzen. In zwei Fällen, J-C 72.1 und J-C 78.2, folgt die Rückmodulation nach einem Anfangsgedanken in der Dominante bzw. Subdominantparallele; sie fällt kürzer aus als dieser bzw. erreicht den Umfang des Anfangsgedankens. In zwei weiteren Fällen folgt auf den Anfangsgedanken ein zweiter Soloabschnitt, der auf der I. Stufe (J-C 78.1) bzw. mit TV (J-C 77.2, T. 33-38) endet – im Mittelsatz von Konzert J-C 78.1 greift der Abschnitt auf das Hauptthema zurück[103], in J-C 77.2 nimmt er die Orchestermarkierung vom Ende des Anfangsgedankens auf (vgl. T. 34 und 33), eine Verknüpfung, die auch im ersten Solo auftritt (siehe T. 20-22) und Material aus R I, T. 3 in variierter Form verwendet. Der dritte Abschnitt festigt in beiden Soli die Grundtonart und schließt mit einer Kadenz auf der I. Stufe (J-C 77.2, T. 44/45; in J-C 78.1 wird die korrekte Auflösung, Oktavton in der Finalis, gemieden: $V^5 \mid I^3$) – in J-C 77.2 nimmt der Abschnitt zu Beginn, T. 38/39, zwei kurze melodische Wendungen aus dem Dominantbereich des ersten Soloteils auf, vgl. T. 17/18. In den langsamen Sätzen der Konzerte J-C 73.1 und J-C 78 erfährt die Rückmodulation (jeweils nach dem Anfangsgedanken beginnend) wie in den schnellen Sätzen eine größere Ausdehnung, dabei schließt J-C 73.1 noch mit einer regulären Kadenz, während J-C 78 einen Schluß auf der V. Stufe erhält. – In J-C 73.1 ist die Rückmodulation, T. 54-66/67, teilweise wie in den Außensätzen konzipiert. Sie beginnt wie der Anfangssatz mit einer prägnanten melodischen Wendung, T. 54, die auf das erste Solo (T. 35/36) zurückgeht. Die harmonisch bewegte Mittelpartie leitet wie im 3. Satz zur Subdominante (T. 58), ähnlich wie dort erreicht im Schlußteil der Stufengang IV–III–II–(V)I die Tonika (T. 58-61). Die Trillerfiguren in T. 58/59 weisen auf den Anfang der Rückmodulation (T. 54, vgl. auch T. 25) zurück, und die Dreiklangsbrechungen, die in T. 61 in den Violinen I und II den Eintritt der I. Stufe unterstreichen, kommen zuerst in R I, T. 16 vor und markieren danach im ersten Solo das Ende des Hauptgedankens und den Beginn des Kadenzbereichs, T. 22 bzw. 39. Die Schlußtakte führen, im Unterschied zum 3. Satz, nicht zur V. Stufe, sondern zu einer Kadenz auf der Tonika (T. 62-66/67).

---

[103]. S I nimmt das Ritornellthema leicht variiert auf, S II beginnt auf der V. Stufe mit dem Incipit des Themas, der zweite Abschnitt in S II zitiert das Thema in der Tonika. Ein weiteres Beispiel für diese Verknüpfung in einem langsamen Satz findet man in J-C 71-Version A/B/2.

Die Abschnitte des zweiten Soloteils gewinnen in Sammartinis Konzerten im Laufe der Zeit an motivischer Prägnanz; gleichwohl bleibt Figuration ein wesentliches Merkmal dieses Formteils. Schrittweise treten verschiedene Verknüpfungstechniken auf, die für diesen Formteil in den späteren Werken die Bezeichnung «Durchführung» durchaus rechtfertigen: Es treten diverse Beziehungen zu den Ritornellen und zum ersten Solo auf – Taktgruppen, Motive, Spielfiguren, Rhythmusformeln finden Eingang in S II; zudem gewinnen, wie anhand der Konzerte von 1762 und 1764 aufgezeigt werden konnte, engere Verknüpfungen zwischen den Abschnitten von S II an Bedeutung[104]. Zur zentralen, ausbaufähigen Partie der Durchführung, zum Kern harmonischer Aktivität, entwickelt sich, besonders anschaulich im 3. Satz des A-Dur-Konzertes J-C 77.2, die erste Hälfte der Rückmodulation. Das Vorgehen im Ensemble-Konzert J-C 73.2/1 zeigt allerdings einen radikalen Bruch mit dieser Entwicklung an und läßt vermuten, daß auch im Solokonzert S II in der zweiten Hälfte der 1760er Jahre, zumindest in einigen Fällen, bedeutend kürzer wird.

Drittes Ritornell, drittes Solo und Schlussritornell

Das dritte Ritornell ist in Sammartinis Konzerten formal enger an das letzte Solo gebunden. Es wiederholt fast immer den Hauptgedanken (vollständig/gekürzt) oder die Anfangsgruppe des Eingangsritornells in der Grundtonart, ein Merkmal, das die Konzerte schon in den 1730er Jahren auszeichnet und für alle Schaffensperioden des Komponisten kennzeichnend ist[105]. In Werken aus der Zeit vor ca. 1755 schließt das Ritornell in der Ausgangstonart (I. oder V. Stufe), kann aber auch zu einer fremden Tonstufe leiten, Sp (J-C 74/1), S (J-C 74/2) oder D (J-C D-79/3). In den Konzerten von ca. 1755-1766 bevorzugt Sammartini in den Außensätzen einen Schluß auf der V. Stufe (9x), wodurch das Ritornell vom folgenden Solo klarer abgegrenzt ist; bei einer Endigung auf der I. Stufe fällt der Schluß zusammen mit dem Beginn des dritten Soloteils (J-C 72.1/2, J-C 78.1/2, J-C 78/2, J-C 73.2/1, J-C 72.1/1?). In zwei Sätzen, J-C 76/1 und J-C 78.2/2, strebt das Ritornell zur Tonart der IV. Stufe (in beiden Fällen sind R III und S III verkettet). Beispielhaft illustrieren die Außensätze von J-C 73.1 und J-C 77.2 die Gestaltung des dritten Ritornells. In J-C 73.1 kehrt im 1. Satz das Anfangsglied wieder, im Schlußsatz wird das Thema vollständig wiederholt; beide Ritornelle schließen auf der V. Stufe. In J-C 77.2/1 werden die Takte 1-4/1. Viertel in der Tonika aufgenommen, der zur V. Stufe strebende Schluß, T. 102/103, ist dem Dominantbereich des Eingangsritornells entnommen, vgl. T. 19. Anders angestrebt wird die V. Stufe im Schlußsatz: wiederholt werden die Takte 1-6/N, dabei wird T. 5/6N

---

[104]. Ein Musterbeispiel für dieses Verfahren liefert Mozart später in KV 216/1.

[105]. In J-C 71-Version A/B/1 moduliert das zweite Solo zur Tp, R III ist eine fünftaktige Rückmodulation (Tp–T); der Ritornellkopf steht in der Tp. In J-C 78.1/1, dessen zweiter Soloteil auf der V. Stufe der Dp endet, beginnt das dritte Ritornell mit dem Themenanfang in der Dominante, danach erscheint das Hauptthema in der Tonika.

(leicht abgewandelt) auf die V. Stufe versetzt (T. 117/118N), der Überhang T. 118 geht auf das den Anfangsgedanken von S II abschließende Tutti zurück (T. 80).

Das dritte Ritornell ist, wie die vier Beispiele zeigen, in den raschen Sätzen im allgemeinen wesentlich kürzer als das zweite, ebenso in den langsamen Mittelsätzen. Im 2. Satz des Es-Dur-Konzertes J-C 73.1 schrumpft es sogar zu einem eintaktigen Tutti-Einwurf, siehe T. 67 (erste Anzeichen für den Wegfall des dritten Ritornells im langsamen Satz?). – Das eintaktige Ritornell nimmt hier eine Zwitterstellung ein: als Tonikaorgelpunkt ist es Bestätigung der Grundkadenz und somit Abschluß von S II, durch die Wiederaufnahme des Ritornellincipits markiert es den Beginn des letzten Formabschnitts (diese doppelte Funktion scheint das Ritornellincipit als Tutti-Einwurf gelegentlich auch in den Soloteilen zu haben).

Das Ritornell beschränkt sich hauptsächlich auf den Anfangsgedanken, vereinzelt treten jedoch auch andere Taktgruppen des Eingangsritornells hinzu, die zu einem größeren Umfang führen (J-C 78.1/1/3: 16 bzw. 11 Takte). Ungewöhnlich lang ist dabei R III mit 19 Takten (R II: 22 Takte) im späten Ensemble-Konzert J-C 73.2/1 – wohl aufgrund des mit 17 Takten sehr kurz konzipierten zweiten Solo[106]. In einigen wenigen Fällen nimmt das dritte Ritornell nicht den Anfangsgedanken, sondern eine andere Taktgruppe des ersten Ritornells auf; in den nach ca. 1755 komponierten Konzerten lediglich in den langsamen Sätzen von J-C 78.1 und J-C 77.2. In beiden Fällen steht das Tutti wie eine Überleitung zwischen S II und S III: im Regensburger Konzert J-C 78.1 ist es ein Tonikaorgelpunkt aus der Rückmodulation des Eingangsritornells, im A-Dur-Konzert J-C 77.2 (T. 45-47) jene Taktgruppe, die im Eingangsritornell zur V. Stufe moduliert, und das Incipit des Themas (T. 3-5/1. Viertel). Der Themenanfang im A-Dur-Konzert wird am Ende des dritten Ritornells zuerst von der zweiten Violine (wie im Eingangsritornell T. 4/5), danach von Violine I und am Beginn des Soloteils von der Solovioline auf der V. Stufe gespielt – dieses Imitationsverfahren, das im *piano* vom Tutti zum Solo leitet (T. 46-48), nimmt die Überleitung an analoger Stelle im langsamen Satz von Mozarts Violinkonzert KV 219 (T. 83-86/87) bereits vorweg.

Die musikalische Substanz im dritten Soloteil ist in frühen Konzerten, wie z.B. in J-C 74, vorwiegend neu; im Flötenkonzert J-C 71-Version A/B, das der mittleren Schaffensperiode entstammt, verleiht die Art der Rückbeziehungen auf vorgegebenes Material – Wiederaufnahme von Taktgruppen, Motiven, Spielfiguren und Rhythmusformeln aus R I und S I – dem Formabschnitt im ersten und dritten Satz Durchführungscharakter. Diese Ausgestaltung des Soloteils, wobei auch Rückbeziehungen auf das zweite Solo möglich sind, bleibt für Sammartinis Konzerte bis in die kompositorische Spätphase hinein kennzeichnend[107]. Wohl als Konsequenz

---

[106]. Hier deutet sich möglicherweise an, daß die Verkürzung von S II mit einem Ausbau von R III bzw. der Reprise zusammenhängen könnte.

[107]. An dieses Verfahren knüpft Mozart noch mit seinem Flötenkonzert D-Dur KV 314 an, wenn er im 1. Satz «Partikel aus [...] unterschiedlichen Satz-Zonen» (SCHMID, Manfred Hermann. *Orchester und Solist* - a.a.O., siehe Anm. 41 -, S. 237) verbindet.

einer teilweise sehr eng verlaufenden Anlehnung an vorgegebenes Material, siehe z.B. J-C 73.1/1, zeichnet sich die Entstehung einer Reprise im ersten und zweiten Konzertsatz ab, so im Anfangssatz des Ensemble-Konzertes J-C 76 und im langsamen Satz der *Sinfonia concertata*. In beiden Sätzen eröffnet R III die Reprise mit dem Ritornellhauptthema (J-C 76) bzw. mit den Anfangstakten von R I (J-C 78.2)[108], das Solo wiederholt Gedanken aus S I (J-C 78.2) bzw. aus S I/R I (J-C 76); in beiden Fällen nehmen die Soloteile zu Beginn nicht mehr den Anfangsgedanken von S I auf. – In Sammartinis Ritornellkonzerten wird seit den 1730er Jahren mit R III durch die Wiederaufnahme des Hauptthemas in der Grundtonart eine Reprisenwirkung erzielt, S III hingegen wandelt sich erst spät (den bislang bekannten Werken zufolge in den 1760er Jahren), und möglicherweise nur vereinzelt, zu einer «Reprise», für die eine mehr oder weniger getreue Wiederaufnahme von Soloabschnitten bzw. von Ritornell- und Soloabschnitten kennzeichnend ist[109].

Eine andere Entwicklung zeigt das dritte Solo in den Schlußsätzen. Während diese Partie im ersten und zweiten Satz der späten Konzerte im Umfang noch relativ kurz ausfallen kann, ist sie im dritten Satz ein die Spieltechnik des Interpreten hervorkehrendes, langes «Solostück», das Sammartini *Capriccio* überschreibt – unbegleitet (J-C 78.1) oder von Violinen und Basso (J-C 73.1) bzw. von Vlc./Basso (J-C 77.2, J-C 78) durchgehend begleitet[110]. Bei der musikalischen Ausgestaltung kann teilweise bekanntes Material aufgegriffen werden, siehe besonders Konzert in Es J-C 73.1. Anregungen für die Ausbildung eines derartigen Soloabschnittes dürfte Sammartini von Konzerten seiner Zeitgenossen, insbesondere von Konzerten Giuseppe Tartinis (möglicherweise auch von Konzerten Pietro Antonio Locatellis), erhalten haben[111]. Die Generalpause am Ende des dritten Ritornells, die schon in früheren Werken gelegentlich auftritt (J-C 73/1, J-C 71-Version A/3), scheint in den späten Werken hauptsächlich ein Merkmal jener Schlußsätze

---

[108]. Ein vergleichbares Beispiel unter Haydns Violinkonzerten findet man im 3. Satz des G-Dur-Konzertes. Das dritte Tutti nimmt dort das Ritornellthema in der Grundtonart auf und eröffnet damit (analog zum zweiten Tutti) den Formteil. Für Mozart siehe z.B. KV 175/1, das Tutti beschränkt sich in diesem Fall auf das Zitieren der Anfangstakte.

[109]. Konzertsätze, die formal in Anlehnung an die Sinfonia konzipiert sind, so J-C 70/1-3 und der 1. Satz der *Sinfonia concertata*, haben eine Reprise. Sinfonia-Sätze dürften auch bei der Ausbildung der Reprise in Sammartinis Ritornellkonzerten eine Rolle gespielt haben.

[110]. Die Entwicklung des Soloteils im dritten Satz zu einem *Capriccio* zeichnet sich in den Violinkonzerten seit der mittleren Periode ab, wie das Regensburger Konzert in A J-C App. D-84.1 und besonders Konzert J-C D-79 vermuten lassen. Die Bezeichnung *Capriccio* findet man zuerst im Regensburger Konzert in B J-C 78.1, im Londoner Druck von 1766 (J-C 78) fehlt sie. In J-C 72.1 tritt Figuration auf, der Abschnitt erhält aber mit insgesamt 13 Takten nicht die Ausdehnung der späteren Konzerte (J-C 78.1: 18 Takte; J-C 73.1: 37 Takte; J-C 77.2: 30 Takte; J-C 78: 27 Takte).

[111]. Siehe DOUNIAS, Minos. *Die Violinkonzerte Giuseppe Tartinis als Ausdruck einer Künstlerpersönlichkeit und einer Kulturepoche*, Wolfenbüttel-Berlin, Georg Kallmeyer-Verlag, 1935, S. 105 und DUNNING, Albert. *Pietro Antonio Locatelli. Der Virtuose und seine Welt*, 2 Bände, Buren, Frits Knuf, 1981, Bd. 1, S. 129ff.

zu sein, die ein *Capriccio* haben (J-C 78.1, J-C 73.1, J-C 77.2, J-C 78) – sie bereitet dort den Eintritt des Solisten wirkungsvoll vor; im Anfangssatz ist sie in J-C 78.1 zu verzeichnen (sowie in J-C D-84/1).

Der melodisch prägnant geformte Beginn des Soloteils zeigt in den späten Konzerten verschiedene Verfahren: a) Wiederaufnahme der Anfangswendung von S I(/R I) (J-C 77.2/3; J-C 73.1/1 – durch die Stufenfolge V–I harmonisch wie zu Beginn von S II; J-C 78/2; J-C 73.2/1 – Incipit von S I abweichend von R I) oder R I (J-C 73.1/3 – Incipit von S I abweichend von R I); b) Imitation (J-C 78.1/2 – das Solo beginnt mit einer imitatorisch gestalteten Taktgruppe aus R I, siehe Notenbeispiel 4a, T. 12/13); c) neues Material, leichte Rückbeziehungen auf vorausgegangenes Material in der Solostimme sind vorhanden (J-C 76/1, J-C 78/3); d) Ritornellmotivik in den Orchesterstimmen, wobei die Solostimme lockere Rückbeziehungen aufweist (J-C 73.1/2 – Ritornellmotivik in den Violinen I und II, die Trillerfigur in der Solovioline T. 68/3. Schlag geht auf T. 10 zurück; in J-C 78/1 mit Ritornellmaterial konzertant hervortretende Orchesterstimmen: Vl. I/Vl. II–B./Vla.); e) Aufnahme des vorausgegangenen Ritornellschlusses (J-C 77.2/1). Eine Neuerung zeigt der 1. Satz in J-C 78.1: Der Anfangsgedanke, teils neu, teils bekanntes Material führend, erhält zum Abschluß die im ersten und zweiten Solo übliche Tutti-Markierung. – In den Konzerten J-C 73.1/1 und J-C 77.2/3 wird das Hauptthema bzw. dessen Anfang jeweils am Beginn der Ritornell- und Soloabschnitte zitiert, insgesamt sechsmal (R I, S I, R II, S II, R III, S III); in J-C 78/2 fünfmal – Eröffnung von S II abweichend, in J-C 77.2/3 noch ein siebtes Mal in R IV. Die Eröffnung der Ritornelli und Soli mit dem Hauptthema(/Incipit des Hauptthemas) findet man bei Haydn in den Violinkonzerten in A (1. Satz) und G (3. Satz). In Sammartinis Konzerten zeichnet sich dieses Verfahren seit der mittleren Schaffensperiode ab, siehe J-C 71-Version A/B/1 und J-C 71-Version B/3, wo, abgesehen von Solo II, sämtliche Ritornell- und Soloabschnitte von dieser Gestaltungsmöglichkeit Gebrauch machen (in J-C 71-Version A/B/1 beginnt der zweite Abschnitt von S II mit dem Hauptthema). Im 1. Satz des späten Ensemble-Konzertes J-C 73.2 sind die Anfänge von R I und S I verschieden, verknüpft sind jeweils R I, R II und R III sowie S I, S II und S III.

Die Dominantkadenz des ersten Soloteils findet man in einigen Sätzen der früheren (zum Teil auch der späteren) Werke in der Tonika vor Beginn der Kadenzeinleitung wieder, in späten Konzerten ist es (teils abgewandelt) die kadenzierende Schlußpartie (siehe J-C 71-Version A/B/1, T. 79/80 und 157/158; J-C 71-Version A/3, T. 134 rhythmisch wie T. 64; J-C 77.2/1, T. 61-64/N und 109-112/N; J-C 73.1/3, T. [92/]94-98/N und T. [193/]196-100/N). Mehrtaktige Einleitungen, die zur Kadenz des Solisten führen[112], sind in Sammartinis Konzerten relativ früh, gegen Ende der ersten Schaffensperiode, nachzuweisen[113]. Sie

---

[112]. Zur Bezeichnung «Einleitung» für diese Partie siehe KOCH, Heinrich Christoph. *Versuch (a.a.O.,* siehe Anm. 39), Bd. III, S. 339.

[113]. Das Oboenkonzert in G-Dur von «Martini» in Dresden, *SLUB*/Mus. 2763-O-1 (siehe weiter oben), das im Anfangssatz eine viertaktige Vorbereitung der Solokadenz erhält (T. 192-196), deutet darauf hin, daß Kadenzeinleitungen in Mailänder Konzerten schon in den 1720er Jahren gelegentlich auftreten.

beginnen vorwiegend nach einer regulären Kadenz in der Grundtonart (gelegentlich fällt der Schluß auf der I. Stufe schwächer aus), sie können aber auch nach einem Trugschluß (J-C 71-Version A/3, T. 134/135), nach einer Zäsur auf der V. Stufe (J-C 73.1/2, T. 72) oder, in dem späten Ensemble-Konzert J-C 73.2/1, nach Anstreben der IV. Stufe einsetzen. Diese letzte Partie des Soloteils weist oftmals Ritornellmaterial und Klangkontraste, z.B. Tutti-Solo-Wechsel, auf. In J-C 73.1/3 beispielsweise beginnt sie nach der Kadenz (T. 198-200/N) mit einer Stabilisierung der erreichten Stufe, T. 200-204/N[114], wobei der Anhang der ersten Ritornellhälfte (T. 19-23) Aufnahme findet, danach wird zur Kadenz des Solisten geschritten; im Anfangssatz strebt sie zuerst zu einem Trugschluß, T. 98-100/N, dabei treten Violine I, die Ritornellmaterial aufnimmt (vgl. T. 8), und Solovioline, die eine melodisch-rhythmische Formel aus S II verwendet (vgl. T. 82/2. Schlag) und sie anschließend variiert, abwechselnd konzertant hervor. Für diverse Klangdifferenzierungen in der Kadenzeinleitung siehe z.B. J-C 71-Version A/B/1, T. 158-164, J-C 73.1/2, T. 72-75, und J-C 77.2/1, T. 112-114. Die Angabe *arbitrio*, die in mehreren Sätzen vorkommt[115], überläßt es dem Interpreten, ob und wie er vor Beginn des Schlußritornells eine Kadenz spielen will.

Das Schlußritornell, das im Sammartinischen Konzert auf das Eingangsritornell zurückgreift, unterliegt im Laufe der Zeit einem Wandel: vollständige Wiederholung von R I in allen drei Sätzen (bis um 1740)[116]; Kürzung von R I im langsamen Satz oder in zwei Sätzen (um 1739/1740 bis Anfang/Mitte der 50er Jahre)[117]; Kürzung des Eingangsritornells in allen drei Sätzen (vermutlich seit ca. 1745/1750)[118] – in Konzert J-C 73.1 Rückgriff auf den zweiten Hauptteil von R I, wobei das Schlußritornell den Tonikabereich nach der Rückmodulation vollständig oder leicht gekürzt aufnimmt (ein von Sammartini häufiger angewandtes Kürzungsverfahren); gegen Mitte der 1760er Jahre Kürzung des Eingangsritornells auf wenige Takte in allen drei Sätzen (J-C 77.2) oder in den Außensätzen (J-C 78) – Ritornellanfang, Schlußtakte und andere Taktgruppen können Verwendung finden.

Zur Gestaltung des Orchestersatzes in den Ritornellen und Soloteilen

Besondere Bedeutung in Sammartinis Kompositionen erhält die zweite Violine[119]. In den Konzertritornellen, wo der ersten Violine die Ausführung der Hauptstimme

---

[114]. An analoger Stelle erfolgt nach dem Trugschluß in J-C 71-Version A/3 die Fortführung zur V. Stufe (T. 137), nach der Subdominante in J-C 73.2/1 ebenso.

[115]. J-C 78.1/3, J-C 73.1/1/2, J-C 77.2/2, J-C 78.2/1/2, J-C 73.2/1, J-C 70/2 (J-C App. D-81.2/2/3).

[116]. Die vollständige Wiederholung des Eingangsritornells scheint mit Konzert J-C 77.1 zu beginnen, das bereits in allen Sätzen Ritornellform hat (Anlage 4 Ritornelli/3 Soli) und dabei R III in der Grundtonart mit dem Beginn von R I eintreten läßt; in dem früheren Konzert J-C 69 ist das Schlußritornell im 1. und 3. Satz gekürzt (2. Satz keine Ritornellform).

[117]. J-C 75/2, J-C 71-Version A/B/2, J-C App. D-82.1/1/2, J-C App. D-84.1/1/3.

[118]. J-C App. D-81.2, J-C D-79 (im 2. und 3. Satz auf wenige Takte gekürzt). In J-C 73/1 und in den nach ca. 1755 entstandenen Konzerten ist die ungekürzte Wiederkehr des Eingangsritornells (Vorschrift *Da capo*) nicht mehr vorzufinden.

[119]. Siehe *Giovanni Battista Sammartini: Ten Symphonies* (a.a.O., siehe Anm. 1), S. xix.

obliegt, wechselt ihre Rolle: sie ist an die Hauptstimme gebunden (Unisono, Terz-/ Sextabstand, Imitation, alternierendes Motivspiel); mitunter kann sie selbständig geführt werden (kontrastierende Motive treten auf, in J-C 77.2/2 nimmt sie im Verlauf des Eingangsritornells das Hauptthema auf der V. Stufe wieder auf); oder sie schließt sich in der Bewegung den unteren Begleitstimmen Viola/Basso an – stellenweise hebt sie sich durch Diminution von diesen ab (oder zusammen mit der Vla. vom B.). Am Beginn der Soloteile kann die zweite Violine, wie die in Regensburg aufgefundenen Konzerte zeigen, die Hauptstimme im Terzabstand verdoppeln (J-C App. D-81.2/1, S II; J-C App. D-84.1/2, S I, S II) oder sie eine Terz tiefer imitieren (J-C 78.1/2, S III) bzw. sie im Abstand von zwei Takten wiederholen (J-C App. D-81.2/1, S III); auch im weiteren Verlauf der Soloteile können Terz-/Sextverdoppelungen zwischen Hauptstimme und Violine II auftreten (J-C 74/3, S II; J-C 71-Version A/B/1, S III; J-C App. D-81.2/2, S II; J-C App. D-84.1/2, S II; J-C App. D-84.1/3, S I). Seit den 1760er Jahren lassen sich in Sammartinis Konzerten in Ritornell und Solo Doppelgriffe in der zweiten Violine nachweisen (J-C 73.1/3, T. 20-23 [83-86]; J-C 77.2/2, T. 34; J-C 78/2; J-C 73.2/1).

In den Ritornellen der späten Konzerte treten in einigen Taktgruppen Basso/Viola– Violine I/II oder Basso/Viola/Violine II–Violine I konzertant hervor (J-C 73.1/1, T. 20, 24/25, 26). Den «dialogisierend» konzipierten tiefen und hohen Stimmen Basso–Violine I kann von den Mittelstimmen Viola und Violine II – letztere imitiert im Sekundabstand – eine in längeren Notenwerten stufenweise fallende Melodielinie kontrapunktartig entgegengesetzt werden (J-C 73.1/2, T. 6-8; in T. 11/12 mit vertauschten Parten, die Viola imitiert im Septimenabstand); im 1. Satz des A-Dur-Konzertes J-C 77.2, T. 21-23, alternieren Violine II und Violine I, Basso/Viola spielen die Motivik fortlaufend, während die solistisch hervortretenden Oboen den absteigenden Stufengang (Ob. 1 imitiert im Sekundabstand) ausführen – im ersten Soloteil der beiden Konzertsätze (J-C 73.1/2, T. 35/36; J-C 77.2/1, T. 51-53) bilden diese Taktgruppen einen Höhepunkt in der motivischen Ausgestaltung: durch die neu hinzukommende, nun von der Solovioline ausgeführten Hauptstimme entsteht eine dreifache Schichtung der Motivik. Verschiedene Motivik in drei Ebenen kann auch im Ritornell übereinandergeschichtet werden, siehe dazu J-C 77.2/1, T. 6/7 (Vl. I/Vl. di conc., Vl. II, B./Vla.)[120], außerdem kommt die Umkehrung des Verhältnisses motivisch führende Oberstimme mit akkordisch begleitenden Unterstimmen vor, so in J-C 73.1/3, T. 19-23, wo Basso/Viola melodisch-rhythmisch aktiv hervortreten und Violine I(/Vl. princ.) und II in länger ausgehaltenen Akkordklängen hinzutreten (siehe dazu auch die neue Hauptstimme im ersten Solo, T. 82-86, und den Stimmentausch im letzten Solo, T. 200-202).

Die Wiederholung des Ritornellkopfes am Anfang des ersten Solo obliegt, wie bereits dargelegt, nicht immer der Solostimme, Violine I oder Violine I und II können diesen ebenso

---

[120]. Anregungen für die Gestaltung des «konzertanten» Seitenthemas in KV 211/1 (T. 6/7ff., T. 39/40ff.), Schichtung der Motivik in mehreren Ebenen verbunden mit dialogisierend geführten Stimmen, könnte Mozart durchaus von Sammartini (bzw. in Mailand) erhalten haben.

aufnehmen, wobei der Solist mit einem längeren Halteton beginnt – siehe hierfür auch Mozart, KV 314/1, T. 32ff., wo die Flöte nach einem Einleitungstakt den Grundton d''' spielt und das Orchester das Hauptthema einführt. Später kontrapunktiert die erste Violine mit einem kontrastierenden Motiv, das der Hauptstimme am Ritornellanfang von der zweiten Violine entgegengestellt wird (J-C 73.1/1, T. 28) oder, am Beginn von S II, mit aus dem Eingangsritornell abgeleiteter Motivik (J-C 73.1/1, T. 61). Wichtige Gliederungsmomente im musikalischen Ablauf der Soloteile markieren neben Tutti-Einwürfen auch Violine I bzw. Violine I und II (seltener Violine II: J-C 73.1/2, T. 30), wobei primär Ritornellmaterial zur Anwendung kommt – es fällt immer wieder auf, daß Sammartini für Markierungen innerhalb der Soloteile besonders auf das Ritornellincipit zurückgreift, Parallelen hierfür findet man später noch im 1. Satz von Mozarts Klavierkonzert KV 175[121]. Am Ende einer Zäsur kann ein Tutti, oder die erste Violine, die Motivik des folgenden Soloabschnittes vorwegnehmen (J-C 72/3; J-C 71-Version A/3, T. 42-46; J-C 71-Version B/3, T. 69-73; J-C 77.2/2, T. 33/34; J-C 77.2/3, T. 93/94) – ähnliche Verbindungen können auch zwischen Ritornell und Solo entstehen, wenn, wie z.B. in J-C 77.2/1, der letzte Soloteil mit dem Schluß des vorausgehenden Ritornells beginnt. Des weiteren gewinnt die Generalpause als satztechnisches Gliederungsmittel im Laufe der Zeit an Bedeutung (in Ritornell und Solo).

In den Ritornellen wird seit der frühen Kompositionsphase hauptsächlich die Rückmodulation (neben etlichen *piano*-Gruppen) durch Stimmenreduktion im Orchestersatz klanglich hervorgehoben; sie setzt sich als *Solo* vom *Tutti* ab. Mit der Erweiterung des vierstimmigen Streichersatzes im Solokonzert um Holz- und Blechbläser gegen Mitte der 1760er Jahre kommen Klangkontraste häufiger vor – daß Sammartini besonders die Rückmodulation in seinen Ritornellen klanglich markiert, zeigt sich auch noch in den späten Werken: Im Violinkonzert in A J-C 77.2 treten die Oboen lediglich an einer Stelle mit eigenem Part hervor, und zwar in der Rückmodulation des Anfangssatzes. Für die Soloteile sind Klangkontraste durch abwechselnde Reduzierung und Erweiterung der begleitenden Orchesterstimmen seit der Frühphase ein charakteristisches Merkmal. Bis hin zum Regensburger Konzert in B J-C 78.1 können bis zu sechs verschiedene Stimmenkombinationen in den Außensätzen auftreten[122]. In Konzerten der 1760er Jahre kommt es zu einer Stimmteilung zwischen Violoncello und Basso, im Es-Dur-Konzert J-C 73.1 findet man sie im dritten Satz und im A-Dur-Konzert J-C 77.2 bereits in allen

---

[121]. Orchestereinwürfe in den Soloteilen am Ende einer angestrebten Stufe treten bei Sammartini kontinuierlich wohl seit den 1720er Jahren auf, siehe das bereits erwähnte unisono-Tutti im zweiten Solo von J-C 69/1, T. 124 (im 1. Satz des Oboenkonzertes in G-Dur von «Martini», *SLUB*/Mus. 2763-O-1, in der Form drei Ritornelli und zwei Soli, kommt im ersten und zweiten Solo hauptsächlich Terzenführung der Violinen vor). Relativ frühe Beispiele für die Verwendung des Ritornellincipits finden sich in den Außensätzen des Flötenkonzertes J-C 72.

[122]. Zur Begleitung des Solisten treten hauptsächlich folgende Stimmen zusammen: Vl. I, Vl. II; Vl. I, Vl. II, Vla.; Vl. I, Vl. II, B.; Vl. I, Vl. II, Vla., B.; B.; Vl. I, B.

drei Sätzen; im Mittelsatz auch in den Ritornellen (außerdem in J-C 78, J-C 78.2, J-C 73.2). Bevorzugt werden nun in der Begleitung folgende Klangkombinationen: Vl. I, Vl. II; Vl. I, Vl. II, Vla., (Vlc./)B.; Vl. I, Vl. II, Vla., Vlc.; B. (vereinzelt: Vla., B.; Vla., Vlc.; Vl. I, Vl. II, B.). Rasche Klangwechsel, wie sie in Werken der frühen und mittleren Schaffensperiode auftreten, werden in einigen Soloteilen gemieden. Langsame Sätze neigen weniger zu Klangwechsel (für verschiedene Stimmenkombinationen siehe z.B. J-C 71-Version A/B/2); in den kontrastierenden, lyrisch-affektvollen Mittelsätzen der 60er Jahre begleiten in den Soloteilen vorzugsweise Violine I, II, Viola und Basso – wobei es, abgesehen von J-C 73.1/2, zu einer Aufspaltung der Basso-Gruppe kommt.

In der Ausgestaltung des Orchestersatzes stellen die Konzerte der 1760er Jahre einen bedeutenden Wandel dar. Dieses illustrieren besonders deutlich die vier in Wolfenbüttel überlieferten Konzerte; zugleich scheinen die Manuskripte, die möglicherweise Abschriften von den Autographen sind und, worauf autographe Einträge in den Violinkonzerten in Es und A hindeuten, unter Aufsicht bzw. im Auftrag des Komponisten angefertigt wurden, eine Wandlung (oder mehrere Möglichkeiten) in der Notationsweise und in der Anordnung der Stimmen in Mailänder Partituren der 1760er Jahre aufzuzeigen. Das 1762 datierte Konzert in Es ist für Solovioline und vierstimmigen Streichersatz komponiert, bei der Aufspaltung der Basso-Gruppe im 3. Satz werden Vlc. und B. in der Partitur an unterster Stelle in ein System notiert. In den anderen drei Konzerten findet man diese Teilung in allen Sätzen; im 3. Satz des A-Dur-Konzertes und bereits in allen Sätzen in der *Sinfonia concertata* sowie im Ensemble-Konzert sind die beiden Stimmen in getrennte Systeme geschrieben (im Manuskript der *Sinfonia concertata* tritt erstmals die Bezeichnung «Contrabasso» statt «Basso» auf). Eine Erweiterung des Streichersatzes um 2 Oboen und 2 Trompeten zeigt das Konzert von 1764 (2. Satz ohne Trompeten). Dabei werden die wohl teilweise unisono mit den Violinen spielenden, teilweise pausierenden Oboen nicht notiert (und am Beginn der Sätze vor der ersten Akkolade auch nicht besonders vermerkt) – nur aus der Ritornell-Rückmodulation des 1. Satzes, in der sie mit eigenem Part auftreten, geht ihre Beteiligung hervor; sie erscheinen dort in einem System zwischen Vl. II und Vla. Die Trompeten, ebenfalls in ein System zusammengefaßt, sind zwischen Vla. und Vlc./B. gesetzt. In der *Sinfonia concertata* werden diese Positionen für die Holz- und Blechbläser beibehalten (im 2. Satz pausieren die Trompeten), wobei die Oboen, nun in allen Sätzen mit eigenem Part hervortretend, in zwei Systeme eingetragen sind. Die Stimmenanordnung in den Außensätzen lautet von oben nach unten: *Viol.:º (P.ᵐᵒ) Di Conc.:ᵗᵒ, Violino P.:ᵐᵒ, Violino 2.:ᵈᵒ, Oboè Primo, Oboè 2.:ᵈᵒ, Viola, Trombe, Violoncello, Contrabasso*. Sämtliche Neuerungen im Streichersatz – Spaltung der Basso-Gruppe, Doppelgriffe in Violine II, 2 Violen – und eine «Modernisierung» der Stimmenanordnung (Bläser-Streicher-Trennung) in der Partitur – jetzt von oben nach unten: *Corni dà Caccia, Obboè I.ᵐᵒ, Obboè 2.ᵈᵒ, Violino di Concerto* (2. Satz: *Violino Solo*), *Viol.º I.ᵐᵒ, Viol.º 2.ᵈᵒ, Viola I.ᵐᵃ, Viola 2.ᵈᵃ, Violon.ˡᵒ, Basso* –, wobei jede Stimme, wie schon in der *Sinfonia concertata* abgesehen von den Blechbläsern, ein eigenes System in der Akkolade erhält, zeigt das Ensemble-Konzert in Es.

Zwischen Partien, in denen die Begleitung in den Soloteilen durchgehend in Achteln oder Vierteln, auch mit Pausen durchsetzt, in einer, zwei oder akkordisch in mehreren Stimmen verläuft, treten solche, in denen der führenden Oberstimme von den Begleitstimmen, Violine I oder Violine I und II, selbständige – neuerfundene oder abgeleitete – Motivik entgegengesetzt wird. Die erste Violine ist manchmal an die Solostimme gebunden, indem sie diese im Terz- oder Sextabstand verdoppelt, imitiert bzw. mit ihr konzertiert, das heißt in gleichen oder entsprechenden Motiven dialogartig alterniert, ähnlich wie dies im Ritornell zwischen Violine I und II geschieht (zu den Verknüpfungen zwischen Hauptstimme und Violine II im Solo siehe weiter oben). Stellenweise ist der Stimmenverbund Violine I–Violine II konzertant aufgelockert, später kommen auch konzertante Wechsel zwischen Ober- und Unterstimmen hinzu (Violine I/II–Basso/Viola: J-C 73.1/3, T. 131-135). Unisono-Begleitung, ausgeführt von den beiden Violinen, erlangt in Konzerten vom Ende der frühen und in der mittleren Periode größere Bedeutung (J-C 72, J-C 75, J-C App. D-82.1, J-C D-79), in Werken der 1760er Jahre ist diese einfache Begleitung selten – im A-Dur-Konzert J-C 77.2 markiert sie den Beginn eines Soloteils bzw. eines Abschnittes, siehe 1. Satz, T. 77/78, 103 und 3. Satz, T. 81/85 (siehe auch das Konzert der mittleren Periode J-C 71-Version A/3, Beginn von S III, T. 121-124). In einigen langsamen Mittelsätzen dominiert in den Solopartien akkordische Begleitung in fortlaufenden Achteln oder Sechzehnteln, auch geschichtet in Achteln und Sechzehnteln, oder wird durchgehend beibehalten, so in den Violinkonzerten aus der frühen und späten Schaffenszeit J-C 74, J-C 73.1 und J-C 77.2.

Merkmale der Harmonik, Melodik und Rhythmik[123]

Zu den wesentlichen Bausteinen in Sammartinis Musik gehören in allen Schaffensperioden tonale und Nebenstufen durchlaufende Sequenzen, Stufengänge im Baß bzw. in der tiefsten Stimme, die zur I. oder V. Stufe einer Tonart leiten (diese verdrängen seit der mittleren Periode allmählich die zur I. und V. Stufe führenden tonalen Quintschrittsequenzen), Tonika- und Dominantorgelpunkte; in späteren Werken kommen Akkordbrechungen, auch mit Verbindungsnoten versehen, im Baß hinzu (J-C 77.2/1, T. 6/7; J-C 73.1/3, T. 19-23[124]). Wiederholungen (ein-, zwei- oder mehrtaktig) beherrschen ab der mittleren Schaffenszeit stärker das musikalische Geschehen als in Kompositionen der Frühphase. Für den musikalischen Ablauf bestimmend sind Verknüpfung und Kontrast in der melodisch-rhythmischen Erfindung und ein ruhiger, oftmals taktweise oder halbtaktig eintretender Harmoniewechsel, über dem sich eine zum Teil formelhaft wirkende, auf Akkord- und Intervallbrechungen, Skalensegmenten und Tonrepetitionen beruhende melodische Hauptlinie entfaltet (vielfältige Ausschmückungen der melodischen Hauptnoten sind möglich); weite Melodiebögen können sich durch die charakteristische Kleingliedrigkeit dieser Musik, durch die Verwendung kurzer, manchmal nur aus zwei, drei oder vier Noten gebildeten Motive kaum entfalten. In den späten Konzerten wird eine Wandlung hin zu einer reicheren Harmonik, einer abwechslungsreicher gestalteten

---

[123]. Zu Gedanken und Formulierungen in diesem Abschnitt siehe GEHANN, Ada B. *Giovanni Battista Sammartini. Die Konzerte* (a.a.O., siehe Anm. 3), S. 323f.

[124]. Zum Vergleich siehe Mozart, KV 211/1, T. 53/54, Basso: *a–e–cis–A*.

Melodik ebenso wie eine Steigerung der rhythmischen Vielfalt (32stel, 64stel, diverse Punktierungen, Synkopen etc.) erkennbar.

In satztechnischer Hinsicht besonders zu nennen sind die Integration kontrapunktischer Elemente in den homophonen Satz – wie z.B. Imitation (Bedeutung hat vor allem das Nachspielen der Hauptstimme, und zwar so, daß die zweite Violine [im Ritornell] oder erste Violine [im Solo] die Motivik im Abstand eines Taktes/zweier Takte, oder eines halben Taktes, wiederholt; hinzu kommt die Imitation im Sekundabstand bei Stufengängen – beides Verfahren, deren Herkunft auf die Triosonate zurückzuführen ist), Stretta-Effekte (J-C 77.2/2, T. 46-48) und Stimmtausch –, konzertante Wechselspiele – ein hervorstechendes Merkmal der späten Konzerte/Sinfonien (besonders auffallend in späten Werken auch das solistische Hervortreten der Viola/Violen[125]) – sowie unisono-Wendungen (als prägnante Eröffnung oder als energischer Schluß). Eine auffallend starke melodisch-rhythmische Variation bei Wiederholungen, wie sie bis später in die Klassik nachwirken wird, das Übertragen von Rhythmen auf neue melodische Gebilde und das Einführen von Dur-Moll- und Moll-Dur-Kontrasten gehören ebenfalls zu Sammartinis kompositorischen Eigenheiten. Seit der mittleren Periode ist eine Zunahme dynamischer Kontraste in den Ritornellen zu beobachten – rasche *piano-forte*-Wechsel werden beliebt –, und in den späten Konzerten kommen Vortragsbezeichnungen und Musizieranweisungen wie *dolce, dolce assai, mancando, spiccato, spiccato assai, legato, legato assai, sostenuto* u.a. hinzu.

Schlusswort

Sammartinis Konzerte haben bis in seine späte Schaffensperiode hinein Ritornellform; Merkmale der Sonaten(haupt)satzform treten allmählich auf. Die Konzertsatzform nach ca. 1755 verbindet immer deutlicher Ritornellform und Sonatensatzform, Ritornelli und Soli erscheinen dabei vorwiegend paarweise angeordnet: R I + S I, R II + S II, R III + S III (+ R IV). Diverse Verknüpfungen zwischen Ritornellen und Soloteilen, zwischen den Soloteilen sowie innerhalb dieser Formabschnitte bilden sich heraus. Das Eingangsritornell, in seinen verschiedenen Stationen teilweise Parallelen mit einem (Sammartinischen) Sinfonia-Satz aufweisend, entwickelt sich seit der frühen Kompositionsphase zunehmend zu einem Reservoir, aus dem die Soloteile Tonmaterial schöpfen, in der Spätphase bildet es ein

---

[125]. Die Viola, die in Sammartinis Frühphase noch zur harmonischen Ausfüllung des Gerüsts diente (also Füllstimme war), wird nun, im Wechsel mit anderen Stimmen, verstärkt solistisch geführt: im Ensemble-Konzert J-C 73.2/1 treten in S II die Oboen im Wechsel mit den Violen solistisch hervor, in S III Vl. di conc., Violen und Oboen; in J-C D-84/1 sind konzertante Wechsel zwischen Violinen und Violen und im langsamen Satz zwischen Basso, Violen und Hörnern sowie zwischen Violen und Hörnern zu verzeichnen – siehe auch Sinfonie J-C 26/1, T. 29-31, 86-88, in *Giovanni Battista Sammartini: Ten Symphonies* (a.a.O., siehe Anm. 1), S. 6(172) und 12(178). In Mozarts *Sinfonia concertante* KV 364 schließlich wird sie zusammen mit der Violine Solostimme.

zweites Thema in der Dominante aus. Die Soloteile erlangen im Laufe der Zeit in der musikalischen Ausgestaltung mehr Gewicht – in der Spätphase: zweites Thema im ersten Solo, Durchführung, Ansätze zu einer Reprise im zweiten und dritten Solo[126].

Daß sich der Schwerpunkt in der Komposition von den Ritornellen zu den Soloteilen hin verschiebt, zeigt sich bei Sammartini auch im Umfang dieser Abschnitte. Im 1. Satz des A-Dur-Konzertes J-C 77.2 stehen Ritornelli und Soli in einem ausgewogenen Verhältnis: Von den insgesamt 120 Takten entfallen 59 (35+13+5+6) auf die Ritornelle und 61 (28+22+11) auf die Soloteile; ähnlich ist die Situation in J-C 72.1/1 und J-C 78.1/3. Allgemein räumt Sammartini den Soloteilen in den Konzerten aus der Zeit nach ca. 1755 jedoch einen größeren Umfang ein als den Ritornellen (J-C 72.1/2/3; J-C 78.1/1/2; J-C 73.1/1-3; J-C 76/1; J-C 77.2/2/3; J-C 78/1-3; J-C 78.2/2) – abgesehen von J-C D-84/1/3 dominieren nur im Ensemble-Konzert J-C 73.2/1 die Ritornelle gegenüber den Soloabschnitten mit 102 zu 76 Takten. Umgekehrt ist das Verhältnis in früheren Konzerten, besonders bis um 1740, teilweise aber auch in der mittleren Periode (und wie J-C 69/1/3, J-C App. D-82.1/2 und J-C App. D-81.2/2/3 zeigen, nicht nur in Sätzen, die das Eingangsritornell am Ende vollständig wiederholen). – Auch in der Anlehnung in formaler Hinsicht an die Sinfonia (Konzert J-C 70, *Sinfonia concertata*, Konzert J-C D-84/2, Sinfonie J-C 21, siehe oben die 'Bemerkungen zur Form') wird diese Verschiebung offenkundig; zugleich zeigen solche Werke, daß Sammartini die Ritornellform, besonders in der Spätphase, nicht mehr als einzige, adäquate Form zur Präsentation eines Konzertes aufgefaßt hat.

Nachdem wohl in den frühen 1730er Jahren (seit J-C 77.1) mit dem Übertragen der Ritornellform auf den langsamen Satz, wodurch alle drei Sätze Ritornellform haben, und mit der Rückmodulation von S II in die Ausgangstonart, verbunden bei der Anlage 4 Ritornelli/3 Soli mit dem Rückgriff von R III auf das Hauptthema in der Grundtonart, in formaler Hinsicht bereits ein für die Weiterentwicklung des Konzerts entscheidender Schritt vollzogen wurde, markieren die späten Konzerte einen zweiten großen Einschnitt in Sammartinis Konzertschaffen – zum einen durch die Annäherung an die Sonatensatzform, zum anderen durch wesentliche Neuerungen im Orchestersatz (in den 1760er Jahren): Die Erweiterung des Streichersatzes *a quattro* um Holz- und Blechbläser wird Norm, im Streichersatz kommen Aufspaltung der Basso-Gruppe und Doppelgriffe in Violine II sowie zwei Violen vor.

Mit seinen späten Werken, unter denen mit seiner ausgereiften Konzeption besonders das 1764 komponierte Violinkonzert in A herausragt, war Sammartini an der Schöpfung des klassischen Konzertes beteiligt. Parallelen zu Konzerten Haydns und Mozarts deuten darauf hin, daß er sowohl direkt mit seinen Kompositionen, die

---

[126]. Die Emanzipation der Soloteile zeichnet sich bei Sammartini allmählich seit den 1730er Jahren ab; diese Wandlung, die sich in der Praxis allgemein schrittweise vollzogen hat, führte schließlich zur Entstehung des Sonatenkonzertes der Wiener Klassik, siehe REIMER, Erich. 'Zum Strukturwandel des Konzertsatzes im 18. Jahrhundert', in: *Analysen. Beiträge zu einer Problemgeschichte des Komponierens. Festschrift für Hans Heinrich Eggebrecht zum 65. Geburtstag*, hrsg. von Werner Breig, Reinhold Brinkmann und Elmar Budde, Stuttgart, Franz Steiner, 1984 (Beihefte zum Archiv für Musikwissenschaft, 23), S. 202-216.

in Handschriften und Drucken in ganz Europa sehr rasch Verbreitung fanden, als auch indirekt durch seinen bedeutenden Schülerkreis bzw. durch Komponisten, die in Mailand tätig waren[127], das Konzertschaffen der beiden Meister teilweise beeinflußt haben könnte – die frappierenden Übereinstimmungen in manchen Werken lassen zudem vermuten, daß Mozart bei seinen Mailänder Besuchen zahlreiche Anregungen für seine Kompositionen erhalten hat[128]. Zugleich sind die Verbindungen, die sich abzeichnen: Sammartini → Haydn, Sammartini → Mozart, Sammartini → Haydn → Mozart[129], Hinweise, daß Mailand (zusammen mit anderen führenden Musikzentren des 18. Jahrhunderts) bei den vielfältigen Verflechtungen, die zur Entstehung der klassischen Konzertsatzform geführt haben, eine wichtige Rolle gespielt hat. Die 1760er Jahre in Mailand im besonderen scheinen eine außerordentlich spannende Zeit in der Musikgeschichte gewesen zu sein; die vielen Neuerungen, die jetzt zusammentreffen, kündigen einen anderen Zeitabschnitt an.

NOTABENE: Ein 'Konzertprogramm' von 1765 im Archivio di Stato in Mailand listet ein «Concerto a due violini» von Sammartini auf (für diesen Hinweis danke ich Dr. Anna Cattoretti), das, wohl von den beiden «violini di concerto» Luca Felice Roscio und Giuseppe Boroni, in einem privaten Konzert in Pavia gespielt wurde; mit dem zweiten angeführten Werk, «altro breve Concerto del S.ʳ S. Martino», ist vermutlich ein *Concertino* gemeint, siehe Näheres in diesem Band in den Beiträgen von Maria Grazia Sità (S. 389ff.) und Anna Cattoretti (S. 606ff.). Möglicherweise handelt es sich bei dem «Concerto a due violini» um ein verschollenes Werk – ein Konzert für z w e i Violinen ist bislang nicht bekannt, die überlieferten *Concerti a più strumenti* J-C 73 und J-C 76 sind für zwei Violinen und zwei Oboen (im 1. Satz nur Ob. 1 konzertant) bzw. für vier Violinen ('due di concerto', 'due obbligati') komponiert.

---

[127]. Dazu gehört Johann Christian Bach, der von ca. 1755 bis 1762 in Mailand lebte.

[128]. Diese dürften auch den Orchestersatz betreffen. Die von David J. Rhodes geäußerte Vermutung, das Auftreten der beiden Violen in Sammartinis Sinfonien ginge möglicherweise auf Mozart zurück, läßt sich nicht bestätigen (RHODES, David J. 'The Origins and Utilisation of Divided Viola Writing in the Symphony at Mannheim and Various Other European Centres in the Second Half of the 18th Century', in: *Mannheim – Ein Paradies der Tonkünstler? Kongressbericht Mannheim 1999*, hrsg. von Ludwig Finscher, Bärbel Pelker, Rüdiger Thomsen-Fürst, Frankfurt am Main […], Peter Lang, 2002 - Quellen und Studien zur Geschichte der Mannheimer Hofkapelle, 8 -, S. 67-170: 74, 101). Die kürzlich aufgefundenen Stimmen der späten Sinfonien Sammartinis in der Bibliothèque Nationale (Mitteilung von Prof. Bathia Churgin) zeigen, daß noch vor Mozarts Ankunft in Mailand im Orchestersatz zwei Violen eingesetzt wurden (Datierungen siehe Anm. 31).

[129]. Auch Haydn → Mozart.

Ada Beate Gehann

Anhang

Konzerte, die im Sammartini-Werkverzeichnis von Jenkins und Churgin nicht aufgeführt sind – Einordnung (echte/zweifelhafte Werke) und Numerierung von Bathia Churgin:

Echte Konzerte

J-C 72.1

Concerto für Violine in D/Fragment
Vl. princ. (unvollständig), Vlc.; Vl. 1, 2, Vla. fehlen
2. Satz: Incipit nach Ritornell III rekonstruiert.

CH-SAf, Musikbibl. M 53, Ms. 6796
RISM A/II: 400.006.991

J-C 73.1

Concerto für Violine in Es
Vl. princ., 2 Vl., Vla., B.

D-Wa, 46 Alt 376
Kindler, Klaus. *Findbuch* (a.a.O., siehe Anm. 4), S. 92.

Merkmale der Konzertsatzform in der späten Kompositionsphase G. B. Sammartinis

J-C 73.2

Concerto a più strumenti in Es
Vl. di conc. (2. Satz: Vl. solo), 2 Ob., 2 Cor., 2 Vl., 2 Vla., Vlc., B.

D-Wa, 46 Alt 375
KINDLER, Klaus. *Findbuch* (a.a.O., siehe Anm. 4), S. 91f.

J-C 77.2

Concerto für Violine in A
Vl. di conc., 2 Ob., 2 Tr., 2 Vl., Vla., Vlc., B.

D-Wa, 46 Alt 379
KINDLER, Klaus. *Findbuch* (a.a.O., siehe Anm. 4), S. 93f.

J-C 78.1 (früher J-C App. C-9)

Concerto für Violine in B
Vl. princ., 2 Vl., Vla., B.

199

D-Rp, Pr-M Marcello 15a
HABERKAMP, Gertraut – REUTTER, Jochen. *Sammlung Proske* (a.a.O., siehe Anm. 5), S. 348.

J-C 78.2

Sinfonia concertata für Violine in B
Vl. di conc., 2 Ob., 2 Tr., 2 Vl., Vla., Vlc., Cb.

D-Wa, 46 Alt 377
KINDLER, Klaus. *Findbuch* (a.a.O., siehe Anm. 4), S. 92f.

ZWEIFELHAFTE KONZERTE

J-C App. D-81.2 (früher J-C App. C-8)

Concerto für Violine in G
Vl. princ., 2 Vl., Vla.; B. fehlt

D-Rp, Pr-M Marcello 15d
HABERKAMP, Gertraut – REUTTER, Jochen. *Sammlung Proske* (a.a.O., siehe Anm. 5), S. 347.

J-C App. D-82.1

Concerto für Violine in G
2 Vl., Vla., Vlc.; Vl. princ. fehlt

Allegro moderato

Affettuoso

Vivace

D-Rp, Pr-M Marcello 15c
HABERKAMP, Gertraut – REUTTER, Jochen. *Sammlung Proske* (a.a.O., siehe Anm. 5), S. 348.

J-C App. D-84.1

Concerto für Violine in A
Vl. princ., 2 Vl., Vla., Vlc.

Allegro assai

Largo e staccato

Allegro assai e spiccato

D-Rp, Pr-M Marcello 15b
HABERKAMP, Gertraut – REUTTER, Jochen. *Sammlung Proske* (a.a.O., siehe Anm. 5), S. 348.

VERSCHOLLENE KONZERTE

J-C App. C-8.1

Concerto in A
2 Fl., 2 Vl., B.

D-MÜu, *Catalogus musicus* der «Fürstlich zu Bentheim-Tecklenburgischen Musikbibliothek Rheda», Limburg 1750 (Nachträge bis 1768)
GRONEFELD, Ingo. *Flötenkonzerte* (a.a.O., siehe Anm. 20), Bd. 3, S. 75, KatGro 2220 - A.

The «Virtuosi Instromenti» and the Milanese Concerto in the Early Eighteenth Century

Jehoash Hirshberg and Simon McVeigh
(Jerusalem – London)

Milan in the early Settecento surely evokes immediate associations with the opera at the Regio Ducal Teatro and with the inception of the symphony. The concerto was indeed not as central to the Milanese school as to the Venetian; yet nevertheless several composers made a distinctive contribution to the genre. Their concertos must frequently have been heard at court performed by the members of the ducal cappella, at private concerts during Lent, or at the outdoor concerts at the Castello Sforzesco.

A key issue in the analysis of the early solo concerto is the ritornello structure, «the quasi-automatic choice for the first movement» on which this article will concentrate[1]. With its succession of contrasting or connecting periods, the ritornello movement enacted a rhetorical argument based on purely musical thinking — the musical «order, connection, and proportion» that Johann Nikolaus Forkel strongly identified in Vivaldi[2]. This rhetorical aspect is central to our large-scale study of the style history of the enormous concerto repertory of the early eighteenth century[3].

---

[1]. TALBOT, Michael. *Vivaldi*, London, Dent, ²1993, p. 111. In the few *da chiesa* concertos, the second movement has been studied.

[2]. DAVID, Hans T. - MENDEL, Arthur - WOLFF, Christoph. *The New Bach Reader*, New York, Norton & Co., 1998, p. 441. This passage dating from 1802 has served as a point of departure for WOLFF, Christoph. 'Vivaldi's Compositional Art and the Process of «Musical Thinking»', in: *Nuovi studi vivaldiani: edizione e cronologia critica delle opere*, a cura di Antonio Fanna e Giovanni Morelli, 2 voll., Firenze, Olschki, 1988 (Studi di musica veneta. Quaderni vivaldiani, 4), vol. I, pp. 1-17.

[3]. The present paper forms part of our long-range project investigating the process of change in the Italian solo concerto during the first half of the eighteenth century. A book entitled *The Italian Solo Concerto 1700-1760: Rhetorical Strategies and Style History* is forthcoming (Woodbridge, Boydell & Brewer). The project has been supported by the Israel Science Foundation established by the Israel Academy of Science and Humanities, by the Leverhulme Trust and by the Irwin Trust, University of London. We should like to express our thanks to the members of our research team: Na'ama Ramot, Michal Ben-Zur, Miri Gerstel, and Rachel Klein (Musicology Department, Hebrew University, Jerusalem) and Ann van Allen-Russell (Department of Music, Goldsmiths College, University of London).

While the concept of ritornello form may be almost universal, we have found a striking diversity of strategies at all levels of composition, involving the whole range of musical parameters. The premise of the present study is that composers active in close proximity over an extended period — in this case, the Milanese concerto composers — are likely to share compositional strategies. Yet, as musicians with personal temperaments, they also developed their own idiolects, that is, individual traits. We have approached the complex task of mapping the strategies from the vantage point of Leonard Meyer's definition of style: «Style is a replication of patterning, whether in human behaviour or in the artifacts produced by human behaviour, that results from a series of choices made within some set of constraints»[4]. Three levels of choice — reflecting the universal properties of ritornello form, the shared attributes of the group and specific idiolects — will form the basis of our analysis.

The Composers

The composers considered in the present study were at various times members of the ducal orchestra and active in Milan's rich musical life, allowing ample opportunity for interaction between them. Some of them worked alongside each other for many years, while others can have interacted only briefly, not least due to travels to ruling Vienna and elsewhere. The study extends approximately from the 1710s to the 1750s, allowing for the usual uncertainties of dating[5].

Details of Milanese orchestras during the period remain scanty, with three well-known lists of personnel providing essential reference points[6]. The festivities at Novara in 1711 surrounding the transfer of the relics of S. Gaudenzio were marked by a large contingent of Milanese instrumentalists. With the opening of the new Regio Ducal Teatro in 1717 the opera orchestra was evidently established on a more secure footing, to judge from the 1720 list of 32 «Virtuosi Instromenti nell'Orchestra». By 1748 the orchestral complement had risen to 46. Each of the composers discussed here appears in at least one of these three lists.

The concerto composers with the most consistent presence in Milanese musical life over several decades were Giovanni Battista Sammartini and Angelo Maria Scaccia[7]. The violinist Scaccia (c. 1690 - 1761), whose father was a regular member of the ducal orchestra,

---

[4]. MEYER, Leonard. *Style in Music*, Chicago, Chicago University Press, 1989, p. 3.

[5]. For a recent catalogue, see *Sammartini e il suo tempo. Fonti manoscritte e stampate della musica a Milano nel Settecento*, a cura di Marco Brusa e Attilio Rossi, Roma, CIDIM - Società Italiana di Musicologia, 1997 (supplemento a *Fonti Musicali Italiane*, 1/1996).

[6]. BARBLAN, Guglielmo. 'La musica strumentale e cameristica a Milano nel '700', in: *Storia di Milano*, 17 voll., [Milano], Fondazione Treccani degli Alfieri per la Storia di Milano, 1953 - 1966, vol. XVI: *Principio di secolo (1901-1915)*, parte X *La musica a Milano nell'età moderna*, cap. IV *La musica strumentale e cameristica a Milano nel '700*, 1962, pp. 619-660.

[7]. This section draws on the fuller biographical information in *ibidem*, and in *The New Grove Dictionary of Music and Musicians*, Second Edition, edited by Stanley Sadie, 29 vols., London, Macmillan, 2001. Details of the life of Sammartini are well documented and will not be reproduced here (see, for example, CHURGIN, Bathia. 'Sammartini, Giovanni Battista', in: *ibidem*, vol. XXII, pp. 209-215).

was among those named at the 1711 festivities. On 31 March 1719 he became a supernumerary member of the orchestra, appearing in the list of 1720 and again (heading the second violins) in 1748. He was the first Milanese violinist to publish a major set of violin concertos; and when he finally took over his father's regular orchestral position on 16 January 1751 his stature was recognised with the award of the first ducal *patente di violinista*.

Giuseppe Ferdinando Brivio (? - c. 1758) is included as a violinist in the list of 1720 only. He may perhaps be identified with the prolific opera composer and impresario. Although his instrumental output was small, one concerto was included in the prestigious French collection of Italian music assembled for Pierre Blancheton, alongside concertos by Scaccia and Zuccari.

The oboist Giuseppe Sammartini (1695 - 1750) participated at Novara in 1711 and played alongside his brother in the 1720 orchestra, before settling permanently in London in 1729[8]. He achieved a reputation as one of the leading soloists of his time, yet few solo concertos were published (and most of these posthumously), so the surviving repertoire cannot be securely linked to his Milanese period. Nevertheless it has proved revealing to consider his works in the Milanese context.

The violinist Carlo Zuccari (1704 - 1792), born in Casalmaggiore (near Cremona), received his training in Northern Italy, but after travelling to Vienna in 1723 in the suite of Count Pertusati «his restless temperament induced him to continue his wanderings around Europe»[9]. Eventually in 1736 he settled in Milan, where he played an important role as a teacher and orchestral musician, playing for Sammartini on many occasions. His name is included among the first violins in the 1748 list.

We have decided to include the little-known cello concertos by Giovanni Perroni (or Peroni, 1688 - 1748), even though his activity in Milan was short-lived. Born near Novara, he worked at Parma from 1704 to 1714, and contributed (with his brother) a major oratorio to the 1711 celebrations in Novara. In 1712 he played a concerto in Venice at a festive Mass honoring the ambassador of the newly elected Karl VI[10]. Six years later he was working in Milan, and his name appears in the 1720 orchestra list; but the following year he was appointed cellist at the court in Vienna, where he built a distinguished career. Guglielmo Barblan has observed that whereas a continuous Milanese violin tradition can be identified, no similar cello school can be found[11]. Yet he was clearly not aware of the five cello concertos in the Wiesentheid collection, apparently intended for Count Rudolf Franz Erwein von Schönborn. Whether these were written in Milan or in Vienna, they provide revealing points of comparison with the other repertory under discussion.

Thematic catalogues of the concertos of each of the composers discussed here are given in the APPENDIX, with concerto numbers used for identification elsewhere in the article.

---

[8]. LANCE, Evelyn B. 'The London Sammartini', in: *The Music Review*, XXXVIII (1977), pp. 1-14.

[9]. MONTEROSSO, Raffaello. *Musicisti cremonesi*, Cremona, Biblioteca governativa e libreria Civica, 1951, p. 83.

[10]. HAAS, Robert. *Die Estensischen Musikalien*, Regensburg, Gustav Bosse, 1927, p. 31; HILL, John Walter. *The Life and Works of Francesco Maria Veracini*, Ann Arbor (MI), UMI, 1979 (Studies in Musicology, 3), p. 11.

[11]. BARBLAN, Guglielmo. *Op. cit.* (see footnote 6), p. 627, note 3.

Ritornello form as rhetorical argument

Our analytical method is closely related to the 'performative analysis' that Sarah Fuller has developed in her analyses of Machaut's compositions: «a process-based approach to fourteenth-century secular song [which] investigates how pitch relations become constituted during performance of a song [...] It regards tonal structure not as an external property to be assessed rapidly from written notation or a score, but as a perceptual category»[12]. We will deal with the events in the ritornello movement not as static objects bounded by pre-conceived formal constructs but as an unfolding process of musical invention[13]. Furthermore, only through the detailed interpretation of the unfolding of entire movements can one hope fully to grasp the unique features of a certain school — in the present case, the Milan group — as well as of idiolects within the group.

Such an analysis required a re-definition of the components of ritornello form, expanding the concepts of ritornello and solo beyond their conventional textural implications so as to designate structural functions. The symbols R and S with attached figures refer to distinct structural stages within the tonal unfolding of the movement (see Chart 1). While the parameter of texture most immediately distinguishes ritornello from solo, it is just one component among several in the multi-level articulation of the form. The numbering of ritornellos and solos therefore signifies not only the mere order of events but also the tonal function of each section; lower-case letters represent further subdivisions[14].

Chart 1: *Analytical Symbols*

Column 1		Column 2	
Siglum	Definition	Siglum	Definition
R1 M	Ritornello in tonic Motto: a distinct opening motive, subsequently reprised	RT, ST	Central ritornello or solo in I, followed by further tonal elaboration
		R3	Ritornello in peripheral key
S1	Solo modulating to secondary key	S3	Solo effecting retransition to I
R1a-S1a-R1b-S1b	Ritornello; solo leading to another ritornello in tonic; solo modulating to secondary key	R3a-S3a-R3b-S3b	Analogous to R1a complex above (R3a and R3b may be in different peripheral keys)
R2	Ritornello in secondary key (V in major; III, iv or v in minor)	S4	Solo in I
S2	Solo in secondary key modulating to peripheral key	R4	Ritornello in I
R2a-S2a-R2b-S2b	Analogous to R1a complex above	R4a-S4-R4b	Ritornello in I with solo interpolation

---

[12]. Fuller, Sarah. 'Exploring Tonal Structure in French Polyphonic Song of the Fourteenth Century', in: *Tonal Structures in Early Music*, edited by Cristle Collins Judd, New York-London, Garland, 1998, p. 62.

[13]. See also Dreyfus, Laurence. *Bach and the Patterns of Invention*, Cambridge (MA), Harvard University Press, 1996.

[14]. For tonal degrees (I, ii, etc.), capital letters designate major, lower case minor.

Central to the ritornello form was the establishment of a hierarchy of tonal centres visited in the course of the movement. In the early concerto grosso, articulations on degrees other than the tonic had acted as temporary stations, marked by brief cadences. The emerging tonal practice in the early eighteenth century expanded the stations into full tonal areas, each supported by its own array of functions. Therefore we have considered any degree that receives special support as a new key area, a point of arrival, however brief. Indeed we would suggest that it is an important aspect of the listening experience to recognise that modulations can be identified at several different levels, from large-scale structural pillars to more localised moves; and that the constant process of interaction between these levels — including prediction and reminiscence — forms an important aspect of both composition and listening.

In a similar way to chess openings, the first move away from the tonic is limited to seven available degrees (if one includes both raised and flattened sevenths)[15]. Thereafter the number of possible routes expands at a prodigious rate, and we have encountered in the whole repertory a striking variety of over 200 options, some used often and others only once or twice. All may be grouped into two conceptual categories, characterised by Michael Talbot as «pendulum» (with at least one intermediate tonic in the course of the movement) and «circuit» (traversing a series of different keys before the inevitable return to the tonic)[16]. We will now present rhetorical interpretations of two representative Milanese movements in their entirety, the first unfolding through the circuit pattern, the second through the pendulum.

Scaccia, Concerto in B♭ major, Opus I/1 (Concerto 13)

Our interpretation of Scaccia's movement will operate on three levels: short-range motivic-rhythmic manipulation, middle-range period organization and long-range rhetorical argument exemplifying the circuit process.

Chart 2: *Timeline of Scaccia, Concerto 13*

Function	R1a	S1a	R1b	S1b	R2	R3a	S3a
Bars	1-13-22	23-28	29-43	44- 72-76	76-87	88-101	101-111-126
Harmony	I [V]	I	I	I →V	V	→ iii	iii →
Comments					= 1-12 transposed		

---

[15]. Certain chromatic degrees, such as ♭II, were occasionally used, but never as the first target.

[16]. TALBOT, Michael. *The Sacred Vocal Music of Antonio Vivaldi*, Firenze, L. S. Olschki, 1995 (Studi di musica veneta. Quaderni vivaldiani, 8), pp. 128-129.

R3b	S3b	S4a				R4a	S4b	R4b
127-135-139	140-144	145-149	150-155	156-160	161-172	173-184	185-210	211-215
→ vi	vi hiatus	I	I	I	I	I	I	I
=39-43 varied	M varied	M varied	= 23-28	Solo variant of 29-32		=1-12		=39-43

First period (bars 1-12) (Ex. 1)

The first period is permeated with the two neighbour-note motives introduced in the first two bars (marked as x and y). The harmony of the motto phrase is ambiguous, hovering between B♭ and E♭; while in the consequent phrase the harmony is subtly rearranged to hint at a tonality of F. The latter is suggested still more by the transposed motto in the crossing violin parts (bars 7-8), dissolving in diminution into silence. Nowhere in this first period is there a strong perfect cadence in B♭.[17]

Ex. 1: SCACCIA, Angelo Maria. Concerto 13, I mov (bb. 1-12).

Second period (bars 13-22) (Ex. 2)

The suggested dominant is dramatised by a sudden dissonant explosion, and eventually supported by a strong full cadence.

Third and fourth periods (bars 23-32, 33-43) (Ex. 3)

And then an abrupt entry of the soloist forcefully reintroduces the tonic, reworking the opening towards the first full cadence in B♭. A further orchestral reworking leads to a

---

[17]. The musical examples have been lightly edited in the interests of consistency, and bass figuring has been omitted.

reprise of the first period, now closed by a formal cadence. The closing echo is yet another self-standing variant, which will assume an independent role later.

Ex. 2: SCACCIA, Angelo Maria. Concerto 13, I mov (bb. 13-22).

Ex. 3: SCACCIA, Angelo Maria. Concerto 13, I mov (bb. 23-43).

The modulatory S1

The first solo presents a rhetorical commentary on the material of R1, both melodically and harmonically (Ex. 4). This time the dominant is confirmed, the solo culminating in f''', the highest note of the movement.

Ex. 4: SCACCIA, Angelo Maria. Concerto 13, 1 mov (bb. 44-53).

The secondary key area

The dominant area spans only 7% of the movement, compared with 23% for the initial tonic area. Yet Scaccia emphasizes the dominant as the preferred secondary area through a long pedal preparation in S1 and by presenting the motto in R2.

Ex. 5: SCACCIA, Angelo Maria. Concerto 13, 1 mov (bb. 85-103).

The «Virtuosi Instromenti» and the Milanese Concerto in the Early Eighteenth Century

The peripheral key areas

R2 tapers off on its own dominant at bar 87, creating the need for a new dramatic departure (Ex. 5). Intense chromatic harmony leads to D minor, where the solo presents a bold variant of the motto. Now an early weakening of D minor initiates a long rhetorical argument weighing two options: an alternative peripheral key (G minor) or an immediate return to the tonic (Ex. 6).

The recapitulation

The ensuing solo begins as if to retain the new key (G minor), but as abruptly abandons it, leaping with a harmonic hiatus to the tonic. The 'correction' is emphasised by the exact transposition of five bars from G minor to B♭ major (Ex. 7).

Ex. 6: SCACCIA, Angelo Maria. Concerto 13, I mov (bb. 112-139).

Ex. 7: SCACCIA, Angelo Maria. Concerto 13, I mov (bb. 140-149).

Any final tonic area is expected to bring tonal resolution and stability, yet a straight Da Capo runs the danger of losing momentum through mechanical repetition. Concerto composers frequently make a distinction between opening and closing tonic areas, treating the final tonic as a summation and reinterpretation, or recapitulation in the original Latin sense. In this particular case, the strong anticipation of the dominant that was such a dynamic feature of R1 would be superfluous in the final tonic area. Therefore the recapitulation instead pointedly avoids the dominant, at the same time reordering the themes and textural functions to reintegrate solo and tutti.

The movement is divided into three stages, similar in length: the establishment of the tonic-dominant polarity (bars 1-87), an unstable and ambiguous stage (88-144) and a resolution into a stable tonic area (145-215). The contrast between tonic and all other keys is obvious in the proportionate duration of the stable areas. Whereas the two tonic areas together span 56% of the movement, the dominant and peripheral keys take only 5%-7% each. Scaccia's strongest quality is the long-range handling of the implication-realization process. His manipulation of the listener's expectations is enhanced by sophisticated control of tonal resources and by subtlety of motivic working.

GIUSEPPE SAMMARTINI, OBOE CONCERTO IN G (CONCERTO 9)

Sammartini's concerto reveals a quite different rhetorical strategy. Such use of the pendulum model was reflected by the German theorist Joseph Riepel, who advocated that tonal unity be maintained through restatements of the tonic in the course of the movement, so that the tonic «must never be lost to the eye and to the ear»[18].

---

[18]. RIEPEL, Joseph. *Grundregeln zur Tonordnung insgemein* (1755), cited in: RATNER, Leonard G. *Classic Music: Expression, Form and Style*, New York-London, Schirmer Books-Macmillan, 1980, p. 51.

CHART 3: *Timeline of Giuseppe Sammartini, Concerto 9*

Function	R1a	S1a	R1b	S1b	R2 (S)	RT
Bars	1-21	21-33	34 - 45	46-65-86	87 - 100	101-111
Harmony	I [V]	I	I [V] I	I→V	v → V	I
Comments	M		M		no continuo	M

R3	S3	S4	R4
109-115-122-130	131 - 137- 143- 149 - 156	156 - 197	197-212
→ ii→ iii	→ IV→ V→ vi →	I [IV-V-v-IV] I	I
			M [=34-39, 9-12, 40-45]

Only the tonic is articulated by the motto. Once the dominant has been finally secured (after two earlier false moves, marked as [V]), a full ritornello is expected at bar 87. Yet instead the mode switches to minor, with new material, and although this section acts functionally as a ritornello (R2), its light texture — oboe and upper strings — retains a solo character (Ex. 8). Such harmonic and textural ambiguity significantly weakens the dominant.

Ex. 8: SAMMARTINI, Giuseppe. Concerto 9, I mov (R1: bb. 1-3; R2: bb. 87-89).

The immediate return to a tonic ritornello with motto is highly exceptional and presents an extreme example of a particular rhetorical stategy. With the dominant remaining unfulfilled, the tonic initiates a new beginning and a different form of argument:

a process of interruption and ambiguity that articulates each degree of the scale (ii-vi) in turn. The full cadence on iii, for example, leads to an ambiguous chord that could stay in b minor, return to the tonic, or (as actually happens) lead to C major (Ex. 9).

Ex. 9: SAMMARTINI, Giuseppe. Concerto 9, I mov (bb. 126-137).

The period in the dominant prepares a restatement of the tonic, yet it overshoots and ascends to E minor: once more an ambiguous chord that imperceptibly glides into the tonic (Ex. 10).

Ex. 10: SAMMARTINI, Giuseppe. Concerto 9, I mov (bb. 143-156).

As with the Scaccia example, the final tonic area has a recapitulatory function, omitting the two attempts to reach the dominant. S4 instead recalls the tonal argument of the entire movement before a tutti reordering of R1 material.

Despite the different rhetorical strategy, Sammartini shares with Scaccia the extreme hierarchization between the well-established tonic and brief areas of stability in other diatonic degrees. The tonic areas altogether account for 60% of the movement, contrasting with 17% for the dominant and only 2%-4% for each of the peripheral degrees.

Universal style, group style and idiolects

The two performative analyses revealed a variety of strategies and indicators, some of which may be common to the entire Milanese repertory, others idiolects. The following discussion will turn to the larger repertory, mapping the diverse array of compositional strategies onto the universal, onto group characteristics and onto idiolects. We will make occasional comparisons with three composers outside the Milanese group: Vivaldi, for obvious reasons; Carlo Tessarini (c. 1690 - c. 1767), employed in Venice and Urbino, with frequent tours north of the Alps[19]; and Andrea Zani (1696 - 1757), active in Vienna and in Casalmaggiore but never part of the Milanese circle. Tessarini's 42 and Zani's 37 preserved concertos have provided relatively large control groups.

Certain characteristics have been found to be common to the Milanese group with few exceptions and therefore will not be restated in the particular discussion of each individual composer.

1. All the Milanese concertos discussed here are in the major mode (with one exception to be discussed later). The increasing preference for major which was to dominate the later eighteenth-century symphony and concerto is reflected in the comparison between Vivaldi and his followers. Of 337 concertos by Vivaldi checked in our project, 31% are in minor. Zani's preference is similar, with 12 of his 37 concertos being in minor (32%). Tessarini's preference for major is stronger, yet 7 of his 42 concertos are in minor (17%). The Milanese avoidance of the minor mode for solo concertos is indeed striking, and even applies to Giuseppe Sammartini, almost half of whose overall output is in minor[20].

2. Nearly all the Milanese concertos are in the range between E flat major and A major.

3. A universal trait is the opening and closing of the ritornello movement with proportionately long sections in the tonic. In between, the strategies diverge. The Milanese preferred to unfold the central argument as a largely unstable process with modulatory

---

[19]. On Tessarini's style see HIRSHBERG, Jehoash - MCVEIGH, Simon. 'The Making of a Ritornello Movement: Compositional Strategy and Selection in Tessarini's *Opera prima*', in: *Informazioni e studi vivaldiani*, XXI (2000), pp. 35-73; *Carlo Tessarini. Twelve Violin Concertos, Opus 1*, edited by Jehoash Hirshberg and Simon McVeigh, Madison (WI), A-R Editions, 2001 (Recent Researches in the Music of the Classical Era, 61, general editor Eugene K. Wolf).

[20]. LANCE, Evelyn B. *Op. cit.* (see footnote 8), p. 8.

intermediate ritornelli. Zuccari excepted, the second ritornello (R2) generally starts with a short stable area in the dominant, but then modulates. This applies in 10 of 13 concertos by Scaccia, 11 of 12 concertos by Giuseppe Sammartini, 6 of 8 by Giovanni Battista Sammartini, and all by Perroni and Brivio. The Lombardian Zani also favoured this strategy, found in 18 of his 25 concertos in major. By contrast, Vivaldi writes a modulating R2 in only 13% of 232 concertos in major[21], and Tessarini in only one of 35.

4. Vivaldi already showed a strong tendency to move to the dominant as the first tonal goal (78% of his concertos in major). His younger followers adopted this as a universal trait, found in 34 of Tessarini's 35 concertos in major, in all but one of those by Zani, and in the entire Milanese repertory.

5. After the uniformity of the first move, the Milanese repertory displays a remarkable diversity among the ensuing tonal schemes, most occurring only once or twice in each composer's output. This variety contrasts strongly with Tessarini's marked preference for the single pattern I-V-vi-I, found in 27 of his 35 concertos in major (77%).

6. The concerto repertory as a whole developed two strategies for the tonal structure after the dominant:

a) a single peripheral degree with its own extended tonal area;

b) a succession of two or more peripheral degrees, each held stable for a short duration, or just articulated by a single cadence.

In line with the general tendency towards instability, the latter is preferred in the Milanese repertory.

7. The choice of peripheral degrees within the overall repertory again features two strategies, both present in the Milanese repertory:

a) a variety of several diatonic degrees;

b) a preference for iii and vi.

8. In an unusually high proportion of opening tonic sections in the Milanese repertory, tutti and solo are intermingled, further blurring major structural distinctions and emphasising the lack of correspondence between harmonic and textural functions.

Angelo Maria Scaccia

Two of Scaccia's 14 concertos have dual attributions. For reasons to be discussed below, Concerto 8 will be included in the following analysis, but not Concerto 5.

Key selection
One concerto by Scaccia is in A♭ major, the only example of this key yet discovered in the entire contemporary concerto repertory; it must normally have been avoided because

---

[21]. Forming a large sample checked as part of our research project.

of the serious tuning problems it presents. This experimental work lies mostly in a low tessitura, the solo line requiring the E-string in only 5 of 79 bars; especially unusual is the opening of the first solo on the G-string (see CATALOGUE, Concerto 10).

Motivic material

As the thematic catalogue shows, Scaccia makes a varied selection of motives from the common stock of the day: hammer-strokes, Vivaldian leaping octaves, broken tonic chords and scalic patterns. The pithy motivic material is well suited to the thematic and tonal elaborations that we have seen in Concerto 13. Often the melodic line is focussed on or around the fifth degree of the scale, implying a descending line to follow.

In six of 13 concertos the first solo starts with new material; in the remaining seven, the solo ornaments and reinterprets the motto without ever repeating it literally. Concerto 4 provides an example of a reinterpretation of the stock hammer-stroke motive: in this way the solo asserts its individuality while still commenting on the ritornello material (Ex. 11).

Ex. 11: SCACCIA, Angelo Maria. Concerto 4, 1 mov (Motto: bb. 1-2; S1: bb. 35-38).

Tonal schemes

Scaccia's tonal schemes are given in CHART 4. Closely related schemes are placed in the same cell, with corresponding circuit and pendulum schemes adjacent.

Scaccia articulates the dominant by a ritornello in every case except Concerto 4 where it is clearly rejected as part of the tonal strategy: S1 prepares the dominant only to divert instead to C minor for the second ritornello. As the chart indicates, Scaccia prefers iii and vi in various combinations as peripheral keys. The concertos often engage in a tonal progression that involves a rhetorical weighing up of alternatives. In Concerto 2, for example, there are two quite separate departures from the dominant — the first to iii, the second to vi, both supported by ritornelli and both executed through harmonically surprising progressions (Ex. 12). In other cases a peripheral key is merely suggested at first, and the implication is realized at a much later stage.

CHART 4: *Angelo Maria Scaccia, Tonal Schemes*

Circuit	No.	Pendulum	No.
I-V-vi-I	1	I-V-vi-I-vi-I	2
		I-V-vi-iii-I-iii-v-IV-I	1
I-V-vi-iii-I	2		
I-V-vi-vii-iii-I	1		
I-V-iii-vi-I	1	I-V-iii-I-iii-vi-I	1
I-V-iii-V-vi-I	1	I-V-iii-vi-I-iii-I	1
I-V-vi-IV-vi-I	1		
		I-V-I-II-V-I	1

Ex. 12: SCACCIA, Angelo Maria. Concerto 2, 1 mov (R2: bb. 31-35; S3: bb. 59-62).

Stability and modulation

The overall concerto repertory displays much variety in the proportionate length of stable and modulatory periods. Vivaldi markedly preferred to base ritornello movements on stable sections, frequently limiting the modulations to single bars or else to shifts by hiatus[22]. In 337 concertos by Vivaldi the total of stable areas combined averages 76%, with many cases exceeding 90%. By contrast, the average for Scaccia is 68%. The long unstable

---

[22]. An abrupt shift between unrelated chords. See TALBOT, Michael. 'The Concerto Allegro in the Early Eighteenth Century', in: *Music & Letters*, LII (1971), p. 12.

sections contribute strongly to the creation of a tonal hierarchy, as in Concerto 7 in F major, where the opening and closing tonic areas together take 42% of the movement, the stable dominant area 11%, and each of the peripheral degrees (vi-IV-vi) only 3%. Instability is emphasised by the bold rhetorical rejection of expected goals (Ex. 13).

Ex. 13: SCACCIA, Angelo Maria. Concerto 7, 1 mov (bb. 108-116).

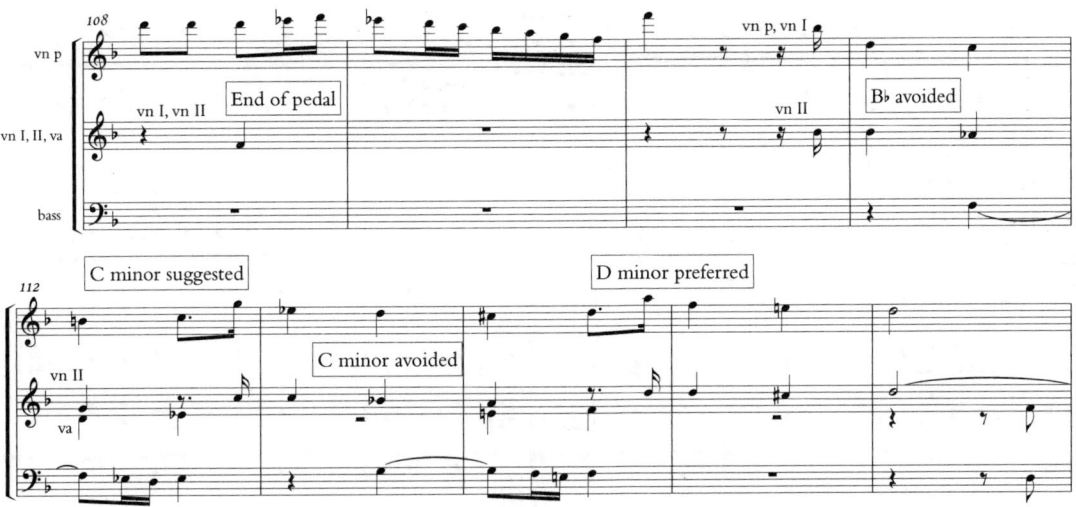

A different kind of rhetorical search is illustrated by the unstable area in Concerto 3 in D major. The flow of R2 is disturbed, implying in turn F♯ minor and B minor before gliding into a solo that suggests E minor, but eventually realises F♯ minor with a weak cadence (Ex. 14). The same progression begins again, yet this time the falling fifths pull towards an anticipated restatement of the tonic. But now it overshoots by two fifths, cadencing on the remote seventh degree of C♯ minor (Ex. 15a). The circle-of-fifths progression returns for a third time, finally resolving into a strongly articulated F♯ minor at bar 74 (Ex. 15b). A hiatus emphasises the abrupt reassertion of the tonic with a Da Capo of the opening ritornello. Thus Scaccia creates a tense balance between the centripetal urge to return to the tonic and the contrasting centrifugal pressures. The entire unstable section is shaped as a rhetorical argument in the subjunctive, offering diverse implications and delayed realizations. Despite the seemingly trivial motivic material, the movement displays a sophisticated manipulation of the resources of tonal syntax.

Continuity, discontinuity and contrast
Scaccia's quirky capriciousness leads to an originality of musical idiom that is far from the conventional understanding of baroque continuity and apparent inevitability.

Ex. 14: SCACCIA, Angelo Maria. Concerto 3, 1 mov (bb. 31-42).

His concertos thrive on contrasts, interruptions and extremes of rhythmic variety, as in Concerto 1 (Ex. 16). Though not reaching extremes of virtuosity, such violin writing projects a rugged bravura character, in line with Scaccia's generally assertive manner. For striking intrusions he favours brusque three-note chords, and thematic material is characteristically presented in double-stops, the dominant pedal amounting almost to a mannerism (Ex. 17).

Harmonically this propensity for contrasts is reflected in the occasional spicing of his usually diatonic idiom with capricious chromatic lines and harmonic surprises. On the broader scale, diminished seventh chords or turns to the minor are used to undermine stability and thus initiate broader tonal excursions.

Ex. 15a: SCACCIA, Angelo Maria. Concerto 3, 1 mov (bb. 48-53).

Ex. 15b: SCACCIA, Angelo Maria. Concerto 3, 1 mov (bb. 73-76).

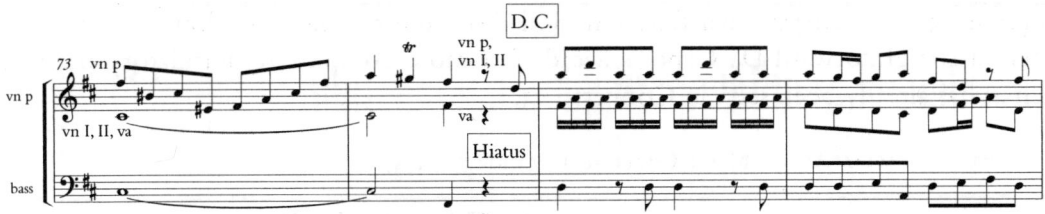

Ex. 16: SCACCIA, Angelo Maria. Concerto 1, 1 mov (bb. 81-83; bb. 89-92).

Ex. 17: SCACCIA, Angelo Maria. Concerto 4, 1 mov (bb. 75-78).

In the ritornello sections, Scaccia favours a rapid turn-over of musical material, with short phrases succeeding each other in contrasting succession: indeed not one ritornello can be considered monothematic in the use of the opening motto. These manipulations thrive on light airy textures, with only occasional touches of counterpoint, as in Concerto 6, where a new motive is presented in the violins as counterpoint to the motto in the bass. Rare passages of strict contrapuntal working are set in sharp relief to the surrounding contexts (as in bars 107-120 of the same concerto). In Concerto 10 in A♭ major Scaccia simulates imitation to enrich an unusual sonority: had it been a D major concerto by Vivaldi, a brilliant unison and octave texture would surely have been expected (Ex. 18).

Another favoured resource is the blurring of distinctions between solo and tutti: in seven concertos Scaccia includes one or more brief solos within R1 which act as textural contrasts with no larger tonal function. Still more interesting, this allows (in those cases where a straightforward Da Capo is avoided) a more complex recapitulatory procedure, such as has already been seen in Concerto 13.

Ex. 18: Scaccia, Angelo Maria. Concerto 10, I mov (bb. 1-4).

The dual attributions

No external evidence has been found so far that could confirm either of the dual attributions. Yet certain conclusions can be offered on the admittedly flimsy grounds of stylistic analysis.

One concerto is attributed both to Scaccia and to Hasse (in the nineteenth century Vivaldi was also proposed [RV Anh. 64]). Paul Everett has rejected Hasse's authorship on the grounds that «there are none of the galant features» associated with his work[23]. As it is in the minor mode, there are no direct grounds for comparison with Scaccia's concertos. Yet certain traits appear nowhere else in his output:

1. The pattern of repeated quavers, obviously derived from Vivaldi (Ex. 19).
2. The construction of R1 as a tripartite *Vordersatz - Fortspinnung - Nachsatz*[24] (indeed Scaccia never writes such a Vivaldian circle-of-fifths sequence as *Fortspinnung*).
3. The close relationship between R1 and S1: the first ritornello consists of a large-scale antecedent cadencing on the dominant and a consequent starting again from the tonic, while the first solo is a varied restatement of the antecedent of R1.

---

[23]. Everett, Paul. *The Manchester Concerto Partbooks*, 2 vols., New York-London, Garland, 1989, vol. I, pp. 297-299.

[24]. Fischer, Wilhelm. 'Zur Entwicklungsgeschichte des Wiener klassischen Stils', in: *Studien zur Musikwissenschaft*, III (1915), pp. 29-33.

4. The very large proportion of stable sections: as indicated above, the total of stable sections averages 68% with none higher than 77%, whereas the figure here is 93%.

This fundamental difference in overall harmonic conception is particularly persuasive, and the ascription to Scaccia must be regarded as extremely doubtful.

Ex. 19: SCACCIA, Angelo Maria ? (HASSE, Johann Adolf ?) Concerto 5, 1 mov (bb. 5-8).

The concerto attributed to both Somis and Scaccia, on the other hand, shows numerous points in common with the Scaccia examples already discussed: the motto descending from the fifth degree, the juxtaposition of short contrasting phrases in different textures, the solo within R1 (significantly extended in the recapitulation), and the interruption to R2 with a surprising chromaticism that leads to a peripheral key. The few surviving works by Somis are too disparate in style for firm conclusions to be drawn, and it is true that these may simply be shared characteristics; yet at least the work is not inconsistent with the remainder of Scaccia's output.

CARLO ZUCCARI

Eight of Zuccari's concertos are known to have survived. Of these one is also attributed to Mauro d'Alai, yet it has been included in the following analysis for reasons to be discussed.

Zuccari's concertos display little of the thematic and tonal manipulation seen in Scaccia's music. His strength lies in his attractively *galant* melodic idiom, direct and tuneful without elaborately decorative solo writing. That sometimes tiresome mannerism of the period — a tendency to paste together short two-bar units with repeats — is mitigated by some adroit extension and linking of phrases. Concerto 3 avoids the simplest regular phrase structure: the opening motto has five bars, while the solo answer is extended from four to an eventual six bars. Again in Concerto 5 the regularity of the motto (4+4 bars) is strikingly avoided in S1, where the opening phrase is stretched to 5 bars (see CATALOGUE).

The tonal schemes of Zuccari's concertos are given in CHART 5.

CHART 5: *Carlo Zuccari, Tonal Schemes*

CIRCUIT	No.	PENDULUM	No.
I-V-iii-I	1		
I-V-iii-vi-I	1		
		I-V-I-vi-I	2
		I-V-I-V-vi-I-i-bIII-i-I	1
I-V-vi-iii-I	2	I-V-I-vi-iii-I	1

Zuccari selects only iii and vi as peripheral degrees in diverse combinations, preferring (by comparison with Scaccia) longer stable tonal areas reached by direct modulations. The total of stable areas combined averages 79% — similar to Vivaldi — by comparison with 68% for Scaccia. Zuccari does not share the Milanese preference for the modulating R2, with only two concertos using such a strategy.

A crucial issue later in a ritornello movement is the handling of the articulation of the return to the tonic. The most powerful articulation occurs when this is marked by the entrance of a ritornello reinforced by the motto. The weakest, on the other hand, occurs when the tonic arrives in the middle of a solo or a ritornello without any thematic identification. Zuccari handles this moment in a quite different manner from Scaccia. Whereas Scaccia uses the most powerful articulation in seven of his 13 concertos, Zuccari does so only once.

One of the most interesting features of Zuccari's concertos is the textural treatment of R1. In seven concertos the opening ritornello includes one or more solos. These solos serve different purposes. In Concerto 3, the opening orchestral march is immediately interrupted by a solo consequent in cantabile *galant* manner — as if to distinguish the 'voices' of the two participants at the very beginning (Ex. 20). The continuing ritornello reconciles the two voices in a rhetorical synthesis by reworking motives from the solo. The subsequent solo also suggests an accommodation, transforming the orchestral motto into a more soloistic version (see CATALOGUE).

In four concertos, Zuccari integrates two solos into the unfolding of R1, presenting a complete rounded structure that predicts within it the main structural elements of the movement. But solos within R1 create a certain ambiguity for the listener, who is after all not aware of the larger formal dimensions until much later. The delightful Concerto 8 makes entertaining play with this ambiguity (Ex. 21). A short solo section in trio texture highlights the dominant, which is enhanced by a strong tutti cadence. Here, however, the soloist reasserts the tonic, rejecting the suggested dominant. This defiantly soloistic entrance might be read as the start of a whole new section, indicating that the ritornello was complete. In the end, however, it turns out to be a 'false solo' interpolated within the opening tonic area, merely a foretaste of the translucent E-string solo writing that characterises the movement.

Concerto 7 is quite exceptional, both within Zuccari's output and more generally. The overall strategy differs from the other Zuccari concertos, with alternations of I and V spread across tuttis and solos, and then an unusually long ritornello returning eventually to the tonic. Here, however, just as the movement appears to be coming to an end, a long and self-contained orchestral section in the minor mode is interpolated. An analogous procedure occurs in Sammartini's Symphony in C major (J-C 7)[25].

---

[25]. *The Symphonies of G. B. Sammartini. Volume I: The Early Symphonies*, edited by Bathia Churgin, Cambridge (MA), Harvard University Press, 1968 (Harvard Publications in Music, 2): Symphony No. 1 in C major, bars 48-73.

Ex. 20: Zuccari, Carlo. Concerto 3, I mov (bb. 1-29).

Chart 6: *Timeline of Carlo Zuccari, Concerto 7*

Function	R1a	S1	R1b	S2a	RT	S2b	R2
Bars	1-13	14-23	24-28-38	38-41	41-42	42-46	46-57
Harmony	I	I	I→V	V	I	I	V →

R3	R4a	S4	R4b	Interpolation (Tutti)			R4c
58-76	77-86	86-97	98-105	106-113	114-132	133-150	150-163
vi →	I	I	I	i	♭III	i	I

Ex. 21: Zuccari, Carlo. Concerto 8, 1 mov (bb. 18-36).

Concerto 6 has been ascribed to both Zuccari and Mauro d'Alai. It would again be dangerous to make a firm attribution on stylistic grounds alone, but the concerto is within the bounds of Zuccari's style, while in some ways atypical of d'Alai. The most striking feature that allies it to Zuccari's practice is the very long opening ritornello (70 bars), which includes two substantial solos (one an ethereal «solo rossignol», recalling the bird-song also found in Concerto 2). This entire multi-partite section is repeated Da Capo at the end, a practice also found in Concertos 2, 5 and 8.

Giuseppe Ferdinando Brivio

Only two violin concertos by Brivio have survived[26]. The brief first movement of Concerto 1 appears to be an awkward arrangement of a trio sonata. By contrast, the violin writing in Concerto 2 is fluent and idiomatic, with Vivaldian figurations and passage work (mostly in a high register) that contrast markedly with Scaccia's more forthright idiom. The

---

[26]. An oboe concerto in D-ROu, lacking ritornello form, has not been included here.

concerto also displays some of the finest formal planning in the repertory. The most salient rhetorical device is that of two departures from the dominant (R2a and R2b in CHART 7).

CHART 7: *Timeline of Giuseppe Ferdinando Brivio, Concerto 2*

Function	R1a	S1a	R1b	S1b	R1c	S1c	R2a
Bars	1 - 16	17 - 26	27-28	29 - 38	39-40	40-54-66	66-73-83
Harmony	I	[V]	i → I	I	i → I	I	I→V	V →
Comments	M			=17-26	=27-28	M	M

S2	R2b	R3	S3	S4	R4 etc.
83-89-117	117 - 124 - 133	133-137	138-145	146-176	176-217
iii →	V →	vi	vi →	I	I etc.
M	M [=66-73]	M			= 1-40+

A similar pattern of two departures from the dominant has been described in Scaccia's Concerto 2. Brivio presents the alternatives even more explicitly. Starting from the motto in the dominant in both cases, the two options are highlighted by the sudden change to Corellian counterpoint (Ex. 22).

Ex. 22: BRIVIO, Giuseppe Ferdinando. Concerto 2, I mov (R2a: bb. 66-83; R2b: bb. 117-133).

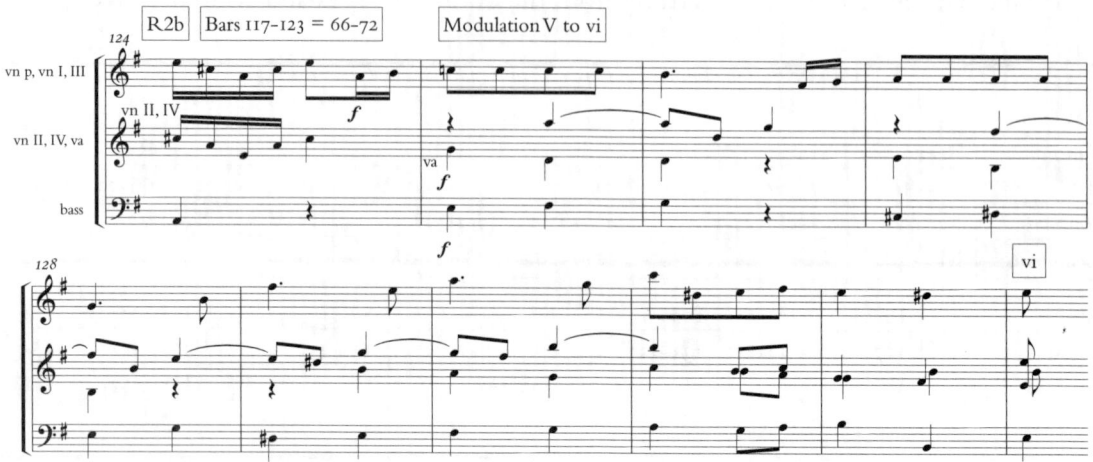

Giovanni Perroni

Perroni's six extant concertos are all for cello[27]. Brilliant and very demanding, they clearly reflect Perroni's superb technical mastery of the instrument. The solos sparkle with fast passage work, triple stops and large leaps, as well as some extremely high figuration, reaching up to $f\sharp''$ on one occasion (see CATALOGUE, Concerto 1, and Ex. 23).

Ex. 23: PERRONI, Giovanni. Concerto 1, 1 mov (bb. 30-31).

For all this virtuosity, the proper title for Perroni's concertos would surely be Contrapuntal Obsession — perhaps in deference to the conservative tastes of Count von Schönborn. Dense imitation, double counterpoint, inversions and rhythmic dislocations crowd the texture, often blurring the distinction between ritornello and solo. Concerto 4 even opens with tutti and solo exchanges (Ex. 24). Such contrapuntal weaving limits the number of motives used in each movement, giving a highly consistent thematic flavour. In Concerto 2 two motives are presented both horizontally and in counterpoint; and in an early contribution to the ritornello, the soloist presents the lower motive against distorted versions of the other (Ex. 25).

---

[27]. The concerto performed in 1712 has not been included here, since it definitely does not represent Perroni's Milanese activity.

Ex. 24: PERRONI, Giovanni. Concerto 4, 1 mov (bb. 1-3).

Ex. 25: PERRONI, Giovanni. Concerto 2, 1 mov (bb. 1-4; bb. 11-12).

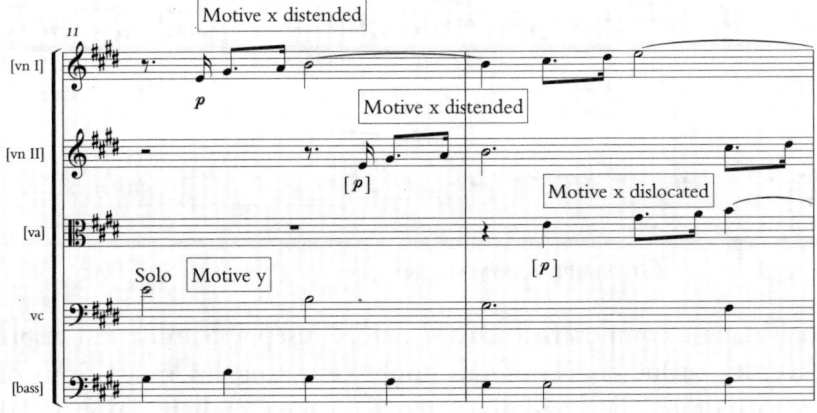

Perroni's contrapuntal leaning is revealed in the nature of his subjects. Concerto 5 is even based on a fugal theme in *stile antico* (see CATALOGUE). This fugal theme is extended in a continuous stream to last a full 18 bars, a manner of construction that has a direct effect on how the movement is structured. When the soloist enters with a bravura flourish spanning the entire range of the cello, this is pitted against the full 18-bar theme in counterpoint. Even when Perroni introduces a galant four-bar phrase in Concerto 2 (Ex. 25), the interweaving counterpoint extends it to a continuous 10-bar unit. A crucial difference emerges between the premises of Perroni and Scaccia. While Perroni's motto determines the unfolding of the movement, Scaccia combines diverse brief motives into a planned succession of alternating stable and unstable periods.

Perroni's tonal schemes concentrate on iii and vi as peripheral keys, like those of Zuccari (see CHART 8).

CHART 8: *Giovanni Perroni, Tonal Schemes*

CIRCUIT	No.	PENDULUM	No.
I-V-iii-vi-I	3	I-V-iii-vi-I-V-I	1
I-V-vi-I	1		

His contrapuntal penchant notwithstanding, Perroni's concertos are prone to unexpected chromatic inflections. Concerto 3 introduces chromaticism already at the very start (Ex. 26). This eccentric colouring is used throughout the movement, so that G major chords are frequently inflected with A♭, in neither a modulatory nor a Neapolitan context.

Ex. 26: PERRONI, Giovanni. Concerto 3, I mov (bb. 1-6).

GIUSEPPE SAMMARTINI

Unlike the other Milanese composers discussed here, Giuseppe Sammartini displays an extreme stylistic diversity in his concertos, no doubt reflecting his move from one powerful musical centre to another. The London reverence for the Corelli tradition and the example of Geminiani and Handel may account for the small number of solo movements in ritornello form in his concerto output. Indeed, the three oboe concertos in the set published posthumously as Op. 8 have no movements in ritornello form at all[28].

---

[28]. KIRAKOWSKA, Susan. 'Giuseppe Sammartini's Concertos, Opus 8', in: *The Music Review*, XXXVIII (1977), pp. 258-266.

Only a single work can be securely dated to the Milanese period, Concerto 7 (published in 1717). The short second movement of this *da chiesa* concerto is illustrated in CHART 9.

CHART 9: *Timeline of Giuseppe Sammartini, Concerto 7*

Function	R1		S1	R2	S2	RT	R3	R4
Bars	1 - 5	6-11	12-16	17 - 21	22 - 33	33	33 - 38	39-53
Harmony	I [V]	I	I →	V V/V	V/V →	I	IV →	I
Comments	Antecedent	Consequent		Transposition of antecedent				=1-11 extended

After the strong sharpward pull of the first half of the movement, a single tonic chord functions as an axis turning towards the subdominant. This tonal scheme is unique in Giuseppe Sammartini's repertory, and indeed in the Milanese repertory as a whole, in that it concentrates on the dominant-subdominant polarity. This precious dated example can only be regarded as similar to the other Milanese concertos in the instability of the central section.

CHART 10 presents the tonal schemes of the concertos by Giuseppe Sammartini included in the present study.

CHART 10: *Giuseppe Sammartini, Tonal Schemes*

Circuit	No.	Pendulum	No.
I-V-vi-I	1	I-V-vi-I-V-I	1
I-V-iii-ii-vi-I	1	I-V-I-iii-ii-I-vi-IV-I	1
I-V-vi-iii-I	1	I-V-vi-I-iii-I	1
I-V-vi-iii-vi-I	1	I-V-I-vi-I-iii-I	1
		I-V-I-vi-ii-iii-vi-I	1
		I-V-vi-I-ii-I	1
		I-V-I-ii-iii-IV-V-vi-I	1
		I-V-V/V-I-IV-I	1

Sammartini's preference for unstable sections touching briefly on at least two peripheral keys is obvious, as is also his proclivity for pendulum schemes. Whether or not the surviving solo concertos were written in Milan or London (and stylistic references to the concerto grosso idiom point to the latter in some cases), it is striking that this distinctive tonal handling obtains across the repertory. This, together with a characteristically flexible treatment of the tutti-solo alternation, suggests that Sammartini's Milanese experience continued to exert a strong influence in the background.

Giovanni Battista Sammartini

The concerto genre was evidently not at the centre of Sammartini's musical concerns, but he developed a distinctive approach to the challenges posed by the confluence of ritornello form with his developing symphonic idiom. Since Sammartini's concertos have already been extensively studied by Ada Beate Gehann, it is not intended here to give a comprehensive overview, but rather to highlight points of comparison with the other composers already discussed[29].

The following CHART gives the details of the concertos studied here, extending across his early and middle style periods up to c. 1755.

CHART 11: *Concertos by Giovanni Battista Sammartini*

Concerto	Instrumentation	Key
J-C 69	vc piccolo or vn	C
J-C 77.1	vn	A
J-C 74	vn	F
J-C 72	fl	D
J-C 75	vn	G
J-C 71 (both versions)	fl	D
J-C C-8 (D-Rtt, Mappe Marcello 15d)	vn [bass part missing]	G
J-C 73	2 vn, 2 ob	E♭

All are for solo violin or flute, with the exception of the grandiose J-C 73 in E♭, for 2 oboes and 2 violins, which with its expressive solos for all four instruments and conversational *galant* interplay might be termed a sinfonia concertante.

In terms of compositional strategy, these concertos share a number of characteristics with the Milanese repertory already discussed. Sammartini's ritornelli show a high degree of melodic consistency. The longer opening ritornelli even present the thematic material twice, the first half leading to a central caesura on the dominant, the second half returning early to the tonic. This kind of 'symphony within a concerto' is clearly seen in the opening ritornello of J-C 72, where the second half both reprises the motto and transposes the earlier dominant material into the tonic[30]. Later the same thematic material is spread across the central modulatory ritornello, the tonic return is articulated by the motto, and the closing ritornello presents a full Da Capo. Three of these concertos include solo sections

---

[29]. GEHANN, Ada Beate. *Giovanni Battista Sammartini. Die Konzerte*, Frankfurt am Main, Peter Lang, 1995. We are most grateful to both Dr. Gehann and Prof. Churgin for their generous advice regarding matters of authenticity and dating, and to Dr. Gehann for making copies of her scorings available to us. Those concertos whose authorship remains open to doubt have been omitted from the present discussion.

[30]. Further on the two-section ritornello see *ibidem*, pp. 151-163.

within the opening tonic ritornello, in the manner seen frequently in the concertos of Scaccia, Zuccari and his brother Giuseppe.

The central instability associated with the modulatory R2 is found in six cases, and the ensuing solo typically engages in a process of tonal debate involving the rejections and realisations already discussed in the music of Scaccia and others. This feature is accentuated by Sammartini's consistent avoidance of a separate ritornello in a peripheral key. The resulting ritornello structure is simple overall — tonic ritornello-modulatory ritornello-tonic ritornello(s) — yet the instability and diversions en route to the tonic are reflected in complex tonal schemes, with a marked preference for pendulum patterns (see CHART 12).

CHART 12: *Giovanni Battista Sammartini, Tonal Schemes*

Circuit	No.	Pendulum	No.
		I-(IV-vi)-I-V-I	1
I-V-iii-V-I	1		
		I-V-I-vi-I	1
		I-V-iii-I-vi-I	1
		I-V-vi-iii-I-ii-I	1
		I-V-I-vi-iii-I	1
		I-V-I-vi-I-iii-I	1
		I-V-I-V-I-ii-vi-I	1

The pendulum model is used in three ways:

1. Return to the tonic in the middle of the second ritornello, following the dominant and initiating a new departure to peripheral areas. Even where the tonic key is not fully articulated, Sammartini always touches on a tonic chord before moving away[31]. Furthermore in one of the two cases where R2 does not modulate (J-C 71), Sammartini still plays with the suggestion of a 'false' tonic return: R2 begins as usual in the dominant, the tonic is strongly reasserted with a distinctive motto, but it is then rejected in favour of the dominant again.

2. Return to the tonic at an early stage in the ensuing solo. Sammartini frequently creates a strong sense of anticipation, the return to the tonic suggested or implied well before it is achieved, in a continuing dialogue with peripheral keys. This constantly shifting focus — an ambiguous interplay of suggestion, frustration and eventual realisation — is a technique of tonal roving distinct from Vivaldi's clear-cut linear approach, where the tonic is generally avoided until its eventual point of arrival. J-C 77.1, with its rondo-like tonal scheme, provides an example of such roving (CHART 13).

---

[31]. Further on Sammartini's tonal schemes and the modulatory second ritornello, see *ibidem*, pp. 8-9, 74-80.

CHART 13: *Time-line of Giovanni Battista Sammartini, Concerto J-C 77.1*

Function	R1	S1	R2	RT	R3
Bars	1-48	49 - 78 - 92	92-99	100-104	105-112
Harmony	I	I →V	V	I →	vi

S3				R4a	S4	R4b (D.C.)
113 -	117 -	131 - 141 - 167		167-170	171-179	180-227
vi	hiatus I	roves I → iii →		I	I	I

The tonic is used in a rhetorical manner: the two appearances in S3 both seem to be the final tonic return, but they prove to be springboards for new departures. Only after a long preparation does R4a eventually confirm the tonic.

3. False reprise, as in J-C 74, where the well-prepared tonic return at the expected place is exploded by a dramatic diversion to ii, followed by a full Da Capo 15 bars later.

Even the one case of an apparently elemental scheme of I-V-I contains a more complex tonal argument. In the early concerto J-C 69 there are no peripheral keys in the main course of the movement, yet the opening ritornello strongly articulates IV (bar 20) and vi (bar 31)[32]. These articulations of IV and vi are conspicuously avoided in R4, thus accentuating the recapitulatory function.

A CONCLUDING REMARK

The Milanese concerto repertory spanning some 40 years is highly diverse with regard to melodic material and phrase structure, as evinced in the thematic catalogues. It is tempting to use these characteristics to classify individual works in accordance with the frequently abused baroque-classical dichotomy. Such an artificial taxonomy, however, would blur the deeper processes that are common to the repertory. We consider the long-range rhetorical strategies and the resulting formal unfolding of each concerto as the key to a deeper understanding of the complex relationship between individual, group and universal styles.

---

[32]. *Giovanni Battista Sammartini. Concerto for Violoncello piccolo or Violin and String Orchestra - C major*, edited by Newell Jenkins, London, Eulenburg (No. 1211), 1956.

The «Virtuosi Instromenti» and the Milanese Concerto in the Early Eighteenth Century

Appendix
Thematic catalogues

Giuseppe Ferdinando Brivio

1. A-Wn, E.M. 115

2. F-Pn, Fonds Blancheton, Rés. F 446, 1

Giovanni Perroni
Cello Concerti

1. D-WD; Zobeley 624

2. D-WD; Zobeley 626

3. D-WD; Zobeley 623

4. D-WD; Zobeley 625

5. D-WD; Zobeley 627

Giuseppe Sammartini

1. Oboe: GB-Lbl, R.M.23.b.8 (12); R.M. 23.b.20

The «Virtuosi Instromenti» and the Milanese Concerto in the Early Eighteenth Century

2. Oboe: D-Dl, Mus. 2763-0-2; Violin: S-Skma; J-C D-76

3. Flute: S-Skma

4. Flute, second movement: S-L, Saml. Engelhart 114

5. Violin [oboe?], second movement: S-Skma; J-C D-80

6. Oboe, second movement: D-Dl, Mus. 2763-0-3; ed. Töttcher

7. Oboe, second movement: *Concerti a cinque*, N° 1; ed. Jenkins

8. Recorder: S-Skma; ed. Brinckmann

9. Oboe: D-Dl, Mus. 2763-0-1

10. Flute: S-Skma

11. Oboe: GB-Lbl, R.M. 23.b.8 (9); R.M. 23.b.17

12. Flute: D-Dl, Mus. 2763-0-4

Angelo Maria Scaccia

1. D-Dl, Mus. 2801-0-1

2. Op. I, 3

3. D-WD; Zobeley 744

4. D-Dl, Mus. 2801-0-2; Op. 1, 5

5. GB-Mp, MS 580 Ct 51, item 52; attr. to Hasse in D-SWl

6. F-Pn, Fonds Blancheton, Rés. F 446, 23; ed. Hirshberg, N° 6

7. GB-Mp, MS 580 Ct 51, item 61

8. D-WD; Zobeley 745; D-B, Slg. Thulemeier 202; attr. to G. B. Somis in D-Dl, Mus. 2353-0-1

9. Witvogel, Amsterdam, *VI Concerti*, N° 1

10. S-L, Saml. Engelhart 384

11. F-Pn, Fonds Blancheton, Rés. F 446, 4

12. Op. I, 4

13. Op. I, 1

14. Op. 1, 2

Carlo Zuccari

1. GB-Ckc, Ms. 241

2. D-Dl, Mus. 2453-O-1

3. GB-Ckc, Ms. 242; US-Wc, M.1112.Z9

4. D-Dl, Mus. 2453-0-4

5. D-Dl, Mus. 2453-0-3

6. I-Gl, M.3.22.46; attr to Maurin D'Allay in F-Pn, Fonds Blancheton, Rés. F 446, 15; ed. Hirshberg, N° 3

7. F-Pn, Fonds Blancheton, Rés. F 446, 47; ed. Hirshberg, N° 9

8. D-Dl, Mus. 2453-0-2

Data relating to concertos discussed in the present article are presented in the following order:
1. An identifying number (e.g. Scaccia 3).
2. Manuscript call-mark or opus number.
3. Abbreviation of modern editions.
4. *Incipit* of R1 and S1 (the first modulatory solo).

Eighteenth-century Editions
SAMMARTINI, Giuseppe
[Concerto 1] in *Concerti a cinque* [...] *libro primo*, Amsterdam, J. Roger, 1717.

SCACCIA, Angelo Maria
[6] *Concerti* [...] *opera prima*, Amsterdam, Le Cène, c. 1730;
[Concerto 1] in *VI Concerti* [...] *libro secondo*, Amsterdam, Witvogel, 1736.

Modern Editions
BRINCKMANN
Giuseppe Sammartini. Concerto F major, edited by Johannes Brinckmann and Wilhelm Mohr, rev. by Clifford Bartlett, London, Schott, 1984;

HIRSHBERG
Ten Italian Violin Concertos from Fonds Blancheton, edited by Jehoash Hirshberg, Madison (WI), A-R Editions, 1984 (Recent Researches in the Music of the Classical Era, 19-20, general editor Eugene K. Wolf);

JENKINS
Giuseppe Sammartini. Concerto No. 1 for Oboe, edited by Newell Jenkins, New York, Schirmer, 1966;

TÖTTCHER
Giuseppe Sammartini. Konzert Es-dur, hrsg. von Hermann Töttcher, Hamburg, Sikorski, 1968.

LEVELS OF TONAL POLARITY IN SYMPHONIC SECOND MOVEMENTS BY ANTONIO BRIOSCHI

Sarah Mandel-Yehuda
(RAMAT-GAN)

> *Modulation, whether expressed in the explosive confrontation between alien tonal fields or in the barely perceptible negotiation between compatible ones, is the abstraction from which the dramaturgy of the Classical style draws its sustenance and vigor*[1].

BRIOSCHI'S CONNECTIONS WITH SAMMARTINI AND MILAN

RECENTLY STUDIED SYMPHONIES by the Italian composer Antonio Brioschi (active ca. 1725 - ca. 1750) allow us, among other things, to establish our evaluation of Giovanni Battista Sammartini's (1700/1701 - 1775) symphonic style on a more extensive historical foundation[2]. Part of Brioschi's symphonies originated at exactly the same period of time in which Sammartini composed his eighteen early symphonies, namely the 1730s and perhaps earlier in the later 1720s[3]. Twenty-two extant symphonies composed by Brioschi can be dated up to ca. 1742; four additional symphonies are dated by ca. 1744. Further, all or most of his twenty-five remaining symphonies were completed before ca. 1750, in

---

[1]. KRAMER, Richard. 'The New Modulation of the 1770s: C. P. E. Bach in Theory, Criticism, and Practice', in: *Journal of the American Musicological Society*, XXXVIII/3 (1985), p. 551.

[2]. Of Antonio Brioschi's fifty-one extant apparently authentic symphonies only ten are published in modern editions. Six symphonies appear in *Antonio Brioschi: Six Symphonies*, edited by Sarah Mandel-Yehuda, Madison (WI), A-R Editions, 1998 (Recent Researches in the Music of the Classical Era, 51, general editor Eugene K. Wolf); additional three symphonies are found in *Antonio Brioschi (active ca. 1725 - ca. 1750): Three Symphonies*, edited by Bathia Churgin and Tilden A. Russell, New York-London, Garland, 1985 (The Symphony 1720 - 1840, a comprehensive collection of full scores in 60 vols., edited by Barry S. Brook and Barbara B. Heyman, series A/III); and one symphony is published with an incorrect ascription to G. B. Sammartini in *G. B. Sammartini: Sonata a tre, Op. 1, Nr. 3*, edited by Hugo Riemann, Leipzig, Breitkopf & Härtel, 1906 (Collegium Musicum, 28).

[3]. All of Sammartini's eighteen early symphonies are published in *The Symphonies of G. B. Sammartini. Volume 1: The Early Symphonies*, edited by Bathia Churgin, Cambridge (MA), Harvard University Press, 1968 (Harvard Publications in Music, 2). The authenticity of the final work in the edition (no. 19) is doubtful.

the period of several of Sammartini's middle-period symphonies. All in all, Brioschi appears to have written in the first half of the eighteenth century more music in the symphonic genre than any other Italian composer, excluding Sammartini. Hence, Brioschi's approach to harmony, an aspect of which is my subject of discussion, is possibly relevant to our perception of the general musical language in symphonic writing in Sammartini's environment.

We currently have more information about the size, genres and period of composition of Brioschi's musical output than about the whereabouts of his activity. Many other issues pertaining to Brioschi's biography are likewise unfortunately unknown. However, as Bathia Churgin informs us, much evidence exists regarding a connection between Brioschi and Milan, the city where Sammartini is known to have been working[4]. There are, for instance, two surviving eighteenth-century manuscripts that carry titles which identify Brioschi as a Milanese composer[5]. Other, perhaps relevant pieces of documentation are six manuscripts of works by Brioschi, which are copied by an eighteenth-century Milanese copyist[6]. Besides Sammartini, there were other composers of symphonies active contemporaneously to Brioschi in Milan during the 1730s and 1740s, such as Ferdinando Galimberti (fl. ca. 1730 - ca. 1750), Giovanni Battista Lampugnani (1706 - after autumn 1786), and Count Giorgio Giulini (1716 - 1780). This may explain why so many manuscripts and prints of Brioschi's works erroneously carry names of these composers. Still, the greatest confusion of authorship in the sources of his music involves Sammartini. Brioschi's connection with Milan also accounts for the stylistic semblance that one finds between his works and works by these Milanese composers, particularly Sammartini.

A striking similarity in the musical style is found between two slow movements: one belonging to a D major symphony by Brioschi and the other to Sammartini's A major symphony J-C 65 (composed before January 1738)[7]. Because of this strong similarity, Churgin asserts that Brioschi modeled his movement on Sammartini's, suggesting that Brioschi knew and studied music by Sammartini[8].

These two symphonies, Brioschi's D major and Sammartini's A major, are found in the Fonds Blancheton[9] together with many other works by the two composers. The Fonds Blancheton is the largest, but not the only eighteenth-century manuscript source

---

[4]. *Antonio Brioschi (active ca. 1725 - ca. 1750): Three Symphonies. Op. cit.* (see footnote 2), pp. xi-xii.

[5]. One work is located in Zürich, Zentralbibliothek (CH-Zz, AMG XIII 7048 a-d, MS. 965), the other in Berkeley, University of California, Music Library (US-BEm, MS 103).

[6]. They are preserved in the Pachta archive in Prague, Museum of Czech Music (CZ-Pnm, XXII B 68, 71, 73, 74, 76, 77). The copyist is designated as Hand B by Churgin.

[7]. J-C numbers refer to catalogue numbers as given in JENKINS, Newell - CHURGIN, Bathia. *Thematic Catalogue of the Works of Giovanni Battista Sammartini: Orchestral and Vocal Music*, Cambridge (MA), Harvard University Press, 1976.

[8]. *Antonio Brioschi (active ca. 1725 - ca. 1750): Three Symphonies. Op. cit.* (see footnote 2), p. xii.

[9]. The collection is preserved in Paris, Bibliothèque nationale de France, Conservatoire collection, F-Pn, Rés F. 441-446.

containing music by Brioschi as well as that of Sammartini. Their works often appear side by side in other manuscript collections, prints and catalogues from the period. In the Fonds Blancheton, Brioschi and Sammartini are represented by a large number of works. Each of the two men has considerably more works in that collection than any one of their Italian counterparts represented there. Although the source is French in origin, the majority of the composers whose works are found in the collection are Italian, several being Milanese. The Fonds Blancheton includes manuscript copies notated in parts of twenty-five symphonies by Brioschi that seem to be authentic[10]. This group of works constitutes half of Brioschi's extant authentic symphonic output[11]. The findings in the present discussion are based on my analysis of the twenty-five symphonies. An additional symphony in E♭ major, not found in the Fonds Blancheton, is also part of this discussion, for the reason that it belongs to the same period of time as the Fonds Blancheton symphonies[12].

Twenty-eight works in the Fonds Blancheton are actually ascribed to Brioschi[13], but one work is probably spurious and the authenticity of four others seems doubtful[14]. On the other hand, the collection includes three works by Brioschi that are wrongly attributed to other composers[15]. Mainly on account of their musical style, the presumably authentic Brioschi works in the Fonds Blancheton seem to belong to the symphonic genre, besides Op. I, no. 44 that may be a chamber trio[16]. However, these works are not always identified as symphonies in other eighteenth-century manuscript and printed concordant sources. As typical of the early symphony in general, Brioschi's symphonies carry varied titles in these

---

[10]. For the authenticity of Brioschi's music in the Fonds Blancheton, see MANDEL-YEHUDA, Sarah. *Early Symphonic Style As Reflected in the Symphonies of Antonio Brioschi (fl. ca. 1725 - ca. 1750) in the Fonds Blancheton*, unpublished Ph.D. Diss., Ramat-Gan (Israel), Bar-Ilan University, 1993, pp. 67-95.

[11]. For a list of works ascribed to Brioschi, see *Sammartini e il suo tempo. Fonti manoscritte e stampate della musica a Milano nel Settecento*, a cura di Marco Brusa e Attilio Rossi, Roma, CIDIM-Società Italiana di Musicologia, 1997 (supplemento a *Fonti Musicali Italiane*, I/1996).

[12]. The E♭ major symphony is published in *Antonio Brioschi: Six Symphonies. Op. cit.* (see footnote 2), pp. 10-14. The symphony was completed no later than 1734, the terminal date established by the inscription on one of its sources, an Italian manuscript copy found in Casale Monferrato, Biblioteca Civica Giovanni Canna (I-CMbc, 091.78 124). An additional source for this symphony, an Italian manuscript copy probably dating from 1750, is preserved in Berkeley, University of California, Music Library (US-BEm, It. 109).

[13]. Fonds Blancheton Op. I, nos. 2, 11, 12, 32, 33, 36, 38, 39, 42, 44, 48, 49; Op. II, nos. 54, 55, 59, 61, 64, 65, 67, 72, 73, 80, 81; Op. III, no. 101; Op. V, nos, 203, 205, 206, 212.

[14]. The author of Fonds Blancheton Op. III, no. 101 is probably Ferdinando Galimberti, and Op. I, no. 42, Op. V, nos. 203, 205, and 212 are doubtful.

[15]. Fonds Blancheton Op. III, no. 148 is ascribed to «Antonio St. Martini», the youngest brother of G. B. Sammartini; Op. V, no. 226 is ascribed to «Kelleri», Fortunato Chelleri; and Op. VI, no 295 is ascribed to «Blantini», unknown, perhaps Blanchini.

[16]. All of Brioschi's works from the Fonds Blancheton except for Op. I, no. 2 are listed in LARUE, Jan. *A Catalogue of 18th-Century Symphonies, Volume I: Thematic Identifier*, Bloomington-Indianapolis, Indiana University Press, 1988.

sources. Even in the Fonds Blancheton itself we find one general title, *Sinfonie*, for each opus, while each work within these *Opere* has another inscription, not necessarily '*sinfonia*'. The titles for each individual work are *overtura* (eight works), *sinfonia* (seven works), *sonata* (five works), *concertino* (three works) and *trio* (two works).

In addition to the question of genre there is also some difficulty in dating this music. Composition dates of Brioschi's symphonies are unknown; and no autograph by the composer has yet been found. Fortunately, the formation date of the Fonds Blancheton can serve as *terminus ad quem* for the Brioschi works that it contains. The collection is believed to have been compiled ca. 1740 - ca. 1744[17] for Pierre Philibert de Blancheton (1697 - 1756), a music patron[18] and a member of the parliament of Metz from 1724. The first two *Opere*, which contain most of Brioschi's music (twenty-one symphonies), were probably copied by ca. 1742. Two compositions by Brioschi found in these two *Opere* have an earlier *terminus ad quem*: Op. I, no. 32 was performed in October 1733 as part of a religious ceremony in the Jewish community of Casale Monferrato, and Op. II, no. 67 is dated 1734 on a manuscript located in the same city.

As for the actual composition dates of Brioschi's symphonies, we can only guess that they were copied and performed within a short time span after they had been completed. One reason for this is that eighteenth-century symphonies were generally composed in order to fulfill an immediate specific social function. Another reason pertains to the musical content of the pieces. Brioschi's Fonds Blancheton works share a variety of common stylistic traits with symphonies from the 1730s and early 1740s, not only by Sammartini and other Milanese composers referred to earlier but also by composers active in different European cities, such as Fortunato Chelleri (1686 or 1690 - 1757), Johan Agrell (1701 - 1765), Gottlob Harrer (1703 - 1755), Louis-Gabriel Guillemain (1705 - 1770), and Joseph Camerloher (1710 - 1743). Types of instrumentation and cyclic plan seem to be among the principal shared characteristics.

Brioschi's symphonies call for a small string orchestra *a* 4 (two violins, viola and bass, eighteen works) or *a* 3 (two violins and bass, eight works). A harpsichord was probably added to the strings, though in most cases the Fonds Blancheton includes no specific part for it. But some of the eighteenth-century concordant sources for these works include a harpsichord part or specify figures for the bass. Regarding the cyclic plan, each symphony is composed of three movements in the order: fast - slow - fast. The symphonies are written

---

[17]. For the dating of the collection and the probable copyist Charles Estien, see LA LAURENCIE, Lionel de. *Inventaire critique du Fonds Blancheton de la Bibliothèque du Conservatoire de Paris*, 2 voll., Paris, E. Droz, 1930 - 1931, vol. I, pp. 11-13 (Publications de la Société française de musicologie, 2/1-2). For the date of Op. I and Op. II of the Fonds Blancheton, see *The Symphonies of G. B. Sammartini. Op. cit.* (see footnote 3), p. 9, and *Antonio Brioschi (active ca. 1725 - ca. 1750): Three Symphonies. Op. cit.* (see footnote 2), p. xiii.

[18]. Carlo Tessarini dedicated his six trios Op. VI (Paris, ca. 1744) to Pierre Philibert de Blancheton.

in major keys. Outer movements maintain the same key. Most of the interior movements use the relative (thirteen movements) or parallel (eight movements) minor keys and a few the subdominant (four movements) or dominant (one movement) major keys.

Types of tonal change

All of Brioschi's movements — fast or slow — share two common properties in the harmony. One is the presence of a single ruling key that opens and closes the movement. The second is that each movement contains at least one passage that centers temporarily on a tone other than the tonic. In fact, these qualities in the harmony characterize most of eighteenth-century instrumental music. Theorists of the period are known to have talked about this aspect of harmony. Friedrich Wilhelm Marpurg (1718 - 1795) in his *Handbuch bey dem Generalbasse und der Composition* (Berlin, 1755 - 1762) describes these principles as the «rule of unity» and «rule of variety»[19]. The first rule demands one key for a whole piece and the second requires the presence of other keys. Another metaphorical reference to the second rule is made by Classical theorists who describe the form of a long movement as «a tour of keys»[20].

In Brioschi's second movements, the formulation of non-tonic areas ranges from the smallest hint by a leading tone to a firm establishing of the key by way of repeated cadences. The types of tonal change seem to fall into two main groups. The first group includes temporary tonics of brief duration, causing local harmonic contrasts. These harmonic changes are referred to here as tonicizations[21]. Tonicizations occur in all the second movements, without exception. In movements having a two-part structure, tonicizations tend to appear more frequently in part II than in part I. Situations of tonicization are formulated by introducing a chord that functions as dominant of the tonicized scale degree. Among these chords we usually find V, V^7, VII and VII^7 or their inversions, and occasionally an augmented sixth chord. For Brioschi, I have considered what appears to be a tonicization only if after the introduction of one of these chords followed by its tonic there is no authentic cadence in root position in the key of the tonicized scale degree.

The most frequent scale degrees which are tonicized are the supertonic, mediant (in minor-mode key areas), subdominant, and dominant. The dominant is tonicized more often than others. All scale degrees are usually tonicized within harmonic contexts that are sequential. But tonicizations of the dominant also appear within contexts that are

---

[19]. Pointed out in LESTER, Joel. *Compositional Theory in the Eighteenth Century*, Cambridge (MA), Harvard University Press, 1992, p. 214.

[20]. Reported by RATNER, Leonard G. *Classic Music: Expression, Form, and Style*, New York-London, Schirmer Books-Macmillan, 1980, p. 217.

[21]. For an explanation of the term tonicization as applied here, see ALDWELL, Edward - SCHACHTER, Carl. *Harmony and Voice Leading*, New York, Harcourt Brace Jovanovich, ²1989, p. 196.

non-sequential, as in Ex. 1 quoted from the *Andante* of symphony Op. II, no. 59. In this fragment, a diminished VII[7] chord at m. 5 functions as secondary dominant in the key of G minor. The tonal change in the direction of the dominant — D major — is so brief and temporary that at m. 6 we can already hear a V[7] back in the key of G minor.

Ex. 1: BRIOSCHI, Antonio. Fonds Blancheton, Op. II, no. 59, *Andante*, mm. 4-6.

Contexts that are sequential usually involve two to three sequential repetitions, which are both harmonic and melodic, each repetition producing tonicization of a different scale degree. Ex. 2 extracted from symphony Op. II, no. 72, *Larghetto e grazioso sempre piano* shows a typical sequence of this sort[22]. The three tonal changes are clearly momentary, since a single first-inversion V[7] chord alone creates each one of them. Leading to the key of G major, the harmony generates tonicization of the subdominant (m. 14), dominant (m. 15), and submediant (m. 16) scale degrees.

Ex. 2: BRIOSCHI, Antonio. Fonds Blancheton, Op. II, no. 72, *Larghetto e grazioso sempre piano*, mm. 14-16.

The second group of tonal changes in Brioschi's middle movements includes those types of change that are longer lasting and more significant. They are here referred to as modulations, since they involve shifts from one key area to another key area. These changes create high levels of tonal polarity and large-dimension harmonic contrast. In all the second movements that modulate, except for the *Largo* of Op. I, no. 2, the harmony moves from the main key area to only one single different key area[23]. Part I of the movement modulates from the

---

[22]. The symphony is published in *Antonio Brioschi: Six Symphonies. Op. cit.* (see footnote 2), pp. 24-30.

[23]. The E♭ major *Largo* of symphony in Fonds Blancheton Op. I, no. 2 modulates to the submediant key in addition to the regular modulation to the dominant key.

main key to the mediant key in minor-mode movements (in twelve movements) and to the dominant key in major-mode movements (in five movements). Part II regains the main key[24].

The tonal shift in both major- and minor-mode movements is long-range and significant due to a number of factors. Two main factors are the size of the secondary tonal area and the manner in which it cadences. In all of Brioschi's modulating movements there is at least one complete phrase written in a secondary key. It is the phrase that closes part I. Generally, a secondary tonal area consists of more phrases, the number and length of which change in each movement. An authentic cadence in root position in the secondary key conclusively closes part I of every modulating slow movement. In half of these movements, this cadence is followed by a double bar and repeat marks. In addition to this firm cadence, more cadences in the secondary tonal area may appear, the number and type of which may vary from one movement to another.

Brioschi's non-modulating second movements

While tonicizations appear in all of Brioschi's second movements, modulations do not. Seventeen movements are modulating. But interestingly, the rest are not. Eight symphonies from the Fonds Blancheton include a non-modulating middle movement: Op. I, nos. 38 (D), 48 (D), 49 (B♭); Op. II, nos. 54 (B♭), 59 (G), 73 (C); Op. V, no. 226 (B♭); and Op. VI, no. 295 (E♭)[25]. Another non-modulating middle movement belongs to the previously mentioned E♭ major symphony not found in the Fonds Blancheton[26]. The nine non-modulating movements are all written in minor keys. Their tempo designations read *Largo* or *Largo staccato*, *Larghetto* and *Andante*. Their meters are varied, duple and triple meters employed evenly. The tempo, key, meter and length of each of these movements are listed in Table 1.

All these nine movements adhere to one key throughout the entire movement and do not involve any long-range key change. Evidently they deviate from known standard harmonic layouts practiced in the period. Movements in the familiar eighteenth-century European instrumental music are customarily characterized by at least one additional key area beyond the main key, unless the movement functions as a transition. This is true of many

---

[24]. All the modulating slow movements are two-part forms except for the B minor movement in Fonds Blancheton Op. II, no. 81, which may be considered as: A - A¹ - A², and A¹ modulates to the key of the mediant, D major; the symphony appears in *Antonio Brioschi (active ca. 1725 - ca. 1750): Three Symphonies. Op. cit.* (see footnote 2), Score 2.

[25]. Fonds Blancheton Op. II, no. 54 is published in *Antonio Brioschi: Six Symphonies. Op. cit.* (see footnote 2), pp. 15-23. Op. VI, no. 295 is published in *Antonio Brioschi (active ca. 1725 - ca. 1750): Three Symphonies. Op. cit.* (see footnote 2), Score 3.

[26]. For a modern published edition, see footnote 2 and 12.

movements written in binary, sonata, concerto, rondo, or aria forms as well as movements in fugal style. And this is also true of Brioschi's other movements from the Fonds Blancheton, both the slow and fast, all of which modulate[27].

TABLE 1: GENERAL FEATURES OF BRIOSCHI'S NON-MODULATING SECOND MOVEMENTS.

Source	Tempo	Key	Meter	Length (mm.)
F-Pn, Fonds Blancheton:				
Op. I, no. 38	Largo	b	3/4	24
Op. I, no. 48	Larghetto	d	2/4	30
Op. I, no. 49	Largo staccato	g	3/4	33
Op. II, no. 54	Largo staccato	g	3/4	44
Op. II, no. 59	Andante	g	2/4	25
Op. II, no. 73	Largo	c	¢	13
Op. V, no. 226	Largo	g	6/8	68
Op. VI, no. 295	Largo	c	3/8	90
Symphony in E♭ major (I-CMbc, 091.78 124)	Larghetto	c	2/4	33

Besides the examples by Brioschi, I have not been able to find a whole group of non-modulating symphonic slow movements composed by a single individual. But I did find a few examples each one by a different composer. The earliest example is a *Largo* by Maria Margarita Grimani (fl. ca 1713 - 1718) from a *Sinfonia* in her *Pallade e Marte* (1713)[28]. Another example is a *Grave* from a *Sinfonia* (1732) by Gottlob Harrer (1703 - 1755), Bach's successor at the Thomaskirche in Leipzig[29]. Sammartini has only one slow movement of this sort, a *Largo* in the D major symphony J-C 14 (before ca. 1742). This B minor movement of twenty measures may be considered a two-part form (with no internal double bar), both parts sharing similar thematic material and textural arrangement. Part I ends on a half-cadence and part II with a perfect authentic cadence. The *Grave* of his symphony J-C 39 (before ca. 1744), a short six-measure movement in cut-time ending on a half-cadence, has a transitional character. In addition, there is a non-modulating *Andante* in a symphony in D major (before ca. 1744), which appears in the sources with ascription to both Sammartini and Brioschi but is presumed doubtful[30].

Although apparently uncommon in Brioschi's time, the choice of non-modulating harmony for a middle movement is not insignificant or marginal in his own individual

---

[27]. I have suggested that elements of sonata form mark most of Brioschi's modulating movements; see MANDEL-YEHUDA, Sarah. 'The Symphonies of Antonio Brioschi: Aspects of Sonata Form', in: *Min-ad: Israel Studies in Musicology Online*, 1 (Summer 1999) (URL: http://www.biu.ac.il/hu/mu/ims/Min-ad).

[28]. Grimani's work is reprinted in *Historical Anthology of Music by Women*, edited by James R. Briscoe, Bloomington-Indianapolis, Indiana University Press, 1987, pp. 79-83; notes on the composer by Barbara G. Jackson, pp. 77-78.

[29]. A dated manuscript score is located in Leipzig, Musikbibliothek.

[30]. The work is listed as J-C D 15 in JENKINS, Newell - CHURGIN, Bathia. *Op. cit.* (see footnote 7).

language. This can be seen in these nine symphonies, which are nearly a third of twenty-six symphonies examined here. These nine symphonies do not seem to differ in any other aspect from the rest of Brioschi's symphonies. Their outer movements are not unlike the outer movements in the rest of his symphonies in any manner. However, the choice of two different types of movement, with and without modulation, conforms with the flexibility that one generally finds in Brioschi's approach to composing middle movements. His middle movements display more variety in overall movement schemes and types of tempo designations and meters, as well as a wider range of expression and a larger chord vocabulary than his outer movements. Thus, the presence or absence of modulation in an interior movement is an additional aspect in the variability of the musical contents. In addition, the placement of a non-modulating movement between two outer modulating movements contributes to a sense of contrast in the large dimensions of the cycle as a whole. The contrast in this aspect of harmony is added to the large-dimension contrast in other musical elements — such as key, tempo and overall dynamic level and mood — found in all of Brioschi's symphonies.

Brioschi's non-modulating movements do not sound transitional in nature despite their placement between two outer fast movements. They do not resemble the transitional interior movements that we sometimes find in concertos of the period. Moreover, Brioschi's non-modulating movements possess some fundamental qualities in harmonic layout, overall dimensions and formal structure that ordinarily typify an independent movement during Brioschi's period. Six non-modulating movements (in Fonds Blancheton Op. I, no. 38, Op. II, nos. 59, 73, Op. V, no. 226, Op. VI, no. 295, and in the E♭ major symphony conserved in I-CMbc, 091.78 124) make up independent harmonic units since they end with an authentic cadence in the ruling key and not on a half-cadence. As a group, all of Brioschi's non-modulating movements are not any shorter than his modulating slow movements. As a matter of fact, two non-modulating movements are numbered among the longest slow movements in the group of twenty-five Fonds Blancheton symphonies. Furthermore, the organization of the musical material within Brioschi's non-modulating movements is in many respects similar to that found in his modulating movements. First, although none of the non-modulating movements includes an internal double bar, it is possible to interpret most of them as two-part compositions; a two-part movement scheme is typical of Brioschi's modulating movements. Second, several non-modulating movements include an exact or reformulated reprise of expository thematic material towards the middle or end of the movement in a manner similar to that which is found in Brioschi's modulating movements.

The absence of modulation in a Brioschi movement does not exclude incidents of temporary tonal changes. Tonicizations in fact occur in all nine non-modulating movements. They compare with those found in the modulating middle movements in number and kind. However, they do differ in function. Tonicizations appearing in modulating movements basically delay tension, as the harmonic drama results from a juxtaposition of two contrasting keys. But in non-modulating movements, tonicizations, the only events of tonal shift, are perhaps among the most important sources of harmonic tension and motion.

A special emphasis is given to the dominant harmony in Brioschi's non-modulating movements. Besides being tonicized frequently, dominant harmony is further stressed by means of pedal-point passages, over which first-inversion dominant chords alternate with second-inversion tonics. The accentuated dominants are almost always major chords and not minor, and because of the major-mode sonority, these dominants add major color to an otherwise minor-mode context; as mentioned before, all nine non-modulating second movements are written in minor keys. Often placed at ends of parts or sections within the movement, the emphasized dominants also contribute to formulating the movement structure. They actually help articulate the movement's closure in Op. I, nos. 48 and 49 and Op. II, no. 54, since a tonicized dominant harmony ends these movements on a half-cadence. This kind of closure is less typical of Brioschi's modulating slow movements; it is found only in Op. II, no. 81[31].

An analysis

The following analysis focuses on one example of each of Brioschi's two slow-movement types, with and without modulation. An *Andante e piano*, the second movement in Fonds Blancheton Op. I, no. 32 exemplifies a modulating type. This G major symphony (completed by 10 October 1733), in addition to having a special reception history (briefly mentioned earlier in connection with the dating of Brioschi's symphonies), has interesting musical contents. Churgin believes that «the sophistication and high quality of each movement of this work make it one of the finest early symphonies we know»[32].

While certain tonal changes occurring in the *Andante e piano* are temporary and brief, others are significant and long-range. Along with tonal changes taking place, one single key, G minor, is ruling in the movement. Considering these two aspects of harmonic variety and unity, the *Andante e piano* appears to conform to many instrumental pieces written in the period as well as to most movements by Brioschi. The same is true regarding the overall movement construction. Brioschi arranges this *Andante e piano* as a two-part form with part I (mm. 1-25) and part II (mm. 26-75) separated by internal repeat marks. In part I, after establishing the main key, a modulation to B♭ major, the mediant key takes place; G minor is regained in part II.

---

[31]. Some of the concordant sources for the slow movements in Fonds Blancheton Op. II, nos. 54 and 81 transmit a second version that ends with an authentic cadence.

[32]. Modern editions of the G major symphony are found in *Antonio Brioschi (active ca. 1725 - ca. 1750): Three Symphonies. Op. cit.* (see footnote 2), Score 1. Historical background and analysis by Churgin, including the citations in my text, are found on pp. xv-xvii; and in *Hosha'na Rabbah in Casale Monferrato 1733*, edited by Israel Adler, Jerusalem, The Jewish Music Research Center, 1992, pp. 12-33 (Yuval Music Series, 3).

One can feel quite a strong sense of polarity between the G minor and B♭ major tonalities, first because no other large-scale tonal area is found in the movement except these two. Second, to a large extent the feeling arises as a result of the size of the secondary key area and manner in which this key cadences in part 1. As for size, the B♭ major key area is relatively large. It occupies much of the thematic material in part 1, namely sixteen measures (mm. 10-25) versus nine that are written in the main key (mm. 1-9). B♭ major furnishes the harmony of what may be viewed as three musical phrases: mm. 10-16, 17-20 and 21-25. A half-cadence closes each of the first two phrases and a root-position authentic cadence reconfirming the key of B♭ major ends the third phrase. The final closure of part 1 is in fact the most articulative point within the movement, except for the movement's final closure. Together the two perfect authentic cadences at the end of each part of the movement, first in B♭ major and then in G minor, seem to highlight the contrast between these two tonalities. They may be heard as a harmonic rhyme. Besides applying root-position authentic cadences, both closures are characterized by full, homophonic texture (coming after imitative canonic writing), and both are followed by repeat marks.

The contrast between the two tonalities, G minor and B♭ major, is also felt here due to the way in which the modulation between these two keys is rendered. As one encounters in some other modulating minor-mode movements by Brioschi as well as in many Baroque and early-Classical pieces, the shift from the main key to the secondary key seems to be somewhat disjointed, since the dominant of the minor key resolves directly to the relative major rather than to its own tonic. According to Jan LaRue's explanation, in cadences of this kind in this period the dominant functions in dual or bifocal capacity in both relative keys[33].

Ex. 3: BRIOSCHI, Antonio. Fonds Blancheton, Op. 1, no. 32, *Andante e piano*, mm. 7-10.

As illustrated in Ex. 3, a half-cadence ends the main, G minor key area (m. 9) and is followed by a *tutti* rest. After the rest, the secondary key area, B♭ major, opens on its tonic chord (m. 10) with no apparent harmonic preparation. Because of the harmonic and textural interruption, the contrast between the two different keys is marked. What slightly reduces the level of polarity between the two tonalities is lack of agreement between the start of the

---

[33]. See the discussion of 'bifocal tonality' in LARUE, Jan. *Guidelines for Style Analysis*, Warren (MI), Harmonie Park Press, ²1992, pp. 52-53.

melodic recall and the re-entrance of the harmony of the main key in part II. The recall of expository thematic material begins at m. 51 and the key of G minor is regained earlier at m. 39. However, the twelve-measures section between m. 39 and m. 50 concentrates on basically one harmonic activity: it emphasizes the dominant chord, D major, first by tonicizing it (mm. 39-42), then via a pedal point (mm. 45-49¹), and finally with a half-cadence, the dominant of which is tonicized (mm. 49-50). The seventh of the emphasized dominant is implied by repeated appearances of note *c2* over the pedal point and by the descent to note *c* in the connective bass melody at m. 50. Consequently, this section, especially the dominant pedal-point passage and onwards, takes on a retransitional function, which smoothly leads into a recapitulation of the expository thematic material (see Ex. 4).

Ex. 4: Brioschi, Antonio. Fonds Blancheton, Op. I, no. 32, *Andante e piano*, mm. 45-51.

Like the brief tonal shift generated by the tonicization in Ex. 4, several other cases of tonicization of the fifth scale degree appearing in both parts of the movement involve temporary tonal changes. My previous Ex. 3, for instance, taken from a non-sequential harmonic context in part I, includes a tonicized dominant chord in G minor, which is formed by means of a diminished VII⁷ and is instantly interrupted with the entrance of a new key area in B♭ major. Besides the fifth, several other scale degrees are tonicized in this movement, though only in part II and within sequential contexts. The supertonic is tonicized within a two-fold harmonic (and melodic) sequence at mm. 33-38 leading to the tonic in B♭ major. A three-fold harmonic (and melodic) sequence at mm. 58²-64¹ tonicizes the seventh (in natural minor), sixth, and fifth scale degrees in G minor. The same sequence repeats at mm. 66²-72¹, exchanging the violin parts. Even though the harmony in this sequence is active and varied — and described by Churgin as «daring» and «absolutely remarkable in this stylistic context» — the changes from one tonality to another are passing and short by comparison with the shift between the main and secondary keys.

If we turn now to the *Largo* of the E♭ major symphony, Fonds Blancheton Op. VI, no. 295 (by ca. 1744), we see that no modulation transpires. There are of course other harmonic procedures in the movement, which contribute a great deal to the movement's fine quality and expressive mood. These harmonic procedures largely explain why the *Largo* is described by

Churgin as «saturated with dark melancholy that is impressive in its sustained intensity»[34]. None of the phrases in this *Largo* is fully written in a key other than the movement's main key, C minor. The movement remains in one key throughout but does not have a transitional nature. It rather acts as an independent musical unit, and not just because of its extensive length (relative to the period), ninety measures in 3/8 meter. Harmonically the *Largo* functions as an independent unit. We especially feel this at the movement's powerful closure on a perfect authentic cadence in C minor.

Ex. 5: BRIOSCHI, Antonio. Fonds Blancheton, Op. VI, no. 295, *Largo*, mm. 84-90. The Dorian key signature transmitted in the manuscript has been retained in the examples.

As shown in Ex. 5, this authentic cadence is part of a passage which, after having started softly in canonic imitation and reduced texture, closes energetically and homophonically with all four instrumental parts playing the tonic note in unison.

Even though neither a modulation nor an internal double bar is present, one can easily detect a two-part movement design. A tutti rest at m. 42, the only full rest of all four parts throughout the movement, separates part I (mm. 1-42) from part II (mm. 43-90). The movement's bipartite division is further highlighted due to the half-cadence at the end of part I and the dominant pedal-point passage preceding it (see Ex. 6). Brioschi indeed emphasizes the dominant chord in this section though without actually modulating to the dominant key. Quite the opposite, he weakens the move in the direction of the dominant key by two repetitions of note f_2 in first violin part thereby stabilizing the C minor key area.

The *Largo* contains elements of the two-part movement plan and a convincing closure of part I, which is reminiscent of Brioschi's modulating slow movements. The resemblance is also reflected in part II, which projects a strong tendency towards recapitulation and development of musical material from part I. Part II recapitulates much of the thematic material in part I either in an exact or reformulated form. Moreover, the movement's two-part structure is in fact precisely coordinated with the beginning of this recall. After the half-cadence and the rest at the end of part I, part II opens with an exact recall passage

---

[34]. Fonds Blancheton Op. VI, no. 295 is published in *Antonio Brioschi (active ca. 1725 - ca. 1750): Three Symphonies. Op. cit.* (see footnote 2), Score 3, edited by Tilden Russell. Churgin's analysis of the work, including the citations in my text, is found on pp. xviii-xix.

(mm. 43-48[1]) of initial expository material (mm. 1-6[1]). Later on in part II additional themes are recalled, several modified through various developmental techniques.

Ex. 6: Brioschi, Antonio. Fonds Blancheton, Op. VI, no. 295, *Largo*, mm. 40-43.

Throughout this *Largo*, there is a considerable emphasis on the dominant chord. A G major chord is frequently heard in the movement. It is often tonicized, and several dominant pedal-point areas take place. Since the dominants always appear here in major, we can feel a sense of change and contrast between their major-mode color and the minor-mode chord vocabulary in the key of C minor. Several instances of tonicized dominants are formed by an augmented sixth chord. Because of its two leading tones, this chord sounds more tension-laden than the V or VII, which Brioschi regularly uses for tonicizing. Ex. 7 introduces one such event, which is repeated exactly or variedly several times in the movement. A dominant G major chord with a seventh played at m. 24 is tonicized by means of its two leading tones appearing in the previous measure. The $f\sharp2$ in first violin approaches the root of the chord from below and the A♭ in the bass, doubled an octave higher by viola, approaches it from above. These two leading tones together with the second violin melody form an augmented sixth chord in the key of C minor at m. 23. As a result of the changing notes in the second violin melodic line, all three familiar variants of the chord are found in this short section: the so-called Italian ($c2$), German ($e♭2$) and French ($d2$).

Ex. 7: Brioschi, Antonio. Fonds Blancheton, Op. VI, no. 295, *Largo*, mm. 23-24.

The harmonic context of the tonization quoted in Ex. 7 is non-sequential. Sequential contexts in the *Largo* incorporate additional scale degrees that are tonicized. Two thematically similar sequential passages, one in each part of the movement, move in opposite directions and thus contribute an element of symmetry and balance to the overall movement structure.

Harmonically (and melodically) the first sequence placed in part I is descending while the second placed in part II is ascending. Part I's sequence (mm. 18-22, see Ex. 8) involves tonicization of two scale degrees one step apart: a major subdominant and the mediant.

Ex. 8: Brioschi, Antonio. Fonds Blancheton, Op. VI, no. 295, *Largo*, mm. 18-22.

In part II the sequence (mm. 48-54, see Ex. 9) consists of tonicization of the subdominant and dominant scale degrees, again one step apart. As regularly happens in Brioschi's works, musical material in part II tends to feature elements of intensification. Here too the second, three-fold sequence (the third repetition leads to the tonic) is longer than the first, two-fold sequence. The second sequence employs more expressive and tense chords that generate the tonicization than the first. Compared to V^7 chords in the first sequence, the second emphasizes diminished VII^7 chords.

Ex. 9: Brioschi, Antonio. Fonds Blancheton, Op. VI, no. 295, *Largo*, mm. 48-54.

Differences aside, both sequences have harmonic movement, and they stand in contrast to the static harmonic surroundings of the ruling C minor key. All the brief harmonic shifts in the *Largo* no doubt explain Churgin's account of this movement as «exceptionally rich in harmonic effects».

Conclusion

Walter Piston opens the chapter on common-practice modulation in his harmony book (in earlier editions published when the author was still living) with the following observation: «Composers appear to have been in consistent agreement that to remain in one key throughout a piece of any length is aesthetically undesirable»[35]. Piston's remark refers to a conspicuous general trend in music of the eighteenth and nineteenth centuries. Countless examples of pieces from that period are characterized by modulating harmony. Yet «to remain in one key throughout a piece of any length» is nevertheless a possible, though rare, option. Beethoven is known to have adopted this option in his famous *Andante con moto* from the Fourth Piano Concerto Op. 58 (1805 - 1806). The movement remains in E minor throughout except for several short-range tonicizations[36]. As I have indicated above, Antonio Brioschi, a little-known Italian composer active near or in Milan in the first half of the eighteenth century, wrote (by ca. 1744) nine slow second symphonic movements which are non-modulating. The movements stay in one key throughout, but brief, temporary tonal changes do take place. These movements represent a special category in Brioschi's treatment of tonality. Brioschi chose «to remain in one key throughout a piece» even though he was well experienced in the composition of movements featuring higher levels of polarity between tonal centers. About two thirds of the slow movements as well as all fast movements in Brioschi's twenty-six symphonies which I have examined feature modulation to a secondary key. It is also interesting to see that his works comprising slow non-modulating movements attracted people's attention in the eighteenth century just as much as his other works did. This is evidenced by many eighteenth-century copies in manuscript and print of these works that still exist in European and American libraries (see the list of sources for Brioschi's symphony in Fonds Blancheton Op. II, no. 54, for instance; the second movement is non-modulating[37]).

Thus, we can learn from Brioschi's Fonds Blancheton *Sinfonie* about different options for generating harmonic change within a symphonic movement. Some of the options practiced in Brioschi's music involve low levels of tonal polarity, including a complete absence of a modulation within a middle movement. The latter specific compositional process is not clearly revealed to us when studying early symphonies of Brioschi's better-known and more versatile Milanese counterpart G. B. Sammartini. Non-modulating harmony within a symphonic movement is not typical of Sammartini. It is, however, a certain rhetorical gesture expressed in the musical language in Sammartini's environment, as found in the distinctive music of Antonio Brioschi.

---

[35]. PISTON, Walter. *Harmony*, New York, Norton, [3]1962, p. 139. A similar idea appears in different wording and location in the 1978 fourth edition revised and expanded by Mark Devoto.

[36]. Scholars have offered programmatic interpretations to this movement connected to the Orpheus legend. See TOVEY, Donald. *Essays in Musical Analysis. Vol. III: Concertos*, London, Oxford University Press, 1969, pp. 80-81; and JANDER, Owen. 'Beethoven's *Orpheus in Hades*: The *Andante con moto* of the Fourth Piano Concerto', in: *19th-Century Music*, VIII/3 (Spring 1985), pp. 195-212; and CONE, Edward T. 'Beethoven's Orpheus or Jander's?' in: *ibidem*, pp. 283-286.

[37]. *Antonio Brioschi: Six Symphonies. Op. cit.* (see footnote 2), p. 58.

Links between Structure and Expression in a Selected Group of Sammartini's Middle and Late Symphonies

Adena Portowitz
(Ramat-Gan)

Over the past twenty years, studies of eighteenth-century music have increasingly expanded, focusing on investigations of expression in conjunction with more traditional analyses of structure. Understood in relation to the theory of topics, such investigations explore the conventional signs of given societies: characteristic melodies, rhythms, and textures that bear semantic associations with everyday life and activities[1]. Thus, for example, topics allude to the practices of the military and the ballroom, as well as to popular folk songs and dances, clearly evoking cultural, historical, and musical habits. In addition, topics also imply musical styles, such as the singing, brilliant, sensibility, and *Sturm und Drang*. While many studies of expression have concentrated on locating and identifying these topics and styles[2], recent research coordinates them within the structural syntax of the work[3]. The introduction of a new topic may coincide with an important

---

[1]. For a sampling of this research, see Ratner, Leonard G. *Classic Music: Expression, Form and Style*, New York-London, Schirmer Books-Macmillan, 1980; Allanbrook, Wye Jamison. *Rhythmic Gesture in Mozart: «Le Nozze di Figaro» & «Don Giovanni»*, Chicago, University of Chicago Press, 1983; Agawu, Kofi Victor. *Playing with Signs: A Semiotic Interpretation of Classic Music*, Princeton, Princeton University Press, 1991; Sisman, Elaine. *Mozart, the «Jupiter» Symphony, no. 41 in C major, K. 551*, Cambridge, Cambridge University Press, 1993; Hatten, Robert. *Musical Meaning in Beethoven: Markedness, Correlation, and Interpretation*, Bloomington, Indiana University Press, 1994 (Advances in semiotics); Monelle, Raymond. *The Sense of Music: Semiotic Essays*, Princeton, Princeton University Press, 2000.

[2]. Ratner, Leonard G. 'Topical Content in Mozart's Keyboard Sonatas', in: *Early Music*, XIX (1991), pp. 615-619.

[3]. See Allanbrook, Wye Jamison. 'Two Threads through the Labyrinth: Topic and Process in the First Movements of K. 332 and K. 333', in: *Convention in Eighteenth- and Nineteenth-Century Music. Essays in Honor of Leonard G. Ratner*, edited by Wye J. Allanbrook, Janet M. Levy, and William P. Mahrt, Stuyvesant (N.Y.), Pendragon Press, 1992 (Festschrift series, 10), pp. 125-172; Agawu, Kofi Victor. 'A Semiotic Interpretation of the First Movement of Beethoven's String Quartet in A Minor, Op. 132', in: Idem. *Playing with Signs* […], op. cit.

structural point in the movement, or the degree of topical variety may be determined in relation to the composer's treatment of other musical elements. This approach finds support in eighteenth-century music theory, as well. For example, the theorist Johann Friedrich Daube advocates the juxtaposition of singing and brilliant styles as a means of articulating thematic autonomy[4]. An acquaintance with the semantic references of the melodic material in collaboration with the structural design of the whole, therefore, assists listener's in appreciating the aesthetic and compositional conceptions promoted by the composer.

The most significant contribution of the Classic period to musical style is unquestionably the emergence and development of sonata form. Attempting to define the main difference between the earlier two-reprise dance forms of the Baroque and the later Classic sonata form, Ratner believes that changes in the latter's expressive content constitute the new form's most characteristic feature. Most specifically, while the limited dimensions of the Baroque two-reprise form adequately accommodated its modest expression, an enormous enrichment of the expressive content, featuring intensifications and variety, required much broader dimensions[5]. This basic change occupies a more prominent position than any other element in the evolution of the form, and in many cases served as the impetus for other structural modifications as well.

Theoretical definitions of sonata form consistently refer to bipartite as well as well as three-part thematic division into exposition, development, and recapitulation sections. While the functions and contents of the exposition and development sections emerge clearly[6], some haziness envelops discussions of the recapitulation. No question exists regarding the essential importance of the recall in the tonic of material originally heard in the second key area of the exposition. The exact beginning point of the recapitulation and the content and order of its thematic material, however, remain flexible. Thus, for example, Koch (1793) and Kollmann (1799) state that the recapitulation «begins with the opening theme or another important melodic figure [...]» after which «the second half of Part I,

---

(see footnote 1), pp. 110-126; SISMAN, Elaine's discussion of the sublime in *Mozart, the «Jupiter» Symphony* [...], *op. cit.* (see footnote 1), pp. 55-62 and 68-79; O'KEEFE, Simon P. 'Koch's Commentary on the Late Eighteenth-Century Concerto: Dialogue, Drama and Solo/Orchestra Relations', in: *Music & Letters*, LXXIX/3 (August 1998), pp. 368-385, and his 'The Stylistic Significance of the First Movement of Mozart's Piano Concerto No. 24 in C Minor, K. 491: A Dialogic Apotheosis', in: *Journal of Musicological Research*, XVIII (1999), pp. 225-261; RATNER, Leonard G. 'Mozart's Parting Gifts', in: *Journal of Musicology*, XLIII (2001), pp. 189-211; and my articles, 'A Profile of the Secondary Theme in the First Movements of Mozart's Early Concertos', in: *Israel Studies in Musicology*, VI (1996), pp. 33-58, and 'Art and Taste in Mozart's Early Concerto Sonata-Rondo Finales: Two Case Studies', in: *Journal of Musicology*, XVIII/1 (2001), pp. 129-149.

[4]. *The Musical Dilettante: A Treatise on Composition by J.F. Daube*, translated and edited by Susan P. Snook-Luther, Cambridge, Cambridge University Press, 1992 (Cambridge studies in music theory and analysis, 3), p. 23.

[5]. RATNER, Leonard G. *Classic Music* [...], *op. cit.* (see footnote 1), p. 246.

[6]. For a summary of Koch's descriptions of sonata form, see NEWMAN, William S. *The Sonata in the Classic Era*, Chapel Hill, University of North Carolina Press, 1963, pp. 32-35.

that is, the melodic material heard originally in the dominant, is heard in the tonic and the *Allegro* closes»[7]. Quantz, in 1752, however, stresses mainly the importance of rhyming the exposition and reprise, saying that the «choice and beautiful progressions at the end of the first part should be so arranged that, in a transposition, they may conclude the second part also»[8]. Furthermore, regarding the order of the recall of the melodic material Galeazzi, 1796, first states that «Repetition of the last three periods of the first part is made transposing them to the principal key, and writing them after each other, in the same order they had in the first part». Later, he adds that «The Characteristic Passage (secondary theme) must be the same as that of the first part (only the key being changed), but the cadential period may be varied if one wishes, provided that it maintains a certain analogy with that of the first part. The Coda (final cadential theme) can even be omitted or completely changed, if one does not wish to repeat it just as it was in the first part». Further modifying his opening statement, Galeazzi suggests that other themes might recur in the final cadential area. «A most beautiful artifice is [often] practiced here, and this is to recapitulate in the Coda the motive of the first part, or the Introduction, if there was one, or some other passage that is both remarkable and well suited to end [with]; this produces a wonderful effect, reviving the idea of the Theme of the composition, and bringing together its parts»[9].

In modern research, Bathia Churgin has found that both straightforward and reformulated recapitulations served as viable options for composers of Classic symphonies from the 1730s on. Sammartini's recapitulations in particular exhibit a strong trend toward reformulation, as extensive changes occur in most of his symphonic first movements. Moreover, this practice reflects a fundamental preference of the composer, characterizing his music from the early to late styles. Viewed within this context, Haydn's reformulated recapitulations, for example, reflect an established tradition[10].

Further research regarding reformulated recapitulations classifies the types of changes that occur, and possible large-dimension reasons for these changes. Eugene Wolf, with regard

---

[7]. RATNER, Leonard G. *Classic Music* [...], *op. cit.* (see footnote 1), p. 229; KOCH, Heinrich Christoph. *Versuch einer Anleitung zur Composition*, 3 Bde., Rudolstadt-Leipzig, Böhme, 1782 - 1793, vol. III, p. 311, KOLLMANN, Augustus Frederic Christopher. *An Essay on Practical Musical Composition, According to the Nature of that Science and the Principles of the Greatest Musical Authors*, New York, Da Capo Press, 1973, introduction by Imogene Horsley, p. 5.

[8]. QUANTZ, Johann Joachim. *On Playing the Flute*, translation by Edward R. Reilly, New York, Free Press of Glencoe, 1966, p. 296.

[9]. Galeazzi also adds that you do not need to begin the reprise with the primary theme. See CHURGIN, Bathia. 'Francesco Galeazzi's Description (1796) of Sonata Form', in: *Journal of American Musicological Society*, XXI/2 (Summer 1968), pp. 188-199.

[10]. IDEM. 'The Recapitulation in Sonata-Form Movements of Sammartini and Early Haydn Symphonies', in: *Joseph Haydn: Bericht über den Internationalen Joseph Haydn Kongress: Wien, Hofburg, 5. - 12. September 1982*, hrsg. von Eva Badura-Skoda, München, Henle, 1986, pp. 135-140.

to reformulations found in Haydn's late symphonic first-movements, regards continuing development and increased over-all stability as the main rationale behind Haydn's large and small scale modifications[11]. Continuing this same train of thought, Ethan Haimo adds that «When Haydn [...] purposely and with obvious premeditation recomposes a later passage so that it diverges markedly from an earlier model, the changes are never arbitrary, casual or happenstance. Rather, significant deviations from previously established norms are usually designed to refer to (and perhaps to resolve or complete) at least one other event (though perhaps more)»[12].

This article proposes to study links between structural and expressive considerations in a selected group of Sammartini's middle and late period symphonic first movements. Timeline-analyses of the first movements in the symphonies J-C 44 (prior 1747), J-C 46 (mid 1740s), J-C 52 (prior 1758) and J-C 26 (1772) record the topical content in concinnity with the main structural events[13]. Focusing particularly on reformulated recapitulations, the ensuing discussion reveals instances in which expressive considerations influenced the rearrangement of the material, evincing ways in which a collaboration of rhetoric and structure successfully project the movement's primary ideas.

J-C 44 IN G, I: CONTINUITY AND VARIETY

Sammartini's symphony probably dates from the early or mid 1740s, and possibly served as the overture to his last opera, *L'Agrippina* (J-C 90), performed on 3 February 1743. Later, in 1747, Gluck borrowed the first movement, cast in the Italian overture style, for his serenata *Le nozze d'Ercole e d'Ebe*, clearly indicating his high regard for the dramatic expression of Sammartini's movement[14].

The unconventional gross form of this symphony, a 'da capo' overture[15], opens with a prominent non-repeating *Allegro* that connects with a brief slow movement. Following

---

[11]. WOLF, Eugene K. 'The Recapitulations in Haydn's London Symphonies', in: *The Musical Quarterly*, LII (1966), pp. 71-89.

[12]. HAIMO, Ethan. *Haydn's Symphonic Forms. Essays in Compositional Logic*, Oxford-New York, Clarendon-Oxford University Press, 1995 (Oxford monograph on music), p. 22.

[13]. These dates were determined by Bathia Churgin on the basis of sources and style. For a modern edition, historical background, and analysis of the symphonies discussed in this article, see *Giovanni Battista Sammartini: Ten Symphonies*, edited by Bathia Churgin, New York-London, Garland, 1984 (The Symphony 1720-1840, a comprehensive collection of full scores in 60 vols., edited by Barry S. Brook and Barbara B. Heyman, series A/II). These symphonies are found as scores 4, 6, 9, and 10.

[14]. *Ibidem*, p. xxxii. For detailed information regarding Gluck's changes, see CHURGIN, Bathia. 'Alterations in Gluck's borrowings from Sammartini', in: *Studi musicali*, IX/1 (1980), pp. 117-134. Gluck's opera was first performed in Pillnitz (near Dresden) on 29 June 1747.

[15]. This term was coined by Jan LaRue. See his article on the 'Sinfonia after 1700', in: *The New Grove Dictionary of Music and Musicians*, edited by Stanley Sadie, 20 vols., London, Macmillan, [6]1980, vol. 17,

this movement, the *Allegro* recurs in a second, abbreviated recapitulation. The symphony concludes with a minuet finale.

Much of the first movement's dramatic character results from a carefully construed balance between elements that promote continuity and those that provide variety. Harmony ensures a continuous flow, as all cadences between functions and major sections elide. Moreover, the second part of the exposition unfolds as an extended V-I progression. The first two secondary themes appear over a V pedal[16], followed by the first closing theme over a pedal on I. Melodic content supports this integrated structure, as most themes after the transition contain one or more derived figures. For example, Po appears in the secondary and second cadential themes, Pa is picked up in the connecting ST and KT areas, and the broken-chord motive in T returns in 2S and 1K[17].

Offsetting this sense of ongoing momentum, a reduced texture articulates the secondary themes, and piano-forte dynamic contrasts differentiate between themes (S themes), vary repetitions (P, T, K), and create accents (3S)[18]. Of special importance, a wide variety of topics produce a diverse expressive content.

Reviewing the topical content of the main functions in the exposition, one is immediately struck by a lively sequence of march, brilliant, dialogue, ornamental, and cadential topics and styles (TABLE 1). Preventing this medley of contrasting ideas from disserving the flow of the music, Sammartini uses other elements as compositional links. For example, repetitions and forte-piano juxtapositions in the transition slow the pressing drive of its brilliant style, foreshadowing the ensuing ornamental style in the first secondary theme. In addition, the final phrase of the transition omits the *p* contrast, so that a *forte* dynamic cast over a V/D pedal persists from the end of the transition through the first secondary theme. Finally, the rests that conclude the sixteenth-note figures of the transition anticipate the dotted rhythms of the secondary theme (Ex. 1).

---

pp. 336-337, and CHURGIN, Bathia. 'The Italian Symphonic Background to Haydn's Early Symphonies and Opera Overtures', in: *Haydn Studies: Proceedings of the International Haydn Conference: Washington, D.C., 1975*, edited by Jens Peter Larsen, Howard Serwer and James Webster, New York-London, Norton & Co., 1981, pp. 329-336, 343-344, 352. See also the revised version in *Orbis Musicae*, XII (1998), pp. 73-82.

[16]. This is characteristic of middle period symphonies. See CHURGIN, Bathia. *Giovanni Battista Sammartini: Ten Symphonies, op. cit.* (see footnote 13), p. xxxiii.

[17]. *Ibidem*, p. xxxiv. The analytic symbols used in this paper are based on LaRUE, Jan. *Guidelines for Style Analysis*, Warren (MI), Harmonie Park Press, ²1992, pp. 54-58. These are: P - primary theme, T - transition theme, S - secondary theme in the secondary key, K - cadential theme, KT - transition from closing theme to development, ST - transition between secondary and closing theme, N - new material introduced after the exposition, RT - transition from the end of the development to the recapitulation. The letters 'a' and 'b' designate phrases, and 'x' and 'y', melodic subphrases.

[18]. CHURGIN, Bathia. *Giovanni Battista Sammartini: Ten Symphonies, op. cit.*, (see footnote 13), p. xxxiii.

Ex 1: J-C 44, I, mm. 12-15. A *forte* dynamic, sixteenth notes, snap rhythms and V/D harmonies connect the topically contrasting transition and secondary functions.

TABLE 1

J-C 44, I, EXPOSITION: TOPICAL CONTENT, THEMATIC CONTENT, AND HARMONIC PROGRESSION

			learned[19]			dialogue			
march		brilliant	ornamental	brilliant	brilliant	cadential	brilliant		
Po	a	b b¹	T	1S	2S	3S	ST	1K	2K	KT
1	2	4	9	15	18	21	25	27	31	35
G			D: v ped.		I		I	VI-a	

Small dimension links also connect the contrasting secondary and cadential areas. The climactic secondary themes feature ornamental and dialogue styles, implied first in 1S and made more explicit in 2S[20], followed by brilliant sixteenth notes supported by trumpets in 3S[21]. While the staccato, sixteenth note figurations and rhythmic syncopation of the ensuing cadential themes offer contrast, they connect with 3S in several ways. The harmony continues to stabilize on I, the voice exchange between the first and second violins suggests dialogue, and forte-piano dynamic exchanges persist[22].

The development section enters as a big surprise. Averting the anticipated cadence on I/D and double bar at the end of the exposition (m. 35), a short transition modulates suddenly to the key of *a* minor. Compensating for this harmonic and formal surprise, the relatively lengthy development section (21 mm.) centers on derived material from the

---

[19]. In the TABLES, two topics listed vertically indicate a compound topic, in which both topics appear simultaneously. In this case, the combination of two contrasting lines creates a type of non-imitative counterpoint, a favorite texture found often in Sammartini's instrumental works.

[20]. In 2S, high, rising motives contrast with low circular figures. See mm. 18-20.

[21]. Reducing the tension, however, f-p contrasts recall the T function, as the harmony resolves from V to I.

[22]. Unlike the 1½ measure oscillations in T and 3S, here, the two measure units slow the momentum.

secondary function. The section builds to a climax, as the retransition, based on 2S, leads into the recapitulation.

The crucial structural junction between the end of the development and the opening of the reprise brings the two aspects of continuity and variety into particular focus (TABLE 2). With the recall of the primary theme, Sammartini juxtaposes the two most important contrasting functions of the movement: 1S and 2S, featuring the ornamental and dialogue styles, and P, a march[23]. Balancing this topical opposition, once again, other elements link the two themes. Cast above a dominant pedal, 2S now functions as a dominant preparation that resolves to I with the entrance of the reprise. In addition, both themes feature dotted rhythms, and an opening rising melodic gesture. Differing from the articulation of the exposition and development, here, thematic content highlights contrast while the harmonic progression and rhythmic motives ensure continuity (Ex. 2).

Ex. 2: J-C 44, I, mm. 55-58. The junction between the development and reprise highlights topical contrast while ensuring harmonic and rhythmic continuity.

Changes in the reprise support compositional strategies. After the return of P, a shortened 1K replaces T (TABLE 2). This exchange works well for several reasons. Both themes share a brilliant style and forte-piano oscillations. 1K was preferred, however, because its rhythmic figures and harmonic progression connect well with both P and 3S. The closing syncopation in P smoothly joins the opening syncopation in 1K. In addition, the I/D harmony of 1K, which functioned as a new tonic in the exposition, is reinterpreted here as G:V. Acquiring a dynamic profile (similar to that of 2S in the retransition), 1K resolves to I with the entrance of 3S (Ex. 3)[24].

---

[23]. This procedure occurs several times in Mozart's early concertos of the 1770s, most notably in K. 365.
[24]. CHURGIN, Bathia. *Giovanni Battista Sammartini: Ten Symphonies, op. cit.* (see footnote 13), p. xxxiv.

Ex. 3: J-C 44, I, mm. 63-68. In the recapitulation, expressive, rhythmic and harmonic elements support the thematic sequence of 1P-1K-3S.

Table 2
J-C 44, I: Reformulated Reprise I and Reprise II[25]

Reprise I

(1S¹)	(2S¹)					
Ornamental	dialogue	march	brilliant	brilliant	brilliant	
1RT	2RT	P¹	*1K*	3S	*N2K*	*NKT*
49	54	57	65	68	72	75
eV	GV ped.		V ped.	I		g

Reprise II

March	brilliant	brilliant
P	3S	N2K
110	118	120
G		

A new melody, conceived over the old bass line (compare bass, measures 31-35 to mm. 72-75), concludes the recapitulation. Its dotted rhythm recalls the earlier march of Po, and yet also anticipates the ensuing dotted rhythms of the slow movement[26]. Moreover, it preserves the two-measure forte-piano dynamic exchange of 1K. Thus, this short theme promotes variety while simultaneously preserving continuity[27].

Finally, a much-abbreviated, coda-like second recapitulation (mm. 110-122) concludes the movement with a recall of P, 3S and 2NK. Cast in the march and brilliant styles, these themes cite the movement's central expressive affects. While the transition and original cadential functions are omitted, their most characteristic features appear in the recapitulated themes, including the 16th note brilliant figures and f-p dynamic exchanges.

J-C 46 in G, I: Symmetry and Asymmetry

The symmetrical proportions of the movement's main subsections create a balanced effect. Much as the exposition (40 mm.) and recapitulation (34 mm.) share similar proportions, so within the exposition, the primary and transition functions (19 mm.) parallel those of the secondary and closing themes (22 mm.). Further accentuating this symmetry, the melodic phrases of each subsection mostly elide, and an open, half measure rest in m. 19 before the secondary themes articulates the two sections.

Offsetting this symmetry, additional articulations fall in unexpected places. Most strikingly, a half measure rest concludes the development section (m. 68), while the retransition and recapitulation elide.

---

[25]. Italics indicate a reformulation here and in the other tables.

[26]. *Ibidem*.

[27]. Similarly, the second movement concludes with a motive that is reharmonized as the beginning of the second reprise.

The movement's expressive layout matches its structural conception (TABLE 3). In a broad sense, the exposition subdivides into two contrasting effects. While an overall dynamic, rhythmic drive characterizes the first section, a more lyrical, brilliant style individualizes the second part. Expressive variety between subphrases, however, produces local contrast. Thus, the primary theme opens in the singing style (Po), followed by the march, brilliant, and cadential topic and styles. In addition, compound topics, in which two or more topics or styles appear simultaneously, create expressive counterpoint (Ex. 4)[28].

TABLE 3
J-C 46, I, EXPOSITION: TOPICAL CONTENT, THEMATIC FUNCTIONS, AND HARMONIC PROGRESSION

singing	march	singing brilliant	learned ornamental brilliant	brilliant		sensibility	cadential
Po	a	b	Ta	b	c	d	e
1		4	8	11	14	16	18
I				G	G/d	d	

singing	learned brilliant	brilliant	brilliant-cadential	cadential
S	ST	1K	2K	3K
20	25	28	34	37
V/D	D	V/D	D	VI-I

Amidst this panorama of expressive colors, certain gestures recur, functioning as unifying devices that sustain the symmetric balance. Short, lyrical motives distributed sporadically in section I (Po, Pb, and Td) foreshadow the singing style of the secondary themes; a mutual brilliant-ornamental style marks the connective functions of T and ST; and a cadential style permeates the closing 2K and 3K themes. Topics, therefore, link subsections, themes of similar function, and consecutive themes.

Proceeding directly to the development section[29], the topical content circumscribes its borders, articulating it from the surrounding exposition and recapitulation sections. Based mostly on derived material, the seemingly disparate S-1K-ST and T share a mutual

---

[28]. The finale in this symphony shares a similar compositional conception. In the large dimension, its brilliant, forceful character is coupled with an early example of bow sonata form, in which the reprise opens with the transition, followed by the secondary and primary themes. This form, which reserves the primary theme for the end, is particularly suitable for cases in which the composer wishes to preserve a driving momentum from beginning to end. In the middle dimension, however, the primary and secondary themes contrast, enhancing local variety. For a further discussion of this movement see CHURGIN, Bathia. *Giovanni Battista Sammartini: Ten Symphonies, op. cit.* (see footnote 13), p. xlii-xliii.

[29]. This movement is another example of a non-repeating sonata form.

Ex. 4: J-C 46, I, mm. 4-7 and mm. 8-10. In Pb and Ta, compound topics, in which two topics or styles appear simultaneously, create expressive counterpoint.

brilliant character, propelling momentum towards the climax in m. 68, where a pregnant cadence on b minor (V/vi, the traditional point of furthest remove)[30] precedes the

---

[30]. For a further discussion of V/vi as the point of furthest remove in development sections of classic sonata forms, see RATNER, Leonard G. *Classic Music* [...], *op. cit.* (see footnote 1), pp. 225-227. This cadence may also be considered a bifocal cadence found often in Classic development sections, as in Sammartini's J-C 52 (m. 62) and in Haydn. See LaRue, Jan. 'Bifocal Tonality in Haydn Symphonies', in: *Convention in Eighteenth- and Nineteenth-Century Music. Essays in Honor of Leonard G. Ratner*, *op. cit.* (see footnote 3), pp. 59-73.

retransition. The retransition features S with an exchange of violin parts[31]. As in J-C 44, the juxtaposition of S and P provides strong contrast. However, S and the opening of P share a mutual singing style. By presenting the themes consecutively, the singing style of the originally brief Po extends, clearly marking the beginning of the recapitulation (TABLE 4). In fact, a review of the main structural subsections reveals that the singing style opens the exposition, development, retransition and reprise (Ex. 5).

Ex. 5: J-C 46, I. The singing style opens key subsections: the exposition (m. 1), development (mm. 42-43), retransition –reprise (mm. 69-74).

---

[31]. Voice exchange is another one of Sammartini's favorite compositional devices.

Table 4
J-C 46, I, mm. 74-110: Reformulated Reprise

				learned				
singing	singing	march	singing	brill.-sensibility	brilliant	singing	brilliant	cadential
RT: S	Po	a	b	Ta-b-c-d	1K	1Pb	2K	3K
69	74			81	91	97	99	103
V/G	I			I-V/V	V/G	I	I	vi-I

march, brilliant, cadential
Coda: P
106
I

Changes in the reprise once again reflect a clear compositional plan. Omitting the secondary theme previously explored in the development section, Sammartini progresses directly from the transition to the cadential themes. In addition, by discarding the short cadential figure *Te*, Sammartini reserves the full impact of closure for the movement's final cadence.

1Pb surprisingly reappears between the 1K and 2K themes. This interpolation connects the low range of 1K with the high range of 2K. Moreover, the rise towards 2K, and augmented rhythmic values of the motive enhance the theme's climactic effect[32].

Finally, in addition to the structural stability provided by the coda, this short area summarizes the main affects of the movement, recalling the singing, brilliant, and cadential styles (Ex. 6).

Ex. 6: J-C 46, I, mm. 106-110. The coda recalls the singing, brilliant, and cadential styles.

---

[32]. Interpolations of phrases in unexpected places on the basis of their topical content is an integrating device used in the reformulated recapitulations of Mozart's Salzburg concertos, as in the first movements of K. 207, K. 190, and K. 218.

J-C 52 IN G, I: HIERARCHY OF ARTICULATIONS

Amidst this movement's wide variety of fanfare, march, ornamental, and brilliant topics and styles (TABLE 5), recurring motives of a similar affect serve as articulating devices. Most striking, we find an hierarchical arrangement of gestures, as articulations between subphrases or themes of a like function share a similar topic, while stronger articulations between functions are marked by a different style. Thus, for example, a pattern of repeated notes, cast in an ornamental or brilliant style articulates Po-Pa, Pa-Pb, Pb-Ta, Ta-Tb, S-ST, and 1K-2K. Underlining the structurally more significant cadences found between Tb-S and at the end of the exposition, a more emphatic cadential style replaces the ornamental style (Ex. 7).

Ex. 7: J-C 52, I. Hierarchical arrangement of closing gesture: (a) Po, m. 2, ornamental; (b) Pa, m. 6, brilliant; (c) Tb, mm. 14-16, cadential.

Links between Structure and Expression in a Selected Group of Sammartini's Middle and Late Symphonies

TABLE 5

J-C 52, I, EXPOSITION: TOPICAL CONTENT, THEMATIC FUNCTIONS, AND HARMONIC PROGRESSION

					dialogue
fanfare-ornamental	march	brilliant	march	brilliant	cadential
Po		Pa x	y	b	Ta	b
1	3		5	7	10
G:I					

	suspension	dialogue		brilliant
singing-ornamental	brilliant	brilliant, ornamental	brilliant, cadential
Sa b	ST	1K	2K
14 17	26	29	36
I/D			

Many of the changes in the extensively reformulated reprise suggest alternate structural priorities (TABLE 6). A comparison of the topical content of the junction between the primary and transition theme in the exposition to the parallel point in the reprise exemplifies this process. In the exposition, when Pa repeats, its 4 measures shorten to 3, omitting the concluding brilliant motive. Compensating for this seeming truncation, the transition opens in the brilliant style. In the recapitulation, Ta is again transformed as Sammartini excludes the opening brilliant motive, leaving only the cadential Tb phrase (mm. 71-74). By omitting the first phrase, Sammartini reduces the number of topics presented in the opening functions, highlights the march, and strengthens the open cadence in m. 74 despite the lack of harmonic activity.

TABLE 6

J-C 52, I: REFORMULATED REPRISE

fanfare, ornamental	march		(ornamental)	cadential
Po	Pa	b¹	(Ta y)	b
63	65	69	(71)	72
G:I				

singing				
dialogue	dialogue	brilliant		
ornamental	brilliant	ornamental	cadential	
S	ST	1K	2K	1K+2K
75	80	84	86	88

Revisions in the secondary theme also indicate a change in the theme's structural position. Whereas in the exposition, dialogue and ornamental styles appear sequentially, here, they occur simultaneously, creating an expressive intensity that replaces the earlier modulation to the dominant key. Moreover, in the junction between S and ST, the elimination of the original ornaments and cadences that concluded Sb supports the ensuing drive to the final cadence (Ex. 8).

Ex. 8: J-C 52, I: (a) Sa in exposition, mm. 17-20. Sequential layout and ornamental style; (b) Sa in reprise, mm. 75-79. Contrapuntal dialogue and ornamental styles; (c) Sb in exposition, mm. 21-25; (d) Sb, in reprise, mm. 79-82.

While ST preserves its connective function, it spans 6 instead of 3 measures, promoting an enhanced dynamic presence. Placed above the original V pedal, a process of thematic recombination incorporates different phrases and styles. Dialogue joins the original brilliant style, linking ST with the dialogue of the preceding 1S and alluding to phrases from Ta and 1K omitted from the recapitulatory design. ST concludes with an added motive transferred from the conclusion of 1K (mm. 84-85)[33]. This ornamental phrase originally lightly articulated 1K and 2K in a two-measure V-I progression. Here, however, the phrase joins an extended six-measure dominant pedal, that spans more than half of the secondary function. The final V-I cadence, therefore, emphatically articulates the secondary and cadential functions. Moreover, viewed in the context of the movement as a whole, this ingenious *ars combinatoria* procedure merges and transforms the ornamental and cadential articulations explored throughout the movement precisely at the ultimate moment of tonic confirmation (Ex. 9).

Ex. 9: J-C 52, I, reprise, mm. 80-86. Transformation of the ornamental gesture derived from 1K that links ST and 2K.

---

[33]. This motive originally derives from the missing Say.

Retaining a high level of melodic tension, Sammartini concludes the movement with one cadential theme that combines the original two themes. Thus, 4 measures derived from 1Kb replace 4 measures from 2K (mm. 88-91). Both of the phrases preserve the ornamental-cadential effect. The new setting, however, integrates material that otherwise would have been omitted from the reprise (Ex. 10).

Ex. 10: J-C 52, 1, reprise, mm. 88-91. 1Kb replaces 2Ka. Both phrases share a mutual topical content.

J-C 26 IN E♭, I: THEMATIC PROFILES

An outstanding feature of this bright, mature work, the representative example from Sammartini's late period[34], is its clear delineation of sections, subsections, and themes. Boasting relatively weighty proportions (exposition 45 mm.; development 34 mm.; reprise 41 mm.) and a wide variety of topics and styles, the organization of the expressive content enhances the movement's structural narrative (TABLE 7). A march opens the primary theme and closes the transition area, while singing, brilliant, cadential, dialogue, and learned styles (canonic imitation) characterize the second half of the exposition. Growing in intensity towards the end, an expressive crescendo propels momentum, as the brilliant, cadential and singing styles occur simultaneously (1K mm. 32-37) and sequentially (2K mm. 38-45). Balancing this growing expressive activity, however, the first section features a *forte* dynamic, while the second part is predominantly *piano*.

TABLE 7
J-C 26, I, EXPOSITION: TOPICAL CONTENT, THEMATIC FUNCTIONS, AND HARMONIC PROGRESSION

march		cadential staccato-march		march
Pa	b	c	Ta	b
1	4	6	8	11
E♭			B♭	

sensibility	brilliant-cadential	learned	dialogue
1Sa	b	2Sa	b
18	22	25	29
IV/B		IV/B♭	

brilliant cadential	learned	singing-brilliant-cadential
1Ka	b	2K
32	36	38
I/B♭		

Highly individualized, a distinct character circumscribes the development section as well. While it seems to open with new material, in fact, 1N is a conflation of derived topical gestures from 2Kax (singing), P (march) and 2Kay (brilliant), and the retransition, based on Ta, recalls the cadential and staccato styles (TABLE 8). Unlike the harmonically stable transition of the exposition, however, the retransition actively modulates via a sequence of

---

[34]. The original parts for this symphony have recently been rediscovered in the Paris, Bibliotèque nationale de France. The parts contain several differences from the modern score used as the basis of the Garland edition, some of which have been entered in Ex. 12. The parts are dated August 1772, indicating that this may be Sammartini's last symphony. I would like to thank Bathia Churgin for bringing this information to my attention.

falling fifths back to the tonic, E♭. Thus, while in J-C 46 a homogeneous topical content marked the climactic development, here topical variety and harmonic activity offer an alternate cumulative technique[35].

TABLE 8
J-C 26, I, MM. 46-60: THE DEVELOPMENT SECTION

2Kxm, Pm, 2Kym
1N	1N¹	RT: Ta	P
46	51	57	61
B♭	c-F-vii/G	G-C-F-B♭	E♭

Changes in the reprise emphasize stability and conclusion (TABLE 9). Pc extends (2 to 3½ measures), highlighting the original cadential-march topic. As it touches on a number of secondary keys, the themes ends on an open vii/V in place of the original closed cadence on I. The transition's phrases are rearranged so that Tb, a clear march, opens the theme and articulates the new function, on the one hand, while eliding in topic (march) and harmony (V/E♭) with the primary theme, on the other. Thus the two functions merge, unifying the first subsection of the reprise. The transition continues with an *ars combinatoria* of an abbreviated Ta (already expanded in the RT), the brilliant motive from 1S, acting as a cadential unit, and the original connection between the transition and the secondary theme. While in the exposition a strong motion to the dominant key functioned as the goal of the transition theme, in the recapitulation, expressive variety replaces harmonic interest (Ex. 11)[36].

TABLE 9
J-C 26, I, MM. 61-104: REFORMULATED REPRISE

march			march		brilliant		
Pa	b	c¹	Tb	a	1Sr		T cad.
61			70	73	75		76
E♭:I		vii/v	V				I

---

[35]. The eighteenth-century theorists Johann Nikolaus Forkel (1749 - 1818) and Johann Philipp Kirnberger (1721 - 1783) discuss the different ensuing affects of a unified versus varied topical content in FORKEL, Johann Nikolaus. *Musikalischer Almanach fur Deutschland auf das Jahr 1784*, Leipzig, 1784, pp. 31-32, cited in HOSLER, Bellamy. *Changing Aesthetic Views of Instrumental Music in 18th-Century Germany*, Ann Arbor (MI), UMI Research Press, 1981 (Studies in Musicology, 42), p. 180, and KIRNBERGER, Johann Philipp. 'Musik', in: Johann Georg Sulzer's *Allgemeine Theorie der schönen Künste*, second edition, Leipzig, 1792 - 1794, vol. III, pp. 233-234. Translated in *Music and Aesthetics in the Eighteenth- and Early-Nineteenth Centuries*, edited by Peter le Huray and James Day, Cambridge, Cambridge University Press, 1981 (Cambridge readings in the literature of music), p. 135.

[36]. As noted earlier, the development section also features this type of thematic recombinations.

singing	brilliant	dialogue	brilliant dialogue	singing brilliant cadential
1S	2Kγ	2Sb[1]	1K	2K
77	81	82	89	95
IV/E♭		V	I	

Ex. 11: J-C 26, I, mm. 70-76. Expressive variety in the transition of the reprise replaces harmonic interest.

Changes in the secondary area sharpen its topical profile as well. Omitting the brilliant sixteenth-note runs from 1S (transferred to the transition theme), a homogeneous character emerges, dominated by the singing and dialogue styles. Linking the lyrical 1S and 2S themes, Sammartini introduces 2Kay, a brilliant articulating motive used in 2K and 1N. This compositional procedure unifies the S-K areas, balancing the opening P-T subsection.

Ex. 12: J-C 26/1, mm. 86-91. The reorchestration of 2Sb, in which the winds open rather than conclude the phrase, highlights the entrance of 1K with a drone. 1K presents an explicit version of the dialogue style.

Additional small changes further transfer the emphasis from the secondary to the cadential themes, a process initiated in the exposition. The melodic contour of 2Sb, descending and more conjunct, reduces the intensity of this phrase. Moreover, by reorchestrating 2Sb, so that winds open rather than conclude the phrase, Sammartini highlights the entrance of 1K with a drone[37]. Finally, while the second violin in 1K in the exposition (mm. 32-35) contained an implied dialogue, in the recapitulation, the dialogue becomes explicit (Ex. 12).

In conclusion, the analyses given above demonstrate the active role of expression in rhetorical as well as structural functions. Whether probing procedures of contrast, continuity, symmetry, asymmetry, hierarchies, or thematic profiles, a work's expressive vocabulary, viewed independently and in conjunction with the other musical elements, functions as an active aspect of the musical syntax. While we usually regard this kaleidoscopic manipulation of small-dimension compositional procedures as a hallmark of the late Classic period, and most specifically of Mozart, this study illustrates Sammartini's pioneering contribution to this aspect of Classic style.

---

[37]. In the exposition the drone joined the theme in the second rather than the first measure. Mozart, in his piano concerto K. 271/1, adds drones to the secondary themes in the reprise as a means of highlighting this area.

Giovanni Battista Sammartini
La produzione per strumento a tastiera

Filippo Emanuele Ravizza
(Milano)

Le notizie riguardanti Giovanni Battista Sammartini 'clavicembalista', sia in qualità di compositore che di esecutore, sono tuttora assai scarse. Il più antico documento conosciuto, in cui il maestro milanese viene citato come *Sig.ʳ Gio. Battista S. Martino Maestro di Cappella*, è il libretto dell'oratorio centone *La calunnia delusa*, eseguito il 23 maggio 1724 presso la Regia e Imperiale Cappella di S. Maria della Scala a Milano[1]. Questa citazione, unitamente agli altri analoghi incarichi successivi che egli ricevette, è indizio significativo poiché il citato titolo attestava il completamento di determinati studi di composizione musicale, presso un conservatorio o altra prestigiosa scuola. Lo studio della composizione musicale implicava, necessariamente, quello del clavicembalo, strumento allora deputato al ruolo oggi sostenuto dal pianoforte, inoltre il maestro di cappella sedeva allo strumento a tastiera, con mansioni direttive, durante le rappresentazioni teatrali e i concerti orchestrali[2].

Nel 1726, con una delibera del 23 febbraio, Sammartini subentrava all'anziano Ambrogio Bramanti, nell'incarico di organista e di maestro di cappella dell'Imperiale Basilica di S. Ambrogio, con la promessa di assumere ufficialmente detti incarichi alla morte di costui, che avvenne nel marzo 1728[3]. Nel documento che ratifica l'impegno si legge: «[…] il Sig. Gian. B:a Martini molto celebre in simile professione[…]»[4], a testimonianza della probabilmente nota abilità organistica del Sammartini.

---

[1]. Sartori, Claudio. 'G. B. Sammartini e la sua corte', in: *Musica d'oggi*, III (1960), pp. 106-121: 109. Per questa e altre notizie biografiche su Sammartini, con relativi riferimenti bibliografici e datazioni, si rimanda alla sezione Cronologia, nel presente volume.

[2]. Barblan, Guglielmo. 'La musica strumentale e cameristica a Milano nel '700', in: *Storia di Milano*, 17 voll., [Milano], Fondazione Treccani degli Alfieri per la Storia di Milano, 1953 - 1966, vol. XVI: *Principio di secolo (1901-1915)*, parte X *La musica a Milano nell'età moderna*, cap. IV *La musica strumentale e cameristica a Milano nel '700*, 1962, pp. 619-660: 621.

[3]. *Ibidem*, p. 29.

[4]. Idem. 'Sanmartini e la Scuola sinfonica milanese', in: *Chigiana*, XV (1958), pp. 21-40: 28. In particolare: Milano, Archivio di Stato, *Fondo Religione, Ordinazioni Capitolari*, fascicolo 7, cc. 47, 84, 11, 122.

Nel 1728 venne nominato maestro di cappella anche della Reale e Imperiale Congregazione del Santissimo Entierro, presso la Chiesa di S. Fedele; in seguito, dal 1730, il suo nome cominciò a comparire, nel ruolo di insegnante, presso il Reale e Imperiale Collegio Longone dei Nobili, annesso alla Chiesa di S. Alessandro. Negli stessi anni, assieme ad altri musicisti, fu docente di musica del conte Giorgio Giulini[5].

Dal 1730 al 1770 ca., svolse attività, in qualità di maestro di cappella e di organista[6], oltre che di probabile insegnante di canto[7], presso il convento delle monache di S. Maria Maddalena.

Nel mese di dicembre del 1740, insieme a Carlo Baliani e Francesco Messi, fece parte della commissione di concorso per un posto di secondo organista e due posti di Basso presso la cappella musicale del Duomo[8]. Alcuni suoi giudizi, relativi alle prove svolte dai candidati, rientrano nell'esigua raccolta dei suoi scritti autografi. In particolare, nel valutare le prove del candidato Giovanni Cantù, riferendosi al giudizio del commissario Francesco Messi, Sammartini annotò: «Io sottoscritto affermo tutte le raggioni come sopra, e di più dico essermi piaciuto molto il modo [di] suonare l'organo, per essere un suonar maestoso e da chiesa»[9]. Le citate *raggioni*, riguardanti l'improvvisazione della fuga, l'accompagnamento del mottetto a quattro voci, le prove accademiche fondamentali, sembrerebbero passare in secondo piano rispetto all'aspetto tecnico-interpretativo organistico.

Nel 1760 venne pubblicata, dall'editore Jean Baptiste Venier, una sonata stampata per clavicembalo (la prima pubblicata, attribuita a Sammartini, di cui si abbia notizia). Degno di nota il fatto che tale composizione venisse affiancata da altre di clavicembalisti italiani allora molto famosi, quali Domenico Alberti, Baldassarre Galuppi e Giuseppe Jozzi[10].

L'Almanacco *Milano Sacro* del 1761 indicava il nostro compositore attivo in ben sette importanti chiese milanesi: S. Ambrogio, S. Maria delle Grazie, S. Maria della Passione, S. Maria del Carmine, S. Alessandro, S. Sebastiano e S. Dionigi[11].

---

[5]. Cesari, Gaetano. 'Giorgio Giulini musicista. Contributo alla storia della Sinfonia in Milano', in: *Rivista Musicale Italiana*, XXIV (1917), pp. 1-34 e 210-271.

[6]. Fétis, François Joseph. *Biographie universelle des musiciens et bibliographie générale de la musique*, 8 voll., Bruxelles, Librairie de Firmin Didot, ²1875 - 1878, p. 388.

[7]. Burney, Charles. *The Present State of Music in France and Italy […]*, London, Becket and Co., 1771; traduzione italiana a cura di Enrico Fubini, *Viaggio musicale in Italia*, Torino, E.D.T., 1979, p. 97.

[8]. Barblan, Guglielmo. 'Contributo alla biografia di G. B. Sanmartini alla luce dei documenti', in: *Festschrift für Erich Schenk*, hrsg. von Othmar Wessely (Studien zur Musikwissenschaft, Beheifte der Denkmäler der Tonkunst in Österreich, XXV), Graz-Wien, H. Böhlaus, 1962, pp. 15-27: 21 e 22.

[9]. Idem. 'La musica strumentale e cameristica a Milano nel Settecento', *op. cit.* (vedi nota 2), p. 639. Sull'argomento, *cfr.* in particolare l'articolo di Marina Toffetti, presente in questo volume, e l'Appendice documentaria allo stesso: Documento 9 - *Relazione sul concorso per la selezione del secondo organista* (17 dicembre 1740); Milano, Archivio della Veneranda Fabbrica del Duomo, c. 404*bis*, capo XXVII, par. II B, fasc. 33, doc. n. 5.

[10]. Venier, Jean Baptiste. *XX Sonate / composte da diversi autori […] op. seconda*, Parigi, J. B. Venier, 1760, d'ora in poi citato come: Venier, *XX Sonate*.

[11]. Cesari, Gaetano. *Op. cit.* (vedi nota 5), p. 23, nota 4; dati ricavati da: *Milano sacro, Almanacco per l'anno 1761*, Milano, G. Montano, 1761 (conservato presso la Biblioteca Ambrosiana di Milano).

Sempre nel 1761 il *Public Advertiser* del 24 gennaio annunciava[12] l'uscita di un'antologia a cura dell'editore londinese John Walsh: *A Collection of / Lessons for the Harpsichord / compos'd by / Sig.ʳ Jozzi S.ᵗ Martini of Milan / Alberti Agrell / Never before Printed. Book I*[13].

Un'altra serie di sonate[14], analoga a quella appena menzionata e presentata[15] dal *Public Advertiser* del 6 aprile 1762, contiene altre due sonate attribuite a Giovanni Battista; a seguito di un probabile successo editoriale delle precedenti, il 25 febbraio 1764 apparve una terza e ultima raccolta[16], sempre con due sonate 'sammartiniane'.

La prima edizione delle *Sei / Sonate / di / Cembalo e Violino / di / G: B: S.ᵗ Martini / Dedicate / A Sua Eccellenza / la Signora / Marchesana di Rockingamme* venne pubblicata a Londra il 28 aprile 1766, con una lettera dedicatoria firmata da Ercole Ciprandi; ad essa seguì una ristampa, a opera dell'editore Jean Baptiste Venier, sempre a Londra (priva di lettera dedicatoria e senza data).

Nel 1767 Giovanni Battista era a servizio presso la corte dell'arciduchessa Beatrice d'Este, in qualità di maestro di musica della stessa[17], come peraltro risultante dal documento relativo alla concessione imperiale di un vitalizio alla vedova Rosalinda Sammartini Acquanio[18]. Probabilmente, come nel costume 'didattico-aristocratico' dell'epoca[19], Beatrice d'Este prese da Sammartini anche lezioni di clavicembalo.

Sempre nel 1767, egli risultava maestro di cappella anche nella Chiesa di S. Francesco[20]; nel mese di novembre venne nominato maestro di cappella della corte ducale, con annessa attività presso la Chiesa di S. Gottardo in Corte, succedendo a Giuseppe Vignati e cedendo il posto di organista a Carlo Monza[21].

Il *Public Advertiser* del 29 luglio 1769 annunciò[22] la raccolta antologica *Six Select / Sonatas / for the / Harpsichord / or / Forte Piano / composed by / Galuppi, Mazzinghi, Martini & Jozzi*, pubblicata a Londra da Charles e Samuel Thompson[23].

---

[12]. SAINT-FOIX, George de. 'La Chronologie de l'œuvre instrumentale de Jean Baptiste Sammartini', in: *Sammelbände der Internationalen Musikgesellschaft*, XV (1913 - 1914), pp. 308-324: 320.

[13]. WALSH, John. *A Collection of / Lessons / for the / Harpsichord [...]*, Book I, London, J. Walsh, [1761], d'ora in poi citato come: WALSH, *Collection/I*.

[14]. WALSH, John. *A Collection of / Lessons / for the / Harpsichord [...]*, Book II, London, J. Walsh, [1762], d'ora in poi citato come: WALSH, *Collection/II*.

[15]. SAINT-FOIX, George de. *Op. cit.* (vedi nota 12), p. 320.

[16]. WALSH, John. *A Collection of / Lessons / for the / Harpsichord [...]*, Book III, London, J. Walsh, [1764], d'ora in poi citato come: WALSH, *Collection/III*.

[17]. CESARI, Gaetano. *Op. cit.* (vedi nota 5), p. 24.

[18]. PREFUMO, Danilo. 'Nuovi documenti sui fratelli Sammartini', in: *Nuova rivista musicale italiana*, XX/1 (1986), pp. 94-98, 97-98.

[19]. CESARI, Gaetano. *Op. cit.* (vedi nota 5), p. 12.

[20]. BARBLAN, Guglielmo. 'Contributo alla biografia di G. B. Sammartini alla luce dei documenti', *op. cit.* (vedi nota 8), p. 25.

[21]. *Ibidem*.

[22]. SAINT-FOIX, George de. *Op. cit.* (vedi nota 12), p. 323. L'autore della *Chronologie* riteneva perduta questa collezione, tuttavia ne esiste un esemplare superstite presso la University Library della University of Illinois at Urbana Champaign (URBANA, US-U, Ms. 86.4108).

[23]. THOMPSON, Charles and Samuel. *Six Select / Sonatas / for the / Harpsichord / or / Forte Piano / composed*

Charles Burney confermò la presenza di Sammartini, nel 1770, presso il convento di S. Maria Maddalena, sia come maestro di cappella che come insegnante di canto[24]: non è forse un caso che lo storiografo inglese rimanesse affascinato dal modo in cui le monache sapevano suonare l'organo e il clavicembalo[25]! Sempre Burney sostenne di aver spesso ascoltato il maestro milanese all'organo, rimanendo sorpreso per la grande perizia e vivacità interpretativa, l'estrema abilità tecnica, lo stile personale e assai piacevole:

> Quanto all'organo, invece, l'ho ascoltato spesso suonato con grande perizia e vivacità. A Milano San Martini ha un suo stile tutto personale assai piacevole, e mostra una grande abilità tecnica. I migliori organisti di S. Marco a Venezia, del Duomo di Firenze e di S. Giovanni in Laterano a Roma, di cui avrò ancora occasione di parlare in seguito, sono assai superiori nelle loro esecuzioni alla maggior parte degli altri organisti che ho incontrato sul continente. In generale i migliori organisti in Italia si trovano tra i monaci e i frati, parecchi dei quali ho ascoltato nelle chiese e nelle cappelle dei loro conventi; suonano non soltanto in modo magistrale ma anche con uno stile moderno e brillante, pur tenendo conto delle caratteristiche proprie dello strumento[26].

Certamente Sammartini doveva essere non meno magistrale, moderno e brillante nel ruolo di clavicembalista, a giudicare soprattutto dalla specifica produzione superstite.

Il 6 maggio 1773 ricomparve in commissione al concorso per il posto di secondo organista in Duomo, incarico che fu assegnato ad Agostino Quaglia[27].

Nell'almanacco *La Galleria delle Stelle*, del 1775[28], conservato presso la Biblioteca Nazionale Braidense di Milano, si trovano annotate 24 esecuzioni musicali alle quali Sammartini avrebbe dovuto partecipare, in qualità di maestro di cappella, in 11 chiese cittadine.

Risulta postuma la pubblicazione di un'ulteriore sonata clavicembalistica, infatti *A Favourite / Lesson / for the / Harpsichord / or / Piano Forte / Composed by the celebrated / S.ᵗ Martini / of Milan* fu stampata a Londra dall'editore John Preston nel 1775[29].

---

by / Galuppi, Mazzinghi, Martini & Jozzi, London, C. and S. Thompson, [1769], d'ora in poi citato come: Thompson, *Select Sonatas*.

[24]. Burney, Charles. *The Present State of Music in France and Italy* [...], op. cit. (vedi nota 7), p. 97.

[25]. *Ibidem*, p. 98.

[26]. Burney, Charles. *The Present State of Music in France and Italy* [...], op. cit. (vedi nota 7), p. 281. In questo punto, Sammartini è l'unico organista che Burney nomini.

[27]. Sartori, Claudio. 'G. B. Sammartini e la sua corte', op. cit. (vedi nota 1), p. 116. Cfr. in particolare l'articolo di Marina Toffetti, presente in questo volume, e l'Appendice documentaria allo stesso: Documento 24 - *Relazione sul concorso per la selezione del secondo organista (6 maggio 1773)*. Milano, Archivio della Veneranda Fabbrica del Duomo, *Archivio Storico*, 404*bis*, capo XXVII, par. II B, fasc. 34, doc. n. 8.

[28]. Sartori, Claudio. 'Sammartini post-mortem', in: *Hans Albrecht in Memoriam. Gedenkschrift mit Beiträgen von Freunden und Schülern*, hrsg. von Wilfried Brennecke und Hans Haase, Kassel, Bärenreiter, 1962, p. 153.

[29]. Giovanni Battista Sammartini. *A Favorite / Lesson / for the / Harpsichord / or / Piano Forte* [...], London, J. Preston, [1775], d'ora in poi citato come: Sammartini, *Favorite Lesson*.

Da quanto sopra espresso si intuisce come il compositore milanese dovesse essere spesso a contatto con strumenti a tastiera, al punto che, ormai anziano, assillato dalle richieste dei committenti, era solito rispondere: «Farò, farò ma il cembalo m'ammazza»[30].

Le sonate 'solistiche' per strumento a tastiera

Le composizioni in oggetto, attualmente reperibili, sono pervenute in parte tramite fonti a stampa (*cfr. ut supra*), in parte tramite fonti manoscritte[31] delle quali nessuna autografa, qualcuna attribuibile a copista di area milanese[32]. Un primo passo, per una conoscenza dell'arte clavicembalistica sammartiniana, consiste nell'analizzare tutti questi brani[33], tenendo conto dei seguenti ambiti: formale (temi principali, transizione da un tema a quello successivo, code, sezione di sviluppo, transizione alla sezione di ripresa, sezione di ripresa); sintattico (regolarità o irregolarità strutturali del periodo, tipi di collegamenti o accostamenti delle componenti sintattiche principali); ritmico; armonico; melodico; tecnico-compositivo (eventuali strutture contrappuntistiche, tipologie melodiche e di accompagnamento, elaborazione ritmico-motivica, *texture*); tecnico-esecutivo; retorico-espressivo (abbellimenti, figurazioni ritmico-melodiche particolari); organologico (estensione della tastiera, eventuale necessaria ottava corta). Si è tenuto quindi conto delle attuali conoscenze riguardanti lo stile compositivo dell'autore[34], oltre alle necessarie nozioni concernenti l'evoluzione storico-stilistica della sonata settecentesca italiana per strumento a tastiera[35], arrivando alla formulazione di un ipotetico ordinamento cronologico delle sonate esaminate[36] oltre che a segnalazioni concernenti la loro autenticità. Sono stati individuati alcuni testimoni dall'attribuzione differente, ossia medesime com-

---

[30]. CARPANI, Giuseppe. *Le Haydine*, Padova, Tipografia della Minerva, 1823, seconda edizione, p. 66.

[31]. Si rimanda agli elenchi delle sonate, divise tra 'autentiche' 'dubbie' e 'spurie', riportate rispettivamente nelle sezioni I, II e III del presente articolo.

[32]. *Cfr.* JENKINS, Newell - CHURGIN, Bathia. *Thematic Catalogue of the Works of Giovanni Battista Sammartini: Orchestral and Vocal Music*, Cambridge (MA), Harvard University Press, 1976, p. 29.

[33]. Manca in questa trattazione una Sonata in Fa Maggiore, conservata manoscritta sia a Bologna che a Einsiedeln, della quale lo scrivente non ha ancora, purtroppo, ricevuto copia.

[34]. In proposito si rimanda agli innumerevoli scritti pubblicati da Bathia Churgin. Si veda anche: CATTORETTI, Anna. *Giovanni Battista Sammartini. I Quintetti per archi del 1773*, 2 voll., tesi di laurea, datt., Cremona, Università degli Studi di Pavia, Scuola di Paleografia e Filologia musicale, a.a. 1991 - 1992; RAVIZZA, Filippo. La *scuola clavicembalistica milanese nel Settecento*, tesi di laurea, datt., Cremona, Università degli Studi di Pavia, Scuola di Paleografia e Filologia musicale, a.a. 1998 - 1999, cap. IV, pp. 168-177.

[35]. *Cfr. ibidem*, cap. I.

[36]. L'ordinamento cronologico è stato basato anche su un confronto delle sonate cembalistiche con altri lavori strumentali datati (quartetti, quintetti e sinfonie) del compositore.

posizioni intestate ad altri autori, che potrebbero suffragare, tra i casi di dubbia autenticità, il riconoscimento di brani spuri.

In generale, in mancanza di 'prove' filologiche significative, sono state considerate 'presumibilmente autentiche' quelle sonate denotate da buon livello tecnico-compositivo, da degna ispirazione, da tratti caratteristici dello stile dell'autore, da affinità musicale con altre composizioni sia sinfoniche che cameristiche dello stesso, oltre che da stilemi tipicamente 'milanesi'. Ad avviso dello scrivente, certi lavori clavicembalistici di Giovanni Battista, pur presentando un'impostazione generale tecnico-compositiva assai semplice, rispetto ad altra produzione di lui conosciuta, non possono essere meramente sospettati di possibile falsità. Non si deve infatti dimenticare che la sonata per clavicembalo era, all'epoca, in Italia e all'estero, un genere diretto non solo a concertisti professionisti bensì talvolta destinato a esecutori dilettanti, per i quali anche compositori famosi e quotati scrivevano sonate prive di difficoltà tecnico-esecutive[37] e dal contenuto musicale senza particolari pretese. In sostanza, sono state ritenute dubbie alcune sonate caratterizzate innanzitutto da stilemi inadeguati oltre che da povertà di linguaggio musicale, da ingenuità tecnico-compositive e sciatterie di vario genere. Sono state indicate come spurie alcune composizioni ragionevolmente attribuibili ad altri autori[38].

Si è proceduto a 'smembrare' alcune delle sonate pubblicate anticamente a stampa, poiché risultanti dall'assemblamento, stilisticamente e cronologicamente incoerente, di due o più movimenti. Trattasi di accorpamento verosimilmente attuato non dall'autore ma dall'editore a probabili fini editoriali e commerciali.

Da segnalare, infine, l'esistenza di alcuni minuetti tramandati a stampa[39]. Come nel caso del *Menuet de San Martini*, inserito da Michel Corrette nella sua antologia *Les Amusemens du Parnasse*[40], trattasi di trascrizioni per cembalo ricavate da minuetti di sinfonie, secondo una moda allora assai diffusa (nel caso citato, il brano risulta trascritto dalla Sinfonia in Fa Maggiore J-C 33). Queste composizioni non sono state prese in considerazione in questa sede.

---

[37]. Si prendano a esempio: *Carl Philipp Emanuel Bach. Die sechs Sammlungen von Sonaten, freien Fantasien und Rondos für Kenner und Liebhaber* [1779 - 1787], Wiesbaden-Leipzig, Breitkopf & Härtel, 1979.

[38]. Per quanto concerne le sonate dubbie e quelle spurie, i relativi elenchi non sono stati ordinati secondo una presunta cronologia ma in base alle tonalità.

[39]. Cfr. RISM. *Répertoire International des Sources Musicales*. B/II: *Recueils imprimés du XVIIIe siècle*, 2 voll., ouvrage publié sous la direction de François Lesure, München-Duisburg, G. Henle, 1964; RISM. *Répertoire International des Sources Musicales*. A/I: *Einzeldrucke vor 1800*, 9 Bde., hrsg. von Otto E. Albrecht und Karlheinz Schlager, Kassel [...], Bärenreiter, 1971 - 1981.

[40]. CORRETTE, Michel. *Les Amusemens / du / Parnasse / Brunettes, et les plus jolis Airs a la mode [...] Livre IIe*, Paris, Boivin - Le Clerc - Castagneri, s.d., d'ora in poi citato come: CORRETTE, *Amusemens*, p. 18.

Sezione I[41]
Sonate autentiche

Sonate per cembalo solo

Primo gruppo (anni '20)

GBS-son clv 1

Sonata Per Cembalo / Del Sig.ʳ Gio. Battã. Sammartino.
s. i. t.[42]: La min., **c**.
(Genova, I-Gl, A-7b-52-D-8-32)

Secondo gruppo (anni '20 - '30)

GBS-son clv 2

Sonta. [sic] 7. del Sig: B. S: Martino.
s. i. t.: Fa Magg., 2/4; s. i. t.: Fa Magg., 3/4.
(Praga, CZ-Pnm, xxxiv-C-403/b)

---

[41]. Il catalogo proposto ordina le sonate cronologicamente, raggruppandole per periodi. All'interno di questi vige l'ordine per tonalità (partendo da *do*; elencando prima le tonalità con diesis rispetto a quelle con bemolli; anticipando i brani in modo maggiore rispetto a quelli scritti nel relativo minore). Nella compilazione del catalogo sono state utilizzate delle sigle composte da: sintesi del nome dell'autore (GBS), genere ('-son' per sonata), strumento ('clv' per clavicembalo; 'clv/vl' per: clavicembalo con accompagnamento di violino) e un numero identificativo progressivo. Nel caso di sonate dubbie o spurie, accanto alla sintesi del nome dell'autore è stato indicato, rispettivamente, 'D' o 'Sp'. Le sigle che si incontreranno saranno dunque: GBS-son clv [...] (sonate per clavicembalo); GBS-son clv/vl [...] (sonate per clavicembalo con accompagnamento di violino); GBS/D-son [...] [...] (sonate dubbie); GBS/Sp-son [...] [...] (sonate spurie).

[42]. La sigla 's.i.t.' sta per: senza indicazione di tempo e la sigla 's.i.m.' sta per: senza indicazione di metro.

GBS-son clv 3

Sonata Per Cimbalo / No 16. del: Sig: Gian Patista [sic] S: Martino.
Allegro: Si♭ Magg., 3/4; *Adagio non tanto*: Mi♭ Magg., 2/4; s. i. t.: Si♭ Magg., 3/4.
(Praga, CZ-Pnm, xxxiv-C-402)

Terzo gruppo (anni '30 - '40)

GBS-son clv 4

[Sonata] *No 17. Del Sig: Gio. Batt.ᵃ S: Martino.*
Presto: Do Magg., 3/4.
(Praga, CZ-Pnm, xxxiv-C-355)

inoltre:
Sonata da Cembalo. Del Sig.ʳ G: B: Sanmartini, in: *Sonate per il Cembalo / e / l'Organo.*
Allegro: Do Magg., 3/8.
(Bologna, I-Bc, Ms. DD 54) (cc. 52-53r)

inoltre:
La Milanoise / Sonata Giõ. Batta S. Martini.
s. i. t.: Do Magg., 3/8.
(Bruxelles, B-Bc, Ms. 15138)

GBS-son clv 5

Sonata III / Sig.ʳ Gio. Batista S.ᵗ Martini, in: *A Collection of / Lessons / for the / Harpsichord / compos'd by / Sig.ʳ Jozzi S.ᵗ Martini of Milan / Alberti Agrell* [...]. *Book III*, London, J. Walsh, [1764][43] (pp. 8-12).
Allegro: Do Magg., **c**; *Spiritoso*, Do Magg., 3/4.

GBS-son clv 6

Del Sig.ʳ S.ᵗ Mart.º / Sonata.
s. i. t.: Do Magg., 2/4.
(MILANO, I-Mc, 1-A-516-38)

GBS-son clv 7

Sonata II / Sig.ʳ Gio. Battista S.ᵗ Martini [II mov.], in: *A Collection of / Lessons / for the / Harpsichord / compos'd by / Sig.ʳ Jozzi S.ᵗ Martini of Milan / Alberti Agrell* [...]. *Book II*, London, J. Walsh, [1762][44].
Grazioso: La min., **c**.

GBS-son clv 8

[43]. SAINT-FOIX, George de. *Op. cit.* (vedi nota 12), p. 320; RISM, (vedi nota 39), B/II, p. 66.
[44]. *Ibidem.*

[Sonata] *Del Sig.^r St Martino*, in: *Sonate per il Cembalo / e / l'Organo*.
Introduzione: Fa Magg., ȼ; *Allegro*: Fa Magg., ȼ.
(BOLOGNA, I-Bc, Ms. DD 54) (cc. 50-51r)

GBS-son clv 9

Sonata III / Sig.^r Batta St Martini [I e II mov.], in: *Six Select / Sonatas / for the / Harpsichord / or / Forte Piano / Composed by / Galuppi Mazzinghi Martini & Jozzi*, London, C. and S. Thompson, [1769][45].
Preludio: Si♭ Magg., ȼ; *Andantino*: Si♭ Magg., ȼ.

GBS-son clv 10

Sonata III / Del Sig.^r St Martini [I mov.], in: *A Collection of / Lessons / for the / Harpsichord / compos'd by / Sig.^r Jozzi St Martini of Milan / Alberti Agrell* […]. *Book I*, London, J. Walsh, [1761][46].
Largo: Mi♭ Magg., ȼ.

---

[45]. SAINT-FOIX, George de. *Op. cit.* (vedi nota 12), p. 321; RISM, (vedi nota 39), B/II, p. 354.
[46]. *Ibidem*; RISM, (vedi nota 39), B/II, p. 66.

QUARTO GRUPPO (anni '40 - '50)

GBS-son clv 11

Sonata per Cembalo del Sig.ʳ S.ᵗ Martino.
s. i. t.: Do Magg., **c**.
(EINSIEDELN, CH-E, Th. 66, 53)

inoltre:
Sonata Per Cembalo / Del Sig.ʳ Giõ: Battã S.ᵗ Martino:
s. i. t.: Do Magg., **c**.
(BERLINO, D-B, Mus. ms. 19398 v)

GBS-son clv 12

Sonata IV / Sig.ʳ Battã S.ᵗ Martini [I mov.], in: *Six Select / Sonatas / for the / Harpsichord / or / Forte Piano / Composed by / Galuppi Mazzinghi Martini & Jozzi*, London, C. and S. Thompson, [1769].
Allegro: Do Magg., **c**.

GBS-son clv 13

Sonata Per Cembalo del Sig.ʳ Giõ: Battã S.ᵗ Martino, in: *Sonate Per Cembalo / Per Diversi Autori Moderni / cioè fatte nel 1751*.
Presto: Sol Magg., 2/4.
(BERKELEY, US-BEm, Ms. 876)

GBS-son clv 14

Sonata II / *Del Sig.^r St Martini* [I mov.], in: *A Collection of / Lessons / for the / Harpsichord / compos'd by / Sig.^r Jozzi St Martini of Milan / Alberti Agrell* […]. *Book* III, London, J. Walsh, [1764].
Andante: Sol Magg., 3/4.

GBS-son clv 15

Sonata Per Cembalo Del Sig:^r Giõ: Battã St Martini.
Intonazione: Sol Magg., s. i. m.; s. i. t.: Sol Magg., ℂ.
(BERLINO, D-B, Mus. ms. 19398 IV)

GBS-son clv 16

Sonata IV / *St Martini of Milan* [I e II mov.], in: *A Collection of / Lessons / for the / Harpsichord / compos'd by / Sig.^r Jozzi St Martini of Milan / Alberti Agrell* […]. *Book* II, London, J. Walsh, [1762].
Grazioso: Re Magg., 3/4; *Allegro*: Re Magg., ℂ.

GBS-son clv 17

Sonata Per cembalo del sig:^r Gio. Battã St Martino.
Allegro: La Magg., 3/4.
(BERLINO, D-B, Mus. ms. 19398 I)

GBS-son clv 18

[Sonata] *Del Sig.ʳ S. Martino*, in: *Sonate per il Cembalo / e / l'Organo*.
Andantino: Re min., 2/4.
(Bologna, I-Bc, Ms. DD 54) (cc. 55-56.)

Quinto gruppo (anni '50 – '60)

GBS-son clv 19

Cembalo / Sonata Del Sig.ʳ Giõ Battã Sammartino.
s. i. t.: Do Magg., 3/4.
(Milano, I-Mc, 1-A-516-39)

GBS-son clv 20

[Sonata] *Del Sig.ʳ Giambatta Sammartino*, in: *Sonatas for the Harpsichord and Organ*.
s. i. t.: Sol Magg., ₵.
(Londra, GB-Lbl, Ms. ADD 32161) (cc. 1-3r)

GBS-son clv 21

Sonata II / Del Sig.ʳ Gio Battista S.ᵗ Martini, in: *A Collection of / Lessons / for the / Harpsichord / compos'd by / Sig.ʳ Jozzi S.ᵗ Martini of Milan / Alberti Agrell* [...]. *Book I*, London, J. Walsh, [1761].
Presto: Sol Magg.[47], ¢; *Adagio*: Sol Magg., 2/4; *Allegro*; Sol Magg., 2/4.

inoltre, per il primo movimento:
Sonata a Cembalo Solo del Sig.ʳ Batta S.ᵗ Martino.
Presto: Sol Magg., ¢.
(Praga, CZ-Pnm, XXXIV-C-356)[48]

GBS-son clv 22

Sonata / per / Cembalo / del / Sig.ʳ Gio: Battista San Martino.
Andante: Sol Magg., c; *Con Spirito* [Minuetto e Trio]: Sol Magg., 3/4.
(Berlino, D-B, Mus. ms. 19398/2)

GBS-son clv 23

---

[47]. Questo movimento è riportato come *Sonata n. 51* nel Catalogo delle composizioni clavicembalistiche di Domenico Alberti curato da Ilaria Morotti (*cfr.* Morotti, Ilaria. *Le composizioni per strumento a tastiera di Domenico Alberti. Con una edizione critica dell'Opera Prima*, tesi di laurea, datt., Cremona, Università degli Studi di Pavia, Scuola di Paleografia e Filologia musicale, a.a. 1997- 1998, p. 171). Si trova infatti, con questa attribuzione, in: *Sonate Del Sig. Don Domenico / Albertis / Veneziano* (Bologna, I-Bc). Risulta abbastanza strano, alla luce delle attuali conoscenze, che l'editore John Walsh abbia attribuito questo brano musicale a Sammartini in un epoca in cui, almeno dal punto di vista clavicembalistico, il nome di Alberti avrebbe certamente garantito maggior successo commerciale.

[48]. Trattasi di un'altra fonte del primo movimento di questa Sonata 21.

[Sonata] *Del Sig.ʳ S.ᵗ Martino.*
Spiritoso: Fa Magg., 3/4.
(EINSIEDELN, CH-E, Th. 66, 52)

GBS-son clv 24

Sonata III / *Sig.ʳ Batta S.ᵗ Martini* [III mov.], in: *Six Select / Sonatas / for the / Harpsichord / or / Forte Piano / Composed by / Galuppi Mazzinghi Martini & Jozzi*, London, C. and S. Thompson, [1769].
Allegro: Si♭ Magg., 3/4.

GBS-son clv 25

[Sonata] *Larghetto Cantabile* / [49] / *Segue l'Allegro* / *Del Sig.ʳ Gio: Battã S. Martino*[50].
[*Larghetto cantabile*]: Si♭ Magg., **c**; *Presto*: Si♭ Magg., 6/8.
(BERLINO, D-B, Mus. ms. 19398/4)

SONATE PER CEMBALO CON ACCOMPAGNAMENTO DI VIOLINO[51]

GBS-son clv/vl 1

---

[49]. In questo punto è inserito l'*incipit* musicale del primo movimento.
[50]. L'intestazione del primo movimento non reca l'attribuzione a Sammartini. Tuttavia, oltre al fatto che il manoscritto contenga solamente i due pezzi indicati, a seguito di analisi stilistica tale brano viene legato al successivo, come peraltro suffragato dal Catalogo della Staatsbibliothek Preußischer Kulturbesitz zu Berlin.
[51]. L'indicazione completa della fonte, viene data solo per la prima delle sei sonate stampate di Sammartini.

Sonata I, in: *Sei / Sonate / di / Cembalo e Violino / di /* G: B: S.ᵗ *Martini / Dedicate / A Sua Eccellenza / la Signora / Marchesana di Rockingamme,* Londra, s. e., 1766[52].
Larghetto: Do Magg., **c**; *Minuet*: Do Magg., 3/4.

GBS-son clv/vl 2

Sonata II.
Larghetto: Re Magg., **c**; *Allegro*: Re Magg., 3/4.

GBS-son clv/vl 3

---

[52]. La data di pubblicazione, «28 Aprile 1766», appare nella lettera dedicatoria firmata da Ercole Ciprandi.

Sonata III.
Allegro: Sol Magg., ¢; *Minuetto*: Sol Magg., 3/4.

GBS-son clv/vl 4

Sonata IV.
Spiritoso: Fa Magg., ¢; *Minuet*: Fa Magg., 3/4.

GBS-son clv/vl 5

Sonata V.
Andante: Si♭ Magg., c; *Allegro*: Si♭ Magg., 3/4.

GBS-son clv/vl 6

Sonata VI.
Brillante: Mi♭ Magg., **c**; Presto: Mi♭ Magg., 3/4.

GBS-son clv/vl 7

Sanmartini Gio. Battista / Sonata in Re magg[re] per gravicembalo / <u>1760</u>. / Sonata per Gravacembalo / del Sig. Gio. Battā / Sanmartini.
Allegro non tanto: Re Magg., **c**.
(Bologna, I-Bc, Ms. KK 34)

Le sonate elencate rappresentano il *corpus* cembalistico più importante in ambito milanese, dal punto di vista sia quantitativo che qualitativo, inoltre, analogamente ad altre composizioni sammartiniane per differente organico, rivestono un'importanza da non sottovalutarsi sotto il profilo storico-evolutivo strumentale italiano. A questo proposito si cita quanto espresso da Luigi Torchi:

> L'artista moderno, che marca il distacco sensibile dallo stile accademico della prima metà del settecento e popolarizza il gusto e i procedimenti della musica strumentale italiana […] io credo di vederlo in Giambattista Sammartini. Ora, egli è vero che sol poche composizioni io conosco di questo maestro, appena qualche suonata a due violini e basso […] oltre a cinque suonate per cembalo.

> [...] Orbene, queste suonate e, le sinfonie in ispecie, danno a vedere uno stile, che per semplicità e scorrevolezza è forse unico a quest'epoca, oltre a qualche alterazione nella forma. [...] Nessuna delle suonate di Haydn e di Mozart offre due pezzi di musica, in cui sia la fantastica gagliardia, lo slancio e la freschezza melodica della sonata di Sammartini. E tutto qui parla di elaborazione nelle intimità della melodia, di elaborazione dei suoi frammenti più sensibili e più efficaci, di sviluppo delle sue risorse più espressive. [...] Da quindinnanzi, nel trattamento della forma, se ne veggono di cotte e di crude. [...] [Sammartini] confonde tutto questo materiale abbastanza complicato di forme, lavora secondo il proprio capriccio e non obbedisce a nessuna legge. Certo è che la vera e la pura genialità era, anche nella musica strumentale [...][53].

Questi lavori presentano, nella maggior parte dei casi, una scrittura timbricamente concepita per lo strumento a corde pizzicate, pertanto si può ragionevolmente prestar fede alla destinazione indicata dal testimone. Potrebbero far eccezione le Sonate 8, 9 e 15, strutturate in due tempi, di cui il primo di carattere puramente introduttivo (rispettivamente: *Introduzione, Preludio, Intonazione*) che rimanderebbe verosimilmente a un'esecuzione di tipo organistico, peraltro non contraddetta dal carattere 'ibrido' dei secondi movimenti, eseguibili quest'ultimi su entrambe gli strumenti a tastiera con soddisfacente effetto sonoro [54].

Dall'analisi e conseguente presunta collocazione cronologica, non sono emerse sonate sicuramente appartenenti al periodo stilistico culminante di Giovanni Battista, relativo agli ultimi quattro o cinque anni di vita. I lavori pervenuti ricoprono il rimanente periodo produttivo concentrandosi prevalentemente intorno agli anni '30, '40 e '50, consentendo di poter osservare la graduale transizione da un'iniziale stile barocco, fortemente influenzato dalla coeva scuola violinistica, fino a un maturo stile galante che anticipa tratti di classicismo e che rivela una raggiunta autonomia a livello di idioma strumentale pienamente 'tastieristico'. In particolare, le Sonate 1, 2, 3, 9 e 10 appaiono connotate da tratti tipicamente barocchi, quali, ad esempio, l'uso costante del basso continuo e la tendenza al *continuum* melodico, mentre nei lavori successivi si verifica una commistione tra stilemi barocchi e galanti (movenze pienamente pre-classiche si affermebbero a partire dagli anni '40).

Si riscontra una scrittura propriamente cembalistica, anche se ancora con tracce di stile violinistico, nelle Sonate 5, 7, 8, 9 fino alla 23. La tecnica compositiva si affranca dall'influsso dello strumento ad arco nelle ultime dieci sonate per strumento solo come nelle sette con accompagnamento violinistico.

Il riferimento a movenze melodiche di matrice napoletana appare in tutto l'arco della produzione in esame, inoltre le Sonate 15, 17, 18 e 23 rivelano qualche interesse per lo stile d'oltralpe, con particolare riferimento a Carl Philipp Emanuel Bach. Movenze pre-

---

[53]. TORCHI, Luigi. *La musica istrumentale in Italia nei secoli XVI, XVII e XVIII*, Torino, Fratelli Bocca, 1901; edizione anastatica moderna, Bologna, Arnaldo Forni, 1980, pp. 202-207.

[54]. Da notare che la Sonata 8 è contenuta in una fonte intitolata: *Sonate per il Cembalo e l'Organo* (I-Bc, Ms. DD 54) (cc. 50-51r.).

haydniane possono notarsi nelle Sonate 11, 12, 13, 14, 16, 18, 20, 21, 22 e 23, in relazione a consuete formule cadenzali e motiviche. Lo stile 'pre-mozartiano'[55] fa capolino già nella Sonata 15, per poi affermarsi nelle ultime: ecco che Bathia Churgin afferma: «It's likely that Sammartini came into contact with many of the German and Austrian composer who visited Milan or resided there contemporarily, most notably J. C. Bach[56]». Da aggiungersi quanto scritto da Giuseppe Carpani:

> [...] nessuno io credo somministrò più occasione di meditare e di osservare al nostro Haydn, che il già nominato Emanuele Bach, il milanese Sammartini, ed il lucchese Boccherini. [...] Io però ne appello a chiunque vorrà imparzialmente esaminare le prime composizioni dell'Haydn, e confrontarle con quelle del Sammartini. Vedrà egli di quante idee, di quante bizzarrie e di quante invenzioni di questo rinomato scrittore si giovasse l'Haydn, non già da vile plagiario ma da maestro. [...] L'Haydn potè contrarre facilmente il gusto del Sammartini, ed imitarne le mosse, il fuoco e il brio, e certe belle stravaganze che che regnano in quella musica piena di idee e di invenzioni[57].

e da Guglielmo Barblan:

> In realtà [...] Giovanni Battista diffidò, fin dall'inizio, dell'eredità barocca [...]: il suo stile tende invece limpidamente ad articolarsi nell'idioma 'galante' [...]. Sarebbe proprio da credere che, fin dai primi anni di attività, il Sammartini non presenti equivoci stilistici: anzi che viva in lui un'immediata coscienza di un proprio stile che prendeva le mosse da due ben chiari influssi. Di essi il primo è l'influsso del 'concerto' strumentale del settentrione d'Italia [...] il secondo è l'influsso del cosiddetto 'nuovo stile' napoletano [...][58]. Con queste sinfonie appartenenti al suo periodo conclusivo [1760 - 1774] Sammartini usciva dal 'grazioso' della galanteria lombarda, si allontanava dai legami col Pergolesi, Vivaldi e Galuppi, cessava di rivolgersi al gusto medio borghese o di soddisfare un passatempo aristocratico [...][59].

Probabilmente Giovanni Battista, ormai sulla soglia dei settant'anni, cominciava a perdere interesse per la musica clavicembalistica, intimamente legata, nel suo decadere, al tramonto dello stile galante[60]. In compenso le sue attenzioni tendevano a concentrarsi

---

[55]. *Cfr.* TORREFRANCA, Fausto. *Le origini italiane del romanticismo musicale. I primitivi della sonata moderna*, Torino, Fratelli Bocca, 1930.

[56]. *Cfr. Giovanni Battista Sammartini. 'Sonate a tre stromenti'. Six notturnos for string trio, Op. 7. A new edition with historical and analytical essays*, edited by Bathia Churgin, Chapel Hill, The University of North Carolina Press, 1981, Introduction, p. 4.

[57]. CARPANI, Giuseppe. *Op. cit.* (vedi nota 30), pp. 61-62.

[58]. BARBLAN, Guglielmo. 'La musica strumentale e cameristica a Milano nel Settecento', *op. cit.* (vedi nota 2), pp. 648-649.

[59]. *Ibidem*, p. 650.

[60]. *Cfr.* FORNARI, Giacomo. 'Del declino della musica strumentale in Italia nel Settecento', in: *Intorno a Locatelli.*

sul genere sinfonico-orchestrale e cameristico, terreno più fertile per la sua maturazione tecnico-stilistica verso soluzioni più propriamente classiche. Ciò nonostante, la citata pubblicazione a stampa di sonate cembalistiche appare proprio in quegli anni, a partire dal 1761. Eccezion fatta per le sei sonate accompagnate, sembrerebbe una contraddizione, anche se si tratta quasi certamente di edizioni non autorizzate e piuttosto inattendibili, recanti lavori 'vecchi' o di dubbia autenticità.

Analogamente a quanto verificato in ambito sinfonico[61], anche nella produzione clavicembalistica del compositore milanese compare una nuova e caratteristica terminologia per le indicazioni di tempo e di espressione. A partire dagli anni '40, inoltre, si assiste a un mutamento riguardo alla scelta del metro: il ternario 3/8 tende a essere sostituito dal 3/4; le indicazioni di 2/4 e 3/8 scompaiono in prossimità degli anni '50, mentre il metro di 6/8, a partire dagli anni '40, compare solo nei movimenti finali. Le tonalità generalmente adottate da Sammartini non recano mai più di tre alterazioni in chiave. Quest'ultimo caso è tanto raro quanto le sonate in modo minore, delle quali si hanno solamente tre esempi (Sonate 1, 7, 18).

Per quanto concerne il numero di movimenti, la maggior parte delle composizioni risulta in un tempo unico, qualche altra in due o tre. Non si è in grado di sapere se le sonate pervenute in più di un movimento siano raggruppamenti originali, a parte le sei composizioni con accompagnamento di violino, pubblicate nel 1766, in due movimenti. Medesima perplessità riguarda anche i brani tramandati isolatamente, poiché potrebbe trattarsi di movimenti anticamente estrapolati da composizioni più ampie.

La lunghezza dei vari movimenti risulta generalmente coerente con il grado di complessità tecnico-compositiva e con l'impianto formale. Quest'ultimo appare prevalentemente bipartito bitematico nelle composizioni giovanili ancora legate allo stile barocco, mentre, a partire dagli anni '30, tende a stabilizzarsi sul modello tripartito bitematico, con sezione di ripresa generalmente contratta e priva della riesposizione del secondo tema. Tale tipologia è la più frequente in tutto l'arco della produzione cembalistica sammartiniana in esame. Guglielmo Barblan in merito osserva: «Nel dualismo tematico della Sonata sammartiniana si ha la prima decisiva vittoria sulla tradizionale forma della *Suite* barocca, e l'affermazione della Sonata moderna (bitematica); nelle Sonate del maestro milanese si avvera [...] una pregnante logica e una plasticità della forma, che si compenetrano con singolare unità nell'ispirazione melodica[62]».

La presenza di altri moduli formali, quali la struttura tripartita bitematica canonica, quella tripartita monotematica e tutta una serie di varianti, rivela una continua sperimenta-

---

Studi in occasione del tricentenario della nascita di Pietro Antonio Locatelli (1695 - 1764), a cura di Albert Dunning, 2 voll., Lucca, Libreria Musicale Italiana, 1995 (Speculum Musicae I, I/II), vol. I, pp. 241-274.

[61]. *Cfr.* CHURGIN, Bathia. *The Symphonies of G. B. Sammartini*, 2 vols., Ph.D. Diss., Cambridge (MA), Harvard University, 1963; Ann Arbor (MI), UMI 74.26282, 1974.

[62]. BARBLAN, Guglielmo. 'La musica strumentale e cameristica a Milano nel Settecento', *op. cit.* (vedi nota 2), p. 647.

zione da parte dell'autore, nella ricerca di schemi improntati al raggiungimento della massima espressività e coesione del contenuto musicale. Nella tendenza a modificare, trasformare, mutilare i vari elementi motivici, tra cui talvolta anche i temi principali, si avverte la preoccupazione di Sammartini di non risultare convenzionale o ripetitivo, contrariamente a parecchi altri compositori di scuola clavicembalistica italiana. In questo modo emergono i tratti salienti del suo stile, ossia il livello elevato d'inventiva, la varietà delle idee, le bizzarrie ritmico-melodiche, il gusto per le asimmetrie, la coesione del tessuto musicale, lo slancio e l'impeto costanti.

Più in dettaglio, la maggior parte dei temi principali risultano costruiti simmetricamente, sia sintatticamente che dal punto di vista ritmico-motivico. In altri termini, nella costruzione del tema, si ha l'accostamento di due sezioni metricamente equivalenti, imparentate da una medesima idea ritmica e melodica di fondo.

Alla base costruttiva troviamo talvolta la ripetizione di incisi o di semifrasi, tuttavia non mancano casi in cui si ricorra all'elaborazione motivica di tipo imitativo (Sonate 12, 20, 21, 22). L'area di sviluppo del primo tema comincia ad apparire espansa e ben delineata a partire dalle sonate degli anni '40.

La transizione dal primo al secondo tema, nelle sonate bitematiche, si verifica in vari modi, dei quali nessuno sembra essere preferito dall'autore. Il secondo tema risulta pressoché sempre di carattere contrastante rispetto al primo, tranne che nelle Sonate 12 e 25. Talvolta funge da idea di coda, come nel caso della Sonata 24, inoltre può apparire diversamente concepito, persino nella forma di progressione diatonica (Sonate 8, 10, 15, 17, 21, 23) o nella rara[63] forma di progressione cromatica (Sonata 5, II mov.).

Le code di fine sezione appaiono sostanzialmente sempre identiche nell'ambito di uno stesso pezzo, salvo inconsuete lievi varianti, eccetto che nelle Sonate 2, 3, 13 e 14. Non si nota invece una standardizzazione per quanto concerne l'inizio della sezione di sviluppo delle sonate tripartite, che può presentarsi in modi differenti. I metodi più comuni vengono riassunti come segue:

- utilizzo di nuovo materiale tematico (Sonate 3, 9, 10, 14, 22, 25);
- utilizzo della testa del primo tema (Sonate 3, 4, 5, 15, 19, 20, 21);
- ripresentazione del primo tema trasposto completo (Sonate 5, 6, 7, 8, 12, 13, 23, 24);
- ricorso a materiale elaborato dal primo tema (Sonate 14, 15, 17, 19, 20, 22);
- creazione di una variante del tema principale (Sonate 1, 11, 16, 18).

Delle varie possibilità di transizione dallo sviluppo alla ripresa osservate, nessuna appare preferita da Sammartini, né caratteristica di un determinato periodo compositivo.

La sezione di ripresa non appare quasi mai simmetrica rispetto a quella di esposizione, raramente completa, preferibilmente contratta e priva di uno dei temi principali (general-

---

[63]. La rarità dell'evento è naturalmente relativa all'esigua produzione superstite in esame.

mente risulta omesso il secondo). Saliente è il trattamento di tale sezione quale ulteriore momento di sviluppo, ossia ulteriore occasione di elaborazione e combinazione di materiali melodici e ritmici.

Dal punto di vista sintattico tutte le composizioni esaminate presentano una struttura regolare, netta e chiaramente organizzata. I collegamenti si basano su cadenza sia forte che debole, a volte con ricorso a cesura, evidenziando, in generale, una maggiore separazione e delineazione delle frasi musicali soprattutto nelle sonate risalenti agli anni '50 - '60, coerentemente con l'incipiente gusto classico.

Il ritmo, sempre vario e interessante, risulta tendenzialmente uniforme solo in quelle composizioni in stile di toccata o di *perpetuum mobile*, come la Sonata 6 e la Sonata 11. Dal punto di vista del 'ritmo armonico', si assiste a un rallentamento significativo solo negli ultimi lavori, risalenti agli anni '50 - '60.

Per quanto riguarda le scelte armoniche e l'impianto tonale, le sonate di Sammartini non si discostano, nella loro chiarezza ed essenzialità, da quelle di altri compositori di Scuola italiana. Lo stesso può dirsi in merito alle tecniche compositive: rifiuto pressoché totale del contrappunto, sia imitativo che non; predilezione per l'impostazione *melo-bass* con conseguente esile *texture* prevalentemente a due voci; imitazione della scrittura sia violinistica che orchestrale, con conseguente ricorso a frequenti *bariolages*, ottave spezzate, passi a '*Murky*', basso 'albertino', accompagnamento a crome ribattute, *etc*. Tutte le composizioni in esame rivelano un elevato senso dell'elaborazione e combinazione a livello sia motivico che ritmico, secondo una tecnica e un gusto che matura soprattutto a partire dai lavori degli anni '40. Tipicamente clavicembalistico, il ricorso alla tecnica delle mani incrociate e a quella, più frequente, delle mani alternate, compare già nei lavori degli anni '30. L'idioma caratteristico dello strumento a tastiera, non ancora autonomo nelle sonate giovanili, tende gradualmente ad affermarsi nel corso della produzione, giungendo a compimento nelle composizioni degli anni '40. A questo punto la parte dell'accompagnamento, riservata alla mano sinistra, si libera dalla schiavitù dell'impostazione a basso continuo per divenire più agile, indipendente, in un dialogo più vivo ed efficace con la parte superiore che consenta interessanti giochi imitativi ritmici e melodici tra le voci; il basso 'albertino' sembrerebbe comparire nel secondo periodo stilistico del compositore, senza che quest'ultimo ne abusi mai, venendo maggiormente sfruttato nelle sonate più tarde.

Per quanto riguarda l'aspetto organologico, non emergono indizi significativi tali da far pensare a uno strumento particolare: lo stile e la scrittura dei lavori esaminati non rimandano all'uso del fortepiano. A parte due sonate con estensione compresa tra Do_1 e Re_5, tutte le altre rientrano in due ambiti dei quali il primo compreso tra Do_1 e Do_5, il secondo tra Fa_1 e Do_5. Tutti i brani esaminati possono essere eseguiti, facoltativamente, su clavicembalo con o senza ottava corta, eccettuata la Sonata 4, per la quale l'ottava 'scavezza' risulterebbe indispensabile (si veda la cadenza conclusiva della sezione di esposizione). A parte la pressoché totale mancanza di indicazioni dinamiche specifiche nelle copie manoscritte, dal punto di vista musicale-interpretativo l'esecuzione dei brani in esame non richiederebbe necessariamente l'uso di uno strumento a due manuali.

Filippo Emanuele Ravizza

Le sonate 'accompagnate'

Le prime sei delle sette sonate con accompagnamento di violino indicate in coda al catalogo qui redatto, apparvero per la prima volta in una splendida edizione a stampa del 1766, testimone di qualità superba, dalla grafia elegantissima, precisa, chiara, forse ad opera del *Baker Sculp.*[t] indicato in calce nel frontespizio. Non mancano abbondanti indicazioni supplementari riguardanti l'articolazione dei suoni e gli abbellimenti, indici di una cura, da parte dell'ignoto editore, rara per l'epoca[64].

Certamente in un momento successivo, visto che trattasi *sic et simpliciter* di riciclaggio, apparve una seconda edizione delle stesse sonate, questa volta per intervento dell'editore parigino Jean Baptiste Venier. Quest'ultimo si limitò a riutilizzare *tout court* l'edizione precedente, eliminando la lettera dedicatoria e modificando la parte finale del frontespizio, dove al posto di '*Londra*' si legge: «Nuovamente stampate in Londra a spese di G. B. Venier e si vendano in Pariggi, Chez M.r Venier / Editeur […]. / Avec Privilege du Roy. / Les dites Pièces se peuvent executer sur la Harpe[65].»[66].

Queste composizioni con accompagnamento di violino sono le uniche, di sicura provenienza milanese e stampate nel Settecento, di cui lo scrivente ha avuto notizia. Pure sammartiniana dovrebbe essere la settima Sonata accompagnata, a sé stante, tramandata tramite fonte manoscritta.

A sostegno dell'autenticità, si hanno numerosi indizi: l'alto livello tecnico-compositivo, coerente con l'ispirazione e l'inventiva sempre viva e interessante; la ritmica varia e arguta; parecchi stilemi motivici, armonici, sintattici, tecnico-clavicembalistici, osservabili nei lavori solistici per tastiera e, generalmente, nel resto della produzione strumentale autentica[67] dell'autore. Per le prime sei Sonate con accompagnamento, va aggiunto che Ercole Ciprandi, nella lettera dedicatoria da lui firmata, scrive «[…] le presenti Sonate del Sig.r Giovan Batista San Martini, mio compatriotto […]», affermazione dalla quale si dedurrebbe che i due vivessero probabilmente nello stesso ambiente politico geografico, verosimilmente il Governatorato austriaco in Lombardia, in modo da poter aver probabili contatti tra loro e da consentire al compositore un minimo controllo dell'opera. Da non scordare, infine, che la pubblicazione apparve mentre Sammartini era ancora in vita e musicalmente attivissimo.

Ragionevolmente a causa del ruolo secondario del violino, due di queste sei sono state tramandate anche come pezzi per clavicembalo solo, prive cioè della parte di ac-

---

[64]. Forse questa pubblicazione venne fatta a spese di Ercole Ciprandi, firmatario della lettera dedicatoria.

[65]. Curiosa annotazione di carattere pratico-esecutivo, forse nel mero intento editoriale di allargare il più possibile la cerchia dei potenziali acquirenti.

[66]. *Giovanni Battista Sammartini. Sei / Sonate / di / Cembalo e Violino* […], Londra, G. B. Venier, s.d., (seconda edizione) d'ora in poi citato come: Sammartini, *Sonate/Cembalo e Violino* (seconda edizione).

[67]. Cfr. Jenkins, Newell - Churgin, Bathia. *Op. cit.* (vedi nota 32).

compagnamento[68], come peraltro consueto nella tradizione manoscritta del genere. Forse per lo stesso motivo, la settima in elenco, *Sonata per Gravacembalo*, risulta tramandata da un'unica fonte manoscritta, pure priva della parte del violino. Che si tratti di una sonata accompagnata lo si desume dalla *texture*, a tratti vuota e priva di senso musicale, poiché non completa. In ogni caso possono osservarvisi tratti stilistici e tecnico-compositivi generali assai simili a quelli delle altre sei. Il manoscritto riporta un frontespizio originale (*Sonata per Gravacembalo / del Sig. Gio. Battã / Sanmartini*) e un'ulteriore copertina su cui, da mano diversa, è stato annotato «Sanmartini Gio. Battista / Sonata in Re magg[re] per gravicembalo / 1760[69]».

Tutto considerato, le sette composizioni risalirebbero approssimativamente a un medesimo periodo, individuabile intorno agli anni '50 – '60, in direzione del terzo periodo stilistico del compositore, come confermato anche dalle innovative indicazioni di tempo (*Brillante*, *Spiritoso*).

Tutti e sei i movimenti conclusivi delle sonate stampate hanno sempre carattere danzante, anche quando non espressamente evidenziato dall'indicazione *Minuetto* o *Menuet*. I movimenti iniziali della Sonata I, della Sonata II e della Sonata VI, rivelano un carattere lirico e delicato; l'*Andante* della Sonata V, ha carattere cantabile, come i precedenti indicati, anche se pervaso da vena umoristica; i rimanenti tempi iniziali (*cfr.* Sonata III e Sonata IV) appaiono invece influenzati dallo stile brillante ed eroico della coeva sinfonia da camera, similmente all'*Allegro non tanto* che costituisce quella manoscritta.

Es. 1: SAMMARTINI, Giovanni Battista. Sonata IV in Fa Magg., 1 mov., *incipit*.

Come ravvisabile dai QUADRI SINOTTICI, la dimensione dei singoli movimenti conclusivi rientra in un ambito compreso fra un minimo di cinquantaquattro e un massimo di sessantaquattro misure. Maggiori differenze si notano tra le lunghezze dei movimenti iniziali, dove le ampiezze maggiori riguardano i brani di carattere sinfonico. Interessante notare che, relativamente alle sei sonate pubblicate, le due di maggiori dimensioni (Sonata

---

[68]. La Sonata II e la Sonata IV compaiono, trasposte, rispettivamente nelle seguenti fonti manoscritte: 1) *Sonata per il Cembalo / Del Sig.:r Gio: Battã Sanmartini*, *Larghetto*: Do Magg., ¢; *Allegro*: Do Magg., 3/4 (Bologna, I-Bc, Ms. DD 54); e 2) *Sonata per Cembalo*, *Spiritoso*: Fa Magg., ¢; *Minuetto*: Fa Magg., 3/4 (Londra, GB-Lbl, ms. ADD 32161).

[69]. Trattasi del probabile anno di compilazione o di archiviazione del testimone, elemento comunque utile alla collocazione cronologica del pezzo, in quanto *terminus ante quem*.

III e Sonata IV, rispettivamente di battute 125 e 118) presentano la medesima indicazione di metro oltre allo stesso carattere 'eroico' e alla stessa ambientazione stilistica.

La raccolta in esame reca un'organizzazione tonale generale concepita come ordinata escursione nell'ambito delle prime tre tonalità coi diesis e delle prime tre coi bemolle (considerando il tono di Do Magg. come appartenente al gruppo di quelli coi diesis).

Per quanto concerne la struttura formale, ogni singolo movimento appare tripartito e bitematico; solamente il primo tempo della Sonata VI (*Brillante*) risulta monotematico. La tipologia più frequente è la forma sonata con ripresa contratta, solitamente incompleta della riesposizione del secondo tema. Quest'ultimo viene ripreso, mutilato, in soli due casi, ossia nell'*Andante* della Sonata V e nel *Presto* della Sonata VI. Solamente i tempi finali della Sonata III e della Sonata IV risultano in forma sonata canonica con ripresa completa (perfettamente simmetrica nel secondo caso), evento raro nelle composizioni di Sammartini[70].

I temi principali sono collegati secondo le seguenti possibili modalità:

- T_1 congiunto direttamente a T_2, tramite modulazione in coda di T_1 (Sonata I, I mov.)[71];
- T_1 adiacente a T_2: i due temi sono separati da semplice cesura (Sonata I, II mov.);
- progressione melodico-armonica seguita da passaggio modulante e da cesura (Sonata IV, I mov.);
- passaggio modulante seguito da cesura (Sonata II, I mov.; Sonata III, I mov.; Sonata IV, II mov.; Sonata V, I mov.; Sonata VII);
- passaggio non modulante seguito da cesura (Sonata III, II mov.);
- passaggio non modulante congiunto a T_2 (Sonata II, II mov.; Sonata V, II mov.; Sonata VI, II mov.).

Le sezioni di sviluppo, nella maggior parte dei casi, iniziano con nuovo materiale tematico, tranne che nella Sonata II (II mov.) e nella Sonata III (II mov.), dove viene riutilizzata la testa del tema principale. La sezione centrale del primo tempo della Sonata V viene introdotta da un'elaborazione di frammenti motivici tratti dal primo tema.

Relativamente alla modalità di transizione dallo sviluppo alla ripresa, si riscontrano le seguenti possibilità:

- pedale di dominante nel tono d'impianto sul quale si può avere: una progressione melodica congiunta a T_1 (Sonata I, I mov.); un passaggio congiunto a T_1 composto da

---

[70]. L'uguaglianza di dimensioni, riscontrabile nella Sonata I (I mov.) e nella Sonata II (II mov.), tra esposizione e ripresa, non implica simmetria formale poiché, in entrambi i casi, non viene rappresentato il secondo tema e la lacuna viene colmata tramite elaborazione motivica.

[71]. Con 'T_1' e 'T_2' si intendono rispettivamente primo e secondo tema.

materiale tematico mutuato dall'esposizione (Sonata v, ii mov.); un passaggio qualunque seguito da cesura (Sonata vi, i mov.; Sonata vii);
- passaggio modulante congiunto a T_1 (Sonata i, ii mov.; Sonata iii, ii mov.; Sonata v, i mov.);
- passaggio modulante disgiunto da T_1 (Sonata iii, i mov.);
- progressione modulante (Sonata vi, ii mov.);
- passaggio ripreso tale e quale dall'esposizione e congiunto a T_1 (Sonata ii, i mov.);
- riutilizzo di un tema principale tratto dall'esposizione (Sonata iv, i mov.);
- senza transizione, tramite collegamento diretto e senza cesura (Sonata ii, ii mov.).

Riguardo alla sezione di ripresa, oltre a quanto precedentemente espresso, si sottolinea come tagli e varianti coinvolgano generalmente la riesposizione del secondo tema e quasi mai quella del primo. Su quattro casi in cui viene riproposto anche il secondo tema (Sonata iii, ii mov.; Sonata iv, ii mov.; Sonata v, i mov.; Sonata vi, ii mov.), negli ultimi due indicati esso viene mutilato. Nella maggior parte dei brani, tale sezione viene trattata come ulteriore sviluppo, tranne che nei movimenti in forma sonata regolare canonica (Sonata iii, ii mov.; Sonata iv, ii mov.) e nell'unico tempo monotematico (Sonata vi, i mov.).

Le code di fine sezione appaiono sostanzialmente immutate, a parte le varianti riscontrabili nel primo movimento della Sonata iii e la coda della sezione finale del primo movimento della Sonata vii, coda costruita combinando diversamente gli elementi di quella iniziale.

Con riferimento alle tecniche compositive, si osservano passi a contrappunto imitativo rigoroso solo nel secondo movimento della Sonata ii mentre passi di contrappunto non imitativo compaiono nel secondo tempo della Sonata i. La ripetizione motivica viene frequentemente usata in quasi tutti i brani, analogamente a un'efficace elaborazione dei materiali sia principali che secondari, tanto nella fase di sviluppo che di ripresa (questo non avviene nei finali della Sonata i, Sonata iii e Sonata v, tutti e tre di carattere danzante). Appaiono frequentemente giochi imitativi ritmico-melodici, sia tra le due parti inferiori, destinate al clavicembalo, che tra le due superiori, ossia tra la mano destra del clavicembalista e il violino. Contrariamente alla consuetudine più diffusa all'epoca, Sammartini non abusa mai dell'accompagnamento a basso 'albertino', ricorrendovi raramente nella Sonata i, Sonata ii e Sonata v.

La struttura sintattica appare generalmente regolare, tranne che nei movimenti iniziali della Sonata ii, Sonata v e Sonata vi, casi pressoché unici nel panorama clavicembalistico Sammartiniano e, in generale, milanese (tale irregolarità sintattica precorre lo stile maturo dell'autore). Si ritrova la ormai consueta varietà ritmica, talvolta sconfinante con il bizzarro o l'insolito, come peraltro sottolineato da Fausto Torrefranca: «Questo succedersi inesausto di motivi che si snodano capricciosamente l'uno dall'altro, che si intersecano coi passaggi più vari, che ripullulano impensatamente dal fondo armonico della composizione [...] sono la glorificazione del ritmo in ciò che esso può avere di meno strofico, di meno ballabile, di meno periodico»[72].

---

[72]. TORREFRANCA, Fausto. *Le origini della sinfonia. Le sinfonie dell'imbrattacarte (G. B. Sammartini)*, Torino, Fratelli Bocca, 1915, p. 23.

I collegamenti sintattici, a conferma dell'abitudine del compositore, vengono generalmente ottenuti evitando troppe cesure e cadenze forti, in modo da ottenere quella continuità di tessuto musicale, osservata in molte altre sonate per clavicembalo e ritenuta prerogativa del suo stile. Le scansioni cadenzali più intense ed evidenti si verificano, non a caso, nei minuetti (a sottolineare l'impronta danzante degli stessi) oltre che nei brani di dimensioni maggiori, per dare respiro all'ampia struttura.

Non mancano, come nel resto della produzione clavicembalistica in oggetto, riferimenti melodici e armonici alla tradizione operistica napoletana, accostati ed elaborati con altre idee tipiche della musicalità sammartiniana, spesso risolte in eleganti passi a mani alternate.

Es. 2: SAMMARTINI, Giovanni Battista. Sonata III in Sol Magg., I mov., bb. 24-34.

Per quanto riguarda, infine, l'uso del termine *Minuetto* piuttosto che del termine *Minuet*, mentre la versione italiana rimanderebbe al tipo generico, quello di matrice francese potrebbe indicare il ricorso a qualche movenza musicale d'oltralpe. Infatti, il *Minuet* della Sonata IV reca, all'inizio della sezione centrale (bb. 24-28), un motivo che richiama temi di François Couperin 'le Grand'; il *Minuet* della Sonata I, sempre all'inizio della sezione di sviluppo (bb. 27-29), presenta una delle scansioni ritmiche tipiche della *Polonaise*.

Es. 3: SAMMARTINI, Giovanni Battista. Sonata IV in Fa Magg., II mov., bb. 24-28.

Es. 4: SAMMARTINI, Giovanni Battista. Sonata I in Do Magg., II mov., bb. 27-29.

SEZIONE II
SONATE DI DUBBIA ATTRIBUZIONE

GBS/D-son clv 1

Sonata IV / Sig.ʳ Batta S.ᵗ Martini [II mov.], in: *Six Select / Sonatas / for the / Harpsichord / or / Forte Piano / Composed by / Galuppi Mazzinghi Martini & Jozzi*, London, C. and S. Thompson, [1769].
Spiritoso: Do Magg., 3/4.

GBS/D-son clv 2

Sonata II / Sig.ʳ Gio. Battista S.ᵗ Martini [I e III mov.], in: *A Collection of / Lessons / for the / Harpsichord / compos'd by / Sig.ʳ Jozzi S.ᵗ Martini of Milan / Alberti Agrell […]. Book II*, London, J. Walsh, [1762].
Allegro: Do Magg., **c**; *Allegretto*: Do Magg., 3/8.

GBS/D-son clv 3

Sonata / Per Cembalo / Del Sig.ʳ Gio. Battā S. Martino.
Allegro: Do Magg., **c**.
(Milano, I-Mc, I-A-516-12)

GBS/D-son clv 4

[Sonata per cembalo] *Del Sammartino*
Allegro: Do Magg., **c**.
(Assisi, I-Ad, miscellanea ms. 2245)

GBS/D-son clv 5

S: Martino[73] / *Sonata per Cembalo.*
s. i. t.: Do Magg., 3/4.
(Berlino, D-B, Mus. ms. 19398 II)

GBS/D-son clv 6

---

[73]. L'attribuzione è di mano differente rispetto al resto del titolo. La grafia è della stessa persona che ha indicato *S: Martino* nel ms. della Sonata GBS/D-son clv 7.

Sonata / Per Cembalo con trombe di registro / Del Sig.ʳ S. Martino.
s. i. t.: Sol Magg., ¢.
(Einsiedeln, CH-E, Th. 66, 51)

GBS/D-son clv 7

A Favorite / Lesson / for the / Harpsichord / or / Piano Forte / Composed by the Celebrated / S.ᵗ Martini / of Milan, London, J. Preston, [1775] [1 mov.].
s. i. t.: Sol Magg., 2/4.

GBS/D-son clv 8

Sonata II / Del Sig.ʳ S.ᵗ Martini [II e III mov.], in: *A Collection of / Lessons / for the / Harpsichord / compos'd by / Sig.ʳ Jozzi S.ᵗ Martini of Milan / Alberti Agrell* […]. *Book III*, London, J. Walsh, [1764].
Spiritoso: Sol Magg., 2/4; *Allegro*: Sol Magg., 3/8.

GBS/D-son clv 9

Sonata per Cembalo S: Martino[74].
s. i. t.: Sol Magg., **c**.
(BERLINO, D-B, Mus. ms. 19398 III)

GBS/D-son clv 10

Composta dal Sig.r Giovanni Battista S. Martino / Sonata V ta, in: *Raccolta Musicale / contenente / VI Sonate / per il Cembalo Solo* [...] *Opera V ma*, Norimberga, J. U. Haffner, [1765][75].
Allegro: Fa Magg., 3/8[76].

Come precedentemente espresso, queste composizioni presentano, più o meno vistosamente, caratteristiche stilistiche assai lontane dalle movenze compositive cembalistiche tipiche di Sammartini. In particolare si osserva che la Sonata GBS/D-son clv 2, se non fosse per il suo scarso valore estetico, potrebbe essere attribuita a Giovanni Battista Martini, vista la grande affinità dei materiali presenti, sia ritmici che melodici, con il secondo movimento, *Allegro*, della Sonata I in La Magg. pubblicata dal Sacerdote bolognese nel 1747[77].

Es. 5: SAMMARTINI, Giovanni Battista. Sonata GBS/D-son clv 2 in Do Magg., I mov., *incipit*.

---

[74]. L'attribuzione è di mano differente rispetto al resto del titolo. La grafia è della stessa persona che ha indicato *S: Martino* nel ms. della Sonata GBS/D-son clv 4.

[75]. S.a. 'Haffner, Johann Ulrich', in: *DEUMM. Dizionario Enciclopedico Universale della Musica e dei Musicisti*, diretto da Alberto Basso, 13 voll., Torino, UTET, 1983 - 1990, *Le Biografie*, vol. III, p. 420.

[76]. La stampa reca, erroneamente, l'indicazione 3/4.

[77]. Giovanni Battista Martini. *Sonate / per / l'organo / e il / cembalo* [...], Bologna, Lelio della Volpe, 1747, d'ora in poi citato come: MARTINI, *Sonate*, pp. 2-3.

La Sonata GBS/D-son clv 6 presenta notevoli affinità con analoghe composizioni per organo di altri compositori milanesi, in particolare quelle di Melchiorre Chiesa e Gaetano Piazza. Riguardo alla Sonata GBS/D-son clv 8, il fatto che tutti i tre movimenti siano nella medesima tonalità di Sol Magg., sia i due qui indicati come dubbi che il primo indicato come presumibilmente autentico (*cfr.* Sonata GBS-son clv 14), confermerebbe un probabile assemblamento arbitrario, ad opera di John Walsh, visto che non si ha notizia di sonate autentiche, di Sammartini[78] e di altri autori settecenteschi italiani, costituito da tre tempi ambientati nello stesso impianto tonale[79].

Es. 6: MARTINI, Giovanni Battista. Sonata 1 in La Magg., II mov., *incipit*.

SEZIONE III
SONATE SPURIE

GBS/Sp-son clv 1

Sonata / 20. / S. Martino.
s. i. t.: Sol Magg., 3/4.
(BRESCIA, I-BRs, Ms. 1, ii)

---

[78]. *Cfr.* JENKINS, Newell - CHURGIN, Bathia. *Op. cit.* (vedi nota 32).
[79]. Come nel caso della Sonata GBS-son clv 21 (autentica con riserva) e della Sonata GBS/D-son clv 2.

GBS/Sp-son clv 2

A Favorite / Lesson / for the / Harpsichord / or / Piano Forte / Composed by the celebrated / S.ᵗ Martini / of Milan, London, J: Preston, 1775. [II e III mov.]
Carilon - Moderato: Sol Magg., 3/4; *Menuetto*: Sol Magg., 3/4.

GBS/Sp-son clv 3

Sonata VII / del Sig.ʳ / Martini, in: XX *Sonate / composte da diversi autori* […] *op. seconda*, Paris, J. B. Venier, 1760.
Allegro: Re Magg., 3/4.

GBS/Sp-son clv 4

Sonata V / Sig.ʳ Batta S.ᵗ Martini, in: *Six Select / Sonatas / for the / Harpsichord / or / Forte Piano / Composed by / Galuppi Mazzinghi Martini & Jozzi*, London, C. and S. Thompson, [1769].
Allegro: Si♭ Magg., **c**; *Allegro assai*: Si♭ Magg., 6/8.

GBS/Sp-son clv 5

Sonata III / Del Sig.^r Gio Battista St Martini [II mov.], in: *A Collection of / Lessons / for the / Harpsichord / compos'd by / Sig.^r Jozzi St Martini of Milan / Alberti Agrell* […]. Book I, London, J. Walsh, [1761].
Spiritoso: Mi♭ Magg., 2/4.

La Sonata GBS/Sp-son clv 1 - *Sonata / 20. / S. Martino* (BRESCIA, I-BRs, Ms. 1, II), connotata da uno stile non tipicamente sammartiniano, viene attribuita a Gaetano Piazza nelle seguenti altre fonti:

- BERKELEY
(US-BEm, Ms. 66)
Suonata p. Cembalo / Del Sig.^r Gaettano Piazza (*Allegro assai*), ms., formato in quarto oblungo, mm. ?, cc. 2, Italia, sec. XVIII, partitura clavicembalistica.

- MILANO
(I-Mc, 1 - A - 516 - 38) (cc. 3v. - 5)
Sonata / Del Sig.^r Piazza (s. i. t.), in: ms. miscellaneo, s. t., formato in quarto oblungo, mm. 300 x 220, cc. 7, Italia, sec. XVIII, partitura clavicembalistica.

Questa composizione ricompare, ancora sotto il nome di Sammartini, quale secondo movimento (*Carilon*) di *A Favorite Lesson* […] pubblicata da John Preston nel 1775 (*cfr.* SAMMARTINI, *Favorite Lesson*). (*Cfr.* Sonata GBS/Sp-son clv 2). Da aggiungersi che le fonti indicanti Gaetano Piazza sono di provenienza probabilmente milanese, inoltre appaiono qualitativamente superiori rispetto a quelle attestanti la paternità di Giovanni Battista Sammartini.

Nell'elenco proposto, la Sonata GBS/Sp-son clv 2 indica il secondo e il terzo movimento di *A Favorite Lesson / for the Harpsichord / or / Piano Forte Composed by the celebrated / St Martini / of Milan*. Le varianti presenti nel *Carilon* (II mov.) della Sonata GBS/Sp-son clv 2, rispetto alla versione sostanzialmente identica tramandata dagli altri tre testimoni citati, non sono altro che interventi, probabilmente a opera dell'editore, finalizzati a 'modernizzare' una composizione degli anni '30 - '40 destinata a ricomparire negli anni '70. Il *Menuetto* (III mov.) della Sonata GBS/Sp-son clv 2 altro non è che una semplice trascrizione del *Rondò Spiritoso* (III mov.) della Sinfonia in Sol Magg. J-C 47, composta da Sammartini prima del 1761[80]. Questo brano non può essere considerato autentico in questa sede, poiché concepito per orchestra e non per clavicembalo[81].

---

[80]. JENKINS, Newell - CHURGIN, Bathia. *Op. cit.* (vedi nota 32), pp. 78-79.
[81]. Nel Settecento era consuetudine diffusa, da parte degli editori, pubblicare trascrizioni di composizioni alla moda di celebri autori, a fini puramente commerciali.

La Sonata GBS/Sp-son clv 3, *Sonata VII / del Sig.ʳ / Martini* (Venier, *xx Sonate*) è tramandata con differente attribuzione da quest'altro testimone:

- EINSIEDELN
(CH-E, Th. 65,18)
Sonata Per Organo Pieno Del Sig.ʳᵉ Chiesa (Allegro), ms., formato in quarto oblungo, mm.?, cc. 2, Italia, sec. XVIII, partitura clavicembalistica.

Lo stile non tipicamente sammartiniano di questa composizione porterebbe lo scrivente ad attribuirne la 'paternità' a Melchiorre Chiesa. Da aggiungersi, che la fonte attestante Melchiorre Chiesa è di provenienza probabilmente milanese mentre la stampa di Venier, oltre all'essere tarda, venne pubblicata a Parigi.

La Sonata GBS/Sp-son clv 4, *Sonata V / Sig.ʳ Batta S.ᵗ Martini* (THOMPSON, *Select Sonatas*) è indubitatamente di Domenico Alberti, non solo per l'affinità rilevabile con altre note composizioni autentiche dello stesso, ma anche perché riconosciuta come tale da tutti gli insigni studiosi che si sono occupati del cembalista veneziano. Parecchie fonti la attribuiscono ad Alberti, citandone una ad esempio:

- MILANO
(I-Mc, Noseda G 8-20)
Allegro moderato (cc. 25v-27r); *Allegro* (cc. 27v-29r), in: *Toccate Per Cembalo / Del Sig.ʳ D. Domenico Alberti*, ms., formato in quarto oblungo, mm. 258x187, cc. 32, Italia, sec. XVIII, partitura clavicembalistica.

La stessa appare ovviamente inserita ai numeri XIV$_1$ e XIV$_2$ del *Thematisches Verzeichnis* delle sonate autentiche di Domenico Alberti, redatto da Wilhelm Wörmann[82], inoltre è stata oggetto di studio e inserita nel catalogo di Ilaria Morotti[83].

La Sonata GBS/Sp-son clv 5, *Sonata III / Del Sig.ʳ Gio Battista S.ᵗ Martini* (II mov.) (WALSH, *Collection/1*), è tramandata da quest'altro testimone:

- MILANO
(I-Mdemicheli, Mss. Mus. 10) (cc. 5-6)
Sonata per Cembalo. Gaetano Piazza, in: ms. miscellaneo, formato in quarto oblungo, mm. 310 x 232, cc. 8, Italia, sec. XVIII, partitura clavicembalistica.

Analogamente a quanto osservato per le precedenti, questa composizione è ragionevolmente attribuibile più a Gaetano Piazza che a Sammartini, oltre al fatto

---

[82]. WÖRMANN, Wilhelm. 'Die Klaviersonate Domenico Albertis', in: *Acta Musicologica*, XXVII (1955), pp. 84-107: 98. *Cfr.* MOROTTI, Ilaria. *Op. cit.* (vedi nota 47).

[83]. *Cfr.* MOROTTI, Ilaria. *Op. cit.* (vedi nota 47).

che la fonte manoscritta italiana può essere considerata più autorevole rispetto alla stampa londinese.

In conclusione

Dall'analisi della produzione in oggetto sembrerebbe che nella Milano settecentesca Giovanni Battista Sammartini fosse modello di riferimento anche nell'ambito della sonata clavicembalistica oltre che in quello della produzione sinfonica e cameristica. Dalle sonate esaminate emergono particolari scelte ritmiche e armoniche, idee melodiche, atteggiamenti tecnico-esecutivi, strutture sintattiche e formali che potrebbero essere considerate peculiarità di uno stile 'tastieristico' definibile 'milanese'.

Ad esempio, le scelte ritmiche più frequenti, impostate alla 'lombarda', si avvalgono del contrasto tra cellule a figurazione ternaria combinate variamente con altre a figurazione binaria. Quale esempio, significativo, anche per alcuni disegni melodici tipicamente 'milanesi', si riporta un frammento della Sonata in Do Magg. GBS-son clv 19 di Giovanni Battista Sammartini (bb. 1-23):

Es. 7: SAMMARTINI, Giovanni Battista. Sonata GBS-son clv 19 in Do Magg., 1 mov., bb. 1-23.

In merito alla particolare tecnica a mani alternate, tra le più frequenti nel clavicembalismo milanese, si presenta un passo (bb. 1-24) tratto dalla *Sonata per Gravicembalo* in Re Magg. (GBS-son clv/vl 7), una delle composizioni sammartiniane con accompagnamento.

Es. 8: SAMMARTINI, Giovanni Battista. *Sonata per Gravicembalo* in Re Magg. (GBS-son clv/vl 7), I mov., bb. 1-24.

Questo frammento, pur riportando solo la parte dello strumento a tastiera[84], fornisce una minima idea, a livello ritmico e melodico, della famigerata 'bizzarria' sammartiniana.

---

[84]. L'incompletezza dipende dal fatto che la parte del violino non è stata tramandata dalla fonte manoscritta (*cfr. ut supra*).

Quadri sinottici
delle sonate autentiche di
Giovanni Battista Sammartini

Sonate per cembalo solo

Titolo	*Sonata* - GBS-son clv 1	*Son[a]ta* - GBS-son clv 2	*Sonata* - GBS-son clv 3
Collocazione	I-Gl, A.7b.52.D.8.32	CZ-Pnm, xxxiv-C-403/b	CZ-Pnm, xxxiv-C-402
Tempo	s. i. t.	s. i. t.	*Allegro*
		s. i. t.	*Adagio non tanto*
			s. i. t.
Metro	4/4	2/4	3/4
		3/4	2/4
			3/4
Tonalità	*la min.*	*Fa Magg.*	*Si♭ Magg.*
		Fa Magg.	*Mi♭ Magg.*
			Si♭ Magg.
Misure	33 (11+13+9)	45 (23+22)	69 (31+19+19)
		44 (22+22)	43 (19+24)
			56 (28+12+16)
Forma	tripartita monotem. (ripresa contratta)	bipartita monotem.	tripartita monotem. (T_1 variato in ripresa) (ripresa contratta)
		bipartita bitematica	bipartita bitematica
			tripartita monotem. (T_1 tagliato in ripresa) (ripresa contratta)
Stile	barocco (violinistico)	barocco (violinistico)	barocco (violinistico)
Periodo	anni '20-'30	anni '20-'30	anni '20-'30

Titolo	Sonata - GBS-son clv 4	Sonata - GBS-son clv 5	Sonata - GBS-son clv 6
Collocazione	CZ-Pnm, xxxiv-C-355 I-Bc, Ms. DD 54 B-Bc, Ms. 15138	WALSH, Collection/III 3	I-Mc, I-A-516-38
Tempo	Presto/Allegro/s. i. t.	Allegro Spiritoso	s. i. t.
Metro	3/8	4/4 3/4	2/4 (=6/8)
Tonalità	Do Magg.	Do Magg. Do Magg.	Do Magg.
Misure	149 (47+40+62)	30 (12+11+17) 66 (32+19+15)	88 (26+33+29)
Forma	tripartita bitematica (ripresa priva di T_2)	tripartita monotem. (T_1 tagliato in ripresa) tripartita bitematica (T_2 variato in ripresa)	tripartita monotem. (ripresa quasi simm.)
Stile	barocco/galante	galante	galante/barocco
Periodo	anni '30	anni '30-'40	anni '30

Titolo	Sonata - GBS-son clv 7	[Sonata] - GBS-son clv 8	Sonata - GBS-son clv 9
Collocazione	WALSH, Collection/II 2 (II mov.)	I-Bc, Ms. DD 54	THOMPSON, Select S. 3 (I e II mov.)
Tempo	Grazioso	Introduzione Allegro	Preludio Andantino
Metro	4/4	4/4 4/4	4/4 4/4
Tonalità	la min.	Fa Magg. Fa Magg.	Si♭ Magg. Si♭ Magg.
Misure	43 (18+10+15)	15 38 (18+9+11)	15 25 (12+6+7)
Forma	tripartita bitematica	aperta tripartita bitematica (T_2 tagliato in ripresa)	aperta tripartita bitematica (T_2 variato in ripresa) (ripresa contratta)
Stile	galante/barocco	galante/barocco	galante/barocco
Periodo	anni '30	anni '30	anni '30

Titolo	Sonata - GBS-son clv 10	Sonata - GBS-son clv 11	Sonata - GBS-son clv 12
Collocazione	WALSH, Collection/I 3 (I mov.)	CH-E, Th. 66,53 D-B, ms. 19398 v	THOMPSON, Select S. 4 (I mov.)
Tempo	Largo	s. i. t.	Allegro
Metro	4/4	4/4	4/4
Tonalità	Mi♭ Magg.	Do Magg.	Do Magg.
Misure	32 (16+5+11)	86 (38+27+21)	36 (16+14+6)
Forma	tripartita bitematica (T_2 variato in ripresa)	tripartita bitematica (ripresa priva di T_2) (ripresa contratta)	tripartita bitematica (ripresa priva di T_2) (ripresa contratta)
Stile	galante/ barocco	galante	galante
Periodo	anni '30	anni '40	anni '40

Titolo	Sonata - GBS-son clv 13	Sonata - GBS-son clv 14	Sonata - GBS-son clv 15
Collocazione	US-Bem, Ms. 876	WALSH, Collection/III 2 (I mov.)	D-B, ms. 19398 IV
Tempo	Presto	Andante	Intonazione s. i. t.
Metro	2/4	3/4	s. i. m. 4/4
Tonalità	Sol Magg.	Sol Magg.	Sol Magg. Sol Magg.
Misure	100 (48+29+23)	57 (24+16+17)	non precisabile 43 (15+17+11)
Forma	tripartita bitematica (ripresa priva di T_2) (ripresa contratta)	tripartita bitematica (ripresa priva di T_2) (ripresa contratta)	aperta tripartita bitematica (ripresa priva di T_2) (ripresa contratta)
Stile	galante	galante	galante
Periodo	anni '30-'40	anni '40	anni '40

Titolo	Sonata - GBS-son clv 16	Sonata - GBS-son clv 17	Sonata - GBS-son clv 18
Collocazione	WALSH, Collection/II 4 (I e II mov.)	D-B, ms. 19398 1	I-Bc, Ms. DD 54
Tempo	Grazioso Allegro	Allegro	Andantino
Metro	3/4 4/4	3/4	2/4
Tonalità	Re Magg. Re Magg.	La Magg.	re min.
Misure	64 (28+17+9) 33 (13+11+9)	91 (40+20+31)	72 (22+33+17)
Forma	tripartita monotem. tripartita bitematica (ripresa priva di T_2) (ripresa contratta)	tripartita bitematica (ripresa priva di T_2) (ripresa contratta)	tripartita bitematica (T_1 tagliato in ripresa) (ripresa priva di T_2) (ripresa contratta)
Stile	galante	galante	galante (*sturmisch*)
Periodo	anni '40-'50	anni '40-'50	anni '40

Titolo	Sonata - GBS-son clv 19	[Sonata] - GBS-son clv 20	Sonata - GBS-son clv 21
Collocazione	I-Mc, I-A-516-39	GB-Lbl, Ms. 32161	WALSH, Collection/I 2 D-B, xxxiv-C-356
Tempo	s. i. t.	s. i. t.	Presto Adagio Allegro
Metro	3/4	4/4	4/4 4/4 2/4
Tonalità	Do Magg.	Sol Magg.	Sol Magg. Sol Magg. Sol Magg.
Misure	109 (38+43+28)	78 (30+26+22)	62 (24+16+22) 29 (14+15) 41 (19+22)
Forma	tripartita tritematica (ripresa priva di T_2) (ripresa contratta)	tripartita bitematica (ripresa priva di T_2) (ripresa contratta)	tripartita bitematica (canonica) bipartita monotem. bipartita bitematica
Stile	galante	galante/pre-classico	galante/pre-classico
Periodo	anni '50	anni '50	anni '50

Titolo	Sonata - GBS-son clv 22	[Sonata] - GBS-son clv 23	Sonata - GBS-son clv 24
Collocazione	D-B, ms. 19398/2	CH-E, Th. 66,52	Thompson, Select S. 3 (III mov.)
Tempo	Andante	Spiritoso	Allegro
	Con Spirito [Minuetto e Trio]		
Metro	4/4	3/4	3/4
	3/4		
Tonalità	Sol Magg.	Fa Magg.	Si♭ Magg.
	Sol Magg.		
Misure	45 (23+10+12)	86 (37+26+23)	57 (24+13+20)
	55 (8+8+8)+(12+7+12)		
Forma	tripartita bitematica (T_2 variato in ripresa) (ripresa contratta)	tripartita bitematica (ripresa priva di T_2) (ripresa contratta)	tripartita bitematica (canonica)
	tripartita monotem. (ripresa simmetrica)		
Stile	galante/pre-classico	galante	galante
Periodo	anni '50-'60	anni '50	anni '50

Titolo	[Sonata] - GBS-son clv 25
Collocazione	D-B, ms. 19398/4
Tempo	[Larghetto cantabile]
	Presto
Metro	4/4
	6/8
Tonalità	Si♭ Magg.
	Si♭ Magg.
Misure	16
	117 (41+35+41)
Forma	aperta
	tritematica tripartita (ripresa simmetrica)
Stile	galante/pre-classico
Periodo	anni '50-'60

Filippo Emanuele Ravizza

Sonate accompagnate

Titolo	*Sonata - GBS-son clv/vl 1*	*Sonata - GBS-son clv/vl 2*	*Sonata - GBS-son clv/vl 3*
Collocazione	s. e., *Sei sonate* 1 Venier, *Sei sonate* 1	s. e., *Sei sonate* 2 Venier, *Sei sonate* 2	s. e., *Sei sonate* 3 Venier, *Sei sonate* 3
Tempo	*Larghetto* *Minuet*	*Larghetto* *Allegro*	*Allegro* *Minuetto*
Metro	4/4 3/4	4/4 3/4	2/2 3/4
Tonalità	*Do Magg.* *Do Magg.*	*Re Magg.* *Re Magg.*	*Sol Magg.* *Sol Magg.*
Misure	48 (17+14+17) 64 (26+22+16)	41 (20+3+18) 63 (30+3+30)	125 (55+37+33) 54 (26+8+20)
Forma	tripartita bitematica (ripresa priva di T$_2$)	tripartita bitematica (ripresa priva di T$_2$)	tripartita bitematica (ripresa priva di T$_2$) (ripresa contratta)
	tripartita bitematica (ripresa priva di T$_2$) (ripresa contratta)	tripartita bitematica (ripresa priva di T$_2$)	tripartita bitematica (canonica)
Stile	galante/pre-classico	galante/pre-classico	galante/pre-classico
Periodo	anni '50-'60	anni '50-'60	anni '50-'60

Titolo	*Sonata - GBS-son clv/vl 4*	*Sonata - GBS-son clv/vl 5*	*Sonata - GBS-son clv/vl 6*
Collocazione	s. e., *Sei sonate* 4 Venier, *Sei sonate* 4	s. e., *Sei sonate* 5 Venier, *Sei sonate* 5	s. e., *Sei sonate* 6 Venier, *Sei sonate* 6
Tempo	*Spiritoso* *Minuet*	*Andante* *Allegro*	*Brillante* *Presto*
Metro	2/2 3/4	4/4 3/4	4/4 3/4
Tonalità	*Fa Magg.* *Fa Magg.*	*Si♭ Magg.* *Si♭ Magg.*	*Mi♭ Magg.* *Mi♭ Magg.*
Misure	118 (49+35+34) 60 (23+15+22)	32 (14+7+11) 58 (23+18+17)	41 (18+9+14) 63 (25+17+21)
Forma	tripartita tritematica (ripresa senza T$_2$ e T$_3$) (ripresa contratta)	tripartita bitematica (T$_2$ tagliato in ripresa)	tripartita monotem.
	tripartita bitematica (canonica)	tripartita bitematica (ripresa priva di T$_2$) (ripresa contratta)	tripartita bitematica (T$_2$ tagliato in ripresa)
Stile	galante/pre-classico	galante/pre-classico	galante/pre-classico
Periodo	anni '50-'60	anni '50-'60	anni '50-'60

Titolo	*Sonata* - GBS-son clv/vl 7
Collocazione	I-Bc, Ms. KK 34
Tempo	*Allegro non tanto*
Metro	4/4
Tonalità	*Re Magg.*
Misure	98 (38+24+36)
Forma	tripartita bitematica (ripresa priva di T$_2$)
Stile	galante/pre-classico
Periodo	anni '50-'60

Gli «organi obbligati» nella produzione di Giovanni Andrea Fioroni per il Duomo di Milano

Umberto Scarpetta
(Milano)

È più volte citata l'impressione che fece a Charles Burney l'incontro con le curiose consuetudini musicali della cappella del Duomo di Milano e col suo maestro Giovanni Andrea Fioroni. I veloci appunti di viaggio del grande musicografo inglese[1] ci mostrano con immediatezza il suo stupore e la sua ammirazione davanti alla dimestichezza dei cantori ambrosiani con le antiche xilografie in cui era notata a parti separate la musica polifonica scritta per il Duomo nel tardo Rinascimento: «[...] printed on wood in four parts, separate, cantus – altus – tenor – bassus – out of which after the tone was given by the organist [...] they *all* sung [...] under the direction of the Maestro di Capella, without the organ. He beat the time, though there were no bars: the music by Signor <> who was Maestro di Capella in this Church about 150 years ago». Poco oltre, leggiamo che il Burney chiese a Fioroni di spedirgli uno dei suoi pezzi sacri a otto voci, «in order to convince the world that tho' the theatrical style is very different from that of the Church, yet this latter is not wholly lost»[2].

Eppure, un esame diretto della musica scritta da Fioroni per la cappella metropolitana rivela uno stile influenzato dalla temperie estetica settecentesca: è vero che i cantori sapevano eseguire repertori antichi senza organo e facendosi guidare dal *tactus* rinascimentale senza la divisione in battute; ma dalle partiture giunteci appare evidente che essi erano anche in grado di dare espressione a melodie dolcemente sospirose o elegantemente virtuosistiche. Lo stesso Burney nelle ultime parole che ho citato ci lascia intravedere la compresenza nella musica liturgica di stile teatrale e di stile da chiesa.

L'abbondante musica sacra scritta per le chiese milanesi[3] intorno e poco successivamente alla metà del Settecento accoglieva nel suo seno maniere di scrittura e tratti stilistici conformi

---

[1]. Editi in BURNEY, Charles. *Music, Men and Manners in France and Italy* 1770, edited by H. Edmond Poole, London, Eulenburg Books, 1974, p. 47. Si tratta del materiale che, sfrondato di vari aneddoti ed argomenti estranei alla musica, sarebbe andato a formare il celebre libro: IDEM. *The Present State of Music in France and Italy*, London, Becket, Robson and Robinson, 1771.

[2]. *Ibidem*, p. 47.

[3]. Per un panorama generale vedi il saggio di DELLABORRA, Mariateresa. 'La musica sacra del XVIII secolo in area milanese. Aspetti e stili', in: *Rivista Italiana di Musicologia*, XXXIV (1999), pp. 67-90; per quanto riguarda in particolare il Duomo, vedi MOMPELLIO, Federico. 'La Cappella del Duomo dal 1573 al 1714' e 'La Cappella del Duomo dal 1714 ai primi decenni del '900', in: *Storia di Milano*, 17 voll., [Milano], Fondazione Treccani degli

all'indirizzo estetico prevalente nella musica del tempo. Sappiamo però dell'orientamento conservatore mantenuto nella cappella della cattedrale: questa, fedele ad austere tradizioni risalenti a San Carlo Borromeo, fin dagli albori dell'età barocca si era mostrata sempre cauta nell'accogliere novità linguistiche ed espressive, tanto che il suo repertorio acquistò una fisionomia singolare in confronto non solo alla musica prodotta in altre città, ma anche in altre chiese della stessa Milano. I vari maestri di cappella metropolitani si adeguarono in vari modi a questa tradizione di austerità: fermi restando il divieto di usare strumenti diversi dall'organo e l'assidua consuetudine con la pratica policorale — a otto voci in due cori —, le musiche scritte per il Duomo nel corso del Sei e del Settecento mostrano caratteri ora più conservatori ora più avanzati, talvolta anche nell'ambito della produzione dello stesso autore.

Il caso di Fioroni è significativo nel mostrare come pur nella severa temperie del Duomo di Milano abbia potuto nascere una musica cui la critica moderna ha riconosciuto «fantasia feconda e piacente», come ha scritto il Mompellio, sia pure accusando il compositore di «superficialità di costume artistico» e concedendogli di essere più che altro «un gradevole produttore di musica»[4]. Questi giudizi sembrano segnati dalle personali inclinazioni estetiche del loro autore, quindi si possono condividere di più o di meno; tuttavia, essi invitano a rivolgere l'attenzione verso i pregi e verso i limiti della musica sacra di Fioroni, che sono pregi e limiti tipici della musica sacra italiana di quell'epoca.

Riesce interessante osservare la funzione dell'organo obbligato nella definizione di alcuni caratteri stilistici di questo maestro di cappella. Si dava talvolta il caso che nel Duomo di Milano l'organo, essendo l'unico strumento ammesso, svolgesse il ruolo che altrove svolgeva l'orchestra d'archi. Per quanto riguarda Fioroni, in molti dei brani a quattro e più voci, nonché nella maggior parte di quelli policorali a otto voci, le note scritte per l'organo si limitano a un 'basso seguente'. Talvolta, però, l'organo — o i due organi, nel caso delle composizioni a due cori — ha una parte differente, della quale è scritto solo il basso, secondo l'antico costume del 'continuo', mentre il completamento di essa spetta ancora all'improvvisazione dell'esecutore. Una minoranza del *corpus* di musiche fioroniane presenta delle parti organistiche obbligate, cioè non limitate alla linea del basso. Anche in tal caso, però, molto può rimanere affidato all'iniziativa dell'esecutore; spesso, infatti, la scrittura si limita a una linea di basso e a una linea melodica superiore (come si può notare in alcuni degli esempi musicali del presente articolo), imponendo quindi la necessità di improvvisare il completamento delle armonie. Il ruolo degli organi obbligati, infine, può essere più o meno esteso: talora ad essi sono affidate solo sezioni strumentali introduttive, oppure di raccordo fra un episodio vocale

---

Alfieri per la Storia di Milano, 1953 - 1966, vol. XVI: *Principio di secolo (1901-1915)*, parte X *La musica a Milano nell'età moderna*, cap. IV *La musica strumentale e cameristica a Milano nel '700*, 1962, pp. 551-552 e 553-569, e SCARPETTA, Umberto. 'La musica composta per il Duomo dall'Ars Nova al movimento ceciliano', in: *Sei secoli di musica nel Duomo di Milano*, a cura di Graziella De Florentiis e Gian Nicola Vessia, Milano, Nuove Edizioni Duomo, 1986, pp. 243-248.

[4]. MOMPELLIO, Federico. *Op. cit.* (vedi nota 3), p. 555.

e l'altro; talora essi concertano con le voci, o accompagnandole, o intrecciando controcanti (non voglio chiamarli contrappunti, giacché non giungono ad instaurare con le voci un vero impianto contrappuntistico), o dialogando con esse. Gli esempi musicali che seguono sono stati scelti anche allo scopo di mostrare il massimo livello di complessità degli interventi degli organi obbligati nella produzione fioroniana per il Duomo.

Consideriamo dapprima i pezzi che usano l'organico quantitativamente prevalente nella produzione del Nostro: quello a otto voci in due cori.

Presente a Milano dal tardo Cinquecento, e fin da allora valentesi dei due organi affrontati ai due lati del presbiterio, la scrittura a due cori godette da parte della cappella metropolitana milanese di una frequentazione assidua e ininterrotta, senz'altro insolita nel panorama italiano dopo i primi decenni del Seicento. Talvolta nel titolo dei brani policorali appariva la dicitura «pieno»: ciò significava prevalenza di scrittura omoritmica, a blocchi accordali, con conseguente velocità nell'esaurire il testo, sicché spesso un pezzo di questo genere veniva denominato «pieno e breve». Tale è il caso di *Cantate psallite Motetto a 8 Pieno con organi obbligati*[5]. Quando cantano i cori, la scrittura «piena» confina i due organi al ruolo di bassi seguenti, tranne alcuni pittoreschi interventi di commento onomatopeico alle voci[6] (Es. 1).

Es. 1: *Cantate psallite Motetto a 8 Pieno con organi obbligati*. I-Md, busta 92 n. 7.

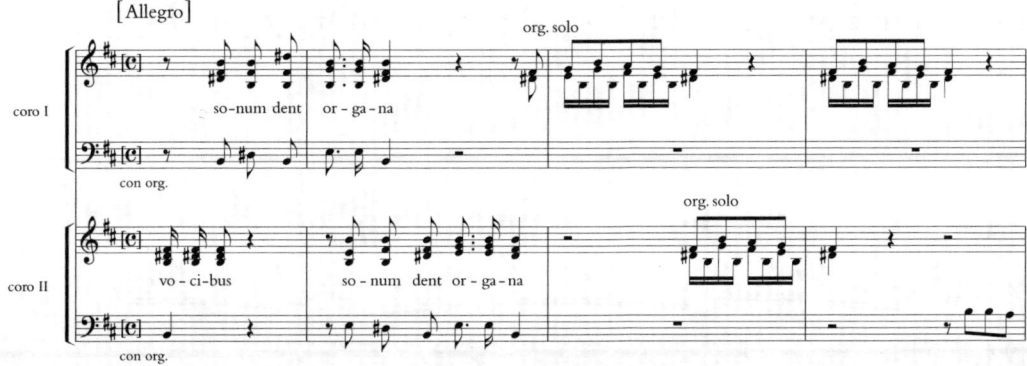

Sono invece chiamati «concertati» i pezzi policorali che prevedono episodi affidati ai 'soli' distinti dai 'tutti': la loro maggiore articolazione formale in confronto ai pezzi non «concertati» lascia spazio ad interventi obbligati di una certa consistenza. Riguardo al *Gloria in Pastorale a 8 voci con due organi obbligati*[7] mi limito a menzionare il «tasto solo» (cioè la semplice nota del

---

[5]. Conservato nell'archivio della Veneranda Fabbrica del Duomo di Milano (I-Md) sotto la segnatura Busta 92 n. 7.

[6]. Esteso ad altre cinque battute, questo passo è riportato anche in DELLABORRA, Mariateresa. 'Giovanni Andrea Fioroni (1716-1778) e un suo mottetto a otto voci', in: *Rivista Internazionale di Musica Sacra*, VIII (1987), pp. 412-477. Tutti gli altri esempi musicali del presente articolo sono inediti.

[7]. I-Md, Busta 89 n. 4.

basso non armonizzata) tenuto dagli organi, ove questo lungo suono tenuto assolve al compito, necessario nei *Gloria in piva* o *Gloria in pastorale* collegati alla liturgia natalizia, di evocare in qualsivoglia maniera il bordone della zampogna; in alcuni passi dello stesso *Gloria*, poi, proprio la necessità del bordone cagiona un fenomeno abbastanza raro nella musica italiana preottocentesca: una parte scritta evidentemente per il pedale dell'organo. Questa presenta appunto una nota di bordone, situata al di sotto della linea del basso. Mi soffermo invece sul prezioso effetto timbrico ottenuto dalla reciproca integrazione dei due organi che accompagnano il tenore solo del primo coro nel *Gloria in pastorale a 8 voci concertato con organi obbligati*[8] (Es. 2): da una parte, eleganti figurazioni 'albertine'; dall'altra, la sottolineatura di alcuni tratti di melodia.

Es. 2: *Gloria in pastorale a 8 voci concertato con organi obbligati*. I-Md, busta 89 n. 2.

e più avanti

Questi passi della parte del secondo organo offrono un esempio di scrittura galante per strumento a tastiera; clavicembalistica, verrebbe fatto di dire, se non che bisogna tenere presente che la musica per organo italiana si era mantenuta fino allora molto simile a quella per clavicembalo. Qui notiamo un movimento per terze ornato di un abbellimento, gruppi veloci di note sul battere (chiamati proprio «figurazioni alla lombarda»), una figurazione ad

---

[8]. I-Md, Busta 89 n. 2.

accordo spezzato; altro ancora si può trovare nell'introduzione strumentale del *Motetto a 2 Lux turbato Tenore e Basso con organo obbligato*[9] (Es. 3).

Es. 3: *Motetto a 2 Lux turbato Tenore e Basso con organo obbligato*. I-Md, busta 94 n. 2.

La linea melodica è molto fiorita e animata da fitti abbellimenti; perciò stupisce che il Burney racconti: «I afterwards [dopo che ebbe ascoltato il pezzo antico a quattro voci] heard the first organist play a quarter of an hour in a very masterly and grave stile, suited to the place and instrument»[10]. Era l'altra faccia della vita musicale del Duomo.

Allora ricopriva il posto del primo organista Giovanni Corbelli; il posto del secondo, Antonio Terzi. Nel trentennio fioroniano, inoltre, si avvicendarono agli organi Michelangelo Caselli e, unici ad avere svolto anche attività di compositori, Agostino Quaglia, futuro maestro di cappella, e Johann Christian Bach, nella cui vita questo posto costituì un'esperienza brevissima e di scarso interesse[11].

Ancora a proposito del valore sonoro che l'intervento organistico poteva assumere, osserviamo nell'*Ecce nunc*[12] (Es. 4) per soprano e organo obbligato come s'intreccino con la voce le graziose terzine acefale di questo accompagnamento. Tali terzine, col rivolgersi o con lo spostarsi verso l'alto o verso il basso, in certo qual modo guidano il soprano verso la direzione — ascendente o discendente — in cui esso deve volgere le sue escursioni melodiche.

Es. 4: *Ecce nunc Canto solo con organo obbligato*. I-Md, busta 106 n. 1.

---

[9]. I-Md, Busta 94 n. 2.

[10]. BURNEY, Charles. *Music, Men* [...], *op. cit.* (vedi nota 1), p. 47.

[11]. Sulle vicende degli organi e degli organisti del Duomo negli anni di Fioroni vedi ROSSI, Marco. 'Organi e organisti del Duomo dal 1582 ai giorni nostri', in: *Sei secoli di musica nel Duomo di Milano, op. cit.* (vedi nota 3), pp. 211-214. Sul 'Bach di Milano' vedi ALLORTO, Riccardo. *Gli anni milanesi di Giovanni Cristiano Bach e le sue composizioni sacre*, Milano, Ricordi, 1992, dove, fra l'altro, a p. 122 è riportata la lettera del giovane Johann Christian a Padre Martini del 1758 in cui manifesta una profonda disistima per la musica di Fioroni.

[12]. I-Md, Busta 106 n. 1.

Naturalmente, è soprattutto nei mottetti a poche voci che l'organo ha l'occasione di sortire piacevoli effetti sonori e di svolgere melodie particolarmente espressive grazie a una ricca articolazione. Ma anche laddove c'è meno spazio per tutto ciò, vale a dire nei mottetti e nei *Gloria* policorali, gli organi svolgono un ruolo importante: non in concomitanza con le voci, bensì nelle introduzioni strumentali e negli incisi o frasi o episodi di raccordo tra frasi o episodi vocali. Allora gli strumenti, in luogo di una funzione coloristica, ne assumono una costruttiva. Come suole fare l'orchestra nelle musiche coeve che uniscono questa alle voci, gli organi precedono l'entrata delle voci con un'introduzione; questa presenta in sintesi il materiale che poi le voci esporranno con una maggiore ricchezza di episodi collaterali e con una più significativa presenza di modulazioni[13]. Tale procedimento formale era destinato ad evolversi, di lì a poco, nella forma classica del concerto per strumento solista e orchestra. Grazie alla presenza di due organi invece di uno, questo senso della forma già sonatistico *in nuce* si mescola con procedimenti di costruzione del periodo musicale che sono ancora di carattere retorico, poiché i due strumenti ora si rispondono reciprocamente con motivi diversi, ora si giustappongono come cori battenti, instaurando il tipico 'certame' barocco; dunque si assiste a una dialettica di frasi o confermate o contrapposte, messe comunque in successione logica una dopo l'altra.

Un esempio di tale dialettica è in un passo dell'introduzione strumentale del mottetto a due bassi e due organi obbligati (un organico inconsueto, a dire il vero) *Caeli facies*[14] (Es. 5).

Es. 5: *Mottetto Caeli facies a 2 Bassi con organi obbligati.* I-Md, busta 92 n. 10.

Come si vede, le battute del dialogo non superano la lunghezza di un inciso, ma forse proprio per questo lo conducono con maggior vigore, segnandone con nettezza le tappe. Presento ora due passi dello stesso mottetto con la presenza delle due voci — anche se nell'Es. 6 i due organi fanno solo i bassi continui — per mostrare come il luminoso canto degli obbligati nell'introduzione strumentale (si riveda l'Es. 5) col suo sciolto andamento

---

[13]. Vedi ad esempio il mottetto a otto voci in due cori e due organi obbligati *Rubum quem viderat*, trascritto per intero in Dellaborra, Mariateresa. *Giovanni Andrea Fioroni* [...], *op. cit.* (vedi nota 6), pp. 448-477. Il manoscritto è conservato in I-Md, Busta 109 n. 12.

[14]. I-Md, Busta 92 n. 10.

da *singende Allegro* di sonata italiana clavicembalistica — si noti alla terza misura dell'Es. 5 la presenza della terzina in mezzo alle suddivisioni binarie — contagi le scure voci dei due bassi, che nel librarsi sulla parola «volate» giungono ad intrecciare a vicenda le loro linee come se fossero anche loro una coppia di organi (Es. 6 ed Es. 7).

Es. 6: *Mottetto Caeli facies a 2 Bassi con organi obbligati*. I-Md, busta 92 n. 10.

Es. 7: *Mottetto Caeli facies a 2 Bassi con organi obbligati*. I-Md, busta 92 n. 10.

Passando ora ad osservare l'inizio dell'introduzione strumentale di questo stesso mottetto, si può riconoscere come gli organi obbligati rinsaldino tutta la composizione con una certa unità tematica; infatti l'*incipit* (Es. 8) presenta cellule motiviche che ritroviamo (negli Ess. 5, 6 e 7) in momenti diversi con funzioni diverse.

Dunque, oltre che nell'organizzazione protosonatistica della forma, è anche nell'unità tematica che consiste l'apporto costruttivo dato dagli organi obbligati. Che fosse proprio questa solidità strutturale a suscitare l'ammirazione del Burney, tanto da indurlo a considerare — con entusiasmo fin eccessivo — le musiche di Fioroni come delle reliquie di un antico e prezioso stile da chiesa?

Es. 8: *Mottetto Caeli facies a 2 Bassi con organi obbligati*. I-Md, busta 92 n. 10.

L'Archivio della Fabbrica del Duomo di Milano custodisce anche un *Salve Regina Canto solo con Cembalo obbligato*[15]. In effetti, qui la scrittura tastieristica pare protesa verso caratteri clavicembalistici più di quanto non lo siano le altre composizioni del *corpus* fioroniano destinato alla cattedrale: si trovano stretti ritmi puntati, terzine arpeggiate o distribuite fra mano sinistra per il basso e mano destra per le altre due note, unisoni fra le due mani, note ribattute. D'altronde, l'eseguibilità all'organo e l'innegabile affinità con le altre musiche ci consente di annoverare anche questo pezzo fra quelli usati nella cattedrale. La voce svolge un canto fiorito ma insieme ampio, con grande escursione nella tessitura, così da mantenere un'elevata temperatura patetica. Diversamente dall'*Ecce nunc* (si riveda l'Es. 4), questa volta l'accompagnamento arpeggiato non anticipa la voce sottolineando di essa i movimenti verso l'acuto o verso il grave, ma compensa con dolcezza le sue salite e le sue discese volgendosi nella direzione opposta. Ne risulta un effetto di calma intima e composta. Le figurazioni del cembalo od organo obbligato possono servire da utile fonte per sapere come realizzare quelle composizioni o quelle sezioni dove l'organo appare scritto solo in forma di basso continuo (Es. 9).

Es. 9: *Salve Regina Canto solo con Cembalo obbligato*. I-Md, busta 109 n. 17. Subito dopo la fine dell'episodio precedente, che cadenza alla dominante di Mi♭ Maggiore, vi è un cambiamento di modo:

---

[15]. I-Md, Busta 109 n. 17

Davanti poi a queste lamentose cadenze d'inganno e a questo singhiozzante inciso dello strumento a tastiera possiamo riconoscere le tracce dell'apprendistato di Fioroni a Napoli, dove era stato allievo di Leonardo Leo (Es. 10).

Es. 10: *Salve Regina Canto solo con Cembalo obbligato*. I-Md, busta 109 n. 17.

Certo, questo per il Burney sarebbe stato «stile teatrale molto diverso da quello della Chiesa», ma nel contempo non gli si può negare qualcosa di più profondo di una semplice «gradevolezza».

G. B. Sammartini's Sonatas for Cello and B.C.: Style Change in the Making

Tova Shany
(Tel Aviv)

Six Sonatas for Cello ascribed to Giovanni Battista Sammartini were published in 1742 by Le Clerc in Paris as *Sei Sonate a Violoncello col Basso del Signor San Martini, Œuvre IV*. No information is available on the exact date of their composition, nor is it known whether they were composed as a group or were compiled for printing by the publisher. There is no knowledge of the circumstances leading to the publication of the set, nor of Sammartini's own involvement in the publication. The Sonatas could have been written, therefore, at any time before 1742, and quite probably part or all of them were written over the decade of the 1730's[1]. In Italy, the years between ca. 1730 to ca. 1740 were stylistically critical. Sonatas written by Italian composers in the 1730's have been found to reveal clear indications of an ongoing clash between late-Baroque compositional strategies and new techniques, the introduction of which was rapidly changing the musical scene[2]. If the Cello Sonatas were indeed written in the 1730's, we should expect them to include at least some traces of the evolving new approaches.

The immediate auditory impression of the Cello Sonatas points to their late-Baroque roots. This is primarily due to their familiar solo/figured-bass framework, one of the strongest and most typical of all Baroque stylistic features. Solo sonatas in general (excluding those for solo keyboard) have, however, tended to preserve the continuo device long after the style change had been completed. Some typically Classic compositions dating

---

[1]. The lapse of a decade or more between the dates of composition and of publication is quite possible. Several of Sammartini's early works, written in the early 1730's or even previously, were not published until the beginning of the 1740's. See also the *Introduction to Giovanni Battista Sammartini. 'Sonate a tre stromenti'. Six notturnos for string trio, Op. 7. A new edition with historical and analytical essays*, edited by Bathia Churgin, Chapel Hill, The University of North Carolina Press, 1981.

[2]. Unless otherwise indicated, all the stylistic findings regarding sonatas by other contemporary Italian composers have been substantiated by means of close analysis in Shany, Tova. *The Shift from the Baroque to the Classic Style and its Role in the Emergence of Sonata Form: A Study of Bipartite Movements from Italian and German Solo and Keyboard Sonatas ca. 1720 - ca. 1760*, Unpublished Ph.D. Diss., Tel-Aviv University, 1999.

from the second half of the 18th century still maintain a continuo-like bass line, however changed its structural function[3].

Sammartini's earliest symphonies, probably written around the end of the 1720's and the beginning of the 1730's, have been shown to introduce novel style features that affect most musical parameters[4]. Of course, sonatas and symphonies occupy a very different historic position at that particular point in time (inherent differences of genre notwithstanding). While solo sonatas continue a tradition of over a hundred years as a Baroque genre, the symphony is young and innovative. As a genre, then, the sonata, much like the Baroque concerto, may have been *a priori* less susceptible to stylistic changes. But would a young and active composer completely set aside newly explored compositional strategies, and use nothing but older practices, just because he was writing in a more conservative genre[5]? The present study aims to solve this interesting riddle, and to show, using analysis, that despite their Baroque sound, Sammartini's Cello Sonatas are actually written in a changed style. Their remaining Baroque traits are considerably weakened, making way for new features that reflect the emerging esthetic underlying the Classic idiom.

The behavior of central musical parameters, such as harmony, principles of melodic construction, rhythm and texture are examined concurrently with the principles of form revealed in the Sonatas' two-part movements. Evolving sonata form procedures are assumed to be an important manifestation of the modern aspect of these works. The analysis is therefore directed to illustrate the reciprocal relations between the changing idiom and the emergence of sonata form.

General description and primary observations

Before entering a detailed analysis of any individual Sonata movement, a general look at the cyclic organization of the Sonatas already proves enlightening. The simple statistics of the collected findings shown in Table 1 reveal features relevant to the present discussion and leads to valuable conclusions already at this stage.

---

[3]. Luigi Boccherini's Sonatas for Cello are one such example.

[4]. Churgin, Bathia. *The Symphonies of G. B. Sammartini*, 2 vols., Ph.D. Diss., Cambridge (MA), Harvard University, 1963; Ann Arbor (MI), UMI (74.26282), 1974.

[5]. In the introduction to Sammartini's early symphonies (*The Symphonies of G. B. Sammartini. Vol 1: The Early Symphonies*, edited by Bathia Churgin, Cambridge -MA-, Harvard University Press, 1968 - Harvard Publications in Music, 2 -, p. 11), Churgin mentions that «a thoroughly galant idiom prevails in Sammartini's next opera, *L'Ambizione superata dalla Virtù* (1734). It is difficult to believe that symphonies with marked baroque features could have been written after this second opera».

Table 1: General structure of the sonatas

Sonata	Mov.	Title	Key	Meter	Remarks
I	1	*Allegro*	B♭ major	3/4	
	2	*Allegro*	B♭ major	12/8	
	3	*Allegro*	B♭ major	2/4	
II	1	*Allegro*	G major	¢	
	2	*Affettuoso*	C major	3/8	
	3	*Allegro*	G major	3/4	
III	1	*Allegro*	B♭ major	2/4	
	2	*Largo*	E♭ major	¢	No middle division
	3	*Spiritoso*	B♭ major	3/8	
IV	1	*Allegro*	G major	3/4	
	2	*Largo*	C major	¢	No middle division
	3	*Vivace*	G major	3/8	
V	1	*Allegro*	F major	2/4	
	2	*Largo*	B♭ major	3/4	
	3	*Vivace*	F major	3/4	
VI	1	*Allegro*	G major	¢	
	2	*Adagio*	E minor	3/4	No middle division. The only movement in minor
	3	*Allegro*	G major	2/4	

All six Sonatas are in three movements, beginning each with an *Allegro*, and arranged in a fast-slow-fast order. Four Sonatas have *Largo* or *Adagio* middle movements. Sonata I has *Allegro* as the title of its middle movement, but its nature is typical of slow movements in 12/8, influenced by the *Siciliano*[6]. The title could therefore be mistaken or, perhaps more probably, denote the mood rather than the tempo of the movement. The second movement of Sonata II is marked *Affettuoso*, a term often used in the Classic period for moderately slow tempos (equivalent to *Andante* or even *Largo*). None of the Sonatas begins with a slow movement. The cyclic arrangement of all six Sonatas differs, therefore, from that most common in Italy since ca. 1700. Although movement arrangement in Baroque sonatas is generally flexible both in number and order, the generation that followed Corelli in Italy tended to preserve the order made common by him both in his *sonate da chiesa* and *sonate da camera*, namely a slow-fast-slow-fast order. Thus, for example, all of Antonio Vivaldi's Violin Sonatas Op. 2 (1709) and Op. 5 (1716) begin with a slow prelude, as do the Violin

---

[6]. See Ex. 1.

Sonatas of Giovanni Battista Somis (ca. 1723 - 1726) and of other Italian composers such as Giovanni Antonio Piani, and Francesco Maria Veracini. The three-movement fast-slow-fast design is, however, frequently encountered in early Classic sonatas, a phenomenon that is possibly connected with the role the similarly structured Italian opera overture had in the style change[7]. By adhering to this design in his Sonatas, Sammartini discloses a tendency to explore fresh compositional directions in any genre. He remains consistent in avoiding the slow-fast-slow-fast Corellian order, as can be also seen in his early trios and symphonies[8].

All the Sonatas are in major, their tonic keys ranging from one sharp to two flats (2 are in B♭, three in G, one in F). Only the first Sonata uses the same key for all three movements. Four others use the subdominant for the middle movement, and the sixth goes to the relative minor (the only movement in minor in the whole set)[9]. This marked predilection for major tonics is also observed in Sammartini's early symphonies, including the very early ones, whose dates of composition are presumed to be before 1730[10]. However, in the symphonies middle movements often go to the relative minor (as opposed to the subdominant in these Sonatas), thus increasing considerably the overall number of movements in minor and the affective mood their presence evokes. The preference for major tonics has been often mentioned as a typical characteristic of the early classic style[11]. The almost complete avoidance of minor at any position is a strong indication of *galant* leanings.

Another consideration concerns dances and their influence. The majority of movements (15 out of 18) feature a formal binary division. Among them are all the outer movements and three middle movements. The other three slow movements have no overt middle division, but in two of them, careful analysis of the large harmonic plan and cadential articulations uncovers an inner bi-partite organization. Only the middle movement of the sixth Sonata is truly through-composed, using imitative and fugal procedures. Once again, a similar situation is observed in the early symphonies and trios. In the early trios, «Double bars, with repeat marks, divide all the movements into bipartite structures»[12]. In only two of the very early symphonies, (J-C 7 and J-C 33, probably composed by 1730 if not earlier)

---

[7]. See NEWMAN, William S. *The Sonata in the Baroque Era*, Chapel Hill, The University of North Carolina Press, Revised Edition, 1966, pp. 69-81.

[8]. In a discussion of the early trios in her introduction to the edition of *Giovanni Battista Sammartini. 'Sonate a tre stromenti'*. [...], *op. cit.* (see footnote 1), Churgin mentions that «none [...] are organized in the four-movement sonata da chiesa cycle [...]». None of the early symphonies begin with a slow movement either.

[9]. The style of Sonata VI differs noticeably from that of the other sonatas of this set, giving rise to the thought that it may have been written by another composer. As there is no other evidence to support this possibility, it was decided not to exclude the Sonata from the analysis, while indicating the points where it does not agree with the general behavior of the other Sonatas.

[10]. CHURGIN, Bathia. *The Symphonies of G. B. Sammartini*. [...], *op. cit.* (see footnote 5), Introduction, pp. 7-11.

[11]. RATNER, Leonard G. *Classic Music: Expression, Form and Style*, New York-London, Schirmer Books-Macmillan, 1980, pp. 55-56.

[12]. *Giovanni Battista Sammartini. 'Sonate a tre stromenti'*. [...], *op. cit.* (see footnote 1), Introduction, p. 8.

does the opening movement lack repeat marks, doubtlessly a vestige of the Baroque concerto. After that, all of the outer movements have a formal division in their midst, as does the overwhelming majority of middle slow movements.

The proliferation of two-part movements is not incidental, pointing once again to newly introduced compositional choices. After Corelli's death (1713), a gradual process of fusion is observed between sonatas *da camera* and *da chiesa*, resulting in the emergence of hybrid sonatas, containing a varied mixture of dance and abstract movements. This mixture is quite often straightforward, the two types appearing intermittently in the cycle, each preserving its typical nature. New and significant directions are opened, however, when abstract movements absorb characteristics originating in the dance. Free of the constraints that an actual dance-title entails, these movements use flexibly the moods and rhythmic patterns emanating from Baroque dances. While maintaining the connection to the dance, they reflect the composer's individual manner of incorporating dance-related properties in his composition.

In Sammartini's Cello Sonatas all the movements have 'abstract' titles, while most of them are, as mentioned, bipartite, like most dances. They thus carry inherently a potential for mixed characteristics, at least part of which originate in dances. A marked predilection for triple meters is observed in these Sonatas. Of the 15 bipartite movements, 8 movements are in 3/4 or 3/8, and one is in 12/8, engendering an association with popular Baroque dances. Ex. 1 illustrates the second movement of Sonata 1, influenced by the *siciliano*.

Ex. 1: Sonata 1/2, mm. 1-8. *Siciliano*-like movement.

Of particular interest are those movements in 3/4 or 3/8 that suggest the minuet. Being non-Italian in origin and relatively new, the minuet does not feature frequently in Italian late Baroque chamber dance suites. By the beginning of the 18th century, it is found as the last movement in Italian opera overtures, from where it probably found its way into the newly emergent symphony. Sammartini himself ended several of his early symphonies with a minuet. The minuet, then, is strongly associated with 'modern' tendencies, and, as we know, has reached the peak of its popularity in the later Classic period.

In two of the six Cello Sonatas the last movement is in 3/4, and can be easily identified as a minuet, without actually carrying the explicit title (Ex. 2). Sonatas III and IV end in movements in 3/8 that also bear a close association to the minuet.

Ex. 2: Sonata II/3, mm. 1-19. Minuet-like movement.

The fact that minuet-associated movements close four of the Cello Sonatas, links up with the previously mentioned fast-slow-fast arrangement of the Sonatas, suggesting that Sammartini's model for cyclic organization here is the Italian opera overture rather than the Baroque chamber sonata. Sammartini, a pioneer of the newly emergent symphony, applies his 'modern' inclination to the more conservative sonatas as well.

Put together, all the above findings present a picture that is no longer typical of Italian Baroque sonatas. No matter what our next examination will show, already these findings indicate that Sammartini's initial stylistic premises differ from those of his older contemporaries in Italy. A closer look at some individual components of style will show whether this conclusion is substantiated in them as well.

The large harmonic layout and the question of tonal polarity

In search for evidence to the emergence of the early Classic style in the individual movements of the Cello Sonatas, we begin by studying their large harmonic layout. The order and distribution of the different tonal areas within the fifteen bi-partite movements will reveal whether the treatment of harmony remains as it previously was, or a new approach to harmony is observed. The study of the bipartite movements would also help establish whether harmonic conditions pertinent to the rise of early sonata-form procedures are observed within this structural setting.

To understand the situation revealed in Sammartini's Cello Sonatas, it must be checked against the principles underlying harmonic planning in Late Baroque forms. By about 1700, the overall tonal procedure in most forms and genres had taken a more or less expected path. The logic behind it maintains that a tonic key gains strength as the tension created by moving away from it is released by its ultimate reconfirmation. In practice, the modulations inferred by this logic generally take the following order: initial tonic, modulation to the dominant (or relative major), deviation to other related keys, and ultimate return to the tonic. This harmonic procedure is regularly encountered at least since the end of the 17th century in cursive forms such as the fugue and the concerto, as well as in vocal music. It was not fully described in theory, however, until Joseph Riepel put it in writing in 1755[13]. In his description, harmonic organization is 'solar': the tonic is a center of gravity surrounded by its 'satellite' related keys. Although a certain functional hierarchy exists among these keys (which explains why the first modulation goes to the dominant or the relative major), they all share the role of highlighting the centralizing position of the tonic.

The superposition of the solar approach to harmony on the pre-existent bipartite setting was to pave the way for significant changes in harmonic planning. In applying the solar key scheme to the bipartite movement, composers were faced with constraints of time and space that resulted from the closed framework and the typical brevity of two-part movements at that point in time. Considering that a certain length of time is needed to modulate to a new key and establish it before moving to another, the number of modulations a composer could comfortably fit into Part I without causing it to be unduly long could hardly exceed two. Any additional modulation had to occur at the first half of Part II, before the tonic was regained and reaffirmed. Although Part II was often allowed to be somewhat longer, a certain extent of proportion in relation with Part I had to be maintained.

The existence of a formal middle division, marked off by a double bar and repeat sign, makes the cadence ending Part I a strategic point topped in importance only by the final cadence. The key in which Part I ends, therefore acquires particular prominence, marking the end of the initial phase while clearly standing for an 'interim ending'.

In bi-partite movements written before 1720, the harmonic course to the end of Part I is not standardized, and several procedures are commonly observed:

1) Part I is non-modulating, ending with an open half-cadence on V.

2) A modulation to the dominant (or relative major) occurs at the very end of Part I, ending in a strong cadence in the second key.

---

[13]. In *Grundregeln zur Tonordnung insgemein*, described in: RATNER, Leonard G. *Op. cit.* (see footnote 11), pp. 49-50.

3) In minor tonics, two modulations occur: first to the relative major, and then to minor v, ending in it.

4) A modulation to the dominant occurs midway through Part I (or earlier), thus creating an expansive second key area.

The number of keys explored in Part II varies, and although a return to the tonic never fails to arrive, the closing tonic area is sometimes rather brief.

Let us return now to Sammartini's Cello Sonatas. TABLE 2 shows the distribution of tonal areas in all of the two-part movements, presented according to their location: first movements, last movements, and the three two-part middle movements. The picture that emerges from them departs significantly from those that characterize late-Baroque harmony.

TABLE 2: DISTRIBUTION OF TONAL AREAS
IN THE TWO-PART MOVEMENTS OF SAMMARTINI'S CELLO SONATAS

First movements

Sonata	Key	Meter	Measures	Part I Total	Part I Tonic	Part I Dom.	Part II Total	Part II Dev.	Part II Tonic (recap)
I	B♭	3/4	53	19	4	15	34	14	20
II	G	ȼ	100	31	12	19	69	24	15
III	B♭	2/4	64	25	4	19	39	16	23
IV	G	3/4	70	26	8	18	44	25	19
V	F	2/4	41	17	8	9	24	10	14
VI	G	ȼ	52	21	14	7	31	16.5	14.5

Last movements

Sonata	Key	Meter	Measures	Part I Total	Part I Tonic	Part I Dom.	Part II Total	Part II Dev.	Part II Tonic (recap)
I	B♭	2/4	46	22	6	16	24	all in tonic	
II	G	3/4	53	19	9	10	34	18	16
III	B♭	2/4	64	25	6	19	39	21	18
IV	G	3/8	72	28	9	19	44	21	23
V	F	3/4	36	15	6	9	21	all in tonic	
VI	G	2/4	92	40	15	25	52	24	28

Two-part middle movements

Sonata	Key	Meter	Measures	Part I			Part II		
				Total	Tonic	Dom.	Total	Dev.	Tonic (recap)
I	B♭	12/8	20	8	3.5	4.5	12	5	7
II	C (G)	3/8	38	18	7	11	20	all in tonic	
V	B♭ (F)	3/4	45	15	8	7	30	16	14

The most important findings concern internal proportions:

Part I - tonic versus dominant.

- All of the movements modulate to the dominant in Part I. The earlier option of a non-modulating section, which ends on V is no longer used. Because there are no movements in minor among the bi-partite group, the three-key option (modulating to the relative major and then to minor v) is not applicable[14].

- In 13 of the movements the dominant area in Part I is longer or equal in length to the tonic area, independently of the location of the movement within the cycle. The only outstanding exception is in the first movement of Sonata VI. In eight movements the dominant area is considerably longer than the tonic area.

Part II versus Part I.

- In all of the movements Part II is longer than Part I, mostly by at least 30%. This suggests a certain development (harmonic or other) in Part II.

- In most of the cases, a substantial tonic area occupies the second half of Part II, appearing after a certain area of deviation. Only in three movements Part II is entirely in the tonic (featuring increased harmonic activity without modulation).

Put together, these findings point to an increasingly standardized tonal layout in two-part movements. Of the different options available, the one chosen has an expansive dominant area in Part I and a substantial tonic area at the end, thus leaving only the first half of the Part II for further modulation. Sammartini, then, clearly prefers a tonal-formal design that, with hindsight, we identify as the basic layout within which sonata form was evolving. This tonal plan differs from the one described as 'solar', for now the effect of the dominant in Part I equals, even surpasses, that of the tonic. By consistently using this layout[15], Sammartini's

---

[14]. Even in its heyday this option was used infrequently. The decrease in the use of minor in the early Classic period made it even scarcer. It is sometimes encountered in C.P.E. Bach's *Empfindsamkeit* compositions.

[15]. Ratner uses the term 'polar' to describe it, mentioning that the «'Polar' arrangement sets the dominant against the tonic», an opposition that is potentially dramatic (RATNER, Leonard G. *Op. cit.* - see footnote 11 -, p. 51).

Cello Sonatas may be placed among compositions that participated in establishing new stylistic trends.

Voice relations and the continuo environment

In two-part movements with figured bass, two clashing elements exercise contrasting forces on the course of musical events. The solo-continuo environment, on one hand, traditionally implies an active bass line that is responsible for the fundamental conduct of the music. It determines the pace and basic rhythmic pattern of harmony changes, also generally controlling the nature and mood of the solo line. The joint framework of the two outer voices is interdependent and complementary. Sentences built over a continuo bass line are often cursive, their length and structure determined by the harmonic course the composer chooses to take. Free of structural pre-conditions, they typically tend to be quite long and non-symmetrical.

Against the properties generated by the continuo environment stand the constraints emanating from the two-part formal boundaries. Both the concept of proportion embedded in the bipartite layout, and the limited length of such movements at that point in time, interfere with the creation of very long and complex sentences. The existence of a pre-determined polar harmonic organization puts yet another restriction on the composer's choices, for it prescribes the approximate whereabouts of a predicted set of harmonic phases.

As long as the Baroque style persisted, these clashing gravitational pulls were held in balance. While the continuo bass line kept its role as generator of the musical action, the resulting cursive sentences tended to be just moderately long. Once new stylistic preferences began to emerge, consistent changes in the behavior of the continuo environment became apparent, undermining the prevailing order.

At the sentence level, an important sign of destabilization is seen in the altered relationship between solo part and bass line. These are the outcome of a weakening continuo function due to a noticeable slowdown in harmonic rhythm and variety, combined with the emergence of a more independent, self-sufficient solo part organized after structural rules of its own. It is difficult (and useless) to determine with certainty which of the two preceded the other. Rather, it is the interaction and mutual influence between these two elements that had the power to change the stylistic scene.

The picture emerging from Sammartini's Cello Sonatas is a perfect illustration of change in the making. The continuo bass line in all of the movements generally behaves as it had in earlier sonatas: it is actually continuous, and its even, unchanging rhythms produce the typical sound traditionally associated with the Baroque. Throughout the first parts of all the movements checked, there are no breaks — by rests or long notes — in the motion of the bass line, except at the end of each of the two parts. By its very persistent presence, the bass line tends to blur many new traits that permeate the solo melodies moving against it. A thorough examination of harmony and sentence structure reveals, however, new style traits that also elucidate the evolving concept of form.

To illustrate the nature of this unique scenario a detailed analysis of the opening movement of Sonata III in B♭ (see APPENDIX)[16] is given in the following pages.

Structure of the bass and underlying harmony

As already mentioned, the bass line moves steadily and uninterruptedly in eighth-notes. As is often the case in the Baroque, here too the harmonic information arises not only from the figures but also from the 'horizontal' unfolding of the bass melody. At least half of the measures move in thirds, repeated notes or octaves, implying a harmonic rhythm that is much slower than the surface rhythm. The basic rate of harmonic change is thus the half-note, with occasional intensification or expansion. A closer look at the harmonic content shows that the participating chords are mostly those of the tonic and the dominant (V and VII), with sporadic subdominant seasoning (IV or II), often as passing chords. Despite its traditional outlook, the harmony engendered by this bass line is, therefore, considerably thinned out.

The solo melody

Against this bland bass line the cello melody is florid and active, with a strong presence that captures the focus of attention. As before, its progress closely follows the rhythms of the bass, thus preserving the closely-knit, outer-voice framework of the Baroque. Nevertheless, it has new traits that point the way towards what is later to become a melody-accompaniment relation. Perhaps the most salient one is rhythmic variety. Unlike earlier melodies, which were largely based on recurrent rhythmic motives that pervaded the surface, surface rhythms change here every few measures. Closer analysis shows that often these varied rhythms are derivations from previous motives or that their deep structure is related to earlier ideas, but the fact remains that the auditory impression is that of constant change. We shall later see that this rhythmic diversity is a crucial point in understanding the composer's concept of form.

It is to the active surface rhythm that the solo voice owes a growing tonal self-sufficiency, comprising all the harmonic information needed for full tonal orientation. In the generally diatonic environment, the florid solo voice contains practically every detail of the harmonic progression. Over the span of the harmonic beat (i.e. the half-note), the bass melody rarely contains or implies notes absent from the solo melody. Realization of

---

[16]. A manuscript version (possibly Milanese) of the Sonata survives in addition to Le Clerc's edition. The APPENDIX includes Le Clerc's edition of the movement, and an emended transcription based on the two sources.

the figured bass, a central continuo function, is consequently robbed of its indispensable harmonic role, now mainly enriching textures and general color.

Cadences and secondary articulation

Although there are no actual pauses in the bass except at the end of Part 1, several cadences are discerned along the way, their strength and effect determined by a combination of elements in both voices. The most evident indications of a cadential articulation are short rests in the solo part. Two such rests appear in mm. 4 and 11 (see Ex. 3), accompanied respectively by V-I and I-V motions in root position, and supported by repeated notes, the closest equivalent of a pause, in the bass.

Ex. 3: Sonata III/1, mm. 3-4 and 10-11. Cadences marked by rests in the solo voice.

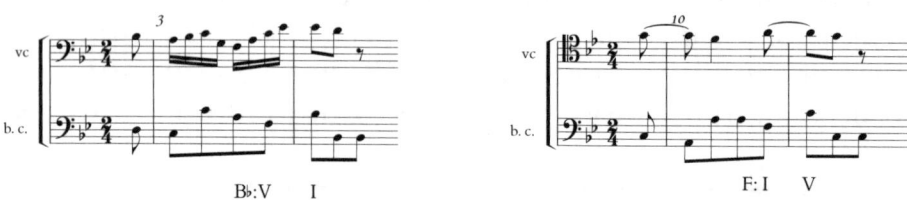

As there are no other breaks in motion (the short rest in m. 23 just before the final cadence is rhetorical rather than articulative), additional cadential articulations, if any, would have to be manifested by other means, and may reasonably not be as easy to perceive. Such secondary articulations seem to exist at two points.

In mm. 7-8 (see Ex. 4) we find what appears to be an elided cadence. While the cello part uses the cadence-associated dotted eighth followed by a trill, the bass performs a root V-I motion. The next measure uses different melodic material, supporting the impression of a move to a new phrase.

Ex. 4: Sonata III/1, cadential gesture in mm. 7-8.

A perceptible sentence boundary is observed at the beginning of m. 19 (see Ex. 5). It is primarily recognized by the cadential gesture of the solo melody, accompanied by a root V-I motion in the bass. The parallelism between the ending of Part 1 (mm. 23-25) and mm. 17-19 is no less responsible for marking m. 20 as the beginning of a phrase.

Ex. 5: Sonata III/1, mm. 15-23.

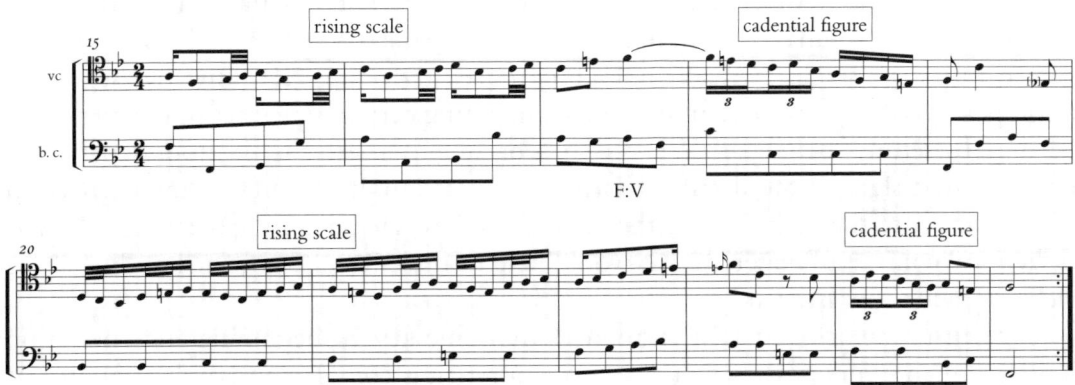

What had first appeared as an uninterrupted motion is, therefore, actually a cadence-rich environment, dividing the 25 measures of Part 1 into five short melodic segments. This stylistic 'double message' of superimposed conflicting traits in the two outer voices is typical of periods of transition, and has been described by Jan LaRue as 'style stratification'[17]. Significantly, the upper voice is now the focus of cadential activity. None of the cadences (except the closing one) use the common I-IV-V-I formula in the bass. What is left is just the V-I (or I-V) motion, by itself less than enough in a thinned-out harmonic environment. In the absence of any other cadential markers in the bass, the chief burden of representing a cadence falls with the solo part. Consequently, the solo is also responsible for determining the strength of a cadence. In the present case, the weakest articulation is m. 8, with its combined elision and non-tonic cadential note, and the strongest is at the beginning of m. 19, where a tonic unison in both voices compensates for the absence of a pause.

The very existence of a hierarchy of cadences that includes secondary articulations is yet another important evidence of a shift in style. It would also prove useful in trying to understand the composer's intentions in communicating the form of Part 1 and consequently of the movement as a whole.

The form of the movement

So far, we have seen that the solo voice has assumed a position of increased importance not merely by attracting attention and interest through variety, but primarily by taking over part of the roles that have been traditionally associated with the bass. In the closed two-part framework with its predetermined harmonic plan, this new type of solo voice becomes a central factor among the criteria that determine the internal structure of the movement, in other words its form.

---

[17]. LaRue, Jan. *Guidelines for Style Analysis*, Warren (MI), Harmonie Park Press, ²1992, p. 121.

The form of Part I

Technically, it is possible to achieve the harmonic procedure of introducing the tonic, modulating to the dominant, and ultimately confirming the second key and closing, in one sentence, forming a single, gradually unfolding process. Dividing Part I into five segments, the composer has acquired a useful tool for highlighting certain junctures in the harmonic procedure by setting them apart. Whether or not he chooses to use this tool depends on the weight he assigns to the details of formal organization. It is therefore the correlation between a move to the next phase in the tonal procedure, the beginning of a new sentence, and the local contrast of materials that would help us understand the formal outline along which the music is organized.

The first sentence, mm. 1-4, introduces the tonic key B♭, beginning and ending on I. It is structured symmetrically in a 2+2 formation that is complementary through its I-V-V-I harmony. Complementary structures such as this are relatively infrequent in Baroque compositions. They appear in constantly increasing numbers as the century progresses, becoming a central technique for sentence structure in the Classic style. Being so short, and ending inconclusively in the solo part, the sentence sounds incomplete despite its clear tonic harmony and periodic structure. But the following segment that could have rounded it off is already in the dominant, itself eliding into another short sequential segment ending on V of F in m. 11. Two phases of the harmonic route, introducing the tonic, and modulating to the dominant, are thus already accomplished in the first eleven measures. While the first sentence may be readily labeled 'home-key area with opening theme' ('P' according to LaRue's symbols)[18], the function of the next two segments is less self-explanatory. In the absence of a process of modulation, other signs of destabilization must be present in order to label one or both of them as 'transition'. Indeed, the syncopated sequence in mm. 8-11, with its surge towards the dominant of the second key is a typical non-modulating transition. Mm. 5-7, on the other hand, seem to continue and complete the melody of the opening theme. In fact, they would have conveniently made one period had they been written a fourth higher (see Ex. 6):

Ex. 6: Sonata III/1, hypothetical opening period, with mm. 5-7 transposed a fourth higher.

Yet the composer chose to rather associate mm. 5-7 with mm. 8-11, avoiding a rest between them, uniting them by tonality, and creating one functional entity, that of a non-

---

[18]. *Ibidem*, pp. 155-156.

modulating transition, comprised of two seemingly non-matching members. Actually, the rationale behind the evolvement of this transition remains valid in later decades: mature classic transitions often begin with stable material related to the first theme, becoming 'transitional' in nature only in their modulatory second half. In our case, however, the absence of a modulation and over-segmentation caused by a mid-way cadential gesture followed by contrasting material, together obscure the subtle connection between the two members of the transition.

The remaining 14 measures in the second key form two sentences, both tonally stable, which reconfirm the second tonality – F major. Descending and rising scale segments, both on the surface and in the middle ground, characterize the melody of the first sentence. Its surface rhythms derive from previous materials, but it is distinctly differentiated from the preceding measures through local contrast. As a discrete event in the second key, this sentence matches the definition of LaRue's 'S' function, «materials in the second key», despite its less than typically thematic character. In our quest for landmarks in the evolution of sonata form, the allocation of a separate sentence in the second key at this spot is significant. It creates, defines and fixes a specific space for the evolution of a functional melody in the second key, later to become a fully-fledged second theme.

The six measures that close Part I (mm. 20-25) once again reflect the transitional state of the form. Functionally, they prepare the arrival of the music to its close, leading to the emphatic, formulaic cadence that ends Part I. In that sense, this last sentence is definable as 'closing area' (LaRue's 'K'). However, by their content and progress they appear to be a variant of mm. 15-19, and therefore are closely associated with the previous sentence and are hard to perceive as a separate entity. The entire second key area thus becomes a large 'SK' area, in which the two functions overlap.

As is often the case in periods of stylistic transition, the picture that emerges from the analysis of Part I displays more than anything else the reaction against older conventions. If earlier the position of the second key area had been uncertain, it now outweighs the tonic area which is consequently extremely brief. The modulatory process that earlier used to be rather elaborate, often characterized by broad sequential chains, is now replaced by a non-modulating transition. Baroque-type monothematicism is replaced by a kaleidoscope of ever changing melodic ideas, some too brief to stand alone as decisive formal markers. Significantly, the second key area, which is tonally stable, is also clearly set apart structurally. Being preceded by a half-cadence and contrasting transitional material, it is perceived as the beginning of a new event that turns out to be perceptually intelligible. Although the closing function is embedded in the second theme, it is marked by the obvious cadential rhetoric of its second half. By clearly projecting melodically the temporal prominence of the second key area, the composer discloses the structural importance he ascribes to the opposition between the two main tonal phases of Part I. Although clearly emanating from a pre-existent tonal scheme, the melodic parameter is now used to explicate harmonic events. Brief and hesitant at times, this is an embryonic sonata exposition, but it plainly prepares the ground for further developments along the same lines.

The form of Part II

Part I, which completed the initial phase of the movement and whose form was dominated by the modulation to the second key, could be analyzed separately. Part II cannot be considered on its own, and must be examined with relation to everything that preceded it. In the movement examined here, the most salient event in the Part II is the restatement of the opening theme concurrently with the return of the tonic, 16 measures after the double bar and 23 measures before the end. The restatement of the opening melody halfway through Part II, with a 'double return' that does not announce the approaching end but the beginning of a rather long tonic area, superimposes a tripartite subdivision on the original two-part setting. The three-part division is considerably strengthened by the absence of the same melody at the beginning of Part II. Unlike most of his contemporaries, Sammartini avoids quoting the opening melody (P) in the dominant at the beginning of Part II. He is consistent in this compositional preference, which also characterizes most of his early symphonies and trios[19]. By not adopting this widespread practice, he frustrates a stylistic expectation of his audience, giving up one of the most easily perceived melodic markers of the two-part framework[20]. The tension created by the clash between the formal binary setting and the internal ternary organization is a new phenomenon, marking an important line of separation between sonata form and other binary structures[21]. Whether or not the final tonic area can be considered a recapitulation would now entirely depend on its melodic content. We are therefore interested in the nature of melodic connections between the concluding tonic area and Part I.

Immediately apparent is the fact that except for the quotation of the opening theme, no other melody from Part I is cited literally. The melodic connections between the exposition and this area are therefore somewhat blurred, although our ears tell us that they exist. In order to elucidate the picture, the exposition and the end of Part II are juxtaposed and examined one against the other (Ex. 7).

The connections sought for are now easily discernible. All the melodies of the concluding area of Part II are simple variations of the ones that originally appeared in Part

---

[19]. The only exception in the present set is Sonata VI (see footnote 9).

[20]. The habit of quoting P at the beginning of Part II gradually falls out of use as the century advances. Galeazzi, in 1796, explicitly calls it «old fashioned». See CHURGIN, Bathia. 'Francesco Galeazzi's Description (1796) of Sonata Form', in: *Journal of American Musicological Society*, XXI/2 (Summer 1968), pp. 181-199.

[21]. See the discussion of binary versus ternary structure in RATNER, Leonard G. *Op. cit.* (see footnote 11), pp. 215-216.

Ex. 7: Sonata III/1, mm. 1-25 and 42-64. Cello part: Exposition *versus* Recapitulation.

1. Some of the changes are functional: the somewhat unclear beginning of the transition (mm. 5-8) is replaced by a more transition-like set of sequences, smoothly connecting with the syncopated sequential group that comes next, which in its turn is now altered to prevent a change of key. If any doubts existed regarding the definition of this area in the exposition as 'transition', its varied reappearance in the Part II removes them. The second key materials, now in the tonic, have been truncated to avoid over statement, as they are no longer required to confirm a new tonality. Using the technique of variation, Sammartini adopts a solution that stands mid-way between earlier and new practices. True to earlier practices, he prefers elaboration to exact restatement of materials. This, however, does not stop him from using the wealth of melodies included in the exposition to create a melodic recapitulation that uses most of these melodies in the same order of appearance, now all in the tonic. Not only does this new type of recapitulation melodically support the tripartite division engendered by the harmonic layout, the functional changes that it has undergone retroactively support our interpretation of the exposition's form, thus strengthening the organic integration of the entire movement.

The X-area

The limited space (16 measures) assigned to the X-area at the beginning of Part II may have to do with the composer's decision to promote the position of the recapitulation while keeping the dimensions of the closed two-part setting reasonably proportional. Although longer and more elaborate developments occasionally occur in sonatas of the period, X-areas at this time are typically modest, exploring no more than one or two related keys before returning to the tonic. In our case, the first measures of the X-area move from F as temporary tonic to F as V of B♭, but the harmony eventually stabilizes in G minor, the relative minor. The marked authentic cadence in m. 41 is the strongest of all middle cadences of the movement, and is equaled in strength only by the cadences ending the two parts. Each of the three sentences comprising the X-area has a specific role, easy to grasp due to the combination of brevity and clear harmonic orientation: the first two sentences gradually modulate from V of B♭ to G minor, while the third one establishes and confirms G minor. There is no room for additional modulations with intensified harmony, displays of virtuosity, and dramatic tension. Yet the melodic-rhythmic materials used in the X-area are derived from ideas that first appeared in the exposition, and are restructured to produce new melodies used exclusively in this area. The impression of temporary instability created by the modulatory harmony is thus strengthened by the continued elaboration of previous melodic and rhythmic motives.

The two basic techniques found in many development sections throughout the Classic period — further modulation, which is essential, and motivic derivation — are already used here, though rather modestly. In this sense, then, the X-area in the present Sonata may be regarded as a forerunner of the later, more elaborate, development section of the mature Classic sonata.

Typically of Italian compositions of the period, the recapitulation follows without retransition, except for a brief melodic lead-in in the bass. The dividing line between the X-area and the recapitulation is thus extremely clear perceptually, and emphasizes yet further the ternary division of the movement.

Summary

In the past pages, an attempt was made to put together an 'evidence case', showing that the Sonatas for Cello and Continuo by Sammartini already use the new idiom of the early-Classic style. Despite generally preserving a Baroque sound, due primarily to their solo-continuo texture, analysis showed that the compositional premises behind the Sonatas point to new stylistic directions. Although they have probably not been written as one group, but were assembled for publication, they share a number of significant features that, with hindsight, we now associate with the Classic period. Their cyclic organization adopts the fast-slow-fast order, they show a distinct preference for major tonalities, and most of their omnipresent bi-partite layouts have expanded dominant areas in Part I and even larger tonic areas in Part II.

The opening movement of Sonata III, analyzed in detail as a test case, reveals a style that is already far removed from late-Baroque standards in terms of voice relations, harmonic content and treatment of cadences. The most significant change, however, concerns the solo voice: contrary to Baroque melodies, it is self-sufficient harmonically, varied rhythmically, and consists of a chain of short, ever changing melodic ideas. This new melodic scenario interacts with the existing bi-partite harmonic layout in a way that shows a new concern with form in its most detailed aspects. Historically, it is interesting to note that practically every phase of the procedure that would eventually be described as 'sonata form' can already be traced back to the 1730s. Although all the events of form are rudimentary in character, the connection between the shift in style and the emergence of sonata form is clearly illustrated in this movement.

These Sonatas, as many other compositions by Sammartini, demonstrate the process of style change as it occurs. They furthermore indicate the points where the style crisis began, the cracks that are soon to become wider, destroying the older style from within and establishing new norms that would change the musical scene.

Appendix

Sonata III, first movement

Tova Shany

G. B. Sammartini's Sonatas for Cello and B.C.: Style Change in the Making

I Filarmonici in trasferta.
Le uscite dei sinfonisti milanesi nel 1760 e nel 1765

Maria Grazia Sità
(Milano)

Come è noto, Milano nella seconda metà del '700 brillava musicalmente oltre che per la vivace attività teatrale, anche per la notevole frequenza di rinomate esibizioni strumentali. «Accademie di suono» e «accademie di suono e di canto» sono ricordate nei memoriali e nelle pagine del periodico *Gazzetta di Milano - Ragguaglj di varj paesi* come avvenimenti musicali collocati nei trattenimenti pubblici e privati che costellano la vita della nobiltà cittadina. Quanto questo fervore strumentale possa essere collegato alla presenza di Giovanni Battista Sammartini ed eventualmente della sua Accademia Filarmonica, è stato discusso in altra sede da chi scrive[1]. È innegabile comunque che i 'sinfonisti milanesi', e Sammartini come direttore e compositore, avessero raggiunto all'epoca un'ampia notorietà dovuta alle loro esibizioni in Milano ed anche fuori Milano. Sarà utile inoltre ricordare che nelle fonti locali dell'epoca le locuzioni 'sinfonista' e 'musica in sinfonia' non vanno necessariamente associate alla forma specifica della sinfonia e agli autori che ne compongono, ma più genericamente alla musica strumentale e ai musicisti che eseguono musica strumentale. Come 'sinfonisti milanesi' erano quindi spesso indicati gli abili orchestrali locali che si esibivano nelle frequenti occasioni di intrattenimento musicale.

Due celebri uscite fuori Milano di 'sinfonisti' milanesi saranno oggetto di questa breve ricerca: le esibizioni a Casalmaggiore e a Mantova del 1760 e le accademie a Pavia e a Cremona del 1765 (spesso citate, queste ultime, perché in quell'occasione i due Boccherini, padre e figlio, si esibirono nel gruppo di Sammartini e dei musicisti milanesi). Si tratta in entrambi i casi di esibizioni legate ad importanti eventi familiari-dinastici della famiglia Asburgo. Come è noto, la vita musicale lombarda settecentesca può essere almeno par-

---

* Per il reperimento e la consultazione di alcuni dei documenti qui citati ringrazio Anna Cattoretti e Marina Vaccarini Gallarani (Milano). Si ringraziano inoltre l'Archivio di Stato di Milano e la Biblioteca Statale di Cremona.

[1]. SITÀ, Maria Grazia. 'Filarmonici a Milano tra Settecento e Ottocento', in: *Accademie e Società Filarmoniche in Italia. Studi e ricerche*, a cura di Antonio Carlini, Trento, Filarchiv-Società Filarmonica di Trento, 1999 (Quaderni dell'Archivio delle Società Filarmoniche Italiane, 2), pp. 223-271.

zialmente descritta secondo il calendario delle occasioni di celebrazione ufficiale legate alla vita di quella corte: dopo l'apertura della stagione teatrale al Regio Ducal Teatro, il 26 dicembre, particolari esibizioni musicali possono verificarsi, ad esempio, per il compleanno dell'arciduca Giuseppe, il 13 marzo, o per il suo onomastico, il 19 dello stesso mese, come accadde nel 1753 e come fu puntualmente riportato dalla gazzetta cittadina:

> Nelle sere poi di detti due giorni [13 e 19 marzo] fu cantato un componimento drammatico composto d'ordine del medesimo Eccellentissimo Sig. Generale Conte Governatore dal Sig. Alfiere Don Gaetano Eugenio Paschali e posto in musica dai celebri signori Niccolò Jommelli e Giambattista Sanmartino, nel grande salone del ballo, tutto illuminato con magnificenza, e adattato vagamente a questo effetto con una maestosa orchestra in fronte, montante a diverse scale, e ripiani ornati delle sue ringhiere […][2].

Ogni vittoria militare può essere occasione di fastosi *Te Deum* nelle chiese cittadine «sotto il suono gioioso di timpani e trombe all'attuale servizio di Sua Altezza Serenissima»[3]. Per il compleanno di Maria Teresa, il 13 agosto, si possono avere feste, giochi, rinfreschi, così come per l'onomastico della stessa il 15 ottobre[4]. Ma particolari festeggiamenti e sontuosi apparati sono previsti soprattutto in occasione di promesse di matrimonio e di matrimoni di componenti della casa regnante: evento da sempre considerato per nulla privato e da celebrarsi con tutto lo sfarzo che il significato politico dell'avvenimento richiedeva. L'avvenimento resta testimoniato nei resoconti delle gazzette e nei memoriali, ma anche nei registri delle spese, dai quali è possibile estrarre tutti i particolari di un apparato cerimoniale che spesso comportava notevolissimi movimenti di persone e di cose: si trattava di allestimenti effimeri o definitivi che potevano arrivare a stravolgere il paesaggio o le dimore che ospitavano i festeggiamenti; comportavano la massima esibizione dei simboli del lusso e del potere (che andavano dalla scelta di cibi prelibati al noleggio di suppellettili raffinate e prestigiose o all'uso di rari tessuti di rivestimento) e comprendevano, fra le altre occasioni spettacolari e d'intrattenimento, anche una corposa presenza musicale.

---

[2]. *Ragguaglj di vari paesi* [*Gazzetta di Milano*, d'ora in poi *RVP*], 21 marzo 1753. Il 13 e il 19 marzo 1753 furono eseguite le due cantate (entrambe su testo del Pascali) *La reggia de' fati*, di cui Sammartini scrisse l'aria di Pallade (*Farsi grande in quella mente*) e l'aria di Ebe (*Se in un solo oggetto istesso*), e *La pastorale offerta*, di cui Sammartini scrisse l'aria di Alceste (*La fama talora*); *cfr.* JENKINS, Newell - CHURGIN, Bathia. *Thematic Catalogue of the Works of Giovanni Battista Sammartini: Orchestral and Vocal Music*, Cambridge (MA), Harvard University Press, 1976, pp. 136-138. Per i significati di glorificazione della dinastia asburgica *cfr.* VACCARINI GALLARANI, Marina. 'La festa teatrale tra Vienna e Milano', in: *Intorno all'Ascanio in Alba di Mozart: una festa teatrale a Milano*, a cura di Guido Salvetti, Lucca, LIM, 1995 (Quaderni del Corso di Musicologia del Conservatorio 'Giuseppe Verdi' di Milano, 2), pp. 101-135: 126.

[3]. *RVP*, 19 novembre 1755.

[4]. La consuetudine di celebrare a Milano le feste della casa asburgica con veri e propri spettacoli di genere encomiastico non sembra comunque molto radicata: *cfr.* VACCARINI GALLARANI, Marina. *Op. cit.* (vedi nota 2), p. 125.

I Filarmonici in trasferta. Le uscite dei sinfonisti milanesi nel 1760 e nel 1765

Casalmaggiore e Mantova, settembre 1760.
Isabella va a sposare Giuseppe

Nel 1760 si celebrò il matrimonio della principessa Isabella di Borbone-Parma[5] con l'arciduca Giuseppe d'Asburgo, figlio primogenito dell'imperatrice Maria Teresa e futuro imperatore Giuseppe II. Il viaggio che l'infanta Isabella dovette intraprendere per raggiungere l'augusto sposo a Vienna comportò un movimento di persone e di cose che occupò per qualche anno i gentiluomini preposti all'organizzazione (dai progetti, alle attuazioni, ai pagamenti, alle riparazioni successive), come è puntualmente riportato dai documenti d'archivio[6].

Il viaggio ebbe luogo nel settembre del 1760. Il 3 settembre il sig. maresciallo principe di Lichtenstein, giunto da Vienna a Parma col suo numeroso seguito, aveva fatto la domanda ufficiale di matrimonio per conto dell'arciduca e la successiva domenica 7 aveva avuto luogo la solenne benedizione nuziale dell'anello, mentre in città si organizzavano in quei giorni «pubbliche magnifiche feste, con vaghe illuminazioni di tutta la città, teatro aperto con grandiose opere, altre giocose e commedia»[7]. Il mercoledì seguente l'infanta partì col suo seguito per Casalmaggiore, dove avrebbe passato il Po: lasciatasi alle spalle la scorta delle truppe parmensi, sarebbe 'passata in consegna' agli austriaci («sarà servita della corte destinatale dalle loro Maestà Imperiali»)[8]. L'imperiale reale seguito del principe di Lichtenstein era formato da sei divisioni, composte da circa dieci carrozze o carri ciascuna. L'infanta col suo seguito, unito a quello del principe, partirono poi il 15 settembre da Casalmaggiore e, attraverso numerose tappe (Marcaria, Mantova, Castelnuovo Veronese, Ala, Trento, Bolzano, Bressanone, e ancora Niederdorff, Lientz, Spital, Clagenfurth, Suhratenberg, Spielberg,

---

[5]. Isabella (1741 - 1763) era figlia di Filippo di Borbone, duca di Parma, e di Luisa Elisabetta di Francia.

[6]. Un'abbondante documentazione relativa a questi avvenimenti è custodita all'Archivio di Stato di Milano, *Potenze Sovrane post 1535* (d'ora in poi ASM, PS), cartelle 59-61; la n. 60 in particolare è intitolata: «1760, Conto delle spese seguite all'occasione del passaggio e dimora in Casalmaggiore di S.A.R. la Serenissima Infanta di Parma destinata sposa di S.A.R. il Serenissimo Arciduca Giuseppe d'Austria». Si tratta di faldoni composti di cartellette contenenti fogli sciolti non numerati, che verranno qui indicati solo con la data di compilazione (quando presente). Un'altra importante fonte per documentare l'evento, solo di recente reperita, è il *Registro delle Spese occorse per conto della Regia Camera di Milano sotto la direzione, e sovrintendenza degli Spettabile SS.ri Questore, e Cavaglieri rispettivamente Delegati dal Governo, e dal Mag.to Cam.le alle disposizioni in occasione del passaggio per Casalmaggiore di S.A.R. la Sereniss.a Infanta Isabella destinata Sposa di S.A.R. il Sereniss.o Arciduca Giuseppe seguito il giorno 13. Sett.bre 1760, come pure della dimora in Milano, passaggio, e ripassaggio da Cremona della Sig.ra Maggiordonna e Maggiori Dame di Corte, e loro seguito etc.* custodito presso la Biblioteca Statale di Cremona, alla segnatura aa.3.40 (d'ora in poi *Registro 1760*).

[7]. *RVP*, XXXVIII, 17.9.1760; Corrispondenza da Parma del 13.9.1760. L'opera era *Le feste d'Imeneo* di Frugoni/Traetta, data al Teatro Ducale il 3 settembre 1760. Sulle opere composte in occasione di questo matrimonio *cfr.* anche Vaccarini Gallarani, Marina. *Op. cit.* (vedi nota 2), pp. 117-118.

[8]. *RVP, Ibidem*.

Prugg ossia Neuwieden) testimoniate dai relativi laboriosi cambi di cavalli[9] o da particolari programmi di festeggiamento, raggiunse Laxenburg, alle porte di Vienna, il 1° ottobre.

L'infanta viaggiò tra accoglienze festose, archi di trionfo, scariche di artiglieria, *etc.* e ricevette numerosi omaggi musicali: a Trento, il 18 settembre si recò a S. Maria Maggiore per motivi di devozione «e per godere delle voci, e concerti di quell'organo, che tanto è famoso appresso tutte le nazioni»[10]; al teatro del castello di Bressanone il 20 settembre fu data un'opera appositamente allestita per lei[11]. A Vienna, dopo il suo arrivo, ci furono due settimane di festeggiamenti fitti di occasioni musicali: il 2 ottobre «nella galleria di quel castello [Belvedere] si sentì il concerto del sig. Van Malder violinista di camera del sig. Duca Carlo; suonò pure di violoncello il sig. Galeotti, e cantarono il sig. Manzoli e la signora Gabrielli»; il 3 «a Belvedere fece una suonata di violino il sig. Nardin, ed un'altra di Oboè diedero a sentire li fratelli signori Plati»[12]. Culmine musicale dei festeggiamenti furono comunque l'esecuzione dell'opera *Alcide al bivio* di Metastasio/Hasse il 7 ottobre al Burgtheater e la serenata *Tetide* di Migliavacca/Gluck nel Große Redoutensaal il 10 ottobre[13].

La principessa Isabella ricevette particolari omaggi musicali, come si è anticipato, anche a Casalmaggiore e a Mantova, dove si fermò più a lungo: in quelle occasioni furono date feste da ballo e accademie di canti e suoni, dove si ascoltò musica appositamente composta ed eseguita, come si vedrà, da 'sinfonisti milanesi'. Come spesso accade per gli aspetti musicali, la fonte ufficiale, la *Gazzetta di Milano - Ragguaglj di varj paesi*, è piuttosto povera di

---

[9]. La documentazione d'archivio è ricca di notizie sulle stazioni di posta sia per il cambio dei cavalli che per l'attività dei numerosi corrieri: in particolare è presente anche una lamentela contro i postiglioni austriaci che sono accusati di maltrattare i cavalli italiani. Le tappe precise del viaggio non concordano nelle fonti: quelle qui indicate corrispondono alle notizie riportate dai *RVP*, nella forma grafica lì adottata.

[10]. *RVP*, XL, 1.10.1769; Corrispondenza da Trento del 23 settembre.

[11]. Si trattava de *La buona figliola* di Goldoni/Piccinni, come recita il frontespizio del libretto *Dramma per musica di Polisseno Fegejo P. A. da rappresentarsi nel Teatro di Brescianone in occasione del passaggio di S. A. Reale madama Isabella principessa di Parma ec. ec. Dedicato alla medesima nel sett. dell'anno 1760*, Trento, Giambattista Monanni.

[12]. *RVP*, XLII, 15.10.1760; Corrispondenza da Vienna del 4 ottobre. Tra i musicisti citati, oltre ai noti cantanti Giovanni Manzoli (o Manzuoli) e Caterina Gabrielli, vengono ricordati il violoncellista Stefano Galeotti (1723 - ?1790) e il violinista Pietro Nardini (1722 - 1793). Per i fratelli «Plati» forse si può ipotizzare una presenza del compositore, cembalista e violinista Giovanni Benedetto Platti, al tempo al servizio della corte di Würzburg, dato che era noto anche come oboista.

[13]. Il protocollo delle feste che si svolsero a Vienna dal 1° al 16 ottobre 1760 è riportato nella prefazione di Gerhard Croll all'edizione della *Tetide* in: GLUCK, Christoph Willibald. *Sämtliche Werke*, begründet von Rudolf Gerber, hrsg. von Gerhard Croll, Kassel [...], Bärenreiter, 1951—, III/22: *Tetide*, hrsg. von László Somfai, 1978, p. vi. Fra gli interpreti di *Alcide al bivio* si ricordano Giovanni Manzuoli e Caterina Gabrielli che si erano esibiti nei giorni precedenti in concerto. Maria Isabella morì già nel 1763: l'augusto sposo, che l'amava veramente, ne fu profondamente addolorato. Nel 1765 sposò in seconde nozze Giuseppa di Baviera.

informazioni su questo punto: esse sono inoltre espresse nel linguaggio generico e formulare tipico delle 'gazzette in livrea', organi ufficiali delle corti che non forniscono molti dati precisi sugli aspetti artistici, limitandosi a decantare il fasto e la sontuosità dell'occasione.

[*RVP* 17.9.1760] Corrispondenza da Casale Maggiore del 15 settembre: «In quella sera [13.9.1760] fu trattenuta la Reale Altezza Sua ad una gran veglia di canti, e di suoni de' più celebri Professori».

[*RVP* 24.9.1760] Corrispondenza da Casale Maggiore del 16 settembre: [Sabato 13 settembre, in casa Vaini] «fu dato nella stessa sera il divertimento di sceltissima musica e canti e suoni» [Domenica 14] «Fu replicata in quella sera la grande Accademia di suoni e canti».

[*RVP* Supplemento agli Avvisi di Milano 24.9.1760] Corrispondenza da Mantova del 19 settembre: «Nella sera del giorno medesimo de' 15. calò la Reale Sposa in questo Regio Ducal Teatro nuovo, stato sontuosamente preparato, ed illuminato, dove godè d'una festa di ballo, a cui volle essa stessa dare incominciamento, danzando alcuni balli co' signori Principi d'Avertperg e di Lichtenstein, nipote del soprammentovato signor Principe Maresciallo, e col conte di Lesle, ed alla qual festa intervenne tutta la nobiltà nostra, e forestiera e nelle Loggie del teatro medesimo la più scelta cittadinanza […; il 16 settembre] verso sera poi si condusse nel medesimo Regio Ducale Teatro, in cui le fu dato il divertimento d'una cantata a più cori di scelti musicali istrumenti».

Apprendiamo comunque che si ebbero almeno due accademie vocali-strumentali: a Casalmaggiore il 13 settembre (con replica il 14) in casa Vaini e a Mantova, in teatro, il 16 settembre. La casa del marchese Giulio Cesare Vaini (o Vajni) fu il luogo in cui soggiornò la principessa a Casalmaggiore e dove pernottò il 13 settembre. Nel salone di questa casa l'infanta, seduta sotto un baldacchino, attorniata dalla sua corte disposta in due ali (a destra la corte austriaca, a sinistra la corte parmense) ricevette gli omaggi della nobiltà convenuta. In relazione a questi avvenimenti, verificatisi in casa Vaini, è reperibile nei documenti d'archivio, in data 11 agosto 1770, una supplica all'imperatrice in cui «la marchesa Barbara Vajni Offredi in ricompensa dell'onore ricevuto con alloggiare nella di lei casa in Casalmaggiore la principessa Isabella di Parma […] implora una pensione o per sé o per il di lei figlio secondogenito»[14]. L'onore ricevuto dalla famiglia Vaini, infatti, è anche un onere subito, in relazione alle spese sostenute, ai problemi organizzativi, addirittura alla modificazioni architettoniche cui l'edificio fu sottoposto. Il marchese Giulio Cesare Vaini, infatti, sottolineando che era addirittura la terza volta che la sua casa riceveva l'onore in quel secolo di ospitare membri della famiglia reale, chiede nel 1762 un indennizzo «per l'atterramento della prospettiva nel di lui giardino per adattare la sala» alle esigenze di intrattenimento connesse col soggiorno della principessa. Risulta infatti che in quell'occasione fu distrutta

---

[14]. ASM, PS 60.

«una prospettiva dipinta dal celebre Galuzzi architetto e pittore de' serenissimi duchi di Parma per adattare sala e galleria *etc.* e non fu ricostruita come avevano assicurato i delegati cavaglieri»[15]. Il passaggio dell'infanta sposa ha in questo caso l'effetto di uno stravolgimento architettonico in casa Vaini, nelle sale e nei giardini in cui ricevette i convenuti e in cui si svolse l'accademia di suono e di canto a Casalmaggiore.

Fin dai primi sopralluoghi effettuati a Casalmaggiore si era infatti costatato che non sarebbe stato possibile fare rappresentare un'opera in onore dell'infanta sposa e si era quindi optato per l'organizzazione di un'accademia: anche per questa però, non si trovava un luogo adatto («per l'angustia del sito e delle case di quella città»)[16].

Come scrive l'ingegnere ed architetto Francesco Croce in data 9 agosto:

> Nell'appartamento destinato per l'alloggio di S.A.R. assolutamente non si è ritrovato sito per piantare l'Orchestra, e farvi l'Accademia; però si è pensato di ergere di pianta nel giardino contiguo al medesimo una sala capace tutta di legno, che si dovrà ornare con pittura, e con oro, però falso, la quale serve a quest'effetto, e contenga, oltre l'orchestra anche la copiosa udienza della Nobiltà, che concorrerà a fare la sua corte a S.A.R.[17].

Quando la sala fu pronta (e addobbata con specchi, lampadari e telari dipinti) il Croce fece presente anche un altro problema:

> [...] circa al Baldachino avea entro di me riflettuto, che S.A.R. nella Accademia interverrà quasi come ad un Teatro; e però nella stessa maniera, che nel Teatro non si alzarebbe Baldachino, così quivi non si deve alzare; massimamente poi, se si rifletterà, che all'ora che la S.A.S. vi stesse sotto a Baldachino, a nessuno all'ora, e nemmeno alle Dame sarebbe lecito il poter sedere[18].

L'opera architettonica indubbiamente più impegnativa che fu intrapresa a Casalmaggiore in quell'occasione fu però il ponte di barche sul Po, costruzione di cui fu incaricato l'ingegnere Giuseppe Bianchi. Il ponte di barche «della lunghezza di braccia 1324 e la larghezza di 10»[19] immobilizzò numerosissime imbarcazioni e causò danni finanziari ai traghettatori («paroni») che chiesero risarcimenti per il periodo in cui i cavalli rimasero inutilizzati, come risulta dalla richiesta di indennizzo formulata in data 12 dicembre 1760,

---

[15]. Si trattava di una prospettiva di Andrea Galluzzi «alta B.a 16 2/4 e larga B.a 12». *Ibidem*.

[16]. ASM, PS 61.

[17]. *Ibidem*. Lettera di Francesco Croce, Casalmaggiore, 9.8.1760.

[18]. *Ibidem*. Lettera di Francesco Croce, Casalmaggiore, 3.9.1760. Forse proprio a causa della sala completamente costruita in legno fu fatta venire da Milano una «macchina per estinguer il fuoco levata dal reg. Duc. Palazzo di Milano per cautela dei contingibili incendj in Casal Maggiore»; *cfr. Registro* 1760, p. 78.

[19]. *RVP*, XXXVIII, 17.9.1760; Relazione diffusa da Casalmaggiore, 15.9.1760.

riguardante «il tempo che rimasero in sequestro le barche trattenute d'ordine di quel giudice Pretorio per uso del ponte di Casalmagg.re cominciando dal g.no 18 sino a tutto il 25 dello scorso mese di 7bre»[20].

Il ponte aveva lo scopo pratico di far giungere Isabella e il suo seguito da Parma a Casalmaggiore, ma costituiva esso stesso un elemento scenografico: furono fatte imbiancare le case nelle vicinanze del ponte, furono organizzati archi trionfali nella cittadina e l'ampia piazza di Casalmaggiore fu ornata con verzure e illuminazione. Inoltre:

> per rendere più splendido, e sontuoso il passaggio [...] e per provvedere nel tempo stesso al più sicuro tragito della detta Real Principessa caso che per qualche impensata escrescenza del Po si rendesse inutile l'opera di detto Ponte, piacque al Ser.mo Amminis.re di spedire sulle acque di Casalmaggiore il magnifico suo Buccintoro di Bergello [?], con altri quattro legni, comandato dal suo Amiraglio Cav.re Gherlinzoni[21].

All'arrivo dell'infanta, infatti, si ebbero scariche di artiglieria dei reggimenti italiani e austriaci «alle quali corrisposero le Galee, ed i bucintori galleggianti sul Po»[22].

Per quanto riguarda gli eventi propriamente musicali che si verificarono in occasione del passaggio della principessa, le accademie di Casalmaggiore e Mantova sono testimoniate da varie fonti, ma molti aspetti, come ad esempio il ruolo preciso rivestito dai compositori coinvolti (Johann Christian Bach e Giambattista Sammartini) e la partecipazione di solisti come il tenore Amorevoli, il soprano Caterina Visconti e il violinista torinese Gaetano Pugnani, erano finora rimasti nell'ombra.

Informazioni interessanti sono contenute in una lettera di Johann Christian Bach a Padre Giambattista Martini del 30 agosto 1760.

> Oltre che devo scrivere l'opera per Turino come ebbi l'occasione a dirci sono ancora destinato d'andare tra pochi giorni a Casal maggiore e Mantua per dirigere due grandi accademie instrumentali che dà la città di Milano in occasione dello passaggio che farà in questi due luoghi, la Principessa di Parma. V.R. vede da ciò che avendo dovuto fare tante sinfonie e concerti, non m'à punto mancato della fatica, avendovi di più dovuto mettere ogni applicazione avendo insieme un compositore forte, come S. Martino, che V. R. conoscerà per fama, ed assai bravo per questa sorte di Musica. Dio lo sa che figura farò, però mi consolo quando penso che non è questo che mi deve fare credito[23].

---

[20]. ASM, PS 60.

[21]. *Ibidem*. Il 23 settembre 1760 si dispone infatti il pagamento di 100 zecchini all'ammiraglio e 40 all'equipaggio.

[22]. *RVP*, XXXVIII, 17.9.1760; Relazione diffusa da Casalmaggiore, 15.9.1760.

[23]. Lettera citata in ALLORTO, Riccardo. *Gli anni milanesi di Giovanni Cristiano Bach e le sue composizioni sacre*, Milano, Ricordi, 1992, p. III. *Cfr.* anche il catalogo di: SCHNOEBELEN, Anne. *Padre Martini's Collection of Letters*

La presenza di Christian Bach è senza dubbio collegata al fatto che uno dei gentiluomini delegati all'organizzazione delle feste, e in particolare dell'aspetto musicale («deleg.to da S.A.R alla sovraintendenza e direzione delle Accademie in Casale Maggiore e Mantova»), era il conte Pompeo Giulio Litta, fratello di Agostino Litta, protettore di J. Ch. Bach, almeno da quanto risulta dai mandati di pagamento: in una lettera relativa alla prima fase organizzativa, il designato alla gestione della parte musicale risulterebbe invece essere lo stesso Agostino Litta.

> [...] avendo io fatto riflesso, che nelle due sere della dimora di S.A.R. in Casalmaggiore, dove non c'è un Teatro per potervi fare alcuna rappresentazione, non poteva convenire altro trattenimento, se non quello d'una Academia di Musica, di cui ne tiene un fino conoscimento, e buon gusto il cavagliere Don Agostino Litta, resta perciò egli incaricato e della scielta dei Professori, e delle altre disposizioni, che si richiedono per il loro viaggio, e mantenimento non meno nella detta Città, che per l'Academia, che si terrà pure in Mantova, non dubitando, che il detto Cavag.re nella commessione appoggiatagli, procurerà ogni più lodevole economia, in considerazione di cui si sono dati anche gli ordini, affinché senza provvedersi nuovi abiti uniformi per li Professori dell'orchestra, possano valersi di quelli, esistenti in questo Reg.° Ducal Palazzo, e che servono, allorché in esso si fanno le Feste di Ballo[24].

Oltre alla musica di Christian Bach, nelle accademie furono eseguiti anche brani di Sammartini. Compositore già celebre all'epoca, in quel periodo Sammartini risulta in contatto con la corte di Parma, e in particolare con don Filippo, infante di Spagna e duca di Parma (nonché padre di Isabella), come è testimoniato dall'ampia dedica, datata Milano 1760, delle *Sonate a tre stromenti*, edite poi da C.N. Le Clerc a Parigi come *Sei sonate notturne*. In essa Sammartini cita la «singolare clemenza, e degnazione, con cui V.A.R. è solita di riguardare le mie musicali composizioni»[25] testimoniando una sicura conoscenza e, al di là del linguaggio fiorito dell'epoca, un possibile sincero apprezzamento da parte del duca.

---

in the Civico Museo Bibliografico Musicale in Bologna. An Annotated Index, New York, Pendragon Press, 1979, p. 36, n. 327. «L'opera per Turino» era l'*Artaserse* che fu data nel carnevale 1761.

[24]. ASM, PS 59. Lettera del plenipotenziario Firmian al conte di Kaunitz Rietberg, Milano 16.8.1760. Per la sistemazione e riadattamento degli abiti fu poi coinvolto Francesco Majnino (Majnini), costumista del R. Ducal Teatro di Milano.

[25]. Prefazione interamente citata in CHURGIN, Bathia. 'New Facts in Sammartini Biography: The Authentic Print of the String Trios, Op. 7', in: *Journal of American Musicological Society*, XX/1 (Spring 1967), pp. 107-112 e più recentemente in: *Giovanni Battista Sammartini. 'Sonate a tre stromenti'. Six Notturnos for String Trio, op. 7. A New Edition with Historical and Analytical Essays*, edited by Bathia Churgin, Chapel Hill, The University of North Carolina Press, 1981, p. 12.

ILL. 1a: *Registro delle spese occorse* […] 1760; Cremona, Biblioteca Statale (aa.3.40), p. 60.

ILL. 1b: *Registro delle spese occorse* […] 1760; Cremona, Biblioteca Statale (aa.3.40), p. 61.

J. Ch. Bach (nei documenti citato come Bak o Back) e Sammartini furono quindi i compositori coinvolti nell'evento e ricevettero una eguale retribuzione, come risulta dal *Registro delle spese*.

<blockquote>
Al S.r Giambatta San Martino Maestro di musica per onorario delle fati-
che sostenute nell'Accademia di Casalmaggiore, e di Mantova   L. 600
Al S.r Gio. Bak Maestro di musica per onorario come sopra   L. 600[26].
</blockquote>

---

[26]. *Registro* 1760, p. 60; pagamenti del 26.9.1760.

Pagamenti più cospicui ricevettero invece altri musici intervenuti, come i cantanti Angelo Amorevoli e Caterina Visconti e il violinista Gaetano Pugnani (nei documenti indicato anche come Pagnani). Di seguito al pagamento di Bach figurano infatti nel *Registro* le seguenti indicazioni:

> Al S.r Angelo Amorevoli cantante Tenore per onorario d'aver cantato nelle Sod.e Accademie L. 900
> Al S.r Luca Felice Roscio per onorario come s.a della S.ra Catt.na Visconti L. 1500

Il 30 settembre compare anche la retribuzione di Pugnani:

> Al Sod.° S.r Roscio per valore d'uno stuccio regallato d'ordine del Sod.° S.r cavag.re Litta al S.r Pagnani di Torino virtuoso di violino per aver suonato nelle Accademie di Casal Maggiore e Mantova L. 900[27].

Nonostante le differenze di denominazione presenti nel registro, la conferma che si trattava proprio del già celebre Gaetano Pugnani proviene da altri fogli riassuntivi dei pagamenti custoditi all'Archivio di Stato di Milano, da cui si evince anche che il numero degli orchestrali coinvolti fu di 32 strumentisti provenienti da Milano e tre da Mantova:

> Per Nolo di una Carrozza, ed'una Sedia senz'Attiralio [?] serviti per la Visconti, di lei Marito, Amorevoli, Maestri di Musica, ed'altri etc., e per Vitto nei Viaggi dei suddetti, e di tutti li Sinfonisti nel Numero di 32, oltre le persone di servizio L. 1879.17.6
> Per onorario di Giorni 12 compresi quelli dei Viaggi consonti dalli maestri di Musica S. Martino, e Back, Virtuosi di Canto Visconti, ed Amorevoli, Sinfonisti 32 di Milano, Pugnani di Torino e Tre violinisti di Mantova, in tutto L. 13.230[28].

Dei tre «virtuosi di violino» mantovani, compensati per aver suonato in entrambe le accademie, conosciamo anche i nomi: Valentino Maggi, Luigi Boresi, Gio. Fran.co Orlandi[29]. Un ruolo importante fu anche quello di Roscio. «In causa della Sinfonia» e per

---

[27]. *Ibidem*, p. 61.

[28]. ASM, PS 61: «Spese della Regia Camera di Milano per le Accademie di Canto, e Sinfonia in Casal Maggiore, e Mantova, alle quali dovrebbe concorrere la Regia Camera di Mantova». In altri documenti custoditi nel medesimo luogo, relativi agli alloggiamenti dei musici (compresi Sammartini e l'Amorevoli), è nominata una «Sig.ra Castelli virtuosa di musica»: il *Registro* 1760 però indica con precisione il pagamento alla cantante Caterina Visconti.

[29]. *Registro* 1760, p. 60. Il pagamento relativo ai tre strumentisti è di L. 270. Il gruppo dei sinfonisti (32 di Milano, 3 di Mantova e Roscio, per un totale di 36 persone) dovette essere anche alloggiato per il pernottamento: curiosamente nel calcolo dei «letti civili» necessari ai 36 virtuosi, vengono previsti 18 letti per i sinfonisti e 6 per la servitù (per il Maestro di musica è indicato un «letto civile», nessuno per sua servitù), *cfr.* ASM, PS 61.

altri motivi viene infatti retribuito Luca Felice Roscio, violinista spesso collaboratore di Sammartini (e futuro primo violino della Scala), qui in veste anche di 'rappresentante' di tutti gli orchestrali, di organizzatore degli spostamenti («direttore de' viaggi») del gruppo e «capo d'orchestra»: vari infatti sono i mandati di pagamento a lui destinati[30].

> Antonio Greppi «si compiacerà di far pagare a se stesso lire quattromilacinquecento per rimborso d'altrettante pagate a Lucca Felice Roscio d'ordine del Sig.r Co. Cavag.re Litta deleg.to S.A.R alla sovraintendenza e direzione delle Accademie in Casale Maggiore e Mantova, in causa della Sinfonia per le Accademie sud.te come da Ricapito da noi ritirato».
> Altre L. 900 vengono pagate «al Sig.r Lucca Felice Roscio d'ordine del Sig.r Cavag.re Co. Litta deleg.to S.A.R alla sovraintendenza e direzione delle Accademie in Casale Maggiore e Mantova, come da Ricapito da noi ritirato»[31].

Nel *Registro delle spese* oltre a queste, sono riportate anche altre, più dettagliate, voci di pagamento per Roscio:

> Al Sod.° S.r Roscio per di lui onor.° qual Capo d'orchestra, e Dirett.e ne viaggi   L. 540
> Al Sod.° S.r Roscio Z.ni 528, quali sono per mercede dei SS.ri Virtuosi Sinfonisti, nel num.° in tutto di 32, che hanno consonte gior.te n.° 12 per ciascuno in ragione di Z.ni n.°44, per ogn'una nelle Accademie di Casal Maggiore, e Mantova comp.si i g.ni de viaggi   L. 7920
> Al Sod.° S.r Roscio per reinteg.ne delle spese di vitto, mancie ed'altro occorse nei sod.i viaggi da Milano a Casale, e da Casale a Mantova, indi nel ritorno a Milano per tutti li sod.i Sinfonisti, e loro servitù   L. 1620[32]

Per quanto riguarda il repertorio eseguito, qualche notizia si desume come di consueto dal pagamento dei copisti. Dal mandato di un copista custodito all'Archivio di Stato di Milano apprendiamo che l'Amorevoli cantò otto arie: «ad Ant.o Armellino L. 45 in gig.ti 3 per coppie di 8 arie per il sig.r Amorevoli per l'Accademia»[33]. Il *Registro delle spese* riporta questo ed altri dettagliati pagamenti che riguardano la copiatura di musica:

---

[30]. ASM, PS 60. I pagamenti qui ricordati (che consistono in fogli a stampa) sono effettuati dal fermiere generale «Sig. Antonio Greppi depositario deputato da S.A.S. per ricevere il denaro, che gli sarà fatto introitare dalla Regia Tesoreria generale Camerale, e convertirlo in causa delle spese occorrenti all'occasione del passaggio, e della dimora in Casal Maggiore di S.A.R. la Serenissima Infanta di Parma, destinata sposa di S.A.R. il serenissimo Arciduca Giuseppe d'Austria».

[31]. Questi due pagamenti custoditi in ASM, PS 60, trovano riscontro nel *Registro* 1760 a p. 9 (6.10.1760).

[32]. *Registro* 1760, pp. 60-61; pagamenti del 26.9.1760.

[33] ASM, PS 60. I pagamenti indicati di seguito sono invece riportati in *Registro* 1760, a p. 9 e p. 60 (Fiamenghino); p. 8 e p. 61 (Armellino e Lenta).

> A Giamb.a Fiamenghino in saldo delle copie di pezzi n° 30. Ouvertures, e
> Concerti in tutto fol. 720, compresa la legatura de' Libri   L. 350
>
> A Gius.e Lenta per foglietti 192. Sinfonia composta dal S. Gio. Cristiano Bak per
> le Accademie di Mantova   L. 120
>
> Ad Ant.o Armellino per fogli 64. Sinfonia di otto arie per il S.r Amorevoli
>   L. 45

Si tratta in tutti e tre i casi di nomi di orchestrali milanesi che presumibilmente suonarono in quell'occasione: i violisti Fiamenghino e Armellino sono ricordati fra gli orchestrali che si esibirono per la festa di S. Giuseppe a Porta Nuova nel 1750[34]; il violista Giuseppe Lenta sarà presente negli elenchi delle accademie di Pavia e Cremona. L'indicazione per i copisti fornisce le uniche informazioni sul programma delle accademie che dovettero comprendere, secondo uno schema abituale per questo tipo di occasioni, Ouvertures, concerti (probabilmente eseguiti dal Pugnani), sinfonie e arie (per l'Amorevoli, ma ovviamente anche per la Visconti). Un ultimo particolare che apprendiamo dal registro delle spese, riguarda il cembalo: L. 3,10 vengono infatti corrisposte a «Monteverde Reff.rio [?] di Cremona per pag.to a Mich.e Piccenardi per fattura fatta intorno al cembalo imprestato dal proprietario di quel Teatro, e servito per l'accademia in Casal Mag.e»[35].

Cremona e Pavia, 1765.
Maria Luisa va a sposare Pietro Leopoldo

Nell'anno 1765 le famiglie dei Borbone di Spagna, dei Borbone di Parma e d'Asburgo avevano progettato due importanti eventi matrimonial-dinastici, che per un fato avverso non poterono essere celebrati con tutto il fasto adatto a tali avvenimenti. L'arciduchessa Maria Luisa, infanta di Spagna, andava a sposare a Innsbruck il diciottenne arciduca Pietro Leopoldo d'Asburgo, figlio di Francesco Stefano di Lorena imperatore d'Austria e dell'imperatrice Maria Teresa. Contemporaneamente sua cugina Maria Luigia, infanta di Parma, partiva per la Spagna per andare a sposare il principe d'Asturias (erede al trono, che sarebbe diventato nel 1788 Carlo IV re di Spagna). Con opportuna semplicità si progettò che la reale flotta che dalla Spagna avrebbe condotto a Genova Maria Luisa (e la sua dote), con un viaggio che durò dal 25 giugno al 17 luglio — flotta composta da nove vascelli, due sciabecchi,

---

[34]. BARBLAN, Guglielmo. 'La musica strumentale e cameristica a Milano nel '700', in: *Storia di Milano*, 17 voll., [Milano], Fondazione Treccani degli Alfieri per la Storia di Milano, 1953 - 1966, vol. XVI: *Principio di secolo (1901-1915)*, parte X *La musica a Milano nell'età moderna*, cap. IV *La musica strumentale e cameristica a Milano nel '700*, 1962, pp. 619-660: 632.

[35]. *Registro 1760*, p. 92.

due fregate e due tartane — avrebbe di ritorno portato Maria Luigia in Spagna (con un viaggio che durò dal 24 luglio all'11 agosto)[36].

Genova era dunque il fulcro geografico del 'cambio' delle principesse: il 3 luglio vi giunse Maria Luigia da Parma con la sua corte per dimorare a palazzo Tursi. Fu intrattenuta con varie feste, ricevimenti, pranzi e spettacoli: il 5 ci fu un 'divertimento per mare' «per non farle riuscire sì nuova la navigazione, che deve intraprendere, per le Spagne», come riporta la *Gazzetta di Lugano*, periodico che si diffonde in maggiori particolari rispetto ai *Ragguaglj* milanesi (che pure la usano spesso come fonte)[37]. Il 6 si ebbe una sontuosa accademia a palazzo Sauli: «la Reale Infanta di Parma passò in Carignano a godere un'Accademia di canto, e suoni nel palazzo del sig. Domenico Sauli vagamente preparato ed illuminato»; la sera di domenica 7 «si portò nel Teatro di S. Agostino per essere presente alla rappresentazione della prima recita dell'opera in musica intitolata l'*Artaserse*[38], la quale per le decorazioni, voci e balli e vestiario incontra universale applauso»; lunedì 8 dopo pranzo «passò nel giardino del sig. principe Doria Pamfili fuori la Porta di S. Tomaso, ove fussi apprestato un ben inteso concerto d'istromenti musicali colla distribuzione d'abbondanti rinfreschi sendo comparsi sul far della sera illuminati a torchie li cortili di quel palazzo»[39]. Su queste feste esiste anche testimonianza meno ufficiale in una lettera custodita all'Archivio di Stato di Milano[40], in cui, oltre all'elenco delle attività della principessa, sono presenti anche annotazioni più personali («La Principessa di Parma è di buon umore»), che riguardano anche aspetti come l'abbigliamento adottato per la passeggiata di lunedì 8 luglio (accompagnata da «strepitosa sinfonia»): «posso dirvi che non aveva ne cuffia, ne coda, ne nastri, ne fiori in testa». Sono riportati anche commenti sull'*Artaserse*: «L'opera in complesso è piuttosto buona e la Mattei sorpassa l'aspettativa, il Verdi, il Nicolino e l'Ottavi si possono considerare per buoni attori […] Tra li ballerini si distinguono la Mimi, la Falchini [sic], e li Grotteschi. Lo scenario e le decorazioni sono assai assai migliori delle nostre, ma l'orchestra piuttosto debole, il recitativo [illegg.] e le arie poste ad elezione de cantanti sono vecchie e buone [?]»

Nel frattempo anche la corte austriaca era arrivata a Genova per accogliere Maria Luisa, che giunge dalla Spagna in porto il 17 luglio: il 18 le due cugine si incontrano a palazzo Tursi; poi nel palazzo del sig. Giorgio Doria avviene «l'atto della consegna della

---

[36]. Maria Luigia di Parma (1754 - 1819), sorella della principessa Isabella di cui si è parlato sopra, era figlia di don Filippo di Borbone-Parma, figlio di Filippo V di Borbone, re di Spagna. In alcuni testi il nome è indicato anche come Maria Luisa: si mantiene qui la versione dei *RVP*, Maria Luigia, per non confonderla con la cugina. Questa, Maria Luisa di Borbone-Spagna (indicata a sua volta anche come Maria Luigia o Maria Ludovica), era figlia di Carlo III, allora re di Spagna, figlio anch'egli di Filippo V (e quindi fratello di don Filippo di Parma).

[37]. *Gazzetta di Lugano. Nuove di diverse corti e paesi* (d'ora in poi *GdL*), n. 29, 22.7.1765, Supplemento; Corrispondenza da Parma del 15 luglio.

[38]. Si tratta del testo di Metastasio con musica di diversi autori.

[39]. *RVP*, XXIX, 17.7.1765; Corrispondenza da Genova del 13 luglio.

[40]. ASM, PS 85. Lettera da Genova, 11.7.1765.

R. principessa di Spagna Maria Luisa» alla corte asburgica[41]. Molti divertimenti erano probabilmente in programma a Genova per le due principesse cugine e per la nobiltà convenuta a omaggiarle, ma ogni festa in città fu sospesa il 19 luglio alla notizia dell'improvvisa morte (per vaiolo) ad Alessandria del duca di Parma, Don Filippo, padre di Maria Luigia (e zio di Maria Luisa). Maria Luigia mantenne il lutto per qualche mese, anche se partì egualmente il 24 luglio per la Spagna.

La corte asburgica (e quindi anche Maria Luisa) decise invece di non assumere il pubblico lutto se non al ritorno a Vienna dopo il matrimonio degli arciduchi. Per Maria Luisa, quindi, partita da Genova il 23 luglio, le feste e i ricevimenti ufficiali continuarono nel suo viaggio verso Innsbruck. Prime importanti tappe furono proprio Pavia e Cremona. L'infanta giunse il 24 luglio a Pavia, con il suo seguito di oltre venti carrozze, precedute da due postiglioni che suonavano le loro cornette, e fu accolta con «sparo di cannone» e con altre manifestazioni sonore di giubilo: «udendosi intanto il giulivo strepito de' militari instrumenti della compagnia de' granatieri dell'inclito Reggimento Preisach». Lo stesso giorno, al palazzo Botta, dopo aver ricevuto omaggi di numerosissime rappresentanza ufficiali, «verso le ore 23 d'Italia passò la Real Sposa nella Gran Sala vagamente ornata, ed illuminata per godervi il divertimento d'una scielta accademia di suoni, e canti e poco dopo l'ora di notte si ritirò nelle proprie stanze»[42].

Il giorno seguente si ebbe una visita alla Certosa di Pavia, con rinfresco, e alla sera un ballo a casa Botta: «alla sera repplicossi nuovamente nel suddetto salone l'Accademia, ove S.A.R. intervenne come nel giorno antecedente, e dopo due cantate della sig.ra Pilaja, e del Sig.r Priorino si convertì l'Accademia in una festa di Ballo, a cui diede principio S.A.R. ballando il primo minuetto con S.E. il Sig.r Conte di Thurn, e lo prosseguirono le dame, e Cavalieri della Città, e forastieri»[43].

A Pavia ebbe luogo anche un trattenimento («tavola di stato») al Collegio Borromeo e altri segni di festeggiamento furono realizzati nel seguente modo: «alle ore 24 di detto giorno [25 luglio] si illuminò tutta la città in segno di giubbilo, ed al palazzo della Città sonarono li trombetti della medesima sino alle ore tré della Notte, il che seguì anche nel g.no antecedente»[44].

Il 26 la principessa partì per Cremona, passando per Ospedaletto e Pizzighettone: a Cremona, dove soggiornò in casa Ali (oggi Ala-Ponzone), ebbe luogo la sera stessa del 26 la seconda accademia di suono e canto. Il giorno seguente la reale sposa riprese il viaggio e dopo aver attraversato S. Pietro in Mendicate e il castello di S. Martino di Bozzolo giunse il 28 a Mantova, dove fu salutata con «150. tiri di canone di calibro grosso», seguiti da altre

---

[41]. *RVP*, XXIX, 24.7.1765; Corrispondenza da Genova del 20 luglio.
[42]. *Ibidem*, XXXI, 31.7.1765; Supplementi agli Avvisi di Milano; Corrispondenza da Pavia del 26.7.1765.
[43]. ASM, PS 85.
[44]. *Ibidem*.

cerimonie e festeggiamenti[45]. Per i ricevimenti, accademie e feste da ballo organizzate nel territorio milanese, si ebbero le ingenti spese che sono minuziosamente descritte nel:

> Registro / Delle spese occorse in Cremona, ed in Milano, compreso / l'aumento alle rap.resentazioni nel Teatro, per il passaggio / e dimora delle Dame, Cavalieri, e loro seguito, spediti dall' / I.R. Corte, come pure per li trattamenti di Stato, le acca- / demie di Sinfonia, e Canto, e Festa da ballo nelle respettive / Case d'alloggio di S.A.R. l'Infanta Sposa di / S.A.R. l'Arciduca Leopoldo, nel passaggio dalle / Città di Pavia, e di Cremona; ed anche per il trattamento / alla prefata A.R., tutta la Corte, e seguito nel moniste- / ro dell'Ospitaletto e concorso a quello prestato in S.t Mar- / tino di Bozzolo, finalmente per i rinfreschi dati nel viaggio / ai luoghi di Gera, presso Pizzighetone, e S.t Pietro in / Mendicate, il tutto eseguito sotto la Sovrintendenza e / Direzione dell'Ill.mo Sig.r Marchese Questore Don / Gerolamo Castiglioni, Conte Don Luigi Trotti ed Ecc.mo / Sig.r Marchese Don Pompeo Litta Visconti, delegati / da S.A.S. il S.r Duca Amministratore, in virtù / di lettere del g.no 22 Maggio e successive de 3 Giugno / 1765[46].

I ricevimenti e le spese riguardarono infatti, oltre l'infanta, anche le dame e i cavalieri di corte che furono presenti a Pavia e Cremona, ma anche a Milano, dove molti di loro alloggiarono e dove furono allietati da rappresentazioni teatrali, come si apprende da questo pagamento, in data 18 luglio 1765:

> Al Sig.r Carlo Canetta cassiere per l'appalto del Teatro di Milano, in reintegrazione delle spese fatte, per rendere più decorosa la rappresentazione delle Commedie nel sudetto Teatro, a tenore delle disposizioni del Governo, all'occasione dell'intervenimento delle Dame e Cavalieri spediti dalla Corte, ed alloggiati nelle case Simonetti e Cristiani, con aver accresciute n. 4 copie

---

[45]. *Ibidem*. Per le feste di Mantova, *cfr*. più sotto.
[46]. ASM, PS 89. «Potenze Sovrane. Maria Teresa Imp. Leopoldo figlio Sua sposa Viaggi Registro delle spese». Si tratta di un quadernone rilegato e scritto in bella copia, formato da 234 pagine numerate. Di questo *Registro* furono approntate quattro copie, come si apprende dal pagamento al copista contenuto nello stesso quaderno, destinate al Governo e ai tre Cavalieri delegati. Oltre a quella dell'Archivio di Stato di Milano, una di queste copie risulta reperibile presso la Biblioteca Statale di Cremona (alla segnatura: aa.6.27). Essa presenta solo lievi differenze (conta 224 - *recte* 225 - pagine numerate) e contiene dei fogli sciolti relativi a disposizioni organizzate da casa Litta: ciò farebbe supporre che si tratti della copia destinata a Pompeo Litta Visconti. Sebbene l'occasione sia stata citata in ogni studio riguardante sia Sammartini che Boccherini, la natura esatta dell'avvenimento è stata spesso fraintesa: si è scritto infatti che le feste erano in onore di una Beatrice d'Este moglie di Leopoldo, o del solo Leopoldo, o di entrambi gli sposi, o degli sposi in viaggio da Vienna a Firenze *etc*. La circostanza risulta comunque chiarita nei più recenti interventi sull'argomento come quello di CHURGIN, Bathia. 'Sammartini and Boccherini: Continuity and Change in the Italian Instrumental Tradition of the Classic Period', in: *Chigiana*, XLIII, N. S. 23 (1993), pp. 171-191 ed anche in IDEM. 'Sammartini, Giovanni Battista', in: *The New Grove Dictionary of Music and Musicians*, Second Edition, edited by Stanley Sadie, 29 vols., London, Macmillan, 2001, vol. XXII, pp. 209-215.

Ill. 2: frontespizio del *Registro delle spese occorse* […] 1765 (vedi nota 46); Milano, Archivio di Stato (PS 89).

de Ballerini, li Sinfonisti nell'Orchestra, Corrispondenti vestiti, Cera per le decorazioni, Copie di musica, allestimento, e movimento dello Scenario per essi, mercede alle Guardie, assistenza, e spese minute, comprese la ricognizione di n. 12 Gigliati alla compagnia del Paganini, a titolo del danno per il ritardo, oltre il Contratto a venire per rappresentare nel Detto Teatro […] L. 3319. 16[47].

Le dame e i cavalieri ricevettero un omaggio musicale in Milano anche al loro arrivo a casa Simonetti, dato che furono pagate L. 39,10 «al sudetto [sig. Lucini], per rimborso di mancie alli Trombetti di corte, ed ad una Banda di n. 22 sinfonisti, che hanno sonato nella Corte di Casa Simonetti, nell'arrivo delle Dame e Cavalieri di corte sudetti»[48].

A Milano si tennero anche le prove delle sinfonie e dei brani vocali che sarebbero stati eseguiti nelle accademie di Pavia e Cremona: le prove si fecero in casa Casati ed anche a casa della cantante Caterina Pilai, servendosi fra l'altro di una spinetta proveniente da casa Trotti, come risulta dal seguente pagamento «A Franc.o Lovati, per avere impennato di nuovo, ed aggiustata una Spinetta di Casa Trotti, che ha servito alle prove in Milano delle Sinfonie, e Canti per le Accademie in casa del Sig. Don Gius.e Casati e della Sig. Pilai». Per l'accademia di Pavia risulta però che fu inviato da Milano un cembalo[49].

Come nel caso delle 'grandi opere' di Casalmaggiore nel 1760, anche in questa occasione ci furono alcune sistemazioni architettoniche, in particolare nel Palazzo Civico di Cremona, mentre per i trattenimenti e le accademie di Pavia (casa Botta) e Cremona (casa Ali) le costruzioni (e distruzioni) riguardarono solo apparati effimeri. Viene pagato tale «Gius.e Aliprandi, per dipintura dei due Lettorini serviti a sonatori del violoncello nelle Accademie in Pavia, e per aver accomodato con dipintura i piccoli bucchi fatti per le stacchette nel salone di casa Botta»[50]. Si paga inoltre chi ha fatto levare la legna e il carbone da una stanza a pianterreno servita per 'riposteria' alle accademie, come pure chi ha poi rimesso gli stessi generi nello stesso luogo.

Furono comunque necessari acquisti di legname e lavori di falegnameria per apparati di maggiori dimensioni. Il 18 agosto un compenso va a «Gius. Ant.o Baroggi Capo falegname di Milano» per varie opere in Pavia e in Cremona e «per disporre le Sale delle Accademie con Orchestre»[51]. A Cremona si ebbero quindi un 'trattamento' presso il Palazzo Civico e un'accademia in casa Ali e L. 980 furono pagate il 28 luglio:

> A Gio. Batt.a Quadrio per valore de legnami d'opera di qualità diverse, serviti per adattamento delle Cucine nel Salone a pianterreno del Palazzo

---

[47]. ASM, PS 89, *Registro* (d'ora in poi *Registro 1765*), pp. 6-7.

[48]. *Ibidem*, p. 133.

[49]. *Ibidem*, p. 73, 6 agosto; è del 2 agosto (p. 47) invece il pagamento di L. 11 «a Carlo Siro Battaglino, per fatture intorno al Cembalo, spedito da Milano a Pavia per le Accademie». Durante le prove in Casa Casati furono serviti «agro di cedro, limonata e pane» come da pagamento del 6 agosto, p. 74.

[50]. *Ibidem*, 2 agosto, p. 48. Il pagamento è di L. 14.

[51]. *Ibidem*, p. 91.

> Civico [di Cremona], Tavole per li servizi, e per le Mense nelle Sale Superiori, come pure la costruzione dell'Orchestra dell'Accademia, soffitti e telari in giro nella sala di Casa di Ali di Crem.a, allogg.o di S.A.R.[52].

Inoltre la «Specificazione / de materiali di fabbrica, Asse, utensili, ed altro lasciati in Cremona / sotto la consegna del Sig.r Marchese D. Ant.o Lodi Referendario, / con l'incombenza di far demolire le opere, in cui erano impiegati, / e ritirarne col benefizio dell'asta il prezzo risultato»[53] consiste in un elenco di utensili e di materiale da costruzione in cui appaiono le voci: «Scale dell'Orchestra» e «Lettorini per i violoncelli dell'Orchestra». Per 'orchestra'[54] e 'scale dell'orchestra' sono qui evidentemente da intendersi gradoni o balconate in legno sulle quali si disposero gli strumentisti: doveva trattarsi di strutture abbastanza imponenti, dato che viene coinvolto un architetto per progettarle, come da pagamento «Al Sig.r Ant.o Ghezzi Architetto per l'intiera importanza, e saldo di tutte le spese, ed opere nei disegni delle Orchestre e degli Ornati delle Sale per le Accademie in Pavia, ed in Cremona e nei luoghi per i rinfreschi disposti a Gera di Pizzighettone e S.t Pietro in Mendicate, come pure la mercede a Pittori, spese in Oro falso, Cartone, fiori […]»[55].

Le sale delle accademie, fornite di apposita 'orchestra', furono dunque anche opportunamente ornate, in riferimento a precisi soggetti forniti da Claudio Nicola Stampa, poeta e librettista del Regio Ducal Teatro, dato che un compenso viene corrisposto anche al «Sig. Cesare M.a Fioretti per Regallo di Cera e Ciocolato al Sig.r D. Claudio Nicola Stampa, gratificazione della di lui fatica, nell'aver fornito all'Architetto Ghezzi l'idea colla storia per la formazione degli Emblemi e Gerolifici dipinti e dorati per le Sale delle Accademie in Pavia, ed in Cremona»[56]. Ulteriori ornamenti furono realizzati con il «[…] nolo di Pezze 20 Tela greggia Lodigiana, servita per li ad.obbi nel Salone dell'Accademia in quella Casa Ali […]»[57]. Le sale inoltre dovettero brillare di magnifica illuminazione dato che una remunerazione fu riservata «per la fabrica de vetri a S.t Vittore di questa Città, importanza di n. 248 Tazzini di vetro per Lampadarj, e Placche, serviti nelle Sale delle Accademie, e negli appartamenti in Pavia, ed in Cremona»[58] e a Pavia tale Venanzio Ceruti fu compensato «per fiori, e foglie di Carta, fiori di Galletta, foglie sciolte, festoni, fattura dell'unione e Legatura,

---

[52]. *Ibidem*, pagamento di L. 980 a p. 11.

[53]. *Ibidem*, pp. 223-224.

[54]. Secondo il significato etimologico della parola che ancora si mantenne per lungo tempo: «Spazio ne' teatri, o nelle sale di concerto, che è separato da quello degli spettatori ed occupato da' sonatori; ordinariamente è un po' più elevato della platea. Talvolta questo vocabolo dinota pure gli stessi sonatori […]». LICHTENTHAL, Peter. *Dizionario e bibliografia della musica*, 4 voll., Milano, Fontana, 1826, vol. II (L-Z), pp. 78-79.

[55]. *Registro 1765*, p. 103, 20 agosto.

[56]. *Ibidem*, p. 153, 4 settembre, L. 50.

[57]. *Ibidem*, p. 171, 3 ottobre.

[58]. *Ibidem*, p. 178, 5 ottobre.

serviti per ornato nel Salone dell'Ill.ma Casa Botta adorno in Pavia alloggio di S.A.R. destinato per l'accademia di Sinfonia, e Canto»[59].

In questi ambienti così accuratamente preparati e addobbati furono serviti rinfreschi e cibi prelibati, usando preziose e raffinate suppellettili (spesso noleggiate all'uopo), il tutto procurato in quantità tali che, passati i festeggiamenti, l'elenco degli 'avanzi' che furono messi all'asta (asta convocata, fra l'altro, servendosi delle segnalazioni dei trombetti cittadini) occupa intere pagine del registro delle spese e dà una chiara impressione di quali fossero al tempo i generi considerati di lusso, dei quali forniamo qui un parziale elenco, citando alla rinfusa:

> Per le bevande e i cibi: vino di Bourgogna, vino di Tokai, rosogli di Mantova, vino Leatico, boccie di maraschino di Corfù, birra d'Inghilterra, vino di Montepulciano, di Cipro, vino di Capo Buona Speranza bianco, vino di Siracusa, vino di Chiampagne, Reno, fiaschi Canarie, Cipro, Rosoglio di Zara detto Canellino, vino di Frontignac, rosolio di Marsilia e Barbados; presuto o sia giambone di Westfalia, lingue fumicate di Zurigo, dette di *cignale* d'Augusta, bondiole di Parma, mascarponi e butirro, acceto Diavoloni di Napoli, casse di limoni, aranci e cedrati, pistacchi; cacao, zucchero, vaniglia e canella serviti per la formazione di cioccolato, caffè di Levante, biscottini e amaretti, canditi, composte, marmellate, zucchero Fioretto di Lisbona e stesso di Francia, zucchero raffinato d'Olanda […].
> Per le suppellettili: tazze e amolini di cristallo di Boemia, maiolica di Strasburgo, fondi di majolica, pistoni e bicchieri di vetro, salini di cristallo, nolo de' peltri, boccette di cristallo con oro per rosolio, salini di cristallo, tazze di cristallo mezzane per acqua, piatteline di majolica all'uso di porcellana a colori bianchi e bleu con bordo color caffè, zuccarier di porcellana, tazzini di caffè di majolica colorata smaltata, chicchere con manico a fiori smaltati, chicchere smaltate in rilievo, tazze di cristallo, soglie per acqua, tazzini per sorbetti, piatteline ad uso di porcellana di majolica a colori bianco e bleu con bordo color caffè; dette a colori bianchi e gialli, tazzini di majolica per caffè alla Cappuccina, boccette di cristallo e oro per acquavite; orinarj a navetta a colori di smalto con oro, orinarj a navetta fini con bordo d'oro, orinarj a fiori smaltati […][60].

Gli eletti invitati si intrattennero in conversazioni e in giochi, dato che nell'elenco delle spese c'è anche una riparazione di un bigliardo, e fra le suppellettili avanzate sono

---

[59]. *Ibidem*, 31 luglio, p. 28, L. 195.
[60]. Ampi elenchi di questi generi si trovano nel *Registro 1765* ad esempio a p. 187 e segg. (Specificazione / De Generi, e Mobili venduti nel Magazzeno Generale nella Casa / Trotti di Milano, avanzati dagli usi dei Trattamenti); a p. 213 e segg. (Specificazione / de generi e Mobili venduti alla pubblica Asta, nel Collegio Borromeo / in Pavia, previa l'esposizione delle Cedole, sopravanzati agli usi di / que' trattamenti) e a p. 219 e segg. (Specificazione / de generi e mobili soprav.anzati agli usi dei trattamenti in / Cremona, venduti dal Sig. Paolo Bossi Magazziniere). Fra gli altri generi venduti troviamo anche cera di Venezia nuova e usata, ombrella di tela cerata, ombrella di lustrino, tele, gale, «torchie a vento»…

presenti «carte da gioco da Tarocco, d'ombre, da Tresette servite per la conversazione in casa Botta» e soprattutto

> Scatoletta da gioco d'ombre a vernice, ad uso della China, entrovi 4 scatolettine compite di marche [...].
> Cassetta da gioco d'ombre a vernice della China entrovi cinque scatolette con marche [...].
> Scatola da giuoco d'ombre a vernice fina della China entrovi quattro scatolette compite di marche di Madre Perla [...].

Fra rinfreschi, giochi e conversazioni, il 25 luglio a Pavia si ebbe anche la citata festa da ballo, per la quale fu fatto venire «M.r Aloardi Professore di ballo, stato chiamato da Milano a Pavia per ordine di S. E., per l'occasione della Festa da Ballo»[61]. La festa è così descritta nelle relazioni dei *Ragguaglj*:

> [l'Infanta Maria Luisa] restituitasi a casa si divertì con una splendida festa da ballo apprestatale nel già menzionato salone, avendo essa stessa aperta la festa con un minuetto, eseguito con sua Eccellenza il conte di Rosemberg ambasciatore straordinario delle loro maestà imperiali Regie Appostoliche preso il Re Cattolico, che fu seguitato da un altro con sua eccellenza il Sig. conte Scipione Rossi, Marchese di S. Secondo, Intimo attuale consigliere di Stato, indi Sua altezza reale si degnò accordare tale onore non solo a diversi ciamberlani di Sua Maestà Imperiale Appostolica, ma nel corso della sera a varj altri cavalieri, fin a che verso le tre della notte si ritirò ne' suoi appartamenti, lasciandovi la nobiltà, che chiuse quella ragguardevole festa con due ben intese contradanze[62].

Le spese dei sinfonisti

Come si è appreso dalle notizie riportare sui *Ragguaglj*, l'accademia di Pavia del 24 luglio comprese musiche «di suono e di canto». Un po' più ampiamente si diffonde la *Gazzetta di Lugano* sulla serata:

> [verso le ore 22] si portò Sua Altezza Reale e suo seguito nel gran salone di detto palazzo Botta superbamente apparato, e vagamente illuminato per godervi gli armoniosi concerti d'una numerosissima orchestra a tre ordini di musicali instrumenti, come pure del canto della celebre Signora Pilai. Vi si trattenne fino alle due ore di sera, in cui vedevasi tutto il palazzo suddetto a numerosi torchi illuminato, ed indi dopo aver cenato, si pose a letto[63].

---

[61]. *Registro* 1765, p. 162, 10 settembre. Pietro Alouard (o Allouar, Alouardi, Alloardi) fu attivo a Milano come maestro di ballo a corte e come compositore di balli presso il Regio Ducal Teatro.

[62]. *RVP*, XXXI, 31.7.1765; Supplementi agli Avvisi di Milano; Corrispondenza da Pavia del 26.7.1765.

[63]. *GdL*, n. 30, 29 luglio 1765, Supplemento; Corrispondenza da Pavia del 26 luglio.

La notizia ci riporta interessanti particolari. Come è stato sempre rilevato da tutti gli studi che hanno citato questa occasione, l'orchestra qui riunita era molto numerosa. Per questa occasione, infatti, fu fatto venire da Milano un nutrito gruppo di 'sinfonisti' che fu integrato anche da elementi locali sia a Pavia che a Cremona; inoltre furono presenti in qualità di strumentisti aggiunti[64] Luigi Boccherini, violoncello, Leopoldo Boccherini, suo padre, contrabbasso, Mattia Stabingher, flauto[65]; a questi vanno aggiunti anche i cantanti Antonio Priori e Caterina Pilai nonché il Sammartini, che viene retribuito per la direzione e la composizione di alcune sinfonie servite in entrambe le accademie. Anche su queste spese il *Registro* riporta accurate informazioni:

> Estratto / Delle Spese occorse per le Accademie, e Festa da Ballo in Pavia, / ed Accademia in Cremona, non compreso il prezzo del Corso delle / Poste per i Professori, Spese per Orchestre, apparati, Cera e Rin- / freschi per le Sale e Servizio delle stesse Accademie per essere / miste nelle generali dei trattamenti

1765 29 lug.o	
A Carlo Chiesa per il vitto a tutti li professori di Suono, e di Canto, Maestro e Servidori in Cremona, n. 36:	L. 440
detto [29 luglio]	
Alli Sinfonisti di Cremona aggiunti a quelli di Milano per mercede, n. 38:	L. 180
31 d.to	
A Paolo Zappa, per vitto come sopra in Pavia, n. 47:	L. 469.15.6
Alli Sinfonisti di Pavia aggiunti come sop.a, per mercede, n.55:	L. 270
6 agosto	
Alli Sinfonisti, Cantanti, Maestro, Direttore de viaggi, Copie ed altro, n. 112	L. 6599.5
Al Buccherini Violoncello, e di Lui Padre Contrabasso	L. 409.10
7 d.to	
A Mattia Stabinger flutist [?] flutista, n. 74	L. 315
26 d.to	
A Carlo Landolfi per riparazione ad un Contrabasso, n. 152:	L. 28
[totale]	L. 8711.10.6[66].

---

[64]. Si tratta di una circostanza che riveste particolare importanza, in quanto costituisce una sicura testimonianza di un contatto tra Sammartini e Boccherini. Fra i primi ad aver segnalato il *Registro* milanese e le preziose informazioni musicali che contiene, va ricordato BARBLAN, Guglielmo. 'Boccheriniana', in: *Rassegna musicale*, XXIX/2 (giugno 1959), pp. 123-128. La copia cremonese fu segnalata invece da CESARI, Gaetano. 'Giorgio Giulini musicista. Contributo alla storia della sinfonia in Milano', in: *Rivista musicale italiana*, XXIV/1 (1917), pp. 1-34: 24.

[65]. Mattia Stabingher o Stabinger, Staibingher (Firenze, 1739 - ? post 1814) fu flautista e compositore di melodrammi e balli teatrali. *Cfr.* DELIUS, Nikolaus. 'Mattia Stabingher e il suo contributo al flautismo italiano', in: *La musica strumentale nel Veneto fra Settecento e Ottocento*, a cura di Lucia Boscolo e Sergio Durante (*Rassegna veneta di studi musicali*, XIII-XIV, 1997-1998, numero speciale), pp. 159-180.

[66]. *Registro* 1765, p. 229.

Questa pagina riassuntiva rimanda a più dettagliate singole voci di pagamento. Già da essa risulta però impossibile considerare i due Boccherini e il flautista Stabingher come componenti dell'orchestra: le loro voci di pagamento separate, corrispondenti a somme ingenti, portano a considerarli artisti di riguardo, che evidentemente si sono esibiti in veste solistica. L'informazione è confermata da un diverso documento, relativo alla medesima occasione, che riporta il dettaglio dei pagamenti:

> S.r Luigi Buccherini di Lucca per onorario dei Concerti di violoncello eseguiti in Pavia, e Cremona   Zecc.ni n. 20
> S.r Leopoldo di Lui Padre per aver sonato il Controbasso nelle accademie di Pavia, e di Cremona.   [Z.] 6
> S.r Mattia Staibinger per onorario del Concerto di Flutta traversiere eseguito in Cremona, e per avere sonato nelle accademie di Pavia.   [Z.] 20[67]

Da queste notizie si evince con chiarezza che Leopoldo Boccherini fu impiegato come orchestrale, mentre Luigi si esibì come solista sia a Pavia che a Cremona. All'Archivio di Stato di Milano è custodito anche il 'contratto' dei Boccherini, in data primo giugno 1765, in cui Luigi Boccherini si impegnava, però, oltre a «sonare concerti», anche ad «accompagnare la musica».

> Milano p:° Giugno 1765
> Mi obbligo io sottoscritto portarmi a Pavia, sonare concerti, ed accompagnare la musica e in occasione colà dell'Accademia, che si farà per il passaggio della Reale Principessa Sposa e con che mi siano pagate le spese de' viaggi, alloggi, e cibarie, e dieci Zecchini in contanti e così se occorrerà passare anco a Cremona. Se abbisognasse il Contrabasso, servirà il mio Sig:r Padre colle spese come sopra, e tre Zecchini per l'Accademia in Pavia, e lo stesso per Cremona.
> io Luigi Boccherini
> affermo quanto sopra[68]

Lo Stabingher invece risulterebbe aver suonato come orchestrale a Pavia e come solista a Cremona. Un altro interessante documento riporta le retribuzioni dei cantanti e di Sammartini e aiuta a capire quale fu il suo ruolo preciso in quell'occasione[69].

> Specificazione dei Sig.i Maestro di Musica, e virtuosi di Canto, e Professori di Sinfonia di Milano, che oltre i locali di Pavia, e di Cremona hanno

---

[67]. ASM, PS 69. Ringrazio Anna Cattoretti per avermi segnalato il documento. Questo e gli altri pagamenti contenuti in *Potenze sovrane* 69 che verranno citati sotto consistono in doppi fogli ripiegati o in foglietti sciolti.

[68]. ASM, PS 84. Nella stessa cartella è custodito anche il 'contratto' in data 30 maggio di Antonio Priori, che si impegna analogamente, per 12 Gigliati, per Pavia e «occorrendo anche per Cremona».

[69]. ASM, PS 69.

> Milano p.o giugno 1765
> mi obbligo io sottoscritto portarmi a
> Pavia, sonare concerti, ed accom-
> pagnare la Musica & in occasio-
> ne colà dell'Accademia, che si
> farà p il passaggio della Reale
> Principessa sposa & Con che mi
> siano pagate le spese de' viaggi,
> Alloggi, e Cibarie, e dieci Zecchini
> in contanti & e così se occor-
> rerà passare anco a Cremona
> se abisognasse il Contrabasso, ver-
> rà il mio Sig.r Padre & colle
> spese come sopra, e tre Zecchini
> p l'Accademia in Pavia, e lo
> stesso p Cremona &
>   io Luigi Boccherini
>   affermo quanto sopra

Ill. 3: contratto di Luigi Boccherini in data 1 giugno 1765 per le accademie di Pavia e Cremona; Milano, Archivio di Stato (PS 84).

rispettivamente diretto, sonato, e cantato nelle accademie eseguite nelle sud.e città li giorni 24, 25 e 26 Luglio 1765 in occasione del passaggio di S. A. R. L'Infanta sposa Maria Luigia [...] colla fissazione dell'onorario a ciascheduno

  S.r Maestro Gio. Batt.a S. Martino, per direzione, e composizione di alcune Sinfonie, servite per entrambi le Accademie   [Z.] 40
  S. a Cattarina Pilaia) Cantanti in en-   [Z.] 60
  S.r Antonio Priori) trambi le accademie[70]   [Z.] 24

La retribuzione maggiore è naturalmente quella della cantante Caterina Pilai, con 60 zecchini. Nella sua ricevuta di pagamento, forse per riguardo all'artista importante, viene usata una formula diversa da quella usata nelle ricevute degli altri musici (compreso il Priori): questa infatti è scritta dalla medesima mano che firma (a differenza delle altre) e non si parla di 'pagamento per aver cantato', ma di regalo che viene offerto alla signora.

                9 ag.to 1765
  Ringrazio il Sig. Castelini della pena che si è dato á farmi tenere il Regalo di n.° 60 Zecchini per il noto affare, pe' quali né potrà passare quei [?] ringraziamenti á Cotesti Sig: Cavaglieri e sono con tutta l'amicizia Sua Serva e Sua[?] Amica
                Caterina Pilaja[71]

Confrontando le retribuzioni dei convenuti, Sammartini risulta lautamente pagato, ma una corretta valutazione dovrebbe tener conto di quanti esattamente furono i brani che scrisse e diresse. Alcune informazioni in questo senso sono fornite come di consueto dal pagamento del copista:

  Copia di Musica fatta da Gio: Batt.a Fiamenghino copista d'ordine del Sig.r Maestro Sanmartino per le Accademie di Pavia e Cremona
  foglij n.° 100. in diverse parti per agiungere alle già esistenti presso il sud.° Sig. Maestro de concerti
  foglij n.° 100. in diverse parti per agiungere come sopra delle di lui sinfonie
  foglij n.° 77. Per dodici arie della sig.a Pilai, e del Sig.r Priorino
  foglij n.° 20. dei due duetti dei sudetti
  Il che tutto rimane nei libri presso il sud.° Sig.r Sanmartino, dal quale non si possono rilasciare per esser riservate, ed unite alle di lui copie
  In tutto fog.i 297 che importano   L. 297[72].

---

[70]. Una graffa che comprende i due nomi dei cantanti fa intendere che entrambi cantarono nelle due occasioni.
[71]. ASM, PS 69. Il Castellini era Agente Fiscale in Pavia.
[72]. *Ibidem*.

Interessanti sono anche le poche righe seguenti che appaiono in questo documento; si tratta di una semplice ricevuta, ma la scrittura e la firma di pugno del Sammartini vanno ad arricchire lo scarso numero di scritti autografi conosciuti del compositore[73].

Anche le frasi successive, scritte e firmate dal copista Fiamenghino, forniscono ulteriori preziose informazioni:

> Ho ricevuto il premio della sud. copiatura in Zecc.ni undici, ed altri Zecchini tre i quali sono per mercede di tutte le altre fatiche fatte, nell'aiutare [?], unire le prove, concertare le arie coi virtuosi, ed altre incombenze datemi dal sud.° S.r Maestro Io Gio. Batta Fiamenghino

Si ascoltarono quindi sinfonie, concerti (con flauto e violoncello solisti), dodici arie e due duetti, le cui prove furono curate dal Fiamenghino. Il Fiamenghino, oltre che copista, si rivela in questa occasione prezioso collaboratore di Sammartini, tanto da essere definito dallo stesso «necessarissimo»[74].

Gli spartiti rimasero di proprietà di Sammartini ed è quindi presumibile che egli fosse l'autore di tutte queste musiche: i mandati di pagamento, però, specificano chiaramente che egli viene retribuito solo per la direzione delle accademie e per la composizione di alcune sinfonie, come risulta anche da quest'altro pagamento, firmato da Sammartini.

> Dalli sig. ri Cavalieri Delegati dal Governo ho ricevuto Gigliati – effettivi quaranta, dico n° 40, li quali sono per onorario d'aver diretto le accademie di Pavia, e di Cremona, anche con composizione di sinfonie nuove;
> Milano lì 8 ag.to 1765
> Gio: Batta S. Martino
> Maestro di Capella[75]

Il copista viene pagato come si è visto per copie di arie e duetti dei cantanti e per copiatura di parti «da agiungere alle già esistenti presso il sud.° Sig. Maestro [Sammartini]» sia nel caso «de concerti» che in quello «delle di lui sinfonie». Sembra quindi di poter accertare che solo alcune sinfonie furono composte per l'occasione, mentre dei concerti e forse di altre sinfonie esistevano già delle copie, che andavano integrate. Il dubbio resta sulle arie e i duetti, che potevano anche essere state portate dai cantanti (le copie effettuate dal Fiamenghino comunque rimasero al Sammartini).

---

[73]. Il testo è il seguente: «a di 10: Agosto 1765: Attesto io sottos:to essere presso di me li sud.ti foglij 297 di musica servita come sopra; ed in fede Io Gio: Batt.a S. Martino Maestro di Capella». *Ibidem*.

[74]. ASM, PS 84. Così scrive Giuseppe Casati, che si occupa dell'organizzazione dello spostamento da Milano a Pavia, il 22.7.1765: «Il Fiamenghino mi ha fatto parlare da tutto il mondo, ed il S.r S.t Martino dice che è necessarissimo per la copiatura perché non è in lista, ed io sono Cerbero».

[75]. ASM, PS 69.

I Filarmonici in trasferta. Le uscite dei sinfonisti milanesi nel 1760 e nel 1765

Per quanto riguarda l'articolazione precisa delle accademie, disponiamo di alcuni documenti che dovevano costituirne la proposta. Nelle disposizioni per i cavalieri delegati all'organizzazione in Pavia, si legge:

> Si farà addattare il Salone di Casa Botta alloggio di S.A.R. per l'Accademia di Musica, e Sinfonia alla sera dell'arrivo, e per la sera seguente.
> Il piano dell'Accademia potrebbe essere di far cantare il Musico Priorino, e la Pillai, un Concerto del violoncello Luchese con un discreto numero di suonatori di Milano per suplire a quelli che mancassero in Pavia. […]
> Volendo poi replicare lo stesso trattenimento in Cremona si duplicherà l'onorario […][76].

Un altro documento riporta un progetto più dettagliato — un vero e proprio programma — corredato dall'approvazione sottoscritta di Sammartini:

> A Pavia si eseguirà la seguente musica:
>
> Introduzione d'un Ouvertura del S.r S. Martino
> Un Concerto a due violini del Sud.°
> Un Aria della S.a Pilai
> Un Concerto del violoncello Boccarini
> Un Aria del S.r Priorino
> altro breve Concerto del S.r S. Martino
> Un Duetto
> Una Sinfonia di partenza
>
> A Cremona
>
> Si eseguirà quanto sopra, cambiando però tutte le pezze, ed a questo [?] fine il S.r Maestro si prenderà la pena di intendersi coi virtuosi cantanti per fissare col di lui parere le pezze da cantare e per tirare le opp.ne copie in libri separati sì dei canti, che di tutte le sinfonie tanto per Cremona, che per Pavia
>
> approvo il presente sistema
> Io Gio: Batta S. Martino[77]

Come si noterà in questa fase preliminare non si fa cenno ad una esibizione «di concerto» del flautista Mattia Stabingher, che pure risulta sicuramente avvenuta sulla base dei pagamenti e che forse fu dovuta ad una variante di programma o a qualche imprevisto. Si cita invece un concerto per due violini e la notizia trova riscontro nel fatto che, come si vedrà sotto, nel gruppo dei sinfonisti, Luca Felice Roscio e Giuseppe Boroni vengono indi-

---

[76]. ASM, PS 86: *Istruzione, che dovrà servire di regola* […], 3.6.1765.
[77]. ASM, PS 84.

[Manoscritto:]

> A Pavia si eseguirà la seguente Musica
>
> Introduzione d'un ouverture del S.r S. Martino
> un Concerto a due violini del Sud.o
> un Aria della S.ra Pitro
> un Concerto del violoncello Boccarini
> un Aria del S.r Pisarino
> altro breve Concerto del S.r S. Martino
> un Duetto
> una Sinfonia di partenza
>
> A Cremona
> si eseguirà quanto sopra, cambiando però voce
> ai pezzi, ed a q.to fine il S.r Maestro si
> prenderà la pena d'intendersi co' virtuosi Cantanti
> e fissare col di lui parere li pezzi da Cantarsi
> e far tirarne le opp.ne Copia in libri Separati si
> dei Canti, che di tutte le Sinfonia tanto per Cre=
> mona, che per Pavia
>
> approvo il presente sistema
> Io Gio: Batta S. Martino.

Ill. 4: ipotesi di programma per le accademie di Pavia e Cremona del 1765 approvato da Sammartini; Milano, Archivio di Stato (PS 84).

cati come «violini di concerto»: la ricevuta singola di pagamento di Boroni non è stata reperita, ma quella di Roscio specifica che i 15 zecchini sono «onorario d'aver sonato anche di concerto nelle accademie di Pavia e di Cremona»[78]. Anche Carlo Zuccari,

---

[78]. Ibidem.

compreso nel gruppo dei sinfonisti, era conosciuto all'epoca come valente esecutore (nonché come compositore) e potrebbe risultare potenziale solista (la ricevuta di pagamento nel suo caso specifica però solo che ha suonato ed è stato capo dell'orchestra a Cremona)[79].

Nelle notizie riportate dal *Registro* 1765 scopriamo inoltre che qualche inconveniente si verificò per i contrabbassi dato che un pagamento viene corrisposto:

> [26 agosto] a Carlo Ferdinando Landolfi, per fatture attorno ad un Istromento Contrabasso, di ragione del Sig. Giulio Fioretti Professore, stato da esso Lui prestato al sig.r Buccarini per Cremona, avendo nel viaggio del Ritorno patito detrimento, con rottura del Coperto e delle fasce, n. 148: [L.] 28[80].

Giulio Fioretti faceva parte del gruppo dei sinfonisti presenti sia a Pavia che a Cremona, come «Violona»: prestò a Leopoldo Boccherini un contrabbasso che fu danneggiato durante il viaggio. In particolare:

> 1765.22.Agosto
> La Regia Delegazione deve a Carlo Ferdinando Landolfi per aver aggiustato un contrabbasso tutto disfatto proveniente da Cremona, e di ragione del sig. Giulio Fioretti, il quale lo avea prestato graziosamente al Padre del Suonatore di Violoncello Boccarini, cioè
>
> | | |
> |---|---|
> | Per aver fatto tutto il Coperto al suddetto Contrabbasso di nuovo | L. 35 |
> | per aver aggiustato le fasse, ed il fondo, e posto varie pezze al fondo stesso | L. 7,10 |
> | Per compra d'una corda | L. 2,10 |
> | Arco | <u>L. 2,5</u> |
> | [totale] | L. 47,5 |
> | [da questa somma vengono tolte] | <u>L. 19,5</u> |
> | | L. 28[81] |

Una parte importante delle informazioni fornite dal *Registro* 1765 e dagli altri documenti d'archivio, riguarda gli elenchi esatti degli orchestrali che suonarono a Pavia e a Cremona: si tratta di elenchi noti agli studiosi, che sono stati già riportati nei testi che hanno trattato questa circostanza[82]. Li riproduciamo ancora una volta, completi però in questo

---

[79]. Difficile è stabilire quali furono esattamente le sinfonie e i concerti eseguiti. Nel catalogo di Sammartini sono presenti concerti per flauto (JENKINS, Newell - CHURGIN, Bathia. *Op. cit.* - vedi nota 2 -, J-C 71-72), come anche concerti per più strumenti (2 vl e 2 ob soli, *ibidem*, J-C 73). Per il violoncello risulterebbe invece solo un «Concerto a cello piccolo concertato o violino concertato», J-C 69. Naturalmente non è il caso di azzardare ipotesi non sorrette da alcuna prova.

[80]. *Registro* 1765, pp. 112-113.

[81]. ASM, PS 69*bis*.

[82]. *Cfr.* ancora i comunque benemeriti studi di Barblan apparsi nella citata *Storia di Milano* (BARBLAN, Guglielmo. 'La musica strumentale e cameristica a Milano nel '700', *op. cit.* - vedi nota 34 -, pp. 651

caso delle singole retribuzioni e nell'ordine in cui sono proposti nel *Registro*. Il confronto con la copia del *Registro* custodita a Cremona, con altri documenti d'archivio e con le ricevute di pagamento corredate dalle firme autografe di molti degli orchestrali, permette di riportare anche differenze nelle grafie e soprannomi[83].

    Sinfonisti[84]
Sig.r Pietro Conti [detto Contino]	Z. 8
Sig.r Pasquale Peruccone [o Perruccone, detto Pasqualino]	Z. 6
Sig.r Gaetano Brivi [sic, ma autografo *recte* Brini]	Z. 6
Sig.r Marco Villani [Marchino]	Z. 6
Sig.r Gio. Balestrini [Balestrino]	Z. 4
Sig.r Gaetano Questorino [Quistorino]	Z. 6
Sig.r P.ro Ronchetti	Z. 4
Sig.r Fran.co Galimberti	Z. 4
Sig.r Gio.Ant.o Dario	Z. 4
Oboisti	
Sig.r Tommaso Emanuele[85]	Z. 6
Sig.r Gio. Aber	Z. 6
Trombe	
Sig.r Pietro Brugora [Brugola]	Z. 5

---

segg.) che sono serviti da fonte a quasi tutti gli studi successivi. Barblan confronta anche questo elenco con altri elenchi di strumentisti del Teatro Ducale, notando come solo 11 di questi 'sinfonisti' fossero presenti nell'orchestra del Ducale del 1748. In Barblan e negli studi seguenti appaiono anche considerazioni sulle attività dei singoli strumentisti, quando conosciuti. *Cfr.* queste notizie recentemente ancora riportate in MARTINOTTI, Sergio. 'Orchestre a Milano nel Settecento', in: *La musica a Milano, in Lombardia e oltre. 2*, a cura di Sergio Martinotti, Milano, Vita e Pensiero, 2000 (La città e lo spettacolo, 8), pp. 133-151 (con Appendice a cura di Luigi Inzaghi).

[83]. Le ricevute di pagamento dei singoli orchestrali sono custodite in ASM, PS 69. Non ci sono pervenuti purtroppo gli autografi di tutti i sinfonisti, ma di un buon numero: Aber, Balestrino, Brugora B. e P., Castiglione, Conti, Dario, Donzelli, Emanuele, Fiamenghino, Fioretti, Galimberti, Grandi, Lenta, Monza, Perruccone (padre e figlio), Poggio, Questorino, Ronchetti, Ronzi, Roscio, Verga, Villa, Villani, Visconti, Zuccari. Per Battista Borsano firma il padre Pietro, mentre Francesco Federici firma anche per il nipote Giuseppe Federici. Vi sono delle differenze fra *Registro* e autografi nel caso di Carlo Corbetta (nel *Registro* Corbelli) e di Gaetano Brini (nel *Registro* Brivi). L'indicazione degli strumenti, l'entità del pagamento e l'indicazione della presenza a Pavia e/o Cremona coincidono, tranne nel caso di Villa che risulterebbe aver suonato solo a Cremona (potrebbe naturalmente trattarsi di un'omissione dello scrivano addetto alle ricevute, visto che per gli altri i dati coincidono). Sono presenti inoltre le ricevute autografe dei cantanti Antonio Priori (per aver cantato a Pavia e Cremona) e di Caterina Pilaja (per il regalo di 60 zecchini).

[84]. *Registro* 1765, pp. 68-69, pagamento del 6 agosto. Questi *Sinfonisti* vanno intesi come presenti solo a Pavia. Dal confronto con altri elenchi dell'epoca e con le singole ricevute si desume che la prima parte dell'elenco (da Conti a Dario) comprende violinisti.

[85]. In qualche documento appare come Emanuele Tommaso (intendendo Tommaso come cognome); l'autografo porta Tommaso Emanuele.

Sig.r Pietro Poggio detto francese	Z. 5
<u>Viola</u>	
Sig.r Gaspare Goré Fiamenghino	Z. 4
Sig.r Luca Felice Roscio qual capo d'orchestra	Z. 6
Per g.n.te 4 consonte nelle Accademie e Festa da ballo in Pavia, compresi i g.ni di viaggio	totale Z. 80

Sinfonisti per Cremona[86]

<u>Violinisti</u>	
Sig.r Carlo Zuccari, anche qual Capo d'Orchestra [Zuccherini]	Z. 10
Sig.r Gio. M.a Grandi [Grandino]	Z. 8
Sig.r Fran.co Ronzi, in considerazione anche della direzione nei viaggi di Cremona, molti incomodi sofferti, e fatiche sostenute, prima e dopo li viaggi sudetti	Z. 11
Sig.r Carlo Gius.e Visconti [Viscontino]	Z. 6
Sig.r Franc.o Verga	Z. 6
Sig.r Giuseppe Perucone detto Pasqualino, figlio [Pasqualinetto]	Z. 6
Sig.r Gio. Ant.o Castiglioni	Z. 6
<u>Oboisti</u>	
Sig.r Franc.o Federici	Z. 8
Sig.r Gius.e Federici	Z. 8
<u>Trombe</u>	
Sig.r Gio. Batt.a Borsani [Borsano]	Z. 6
Sig.r Baldassare Brugora [Brugola]	Z. 6
Per g.n.te sei consonte dai sud.i Professori per l'Accademia in Cremona, compresi li g.ni de viaggi	Z. 81

Sinfonisti per Pavia poi per Cremona[87]

<u>Violini di concerto</u>	
Sig.r Luca Felice Roscio [Luchino]	Z. 15
Sig.r Gius.e Boroni [Borroni, detto Borroncino]	Z. 15
<u>Violoncello</u>	
Sig.r Gio. Monza	Z. 12
<u>Viole</u>	
Sig.r Gius.e Lenta	Z. 10
Sig.r Carlo Gius.e Villa [Cattellanno, nell'autografo]	Z. 10
<u>Violona</u>	
Sig.r Giulio Fioretti	Z. 10
<u>Bassi</u>	
Sig.r Carlo Corbelli [Corbella, Corbetta] [controbasso]	Z. 12
Sig.r Bartolomeo Donzelli [altro controbasso]	Z. 10
Per g.n.te 10 consonte per Pavia, e per Cremona, compresi i g.ni dei viaggi	Z. 94

---

[86]. *Registro* 1765, pp. 69-70, pagamento del 6 agosto.
[87]. *Ibidem*, p. 71, pagamento del 6 agosto.

ILL. 5a: ricevuta di pagamento di Giovanni Battista Sammartini per le accademie di Pavia e Cremona, nel 1765; Milano, Archivio di Stato (PS 69).

ILL. 5b: ricevuta di pagamento di Luca Felice Roscio come solista nelle accademie di Pavia e Cremona, nel 1765; Milano, Archivio di Stato (PS 69).

I Filarmonici in trasferta. Le uscite dei sinfonisti milanesi nel 1760 e nel 1765

Ill. 5c: ricevuta di pagamento di Luca Felice Roscio, quale «capo d'orchestra» nelle accademie di Pavia e Cremona, nel 1765; Milano, Archivio di Stato (PS 69).

Ill. 5d: contratto di Antonio Priori in cui si impegna in data 30 maggio 1765 per le accademie di Pavia e Cremona; Milano, Archivio di Stato (PS 84).

Come si evince da questo elenco, i sinfonisti che vennero da Milano sono complessivamente 33, compresi Luca Felice Roscio (presente in due elenchi) e Carlo Zuccari, che sono indicati come «capo d'orchestra» rispettivamente a Pavia e a Cremona. I musicisti citati però non suonarono mai tutti assieme. Otto strumentisti furono presenti in entrambe le accademie[88], ma ad essi vanno aggiunti altri due gruppi che furono diversi nelle due occorrenze: a Pavia ci furono altri 14 milanesi e un gruppo di 11 pavesi, per un totale di 33 persone, compreso Roscio come capo d'orchestra. A Cremona agli 8 presenti a Pavia si aggiunsero ancora 11 milanesi, compreso il capo d'orchestra Zuccari e 14 cremonesi, per un totale ancora di 33 persone (cui vanno aggiunti però i due Boccherini e Stabingher, in ruoli diversi, come si vedrà sotto)[89]. Si noterà che gli strumentisti pavesi e cremonesi sono pagati meno rispetto ai milanesi: 12 o 24 lire corrispondono a poco meno o poco più di uno zecchino (che equivale qui circa a 15 lire), mentre i milanesi, anche nel caso più sfortunato, sono pagati almeno uno zecchino al giorno per tutta la durata del loro impegno, compresi i viaggi. La retribuzione doppia a Pavia rispetto a Cremona va riferita probabilmente al maggiore impegno (accademia e ballo) richiesto nella prima città.

Il numero complessivo molto simile di orchestrali a Pavia e a Cremona fa pensare a un identico organico nelle due città. In realtà, il fatto che Stabingher si sia esibito come solista solo a Cremona, e l'intenzione citata sopra di «mutare le pezze» a Cremona fa presumere che il repertorio eseguito sia stato necessariamente diverso. Inoltre, considerando gli strumentisti aggiunti nelle due città, emergono sostanziali differenze negli organici:

Pagamenti per Pavia
[31 luglio] a Paolo Zappa, per il Vitto al S.r maestro S.t Martino, Sig.ra Cattarina Pilai, e sig.r Priori, virtuosi di canto, Direttore sig.r Caselli, e tutti li altri Sinfonisti, e loro Servidori, spediti da Milano a Pavia per le accademie e Feste di ballo, eseguitesi nel sudetto Salone di Casa Botta le sere dei g.ni 24 e 25 Lug.o a tenore del previo Contratto con esso Chiesa, non compresi li vini

---

[88]. Roscio, Boroni, Lenta, Villa, Monza, Fioretti, Corbelli, Donzelli.

[89]. Lo spostamento da Pavia a Cremona è oggetto di laboriose trattative, testimoniate in ASM, PS 85. Una possibilità era di far viaggiare «per acqua» i sinfonisti, ma alcuni opponevano difficoltà: «La Pilai, il Priorino, il St. Martino, il Luchino, il Borroncino, il Bocherini [?] non sindurranno [sic] mai a un tale viaggio» (lettera di Giuseppe Casati da Milano, 23.7.1765) e infatti per loro risulterà poi la spesa di una carrozza: Sammartini, Priori, la Pilai e una sua accompagnatrice (in altro documento identificata come la sorella) viaggeranno «su un legno a 4 cavalli di posta», mentre Roscio, Boroni, Lenta, Catelano, Boccherini (figlio), Monza, Corbelli viaggeranno «su una barca da terra coperta, e a 4 cavalli da posta» (ASM, PS 84). Fioretti, Donzelli, Stabingher e Boccherini padre (che dovevano spostarsi anch'essi a Cremona) non risultano però compresi in questo programma.

forastieri, Cera, Rosoli fatti somministrare dal Magazzeno della delegazione: L. 469.15.6[90].

[31 luglio] al Sig.r Marchese D.n Pio Belizoni [o Belisoni], altro de Sig.r Deputati della Città di Pavia, per farli distribuire alli sotto descritti Sig.ri Sinfonisti di quella città d'Onorario per avere sonato nelle Accademie in Casa Botta la notte del g.no 24 e 25 e successiva Festa da Ballo[91].

Violinisti
Gius.e Ant.o Gassa[92]	L. 24
Gius.e Rola [Rolla]	L. 24
Gio. Batt.a Uberti	L. 24
Gius.e Milanino	L. 24

Oboisti
Gio. Batt.a Jessi[93]	L. 24
Pompeo Corti	L. 24

Trombe
Mauro dell'Oro	L. 24
Gerol.o Ferrini	L. 24

Contrabasso
P.ro Fiorone	L. 24

Violoncello
Ant.o Corsini	L. 24
G[forse il fagottista Guala][94]	L. 24
per alcune copie de Minuetti	L. 6
	[totale L. 270]

Pagamenti per Cremona

[29 luglio] a Carlo Chiesa per il Vitto al Sig.r Maestro Gio. B.ta S.t Martino, Sig.r Priori virtuoso di Canto, e tutti li altri Sinfonisti e loro servidori, spediti da Milano a Cremona, compresi quelli trasferitisi da Pavia per l'Accademia, somministrato (vitto) dal g.no 24 al g.no 27 del Cor.te, non

---

[90]. *Registro* 1765, p. 28.

[91]. *Ibidem*, pp. 32-33.

[92]. Nel *Registro* custodito a Cremona si legge Gassa e così anche in vari documenti custoditi in ASM, PS 85; Barblan e gli altri studiosi che hanno citato questa evenienza leggono, sulla base solo del *Registro* 1765 di Milano, Papa.

[93]. Nel *Registro* di Cremona e in PS 85 si legge Jessi, ma *cfr*. sopra per la versione di Barblan, Iepi. *Cfr*. anche DELLABORRA, Mariateresa. 'Prefazione', in: PREFUMO, Danilo. *I fratelli Sammartini*, Milano, Rugginenti, 2002, pp. 5-9: 7, che confronta i nomi anche con documenti pavesi del 1751.

[94]. Del nome di questo strumentista è indicata solo la lettera iniziale (sia nel *Registro* 1765 di Milano che in quello di Cremona), ma il pagamento rientra nel conteggio, quindi dovette essere realmente presente. Negli elenchi custoditi in PS 85 nel gruppo dei sinfonisti pavesi risulta però pagato L. 24 anche un fagottista Guala, mentre come violoncellista è nominato il solo Antonio Corsini: ipotizzo quindi un errore del compilatore del *Registro* nella collocazione di questo strumentista fra i violoncellisti.

compresi li vini forastieri, Cera, Rosoli fatti prestare dalla Delegazione: L. 440[95].

[29 luglio] al Sig.r Fran.co Diana, detto Spagnoletto per onorario a n.14 Sinfonisti di Cremona, che hanno sonato nell'Accademia della not.e del g.no 26 Cor.te nella casa Ali per intertenimento di S.A.R., della di Lei Corte, e Nobiltà del Paese, oltre quelli spediti da Milano, e trasferiti da Pavia da distribuirsi dal Nobile Sig.r Marchese Rodeschini alli seguenti[96]:

Violinisti
Sig. Fran.co Diana [Spagnoletti]	L. 12
Andrea Calamani	L. 12
Francesco Rovaldi	L. 12
Giuseppe Galli	L. 12
Gio. Batt.a Polli [Poli]	L. 12
Felice Manara [Mannara]	L. 12
Gio. Germani	L. 12
Gio. Mariotti	L. 12
Gaetano Diana [Spagnoletti]	L. 12

[somma parziale L. 108]

Violoncello
Ant.o Fer.ario [Ferrari]	L. 12

Viole
Stef. Ceriali	L. 12
Gius.e Rinaldi	L. 12

Bassi
Stef.o Canobbio [Canobi]	L. 12
Gius.e Monisteroli [Monestiroli]	L. 12
Sig. Franc.o Diana Capo delli Sinfonisti di Cremona per particolari incomodi:	L. 12

[totale L. 180]

Come emerge dai documenti d'archivio[97], la scelta di questi esecutori è il risultato di una laboriosa fase preliminare in cui Sammartini prese le opportune decisioni sulla base degli strumentisti disponibili. Nei programmi approvati da Sammartini in giugno, come si ricordava sopra, non c'è traccia del flauto, né a Pavia, né a Cremona; a quell'epoca risalgono anche precisi elenchi degli strumentisti da utilizzarsi nelle due occasioni, in cui non tutti i nominativi concordano con quelli delle persone poi effettivamente pagate. Inte-

---

[95]. *Registro* 1765, p. 20.
[96]. *Ibidem*, pp. 21-22.
[97]. Tutti questi elenchi preliminari sono custoditi in ASM, PS 85. Gli elenchi precisi nominali degli strumentisti da utilizzare a Pavia e Cremona, datati 15 giugno 1765 e approvati da Sammartini sono consultabili invece in PS 84.

I Filarmonici in trasferta. Le uscite dei sinfonisti milanesi nel 1760 e nel 1765

Ill. 6: lista dei *Virtuosi che suonano a Pavia, da trasferire a Cremona*, approvata da Sammartini; Milano, Archivio di Stato (PS 84).

Ill. 7a: *Registro delle spese occorse* […], p. 229; Milano, Archivio di Stato (PS 89).

Ill. 7b-7c: Registro delle spese ocorse [...], pp. 67-68; Milano, Archivio di Stato (PS 89).

ressante è notare che nelle tre città (specialmente a Milano) il bacino di scelta offriva qualche margine: dall'elenco dei «violinisti da scegliere, e dividere per Pavia, e per Cremona» molti risulteranno esclusi (Gio. Sala, Rossetti, Astolfi, Gaffuri, Eugenio, Albertino, Barzago, Brambilla, Zemidi, Cesarino fra i violinisti; Bilgero tra i bassi). Addirittura si trovano nei documenti lettere di raccomandazione (indirizzate al Marchese Questore Castiglione): ad esempio per il violinista Dario (allievo dello Zuccherini) e per il violinista Verga[98].

A Pavia risulta disponibile anche un fagottista (Guala o Gualla), che nei registri non figurerebbe, a meno di ipotizzare un errore del copista, come proposto sopra. Come trombettista al posto di Mauro Dall'Oro viene indicato un Camolino: potrebbe trattarsi però di un soprannome del medesimo, dato che in una «Nota de SS.ri Professori di suono, che hanno servito nell'Accademia e festa da Ballo nell'occasione del passaggio di S:A:R:» alla voce Corni di caccia [*recte* Trombe] risultano nominati Giromino (presumibilmente Gerolamo Ferrini) e Camolino. Tra i violinisti compare in un primo tempo il nome di Luigi Passera, in seguito cassato. Nell'elenco delle "disponibilità" vi è anche il Sig. Ab.e Massa per il canto.

Da Cremona viene fornito invece un elenco di strumentisti di cui si afferma «essere persone capaci di suonare qualunque cosa le venghi presentata»: la lista coincide con quella degli strumentisti compensati nel *Registro* 1765. In essa si specificava però che il Canobi (Canobio, Canobbio) suona la violona e si fa presente un ulteriore problema: «il spinettone in Cremona non si trova, onde sarà necessario farlo trasportare da Milano. All'occorrenza vi sarà un'ottimo cembalista»[99].

Sommando i milanesi, gli aggiunti e gli 'indigeni' le due orchestre, quindi, risultano così composte:

Pavia	Cremona
15 violini	18 violini
1 flauto	1 flauto
4 oboi	2 oboi
4 trombe	2 trombe
3 viole	4 viole
2 violoncelli (+Boccherini)	2 violoncelli (+ 1)
1 fagotto [?]	6 bassi[101]
5 bassi[100]	

---

[98]. ASM, PS 84 (Dario: «giovine savio, virtuoso e si distingue anche in Corte all'occasione delle Feste di Ballo etc.» e PS 85 (Verga). Per la cronaca entrambi suonarono nelle accademie.

[99]. Il problema del cembalo poi dovette essere risolto: in ASM, PS 84 c'è notizia di «un ottimo spinettone in casa Ali per l'Accademia».

[100]. Ovvero: la 'violona' di Fioretti e i contrabbassi: Fiorone, Corbelli, Donzelli e Leopoldo Boccherini.

[101]. Ovvero: la 'violona' di Fioretti e i contrabbassi: Corbelli, Donzelli, Canobbio, Monisteroli e Leopoldo Boccherini.

Questa ricostruzione concorda quasi completamente con i progetti approvati da Sammartini il 15 giugno: in essi a Pavia sono enumerati tre violoncelli in quanto fra essi viene compreso anche «Boccarini per concerto» (insieme a Corsini e Monza), mentre a Cremona lo stesso viene nominato tra i violoncelli senza altra specificazione (Ferrario, Boccarini, Monza). Un'altra lieve differenza è lo scambio tra i violinisti Verga e Ronchetti: in giugno Verga risulta previsto nell'orchestra di Pavia e Ronchetti in quella di Cremona, ma nei pagamenti i ruoli sono scambiati.

Non concorda invece il numero dei contrabbassi: nel progetto di giugno a Pavia sono previsti quattro bassi (Fiorone, Boccherini padre, Fioretti, Corbelli), ma nel *Registro* risulta retribuito anche Donzelli per questa occasione. Anche a Cremona in giugno venivano elencati quattro bassi (Canobio, Monestiroli, Corbelli e Donzelli) e non comparivano Fiorone e Boccherini padre, che però risultano pagati nel *Registro*. L'altro particolare che non coincide è naturalmente la presenza del flauto che, come si è ricordato, non era inizialmente previsto: risulterebbe comunque aver suonato in orchestra a Pavia e come solista a Cremona. Un ulteriore documento che elenca gli strumentisti che da Milano si sarebbero spostati per le accademie a Pavia e poi a Cremona elenca un «Bocherini» tra i violoncelli (Luigi), un «Bocherini» tra i bassi (Leopoldo) e un «Mattia Traversier», confermando ulteriormente la loro presenza in entrambe le occasioni[102].

Resta da commentare la presenza del fagotto a Pavia (prevista nei progetti di giugno, ma solo ipotizzabile nelle liste dei pagamenti): il suo eventuale intervento naturalmente non modificherebbe il repertorio eseguito, dato che il fagotto suonava d'abitudine «col basso», ma determinerebbe certamente un suono complessivo particolare, molto nutrito nel registro grave. D'altra parte la presenza di sei bassi a Cremona e di cinque a Pavia farebbe pensare in ogni caso a una compagine orchestrale molto ricca in questo registro, anche se in proporzioni non assurde in relazione alle abitudini dell'epoca e alle caratteristiche foniche dei locali in cui avvenivano le esecuzioni[103].

Dopo la sosta a Pavia e a Cremona Maria Luisa proseguì il suo viaggio. A Mantova ci furono altre occasioni musicali: la rappresentazione nel teatro Nuovo il 27 luglio 1765 della pastorale *L'Isola disabitata* su libretto del Metastasio (fatto ampliare per l'occasione da Don Gio. Battista Buganza, con l'aggiunta di alcune arie e di un duetto) e musica di Tommaso Traetta[104]. Inoltre «tutta la città era pomposamente illuminata, e fra

---

[102]. ASM, PS 84: *Giorni 4 Sinfonisti da Milano* […].

[103]. Si ricorda che in sale costruite o rivestite completamente in legno, come erano quelle in cui avveniva questo tipo di esibizioni (cfr. la sala appositamente costruita a Casalmaggiore nel 1760), l'assorbimento delle frequenze gravi è un carattere molto marcato nella resa fonica.

[104]. Tommaso Traetta era stato assunto da Filippo di Borbone nel 1758 come maestro di cappella e maestro di canto delle principessine. Abbondante documentazione su quest'altra occasione musicale è consultabile in ASM, PS 72. Anche in questo caso l'insufficiente orchestra di Mantova fu ampliata con l'intervento di strumentisti, stavolta provenienti da Parma (sei violini, un contrabbasso, due corni da caccia e un violoncello). Lettera di Antonio Ramesini Suzzara, Mantova, 1.6.1765.

> *Nota de Violini capaci*
> Fran.co Diana detto il Spagnoletti
> Andrea Calamani
> Fran.co Rovaldi
> Giuseppe Galli
> Gio: Batta Poli
> Felice Mannara
> Gio: Germani
> Gio Mariotti
> Gaetano Diana detto il Spagnoletti
>   *Viole*
> Stefano Ceriali
> Giuseppe Rinaldi
>   *Violona*
> Stefano Canobi
>   *Violenzello*
> Antonio Ferrari
>   *Contrabasso*
> Giuseppe Monstiroli
>
> Egli assicura il Sig. M.o D. Michele Rodeschini, essere persone capaci di suonare qualunque cosa li venghi presentata
> Il Spinettone in Cremona non si trova, onde sarà necessario farlo trasportare da Milano.
> All'occorrenza vi sarà un ottimo Cimbalista

Ill. 8: elenco di strumentisti disponibili a Cremona per l'accademia del 1765; Milano, Archivio di Stato (PS 85).

ILL. 9: elenco di strumentisti di Pavia che parteciparono all'accademia del 1765; Milano, Archivio di Stato (PS 85).

le altre contrade particolarmente il Ghetto degli Ebbrei, il quale era ornato di tapezzaria, statue, ed obelischi, con varie Orchestre di Sonatori, che a vicenda reiteravano i concerti»[105]. Il giorno 28 la principessa ascoltò la S. Messa: per questa occasione risulta che siano state pagate L. 880 «al Padre Maestro Don Vigilio Colmo Agostiniano per aver cantata un'Aria in musica alla presenza di S.A.R. sposa nella Messa in musica cantatasi nella Regia Ducal Chiesa di S.ta Barbara»[106].

Da Mantova, via Ala, la Principessa raggiunse Trento il 30 luglio, dove ancora «venne anche trattata nello stesso castello ad una lautissima cena, indi si compiacque di essere presente ad un concerto eseguito con estere voci e stromenti»[107]. Il 31 luglio a Bolzano finalmente raggiunse Pietro Leopoldo che le venne incontro da Innsbruck accompagnato dal padre, l'imperatore Francesco I. Insieme, via Brixen e Wilten, giunsero a Innsbruck il

---

[105]. ASM, PS 85.
[106]. ASM, PS 72: *dettaglio delle spese [...](E)*.
[107]. *GdL*, n. 32, 12.8.1765; Supplemento, Corrispondenza da Trento del 4 agosto.

ILL. 10: progetto dell'elenco degli strumentisti di Pavia e Milano per l'accademia di Pavia del 1765; Milano, Archivio di Stato (PS 85).

ILL. 11: progetto dell'elenco degli strumentisti di Cremona e Milano per l'accademia di Cremona del 1765; Milano, Archivio di Stato (PS 85).

3 agosto (dove erano attesi da Maria Teresa e da tutto il resto della corte e della famiglia Asburgo) e il giorno seguente ci fu la benedizione nuziale. Il programma di feste e divertimenti continuò naturalmente per giorni, nonostante il tempo insistentemente piovoso, quando improvvisamente Francesco Stefano di Lorena, imperatore d'Austria, morì il 18 agosto per un colpo apoplettico.

Il diciottenne neosposo arciduca Pietro Leopoldo diveniva così Granduca di Toscana con il titolo di Leopoldo I[108]. Questa volta ovviamente la famiglia Asburgo non poteva ignorare un lutto che la colpiva direttamente e tutte le cerimonie e le feste in programma furono annullate. Il 30 agosto Leopoldo d'Asburgo e la moglie Maria Luisa intrapresero il viaggio per la Toscana. Vista la situazione anche tutti i festeggiamenti relativi a questo passaggio, già programmati nelle cittadine che gli sposi avrebbero attraversato lungo il viaggio, non ebbero luogo: a Mantova ad esempio era prevista un'altra pastorale su testo del Buganza e musica di Traetta, *Il Tributo campestre*, che non venne ovviamente rappresentata. Gli sposi di passaggio a Mantova comunque vollero visitare il teatro e avere copia del libretto e della partitura[109]. Maria Luisa raggiunse quindi col marito Firenze il 13 settembre 1765, dopo un viaggio di ritorno in Italia molto meno festoso rispetto a quello d'andata da Genova a Innsbruck[110].

---

[108]. Pietro Leopoldo (Leopoldo I) fu monarca illuminato del Granducato di Toscana fino al 1790, quando successe al fratello Giuseppe II come imperatore d'Austria col nome di Leopoldo II.

[109]. In ASM, PS 72 è presente comunque una lista di pagamenti effettuati in relazione a questa occasione mancata (*Specificazione delle spese fatte dalla Regia Ducal Camera di Mantova* […] *il Tributo campestre* […] *che fu sospesa per l'infausto aviso* […]): anche se la rappresentazione non ebbe luogo, tutti gli artisti e gli artigiani coinvolti risultano pagati (da Galli Bibiena per le scene, al costumista Mainino e calzolaio Oliani, dal soprano Antonio Poni da Firenze, a Caterina Pilaj da Milano, ecc.).

[110]. Curiosamente anche la *GdL* (n. 36, 9.9.1765; Supplemento, Corrispondenza da Bologna del 3.9.1765) riporta notizia dei festeggiamenti che *non* avvennero: a Bologna infatti *non* fu eseguita una cantata che stata programmata «colla scelta di quattro voci e più cori di musica coll'accompagnamento di strumenti d'ogni maniera d'arco, e da fiato, colla invenzione di nuove scene, col lavoro di nuove machine, con ricca illuminazione a tutto il teatro, e con qualunque altra più splendida, e più lieta decorazione».

I Filarmonici in trasferta. Le uscite dei sinfonisti milanesi nel 1760 e nel 1765

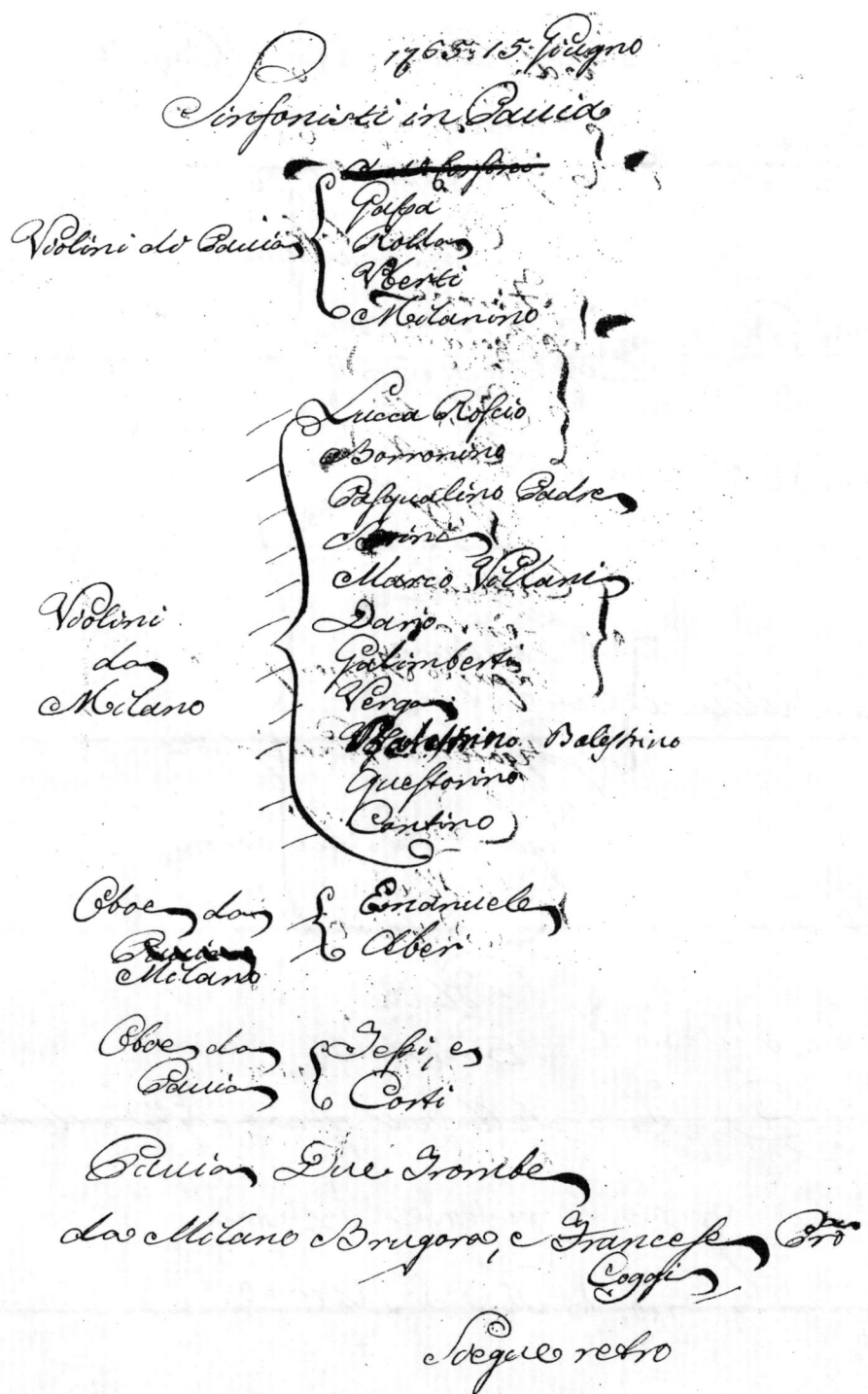

Ill. 12a: elenco degli strumentisti milanesi e pavesi scelti da Sammartini in data 15 giugno 1765 per l'accademia di Pavia; Milano, Archivio di Stato (PS 84), foglio sciolto, *recto*.

ILL. 12b: elenco degli strumentisti milanesi e pavesi scelti da Sammartini in data 15 giugno 1765 per l'accademia di Pavia; Milano, Archivio di Stato (PS 84), foglio sciolto, *verso*.

I Filarmonici in trasferta. Le uscite dei sinfonisti milanesi nel 1760 e nel 1765

Ill. 13a: elenco degli strumentisti milanesi e cremonesi scelti da Sammartini in data 15 giugno 1765 per l'accademia di Cremona; Milano, Archivio di Stato (PS 84), foglio sciolto, *recto*.

ILL. 13b: elenco degli strumentisti milanesi e cremonesi scelti da Sammartini in data 15 giugno 1765 per l'accademia di Cremona; Milano, Archivio di Stato (PS 84), foglio sciolto, *verso*.

I Filarmonici in trasferta. Le uscite dei sinfonisti milanesi nel 1760 e nel 1765

Appendice

Elenco alfabetico complessivo dei sinfonisti milanesi presenti a Pavia e a Cremona

Violini

Balestrini Gio.	PV
Boroni Gius.e (vl di concerto)	PV e CR
Brini Gaetano	PV
Castiglioni Gio. Ant.o	CR
Conti Pietro	PV
Dario Gio.Ant.o	PV
Galimberti Fran.co	PV
Grandi Gio. M.a	CR
Perucone Giuseppe	CR
Perucone Pasquale	PV
Questorino Gaetano	PV
Ronchetti P.ro	PV
Ronzi Fran.co	CR
Roscio Luca Felice (capo d'orch.; vl di concerto)	PV e CR[III]
Verga Franc.o	CR
Villani Marco	PV
Visconti Carlo Gius.	CR
Zuccari Carlo (capo d'orchestra)	CR

Oboi

Aber Gio.	PV
Emanuele Tommaso	PV
Federici Franc.o	CR
Federici Gius.e	CR

Trombe

Borsani Gio. Batt.a	CR
Brugora Baldassare	CR
Brugora Pietro	PV
Poggio Pietro	PV

Viole

Goré Fiamenghino Gaspare	PV
Lenta Gius.e	PV e CR
Villa Carlo Gius.e	PV e CR

[III]. Roscio risulta capo d'orchestra a Pavia e violino di concerto a Cremona (dove capo d'orchestra è Zuccari).

Violoncello

Monza Gio.	PV e CR

Violona

Fioretti Giulio	PV e CR

Bassi

Corbelli Carlo	PV e CR
Donzelli Bartolomeo	PV e CR

Sinfonisti milanesi presenti a Pavia

Violini

Balestrini Gio.	PV
Boroni Gius.e (vl di concerto)	PV (e CR)
Brini Gaetano	PV
Conti Pietro	PV
Dario Gio.Ant.o	PV
Galimberti Fran.co	PV
Perucone Pasquale	PV
Questorino Gaetano	PV
Ronchetti P.ro	PV
Roscio Luca Felice (capo d'orchestra)	PV (e CR)
Villani Marco	PV

Oboi

Aber Gio.	PV
Emanuele Tommaso	PV

Trombe

Brugora Pietro	PV
Poggio Pietro	PV

Viole

Goré Fiamenghino Gaspare	PV
Lenta Gius.e	PV (e CR)
Villa Carlo Gius.e	PV (e CR)

Violoncello

Monza Gio.	PV (e CR)

I Filarmonici in trasferta. Le uscite dei sinfonisti milanesi nel 1760 e nel 1765

Violona

Fioretti Giulio	PV (e CR)

Bassi

Corbelli Carlo	PV (e CR)
Donzelli Bartolomeo	PV (e CR)

Sinfonisti milanesi presenti a Cremona

Violini

Boroni Gius.e (vl di concerto)	CR (e PV)
Castiglioni Gio. Ant.o	CR
Grandi Gio. M.a	CR
Perucone Giuseppe	CR
Ronzi Fran.co	CR
Roscio Luca Felice (vl di concerto)	CR (e PV)
Verga Franc.o	CR
Visconti Carlo Gius.	CR
Zuccari Carlo (capo d'orchestra)	CR

Oboi

Federici Franc.o	CR
Federici Gius.e	CR

Trombe

Borsani Gio. Batt.a	CR
Brugora Baldassare	CR

Viole

Lenta Gius.e	CR (e PV)
Villa Carlo Gius.e	CR (e PV)

Violoncello

Monza Gio.	CR (e PV)

Violona

Fioretti Giulio	CR (e PV)

Bassi

Corbelli Carlo	CR (e PV)
Donzelli Bartolomeo	CR (e PV)

Maria Grazia Sità

Sinfonisti milanesi presenti sia a Pavia che a Cremona

Violini

Boroni Gius.e (vl di concerto)	PV e CR
Roscio Luca Felice (capo d'orch.; vl di concerto)	PV e CR

Viole

Lenta Gius.e	PV e CR
Villa Carlo Gius.e	PV e CR

Violoncello

Monza Gio.	PV e CR

Violona

Fioretti Giulio	PV e CR

Bassi

Corbelli Carlo	PV e CR
Donzelli Bartolomeo	PV e CR

Sammartini in commissione d'esame presso il Duomo di Milano (1733 - 1773)

Marina Toffetti
(Milano)

Il tema degli sporadici rapporti intercorsi fra Giovanni Battista Sammartini e la cappella musicale del Duomo di Milano è già stato affrontato in diverse sedi. Il presente contributo si propone di prendere in esame per la prima volta in maniera organica tutte le informazioni di cui disponiamo a questo proposito.

Sebbene Sammartini non abbia mai rivestito la carica di maestro della cappella del Duomo di Milano, è noto che con la prestigiosa istituzione metropolitana egli ebbe contatti in diversi momenti della sua vita. L'ipotesi che il giovane Giovanni Battista avesse frequentato la cappella musicale del Duomo pare destinata a rimanere tale[1]. L'esame della documentazione sopravvissuta non ha fornito conferme in proposito: i mandati di pagamento della Fabbrica, infatti, non ci hanno restituito il suo nome, in nessuna delle sue varianti note, fra quelli dei fanciulli di volta in volta assoldati nella sezione dei soprani[2], il che ci porta ad escludere che egli avesse prestato servizio presso la cappella in giovane età. È noto invece che in diverse occasioni fu chiamato a far parte delle commissioni istituite per giudicare gli aspiranti cantori: in questa veste la sua presenza è segnalata almeno in tre circostanze, risalenti al 1733, al 1740 e al 1741[3]. Nel

---

[1]. *Cfr.* ROSSI, Marco. 'Sammartini, Giovanni Battista', in: *Dizionario della Chiesa Ambrosiana*, Milano, Nuove Edizioni Duomo, 6 voll., vol. V, 1992, pp. 3170-3173: 3170.

[2]. A questo proposito sono stati presi in esame i mandati di pagamento intestati ai musici della cappella relativi al quinquennio 1710 - 1715. *Cfr.* Milano, Archivio della Veneranda Fabbrica del Duomo (da ora in poi AVFD), *Mandati*, cart. 239-254.

[3]. I concorsi del 1733, del 1740 e del 1741 sono stati menzionati per la prima volta in BARBLAN, Guglielmo. 'Contributo alla biografia di G. B. Sanmartini alla luce dei documenti', in: *Festschrift für Erich Schenk*, Graz-Wien, H. Böhlaus, 1962 (Studien zur Musikwissenschaft, Beihefte der Denkmäler der Tonkunst in Österreich, 25), pp. 15-27: 21 e 22 e in IDEM. 'La musica strumentale e cameristica a Milano nel '700', in: *Storia di Milano*, 17 voll., [Milano], Fondazione Treccani degli Alfieri per la Storia di Milano, 1953 - 1966, vol. XVI: *Principio di secolo (1901-1915)*, parte X *La musica a Milano nell'età moderna*, cap. IV *La musica strumentale e cameristica a Milano nel '700*, 1962, pp. 619-660: 640-641. *Cfr.* inoltre la monografia di INZAGHI, Luigi - PREFUMO, Danilo. *Sammartini. Primo maestro della sinfonia*, Torino, Eda, 1996, pp. 67-68, 148, 150.

corso della sua vita fu inoltre invitato due volte a far parte delle commissioni giudicatrici in occasione di altrettanti concorsi per il posto di primo o secondo organista: la prima volta, ancora relativamente giovane, nel 1740[4]; la seconda nel 1773, due anni prima della morte[5]. Sappiamo anche che nel 1743 fu chiamato come commissario in occasione di un concorso bandito per accertare le attitudini, rivelatesi invero assai scarse, di Pietro Paolo Valle, che si era proposto come supplente e successore del maestro di cappella[6]. In quell'occasione, tuttavia, non si tenne alcun esperimento pubblico, ragione per cui non si conserva il verbale dei periti milanesi chiamati a giudicare. Va ricordato infine che, pochi giorni dopo la sua morte, i cantori della cappella del Duomo eseguirono l'ufficio e una messa solenne in suo suffragio presso la chiesa di Sant'Alessandro[7].

Se è vero che Sammartini ebbe grande fama come compositore (soprattutto di musica strumentale), è anche vero che alcuni suoi contemporanei lo consideravano tutt'altro che un'autorità in materia di contrappunto. Da una lettera di padre Martini a Girolamo Chiti, ad esempio, emerge chiaramente come il maestro bolognese non solo considerasse Sammartini (al pari d'altri compositori dell'epoca) poco rispettoso delle regole contrappuntistiche, ma addirittura lo sospettasse incapace di sostenere le sue scelte musicali con argomentazioni convincenti (specie se invitato a metterle per iscritto)[8]. D'altro canto è

---

[4]. Del concorso tenutosi nel 1740 fa menzione BARBLAN, Guglielmo. 'Contributo alla biografia di G. B. Sanmartini alla luce dei documenti', *op. cit.* (vedi nota 3), p. 21 e IDEM. 'La musica strumentale e cameristica a Milano nel Settecento', *op. cit.* (vedi nota 3), p. 640; in quest'ultimo saggio si trova anche la riproduzione del giudizio espresso dai membri della commissione (p. 641). Lo stesso concorso è citato anche da INZAGHI, Luigi - PREFUMO, Danilo. *Op. cit.* (vedi nota 3), pp. 67 e 150. Secondo quanto si asserisce in ROSSI, Marco. 'Sammartini, Giovanni Battista', *op. cit.* (vedi nota 1), p. 3171, Sammartini sarebbe stato «frequentemente chiamato nelle commissioni per giudicare i nuovi elementi da assumere nella cappella del Duomo (cantori e organisti)» tra il 1730 e il 1740: a noi tuttavia non è stato possibile accertare la sua presenza prima del 1733.

[5]. Fu Claudio Sartori a riportare per primo la notizia: SARTORI, Claudio. 'G. B. Sammartini e la sua corte', in: *Musica d'oggi*, III (marzo 1960), pp. 3-18: 13; la quale venne poi ripresa in: BARBLAN, Guglielmo. 'Contributo alla biografia di G. B. Sanmartini alla luce dei documenti', *op. cit.* (vedi nota 3), p. 26 e negli studi successivi.

[6]. Ne fanno menzione BARBLAN, Guglielmo. 'Contributo alla biografia di G. B. Sanmartini alla luce dei documenti', *op. cit.* (vedi nota 3), p. 22, MOMPELLIO, Federico. 'La cappella del Duomo di Milano dal 1714 ai primi decenni del '900', in: *Storia di Milano*, vol. XVI, *op. cit.* (vedi nota 3), pp. 553-588: 554-555, e INZAGHI, Luigi. - PREFUMO, Danilo. *Op. cit.* (vedi nota 3), p. 151.

[7]. Lo apprendiamo dall'atto di morte (18 gennaio 1775): *cfr.* SAINT-FOIX, George de. 'Découverte de l'acte de décès de Sammartini', in: *La Revue Musicale*, II (June 1921), pp. 287-288: 288.

[8]. «Per ogni qualvolta il medesmo Delfini voglia ricorrere a Milano dal S. Martini, o a Napoli lasci correr tutto: una condizione sola io vorrei, ed è che lei, con li altri signori maestri censori non accettassero alcuna difesa se non *in scriptis*, e la ragione è per ché siccome al giorno d'oggi si compone più per una certa pratica che per veri fondamenti, ogni qualvolta che debbano metter in scritto le loro raggioni, o si ritireranno perché non sono capaci, o diranno ragioni così scipite ed inconsistenti, che, da giudici facilmente diventeranno rei […]». La lettera, datata 6 settembre 1747, è conservata a Bologna, Civico Museo Bibliografico Musicale, I. 11. 129. *Cfr.* SCHNOEBELEN, Anne. *Padre Martini's Collection of Letters in the Civico Museo Bibliografico Musicale in Bologna. An annotated Index*, New York, Pendragon Press, 1979, n. 1342. Il passo è stato trascritto e commentato in: CATTORETTI, Anna. *Giovanni Battista Sammartini. I Quintetti per archi del 1773*, 2 voll., tesi di

probabile che all'inizio della sua carriera il giovane Sammartini avesse dovuto sostenere (e con esiti positivi, viste le cariche ottenute) esami e concorsi, cimentandosi a sua volta con compiti d'impegno contrappuntistico. Ad ogni modo, la maniera di comporre descritta da padre Martini, basata più su «una certa pratica» che su «veri fondamenti», è da leggersi come il risultato di quelle stesse consapevoli scelte musicali per cui oggi riconosciamo in Sammartini uno dei musicisti più originali del suo tempo.

Tornando all'argomento trattato nel presente lavoro, resta da osservare che i pareri espressi da Sammartini in qualità di commissario d'esame in Duomo non consentono di smentire l'opinione di padre Martini, ma neppure la supportano. I giudizi sui cantanti, infatti, non investono problemi contrappuntistici; e anche quelli espressi nei due concorsi per secondo e per primo organista (soprattutto in quello del 1773, in cui Sammartini si limitò a sottoscrivere il giudizio formulato da Carlo Monza) non offrono elementi tali da consentire di valutare l'atteggiamento di Sammartini in merito a questioni squisitamente contrappuntistiche. Ciononostante, dall'esame delle principali serie documentarie dell'Archivio della Veneranda Fabbrica del Duomo sono emersi alcuni documenti, in taluni casi tuttora inediti, che aiutano a definire le circostanze in cui Sammartini fu presente in Duomo in veste di commissario di concorso, agevolando la comprensione dei giudizi espressi dal maestro nelle diverse occasioni. Al di là del ruolo svolto da Sammartini, i documenti esaminati contribuiscono in maniera significativa a illuminare il contesto entro cui si svolgevano i concorsi dell'epoca. Nel concorso del 1773, ad esempio, sono risultate di interesse soprattutto le polemiche suscitate da alcune disparità di giudizio sulle prove scritte di contrappunto, ampiamente documentate in un ricco carteggio che coinvolse, in veste di consulenti esterni, alcuni fra i più autorevoli maestri di contrappunto e di composizione dell'epoca (Giovanni Battista Martini, Francesco Antonio Vallotti e Giuseppe Carcani): e proprio la controversia sorta attorno a due diverse risposte date a un medesimo soggetto di fuga fa dell'episodio, all'epoca tutt'altro che infrequente, di un concorso contestato, una ben più interessante pagina della storia della didattica contrappuntistica.

1733: CONCORSO PER UN POSTO DI BASSO SOPRANNUMERARIO

Verso la fine del 1732 la cappella musicale del Duomo avvertì la necessità di assumere un nuovo basso. Nel corso di una riunione del capitolo della Veneranda Fabbrica, dopo avere preso in esame le suppliche dei tre aspiranti alla futura per il primo posto di basso che si fosse reso vacante (Carlo Francesco Landriani[9], Giovanni Battista Caldarola e Giuseppe

---

laurea, datt., Cremona, Università degli Studi di Pavia, Scuola di Paleografia e Filologia musicale, a.a. 1991 - 1992, vol. I, pp. 63-64.

[9]. Carlo Francesco Landriani sarebbe stato eletto basso soprannumerario senza salario il 5 aprile 1740 in seguito a un concorso tenutosi il 2 aprile dello stesso anno alla presenza dei maestri Giuseppe Palladino e Carlo Baliani. Cfr. AVFD, *Ordinazioni Capitolari*, 59 (1730 - 1741), f. 154ᵛ (martedì 5 aprile 1740).

Luraghi), fu stabilito di bandire un concorso pubblico[10]. Sulle modalità di svolgimento del concorso ci illumina una deliberazione dei deputati datata 16 febbraio 1733. La pagina ci offre un vivido spaccato delle procedure concorsuali dell'epoca, spiegando sin nei minimi dettagli le modalità di preparazione e di svolgimento delle prove[11].

Il concorso si tenne il 28 febbraio. In seguito a una votazione a scrutinio segreto, lo stesso giorno fu eletto il chierico Giovanni Battista Caldarola[12]. Della commissione giudicatrice facevano parte, oltre al maestro di cappella del Duomo, Carlo Baliani (come volevano le consuetudini), due maestri di cappella di altrettante importanti istituzioni milanesi: Giovanni Battista Sammartini, allora attivo in Sant'Ambrogio[13], e Giuseppe Paladino, allora attivo presso la basilica di San Simpliciano. La relazione dei commissari (*cfr.* ILL. 1), conservata nell'Archivio Storico della Veneranda Fabbrica[14], è piuttosto succinta. Le osservazioni riflettono il giudizio collegiale della commissione. I parametri di valutazione presi in considerazione sono diversi, ma relativamente ovvi: l'intonazione, la correttezza della pronuncia del testo, la capacità di intendere il tempo, l'introduzione di eventuali trilli o appoggiature. Non mancano osservazioni sulle qualità propriamente vocali dei candidati, laddove si osserva che il Lurago «nel Sanctus si è portato ottimamente con voce ben dillattata, e ben intonata», il Caldarola ha cantato con «voce tonda ed eguale, tanto nelli accuti, quanto nelle profonde», mentre il Landriani «hà cantato con voce dillatata, più nelli acuti, che nelle corde proffonde». In proposito, merita d'esser rilevata la frequenza con cui occorre il verbo «portarsi», riferito alla maniera di eseguire una composizione (vocale o strumentale che fosse), nel linguaggio corrente dei musicisti del tempo. Nei cinque documenti parzialmente redatti (o semplicemente sottoscritti) da Giovanni Battista Sammartini presi in esame in questa sede, il termine ricorre ben dieci volte, di cui quattro all'interno di frammenti scritti

---

[10]. *Ibidem*, c. 36 (sabato 20 dicembre 1732): «Lectis supplicibus libellis Caroli Francisci Landriani, Joannis Baptistae Caldarolae, et Joseph Luraghi petentium futuram primae plateae musici bassi, quae vacare possit in capella templi, de quibus in filo, reque discussa, dictum fuit, faciendum concursum, ita ut capax admittatur per venerandum capitulum [...]».

[11]. AVFD, *Archivio Storico*, cart. 430, capo XXVIII, fasc. 4, doc. n. 4 (16 febbraio 1733). *Cfr.* APPENDICE, Doc. 1. Per i criteri di trascrizione dei documenti citati si veda l'APPENDICE.

[12]. AVFD, *Ordinazioni Capitolari*, 59 (1730 - 1741), cc. 38-38^v (28 febbraio 1733): «Lectisque in continenti attestationibus magistrorum capellae, qui tanquam periti vocati fuerunt, et interfuerunt experimento facto in templo hac mane coram maiori parte dominorum deputatorum, ut ex ipsis attestationibus de quibus in filo, dictum fuit, deveniendum esse ad ellectionem per segreta suffragia in unum ex dictis concurrentibus, qui sunt Joseph Luragus, clericus Johannes Baptista Caldarola, et Carolus Franciscus Landrianus. Ipsisque votis sumptis de uno ad alium, compertum fuit maiora vota concurrisse, ut eligatur dictus clericus Joannes Baptista Caldarola, prout venerandum capitulum illum ellegit et eligi in musicum bassum capellae».

[13]. Sammartini assunse la duplice carica di organista e maestro di cappella in Sant'Ambrogio nel 1726 e mantenne la direzione di questa cappella sino all'anno della sua morte. *Cfr.* BARBLAN, Guglielmo. 'Contributo alla biografia di G. B. Sammartini alla luce dei documenti', *op. cit.* (vedi nota 3), pp. 15-27: 18.

[14]. AVFD, *Archivio Storico*, cart. 421, capo XXVII, par. V, fasc. 19, n. 1. *Cfr.* APPENDICE, Doc. 2 e ILL. 1. Citato in BARBLAN, Guglielmo. 'La musica strumentale e cameristica a Milano nel '700', *op. cit.* (vedi nota 3), pp. 619-660: p. 641, nota 1.

@ 28 Febraro 1733 In Milano

Attestato.

Noi Sottoscritti Maestri di Cappella, havendo sentito li Trè Concorrenti Bassi in publico concorso, giudichiamo come siegue.

Primo. Il Luvagho hà fatto diversi errori nel proferir le parole, e nell'Intonazione di quasi tutto il Motetto, come anche non hà inteso il Tempo.
Nel Sanctus si è portato ottimamente con voce ben dillattata, e ben intonata.

Secondo. Il Caldarola s'è portato egreggiamente nel Motetto, ed hà cantato formalmente di Basso, havendo inteso il Tempo con gusto moderno, con buoni Trilli Appoggiature, e voce tonda ed eguale, tanto nelli acuti, quanto nelle profonde.
Nel Sanctus s'è portato ottimamente.

Terzo. Il Fandriani hà cantato con voce dillatata più nelli acuti, che nelle corde proffonde, con qualche picciolo sbaglio nell'Intonazione. In un passo poi arbitrario lo hà mutato eggreggiamente, come pure qualche cadenza.
Nel Sanctus s'è portato ottimamente. Ed in fede di ciò che resta espresso in retta conscienza, si sottoscriviamo &.

Io Carlo Baligno Maestro di Cappella della Chiesa Metropolitana.

Io Gio. Batta S.t Martino Maestro di Capella dell'Insigne Basilica di S. Ambroggio Maggiore

Io Giuseppe Paladino Maestro di Capella dell'Insigne Basi= =lica di S. Simpliciano.

Ill. 1: giudizio dei periti su tre aspiranti bassi (28 febbraio 1733). AVFD, *Archivio Storico*, 421, capo XXVII, par. V, fasc. 19, doc. n. 1. Riprodotto per gentile concessione della Veneranda Fabbrica del Duomo.

dal maestro, quattro in frammenti scritti da altri, ma sottoscritti da lui, e due in frammenti redatti dal cavalier Messi[15]. Dal documento, redatto evidentemente da Carlo Baliani (ma con firma autografa di tutti i membri della commissione), non emergono disparità di giudizio fra i commissari: tuttavia non potremo mai sapere in che misura la breve relazione rispecchiasse i pareri di ciascuno dei periti. Il documento ci presenta un Sammartini ancora agli esordi, che sparisce dietro un giudizio collettivo riportato dal maestro di cappella del Duomo, e che sottoscrive qualificandosi come maestro di cappella dell'«imperiale basilica di S.t Ambroggio Maggiore» (vedi ILL. 1).

Dicembre 1740: concorso per il posto di secondo organista e la conferma di un basso; concorso per la selezione di un nuovo basso e l'ammissione di un tenore soprannumerario

Verso la fine del 1740 la scomparsa di alcuni musici pose per un certo periodo la cappella musicale al centro dell'attenzione dei membri del capitolo della Veneranda Fabbrica. In seguito alla morte dell'organista Giovanni Maria De Marchi, cui era affidato il primo organo, tre candidati avevano avanzato la loro candidatura: si trattava di Giovanni Cantù, Melchiorre Chiesa e Michelangelo Caselli[16], mentre l'organista Giovanni Corbelli, allora attivo al secondo organo, aveva chiesto (e ottenuto) la promozione al posto di primo organista[17]. Nello stesso periodo erano venuti a mancare anche due bassi della cappella, Alessandro Besozzi e Pietro Angeleri; per il posto di basso si erano già presentati tre candidati (i reverendi Palmerini e Giovanni Maria Barni, e Giuseppe Santini de' Filippi)[18]. Inoltre il basso soprannumerario Carlo Francesco Landriani aveva chiesto di poter entrare nell'organico regolare della cappella[19]. Nel corso di una riunione del capitolo della Veneranda

---

[15]. Ad altri il compito di rilevare eventuali relazioni fra l'espressione 'portarsi' e il temine 'portamento', che occorre in più d'un'occasione all'interno della produzione sammartiniana.

[16]. Le domande di ammissione dei tre organisti si conservano tuttora in AVFD, *Archivio Storico*, cart. 404*bis*, capo XXVII, par. II B, fasc. 33, docc. nn. 1-3. *Cfr.* APPENDICE, DOCC. 5-7.

[17]. AVFD, *Ordinazioni Capitolari*, 59 (1730 - 1741), f. 174-174v: 174, sabato 10 dicembre 1740: «dictum fuit quo ad organistam Corbellum illum fuisse et esse promovendum ad primum organum cum salario a venerando capitulo declamando».

[18]. «Facto verbo per dominum comitem rectorem de morte sequuta [...] musicorum in plateis bassi Alexandri Besutii et Petri Angelerii [...] et lectis tribus supplicibus libellis nempe reverendi Palmerini, reverendi Joannis Mariae Barni et Joseph Sanctini de Philippis petentium admitti ad concursum plateae vaccantis musici bassi nec non et lecto supplici libello musici bassi soprannumerarii Caroli Francisci Landriani de quibus omnibus in filo [...]». *Cfr. ibidem*, f. 174-174v.

[19]. Dal verbale di una riunione dei provinciali della chiesa tenutasi il 2 aprile 1740 apprendiamo che Francesco Landriani, che aveva già partecipato al concorso per un posto di basso il 28 febbraio 1733 (*cfr. supra*), in cui era prevalso Giovanni Battista Caldarola, il 16 maggio 1737 aveva presentato un ricorso «addimandando d'essere admesso in musico basso sopranumerario della cappella, e di servire senza salario, sinche fosse venuto il caso di piazza vaccante di basso». In quell'occasione il venerando capitolo aveva respinto

Fabbrica si decise di accogliere la richiesta di Landriani, ma subordinando la sua assunzione al superamento di una pubblica prova di concorso[20]. Si stabilì dunque di bandire due concorsi: il primo per il posto di secondo organista[21], il secondo per un posto di basso. Si prese inoltre in considerazione la richiesta del musico Giovanni Croce, che chiedeva di essere ammesso come tenore soprannumerario della cappella. Due giorni dopo si riunirono anche i deputati della Veneranda Fabbrica per stabilire le modalità di svolgimento delle prove di concorso. Il verbale della loro riunione è denso di informazioni di interesse, ma non menziona i membri della commissione, che dovevano ancora essere designati[22]. La promozione di Corbelli al primo organo è ratificata e così la «fissazione del basso soprannumerario Francesco Landriani». Le cedole per i due concorsi erano state esposte[23]. Esaminati i documenti relativi alle nomine degli organisti dal 1706 a quella data, i provinciali stabilirono il salario da assegnare al primo organista (pari a 550 lire annue) e al secondo (700 lire l'anno), e fissarono al 17 dicembre la data del concorso per il posto di secondo organista. Al rettore sarebbe spettato il compito di nominare i periti della commissione. Si procedette quindi a convocare il maestro di cappella e a invitarlo a comporre una fuga e un mottetto da sottoporre ai candidati per le prove di lettura a prima vista. Il mottetto, accompagnato dagli aspiranti al posto di organista, sarebbe stato eseguito da quattro cantori della cappella. Fra questi avrebbe cantato anche il basso Landriani, così da poter appurare le condizioni della sua voce ed eventualmente confermare la sua assunzione[24].

Furono poi fissati il salario da assegnarsi al basso che sarebbe uscito vincitore dal concorso e la data del concorso; anche in questo caso, il rettore avrebbe designato i periti membri della commissione. Al maestro di cappella fu dunque commissionato un secondo mottetto, destinato alla prova per la selezione del basso. Si stabilì infine che, nella stessa occasione, sarebbe stato sentito anche il tenore Giovanni Croce, che aveva chiesto di essere ammesso come tenore soprannumerario della cappella. Una locandina a stampa datata 17

---

la richiesta del musico in quanto ammogliato, suggerendogli, qualora si fosse liberato un posto di basso, di ripresentare la sua domanda «anche per la deroga degl'ordini per essere uxorato». *Cfr.* AVFD, *Archivio Storico*, cart. 431, capo XXVIII, fasc. 3, doc. n. 6 (2 aprile 1740).

[20]. «Quo ad musicum bassum supranumerarium Landrianum illum fuisse et esse fixandum in platea musici bassi cum salario pariter a venerando capitulo declarando, servata conditione de qua in eius ellectione». *Cfr.* AVFD, *Ordinazioni Capitolari*, 59 (1730 - 1741), f. 174-174^v: 174^v.

[21]. Del concorso per secondo organista si riferisce, in breve sintesi, in Rossi, Marco. 'Organi e organisti in Duomo dal 1562 ai giorni nostri', in *Sei secoli di musica nel Duomo di Milano*, a cura di Graziella De Florentiis e Gian Nicola Vessia, Milano, Nuove Edizioni Duomo, 1986, pp. 205-223: 211 e 213.

[22]. *Cfr.* AVFD, *Archivio Storico*, cart. 431, capo XXVIII, fasc. 3, doc. n. 27 (12 dicembre 1740). *Cfr.* APPENDICE, Doc. 3.

[23]. Della cedola per la selezione dell'organista si è conservato un esemplare a stampa, datato 12 dicembre 1740, con correzioni manoscritte che adeguavano il contenuto del documento alle necessità del bando per la selezione del primo organista, del 19 febbraio 1773. *Ibidem*, cart. 404*bis*, capo XXVII (II B), fasc. 34. *Cfr.* APPENDICE, Doc. 4.

[24]. *Ibidem*, cart. 431, capo XXVIII, fasc. 3, doc. n. 27 (12 dicembre 1740). *Cfr.* APPENDICE, Doc. 3.

dicembre 1740 fissava al 23 dicembre la riunione del capitolo in cui si sarebbe discusso dell'elezione dell'organista e del basso[25]. Il documento riporta anche i nomi dei candidati: Giovanni Cantù e Michelangelo Caselli per il posto di organista (evidentemente Melchiorre Chiesa doveva essersi ritirato); Severo Giussani, Giuseppe Guelfi, Giovanni Maria Barni e Giuseppe Santino de Filippi per il posto di basso[26]. La prova per la selezione dell'organista si tenne dunque il 17 dicembre 1740. Nella stessa occasione fu sentito anche il basso Landriani e, appurato che la sua voce non era peggiorata, si stabilì di approvarne definitivamente la nomina. La commissione era composta dal maestro di cappella Carlo Baliani, da Francesco Messi[27] (il quale immancabilmente anteponeva alla sua firma il titolo di cavaliere), Giovanni Battista Sammartini e dal frate Narciso da Milano, minore osservante. Sempre secondo il calendario stabilito, la prova per la selezione dei cantori si tenne il 20 dicembre, alla presenza del maestro di cappella Carlo Baliani, di Giovanni Battista Sammartini e di Francesco Messi. Di entrambe le prove si conservano i verbali, che vanno annoverati fra i pochi autografi sammartiniani pervenutici (*cfr.* ILL. 2A, 2B[28] e ILL. 3A, 3B). Così come in occasione della selezione del 1733, anche nel resoconto di questi due concorsi i commissari adottarono uno stile molto sintetico. Nei verbali del 1740, tuttavia, i giudizi dei membri della commissione appaiono annotati singolarmente, cosicché risulta possibile apprezzarli nella loro individualità. Il verbale del concorso per secondo organista si apre con un giudizio piuttosto esteso del minore osservante Narciso da Milano sull'esito della prova di Giovanni Cantù, seguito dai giudizi più brevi di Messi, Sammartini e dal maestro di cappella. Di Cantù Sammartini scrive: «Io sottoscritto affermo tutte le raggioni come sopra, e di più dico essermi piaciuto molto il modo di suonare l'organo, per essere un suonar maestoso e da chiesa»[29]. Nello stesso ordine e secondo le stesse modalità sono riportati i giudizi sulla prova del secondo candidato. Entrambi i candidati sono giudicati molto positivamente (*cfr.* ILL. 2A, 2B).

Nel verbale del concorso per la selezione di un basso (*cfr.* ILL. 3) Sammartini si firma per primo e per primo esprime il suo parere su ciascuno dei candidati. I suoi giudizi sono lapidari: a volte si limita a osservare «questo è buono», «questo è assai buono», «questo è bonissimo»[30]. Al parere di Sammartini vien fatto seguire, nel verbale della prova, quello

---

[25]. *Ibidem*, cart. 404*bis*, capo XXVII, par. II B, fasc. 33, doc. n. 4. *Cfr.* APPENDICE, Doc. 8. Una riproduzione fotografica del bando figura in ROSSI, Marco. 'Organi e organisti in Duomo [...]', *op. cit.* (vedi nota 21), p. 212.

[26]. Nello stesso documento il nome del reverendo Palmerino di Mantova, elencato fra i candidati al posto di basso, è cancellato da un tratto di penna.

[27]. Lo stesso Francesco (de) Messi, che si era già candidato al posto di maestro di cappella del Duomo nel 1714 e aveva partecipato al concorso che aveva visto come vincitore Carlo Baliani, nel 1747 si sarebbe candidato alla successione di Baliani, partecipando alla selezione da cui uscì vincitore Giovanni Andrea Fioroni. *Cfr.* MOMPELLIO, Federico. 'La cappella del Duomo di Milano [...]', *op. cit.* (vedi nota 6), pp. 553-554, nota 3 e p. 555 nota 6.

[28]. AVFD, *Archivio Storico*, cart. 404*bis*, capo XXVII, par. II B, fasc. 33, doc. n. 5[r].

[29]. *Idem*. *Cfr.* APPENDICE, Doc. 9 e ILL. 2A.

[30]. *Ibidem*, cart. 421, capo XXVII, par. V, fasc. 21, doc. n. 1. *Cfr.* APPENDICE, Doc. 10 e ILL. 3B.

Sammartini in commissione d'esame presso il Duomo di Milano (1733 - 1773)

1740. 17. Xbre

Attesti dè m.ri
di Cappella per
il Concorso del 2.do
Organo in Duomo

Ill.mi e Rev.mi Sig.ri

Dovendosi esporre sopra l'esperimento publico circa l'esito seguito nella Persona di Giovanni Cartù intorno alla fuga datagli ex improviso; lo hà proposta, e risposta a rigore di tono, essendosi sentite distintamente l'attacco delle quattro parti, come anche s'è difuso, e dilatato sino alla fine, havendolo molto bene condotto e fattolo sentire per quelle corde che sono proprie.

Circa poi al Moteto à quattro, lo hà accompagnato con ogni franchezza, havendo dato à conoscere la sua fondata perizia. ad in fede

Io F. Narciso di Milano
Minor Osservante

Io sottoscritto affermo tutte le raggioni antecedenti e dico di più, che vi ho sentito molto possesso nel maneggio dell'organo, ed in fede

Franco Cau.r Messi

Io sottoscritto affermo tutte le raggioni come sopra, e di più dico essermi piaciuto molto il modo di suonare l'organo, q' essere un suonar Maestro e da Chiesa ed fede *Gio: Batta S. Martino*

Io Sottoscritto M.o di Capella del Duomo convengo come sop.a à quanto resta esposto, ed in fede *Carlo Bagliardi*

ILL. 2A: relazione sul concorso per il posto di secondo organista (17 dicembre 1740). AVFD, *Archivio Storico*, cart. 404*bis*, capo XXVII, par. II B, fasc. 33, doc. n. 5ʳ. Riprodotto per gentile concessione della Veneranda Fabbrica del Duomo.

ILL. 2B: relazione sul concorso per il posto di secondo organista (17 dicembre 1740). AVFD, *Archivio Storico*, cart. 404*bis*, capo XXVII, par. II B, fasc. 33, doc. n. 5ᵛ. Riprodotta per gentile concessione della Veneranda Fabbrica del Duomo.

del secondo membro della commissione, Francesco Messi, che si limita quasi sempre a sottoscrivere il parere di Sammartini: «Io non ci ho niente da opporre», «affermo, che sii buono»; «è vero bonissimo». In questa occasione, tuttavia, i giudizi più articolati sono quelli del maestro di cappella: essi in genere non contraddicono quelli espressi da Sammartini e semplicemente confermati dall'altro membro della commissione, ma li approfondiscono argomentando, sia pur brevemente, le ragioni del maggiore o minore apprezzamento. Così, ad esempio, il musico giudicato «bonissimo» da Sammartini e da Messi, per Baliani «è stimabile» per il suo «spirito vivace». In un solo caso i giudizi dei tre non sono del tutto in sintonia: ed è a proposito della prova del basso Severo Giussani, reputato buono da Sammartini, mentre nel giudizio di Baliani «il tempo lo renderà perfetto»; Francesco Messi, questa volta sostanzialmente d'accordo con Baliani, aveva affermato che si sarebbe potuto «sperare migliore col tempo» (*cfr.* ILL. 3A[31]).

Dai due documenti la figura di Sammartini, non più appiattita dietro un giudizio collettivo, emerge come quella di un maestro in grado di esprimere con apparente disinvoltura giudizi all'occorrenza netti (sebbene poco articolati). In entrambi i verbali, inoltre, Sammartini si firma semplicemente come Giovanni Battista S.to Martino, senza aggiungere cariche o qualifiche. Anche questo potrebbe rappresentare un segnale della sua maggiore notorietà[32].

Sempre secondo il calendario stabilito, l'elezione dei vincitori avvenne nel corso della riunione capitolare del 23 dicembre, durante la quale fu fissato il salario del primo organista Giovanni Corbella, fu approvata la nomina del basso Landriani e fu fissato il salario di quest'ultimo[33]. Si procedette poi alla votazione a scrutinio segreto per l'elezione del secondo organista, al termine della quale risultò eletto Michelangelo Caselli. Fra i documenti dell'Archivio Storico si conserva tra l'altro anche la minuta del conteggio dei voti espressi in quell'occasione dai membri del capitolo[34], dalla quale apprendiamo che Giovanni Cantù aveva ottenuto 8 voti favorevoli e 9 contrari, mentre il vincitore ne aveva ottenuti 12 favorevoli e 5 contrari. Caselli fu quindi nominato secondo organista con il salario di 550 lire annue[35]. Dopo avere letto i giudizi dei periti intervenuti al concorso per la selezione di un basso, i membri del capitolo procedettero alla votazione per l'elezione del nuovo cantore, esprimendosi decisamente a favore di

---

[31]. *Ibidem*, cart. 421, capo XXVII, par. V, fasc. 21, doc. n. 1r.

[32]. I due documenti sono citati e parzialmente trascritti in BARBLAN, Guglielmo. 'La musica strumentale e cameristica a Milano nel '700', *op. cit.* (vedi nota 3), pp. 619-660: 641, nota 2. Una riproduzione fotografica del giudizio dei periti sulle prove sostenute dal candidato Giovanni Cantù si trova a p. 639 dello stesso contributo.

[33]. AVFD, *Ordinazioni Capitolari*, 59 (1730 - 1741), cc. 176-176v (23 dicembre 1740).

[34]. AVFD, *Archivio Storico*, cart. 404*bis*, capo XXVII, par. II B, fasc. 33, doc. n. 6. *Cfr.* APPENDICE, Doc. 11.

[35]. Sappiamo inoltre che Michelangelo Caselli nel 1747 si sarebbe candidato alla successione del maestro di cappella Carlo Baliani, partecipando alla selezione da cui uscì vincitore Giovanni Andrea Fioroni. *Cfr.* MOMPELLIO, Federico. 'La cappella del Duomo di Milano [...]', *op. cit.* (vedi nota 6), p. 555 nota 6.

ILL. 3A: giudizio dei periti su due aspiranti bassi e un aspirante tenore (20 dicembre 1740). AVFD, *Archivio Storico*, cart. 421, capo XXVII, par. V, fasc. 21, doc. n. 1ʳ. Riprodotto per gentile concessione della Veneranda Fabbrica del Duomo.

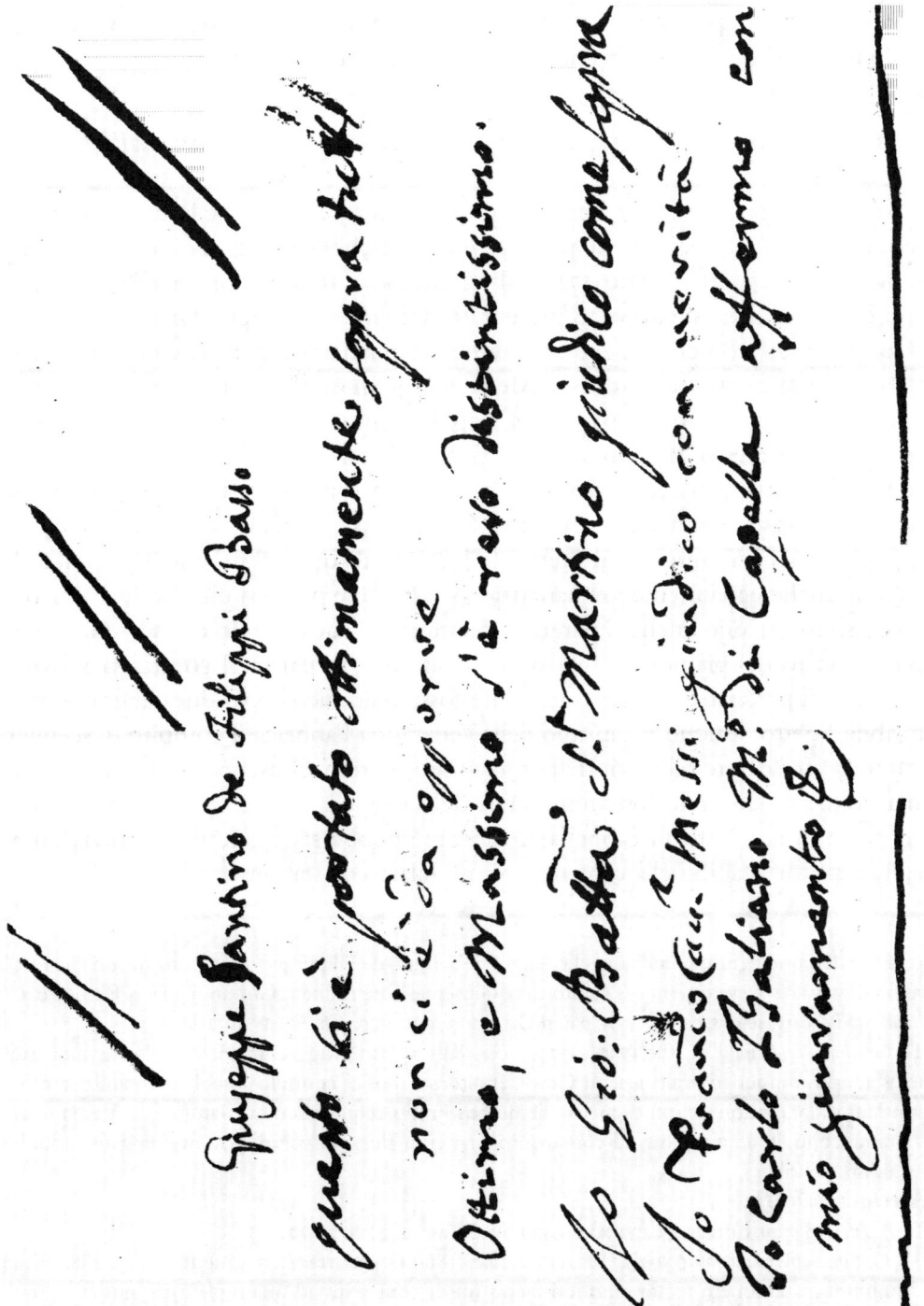

Ill. 3b: giudizio dei periti su due aspiranti bassi e un aspirante tenore (20 dicembre 1740). AVFD, *Archivio Storico*, cart. 421, capo XXVII, par. v, fasc. 21, doc. n. 1ᵛ. Riprodotta per gentile concessione della Veneranda Fabbrica del Duomo.

Giuseppe Santino de Filippi[36]. Si procedette infine all'ammissione di Giovanni Croce fra i tenori soprannumerari della cappella con un salario di dodici lire al mese.

1741: CONCORSO PER LA SELEZIONE DI UN CONTRALTO SOPRANNUMERARIO

L'anno successivo si avvertì la necessità di ammettere nella cappella un nuovo contralto soprannumerario. La decisione di procedere a una pubblica selezione fu presa durante la riunione capitolare del 21 maggio 1741[37]. Il 22 giugno si tenne la prova, alla quale presero parte i due candidati che avevano presentato domanda: Giuseppe Grassi e Giuseppe Giussani. Come l'anno precedente, la commissione dei periti era composta da Carlo Baliani, Giovanni Battista Sammartini e Francesco Messi. Anche in questo caso si conserva la relazione dei commissari, che riporta i pareri dei singoli membri della commissione, dando la precedenza a quello espresso da Sammartini[38] (*cfr.* ILL. 4A, 4B[39]).

Questa volta, tuttavia, i profili dei singoli candidati sono più estesi. Del primo candidato, Giovanni Battista Sammartini scrive: «il Grassino si è portato con ogni franchezza, e con voce agile, e chiara tanto nel motetto da lui portato quanto nel motetto a due del concorso; come anche egualmente nel Sanctus». Gli altri due periti si dimostrano concordi nel giudizio, e sottoscrivono anche il parere di Sammartini sul secondo concorrente, reputato «di egual merito del primo». In una simile situazione di parità, il commissario Messi si sentì in dovere di precisare: «stimerei bene che fossero ammessi tutti due»: il che tuttavia non fu possibile. Spettò dunque al capitolo della Veneranda Fabbrica il compito di scegliere fra i due cantori[40]. In seguito all'elezione per scrutinio segreto, Giuseppe Grassi risultò vincitore e fu accolto fra i contralti soprannumerari della cappella. Nel caso in cui si fosse reso vacante un posto di contralto in cappella, il cantore sarebbe stato ammesso, previa nuova audizione, fra i cantori stabili della cappella con un salario da stabilirsi[41].

---

[36]. Dalla minuta del conteggio apprendiamo che Giuseppe Santino de Filippi aveva ottenuto 16 voti favorevoli, mentre Severo Giussani ne aveva ottenuto soltanto uno, Giuseppe Guelfi due e Giovanni Maria Barni tre. *Cfr.* AVFD, *Archivio Storico*, cart. 404*bis*, capo XXVII, par. II B, fasc. 33, doc. n. 6. *Cfr.* APPENDICE, Doc. 11.

[37]. AVFD, *Ordinazioni Capitolari*, 59 (1730 - 1741), cc. 184-185^v (21 maggio 1741): 185: «Lectis binis supplicibus libellis alterius musici contralti Joseph Crassi, et alterius musici contralti Joseph Giussani petentium admitti in musicum soprannumerarium cappellae de quibus in filo, reque discussa, dictum fuit attenta necessitate unius musici contralti admittendus ad concursum, una cum aliis, qui venire possint derogatis ordinibus in contrarium disponentibus».

[38]. *Cfr.* APPENDICE, Doc. 12.

[39]. AVFD, *Archivio Storico*, cart. 414, capo XXVII, par. IV G, fasc. 244, doc. n. 2.

[40]. AVFD, *Ordinazioni Capitolari*, 59 (1730 - 1741), cc. 186-189 (martedì 27 giugno 1741): 188: «Facto verbo per dominum marchionem rectorem quod factus fuerit concursus ad unam plateam musici contralti supranumerarii in cappella templi inter Joseph Crassum et Joseph Giussianum contraltos prout ordinatum fuit etc.; et lectis iuditiis peritorum qui interfuerunt dicto concursui, dictum fuit deveniendum ad ellectionem in unum ex dictis concurrentibus ad plateam contralti sopranumerarii per secreta suffragia […]».

[41]. «[…] sumptis votis per secreta suffragia de uno ad alium repertum fuit maiora vota concurrisse, ut

Sammartini in commissione d'esame presso il Duomo di Milano (1733 - 1773)

1741 Milano a dì 22. Giugno 1741

Call'esperimento che si è sentito publicam.te
dico, che il Sraffino si è portato con ogni
franchezza, e con voce assisi, e chiara
tanto nel Motetto da lui portato quanto
nel Motetto a due, del concorso, come
anche egualmente nel Tanchy.

Io Gio: Batta S. Martino

Non hò niente da opporre per le qualità
del soggetto, e lo stimo capace per la
Capella S.
Franco Sac.te Mess.ri

Io Sottoscritto Maestro di Cap.a del Duomo conforme
egualmente a quanto vedo di sopra specifico cioè
Carlo Baliano S.

ILL. 4A: giudizio dei periti sul cantore Giuseppe Grassi (22 giugno 1741). AVFD, *Archivio Storico*, cart. 414, capo XXVII, par. IV G, fasc. 244, doc. n. 2ʳ. Riprodotta per gentile concessione della Veneranda Fabbrica del Duomo.

ILL. 4B: giudizio dei periti sul cantore Giuseppe Giussani (22 giugno 1741). AVFD, *Archivio Storico*, cart. 414, capo XXVII, par. IV G, fasc. 244, doc. n. 2ᵛ. Riprodotta per gentile concessione della Veneranda Fabbrica del Duomo.

Sammartini in commissione d'esame presso il Duomo di Milano (1733 - 1773)

1743: concorso per valutare le capacità di Pietro Paolo Valle, aspirante al posto di maestro di cappella

Nel 1743 Giovanni Battista Sammartini venne invitato a far parte della commissione di periti chiamati a valutare le capacità di Pietro Paolo Valle, un giovane maestro che aveva chiesto di diventare supplente (e in futuro successore) del maestro di cappella. In questa occasione alcuni musicisti di chiara fama, estranei all'ambiente milanese, furono invitati a esprimere il loro giudizio sulle prove scritte del candidato. Alcuni di questi giudizi furono talmente negativi, che il capitolo della Veneranda Fabbrica stabilì di rifiutare l'offerta del Valle senza neppure sottoporlo alle restanti prove di concorso, ragione per cui non si conserva alcun verbale della commissione giudicatrice milanese di cui faceva parte anche Sammartini. In compenso, la documentazione pervenutaci su questo concorso è relativamente copiosa, e consente di ricostruire con dovizia di particolari le circostanze entro cui si svolse il concorso e le modalità del suo svolgimento. Sulle due prove scritte sostenute dal Valle si conserva inoltre la relazione stesa dai deputati della Veneranda Fabbrica, dove vengono menzionati i nomi dei commissari interni (fra cui quello di Sammartini). La vicenda, che coinvolse, sia pure marginalmente, lo stesso Sammartini, è stata sinora illuminata solo in parte[42]. Per questa ragione è parso opportuno ripercorrerne brevemente la cronistoria anche in questa sede. Lo stesso Pietro Valle, peraltro, nel 1762 avrebbe partecipato, insieme a Carlo Monza e Melchiorre Chiesa, al concorso per l'elezione del maestro di cappella di Santa Maria della Scala. In quell'occasione, che vide Giovanni Battista Sammartini fra i commissari[43], padre Martini, interpellato sull'esito delle prove scritte, reputò quelle prodotte dal Valle come le peggiori in assoluto[44]. Ciò nonostante, nel 1773 ritroveremo lo stesso Valle (questa volta in veste di pedantissimo perito), fra i membri della commissione giudicatrice per l'elezione del primo organista del Duomo.

Durante l'estate del 1742 il maestro di cappella Carlo Baliani, che versava in precarie condizioni di salute, aveva deciso di ritirarsi, mantenendo tuttavia il salario e l'uso dell'abitazione. In quell'occasione il Valle si era prontamente dichiarato disponibile a prenderne il

---

eligatur dictus Joseph Crassus, prout venerandum capitulum illum elegit, et elligit in musicum contraltum soprannumerarium dictae cappellae templi cum onere inserviendi dictae cappellae in omnibus prout supra ordinatum remanet, et cum salario veniente casu vaccationis plateae contralti per venerandum capitulum determinando». *Ibidem*, cc. 188-188ᵛ.

[42]. Per una breve sintesi delle vicende qui esposte si veda Vessia, Gian Nicola. 'Storia della cappella musicale del Duomo dal 1714 ai giorni nostri', in: *Sei secoli di musica nel Duomo di Milano, op. cit.* (vedi nota 21), pp. 129-159: 129; un quadro più esauriente della medesima vicenda si trova in Mompellio, Federico. 'La cappella del Duomo di Milano [...]', *op. cit.* (vedi nota 6), pp. 554-555.

[43]. *Cfr.* Inzaghi, Luigi - Prefumo, Danilo. *Op. cit.* (vedi nota 3), p. 155.

[44]. *Cfr.* Brofsky, Howard 'J. C. Bach, G. B. Sammartini, and Padre Martini: A Concorso in Milan in 1762', in: *A Musical Offering: Essays in Honour of Martin Bernstein*, edited by Edward H. Clinkscale and Claire Brook, New York, Pendragon Press, 1977, pp. 63-68: 66.

posto, senza salario né uso dell'abitazione, per subentrargli a tutti gli effetti dopo la morte — in termini tecnici, il maestro di cappella aveva chiesto la *giubilazione*, mentre il giovane aspirava alla *futura*[45]. Ristabilitosi tuttavia il maestro Baliani, Valle mutò la sua richiesta, proponendosi in qualità di coadiutore e dichiarandosi disponibile a sostituire il maestro senza compenso in caso di malattia o di assenza comunque giustificata[46]. Il 15 settembre 1742 la congregazione della chiesa aveva preso in esame due suppliche del Valle e una di Carlo Baliani. Nel corso di una riunione capitolare fu stabilito di concedergli di sottoporsi a un esame[47], adottando i medesimi criteri già adottati nel concorso da cui era uscito vincitore Baliani. Ai deputati della Veneranda Fabbrica fu assegnato il compito di nominare i periti. La prova, che si sarebbe dovuta tenere nei mesi di novembre o dicembre, non si tenne a causa della mancanza di uno dei quattro periti[48]. Ancora nel gennaio del 1743 erano stati reperiti soltanto tre commissari in luogo dei quattro previsti, cosicché Michelangelo Caselli venne designato come quarto perito[49].

---

[45]. *Cfr.* AVFD, *Ordinazioni Capitolari*, 60 (1741 - 1751), c. 20 (23 agosto 1743): «Lecto supplici libello Caroli Baliani magistri capellae templi petentis iubilationem cum retentione illius salarii, usum domis et emolumentorum donec vixerit ex motivis de quibus in eo, nec non lecto alio suppplici libello Petri Pauli a Valle petentis futuram nunc pro tunc dicti muneris magistri capellae templi ac se offerentis inservire in eo munere absque salario sine usu domus et sine emolumentis durante vita naturali dicti Baliani, et prout ex ipsis, de quibus in filo, lectisque attestationibus per dictum a Vallem exhibitis, re tractata et discussa, dictum fuit proponendos dictos supplices libellos in congregatione dominorum provincialium ecclesiae […]». *Cfr.* anche MOMPELLIO, Federico. 'La cappella del Duomo di Milano […]', *op. cit.* (vedi nota 6), pp. 554-555.

[46]. AVFD, *Archivio Storico*, cart. 405 (27 settembre 1742). Citato in *ibidem*, p. 555, nota 2.

[47]. «Dictum fuit permittendum dictum experimentum, itam fiat in hoc venerando capitulo post faestum Sanctae Cattarinae proximae venturum servatis servandis rigorose ac si esset casus concursus, et ut practicatum fuit pro tali experimento in ellectione dicti magistri capellae Baliani absque tamen caedulis, delegatis ad hunc effectum pro assistendo compositionibus per dictum a Valle faciendis, solito prius servato reverendo domino Ambrosio Fagnano primicerio, domino comite don Carolo Marliano nunc rectore, domino marchione don Lodovico Rusca, et domino comite don Joanne Baptiste vicecomite rectore, novembris et decembris venturi […], data tamen facultate prefatis dominis delegatis eligendis dictos peritos etiam extraneos, prout ipsis videbitur et placuerit». *Cfr.* AVFD, *Ordinazioni Capitolari*, 60 (1741 - 1751), cc. 22-23^v (giovedì 27 settembre 1741): 23.

[48]. AVFD, *Ordinazioni Capitolari*, 60 (1741 - 1751), cc. 24-24^v (22 dicembre 1742): 24: «Facto verbo per dominum comitem rectorem, quod fieri non potuerit experimentum petitum a Petro Paulo Valle in munere magistri capellae, iam a venerando capitulo ordinatum sub die 27 mensis septembris proxime evoluti ex motivo deffectus unius ex quattuor magistris cappellae necessariis ad formam a venerando capitulo praescriptam […]».

[49]. *Ibidem*, c. 25^v: «Facto verbo per dominum marchionem rectorem, quod usque sub die 27 septembris evoluti concessum fuerit a venerando capitulo Petro Paulo a Valle experimentum per eum petitum muneris magistri capellae huius templi, quod fieri debet ad formam practicam occasione experimenti facti per magistrum cappellae Balianum, quodque intenderent domini quattuor delegati pro executione dictae ordinationis incumbere ipsi experimento in mense decembris efluxi, verum tantum tres magistri capellae reperti fuerint, […] Dictum fuit attenta etiam spe habendi pro quarto magistro capellae dictum Casellum faciendum dictum experimentum cum quattuor magistris cappellae iuxta ut supra».

Le due prove scritte del tanto agognato esperimento si tennero nei giorni 21 e 23 aprile. I verbali stesi in questa occasione ricostruiscono in ogni minimo particolare il loro svolgimento, menzionando peraltro i maestri di cappella invitati a giudicare come periti[50]. La relazione precisa inoltre come fu ricavata, estraendola a sorte dal libro del coro del Duomo, l'antifona *In lege Domini*, da assegnare al candidato per la prima prova affinché ne ricavasse una composizione a otto voci. La seconda prova scritta consistette invece nella realizzazione di un salmo polifonico estratto a sorte, di cui si stabilì di assegnare al candidato i primi quattro versetti. Nell'Archivio Storico della Veneranda Fabbrica si conserva in originale un documento con quattro frammenti tratti dal *Magnificat*, trattati alla stregua di altrettanti versetti e assegnati al candidato per la seconda prova; accanto a ogni versetto sono indicati il tono assegnato e il numero delle voci prescritte per lo svolgimento del compito[51]. Le composizioni svolte dal Valle furono quindi spedite a diversi illustri musicisti estranei all'ambiente milanese affinché esprimessero un giudizio e lo inviassero al capitolo nei mesi successivi. I giudizi scritti che si sono conservati sono dieci, di cui tre anonimi[52]. Dei dieci maestri interpellati, soltanto Pietro Paolo Bencini[53] espresse un parere del tutto positivo (per non dire entusiastico) su entrambe le composizioni[54]. Altrettanto entusiastico fu anche il parere espresso da Andrea Basili[55], il quale non esitò a definire le due composizioni «un

---

[50]. AVFD, *Archivio Storico*, cart. 405, capo, XXVII, par. III B, fasc. 25, doc. n. 2. Cfr. APPENDICE, Doc. 13.

[51]. *Ibidem*, doc. n. 3.

[52]. Le due composizioni del Valle sono tutt'oggi conservate presso il medesimo archivio, così da consentire una puntuale verifica delle osservazioni dei maestri dell'epoca. Cfr. VALLE, Pietro. *In lege Domini* a 8 voci e *Magnificat* a 3, 4, 5 e 8 voci, *Concorso del 1743*. AVFD, A. D., Busta 11, n. 4. Cfr. SARTORI, Claudio. *La cappella musicale del Duomo di Milano. Catalogo delle musiche dell'Archivio*, a cura della Veneranda Fabbrica del Duomo, s. d., p. 357. Chi scrive si propone di esaminare più puntualmente in altra sede le prove d'esame di Pietro Paolo Valle e i pareri espressi dai singoli musicisti.

[53]. Maestro di cappella presso diverse chiese romane, Pietro Paolo Bencini (Roma 1670ca. - 1755) fu attivo come maestro della cappella Giulia dal 1743 alla morte, dove, a partire dal 1749 gli fu affiancato Niccolò Jommelli. Fu compositore apprezzato e fecondo di musica sacra (messe, antifone, salmi, inni, oratori) e profana (serenate e cantate). La sua musica sacra, conservata per lo più negli archivi vaticani, si distingue per l'eleganza della vocalità. Cfr. MARX, Hans Joachim - WITZEMANN, Wolfgang. 'Bencini', in: *Die Musik in Geschichte und Gegenwart. Allgemeine Enzyklopädie der Musik*, begründet von Friedrich Blume. Zweite, neubearbeitete Ausgabe, hrsg. von Ludwig Finscher, 26 Bde., Kassel-Basel-London-New York-Prag, Bärenreiter; Stuttgart-Weimar, Metzler, 1994—, *Personenteil*, vol. II, (1999) coll. 1051-1055; LIONNET, Jean, 'Bencini, Pietro Paolo', in: *The New Grove Dictionary of Music and Musicians*, Second Edition, edited by Stanley Sadie, 29 vols., London, Macmillan, 2001, vol. II, p. 224-225.

[54]. AVFD, *Archivio Storico*, cart. 405, capo XXVII, par. III B, fasc. 25, doc. n. 9.

[55]. Capostipite di una famiglia di musicisti, Andrea Basili (Città della Pieve, Perugia, 1705 - Loreto, 1777) fu allievo di Bernardo Caffi a Roma, maestro di cappella del Duomo di Tivoli e fece parte dei musici del Campidoglio come trombonista e organista. Guadagnatosi una notevole fama come contrappuntista e teorico presso i suoi contemporanei, fu autore del trattato *La musica è un'arte di ben modulare*, conservato manoscritto presso la Staatsbibliothek Preußischer Kulturbesitz di Berlino, ma attualmente disperso. Cfr. MELONCELLI, Raoul. 'Basili', in: *Die Musik in Geschichte und Gegenwart* [...], *op. cit.* (vedi nota 53), *Personenteil*, vol. II, (1999) coll. 441-444; TALBOT, Michael - CARERI, Enrico. 'Basili', in: *The New Grove Dictionary of Music and Musicians*, *op. cit.* (vedi nota 53), vol. II, p. 840-841.

parto di virtuoso talento», tale da rivelare «intelligenza, e capacità bastanti per occupare ogni posto»[56]. Sostanzialmente positivi, ma non privi di riserve furono anche i pareri espressi sull'antifona a otto dai tre maestri che preferirono mantenere l'anonimato[57]. Non molto dissimile appare il giudizio di padre Martini che, in virtù della fama e dell'indiscussa autorevolezza, veniva consultato in occasione dei principali concorsi dell'epoca[58]:

> [...] circa le composizioni, fattemi vedere, posso dirle, che sono fatte con buoni pensieri, e con aggiustatezza di risposte à sogetti, e se bene io vi ho ritrovato delle relazioni non tanto passabili, e anche qualche mancanza d'armonia, mi immagino benissimo, che dette composizioni non siino stato fatte con tutto il tempo, che si ricerca in sì difficili impegni [...][59].

Nel giudizio espresso da Leonardo Leo, non privo di rilievi moderatamente favorevoli, prevalgono invece le osservazioni negative[60]. Poco convinto appare anche Giuseppe Gonella, che rileva più di un inescusabile errore modale; ma anche il suo giudizio si conclude con una nota relativamente fiduciosa, laddove afferma che «il compositore dà buona speranza di fare anche buon progresso»[61]. I giudizi inviati da Pietro Pulli e da Nicola Porpora, al contrario, non lasciano dubbi sul parere inequivocabilmente negativo dei rispettivi estensori: il primo si limita a rilevare che le due composizioni «sono fatte senza il buon ordine, e metodo, ne le risposte corrispondano alle proposte de tuoni, oltre essere piene di errori»[62], mentre il secondo non esita ad assumere i toni di una stroncatura senza appello[63].

Come si conclude dunque la vicenda? Desideroso di accelerare i tempi, all'inizio di giugno il Valle indirizzò l'ennesima supplica ai membri del capitolo, chiedendo di essere sottoposto all'esperimento pubblico; ma il 6 giugno il capitolo decise di non procedere alle prove prima di avere preso in esame i pareri dei giudici esterni[64]. Noi sappiamo in realtà

---

[56]. *Ibidem*, doc. n. 8.

[57]. *Ibidem*, docc. nn. 4-5.

[58]. La fama e il prestigio di padre Martini non meritano qui ulteriori commenti. In questa sede ci limitiamo a ricordare, senza pretesa d'esaustività, che il maestro bolognese fu chiamato a esprimersi, in qualità di giudice esterno, in occasione di alcuni fra i principali concorsi milanesi dell'epoca. Nella fattispecie, egli fu interpellato nel 1747 e nel 1779 in occasione dei concorsi per il posto di maestro di cappella in Duomo (*cfr.* Mompellio, Federico. 'La cappella del Duomo di Milano [...]', *op. cit.* - vedi nota 6 -, pp. 555 nota 6 e 557 nota 4; il giudizio espresso nel 1779 è stato pubblicato in Torri, Luigi. 'Una lettera inedita del padre G. B. Martini', in: *Rivista Musicale Italiana*, II - 1895 -, pp. 262-286), e ancora durante un concorso tenutosi nel 1762 in Santa Maria della Scala (*cfr.* Brofsky, Howard. *Op. cit.* - vedi nota 44 -). Nel 1773 fu inoltre interpellato da uno dei candidati al posto di primo organista del Duomo (*cfr. infra*).

[59]. AVFD, *Archivio Storico*, cart. 405, capo XXVII, par. III B, fasc. 25, doc. n. 6.

[60]. *Ibidem*, doc. n. 7.

[61]. *Ibidem*, doc. n. 13.

[62]. *Ibidem*, doc. n. 12.

[63]. *Ibidem*, doc. n. 11. Citato anche in Vessia, Gian Nicola. *Op. cit.* (vedi nota 42), p. 129.

[64]. *Cfr.* AVFD, *Ordinazioni Capitolari*, 60 (1741-1751), c. 30ᵛ (giovedì 6 giugno 1743): «Lecto supplici libello Petri Pauli a Valle quo petit facere experimentum publicum missae unius pontificalis, de quo in filo, dictum fuit expectanda iuditia experimenti privati per eum facti».

che, a quelle date, nessun perito aveva ancora inviato al capitolo il proprio giudizio. Nel mese di agosto il capitolo stabilì che la congregazione della chiesa si sarebbe dovuta riunire per esaminare i giudizi dei periti (allora, fra l'altro, mancavano ancora all'appello i giudizi di Pulli e di Porpora, che sarebbero risultati decisivi per stroncare il candidato) e raccogliere tutti gli elementi per consentire al capitolo di prendere una decisione definitiva con cognizione di causa[65]. I provinciali della chiesa si riunirono il 30 dicembre. Dopo aver esaminato i pareri giunti dai quattro delegati, deliberarono che Pietro Paolo Valle non aveva «tutte quelle parti d'eccellenza per degnamente compire all'importante incombenza di maestro di cappella della metropolitana», per cui suggerirono al capitolo di non prendere più in considerazione ulteriori domande di Pietro Paolo Valle[66]. Puntualmente, il capitolo della Veneranda Fabbrica deliberò definitivamente che non avrebbe più preso in esame richieste del Valle[67].

1773: IL CONCORSO PER IL POSTO DI PRIMO ORGANISTA

L'ultima circostanza in cui Giovanni Battista Sammartini, celeberrimo e ormai prossimo alla morte, fu invitato a entrare a far parte di una commissione d'esame in Duomo risale al 1773. Allora fu bandito un concorso per il posto di primo organista. Del concorso si tenne una sola prova scritta, sui cui esiti sorse una controversia che coinvolse diverse personalità di spicco. Annullata la prova, si stabilì di rifare il concorso. Sammartini fu invitato soltanto in questa seconda fase; tuttavia la vicenda merita di essere ricostruita per intero, così da ripercorrere tutte le tappe della controversia.

In seguito alla morte del primo organista Giovanni Corbella, i membri del capitolo della Veneranda Fabbrica stabilirono di bandire un concorso per la selezione del suo successore[68]. Tre giorni dopo si stava già preparando il bando del concorso[69]. Come previsto,

---

[65]. *Ibidem*, cc. 33ᵛ-34ᵛ (giovedì 9 agosto 1743), 34ᵛ: «Facto verbo per dominum marchionem vicerectorem de judiciis transmissis dominis delegatis super compositionibus factis a Patro Paulo Valle. Dictum fuit faciendam congregationem ecclesiae cum interventu etiam dictorum omnium dominorum delegatorum, ut deinde venerandum capitulum maturius possit deliberare».

[66]. AVFD, *Archivio Storico*, cart. 431, capo XXVIII, fasc. 6, doc. n. 18.

[67]. AVFD, *Ordinazioni Capitolari*, 60 (1741 - 1751), c. 39ᵛ (4 febbraio 1744). Citato in MOMPELLIO, Federico. 'La cappella del Duomo di Milano [...]', *op. cit.* (vedi nota 6), p. 555, nota 5.

[68]. «Finalmente partecipatasi dal prefato signor rettore la morte del fù Giovanni Corbella primo organista del Duomo, e li memoriali stati sporti da alcuni concorrenti alla sudetta carica, e stato detto doversi fare il concorso [...], e pregare il signor rettore [...] compiacersi a fare la scelta dei giudici secondo la mente del venerando capitolo». *Cfr.* AVFD, *Ordinazioni Capitolari*, 64 (1768 - 1778), cc. 103-103ᵛ (venerdi 12 febbraio 1773). Riassunto a lato: «Circa la morte del fù Corbella». Citato in ROSSI, Marco. 'Organi e organisti in Duomo [...]', *op. cit.* (vedi nota 21), pp. 205-23: 214 e 222.

[69]. Fra i documenti dell'Archivio Storico si è conservata una locandina, stampata più di trent'anni prima per il concorso per il posto di secondo organista tenutosi nel 1740, con alcune correzioni manoscritte che adattavano il testo alla circostanza del nuovo concorso. *Cfr.* AVFD, *Archivio Storico*, cart. 404*bis*, capo XXVII, par. II B, fasc. 34, doc. n. 7 (erroneamente indicato come n. 2). *Cfr.* APPENDICE, Doc. 4.

le prove per la selezione si tennero il 6 marzo. La documentazione che ci è pervenuta si riferisce esclusivamente a una prova, che dovette consistere nella realizzazione di una fuga a quattro parti su un soggetto proposto dalla commissione. Fra gli altri documenti, se ne conserva uno che riporta la proposta della commissione e la risposta data da Agostino Quaglia, un allievo di Giovanni Andrea Fioroni che partecipava al concorso[70]. Ci sono inoltre pervenute le relazioni dei tre giudici chiamati a valutare i candidati: Melchiorre Chiesa, Giovanni Lorenzo Fascetti e Pietro Valle.

Melchiorre Chiesa, che era stato a sua volta allievo di Fioroni, nel 1740 aveva presentato domanda di partecipazione al concorso per il posto di secondo organista del Duomo da cui sarebbe uscito vincitore Michelangelo Caselli[71]. Dal 1762 rivestiva la carica di maestro di cappella in Santa Maria della Scala, essendo risultato vincitore in un concorso assai contestato in cui si era confrontato con Pietro Valle e Carlo Monza, nonostante il parere di padre Martini, decisamente favorevole a Carlo Monza[72]. Lo stesso Chiesa sarebbe stato invitato a far parte della commissione giudicatrice per la selezione del successore di Giovanni Andrea Fioroni al posto di maestro di cappella del Duomo, da cui sarebbe uscito vincitore Giuseppe Sarti[73].

I giudizi, espressi singolarmente da ciascuno dei membri della commissione, figurano in tre documenti distinti. I primi due riportano i brevi giudizi formulati da Melchiorre Chiesa e Giovanni Lorenzo Fascetti. In entrambi i casi non viene fatto alcun nome, ma i candidati sono menzionati semplicemente come primo, secondo e terzo concorrente. In particolare, Melchiorre Chiesa riteneva superiore la prova prodotta dal terzo concorrente, che non solo, come il primo, aveva «colpito la fuga più meglio del secondo», ma aveva altresì dimostrato «più manegio d'organo»[74]. Fascetti concordava con Chiesa nel riconoscere al terzo concorrente una maggiore padronanza dello strumento, ma riteneva in compenso che «rigorosamente parlando» — ossia: in relazione alle norme del contrappunto osservato — avessero «nella fuga del primo tono datali ci abbiano fallato tutti trè», per quanto «il meno che abbia sbagliato» fosse, a suo parere, il terzo concorrente[75]. Di Pietro Valle, terzo commissario d'esame, non conserviamo il giudizio sintetico espresso subito dopo il concorso; in compenso ci è pervenuto un documento assai più esteso, stilato qualche tempo dopo, intitolato (non senza prosopopea) «Ragioni sopra il voto del professore di musica Pietro Valle fatto sopra il concorso per il primo organista del Duomo tenuto nel giorno 6 di marzo 1773»[76].

Secondo una prassi ormai consolidata, ci si sarebbe attesi che, lo stesso giorno in cui si tennero le prove (o, al più, nei giorni immediatamente successivi), i membri del capitolo

---

[70]. *Ibidem*, doc. n. 2. *Cfr.* APPENDICE, Doc. 14.

[71]. *Cfr. supra*.

[72]. *Cfr.* BROFSKY, Howard. *Op. cit.* (vedi nota 44), p. 64.

[73]. *Cfr.* MOMPELLIO, Federico. 'La cappella del Duomo di Milano […]', *op. cit.* (vedi nota 6), p. 557, nota 4.

[74]. AVFD, *Archivio Storico*, cart. 404*bis*, capo XXVII, par. II B, fasc. 34, doc. n. 3. *Cfr.* APPENDICE, Doc. 15.

[75]. *Ibidem*, doc. n. 4. *Cfr.* APPENDICE, Doc. 16.

[76]. *Ibidem*, doc. n. 5. *Cfr.* APPENDICE, Doc. 18.

si riunissero per eleggere ufficialmente il vincitore, tenendo conto dei pareri espressi dalla commissione. Questa volta, tuttavia, le cose non andarono così. Non sappiamo esattamente quali decisioni vennero prese subito dopo le prove. Ciò che sappiamo per certo è che dovette sorgere una controversia sulla maniera di rispondere al soggetto di fuga assegnato dalla commissione. Al di là degli esiti del concorso, sono proprio i pareri espressi nel corso di questo dibattito da alcuni fra i più autorevoli contrappuntisti dell'epoca a rivestire il maggiore interesse; ma per coglierne il significato occorre ripercorrere la vicenda sin dagli inizi.

Il 17 marzo 1773 Gaetano Piazza, uno dei partecipanti al concorso che evidentemente riteneva di essere stato valutato in maniera scorretta, inviava tre lettere al celebre padre Giovanni Battista Martini, al maestro Antonio Vallotti e al maestro Giuseppe Carcani, sottoponendo loro il soggetto proposto dalla commissione esaminatrice, e due diverse risposte: quella contrassegnata dalla lettera A, che coincideva con quella ritenuta corretta dal commissario Pietro Valle (e adottata dal candidato Agostino Quaglia), e quella contrassegnata dalla lettera B, che corrispondeva invece con quella proposta da lui durante il concorso[77]. Tutti e tre i maestri, come si vedrà, si espressero senza mezzi termini a favore della risposta data dal Piazza, adducendo tuttavia motivazioni diverse.

Nella lettera a padre Martini, aperta da un ossequioso riconoscimento della fama del grande maestro, Piazza ricorda di avere già sperimentato la sua benevolenza. Senza entrare nel merito del contesto del concorso al posto di primo organista del Duomo di Milano, ma facendo genericamente riferimento a una 'controversia musicale', Piazza si limita a riferire a padre Martini che, a un soggetto dato (riportato nella lettera), alcuni (fra cui, come a noi risulta, il commissario Pietro Valle) avevano dato la risposta contrassegnata dalla lettera A, mentre altri (lo stesso Piazza) avevano dato la risposta contrassegnata dalla lettera B. Essendo sorta a questo proposito una controversia, Piazza si rivolgeva all'insigne maestro «per sapere se sia giusta la risposta A ò pure la risposta B, e quall'ora entrambe possano correre senza errore, si desidera sapere quale di queste due sia la migliore, e più adeguata». Nella risposta inviata da Bologna il 28 marzo[78], padre Martini dichiara senza esitazioni «che avendo esaminate le due risposte [...], giudico essere la più giusta la segnata B» — ossia, come s'è detto, quella data da Gaetano Piazza — «che la segnata A perché la B per se stessa è la più sonora e grata all'orecchio, che non è la segnata A la quale riesce per sé sgradevole». Simili osservazioni, del resto, appaiono quantomai in linea con la didattica di padre Martini, basata sull'esempio più che sulle regole, sul giudizio

---

[77]. *Ibidem*, doc. n. 6. *Cfr.* APPENDICE, Doc. 17. Il corposo documento include le lettere inviate da Gaetano Piazza, seguite dalle copie delle relative risposte.

[78]. Della lettera si conservano una copia (probabilmente approntata o fatta approntare dallo stesso Piazza) e l'originale della minuta. La copia è inclusa nel plico citato poco sopra, in cui figurano le lettere inviate da Gaetano Piazza a padre Martini, al maestro Vallotti e al maestro Carcani. La minuta è conservata presso il Civico Museo Bibliografico Musicale di Bologna (segnatura I. 28. 24; *cfr.* SCHNOEBELEN, Anne. *Op. cit.* - vedi nota 8 -, p. 486, n. 4097).

più che sul precetto[79]. Non a caso, nel suo *Esemplare* la massima «Arte perfeziona natura» ricorre come un *Leitmotiv*, quasi a voler rammentare al lettore la necessità di conciliare gli aspetti intellettuali e quelli intuitivi e sensibili della composizione[80]. Nella sua lettera, padre Martini soggiunge inoltre che «il compositore, o l'organista, che deve condurre una fuga sopra il detto soggetto, può più facilmente introdurre un contrasoggetto con la risposta B, che con la risposta A». A dire il vero, Martini si sente in dovere di precisare che la risposta B «non sia rigorosamente del tuono»; ma questo argomento, a suo modo di vedere, non è di per sé sufficiente per preferire a questa l'altra risposta, dal momento poi «che i primi maestri dell'arte hanno più praticata la fuga reale, che quella del tuono, come si può vedere nel Zarlino, Palestrina, Morales, e tanti altri».

Occorre rammentare che, di lì a poco, padre Martini avrebbe licenziato alle stampe quella che viene reputata la sua principale opera teorica, l'*Esemplare ossia saggio fondamentale pratico di contrappunto*, di cui il primo volume, dedicato al contrappunto sopra il canto fermo, vide la luce nel 1774, mentre il secondo, dedicato al contrappunto fugato, fu pubblicato l'anno successivo[81]. All'epoca della controversia nata attorno alla risoluzione della fuga assegnata nel concorso milanese, padre Martini doveva quindi avere sostanzialmente concluso, se non la stesura definitiva, per lo meno l'impianto teorico della sua opera. La prossimità cronologica della lettera inviata da Martini a Gaetano Piazza e della pubblicazione dell'*Esemplare* consentono quindi di proiettare la prima sul più complesso sfondo teorico che emerge dal secondo. D'altro canto, la missiva offre un significativo spaccato della prassi concorsuale dell'epoca, mostrando nel contempo come lo stesso Martini traducesse nel concreto i precetti (ma meglio sarebbe definirli criteri) enunciati nella sua monumentale opera di didattica contrappuntistica. Così, da un lato, le (non poche) pagine dell'*Esemplare* dedicate alle diverse specie della fuga consentono di contestualizzare e illuminare la missiva martiniana del 1773; dall'altro quest'ultima contribuisce in maniera significativa a sostanziare la lezione teorica impartita nell'*Esemplare*.

La materia che qui interessa è trattata all'inizio del secondo volume, dove un'ampia sezione è dedicata espressamente alle «Regole per comporre la fuga», e soprattutto alla distinzione fra fuga reale, fuga del tuono (l'odierna fuga tonale) e fuga d'imitazione. I tre tipi di fuga sono classificati in base al grado di somiglianza fra *proposta* (o *soggetto*) e *risposta*, rilevabile in relazione ai valori ritmici impiegati al loro interno (*figura*), ai loro intervalli costitutivi (*intervalli*) e alla solmisazione (*sillabe*). La *fuga d'imitazione*, non essendo tenuta

---

[79]. Interessanti osservazioni sulla natura della didattica di padre Martini si leggono nel saggio di DARBELLAY, Étienne. 'L'Esemplare du Padre Martini. Une exégèse musicologique moderne du style osservato?', in: *Padre Martini. Musica e cultura nel Settecento europeo*, a cura di Angelo Pompilio, Firenze, Olschki, 1987, pp. 137-171.

[80]. *Cfr. ibidem*, p. 142.

[81]. MARTINI, Giovanni Battista *Esemplare, o sia Saggio fondamentale pratico di contrappunto sopra il canto fermo*, [...] *Parte prima*, Bologna, L. Della Volpe, 1774; *Esemplare, o sia Saggio fondamentale pratico di contrappunto fugato*, [...] *Parte seconda*, Bologna, L. Della Volpe, s.d. (dedica datata 25 aprile 1775).

all'osservanza dei tre criteri di cui sopra, è la più libera e, come tale, quella impiegata più di frequente, specialmente laddove non è richiesta la fedeltà al canto fermo, o ancora quando si costruiscono canoni inversi, retrogradi e altre combinazioni contrappuntistiche complesse. La *fuga del tuono*, che, nella maggior parte dei casi, non comporta un'identica solmisazione di soggetto e risposta, è molto meno usata in contesto modale, ma sarebbe diventata la modalità tipica e prediletta in contesto tonale. Chiave di volta dell'architettura canonica di stretta osservanza è invece la *fuga reale*. Per quanto ciò non venga mai asserito in maniera del tutto esplicita, appare chiaro che Martini la consideri come la più degna, proprio perché si mantiene fedele alla natura del canto fermo[82].

Oltre che a padre Martini, Piazza, come si è visto, interpellò anche padre Antonio Vallotti e il maestro Carcani. Vercellese d'origine, ma padovano d'adozione, padre Vallotti era subentrato al maestro Calegari come organista, ma fu stimato e conosciuto soprattutto per la sua produzione teorico–musicale. Collega di Tartini, che lo ricorda nel suo *Trattato di musica* del 1754, fu come lui amico di Padre Martini[83], al quale fu legato da un rapporto di amicizia e di reciproca stima, e con cui intrattenne un ricco carteggio dal tono confidenziale a partire dal 1727. Tramite Tartini, padre Vallotti conobbe anche Fux, al quale scrisse una lettera già nel 1733 per discutere alcuni passi del suo *Gradus ad Parnassum*. Noto ai teorici e ai musicisti d'oltralpe, Vallotti ebbe una certa fama anche in Italia, e fu chiamato a esprimere il suo giudizio in occasione di diversi concorsi: nel 1560 fu designato giudice in un concorso per maestro coadiutore alla Basilica Petroniana di Bologna; nel 1773, come s'è visto, fu consultato da Gaetano Piazza durante il concorso per il posto di primo organista del Duomo di Milano; cinque anni dopo, scomparso il Fioroni, fu chiamato dalla stessa istituzione a giudicare i candidati alla successione del maestro di cappella (che spettò a Giuseppe Sarti, allievo di Giovanni Battista Martini)[84]. Oltre a ciò, fu autore di oltre 350 opere in parte in stile concertante, in parte improntate a un severo classicismo post-rinascimentale[85]. Accademico *ante litteram*, diede il meglio di sé nella copiosissima produzione teorica, per lo più improntata a un severo atteggiamento conservatore, ma immancabilmente sostenuta dalla conoscenza diretta della produzione dei polifonisti classici[86].

---

[82]. *Cfr. ibidem*, pp. 156-160.

[83]. In uno dei suoi ultimi scritti, Martini ricorda «verace amistà contratta fin dall'anno 1722» con Vallotti. *Cfr.* Busi, Leonida. *Il padre G. B. Martini: musicista-letterato del secolo XVIII*, Bologna, Zanichelli, 1891, p. 343 (citato in Barbieri, Patrizio. 'Martini e gli armonisti 'fisico-matematici': Tartini, Rameau, Riccati, Vallotti', in: *Padre Martini. Musica e cultura nel Settecento europeo, op. cit.* - vedi nota 75 -, pp. 173-209: 207).

[84]. *Cfr.* Mompellio, Federico. 'La cappella del Duomo di Milano [...]', *op. cit.* (vedi nota 6), p. 557, nota 4.

[85]. Un *O vos omnes* e un *Sepulto Domino* a 4 voci di Francescantonio Vallotti, composti rispettivamente nel 1747 e nel 1763, sono conservati presso l'Archivio della Veneranda Fabbrica del Duomo. *Cfr.* AVFD, A. D., Busta 133, nn. 17-18. *Cfr.* Sartori, Claudio. *La cappella musicale* [...], *op. cit.* (vedi nota 52), p. 357.

[86]. Per un ritratto di Antonio Vallotti teorico e musicista si veda Martinotti, Sergio. 'Presenze del Barocco sacro padano: Bassani, Perti, Vallotti e Martini', in: *La musica a Milano, in Lombardia e oltre*, a cura di Sergio Martinotti, Milano, Vita e Pensiero, 1996 (La città e lo spettacolo, 5), pp. 95-107: 101-104.

Maestro di cappella del Duomo di Piacenza, Giuseppe Carcani doveva parimenti godere di una discreta fama come teorico. Al pari del collega attivo a Padova, era in contatto con padre Martini, che conosceva alcune opere musicali in possesso del maestro piacentino[87], e che per un certo periodo impartì lezioni di contrappunto a suo figlio Giacomo: sappiamo infatti che Giuseppe Carcani inviò diverse lettere al teorico bolognese soprattutto per interessarsi dei profitti del figlio (che evidentemente era tutt'altro che un discepolo modello) e per agevolarne la carriera[88].

Nella sua lettera, Vallotti dichiara «che la risposta A non è adeguata, e non regge in conto alcuno. Bensì la risposta B è la genuina, e la sola che adeguatamente risponde al proposto soggetto». La ragione addotta per supportare il suo giudizio, come si accennava, è che «alla quinta discendente […] della proposta deve certamente corrispondere altra quinta discendente che si contenga nei termini del tuono». Carcani dichiara invece «che secondo ho imparato, e veduto in tutti gli autori, che hanno dato li precetti del vero contrapunto, sì in teorica, che in pratica, e fra gli altri il Fux che nella pratica stessa si è sopra tutti distinto perché l'ha trattata con più estensione di tutti, egli insegna che al soggetto che cresce un semituono, ed un tuono dalla quinta, la risposta di esso crescer deve una terza minore, se la cresciuta del proppostro soggetto è di un semituono, se poi è di un tuono esser deve la risposta genuina col salto di terza maggiore». Alla modestia esibita dal maestro all'inizio della lettera fa eco per converso la sicurezza con cui espone il suo parere, accusando di ignoranza chi avesse un parere diverso dal suo: «Io l'intendo così, perché mi rapporto agli autori sì teorici che pratici, se poi v'è chi l'intenda diversamente, o non gli hà letti, ò sopra di essi non è stato istruito, o per fine se gli ha letti si vede che nonostante vuol scrivere a suo capriccio, e se è così non vagliono ragioni perché allora *stat pro ratione voluntas*».

È probabile che Piazza avesse scelto di rivolgersi a quei tre maestri non solo in quanto rappresentavano tre voci fra le più autorevoli nel panorama contrappuntistico dell'epoca, ma anche perché doveva avere avuto precedenti contatti con loro. Sugli eventuali rapporti intercorsi fra il candidato e il maestro Vallotti non sappiamo nulla. Sappiamo in compenso che, sin dal 1759, il giovane Piazza era stimato sia dal maestro Carcani, sia da padre Martini, e che quest'ultimo gli aveva inviato un allievo. Tutto ciò si apprende da una lettera inviata il 7 maggio di quell'anno da Giuseppe Carcani a padre Martini, in cui fra l'altro si legge che il Piazza mandava a Martini i suoi saluti per il tramite di Carcani, e gli raccontava brevemente delle difficoltà incontrate con l'allievo supponente e indisciplinato che il maestro bolognese gli aveva procurato:

> Il signor Gaetano Piazza maestro di cappella milanese, che qui trovasi perché la moglie sua recita in quest'opera, mi comette inchinarla a suo nome, e di avvertirla sopra lo scolaro che da Milano le fu da una dama spedito, e racco-

---

[87]. *Cfr.* MISCHIATI, Oscar. 'Le miscellanee come specchio degli interessi storico-musicali di Padre Martini', in: *Padre Martini. Musica e cultura nel Settecento europeo, op. cit.* (vedi nota 75), pp. 17-26: 22.
[88]. *Cfr.* SCHNOEBELEN, Anne. *Op. cit.* (vedi nota 8), pp. 110-111.

mandato a non formalizzarsi se non lo avrà trovato da lui ben informato delle vere regole del contrapunto, sendo che per dover condescendere alla sua impazienza, ed alla premura di chi lo assisteva, ha dovuto secondarlo, e permettergli, come suol dirsi, di portar il carro avanti ai buoi, e ciò perché il giovine era troppo pieno di se medesimo, e ogni picciol cosa, che avesse fatto all'apparenza di detto suo maestro, di cui n'era della maggior parte l'autore, era dalla protettrice a lui attribuito, facendogliene capirsi gli elogi[89].

È quindi probabile che Piazza, che apparentemente godeva della stima di Martini (e di Carcani), si aspettasse da costoro un appoggio e una pubblica attestazione di stima. Le risposte dei tre professori non si fecero attendere a lungo. Come si è visto, tutti e tre i maestri, invocando a sostegno delle loro argomentazioni le principali autorità del contrappunto osservato, si erano espressi senza esitazioni a favore della risposta del Piazza. Di parere affatto contrario si era invece mostrato il maestro Pietro Valle, che già in sede di concorso aveva espresso un voto decisamente sfavorevole alla risposta di Gaetano Piazza, dichiarandosi concorde invece con quella data dal candidato Agostino Quaglia. Di Valle si conserva una dichiarazione di undici facciate manoscritte, dense di citazioni e di esempi musicali[90]. Vi si dichiara, con un tono ai limiti dell'ostentazione erudita, ma con indubbia dovizia di argomentazioni, che la risposta di Piazza non poteva esser considerata rigorosa, bensì d'imitazione; e ancora, più in particolare, che tutti e tre i concorrenti non avevano risposto correttamente alla proposta della fuga, ma che il secondo fra loro aveva comunque dimostrato una maggiore preparazione contrappuntistica. Lo scritto di Valle non è datato, ma un'informazione che vi è contenuta lascia supporre che esso fosse stato ultimato non solo dopo le lettere di Piazza ai tre illustri contrappuntisti (datate 17 marzo 1773), ma anche dopo che il Piazza aveva ricevuta e resa nota la risposta di padre Martini[91]. Lo si evince da un passo in cui Valle sostiene che, «se al celebre padre maestro Martini […] si fosse rappresentato sinceramente che il soggetto della fuga fu proposto per un rigoroso concorso per conferirsi il vacante impiego di primo organista a chi nel rispondere al medesimo avesse dato prova di maggiore perizia nel conoscere, e rigorosamente rispondere alli toni» (e che quindi non era stato semplicemente oggetto di un'astratta controversia musicale), probabilmente si sarebbe espresso in altra maniera, propendendo per l'adozione di una risposta rigorosamente nel tono. Come vuole la cortesia, la risposta di Gaetano Piazza a padre Martini, nella quale il maestro viene ringraziato per il suo parere favorevole, non si fece attendere a lungo[92]. Nella

---

[89]. Bologna, Civico Museo Bibliografico Musicale, H. 85. 129. *Cfr. ibidem*, p. III, n. 975.

[90]. AVFD, *Archivio Storico*, cart. 404*bis*, capo XXVII, par. II B, fasc. 34, doc. n. 5. *Cfr.* APPENDICE, Doc. 18.

[91]. La risposta del maestro bolognese, datata 28 marzo, doveva esser giunta a Milano entro il 3 aprile, data della risposta di Gaetano Piazza.

[92]. Il 3 aprile 1773 Piazza scriveva a padre Martini «manterrò sempre viva la memoria d'avermi la paternità vostra favorito co' suoi graziosi riscontri e conserverò questi mai sempre per mia giustificazione». *Cfr.* Bologna, Civico Museo Bibliografico Musicale, I. 9. 194 (SCHNOEBELEN, Anne. *Op. cit.* - vedi nota 8 -, p. 486, n. 4098). *Cfr.* APPENDICE, Doc. 20.

stessa lettera, Piazza chiarisce (sebbene *a posteriori*, dopo che padre Martini aveva formulato il suo giudizio) il contesto entro il quale era sorta la 'controversia musicale' sulla maniera di rispondere al soggetto dato: «Per morte del maestro Corbella andò vacante il posto di primo organista nella nostra metropolitana, comecché tale carica è sempre stata coperta da un maestro di cappella, io fui uno de concorrenti alla medesima». Nel prosieguo del documento, Gaetano Piazza precisa anche che era stato Pietro Valle a dare un parere negativo sulla risposta che Martini aveva invece giudicato positivamente: «al noto soggetto diedi la segnata risposta B, e pure il signor Pietro Valle ha l'animosità di criticarla per fallata, e v'è chi gli da retta, tanto può l'impostura». Grazie al responso del celebre maestro bolognese, Piazza era certo di avere salvato la sua reputazione: «Io però professo un'obbligo infinito alla reverenza vostra la quale s'è compiacciuta munirmi co' suoi riscontri d'un documento, che mette in salvo la mia riputazione». Tuttavia la vertenza attorno al responso di Pietro Valle era tutt'altro che conclusa, come si apprende da una lettera inviata a padre Martini da Ignazio Balbi[93] una decina di giorni dopo: «Il signor Gaetano Piazza ha ottenuto da vostra paternità una lettera […], di cui ne fà girrare le copie per Milano, credendo di provare giusta, e rigorosa la risposta da esso data alla proposta»[94]. Probabilmente ignaro della seconda lettera inviata da Piazza a padre Martini, Balbi si era premurato di precisare «che non fu proposto questo soggetto per una controversia musicale, ma bensì per un rigoroso concorso del primo organo in questa insigne metropolitana», ricordandogli inoltre «che un tal posto non si conferisce, se non a chi *fundatim* risponde al tono, e ciò per la necessità di sostenere il canto fermo, rigoroso del coro, come ancora li musici ne' coretti quando cantano giù dall'organo affine che restino nel giusto tono»: ecco perché «il soggetto della fuga cavasi dal libro del coro aprendosi a sorte alla presenza de giudici, maestro corale, e di alcuni deputati». Ciò che Balbi intendeva chiedere a padre Martini era se, considerate le circostanze in cui il soggetto fu sottoposto ai candidati, il maestro si sentisse di riconfermare il proprio giudizio, o non ritenesse invece opportuno rivederlo. La replica di padre Martini fu celere e decisa: anche considerando il contesto del concorso, il maestro non riteneva affatto di dover cambiare il proprio parere[95].

---

[93]. Secondo quanto riportato da Robert Eitner, Ignazio Balbi fu autore dell'oratorio *Della Madonna dei 7 dolori* e del duetto *Tu vuoi ch'io viva, o cara* per due soprani, nonché (forse) di altre composizioni attribuite a un non meglio definito Balbi. Sempre secondo Eitner, nel 1752 il personaggio si qualifica come «regio segretario imperiale» in una lettera firmata da Milano, dove si trovava ancora nell'aprile del 1775. *Cfr.* EITNER, Robert. *Biographisch-bibliographisches Quellen-Lexikon: der Musiker und Musikgelehrten der christlichen Zeitrechnung bis zur Mitte des neunzehnten Jahrhunderts*, 2. verbesserte Auflage, 11 Bde., Graz, Akademische Druck- u. Verlagsanstalt, 1959 - 1960, vol. I, p. 311a.

[94]. Bologna, Civico Museo Bibliografico Musicale, I. 28. 22 (SCHNOEBELEN, Anne. *Op. cit.* - vedi nota 8 -, p. 39, n. 348). *Cfr.* APPENDICE, Doc. 21.

[95]. Bologna, Civico Museo Bibliografico Musicale, I. 28. 22, f. 2ʳ. (*ibidem*, p. 39, n. 349). *Cfr.* APPENDICE, Doc. 22. Si noti che, contrariamente a quanto accade nella lettera del 28 marzo, in questo caso la risposta contrassegnata dalla lettera A è quella di Gaetano Piazza, mentre quella contrassegnata dalla lettera B è quella proposta nella sua lettera (Doc. 18) dall'esaminatore Pietro Paolo Valle.

Ad ogni modo, del tutto indipendentemente dai pareri dei tre illustri contrappuntisti (e forse all'oscuro delle lettere inviate loro dal Piazza), il capitolo della Veneranda Fabbrica stabilì che il rettore chiedesse al maestro di cappella di formulare una lista di periti per il concorso al posto di primo organista[96]. La prova del 6 marzo e la controversia che ne era scaturita non vengono minimamente menzionate. Due giorni dopo i provinciali della chiesa, riuniti con autorità capitolare, prendono in esame la lista di nominativi fornita dal maestro di cappella e scelgono la terna di commissari[97].

Si suppone che i rapporti fra Giovanni Battista Sammartini e Gian Andrea Fioroni, che rappresentavano all'epoca le due principali autorità nel campo della musica sacra milanese, più che fondati su una profonda identità di vedute fossero improntati a una cortesia formale e dettati da esigenze di buon vicinato. Date queste premesse, è stato ipotizzato che, invitando Sammartini a far parte della giuria per il concorso per il posto di primo organista in Duomo nel 1773, Fioroni avesse ricambiato l'invito a partecipare in veste di ospite d'onore alla prima rappresentazione della quaresima del Santo Entierro, rivoltogli da Sammartini tre anni prima[98].

Carlo Monza, futuro maestro di cappella del Duomo di Milano, era uno degli allievi prediletti di Fioroni, nonché uno dei giovani musicisti allora più in vista a Milano. Nel 1762 aveva partecipato al concorso per il posto di maestro di cappella in Santa Maria della Scala, dal quale era uscito vincitore il rivale Melchiorre Chiesa, nonostante il parere di padre Martini, decisamente favorevole a lui, e l'interessamento di Fioroni, che aveva inviato due lettere a Martini per sostenere il suo allievo[99]. Lo stesso Monza avrebbe partecipato nel 1779 al concorso per l'elezione del successore di Fioroni al posto di maestro di cappella del Duomo (da cui sarebbe uscito vincitore Giuseppe Sarti)[100], e sarebbe stato finalmente eletto maestro di cappella nel 1787 in seguito a una «ballotazione» in cui furono presi in considerazione, insieme a lui, Agostino Quaglia e Francesco Bianchi[101].

Al 30 aprile 1773 risale il bando per il nuovo concorso per il posto di primo organista[102]. L''esperimento' ebbe luogo il 6 maggio; lo stesso giorno fu stesa la relazione autografa

---

[96]. «Significatasi dal signor rettore, la difficoltà di trovare i giudici per il concorso degli organista, è stato detto, che il signor rettore si compiaccia far formare una distinta nota dal maestro di cappella del Duomo, ed altri isperimentati nella virtù della musica sì di questa città, che d'altre, e proporla in una congregazione, perché coll'autorità capitolare deliberi ciò stimerà del caso». *Cfr.* AVFD, *Ordinazioni Capitolari*, 64 (1768 - 1778), c. 105 (venerdì 26 marzo 1773). Annotazione a lato: «Circa la difficoltà di trovare i giudici per l'organista». Citato in Rossi, Marco. 'Organi e organisti in Duomo [...]', *op. cit.* (vedi nota 21), pp. 205-23: 214 e 222.

[97]. AVFD, *Archivio Storico*, cart. 434, capo XXVIII, fasc. 11, doc. n. 5. *Cfr.* Appendice, Doc. 19.

[98]. *Cfr.* Allorto, Riccardo. 'Giovanni Battista Sammartini, Gian Andrea Fioroni, Giuseppe Sarti', in: *Archives de le musique sacrée*, Section VII: *la musique concertante Italie* XVIII *siècle*, pp. 11-27: 14.

[99]. A questo proposito *cfr.* Brofsky, Howard. *Op. cit.* (vedi nota 44), p. 64.

[100]. *Cfr.* Mompellio, Federico. 'La cappella del Duomo di Milano [...]', *op. cit.* (vedi nota 6), p. 557, nota 4.

[101]. *Cfr. ibidem*, p. 558.

[102]. Anche in questo caso il documento pervenutoci consiste in un bando a stampa relativo a un concorso

dei periti, dalla quale apprendiamo, fra l'altro, che il maestro Giovanni Zucchinetti[103] aveva preso il posto di Giovanni Battista Bonazza, al fianco di Monza e Sammartini, nella terna dei commissari. In quell'occasione il giudizio, relativamente esteso e ricco di osservazioni, fu steso (e sottoscritto) da Carlo Monza (*cfr.* ILL. 5). Nella pagina il maestro riconosce la perizia tecnica e contrappuntistica di tutti e tre i concorrenti, sottolineando tuttavia la «maggior nettezza e franchezza» del secondo candidato[104].

La relazione di Monza è seguita da sintetiche dichiarazioni firmate da Sammartini e da Zucchinetti, con cui i maestri si limitano a sottoscrivere e approvare il parere espresso dal collega[105] (ILL. 5). Al di là dell'interesse rivestito dall'autografo sammartiniano in quanto tale, il documento ben poco contribuisce ad arricchire il profilo dell'ormai anziano maestro. Per quanto riguarda l'esito del concorso, appare evidente che il secondo concorrente cui si allude nel verbale dei commissari era Agostino Quaglia, eletto il giorno successivo a scrutinio segreto dai membri del capitolo della Veneranda Fabbrica dopo avere esaminato il parere dei periti[106]. Il 3 giugno dello stesso anno Antonio Terzi, allora attivo come secondo organista, aveva chiesto un compenso per il periodo in cui aveva sostituito il primo organista[107]. Il 21 giugno Terzi avrebbe percepito un compenso pari a duecento lire imperiali per avere supplito il primo organista dal 14 gennaio al 7 maggio, data dell'elezione del nuovo collega Agostino Quaglia[108]. Al 30 settembre dello stesso anno risale invece il primo mandato di pagamento intestato all'organista Agostino

---

precedente, recante una serie di correzioni manoscritte che adattavano il testo alle circostanze del nuovo concorso. *Cfr.* AVFD, *Archivio Storico*, cart. 404*bis*, capo XXVII, par. II B, fasc. 34, doc. n. 7 (erroneamente indicato come n. 2). *Cfr.* APPENDICE, Doc. 23.

[103]. Lo stesso Zucchinetti sarebbe intervenuto in qualità di giudice in occasione del concorso tenutosi nel 1779 per l'elezione del successore di Fioroni al posto di maestro di cappella del Duomo. *Cfr.* MOMPELLIO, Federico. 'La cappella del Duomo di Milano [...]', *op. cit.* (vedi nota 6), p. 557, nota 4.

[104]. AVFD, *Archivio Storico*, cart. 404*bis*, capo XXVII, par. II B, fasc. 34, doc. n. 8. *Cfr.* APPENDICE, Doc. 24.

[105]. *Ibidem*.

[106]. «Lettosi il giudizio fatto dai periti, del quale negli atti, è stato detto doversi venire all'elezione, mediante i voti segreti. Presi per tanto dall'uno all'altro essi voti segreti, ed essendosi ritrovato essere concorsi maggiori voti per l'elezione del sudetto Agostino Quaglia, è stato perciò il medesimo Quaglia eletto in primo organista del Duomo con il solito salario, onori, e pesi alla detta carica incombenti come per lo passato». *Cfr.* AVFD, *Ordinazioni Capitolari*, 64 (1768 - 1778), c. 108^v (venerdì 7 maggio 1773). Annotazione a lato: «Elezione di Agostino Quaglia in primo organista del Duomo». Citato in MOMPELLIO, Federico. 'La cappella del Duomo di Milano [...]', *op. cit.* (vedi nota 6), p. 562, nota 10; e in ROSSI, Marco. 'Organi e organisti in Duomo [...]', *op. cit.* (vedi nota 21), pp. 205-223: 214 e 222.

[107]. «Significatosi dal signor rettore l'istanza, che gli viene fatta dal signor Terzi per essere sodisfatto dei mesi da lui supliti per primo organista in luogo del fu Giovanni Corbella, è stato detto, che il signor rettore le facci corrispondere quello, che stimerà del caso». *Cfr. ibidem*, c. 109^v (3 giugno 1773). Annotazione a lato: «Dell'organista Terzi». Citato in ROSSI, Marco. 'Organi e organisti in Duomo [...]', *op. cit.* (vedi nota 21), pp. 205-223: 214 e 222.

[108]. AVFD, *Mandati*, 421 (gennaio-giugno 1773), 21 giugno 1773: «signor Federico Castiglione tesoriere della Veneranda Fabbrica del Duomo di Milano, pagherà al signor Terzi lire due cento per avere suplito al primo organo da 14 Gennaio 1773 a 7 Maggio, come dalli annessi».

ILL. 5A: relazione sul concorso per la selezione del primo organista (6 maggio 1773). AVFD, *Archivio Storico*, cart. 404*bis*, capo XXVII, par. II B, fasc. 34, doc. n. 8ʳ. Riprodotta per gentile concessione della Veneranda Fabbrica del Duomo.

ILL. 5B: relazione sul concorso per la selezione del primo organista (6 maggio 1773). AVFD, *Archivio Storico*, cart. 404*bis*, capo XXVII, par. II B, fasc. 34, doc. n. 8ᵛ. Riprodotta per gentile concessione della Veneranda Fabbrica del Duomo.

Quaglia per avere prestato servizio come primo organista dal giorno della sua elezione fino a quella data[109].

Con l'elezione di Agostino Quaglia giungeva definitivamente a termine la contrastata vicenda dell'elezione del primo organista. Lo stesso Agostino Quaglia avrebbe partecipato — questa volta senza successo — al concorso per la selezione del successore di Giovanni Andrea Fioroni tenutosi nel 1779[110] e, dopo essere stato preso in considerazione nella «ballotazione» del 1787, che si concluse con l'elezione di Carlo Monza[111], riuscì a ricoprire l'ambìta carica di maestro di cappella soltanto nel 1802[112].

Resta da osservare come, nonostante la stima tributata a padre Martini, immancabilmente interpellato in occasione delle frequenti controversie in materia di contrappunto, i giudizi formulati dall'illustre contrappuntista bolognese (come del resto quelli espressi da altri insigni maestri) non venissero affatto ritenuti vincolanti. Come si è visto, in occasione della controversia sorta attorno al concorso al posto di maestro di cappella in Santa Maria della Scala tenutosi nel 1762, padre Martini si era espresso in maniera inequivocabile a favore delle prove prodotte da Carlo Monza, mentre era stato eletto Melchiorre Chiesa. E a nulla era valsa un'ulteriore lettera di padre Martini, al quale il prevosto della collegiata scalense aveva risposto in tutta franchezza che «i voti dei periti sogliono per lo più essere non elletivi, ma consultivi»[113]. Allo stesso modo, nella controversia sorta durante il concorso per primo organista in Duomo padre Martini si era espresso a favore di Gaetano Piazza; ma anche in quel caso, sebbene in seconda battuta (due mesi più tardi, e con una commissione d'esame completamente rinnovata), i membri del capitolo della Veneranda Fabbrica non avevano esitato a prendere una decisione diversa, eleggendo il candidato Agostino Quaglia.

Conclusioni

I documenti esaminati sinora hanno consentito di precisare le diverse circostanze in cui Sammartini fu presente in Duomo, in qualità di perito, in occasione di alcuni concorsi per i posti di organista, cantore e maestro di cappella. Tuttavia è probabile che i rapporti intercorsi fra il maestro e i membri della prestigiosa istituzione non si fossero limitati a quelli puntualmente presi in esame. In termini generali, possiamo supporre che, in un

---

[109]. *Ibidem*, 422 (luglio-ottobre 1773), 30 settembre 1773: «signor Federico Castiglione tesoriere della Veneranda Fabbrica del Duomo di Milano, pagherà al signor Agostino Quaglia primo organista in Duomo lire tre cento cinquanta sette e soldi 10 per il suo salario dal giorno 7 Maggio 1773, giorno dell'elezione al 30 settembre 1773 a ragione di £ 900 l'anno. [...]».

[110]. *Cfr.* MOMPELLIO, Federico. 'La cappella del Duomo di Milano [...]', *op. cit.* (vedi nota 6), p. 557, nota 4.

[111]. *Cfr. ibidem*, p. 558.

[112]. *Cfr. ibidem*, p. 562, nota 17.

[113]. *Cfr.* BROFSKY, Howard. *Op. cit.* (vedi nota 44), pp. 67-68.

centro vivo e ricco di iniziative e istituzioni attive nel campo della produzione musicale, quale era la Milano del Settecento, le occasioni di scambio e di reciproca conoscenza fra i diversi musicisti locali fossero in realtà più frequenti rispetto a quelle documentate. Ma c'è dell'altro: è noto infatti che Sammartini fu attivo in qualità di organista e maestro della cappella arciducale, istituzione presso la quale troviamo attivi numerosi cantori che facevano parte contemporaneamente della cappella musicale del Duomo. Il primo indizio che rimanda alla presenza di Sammartini a corte risale al 1759, quando la contessa Castelbarco D'Adda cita Sammartini in una lettera indirizzata a padre Martini, ricordando come avesse la 'futura' per divenire maestro della cappella di corte nel momento in cui avesse rinunciato il Vignati, all'epoca ancora in carica[114]. In un documento datato 16 maggio 1760 Giovanni Lorenzo Fascetti dichiara di aspirare al posto di organista nella regia ducal cappella nel caso in cui, per la morte del maestro di cappella Vignati, Sammartini fosse subentrato al suo posto, lasciando così vacante quello di organista: il che attesta indirettamente la presenza di Sammartini come organista presso la cappella musicale di corte[115]. Ancora nel 1761 Sammartini è menzionato come maestro di cappella a San Gottardo in corte[116], mentre a partire dal 1767 il suo nome compare tra quelli degli addetti alla corte di Beatrice d'Este con uno stipendio di 8 zecchini gigliati al mese[117].

Se la cappella arciducale ancora attende uno studio musicologico monografico aggiornato, in questa sede vale la pena per lo meno di ricordare, anche in vista di future ricerche sull'argomento, come i cantori che vi erano impiegati nel 1773 (Romolo Rainone, Antonio Grandati, Stefano Valcamonica, Francesco Triulzi, Ottavio Albuzio, Giuseppe Venini, Giovanni Caldarola e Francesco Bianchi) appartenessero nella quasi totalità dei casi alla cappella musicale del Duomo[118]. Nello stesso anno la cappella arciducale impiegava stabilmente anche un organista (Carlo Monza), un violoncellista (Giovanni Negri) e cinque violinisti (Francesco Bonaguzzi, Giuseppe Borrone, Luca Roscio, Marco Villani e Francesco Barzago). Numerosi documenti, conservati sia presso l'Archivio di Stato di Milano, sia presso l'Archivio della Veneranda Fabbrica del Duomo, forniscono ulteriori informazioni sulla collaborazione fra alcuni membri della cappella del Duomo e la cappella arciducale[119]. Non è questa la sede per addentrarsi nella complessa ricostruzione della storia di questa istituzione.

---

[114]. La lettera è trascritta e commentata in CATTORETTI, Anna. *Giovanni Battista Sammartini* […], *op. cit.* (vedi nota 8), vol. I, p. 66.

[115]. *Cfr.* ASM, *Culto*, P. A., cart. 1079. A questo proposito si veda BARBLAN, Guglielmo. 'Contributo alla biografia di G. B. Sammartini alla luce dei documenti', *op. cit.* (vedi nota 3), p. 24.

[116]. *Cfr. Almanacco Milano Sacro 1761*, citato da CESARI, Gaetano. 'Giorgio Giulini musicista. Contributo alla storia della sinfonia in Milano', in: *Rivista Musicale Italiana*, XXIV (1917), pp. 1-34 e 210-271: 23, nota 4.

[117]. *Cfr. ibidem*, p. 24.

[118]. Si veda, in proposito, il mandato di pagamento del 14 aprile 1773, in cui figurano tutti i cantori presenti nell'elenco dei membri della cappella arciducale (ad eccezione di Francesco Triulzi). *Cfr.* AVFD, *Mandati*, cart. 421, 14 aprile 1773.

[119]. Si ringrazia Graziella De Florentiis per avere gentilmente messo a disposizione le trascrizioni di alcuni documenti conservati presso l'ASM e di numerosi documenti conservati presso l'AVFD.

Ai nostri fini merita tuttavia di essere rilevato come Sammartini dovesse conoscere molto bene non solo il maestro di cappella e gli organisti, ma anche gran parte dei musici attivi presso la cappella del Duomo. D'altro canto, come si apprende dal suo atto di morte, fu proprio la cappella musicale del Duomo, insieme ad altri musici «coll'accompagnamento di copiosa scelta sinfonia», a eseguire «l'ufficio e la messa solenne» in suffragio del maestro, nella chiesa di Sant'Alessandro, pochi giorni dopo la cerimonia funebre privata[120]. A questo proposito, ci siamo chiesti se la partecipazione della cappella del Duomo alla cerimonia in onore del defunto Sammartini non avesse lasciato tracce nei documenti dell'Archivio della Veneranda Fabbrica. Impegnati al di fuori della chiesa metropolitana, difficilmente i musici della cappella avrebbero ottenuto compensi straordinari dalla Fabbrica: e difatti i mandati relativi al gennaio del 1775 non registrano alcun pagamento straordinario ai musici della cappella[121]. Né, d'altronde, sono state operate trattenute sui salari dei musici per una loro assenza in massa dal servizio della cappella[122]. Ci si è chiesti anche se i cantori avessero dovuto chiedere un permesso per partecipare alla cerimonia in Sant'Alessandro: la risposta apparentemente è no. Né le *Deliberazioni dei deputati*, né le *Ordinazioni Capitolari* risalenti alla fine del gennaio 1775 contengono riferimenti di qualsiasi tipo alla questione[123]. Tutto ciò che sappiamo sul solenne suffragio è che «gli fu fatto sì per essere socio della congregazione dei musici, quanto perché nella sua professione di musico fu eccellentissimo maestro, e celebre per chiarissima fama»[124].

---

[120]. *Cfr.* SAINT-FOIX, George de. *Op. cit.* (vedi nota 7), p. 288. Sulla cerimonia funebre in onore di Sammartini *cfr.* BARBLAN, Guglielmo. 'Contributo alla biografia di G. B. Sanmartini alla luce dei documenti', *op. cit.* (vedi nota 3), p. 27; ROSSI, Marco. 'Sammartini, Giovanni Battista', *op. cit.* (vedi nota 1), p. 3172, e INZAGHI, Luigi - PREFUMO, Danilo. *Op. cit.* (vedi nota 3), pp. 138 e 158.

[121]. *Cfr.* AVFD, *Mandati*, 427, 1775/1.

[122]. Dal mandato di pagamento relativo al mese di gennaio del 1775 (emesso il 6 marzo!) si apprende che relativamente a quel mese di servizio furono effettivamente operate trattenute sui salari, ma a musici diversi assentatisi in occasioni diverse. *Cfr. ibidem*, 6 marzo 1775.

[123]. *Cfr.* AVFD, *Ordinazioni Capitolari*, 64 (1968 - 1978), cc. 140^v-141, 21 febbraio 1775.

[124]. *Cfr.* SAINT-FOIX, George de. 'Découverte de l'acte de décès de Sammartini', *op. cit.* (vedi nota 7).

Marina Toffetti

Appendice documentaria*

Documento 1

Verbale della riunione dei deputati con le disposizioni per lo svolgimento del concorso.
AVFD, *Archivio Storico*, cart. 430, capo XXVIII, fasc. 4, doc. n. 4 (16 febbraio 1733).

1733 16 febraro
[...] Sendo stati incomodati li signori della provincia della chiesa sotto questo giorno per assistere alla composizione da farsi secondo gl'ordini di questa Veneranda Fabrica, per servire all'esperimento da tenersi nel concorso de' concorrenti alla piazza di basso sopranumerario, e sono il musico Carlo Francesco Landriano, il musico Giovanni Battista Caldarolla, e il musico Giuseppe Lurago [...], fattosi chiamare il maestro di cappella di questa Veneranda Fabrica, e date al medemo le parole portate dal signore marchese rettore, hanno li medesimi signori ordinato allo stesso maestro di cappella di formare con dette parole un motetto, al cui ordine abbi subito ubedito il maestro di cappella, e si sii immediatamente accinto a fare tale composizione, quale doppo terminata è stata in presenza de' sodetti signori sigillata con sigilo della Veneranda Fabrica [...], per aprirla nell'atto del concorso, e per farla cantare da detti petenti immediatamente aperta in quel giorno, e ora, che si doverà fare il sperimento, con avertenza, che in tanto si cantarà da uno, gl'altri due debbano esser in sito remoto e così dall'uno, all'altro, perché cadauno debba cantar detta composizione senza che habbi minima notizia, giusto gl'ordini della medema Veneranda Fabrica per poscia riportare gli attestati de maestri di cappella periti al venerando capitolo. E perché se ne deverano fare due copie necessarie per tal esperimento, prima di questo si doverà tal composizione apprire alla presenza del signor marchese rettore, e di qualche altro de signori della congregazione, e parimenti alla loro presenza si doverano far dette due copie dal musico Brotti, quali terminate, il tutto si doverà di novo sigillare con li sigilli della Veneranda Fabrica, e di quelli signori che intervenirano in detta occasione delle copie da farsi, che è quanto.
Casati rettore.

Documento 2

Giudizio dei periti sui tre aspiranti bassi.
AVFD, *Archivio Storico*, cart. 421, capo XXVII, par. V, fasc. 19, doc. n. 1.

A 28 febraro 1733 in Milano
Attestato.
Noi sottoscritti maestri di cappella, avendo sentito li trè concorrenti bassi in pubblico concorso, giudichiamo come siegue. Primo. Il Luragho hà fatto diversi errori nel proferir le parole; e nell'intonazione di quasi tutto il motetto, come anche non hà inteso il tempo. Nel Sanctus si è portato ottimamente con voce ben dillattata, e ben intonata. Secondo. Il Caldarola s'è portato egreggiamente nel motetto, ed hà cantato formalmente di basso, avendo inteso il tempo con gusto moderno, con buoni trilli, appoggiature e voce tonda ed eguale, tanto nelli accuti, quanto nelle profonde. Nel Sanctus s'è portato ottimamente. Terzo. Il Landriani hà cantato con voce dillatata, più nelli acuti, che nelle corde proffonde, con qualche picciolo sbaglio nell'intonazione. In un posto poi arbitrario lo hà mutato eggregiamente, come pure qualche cadenza. Nel Sanctus s'è portato ottimamente. Ed in fede di ciò che resta espresso in retta conscienza, si sottoscriviamo.

---

*. Nella trascrizione dei testi sono stati tacitamente operati i seguenti interventi: adeguamento all'uso moderno delle maiuscole; scioglimento delle abbreviazioni; normalizzazione dell'apostrofo; eliminazione del latinismo grafico *et* (reso con *ed* davanti alle parole che iniziano per *e*, con *e* in tutti gli altri casi); eliminazione di *h* dalle forme del verbo avere; eliminazione di *h* nel digramma etimologico *ch* (*cfr. choro*); introduzione del carattere corsivo in luogo della sottolineatura.

Io Carlo Baliano maestro di cappella della chiesa metropolitana.
Io Giovanni Battista. S.ᵗ Martino maestro di capella dell'imperiale basilica di S.ᵗ Ambroggio Maggiore.
Io Giuseppe Paladino maestro di capella dell'insigne basilica di S. Simpliciano.

Documento 3

Verbale della riunione dei deputati con le disposizioni per lo svolgimento dei concorsi.
AVFD, *Archivio Storico*, cart. 431, Capo XXVIII, fasc. 3, doc. n. 27 (12 dicembre 1740)[125].

[…] E fattosi chiamare il maestro di cappella i medesimi signori, quello sentito, le hanno ordinato secondo il solito, che componga una fuga da cavarsi con li periti da elleggersi come sopra, la fuga doverà sonarsi da detti concorenti ad uno, ad uno, che doverano star in disparte, perché tutti puossino suonarla coll'organo, senza che uno puossi esser inteso dall'altro. Ed inoltre le hanno ordinato di comporre un moteto per cantarsi da' quatro musici della cappella, e da suonarsi da' detti tutti concorenti per l'accompagnamento, frà quali quatro musici vi doverà essere il detto musico basso Landriani, che servirà per appurare la condizione nella sua ellezione di sopranumerario per sentire, se resta deteriorata la sua voce, e che si esponghino le cedole. Interea in secondo luogo circa la piazza di basso […], essendovi da provedere di salario il detto Landriani promosso à piazza fissa consultino li medemi signori puotersi, quando non sia deteriorata la sua voce assegnare di salario al mese al detto Landriani la somma de lire trentasei, che dedotte da dette L. 119.10 restarebbero L. 83.10 al mese da disponersi. E fatto discorso intorno al concorso di detta piazza vaccante di basso, alla quale concorrono il reverendo Palmerino di Mantova, il reverendo Giovanni Maria Barni di Vercelli, e Giuseppe Santino de Filippi di Novara già admessi dal venerando capitolo, hanno li medemi signori per tal concorso indicato il giorno di martedì 20 del corrente in Duomo circa le ore 18 con quei periti pure da elleggersi dal prefato signor conte rettore […], avendo incaricato al detto maestro di cappella, perché componga un motteto sopra le parole da darsele da monsignor provinciale ecclesiastico, come resta pregato, e si servi il solito in comporre detto motteto alla presenza del signor conte rettore, e d'altro […] deputato da lui da elleggersi, quale fatto, e terminate le copie tutte venghino sigillate, e d'uno all'altro nell'esperimento venghi cantata senza sospetto d'esser veduto prima di cantarlo. E che in occasione di questo concorso debba il maestro di cappella far cantare con accompagnamento un tenore, che debba essere Giovanni Croce, che addimanda d'esser admesso per sopranumerario come sopra, quale doverà cantare anche il suo moteto, con cappella, e servirà per esperimento anche di questo mediante il giudizio de periti sodetti. E che premesso quanto sopra, e seguiti li detti concorsi, e come sopra si debba con i giudizii de periti portar il tutto al venerando capitolo anche per le opportune ellezioni da farsi, come stimerà convenire, se così piacerà al venerando capitolo, che è quanto.
Cum aditis, et deletis. Rosati rettore.

Documento 4

Bando di concorso per la selezione del secondo organista (12 dicembre 1740).
AVFD, *Archivio Storico*, cart. 404*bis*, capo XXVII, par. II B, fasc. 34, doc. n. 7 (erroneamente indicato come n. 2)[126].

Avendo il venerando capitolo dell'ammiranda Fabbrica del Duomo di Milano determinato di provedere di un organista al secondo[127] organo per servigio della cappella di essa chiesa. Per tanto[128] d'ordine de' signori

---

[125]. In alto a sinistra si legge: «Congregazione della chiesa per li concorsi alla carica del secondo organo e d'una piazza d'un basso».
[126]. Bando a stampa con correzioni manoscritte.
[127]. «Secondo» cancellato da un tratto di penna e corretto in «primo».
[128]. «Tanto» cancellato da un tratto di penna e corretto in «ciò».

rettore, e deputati del venerando capitolo s'avvisa qualunque persona perita, e virtuosa nel suonare gli organi, la quale intenda, e desideri servire in detta cappella del Duomo di Milano, che il giorno di sabbato, che sarà alli 17[129] del corrente mese[130] circa le ore 16[131] si farà l'esperimento de' concorrenti, che già sono stati admessi al concorso sopra uno degli organi di detta chiesa alla presenza de' detti signori rettore, e deputati; e però dentro questo tempo dovrà chi desiderasse far tal concorso porgere il suo memoriale nelle mani del sig. rettore di detta Veneranda Fabbrica per esser admesso, poiché conforme il merito, ed intelligenza de' pretendenti si verrà all'elezione d'uno de' sodetti concorrenti in organista al detto secondo[132] organo se così piacerà al detto venerando capitolo, e con quel salario, che più si stimerà conveniente[133].
Milano dal campo santo di detta Veneranda Fabbrica questo giorno 12 decembre 1740[134].

Documento 5

Memoriale di Michel'Angelo Caselli: domanda di partecipazione al concorso
per il posto di secondo organista (16 dicembre 1740).
AVFD, *Archivio Storico*, cart. 404 *bis*, capo XXVII, par. II B, fasc. 33, doc. n. 1.

Illustrissimi e reverendissimi signori
sendo per la morte del fù signor Gian Maria Marchi vacato un luogo di organista in questa chiesa metropolitana di Milano, ed essendo consuetudine, che chi aspira a dett'incombenza debba fare lo suo sperimento pubblico per concorso generale nel giorno dà quest'illustrissimo e reverendissimo capitolo à tall'effetto destinato per d'indi passarne all'elezione, né puotendo l'umilissimo servitore delle signorie loro illustrissime e reverendissime Michel Angelo Caselli maestro di capella essere ammesso al succitato concorso, senza la gentilissima approvazione delle signorie loro illustrissime e reverendissime, pertanto alla sempre gratiosa buontà delle medesime riccorre humilmente pregandole vogliono degnarsi ordinare, che detto suplicante sia per tale concorso accettato per d'indi sperare poss'essere eletto, ogni volta che sarà dalle signorie loro illustrissime e reverendissime approvato, ed aggradito per il fine sudetto, che della gratia etc.

Documento 6

Memoriale di Melchiorre Chiesa: domanda di partecipazione al concorso
per il posto di secondo organista (16 dicembre 1740).
AVFD, *Archivio Storico*, cart. 404 *bis*, capo XXVII, par. II B, fasc. 33, doc. n. 2.

Illustrissimi e reverendissimi signori
essendo vacante la piazza d'organista di questa insigne metropolitana per la morte del fù signor Giovanni Marchi, perciò Melchiorre Chiesa umilissimo servitore delle signorie loro siccome ebbe l'onore di servire più volte ne' pontifficali in luogo del sudetto defunto, desiderando d'esser admesso in tal carica alla begnignità delle medeme ricorre umilmente supplicandole degnarsi admetterlo al concorso per tal carica, che della grazia spera.

---

[129]. «17» cancellato da un tratto di penna e corretto in «sei».

[130]. «Corrente mese» cancellato da un tratto di penna e corretto in «del prossimo futuro mese di marzo».

[131]. «16» cancellato da un tratto di penna e corretto in «17».

[132]. «Secondo» cancellato da un tratto di penna e corretto in «primo».

[133]. «Quel salario, che più si stimerà convenire» cancellato da un tratto di penna e corretto in «il solito salario».

[134]. «12 Decembre 1740» cancellato da un tratto di penna e corretto in «19 feb.°».

Sammartini in commissione d'esame presso il Duomo di Milano (1733 - 1773)

Documento 7

Memoriale di Giovanni Cantù: domanda di partecipazione al concorso
per il posto di secondo organista (16 dicembre 1740).
AVFD, *Archivio Storico*, cart. 404 *bis*, capo XXVII, par. II B, fasc. 33, doc. n. 3.

Per la piazza vacante d'organista in codesta metropolitana chiesa attesa la morte del fù signor Giovanni Maria Marchi, non puotendo il signor Giovanni Corbella altro d'organisti del medemo metropolitano tempio assistere da se solo ad ambidue li organi ed essendogli stato ordinato dall'illustrissimo signor rettore capitolare di quest'ammiranda Fabrica, di che dovesse da un sogetto capace farsi agiuttare, sin à tanto che venghi la sodetta piazza dal venerando capitolo proveduta; si compiacque il sodetto signor Corbella scieglere al predetto effetto Giovanni Cantù servitore umilissimo delle signorie loro illustrissime e reverendissime, quale tutt'ora si fà gloria di render prontamente servitta la medema metropolitana chiesa in tutte quelle fonzioni gli vengono dal sodetto signor Corbella ordinate. Pressente ora il suplicante, che per provedersi alla mentionata piazza si debba da questo venerando capitolo sentire un concorso, per poi in seguito farsi l'ellezione in chi dal medemo si stimerà più proprio. Onde bramoso d'impiegare tutto se stesso nel sodetto pio servizio desiderarebbe essere dalle signorie loro illustrissime, e reverendissime admesso al sodetto concorso. Per tanto si fà cuore riccorrere alla sovragrande benignità delle medeme signorie loro illustrissime, e reverendissime, quelle umilmente suplicando si degnino esaudire il suplicante con admetterlo al sodetto concorso à tenore come sopra, il che etc.

Documento 8

Convocazione per la selezione del secondo organista e di un basso (17 dicembre 1740).
AVFD, *Archivio Storico*, cart. 404 *bis*, capo XXVII, par. II B, fasc. 33, doc. n. 4 [locandina a stampa].

Piacerà à V. S. il giorno di venerdì prossimo 23 del corrente mese alle ore 21 ritrovarsi in capitolo della Veneranda Fabbrica del Duomo di Milano per trattar, e stabilire molte cose pertinenti a detta Veneranda Fabbrica, e specialmente per proporsi la consulta della congregazione della chiesa ordinata dal venerando capitolo sopra la morte dell'organista de Marchi, e delli due bassi, e li respetivi concorsi de' pretendenti tanto la carica d'organista vacante del secondo organo, quanto una piazza di musico basso col giudizio de' rispettivi periti; siccome sopra l'esperimento di Giovanni Croce, che addimanda d'esser admesso in musico tenore sopranumerario della cappella, e sopra tutto anche per farsi le opportune elezioni nella forma, e modi, che al venerando capitolo piacerà, e stimerà convenire.
    Li concorrenti alla carica d'organista sono
Giovanni Cantù.
Michel'Angelo Caselli.
    Li concorrenti alla piazza di basso sono
Severo Giussani Milanese.
Il reverendo Palmerino di Mantova[135].
Il reverendo Giuseppe Guelfi di Bergomo.
Il reverendo Giovanni Maria Barni milanese, ma abitante in Vercelli.
Giuseppe Santino de Filippi milanese, ma abitante in Novara.

Dat. in campo santo il 17 decembre 1740.
Il rettore.

---

[135]. Cancellato con un tratto di penna.

Documento 9

Relazione sul concorso per la selezione del secondo organista (17 dicembre 1740).
AVFD, *Archivio Storico*, cart. 404 *bis*, capo XXVII, par. II B, fasc. 33, doc. n. 5.

Illustrissimi e reverendissimi signori
dovendosi esporre sopra l'esperimento pubblico circa l'esito seguito nella persona di Giovanni Cantù intorno alla fuga datagli ex improviso; lo hà proposta, e risposta a rigore di tono, essendosi sentite distintamente l'attacco delle quattro parti, come anche s'è difuso, e dilatato sino alla fine, avendolo molto bene condotto e fattolo sentire per quelle corde che sono proprie. Circa poi al motetto a quattro, lo hà accompagnato con ogni franchezza, avendo dato à conoscere la sua fondata perizia. Ed in fede
Io. F. Narciso di Milano minor osservante

Io sottoscritto affermo tutte le raggioni antecedenti e dico di più, che vi ho sentito molto possesso nel maneggio dell'organo, ed in fede
Francesco Cavalier Messi

Io sottoscritto affermo tutte le raggioni come sopra, e di più dico essermi piaciuto molto il modo di suonare l'organo, per essere un suonar maestoso e da chiesa. E per fede
Giovanni Battista S.t Martino

Io sottoscritto maestro di capella del Duomo convengo come sopra à quanto resta esposto, ed in fede
Carlo Baliano

Dovendosi poi discorrere del 2° concorrente Michel'Angiolo Caselli circa la fuga proposta ex improviso questa è stata molto bene attaccata per tutte le parti con stile assai chiaro, e molto bene condotta. Ed in fede
Io F. Narciso di Milano minore osservante.

Affermo il di sopra, e dico che nella condotta delle parti si è portato particolarmente, e virtuosamente, e per fede
Francesco Cavalier Messi

Io dico, che nella fuga proposta ex improviso si è portato assai bene, e per fede
io Giovanni Battista S.t Martino

Io sottoscritto maestro di capella del Duomo convengo parimente come resta esposto giustamente anche del secondo nominato Michel'Angelo Caselli. Ed in fede etc.
Carlo Baliano etc.

Documento 10

Giudizio dei periti su due aspiranti bassi e un aspirante tenore (20 dicembre 1740).
AVFD, *Archivio Storico*, cart. 421, capo XXVII, par. V, fasc. 21, doc. n. 1.

1740 20 dicembre
Sperimento sotto questo giorno fatto come segue coll'intervento di noi infrascritti, come periti così chiamati dall'illustrissimo conte signor don Giuseppe Varese di Rosate rettore della Veneranda Fabrica del Duomo di Milano in Duomo alla presenza della maggior parte de signori del venerando capitolo.

Giovanni Croce tenore
- questo si è portato ottimamente, e di finissimo gusto, e per fede
- io non ci ho niente da opporre
- questo è un musico peritissimo, e d'una grande aspettativa con il tempo.

Severo Giussani basso
- questo, è buono
- affermo, e si può sperare migliore col tempo
- il tempo lo renderà perfetto

reverendo Giuseppe Guelfi basso
- questo, è assai buono
- affermo, che sii buono
- lo stesso affermo

reverendo Giovanni Maria Barni basso
- questo, è bonissimo
- è vero bonissimo
- è stimabile il suo spirito vivace

Giuseppe Santino de Filippi basso
- questo si è portato ottimamente sopra tutti
- non ci è da opporre
- ottimo, e massimo s'è reso distintissimo

Io Giovanni Battista S.t Martino giudico come sopra
Io Francesco Cavalier Messi giudico con verità
Io Carlo Baliani maestro di capella affermo con mio giuramento.

Documento 11

Esiti delle votazioni per la selezione del secondo organista e di un basso (23 dicembre 1740).
AVFD, *Archivio Storico*, cart. 404 *bis*, capo XXVII, par. II B, fasc. 33, doc. n. 6.

1740 23 dicembre per organista al secondo organo
Giovanni Cantù	bone n. 8	cattive n. 9
Michel Angelo Caselli	bone n. 12	cattive n. 5

resta questo elletto

per li bassi
il primo Severo Giussani	bone n. 1	cattive n. 16
2.° reverendo Giuseppe Guelfi	bone n. 1	cattive n. 16
3.° reverendo Giovanni Maria Barni	bone n. 3	cattive n. 14
4.° Giuseppe Santino de Filippi	bone n. 16	cattive n. 1

elletto

Marina Toffetti

Documento 12

Giudizio dei periti su due aspiranti contralti (22 giugno 1741).
AVFD, *Archivio Storico*, cart. 414, capo XXVII, par. IV G, fasc. 244, doc. n. 2.

a di 22 giugno 1741
Dall'esperimento, che si è sentito publicamente, dico, che il Grassino si è portato con ogni franchezza, e con voce agile, e chiara tanto nel motetto da lui portato, quanto nel motetto a due del concorso; come anche egualmente nel Sanctus.
Io Giovanni Battista S. Martino

Non ho niente da opporre per le qualità del sogetto, e lo stimo capace per la capella.
Francesco Cavalier Messi

Io sottoscritto maestro di capella del Duomo convengo egualmente à quanto resta di sopra specificato.
Carlo Baliano.

a di 22 giugno 1741
Il secondo[136] concorrente, cioè il Giussani lo trovo di egual merito del primo, e per fede
Io Giovanni Battista S. Martino

Il sudetto Giussani si è portato bene, e giudico che possi servire molto bene la capella di codesta metropolitana e stimerei bene che fossero ammessi tutti due, con che però debbano asistere.
Francesco Cavalier Messi

Io sottoscritto maestro di capella del Duomo convengo egualmente à quanto sopra resta esposto.
Carlo Baliano.

Documento 13

Relazione sopra le prove del concorso sostenute da Pietro Paolo Valle (21 e 23 aprile 1743).
AVFD, *Archivio Storico*, cart. 405, capo XXVII, par. III B, fasc. 25, doc. n. 2.

1743 21 aprile
[…] essendosi li prefati signori delegati uniti sotto questo giorno per dar passo al medemo sperimento privato nella forma che fù praticata nell'anno 1714 col maestro di cappella Balliani, coll'intervento delli quatro maestri di cappella à tal effetto nominati per assistere come periti, che sono il signor Francesco Messa, signor Giovanni Battista S. Martino, il signor Michel Angelo Caselli, ed il signor Giovanni Corbelli; fattasi perciò cavare a sorte la nota dal Martinetto della chiesa di Nostra Signora Annunziata dal libro del coro del Duomo portato dal reverendo signor maestro di coro Manzone, che fù aperto dal detto Martinetto e che fù detta nota pontata da detto Martinetto, fù dunque composta l'antifona delle parole, e sopra queste furono conciliate le voci ad otto, ed il tuono, onde li prefati signori quatro delegati doppo d'aver firmato li foglii, ne' quali deve detto Valle far la composizione musicale sopra dette parole, per dett'antifona ad otto voci, e tuono come sopra, licenziati detti quatro maestri di cappella, fecero entrare detto Valle petente, a cui fù consegnato il foglio con dette parole,

---

[136]. Segue: «Giussani» (cancellato da un tratto di penna).

con quali si deve fare l'antifona sodetta, ed alla presenza de prefati signori delegati e del cancelliere, si pose esso Valli à dar principio alla detta composizione. E terminata la medema circa le ore 23 del sodetto giorno, fù firmata dal detto Valli nel primo foglio in frontispicio, e fù in tutti li fogli, che sono n° 6, già contrasti dalla maggior parte de signori delegati, sigillata col sigillo di monsignor Fagnani, del signor conte don Giovanni Battista Visconti, del signor marchese don Febo d'Adda rettore precentaneo, pregato dal signor marchese Busca, che per essere ora molto tarda andò a casa, come parimenti dal signor conte don Carlo Marliani, qual pure andò a casa, e col sigillo della Veneranda Fabbrica; onde immediate poi piegata in un foglio, e munita con li sodetti sigilli e con la memoria continente detto sperimento fù riposta in una cassetta sotto due chiavi diverse, una della quali fù consegnata al prefato monsignor primicerio Fagnani, e l'altra al prefato signor marchese rettore, e detta cassetta fù ripposta nel capitoletto, e fù licenziato detto Valli con l'inteligenza di continuare dimani tal esperimento con la compositione del salmo dà estrahersi à sorte coll'intervento de' sodetti quattro maestri di cappella dal detto libro del coro, presente anche il sodetto reverendo signor maestro di coro Manzone, che è quanto.

1743 23 aprile
A tenore dell'intelligenza per la continuazione del medemo sperimento Si sono incontrati di nuovo sotto questo giorno li prefati signori monsignor primicerio Fagnani, il signor marchese rettore, per il signor marchese don Ludovico Busca, il signor conte don Giovanni Battista Visconti, ed il signor conte don Carlo Marliani delegati e coll'intervento de retrodetti quattro maestri di cappella e signor maestro di coro, sendo stato à sorte cavato il salmo, per fare la seconda composizione; perciò fatto trà maestri di cappella sodetti il loro riflesso, hanno frà essi concordato doversi per tal salmo fare dal petente la composizione di quatro versetti, e come dalla nota, per mercede, alla quale etc. onde fattosi addimandare detto Valli petente in capitolo doppo licenziati li sodetti maestri di cappella, e reverendo maestro di coro, lo stesso petente si mise all'opera per detta nuova composizione. E composti detti quatro versetti in musica per sperimento del detto salmo, fù anche tal composizione firmata in frontispicio dal detto petente; e da prefati signori delegati di foglio in foglio suggellata, col sigillo anche della Veneranda Fabbrica, e così posta tal composizione in foglio restò anche questo suggellato con sigilli come sopra, e con la memoria d'esser l'esperimento prima fatto sotto questo stesso giorno dal detto petente sul salmo, in tutto, e per tutto alla forma dell'ordinato, avendo li prefati signori prescelto il luogo del capitoletto, perché in capitolo a causa del gran fumo caggionato dal vento non si è potuto continuare à fermarsi sin'alfine, sendo poi anche questa reverenda composizione posta nell'antedetta cassetta, con consegnare una chiave al prefato nonsignor primicerio, e l'altra al prefato signor marchese rettore, che è quanto.

Documento 14

Risposta di Agostino Quaglia alla proposta data dai giudici nel concorso
per il posto di primo organista (6 marzo 1773).
AVFD, *Archivio Storico*, cart. 404*bis*, capo XXVII, par. II B, fasc. 34, doc. n. 2.

Fuga risposta con quatro parti da me Agostino Quaglia nel concorso publico tenuto il giorno 6 marzo 1773

proposta data da signori giudici [Es. 1]

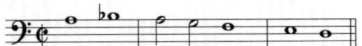

risposta data da me soprascritto [Es. 2]

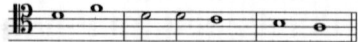

Documento 15

Giudizio di Melchiorre Chiesa sopra il concorso per il posto di primo organista (6 marzo 1773).
AVFD, *Archivio Storico*, cart. 404*bis*, capo XXVII, par. II B, fasc. 34, doc. n. 3.

a 6 marzo 1773
In esecuzione dei comandi di questo illustrissimo ed reverendissimo capitolo mi sono portato quest'oggi in Duomo per sentire i tre concorenti aspiranti alla carica di primo organista e però il mio sentimento siè che il primo concorente, ed il terzo anno colpito la fuga più meglio del secondo concorente, riservando che il terzo a più manegio d'organo, e sona più pieno adatato all'organo, ed è più sodo nel accompagniamento, e per fede.
Melchiorre Chiesa

Documento 16

Giudizio di Giovanni Lorenzo Fascetti sopra il concorso per il posto di primo organista (6 marzo 1773).
AVFD, *Archivio Storico*, cart. 404*bis*, capo XXVII, par. II B, fasc. 34, doc. n. 4.

A di 6 marzo 1773
In esecuzione dei comandi di questo illustrissimo e reverendissimo capitolo mi sono portato quest'oggi in Duomo per sentire li tre concorenti alla carica di primo organista, e però il mio sentimento è che rigorosamente parlando abbiano nella fuga del primo tono data[137] fallato tutti trè; ma il meno che abbia sbagliato e che abbia dato cognizione di maggior possesso dell'organo è stato a mio giudizio il terzo de concorrenti, e per fede
Giovanni Lorenzo Fascetti

Documento 17

Lettere inviate da Gaetano Piazza a Giovanni Battista Martini, Francesco Antonio Vallotti
e Giuseppe Carcani sulla soluzione della fuga data al concorso
per il posto di primo organista (6 marzo 1773), e relative risposte.
AVFD, *Archivio Storico*, cart. 404*bis*, capo XXVII, par. II B, fasc. 34, doc. n. 6

Soggetto proposto nel concorso al primo organo della metropolitana di Milano il giorno 6 marzo 1773 [Es. 3]

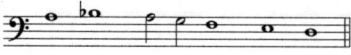

---

[137]. Segue: «ci abbiano» cancellato da un tratto di penna.

risposta che il signor Pietro Valle altro de' giudici deputati per tale concorso sostiene doversi dare al proposto soggetto [Es. 4]

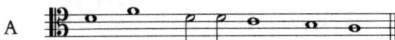

risposta datasi da Gaetano Piazza uno de' concorrenti [Es. 5]

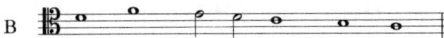

- Originale di lettera scritta da Gaetano Piazza al padre maestro Giovanni Battista Martini di Bologna

Molto illustre e molto reverendo padre padron colendissimo.
Sono talmente nel mondo encomiati dalla fama i pregi della reverenza vostra, specialmente rapporto all'arte della musica, ch'io non saprei a chi meglio ricorrere, che alla medema vostra reverenza per la decisione di una controversia musicale. In altre ocasioni hò esperimentata la di lei bontà, la quale mi fa sperare non sdegnerà favorirmi nella presentanea congiuntura d'un adeguato riscontro. È stato proposto da rispondervi coll'organo il seguente soggetto [cfr. Es. 3]

altri hà risposto nel modo seguente
A [cfr. Es. 4]

altri nella seguente maniera
B [cfr. Es. 5]

Sendo però insorta quistione su di queste due risposte, imploro l'oracolo di vostra reverenza per sapere se sia giusta la risposta A ò pure la risposta B, e quall'ora entrambe possano correre senza errore, si desidera sapere quale di queste due sia la migliore, e più adequata. Se il riscontro ch'io spero da vostra reverenza sarà posto in calce della presente, mi farà una doppia finezza, della quale sarò eternamente ricordevole, come sarò sempre desideroso di qualche suo comando, e di rimostrarmi.
Di vostra paternità molto reverenda
Milano 17 marzo 1773
sottoscritto divotissimo, ed obbligatissimo servitore
Gaitano Piazza
in fine padre maestro Giovanni Battista Martini Bologna

- Copia della risposta del padre maestro Martini[138]

Molto illustre signor signor padron colendissimo[139]
in risposta alla gentilissima di vossignoria molto illustre devo dirle, che avendo esaminate le due risposte l'una

---

[138]. La minuta della lettera di risposta inviata da Padre Martini a Gaetano Piazza il 28 marzo 1773 è conservata presso il Civico Museo Bibliografico Musicale di Bologna (segnatura I. 28. 20; cfr. SCHNOEBELEN, Anne. Op. cit. – vedi nota 8 -, p. 486, n. 4097). Se si eccettuano alcune lievi discrepanze nell'uso della punteggiatura e delle maiuscole, il testo della minuta corrisponde esattamente a quello della copia.

[139]. L'intestazione non figura nella minuta, in cui viene indicata sinteticamente soltanto l'abbreviatura «Ill.».

segnata *A* e l'altra *B* secondo il mio debole sentimento, giudico essere la più giusta la segnata *B* che la segnata *A* perché la *B* per se stessa è la più sonora[140] e grata all'orecchio, che non è la segnata *A* la quale riesce per sé sgradevole. In oltre il compositore, o l'organista, che deve condurre una fuga sopra il detto[141] soggetto, può più facilmente introdurvi un contrasoggetto con la risposta *B*, che con la risposta *A*. Ne vale il dire che la risposta *B* non sia rigorosamente del tuono, perché subito che l'antecedente con le sillabe dice *la fa la sol fa mi re*, e il conseguente risponde anch'esso *sol fa la sol fa mi re*, viene in questo modo ad unire per quanto si può le due qualità che richiedono la fuga reale, e la fuga del tuono; soggiungo in fine, che i primi maestri dell'arte hanno più practicata la fuga reale, che quella del tuono, come si può vedere nel Zarlino, Palestrina, Morales, e tanti altri; ch'é quanto mi permette significarle la mia debole capacità, e con ogni venerazione mi dico[142]
di vossignoria molto illustre
Bologna li 28 marzo 1773.
Sottoscritto umilissimo e divotissimo osequiosissimo servitore
F. Giovanni Battista Martini
a tergo al molto illustre signor signor padron colendissimo
Il signor Gaetano Piazza maestro di capella Milano

– Lettera del Piazza al padre maestro Vallotti

Molto illustre e molto reverendo padre padron colendissimo
verte una quistione musicale costì, e comecché è noto quale sia il sapere della riverenza vostra nell'arte musicale, stimo alla medema ricorrere per la decisione d'un dubbio, ch'è il seguente. Si propone da suonare coll'organo il seguente soggetto [*cfr.* Es. 3]

Da un suonatore si risponde come segue
A [*cfr.* Es. 4]

Dall'altro nel modo infrascritto
B [*cfr.* Es. 5]

Il dubbio si è, quale sia la risposta giusta delle sudette, sè la risposta *A*, o la risposta *B*, e qual'ora entrambe potessero reggere, quale sia la migliore, e più adeguata. In casi simili non si può addirizzarsi con effetto che ad uomini valenti, e siccome vostra reverenza è tale, spero mi favorirà di riscontro in calce della presente, insieme a suoi veneratissimi comandi, pregiandomi d'essere
della paternità vostra molto reverenda
Milano 17 marzo 1773
in fine padre maestro Vallotti Padova

– Risposta del padre maestro Vallotti

Molto illustre signor signor padron colendissimo
quantunque io sia alieno dal prender parte in qualunque controversia affine di non recar dispiacere al alcuno,

---

[140]. «Più sonora» in luogo di «la più sonora» nella minuta.
[141]. «Dato» in luogo di «detto» nella minuta.
[142]. La minuta si conclude con la data omettendo le formule conclusive.

nondimeno dovendo conformarmi al foglio suo gentilissimo le dirò il mio debol parere intorno la quistione sopra il soggetto, che trascrivo

proposta [*cfr.* Es. 3]

risposta *A* [*cfr.* Es. 4]

risposta *B* [*cfr.* Es. 5]

Dico pertanto che la risposta *A* non è adeguata, e non regge in conto alcuno. Bensì la risposta *B* è la genuina, e la sola che adeguatamente risponde al proposto soggetto, ed eccone la ragione in termini prattici: alla quinta discendente

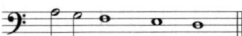

della proposta deve certamente corrispondere altra quinta discendente che si contenga nei termini del tuono. Ora la sola che v'ha luogo è quella di

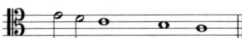

Dunque la risposta *B* è la sola genuina, e adeguata.
La decisione validamente confermata ne viene dal solfeggio, perché se la proposta dice *la fa la sol fa mi re* viene tosto dal solfeggio istesso suggerita la risposta con *re fa la sol fa mi re*. Potrebbe anche convalidarsi la risposta *A* mediante la regolazione del soggetto nel modo che segue:
soggetto[143]

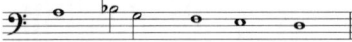

risposta *A*

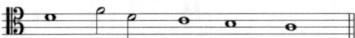

Ecco quanto mi occorre di rassegnarle in risposta al quesito. Che se poi bramasse tal'uno anche la teoria di questa decisione, eccola in pronto. Certa cosa è che li due tuoni musicali dico il maggiore ed il minore sono appoggiati alle rispettive loro ottave, e queste divise in due tetracordi disgiunti, e due pentacordi intrecciati. Tuono minore assunto in D *la sol re*

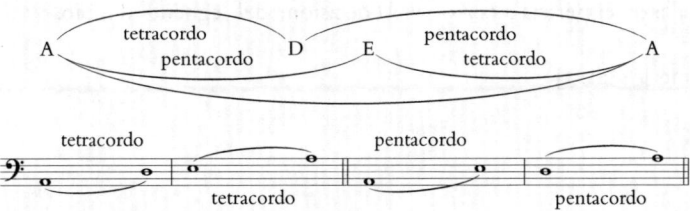

---

[143]. Si*b*, erroneamente indicato come semibreve in luogo di minima.

Ora li due pentacordi intrecciati agevolmente si cambiano in due congiunti senza alterazione alcuna fuorché dal grave all'acuto, come qui appresso:

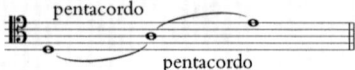

Ecco dunque che al dato pentacordo discendente AD, nella proposta deve per necessità corrispondere nella risposta l'altro discendente pentacordo EA. Avuerto però, che il tuono minore naturale è fondato nella corda e ottava di A *la mi re* di cui è un trasporto senza dubbio quello che è fissato alla corda, e ottava di D *la sol re*, e però vi si suppone un b molle alla chiave; quindi ne segue che la pianta del tuono minore naturale è la seguente, che infatti a meraviglia corrisponde al tuono maggiore, che n'é il primittivo esemplare.
Pianta del tuono minore

5 } 30 : 40 :: 45 : 60 :
    E A B♮ E

pianta del tuono maggiore

6 : 8 :: 9 : 12 :
C F G C

Si conchiude per tanto che dalli rispettivi tetracordi, e pentacordi, o disgiunti o congiunti o intrecciati, derivono le genuine risposte di qualunque soggetto, e non reggono in conto alcuno, quelle che a questa norma non si trovano adattate.
Ora colla lusinga d'averla pienamente servita a tenore della mia debolezza mi rimane soltanto il piacere e il vantaggio di prottestarmi
di vossignoria molto illustre
Padova 26 marzo 1773
sottoscritto divotissimo obbligatissimo servitore
F. Francesco Antonio Valloti minore conventuale.
A tergo al molto illustre signor signor padron colendissimo il signor Gaetano Piazza maestro di capella Milano

- Altra lettera del Piazza al signor maestro Carcani

Molto illustre signor signor padron colendissimo
nell'incomodo ch'io sono per recar ad vossignoria molto illustre intendo farle comprendere quale sia la stima ch'io faccio di sua virtù, giacché alla di lei perizia ricorro per la decisione del seguente dubbio.

Soggetto da rispondervi coll'organo [*cfr.* Es. 3]

risposta *A* [*cfr.* Es. 4]

risposta *B* [*cfr.* Es. 5]

Si desidera sapere se la risposta giusta del sovrascritto soggetto sia quella sotto la lettera *A* opure quella sotto la lettera *B* e qual'ora entrambe potessero ammettersi senza errore, quale delle sudette due risposte sia la migliore. Condoni di grazia; ma rifletta ch'io la stimo uno de' migliori lumi della musica, e perciò a lei ricorro

per ischiarimento di questo punto in controversia, e la prego di riscontro a piedi della presente, come la prego di comandarmi, e credere che sono con tutta la stima.
Di vossignoria molto illustre
Milano 17 marzo 1773
in fine signor maestro Carcani Piacenza

- Risposta del signor maestro Carcani

Molto illustre signor signor padron colendissimo
l'onore che vvossignoria molto illustre degnasi compartirmi nel di lei gentilissimo foglio corrisponde adequatamente alla di lei gentilezza, se non al mio da lei supposto merito, perché ha la bontà di considerarmi quello che non credo di essere, pure volendo ella il mio debol parere sopra la risposta del soggetto [*cfr.* Es. 3] le dirò che secondo ho imparato, e veduto in tutti gli autori, che hanno dato li precetti del vero contrapunto, sì in teorica, che in pratica, e fra gli altri il Fux che nella pratica stessa si è sopra tutti distinto perché l'ha trattata con più estensione di tutti, egli insegna che al soggetto che cresce un semituono, ed un tuono dalla quinta, la risposta di esso crescer deve una terza minore, se la cresciuta del propposto soggetto è di un semituono, se poi è di un tuono esser deve la risposta genuina col salto di terza maggiore, e perciò la terza nota della risposta *A* segnata ★ non deve essere D; ma bensì E se corrisponder deve alla nota A del proponente come si vede nella di lei segnatami risposta *B*.

Soggetto [*cfr.* Es. 3]

risposta *B*

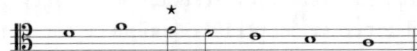

Io l'intendo così, perché mi rapporto agli autori sì teorici che pratici, se poi v'è chi l'intenda diversamente, o non gli hà letti, ò sopra di essi non è stato istruito, o per fine se gli ha letti si vede che nonostante vuol scrivere a suo capriccio, e se è così non vagliono ragioni perché allora *stat pro ratione voluntas*, e in questo caso altro non può dirsi se non *curavimus Babilonem et non est sanata, derelinquamus eam*. Bramerei bensì sapere se chi sostiene diversamente sia di presente professor compositore, oppure scuolaro, ovuero dilettante, e da chi sia, o sia stato istruito, mentre se fosse professore sarebbe opera di carità l'illuminarlo, acciò concorrendo a qualche posto non ne restasse per imperizia escluso, e si facesse corbellare, se poi dilettante, e persistesse, si potrebbe lasciarlo nel suo errore mentre poco vi perderebbe. Io a nulla vaglio, pure conoscendomi ella in qualche modo atto a servirla deve espressamente comandarmi con piena libertà asicurandola che alle prove mi sperimenterà qual colla più vera stima me le prottesto.
Di vossignoria molto illustre.
Piacenza 25 marzo 1773

- Copia sincera del soggetto, e sue risposte da lei speditemi

Soggetto da rispondersi coll'organo [*cfr.* Es. 3]

risposta *A* [*cfr.* Es. 4]

risposta *B* [*cfr.* Es. 5]

e questa è la vera e reale risposta del primo soggetto.

Sottoscritto divotissimo ed obbligatissimo servitore
Giuseppe Carcani
A tergo al molto illustre signor signor padron colendissimo.
Il signor Gaetano Piazza maestro di capella degnissimo in Milano.
Oltre quanto sopra ha inpronto il Piazza vari esempi giustificanti la da lui data risposta, e questi del Pergolesi, del Cozzi, del Baliani, e dell'istesso Corbella, e nell'archivio della Veneranda Fabrica del Duomo esistono pure vari componimenti comprovanti la regolarità della sudetta risposta al tema esibitogli in occasione del succennato concorso.

Documento 18

Argomentazioni sul voto di Pietro Valle, commissario nel concorso per il posto di primo organista (1773).
AVFD, *Archivio Storico*, cart. 404*bis*, capo XXVII, par. II B, fasc. 34, doc. n. 5.

Ragioni sopra il voto del professore di musica Pietro Valle fatto sopra il concorso per il primo organista del Duomo tenuto nel giorno 6 marzo 1773.

In diversi modi si può rispondere a qualunque soggetto, cioè con risposta d'*imitazione*, con risposta *reale* con risposta d'*inganno*, e con risposta nella nota del *tono*; e chi sapesse un solo modo di rispondere alli soggetti proposti, e non sapesse discorrere che sù di quello, darebbe a divedere di non avere tutta la cognizione dell'arte musicale. Il proposto soggetto qui sotto notato è stato preso dalla antifona del primo tono, come si vede, e si è cavata parte dalle note della sudetta antifona per formare una facilissima fuga per il concorso del primo organista da conferirsi a chi avesse datto saggio di maggiore perizia nel rispondere rigorosamente al tono di detta fuga. Si riflette che subito che agli giudici del concorso fu incaricato, secondo la pratica, di proporre una fuga, alla quale dovessero rispondere li concorrenti. Dunque gli giudici dovevano giudicare sopra la risposta della detta fuga, la quale deve essere ristretta nel proprio tono, come insegna il *Fux pag. 145 Lect. 1. De Fugis*, dove così spiega la natura della vera fuga = *Fuga est quarundam notarum in parte praecendenti positarum ab secquente, repetitio habita modi, ac plerunque toni semitonijque ratione* = e non già sopra una risposta per imitazione, la quale non può dirsi vera fuga, non avendo essa alcun obbligo al tono, come insegna il medesimo Fux fol. 140. *Imitatio sit…nulla modi, toni, semitonijque habita ratione*.

Fuga data per detto concorso[144]

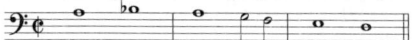

hanno risposto per imitazione, e non rigorosamente

Risposta A

la risposta rigorosa deve essere la seguente

Risposta B

---

[144]. Rispetto al soggetto riportato da Agostino Quaglia e da Gaetano Piazza (*cfr.* ess. nn. 1 e 3), quello riportato da Pietro Valle presenta un profilo ritmico diverso.

Or addunque se alla prima nota della proposta, cioè all'*Alamire* si risponde con la quarta nota, cioè col *Relasolre*, ripetendosi la stessa nota, cioè l'*Alamire* perché risponder coll'*Elami*, e non con il *Relasolre*? Un tale rilievo è fondato sopra i primi principi musicali insegnati da tutti li maestri dell'arte che in qualunque proposta discendendo di grado di cinque note, come si vede dall'A al D

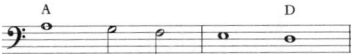

è di necessità, per non sortire *extra octavam*, che la risposta sia di quarta in giù; onde ne viene per conseguenza nella risposta segnata B la replica del D per fare una eguale desinenza, conchiudendo la risposta nella nota del tono.

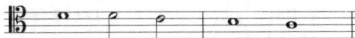

Nell'eguale maniera operar si deve la stessa regola anche ascendendo di grado, e ciò si dice per maggior prova della risposta, di cui si parla.

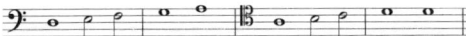

Questi precetti vengono insegnati da tutti li maestri, e fra gli altri dal Fux Exercit. v. Lect. I. *de Fugis in genere* pag. 143. *Modus* dice egli *est series intervallorum intra limites octavae contentorum, atque in vario, disparique situ semitoniorum collocatio*, e nella pagina 144 insegna la regola da tenersi: *Adeo ut si pars incipiens quinta saltum efficiat* (come nel caso presente, in cui la proposta comincia in alamire, e termina in *Relasolre*), *ne pars sequens modi, vel octava limitem excedat, quarta saltum efficiat*, come vedesi eseguito nella risposta segnata B. La pratica rigorosa adunque richiede, che ove posa la quinta del tono nel soggetto proposto, deve posare la nota del tono nella sua risposta, altrimenti sarà risposta d'imitazione e non risposta rigorosa, mentre si sortirebbe delle corde del tono e proposto il soggetto del primo, la sua risposta riescirebbe del terzo, come vedesi nella risposta A

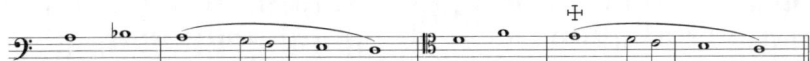

e conseguentemente si sortirebbe dalla formazione del tono.
Formazione del primo tono.

Formazione falsa la quale ritrovasi nella risposta suddetta.

Dal che si comprende non potersi in questo caso admettere quanto leggesi in una lettera de' 26 Marzo 1773, scritta al signor Piazza sopra questa risposta[145]

che la risposta è la genuina, e la sola che adeguatamente risponde al proposto soggetto, per la ragione che alla quinta discendente della proposta deve certamente corrispondere altra quinta discendente che si contenga ne' termini del tono; mentre essendo la proposta di quinta, così di quinta la risposta; dandosi alla medesima la risposta di quinta si sortirebbe

---

[145]. Qui Valle si riferisce con ogni evidenza alla lettera inviata da Gaetano Piazza a Padre Martini (*cfr.* Documento 17).

dal tono, e perciò sarebbe risposta d'imitazione, e non di fuga rigorosa come vedesi nel seguente esempio proposto dal Fux. pag. 144.

Avrebbe per tanto il dotto scrittore della suddetta lettera ancor egli considerato, che la risposta rigorosa del tono in questo caso era la più adeguata; come conducente a far distinguere la perizia ricercata nelli concorrenti, di conoscere, e rispondere rigorosamente alli toni. Ne giova per sostenere la risposta nel principio segnata A l'addurre così in genere gli ammaestramenti del Fux, il quale mai si è sognato di tacciare d'ignorante chi al proposto soggetto dà la risposta rigorosa del tono, piuttosto che d'imitazione arbitraria, anzi admette per legittima tanto la prima risposta, quando la seconda, come vedesi nella pag. 232. exercit. v. Lect. VII. de *variis Fugarum subjectis*, dove propone il seguente soggetto:

al quale soggetto dice di essere due le maniere di rispondere:

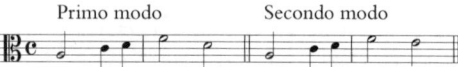

Tutti e due gli giudica legitimi, ma per diversa ragione: il primo perché va a cadere coll'ultima nota nella corda del tono; il secondo perché imita il solfeggio. *Uterque modus sub diversa tamen ratione legitimus est: primus quia in chorda modi ultima sua nota rectè incidit: secundus quia ultima nota sua solmisationis rationem habuit.* Dal che chiunque possede la vera perizia di sapere formare, e rispondere rigorosamente alle fughe, comprendere deve, che la seconda risposta si admette come più grata all'orecchio; e perciò come più facile, e sonora è anche abbracciata comunemente per le composizioni arbitrarie, nelle quali si ha più in vista il gusto per dilettare, che di dar prova della scienza rigorosa musicale de' compositori; ma non per questo deve escludersi la prima, la quale è pure legitima, e rigorosa, perché, come dice il Fux, *recte incidit* nella nota del tono, e perciò è la più attendibile per formare gli giudizi sopra li concorsi, ne' quali ricercasi non chi sappia distinguersi nel dare diletto agli orecchi degli ascoltatori, ma chi dia prova di maggiore cognizione, e perizia nel conoscere e rispondere rigorosamente alli toni, quindi per maggior prova, che più si conosce la perizia nell'arte musicale della risposta rigorosa ad una vera fuga che da quella d'imitazione, o arbitraria, leggasi il Fux medesimo nel luogo citato pag. 145 dove parlando delle fughe rigorose asserisce *Frequentior de illis* cioè delle fughe *auditur sermo, quam scientia*. Si avverte, che sebbene molti siano gli autori, con l'insegnamenti de' quali potevasi comprovare il sovraesposto, si è creduto al presente più a proposito il Fux, perché sappiasi essere questo autore noto egualmente alli professori di Milano, li quali anch'essi l'hanno letto, e studiato, ma che altresì sanno prevalersi delle sue dottrine, secondo richiede il caso; vale a dire, e quando si deve rispondere rigorosamente alle fughe, e quando la risposta è arbitraria.

Inutile poi è il citare l'autorità del Pergolesi, del Bagliani, e di quant'altri celebri autori si voglia, li quali hanno dato alle fughe la risposta d'imitazione, e non la rigorosa del tono, mentre tutti li più eccellenti maestri nelle composizioni arbitrarie non erano legati da vincolo alcuno per seguire più un modo, che l'altro admesso nell'arte musicale, ma questo non prova, mentre nelle fughe rigorose si vede aver essi data la risposta rigorosa del tono. Molti esempi d'insigni autori si potrebbero proporre sù questo proposito, fra quali veggasi il Bononcini cap. 13 pag. 105; dove dà l'esempio della fuga del primo tono, nella quale ove posa la quinta del tono nel soggetto fa posare sempre la nota del tono nella sua risposta. Se poi si desidera l'autorità di un celebre autore, pochi anni sono defunto, quale si è il sig. Carlo Bagliani fu maestro di capella di questa insigne metropolitana, vi propone il seguente esempio, cavato dalle sue lezioni date al signor don Federico Appiani maestro di coro della regia imperiale insigne collegiata della Scala, le quali esistono presso del medesimo, dal quale si vede, che ove posa la quinta del tono nella proposta, fa posare sempre la nota del tono nella risposta.

Proposta

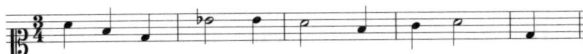

risposta

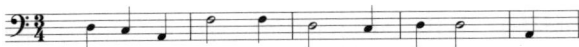

Si deve per ultimo aggiungere, che nella fuga data per il suddetto concorso, non si è sentito l'accompagnamento rigoroso alla risposta, essendosi passato in primo luogo dalla proposta alla risposta di una sola parte alla quinta del tono, col semitono maggiore, corda in simil caso nel genere diatonico proibita da tutti li primi maestri, eccettuato il diesis del tono per la necessità della cadenza. In seguito nella condotta della proposta fuga non si è sentito formarsi un secondo pensiero, col quale regolarmente fosse condotta la fuga alla modulazione del tono, per assumere il soggetto nel giro virtuoso, che deve fare ogni perito, come pure non si è sentito nel fine il ristretto di quello poteva farsi in detta fuga. Se al celebre padre maestro Martini, il quale può giustamente chiamarsi il luminare della musica si fosse rappresentato sinceramente che il soggetto della fuga fu proposto per un rigoroso concorso per conferirsi il vacante impiego di primo organista a chi nel rispondere al medesimo avesse dato prova di maggiore perizia nel conoscere, e rigorosamente rispondere alli toni, in quella maniera, che coll'illuminato suo discernimento ha giudicato sull'avviso che fosse *semplice controversia musicale*, essere la risposta del signor Gaetano Piazza più grata all'orecchio, e più facile per introdurvi un contro soggetto, ma però che la sudetta risposta *non è rigorosamente del tono*, sarebbe ancor egli stato di parere in questa circostanza nella quale richiedevasi prova rigorosa *della perizia*, che la fuga proposta, se avesse avuta la sua continuata cantilena quasi sempre sopra la quinta del tono, dovevasi ripetere sempre la nota del tono, ancorché non fosse grata all'orecchio, mà però ricercata in chi vuole dare prova della perizia nell'arte. Ritenuto adunque che alla proposta fuga fu data la risposta d'imitazione, e non la rigorosa del tono, e siccome da questa seconda si comprende maggiormente la perizia de' concorrenti, che dalla prima, la quale si può dire più suggerita dall'orecchio, che dalla scienza, come insegna il Boezio Music. lib. 5. cap. 1 *Idcirco non est aurium sensui dandum omne iudicium, sed adhibenda est ratio*. E così prescrivono pure Enrico Puteano: *Modulata Pallas* cap. 3; Beda Music. Teor. tom. 1; Zarlino Instit. Armon. part. 1. cap. 11 Gregor. Reisch Margarait. Philosoph. Music. Specul. Tract. 1. Cap. 2. Perciò ho creduto di dovermi così spiegare nel mio voto, *di non avere li concorrenti risposto colla dovuta perizia, ma che con il proseguimento del tempo potranno sempre più perfezionarsi*. È altresì vero, che ricercato di fare una più specifica dichiarazione del mio voto, ho detto che il secondo concorrente *aveva dimostrata qualche maggiore cognizione*, ma però con la protesta, che riguardo alla sua perizia nella risposta data alla fuga, e nella rigorosa condotta *della medesima persisteva nel primo voto*.

Documento 19

Elezione dei membri della commissione del concorso per il posto di primo organista (28 marzo 1773).
AVFD, *Archivio Storico*, cart. 434, Capo XXVIII, fasc. II, doc. n. 5.

1773 28 marzo
[...] Sendo che sotto il giorno 26 del cadente mese sia stato dal venerando capitolo ordinato al maestro di cappella del Duomo di formare una distinta nota de' maestri di cappella, ed altri isperimentati nella virtù della musica abitanti sì in questa città, che altrove, perché quella esaminata in una congregazione da tenersi con l'auttorità capitolare, debbansi scieglere quie periti, che doveranno assistere, e dare il loro giudizio in occasione del concorso da farsi dagli abspiranti alla carica di primo organista. Rassegnatasi pertanto dal venerando maestro di cappella al signor rettore essa nota, ha creduto il medemo preciso d'incomodare li signori provinciali della chiesa ad oggetto come sopra. Lettasi perciò l'accennata nota, ed avutosi rifflesso a tutte le circostanze, come pure fattosi sopra di ciò longo, e maturo rifflesso, li medemi signori congregati, servendosi dell'auttorità capitolare conferitale dal venerando capitolo, hanno determinato di scieglere li maestri di cappella Giovanni Battista San Martino, Carlo Monza, e Giovanni Battista Bonazza per periti all'effetto come sopra, e che debba assistere anche il sudetto maestro di cappella del Duomo al solo oggetto, che, al caso, puossa essere d'istruzione al venerando capitolo, pregato il prefato signor rettore perché, unicamente ad altro de' signori deputati a lui beneviso, si compiaccia agire secondo la mente della congregazione, che tiene, che è quanto.

Documento 20

Lettera di ringraziamento inviata da Gaetano Piazza a padre Giovanni Battista Martini (3 aprile 1773).
Bologna, Civico Museo Bibliografico Musicale, I. 9. 194[146].

Molto reverendo padre padron colendissimo,
manterrò sempre viva la memoria d'avermi la paternità vostra favorito co' suoi graziosi riscontri, e conserverò questi mai sempre per mia giustificazione. Per morte del maestro Corbella andò vacante il posto di primo organista nella nostra metropolitana; comecché tale carica è sempre stata coperta da un maestro di cappella, io fui uno de concorrenti alla medesima, al noto soggetto diedi la segnata risposta B, e pure il signor Pietro Valle ha l'animosità di criticarla per fallata, e v'è chi gli da retta, tanto può l'impostura. Io però professo un obbligo infinito alla reverenza vostra la quale s'è compiacciuta munirmi co' suoi riscontri d'un documento, che mette in salvo la mia riputazione e ringraziandola di vivo cuore, desideroso mi onori di qualche suo comando senza riserve sono con la maggior stima, e con obbligazione infinita.
Di vostra reverenza Milano 3 aprile 1773
divotissimo, ed obligatissimo servitore
Gaetano Piazza

P. M. Martini Bologna

---

[146]. *Cfr.* SCHNOEBELEN, Anne. *Op. cit.* (vedi nota 8), p. 486, n. 4098.

Sammartini in commissione d'esame presso il Duomo di Milano (1733 - 1773)

Documento 21

Lettera di Ignazio Balbi a padre Giovanni Battista Martini (14 aprile 1773).
Bologna, Civico Museo Bibliografico Musicale, I. 28. 22[147].

Molto reverendo padre e signore padrone riverendissimo,
doppo un longo silenzio eccomi ad infastidire vostra paternità molto reverenda in un affare, in cui vi sono al sommo interessato, e perciò scusi l'incommodo che le porgo, sperando che sarà per favorirmi *pro forma* con un sincero riscontro. Il signor Gaetano Piazza ha ottenuto da vostra paternità una lettera sotto il giorno 28 di marzo anno corrente, di cui ne fà girrare le copie per Milano, credendo di provare giusta, e rigorosa la risposta da esso data alla proposta, come dall'annotazione, che vedrà ai piedi di questa. Per avvertenza della paternità vostra rittenga, che non fu proposto questo soggetto per una controversia musicale, ma bensì per un rigoroso concorsso del primo organo in questa insigne metropolitana. Rittenga in oltre, che un tal posto non si conferisce, se non a chi *fundatim* risponde al tono, e ciò per la necessità di sostenere il canto fermo, rigoroso del coro, come ancora li musici ne' coretti quando cantano giù dall'organo affine che restino nel giusto tono. Questa è la pratica, che usasi, al qual effetto il soggetto della fuga cavasi dal libro del coro aprendosi a sorte alla presenza de giudici, maestro corale, e di alcuni deputati, a motivo di far una sicura, e rigorosa prova, ed improvisa della perizia de' concorrenti. Ciò ritenuto, non avendo il signor Piazza acertata la rigorosa risposta del tono, ed avendo un giudice detto nel di lui voto di non aver esso data la risposta in questo caso ricercata perciò di non aver dimostrata in ciò la dovuta perizia, bramerei di sapere *pro conscientia* se questo voto nella presente circostanza sia giusta o no. Ciò che il molto reverendo padre maestro mi dirà lo riceverò per un oracolo, quantunque per il longo studio, che ho fatto in simile materia mi sembri giustissimo un tal voto. La suplico di un pronto riscontro, ed a compatirmi nel mentre, che pronto a suoi preggiatissimi commandi con tutto il magior rispetto sono
di vostra paternità molto reverenda
devotissimo ed obligatissimo servitore vero Ignazio Balbi
quale resta dal signor canonico Litta
con tutta stima riverito

proposta

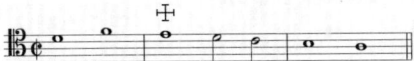

risposta del signor Piazza *extra octavam*

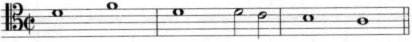

risposta giusta che doveva farsi

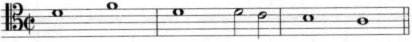

Milano 14 aprile 1773

---

[147]. Cfr. ibidem, p. 39, n. 348.

Marina Toffetti

Documento 22

Lettera di padre Giovanni Battista Martini a Ignazio Balbi (24 aprile 1773).
Bologna, Civico Museo Bibliografico Musicale, I. 28. 22, f. 2r[148].

Molto illustre signore signore padron colendissimo,
in risposta al gentilissimo foglio di vossignoria molto illustre in data dei 14 corrente, le dico esser vero, che io ricercato dal signor Gaetano Piazza, quale delle due risposte alla fuga proposta fosse più giusta, io le significai esser quella qui esposta segnata *A*

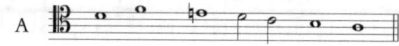

e l'altra segnata *B*

non essere tanto giusta quanto la prima, perchè la *B* riesce per se stessa all'orechio non poco sgradevole, e siccome da più tempo io godo della cordiale amicizia di vossignoria molto illustre, ed ella desidera da me un sincero, e fondato giudicio secondo l'arte, quale delle due risposte sia la più retta; le dirò in primo luogo, dubito che alla proposta si è risposto si è sodisfatto compitamente a quanto richieda la fuga del tuono, ne mi è mai venuto sotto gli occhi alcuna legge, che obblighi a ritornare in D la sol re, come trovasi praticato nella risposta *B* perché l'elami della risposta *A* non porta fuori del tuono; tanto più, che come ha già scritto Pietro Pontio, uno de' più antichi scrittori, che abbia parlato delle fughe del tuono[149] *purché stia nel proprio essere del tuono, e sia fatta l'invenzione con bell'ordine musicale, e commodo delle parti*. Perciò si rileva, che la risposta *B* ritornando al D la sol re non v'è *bell'ordine musicale* e riesce, come scrissi al signor Piazza, sgradevole singolarmente in paragone della risposta *A*, quale penso che sarà universalmente da tutti giudicata più sonora, e più grata. Molte sono le ragioni che io potrei adurle in prova che la risposta *A* sia più preggievole della risposta *B*[150]; mi restringerò unicamente ad esporle gli esempi del celebre maestro, e principe della pratica su l'autorità del quale io penso che possano tutti i maestri de nostri tempi sicuramente appogiarsi. Questi si è Giovanni Pierluigi da Palestrina, gli esempi del quale notati ritrovasi nell'annesso foglio, in cui la nota segnata con una † servirà di prova evidente e inconfutabile, che la risposta segnata *A* sia in ogni modo da preferirsi alla segnata *B*. Questo è quanto mi detta di dirle la mia poca, e debole capacità a quanto si è degnata comandarmi, e pregandola di umiliare a sua eccellenza il signor cavalier Litta i più ossequiosi miei rispetti, e ringraziamenti, con ogni più distinto ossequio passo a segnarmi.
Di vossignoria molto illustre
Bologna li 24 aprile 1773.

---

[148]. *Cfr. ibidem*, p. 39, n. 349
[149]. A questo punto della lettera compare un'indicazione che rimanda alla citazione riportata al termine della lettera: «Dialogo di musica p. 2 pag. 56».
[150]. Cancellato da un tratto di penna e posto fra parentesi quadrate: «ma siccome, a tenore della mia tenue capacità, non pretendo che il mio giudicio debba fare alcuna autorità, ne prevalere a quello di vossignoria molto illustre, e di tanti altri maestri di cotesta raguardevole città».

Documento 23

Bando di concorso per il posto di primo organista (30 aprile 1773).
AVFD, *Archivio Storico*, cart. 404*bis*, capo XXVII, par. II B, fasc. 34, doc. n. 7 (erroneamente indicato come n. 2)[151].

Avendo il venerando capitolo dell'ammiranda Fabbrica del Duomo di Milano determinato di provedere di un organista al primo[152] organo per servigio della cappella di essa chiesa. Perciò d'ordine de' signori rettore, e deputati del venerando capitolo s'avvisa qualunque persona perita, e virtuosa nel suonare gli organi, la quale intenda, e desideri servire in detta cappella del Duomo di Milano, che il giorno giovedì[153], che sarà alli sei[154] del prossimo futuro mese di maggio[155] in circa le ore 15[156] si farà l'esperimento de' concorrenti, che già sono stati admessi al concorso sopra uno degli organi di detta chiesa alla presenza de' detti signori rettore, e deputati; e però dentro questo tempo dovrà chi desiderasse far tal concorso porgere il suo memoriale nelle mani del signor rettore di detta Veneranda Fabbrica per esser admesso, poiché conforme il merito, ed intelligenza de' pretendenti si verrà all'elezione d'uno de' sodetti concorrenti in organista al detto primo[157] organo, se così piacerà al detto venerando capitolo, e con il solito Salario.
Milano dal campo santo di detta Veneranda Fabbrica questo giorno 30 aprile 1773[158].
J. C. Risi cancelliere coadiutore

Documento 24

Relazione sul concorso per la selezione del primo organista (6 maggio 1773).
AVFD, *Archivio Storico*, cart. 404*bis*, capo XXVII, par. II B, fasc. 34, doc. n. 8.

Illustrissimi e reverendissimi signori
lo sperimento fattosi in pubblico questa stessa mattina per disposizione delle signorie vostre illustrissime e reverendissime nella chiesa metropolitana rapporto alla perizia dei tre signori proffessori concorrenti alla vacante inconbenza di primo organista nella prefata chiesa, ha corrisposto all'aspettazione che ne avevo formata, e però, dovendo per superiore ordine rassegnare alle medesime signorie vostre illustrissime e reverendissime il mio riverente parere, posso certificare, come certifico d'avere i medesimi tre concorrenti data prova col fatto dell'inteligenza che tutti hanno nell'arte sudetta, che ho rilevata dall'esecuzione delle diverse pezze extemporanee da essi suonate, segnatamente nella proposizione, e risposta alla fuga con rigore di tuono, attacco delle parti, modulata, dilatata e ben condotta sino al fine per le proprie corde, come pure dell'accompagnamento dato al mottetto a 4 voci, quindi io comendo la loro abilità, ma devo bensì soggiongere che il secondo si è distinto per la maggior nettezza e franchezza, ma che però sono tutti e tre capaci di sostenere, e disimpegnare lodevolmente l'officio sudetto, che e

---

[151]. Bando a stampa relativo a un precedente concorso per secondo organista, con correzioni manoscritte.
[152]. Cancellatura e correzione manoscritta: «primo».
[153]. Cancellatura e correzione manoscritta: «giovedì».
[154]. Cancellatura e correzione manoscritta: «sei».
[155]. Cancellatura e correzione manoscritta: «maggio».
[156]. Cancellatura e correzione manoscritta: «15».
[157]. Cancellatura e correzione manoscritta: «primo».
[158]. Cancellatura e correzione manoscritta: «30 aprile 1773».

quanto per verità mi occorre di subordinare alle signorie loro illustrissime e reverendissime alle quali con profondissimo rispetto mi preggio di essere
umilissimo servitore
dalla sala di questa Veneranda Fabrica 6 maggio 1773
cavalier Carlo Monza maestro di cappella e reggio organista di corte.

Io Giovanni Battista S. Martino mi uniformo pienamente col sudetto voto del signore maestro Monza.

Io Giovanni Zucchinetti mi uniformo al voto delli signori congiudici sudetti.

Giovanni Battista Sammartini
Le cantate quaresimali del 1751

Marina Vaccarini Gallarani
(Milano)

Un'indagine sulla produzione musicale sacra extra-liturgica milanese pone una serie di problemi non sempre risolvibili per la mancanza di fonti documentarie dirette. Le notizie raccolte sui repertori eseguiti all'interno delle numerose congregazioni attive a Milano tra il XVII e il XVIII secolo, benché frammentarie, discontinue e basate quasi esclusivamente sull'analisi dei libretti giunti fino a noi, lasciano intravedere quanto fosse viva e sentita, anche a Milano, l'usanza di celebrare le feste dei santi e le principali ricorrenze del calendario liturgico con oratori e cantate sacre, ma anche quanto su questa tradizione abbiano influito le pesanti restrizioni controriformistiche imposte da S. Carlo Borromeo e dai suoi successori. L'impegno prodigato dal Borromeo nel difendere la diocesi lombarda da ingerenze esterne, incluse quelle derivanti dalla curia romana, la fermezza con la quale egli tentò di ripristinare nelle consuetudini di vita un comportamento consono all'austerità e alla castigatezza del cristianesimo, proibendo, tra l'altro, vari generi di spettacolo e di manifestazioni (S. Carlo fu tra i pochi 'principi della Chiesa' a non possedere una propria cappella musicale privata), determinarono di fatto un provincialismo nella produzione musicale sacra extra-liturgica milanese e, a giudicare almeno dal materiale documentario disponibile, un ritardo considerevole rispetto ad analoghe consuetudini introdotte altrove; le prevedibili conseguenze si riscontrano soprattutto nell'esiguità dei repertori e nella carenza di scambi culturali con le altre città italiane[1]. Talvolta si ha addirittura l'impressione che un certo interesse per la musica e per l'oratorio in particolare derivi dalla forza carismatica esercitata da qualche musicista o per l'interessamento di qualche devoto, piuttosto che dall'effettiva volontà delle istituzioni laiche o religiose di sovvenzionare e mantenere viva tale pratica.

---

[1]. Sull'argomento, *cfr.* VACCARINI GALLARANI, Marina. 'L'ambrosianità del contesto nella storia dell'oratorio milanese', in: *L'oratorio musicale italiano e i suoi contesti (secc. XVII-XVIII)*, atti del convegno internazionale (Perugia, Sagra musicale umbra, 18-20 settembre 1997), a cura di Paola Besutti, Firenze, Olschki, 2002, pp. 453-488.

Considerato nella sua globalità, il repertorio raccolto in un lasso di tempo compreso tra il 1680 e il 1773 (circa centosettanta libretti in tutto, qualche partitura superstite, scarsi documenti d'archivio) assume connotazioni specifiche, riconducibili essenzialmente agli intenti dottrinali che i vari ordini religiosi preposti all'assistenza delle congregazioni accolte nelle loro sedi si proponevano di trasmettere. Diversissimi appaiono, per esempio, gli oratori di alto contenuto didascalico eseguiti nella chiesa di S. Maria delle Grazie per la festa di S. Tommaso d'Aquino, rispetto agli oratori, di taglio più agiografico e devozionale, prodotti per l'Ottavario di Sant'Antonio da Padova dai padri minori conventuali nella chiesa di S. Francesco, così come dai minori osservanti di S. Maria della Pace e di S. Maria del Giardino. Altrettanto riconoscibile, è la matrice gesuitica presente nei testi delle cantate sacre eseguite per la Reale Imperiale Congregazione del Santissimo Entierro di Nostro Signore Gesù Cristo che, fondata nel 1633 da trentatré esponenti delle più illustri famiglie patrizie milanesi e spagnole, ebbe sede nella casa professa di S. Fedele fino al 1773, anno della soppressione dell'ordine della Compagnia di Gesù[2].

Tra le numerose devozioni annuali prescritte dal regolamento della Congregazione del Santissimo Entierro, particolare rilevanza veniva attribuita alle funzioni del tempo quaresimale e della Settimana Santa che culminavano nella processione del Venerdì Santo[3]. Alle dame erano riservate le funzioni per il Settenario della Soledad[4]; i cavalieri si riunivano

---

[2]. Per le notizie storiche sulla Congregazione del Santissimo Entierro e per la cronologia delle cantate eseguite annualmente nella cripta di S. Fedele, *cfr.* IDEM. 'Le cantate sacre per i cinque Venerdì di Quaresima eseguite nella Congregazione del Santissimo Entierro in San Fedele a Milano', in: *Rivista Internazionale di Musica Sacra*, XVIII/1-2 (1997), pp. 65-91; l'articolo è tratto da IDEM. *La lauda spirituale, la cantata sacra e l'oratorio nella vita religiosa e musicale dei PP. Gesuiti a Milano (1563-1773)*, tesi di diploma, datt., del corso superiore di Musicologia, Conservatorio di Musica 'G. Verdi' di Milano, a.s. 1992 - 1993, relatore Giovanni Acciai, correlatore Guido Salvetti.

[3]. Sulla processione e le funzioni dell'Entierro, *cfr.* BERNARDI, Claudio. 'La funzione della deposizione di Cristo il Venerdì Santo nella chiesa francescana di S. Angelo a Milano (sec. XVII)', in: *Medioevo e Rinascimento*, Annuario dell'Università di Firenze, VI, n.s. III, Spoleto, Centro Italiano di Studi sull'Alto Medioevo, 1992, pp. 243 segg.; IDEM. 'Il tempo sacro: «Entierro». Riti drammatici del Venerdì Santo', in: *La scena della gloria. Drammaturgia e spettacolo a Milano in età spagnola*, a cura di Annamaria Cascetta e Roberta Carpani, Milano, Vita e Pensiero, 1995, pp. 585-620. Una prima testimonianza sul rito della processione del Venerdì Santo nella Congregazione del SS. Entierro si desume da una richiesta inoltrata all'arcivescovo, e da questi concessa, nel 1647 (Milano, Archivio della Curia Arcivescovile, Miscellanea Città, IV, 493).

[4]. Nel 1669 venne elevato il numero delle dame congregate all'Entierro, da trentatré a sessantatré «mettà di natione spagnuola, & mettà italiana in honore delli sessantatré anni, che visse la Vergine Santissima» (*Statuti e regole secolari della Congregazione del Sepolcro di N. Sig. Giesu Christo […]*, Milano, Antonio Malatesta, 1674); nello stesso anno era stata anche introdotta, secondo l'usanza spagnola, la venerazione di Nostra Señora de la Soledad, sotto il cui titolo fu posta la Congregazione. Il Venerdì della Settimana di Passione all'altare maggiore della chiesa di S. Fedele veniva pubblicamente esposta la statua della Madonna della Soledad; i «divoti trattenimenti» duravano sette sere «per corrispondere al numero de 7. dolori per consolare nella solitudine l'afflittiss.ma Madre con un Sermonetto di affetti, e di colloquj inframezzati dalla Musica» (Archivio di Stato di Milano, *Culto parte antica, Confraternite, Milano, S. Fedele*, cartella 1504).

ILL. 1a: Chiesa di S. Fedele, facciata, in: LATUADA, Serviliano. *Descrizione di Milano ornata con molti disegni in rame delle Fabbriche più cospicue che si trovano in questa metropoli*, 5 voll., Milano, G. Cairoli, 1737 - 1738, vol v, tavola fuori testo tra le pp. 440-441.

nella cripta della chiesa di S. Fedele nei cinque Venerdì di Quaresima per le consuete meditazioni, arricchite dall'esecuzione di cantate sacre su temi concernenti la Passione.

Di tutta la produzione composta per il ciclo quaresimale, già attestata a partire dal 1670, restano una settantina di libretti (che hanno permesso di ricostruire una cronologia alquanto lacunosa) e le partiture di otto cantate di Giovanni Battista Sammartini: l'intero ciclo di cinque cantate del 1751 (J-C 117, 118, 119, 120, 121) più due cantate superstiti del 1759 (1759/I e 1759/V[5]; J-C 122, 123) e una del 1760 (1760/III; J-C 124)[6].

---

[5]. Il numero romano posto dopo la data indica il Venerdì di Quaresima in cui venne eseguita la cantata.

[6]. Questa è la datazione indicata in JENKINS, Newell - CHURGIN, Bathia. *Thematic Catalogue of the Works of Giovanni Battista Sammartini: Orchestral and Vocal Music*, Cambridge (MA), Harvard University Press, 1976, pp. 180-186. Sulla complicata questione di una possibile ridatazione delle cantate per gli anni 1759 e 1760, rimando all'APPENDICE, alla fine del presente articolo.

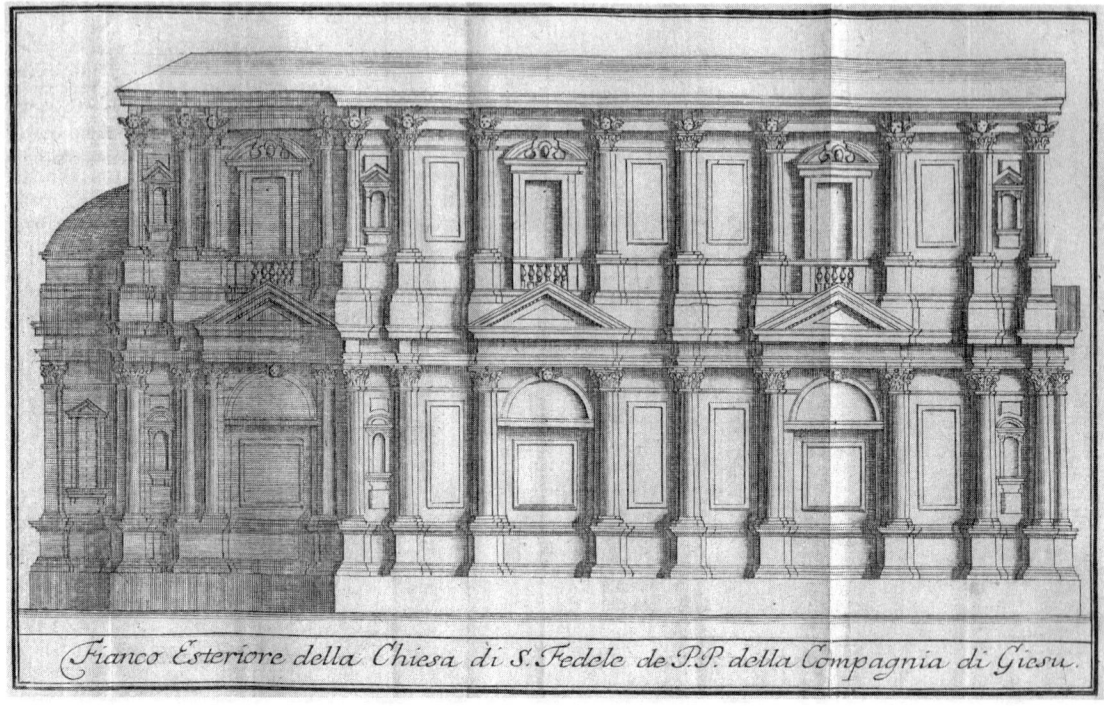

Ill. 1b: Chiesa di S. Fedele, fianco esteriore, in: LATUADA, Serviliano. *Op. cit.* (*cfr.* ILL. 1a), vol V, pp. 436-437.

Sammartini, che era già stato attivo presso la Congregazione del SS. Entierro nel 1725 e nel 1727, ne fu poi maestro di cappella negli anni compresi tra il 1728 e il 1773, periodo nel quale quasi tutte le cantate quaresimali vennero poste in musica da lui, ad eccezione delle cantate del 1768, composte da Carlo Monza, e di quelle del 1770, musicate da Andrea Fioroni[7]. Altri compositori che si trovano indicati sui frontespizi dei libretti sono Giovanni Perroni (1715, 1716, 1718) e Francesco Fiorino (1726), mentre non appaiono mai i nomi degli estensori dei testi ad eccezione di quello di Guido Riviera, autore delle cantate del 1743 (replicate nel 1773); sempre per quanto riguarda i testi, in alcuni casi (1763/III, 1770/I) si tratta di riduzioni e adattamenti di testi di Metastasio.

La cronologia dei libretti delle cantate giunti fino a noi copre un arco temporale di sessant'anni, dal 1713[8] al 1773[9], ma presenta numerose lacune all'interno di ciascun ciclo:

---

[7]. Del ciclo di cantate del 1768 resta solo il libretto della quinta, sul cui frontespizio appare il nome di Carlo Monza; è tuttavia probabile che tutto il ciclo sia stato musicato dal compositore. La stessa ipotesi vale anche per il ciclo del 1770, di cui resta solo il libretto della prima cantata.

[8]. 1713/I: *La croce glorificata. La gara dell'Amore* [...]; 1713/V: *La croce glorificata. La Vergine addolorata* [...], entrambe su testo e musica di un anonimo «divoto». Degli anni compresi tra il 1670 — data in cui si farebbe iniziare la pratica dei Venerdì di Quaresima «con allettivo di musica» (*cfr.* lettera scritta «da un Divoto dell'insigne Congregatione dell'Entierro» datata 25 aprile 1674; Archivio di Stato di Milano, *Culto parte antica, Confraternite, Milano, S. Fedele*, cartella 1504) — e il 1713 manca completamente la documentazione.

[9]. 1773/I: *Cristo coi discepoli nell'orto agonizzante* [...]; 1773/II: *Cristo nell'orto tradito da Giuda*; 1773/III: *Cristo*

annate mancanti e un'interruzione di ben dieci anni, dal 1730 al 1740. Dal materiale raccolto è stato tuttavia possibile trarre alcune considerazioni di carattere generale sui contenuti e sulla struttura dei testi.

La matrice gesuitica e l'accostamento alla pratica degli esercizi spirituali ignaziani appaiono specialmente evidenti nei testi delle cantate appartenenti al primo periodo (1713 - 1730), dove maggiormente presente è la contemplazione immaginativa della 'cosa visibile', narrata o descritta, da cui far discendere la meditazione individuale del credente sul senso di colpa per i propri peccati e sulla sua compartecipazione al dolore della Passione. La riflessione avviene attraverso un dialogo interiore tra un interlocutore che, in assenza di indicazioni nel testo, potrebbe essere identificato con il peccatore e un secondo interlocutore raffigurante la divinità. Costante, inoltre, è l'invettiva contro il giudaismo cui si contrappone la glorificazione della chiesa cattolica, simbolicamente rappresentata dal Vessillo della Croce.

La struttura, abbastanza fluida nel primo periodo, ma tendenzialmente già orientata verso l'alternanza di recitativo e aria, con un numero di tre arie per ogni cantata (raramente due: 1716/II; o quattro: 1713/I) e l'aggiunta di un duetto o terzetto finale, si definisce nelle cantate documentate dal 1740. Parallelamente, anche il testo sembra perdere quel contenuto didascalico e spirituale che aveva caratterizzato il primo periodo, cristallizzandosi invece in personaggi e situazioni stereotipate: il pianto delle pie donne ai piedi della croce; i fatti precedenti e successivi alla Passione; figure tratte dall'Antico Testamento, talvolta utilizzate in senso metaforico (per esempio *La invidia giudaica contro nostro Signor Gesù Cristo in quella di Caino adombrata*, 1763/III, il cui testo è un adattamento ridotto da *La morte d'Abel* di Metastasio). Il riferimento dottrinale viene limitato esclusivamente alla citazione delle fonti testamentarie riportate nel testo o anche, più raramente, in note a piè di pagina (1744/IV, 1760/III). Il recitativo, da profonda meditazione interiore si trasforma in un semplice racconto degli eventi e l'aria assume la consueta funzione di esternazione lirica dei sentimenti determinati dalla situazione drammatica. I personaggi e i loro ruoli vocali sono sempre tre (Soprano, Alto e Tenore) e ogni cantata assume una struttura fissa articolata in cinque numeri chiusi:

1. introduzione orchestrale;
2. recitativo - aria (interlocutore A);
3. recitativo - aria (interlocutore B);
4. recitativo - aria (interlocutore C);
5. recitativo - terzetto conclusivo (S, A, T).

---

giudicato nel pretorio; 1773/IV: *Cristo colla croce sul cammino del Calvario*, tutte su testo di Guido Riviera e musica di Sammartini (J-C, Appendice C 53, C 54, C 55, C 56). I libretti di questo ciclo di cantate, conservati in I-Mb, corrispondono ai tre rimasti della raccolta per i Venerdì di Quaresima del 1743: *La passione di Gesù Cristo e i dolori della Vergine Madre in cinque cantate del sig. dott. Guido Riviera*, conservata in I-Ma (J-C, Appendice C 36, C 37, C 38); cfr. JENKINS, Newell - CHURGIN, Bathia. *Op. cit.* (vedi nota 6), pp. 212-213 e 220-222.

Ill. 2: frontespizio del libretto della Cantata *Il pianto di S. Pietro* per il primo venerdì di Quaresima, Milano, Stamperia di Pietro Francesco Malatesta, 1751.

Per struttura e contenuti, le otto cantate di Sammartini di cui possediamo le partiture seguono questo schema.

L'indagine qui condotta si limita all'analisi delle cantate del 1751, sia perché costituiscono un ciclo unitario, sia perché si pongono in un momento centrale del percorso stilistico sammartiniano, particolarmente interessante per la multiforme ricchezza di contenuti musicali. Secondo lo schema proposto da Bathia Churgin, che inquadra l'intera produzione di Sammartini in tre periodi cronologici, la fase centrale, compresa tra il 1740 e il 1758, è infatti quella maggiormente segnata da una decisa tensione verso la progressiva acquisizione di procedimenti linguistici organici e omogenei, ma è anche fortemente caratterizzata da una situazione resa ancora fluida per la compresenza di molteplici e disparati elementi stilistici di difficile collocazione in precisi parametri di riferimento[10]. Su questi presupposti

---

[10]. Cfr. *The Symphonies of G. B. Sammartini. Volume 1: The Early Symphonies*, edited by Bathia Churgin,

si fondano le seguenti considerazioni analitiche finalizzate specialmente a porre l'accento sulla stretta connessione drammaturgica esistente tra figuralismo musicale e resa espressiva del testo.

Alcuni aspetti di figuralismo nelle arie delle cantate del 1751

Tutte le arie presentano la consueta forma con il 'da capo' secondo la seguente struttura:

TESTO:	STROFA I	STROFA I	STROFA II
SEZIONE:	A	A'	B
AREE TONALI:	T → D o Tp[11]	T	tonalità affine[12]

Alla parte B, definita generalmente *Intermezzo*, fa quindi seguito la ripresa da capo di A e A'. Per chiarezza d'esposizione e per facilitare i confronti, le arie sono state divise in tre diverse tipologie sulla base dei parametri analitici considerati:

Tipologia A

- Situazione drammatica: senso di sgomento, di ineluttabile accettazione; fissità, atmosfera di meditazione interiore.
- Movimento: *Largo*.
- Tonalità: minore.
- Figurazioni ritmiche: ritmo puntato (spesso 'alla lombarda'), sincope, contrattempo.
- Linearità melodica: molto frammentata, intercalata da brevi e frequenti pause ('sospiri'); andamento spesso per toni e semitoni, e con passaggi cromatici; asimmetria fraseologica.
- Armonia: utilizzo frequente di accordi dissonanti e di lunghi pedali di tonica o di dominante.
- Dinamica: *piano*, con forti accentuazioni espressive in corrispondenza delle dissonanze.

Cambridge (MA), Harvard University Press, 1968 (Harvard Publications in Music, 2), 'Introduction', pp. 3-18:5. *Cfr.* inoltre *Giovanni Battista Sammartini: Ten Symphonies*, edited by Bathia Churgin, New York-London, Garland, 1984 (The Symphony 1720 - 1840, a comprehensive collection of full scores in 60 vols., edited by Barry S. Brook and Barbara B. Heyman, series A/II), 'Symphonic style', pp. xviii-xxi: xviii-xix.

[11]. La modulazione dalla tonica alla dominante avviene generalmente nelle arie la cui tonalità d'impianto è maggiore; quando invece la tonalità d'impianto è minore, la modulazione avviene di solito alla tonica parallela, cioè al relativo maggiore (*cfr.* gli schemi analitici riportati nel paragrafo successivo).

[12]. Tonalità relativa (maggiore o minore), o tono vicino alla tonalità d'impianto.

- Trama vocale-strumentale: complessa, intrecciata alla linea vocale con frequenti richiami contrappuntistici e scambi tra le parti.
- Strumentazione: archi e oboi.

Tipologia B

- Situazione drammatica: apertura lirica, di calda partecipazione affettiva e commozione; espressività dell''affetto' suggerita da parole-chiave contenute nel testo.
- Movimento: *Largo, Andante, Affettuoso, Andantino, Allegretto, Allegro moderato*.
- Tonalità: per lo più, maggiore.
- Figurazioni ritmiche: ritmo puntato (spesso 'alla lombarda'), sincope, contrattempo; impiego di legature di portamento.
- Linearità melodica: equilibrio fraseologico ottenuto attraverso un gioco di compensazione di brevi frammenti melodici, talvolta reiterati; piccoli intervalli; diatonicità; coloriture spezzettate, espressive o con funzione ornamentale; elaborazione espressiva delle figurazioni imitative, presenti specialmente nella sezione B.
- Armonia: distribuzione più equilibrata delle aree tonali e andamento più regolare del ritmo armonico rispetto alla tipologia A.
- Dinamica: *piano*, con accentuazioni finalizzate ad evidenziare la struttura ritmica del fraseggio.
- Trama vocale-strumentale: accompagnamento accordale sullo sfondo; prevalenza della linea melodica; parte vocale raddoppiata talvolta dal violino.
- Strumentazione: archi con l'eventuale aggiunta degli oboi.

Tipologia C

- Situazione drammatica: sentimento di sdegno, di vittoria della luce sulle tenebre, di trionfo della verità.
- Movimento: *Allegretto* in tempo tagliato, *Allegro, Risoluto, Presto*.
- Tonalità: maggiore o minore (frequente quella di do minore).
- Figurazioni ritmiche: scale, accordi arpeggiati, ritmi puntati, rapide terzine, note staccate, fraseggio di ampio respiro.
- Linearità melodica: temi triadici, segnali di tromba, ampi intervalli; coloratura virtuosistica, 'di bravura'; repentine figurazioni imitative ispirate dal testo, prevalentemente nella sezione A.
- Armonia: ampie aree tonali strutturate sul rapporto di quinta (tonica, dominante, sottodominante).
- Dinamica: forti accentuazioni dinamiche che contribuiscono a segnare la scansione ritmica e a conferire drammaticità al brano.

- Trama vocale-strumentale: accompagnamento orchestrale in rapide note ribattute, come sostegno ritmico alla linea del canto o degli strumenti melodici.
- Strumentazione: archi, oboi, spesso i corni, sostituiti dalle trombe nella cantata 1751/III.

Questa presentazione schematica ha semplicemente la funzione di punto di riferimento perché, in realtà, caratteristiche tipologiche diverse possono coesistere all'interno della stessa aria; e non solo tra le due sezioni A e B, cioè tra la prima parte dell'aria e il suo intermezzo, ma anche all'interno di una stessa sezione. Estremamente labili, per esempio, sono i confini tra le due tipologie A e B, specialmente quando si verifica la modulazione da una tonalità minore alla relativa maggiore (tonica parallela). Questa mutazione del clima affettivo è abbastanza frequente e avviene quasi sempre in corrispondenza del passaggio, nel testo letterario, da una situazione in cui il personaggio vede e descrive oggettivamente l'evento narrato, a quella in cui il senso di intensa compartecipazione, intima e fortemente interiorizzata, prende il sopravvento. In questi casi, cellule ritmiche e melodiche modellate su un figuralismo stereotipato che rimanda e precisi significati simbolici, consolidati dallo stile dell'epoca, vengono abilmente trasfigurate, trasformate e adattate da Sammartini con l'evolversi della situazione affettiva.

Analoghe considerazioni valgono per la tipologia C, l'aria di carattere eroico, brillante, di bravura, dove, anche se in misura minore, è talvolta riconoscibile una vena delicatamente sentimentale; nell'aria dell'Angelo *Torva lo mira e freme* (1751/IV), per esempio, l'efficacia di elementi riconducibili alla tipologia C viene lievemente smorzata dall'andamento moderato del tempo.

La prima aria della cantata 1751/I (S. Giacomo, *N'empie d'orrore*, *Largo*, fa min.; *cfr.* Tav. I) mostra un esempio di trasformazione tematica e di compresenza di tipologie di riferimento diverse. Il primo gruppo tematico dell'introduzione orchestrale (Es. 1A) è composto di almeno tre cellule giustapposte: le note puntate (*cell. a*); l'appoggiatura (*cell. b*); la sincope (*cell. c*). Queste cellule si appoggiano sul procedere per toni e semitoni di una linea melodica subordinata, secondaria, che agisce da elemento di connessione e conferisce alla frase una forma ad arco. Il pedale di tonica al basso (vla e vc, bb. 1-2) e all'acuto (vl 1, bb. 4-5) contribuisce, insieme al prolungamento ritmico delle prime due battute, a definire il senso di attonita sospensione [tipologia A] di fronte alla scena del calvario («N'empie d'orrore / Vederlo oppresso»). La parte vocale si inserisce nella ripresa dell'introduzione strumentale (bb. 8 e segg.); la variante della *cell. c* (Es. 1B) in corrispondenza dei versi: «Da tanto eccesso / Di crudeltà», addolcisce la spigolosità ritmica della sincope e predispone a un mutato clima affettivo [tipologia B], decisamente confermato, subito dopo, dall'inizio del secondo gruppo tematico nella tonalità del relativo maggiore (bb. 14 e segg.). Il gruppo tematico cadenzale ripristina l'atmosfera iniziale, prima della ripresa nella tonalità d'impianto (bb. 28 e segg.).

L'intermezzo (*Andantino* in 3/8, do min.) è decisamente attribuibile alla tipologia B: andamento ternario, cullante; ritmi puntati 'alla lombarda'; melodia per gradi congiunti legati a due a due; simmetria fraseologica: il tema del canto (bb. 1-8) viene riproposto integralmente dal primo violino in Mi♭ Magg. (bb. 9-16).

Es. 1A: SAMMARTINI, Giovanni Battista. Cantata 1751/I, Aria prima, bb. 1-5, *cell. a* (b. 1), *cell. b* (bb. 2-3), *cell. c* (b. 3).

Es. 1B: SAMMARTINI, Giovanni Battista. Cantata 1751/I, Aria prima, bb. 11-12.

La seconda aria della cantata 1751/II (Veronica, *Sembianze squallide*, Largo, fa min.) presenta caratteristiche analoghe alla prima aria della cantata 1751/I, sia per quanto riguarda la situazione drammatica, sia per la struttura armonica e il trattamento tematico. L'introduzione strumentale si fonda su tre cellule ritmiche e melodiche di tipologia A: le note di sfuggita del ritmo puntato iniziale (*cell. a*); un sinuoso disegno melodico in crome giocato essenzialmente sul semitono (*cell. b*); il frammento di scala cromatica (*cell. c*) (Es. 2). Con l'entrata della voce («Sembianze squallide / Del mio Signor»), l'orchestra si pone su uno sfondo armonico d'accompagnamento punteggiato dalla ricomparsa della *cell. a* con funzione di commento, di richiamo simbolico, quasi un riferimento onomatopeico al lamento in corrispondenza delle parole del testo: «Io piangerò / Sino che in lagrime / Si sciolga il cor». Questa cellula tematica, ripresa dalla voce nel mutato clima espressivo della tonica parallela (La♭ Magg.), si trasforma nel ritmo arrotondato delle terzine [tipologia B].

Nel brevissimo intermezzo (*Sembianze amabili*, La♭ Magg.) la delicatezza dell''affetto' («In tanto orror / Vi bacerò») è appena turbato dalla presenza di brevi frammenti cromatici in corrispondenza degli ultimi due versi («Sino che uccidami / Il mio dolor»).

Es. 2: SAMMARTINI, Giovanni Battista. Cantata 1751/II, Aria seconda, *cell. a* (b. 1), *cell. b* (b. 8), *cell. c* (b. 12).

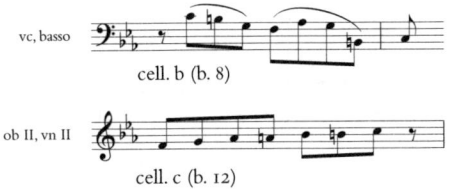

La figura retorica del 'sospiro' appare chiaramente enunciata nell'introduzione strumentale della prima aria della cantata 1751/IV (Cleofe, *Vo pur fra pianti e gemiti*, Largo ma non tanto, sol min., Es. 3). Anche in questo caso, però, il riferimento simbolico è solo iniziale: una sorta di segnale strettamente collegato al testo che lascia immediatamente spazio a brevi gesti musicali non convenzionali, come il reiterato motivo tematico del violino secondo sulla linea cromatica ascendente del basso (Es. 4), affine alla *cell. b* dell'aria di Veronica, *Sembianze squallide* della cantata 1751/II; lo stesso motivo tematico che, 'affettivamente' modificato dalla linea melodica del basso resa diatonica dal temporaneo passaggio alla tonalità di si♭ min., accompagna il canto sulle parole del testo: «O cara ancor che esanime / Spoglia del mio Signor» (bb. 30-31). La linea cromatica riappare nell'accompagnamento strumentale dell'intermezzo come elemento di coesione delle prime otto battute.

Es. 3: SAMMARTINI, Giovanni Battista. Cantata 1751/IV, Aria prima, b. 1.

Es. 4: SAMMARTINI, Giovanni Battista. Cantata 1751/IV, Aria prima, bb. 7-8.

Nel manoscritto di Praga (CZ-Pnm: XXXII E 186)[13], le parole di quest'aria sono state sostituite con un testo penitenziale in latino che solo in modo approssimativo richiama il significato originale: «O quam libenter patior / Ut Deo fiam gratior / Plura pati sum meritus. / Da ergo mihi dolores / Ut post mortem me honores / Hoc ibi praemio caelesti gaudio. / En Jesus in cruce patitur / Christus cruore madet».

Con insistenza insinuante il 'sospiro' domina per lunghi tratti la parte vocale della terza aria della cantata 1751/V (Maria, *Il caro suo pegno*, Non tanto risoluto, sol min., Es. 5).

---

[13]. *Cfr.* la descrizione delle fonti nel paragrafo successivo.

Es. 5: SAMMARTINI, Giovanni Battista. Cantata 1751/V, Aria terza, bb. 1-12.

Alla tipologia finora analizzata appartiene anche la prima aria della cantata 1751/V (Cleofe, *Almen potessi chiudere*, Largo, do min.). Accompagnata dai ritmi puntati 'alla lombarda' dei due violini in moto parallelo per sesta, la melodia ornamentata del violoncello obbligato anticipa la linearità semplificata della voce. Dopo una lunga pausa sospensiva sulla dominante, densa di significato espressivo (b. 5), il seguente gruppo tematico riprende, trasforma ritmicamente e melodicamente, e infine ripresenta reiterata in successive entrate contrappuntistiche una cellula già enunciata dai violini a b. 3 (Es. 6A, *cell. a*, con varianti). La circolarità del disegno melodico di questa figurazione chiusa in se stessa, che non ammette sviluppi ulteriori fuorché la sua ripetizione e la sua intima trasformazione, esprime in modo quasi iconico il senso di ripiegamento, di ineluttabile accettazione del dolore della Madre ai piedi del Figlio morto; il richiamo ritmico di questa cellula tematica assumerà infatti un ruolo preponderante nella parte vocale in corrispondenza dei versi: «Il caro Figlio esanime / Accompagnar così», reso ancora più patetico dall'andamento cromatico del basso (bb. 49 e segg., Es. 6B).

Es. 6A: SAMMARTINI, Giovanni Battista. Cantata 1751/V, Aria prima, *cell. a* (vl I e vl II, b. 3 e varianti alle bb. 6-9).

Es. 6b: Sammartini, Giovanni Battista. Cantata 1751/v, Aria prima, bb. 49-54.

Anche in questo caso la sostituzione del testo originale con una meditazione in latino che prende spunto dalla narrazione evangelica della morte di Gesù (*cfr.* il manoscritto di Praga, CZ-Pnm: XXXII E 186), aderisce al contenuto musicale solo nella generica definizione di un clima espressivo ottenebrato dal senso del peccato.

L'osservanza del testo e della situazione drammatica sembra addirittura determinante per l'organizzazione formale interna della seconda aria della cantata 1751/I (Pietro, *Porto il rimorso al fianco*, *Andante allegrino*, sol min.). L'opposizione concettuale dei due versi: «Arder, gelar mi sento / Tra mille affetti il cor», che esprime lo stato di confusione interiore di Pietro dopo il suo tradimento, si traduce musicalmente in una struttura a pannelli giustapposti e contrastanti tra loro (*cfr.* Tav. II).

Le figurazioni musicali, l'andamento ritmico ternario e l'indicazione di movimento riconducono all'aria di mezzo carattere, qui esemplificata come tipologia B; l'intimo senso di turbamento, di sentimenti opposti provati da Pietro in preda al rimorso, viene tuttavia ottenuto attraverso l'elaborazione delle diverse situazioni emotive in blocchi isolati da pause, senza un apparente reciproco collegamento, anzi con raffinate antitesi interne nel trattamento del materiale motivico. Per esempio, il confronto tra il primo gruppo tematico (bb. 1-6) e il successivo gruppo tematico cadenzale (bb. 7-15) evidenzia le seguenti contrapposizioni:

Gruppo tematico 1	*Gruppo tematico cadenzale*
- inizio in battere	- inizio in levare
- moto parallelo di vl I e vl II	- contrappunto in canone tra vl I e vl II
- disegno melodico circolare della vla da eseguire in crome legate	- frammenti di scala ascendenti per vla e vc da eseguire *staccato assai*
- conclusione dinamica nel *forte*	- inizio nel *piano* improvviso
- ritmo puntato	- ritmo puntato 'alla lombarda'

Di notevole effetto espressivo è anche la sezione separata da pause in corrispondenza del terzo verso («Arder, gelar mi sento», bb. 24-26), sospesa per tre battute su pedale di dominante in do min., prima della soluzione nel gruppo tematico cadenzale («Fra mille affetti il cor», bb. 27 e segg.).

Nell'intermezzo dell'aria, rapide tirate discendenti e ascendenti in trentaduesimi costituiscono un esempio di figurazione retorica di tipo imitativo finalizzata a rappresentare iconicamente l'effetto del 'turbine' enunciato nel testo; un espediente che appare riservato, in questo tipo di arie, sempre alla sezione B.

Un analogo intervento di adattamento formale della struttura interna dell'aria, al fine di connotare nel personaggio uno stato psicologico di intima confusione, si trova nella seconda aria della cantata 1751/IV (Maddalena, *Palpito, avvampo, e gelo*, Risoluto, fa min., *cfr.* Tav. III). In questo caso il sentimento prevalente è lo stupore e lo smarrimento di Maddalena che, giunta al sepolcro di Gesù Cristo, lo trova vuoto. In aggiunta alle figurazioni musicali, il sentimento di agitazione e di ansia viene reso anche mediante il prolungamento del primo gruppo tematico con una coda su pedale di dominante che consente l'insistente ripetizione degli ultimi due versi della quartina: «Come aver pace? e in vita / Serbarmi, oh Dio! così?».

La sezione B, come l'intermezzo dell'aria precedentemente analizzata, presenta rapide scale ascendenti in trentaduesimi come rappresentazione simbolica dei 'fulmini'. Generalmente però, in questa tipologia di arie, Sammartini mostra un impiego delle figure imitative più espressivo e originale. Per esempio, la prima aria della cantata 1751/II (Marta, *Da lungi miro*, Risoluto, do min.) presenta nell'intermezzo (*Largo*, Mi♭ Magg.) un crescendo ritmico di rilevante impatto emotivo — chiaramente ispirato dalle locuzioni: «fier torrente» e «precipitar» — ottenuto mediante il passaggio progressivo della pulsazione ritmica dell'accompagnamento strumentale dalla semiminima, alle crome e alle semicrome ribattute, fino all'erompere di rapide figurazioni arpeggiate dei violini. Significativo è anche l'incremento dinamico conseguito, su una progressione armonica e melodica ascendente, attraverso un calibrato uso di accentuazioni (*forte/piano*) sempre più estese nella durata del *forte*.

Piuttosto curiosa è l'imitazione del «lagrimar», resa musicalmente con scale discendenti che, con moto circolare, passano da uno strumento all'altro nell'intermezzo (*Largo*, do min.) della seconda aria della cantata 1751/III (Angelo Secondo, *Rasserenate il ciglio*, Andante, Mi♭ Magg., Es. 7).

Es. 7: Sammartini, Giovanni Battista. Cantata 1751/III, Aria seconda, Intermezzo, bb. 8-12.

Riconducibili alla tipologia C sono: la terza aria della cantata 1751/I (S. Giovanni, *Da tenebroso velo*, Allegretto in tempo tagliato, Mi♭ Magg.), la prima aria della cantata 1751/II (Marta, *Da lungi miro*, Risoluto, do min.), la terza aria della stessa cantata (Angelo, *Stride l'arco*, Presto, Si♭ Magg.), l'intermezzo della prima aria della cantata 1751/III (Angelo Primo, Risoluto, do min.), la terza aria della cantata 1751/III (Angelo Terzo, *Dal profondo de' squallidi*

abissi, *Allegro*, do min.), la terza aria della cantata 1751/IV (Angelo, *Torva lo mira e freme*, *Moderato*, Si♭ Magg.), la seconda aria della cantata 1751/V (Giovanni, *Rupe in mar*, *Presto*, Mi♭ Magg.).

Come impianto tonale per questa tipologia di arie, Sammartini sembra prediligere il modo maggiore o la tonalità di do minore; nel primo caso la modulazione avviene sempre alla dominante, mentre, quando la tonalità d'impianto è do minore, il secondo gruppo tematico è sempre al relativo maggiore, cioè alla tonica parallela, come nelle arie appartenenti alle tipologie A e B.

Tratto distintivo comune è la diffusa presenza nella sezione A di un figuralismo imitativo, ispirato dalle parole del testo ed espresso in maniera esplicita (saette, gorghi, mare in tempesta), che nelle altre tipologie appare meno frequente e, comunque, sempre confinato nei limiti ristretti dell'intermezzo. Più raramente il riferimento simbolico, come avviene nelle tipologie A e B, è meno diretto (per esempio i tremoli degli archi per indicare lo stato di agitazione di Marta nella prima aria della cantata 1751/II, *Da lungi miro*). L'impiego di segnali convenzionali, come rapide scale, accordi arpeggiati, richiami 'di tromba', rendono meno evidente la definizione tematica delle figurazioni affidate alla parte strumentale che, di fatto, assume la connotazione di commento sonoro, di sfondo estremamente fantasioso e mutevole alla distesa cantabilità della parte vocale.

Le cinque cantate del 1751, collocate nel momento centrale del percorso artistico di Sammartini, si caratterizzano, dunque, per lo stile originale e composito in cui l'adesione a schemi convenzionali — come il figuralismo immediatamente riconducibile all'obbedienza testuale della parola, l'assunzione univoca del modello dell'aria 'col da capo', il riferimento a tipologie consolidate — diventano punti di partenza, materiali da elaborare, trasformare e adeguare alle diverse esigenze drammatiche. Purtroppo le nostre conoscenze, limitatamente al genere qui trattato, non vanno oltre le successive tre cantate superstiti, le quali, pur essendo cronologicamente abbastanza vicine a quelle del 1751, presentano tratti formali e fraseologici più unitari, meglio definiti, meno toccati dalla commistione stilistica e da quella ricerca sperimentale che Sammartini sembra abbia voluto attuare negli anni immediatamente precedenti.

LEGENDA ALLE TAVOLE CHE SEGUONO

cad.	cadenza	[D]	area della Dominante
col.	coloratura	D	Dominante
elem. del gr. tem.	elementi del gruppo tematico	s	sottodominante nel modo minore
gr. tem.	gruppo tematico	t	tonica nel modo minore
gr. cad.	gruppo cadenzale	Tp	Tonica parallela = relativo maggiore
[ ]	in generale, le parentesi quadre indicano un processo armonico o melodico all'interno di una sezione		
[...]	passaggio modulante		
---	parte vocale o strumentale autonoma o d'accompagnamento		
introd. orch.	introduzione orchestrale		
progress.	progressione		
ricond.	riconduzione alla tonalità d'impianto		
ripresa abbr.	ripresa abbreviata		

Tavola I

Cantata 1751/1 (J-C 117)
Il pianto di S. Pietro

Aria di S. Giacomo: *N'empie d'orrore*   Intermezzo: *Pur de le offese*
Largo in **c** / ob. I-II, archi, Alto / fa minore   *Andantino* in 3/8 / ob. *tacet* / do minore

A   N'empie d'orrore   B   Pur de le offese
       Vederlo oppresso   Non sa lagnarsi
       Da tanto eccesso   Non può sdegnarsi
       Di crudeltà.   Temer non sà.

A————————————————————— ⟶ B———————— ⟶ A 'da capo'

Largo **c**										*Andantino* 3/8		*Largo* **c**
battute:	1-7 introd. orch.	8-27					28-44			45-52	53-73	
	1-5	6-7	8-13	14-20	21-26	27 orch.	28-41	42-44 orch.				
versi:			1-2-3-4				1-2-3-4			5-6-7-8	5-6-7-8	
sez. voc.:			gr. tem. I	gr. tem. II [col.]	[cad.]		ripresa abbr.			gr. tem. x	gr. tem. x	
sez. orch.:	gr. tem. I	[cad.]	gr. tem. I	---	[cad.]	ricond.	ripresa abbr.	gr. tem. I e gr. cad.		---	gr. tem. x	
tonalità:	fa min.		fa min.	La♭ M. →do m.		⟶	fa m. […] fa m.			do min.	Mi♭ M. →La♭ M.	fa min.
aree tonali:	t	[D]	t	[D] Tp		⟶D	t			D	[…]	t

Tavola II

Cantata 1751/1 (J-C 117)
Il pianto di S. Pietro

Aria di S. Pietro: *Porto il rimorso al fianco*
Andante allegrino in 3/4 / archi, Tenore / sol minore

Intermezzo: *Sembrami il Ciel già stanco*
[senza indicaz.], 3/4 / archi, Tenore / do minore

A   Porto il rimorso al fianco,
       Il folle ardir rammento
       Arder, gelar mi sento
       Fra mille affetti il cor.

B   Sembrami il Ciel già stanco
       Di più lasciarmi in vita,
       E il turbine mi addita,
       Che opprima un traditor.

A -- ┐B Interm.

Andante allegrino 3/4

battute:	1–15 introd. orch.		16–50			51–78		
	1–6	7–15	16–23	24–26	27–46	51–54	55–64	65–78
versi:			1–2	3	4	1–2	3–4	4
sez. voc.:			---	---	gr. tem. cad.	ripresa	progress.	gr. tem. cad.
sez. orch.:	gr. tem. I	gr. tem. cad.	elem. del gr. tem. I	---	gr. tem. cad.	---	progress.	gr. tem. cad.
tonalità:	sol min.		sol min.	do min.	do min.→Si♭ Magg.	[D]	[...]→[cad. D]	sol min.
aree tonali:	t	[cad. D]	t →	s → [cad. D]	s → Tp	t	[...] → t	t

┌B Interm.

	46–50 orch.	
	gr. tem. I; gr. tem. cad.	
	Si♭ M.→ sol min. [D]	
	Tp → t	

TAVOLA III

Cantata 1751/IV (J-C 120)
Il pianto di Maddalena al sepolcro

Aria di Maddalena: *Palpito, avvampo e gelo*
Risoluto in ¢ / ob. I-II, archi, Alto / fa minore

Intermezzo: *Armati o ciel di sdegno*
[manca l'indicaz.], ¢ / ob. *tacet* / do minore

A   Palpito, avvampo, e gelo:
      Padre… Sposo… mi addita?
      Come aver pace? e in vita
      Serbarmi, oh Dio! così?

B   Armati o Ciel di sdegno,
      Precipitate o fulmini
      A vendicar l'indegno,
      Che il mio Signor rapì.

A————————————————————————————————————— T B Interm.

Risoluto ¢											
battute:	1-12 introd. orch.		13-49					50-86			
	1-8	9-12	13-21	22-32	33-36	37-47	47-49 orch.	50-64	65-72	73-86	
versi:			1-2	3-4	3-4	3-4		1-2-3-4	1-3-4	3-4	
sez. voc.:			---	---	---	---		ripresa	[ripresa]	---	
sez. orch.:	gr. tem. I	coda	gr. tem. I	elem. gr. tem. I e gr. tem cad.	coda	gr. tem. cad.	gr. tem. I	gr. tem. I var.	gr. tem. I e coda	gr. tem. cad.	
tonalità:	fa min.		fa m. → La♭ M.	La♭ Magg. [D]	do min.	do min.	↑	fa m.			
aree tonali:	t [cad. D]	[ped. D]	t → Tp	Tp	d [ped. D]	d	[...]	t	t [ped. D]	t	

Lagrime di *Pentimento, Tenerezza,* e *Compatimento.*
O sia
Breve Dialogo Tragico-Sacro
Sovra l' acerba morte
DI
GIESÙ CRISTO
Amorosissimo nostro Redentore
Compianta da *Pietro* con Lagrime
DI *Dolore,* e *Pentimento*:
Da alcune Sante *Donne* con Lagrime
DI *Pietà,* e *Tenerezza*:
Da MARIA Vergine con Lagrime
DI *Cordoglio,* e *Compatimento*:
Diviso in trè Cantate ed in un Concerto
Musicale proposto a tutti i Fedeli, Giusti, e Peccatori: A questi: per piegar i Loro malvaggi cuori al sentimento d'un sincero *Dolor*, e verace *Pentimento*; a quelli: per ravvivar in Lor il più tenero affetto di *Pietà,* e *Compatimento:*
Nella Chiesa di S. Francesco del Sacro
Ordine Militare de' Crocigeri colla stella rossa,
presso il ponte di Praga, il giorno del Venerdì Santo,
a ore undeci della Mattina L'Anno M.DCCLIII.
Con Licenza de' Superiori.

Nella Stamperia dell' Univ.ità Carol. Ferd. ne' Colleg. della Compagnia di Gesù
à S. Clementè, 1753.

INTERLOCUTORI.

Della Cantata Prima:

Giovanni	Soprano.
Giacomo	Alto.
Pietro	Tenore.

Della Cantata Seconda:

Veronica	Soprano.
Marta	Contr'Alto.
Angelo	Tenore.

Della Cantata Terza:

Maria Vergine	Soprano.
Cleofe	Contr'Alto.
Giovanni	Tenore.

La Musica è del Signore Gian. Battista S. Martino.

ILL. 3: frontespizio ed elenco dei personaggi del libretto contenente tre Cantate e un Concerto musicale per il Venerdì Santo, Praga, Stamperia dell'Università Carol. Ferd. nel Collegio della Compagnia di Gesù a S. Clemente, 1753.

DESCRIZIONE DELLE FONTI E STRUTTURA DELLE CANTATE

Cantata 1751/1 (J-C 117)[14]

LIBRETTI

Il pianto di S. Pietro. / CANTATA PER MUSICA / SOPRA LA PASSIONE DI NOSTRO / SIGNORE GESÙ CRISTO / *Da recitarsi la sera del primo Venerdì di Quaresima* / NELLA REGGIA, ED IMPERIALE / CONGREGAZIONE / DEL SS.^{MO} ENTIERRO / IN SAN FEDELE. / *Musica del Sig. Gio. Battista Sammartino Maestro di Capella* / *di essa Congregazione.* / IN MILANO. MDCCLI. / Nella Stamperìa di Pietro Francesco Malatesta.

---

[14]. Le sigle MILB (Milano, Biblioteca Nazionale Braidense), GENF (Genova, Biblioteca Franzoniana), EINS (Einsiedeln, Benediktinerkloster), MUN (Monaco, Bayerische Staatsbibliothek), PRA (Praga, Národni Muzeum, Hudebni Oddélení) utilizzate in: JENKINS, Newell - CHURGIN, Bathia. *Op. cit.* (vedi nota 6) sono

Esecuzione: Milano, S. Fedele, 5 marzo 1751.
Luogo di conservazione: I-Mb: 25.5.F. 24/10.
Autore del testo: anonimo.
Interlocutori: San Giacomo (Alto), San Pietro (Tenore), San Giovanni (Soprano).
Citazione evangelica: *Exivit foras, & flevit amare*.

★★★

Lagrime di Pentimento, Tenerezza, e Compatimento / O sia / Breve Dialogo Tragico-Sacro / Sovra l'acerba morte / DI / GIESÙ CRISTO / Amorosissimo nostro Redentore / Compianta da *Pietro* con Lagrime / Di *Dolore, e Pentimento*: / Da alcune Sante *Donne* con Lagrime / Di *Pietà, e Tenerezza*: / Da MARIA Vergine con Lagrime / Di *Cordoglio, e Compatimento*: / Diviso in trè Cantate ed in un Concerto / Musicale proposto a tutti i Fedeli, Giusti, e Pec- /catori: A questi: per piegar i Loro malvaggi cuori al sen- /timento d'un sincero *Dolor, e verace Pentimento*; a quelli: / per ravvivar in Lor il più *tenero* affetto di *Pietà*, e / *Compatimento*: / Nella Chiesa di S. Francesco del Sacro / Ordine Militare de' Crocigeri colla stella rossa, / presso il ponte di Praga, il giorno del Venerdì Santo, / a ore undeci della Mattina L'Anno MDCCLIII. / Nella Stamperia dell'Università Carol. Ferd. nel Colleg. della Compagnia di Giesù / à S. Clement; 1753.

[Prima delle tre cantate incluse nella raccolta].
Esecuzione: Praga, S. Francesco, 20 aprile 1753.
Luogo di conservazione: CZ-Pnm: B 69.
Autore del testo: anonimo.
Interlocutori: San Giacomo (Alto), San Pietro (Tenore), San Giovanni (Soprano).
Citazione evangelica: *Exivit forat, & flevit amare*.

---

state sostituite rispettivamente con le sigle RISM: I-Mb, I-Gf, CH-E, D-Mbs, CZ-Pnm. Per una bibliografia generale su Sammartini e sulla sua produzione, *cfr.*: *Sammartini e il suo tempo. Fonti manoscritte e stampate della musica a Milano nel Settecento*, a cura di Marco Brusa e Attilio Rossi, Roma, CIDIM - Società Italiana di Musicologia, 1997 (supplemento a *Fonti musicali italiane*, 1/1996), pp. 133-139. Sulle cantate di Sammartini, in particolare, *cfr.*: JENKINS, Newell. 'The Vocal Music of G. B. Sammartini', in: *Chigiana*, XXXII, N. S. 12 (1977), pp. 277-309:279-281; MARLEY, Marie Annette. *The Sacred Cantatas of Giovanni Battista Sammartini*, Ph.D. Diss., University of Cincinnati, 1978; Ann Arbor (MI), UMI 78-21049, 1978. Marie Marley ha curato anche l'edizione critica della cantata 1751/II (J-C 118) *Il pianto delle pie donne*, Madison (WI), A-R Edition, 1990 (Recent Researches in the Music of the Classical Era, 34). Per la descrizione e la trascrizione della cantata 1751/III, *cfr.*: PIETROGRANDE, Chiara. *Giovanni Battista Sammartini una figura chiave nel Settecento musicale*, tesi di diploma, datt., parte II, Pontificio Istituto di Musica Sacra, Milano, a.a. 1990 - 1991. L'edizione critica della cantata 1759/V (J-C 123) *L'addolorata divina Madre e desolatissima nella Soledad* è in corso di pubblicazione a cura di VACCARINI GALLARANI, Marina (Lucca, LIM) per conto della Fondazione Arcadia (Milano) che intende promuovere l'edizione integrale delle otto cantate. Sull'esecuzione delle cantate di Sammartini in Boemia, sulla presenza dei manoscritti nell'abbazia benedettina di Einsiedeln e sulla probabile esecuzione delle cantate di Sammartini in quella sede, *cfr.* JENKINS, Newell - CHURGIN, Bathia. *Op. cit.* (vedi nota 6), Introduzione, pp. 1-33:24-26; JENKINS, Newell. *Op. cit.* (vedi nota 14), pp. 280-281; ALLORTO, Riccardo. *Gli anni milanesi di Giovanni Cristiano Bach e le sue composizioni sacre*, Milano, Ricordi, 1992, pp. 19-24.

Partiture manoscritte

— CH-E: 543/16 (1873 - 1875). Il manoscritto consta di 345 pagine numerate, di cui le prime 333 occupate dalle otto cantate superstiti[15]. In copertina si legge: «Cantate sacre / della Passione di Gesù Cristo / a tre Voci con Sinfonia / per i Venerdì della Quaresima / a Milano comp. / 1750 - 1770 / del / Sig.re M. Giov. Batt. S. Martino. / Partitura». In basso a sinistra la sigla: «P.S.K.» [Pater Sigismund Keller], curatore della copiatura; in basso a destra la data: 1873[16]. La cantata 1751/1 è indicata come: «Cantata del Sig.re Giov. Batt. S. Martino»; occupa le pp. 132-162 ed è, nell'ordine, la quarta copiata nel manoscritto. A p. 162 è scritta la data: 14 dicembre 1874, seguita dalla sigla: «P.S.K.». Nella stessa pagina, in basso a destra, è annunciata la cantata successiva (J-C 118) con l'indicazione «In der folgenden Cantata ist Veronica mit dem Schweißtuch die Haupt-Gestalt» («Nella cantata successiva la protagonista è Veronica con il sudario»)[17].

— D-Mbs: 3641 (1880). Le otto cantate di Sammartini sono contenute nel manoscritto di 390 pagine. Le prime pagine non sono numerate di seguito. La prima cantata, attribuita al primo Venerdì di Quaresima, corrisponde a J-C 124 (pp. 1-40 numerate); la seconda, a J-C 122 (pp. 1-59 numerate); la terza, a J-C 123 (pp. 1-49 numerate); da p. 50 in avanti la numerazione delle pagine è progressiva. La cantata 1751/1 è indicata come: «Quarta Cantata» e occupa le pp. 50-81.

---

[15]. Segue un *Gloria Patri* di Sammartini (pp. 333-345): *Gloria Patri* (¢, *Andante affettuoso*, mi min., SA, archi e b.c., pp. 333-335); *Sicut erat* (¢, *Allegro*, Sol Magg., SATB, archi e b.c., pp. 336-337); *Et in saecula* (¢, [*Allegro*], Sol Magg., SATB, archi e b.c., pp. 337-345).

[16]. Sul frontespizio della prima cantata (J-C 122) è scritto: «Cantata sacra / composta circa / 1760-1770 / a Tre Voci con Sinfonia, / Maria Madalena [aggiunto sopra, probabilmente da altra mano: soprano], Maria Cleofe [aggiunto sopra: alto], Maria Salome [aggiunto sopra: tenore]. / Del Sig.re Gio. Batt. s.t Martino / Milanese. / Partitura». In basso a destra: «M. Eins. 3 di Dicemb. 1873»; in basso a sinistra, la sigla: «P.S.K.». Nella pagina successiva, non numerata, uno scritto in tedesco riporta brevi informazioni biografiche su Sammartini con alcune citazioni in francese tratte da Fétis, François-Joseph. 'Sammartini ou San Martini Jean-Baptiste', in: *Biographie universelle des musiciens et bibliographie générale de la musique*, 8 voll., Paris, Librairie de Firmin Didot frères, fils et C.ie, 1864, vol. VII, pp. 388-389; come altra fonte per le notizie riportate, l'estensore fa riferimento a Dommer, Arrey von. *Handbuch der Musik. Geschichte von der ersten Anfängen bis zum Tode Beethoven's*, Leipzig, Fr. Wilh. Grunow, 1878, p. 575. Si legge, inoltre, che tutte le cantate venivano utilizzate come offertorio «pro omni tempore» e che la loro struttura è sempre uguale: sinfonia; 1° recitativo/aria; 2° recitativo/aria; 3° recitativo/aria; 4° recitativo/coro finale a tre (soprano, alto, tenore). Identico è anche il tema della passione, morte e deposizione di Gesù. Vengono poi citati i personaggi delle otto cantate numerate secondo l'ordine di rilegatura nel manoscritto: Maria Maddalena, Maria Cleofe e Maria Salome nella prima cantata (J-C 122); gli stessi nella seconda cantata (J-C 124); gli stessi nella terza (J-C 123); Pietro, Giacomo e Giovanni nella quarta (J-C 117); un Angelo, Marta e Veronica nella quinta (J-C 118); un Angelo, Maria Maddalena e Maria Cleofe nella sesta (J-C 120); tre Angeli nella settima (J-C 119); un Angelo [sic; sul ms e sul libretto Giovanni], Maria e Cleofe nell'ottava (J-C 121). La cantata J-C 122, occupa le pp. 1-46; la cantata J-C 124, attribuita sulla partitura al primo Venerdì di Quaresima, occupa le pp. 47-86; la cantata J-C 123, attribuita sulla partitura al secondo Venerdì di Quaresima, le pp. 87-131.

[17]. Ringrazio Johannes Streicher per la corretta decifrazione della grafia del documento.

Sezione	Tempo	Organico	Ton.	Lungh.
Introduzione	Presto, ¢	ob. I-II, archi, b.c.	do min.	bb. 63
Rec. S. Pietro [con S. Giacomo e S. Giovanni]: *Potessi almen col sangue*		T, A, S, b.c.		bb. 39
Aria S. Giacomo: *N'empie d'orrore*	Largo, ¢	A, ob. I-II, archi, b.c.	fa min.	bb. 44
---	---	---	---	---
Intermezzo: *Pur dell'offese non sa lagnarsi*	Andantino, 3/8	ob. *tacet*	do min.	bb. 28
Rec. S. Pietro: *O voi felici nel dolore*		T, b.c.		bb. 28
Aria S. Pietro: *Porto il rimorso al fianco*	Andante allegrino, 3/4	T, archi, b.c.	sol min.	bb. 78
---	---	---	---	---
Intermezzo: *Sembrami il Ciel già stanco*	[senza indicaz.], 3/4	idem	do min.	bb. 20
Rec. S. Giovanni: *Infelice! Che ascolto*		S, b.c.		bb. 19
Aria S. Giovanni: *Da tenebroso velo*	Allegretto, ¢	S, cor. I-II, archi, b.c.	Mi♭ Magg.	bb. 104
---	---	---	---	---
Intermezzo: *Alma nemica al cielo*	[senza indicaz.], ¢	cor. *tacet*	La♭ Magg.	bb. 18
Rec. S. Pietro [con S. Giovanni e S. Giacomo]: *Dunque giova sperar*		T, S, A, b.c.		bb. 6
Introduzione al coro finale: *Perché buon Dio t'involi* (S. Pietro)	Largo, 3/4 [D-Mbs: senza indicaz.], 3/4	T, cor. I-II, archi, b.c.	do min.	bb. 9
---	---	---	---	---
Lungi da te s'ingombra (a 3 vv.)	Allegro moderato, 3/4	S, A, T, cor. I-II, ob. I-II, archi, b.c.	do min.	bb. 62

Cantata 1751/II (J-C 118)

Libretti

Il pianto delle pie Donne. / CANTATA PER MUSICA / SOPRA LA PASSIONE DI NOSTRO / SIGNORE GESÙ CRISTO / *Da recitarsi la sera del secondo Venerdì di Quaresima* / NELLA REGGIA, ED IMPERIALE / CONGREGAZIONE / DEL SS.ᴹᴼ ENTIERRO / IN SAN FEDELE. / *Musica del Sig. Gio. Battista Sammartino Maestro di Capella* / *di essa Congregazione.* / IN MILANO. MDCCLI. / Nella Stamperìa di Pietro Francesco Malatesta.

Esecuzione: Milano, S. Fedele, 12 marzo 1751
Luogo di conservazione: I-Mb: 25.5.F. 24/11.
Autore del testo: anonimo.
Interlocutori: Marta (Alto), Veronica (Soprano), Angelo (Tenore).
Citazione evangelica: *Nolite flere super me.*

★★★

Lagrime di Pentimento, Tenerezza, e Compatimento / [...]

[Seconda delle tre cantate incluse nella raccolta].

Esecuzione: Praga, S. Francesco, 20 aprile 1753.
Luogo di conservazione: CZ-Pnm: B 69.
Autore del testo: anonimo.
Interlocutori: Marta (Alto), Veronica (Soprano), Angelo (Tenore).
Citazione evangelica: *Nolite flere super me.*

★★★

Della Passione / DI N.S. GESÙ CRISTO / CANTATA / *Per il Terzo Venerdì di Quaresima* / NELLA REALE IMPERIALE / CONGREGAZIONE / DEL SS.MO ENTIERRO / IN S. FEDELE. / MUSICA / *Del Sig. Gio. Battista San-martino Maestro di Capella / di essa Congregazione*
[sull'ultima pagina:] In Milano, per il Mazzucchelli successore del Malatesta. 1757.

Esecuzione: Milano, S. Fedele, 11 marzo 1757 [*recte*: 18 marzo][18].
Luogo di conservazione: I-Gf: XXIX C 266.
Autore del testo: anonimo.
Interlocutori: S. Marta (Alto), S. Veronica (Soprano), Angelo (Tenore).
Citazione evangelica: [non indicata sul libretto].

★★★

CANTATA PER MUSICA / Sopra la SS. Passione / DI NOSTRO SIGNOR / GESU CRISTO / *Per la sera del terzo Venerdì di Quaresima* / NELLA REGIA IMPERIALE / CONGREGAZIONE / DEL / SS.MO ENTIERRO / IN S. FEDELE. / *La Musica è del Sig. Giambattista Sammartino / Maestro di Capella della Regia Ducal Corte / e della suddetta Congregazione.* / IN MILANO, MDCCLXXI. / Per Giuseppe Mazzucchelli nella Stamperìa Malatesta.

Esecuzione: Milano, S. Fedele, 8 marzo 1771.
Luogo di conservazione: I-Mb: VV.I.44/37.
Autore del testo: anonimo.
Interlocutori: S. Marta (Alto), S. Veronica (Soprano), Angelo (Tenore).
Citazione evangelica: [non indicata sul libretto].

Partiture manoscritte

— CH-E: 543/16 (vedi sopra per la descrizione del manoscritto). *Cantata per il Venerdì di Quaresima*; pp. 163-197: quinta cantata copiata nel manoscritto. A p. 197 si legge: «Fine della 2.da Cantata».

— D-Mbs: 3641 (vedi sopra per la descrizione del manoscritto). *v. Cantata*; pp. 82-129; p. 83 è stata numerata così per due volte.

---

[18]. La data 11 marzo 1757 è riportata in JENKINS, Newell - CHURGIN, Bathia. *Op. cit.* (vedi nota 6), *Remarks*, p. 174. In realtà, poiché in quell'anno la Pasqua cadeva il 10 aprile e il Venerdì Santo l'8 aprile, la datazione corretta dei cinque Venerdì di Quaresima dovrebbe essere: 4, 11, 18, 25 marzo e 1° aprile.

Sezione	Tempo	Organico	Ton.	Lungh.
Introduzione	*Presto*, ¢	cor. I-II, ob. I-II, archi, b.c.	sol min.	bb. 96
Rec. Marta: *Giunta sei pur*		A, b.c.		bb. 20
Aria Marta: *Da lungi miro il popol folto*	*Risoluto*, c	A, ob. I-II, archi, b.c.	do min.	bb. 93
---	---	---	---	---
Intermezzo: *Pallido, esangue*	*Largo*, ¢	ob. *tacet*	Mi♭ Magg.	bb. 17
Rec. Veronica: *Oh giorno! ohimé!*		S, b.c.		bb. 35
Aria Veronica: *Sembianze squallide*	*Largo*, ¢	S, ob. I-II, archi, b.c.	fa min.	bb. 73
---	---	---	---	---
Intermezzo: *Sembianze amabili*	[senza indicaz.] ¢	ob. *tacet*	La♭ Magg.	bb. 10
Rec. Angelo: *Alle lagrime*		T, b.c.		bb. 34
Aria Angelo: *Stride l'arco all'accesa saetta*	*Presto*, ¢ [D-Mbs: senza indicaz.], c	T, ob. I-II, archi, b.c.	Si♭ Magg.	bb. 92
---	---	---	---	---
Intermezzo: *Grida il sangue vendetta*	[senza indicaz.], ¢ [D-Mbs: c]	ob. *tacet*	sol min.	bb. 16
Rec. Marta [poi con Veronica]: *Sionne! in che ti offese*		A, S, b.c.		bb. 4
Coro finale (a 3 vv.): *Fra il turbine fatale*	*Risoluto*, c	S, A, T, cor. I-II, ob. I-II, archi, b.c.	sol min.	bb. 88

Cantata 1751/III (J-C 119)

Libretti

Il pianto degli Angeli della Pace. / CANTATA PER MUSICA / SOPRA LA PASSIONE DI NOSTRO / SIGNORE GESÙ CRISTO / *Da recitarsi la sera del terzo Venerdì di Quaresima* / NELLA REGIA, ED IMPERIALE / CONGREGAZIONE / DEL SS.MO ENTIERRO / IN SAN FEDELE. / *Musica del Sig. Gio. Battista Sammartino Maestro di Capella* / *di essa Congregazione.* / IN MILANO. MDCCLI. / Nella Stamperìa di Pietro Francesco Malatesta.

Esecuzione: Milano, S. Fedele, 19 marzo 1751.
Luogo di conservazione: I-Mb: 25.5.F. 24/12.
Autore del testo: anonimo.
Interlocutori: Angelo di Allianza (Soprano; corrispondente all'Angelo secondo nel libretto e all'Angelo primo nella partitura), Angelo di Testamento (Alto; Angelo primo nel libretto, Angelo secondo nella partitura), Angelo di Grazia (Tenore; nel libretto e nella partitura corrisponde all'Angelo terzo).
Citazione evangelica: *Angeli Pacis amare flebant.*

★★★

LUTTO, E GIOIA / Ciò è: / L'Amara Morte / DI / GESÙ CRISTO* / Amorosissimo nostro / REDENTORE, / Qual Vittima sacrificata; / Per l'acerbità de' tormenti oggetto degno / d'amarissimo / LUTTO, E TRISTEZZA: /

Per la Salvezza cagionataci, motivo d'ineffabile / GIOJA ed ALLEGREZZA: / in un brieve Dialogo Musicale, diviso in due / Cantate, proposta all'Alme fedeli; affinché mosse à com- / pianger la stessa con compassionevole *Lutto*, e divota *Tristezza*, / vengano un giorno à parte d'eterna *Gioja*, e perenne / ALLEGREZZA: / Nella Chiesa di S. Francesco del Sacro, e Militare / Ordine de' Crocigeri colla Stella rossa presso 'l ponte di / Praga, il giorno del Venerdì Santo, a Ore undeci della / mattina./ *L'Anno* MDCCLIV / Nella Stamperia dell'Università Carol Ferd. nel Colleg. della Com- / pagnia di Gesù à S. Clemente 1754. ★ *Sicut Socii passionum estis, sic eritis et consolationis.* 2 Cor. c. 1. v. 7. [citazione evangelica riportata sul frontespizio del libretto]
[Cantata prima, cioè prima parte del *Dialogo* diviso in due cantate].

    Esecuzione: Praga, S. Francesco, 12 aprile 1754.
    Luogo di conservazione: CZ-Pnm: B 70.
    Autore del testo: anonimo.
    Interlocutori: Angelo Primo (Alto), Angelo Secondo (Soprano), Angelo Terzo (Tenore).
    Citazione evangelica: *Angeli Pacis amare flebant.*

Partiture manoscritte

— CH-E: 543/16 (vedi sopra per la descrizione del manoscritto). *Cantata S. per il Venerdì nella Quaresima, del Sig.ʳ Giov. B. S. Martino. a tre, Sopr. Alto e Tenore, Tre Angeli*; pp. 245-290: settima cantata nel manoscritto.

— D-Mbs: 3641 (vedi sopra per la descrizione del manoscritto). *VIII. Cantata. Tre Angeli che cantano*; pp. 238-291. A p. 291 si legge: «Fine Sabbato Santo 1880. P.S.K.O.S.B. a Einsiedeln». Sotto, con altra mano: «(= Pater Sigism. Keller)».

Sezione	Tempo	Organico	Ton.	Lungh.
Introduzione	*Presto*, 3/4	tr. I-II, ob. I-II, archi, b.c.	sol min.	bb. 87
---	---	---	---	---
«Coro a tre»: *Amare lagrime*	*Andante*, 3/4	S, A, T, ob. I-II, archi, b.c.	sol min.	bb. 78
Rec. Angelo Terzo: *Già pel comun misfatto*		T, b.c.		bb. 4
---	---	---	---	---
Rec. accomp. Angelo Terzo: *S'oscurino le stelle*	*Larghetto*, C *Presto*, C	T, ob. I-II, archi, b.c.		bb. 6+8
Coro, da capo fino alla b. 20: *Amare lagrime* [da capo non indicato in D-Mbs]	*Andante*, 3/4	S, A, T, ob. I-II, archi, b.c.	sol min.	bb. 20
Rec. Angelo Primo[19]: *Io dell'alte promesse*		A, b.c.		bb. 16
Aria Angelo Primo: *Oscurata impallidita*	*Larghetto*, ¢	A, ob. I-II, archi, b.c.	fa min.	bb. 77
---	---	---	---	---
Intermezzo: *Prezzo, ed opra è il sen trafitto* [il testo in partitura è mutato in: *Spezza ed apri il sen trafitto*]	*Risoluto*, 3/4	ob. *tacet*	do min.	bb. 27
Rec. Angelo Secondo: *Io di clemenza e pace*		S, b.c.		bb. 31

---

[19]. Nella tabella viene indicato l'interlocutore come appare nel libretto, cioè con i ruoli vocali degli Angeli primo e secondo invertiti rispetto alla partitura.

Aria Angelo Secondo: *Rasserenate il ciglio*	*Andante*, ¢	S, vc obbl., tr. I-II, ob. I-II, archi, b.c.	Mi♭ Magg.	bb. 116
Intermezzo: *Ma lacero e vermiglio*	*Largo*, 3/4	tr. *tacet*; ob. *tacet*	do min.	bb. 21
Rec. Angelo Terzo: *Itene pur compagni*		T, b.c.		bb. 21
Aria Angelo Terzo: *Dal profondo di squallidi abissi* [D-Mbs: aggiunge 3 misure tra bb. 51 e 52]	*Allegro*, ¢	T, tr. I-II, ob. I-II, archi, b.c.	do min.	bb. 101
[Intermezzo]: *E temuto nel doppio Emisfero* [il testo in partitura è mutato in: *E che muta! Nel doppio Emisfero*]	[senza indicaz.], ¢	tr. *tacet*; ob. *tacet*	sol min.	bb. 18
Rec. Angelo Primo [poi con l'Angelo secondo]: *Sotto l'albero à morte*		A, S, b.c.		bb. 4
Ripetizione del coro iniziale: *Amare lagrime*	*Andante*, 3/4	S, A, T, ob. I-II, archi, b.c.	sol min.	bb. 78

Cantata 1751/IV (J-C 120)

Libretti

Pianto di Maddalena al Sepolcro. / CANTATA PER MUSICA / SOPRA LA PASSIONE DI NOSTRO / SIGNORE GESÙ CRISTO / *Da recitarsi la sera del quarto Venerdì di Quaresima* / NELLA REGIA, ED IMPERIALE / CONGREGAZIONE / DEL SS.MO ENTIERRO / IN SAN FEDELE. / *Musica del Sig. Gio. Battista Sammartino Maestro di Capella / di essa Congregazione.* / IN MILANO. MDCCLI. / Nella Stamperìa di Pietro Francesco Malatesta.

Esecuzione: Milano, S. Fedele, 26 marzo 1751.
Luogo di conservazione: I-Mb: 25.5.F. 24/13.
Autore del testo: anonimo.
Interlocutori: Cleofe (Soprano), Maddalena (Alto), Angelo (Tenore).
Citazione evangelica: *Mulier quid ploras?*.

★★★

LUTTO, E GIOIA / [...]
[Cantata seconda, cioè seconda parte del *Dialogo* diviso in due cantate].

Esecuzione: Praga, S. Francesco, 12 aprile 1754.
Luogo di conservazione: CZ-Pnm: B 70.
Autore del testo: anonimo.
Interlocutori: Cleofe (Soprano), Maddalena (Alto), Angelo (Tenore).
Citazione evangelica: *Mulier quid ploras?*.

Partiture manoscritte

— CH-E: 543/16 (vedi sopra per la descrizione del manoscritto). *Cantata S. per il Venerdì nella Quaresima, del Sig.re M.stro Giov. B. [aggiunto sopra] S. Martino*; solo in questa cantata e nella successiva (1751/V) vengono indicati gli interlocutori e i ruoli vocali; pp. 203-244: sesta cantata nel manoscritto. A p. 244 è indicata la data di copiatura: «Finis 28 marzii 1875».

— D-Mbs: 3641 (vedi sopra per la descrizione del manoscritto). *VII. Cantata. Cleofe, M. Maddalena e l'Angelo al Sepolcro*; pp. 184-237. La p. 233 non è numerata.

— CZ-Pnm: XXXII E 186 (1790). Il manoscritto include le Cantate 1751/IV e 1751/V in parti staccate suddivise per ruolo vocale e per strumento. In ciascuna parte, vocale o strumentale, le due Cantate sono scritte di seguito e indicate rispettivamente come *Pars quarta* e *Pars quinta*. Tutti i recitativi e le arie non hanno il testo, ad accezione di un'aria del Soprano nella *Pars quarta* (corrispondente alla prima aria della cantata 1751/IV) e di un'aria dell'Alto nella *Pars quinta* (corrispondente alla prima aria della cantata 1751/V) che presentano un testo in latino. Sul frontespizio si legge: *Oratorium Signore Martino*.

Ill. 4: *incipit* dell'aria per Soprano della Cantata 1751/IV (J-C 120), secondo il manoscritto conservato a Praga (CZ-Pnm: XXXII E 186).

Descrizione delle parti vocali

- CANTO (pp. 1-6) *Pars quarta*: [Introductione (*tacet*)]; Rec. (manca il testo); Aria per soprano *O quam libenter patior* (*cfr.* Aria di Cleofe, *Vo pur fra pianti e gemiti*, cantata 1751/IV, prima aria); Rec. (manca il testo); [Aria A (*tacet*); Rec. (*tacet*); Aria T (*tacet*)]; Rec. (manca il testo); Chorus (manca il testo) . *Pars quinta*: [Introductione (*tacet*)]; Rec. (manca il testo); [Aria A (*tacet*); Rec. (*tacet*); Aria T (*tacet*)]; Rec. (manca il testo); Aria S, *Non tanto risoluto*, 2/4 (manca il testo); [Rec. (*tacet*)]; Chorus (manca il testo).

- ALTO (pp. 7-12) *Pars quarta*: [Introductione (*tacet*)]; Rec. (manca il testo); [Aria S (*tacet*)]; Rec. (manca il testo); Aria A, *Risoluto*, ¢ (manca il testo); Rec. (manca il testo); [Aria T (*tacet*)]; Rec. (manca il testo); Chorus (manca il testo). *Pars quinta*: [Introductione (*tacet*)]; Rec. (manca il testo); Aria *A sexta contectus tenebris* (*cfr.* aria di Cleofe con vc obbl., *Almen potessi chiudere*, cantata 1751/V, prima aria); [Rec. (*tacet*); Aria T (*tacet*)]; Rec. (manca il testo); [Aria S (*tacet*); Rec. (*tacet*)]; Chorus (manca il testo).

- TENOR (pp. 13-19) *Pars quarta*: [Introductione (*tacet*); Rec. (*tacet*); Aria S (*tacet*); Rec. (*tacet*); Aria A (*tacet*)]; Rec. (manca il testo); Aria T, *Moderato*, C (manca il testo); Rec. (manca il testo); Chorus (manca il testo). *Pars quinta*: [Introductione (*tacet*)]; Rec. (manca il testo); [Aria A (*tacet*)]; Rec. (manca il testo); Aria T, *Presto*, 3/4 (manca il testo); Rec. (manca il testo); [Aria S (*tacet*)]; Rec. (manca il testo); Chorus (manca il testo).

- BASSO SOLO (pp. 20-21) *Pars quinta*: solo una versione per basso dell'aria *A sexta contectus tenebris* con vc obbl. (*cfr.*: Pars quinta, Alto).

Descrizione delle parti strumentali

- Pars quarta e Pars quinta: vl I (pp. 22-36); vl II (pp. 37-51); vla (pp. 52-63); vc obbl. (pp. 64-65); ob. I (pp. 66-72); ob. II (pp. 73-78); fg (pp. 79-80); b.c. *(fondamento*; pp. 81-100).

SEZIONE	TEMPO	ORGANICO	TON.	LUNGH.
Sinfonia	*Spiritoso ma mod.o*, **c** [CZ-Pnm: vl I *Spiritoso*, **c**; vl II, vla, vc *Spiritosissimo*, C]	cor. I-II, ob. I-II, archi, b.c.	Mi♭ Magg.	bb. 64
Rec. Maddalena [poi con Cleofe]: *Ogni breve dimora*		A, S, b.c.		bb. 38
Aria Cleofe: *Vo pur fra pianti e gemiti* [CZ-Pnm: copia con testo in latino]	*Largo ma non tanto*, 3/4 [CZ-Pnm: *Largo*, 3/4]	S, ob. I-II, archi, b.c.	sol min.	bb. 75
[Intermezzo]: *Oh se disciolta in lagrime*	[senza indicaz.], 3/4	ob. *tacet*	pass. crom.	bb. 12

Rec. Maddalena (poi con Cleofe): *Sorella! Ecco il sepolcro*		A, S, b.c.		bb. 16
---	---	---	---	---
Rec. accomp. Maddalena: *Ma tu dimmi ove giaci*		A, archi, b.c.		bb. 6
Aria Maddalena: *Palpito avvampo e gelo*	*Risoluto*, ¢	A, ob. I-II, archi, b.c.	fa min.	bb. 86
---	---	---	---	---
[Intermezzo]: *Armati o ciel di sdegno*	[senza indicaz.], ¢	ob. *tacet*	do min.	bb. 20
Rec. Angelo (poi con Maddalena): *Donna che piangi*		T, A, b.c.		bb. 16
Aria Angelo: *Torva lo mira, e freme*	*Moderato*, c [CZ-Pnm: ¢]	T, cor. I-II, ob. I-II, archi, b.c.	Si♭ Magg.	bb. 90
---	---	---	Mi♭ Magg.	---
Intermezzo: *Tu l'immortal sembiante*	*Affettuoso* [D-Mbs: semza indicaz. di tempo], 3/4	cor. *tacet*; ob. *tacet*		bb. 28
Rec. Maddalena (poi con Cleofe e Angelo): *Oh qual gioja*		A, S, T, b.c.		bb. 14
Coro finale (a 3 vv.): *Porteran novelli aromi* [il testo in partitura è mutato in: *Porteran novelli allori*]	*Allegro*, ¢	S, A, T, cor. I-II, ob. I-II, archi, b.c.	Mi♭ Magg.	bb. 121

Cantata 1751/V (J-C 121)

LIBRETTI

Maria Addolorata. / CANTATA PER MUSICA / SOPRA LA PASSIONE DI NOSTRO / SIGNORE GESÙ CRISTO / *Da recitarsi la sera del quinto Venerdì di Quaresima* / NELLA REGIA, ED IMPERIALE / CONGREGAZIONE / DEL SS.ᴹᴼ ENTIERRO / IN SAN FEDELE. / *Musica del Sig. Gio. Battista Sammartino Maestro di Capella* / *di essa Congregazione.* / IN MILANO. MDCCLI. / Nella Stamperìa di Pietro Francesco Malatesta.

Esecuzione: Milano, S. Fedele, 2 aprile 1751.
Luogo di conservazione: I-Mb: 25.5.F. 24/14.
Autore del testo: anonimo.
Interlocutori: Cleofe (Alto), Giovanni (Tenore), la Beata Vergine (Soprano).
Citazione evangelica: [non indicata sul libretto].

★★★

Lagrime di Pentimento, Tenerezza, e Compatimento / [...]
[Terza delle tre cantate incluse nella raccolta].

Esecuzione: Praga, S. Francesco, 20 aprile 1753.
Luogo di conservazione: CZ-Pnm: B 69.
Autore del testo: anonimo.
Interlocutori: Cleofe (Alto), Giovanni (Tenore), la Beata Vergine (Soprano).
Citazione evangelica: [non indicata sul libretto].

Partiture manoscritte

— CH-E: 543/16 (vedi sopra per la descrizione del manoscritto). *Cantata per il Venerdì della Quaresima, del Sig.^e Gio. Batt. Martino*. Come nella cantata precedente (1751/IV) vengono indicati gli interlocutori e i ruoli vocali; pp. 291-333: ottava cantata nel manoscritto. A p. 333 è indicata la data: «Finis 15 Iulii 1875», seguita dalla sigla: «P.S.K.».

— D-Mbs: 3641 (vedi sopra per la descrizione del manoscritto). *VI. Cantata*; pp. 130-183.

— CZ-Pnm: XXXII E 186 (vedi sopra per la descrizione del manoscritto). *Oratorium Signore Martino*. Manoscritto in parti staccate.

— CH-E: 109/1. Il manoscritto include una copia di questa cantata (indicata come *Cantata VI, S. Martino*) e delle cantate J-C 122 e J-C 124[20].

Sezione	Tempo	Organico	Ton.	Lungh.
Introduzione	*Presto*, 3/4	ob. I-II, archi, b.c.	Mi♭ Magg.	bb. 76
Rec. Maria: *Figlio! ah figlio* (poi con Cleofe e Giovanni)		S, A, T, b.c.		bb. 39
Aria Cleofe: *Almen potessi chiudere* [CZ-Pnm: copia con testo in latino; esiste anche una versione per B]	*Largo*, 𝄴	A, vc obbl., ob. I-II, archi, b.c.	do min.	bb. 71
---	---	---	---	---
[Intermezzo]: *Sentirsi il cor dividere*	[senza indicaz.], 𝄴	ob. *tacet*	Mi♭ Magg.	bb. 10
Rec. Giovanni: *Forse Cleofe credi*		T, b.c.		bb. 23
Aria Giovanni: *Rupe in mar*	3/4 [CH-E: senza indicaz. di tempo; D-Mbs: *Risoluto*; CZ-Pnm: *Presto*]	T, ob. I-II, archi, b.c. [D-Mbs, p. 146: Tr. o cor.]	Mi♭ Magg.	bb. 172
---	---	---	---	---
[Intermezzo]: *Passa il duol dal core al ciglio*	[senza indicaz.], 𝄴	ob. *tacet*	do min.	bb. 10
Rec. Maria: *Cleofe, Giovanni, oh voi* (poi con Cleofe e Giovanni)		S, A, T, b.c.		bb. 14
Aria Maria: *Il caro suo pegno*	*Non tanto risoluto*, 2/4	S, archi, b.c.	sol min.	bb. 100
---	---	---	---	---
[Intermezzo]: *Che sorte funesta* [D-Mbs: mancano le bb. 22-26]	[senza indicaz.], 2/4	*idem*	sol min.	bb. 30 [D-Mbs: bb. 26]
Rec. Giovanni: *L'uomo, te stessa, e il Ciel*		T, b.c.		bb. 4
Coro finale: *Col magnanimo consiglio*	*Alla breve*, ₵ [CZ-Pnm: *Allegro*], ₵	S, A, T, ob. I-II, archi, b.c. [D-Mbs: tr. o cor.]	Mi♭ Magg.	bb. 128

---

[20]. Non avendo potuto vedere direttamente né il manoscritto, né una sua copia, per i dati relativi al documento CH-E, 109/1 faccio riferimento a quanto riportato in Jenkins, Newell - Churgin, Bathia. *Op. cit.* (vedi nota 6), relativamente alle tre cantate citate.

Appendice

Secondo la datazione indicata da Newell Jenkins e Bathia Churgin[21], la cronologia delle cantate per gli anni 1759 e 1760 sarebbe la seguente:

J-C	data	titolo	genere	libretto	partit. ms compl.
J-C 122	1759/I	*Gerusalemme sconoscente ingrata*	dialogo per musica	I-Gf; XXIX C 266 personaggi: M. Maddalena (S), M. Cleofe (A), M. Salome (T)	CH-E; 543/16 D-Mbs; 3641 CH-E; 109/1
J-C C48	1759/II	*Le ingiurie da Gesù Cristo, Uomo-Dio nella Sua SS. Passione tollerate*	dialogo per musica	I-Gf; XXIX C 266 personaggi: M. Maddalena, M. Cleofe, M. Salome	dispersa
J-C C49	1759/III	*La perfidia giudaica nella SS. Passione di Gesù Cristo*	dialogo per musica	I-Gf; XXIX C 266 personaggi: M. Maddalena, M. Cleofe, M. Salome [coro d'Angeli]	dispersa
---	1759/IV	---	---	disperso	dispersa
J-C 123	1759/V	*L'addolorata divina Madre, e desolatissima nella soledad*	dialogo per musica	I-Gf; XXIX C 266 personaggi: M. Cleofe (S), M. Salome (A), M. Maddalena (T)	CH-E; 543/16 D-Mbs; 3641
---	1760/I	---	---	disperso	dispersa
---	1760/II	---	---	disperso	dispersa
J-C 124	1760/III	*Della passione di Gesù Cristo Signor nostro*	cantata	I-Gf; XXIX C 266 personaggi: M. Salome (S), M. Cleofe (A), M. Maddalena (T)	CH-E; 543/16 D-Mbs; 3641 CH-E; 109/1
---	1760/IV	---	---	disperso	dispersa
---	1760/V	---	---	disperso	dispersa

[21]. *Cfr.* JENKINS, Newell - CHURGIN, Bathia. *Op. cit.* (vedi nota 6), pp. 212-213 e 220-222, pp. 180-186.

Sulla base di appunti presi alcuni anni fa, quando avevo consultato i libretti conservati alla Biblioteca Franzoniana di Genova (senza avere però la possibilità di confrontarli direttamente con le partiture manoscritte[22]), le tre cantate J-C 122, J-C 123, J-C 124 sembrerebbero appartenere tutte allo stesso ciclo del 1759; più precisamente: 1759/I (J-C 124), 1759/III (J-C 122), 1759/V (J-C 123).

Per prima cosa escluderei un possibile riscontro tra il libretto della cantata 1760/III (*Della Passione di Gesù Cristo Signor nostro*) e una delle otto cantate superstiti in partitura manoscritta; infatti i personaggi indicati nel libretto (S. Pietro, S. Giovanni e S. Maria Maddalena), come per altro rilevato già da Jenkins e Churgin[23] non appaiono in nessuna delle cantate conservate in partitura manoscritta, come pure non vi è corrispondenza tra i testi delle arie del libretto («Come a vista di pene sì fiere», S. Giovanni; «Potea quel pianto», S. Maria Maddalena; «Tu nel tuo duol felice», S. Pietro; «Se il Padre abbandona», coro) e quelli delle arie delle otto cantate rimaste in partitura.

Dai dati raccolti, l'*incipit* delle arie e i personaggi presenti nella partitura manoscritta della cantata J-C 122 («Lupo crudel rapace», Maria Cleofe; «Di Davidde il Figlio viva», Maria Salome; «Quel serto quel manto», Maria Maddalena; «Forsennata Sionne infedele», coro), attribuita nel catalogo tematico di Jenkins e Churgin al libretto della cantata 1759/I (*Gerusalemme sconoscente ingrata*), sembrerebbero coincidere piuttosto con quelli del libretto della cantata 1759/III (*La perfidia giudaica nella SS. Passione di Gesù Cristo*, J-C C49) di cui si considera dispersa la musica.

La partitura manoscritta della cantata J-C 124, abbinata nel catalogo tematico al libretto 1760/III (*Della Passione di Gesù Cristo Signor nostro*), corrisponderebbe nell'*incipit* testuale delle arie al libretto 1759/I *Gerusalemme sconoscente ingrata* («S'alma illustre si nasconde», «So che nel cor volgea», «D'iniqua mente è rio costume», «Chi ricolma il sen d'amore», terzetto finale); in questo caso, però, il nome dei personaggi della partitura manoscritta Maria Salome (S), Maria Cleofe (A), Maria Maddalena (T) non concorderebbe con quelli del libretto della cantata 1759/I — rispettivamente S. Pietro, S. Giovanni, S. Maria Maddalena, che sono invece gli stessi della cantata 1760/III; il dato va tuttavia ulteriormente comprovato e confermato, quando sarà possibile prendere visione del libretto, conservato alla Biblioteca Franzoniana di Genova.

---

[22]. Si fa qui riferimento innanzitutto alla partitura manoscritta conservata a Einsiedeln; CH-E 543/16, che contiene tutte e otto le cantate superstiti e che, almeno per le cantate in questione (J-C 122, J-C 123 e J-C 124), può essere considerata come fonte primaria rispetto alle altre partiture esistenti. Per una descrizione della stessa, *cfr*. nota 16. Gli stessi dati si riscontrano anche nella partitura manoscritta di Monaco (D-Mbs 3641) mentre, come già dichiarato (*cfr*. nota 19), non ho ancora avuto modo di confrontarli con l'altra partitura manoscritta conservata a Einsiedeln; CH-E, 109/1.

[23]. «The cast in the libretto differs from the score: S. Pietro, soprano; S. Giovanni, alto; Maria Maddalena, tenor.»: *cfr*. JENKINS, Newell - CHURGIN, Bathia. *Op. cit.* (vedi nota 6), p. 186.

Riassumendo schematicamente (le variazioni sono sottolineate):

J-C	data	titolo	genere	libretto	partit. ms compl.
<u>J-C 124</u>	1759/I	*Gerusalemme sconoscente ingrata*	dialogo per musica	I-Gf; XXIX C 266G <u>I testi delle arie del libretto e della partitura ms coincidono; non concordano però i nomi dei personaggi, che nel libretto sono: S. Pietro, S. Giovanni, M. Maddalena. Dato da verificare.</u>	CH-E; 543/16 D-Mbs; 3641 CH-E; 109/1 personaggi: M. Salome (S), M. Cleofe (A), M. Maddalena (T)
J-C C48	1759/II	*Le ingiurie da Gesù Cristo, Uomo-Dio nella Sua SS. Passione tollerate*	dialogo per musica	I-Gf; XXIX C 266 personaggi: M. Maddalena, M. Cleofe, M. Salome	persa
<u>J-C 122</u>	1759/III	*La perfidia giudaica [...]*	dialogo per musica	I-Gf; XXIX C 266 personaggi: M. Maddalena (S), M. Cleofe (A), M. Salome (T)	<u>CH-E; 543/16</u> <u>D-Mbs; 3641</u> CH-E; 109/1 personaggi: M. Maddalena (S), M. Cleofe (A), M. Salome (T)
---	1759/IV	---	---	disperso	dispersa
J-C 123	1759/V	*L'addolorata divina Madre, e desolatissima nella soledad*	dialogo per musica	I-Gf; XXIX C 266 personaggi: M. Cleofe (S), M. Salome (A), M. Maddalena (T)	CH-E; 543/16 D-Mbs; 3641 personaggi: M. Cleofe (S), M. Salome (A), M. Maddalena (T)
---	1760/I	---	---	disperso	dispersa
---	1760/II	---	---	disperso	dispersa
<u>J-C C 49</u>	1760/III	*Della passione di Gesù Cristo Signor nostro*	cantata	<u>I-Gf; XXIX C 266</u> personaggi: <u>S. Giovanni,</u> <u>S. Pietro,</u> <u>M. Maddalena</u>	<u>dispersa</u>
---	1760/IV	---	---	disperso	dispersa
---	1760/V	---	---	disperso	dispersa

La proposta attuale, rispetto a quella indicata nel catalogo tematico compilato da Newell Jenkins e Bathia Churgin, modificherebbe la situazione nella maniera seguente:

data	titolo	catalogo Jenkins - Churgin	proposta attuale
1759/I	Gerusalemme sconoscente ingrata	J-C 122	J-C 124
1759/II	Le ingiurie da Gesù Cristo, Uomo-Dio nella Sua SS. Passione tollerate	J-C C48	J-C C48
1759/III	La perfidia giudaica [...]	J-C C49	J-C 122
1759/IV	---		
1759/V	L'addolorata divina Madre, e desolatissima nella soledad	J-C 123	J-C 123
1760/I	---		
1760/II	---		
1760/III	Della passione di Gesù Cristo Signor nostro	J-C 124	J-C C49
1760/IV	---		
1760/V	---		

La chiusura prolungata della Biblioteca Franzoniana di Genova, tuttora inagibile, non mi ha finora permesso di controllare questi dati e di verificarne la veridicità; cosa che mi riservo di fare quando il materiale sarà nuovamente consultabile.

Giovanni Battista Sammartini, a Sacred Composer in His Own Right

Charles R. Verble
(Chicago)

Giovanni Battista Sammartini is considered by a growing number of music historians to be one of the most influential composers of the early eighteenth century. Evidence provided by Bathia Churgin and Newell Jenkins documents Sammartini's prolific symphonic output and significant contribution to the development of the early symphony and early symphonic style[1]. The location of primary and secondary sources for his symphonies in major European libraries also demonstrates their popularity in the eighteenth century. Sammartini's work, however, encompasses not only instrumental music, but also vocal compositions, especially for sacred occasions.

Scholars such as Gaetano Cesari and Claudio Sartori discovered in their research that Sammartini became one of the leading church musicians of Milan, composing music for several Milanese churches. Not only did Milan's churches provide a ready venue for his sacred vocal music, but the city of Milan itself had maintained a long tradition of special sacred concerts performed during Lent[2] long before Sammartini's rise to prominence. These concerts were organized by the nobility and by various religious congregations. The most prominent sponsor of these concerts was a religious group called the 'Congregazione del Santissimo Entierro' that met at the church of S. Fedele under the authority of the Jesuits. The membership of this congregation included Philip the IV of Spain, all Austrian monarchs up to and including Maria Theresa, and most of the Milanese nobility. These concerts, featuring non-liturgical sacred works such as cantatas and oratorios, occurred on

---

[1]. See especially the JENKINS, Newell - CHURGIN, Bathia. *Thematic Catalogue of the Works of Giovanni Battista Sammartini: Orchestral and Vocal Music*, Cambridge (MA), Harvard University Press, 1976, as well as Churgin's contribution to the Garland Series Publication on the symphony: *Giovanni Battista Sammartini: Ten Symphonies*, edited by Bathia Churgin, New York-London, Garland, 1984 (The Symphony 1720 - 1840, a comprehensive collection of full scores in 60 vols., edited by Barry S. Brook and Barbara B. Heyman, series A/II).

[2]. MARLEY, Marie Annette. *The Sacred Cantatas of Giovanni Battista Sammartini*, Ph.D. Diss., University of Cincinnati, 1978; Ann Arbor (MI) UMI 78-21049, 1978, p. vii.

the five consecutive Fridays during Lent. Marie Marley indicates that between 1718 and 1773 numerous performances of Sammartini's compositions took place[3]. While this fact may seem impressive, even without it Sammartini's extant contribution to sacred repertory, including a large body of liturgical works, appears to be significant. Musical appeal, technical craftsmanship, liturgically appropriate treatment of text, and effective communication make these works ripe for revival.

From the time of the Middle Ages through the seventeenth century, the church played a dominant role in European culture. Because of its influence, the church also acted as the engine and vehicle for the evolution of musical form and style, as evidenced in the sacred music of composers from Palestrina to Johann Sebastian Bach. However, at the turn of the eighteenth century, Europe began to experience the secularization of religion as a reaction against church authorities that sought to dominate the public, private, secular, and religious life of all citizens. Social gatherings and public concerts began to replace public worship and non-liturgical gatherings as the focus of cultural life. Composers from the major musical centers of Europe allowed their interest in secular genres to supplant their attention to sacred ones. This shift in preference established social entertainment as the new engine for musical innovation and the symphony became its vehicle.

As the symphony emerged and grew in popularity, it became a major genre of composition for composers such as Carl Philipp Emanuel Bach in Berlin, Johann Stamitz in Mannheim, and Giovanni Battista Sammartini in Milan who gained rapid favor from their patrons and audiences. Even though there is no indication that he traveled beyond the vicinity of Milan, Sammartini met composers such as Jommelli, Boccherini, Mozart, and Johann Christian Bach during their travels to Milan, allowing Sammartini to learn of the changing stylistic trends in music occurring in various parts of Europe[4]. Because of the excitement generated in symphonic composition, Sammartini and other composers began to incorporate symphonic traits into their sacred genres[5]. This process, however, created stylistic problems for the composition of sacred music. In liturgical music composers had to reconcile the requirements of clearly setting liturgical texts with the more secular elements taken from operatic and symphonic styles. Composers chose to give the choir a less prominent role, providing instead much more solo singing to allow for greater clarity in declaiming the text[6]. Unfortunately, they also began to base the distribution between

---

[3]. *Ibidem.*

[4]. *Giovanni Battista Sammartini. 'Sonate a tre stromenti'. Six notturnos for string trio, Op. 7. A new edition with historical and analytical essays*, edited by Bathia Churgin, Chapel Hill, The University of North Carolina Press, 1981, pp. 4-5.

[5]. The influence of secular genres upon church music did not begin with the symphony. Operatic traits had already infiltrated the sacred vocal music of both Italian and non-Italian composers by this time. Representative examples are Handel's sacred oratorios and Sammartini's sacred cantatas.

[6]. OLLESON, Edward. 'Church Music and Oratorio', in: *The Age of Enlightenment: 1745-1790*, edited by Egon Wellesz and Frederick Sternfeld, London-New York, Oxford University Press, 1973 (The New Oxford History of Music, 7), p. 289.

solo and choral sections strictly upon musical considerations. Eventually, liturgical texts were set musically as a series of independent arias, ensembles and choral movements with no consideration for the logical subdivision of those texts. Problems of text fragmentation, disunity between homophonic and contrapuntal texture, and the lack of cohesion between subsections often resulted. In a less than flattering manner, Fux referred to the results as a «stilus mixtus»[7].

To stem the tide of growing secularization of church music in eighteenth century Italy, the Vatican attempted to regain control of the performance of sacred music by issuing a series of papal edicts beginning ca. 1716[8]. Thus, Italian composers were required to use a more conservative style in their liturgical music than in their secular works. However, the greater the distance from Rome, the less likely local church officials were to enforce these edicts, and composers such as Sammartini continued to cultivate a liturgical style that differed from the strict polyphony condoned in Rome.

While Sammartini's role as a secular composer is firmly established, the investigation of his sacred music has only just begun. A major hindrance in this effort is the fact that most of his sacred music is lost[9]; however, his extant works still provide an opportunity for study. In their catalogue, Jenkins and Churgin authenticate only twenty-three sacred works attributed to Sammartini. The surviving works include eight cantatas, an oratorio, two litanies, and several Latin liturgical works. The liturgical works consist of a *Missa Solemnis*, individual Mass movements, a *Magnificat*, two *Te Deum* settings, a *Miserere*, and six psalm settings. Other sacred works have been attributed to Sammartini, but Jenkins and Churgin classify them as doubtful for stylistic reasons[10]. Only the cantata *Il pianto delle pie donne*, the *Magnificat* and three psalm settings exist in modern score and have been recorded[11]. The cantata (J-C 118), edited by Marie Marley, was published in the series *Recent Researches in the Music of the Classical Era* in 1990[12]. Marina Vaccarini is currently preparing a critical edition of the cantata, *L'addolorata divina Madre* (J-C 123)[13]. Jenkins himself created modern scores for *Beatus Vir* (Psalm 111), *Dixit Dominus* (Psalm 109), *Laudate Pueri* (Psalm 112), the *Miserere*,

---

[7]. *Ibidem*.

[8]. HAYBURN, Robert F. *Papal Legislation on Sacred Music: 95 A.D. to 1977 A.D.*, Collegeville (MN), Liturgical Press, 1979, pp. 81-104.

[9]. This statement was made by Newell Jenkins in his 1977 article: JENKINS, Newell. 'The Vocal Music of G. B. Sammartini', in: *Chigiana*, XXXII, N. S. 12 (1977), pp. 277-309. As of yet, no additional critical material has been published.

[10]. *Ibidem*, p. 279.

[11]. The *Magnificat* was published in modern score in London (c1957), edited by Newell Jenkins, and in the United States (1967), edited by Michael Miller.

[12]. *Giovanni Battista Sammartini, Il Pianto delle pie donne*, edited by Marie Marley, Madison (WI), A-R Editions, 1990 (Recent Researches in the Music of the Classical Era, 34, general editor Eugene K. Wolf).

[13]. This information was obtained from Anna Cattoretti, associated with the *Fondazione Locatelli* in Cremona, Italy, on April 4, 2003.

and the *Missa Solemnis* in Osek, but those scores were never published[14]. He also directed and recorded performances of the works sponsored by the Clarion Music Society in New York City[15]. However, those recordings were never commercially produced.

Thus, Sammartini's sacred music remains predominantly unknown despite his general reputation. Considering his achievements in the secular realm, it is reasonable to conclude that his contributions to the development of the 18th century sacred style may be as significant as those made to the development of the symphony. Study of the psalm settings provides insight into Sammartini's sacred style and evidence of his contributions to sacred music.

A first glance at the psalm settings reveals characteristics common to most sacred genres of the period. Each multi-movement work features an entire psalm passage, as found in the Latin Vulgate, followed by two movements, the *Gloria Patri* and the *Sicut erat*, comprising the Doxology. Sammartini builds every movement upon a single textual theme or message. This thematic content can include one verse, multiple verses, or phrases within a single verse. The text's structure then dictates the musical form chosen. Sammartini employs predominately closed bi-partite forms for the movements. However, other forms present include fugue, simple binary, ternary, and two-part song forms such as those found in the solo sections of Pergolesi's psalm settings. Like Pergolesi, Sammartini also employs lively declamation of the text as well as arias that contain expressive sensibility. The tonic key, voicing and instrumentation of each work are listed in the thematic catalogue.

Tonal comparisons show that every work displays a tonic key that contains no flats and no more than two sharps. Inter-movement key relationships typically involve the tonic, subdominant and dominant with a few exceptions. These include *Nisi Dominus* (J-C 113:2) «Sicut sagittae» in the mediant major, *Dixit Dominus* (J-C 106:2,7) «Tecum principium» in the super-tonic minor and «Gloria» in the tonic parallel minor, and *Dixit Dominus* (J-C 105: 6) «Gloria» in the mediant minor. Moreover, use of key changes combined with obvious beats or measures of rest within movements, as well as introductory and intermediate instrumental interludes, specifically delineate formal structure for both text and music.

The core group of instruments for the orchestra contains at least two violins, viola, and basso continuo made up of violoncello, contrabass, and organ. Wind and brass timbres provided by oboes, horns and trumpets bring additional color while the contrabass gives depth. Complete instrumentation varies by work from the smallest, *Dixit Dominus* (J-C 106) scored for 2 violins, viola, violoncello, contrabass, and organ, to the largest, *Beatus Vir* (J-C 104) with 2 flutes, 2 oboes, 2 horns, 2 violins, viola, violoncello, contrabass, and organ. Trumpets take the place of horns in *Nisi Dominus* (J-C 113).

---

[14]. These scores exist in uncatalogued material found in the Newell Jenkin's collection located in the Irving S. Gilmore Music Library at Yale University. Jenkins created the scores from manuscript parts acquired as a part of his own research.

[15]. This information comes from uncatalogued material found as a part of the Jenkin's collection located in the Irving S. Gilmore Music Library at Yale University. The recordings had not yet been acquired by the library at the time this author conducted personal research at Yale.

A closer look at these works reveals Italian musical traits later incorporated into Viennese practice as demonstrated by the early masses of Joseph Haydn[16]. That Milan found itself under Austrian rule during Sammartini's day presents a valid explanation[17]. The voicing of all five works contains SATB chorus with various solos or solo combinations. Abundant examples of concerted solo-tutti scoring for voices and instruments with ritornelli, like those found in Vivaldi's *concertato* setting of *Dixit Dominus*, RV 595, exist in opening and various subsequent movements to most of the works[18]. However, instances of smooth solo/chorus integration as seen later in some of Haydn's masses are also found[19]. The opening movement to *Nisi Dominus* (J-C 113) presents an example. Whole movements alternate between solo and choral scoring creating a type of dialogue, but not strictly as solo and chorus sometimes overlap. All *Gloria Patri* movements, except the one from *Dixit Dominus* (J-C 105:6), are scored for soprano solo and accompaniment. Sammartini scored the «Gloria» from J-C 105 as a trio for two altos and a bass. Viennese composers later adopted the practice of scoring *Gloria Patri* movements for soprano solo in their own liturgical works[20].

Other Italianate characteristics also become evident in these compositions. Trio sonata texture appears in *Dixit Dominus* (J-C 106:3,6) «Dominus a dextris» and «De torrente». Movement III in J-C 106 is scored for tenor and bass duet with continuo accompaniment. Scoring for movement VI contains tenor solo (doubled by violin I) violin II, viola, and continuo. The mixing of operatic and church styles as found later in Haydn's *St. Cecilia Mass*[21], can be heard. In movement III of *Dixit Dominus* (J-C 106:3) fugal structure, combined with minor tonality, dark timbral colors, and the appearance of 'false relations' tie the movement tightly to the strict style. Movement IV, on the other hand, displays qualities resembling a recitative. Composed in C major, it consists of only nineteen measures and contains periodic pauses separating short melodic phrases of text before ending with a fermata on the dominant chord G major. Written in *Presto* tempo and in C major, movement V returns to fugal style in which the instruments double the voices and stretto writing brings the movement to its climactic ending. (Unusually, however, a cappella sections scored homophonically in *Adagio* tempo twice interrupt the music's momentum.) All five works contain one or more solo or ensemble movements that display pastoral traits.

---

[16]. MacIntyre, Bruce C. 'Viennese Common Practice in the Early Masses of Joseph Haydn', in: *Joseph Haydn: Bericht über den internationalen Joseph Haydn Kongress: Wien, Hofburg, 5. - 12. September 1982*, hrsg. von Eva Badura-Skoda, München, Henle, p. 484.

[17]. Jenkins, Newell. 'The Vocal Music of Giovanni Battista Sammartini', *op. cit.* (see footnote 10), p. 280.

[18]. Talbot, Michael. *The Sacred Vocal Music of Antonio Vivaldi*, Firenze, L. S. Olschki, 1995 (Studi di musica veneta. Quaderni vivaldiani, 8), p. 351.

[19]. MacIntyre, Bruce C. *Op. cit.* (see footnote 16), p. 491. MacIntyre sees nothing unusual about this integration, believing that Haydn was actually influenced by the Italian style he heard in performances of Handel's oratorios during his stay in London.

[20]. *Ibidem*.

[21]. *Ibidem*.

These traits include bel canto singing, cantabile melodies, slower tempi, wind instruments in duet texture, coloratura passages with triplets, mordents and trills, reduced texture and slower harmonic rhythm.

Well-developed obbligati make appearances in a couple of the psalm settings. The second movement from *Beatus Vir* (J-C 104) «Exortum est» contains parts for obbligato violin and violoncello. The obbligato parts open the movement lyrically with bel canto quality, providing interludes and sometimes creating duets with the solo voice. *Nisi Dominus* (J-C 113:4) «Gloria» contains a flute part that opens the movement thematically with coloratura that rivals that of the solo voice. The flute and voice also appear in duet texture. The level of sophistication found in both examples helps to set the stage for later Viennese works such as the «Gratias» movement from Leopold Hofmann's *Missa in D* that opens with an obbligato violoncello pair[22].

Musical traits of Sammartini's sacred style cannot omit the influence of dance music. *Laudate Pueri* (J-C 107:4) «Ut collocet» and *Dixit Dominus* (J-C 106:6) «De torrente» present two examples. The 6/8 meter and *Presto* tempo give movement IV of *Laudate Pueri* a gigue-like quality and provide a joyous mood suited to the wonders described in the text. Sammartini scores movement VI of *Dixit Dominus* (J-C 106) in 3/8 meter and with a *Vivace* tempo. These traits, combined with its pastoral setting, also lend a dance-like quality to the rendition of «De torrente».

Sammartini's sensitivity to the meaning of sacred text stands paramount as one of his greatest contributions to sacred genres. A close look at *Laudate Pueri* (J-C 107) provides good examples of this style and of his ability to convey effectively a meaningful message to the listener. In the opening to movement I, baroque rhythms such as those found in Vivaldi's *Dixit Dominus*, RV 595 create energy and drive the music's momentum (see Ex. 1). Repetition, text painting and melismatic treatment commonly designate significant phrases within the text (see Ex. 2).

Ex. 1: *Laudate Pueri* (J-C 107:1), mm. 1-4.

Ex. 2: *Laudate* (J-C 107:4), «Suscitans», mm. 104-123.

---

[22]. *Ibidem*, p. 492. MacIntyre considers Hofmann's obbligato writing more developed than that found in Haydn's early masses. This changes with Haydn's later masses.

Increasing complexity of texture and quickening harmonic rhythms effectively drive movements towards their climax. Pedal points and repeated chords purposefully delay momentum in order to build tension. Sammartini also uses minor mode to create tension as in the introduction to movement III «Quis sicut» where harmonic minor becomes a vehicle for modulation (see Ex. 3). Another example can be found in mm. 65-78 of movement IV «Suscitans». In this section the solo line moves sequentially upward as it approaches a dramatic choral cadence. At the same time the music modulates from the tonic D major into E minor (see Ex. 4). In concerted movements such as movement I, texture helps to delineate person (i.e. homophonic texture for references to mankind and polyphonic texture for those to God). Repetition always comes with variation as seen in the *Gloria* movement. Here the textual setting of section 1 undergoes varied repetition and expansion in section 2 of movement I, allowing for greater melismatic display as expected in 18th century two-part song forms.

Ex. 3: *Laudate Pueri* (J-C 107:3), «Quis sicut Dominus», mm. 7-10.

Ex. 4: *Laudate Pueri* (J-C 107:4), «Suscitans», mm. 65-78.

Text structure, changes of key and texture, instrumental interludes, and moments of total silence delineate musical structure in most of the movements of each work. The structural layout for *Laudate Pueri* (J-C 107) can be seen in TABLE 1. The text of this work establishes a theme of praise. The psalmist acknowledges the sovereign God as supreme and states examples of His attributes that make Him worthy as the focus of praise. The entire text and its translation are found in FIGURE 1. This text is subdivided into three main sections. In the first (vs. 1-3), the psalmist admonishes all believers to praise God continually through their waking hours. In the second (vs. 4-6), he identifies God's attributes: supreme above all nations, glorified above the heavens, and equal to none. In the third section (vs. 7-9), the psalmist cites two examples of God's deeds: placing the poor and needy on an equal level with princes and the wealthy, and making a barren woman fruitful. These deeds identify characteristics of God's nature that should inspire His followers to worship Him. The obligatory Doxology (*Gloria Patri* and *Sicut erat*), taken from the Mass liturgy, concludes the psalm and contributes a sense of formal balance to the textual and musical structures.

TABLE 1: LAYOUT OF *LAUDATE PUERI* (J-C 107)

Movement	Psalm 112	Vocal Setting	Instrumentation	Tempo	Meter & Key
I	vs. 1-3	Solo SAB, Chorus	2 ob, 2 hn, 2 vn, va, vc, cb, organ	*Spiritoso*	D major ¢
II	v. 4	Solo SATB, Chorus	2 ob, 2 hn, 2 vn, va, vc, cb, organ	*Presto*	G major c
III	vs. 5-6	Solo Soprano	2 ob, 2 vn, va, vc, cb, organ	*Larghetto*	C major 2/4
IV	vs. 7-9	Solo SATB, Chorus	2 ob, 2 hn, 2 vn, va, vc, cb, organ	*Presto*	D major 6/8
V	*Gloria Patri*	Solo Soprano	2 ob, 2 hn, 2 vn, va, vc, cb, organ	*Andante*	A major ¢
VI	*Sicut erat*	Solo SAB, Chorus	2 ob, 2 hn, 2 vn, va, vc, cb, organ	*Spiritoso*	D major ¢

FIGURE 1: PSALM 112 AND ITS TRANSLATION

v. 1	Laudate pueri Dominum:
	    laudate nomen Domini
		Praise ye the Lord, ye children:
		    praise ye the name of the Lord.

v. 2	sit nomen Domini benedictum
	    ex hoc nunc et usque in saeculum
		Blessed be the name of the Lord,
		    from henceforth now and forever.

v. 3	a solis ortu usque ad occasum laudabile
	    nomen Domini
		From the sun's rise to the sun's setting let the Lord's
		    name be praised continually.

v. 4	excelsus super omnes gentes Dominus
	    et super caelos gloria ejus
		The Lord is sovereign king of all the nations;
		    His glory is high above the heavens.

v. 5	quis sicut Dominus Deus noster
	    qui in altis habitat
		Who is like the Lord our God,
		    who dwelleth on high,

v. 6	et humilia respicit in caelo et in terra	that stoops to regard both heaven and earth,

v. 7	suscitans a terra inopem
	    et de stercore erigens pauperem
		lifing up the needy from the dust he lay in,
		    and raising the beggar out of his dung-hill,

v. 8	ut collocet eum cum principibus
	    cum principibus populi sui
		to find him a place among the princes,
		    with the princes of his people,

v. 9	qui habitare facit sterilem in domo
	    matrem filiorum laetantem[23].
		who maketh a barren woman to dwell in a house,
		    the joyful mother of children[24].

Sammartini capitalizes on the division of subject matter within the three sections of this psalm to construct a musical design that naturally supports the text. The breakdown can be seen in TABLE 2. Each movement focuses upon a single idea or thought. The first movement conveys the theme of praise. Verses 1-2 focus upon a call for worshipers to praise God. Verse three gives the conditions required for praising God. The division of the text results in a closed binary structure (I-V/x-I where I is the tonic, V is the dominant, and x indicates other keys) that separates the statements of praise from the conditions required. In section 1 the concerted qualities of the music suggest a dialogue between the psalmist and the community of believers implied by the psalm. Alternation of dynamics, solo phrases with choral affirmations, texture, and intermediate ritornelli strengthen the suggestion of dialogue. Towards the end of verse 1 the music shifts into polyphonic texture, recalling the strict or liturgical style of the Baroque. Sammartini uses this texture to draw all attention towards God, the Father. Moreover, repetitions of the word «laudate» take on structural importance, subdividing the text and musical structure into formal divisions. Verse 2 contains additional statements of praise, set in a fashion similar to the first, except for a modulation into the key of the dominant. The end of the verse shifts into homophonic texture, allowing the chorus clearly to affirm the call of the psalmist.

---

[23]. *Biblia Sacra: Iuxta Vulgatam Versionem*, Stuttgart, Deutsche Bibelgesellschaft, 1983, Tomus 1, Dritte Auflage, p. 912. Sammartini substitutes «eus» for «eum» in v. 8.

[24]. *The Holy Bible: A Translation from the Latin Vulgate in the Light of the Hebrew and Greek Originals*, New York, Sheed & Ward, Inc., 1950, p. 525.

TABLE 2: FORMAL DESIGN OF MOVEMENTS

Movement	Formal Division			
I	Ritornello	I - V	/	ii - I
«Laudate Pueri»		v. 1 v. 2	/	v. 3
II	Thematic Introduction	I - V	/	ii - I
«Excelsus»		v. 4	/	v. 4
III	Ritornello	I - V		
«Quis sicut Dominus»		v. 5 v. 6		
IV	(No Introduction)	I - V	/	ii - I
«Suscitans»		v. 7 v. 8	/	v. 9
V	Thematic Introduction	I - V / ii - I		
«Gloria Patri»				
VI	(No Introduction)	I - V / ii - I		
«Sicut erat»				

In section 2 of the movement the psalmist begins verse 3, stating that God's faithful should praise him «a solis ortu usque ad occasum». The phrase alludes to a lengthy period of time. The musical structure suggests this imagery of time through expansion. Sammartini takes a melodic theme from section 1 and inserts an expansion by means of melismatic treatment into the solo statement of the text succeeded by polyphonic choral affirmations, «laudabile nomen domini». Again Sammartini uses a change of texture to highlight text pointing directly to God. During repetitions of the text, the music builds towards its climax by means of extensive imitation, harmonic digression into the minor mode, and an increasingly complex texture. The music finally rests upon a dominant pedal, preparing for the final choral statements in the tonic key that end the movement.

Sammartini subdivides the second major text section of Psalm 112 into two parts, creating movements II (v. 4) and III (vs. 5-6). The description of God's attributes becomes the primary focus of these movements, supporting the entire work's general theme of praise. Sammartini deals with each attribute separately, allowing the listener to dwell upon each thought fully before going on to the next. The four sections of movement II contain the strict style, possibly suggesting extreme reverence to God who is «excelsus super omnes gentes Dominus et super caelos gloria ejus» (the Lord who is high above all nations and whose glory reaches above the heavens). A complete break separates sections 1 and 2. The compressed structure of section 2 concludes with a cadence on E major (leading to the key of A minor) and two beats of silence, which comes as a complete surprise to the listener. Within section 3, the texture reaches its greatest density while at the same time the harmony digresses the furthest from the tonic into A minor. This section represents the climax of the movement and sets probably the most important phrase of verse 4, «et super caelos gloria ejus» (and whose glory reaches above the heavens). A complete rest separates section 3, ending on the dominant, from section 4 before the tonic key resumes to conclude the movement with concerted alternation between soloists and the chorus.

The text of movement III takes the theme of reverence further by asking a seemingly rhetorical question. When confronted with the magnitude of God's greatness and glory as presented in verse 4, the psalmist presents the question posed in verses 5-6. Paraphrased, he asks, «Is there anyone equal to the Lord our God?» An interpretation of this question might be «Who would dare consider himself equal to God?» The movement's structure consists of a two-part song form. A theatrical style portrays the human pathos of these verses. Syncopated rhythms and pregnant pauses found in the disjunct vocal theme combine with unusual modulation and minor mode harmony to signify the absurdity of the question. The movement contains two sections, separated by rests and change of key. Section 1 (v. 5) opens and closes in the tonic; section 2 opens and closes in the dominant.

Movement IV is not the answering counterpart to its predecessor. Sammartini treats it as a separate entity. Its form divides verses 7-9 into two sections, corresponding to the two instances of God's compassion for the unfortunate, as cited in the text. Section 1 describes God's elevation of the poor to a state where they are fit to associate with princes. The word «suscitans» (raising) becomes a rallying cry for this section; moreover, Sammartini uses this word to subdivide the section into two subsections, separating the text of the two verses. A call and response sequence develops where the soprano soloist sings the first phrase of verse 7 «suscitans a terra inopem» (raising up from the earth the needy) followed by the chorus on phrase 2 «et de stercore erigaus pauperem» (and lifting up the poor from the dunghill). Soloists follow with verse 8. A tenor voice sings the words «ut collocet eum» (and place him) followed by a soprano who completes the phrase «cum principibus populi sui» (with the princes of his people). Melismatic treatment on the first syllable of «populi» lasts nearly twelve measures, bringing emphasis to the word. A short interlude separates section 1 from the beginning of section 2.

The text of section 2 deals with the subject of childbirth. Minor tonality strengthens the contradiction presented in verse 9 (barren woman / rejoicing mother of children). The musical treatment of this text emphasizes the godly miracle of a barren woman giving birth to a child. Sammartini isolates the word «matrem» (mother) as the rallying cry and structural pillar for section 2 of the movement. Furthermore, the phrase «matrem filiorum laetantem» becomes the vehicle that ushers in the movement's climax. Musical density thickens as the texture changes from homophonic to polyphonic and full scoring returns with louder dynamics, combined with a modulation back to the major mode. The phrase «matrem filiorum» rises to prominence on sustained pitches in the soprano part, doubled by horns, above all this activity (see Ex. 5).

Possibly elevating this miracle as the epitome of God's supreme greatness and compassion, the music now turns solely upon the phrase «matrem filiorum laetantem» (rejoicing mother of children). During another brief interlude, the music returns to the tonic key while «laetantem» (rejoicing) becomes the new rallying cry and sectional delimiter. The movement ends with a lengthy melisma for «laetantem» that joyfullly ends the movement. The three key words of these verses («suscitans», «matrem», and «laetantem») thus coordinate with changes of key and texture to delineate clearly the structure of this movement.

Ex. 5: *Laudate Pueri* (J-C 107:4), «Suscitans» *climax*, mm. 78-95.

The *Gloria Patri* consists of a bi-partite aria in which the text is completely sung in each section, both filled with pastoral imagery. *Sicut erat*, also contains a bi-partite form. The concerted style returns with solo call and choral imitative response generating polyphonic texture within the movement's clearly defined structure. In this fashion, *Laudate Pueri* (J-C 107) concludes with the style in which it began, giving the entire work an aura of balance and completeness. The work also demonstrates sensitivity to the formal structure of sacred text and its effective communication to the listener.

★★★

While the psalm settings provide one genre of liturgical music to examine, the *Osek Mass*[25] or *Missa Solemnis* also displays Sammartini's sensitive treatment of the text and other traits common to sacred and secular genres of his day. This Mass (J-C 100), consisting of the *Kyrie* in C major and *Gloria* in D major, is written for SATB solos, SATB chorus, 2 fl, 2 ob, 2 hn, 2 tr, 2 vn, va, vc, and basso continuo with organ. «The fact that each section is in a different key indicates this work is a composite Mass using a variety of sources which may have been single Mass sections or parts of complete Masses now lost.[26]»

Ex. 6: *Osek Mass* (J-C 100:1), *Kyrie I*, mm. 23-27.

[25]. The source, now in Prague (CZ-Pnm XXXIII A 20), was formerly owned by the Monastery of Osek located in the Czech Republic.

[26]. See JENKINS, Newell - CHURGIN, Bathia. *Op. cit.* (see footnote 1), p. 143.

Sammartini divides the choral *Kyrie* into three sections, following the natural division of the text. The score includes full instrumentation. Consisting of a two-part structure delineated by key, *Kyrie I* opens with an introduction exhibiting majestic qualities created by slow tempo, slow harmonic rhythm, trumpet timbres, and fanfare-like themes. Themes created from combinations of rhythmic motives bring energy to the movement. Each section of *Kyrie I* contains a mixture of clear, homophonic text declamation used to open and close choral sections and denser, polyphonic texture that adds drama and supports tonal modulations. Section A carries the initial vocal statements of the text (see Ex. 6) accompanied by the opening orchestral theme heard first in the introduction. Section B displays greater harmonic development and contains fugue like texture in the vocal lines for building dramatic intensity. This intensity, combined with quickening harmonic motion, propels the movement back to tonic harmony and its conclusion.

The *Christe* movement opens in triple meter with an *Andante* tempo and reduced instrumentation. It is written for solo soprano and alto voices and chorus. The oboes are silent and horns replace the trumpets. Providing a glimpse of the expressive passion to come, the introduction presents a soloistic theme played by the violins (see Ex. 7) that touches the minor mode before returning to the tonic key of G major for the choir's entrance.

Ex. 7: *Osek Mass* (J-C 100:2), *Christe*, violin's opening theme, mm. 1-9.

As in the first movement, the orchestra plays the melodic themes within this movement's two-part structure while the choir sings the text with clear, homophonic declamation. In section 1 the vocal lines begin with the word «eleison», pleading for mercy even before calling upon Christ by name. After a modulation to the dominant key of D major, the choir focuses upon the name of Christ, pointing to the central figure of this movement. Punctuated repetitions of *Christe* on beats 1 and 2 of the triple meter add emotion to the choir's pleas. Adding to the mood, a descending chromatic line played by the first violins accompanies the concluding choral phrase of the section. Section 2 opens in D major. As the harmonic rhythm quickens its pace, the punctuated repetitions of *Christe* shift to beats 2 and 3, bringing the movement to its climax. After a modulation back to the tonic and a brief interlude containing material first heard in the introduction, the section progresses to its respectful close.

Composed in C major, the *Andante Kyrie II* is prefaced by a slow, four-measure declamatory setting of the text. In the traditional fugual setting that follows, the orchestra doubles the vocal lines. The subject, starting with the bass voice on the dominant pitch G, opens in the tonic harmonic minor. Abruptly, this emotional theme climbs a full octave before finally descending to end its phrase in the tonic major, aptly setting the choir's pleas to the Lord for mercy (see Ex. 8).

Ex. 8: *Osek Mass* (J-C 100:3), *Kyrie II*, fugual subject, mm. 5-9.

After the tenors' answer, the subject reappears in the alto line, later answered by the sopranos. Creating great harmonic tension, the ensuing episode dramatizes further the impassioned pleas of the choir until the music pauses in preparation for its climax. The drama continues to grow in the final measures of the music as the appearance of augmented and diminished chords create heightened anticipation of the movement's final chord.

Sammartini divides the *Gloria* into nine relatively short movements. Composed in D major for SAB solos and chorus with sonata-allegro form, the opening *Gloria* movement displays an *Allegro* tempo and triple meter. Trumpet timbres, combined with active rhythms in the strings, immediately set a celebratory mood for the text.

Ex. 9: *Osek Mass* (J-C 100:4), *Gloria*, introduction's opening, mm. 1-6.

The thematic introduction opens with rhythms consisting of motivic groupings played by the strings and punctuated by octave tones sounded by the oboes and trumpets (see Ex. 9). Alternating *piano* and *forte* dynamics add drama to its spirited theme. The exposition of the choral section, setting the opening phrase of text «Gloria in excelsis Deo», contains two themes delineated by key. Setting the second phrase of text «et in terra pax hominibus bonae voluntatis», the music of the development section contains reduced instrumentation, omitting the trumpets and organ while at the same time substituting flutes for the oboes.

Presenting a complete change of mood, the ensuing treble voice duet, accompanied by a single bass voice, opens with melodic phrases containing the interval of a descending minor-seventh. The soprano's entrance imitates the alto's as their duet initiates the section's harmonic digression (see Ex. 10). The recapitulation brings a return to the original instrumentation and the regal celebration heard in the exposition. The treble duet returns; however, their lines now display a style reminiscent of that heard in Pergolesi's *Stabat Mater*. The entire chorus returns to close the movement.

Ex. 10: *Osek Mass* (J-C 100:4), *Gloria*, opening duet from the development section, mm. 111-119.

Written for soprano solo, *Laudamus Te* consists of a two-part structure, employing basic harmony with slow harmonic rhythm as a foundation for vocal display. Using only strings and continuo the accompaniment opens with energy and a bright mood, enhanced by its *Spiritoso* tempo. Changing dynamics and articulation enhance its thematic beauty, adding buoyancy to the melodic lines. The vocal lines display traits reminiscent of an aria. As the voice sings in section 1, thematic phrases lengthen with each succeeding phrase of text until reaching the words «adoramus te» where the voice breaks into extended melismas, sometimes spanning the interval of a tenth (see Ex. 11). Section 2 begins like section one. However, the vocal line now emphasizes the words «glorificamus te», bringing the movement towards its climax. A modulation to the minor mode strengthens the approach to this climax as melodic motives in the vocal line climb sequentially to the pitch d^2, sustained by the voice for six measures while the first violins climb to the peak of their own melodic phrase. After a return to the tonic key, the voice repeats each phrase of text in quick succession to close the movement.

Ex. 11: *Osek Mass* (J-C 100:5), *Laudamus te*, «adoramus te» melisma, mm. 59-63.

Not prefaced by an introduction, the *Gratias* movement contains three sections, each one longer than its predecessor and completely separated by rests. The first two sections display slow text declamation, creating what sounds like harmonized chant. Solo voices sing section 1. The expanded texture brought by the full chorus in section 2 adds greater emphasis to the text. The movement's key of E minor, supported by a pulsing motion in the strings and sustained tones played by the oboes, provides a solemn mood for both sections. Section 3 displays great energy with its contrasting *Allegro* tempo, enhanced by quick harmonic rhythms and polyphonic texture. Doubled by the orchestra, two themes commence simultaneously in the alto and tenor lines, quickly imitated by the sopranos and basses. Reappearing at regular intervals, these themes dominate the rich polyphonic texture. After the initial statements of the text, the vocal lines begin to move independently, adding thickness to the vocal texture. The basses initiate the approach to the movement's climax with lengthy melismas sung to the words «gloriam» and «magnam». Ending in the tonic major, the movement comes to a satisfying conclusion.

Composed in the key of C major with duple meter, *Domine Deus* provides the listener with a *bel canto* solo, replete with leaps, runs, and triplets. This movement highlights Christ's sacred position as Son of God and sacrificial Lamb. Full instrumentation supports the solo lines with energetic triplets, eighth notes, and sixteenth notes played by the strings. Winds add fullness to the accompaniment. Each section of the movement's two-part structure contains a complete statement of the text. Extended melismas bring attention to the words «Jesu» and «Patris» in section 1, demonstrating the important relationship between the two. The melismas in section 2 devote all attention to «Patris», the supreme one who initiates the sacrifice of his only Son.

The brief *Qui tollis* presents a litany between the altos and the rest of the chorus. Opening in the key of A minor with an *Andante* tempo and quadruple meter, the movement's melodic lines pulsate with syncopated rhythms that contain falling motives and evoke images of supplication. The central focus of the movement rests upon the word «suscipe». Punctuated repetitions of the word sung by the chorus and separated by rising scalar passages in the strings, emphasize the sense of desperation portrayed as the chorus begs God to receive their prayers.

Composed as a two-part soprano solo with string ensemble and organ accompaniment, *Qui sedes* opens in the key of F major with a *Spiritoso* tempo and duple meter. Its melodic introduction provides thematic material for the rest of the movement. The syncopated phrases in the vocal lines of section 1 repeat the initial phrase of text several times in quick succession, making it clear to whom this prayer is addressed. Emphasis then shifts to supplications for mercy, identified by melodic lines full of coloratura and lengthy melismas. Unlike the other solo movements of this Mass, section 2 of *Qui sedes* is actually shorter than the first. A syncopated melisma sung over even rhythms in the accompaniment redirects attention to the words «ad dexteram», identifying Christ's position as intercessor. After a final plea for mercy, the solo takes liberty to embellish its final cadence before the movement concludes.

Sammartini brings the Mass to its climax with the movement *Quoniam*. Replete with pastoral traits, this lengthy two-part movement is written for soprano and alto solos and full chorus. Composed in A major with an *Andante* tempo, the movement contains *bel canto* singing, homophonic texture, triple meter, flute and string timbres, and duet style in the vocal and flute parts. In section 1, the soprano voice introduces the text, sung to the theme in the tonic key of A major (see Ex. 12). The alto responds by singing the theme in the dominant key of E major.

Ex. 12: *Osek Mass* (J-C 100:10), *Quoniam*, opening soprano solo, mm. 20-34.

The voices then join in duet texture, singing harmonized melismas that emphasize the word «Jesu», alluding to Christ's position of authority. The appearance of the full choir towards the end of the section provides choral affirmations to the message of the text sung in a declamatory style. Alternation between soloists and chorus occurs more frequently in section 2 creating a concerto-like quality. Opening in the dominant key of E major, the harmony of section 2 modulates quickly back to the tonic. This time the soloists enter in reverse order singing shorter phrases. They join swiftly to sing phrases punctuated by choral declamation. The soloists join for a final duet, singing an extended melisma to the word «Jesu» (see Ex. 13) before the dramatic choral conclusion. Finally, the full chorus returns to repeat the phrases of text in rapid succession, bringing closure to the movement.

Ex. 13: *Osek Mass* (J-C 100:10), *Quoniam*, the final duet, mm. 126-137.

Sammartini introduces the culminating movement of the Mass, *Cum Sancto Spiritu*, with a short soprano and alto duet in what he refers to as 'recitative' style. The soloists sing their statements of the text in alternation before coinciding on an A major chord. Immediately the final D major fugue begins in *Spiritoso* tempo with the voices doubled by the orchestra. Its five-measure subject appears first in the bass line (see Ex. 14) and follows in the tenors. The subject reappears in the alto line, answered by the sopranos.

Ex. 14: *Osek Mass* (J-C 100:12), *Cum Sancto Spiritu*, the opening subject, mm. 1-5.

After the subject returns to the bass line, the musical texture thickens as a counter-subject on the word «amen» also begins. Following the episode, the vocal texture condenses while all voices sing «amen», propelling the music towards the subject's final statement and the Mass' dramatic conclusion.

The musical language of Italian liturgical music during the 18th century included remnants of the baroque strict style. Most composers felt obligated to use this style to a greater or lesser degree, depending on their proximity to Rome. Composers of sacred music outside of Rome's immediate influence, however, exerted greater freedom in experimenting with traits and styles taken directly from the more popular genres of the era, namely the symphony and opera. This experimentation did not always result in a perfect union between musical form and text. In northern Italy where Austria strongly exerted its political influence, Italian composers such as Sammartini exerted their own musical influence upon Viennese composers, resulting in the adoption of Italian traits into Viennese sacred compositions. Even though few of Sammartini's sacred works are available for study, those that are accessible confirm their comparative worth alongside the early masses of Haydn and the sacred works of his contemporaries. Moreover, Sammartini's careful use of planned rests, changes of dynamics, tonality, texture, voicing, instrumentation, and other elements of style, plus his sensitivity to the formal aspects of sacred text and its effective conveyance, demonstrate his worth as a major contributor to sacred music of the 18th century.

Andrea Zani's *Sinfonie da camera*, op. 2 (Casalmaggiore, 1729)

Eugene K. Wolf
(Philadelphia)

Any scholar dealing with the symphony who sets out to write a responsible account of its 'birth' (or 'rise', 'formation', 'emergence', etc. — pick your metaphor)[1] faces a daunting task. In the first place, it is obvious that immense lacunae exist in the transmission of sources for the symphony during this period, particularly Italian sources: the largest collections of early Milanese symphonies, for example, will be found not in Italy but in Paris (the Fonds Blancheton), Germany (especially Darmstadt), and Prague. Indeed, one shudders to think how our view of the history of the symphony might change were we to possess even a relatively representative collection of Milanese manuscripts of symphonies from the period 1720 - 1750. Second, one is constantly faced with a lack of dates for those works that *have* survived, not to mention the severe problems of authenticity that afflict all work in this area. And finally, there is the vexing problem of terminology and its associated logical/historiographic context[2]: works that most scholars would consider to be symphonies

---

[1]. On the metaphor of 'emergence' of a genre see the thoughtful article of RANDEL, Don Michael. 'Emerging Triadic Tonality in the Fifteenth Century', in: *The Musical Quarterly*, LVII (1971), pp. 73-74.

[2]. On the labyrinth of problems posed by the early symphony and its terminology see my article 'Title, Function, and the Concept of Genre: Notes on the Early History of the Symphony', in: *Album Amicorum Albert Dunning, in occasione del suo LXV compleanno*, a cura di Giacomo Fornari, Turnhout, Brepols, 2002, pp. 575-590. A related problem is that of deciding what sort of 'symphony' one is in fact treating. Stefan Kunze, for example, in his book *Die Sinfonie im 18. Jahrhundert: von der Opernsinfonie zur Konzertsinfonie*, Laaber, Laaber-Verlag, 1993 (Handbuch der musikalischen Gattungen, 1), takes the position that only large-scale works making use of certain 'Classical' phrase procedures and stylistic elements qualify as 'true' symphonies (notably the overture-influenced symphonies of the Mannheim School after ca. 1750), and thus he refuses to introduce other works such as those of Sammartini into his basic narrative; see, e.g., pp. 146-154; for a full consideration of this issue see my review in *Notes*, LII (1996), pp. 781-783. A less egregious but still myopic and historiographically outmoded approach characterizes the work of scholars who disregard or deemphasize works in a Baroque idiom in favor of those with 'Classical' traits (as though there were universal agreement on what constitutes such traits); like Kunze, they have chosen to write a history of a particular kind of symphony, taking an approach that I consider anachronistic and teleological. Needless to say, I too have chosen to write a history of a certain kind of symphony; I would only hope that my more inclusive approach will have such advantages as better conformance with the facts, with the views of the period, and with current historiographic thinking.

are called sonatas, trios, overtures, concertos, partitas, and so on in the sources, while works are labeled symphonies that modern scholars would assign on various grounds to one of the other genres just listed.

Despite the difficulties just outlined, many specialists now agree upon a narrative that places the earliest 'true' symphonies in Lombardy during the 1720s. The primacy of Lombardy in the area of instrumental music was even recognized at the time: as *Président de Brosses* of France famously noted in 1739 - 1740, while Naples was renowned for its composers and Bologna for its voices, «la Lombardie excelle dans la musique instrumentale»[3]. Foremost among the Milanese symphonists was, of course, Giovanni Battista Sammartini. As Bathia Churgin has shown, two of Sammartini's trio-symphonies, J-C 66a and 38, can be dated 1732 or before owing to the presence of their first movements in Sammartini's opera *Memet* of that date[4]. In turn, because movements from these two symphonies are present in an (undated) autograph that contains movements from two other trio-symphonies, J-C 23 and 59 (nos. 5 and 14 in the Churgin edition cited in footnote 4), those works too can probably be dated 1732 or before. And since several other of Sammartini's symphonies are in what appears to be an earlier style than the four works just mentioned[5], there seems little question that Sammartini was composing symphonies by the latter years of the 1720s at the latest. The same may be said for Sammartini's somewhat mysterious contemporary Antonio Brioschi, an overture of whose is dated 1733 and two of whose symphonies bear dates of 1734[6]. The only real problems in treating these works as starting points for the symphony are the aforementioned ones of terminology and genre: during this period they are seldom

---

[3]. *Lettres d'Italie du Président [Charles] de Brosses*, texte établi, présenté et annoté par Frédéric d'Agay, 2 voll., Paris, Mercure de France, 1986, vol. II, p. 314. The complete quotation reads as follows: «Les meilleures écoles de musique, ou, pour me servir de leurs termes, les séminaires de maîtres de chapelle[,] sont à Naples. C'est de là que sont sortis Scarlatti, Porpora, Domenico Sarri, Porta, Leo, Vinci, Pergolèse, Gaétan Latilla, Rinaldo di Capua, et plusieurs autres célèbres compositeurs. Pour les voix, la bonne école est à Bologne; la Lombardie excelle dans la musique instrumentale» (*ibidem*, pp. 313-314).

[4]. *The Symphonies of G. B. Sammartini. Vol. I: The Early Symphonies*, edited by Bathia Churgin, Cambridge (MA), Harvard University Press, 1968 (Harvard Publications in Music, 2), p. 8. The first movements of Symphonies J-C 66a and 38 (nos. 17a and 12 in this edition) appear as the introductions to acts 2 and 3, respectively, of *Memet*, in both cases with a filler viola part that Churgin argues must have been added to the original trio setting. J-C numbers refer to the catalogue numbers given in JENKINS, Newell - CHURGIN, Bathia. *Thematic Catalogue of the Works of Giovanni Battista Sammartini: Orchestral and Vocal Music*, Cambridge (MA), Harvard University Press, 1976.

[5]. I.e., Sammartini's early symphonies J-C 7, 15, 33, and 36, comprising Churgin's 'Group 1'; see *The Symphonies of G. B. Sammartini [...]*, *op. cit.* (see footnote 4), p. 10. The four symphonies mentioned are nos. 1, 4, 7, and 10.

[6]. See CHURGIN, Bathia - MANDEL-YEHUDA, Sarah. 'Brioschi, Antonio', in: *The New Grove Dictionary of Music and Musicians*, Second Edition, edited by Stanley Sadie, 29 vols., London, Macmillan, 2001, vol. IV, p. 358 (with further references). These works are all associated with Casale Monferrato, to the southwest of Milan about halfway between Milan and Turin.

referred to as symphonies in those sources that seem closest to their point of origin[7]. Sadly, almost no autographs or authentic copies exist to help settle the matter.

If the dating of Sammartini's and Brioschi's earliest symphonies to the 1720s is circumstantial, and the question of titles unsettled, such is not the case for the composer-violinist Andrea Zani's little-known print *Sinfonie da camera ed altret[t]anti concerti da chiesa à quat[t]ro stromenti*, op. 2 (RISM Z 49), published in 1729 in the Lombardian town of Casalmaggiore, forty kilometers southeast of Cremona (see ILL. 1). Relatively few details of this musician's life are known, most of which already appear in the *Memorie degli uomini illustri di Casalmaggiore* of Giovanni Romani (1757 - 1822), published in 1830[8]. Zani was born in Casalmaggiore on 11 November 1696 to Francesco Zani, a violinist in Casalmaggiore, and Lucia Ferrari[9]. He first studied violin with the local teacher Giacomo (also Giacopo) Civeri or Civerio, then with Carlo Ricci, a violinist at the nearby ducal court of Guastalla, where a branch of the Gonzaga family reigned until 1746. The Italian scholar Paola Cirani has discovered two archival records which show that upon attaining his maturity Zani was briefly employed as a violinist by the Confraternita del SS. Sacramento in Casalmaggiore in the years 1714 and 1715[10], but for the next two decades his precise whereabouts are unknown.

It seems likely that at least the earlier part of this undocumented period was spent in the general area of Casalmaggiore. The town itself, though relatively small, was a prosperous and culturally active community. Situated on the left bank of the Po, it served as an important

---

[7]. For example, none of the twelve Italian manuscripts of Brioschi symphonies in Prague (CZ-Pnm, Liblice/Pachta collection), the largest such group to have survived, uses the title 'sinfonia' or its derivatives; seven of the works are called «overteur», four «concerti à quat[t]ro», and one «sonata». Likewise, only seven of the over two dozen Brioschi symphonies in the Fonds Blancheton in Paris (F-Pc, in F-Pn) are called «sinfonia». The most consistent use of the term 'sinfonia' during this early phase of the symphony occurs in Germany; see, e.g., LaRue, Jan - Wolf, Eugene K. 'Symphony. I: 18th Century', in: *The New Grove Dictionary of Music and Musicians, op. cit.* (see footnote 6), vol. XXIV, p. 818.

[8]. Romani, Giovanni. *Storia di Casalmaggiore*, 10 voll., vol. X: *Memorie degli uomini illustri di Casalmaggiore*, Casalmaggiore, fratelli Bizzari, 1830. The chapter on Zani appears on pp. 483-492. I am extremely grateful to Signor Vittorio Rizzi of the Biblioteca Civica in Casalmaggiore and Dr. Roberto Illiano of the Fondazione Pietro Antonio Locatelli in Cremona for sending copious amounts of material on Casalmaggiore and for other kindnesses, without which it would have been impossible to assess the context for Zani's symphonies. Other treatments of Zani's life that for the most part simply repeat Romani's account are Monterosso, Raffaello. 'Medaglioni di musicisti Lombardi, I: Andrea Zani', in: *Musicisti Lombardi ed Emiliani*, a cura di Adelmo Damerini e Gino Roncaglia, Siena, Accademia Musicale Chigiana, 1958, pp. 51-54 (with a cursory consideration of the music of op. 2 on pp. 52-54); Talbot, Michael. 'Zani, Andrea', in: *The New Grove Dictionary of Music and Musicians, op. cit.* (see footnote 6), vol. XXVII, p. 744 (based upon Monterosso).

[9]. 'Zani' or 'Zanni', supposedly a Bergamasque corruption of 'Gianni', was the name of a comic servant in commedia dell'arte and Venetian comedy (the English word *zany* is a derivation thereof). I wish to thank my friend Ghislana Donato-Vilain (Bar-le-Duc) for calling my attention to this derivation, which possibly suggests an erstwhile connection of the family with the theater.

[10]. See Cirani, Paola. 'La cappella musicale del duomo di Casalmaggiore', in: *Note d'archivio per la storia musicale*, new series, V (1987), pp. 129, 139. According to Cirani, no other mentions of Zani occur in the extant payment records, though Zani's father is present for a time thereafter.

Ill. 1: title page of ZANI, Andrea. *Sei Sinfonie da camera ed altretanti concerti da chiesa*, op. 2, Casalmaggiore, 1729 (Naples, Conservatorio di Musica S. Pietro a Majella, Biblioteca).

way-station between Cremona, Parma, and Mantua[11]. Like Cremona, it was not a court city, ruled by a single noble family, but rather an independent *comune* answerable ultimately — like most of Lombardy after 1713 — to the Habsburg crown. Governed primarily by a *Consiglio generale* of forty members and a rump *Consiglio dei quattro deputati*[12], Casalmaggiore

---

[11]. *Ibidem*, p. 132.

[12]. On the structure of governance in Casalmaggiore see LEVI, Chiara. *Da borgo a città: Casalmaggiore nell'età*

during the first half of the eighteenth century grew from about 3,500 inhabitants in the town proper (over 5,500 if the neighboring villages are included) to about 4,000[13]. (Today the town numbers over 6,500 inhabitants, or over 13,500 including the outlying areas.) Until 1754 it was still technically a *borgo* (village), but in that year Maria Theresa granted it the status of a *città* (town or city). The church was clearly the most influential institution in Casalmaggiore, including the church (later cathedral) of S. Stefano, four monasteries and a convent, and seven confraternities, the latter particularly active after the Counter-Reformation[14]. It will be recalled that Zani's first known professional position was with one of these confraternities.

As already alluded to above (see footnote 10), Zani's name does not appear in any known archival documents between 1715 and 1738; possibly he was employed at one of the many neighboring courts for a time (see below). Regarding this period, Romani relates the story that Zani met Antonio Caldara while the latter was passing through Casalmaggiore and convinced him to try his fortune in Vienna[15]. Romani is vague, however, about precisely when this event is supposed to have occurred. Caldara was in Vienna from 1716 on, and his principal travels occurred before that date[16]; this might lead one to conclude that Zani went to Vienna in perhaps 1715 or 1716.

On the other hand, both Zani's op. 1 of 1727, a set of twelve chamber sonatas for violin and bass (RISM Z 48), and his op. 2 of 1729 were published in his homeland — the former in Mantua, the latter in Casalmaggiore itself. Indeed, the attribution of op. 2 is to «Andrea Zani *di Casalmaggiore*» (my emphasis), hardly a description calculated to sell prints to a potential Viennese patron. Moreover, the aristocrats to whom he dedicated these works are both from the area: the duchess of Guastalla and Sabbioneta, near Casalmaggiore, and the duke of Parma, respectively. It is difficult to believe that Zani would have chosen local printers and dedicatees for both his debut publications had he been in Vienna attempting to establish himself there.

And, in fact, Zani's next known prints, his op. 4 and op. 5 (the former undated, the latter from 1735), were published in the Habsburg capitol[17]. It would therefore seem more

---

delle riforme, tesi di laurea, datt., Università degli Studi di Milano, Facoltà di Lettere e Filosofia, a.a. 1995 - 1996, pp. 57-61; SANFILIPPO, Guido. 'Casalmaggiore 1649: nel tempo della miseria', in: *Barocco nella Bassa. Pittori del Seicento e del Settecento in una terra di confine*, a cura di Marco Tanzi, Milano, Electa, 1999, pp. 46-48. I am most grateful to Vittorio Rizzi (Casalmaggiore) for sending me these publications.

[13]. LEVI, Chiara. *Op. cit.* (see footnote 12), p. 18.

[14]. On the religious institutions of Casalmaggiore see *ibidem*, chap. 3. See also CIRANI, Paola. *Op. cit.* (see footnote 10), pp. 127-133; IDEM. *L'organo del duomo di Santo Stefano in Casalmaggiore*, Cremona, Editrice Turris, 1987, pp. 7-9.

[15]. ROMANI, Giovanni. *Storia di Casalmaggiore, op. cit.* (see footnote 8), vol. x, p. 485.

[16]. See PRITCHARD, Brian W. 'Caldara, Antonio,' in: *The New Grove Dictionary of Music and Musicians, op.cit.* (see footnote 6), vol. IV, p. 820, on Caldara's many travels before settling in Vienna in 1716. Caldara was maestro di cappella of the Gonzaga court in nearby Mantua in the years 1699 - 1707.

[17]. Opus 4 is a set of twelve violin concertos (RISM Z 51), op. 5 a set of twelve sonatas for violin and bass «intitolate Pensieri arrmonici» (RISM Z 53). Zani's last printed set, op. 6, consists of six violin sonatas; it was

logical to place Zani somewhere in his native region until at least ca. 1729 — one would like, for example, to search for his name in the archives of Mantua, where his op. 1 was printed and his op. 2 sold and probably engraved[18], as well as in those of Guastalla and Sabbioneta (if any survive). Romani's account of Zani's meeting with Caldara was, after all, based on recollections of events that were long past (he was writing in the early years of the nineteenth century)[19], and he may well have conflated Zani's meeting with Caldara and his move to Vienna. If my hypothesis is correct, the six symphonies of his op. 2 would therefore represent a clear reflection of the earliest phase of the symphony in Lombardy, relating them directly to the symphonies of Sammartini, Brioschi, and their contemporaries.

However that may all be, Zani had returned to Casalmaggiore by the second half of the 1730s — according to Romani, after the death of Caldara in December 1736[20]. He was definitely in Italy by 1738, when he conducted the music for celebrations in honor of St. Giuliana in the chiesa de' Serviti (church of the Servites) in Guastalla[21]. Similarly, on 12-14 April of the following year he led a large orchestra for a comparable celebration by the Servite fathers 'della Fontana' in the church of S. Stefano in Casalmaggiore[22]. Other than that, however, we are once again unclear as to his exact employment, except that he was *maestro di casa* of the local orphanage[23]; Romani states only that he spent many months each year at neighboring courts, including six months at the palace of Baron Cervella in Ferrara in 1743[24]. During this period he was also sought out to judge the

---

published after ca. 1740 in Paris by Madame Boivin. No true op. 3 of Zani is extant; the *Opera Terza* published in Paris by Le Clerc and Madame Boivin (RISM Z 50) is merely a reissue of Zani's op. 1.

[18]. The title page of op. 2 reads «Stampate in Casalmag[g]iore . 1729 e si vendano in Mantova al Bottegone» (see Ill. 1). I know of no evidence from the Viennese side that would solve the riddle; Zani is not listed, for example, in Haas, Robert. *Wiener Musiker vor und um Beethoven*, Wien, E. Strache, 1927. Two other minor points may be mentioned that bear on the issue. First, Talbot, Michael. 'Zani, Andrea', *op. cit.* (see footnote 8), p. 744, noting the similarity of Zani's concerto style to that of Vivaldi, speculates that he might have encountered Vivaldi at the court of Mantua during the period 1718 - 1720, when Vivaldi was in residence there in service to Prince Philip of Hesse-Darmstadt; the music-loving prince ruled there from 1714 to 1734, Mantua having passed to Habsburg Austria in 1708 with the extinction of the so-called Nevers line of the Gonzagas. Second, one of the three extant examples of Zani's op. 2 is in Vienna, where it might have been taken by Zani himself. One of the other two, in Naples (I-Nc, I-Nn), may well have been owned by the dedicatee, as noted by Alessandro Ciccolini in his liner notes on op. 2 to the compact disc of five of the violin concertos from that opus, Symphonia SY 98158 (1998), p. 5; Engl. trans., p. 11. I am again indebted to Vittorio Rizzi for sending me a copy of this beautifully produced compact disc.

[19]. Romani, Giovanni. *Memorie private e personali*, vol. 1, a cura di Enrico Cirani, Casalmaggiore, Biblioteca Civica A. E. Mortara, 2001, pp. 83-84 (reference kindly supplied by Vittorio Rizzi).

[20]. Idem. *Memorie degli uomini illustri*, *op. cit.* (see footnote 8), p. 486.

[21]. *Ibidem*, pp. 486-487.

[22]. *Ibidem*, p. 487. A Servite monastery was located just outside Casalmaggiore.

[23]. Cirani, Paola. Liner notes on Zani to the compact disc of op. 2 (see footnote 18), p. 5 (Engl. trans., p. 11).

[24]. Romani, Giovanni. *Storia di Casalmaggiore*, *op. cit.* (see footnote 8), vol. x, p. 487. According to Romani, Zani was a friend of the baron.

competition for maestro di cappella of the cathedral of Cremona[25], won by Giacomo (or Giacopo) Arrighi.

At about this time Zani married Maria Costanza Margherita Porcelli, whom Romani reports to have been 27 years his junior[26]. According to Paola Cirani, the couple had at least seven children, including the hornist Angelo Maria Zani, born in 1752[27]; three of the sons were still living when Giovanni Romani wrote his *Memorie*[28]. Zani died at the age of 61 on 28 September 1757, supposedly as a result of a fall from a carriage on the road to Mantua[29]. He is buried in the church of San Rocco in Casalmaggiore[30].

Let us turn now to op. 2 itself. The print contains six 'sinfonie da camera' alternating with six solo violin concertos. It consists of five parts: violino primo, violino primo 'di rinforzo', violino secondo, viola, and basso, the latter figured. As was often the case in prints of concertos, the violino primo part is the solo part, containing all the tutti and solo material for both the symphonies and concertos, while the 'violino primo di rinforzo' merely replaces the solo sections of the concertos with rests. In other words, for the six sinfonias the two first violin parts are the same (although after page 1 the 'di rinforzo' part has been re-engraved). The violino primo part includes the coat of arms of the Farnese family as the third page, signed «Iac. Vizzani Sculp», and a dedication to Antonio Farnese, duke of Parma and Piacenza, as the fourth[31]; the dedication celebrates the marriage of the duke in 1728 to Princess Enrichetta d'Este, daughter of the duke of Modena, a possible indication that Zani had been present. At the bottom of the first page of music of both violino primo parts there appears the notation «Incisio Ceue Mantuani», probably indicating that at least the text and music of the print were engraved in Mantua.

What is noteworthy about this publication from the historical standpoint is that it is the earliest dated source, and also the earliest known print, to conform unambiguously and in every respect to our generally accepted notion of what a set of early symphonies should be like. (Given the loss of so many Italian sources of the period referred to above, one cannot help but wonder whether it is the tip of the iceberg or merely an anomaly.) In the first place, the title is unequivocal: the 'sinfonie' are symphonies and the 'concerti' are (solo) concertos. By contrast, works for string orchestra without soloists that are in every way comparable

---

[25]. *Ibidem*, pp. 487-488.
[26]. *Ibidem*, p. 487.
[27]. CIRANI, Paola. Liner notes to compact disc of op. 2 (see footnote 18), p. 5 (Engl. trans., p. 11).
[28]. ROMANI, Giovanni. *Storia di Casalmaggiore, op. cit.* (see footnote 8), vol. X, p. 487.
[29]. *Ibidem*, p. 490.
[30]. CIRANI, Paola. Liner notes to compact disc of op. 2 (see footnote 18), p. 5 (Engl. trans., p. 11).
[31]. This description is taken from the Vienna exemplar (A-Wn); the film supplied to me by the library of the Naples Conservatory does not contain the leaf with the coat of arms and dedication. The latter exemplar is accompanied by a full transcription into score of op. 2.

to these were typically called concertos (*concerti ripieni*, *concerti a 4*, etc.) through the 1720s, a practice that continues into the 1730s and even later in some centers[32]. It should be noted that, unlike Giuseppe Matteo Alberti's somewhat earlier XII *Sinfonie a quat[t]ro*, op. 2, published in 1725 by Le Cène in Amsterdam, Zani calls these works «Sinfonie» on both the title page and within the parts (i.e., before each piece). By contrast, Alberti's print designates the works as concertos in the parts («Concerto Primo», «Concerto Secondo», etc.) though they are called «Sinfonie» on the title page, the former label doubtless reflecting the original nomenclature of the composer[33]. Notable also is the fact that Zani even makes clear that these are works for the chamber, not the church or theater (*chamber* being used in the eighteenth-century sense of a performance venue and its associated musical idiom, not in its modern meaning of music for soloists). It is not difficult to imagine Zani's symphonies being played in the music rooms of the many palaces of the region, in private residences, and at civic occasions in Casalmaggiore and elsewhere in the area. Works of this type were also common in church, despite Zani's having designated them as symphonies «da camera».

The six sinfonias of Zani's print clearly reflect the burgeoning tradition of the Milanese symphony, though with certain distinct points of individuality. All are in major keys, and all but one are in the standard three-movement form of the time, with an extended opening movement in rapid tempo, a slow movement or connecting passage in a closely related minor key, and a generally dance-like finale in binary form (i.e., a bipartite form with double bars and repeat signs)[34]. Three of the six slow movements are of the brief transitional type familiar from the northern Italian (especially Bolognese) ensemble sonata and ripieno concerto, consisting of a sequential pattern cadencing on the dominant before the entry of the finale on tonic. Two others, those of Sinfonias 3 and 6[35], are 12/8 sicilianos (so labeled only in Sinfonia 6), the former in asymmetrical binary form (i.e., a binary form with the second part substantially longer than the first), the latter continuous, with no double bars and repeat

---

[32]. On this type of concerto, which I call the ripieno concerto ('concerto for the ripieno', i.e., without soloists), see, *inter alia*, my edition *Antecedents of the Symphony. The Ripieno Concerto: Five Concertos*, New York-London, Garland, 1983 (The Symphony 1720 - 1840, a comprehensive collection of full scores in 60 vols., edited by Barry S. Brook and Barbara B. Heyman, series A/I), Part 1 — the introduction to which is now outdated — and my article 'I Concerti grossi dell'Opera I (1721) di Pietro Antonio Locatelli e le origini della sinfonia', in: *Intorno a Locatelli. Studi in occasione del tricentenario della nascita di Pietro Antonio Locatelli*, a cura di Albert Dunning, 2 voll., Lucca, Libreria Musicale Italiana, 1995 (Speculum Musicae, I/1-2), vol. II, pp. 1176-1177. It may be recalled that four of Brioschi's 'symphonies' now in Prague are called «Concerti a quattro».

[33]. For a fuller discussion of the Alberti print see WOLF, Eugene K. 'Title, Function, and the Concept of Genre […]', *op. cit.* (see footnote 2), footnote 23 and related text.

[34]. For further explanation of the formal terminology I employ in this essay see my articles 'Ritornello form', 'Binary and ternary form', and 'Sonata form' in: *The New Harvard Dictionary of Music*, edited by Don Michael Randel, Cambridge (MA), Belknap Press of Harvard University Press, 1986.

[35]. Zani's print does not actually number the sinfonias and concertos, either as a series of twelve works or as two sets of six, that is, six sinfonias and six concertos; my numbering is of the latter type (i.e., my 'Sinfonia 2' is the third work in the series of twelve sinfonias and concertos, after Sinfonia 1 and Concerto 1).

signs. The most forward-looking of the slow movements is that of Sinfonia 1, an extended *Andante* (3/4 time, C minor) with a predominance of 4 + 4 phrasing, the second phrase often a modified repetition down an octave. No double bars are present, though restatements of the opening material in the dominant (minor) and again in the tonic give shape to the movement. Once again a final dominant connects the slow movement and finale.

The finales are of interest in that two, those of Sinfonias 1 and 4, are in 2/4 time (the first marked *Allegro*, the second *Spiritoso*). This type of finale, lacking the dance-like character of the movements in triple meter, is also found in the early Sammartini and Brioschi symphonies. It may be considered a more up-to-date approach than the typical minuet- or gigue-like movement that closes a majority of symphonies of the period.

The exception to three-movement form mentioned above is Sinfonia 6, which is in five movements. After the siciliano second movement comes a 3/4 minuet, marked *All[egr]o*, then a modified restatement of the siciliano, now down a fourth from the original E minor. In each case the movement, though relatively short, comes to a complete close on the tonic. To conclude, Zani then provides us with what is certainly the earliest known example of a rondo finale in a symphony, here an A B A C A D A French type in 6/8 time marked «Rondaù». All the episodes are in minor.

The formal structure of the first movements of Zani's symphonies exemplify the transition between the generally more continuous or cursive approach of the ripieno concerto and the generally more sectional approach of the Milanese symphony[36]. The former type normally makes use of what I call the ritornello principle. Here the main formal markers are the returns of the opening material in various keys, usually at least once in the dominant (in a major-key movement) and once in the tonic. Of the sections thus set off, the first modulates to the dominant (again in a movement in major) and the second to a closely related key (normally ii, iii, or vi), while the last section remains in the tonic. No double bars are present, and the first two sections are typically elided via a dominant-to-tonic cadence in the new key. What I have just described is a standard formal type of the early part of the century that I refer to as tri-ritornello form[37]. It may be diagrammed as follows:

R_1	$(\rightarrow) R_2$	R_3	
I $\rightarrow$ V	V $\rightarrow$ ii etc.	I	

---

[36]. Johann Adolph Scheibe in 1739 recognizes precisely this distinction in his discussion of movement form in: SCHEIBE, Johann Adolph. *Der critische Musikus*, Leipzig, Bernhard Christoph Breitkopf, ²1745, pp. 623-628, article of 15 December 1739 (the revised version of the article cited here, from 1745, does not differ in essentials from that of the original edition). Scheibe does not, however, refer directly to the ritornello elements found in typical movements of the continuous type; like most writers of the time, he shows a greater interest in describing the tonal plan.

[37]. See the discussion of this scheme in my *Antecedents of the Symphony [...], op. cit.* (see footnote 32), p. xxiv. It continues to appear in conservative centers such as north Germany until late in the century.

Composers may also add an additional section after R_2 that modulates to another closely related key, making a quadri-ritornello form; or they may introduce various modifications such as an R_3 section that begins in IV. In still other cases only two statements of the opening material occur, either both in the tonic or the second in the dominant, the latter version corresponding to a standard binary form without double bars. Also common is the use of a closing reference to the ritornello theme at the very end of the movement, too short to qualify as a genuine ritornello section of the type just described. I symbolize such statements 'R_n', using the mathematical symbol for the last of a series.

As it happens — surprise! — what I have just described fits Zani's approach in four of the six first movements of the op. 2 sinfonias to a tee. Three of them are clear examples of the tri-ritornello type (the first movements of nos. 1, 3, and 6), while a fourth illustrates the type with a final restatement of the primary material in the tonic (R_n, found in no. 4). The only real anomaly is the start of R_3 in IV in Sinfonia 6, a fairly common variant mentioned above. Zani's first movements in these works thus stand somewhat closer to the formal approach of the ripieno concerto than do Sammartini's early symphonies as a group, which adopt a large-scale binary approach, with repeated halves, in all but two cases (no. 1, J-C 7, and no. 7, J-C 33)[38].

The remaining two first movements are clear examples of asymmetrical binary form on the one hand (no. 2) and rounded or recapitulating binary form (also referred to as early sonata form) on the other (no. 5). Though analysts have often treated the two principles involved, the ritornello and binary principles, as polar opposites, as utilized in works such as Zani's they are in fact closely related. Within the individual sections of both the ritornello and binary types the overall structure is essentially identical. In the first section of each, for example, after a statement of the primary theme or themes in the tonic key, a modulation is effected to the dominant, usually via more active and forceful thematic material and generally involving sequence. This transitional episode leads to a third, relatively short cadential section, which often avails itself of the stabilizing procedure of repetition. The only difference between a binary first section and a ritornello first section of this type is that the former now comes to a full close in V and then repeats the entire section, whereas the latter proceeds directly to the second section (R_2), ordinarily via an elision, as already stated.

The structure just described is illustrated in Ex. 1, which presents all of part 1 and the beginning of part 2 of Zani's Sinfonia 5, first movement. Particularly evident here is the breadth of the phrase-level hierarchy within which Zani operates, a trait linked closely with the slow harmonic and tonal rhythm and the clear, simple harmonic goals characteristic of all these movements. One does not have to look far to find a source for these attributes,

---

[38]. However, neither of these movements is in a traditional tri- or quadri-ritornello form. The first movement of no. 1 conforms to a standard ritornello plan only through the appearance of R_2 (m. 20), while the first movement of no. 7, though tri-sectional, begins the middle section (R_2) in G minor (in a work in F!). The majority of the Sammartini symphonies classed as 'early' by Bathia Churgin are, of course, later than those of Zani's op. 2, dating to the beginning of the 1740s.

ANDREA ZANI'S *SINFONIE DA CAMERA*, OP. 2 (CASALMAGGIORE, 1729)

Ex. 1: ZANI, Andrea. *Sinfonie da camera ed altretanti concerti da chiesa*, op. 2, Casalmaggiore, 1729. Part 1 and beginning of part 2 of Sinfonia [5], first movement, mm. 1-54 (figures of basso part omitted).

namely the opera overture of the new generation of Neapolitan composers such as Leonardo Leo and Leonardo Vinci. That Zani was familiar with these works can hardly be doubted: among other things, the wedding of the duke of Parma in February 1728 mentioned in the dedication of op. 2 was graced by the premiere of Vinci's *Medo*[39]. The influence of Vinci can also be seen in the strong rhythmic drive of this movement, a prominent feature of that composer's overtures during this period.

In Ex. 1 the tonic is firmly established in mm. 1-7, after which a fanfare-like theme in simple imitative texture begins the process of modulation by moving to IV (mm. 8-17). The modulation can then be accomplished by the simple expedient of restating the entire segment up a step; I → IV then becomes ii → V (mm. 17-26 ≈ 8-17). After a stabilizing 2 + 2 varied repetition (mm. 26-29), what I would label the closing material enters, beginning with the same repeated-note fanfare figure as before. Here, however, we remain firmly in the new tonic, the result being a clear six-bar phrase that ends with an elision. The composer then repeats the phrase down an octave and *piano*, again a stabilizing procedure. But this soft conclusion is rudely interrupted by a return to *forte* for a nice early example of phrase extension, mm. 42-43 being a varied restatement of mm. 40-41 followed by the final tonic. Throughout this entire section the sense of breadth achieved by the harmonic and phrase syntax is impressive for the time. As those familiar with the overtures of Vinci will know, the principle of organizing one's material into contrasting tonal plateaus, often considered a later Classical achievement, can already be found in many orchestral works of the 1720s.

To return to the subject of movement form, the second section of the ritornello and binary types presents clear parallels, as well. In both cases we begin with a restatement of the primary material and then move to one or more related keys, the mediant minor (iii) being the most frequent goal in Zani. The strong relationship of the two schemes is particularly apparent in these sections, for in both of them the succession of thematic material tends to follow that of the first part quite closely. In other words, unlike the typical description of a later 'development' section — supposedly a free, fantasia-like exploration of the themes of the exposition — the second section of the binary type, especially the rounded-binary type, tends merely to restate the material of the exposition in its original order (though in different tonal contexts). The conclusion is easy to draw that the basic thematic plan of the earlier ritornello structure was simply amalgamated with the repetitive scheme of the binary form. To oversimplify the matter, one could convert the tri-ritornello form illustrated in the diagram above into a rounded binary form by adding double bars and repeat signs just before R_2 and at the very end[40]. In any event, the middle section of both Zani's tri-ritornello and

---

[39]. The overture played on this occasion was originally composed as the overture to Vinci's *La caduta de' decemviri* of 1727; see HELL, Helmut. *Die neapolitanische Opernsinfonie in der ersten Hälfte des 18. Jahrhunderts*, Tutzing, Hans Schneider, 1971 (Münchner Veröffentlichungen zur Musikgeschichte, 19), pp. 542-543.

[40]. See the diagram and discussion in my *Antecedents of the Symphony* [...], *op. cit.* (see footnote 32), p. xxiv.

his binary first movements ends with a clear retransition, normally involving a circle-of-fifths progression leading via the dominant to the returning tonic.

Similar comparisons can be made between the 'recapitulation' of a rounded binary form like that of the first movement of Zani's Sinfonia 5 and the structure of the R_3 section of a tri-ritornello form, which in the symphonies of op. 2 are again similar — the principal difference of course being that in the former the second and third sections are repeated as a bloc. In the case of a simple or asymmetrical binary form like that of the opening movement of Sinfonia 2, the relationship would be with the type of 'bi-ritornello' plan in which the two sections begin in the tonic and the dominant, respectively (see above); again the principal difference is the elision between the two sections and the lack of double bars and repeat signs in the ritornello type.

The stylistic modernity of Zani's symphonies in op. 2 manifests itself particularly in the simplicity of their texture, which is considerably less contrapuntal than that of most Sammartini and Brioschi symphonies. In conjunction with Zani's generally triadic or fanfare-derived thematic material and clearly directional harmony, the strongly homophonic style of the first movements creates a vigorous sense of forward motion that again recalls the contemporaneous opera overture. The simplest texture of all appears in the opening themes of Sinfonias 4 and 6, which are entirely in unisons and octaves[41]; these sections then recur as ritornellos, providing especially clear formal markers within the movement. Unison texture of this sort is, incidentally, more characteristic of the concerto than of the overture at this time — one thinks immediately of Vivaldi's concertos.

Ostensible exceptions to the above generalizations about texture are the many passages in op. 2 that employ imitative entries like those observed already in Ex. 1, mm. 8ff. Typical is the opening of the very first work in op. 2, given as Ex. 2. Here the tremolo theme is nominally introduced through the use of imitation. But that imitation is all on a single tonic chord, and combined with the near-lack of melodic profile and the completely homorhythmic patterning, it engenders no sense of contrapuntal independence whatever. Instead, the staggered entries serve a mainly dynamic function, producing a sort of textural crescendo that parallels and supports the expansion in tessitura. The subsequent passage maintains the excitement, now augmented by a few choice touches of functional chromaticism. Provocatively, the switch to the tonic minor in mm. 9-12 is strikingly reminiscent of mm. 16-19 of the first movement of Sammartini's early symphony no. 1 (J-C 7), also in C major and 3/4 time; Sammartini's passage introduces R_2 of his movement, however (m. 20), while Zani's leads to a restatement of the primary material in the tonic.

An imitative passage comparable to the opening of Sinfonia 1 also begins Sinfonia 2, while the opening of Sinfonia 3 abandons the imitative entries but retains the tremolo

---

[41]. This type of texture is signaled by the use of bass clefs in all the parts, a standard procedure in concerto and aria ritornellos of this period.

Andrea Zani's *Sinfonie da camera*, op. 2 (Casalmaggiore, 1729)

Ex. 2: ZANI, Andrea. *Sinfonie da camera ed altretanti concerti da chiesa*, op. 2, Casalmaggiore, 1729. Opening of Sinfonia [1], first movement, mm. 1-18.

figuration of Sinfonia 1 (now of the bowed or undulating type; see Ex. 3). The two-bar soli passage that follows in mm. 5-6, the only one of the set, again turns to imitation at the unison in which the first entry (here the first violins) rises a third, at which interval it accompanies the second entry. In contrast to these pseudo-contrapuntal examples, the only truly contrapuntal passages in the set occur in the transitional area of the first movement of Sinfonia 6, mm. 7-13, in which non-imitative counterpoint gives independence to all four voices, nicely juggled when the passage returns at later points in the movement. It is as though Zani wished to demonstrate that, despite all the homophony, he *could* write polyphonically. Significantly, however, he utilizes the complexity of the counterpoint in the service of formal function, that of transition.

Ex. 3: ZANI, Andrea. *Sinfonie da camera ed altretanti concerti da chiesa*, op. 2, Casalmaggiore, 1729. Opening of Sinfonia [3], first movement, mm. 1-8 (figures of basso part omitted).

A final point of modernity in these works, mentioned already on several occasions, is the frequent use of exact or near-exact phrase repetition, normally at the two- or three-bar level in 4/4 time (2 + 2, 3 + 3, the second unit often down an octave, *piano* rather than *forte*, etc.). Zani shows an appreciation for the stabilizing and broadening effect of repetition, as we have already seen on the large scale in Ex. 2, in which the opening imitative passage returns in full before the real transition to the dominant commences. On a smaller scale, most of the closing themes of the first movements also make use of repetition, as in the previously described closing material of Ex. 1.

Aside from their considerable musical interest, including their precocious adoption of stylistic traits of the of the overtures, the symphonies of Andrea Zani's op. 2 merit attention as both the earliest published symphonies and the earliest dated symphonies that present no ambiguities of genre whatever. Although these points are enough to assure Zani's works a firm position in the early history of the symphony, their significance goes beyond the merely chronological. For Zani's publication demonstrates that the symphony was cultivated during the 1720s not only in the Lombardian *Hauptstadt* of Milan, where Sammartini and probably Brioschi were active, but also at various smaller centers in the area. As we have seen, Zani had connections of one sort or another with the court residences of Mantua, Parma, Ferrara, Guastalla, and Sabbioneta, as well as with Cremona and, of course, Casalmaggiore itself. Precisely what the contributions of such centers to the nascent symphonic genre may have been will doubtless never be known owing to the regrettable loss of so many collections from the region. But the six symphonies of Andrea Zani's op. 2 surely imply that it was both substantive and extensive.

Giovanni Battista Sammartini
Cronologia della vita
Testimonianze e giudizi dei suoi contemporanei

Anna Cattoretti
(Milano)

> *Questo Sammartini era uomo singolare;*
> *voi siete troppo giovane per averlo conosciuto.*
> *Eccovene una piccola biografia, giacché la fama*
> *non ha parlato di lui quanto meritava.*
> Giuseppe Carpani, *Le Haydine*, p. 63

Introduzione

Il lavoro si basa su documenti già noti agli studiosi (che vengono qui ordinati e corretti, dove necessario) e comprende alcune notizie del tutto inedite e altre che, pur risultando da altri studi, non erano state precedentemente inserite in biografie sammartiniane[1]. Più che un punto di arrivo, questo lavoro è da considerare come un punto di partenza e uno strumento per poter ordinare sempre meglio le notizie che vanno a comporre la biografia sammartiniana, con l'auspicio che possano venir ampiamente integrate, corrette e ampliate sulla base di futuri studi e scoperte.

---

[1]. Accanto alla notizia, tra parentesi quadre, si trova un numero di riferimento che corrisponde alla fonte citata; tutte le fonti utilizzate per questa cronologia e i lavori specifici su Sammartini sono stati infatti ordinati cronologicamente, numerati e inseriti in un apposito Indice alla cronologia. Si è pensato a questo sistema come al più comodo ed agevole per il lettore, il quale non sarà continuamente distratto da nomi più volte ripetuti, ma potrà ritrovare facilmente un riferimento, qualora ne abbia bisogno. Verranno indicati solo gli studiosi che per primi hanno riportato una notizia, dal momento che, una volta messa in luce, questa viene generalmente citata nelle sezioni biografiche di parecchi lavori. Saranno citati, tuttavia, anche gli studi che pur riportando notizie già note, le abbiano corrette, integrate o ne abbiano ricavato deduzioni originali. Nelle note a piè di pagina verranno indicate le collocazioni dei documenti nei vari archivi e biblioteche, allo scopo di dare informazioni immediate sulla provenienza delle notizie. Nella citazione di passi riportati da altri autori o da documenti del XVIII secolo (importanti innanzitutto per il loro contenuto), si è mantenuta la grafia originale; alcune integrazioni, quando necessarie, sono state messe tra parentesi quadre: [ ]. In alcuni casi, dove è sembrato opportuno al fine di una migliore comprensione del testo (ad esempio in alcuni elenchi), si è provveduto ad indicare gli 'a capo' mediante una stanghetta trasversale: /.

Questa Cronologia degli avvenimenti a noi noti della vita di Sammartini, al momento non è che una scarna traccia di quella che doveva essere l'intensa vita musicale che lo vedeva, a Milano, protagonista. Infatti l'attività di Sammartini doveva andare ben al di là del lavoro di *routine* che svolgeva nelle numerose chiese di Milano dove era organista o maestro di cappella, eppure già questa *routine* è difficile a ricostruirsi. Possiamo intuire, ad esempio, che la composizione di cicli di cantate, come quelle per le congregazioni di S. Fedele o per S. Dalmazio, rientrasse in un'attività svolta senza interruzione nell'arco di molti anni e tuttavia siamo costretti a segnalare di volta in volta la testimonianza di ciò che è avvenuto, dato che nemmeno della produzione sacra di Sammartini possiamo avere un quadro completo e sicuro. Non fu redatta per lui una biografia vera e propria, né si conserva un suo epistolario[2]. Per i tratti essenziali del suo carattere e soprattutto per la considerazione e la fama di cui godette all'epoca, possiamo però avvalerci di alcuni giudizi di suoi contemporanei: uomini di cultura e musicisti, viaggiatori e teorici italiani e stranieri, di cui si tratterà brevemente.

Molte notizie riportate sono state ricavate da documenti ufficiali (testamenti, certificati, liste delle spese, petizioni e delibere), da resoconti, *Gazzette*, *Almanacchi*, *Fogli* e da descrizioni di feste e celebrazioni: testimonianze utili, quanto strettamente limitate ai fatti e difficilmente esaurienti per quanto riguarda la musica. Altre notizie provengono dalla corrispondenza tra personaggi del tempo o da annotazioni più personali (diari, lettere, commenti, racconti). Altre, infine, sono quelle scritte appositamente allo scopo di essere diffuse, come i primi tentativi biografici e le annotazioni che si trovano nelle enciclopedie e nei dizionari più antichi.

Bisogna dire che la versione *Sammartini* del nome del compositore, utilizzata in questo secolo per convenzione dagli studiosi, è solo una delle tante esistenti e probabilmente l'originario 'St. Martin' francese si prestava a varianti e storpiature [70, p. 28]. Egli stesso si firma[3]: «Gio: Batta S.ᵗ Martino» (nei giudizi che esprime quale commissario dei concorsi per gli aspiranti ad alcuni posti nella cappella del Duomo di Milano negli anni 1733 e 1740) e «Gio: Batta S. Martino» (nei documenti relativi ad analoghi concorsi, negli anni 1740, 1741 e 1773; nella supplica al Vicario Generale della diocesi di Milano, per potersi

---

[2]. Due sono le lettere note: una inviata a Karlsruhe al Margravio Carl Friedrich il 23 novembre 1750 (*cfr.* Tavole cronologiche, 1750); l'altra inviata da Sammartini a padre Martini di Bologna l'8 settembre 1762 (*cfr.* Tavole cronologiche, 1762).

[3]. Per il momento non sono state prese in considerazione le 'firme' sui frontespizi delle composizioni manoscritte probabilmente autografe. Sono sicuramente autografe le firme sui documenti del 1733, 1740, 1750 e 1765 (*cfr.* Tavole cronologiche). L'importante lettera dell'8 settembre 1762 indirizzata da Sammartini a padre Martini, ci è invece nota attraverso la riproduzione (purtroppo appena leggibile) presente in un articolo di Howard Brofsky [71]: non siamo riusciti a visionare l'originale. Si intuisce che la firma sia «Gio: Batta S. Martino / Maestro di Capella», ma non se ne può avere la certezza. Nello stesso articolo viene inoltre riportata l'opinione degli studiosi Churgin e Jenkins, secondo i quali la lettera non sarebbe autografa: [71, p. 66] «According to Newell Jenkins and Bathia Churgin [70, p. 10, nota 4] this letter is not in Sammartini's own hand». *Cfr.* Tavole cronologiche, 1762 e la sua trascrizione nella sezione Testimonianze.

risposare; nella petizione del 1758 per la fondazione dell'Accademia Filarmonica); «Gioan Batta S. Martino» in una lettera del 23 novembre 1750 al Margravio Carl Friedrich di Baden-Durlach e di nuovo «Gio: Batta S. Martino» in diversi documenti del 1765 con firma autografa[4]. Nell'atto di morte è «S. Martino»; nei frontespizi delle sue opere a stampa si trova come «St. Martini», ma anche come «Martino», «Martini» o «San Martini». Risulta come «Sammartino» o «Sanmartino» nelle liste di pagamento della cappella ducale di Milano e nel suo ruolo di insegnante di musica dell'arciduchessa Beatrice d'Este[5] e in alcuni altri documenti [57, p. 635 nota 3 e p. 643, nota 4]; infine, nella lettera inviata da Giovenale Sacchi a padre Martini con l'annuncio dell'invio del ritratto del compositore, viene specificato: «Il Sig.r Gio: Battista S. Martino (così scriveva il suo nome egli stesso)».

Martino o *Martini*, *S. Martino* o *S. Martini*, *St. Martino*, *San Martini*, *Sanmartini* o *Sammartini*, a volte con lo specifico: '*di Milano*' o '*milanese*', forse anche per distinguerlo dal fratello Giuseppe che operava a Londra, sono alcune varianti di un nome che purtroppo trova somiglianza con quello di altri compositori a lui contemporanei[6], come padre Giovanni Battista Martini di Bologna (1706 - 1784) o Jean-Paul Martini (1741 - 1816) detto 'il Tedesco', oltre a un Martini veneziano, e che può portare ad ulteriori confusioni data la presenza del fratello Giuseppe, musicista e celebre compositore anch'esso.

ILL. 1: firma autografa di Sammartini in una ricevuta del 1765. Documento conservato all'Archivio di Stato di Milano, *Potenze Sovrane post 1535*, 69.

---

[4]. I documenti, recentemente scoperti, si trovano in ASM (Archivio di Stato di Milano), *Potenze Sovrane post 1535*, 69, 84 e 85; *cfr.* TAVOLE CRONOLOGICHE, 1765 e l'articolo di Maria Grazia Sità nel presente volume.

[5]. ASM, *Potenze Sovrane post 1535*, 78 e 78bis.

[6]. Per una raccolta di numerosi musicisti con nome simile a questo si veda Gerber [21, coll. 343-346].

Giovanni Battista Sammartini nacque nel 1700 (tra il 16 gennaio e il 31 dicembre) o nel 1701[7], da padre di origine francese, [55, p. 6 / 109] ALESSIO o ALEXIS SAINT MARTIN (figlio di Guglielmo), e da madre italiana: GEROLAMA FEDERICI. La data di nascita precisa di Giovanni Battista è ancora sconosciuta[8].

Sulla sua formazione si sa pochissimo: per quanto riguarda l'istruzione in generale, gli scritti autografi ci parlano di correttezza e precisione di scrittura, bella e chiara grafia, frasi ben articolate, equilibrato uso della punteggiatura; si ricorda inoltre l'ambiente aristocratico e colto che frequentava, la sua probabile amicizia con il Parini, la sua appartenenza all'Accademia dei Trasformati, la disponibilità dimostrata nell'accompagnare il musicista Falasca alla Biblioteca Ambrosiana per svolgere alcune ricerche sul canto ambrosiano per conto di padre Martini: fatto che lascia supporre una sua perizia nell'uso del latino, al di là del suo uso nelle composizioni sacre. Per quanto riguarda la musica, fu probabilmente il padre Alessio a dargli i primi insegnamenti. Secondo Carpani [20, p. 63] «fu prima sonatore d'oboe, e poi di violino»: la prima parte della notizia è confermata dai documenti (*cfr.* TAVOLE CRONOLOGICHE, 1717 e 1720) e riguardo alla seconda restano due testimonianze: una di Burney[9], che asserisce che Sammartini produsse una grande quantità di composizioni per violino, anche se pare che questo non fosse il suo strumento; l'altra di Charles De Brosses [17, Lettre LVIII] che cita invece Sammartini tra i maggiori violinisti della sua epoca con Tartini, Veracini, Pasqualini e Somis. Si sa invece per certo che fu organista in alcune chiese milanesi (*cfr.* TAVOLE CRONOLOGICHE 1770; 1726, 1728 - S. Ambrogio -; 1730 - Convento delle Monache di S. Maria Maddalena ? -; 1740, 1773 - commissario in Duomo per un posto di organista -; 1751, 1759, 1760, 1761 - S. Gottardo -; 1757 - S. Celso -; 1775 - S. Giovanni in Conca ? -) e venne lodato da Burney per la perizia e lo stile personale che dimostrò all'organo[10]; inoltre scrisse molto per il cembalo[11]. Non sappiamo dove abbia potuto istruirsi in questi e in altri strumenti[12] e nella composizione: forse presso qualche chiesa o presso la cappella musicale del Duomo o di S. Ambrogio, anche se non restano testimonianze a proposito. Ad ogni modo, a partire dal 1724 (*cfr.* TAVOLE CRONOLOGICHE) ac-

---

[7]. Le enciclopedie e i dizionari del XIX sec. spostano la data di nascita agli ultimi anni del 1600, forse confondendo ancora una volta i due fratelli Giovanni Battista e Giuseppe (nato nel 1695).

[8]. Nell'Archivio della chiesa di S. Giorgio al Palazzo, dove si trovano i documenti della parrocchia soppressa di S. Maria al Cerchio e dove si sarebbe dovuto conservare l'atto di matrimonio di Sammartini (recapito matrimoniale), recante anche la sua data di nascita, la cartelletta che avrebbe dovuto contenere questo documento risulta vuota. Forse è ancora possibile rintracciare questi dati nell'Archivio della Curia Arcivescovile di Milano, tra gli *Atti Matrimoniali*.

[9]. *Cfr.* TESTIMONIANZE, Burney.

[10]. *Cfr.* TESTIMONIANZE, Burney.

[11]. Per un quadro della produzione per tastiera di Giovanni Battista Sammartini, con un catalogo e diverse proposte di attribuzione, *cfr.* l'articolo di Filippo Emanuele Ravizza nel presente volume.

[12]. Nel presente volume, Cosetta Farina prende in esame la produzione dei notturni per flauto e archi e Tova Shany le sonate per violoncello di Sammartini.

canto al suo nome compare la specificazione 'maestro di cappella', all'inizio senza ulteriori indicazioni di luogo, come se si riferisse a un titolo di studio, più che a un impiego presso un'istituzione. Si sa infine che scrisse anche per strumenti meno comuni, come l'arciliuto, il mandolino e l'armandolino (mandolino di foggia lombarda)[13].

Del padre si sa poco: proveniente dalla Francia (anche se non conosciamo le ragioni che lo spinsero in Italia, né l'anno del suo arrivo a Milano), fu musicista di professione e per diversi anni ebbe un posto di oboista nell'orchestra del Teatro, a Milano. Tra i documenti che testimoniano dell'attività musicale in casa Ruspoli, a Roma[14], si trova citato un 'Martino' suonatore di oboe in una lista di pagamenti del 1709[15]; è una notizia interessante, anche se per ora insufficiente a ipotizzare un soggiorno romano di Alessio (se non del figlio Giuseppe) o l'esistenza di un altro loro parente oboista. Sappiamo che Alessio St. Martin (figlio di Guglielmo) nacque probabilmente nel 1661 [66, pp. 268-270][16], morì il 5 settembre 1724 [64][17] e fu sepolto nella chiesa di S. Lorenzo Maggiore, a Milano, con accompagnamento musicale alle esequie [64][18]. Dal testamento di Alessio, trascritto integralmente in [64, pp. 4-8], emergono alcuni tratti del suo carattere: uomo pio e devoto alla famiglia, dichiara di aver fatto tutto il possibile per l'istruzione e la carriera dei figli («[…] un padre che hà fatto tutto quello che hanno potuto le sue povere forze per essi [i figli maschi], e per ridurli

---

[13]. L'incipit di una *Suonata di Monséur Martino Milanese per Arcileuto Francese* è conservato in: *Regole di musica, ed anco le regole per accompagnare sopra la parte per suonare il Basso continuo ecc., per l'Arcileuto Francese, e per la tiorba, per uso di me Filippo Dalla Casa* [1737-1811] *suonatore di essi*. Si tratta di 2 volumi manoscritti conservati presso il Civico Museo Bibliografico Musicale di Bologna, segnatura EE.155.1/2; si ringrazia il dr. Franco Pavan (Milano) per la segnalazione. Il manoscritto di una *Sonata per mandolino* [e basso continuo] (*Allegro, Andante, Minuetto*; non è indicata la tonalità) è segnalata in possesso di Danilo Prefumo (Milano): [96, p. 304]. Una //*Sonata per Armandolino* // / *del Sig.r Gio Batta S. Martino*, apparteneva alla collezione della famiglia Calori Provana Balliani di Vignola Monferrato, venduta all'asta da Christie's, a Roma (riferimento: IV/393/38) nel giugno 2000 e acquistata dal Comune di Padova; nella stessa collezione vi sono anche una //*Sonata a Mandolino* // / *fl Primo e Basso* (anonima, ma attribuibile a Sammartini secondo il catalogo d'asta, che rimanda alla perizia effettuata dallo studioso Michael Talbot sull'intera collezione); un'altra //*Sonata di Armandolino* // / *e Basso* (*idem*); *Sonata, a Primo / e Basso* [con con mandolino o armandolino e *idem*]; e una terza *Sonata* (*idem*); cfr. inoltre TAVOLE CRONOLOGICHE, 1758, nota 117.

[14]. I documenti sono riportati da Ursula Kirkendale nel suo volume su Antonio Caldara. Cfr. KIRKENDALE, Ursula. *Antonio Caldara. Sein Leben und seine venezianisch-römischen Oratorien*, Graz-Köln, Hermann Böhlaus, 1966.

[15]. *Cfr. ibidem*, pp. 62 e segg.; p. 355: «oboe: Martino 31, 3, 1709»; p. 357: «Martino Oboé S. 1-» (cioè uno scudo) «31 marzo 1709». È da notare che Caldara sarà presente come compositore anche a Novara, nel 1711, durante i festeggiamenti per San Gaudenzio, dove ritroveremo anche i Sammartini oboisti.

[16]. L'atto di morte (ASM, *Popolazione Parte Antica*, 157), redatto dal Magistrato di Sanità e rinvenuto da Inzaghi, indica le cause del decesso (febbre e dissenteria) e l'età: 63 anni. In tal modo la data di nascita viene retrocessa al 1661, rispetto al 1664 precedentemente ipotizzato da Donà [64, p. 4].

[17]. Il testamento è conservato all'Archivio di Stato di Milano (ASM), *Notai*, filza 40443, notaio Mauri Antonio n. 254, 29 agosto 1724.

[18]. Archivio della Basilica di S. Lorenzo Maggiore, *Registro degli atti di morte*.

allo stato nel quale con l'ajuto della Divina bontà si ritrovano [...]» e in un altro punto «[...] in ricompensa di tutto quello ho io fatto, e non ho risparmiato di fare per loro [...]») che con suo compiacimento vede tutti ben avviati per le loro strade («[...] ed assicurandoli che ne avranno abundante e continua retribuzione dal sommo Iddio, il quale ha loro forsi fatti di già tanti benefizj anche con la disposizione d'ogni migliore avanzamento [...]; sì che io [...] goda in questi ultimi estremi di mia vita la consolazione di vedere li suddetti ed infrascritti miei figli ottimamente incamminati [...]»). Suo unico grande cruccio è di morire senza aver potuto provvedere alle figlie Francesca, Maddalena e Rosa «per il loro collocamento temporale o spirituale»; la preoccupazione per «le mie povere figlie nubili» ricorre per ben sei volte e Alessio fa appello ai figli perché «da buoni fratelli e da buoni cattolici», provvedano per loro e nel frattempo facciano in modo da «non permettere che manchi loro cosa alcuna del necessario e convenevole secondo il nostro presentaneo stato». Confida poi che i figli «si porteranno con quella buona concordia ed armonia tra di loro che si sono portati sempre». Al di là delle soddisfazioni, le condizioni economiche della famiglia, anche se decorose, non sembrano essere floride ed è forse questa la ragione della preoccupazione di Alessio per le figlie, che probabilmente non poteva fornire di dote («[...] spiacendomi all'estremo che le mie strettezze non mi permettano il potere dare alla detta mia consorte contrassegni migliori del mio affetto, e pregando la medesima accettare il mio buon animo in vista anche di quello che non posso fare per le dette mie e sue figlie nubili [...]»).

La madre di Sammartini, Gerolama Federici[19] («Gerolama Fredricis» nel testamento di Alessio, dal quale apprendiamo anche del suo guardaroba, di alcuni gioielli e della dote [64, p. 7]), apparteneva anch'essa a una famiglia di musicisti; erano con ogni probabilità suoi parenti i tre Federici oboisti [64, p. 4] che operavano a Milano in quegli anni: Giuseppe, Baldassarre e suo figlio Francesco. Baldassarre figura inoltre come padrino di battesimo della figlia di Sammartini, Marianna Rosa: [66, p. 272] «Compadre fu il Sig. Baldassarre De Federici». Giuseppe Federici è citato, con i fratelli Martini, nell'organico dell'orchestra del Teatro Regio Ducale nel 1720. Baldassarre e Francesco sono presenti nell'orchestra del Ducale per la stagione 1747 - 1748 (e Francesco anche per il 1748 - 1749 e, in altra occasione, nel 1750), mentre Francesco e un nipote, Giuseppe, suoneranno nell'orchestra riunita nel 1765 a Pavia e a Cremona, sotto la guida di Sammartini, per il passaggio in Italia dell'arciduchessa Maria Luisa, infanta di Spagna, che andava in sposa all'arciduca Pietro Leopoldo d'Asburgo (*cfr.* Tavole cronologiche, 1720, 1747, 1748, 1750 e 1765). Il 10 aprile 1763 è testimoniata ancora la presenza di un Federici oboista nell'orchestra riunita nella chiesa di S. Ambrogio per l'esecuzione di un *Te Deum* di Sammartini (*cfr.* Tavole cronologiche) Si sa che, rimasta vedova, Gerolama continuò a vivere a casa del figlio Giovanni Battista, fino alla morte (avvenuta il 31 agosto 1737). Le esequie avvennero alla presenza di 12 sacerdoti e venne sepolta nella chiesa di S. Nicolao [69, pp. 636 e 638][20]. L'Atto di morte la dice [69, pp. 636 e 638][21] «di anni 72».

---

[19]. [69, p. 636] nata il 31 agosto 1665.
[20]. Archivio parrocchiale di S. Vittore al Corpo, *Morti di S. Nicolao* 1737.
[21]. ASM, *Popolazione Parte Antica*, 161.

Oltre a Giovanni Battista e al fratello maggiore Giuseppe, che si conquistò grande fama in tutta Europa come oboista e compositore, anche Antonio intraprese la carriera di musicista, mentre poco si sa dell'altro figlio: Carlo. Delle figlie, di cui Alessio si preoccupava nel testamento e che raccomandava ai figli perché le aiutassero a trovare una buona sistemazione, sappiamo che Maria Maddalena si sposò, mentre Rosa Maria continuò probabilmente a vivere in casa con Giovanni Battista, ma delle altre non si sa nulla [66, pp. 268-271]. Elenchiamo di seguito i nomi che si conoscono, le date, e le poche notizie che restano sui fratelli Sammartini[22].

Anna Francesca Margherita Maddalena (Milano, 20 luglio 1693 - *post* 1724).

Gioseffo Francesco Gaspare Melchiorre Baldassarre (Milano, 6 gennaio 1695 - Londra, novembre 1750). Di lui abbiamo alcune notizie biografiche (Hawkins [11, II, pp. 894-895][23] e Burney [14][24]), un quadro approssimativo della sua produzione

---

[22]. [66, pp. 267-271] I certificati di battesimo dei primi sei figli si trovano nell'Archivio parrocchiale di S. Eufemia a Milano, nel volume dei *Battesimi di S. Eufemia* dal 1637 al 1745; mancano quelli degli ultimi due figli perché forse la famiglia si era trasferita in altra parrocchia.

[23]. [11, II, pp. 894-895]: «Giuseppe San Martini was a native of Milan. He was a performer on the hautboy, an instrument invented by the French, and of small account, till by his exquisite performance, and a tone which he had the art of giving it, he brought it into reputation. Martini arrived in England about the year 1729, and was favoured by Bononcini, Greene, and others of that party, as also by Frederic, prince of Wales, who was his great patron. When Green went to Cambridge to take his degree, Martini attended him, and performed in the exercise for it; and had there a concert for his benefit, which produced him a considerable sum. He was an admirable composer; and, for instrumental music, may, without injury to either, be classed with Corelli and Geminiani. His first compositions were Sonatas for two flutes, and others for german flutes: these are scarcely known, but the greatness of his talent is manifested in six Concertos and twelve Sonatas, published by himself, the latter dedicated to the late princess of Wales […]. As a performer on the hautboy, Martini was undoubtely the greatest that the world had even known. […] It may well be supposed that he was not backward in communicating the improvements which he had made on this his favourite instrument, since a pupil of his, Mr. Thomas Vincent, is known to have possessed most of his excellencies in a very eminent degree; and we farther observe that the performes on the hautboy at this time are greatly superior to any that can be remembered before the arrival of Martini in England». *Cfr.* inoltre il passo riportato nella sezione Testimonianze, nota 194.

[24]. [14, III, p. 532]: «The Italians have no cultivated wind-instruments as the Germans; and yet, during the present century, Martinelli, Bitti, Giuseppe San Martini, and the two Besozzis, brought the oboe and bassoon to very great perfection». [14, IV, p. 390]: «Of the five airs [Handel, *Polypheme*] that were expressly composed for the talent of this great singer [Farinelli], the first was a *mezza bravura*, accompanied on the hautbois by the celebrated San Martini. Two such performers must have made a worse production interesting; but the composition now appears poor, and the passages light and frivolous». [14, IV, p. 643 e nota l]: «Geminiani was seldom heard in public […] In 1731 he advertised a *Weekly Consort* of Musick, to be carried on at Hickford's room, by subscription, and at which he played the first violin himself (l). [nota l:] This concert was advertised to be carried on the next year by Arrigoni and San Martini, 'in the same manner as by Signor Geminiani, who had declined the undertaking; the first violin by Signor Carbonelli.'». [14, IV, p. 649]: «Martini's first public performance in England was at a benefit concert for Signor Piero, at the little theatre in the Haymarket,

musicale[25] e un'idea della fortuna di cui godette all'epoca. Il certificato di nascita è stato rinvenuto da Inzaghi [66, p. 268] e dettagliate notizie si trovano in Churgin [107] e Prefumo [83] [109]. Dopo gli esordi con il padre (*cfr.* TAVOLE CRONOLOGICHE, 1711, 1717, 1720, 1724), nel 1726 lo si trova a Venezia, dove lo ascoltò Quantz. Nel 1727 pubblicò con l'editore inglese Walsh una raccolta di 12 sonate per flauto e basso, preludio alla sua partenza. Ancora a Milano il 13 febbraio 1728, testimone alle nozze della sorella Maddalena [66, p. 271], partì il 13 luglio alla volta di Londra, via Bruxelles, assieme all'allievo Gaetano Parenti [83, pp. 96-97][26] [109, p. 111]. Arrivò a Londra all'inizio del 1729, cominciando subito a esibirsi in pubblico e a collaborare con le principali istituzioni concertistiche della città [107, p. 215], affiancando l'attività concertistica con l'impegno stabile assunto (per due o tre anni) presso il Teatro dell'Opera e, molto probabilmente, con l'insegnamento. Nel 1736 il principe di Galles lo volle al suo servizio e tale sicurezza gli permise di dedicarsi maggiormente anche alla composizione. Non è ancora sicura la data di morte che, stando ai documenti (*cfr.* LANCE, Evelyn. 'The London Sammartini', in: *The Music Review*, XXXVIII - 1977 -, p. 5, la quale, a sua volta, rimanda ad altra fonte: *Whitehall Evening Post*), avvenne nel mese di novembre 1750: «Last week died at His Royal Highness, the Prince of Wales, Signior St. Martini, Musick Master to her Royal Highness and thought to be the finest performer on the Hautboy in Europe», contrariamente a quanto attestato da Hawkins [11, II, p. 895] che la situava nel 1740.

Era considerato uno dei maggiori oboisti del suo tempo e fu molto apprezzato in Inghilterra: Hawkins scrisse entusiasticamente di lui ([11, p. 895]: «As a performer on the hautboy, Martini was undoubtelly the greatest that the world had ever know»); Burney (errando la data) definì il suo arrivo in Inghilterra in questo modo: [14, IV p. 649]: «The most memorable musical events of 1723, where the arrival of the admirable Giuseppe San

---

where he is called 'an Italian master just arrived.'». [14, IV, p. 650]: «October the 6th [...] San Martini's first publication in England was advertised the same day; costinting of 'Twelve Sonatas for two Flutes and a Base, being exceeding fine Harmony.'». [14, IV, p. 660]: «In 1740, March 28, Handel [...], benevolently gave *Acis und Galatea*, with his own performance of two new concertos [...] for the benefit of the Musical Found. And in 1741, he bestowed on the same charity the performance of his serenata *Parnasso in Festa*; in which were introduced concertos and solos, on the hautbois by San Martini, on the German-flute by Wiedeman, on the violin by Clegg, on the bassoon by Miller, and on the violoncello by Caporale.». [14, IV, p. 663]: «The only subscription concert at the west end of the town at this time, was at Hickford's room [...]; and in the city, the Swan and Castle concerts, at which the best performers of the Italian opera were generally employed». Segue una breve lista dei migliori esecutori del tempo, italiani e inglesi, tra cui figura: «San Martini and his scholar Vincent, hautbois» (p. 668: «Richard Vincent, for more than thirty years the principal hautbois at Covent-garden, was, *ab origine*, in the Vauxhall band»). [14, IV, p. 670]: «San Martini's compositions, indeed, so full of science, originality, and fire, began to be noticed; but they were little known till after the decease of this most accomplished musician».

[25]. Per la produzione musicale a stampa, molte notizie si ricavano dagli studi di Saint-Foix [32] e Mishkin [54] che cercano di distinguere le sue opere da quelle del fratello, Giovanni Battista.

[26]. ASM, *Registri della Cancelleria dello Stato di Milano*, XXI, 43, p. 165: «Giuseppe S. Martini, e suo Scolaro Gaetano Parenti [...] che passano da questa città a Brusselles».

Martini, whose performance on the hautbois and compositions were, afterwards, so justly celebrated» e nelle pagine del suo diario dedicate a Milano comincia a parlare di Giovanni Battista [8, p. 76] proprio come: «il fratello del famoso Martini di Londra che ci deliziò per tanto con i suoi concerti per oboe e con altre sue composizioni» (*cfr.* TESTIMONIANZE, Burney). Quantz [4, p. 232] lo nomina tra i maggiori virtuosi presenti a Venezia nel 1726 (*cfr. infra* il paragrafo dedicato ad Antonio Sammartini) e in una stampa del XVIII secolo è raffigurato, mentre suona l'oboe, in un «Concert italien» assieme a Domenico Scarlatti, Giuseppe Tartini, Pietro Locatelli, Salvatore Lanzetti e «le chat de Cafarelli chantant une Parodie Italienne», come uno dei maggiori rappresentanti della musica strumentale italiana dell'epoca[27].

MARIA MADDALENA AGATA ANTONIA GIOVANNA (Milano, 5 febbraio 1696 - *post* 1728), sposatasi con Giuseppe Pasqualoni il 13 febbraio 1728 [66, pp. 268 e 271][28]. Pasqualoni era presente, quattro anni prima, anche al testamento di Alessio.

CARLO AMBROGIO GASPARO ANTONIO (Milano, 8 novembre 1697 - *post* 1724) [96, pp. 148-150] sposato a Maddalena Rossa diverrà padre di Francesco Simone Achille (2 novembre 1732 - 1733), Giovanni Antonio Gaspare (1734 - 1738), Gaspare Andrea (8 giugno 1736), Anna Maria Genoveffa Felicita (4 gennaio 1739); dal 1739 abiterà in casa del marchese Moriggia in parrocchia S. Sisto.

Delle gemelle ANNA MARIA GIOVANNA e ROSA MARIA ANTONIA (Milano, 19 giugno 1699) la prima forse non sopravvisse, dato che non viene citata nel testamento di Alessio [66, p. 268]; di ROSA resta l'atto di morte (Milano, 7 maggio 1774) [66, p. 271][29], da cui sappiamo che il funerale venne celebrato con *Messa* solenne e che anch'essa, come Giovanni Battista, venne sepolta in S. Alessandro.

ANTONIO (Milano, 1704 - Milano, 18 giugno 1743). Si sa che abitava in casa del fratello Giovanni Battista e che alla cerimonia funebre parteciparono 12 sacerdoti [69, pp. 636 e 639][30], come era avvenuto per il funerale della madre, segno di un certo riconoscimento e di condizioni economiche della famiglia piuttosto buone. Di lui si sa che [35, p. 17] fu oboista e insegnante di musica del conte Giorgio Giulini e tre sinfonie col suo nome [43, pp. 43-44, III] [70, pp. 33, 94 e 259] si trovano nei volumi del Fonds Blancheton della Bibliothèque nationale di Parigi. È da considerare l'ipotesi che fosse Antonio uno dei «Fratelli Martini» [56, p. 16] che suonarono nell'orchestra del Teatro Regio Ducale di

---

[27]. La stampa satirica è riprodotta nel volume di DUNNING, Albert. *Pietro Antonio Locatelli: Der Virtuose und seine Welt*, Buren, Frits Knuf, 1981; traduzione italiana a cura di Oddo Piero Bertini, Torino, Fogola, 1983, p. 314.

[28]. Archivio parrocchiale di S. Lorenzo Maggiore.

[29]. Due documenti, rispettivamente: in ASM, *Popolazione Parte Antica*, 170 e nell'Archivio parrocchiale di S. Alessandro in Zebedia.

[30]. Archivio parrocchiale di S. Vittore al Corpo, *Morti di S. Nicolao*, 1743. Nell'Atto di morte conservato in ASM, *Popolazione Parte Antica* 162; è segnata l'età e la causa della morte («ex Phtiasi»).

Milano nel 1720. Va infatti osservato che Johann Joachim Quantz, nel suo *Lebenslauf* (*cfr.* Testimonianze, Quantz), cita complessivamente tre volte dei Sammartini: la prima riguarda un oboista Sammartini operante a Venezia, da considerare tra i migliori virtuosi di quella città assieme a Vivaldi e Madonis ([4, p. 232]: «Von Instrumentisten fand ich außer dem Vivaldi und Madonis, Violinisten, und dem Hoboisten San Martino aus Mailand, eben nicht viel besonders in Venedig»); la seconda si trova nell'ambito di un apprezzamento fatto da Quantz all'orchestra di Milano, della quale critica i bassi e i fiati, ad eccezione del 'buon oboista Sammartini'; l'ultima citazione riguarda i due fratelli Sammartini che operavano a Milano come compositore di chiesa, l'uno, e come oboista, l'altro ([4, p. 236]: «Die beyden Kirchenkomponisten San Martino, des Hoboisten Bruder, und Fiorini […]»). Che con il compositore sia da identificare Giovanni Battista non ci sono dubbi, mentre i Sammartini virtuosi di oboe potrebbero essere stati due, uno (momentaneamente) a Venezia e uno a Milano ossia, oltre a Giuseppe (già famoso e dunque da identificare con quello indicato da Quantz a Venezia), anche Antonio o Carlo. Ciò concorderebbe anche con la soddisfazione di Alessio nel vedere i figli tutti ben avviati sulle loro strade, come musicisti.

[66, p. 267] Giovanni Battista Sammartini si sposò una prima volta con Margherita Benna, o «del Bene […] figlia del Sig.r Antonio Filiberto Turinese, ma educata ed abitante a Milano», come si legge nell'atto di matrimonio, redatto nella parrocchia di Santa Maria al Cerchio il 5 giugno 1727 (riprodotto in [66, p. 69]). Nata nel 1692 [69, pp. 634 e 639], morì il 13 novembre 1754 a Cantù, nella residenza estiva dei conti Archinto dove soggiornava al tempo della vendemmia[31]. Bisogna dare rilievo alla frase «educata a Milano», presente nell'atto di matrimonio, che è connotazione molto chiara, anche se non sappiamo a che livello di cultura sia da attribuire e se eventualmente si trattasse di un tipo specifico di istruzione [66, p. 271].

A pochi mesi di distanza dalla morte della prima moglie, Sammartini si risposava a Milano il 23 giugno 1755 [39, pp. 287-288] [66, p. 267] [69, pp. 634-639] nella chiesa di S. Giovanni Laterano, dopo aver indirizzato una supplica al Vicario Generale per essere dispensato dalle pubblicazioni e affinché le nozze venissero celebrate con particolare celerità: [69, p. 638][32] «Gio: Batta S. Martino Viduvo per la morte della fù moglie Margherita Benna della Parochia di S.t Nicolao e Rosalinda Aquanea figlia di Steffano Ant.° della Parochia di S.t Gio.ni Latterano Servi Umiliss:mi di V.S. Ill.ma e Rev.ma desidererebbero contrare matrimonio con la maggior cellerità possibile per li motivi che gli veranno rappresentati; perciò

---

[31]. [69, pp. 634 e 639]: «[…] abitante nel tempo delle vendemmie nel casino dell'Ecc.ma Casa Archinta presso S. Francesco»: documento conservato nell'Archivio della Basilica Collegiata Prepositurale di S. Paolo a Cantù, *Morti di S. Paolo* 1754. In altro documento [69, p. 638] è specificato: «trovandosi nel Borgo di Cantù a villeggiare», Archivio parrocchiale di S. Vittore al Corpo, Milano, *Morti di S. Nicolao*.

[32]. La supplica è conservata in: Archivio parrocchiale del Duomo di Milano, *Recapiti matrimoniali di S. Giovanni Laterano*, 1755. L'atto di matrimonio è conservato in: *ivi*, S. Giovanni Itolano, *Matrimoni dal 1703 al 1786*. La supplica viene riprodotta in [69] e in [96, p. 100].

alla Med.^(ma) fanno ricorso umilm.^(te) supplicandola degnarsi dispensargli delle solite pubblicazioni, e di poterlo celebrare anche alla sera alla presenza di qualunque sacerdote, e in qualunque chiesa col consenso del proprio Parroco, e sperando»; la supplica venne accettata e sottoscritta il 22 giugno da Monsignor Venturucci; la sposa era ROSALINDA ACQUANIO, di circa 17 anni[33]; testimone alle nozze fu il Signor Tomaso Franzino di fu Antonio.

Dalle sue prime nozze Sammartini ebbe una figlia: MARIANNA ROSA, nata l'11 settembre 1733 [66, pp. 267 e 272][34] e battezzata il 18 nella parrocchia di S. Pietro in Camminadella dove la famiglia risiedeva. La troviamo citata due volte in alcuni documenti da cui risulterebbe essere ben inserita nell'ambiente aristocratico milanese. Vianello [44, p. 59] riporta il contenuto di un biglietto, rinvenuto nell'archivio della famiglia Crivelli, in cui: «La duchessa Serbelloni rende avvisato il Sig. Conte Giulini che le è riuscito di indurre la figlia Sammartino a prendere la parte nella Cantata [...]».

È noto anche dalle biografie pariniane[35], che nel 1762 Giuseppe Parini abbandonò casa Serbelloni e il suo incarico di precettore dei figli del duca, per difendere la figlia di Sammartini che era stata schiaffeggiata dalla duchessa Maria Vittoria Ottoboni Serbelloni; sembra che tra le due fosse sorto un contrasto a proposito del fatto di restare nella villa di Gorgonzola, dove probabilmente la Sammartini era ospite in villeggiatura, o ritornare a Milano. [44, p. 59] [56, p. 25] Questo aneddoto è confermato da un altro biglietto della Serbelloni che scrive al figlio Gian Galeazzo: «[...] j'ai du me défaire de l'Abbé Parini à cause qu'à Gorgonzola il m'a fait une tracasserie bien grande [...]». Di Marianna Rosa Sammartini, però, non si sa altro[36].

[86, 1, p. 10][37] All'Archivio Storico Civico di Milano, tra gli elenchi delle famiglie milanesi, si trova un documento datato 9 aprile 1800 con la richiesta, da parte di un tale Giuseppe Rinaldi, di «Ricovero per pazzia di Mariana St. Martina»: «Lumelissimo servitore Giuseppe Rinaldi ricore a questa Cong.^(ne) Dellegata acciò vengha colocata Mariana S.^(ta) Martina nel Luoco pio della senaura come dallo annesso attestato e fede di miserabilità»;

---

[33]. Inzaghi [69, p. 636] arriva a dare un'età alla sposa facendo riferimento a uno *Stato d'anime* del 1756 esistente nell'Archivio parrocchiale del Duomo di Milano, dove viene riportata l'età del Sig. Stefano Antonio Acquanio e dei componenti della sua famiglia, eccetto quello della sua primogenita, la già maritata Rosalinda, che vista l'età dei genitori e dei fratelli, non poteva avere più di 17 anni.

[34]. Archivio parrocchiale della Basilica di S. Ambrogio, *Battesimi di S. Pietro in Camminadella*.

[35]. *Cfr.* CANTÙ, Cesare. *L'Abate Parini e la Lombardia nel secolo passato*, Milano, Gnocchi, 1854 e BELLORINI, Egidio. *La vita e le opere di Giuseppe Parini*, Livorno, Giusti, 1918.

[36]. Ricercando una possibile discendenza di Sammartini a Milano, si è visto che nella *Rubrica del Ruolo generale di popolazione della città di Milano*, 1811, vol. 19 ROM-SAZ, conservata all'Archivio Storico Civico di Milano, sono presenti alcuni Sammartini, ma non c'è alcun elemento che aiuti a formulare una qualche ipotesi di collegamento con il Sammartini di cui ci si sta occupando. La scrittura del nome è San Martino/i, Sant Martino, Sanmartino. Lo stesso vale per la ricerca del cognome Acquanio, nel tentativo di ricavare qualche notizia sulla giovane seconda moglie del compositore.

[37]. Milano, Archivio Storico Civico, *Archivi di famiglie e persone. Famiglie* 1367. Data la momentanea chiusura dell'Archivio non è stato possibile ricontrollare questi documenti di recente ed eventualmente completare le notizie.

segue la risposta e l'accettazione: «Il sottoscritto Segretario d'ordine ed in nome dell'Eccellen.[ma] Congregazione Delegata per la Città e Provincia di Milano certifica che in vista delli legali prodotti attestati da Giuseppe Rinaldi giustificanti la pazzia e miserabilità di Marianna Sanmartino di Cassano Magnago, ha la stessa congregazione riconosciuto e dichiarato meritevole di essere ricoverata e mantenuta nella pia casa della Senaura a carico pubblico fintantoché si faccia luogo ad una delle piazze gratuite ecc. Palazzo Civico del Broletto 9 aprile 1800. Certificato del dr. Giuseppe Nulli medico condotto in Fagnano Olona». Non c'è alcun riferimento all'età della suddetta. La forma in cui è scritto il cognome potrebbe tuttavia far pensare proprio alla famiglia del musicista.

Tavole cronologiche

1711

[55, pp. 4-5, 14-15 / 107-108, 117-118][38] Il padre e il fratello di Giovanni Battista Sammartini sono citati entrambi come oboisti dell'orchestra chiamata a suonare il 14 giugno a Novara, in occasione delle feste solenni per la transazione delle reliquie di S. Gaudenzio nella cattedrale della città. La maggioranza dei musicisti presenti per le celebrazioni provenivano, come i Sammartini, da Milano: Sartori ne fornisce un elenco dettagliato da cui risulta che su 37 musicisti presenti – guidati dai violinisti Tommaso Antonio Vitali e Giovanni Battista Somis –, ben 21 erano 'milanesi' (9 violini, 4 viole, 2 contrabbassi, 3 oboi, 1 arciliuto, 1 tromba, 1 organista, oltre al violoncellista Giovanni Perroni che si troverà a Milano negli anni successivi). Secondo i due storici che riferiscono dell'evento (Girolamo Antonio Prina [1] e Francesco Girolamo Ruggero [2]), Alessio e Giuseppe Sammartini vengono nominati rispettivamente come: [1] «Monsù S. Martini francese» o [2] «Alessio S. Martino francese» e suo figlio [1] [2] «Giuseppe S. Martini di Milano».

---

[38]. Claudio Sartori (rifacendosi a: *Istituzioni e Monumenti dell'Arte Musicale in Italia*, 6 voll., Milano, Ricordi, 1931 - 1939, vol. III: *Le Cappelle musicali di Novara*, a cura di Vito Fedeli, 1933, p. 30) riferisce nei dettagli, ricavandoli dalle opere [1] e [2] da lui consultate, i nomi dei responsabili dell'organizzazione musicale e della direzione dei concerti (il «novarese virtuoso di violino» Giuseppe Maria Perroni e il suo concittadino Giacomo Battistini, maestro di cappella a S. Gaudenzio), oltre ai nomi dei celebri compositori invitati (tra cui Antonio Caldara), dei cantanti e degli esecutori, che andavano a formare un'orchestra di 37 elementi (tra cui: Giovanni Battista Somis, Antonio Tommaso Vitali). I musicisti provenienti da Milano erano 9 dei 16 violinisti (Giovanni Bianchi, Giambattista Manacorda, Federico Todeschino, Antonio Fiamenghino, Federico Bossi detto Bossino, Grandi detto Grandino, Scaccia detto Scaccino, Bianchi e Benedetto Cattaneo), i 4 violisti (Scaccia, Ferrario, Ganduzio, Volpi), 2 dei 4 contrabbassisti (Francesco Ruggero e Salvioli) 3 dei 4 oboisti (Alessio S. Martino francese, Giuseppe suo figlio milanese e Giuseppe Appiani milanese; il quarto era Onofrio Penati di Venezia), 1 dei 2 arciliutisti (Giovanni Appiani di Milano), 1 dei 2 trombettisti (Giuseppe Brivio), 1 dei 2 organisti (Giovanni Battista Brevi di Milano). Per alcune considerazioni sulla fortuna e su particolari aspetti stilistici delle composizioni di diversi musicisti citati qui e in altre liste di orchestrali attivi a Milano, *cfr.* l'articolo di Jehoash Hirshberg e Simon McVeigh nel presente volume.

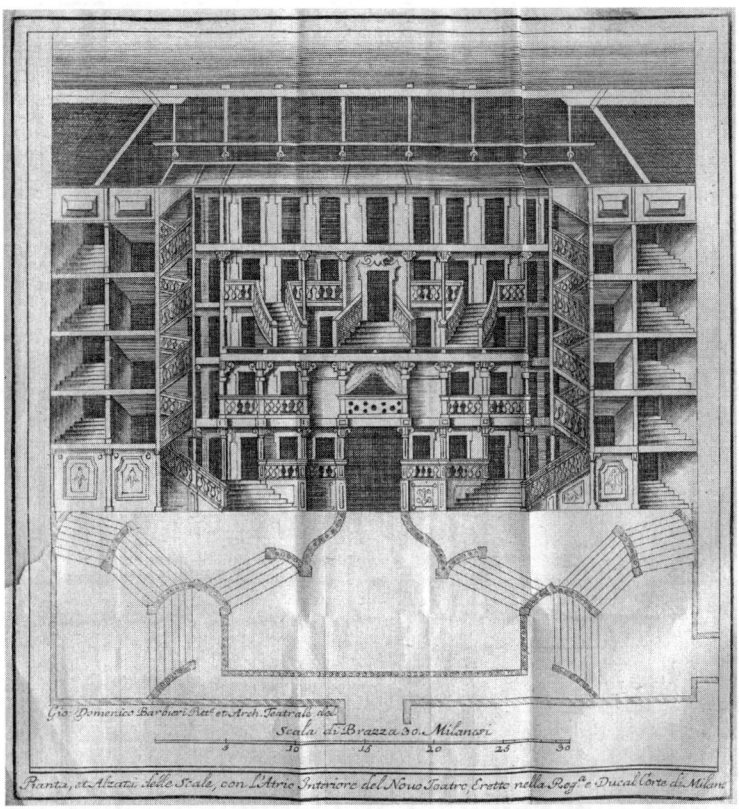

Ill. 2a: *Pianta, et Alzata delle Scale, con l'Atrio Interiore del Novo Teatro, Eretto nella Reg.ª e Ducal Corte di Milano*, in: Latuada, Serviliano. *Descrizione di Milano ornata con molti disegni in rame delle Fabbriche più cospicue che si trovano in questa metropoli*, 5 voll., Milano, Giuseppe Cairoli, 1737 - 1738, vol. II, tavola fuori testo tra le pp. 138-139.

1717

[79][39] [106, p. 209] Giovanni Battista e Giuseppe Sammartini sono notati come oboisti nella lista di pagamento dei componenti di un'orchestra che suona nella chiesa di San Celso, a Milano.

Con il *Costantino* di Francesco Gasparini si inaugura il Teatro Regio Ducale (d'ora in poi spesso citato semplicemente come 'il Teatro Ducale' o 'il Ducale') sorto sulle ceneri del 'Nuovo Regio Ducal Teatro', incendiatosi nel 1708[40].

---

[39]. Il documento che riferisce di questo evento è conservato in ASM, *Località Milanesi*, 333.
[40]. Per la ricostruzione definitiva della storia dei teatri di corte di Milano e dei loro nomi, *cfr.* Daolmi, Davide. *Le origini dell'Opera a Milano (1598 - 1649)*, Turnhout, Brepols, 1998 (Studi sulla storia della musica in Lombardia, 2), pp. 9-11 e 429.

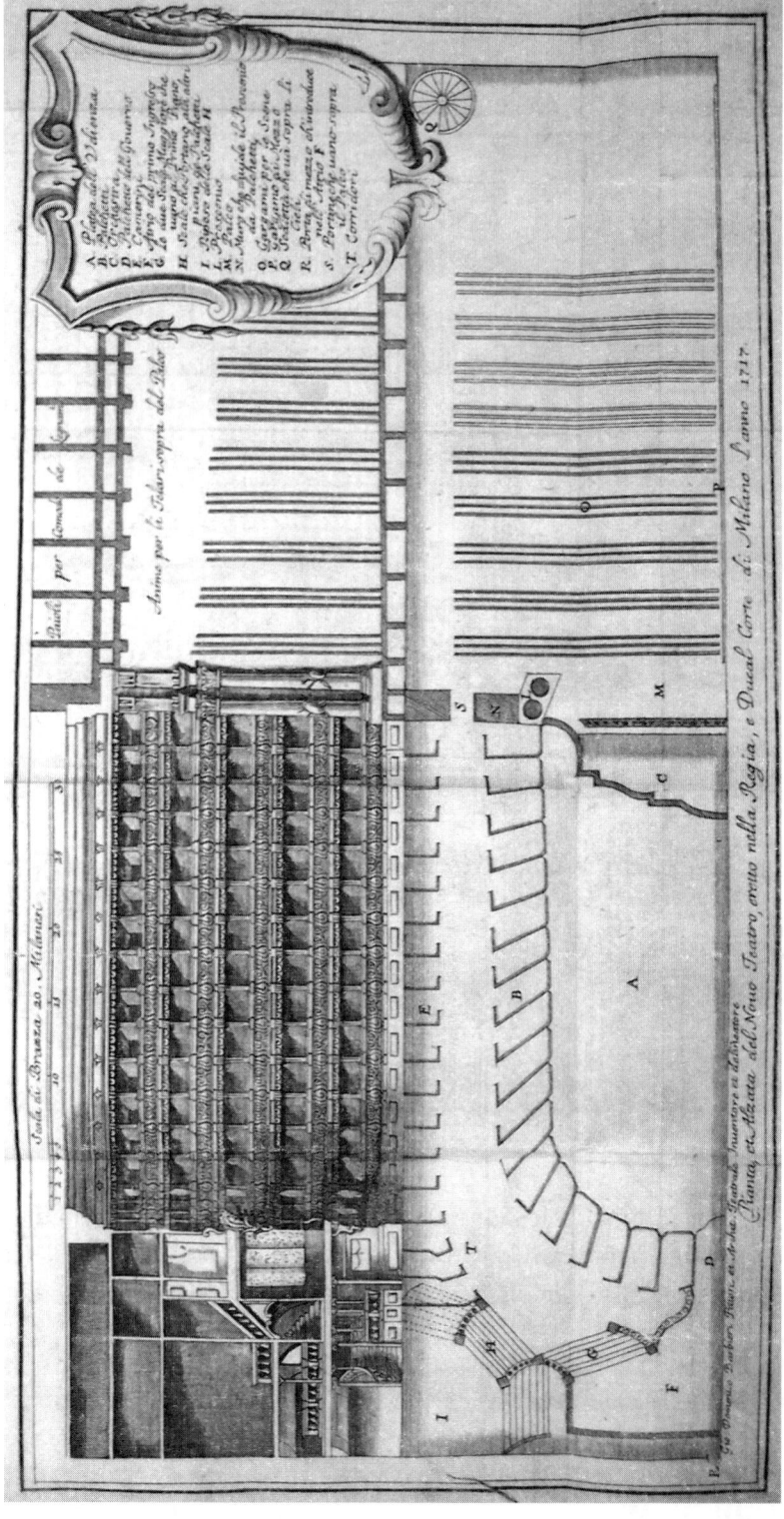

ILL. 2B: Gio: Domenico Barbieri Pittore et Archit. Teatrale Inventore et delineatore. Pianta, et Alzata del Novo Teatro, eretto nella Regia, e Ducal Corte di Milano l'anno 1717, in: LATUADA, Serviliano. Op. cit. (vedi ILL. 2A), vol. II, tavola fuori testo tra le pp. 138-139. La lettera C della *legenda* indica: «Orchestra».

1720

[56, p. 16]⁴¹ [51, p. 131] [52, p. 29] Una citazione che sembra riguardare Giuseppe e Giovanni Battista Sammartini (o forse Antonio): i «Signori Fratelli Martini Aboè» sono elencati tra le prime parti degli strumentisti del Teatro Ducale di Milano, durante il Carnevale, con un compenso, relativamente alto rispetto agli altri musicisti, di lire 17.1 per ogni recita («per ogni Carnovale sono dopie 31 che sono lire 744. ogni recita [seguono, incolonnate con quelle degli altri musicisti, le cifre:] 17.1», la punteggiatura non è chiara). Il documento si trova riprodotto in [57, p. 621]; Barblan identifica dettagliatamente i musicisti citati nell'elenco⁴² che andavano a comporre un'orchestra di 30 elementi, oltre al maestro di cappella e al maestro di cappella aggiunto, ai due cembali. Barblan [57, p. 625] osserva che questi strumentisti, oltre ad essere impegnati nella stagione d'opera del teatro, formavano di fatto un corpo stabile, impiegato in molte occasioni pubbliche e private cittadine; osserva, inoltre, che a questo nucleo di professionisti si affiancavano, soprattutto nelle accademie private, ma non solo, numerosi 'dilettanti' (si veda in queste TAVOLE: 1724, 1742, 1748, 1758).

1724

[30, pp. 856-857] [55, p. 6 / 109]⁴³ Sammartini viene citato come: «Sig.ʳ Gio. Battista S. Martino Maestro di Cappella» nel libretto dell'oratorio centone *La Calunnia delusa*

---

⁴¹. Monza, Archivio del Collegio della Guastalla (che conserva l'archivio dell'Opera Pia il Collegio delle Vergini Spagnole), cart. 11: *Diaria spesa che importarono li Virtuosi Instromenti nell'Orchestra [...] per il Carnovale [...] dell'anno corrente 1720*.

⁴². Maestri di cappella al cembalo: Giuseppe Vignati e Antonio Negrino; violoncelli assistenti al cembalo: Giovanni Perroni («Perona») e Francesco Ruggieri («Rogier»); primi violini: Giuseppe Maria Perroni («Perona»), Giovanni Federico Todeschino ([57, p. 623] Gio. Federico Schraifoghel - Schreivogel - detto il Todeschino), Giuseppe Brivio; oboi: fratelli Martini. E inoltre (violinisti): Scaccia padre e figlio ([57, p. 623] Carlo Federico e Angelo Maria – detto Scaccino -), Bianchi padre e figlio ([57, p. 624] Giovanni e Giuseppe), Gio. Antonio Roscio («Rossio»), Federico Bossi («Bossino»), Bernardo Senago, Carlo Antonio Calvi, Ambrogio Luraghi («Lurago»), Virgilio Lampugnani, Gaetano Grandi («Grandino»); (viola): Antonio Fiamenghino; (contrabbasso): Antonio Maria Fioretti «detto il Guglielmino»; (tromba): Giuseppe Brivio «della Tromba». Restano non identificati, per Barblan, gli altri (Gabriele Perri, Costantino Lanza Vecchia, Gio. Battista Bellavigna, Gio. Maria Mazzucchelli - «Mazzochelli» -, Agostino Nava, Carl'Antonio Scaccabarozzi - «Scacabarozzo» -, Domenico Palasutti, Gaetano Parenti, Giuseppe Federici) tra i quali riconosciamo tuttavia l'oboista Giuseppe Federici; per quanto riguarda invece Gaetano Parenti, è forse lo stesso che troviamo [83, p. 96] in viaggio per Londra con Giuseppe Sammartini, quale suo allievo (*cfr*. INTRODUZIONE ALLA CRONOLOGIA, nota 26), mentre un altro non meglio identificato «Parenti» compare come contrabbassista in una lista di pagamenti del 1750 (*cfr.* TAVOLE CRONOLOGICHE, 1750). Il computo di Barblan è di 7 violini primi e 7 secondi, 4 viole, 2 violoncelli, 3 contrabbassi, 2 oboi (ma, vista la presenza di Giuseppe Federici, dovrebbero essere 3), 3 trombe – 2 corni e 1 tromba - (tuttavia forse solo 2, a meno che Giuseppe Federici non suonasse anche il corno o la tromba), 2 fagotti.

⁴³. Sartori ignorava che l'esistenza dell'oratorio fosse già stata indicata dal Galli e aggiunge che il libretto de *La Calunnia delusa* è conservato a Milano, alla Biblioteca Nazionale Braidense, Misc. XMX.V. 22/19.

(J-C C18), eseguito il 23 maggio in onore di S. Giovanni Nepomuceno Taumaturgo della Boemia, nella Regia ed Imperiale Cappella di Santa Maria della Scala, a Milano. Sammartini musica la prima aria (dispersa): *Troppo s'avanza l'altrui perfidia* e il fratello Giuseppe l'aria *Vuoi saper*, oltre a comporre la sinfonia che precede la seconda parte. Accanto ai nomi dei fratelli Sammartini figurano quelli di Carlo Baliani («maestro di cappella della Metropolitana»), Giovanni Maria Marchi («organista della Metropolitana»), Francesco Fiorini («maestro di cappella del Reale Castello»), Giacomo Cozzi («maestro di cappella di S. Maria della Scala»), Giuseppe Paladini («maestro di cappella della Basilica di S. Simpliciano»), Angelo Maria Scaccia («violinista»), Ignazio Balbi («dilettante»), Giacomo Machio («dilettante»). Accanto al nome di Giuseppe Sammartini non compare alcuna indicazione di incarico, mentre Giovanni Battista viene definito 'maestro di cappella', ma senza ulteriori specificazioni. Secondo Sartori [55, p. 7 / 110] il titolo di 'maestro di cappella' serviva ad attestare il completamento di studi musicali; ed è, in effetti, proprio in questi anni che Sammartini sceglie e avvia la sua carriera di compositore, rispetto a quella di virtuoso che era del padre e che sarà del fratello Giuseppe.

[64, pp. 3-4] Alessio Sammartini muore il 5 settembre all'età di 63 anni.

1725

[55, pp. 8-9 / 111-112] [89, pp. 178-180, 214-215] [101, pp. 79-80] Sammartini ha l'incarico di comporre cinque cantate quaresimali per la Reale ed Imperiale Congregazione del SS.mo Entierro, istituita presso la chiesa di S. Fedele, a Milano[44]. Di quattro di queste (J-C C20-23; 23 II; 2, 9, 23 III) è rimasto il libretto (Milano, Biblioteca Nazionale Braidense), ma non la musica: *La Preghiera et il perdono di Gesù in croce*; *Risposta di Gesù crocifisso al ladro in croce*; *Gesù sitibondo di anime e di pene*; *Maria sul Calvario*. L'indicazione: «Musica del Sig. Gio. Battista San Martino» manca sul frontespizio della prima cantata, ma è presente su quello delle altre tre. Secondo un'ipotesi di Sartori, Sammartini sperava in una nomina a maestro di cappella della chiesa di San Fedele o di una delle due congregazioni religiose che avevano là sede (del SS.mo Entierro di N.S. Gesù Cristo e della Soledad della SS.ma Vergine Addolorata), incarico che verrà invece assegnato l'anno seguente a Francesco Fiorini.

---

[44]. La chiesa di S. Fedele, a Milano, apparteneva e appartiene ancora all'ordine dei Gesuiti. Le ricerche nell'archivio della chiesa di S. Fedele non hanno dato fin'ora frutti. Chi scrive ha cercato a Roma presso l'Archivio storico della Compagnia di Gesù notizie sull'attività, soprattutto musicale, della chiesa di S. Fedele e delle sue congregazioni, ma le notizie raccolte non sembrano essere di grande interesse e uno studio più approfondito esulava dai fini di questo lavoro. Si è venuti tuttavia a sapere che, in seguito agli spostamenti degli archivi gesuitici dopo il 1773, pare che una parte dell'archivio di S. Fedele sia finito a Gallarate (Varese). Si ringraziano il padre Wiktor Gramatowski, archivista della Compagnia di Gesù a Roma, per le informazioni utilissime e i preziosi consigli offerti, e il padre Armando Guidetti della chiesa di S. Fedele.

Ill. 3: Marc'Antonio Dal Re, Chiesa di S. Ambrogio (Milano, Civica Raccolta di Stampe 'Achille Bertarelli').

1726

[55, p. 9 / 112][45] [70, p. 169] [72, p. 280] [100, p. 470] Sammartini compone l'oratorio *Gesù bambino adorato dalli pastori* (J-C 116) per la Congregazione dell'Immacolata Concezione, eseguito nella chiesa di S. Fedele il giorno 11 gennaio[46]; ripreso a Bologna nel 1734 e [72, p. 280] a Forlì nel 1754. L'aria *Care pupille* è il suo primo lavoro datato noto.

[51, p. 69, nota 1] [52, p. 28][47] [56, p. 18][48] Con una delibera del 23 febbraio, il capitolo di S. Ambrogio affida ufficialmente a Sammartini l'incarico di sostituire, nella carica e negli obblighi di organista e di maestro di cappella della Imperiale Basilica di S. Ambrogio,

---

[45]. Dell'oratorio resta una sola aria e il libretto, conservato alla Biblioteca Nazionale Braidense di Milano.

[46]. Sartori [55] e Jenkins [72] riportano la data dell'8 dicembre; Churgin e Jenkins correggono [70, p. 169] e Vaccarini Gallarani [100] specifica che gli oratori per la Congregazione dell'Immacolata Concezione avevano sempre luogo nei primi giorni di gennaio.

[47]. [56, p. 28] Barblan trascrive parti del documento (ASM, *Fondo Religione, Ordinazioni Capitolari*, cart. 122).

[48]. ASM, *Fondo Religione, Ordinazioni Capitolari*, fasc. 7, nn. 47, 84, 111, 122.

l'ormai vecchio Ambrogio Bramanti; all'inizio senza compenso, ma con la clausola di mantenere l'incarico e di ricevere uno stipendio adeguato, alla morte di quest'ultimo. Prima di Sammartini, a sostituire Bramanti era stato l'organista Carlo Borroni, che era stato però allontanato dall'incarico. In questo caso Sammartini viene raccomandato da personalità illustri, infatti nel documento si legge: «il Sig. Gian B:a Martini molto celebre in simile professione, fattosi preventivamente proporre e raccomandare personalmente dal Sig. Conte Traun Figlio di S. Eccell:za il Sig. Conte Governatore, e dal Sig. Generale Vasmetotti [...]». Da questo documento risulta che Sammartini fosse già ben conosciuto; non sappiamo esattamente per quali meriti, ma possiamo pensare che certamente dovesse qualcosa alla sua abilità di organista. [35, p. 22][49] Oltre al coro, la Basilica di S. Ambrogio possedeva, dal 1718, anche un'orchestra stabile. Cesari, trattando della formazione musicale di un altro musicista, il Giulini, riporta quanto tramanda Fontana a proposito dell'attività musicale a S. Ambrogio [12, XIII, p. 332] e traduce dal latino: «Colà confluiva grande quantità di strumenti d'ogni famiglia (fidicinum, cornicinum, tubicinum, tibicinum, psaltriorum denique omnium), ed un cotal luogo di riunione il Giulini soleva frequentare assai più che il teatro».

[4, pp. 235-236] Johann Joachim Quantz è in giugno a Milano (*cfr.* TESTIMONIANZE, Quantz). Cita nel suo diario di viaggio sia Giuseppe, sia Giovanni Battista Sammartini. Dell'orchestra del Ducale (che dice migliore di quella di Torino) apprezza in particolar modo i violini, guidati dal Tedeschino, ma critica in generale i bassi e i fiati, ad esclusione del 'bravo oboista Sammartini'. Cita, tra i compositori di musica sacra, Giovanni Battista Sammartini e Fiorini, colpito inoltre dall'abilità nel canto dimostrata dalle monache.

1727

[55, p. 9 / 112] [89, pp. 181-183, 211, 213-215] [101, p. 80] Sammartini compone altre cinque cantate quaresimali per la Congregazione del SS.mo Entierro, da eseguire a S. Fedele (J-C C24-27II; 7, 14, 21 III; 4 IV). Sono rimasti (alla Biblioteca Nazionale Braidense di Milano e alla Biblioteca Estense di Modena) i libretti delle cantate: *Gesù nell'horto*; *Gesù tradito da Giuda, abbandonato dai suoi, negato da Pietro*; *Gesù flagellato, coronato di spine, esposto da Pilato*; *I pensieri di Maria nella sua solitudine*, nei quali figura che la musica è «del Sig. Gio. Battista San Martino». Il compito di comporre cicli quaresimali di cantate per S. Fedele verrà assolto continuativamente per molti anni da Sammartini, tuttavia, non potendo indicarne precisamente gli estremi, verranno riportate in queste TAVOLE CRONOLOGICHE anche le notizie dell'esistenza di singole cantate.

---

[49]. ASM, *I. R. Capitoli*, cart. 128, *Attestatio quantitatis Musicorum et pulsantium violas propre Organum situ in Basilica S. Ambrosij pro Monacis cisterciensibus*, rogata il 30 novembre 1718 da Giov. Batt. Fedele, notaio arcivescovile.

[66, pp. 267, 271][50] Il 5 giugno sposa Margherita Benna, torinese, di 8 anni più anziana di lui, nella chiesa di S. Maria al Cerchio, a Milano.

1728

[52, p. 29] In marzo Sammartini succede ufficialmente, come organista e maestro di cappella a S. Ambrogio, al Bramanti, morto il 29 febbraio.

[83, p. 96][51] Il 13 luglio il fratello Giuseppe parte per l'Inghilterra, dopo essere stato, il 13 febbraio [66, p. 271], testimone alle nozze della sorella Maddalena. Hawkins [11, II, p. 894] annota che arrivò in Inghilterra all'incirca nel 1729.

[55, p. 10 / 113][52] [89, p. 183, 211] [101, p. 80] Sammartini ottiene la nomina a maestro di cappella della Reale e Imperiale Congregazione del SS.mo Entierro in S. Fedele, come risulta dal libretto della cantata *Gli affanni di Gesù orante nel Getsemani* (J-C C28; 20 II), in cui si legge «Musica del Sig. Gio. Battista S. Martino Maestro di Capella del Santissimo Entierro». Per questa congregazione comporrà un ciclo di cantate quaresimali ogni anno almeno fino al 1771 (in ogni caso non oltre il 1773, anno in cui viene soppresso l'ordine dei Gesuiti), ad eccezione del 1768 (in cui vennero composte da Carlo Monza) e del 1770 (composte da Giovanni Andrea Fioroni [55, p. 11 / 114][53]).

1729

[55, p. 10 / 113] [89, pp. 123, 184-186] [101, pp. 80-81] Cinque cantate (J-C C29-33; 11, 18, 25 III; I, 8, IV: *L'Arca del Testamento presa da Filistei, figura di Gesù prigioniero*; *Giobbe ulcerato, figura di Gesù flagellato*; *Il Serpente di Mosè, figura di Gesù crocifisso*; *Il sonno di Adamo nel Paradiso, Mistero di Gesù crocifisso, e sua chiesa*; *Maria addolorata abbandona il Calvario*) vengono composte anche quest'anno per la Congregazione del SS.mo Entierro. Dai libretti, conservati alla Biblioteca Nazionale Braidense di Milano e alla Biblioteca Estense di Modena, risulta chiara la qualifica di Sammartini come maestro di cappella del SS.mo Entierro[54].

---

[50]. Archivio parrocchiale di S. Giorgio al Palazzo, *Matrimoni della Parrocchia di S. Maria al Cerchio*.

[51]. ASM, *Registri della Cancelleria dello Stato di Milano*, XXI, 43, p. 165.

[52]. La cantata (conservata a Milano, alla Biblioteca Nazionale Braidense) è priva dell'anno di stampa, ma dal momento che si conoscono tutte le cantate dei primi venerdì di Quaresima degli anni 1725, 1726, 1727, 1729, 1730, Sartori ritiene che vi siano elementi sufficienti per assegnarla con sicurezza al 1728.

[53]. Su alcuni particolari aspetti della produzione di Giovanni Andrea Fioroni per il Duomo di Milano, *cfr.* l'articolo di Umberto Scarpetta nel presente volume.

[54]. Marina Vaccarini Gallarani [89, 121-123] puntualizza come i due ruoli di maestro di cappella di San Fedele e di maestro di cappella della Congregazione del SS.mo Entierro non coincidessero, apportando, tra l'altro i seguenti dati: nel 1729 maestro di cappella di S. Fedele (ma anche di S. Simpliciano; della collegiata di S. Maria Fulcorina - non in tutti i libretti -; di S. Maria della Passione - dal libretto del 1741 -) risulta essere Giuseppe Palladini: *cfr.* il libretto della cantata *La dolcezza ed il rigore* per la disputa generale della dottrina

ANNI TRENTA

[59, I, pp. 149-150] [63, p. 8] [70, pp. 60-61, 71-72, 87, 92-93] Le sinfonie J-C 66a e J-C 38, i cui primi movimenti vengono ripresi nell'opera *Memet* (J-C 88, del 1732, *cfr*. TAVOLE CRONOLOGICHE), sono le due prime sinfonie datate che si conoscano. Oltre a queste, anche le sinfonie J-C 23 e J-C 59 (presenti nello stesso autografo in: F-Pn, Vm.⁷ 7708) sono da considerare dello stesso periodo.

[35, p. 14][55] In questi anni Sammartini viene scelto come maestro di musica, con altri musicisti tra cui il fratello Antonio, Carlo Zuccari, Antonio Antoniano e Carlo Borroni, per il giovane conte Giorgio Giulini [85]. Secondo Francesco Fontana, citato da Angelo Fabronio [12, XIII, p. 324] «[...] Joanne Sammartinio, qui in pertissimis habitus est musicis, diligenter voluit edoceri [...] citharizare doctus est a Carolo Zuccario; cantare tibiis ab Antonio Sammartinio; psalterium pulsare ab Antonio Antoniano; clavicymbalum a Carolo Boronio, quorum omnium adhuc pervulgata sunt nomina».

[per alcuni particolari aspetti della produzione sammartiniana di questi anni, *cfr*. gli articoli di Filippo Emanuele Ravizza e Tova Shany nel presente volume].

1730

[55, p. 10 / 113] [89 pp. 186-187, 211] [101, p. 81] Resta il libretto di una cantata composta per la Congregazione del SS.mo Entierro (J-C C34; 3 III, la prima di un ciclo): *L'Arca nel diluvio, l'anima di Gesù negl'Affanni dell'horto* (libretto conservato a Milano, alla Biblioteca Nazionale Braidense).

[56, pp. 20-21] Si trova già il nome di Sammartini come insegnante nel Collegio dei Nobili Longone, tenuto dai Padri Barnabiti e annesso alla chiesa di S. Alessandro.

[56, p. 20][56] Il 6 giugno musiche di Sammartini vengono eseguite proprio nell'aula magna del Collegio Longone e il redattore degli *Acta Collegii D. Alexandri* commenta: «Concentus musicus a Dom.no Joanne Baptista Martini ingeniosissime variatus».

[56, p. 20 e nota 18] Barblan indica con il 1730 l'inizio del periodo di impiego di Sammartini presso il Convento delle Monache di S. Maria Maddalena[57] in qualità di mae-

---

cristiana in S. Dalmazio, 7 febbraio 1729. Come maestro di cappella di S. Fedele, Palladini risulta anche dai libretti che la stessa Vaccarini Gallarani ha reperito per S. Dalmazio per gli anni 1730, 1731, 1734, 1735, 1737, 1738, 1741, 1743, 1746, 1747. Nei documenti d'archivio su S. Fedele, risulta nel 1754 un pagamento al «M.ro di Cappella Novo per Musica», che fa supporre che in quell'anno Palladini abbia cessato l'attività in S. Fedele.

[55]. Cesari [35, p. 14] e Barblan [57, p. 640, nota 2] indicano erroneamente Giuseppe Sammartini, al posto di Antonio, quale insegnante d'oboe di Giulini.

[56]. Milano, chiesa di S. Alessandro, *Acta Collegii D. Alexandri*, vol. 1715-1810, p. 104.

[57]. Barblan informa che le monache agostiniane, che risiedevano presso il Convento delle Monache di

stro di cappella e organista, citando come fonte la *Biographie Universelle* di Fétis [24, pp. 31-32 / 388-389]. In realtà Fétis [24, p. 31 / 388] indica la presenza di Sammartini presso detto convento senza specificare alcuna data e attribuendogli il ruolo di maestro di cappella e di insegnante, ma non quello di organista. Si è tuttavia ritenuto opportuno lasciare questa indicazione relativamente al 1730, tenendo conto dell'ipotesi, sempre di Barblan [56, p. 20], secondo la quale Sammartini potrebbe essere entrato a far parte sia di S. Alessandro, sia di S. Maria Maddalena nello stesso periodo (l'inizio degli anni Trenta), dato che le chiese erano all'epoca collegate. Bisogna aggiungere che, secondo Burney, Sammartini svolgeva a S. Maria Maddalena - nel 1770 - oltre al ruolo di maestro di cappella, anche quello di insegnante di canto (*cfr.* TESTIMONIANZE, Burney).

1732

[52, p. 32] [56, p. 21] [59, I, p. 22, nota][58] [articolo di Mariateresa Dellaborra nel presente volume] La prima opera di Sammartini, *Memet* (J-C 88), viene rappresentata al teatro di Lodi e al teatro di corte di Vienna e in seguito, nel 1733, al teatro Omodeo di Pavia. Le Introduzioni strumentali al II e III atto del *Memet* si ritrovano come movimenti di due sinfonie: la J-C 66a e la J-C 38.

1733

[56, p. 21] [57, p. 641, nota 1] [articolo di Marina Toffetti nel presente volume, con la trascrizione dei documenti][59] In febbraio Sammartini è chiamato, assieme a Carlo Baliani (maestro di cappella del Duomo) e a Giuseppe Palladini, come commissario nel concorso per un posto di basso da assumere nella cappella musicale del Duomo di Milano. Il giudizio scritto (nel quale si firma «Io Gio. Batta. St Martino Maestro di Capella dell'Imperiale Basilica di St Ambroggio Maggiore») è del 28 febbraio e d'ora in poi lo si ritroverà spesso citato in questa funzione.

[66, pp. 267, 272][60] L'11 settembre nasce la figlia Marianna Rosa, che viene battezzata il 18 nella chiesa di S. Pietro in Camminadella, a Milano.

S. Maria Maddalena, avevano fama di virtuose della musica già dal XVI sec. e a questo proposito cita a nota 19 una testimonianza di MORIGIA, Paolo. *La Nobiltà di Milano*, Milano, nella stampa del quon. Pacifico Pontio, 1595, p. 186; tuttavia nulla è rimasto di questa istituzione, dato che la chiesa venne demolita nel 1798, sotto la dominazione francese, e l'archivio andò disperso.

[58]. Il manoscritto dell'opera fu rinvenuto da Jan LaRue nella biblioteca dell'abbazia austriaca di Heiligenkreuz, nei pressi di Vienna. Mentre l'unica citazione dell'opera si trova in: STIEGER, Franz. *Opern-Lexikon*, Teil I: Titelkatalog II, p. 572, conservato a Vienna alla Österreichische Nationalbibliothek. *Cfr.* inoltre [70, p. 117].

[59]. Archivio della Veneranda Fabbrica del Duomo di Milano (d'ora in poi AVFD), *Archivio Storico*, 421, capo XXVII, par. V, fasc. 19, n. 1 (mentre l'indicazione data da Barblan è: Milano, *Arch. della Fabbrica del Duomo*, cart. 420).

[60]. Archivio parrocchiale della Basilica di S. Ambrogio, *Battesimi di S. Pietro in Camminadella*.

1734

[24, p. 32 / 389] Fétis scrive che il Generale Pallavicini[61] commissionò in quest'anno a Sammartini «sa première symphonie à grande orchestre, qui fut exécutée en 1734, et qui excita l'enthousiasme de l'auditoire»; la notizia deriva da Carpani [20, p. 63], il quale tuttavia non indica una data precisa, tanto più che [35, p. 18] l'epoca in cui il Generale Pallavicini commissionava sinfonie a Sammartini era piuttosto lontana da questi suoi primi tentativi. È dunque possibile che Fétis abbia per lo meno mescolato due fonti, di cui una - quella che si riferisce con precisione al 1734 - ci è sconosciuta.

[55, p. 9 / 112] L'oratorio *Gesù bambino adorato dalli pastori* (J-C 116), composto nel 1726 per la Congregazione dell'Immacolata Concezione, viene ripreso a Bologna. [89, p. 154] [100, pp. 472-474] Vaccarini Gallarani puntualizza che probabilmente venne ripreso in forma abbreviata, dal momento che a p. 13 del libretto, conservato al Civico Museo Bibliografico di Bologna, un segno rimanda alla nota: «Per non defraudare alla bellezza della Poesia, si è qui stampato l'Oratorio secondo tutta la sua interezza, benché dopo questo Verso fino al Coro in ultimo, si tronchi la Musica, quantunque del miglior gusto, per non andare troppo in lungo, fuori del nostro costume».

[26, pp. 118-119] [47, pp. 358-361] [articolo di Mariateresa Dellaborra nel presente volume] Il 26 dicembre viene rappresentata a Milano, al Teatro Ducale, *L'Ambizione superata dalla Virtù* (J-C 89), seconda opera di Sammartini che viene probabilmente replicata anche durante il Carnevale del 1735, come risulta da un libretto [70, p. 124][62] e forse in altre occasioni. Il *cast* vocale che si ricava dalla partitura comprende nomi importanti quali Vittoria Tesi Tramontini, Angelo Amorevoli, Angelo Maria Monticelli, Antonia Cerminati, Giuseppe Appiani e Carlo Salvioni.

1737

[20, pp. 64-65] [33] Christoph Willibald Gluck arriva a Milano dopo il 3 gennaio[63], come musicista del principe Antonio Maria Melzi d'Eryl (conosciuto nel palazzo von

---

[61]. Gian Luca Pallavicini (1697 - 1773), genovese di origine e già dal 1733 al servizio dell'imperatore d'Austria Carlo VI, fu inviato a Milano nel 1742 dove assunse poi l'incarico di governatore della Lombardia austriaca dal 1750 al 1753. Con lui si diede inizio a un'importante opera di risanamento delle finanze e a una serie di innovazioni nella gestione delle cose pubbliche, come l'istituzione della Ferma generale, nel 1751, per la riscossione delle pubbliche imposte. Per un profilo di questo importante uomo politico, *cfr.* [97, pp. 28-34, 50-64, 93-122].

[62]. Forse per questa ragione Barblan [52 p. 32] e Sartori [55 p. 12 / 115] la collocano nell'anno successivo. Un libretto è conservato presso la Sächsische Landesbibliothek di Dresda, mentre la partitura, incompleta, è conservatala a Bruxelles, Conservatoire Royal de Musique, Bibliothèque.

[63]. *Cfr.* BROWN, Bruce Allan - RUSHTON, Julian. 'Gluck, Christoph Willibald', in: *The New Grove Dictionary of Music and Musicians*, Second Edition, edited by Stanley Sadie, 29 vols., London, Macmillan, 2001, vol. II, p. 528.

Althan-Lobkowitz, a Vienna) e della sua consorte[64]. A detta di Carpani (ipotesi avvalorata da molti studiosi [107]) sarebbe stato allievo di Sammartini: «Anche il Sammartini aveva pratica cognizione di tutti gli strumenti, e fu da lui che la apprese il Gluck, stato per più anni suo scolare» e più avanti: «Egli, come dissi, fu maestro del Gluck per dieci anni; e basta confrontare la musica strumentale di Gluck con quella del maestro per capire quanto gli dovesse». Del periodo milanese di Gluck, che dura fino al 1745 (allorché accompagna il principe Ferdinand Philipp Lobkowitz a Londra)[65], purtroppo restano solo notizie e non documenti: è tuttavia la musica stessa, e in particolare i lavori giovanili e le rielaborazioni – con poche modifiche – effettuate da Gluck sui lavori di Sammartini, a fornire una prova di come lo stile di Sammartini lo abbia profondamente influenzato[66]. Due movimenti di sinfonie di Sammartini [33, pp. 43-45] [75] vengono ripresi da Gluck in due suoi lavori drammatici successivi (J-C 44, I mov., in *Le Nozze d'Ercole e d'Ebe*, Dresda, 1747; J-C 57, III mov., in *La Contesa dei numi*, Copenhagen, 1749). In questi anni Gluck mette in scena diverse opere al Teatro Ducale [33] e J. F. Reichardt [16, p. 57] cita una fonte sconosciuta e un aneddoto che coinvolge i due compositori (*cfr.* TESTIMONIANZE, Reichardt).

[59, I, p. 26][67] Carlo Zuccari, violinista milanese, esegue musiche di Sammartini a Parigi, al Concert Spirituel, nel periodo di Pasqua.

[56, p. 21] Sammartini si trova nuovamente citato negli *Acta Collegii D. Alexandri*, alla data del 1 luglio, per un concerto di sue musiche all'interno di un'accademia. Negli *Acta*, a p. 129, si legge: «concentus novus et suavissimus, et dignus communi approvatione auctore Joa. Batt. Martini».

---

[64]. Su Antonio Maria Melzi d'Eryl (1672 - 1749), nominato principe nel regno di Napoli e reggente del supremo consiglio d'Italia a Vienna, e sulla sua giovane sposa, Renata di Harrach (1721 - 1788), di famiglia bavarese trasferitasi a Napoli, divenuta in seguito consorte morganatica del duca di Modena Francesco III, nonché ospite del Firmian nel suo soggiorno a Milano, ci informa Barblan in [51, p. 72, nota 1].

[65]. *Cfr.* BROWN, Bruce Allan - RUSHTON, Julian. *Op. cit.* (vedi nota 63). La produzione operistica di Gluck nel periodo milanese comprende: *Artaserse* (Milano, 26 dicembre 1741), *Demetrio* [*Cleonice*] (Venezia, 1742), *Demofoonte* (Milano, 6 gennaio 1743 - [26, pp. 118-119]: 26 dicembre 1742 -), *Il Tigrane* [*Artamene*] (Crema, 26 settembre 1743), *Arsace* (primo atto, Milano, dicembre 1743), *La Sofonisba* [*Siface*] (Milano, 18 gennaio 1744), *La finta schiava* (in collaboraz. con Lampugnani e Vinci, Venezia, 13 maggio 1744), *Ipermestra* (Venezia, 21 novembre 1744), *Poro* (Torino, 26 dicembre 1744), *Ippolito* [*Fedra*] (Milano, 31 gennaio 1745).

[66]. Si notino in particolare le *Six Sonatas for two violins and a Thoroug Bass* pubblicate da Simpson a Londra nel 1746, ma composte con ogni probabilità nel periodo milanese; *cfr.* Alfred Einstein (che cita il manoscritto di una sinfonia eseguita nel 1744 a Venezia: EINSTEIN, Alfred. *Gluck*, London, Dent, 1936, pp. 24-28), da George de Saint-Foix [33] e da Bathia Churgin [75].

[67]. Churgin cita da: BRENET, Michel. *Les Concerts en France sous l'ancien régime*, Paris, Fischbacher, 1900, p. 195 e da LA LAURENCIE, Lionel de. *L'école française de violon de Lully à Viotti*, 2 voll., Paris, Delagrave, 1923, vol. II, p. 47, ma avverte che il riferimento non compare in: CONSTANT, Pierre. *Histoire du Concert Spirituel, 1725 - 1779*, Paris, Société française de musicologie, 1975.

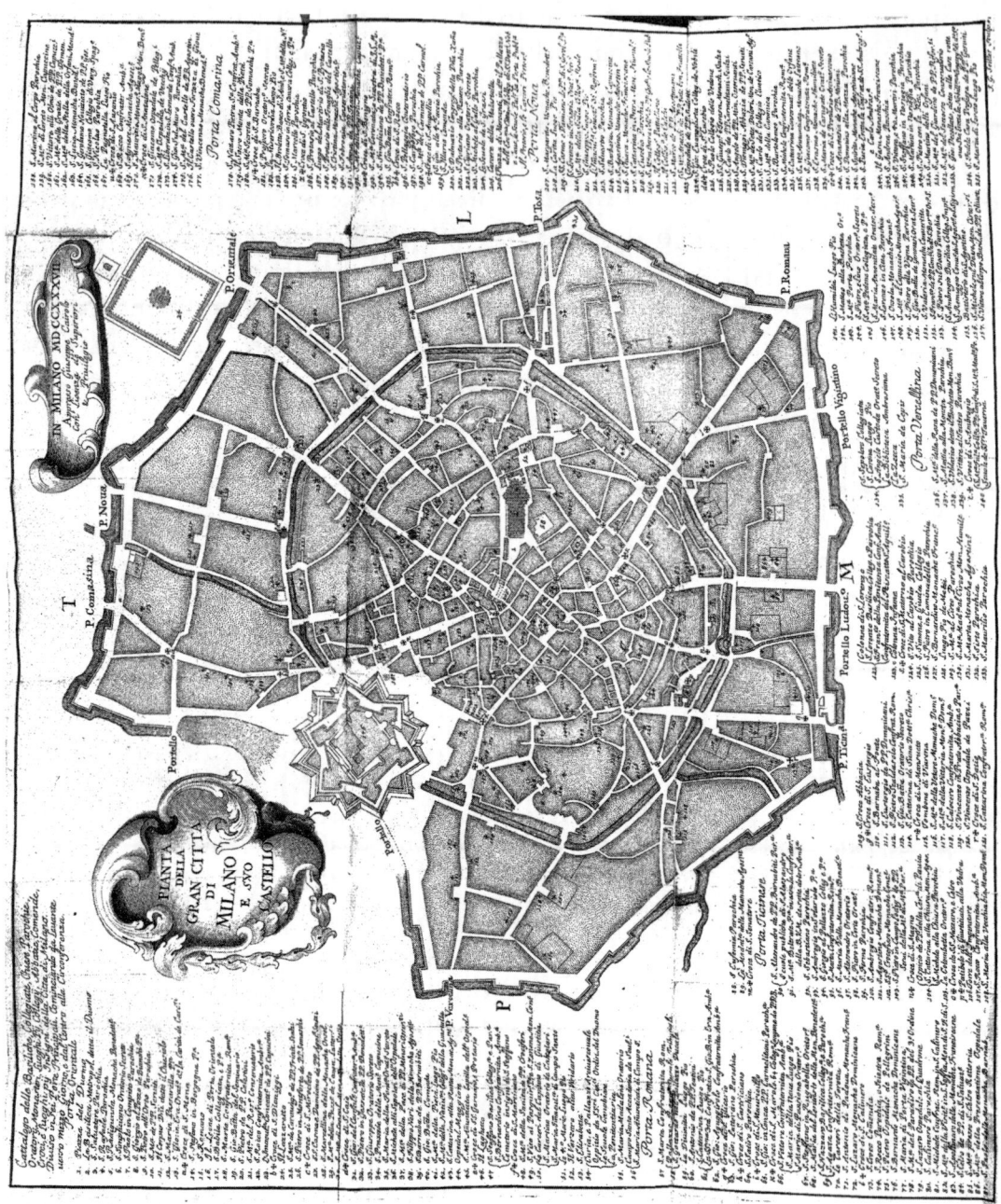

Ill. 4: *Pianta della gran città di Milano e suo Castello*, in: Latuada, Serviliano. *Op. cit.* (vedi Ill. 2A), vol. I, tavola fuori testo alla fine del *Trattato previo*, pp. l–l. In essa sono indicate tutte le chiese, i conventi e i luoghi pii della città.

[69, pp. 636 e 638] 31 agosto: muore improvvisamente la madre di Sammartini, Gerolama Federici.

[72, p. 280] [70, pp. 9, 150] Nell'inventario dell'Archivio dell'Ordine Militare de' Crocigeri con la stella rossa (Kreuzherren), compaiono annotate le musiche trasferite a Praga, dalla sede dell'ordine a Znujmo Hradište sv. Hipolyta (St. Pölten), nel 1737-1738; tra queste si trovano un *Credo*, un *Miserere*, un *Te Deum*, una *Messa* e un *Magnificat* a due cori di Sammartini (J-C 103, 112, 114, D87, C17). Questa importante istituzione religiosa promuoverà annualmente l'esecuzione di cantate presso la chiesa di S. Francesco, nelle vicinanze del Ponte Carlo, a Praga, dove verranno eseguite diverse composizioni sacre di Sammartini[68].

1738

[48, p. 24-25] [59, I, pp. 25-26][69] [70, pp. 91-92][70] Il 7 gennaio vengono eseguite ad Amsterdam, durante la solenne cerimonia organizzata per celebrare il centenario del teatro di quella città, nove 'sinfonie a quattro' per archi, tra cui Churgin individua la J-C 65 di Sammartini. In quell'occasione l'orchestra del Teatro viene raddoppiata, raggiungendo i 24 elementi.

[59, I, p. 26] In giugno il *Mercure de France* lo cita nell'articolo: *Mémoires pour servir à l'Histoire de la Musique Vocale et Instrumentale*, come uno dei migliori compositori italiani di musica per archi, con Solarini, Veracini e Vivaldi.

1739

[17, Lettre LVIII] [52, pp. 23-24] Il Presidente Charles De Brosses (1709 - 1777), storico erudito, latinista e diplomatico francese, soggiorna a Milano dal maggio 1739 all'aprile 1740. Nella lettera LVIII del suo *Viaggio in Italia*, scrive: «[...] i migliori seminari per maestri di cappella sono a Napoli, [...] per le voci, la buona scelta si trova a Bologna; in Lombardia ha il suo regno la musica strumentale». Fa inoltre alcune interessanti considerazioni sui monumenti cittadini e il Duomo in particolare.

---

[68]. Sulle composizioni sacre di Sammartini, con particolare riguardo ai Salmi e alla *Missa Solemnis* J-C 100, *cfr.* l'articolo di Charles Verble nel presente volume. Delle cantate sacre, con uno studio approfondito sul gruppo di cantate quaresimali del 1751, si occupa Marina Vaccarini Gallarani, sempre nel presente volume.

[69]. Bathia Churgin nota che l'incipit della sinfonia J-C 65 è elencata nella sezione di *Addenda* al catalogo delle opere strumentali di Vivaldi stilato da Pincherle, come P. 447. Un'altra sinfonia, probabilmente eseguita nel concerto di Amsterdam del 1738 e presente nella stessa lista con il numero P. 446 (J-C D5), viene attribuita a Sammartini nel supplemento al catalogo Breitkopf del 1766, anche se Churgin la considera comunque non sua.

[70]. D. F. Scheurleer (SCHEURLEER, Daniel F. *Het muziekleven in Nederland in de tweede helft der 18e eeuw in verband met Mozart's verblijf aldaar*, 2 voll., 's-Gravenhage, Martinus Nijhoff, 1909, vol. II, pp. 206-213) ha ritrovato la relazione della festa. Churgin ha poi trovato ad Amsterdam un manoscritto dell'epoca, con nomi storpiati, che può riferirsi all'esecuzione della sinfonia di Sammartini.

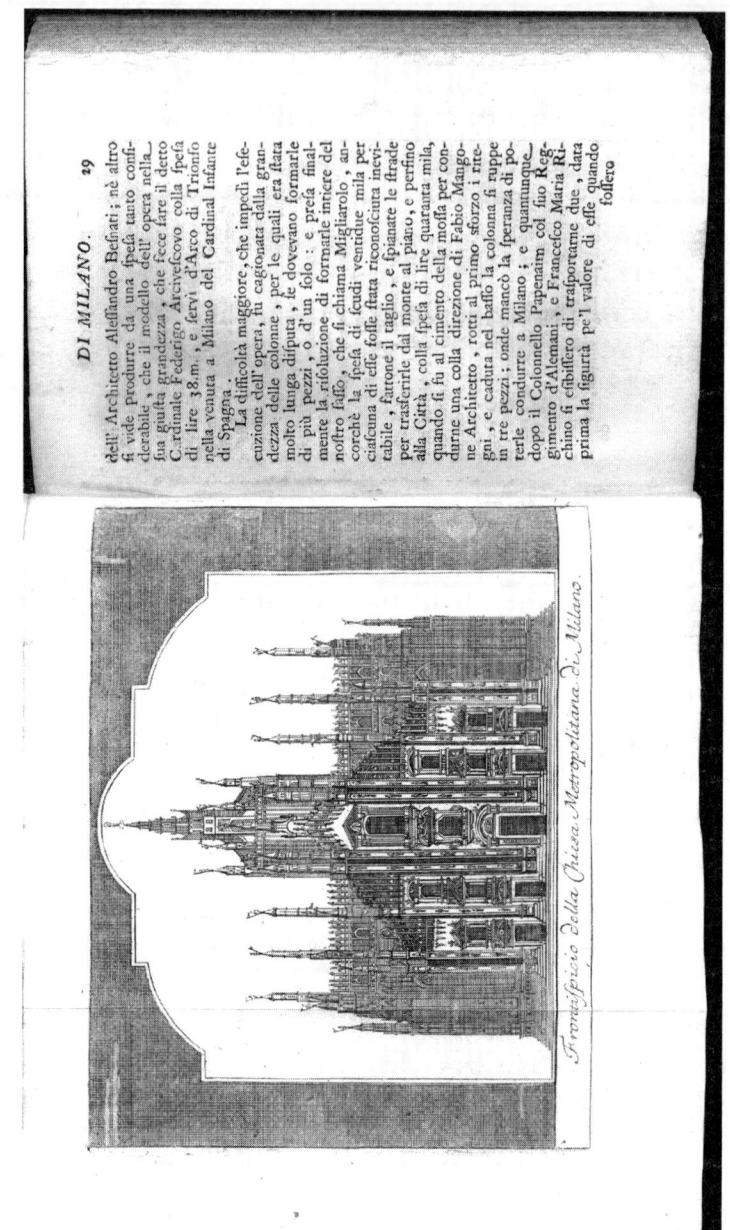

Ill. 5a: *Frontispicio*[71] *della Chiesa Metropolitana di Milano*, in: Latuada, Serviliano. *Op. cit.* (vedi Ill. 2a), vol. I, tavola fuori testo tra le pp. 28-29.

---

[71]. Alle pp. 30-32 (I vol.) della *Descrizione di Milano* del Latuada si legge: «fu tralasciata del tutto l'impresa della Facciata [del Duomo] […]. Essendo a questo segno la Fabbrica nell'anno 1646. fu da Carlo Buzio Architetto della medesima formato nuovo disegno […] e nell'occasione della venuta a Milano della Regina di Spagna, se ne fece buona parte del modello, che servì pure d'Arco di Trionfo […] e nello stesso tempo

In maggio l'arciduchessa d'Austria, Maria Teresa, con il consorte Francesco III duca di Lorena, soggiorna a Milano. Per il momento non abbiamo rinvenuto documenti e testimonianze relativi a esecuzioni musicali che abbiano coinvolto Sammartini.

ANNI QUARANTA

Si inaugura il 'secondo periodo' stilistico di Sammartini, di notevole e varia produzione [per alcuni particolari aspetti della produzione sammartiniana di questi anni, *cfr.* gli articoli di Churgin, Farina, Gehann, Portowitz, Ravizza, Vaccarini Gallarani, Verble nel presente volume].

[32, pp. 311 e segg., 316 e segg.] [54] Le case editrici musicali francesi, inglesi e [52, pp. 25-26 e nota 1] tedesche si interessano a Sammartini e cominciano a pubblicare raccolte di suoi lavori[72]. [78, p. 7-8] Churgin annovera, solo per quanto riguarda le sonate a tre, 41 lavori autentici pubblicati a Parigi e Londra tra il 1741 e il 1768 (alcuni dei quali composti ancora negli anni Trenta) per un totale di 12 raccolte a stampa. [70, pp. 66-67] Le *XII Sonate a Due è Tre Violini Col Basso del Signor Giuseppe San Martini Milanese, Opera Seconda*, stampate da Leclerc a Parigi, costituiscono la prima pubblicazione nota di sinfonie e trii di Giovanni Battista Sammartini.

Francesco Castello Pittor, ed Architetto ne presentò al Capitolo il suo [...].[...] i Signori Deputati, o piu tosto avvertiti, d'essersi quasi esausto l'Erario [...] si risolsero di far di necessità virtù con abbandonar affatto l'impresa [...]. Ma intanto furono compite le cinque Porte [...] e son quelle, che si veggono al presente, tutte di marmo intagliato, e le basi dei due grandi Pilastri, che risaltano in fuori tra una porta e l'altra [...]. e nelle basi [i pilastri] vengono sostenuti ai suoi lati, e tutte a basi di cariatidi, che oltre all'eccezione di non convenire a quel gusto, ne hanno un'altra di non essere in proporzione, qualunque volta non servissero a sostenere l'imposta delle volte, che formassero un atrio avanti tutto il prospetto; del quale nella maniera, in cui si trova al presente, ne porgiamo intagliato in rame il disegno». Dunque non risultava del tutto chiaro al lettore se l'illustrazione riproducesse la facciata reale oppure, dato che era stata realizzata solo in minima parte - con le porte e i pilastri -, se si trattasse del suo prospetto o modello. Probabilmente anche il De Brosses (*cfr.* l'articolo di Eugenia Bianchi, nel presente volume, note 3 e 15) era caduto in errore, consultando questa o qualche altra 'guida turistica' di Milano, per dimostrarsi così fortemente deluso in confronto alle aspettative che si era fatto: «Avete visto o forse la possedete, la bella stampa che raffigura questa facciata; [...]; difetti non glie ne so trovare, se non quello di non esistere» [17, lettera del 16 luglio 1739, p. 93]. Un'immagine assai più realistica di com'era la facciata all'epoca viene riprodotta nell'articolo di Eugenia Bianchi, in questo volume, ILL. 3.

[72]. Non vengono citate in queste TAVOLE CRONOLOGICHE le numerose edizioni a stampa di musica di Sammartini apparse nel corso del XVIII secolo, per le quali si rimanda agli articoli specifici sull'argomento: [32], [37], [45], [46], [54], [78], [99], al catalogo redatto da Jenkins e Churgin [70], al *Répertoire International des Sources Musicales*, publié par la Société Internationale de Musicologie et l'Association Internationale des Bibliothèques Musicales Internationales [...], Kassel [...], Bärenreiter; 1971—; München-Duisburg, Henle, 1960—, per i volumi: RISM A/I: *Einzeldrucke vor 1800*, 15 Bde., 1971-2003. VII, *Plowden-Schreyer*, Redaktion Karlheinz Schlager, Kassel [...], Bärenreiter; München-Duisburg, Henle, 1978; XIV, *Addenda et corrigenda zu S-Z und zu Anhang 1 (Drucke mit Initialen) [und] Anhang 2 (Anonyme Drucke)*, Redaktion Gertraut Haberkamp, Kassel [...], Bärenreiter; München-Duisburg, Henle, 1999. RISM B/II: *Recueils Imprimés XVIIIe Siècle*, ouvrage publié sous la direction de François Lesure, München-Duisburg, Henle, 1964; e alcuni saggi nel presente volume.

[43] Molte composizioni sammartiniane manoscritte sono presenti nel *Fonds Blancheton* parigino (in F-Pn), formatosi tra il 1740 e il 1744 ca.

[20, pp. 66-67] Le sue musiche sono molto apprezzate anche in Austria e in Boemia e, a testimonianza di ciò, molte sue composizioni si trovano nelle biblioteche di Vienna, Praga, *etc*.

Restando in ambito milanese, Sammartini è assai apprezzato e sostenuto dall'aristocrazia locale e dai personaggi più in vista del governo asburgico: i Melzi, le famiglie patrizie degli Archinto, Clerici, Litta, Serbelloni, Simonetta, il duca di Parma, a cui vengono dedicate le sonate op. VII, il Gian Luca Pallavicini, Carlo Firmian, *etc*.

1740

[notizia rinvenuta e comunicata da Marina Vaccarini Gallarani (Milano)] Restano i libretti di cinque cantate per il SS.mo Entierro musicate da «Gio. Battista San Martino»: le prime quattro sono raggruppate sotto l'unico titolo *Li Viaggi, o Stazioni di Gesù nella sua Passione* e suddivise in *Primo viaggio dal cenacolo all'orto* (I), *Secondo viaggio a' tribunali* (II), *Terzo viaggio di Gesù* (III), *Quarto viaggio di Gesù dal Pretorio al Calvario* (IV); l'ultima si intitola *Stazione di Maria su'l Calvario colle compagne di Gesù* (V). I cinque libretti sono conservati presso la Biblioteca Comunale dell'Archiginnasio di Bologna.

[56, p. 21] [57, p. 641, nota 2] [articolo di Marina Toffetti nel presente volume, con la trascrizione dei documenti][73] In dicembre è commissario, assieme a frate Narciso da Milano minore osservante, Carlo Baliani (maestro di cappella del Duomo) e Francesco Messi, nel concorso indetto dalla cappella musicale del Duomo per assegnare un posto di secondo organista (giudizio scritto del 17 dicembre nel quale Sammartini annota, per il candidato Giovanni Cantù: «Io sottoscritto affermo tutte le raggioni come sopra, e di più dico essermi piaciuto molto il modo di suonare l'organo, per essere un suonar Maestoso e da Chiesa. e per fede Gio: Batta S.ᵗ Martino»; per Michel'Angiolo Caselli: «Io dico, che nella fuga proposta ex improvviso si è portato assai bene, e per fede Io Gio: Batta S.ᵗ Martino»), un tenore soprannumerario e due posti di basso (giudizi scritti del 20 dicembre, in cui si legge, per ciascun candidato: Giovanni Croce «questo si è portato ottimamente, e di finissimo gusto, e per fede», Severo Giussani «questo, è buono», Giuseppe Guelfi «questo, è assai buono», Giovanni Maria Barni «questo, è bonissimo», Giuseppe Santino de Filippi «questo si è portato ottimamente sopra tutti» - e appone la firma,: «Io Gio: Batta S.ᵗ Martino giudico come sopra»). Queste poche righe (assieme ai giudizi degli altri concorsi in Duomo) costituiscono, tra l'altro, una parte importante dell'esiguo *corpus* dei suoi scritti sicuramente autografi.

---

[73]. AVFD, *Archivio Storico*, 404 *bis*, capo XXVII, par. II B, fasc. 33, n. 5 (mentre l'indicazione data da Barblan, che omette tra i commissari il nome frate Narciso, è: Milano, *Arch. della Fabbrica del Duomo*, cart. 404 e 420).

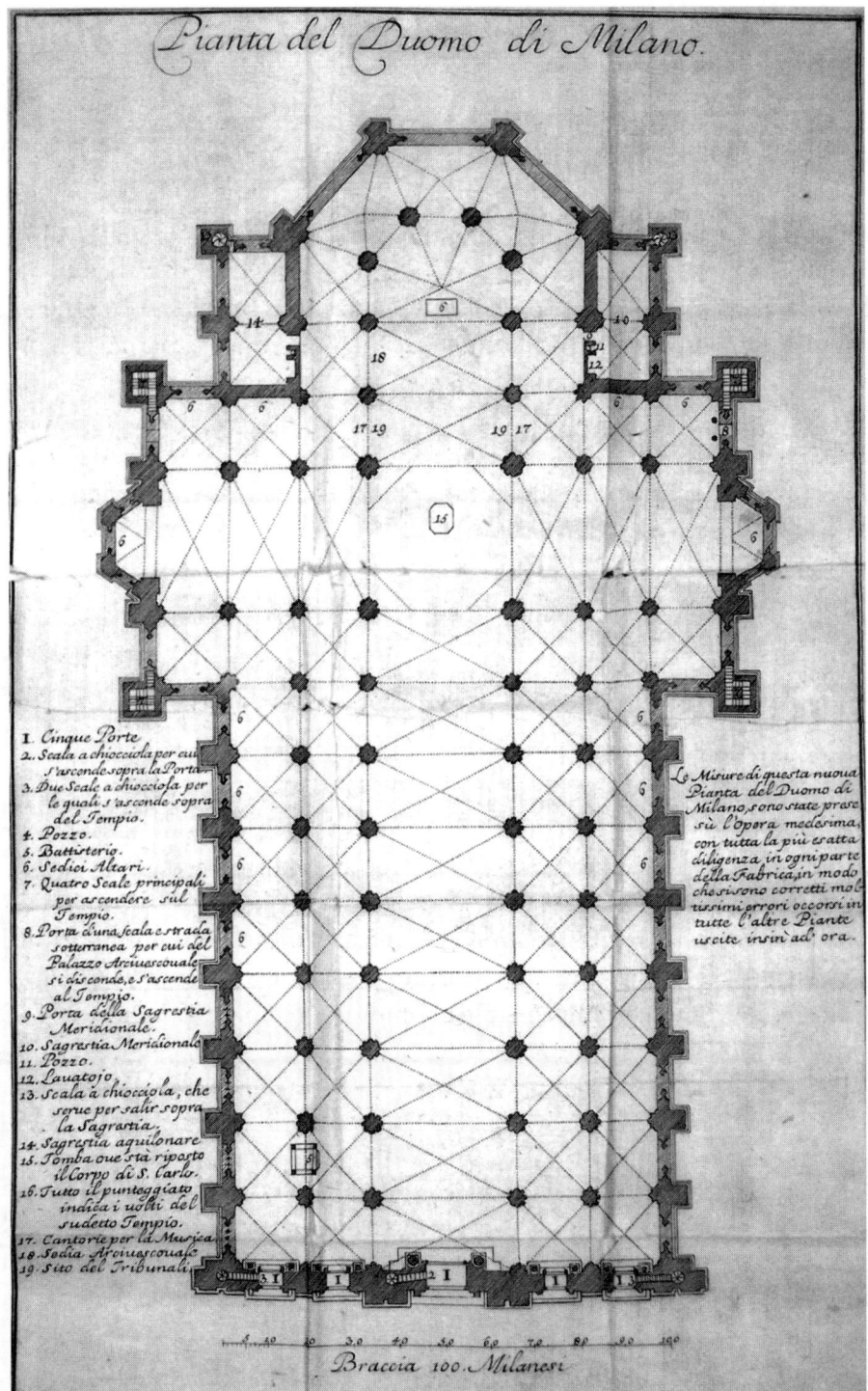

ILL. 5B: *Pianta del Duomo di Milano*, in: LATUADA, Serviliano. *Op. cit.* (vedi ILL. 2A), vol. I, tavola fuori testo tra le pp. 26-27. Il n. 17 della *legenda* indica: «Cantorie per la musica».

1741

[35, p. 22, nota 2] [109, p. 30] I *Ragguaglj di varj paesi* del 18 gennaio[74] riferiscono di una *Messa da Requiem* («a più cori di scelta musica») «del celebre Sig. Gianbattista Sanmartino», eseguita in S. Ambrogio per i funerali del Cardinale Benedetto Odescalchi.

[56, p. 22] [57, p. 642, nota 2] [articolo di Marina Toffetti nel presente volume, con la trascrizione dei documenti][75] In giugno è di nuovo commissario di concorso in Duomo, assieme a Carlo Baliani (maestro di cappella del Duomo) e Francesco Messi, per assegnare un posto di contralto (giudizio scritto del 22 giugno nel quale Sammartini annota per ciascun candidato: «Dall'esperimento, che si è sentito publicamente, dico, che il Grassino si è portato con ogni franchezza, e con voce agile, e chiara tanto nel Motetto da lui portato, quanto nel Motetto a due del concorso; come anche egualmente nel Sanctus. Io Gio: Batta S. Martino»; «Il secondo G̶i̶u̶s̶s̶a̶n̶i̶ concorrente, cioè il Giussani lo trovo di egual merito del primo, e per fede Io Gio: Batta S. Martino»).

1742

[72, p. 280] [comunicazione integrativa di Marina Vaccarini Gallarani (Milano)] Compone una cantata per la chiesa di S. Dalmazio, che viene eseguita il 7 febbraio, dal titolo: *Matatia e Simone* (J-C C35), su testo del poeta Domenico Balestrieri (il libretto è conservato a Milano, alla Biblioteca Ambrosiana).

[35, p. 19] Nella chiesa di S. Paolo dei Barnabiti, a Vigevano, Sammartini dirige un'orchestra di dilettanti; viene eseguito un *Te Deum*. [109, p. 30] La gazzetta *Ragguaglj di varj paesi* del 16 maggio riporta: «Nella vigilia del giorno consegrato al Beato [Alessandro Saoli] fu al dopo pranzo recitato l'Inno Te Deum con Cantate Italiane poste in musica dal celebre Maestro di Cappella Sig. Giambattista Sanmartino, il quale assistì a tutte le funzioni con più Cori di sceltissimi Virtuosi, accompagnati da copioso numero de' più qualificati Dilettanti di ogni sorta d'Istromenti».

1743

[56, p. 22-23] [articolo di Mariateresa Dellaborra nel presente volume] In febbraio va in scena al Ducale di Milano la sua *Agrippina moglie di Tiberio* (J-C 90), su testo di Guido Riviera, in cui canta anche il famoso Carestini [26, pp. 118-119]. Da un libretto dedicato al conte Traun, governatore della Lombardia, che la indica per il Carnevale dello stesso anno, si

---

[74]. Secondo Cesari il 18 gennaio è la data in cui ebbe luogo la cerimonia; secondo Prefumo il giorno in cui apparve l'annuncio sulla gazzetta milanese.

[75]. AVFD, *Archivio Storico*, 414, capo XXVII, par. IV G, fasc. 244, n. 2 (mentre l'indicazione data da Barblan è: Milano, *Arch. della Fabbrica del Duomo*, cart. 414).

conosce il *cast* vocale: Cristoforo del Rosso, Barbara Stabili, Giovanni Carestini, Domenica Casarini, Agata Elmi, Felice Novelli, Giuseppa Useda. [70, pp. 133-134] L'evento viene segnalato dalla *Gazzetta di Milano* dei giorni: 30 gennaio, 6 febbraio ([109, p. 31] «Sabato scorso [...] il secondo Drama del corrente Carnovale; il quale certamente riportò, come si aspettava, il pieno aggradimento del numerosissimo concorso intervenutovi, proseguito sempre nelle Recite seguenti, venendo lodata non meno la naturalezza e soavità della Poesia, quanto l'idea spiritosa e dilettevole della Musica, col dovuto encomio al Poeta Sig. Dottore Guido Riviera ed al Maestro di Cappella Sig. Giambattista San Martino [...]»)e 13 febbraio [109, p. 32]. L'autografo dell'opera è conservato in F-Pn, ms. 1224-1226.

[72, p. 280] [89, pp. 187-188] [101, p. 81] compone cinque cantate per S. Fedele che verranno rieseguite anche nel 1773. Sui libretti di tre di queste (J-C C36-38, conservati alla Biblioteca Ambrosiana di Milano) compare il nome di Guido Riviera, librettista dell'*Agrippina* e della *Gara dei Geni*. Le tre cantate superstiti si intitolano: *Cristo coi discepoli nell'orto agonizzante confortato dall'angiolo* (I; 8 III), *Cristo nell'orto tradito da Giuda* (II; 15 III), *Cristo giudicato nel pretorio da Pilato* (III; 22 III).

[56, p. 22] [articolo di Marina Toffetti nel presente volume, con la trascrizione dei documenti][76] In aprile Sammartini è di nuovo in commissione al Duomo di Milano per accertare la preparazione musicale e le doti del musicista Pietro Valle, che aspirava a divenire coadiutore del maestro di cappella Carlo Baliani.

[69, pp. 636 e 639] Il 18 giugno muore il fratello Antonio (*cfr.* INTRODUZIONE ALLA CRONOLOGIA).

[35, p. 22, nota 2] [55, p. 12 / 115] [109, pp. 30-31][77] Il 21 agosto, secondo la gazzetta *Ragguaglj di varj paesi* del successivo 28 agosto, a S. Ambrogio ha luogo una *Messa* in onore di S. Bernardo del «celebre Maestro di cappella», «con Musica sceltissima e Sinfonia».

[35, p. 22, nota 2] Il 23 settembre dirige nella chiesa di S. Maria delle Grazie una «gran Messa di Ringraziamento [...] a più Cori di scelta Musica e Sinfonia» per la nomina a cardinale del P. Maestro Luigi Maria Lucini (secondo quanto riportato dalla gazzetta *Ragguaglj di varj paesi* del 25 settembre).

1744

[70, p. 214] [89, pp. 189-192] [101, pp. 81-82] Compone per la Congregazione del SS.mo Entierro un ciclo di cantate dal titolo: *Le parole di Gesù crocifisso*. Alla Biblioteca Nazionale

---

[76]. AVFD, *Archivio Storico*, cart. 405, capo XXVII, par. III B, fasc. 25, n. 2 (mentre l'indicazione data da Barblan è: Milano, *Arch. della Fabbrica del Duomo*, cart. 405).

[77]. Cesari e Sartori riportano la data del 28 settembre, anziché del 21 agosto, come indicato da Prefumo.

Braidense si conservano i libretti della II e della V (J-C C40-41; 6, 27 III), mentre alla Biblioteca Marciana di Venezia sono conservati tutti e cinque.

[72, p. 280] [109, p. 35] il 7 febbraio viene eseguita una cantata per la chiesa di S. Dalmazio intitolata *Il Perdono di Davidde* (J-C C39, libretto conservato alla Biblioteca Ambrosiana di Milano[78]). Nella composizione di cantate per S. Dalmazio sembra si avvicendassero diversi musicisti. Marina Vaccarini Gallarani (Milano), per esemplificare l'affermazione, comunica che nel 1745 l'autore è Antonio Piantanida, nel 1746 e nel 1747 è Giuseppe Palladino (o Palladini), per il 1748 manca il libretto, nel 1749 ricompare Sammartini, nel 1750 è Giovanni Andrea Fioroni e nel 1751 Francesco Cesati Cozzi.

1747

[47, p. 363] [70, pp. 135-136] [articolo di Mariateresa Dellaborra nel presente volume] Per la nascita dell'arciduca Leopoldo, terzogenito di Maria Teresa d'Austria, vengono preparati grandi festeggiamenti e il Pallavicini commissiona a Sammartini *La Gara dei Geni* (*La Gara del Genio Germanico con il Genio d'Italia*, J-C 91), una «Introduzione e festa da ballo» su testo di Guido Riviera, eseguita il 28 maggio, di cui ci resta una sola aria. Avrà come interpreti: Caterina Visconti, Isabella Gandini, Ottavio Albuzio e Filippo Elisi.

[74] [86, I, pp. 62-69] Ci restano una decina di lettere di padre Martini o da altri a lui indirizzate, comprese tra il 1747 e il 1778, che oltre a fornire notizie di avvenimenti a cui Sammartini prese parte, suggeriscono situazioni e questioni molto più generali e interessanti, riferite a tutto il mondo musicale 'italiano' dell'epoca. In questo panorama Sammartini sembra sostenere un ruolo di caposcuola, probabilmente in contrasto con alcuni principi tradizionali di insegnamento quali erano, ad esempio, quelli di padre Martini e della cosiddetta 'scuola bolognese' o, ancor più, di quella 'romana'. Non sembra tuttavia che venga meno la generale stima nei suoi confronti, anche da parte dei rappresentanti della scuola tradizionale. Ne è riprova la richiesta di un ritratto di Sammartini da parte di padre Martini, nel 1778, che costituisce ancor oggi l'unico ritratto ufficiale a noi noto del musicista, riprodotto in bianco e nero sulla copertina del presente volume.

Nel 1747 Sammartini viene citato in uno scambio di lettere tra padre Martini e Girolamo Chiti[79], nell'ambito di una spinosa controversia per giudicare una composizione, prova d'esame di un concorso, fatta da un certo Delfini (*cfr.* TESTIMONIANZE, carteggio Chiti - padre Martini).

---

[78]. Prefumo [109] indica erroneamente come luogo di conservazione la Biblioteca Braidense; Churgin e Vaccarini Gallarani, invece, indicano l'Ambrosiana.

[79]. Lettera del 6 settembre, n. 1342; I.11 129 e lettera del 16 settembre, n. 1345; I.11.131.

[109, p. 35] A Cerro vengono organizzate delle celebrazioni, con musica, per la canonizzazione di due cappuccini: Fedele da Simaringa e Giuseppe da Lionessa. Ne riferisce la gazzetta *Ragguaglj di varj paesi* in data 15 novembre: «Li Padri Cappuccini del Convento di Cerro celebrarono con magnifica pompa il solenne Ottavario per la Congregazione de' loro Santi Fedele da Simaringa, e Giuseppe da Leonessa. Fu levato lo Stendardo in Processione [...] e portato a quella [chiesa] de' Cappuccini, ove furono cantati nel primo giorno Messa Pontificale e Vespro da 4. di questi Monsignori Canonici Ordinarj della Metropolitana in mitra, sotto concerti di scelta Sinfonia e lodatissima Musica, diretta dal celebre Sig. Giambattista Sammartino, essendosi ancora cantate delle Poetiche Composizioni a lode delli medesimi Santi, poste dallo stesso in Musica, ed applaudite da copioso concorso di Nobiltà, che v'intervenne per tutta l'Ottava».

[75, p. 118] La sinfonia J-C 18 di Sammartini viene impiegata come ouverture dell'*Olimpiade* di Galuppi, messa in scena al Teatro Ducale di Milano.

[35, p. 21, nota 2] [51, p. 131] [52, p. 30] [55, pp. 15-16] [57, pp. 626-628] Secondo due documenti[80], per la stagione operistica del 1747 - 1748 figura al Teatro Ducale di Milano un'orchestra di 44 elementi con l'aggiunta di due clavicembali[81].

1748

[35, p. 19] Filippo Sforza Visconti marchese di Caravaggio organizza nel suo palazzo due accademie, a distanza di otto giorni una dall'altra, in onore del conte Pallavicini. Le

---

[80]. [35, p. 21, nota 2]: ASM, *Spettacoli pubbl.*, cart. 30-31 e [52, p. 30]: Monza, Archivio del Collegio della Guastalla, cart. 11.

[81]. Cesari [35, p. 19] che cita da: ASM, *Spett. pubbl.*, cart. 30-31, *Bilancio reso dall'Amministrazione del R. Ducal Teatro e giuchi annessi dell'anno 1748*, riporta così l'elenco di tutti i musicisti: violini primi: Giovanni Fed. Tedeschino, Carlo Zuccari, Gaetano Grandi, Carlo Calvi, Pietro Martinez, Giov. Brasca, Giorgio Tedeschino, Giuseppe Tedeschino, Giuseppe Prina, Pasqualino Perruccone; violini secondi: Angelo Scaccia, Giuseppe Bianchi, Giovanni Ballestrino, Virgilio Lampugnani, Francesco Barzaghi, Eugenio Binaghi, Gaetano Brini, Ambrogio Luraghi, Francesco Tasca, Giovanni Grandi, Ferdinando Cointner; viole: Gian Battista Fiamminghino, Antonio Fiamminghino, Antonio Armellino, Giuseppe Marcone, Giuseppe Valaperta, Gaspare Fiamminghino; violoncelli e bassi: Carlo Ferrario, Giulio Fioretti, Francesco Ruggeri, Abate Giuseppe Scaccia, Carlo Corbella, Antonio Scotti, Giovanni Aug. Contino; oboi: Baldassarre Federici, Francesco Federici; fagotti: Gian. Batt. Bellotti, Ambrogio Cazzaniga; trombe: Francesco Baier, Pietro Brugora, Francesco Borsani, Giov. de Marchesi, Pietro Brusa. Barblan [52, p. 30], che riporta dal documento conservato a Monza, Archivio del Collegio della Guastalla (archivio dell'Opera Pia il Collegio delle Vergini Spagnole), cart. 11, annota: 22 violini (11 primi e 11 secondi), 6 viole, 2 violoncelli, 5 contrabbassi, 2 oboi, 2 fagotti, 5 trombe, timpani, cembalo; e in [57, pp. 626-628] presenta un elenco leggermente differente da quello di Cesari, con minime differenze di grafia (ad es. «Todeschino», invece del «Tedeschino» di Cesari) ed altre più sostanziali: Pietro Conti, indicato come «Pietro Canti», si trova nei violini secondi anziché nei primi; Giovanni Grandi viene indicato come «Giovanni Maria Grandi», Gaetano Brini come «Gaetano Brivio» e Ferdinando Cointner come «Ferdinando Cointuer».

accademie vengono dirette dal Sammartini e vi partecipano i più illustri cantanti e strumentisti del momento. La gazzetta *Ragguaglj di varj paesi* dell'11 settembre le cita tutte e due: «Una copiosa accademia di suoni e canti de' più celebrati professori [...]» e l'altra «non meno applaudita, di signori dilettanti».

[35, p. 20] Cesari afferma che tale orchestra di 'dilettanti', diretta dal Sammartini, si esibisce in questi anni a Milano e fuori città e, a riprova, scrive: «Nel 1748, li incontriamo ad Orta, capitanati ancora dal Sammartini, fra i sacri tripudi delle feste celebrate in onore di due cappuccini canonizzati di fresco»[82]. [109, p. 35] La gazzetta *Ragguaglj di varj paesi* del 30 ottobre riporta la notizia.

[52, p. 25] A partire da questi anni, grazie ai resoconti della gazzetta *Ragguaglio delle Corti*, sappiamo di alcuni 'concerti quaresimali' organizzati in casa Clerici, nei salotti del marchese di Caravaggio e presso il Firmian[83]: ancora una testimonianza dell'apprezzamento di cui Sammartini gode nell'ambiente aristocratico e intellettuale milanese.

[52, p. 30][84] [57, p. 628][85] Al Teatro Ducale di Milano il numero dei professori d'orchestra per il 1748 - 1749 sale a 47, rispetto ai 46 della stagione precedente, per l'aggiunta di un violino.

1749

[72, p. 280] [109, p. 27] [comunicazione integrativa di Marina Vaccarini Gallarani (Milano)] Il 7 febbraio viene eseguita la cantata per la chiesa di S. Dalmazio: *La Guerra e la*

---

[82]. Cfr. l'analoga notizia, riferita al 1737 (*cfr. supra*). La notizia riferita da Cesari al 1748 si trova invariata anche in: [55, p. 12] e [56, p. 23].

[83]. Il conte Carlo di Firmian (1716 - 1782), di origine trentina e imparentato con illustri esponenti del clero e della nobiltà austriaca, fu governatore della Lombardia austriaca dal 1758 al 1780. Mecenate, bibliofilo e appassionato di arte e di musica, lasciò una biblioteca immensa che venne smembrata e venduta assieme alla sua collezione di dipinti per far fronte al fallimento in cui era andato incontro. Alla Biblioteca Marciana di Venezia e alla Biblioteca Ambrosiana di Milano (dove l'ha consultato chi scrive) sono conservati due esemplari del catalogo dei libri, delle pitture, delle stampe, dei manoscritti letterari e musicali (per lo più composizioni a lui dedicate), *etc.* che facevano parte della sua vastissima collezione: si tratta di parecchi volumi compresi sotto il titolo *Bibliotheca Firmiana sive thesaurus librorum quem excellentiss. Comes Carolus A Firmian sub Maria Theresa Aug. primum, dein sub Jus. II Imp. Provinciae Mediolanensis perannos XXII plena cum potestate Administrator magnis sumptibus collegit*. Da una scritta a mano si deduce che parecchi libri furono venduti alla Biblioteca di Brera (Milano) e alla Biblioteca di Pavia, mentre su un foglio incollato all'inizio del primo volume è annunciata la vendita pubblica, probabilmente all'asta, dei libri e dei quadri rimasti, per il 28 maggio 1795.

[84]. Monza, Archivio del Collegio della Guastalla (archivio dell'Opera Pia il Collegio delle Vergini Spagnole), cart. 11.

[85]. Tra i cambiamenti interni all'orchestra: Carlo Calvi passa tra i secondi violini e G. Maria Grandi lo rimpiazza tra i primi, ai quali si aggiunge, nuovo, Antonio Saletta; tra gli oboisti, Baldassarre Federici (che d'ora in poi non comparirà più) è sostituito da Antonio Borsani; tra i violoncellisti, Antonio Negri va a sostituire Ferrari.

Pace (J-C C42), su testo di Domenico Balestrieri (due esemplari del libretto sono conservati rispettivamente alla Biblioteca Ambrosiana e alla Biblioteca Nazionale Braidense di Milano).

[20, p. 63] [35, p. 18] Per iniziativa del generale Pallavicini, si organizzano concerti sinfonici all'aperto, al Castello Sforzesco, che vengono diretti tre volte alla settimana da Sammartini. [35, p. 18] La gazzetta *Ragguaglj di varj paesi* dell'8 ottobre descrive «[...] una vaga orchestra a più ordini, per vari cori di sinfonia da arco e da fiato [...]». Se all'inizio questi concerti pubblici si facevano in concomitanza con solennità o eventi politici, è interessante e notevole il fatto che, perso il carattere celebrativo, diventassero con il tempo una consuetudine piacevole e seguita assiduamente (*cfr.* anche TAVOLE CRONOLOGICHE, 1751).

[56, p. 23][86] Altri documenti, relativi all'iniziativa del Pallavicini, testimoniano della partecipazione e dell'interesse suscitato in tutta la popolazione da questa attività sinfonica.

[32, p. 315] A Parigi, al Concert Spirituel, viene eseguito un «Concerto de Martini», secondo quanto riportato dal *Mercure de France* dello stesso anno.

[35, p. 23, nota 1][87] Sammartini figura nei registri del Teatro Ducale, assieme a Giulini, fra gli 'accordati di porta': l'entrata gli è concessa per 40 lire, mentre Giulini ne paga 75.

ANNI CINQUANTA

[32, pp. 314-316] Continuano a comparire in Francia, ad opera di editori come Le Clerc, Vénier, Ruggi (Filippo Ruggi Romano detto anche Ruge o Rouge [32, p. 316]), M.elle Estien, M.me Mangean, La Chevardière, *etc.* numerose raccolte a stampa monografiche o di vari autori che includono composizioni di Sammartini. [32, pp. 318-321] Lo stesso succede in Inghilterra, ad opera di editori quali Walsh, Cox e Bremner[88].

[20, p. 66] Le composizioni di Sammartini, fatte ulteriormente conoscere a Vienna dall'ex governatore della Lombardia, conte di Harrach, conquistano ben presto il favore delle famiglie più in vista: Pálffy, Schönborn, Lobkowitz, *etc.* Si ha effettivamente testimonianza, in questi anni, dell'invio da parte di Sammartini di alcuni componimenti a Vienna

---

[86]. ASM, *Potenze Sovrane post 1535*, (olim 88) 60.

[87]. ASM, *Spett. pubbl. Rimanenza dei crediti da esigersi dell'anno 1749*, cart. 30-31. Barblan [57, p. 642, nota 7] indica per Sammartini la cifra di 45 lire.

[88]. Nonostante molte edizioni di opere di Sammartini siano inglesi, non si può dire, però, che si abbiano recensioni e notizie precise circa esecuzioni pubbliche di sua musica in Inghilterra; è inoltre singolare che in un'opera importante come la *General History of the Science and Practice of Music* di Hawkins [11], mentre si parla diffusamente e a lungo del fratello Giuseppe Sammartini, virtuoso di oboe, non si faccia il minimo accenno all'attività di Giovanni Battista. D'altra parte sappiamo che questi aveva proprio in Inghilterra un suo grande ammiratore, nella persona del duca di Cumberland, fratello di Giorgio III, e il fatto che Sammartini venga citato, anche se di passaggio, nel romanzo di Laurence Sterne *The Sentimental Journey*, apparso nel 1768, fa pensare che il suo nome non dovesse essere del tutto sconosciuto ai lettori inglesi. Sulla fortuna della musica di Sammartini in Inghilterra *cfr.* anche [59, I, pp. 27, 83-84 e 89].

(*cfr.* Tavole cronologiche 1756) e [70, pp. 40, 47] dell'acquisto, sempre a Vienna, tra il 1759 e il 1760, di alcune sinfonie di Sammartini (J-C 4, 12, 17, 33, 58a) e di altri autori milanesi, per la collezione della cappella del vescovo di Olmütz, Leopold II[89].

Di questo periodo restano, conservati a Karlsruhe, alcuni quartetti per flauto traverso, 2 violini e violoncello intitolati «Concertini» (tre di questi sono datati ottobre 1750) che recano l'indicazione autografa [riprodotta nell'articolo di Cosetta Farina, nel presente volume]: «Questi concertini devon'eseguirsi con solamente quattro Stromenti, cioè un Flauto Traversier, due Violini, mà che suonano di buon gusto, come pure un Violoncello. La Flutta deve sempre suonare col P.mo Violino, essendo quella la parte principale; con di più li Soli che son qui notati: s'averte che li Violini devon suonare con tuta la maggior discrezione acciò la Flutta debba sentirsi distintamente, e così anche deve suonare il Violoncello».

È molto probabile che in questi anni Sammartini venga a contatto con compositori di Mannheim che si trovano in viaggio in Italia, tra cui Christian Cannabich, a Milano nel 1754[90] e Ignaz Holzbauer[91], che è a Milano tra il 1744 e il 1746 e vi torna nel 1759. Johann Christian Bach[92], il cui periodo italiano va dal 1754 al 1762, arriva a Milano probabilmente nel [107] 1755 o nel 1757, anno in cui entra sotto la protezione di Agostino Litta; nel 1760 vince il concorso per il posto di secondo organista del Duomo e diviene inoltre maestro di cappella della chiesa di S. Maria di Caravaggio dei padri Trinitari Scalzi: incarichi che ricopre tuttavia con frequenti e prolungate assenze.

---

[89]. [70, pp. 40, 47] Il catalogo manoscritto delle composizioni, compilato da Friedrich Egk, conte di Hungersbach (1696 - 1760) è conservato nello Státní Archiv di Olomuc (Olmütz), con segnatura: C. k. 504, fol. 61-74.

[90]. *Cfr.* Würtz, Roland. '(Johann) Christian (Innocenz Bonaventura) Cannabich', in: *The New Grove Dictionary of Music and Musicians*, edited by Stanley Sadie, 20 vols., London, Macmillan, [6]1980, vol. III, pp. 686-687: 686 e Hörner, Stephan. '(Johann) Christian (Innocenz Bonaventura) Cannabich', in: *Die Musik in Geschichte und Gegenwart. Allgemeine Enzyklopädie der Musik*, begründet von Friedrich Blume. Zweite, neubearbeitete Ausgabe, hrsg. von Ludwig Finscher, 26 Bde., Kassel-Basel-London-New York-Prag, Bärenreiter; Stuttgart-Weimar, Metzler, 1994—, *Personenteil*, Bd. IV, pp. 87-94, secondo il quale (citando Gronman, M. A. *The Mannheim Orchestra under the Leadership of Chr. Cannabich*, diss., University of California, Berkeley, CA, 1979, p. 77) Cannabich sarebbe stato allievo di Sammartini a Milano, anche se non viene fornita alcuna prova concreta di ciò.

[91]. *Cfr.* Grave, Floyd K. 'Holzbauer, Ignaz (Jakob)', in: *The New Grove Dictionary of Music and Musicians*, Second Edition, *op. cit.* (vedi nota 63), vol. XI, pp. 663-665; Bärbel, Pelker. '*Idem*', in: *Die Musik in Geschichte und Gegenwart*. Zweite, neubearbeitete Ausgabe, *op. cit.* (vedi nota 90), *Personenteil*, Bd. IX, pp. 265-275.

[92]. *Cfr.* Roe, Stephan. 'Johann Christian Bach', in: *The New Grove Dictionary of Music and Musicians*, Second Edition, *op. cit.* (vedi nota 63), vol. II, pp. 413-427; *cfr.* inoltre [99, pp. 11-15] con l'elenco delle opere composte in Italia e di quelle composte e presentate a Milano. Tra queste ultime figurano diverse composizioni sacre e alcuni brani inseriti in pasticci (3 arie inserite nell'opera *Emira* di Gioacchino Cocchi, nel Carnevale 1756; una nel *Demofoonte* di A. Ferradini, nel Carnevale 1759; una *Ouverture* ne *Gli uccellatori* di Florian Leopold Gassmann, nell'autunno del 1759; un'altra ne *La Giulia* di Giovanni Battista Lampugnani, nel Carnevale 1761). *Cfr.* inoltre l'osservazione sulle sinfonie di Johann Christian Bach ascoltate da Burney a Milano, in Testimonianze, Burney.

[59, 1, p. 30][93] Si ha notizia dell'esecuzione di sue musiche a Salisburgo: «Die Musiken beim Grafen Firmian in Salzburg dauerten von 5 bis 11 Uhr, es wurden unter Anderem an einem Abend 4 Sinfonien von Martini und einige Sinfonien von Em. Bach gespielt».

1750

[55, pp. 12 / 115 e 16-17 / 119-120][94] [57, p. 632] [96, p. 152] Probabilmente dirige a Milano il concerto per la festa di S. Giuseppe, nella chiesa omonima.

[70, pp. 162-164] È di quest'anno il grande *Miserere* J-C 112.

[95, p. 361] Il margravio Carl Friedrich di Baden-Durlach probabilmente incontra, a Milano, Sammartini. Da quest'anno si stabilisce un contatto tra il compositore e la corte di Karlsruhe, dove Sammartini invia diversi lavori.

[95, pp. 362-363][95] Lettera del 23 novembre di Sammartini al margravio Carl Friedrich di Baden-Durlach in cui comunica l'invio di sei concertini (direttamente in originale), ovvero quartetti per flauto e archi, dopo aver terminato la composizione di altra musica commissionatagli in precedenza dallo stesso committente. Sammartini si augura altresì che Carl Friedrich, restando soddisfatto dei concertini, gli ordini altri lavori: «Altezza Serenissima. Siccome à sommo onore mi reccài il ricevere i veneratissimi commandi dell'Altezza Vostra Serenissima, così appena spedito, come graziòsamente mi permise, dalle altre anteriori incumbenze, mi sono messo a comporre questi sei concertini sul fare di quelli del Signor Generale Odonelli, come si degnò l'Altezza V.ª Ser.ma ordinarmi, parti debolissimi del mio povero talento. In questi potrà l'Altezza V.ª Ser.ma riscontrare tutta l'attenzione, e la fedeltà dell'animo mio, giacché per essergli più fedele hò fatto in maniera, che ne pur presso di me ne rimanessero le coppie, coll'offerire gli originali stessi. E sperando dall'Altezza V.ª Ser.ma un benigno compatimento ardisco inoltrarmi a supplicarla, che quallora questi fossero di suo aggradimento, si degni repplicarmi l'onore de Suoi Veneratissimi commandi, nel mentre che col più profondo rispetto mi dò la gloria di umilmente sottoscrivermi dell'Altezza Vostra Serenissima Umil.mo Divot.mo ed Osseq.mo Servidore Gioan Batta S. Martino. Milano li 23. Novembre 1750».

---

[93]. Churgin cita dal volume: HANSLICK, Eduard. *Geschichte des Concertwesens in Wien*, Wien, 1869, Bd. I, p. 40.

[94]. Milano, Biblioteca Nazionale Braidense, Misc. 14.16 D. 12/37, *1750. Lista de' musici ed istromenti che devono intervenire per la festa di S. Giuseppe nella chiesa di detto Santo in P. Nuova. Per ordine di S. E. il Sig. Conte D. Giulio Visconti Borromeo Arese dig.mo Priore di detto Luogo Pio*. Sartori elenca: 3 soprani: Martinenghi, Cairone, Qualin; 3 contralti: Rainone, Giussani, Pellegrino; 3 tenori: Origone, Giussanino, Alone; 3 bassi: De Filippi, Venino, Sartirana. Gli strumentisti sono 21 più l'organista e il maestro di cappella, ovvero 2 oboi: Federici e Mannelli; 10 violini: Zucherino, Grandino, Luchino, Contino, Braschino, Martinez, Giorgino, Salvione, Todeschinetto e Dell'Acqua; 2 viole: Fiamenghino e Armellino; 1 violoncello: Negrinetto; 3 contrabbassi: Rugero, Balestrino, Parenti; 2 corni: Brugola e Trani; 1 tromba: Borsani. Oltre a citare i nomi così come compaiono sul documento, Sartori riferisce sulla loro identità, così come farà dettagliatamente anche Barblan [57, p. 632] che ad esempio identifica il Mannelli come «Manuelli (Tomaso Emanuele)».

[95]. Karlsruhe, Generallandesarchiv, GFA 5, Corr. Bd. 38,66.

[55, p. 12 / 115] [72, p. 281] Al Collegio Longone viene eseguita la cantata di Sammartini: *Paride riconosciuto* (J-C C13), commissionata a Sammartini dai Padri Barnabiti. Esecutori gli stessi convittori del Collegio.

1751

[70, pp. 50, 61-63, 87, 171-180] [72, p. 280] [73] [89, p. 192-197, 207], [101, pp. 82-84, 89] [articoli di Vaccarini Gallarani e Churgin, nel presente volume] Viene composto il consueto ciclo di cantate per la Congregazione del SS.mo Entierro di cui ci resta anche la musica: *Il Pianto di S. Pietro; Il Pianto delle pie donne; Il Pianto degli angeli della pace; Pianto di Maddalena al sepolcro; Maria addolorata* (J-C 117-121; 5, 12, 19, 26 III; 2 IV). Tre di queste verranno riprese a Praga nel 1753 e altre due nel 1754. Una (1751/II) verrà ripresa, a Milano, anche nel 1757 e nel 1771 (*cfr.* TAVOLE CRONOLOGICHE).

[56, p. 23][96] Sammartini partecipa alle feste per la traslazione del corpo di S. Carlo nel Duomo di Milano, dirigendo concerti all'aperto al Castello e accademie a Palazzo Ducale.

[61][97] Il 25 settembre, sempre in occasione del solenne trasporto del Corpo di S. Carlo in Duomo, il Governatore Pallavicini dà un concerto a Palazzo Ducale e «nella gran Galleria a tal fine disposta si diede cominciamento alla Veglia con diversi armoniosi concerti, espressamente dal celebre nostro S. Martino per l'ordine dell'Eccellenza Sua composti, tra quali cantarono sei delle voci più accreditate d'Italia con universale gradimento ed applausi». [57, p. 633] Il Governatore stesso, nella minuta del 2 ottobre di un rapporto da inviare a Vienna al presidente, duca di Silva Taronca [*recte* Sylva-Tarouca][98], circa le funzioni svolte per il trasporto del corpo di S. Carlo Borromeo in Duomo, annota: «Feci duppilcare li concerti di musica che, per mia disposizione, si fanno nel corso dell'estate tre volte alla settimana sulla piazza del Real Castello verso sera, per divertimento della nobiltà e del popolo che vi si trasferisce a prender aria. [...] Oltre li accennati giocondi spettacoli vi è stato tutti i giorni quello dell'opera riuscito veramente di universale gradimento. [...] acciocché nel venerdì, in cui sono sospese le recite de' Teatri non avesse a rimanere la nobiltà senza'alcun divertimento, feci preparare negli appartamenti di questo Regio Ducal Palazzo tutto il bisognevole per una gran veglia [...], ed essendosi la medesima aperta con diversi concerti di musica del celebre Maestro di cappella San Martino, fra quali cantarono sei voci delle più accreditate di questi paesi, si diede poi principio al ballo ed al giuoco che durarono fino al giorno».

---

[96]. ASM, *Culto Parte Antica*, 2091.
[97]. ASM, *Culto Parte Antica A-Z*, 2222, fasc. 27, pp. 5-6.
[98]. Sylva Taromo, secondo la citazione di Cesari riferita ad un'altra lettera del 9 settembre 1752; in realtà dovrebbe trattarsi di Emanuel Teles conte di Sylva-Tarouca.

Alla Civica raccolta di stampe 'Achille Bertarelli' di Milano, è conservata una stampa del Castello Sforzesco (di Marc'Antonio Dal Re) dove, contrassegnato dalla lettera Y, è indicato il palco per l'orchestra con l'annotazione, nella *legenda*: «Y. Orchestra per la Sinfonia della sera ordinata da S. Ecc.^{za} il Sig.^{r} Conte GIAN-LUCA PALLAVICINI Governatore il quale continuamente tre giorni la Settimana Suole dare dilettevole Sinfonia, ma nelli g[ior]ni 19 e 21 7bre [settembre] vi ordinò un'isquisita accademia de più valorosi Suonatori in N° ben di 60». La stampa viene riprodotta anche in [61, p. 35, ill. 3 e 4], ma senza la didascalia originale. Sappiamo dunque che l'orchestra impegnata in queste occasioni era davvero numerosa e poteva raggiungere addirittura i 60 elementi.

[97, pp. 93-122 : 193][99] Tra le opere patrocinate da Gian Luca Pallavicini vi è, a Palazzo Ducale, una nuova, grande, sala da ballo, iniziata alla fine di quest'anno e utilizzata per feste da ballo e intrattenimenti musicali. Marica Forni [97, pp. 95-99, figg. 29-33][100] include nel suo studio la riproduzione di alcuni degli otto disegni inediti per i palchi destinati all'orchestra, da realizzare nei due lati minori del salone. Ci restano anche i disegni del progetto «delle due orchestre della gran Sala de Balli ordinate da S.E. il Signor Conte Gian Luca Pallavicini» firmato da Clemente Bernini [97, pp. 100-103, figg. 34-36]: nelle figg. 35 e 36 sono ben visibili i leggii per gli strumentisti, appoggiati al parapetto (18 leggii in tutto, con lo spazio, si pensa, per almeno due suonatori a leggío). Dalle didascalie si deduce che per 'orchestra' si intendesse la porzione di balconata o di balconate sovrapposte che andavano a formare un'unità architettonica. In tal senso, ad es., la fig. 35 («Prospetto delle due orchestre della sala de balli») mostra una balconata a tre ordini interrotta nel centro dalla porta del salone (dunque, secondo la denominazione usata, due 'orchestre': una a destra e una a sinistra della porta), mentre nel prospetto di fig. 36, in cui si vedono, in sezione, le tre balconate sovrapposte, la didascalia indica: «Tre Orchestre per Suonatori che restano lateralmente alle porte del Salone». Per il rinnovo della nuova sala da ballo voluta dal Pallavicini [97, p. 94][101], l'ingegnere camerale Giulio Richini indica in un suo rapporto che «le orchestre per i suonatori e i palchi per i spettatori si sono ideati e fatti in diverse guise, però sempre di legno, come pure si sono ideati e fatti in diverse maniere apparati posticci che servivano solamente in occasione delle feste da ballo».

[57, p. 633] Barblan asserisce con una certa sicurezza che Sammartini è già a questa data organista della cappella di corte, ma non fa riferimento a documenti specifici.

[59, I, pp. 28-29][102] Dalle cronache della vita musicale di Francoforte, si legge che il 30 luglio, nella recensione di un concerto a cui partecipano cantanti milanesi e fiorentini,

---

[99]. Archivio di Stato di Bologna (d'ora in poi ASB), *Pallavicini*, XI - 104; 18 giugno 1751: pagamenti al falegname Giuseppe Cavanna per «i modelli della nuova sala».

[100]. ASB, *Pallavicini*, VI, 33.

[101]. ASM, *Fondi Camerali Parte Antica*, 1911.

[102]. Bathia Churgin cita da: ISRAEL, Carl. *Frankfurter Concert-Cronik von 1713-1780*, Frankfurt am Main, 1876, p. 37.

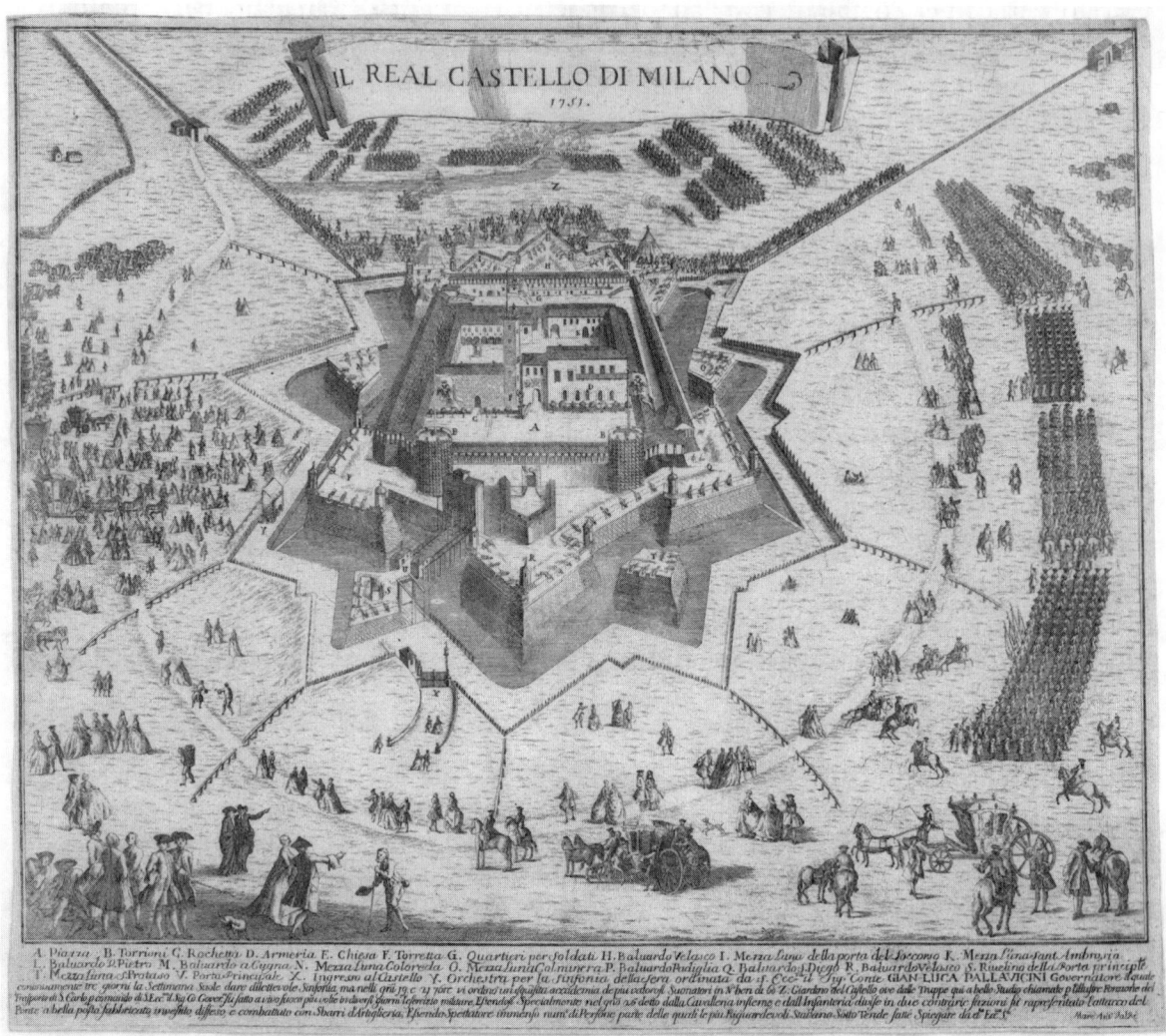

ILL. 6: Marc'Antonio DAL RE, *Il Real Castello di Milano*, 1751 (Milano, Civica Raccolta di Stampe 'Achille Bertarelli'). La lettera Y della *legenda* indica: «Orchestra per la Sinfonia della sera ordinata da S. Ecc.[za] il Sig.[r] Conte GIAN-LUCA PALLAVICINI Governatore il quale continuamente tre giorni la Settimana Suole dare dilettevole Sinfonia, ma nelli g[ior]ni 19 e 21 7bre [settembre] vi ordinò un'isquisita accademia de più valorosi Suonatori in N° ben di 60». La statura sproporzionata delle persone trae in inganno sulle dimensioni del Castello e del palco per l'orchestra, che doveva essere piuttosto grande.

«man wird auch mit den neusten Milanesischen Symphonien dabey aufwarten», segno che anche qui le sinfonie milanesi erano note e, come sembra, attese. [72, p. 281] riferisce dell'esecuzione di alcune arie, nella stessa città, ma senza indicare la fonte e l'anno.

[32, p. 316] Nel giorno di Ognisanti, al Concert Spirituel, a Parigi, vengono eseguite musiche di Sammartini. Il *Mercure de France* del mese di dicembre (p. 157) annota l'esecuzione «d'une belle symphonie de San Martini».

[35, p. 33][103] [107] [108, p. xiv] Una copia manoscritta del concerto J-C 73 in *Mi bemolle* di Sammartini conservata a Parigi (F-Pn, D. 11187) (e pubblicata da Cox nel 1756) porta la dedica «a Mr de La Popliniere», mecenate parigino, appassionato cultore di musica, che sosteneva una famosa orchestra privata.

[32, p. 323][104] Pare che Felice Giardini, arrivato in quest'anno a Londra, vi abbia eseguito una sonata di Sammartini.

1752

[109, p. 38] Dalla gazzetta *Ragguaglj di varj paesi* del 28 giugno sappiamo che, sei giorni prima, Sammartini aveva diretto una Messa di sua composizione nella Chiesa di San Francesco, durante le celebrazioni in onore di San Giovanni Nepomuceno.

[35, pp. 18-19] I concerti sinfonici all'aperto, al Castello, sono diventati ormai un'istituzione: sulla gazzetta *Ragguaglj di varj paesi* del 12 luglio si legge che «per temperare gli eccessivi calori della stagione, si porta verso sera a godere dell'aria fresca tanto la nobiltà come la cittadinanza sopra lo spalto di questo Reale Castello, ove l'Ecc. Sig. Conte Governatore fa apprestare da una vasta orchestra, a questo fine allestita, i concerti della più scelta sinfonia di strumenti»[105]. [35, p. 19][106] Il 7 settembre il Pallavicini chiede all'Arcivescovo di Milano, in occasione delle cerimonie religiose e dei festeggiamenti per la nascita dell'arciduchessa Maria Carolina D'Austria, «se puossi la funzione terminarsi in tempo di lasciar luogo alla Nobiltà e alla affluenza di Popolo di godere il divertimento di sì nobile sinfonia», e ciò a testimonianza di quanta importanza si desse allora alla musica e a questi concerti in particolare. Sammartini è presente anche in questa occasione. È del 9 settembre un altro accenno del Pallavicini ai concerti da lui organizzati, rinvenuto in una lettera indirizzata al Duca Sylva Taromo [*recte* Sylva-Tarouca]: «Una quantità prodigiosa di popolo passò sulla spianata

---

[103]. Che ricava la notizia da CUCUEL, Georges. *La Pouplinière et la Musique de chambre au XVIIIe siècle*, Paris, Librairie Fischbacher, 1913.

[104]. Saint-Foix cita la biografia di Giardini, posta in appendice all'opera di POHL, Carl Ferdinand. *Mozart und Haydn in London*, Wien, C. Gerold's sohn, 1867.

[105]. La stessa citazione viene riportata da Prefumo [109, p. 37], ma riferita al 1749.

[106]. ASM, *Potenze Sovrane post 1535*, (*olim* 88) 60.

del Real Castello a godere per alcune ore d'una sinfonia composta di numerosi e scelti stromenti, da me ivi fatta preparare».

[59, I, p. 28] Il 19 settembre una sinfonia di Sammartini viene eseguita come overture dell'opera spuria di Pergolesi *Il Maestro di Musica*, all'Académie Royale de Musique di Parigi. Il *Mercure de France* del novembre (pp. 166, 169) riporta l'avvenimento: «On a mis à la tête de cet Intermède une overture de San Martini, dont la composition et le chant indiquent un grand Maître, mais dont l'effet a été médiocre».

[109, p. 37] In ottobre Pallavicini organizza dei festeggiamenti, con musica, per accogliere la marchesa Selvaggia Doria e alcuni nobili genovesi e milanesi; la gazzetta *Ragguaglj di varj paesi* del 3 novembre riporta: «Domenica sera poi la medesima Eccellenza Sua diede pure ne' soliti suoi magnifici Appartamenti, splendidamente illuminati, un'Accademia di suono e canto, dove tra' bellissimi concerti del celebre nostro San Martini, s'udirono più volte con estremo gradimento i rinomati 2 Signori Cantanti, la Viscontini ed Egiziello, essendovi intervenuta tutta la Nobiltà sì masculina, che feminina, che si trova in Milano».

ILL. 7: G. GREGORI, Ritratto del governatore Gian Luca Pallavicini, incisione da medaglia, 1753 (Milano, Civica Raccolta di Stampe 'Achille Bertarelli').

1753

[95, pp. 362][107] I rapporti con Karlsruhe, avviati probabilmente nel 1750, diventano continuativi, come testimonia il «J[o]urnal von Jahr 1753» di Carl Friedrich di Baden-Durlach alla data del 1 febbraio: «Ich habe einen Brief vom St. Martini von Meiland bekommen durch welchen er verspricht Musicalien zu schicken».

[59, I, pp. 30-31] [72, p. 280] [89, pp. 192-194, 196], [101, pp. 82-83] [articolo di Marina Vaccarini Gallarani nel presente volume] Jenkins ha trovato alla Biblioteca del Museo Nazionale di Praga, i libretti di tre cantate composte nel 1751 per S. Fedele ed eseguite nella chiesa di S. Francesco del Sacro Ordine Militare de' Crocigeri con la stella rossa, il Venerdì Santo del 1753. Si tratta delle cantate J-C 117, 118 e 121.

[47, p. 363] [70, pp. 136-137] [articolo di Maria Grazia Sità nel presente volume] Sammartini collabora con Niccolò Jommelli (che in quell'epoca si trovava a Milano) alla composizione di due cantate commissionate dal Governatore di Milano, conte Pallavicini, per il compleanno (13 marzo) e l'onomastico (19 marzo) dell'arciduca Giuseppe d'Austria. Della prima (*La reggia de' Fati*, su testo di Eugenio Pascali) Sammartini scrive l'aria di Pallade (*Farsi grande in quella mente*) e l'aria di Ebe (*Se in un solo oggetto istesso*), J-C 91.1 e C14; della seconda (*La pastorale offerta*) scrive l'aria di Alceste (*La fama talora*, J-C 91.2 e C15). La gazzetta *Ragguaglj di varj paesi* rende conto delle feste per il «Principe d'Austria» e il 21 marzo [47, p. 363] [109, pp. 38-40]: «Martedì 13. Corrente, giorno Natalizio del Serenissimo Real Principe Giuseppe Arciduca d'Austria, e Lunedì 19. del medesimo, giorno del Glorioso Patriarca S. Giuseppe, [...] vi fu sontuosa gala in questa Regia Ducal Corte, dove tutta la nobiltà si trasferì con isfarzo [...] venendone anche una buona parte trattenuta ivi a lauto Pranzo [...]. Nelle sere poi di detti due giorni fu cantato un componimento Drammatico composto d'ordine del medesimo Eccellentissimo Sig. Generale Conte Governatore dal Signor Alfiere Don Gaetano Paschali, e posto in musica dai celebri Signori Niccolò Jommelli e Giambattista Sanmartino, nel gran Salone del Ballo tutto illuminato con magnificenza, e adattato vagamente a quest'effetto con una maestosa Orchestra in fronte, montante a diverse Scale e ripiani ornati dalle sue Ringhiere, leggiadro disegno, siccome tutto il restante del Salone, del Sig. Francesco Croce. Per rendere più decorosa tal Festa, volle anche l'Eccellenza Sua chiamare a cantare quattro voci Forestiere delle più celebri, che abbian nome in Italia. E la sera del glorioso nome di Esso Serenissimo Reale Arciduca, fece pur dal suddetto Poeta aggiungere alla primiera Poesia un'altra, tutta espressamente lavorata sul particolare soggetto di quel giorno».

[72, p. 278, 292, 296] *La reggia de' Fati* (J-C 91.1) viene ripresa anche nel 1763 a Bologna, in occasione del passaggio del principe Joseph Wenceslaus del Liechtenstein.

---

[107]. Karlsruhe, Generallandesarchiv, GFA 5, Bd. 46.

[86, 1, p. 29] [109, p. 40] La *Gazzetta* del 13 giugno segnala una Messa e Vespri di Sammartini eseguiti nella chiesa di S. Francesco, nel corso di un Triduo in onore del Beato Giuseppe da Copertino.

[76.2, p. 946] Per la stagione di Carnevale 1753-1754, Sammartini compone parte dei balli per il *Ciro in Armenia* di Ignazio Balbi (1753) e per il *Lucio Vero* di Niccolò Jommelli (1754); ciò era avvenuto anche nella stagione 1752-1753, con il pasticcio *Antigone* (arrangiato da Melchiorre Chiesa) e il *Demofoonte* di Niccolò Jommelli. Non si trovano riferimenti a Sammartini nei libretti di queste opere [articolo di Marco Brusa nel presente volume, nota 8], ma Kathleen K. Hansell [84.2, p. 212, nota 101] li ricava da un *Registro* dell'Archivio dell'Opera Pia il Collegio delle Vergini Spagnole[108].

1754

[56, p. 23] [59, 1, pp. 30-31] [72, p. 280] [89, pp. 194-196] [101, pp. 82-83] Viene eseguita a Praga, nella Chiesa di S. Francesco, il giorno di Venerdì Santo, la cantata di Sammartini *Tre angeli che cantano*, J-C 119. I libretti di questa e di un'altra, eseguita nello stesso anno, corrispondente alla J-C 120 (1751/IV), si trovano alla Biblioteca del Museo Nazionale di Praga.

[69, pp. 634, 638] Il 13 novembre muore a Cantù, nella residenza estiva degli Archinto, la moglie, Margherita Benna.

[55, p. 9 / 112] [72, p. 280] L'oratorio *Gesù bambino adorato dalli pastori*, J-C 116, composto nel 1726 per la Congregazione dell'Immacolata Concezione, viene ripreso a Forlì.

1755

[69, pp. 636-638] Il 23 giugno Sammartini si risposa con Rosalinda Acquanio, dopo aver inoltrato (il 22 giugno) una supplica al Vicario Generale di Milano per sposarsi con la maggior celerità possibile (*cfr*. INTRODUZIONE ALLA CRONOLOGIA, nota 32).

[74, n. 2786] [98][109] In una lettera del 30 maggio, inviata dal violinista e compositore Pietro Antonio Locatelli, residente ad Amsterdam, a padre Martini di Bologna, si legge: «In

---

[108]. Archivio dell'Opera Pia il Collegio delle Vergini Spagnole, in: Archivio del Collegio della Guastalla (Monza), 12, *Teatro e Giuochi, 1752 - 1756, Registro*. Ringrazio K. Hansell e B. Churgin per la segnalazione.

[109]. La lettera di Locatelli a padre Martini (Bologna, Civico Museo Bibliografico Musicale, Epistolario Martiniano, I.19.87) venne citata da diversi studiosi, tra cui: DUNNING, Albert. *Pietro Antonio Locatelli. Der Virtuose und seine Welt*, op. cit. (vedi nota 27), Bd. I, S. 276. Con 'Martino' è da escludere che intendesse lo stesso padre Martini - al quale si stava rivolgendo -, dal momento che a lui Locatelli si indirizza sempre con grande reverenza e nei casi in cui ha necessità di esplicitarne il cognome, come ad esempio sugli indirizzi delle lettere, lo fa sempre nella forma plurale «Martini». Sappiamo invece che «Martino» o «S. Martino» era uno dei modi più diffusi all'epoca per indicare Sammartini; l'unico dubbio che resta è tra Giovanni Battista e Giuseppe. Nell'inventario del lascito di Locatelli sono presenti le raccolte: «55. VI Trioos voor de Viool van G. Sanmartino, 3 tom. Londen» e «77. G. san Martini, [Opera] Prima, VI Trioos & VI Soloos a Flauti», *cfr. Pietro Antonio Locatelli*.

somma si è visto a nostri tempi, due Numi, Marcello, e Martino, che senza scostarsi ponto dalli buoni fondamenti delli Antichi Greci, e di qualche Famoso Autore, di 200 Anni andati, e tra li altri, del Dott.mo Zarlino, hanno con il loro studio, e moderno Gusto, hanno dato l'ultima perfezione alla Scienza Armonicha». Forse si tratta proprio dei due autori che Locatelli avrebbe ritenuto degni di entrare nella *Storia della Musica* che padre Martini gli aveva annunciato di voler scrivere, come si evince dal contesto e dato che questa di Locatelli è in risposta ad una precedente missiva di padre Martini che trattava proprio di ciò («Dal suo Gent.mo Foglio sotto li 15 Gen[nai]o scaduto, sentij come ha intrapreso di Pubblicare l'Historia della Musicha»).

[74, n. 4801][110] [86, I, pp. 29, 64-65] Il 17 giugno Sammartini partecipa a un 'triduo' in onore di Benedetto da Copertino nella chiesa di S. Antonio, a Milano, portando con sé musicisti e cantanti di valore: lo riferisce padre Giovenale Sacchi in una lettera del 18 giugno indirizzata a padre Martini. Nella lettera viene sottoposta a giudizio la musica dello stesso Sammartini: «Ieri s'è qui compiuto il solenne triduo fatto in questa chiesa loro di Santo Antonio in onore del glorioso B. da Copertino. [...] La musica è stata similmente solenne e numerosa: Baterono tre maestri il nostro, e Piazzini e Sammartini, stimati in Milano valentissimi, i quali anche vennero con la migliore compagnia di sonatori e cantanti. Ma giudichi ciascheduno a suo senno. A me questa maniera di musica mai non piacque. Meno poteva piacere ora, da che ho udita la sua, la quale, secondo me, dovrebbe essere ogni buona, e giudiziosa musica, o certo la ecclesiastica».

1756

[109, p. 42] La gazzetta *Ragguaglj di varj paesi* del 19 maggio riporta: «Per attestare al Altissimo Signor Dio la più grata riconoscenza sopra la promozione alla Sacra Porpora fatta dal Regnante Sommo Pontefice Benedetto XIV nel 5. Dello scaduto Aprile, di Sua Eminenza il Sig. Cardinale Alberico Archinto, Arcivescovo di Nicea, Governatore di Roma, e Patricio Milanese, le loro Eccellenze il Sig. Conte Questore Lodovico, e il Sig. Conte Carlo, Fratello il primo, Nipote l'altro del novello Porporato, fecero jeri cantare solenne Messa, e l'Inno Te Deum, nella ornatissima Chiesa per oro, e dipinture di S. Alessandro de' Chierici Regolari della Congregazione di S. Paolo, a molteplici Cori della più scelta Musica e Sinfonia per cui furono espressamente disposte duplicate ben'intese ed adorne Orchestre ne' due lati corrispondenti alla gran Cupola del medesimo Tempio, essendone stato Maestro di Cappella il Sig. Giambattista San Martino e fattovi il Concerto di suoni il Sig. Luca Felice Rossi [Roscio] denominato Luchino».

Opera omnia, 10 voll., edizione critica diretta da Albert Dunning, London-Mainz, Schott, 1994-2002, vol. X: *Catalogo tematico, lettere, documenti e iconografia*, a cura di Albert Dunning, 2001, p. 217 (e anche pp. 256-257, per un'ulteriore trascrizione, completa, della lettera a padre Martini).

[110]. Lettera del 17 giugno, Epistolario Martiniano, I.10.3.

[74, n. 1956][111] [80, p. xv] [86, I, pp. 30, 65] Il musicista Falasca («Fra Giovanni Falasca minore con[ventua]le»), in due lettere spedite a padre Martini durante un soggiorno a Milano, racconta di trascorrere gran parte del suo tempo con Sammartini, di cui si dichiara «amicissimo»: questi lo accompagnerà per alcune ricerche alla Biblioteca Ambrosiana, ma particolarmente importante per noi è sapere che Sammartini sottoponeva in quei giorni a Falasca alcune sue composizioni che dovevano essere spedite a Vienna, confermando così, in parte, quanto riportato da Carpani in proposito (*cfr.* TESTIMONIANZE, Carpani). Dalla lettera del 30 giugno sappiamo inoltre di un'accademia di canto, in programma per il giorno seguente, a cui parteciperanno i principali virtuosi della città e dove verranno eseguite diverse composizioni: «Sicché sono 8 giorni che mi ritrovo in Milano [...]. Il Sig.r Sanmartino tutto il giorno è da me e sempre si fa commemorazione del grande e singolare incarico di V.P.M.R., della sua rara ed eccellentissima virtù; questi giorni andarò col med[esim]o a bella posta alla libraria Ambrosiana, e quanto vi ritroverò di particolare di tutto minutamente la ragguaglierò. [...] Dimani il Sig[no]r Sanmartino mi fa un'Accademia in Canto dove interverranno tutti i primi Virtuosi di Milano, e si proveranno varij componimenti, e per la quale hanno ancora obbligato me di fare qualche picciola composizione, come ho fatto, e mi dice volermi fare vedere e sentire sue composizioni il Sign[o]r S. martino, dovendole mandare in Vienna, ed acciocché io poi ne faccia a V.P.M.R. una relazione sopra alcuni suoi passi e difficoltà [...]». Questa lettera rivela un probabile scambio tra Sammartini e padre Martini, sia per l'aiuto che il primo si offre di dare, assieme a Falasca, nella ricerca di materiale prezioso e notizie storiche da inviare a Bologna, sia per un suo interesse a sottoporre a padre Martini le sue ultime composizioni.

[74, n. 1958] [86, I, pp. 30, 65-66][112] In un'altra lettera di questo stesso periodo, ma non datata, Falasca descrive a padre Martini la sua situazione: in cerca di un posto salubre, lasciata Aosta dove era caduto gravemente ammalato e senza essere riuscito, a causa della guerra, a raggiungere Vienna dove aveva ottenuto un posto a corte, aggiunge: «i Padri di Milano mi volevano colà; ma siccome il Sig[no]r Sanmartini è mio amicissimo, non voglio pregiudicarli nella nostra chiesa, vivente lui, oltre di che quell'aria non mi è favorevole».

[32, pp. 314-316] Saint-Foix segnala un'edizione di sinfonie di vari autori, attualmente dispersa, annunciata in *Affiches, annonces et avis divers* (in F-Pn, v. 28 260), utile a dar la misura del consolidamento e della diffusione del genere della sinfonia: «chez Moria, le 27 Septembre 1756: Sei Sinfonie a piu Stromenti da Jomelli, Wagenseil, Flaminghino, San Martino. Prix 7 livres».

[80, p. xv][113] A Vienna, al Burgtheater, viene eseguito un lavoro sacro per coro di Sammartini.

---

[111]. Lettera del 30 giugno, Epistolario Martiniano, I.22.125.

[112]. Lettera non datata, Epistolario Martiniano, I.22.127.

[113]. Bathia Churgin ricava la notizia da ZECHMEISTER, Gustav. *die Wiener Theater nächst der Burg und nächst dem Kärntnerthor von 1747 bis 1776*, Wien, Böhlaus Nachf., 1971, p. 234.

1757

[61] [89, pp. 196-198], [101, pp. 82-83] Nella Biblioteca Franzoniana di Genova restano i libretti (pubblicati dal «Mazzucchelli successore del Malatesta») di tre cantate composte per la Congregazione del SS.mo Entierro: *Della Passione di N.S. Gesù Cristo* (J-C C43, per il I venerdì di Quaresima; IV III); *Della Passione di N.S. Gesù Cristo* (per il III venerdì di Quaresima; 18 III); *Il pianto di Eva sul morto Abele* (J-C C44, per il V venerdì di Quaresima; I IV). Secondo Marina Vaccarini Gallarani, almeno in un caso, potrebbe trattarsi della riproposta di una cantata composta in precedenza, infatti il testo della cantata 1757/III corrisponde a quello della cantata 1751/II *Il pianto delle pie donne* (J-C 118, libretto conservato a Milano, Biblioteca Nazionale Braidense) e a quello della cantata 1771/III *Cantata per musica sopra la SS. Passione di nostro Signor Gesù Cristo* (libretto conservato a Milano, Biblioteca Nazionale Braidense).

[109, p. 42] La gazzetta *Ragguaglj di varj paesi* del 29 giugno annuncia l'avvenuta esecuzione (il 22 giugno) di musiche dirette da Sammartini nella chiesa di S. Francesco, durante le celebrazioni in onore di S. Giovanni Nepomuceno.

[79] [107] In qualità di organista, prende parte alla «festa solenne» che ha luogo nella chiesa di S. Celso (Lorenzo Fascetti era maestro di cappella).

1758

[55, p. 10 / 113] [89, pp. 198-200] [101, p. 83] I libretti di tre cantate, che andavano a formare un ciclo composto per S. Fedele, si trovano alla Biblioteca Estense di Modena: *S. Maria Maddalena rappresentante l'anima divotissima verso N.S. Gesù Cristo nella sua SS. Passione; Sopra la morte Santissima di N.S. Gesù in Croce, S. Maria Maddalena in vista del Monte Calvario; Le figlie di Sion al sepolcro di Gesù Cristo Redentore* (J-C C45-47; 17 II; 10, 17 III). [61] Il libretto di quest'ultima si trova anche alla Biblioteca Franzoniana di Genova.

[51, p. 131, nota 132] [52, p. 30][114] [57, pp. 634-635] [104] Il 10 aprile alcuni «dilettanti di musica» si rivolgono con un'istanza al duca Francesco III per avere il permesso di fondare un'Accademia di Musica «non solo a particolare piacere degli accademici, quanto per ornamento di questo pubblico, e per più facile addestramento della civile gioventù alla musica inclinata»: nasce l'Accademia Filarmonica. La petizione reca anche la firma di Sammartini: «Gio: Batta S. Martino»[115]. [57, p. 634] L'Accademia aveva fini morali e civici, oltre che musicali; i criteri che ne reggevano l'organizzazione erano piuttosto severi, sia nell'esaminare e ammettere eventuali nuovi soci[116], sia negli obblighi artistici e finanziari a cui sottostavano

---

[114]. ASM, *Studi Parte Antica*, 165.

[115]. Gli altri firmatari sono Pietro Francesco Bossi, Melchiorre Caldara, Giuseppe Tinzi, Agostino Albris, Gaspare Bolla, Nicola e Francesco Tantalora, Cristoforo Croce. [57, p. 634] L'avvocato fiscale marchese Belcredi concesse il *nulla osta* il 20 di maggio, con la nomina di Bossi a regio assistente in seno all'accademia.

[116]. Cfr. TAVOLE CRONOLOGICHE, 1760.

gli accademici. Sempre Barblan ci informa, citando i documenti, che il patrimonio musicale non poteva essere rimosso dall'archivio «sotto pena di infedeltà»[117], che le accademie si tenevano settimanalmente a cominciare dal giorno di S. Caterina, che il complesso orchestrale non poteva dividersi, ma «andare tutto a corpo dovunque sia invitato» e che ogni socio, e per ogni anno, era obbligato a «dare una Suonata in proprietà alla Accademia, o sia

---

[117]. Questa clausola potrebbe gettare nuova luce sul fatto che le parti strumentali delle composizioni eseguite nel 1765 a Pavia e Cremona (*cfr. infra*) ritornassero poi al Sammartini (del quale resta addirittura una ricevuta autografa che lo attesta: ASM, *Potenze Sovrane post 1535*, 69): si può infatti ipotizzare che anche queste confluissero nell'archivio dell'Accademia Filarmonica. Sempre a proposito dell'esistenza di un archivio di musiche di proprietà dell'Accademia, che possiamo immaginare ben fornito e contenere forse opere di autori anche non milanesi, si segnala che nel 2000 venne venduta all'asta da Christie's, a Roma, la collezione di circa 80 manoscritti appartenuta alla famiglia Calori Provana Balliani di Vignola Monferrato (*cfr.* nota 13), nella quale figurano numerose composizioni di autori lombardi e veneti (*Alberti G. Matteo, Concertino* [in Si bemolle Magg.]; *Concerto a 4 / Del Sig.re Andrea Zani* [Do Magg.]; *Zani, Concertino; G. B. Somis, Concerto a 4 in Sol Magg.; Gerolamo Laurenti, Concerto in Sol Magg.; Giuseppe Valentini, Concerto a 4; Tartini, Concerto* (solo vl principale); *Improvisata / del Sig.or Vivaldi; Concerto / Del Sig.r S. Martino* (solo la parte di vl principale: //Obligato//Violino Principale); *Sonata per salterio* [stessa mano della successiva composizione attribuita a Sammartini]; *3 duetti / per due Violoncelli / Di Mons.r Viotti; Quartetto 4° di Flauto, violino, viola e Basso di Ernesto Eichner; Ferradini, Sonata a flauto e basso; //Sonata per Armandolino// / del Sig.r Gio Batta S. Martino* [in Sol Magg.]; //*Sonata a Mandolino* // / *fl Primo e Basso* [anonima, ma attibuibile a Sammartini, secondo il catalogo d'asta]; //*Sonata di Armandolino* // / *e Basso* [*idem*]; *Sonata, a Primo / e Basso* [con mandolino o armandolino e *idem*]; *Sonata* [*idem*]; *Sonata Per / Arcileuto / Del Sig.r Antonio / Schotti* [sol min.]; //*Sonata Per Arcileuto*// / *Del Sig.r Antonio / Schotti* [Re Magg.]; *Diverse / Sonate per l'arcileuto; Sonata di Leuto / e Basso; Sonata Per Arcileuto / Del Sig.r Antonio / Scotti; Sonata, di Leuto; Cantata con Flauto Traversier del Sig.r Gio: Hasse il sas:ne* (*Fortuna Divitias auferre, non animum potest*); = *Aria 1764* =Con VVi Corni, Viole, e oboè obligati e Basso = =*Del Sig.re Gio. Bach* = (*Vil Trofeo d'un'alma ingrata*; parti e partitura); alcune Arie (Bernasconi, Traetta, Cimarosa, Piccinni, Galuppi, *etc.*); alcune parti miste tra cui: *Quintetto Sig. Albertini, Monticini, Bello, Fratieri*; altre composizioni di Alessio Rossetti, Vivaldi - ediz. a stampa del Concerto in Re Magg. F. I 207 - e di alcuni anonimi. All'interno della collezione si trovava anche un catalogo di composizioni (disperse) con annotazione dell'*incipit* musicale, che colpisce per la quantità di opere di autori della cerchia di Sammartini, presenti. Questo incipitario si intitola *Memoria delle Sonate, Trio, ed Overture che si trovano presso di me Gio Franco Calori Balliani* e annovera: [p. 1] *Trio è Concertini è Sonate à Solo: Concertino di Lampugnani n° 1, di S. Martino n° 2, Trio di S. Martino n° 3, di Galimberti n° 4, di Galimberti n° 5, S. Martino n° 6, di Giulino n° 7, di Giulino n° 8, S. Martino n° 9, di Albertini n° 10, di S. Martino n° 11, di S. Martino n° 12, di S. Martino n° 13, Pastorale del Maestro S. Martino n° 14, di Besozzi n° 15, di S. Martino n° 16, di Contino n° 17,* [senza nome di autore] *n° 18, Sonata p:ma di Fait[?]elli n° 19, Sonata 2:a del Med:mo n° 20, Sonata 3:a del Med:mo n° 21, Sonata 4:a del Med:mo n° 22;* [p. 2] *Overture: Albertini n° 1, Albertini n° 2, Brioschi n° 3, Brioschi n° 4, Albertini n° 5, Galimberti n° 6, Giulino n° 7, Vasacofr[an]chi [?] n° 8, Irosuolo (?) n° 9,* [senza nome] *n° 10, Chiesa n° 11, Brioschi n° 12, Giulino n° 13, Albertini n° 14, Brioschi n° 15, Brioschi n° 16, Contino n° 17, Contino n° 18, Brioschi n° 19, Galimberti n° 20, Sali n° 21, Galimberti n° 22, Brioschi n° 23, Giulino n° 24, Brioschi n° 25, Albertini n° 26, Galuppi n° 27, Nabucco n° 28, Brioschi n° 29, Albertini n° 30, Pistachio* [Pistocchi?] *n° 31, Anoidi n° 32, Grimaldello n° 33, Vito n° 34, Albertini n° 35, Brioschi n° 36, detta Belznar n° 37, detta Renardi n° 38, Giulino n° 39, Scolari n° 40, Chiesa n° 41, Chiesa n° 42, S. Martino n° 43, Giulino n° 44.* Per alcune considerazioni su Antonio Brioschi, stilisticamente vicino alla scuola milanese ma della cui biografia si conosce pochissimo, *cfr.* l'articolo di Sarah Mandel-Yehuda nel presente volume. Sempre nel presente volume, Eugene K. Wolf si è invece occupato delle sinfonie da camera op. 2 di Andrea Zani, del 1729.

un Overteur con tutte quelle moltiplicate parti che potranno essere necessarie, e ciò a sua spesa». Purtroppo non resta traccia dell'archivio dell'Accademia, che avrebbe potuto dire molto sull'attività dei sinfonisti milanesi e di Sammartini.

[80, p. xv][118] A Vienna, il 19 e 28 febbraio, nell'ambito di una serie di concerti quaresimali, viene eseguito un «Concert à plusieurs instruments seuls» di Sammartini. Ada Gehann [108, p. xi; ma *cfr.* anche l'articolo di Ada Gehann nel presente volume] pensa possa trattarsi del concerto J-C 73.

1759

[61] [89, pp. 200-204, 210], [101, pp. 83-84, 86, 89] [articolo di Marina Vaccarini Gallarani nel presente volume, con una revisione critica delle notizie fin'ora conosciute] Ciclo di cantate quaresimali composte per S. Fedele, di cui restano alcuni libretti alla Biblioteca Franzoniana di Genova: *Gerusalemme sconoscente ingrata* (J-C 122, per il I venerdì di Quaresima; 9 III); *Le ingiurie da Gesù Cristo, Uomo-Dio, nella sua SS. Passione tollerate* (J-C C48, per il II venerdì di Quaresima; 16 III); *La perfidia giudaica nella SS. Passione di Gesù Cristo* (J-C C49, per il III venerdì di Quaresima; 23 III); *L'Addolorata Divina Madre e Desolatissima nella Soledad* (J-C 123, per il V venerdì di Quaresima; 6 IV). [70, pp. 180-184] Solo della prima, della terza e dell'ultima del ciclo resta la musica.

[74, n. 1082][119] [86, I, pp. 31-32, 66-67] In una lettera del 16 giugno a padre Martini, la contessa Maria Giuseppa Castelbarco d'Adda cita Sammartini e la prelazione che gli sarebbe stata accordata per assumere, in futuro, il posto di maestro di cappella della real corte: la carica era fino a quel momento ricoperta dal Vignati, ma è probabile che, per ottenere la «futtura», Sammartini avesse già un incarico nella cappella di corte e molto probabilmente quello di organista. La data della sua partecipazione all'attività della cappella di corte andrebbe dunque anticipata.

---

[118]. La notizia è stata fornita a Bathia Churgin da Gerhard Croll, che l'ha ricavata dal *Répertoire des toutes les Spéctacles à Vienne*, redatto da Philipp Gumpenhuber (1758-1763): collezione del Conte Durazzo in A-Wn e nel Harvard Theater Collection, Cambridge (MA).

[119]. Lettera del 16 giugno 1759, Epistolario Martiniano, I.3.142. Il motivo della lettera era di chiedere a padre Martini di raccomandare un certo Melchiorre de Vincenti: «L'ottimo riscontro che Vostra Riverenza si è con tanta gentilezza compiaciuta segnalarmi nel compitissimo di Lei foglio intorno allo studio, e buona disposizione del Giovine Melchiorre [de Vincenti], desiderando io di sempre più animarlo ad applicarsi con tutta la serietà a godere di sì fortunato incontro delli particolarissimi di Lei insegnamenti, fà che io sia nuovamente importuna verso V.R. nell'affidarvi un mio pensiere qual si è, che bramerei procurare al med[esim]o Giovine la futtura della nostra Cappella di questa Real Corte che ora gode il nostro Maestro S.t Martini; ma prima di fissarmi in tale impegno ne faccio a V.R. la confidenziale notizia, acciò voglia favorirmi della di Lei approvazione, mentre acciò adderendo, con l'accompagnamento di un grazioso attestato che V.R. si degni trasmettermi, che col favor del tempo possa il detto Giovine divenire abile a coprire tale carica; avanzerò le mie fervorose suppliche presso S.A.S. di Modena affine di conseguirne l'intento».

[79] [107] In assenza di Lorenzo Fascetti, Sammartini svolge le funzioni di maestro di cappella a San Celso, nel corso di una «festa solenne» in cui dirige composizioni di Fascetti.

ANNI SESSANTA

[60, col. 1339] [78] [107] Si apre con gli anni Sessanta, e per la precisione il 1759, secondo Bathia Churgin, il terzo 'periodo stilistico' di Sammartini [per alcuni particolari aspetti della produzione sammartiniana di questi anni, *cfr.* gli articoli di Adena Portowitz e Filippo Emanuele Ravizza nel presente volume].

[49, pp. 136-147] [50] Di questo periodo restano alcuni quartetti per archi del 1763 - 1767, denominati *'Concertini'* e conservati presso la Bibliothèque nationale di Parigi, testimoni del provarsi di Sammartini nel più nuovo genere strumentale dell'epoca.

[70, pp. 8-9 e nota 40][120] Che la musica di Sammartini fosse conosciuta ad Esterháza (sebbene nei fondi Esterházy non ve ne sia rimasta traccia), viene attestato da un inventario della musica, a Eisenstadt, redatto tra il 1759 e il 1761, in cui compaiono due sinfonie di «Martino», ovvero Sammartini.

[32, p. 316] L'editore parigino La Chevardière include tra le sue raccolte una, dispersa, che riunisce i nomi: «Holzbauer - Stamitz - Holzbauer - S. Martini - Jomely - Stamitz», segno del significativo diffondersi del genere della sinfonia, mentre nell'elenco delle «symphonies périodiques» dello stesso editore figura, al n. 55 il nome di «S. Martini».

[35, p. 23, nota 4] [55, p. 13 / 116] Dall'almanacco *Milano Sacro* per l'anno 1761 (conservato alla Biblioteca Ambrosiana di Milano) e per le annate seguenti (Sartori specifica «1761 - 1770»), Sammartini risulta maestro di cappella, oltre che nelle chiese milanesi di S. Ambrogio e S. Maria delle Grazie Convento ducale dei Padri Domenicani, anche presso: S. Maria della Passione, S. Maria del Carmine, S. Alessandro de' Chierici della Congregazione di S. Paolo, S. Sebastiano, S. Dionigi de' Servi di Maria, S. Francesco (dal 1767) e S. Gottardo (dal 1768). Sartori aggiunge che l'*Almanacco* lo indica anche nel ruolo di organista a S. Gottardo, senza tuttavia specificare in che data (a questo proposito, *cfr. infra*, 1760).

1760

[57, p. 635] [104, pp. 227-228][121] L'Accademia Filarmonica, «Accademia della società de dilettanti filarmonici diretta da Gian Batta S. Martino», esiste da due anni. Sità ana-

---

[120]. Bathia Churgin ricava questa notizia da: LARSEN, Jens Peter. 'Haydn und das «kleine Quartbuch»', in: *Acta Musicologica*, VII (1935), pp. 111-123: 115.
[121]. ASM, *Studi Parte Antica*, 165.

Ill. 8: I. G. Sciller, *Facciata della Chiesa di S. Maria della Passione de' Can.*[oni][i] *Reg.*[ola][ri] *Later*[anen][si], in: Latuada, Serviliano. *Op. cit.* (vedi Ill. 2A), vol. I, tavola fuori testo tra le pp. 228-229.

lizza nei dettagli una questione riguardante l'Accademia che era stata descritta già da Barblan [57], il quale però non ne citava le fonti: un aspirante accademico, tale dottor Faccioli, dopo essere stato ammesso «per una sol sera a tale Accademia» dal presidente dell'Accademia, Luigi Pecchio, ne venne, in un primo tempo, respinto. In seguito, grazie anche alla benevolenza di Sammartini (dispiaciuto che i contrasti interni trapelassero al di fuori dell'accademia), all'interessamento di una «rispettabile Dama a V. Ecc. nota» e al definitivo intervento del Firmian, venne riammesso, ricevendo una dichiarazione di ripiego, firmata da Sammartini e dai consultori abate Gattinoni e dottor Auregi, e la patente di 'accademico violinista'.

[61] [70, pp. 184-186] [89, pp. 203-204], [101, pp. 84, 89] [articolo di Marina Vaccarini Gallarani nel presente volume, con una revisione critica delle notizie fin'ora conosciute] Del ciclo di cantate composte per quest'anno, si conserva alla Biblioteca Franzoniana di Genova il libretto della cantata: *Della Passione di Gesù Cristo Signor Nostro* (J-C 124, per il III venerdì di Quaresima; 14 III).

[55, p. 18, nota / 121, nota] Alla Biblioteca del Museo Nazionale di Praga si conserva il libretto di un *Dialogo tragico-sacro*, musicato da Sammartini, dal titolo: *Lagrime di pentimento, tenerezza e compatimento o sia Breve dialogo tragico-sacro sovra l'acerba morte di Giesù Cristo*, eseguito in S. Francesco di Praga il Venerdì Santo. [59, I, pp. 30-31] Churgin nota che il titolo del dialogo è identico a quello dato al gruppo di cantate eseguite a Praga nel 1753 (J-C 117-118 e 121), segno di un certo successo di questi cicli, che anche all'estero venivano ripresi a distanza di anni.

[56, p. 24][122] In un documento del 16 maggio, Giovanni Lorenzo Fascetti dichiara di aspirare «all'impiego di organista nella R.[egia] D.[ucal] Cappella», se per la morte del maestro di cappella Vignati, Sammartini fosse subentrato al suo posto, lasciando così vacante quello di organista («al caso che per la morte del Vignati, attuale M°. di Cappella […] venisse a tale impiego l'attuale Organista S. Martino»); ciò attesta la presenza di Sammartini come organista presso la cappella musicale di corte, anche se il suo impegno può essere forse anticipato di qualche anno[123].

[72] [78] A Milano si pubblica l'edizione delle *Sonate a tre Stromenti di Giambatista Sanmartino Milanese Dedicate a Sua Altezza Reale Don Filippo Infante di Spagna Duca di Parma, Piacenza, e Guastalla, ecc. ecc.*, amante della musica e mecenate: si tratta dell'unica stampa autentica di Sammartini che si conosca e la dedica costituisce uno degli scritti più estesi che ci restino di lui: [72, p. 108] «Altezza Reale. Alle più sublimi ed illustri virtù, che adornano L'Altezza Vostra Reale serve dirò così come di fregio, e d'ornamento una esatta cognizione della Musica ed una particolare propensione per un'Arte sì bella; e siccome le qualità de' gran Principi sono al Mondo tutto note, e palesi: così non è maraviglia, ch'io pure n'abbia una distinta e sicura notizia. Né solamente è a me noto tutto ciò, ma mi è altresì nota la singolare clemenza, e degnazione, con cui V.A.R. è solita di riguardare le mie musicali composizioni; là qual bontà e degnazione, se cagiona in me un vivissimo sentimento di compiacenza, ed anche se desta qualche superbia, credo, che facilmente ad ognuno ne parrà giusta la cagione, e Legittima La scusa. Non sembrerà pertanto in alcuna maniera strano ch'io, quantunque sprovveduto d'ogni altro merito, pure osi, nel pubblicare queste mie Sonate, ornarle col glorioso nome di V.A.R. acciò in ogni parte sieno, se non per la propria bellezza, almeno per quella che da essa ricevono, singolarmente approvate, et gradite. Piaccia dunque alla R.A.V. di accoglierle come un attestato della mia rispettosissima riconoscenza; e come un tributo del mio umilissimo ossequio; e concedendomi L'onore di baciarle La Real Mano, degnisi di riconoscere in me uno, che attribuisce a sua somma gloria il poter reverentemente protest.[ar]si d'essere di Vostra Altezza Reale Umilissimo Devotissimo Ossequientissimo Servitore. Milano 1760 Giambattista Sanmartini».

---

[122]. ASM, *Culto Parte Antica*, 1079.
[123]. Cfr. Tavole cronologiche, 1759.

[32, p. 313] [54, p. 373] Le stesse sonate dell'edizione milanese vengono pubblicate a Parigi da Le Clerc (*Sei Sonate notturne a due Violini e Basso. Del Signor Giovanni Battista S. Martini Opera VII*)[124].

[74, n. 2767][125] [86, I, pp. 33, 67-68] Johann Christian Bach cita Sammartini in una lettera del 30 agosto a padre Martini e manifesta ammirazione per la sua abilità nel comporre (*cfr.* TESTIMONIANZE, lettera di J. Ch. Bach a padre Martini). Un'ulteriore occasione di incontro dei due compositori viene offerta nelle accademie che si tengono a Casalmaggiore e a Mantova per il passaggio della principessa Isabella di Borbone-Parma che si reca a Vienna per sposare l'arciduca Giuseppe d'Asburgo.

[articolo di Maria Grazia Sità nel presente volume, in cui vengono presi in considerazione e messi a confronto diversi documenti ritrovati di recente] Le accademie vocali-strumentali si tengono effettivamente a Casalmaggiore il 13 settembre (con replica il 14) in casa del marchese Giulio Cesare Vaini (o Vajni) e a Mantova, il 16 settembre, nel teatro ducale, dove il 15 aveva avuto luogo una festa da ballo. Nella corrispondenza da Mantova del 19 settembre della gazzetta di Milano (*Ragguaglj di varj paesi, Supplemento agli Avvisi di Milano* del 24 settembre) si legge: «Nella sera del giorno medesimo de' 15. calò la Reale Sposa in questo Regio Ducal Teatro nuovo […]; [il 16 settembre] verso sera poi si condusse nel medesimo Regio Ducale Teatro, in cui le fu dato il divertimento d'una cantata a più cori di scelti musicali istrumenti». La presenza di Sammartini e di Johann Christian Bach a Casalmaggiore e a Mantova è stata recentemente confermata dal reperimento di alcuni documenti inediti[126] (*Registro*, p. 60: «Al S.ʳ Giambatta San Martino Maestro di Musica per

---

[124]. L'edizione francese è databile al 1763 - 1767, *cfr.* DEVRIÈS, Anik - LESURE, François. *Dictionnaire des éditeurs de musique français*, 2 voll., Genève, Minkoff, 1979 - 1988, vol. I: *Des origines à environ 1820*, vol. I/1-2.

[125]. Lettera del 30 agosto 1760, Epistolario Martiniano, L.117.8.

[126]. I documenti, in parte rinvenuti da Maria Grazia Sità, in parte da chi scrive, sono stati analizzati dettagliatamente nell'articolo di Sità nel presente volume. Tra questi si trova un elenco con il prospetto delle persone da alloggiare a Casalmaggiore, tra cui figurano Sammartini, l'Amorevoli, la Castelli («S.a Castelli Virtuosa di Musica», anche se in realtà sappiamo che a Casalmaggiore e Mantova cantò poi Caterina Visconti: non è dunque chiaro se si trattò di una sostituzione all'ultimo minuto o se la Visconti era nota anche con questo altro cognome) e - senza specificazioni - i «Sʳⁱ Sinfonisti» (documento conservato in ASM, *Potenze Sovrane post 1535*, 69bis; foglio non datato e senza intestazione specifica tra alcuni del 1760 ed altri del 1765; i nomi di coloro che avrebbero dovuto ospitare i musicisti, compaiono anche in altri documenti della stessa cartella che riguardano Casalmaggiore e questo ha permesso di identificarli appunto con persone di Casalmaggiore). Un secondo elenco, che sembra la copia calligrafica di questo, è presente in ASM, *Potenze Sovrane post 1535*, 61. Diversi altri e più importanti documenti, analizzati e riprodotti nell'articolo di Sità nel presente volume, sono conservati in ASM, *Potenze Sovrane post 1535*, 59, 60 e 61, mentre a Cremona (Biblioteca Statale, MS. aa.3.40) si trova il *Registro delle spese occorse […] in occasione del passaggio per Casal Maggiore di S.A.R. la Sereniss.ᵃ Infanta Isabella destinata sposa di S.A.R. il Sereniss.° Arciduca Giuseppe seguito il giorno 13. Sett.ʳᵉ 1760* (pp. 8, 9, 49, 50, 60, 61, 78, 91, 92).

onorario delle fatiche sostenute nelle Accademie di Casal Maggiore e di Mantova», «Al S.r Gio. Bak Maestro di Musica per onorario come sopra»). Sappiamo che venne invitato per l'occasione, da Torino, il celebre violinista Gaetano Pugnani (il cui nome viene a volte storpiato nei documenti), al quale venne regalato un astuccio prezioso (*Registro*, p. 61: «Al sod.° S.r Roscio per valore d'uno stuccio regallato d'Ordine del sod.° S.r Cavag.re Litta al S.r Pagnani [*recte* Pugnani] di Torino Virtuoso di violino per aver suonato nelle Accademie di Casal Maggiore, e Mantova»). Si sa inoltre che una o più d'una delle sinfonie eseguite venne probabilmente composta da Luca Felice Roscio, primo violino dell'orchestra dei sinfonisti e direttore dei viaggi (tra le varie voci di pagamento, compare infatti anche - *Registro*, p. 9 -: «in causa della Sinfonia per l'Accademia»); che ad integrare l'orchestra di 32 elementi più il suo direttore, il violinista Luca Felice Roscio, sopravvennero anche tre violinisti di Mantova (*Registro*, p. 60: Valentino Maggi, Luigi Boresi e Giovanni Francesco Orlandi), per un totale, dunque, di 36 elementi; che i copisti della musica furono Antonio Armellino (che compare nella lista due volte, la seconda delle quali - *Registro*, p. 61 -: «Ad Ant.° Armellino per fogli 64. Sinfonia di otto arie per il S.r Amorevoli»), Giuseppe Lenta (che compare nella lista due volte, la seconda delle quali - *Registro*, p. 61 -: «A Gius.e Lenta per fogli N.° 192. Sinfonia composta dal S.r Gio. Cristiano Bak per le Accademie di Mantova») e Giovanni Battista Fiamenghino (che compare nella lista due volte, la seconda delle quali - *Registro*, p. 60 -: «in saldo delle copie di pezzi N.° 30. Overteures, e concerti in tutto fol. 720»). Per un'ipotesi di ricostruzione del 'programma' delle accademie, dal momento che i pagamenti per Sammartini e per Johann Christian Bach si equivalgono (lire 600), è possibile che le nuove composizioni di questi autori fossero soltanto una o due a testa, oltre all'aggiunta di una o più sinfonie di Roscio e, forse, di qualche composizione di Pugnani. Il resto apparteneva probabilmente al nutrito repertorio dell'orchestra dei sinfonisti. Per l'occasione (*Registro*, p. 92), Michele Picenardi prestò un cembalo che venne trasportato da Cremona a Casalmaggiore.

1761

[notizia rinvenuta e comunicata da Maria Grazia Sità (Milano)] I *Ragguaglj di varj paesi* del 23 dicembre riferiscono che il 20 dicembre presso i padri domenicani nel Ducale Convento di S. Maria delle Grazie, ci fu *Te Deum*, *Messa*, e illuminazione. La festa riuscì bene «ma sì bene ancora per la molto abbondante, e scelta musica diretta, e composta dal Signor Giambattista Sanmartino Maestro di cappella a tutti ben noto pel suo merto, e sapere: e pel numeroso popolo di ogni ordine, e condizione concorso...».

1762

[89, p. 204], [101, p. 84] Per il v venerdì di Quaresima viene eseguito all'Entierro uno *Stabat Mater dolorosa* (J-C C50; 2 IV) in cui Sammartini risulta solo come maestro di cappella; si suppone che la musica sia sua.

[71][127] Il 7 giugno ha luogo un concorso per sostituire il maestro di cappella della chiesa di Santa Maria della Scala. Tra gli esaminati (Pietro Valle, Carlo Monza - allievo di Giovanni Andrea Fioroni - e Melchiorre Chiesa), sorgono controversie tali da dover ricorrere al parere autorevole di padre Martini. Gli scrivono J. Ch. Bach, Fioroni e il prevosto di S. Maria della Scala; tuttavia la scelta cade su Chiesa prima che arrivi la risposta di Martini, che propendeva piuttosto per Monza. Una lettera di Sammartini a padre Martini dell'8 settembre intendeva chiedere chiarimenti sulle scelte fatte e un'opinione finale di Martini in proposito (*cfr.* TESTIMONIANZE, carteggio Sammartini - padre Martini).

[44, p. 59] [56, p. 24] In ottobre, episodio dello schiaffo dato dalla duchessa Serbelloni alla figlia di Sammartini e, in seguito a ciò, dimissioni di Giuseppe Parini dal suo incarico di precettore in casa Serbelloni. Che Parini e Sammartini fossero legati da amicizia, come afferma Inzaghi [66, p. 268], non è documentabile; tuttavia l'episodio resta significativo. Il fatto che Sammartini non fosse soltanto musicista, ma anche uomo di cultura e di vari interessi, inserito nell'ambiente intellettuale milanese, si può ricavare anche dalla sua partecipazione alla celebre Accademia dei Trasformati[128] di cui abbiamo notizia attraverso [36, p. 22][129] l'almanacco *Il Cittadino istruito*, edito nel 1776 e compilato dal padre domenicano pavese Siro Severo Capsoni, che riporta un elenco di 'Trasformati' tra i quali figurano anche Sammartini e Carlo Zuccari.

[32, p. 324] [34, pp. 1, 4-8 e 128-131] Nel catalogo della casa editrice Breitkopf, redatto a partire da quest'anno, sono elencate alcune serie di sinfonie, sonate a tre e concerti di Sammartini.

---

[127]. La documentazione relativa al concorso è conservata presso la Biblioteca del Convento di S. Francesco, a Bologna: MS 53, p. 127 (la lettera di Sammartini); MS 53, p. 128 (la risposta di padre Martini); *cfr.* ZANOTTI, Gino. *Biblioteca del Convento di S. Francesco di Bologna*, 2 voll. Bologna, Forni, 1970, vol. II, pp. 376 e segg.. Il MS 53, p. 127 è riprodotto in facsimile in: BROFSKY, Howard.

[128]. L'Accademia dei Trasformati (così chiamata in onore a una precedente Accademia, fondata a Milano nel 1546 da Gerolamo Cardano e Camillo Rho e, come quella, contrassegnata dal motto tratto da Virgilio «Et steriles Platani malos gessere valentes») rinacque il 6 luglio 1743, principalmente ad opera del conte Giovanni Maria Imbonati. Di essa facevano parte illustri personaggi: letterati, storiografi, scienziati, poeti e membri della colta aristocrazia milanese, come il conte Imbonati stesso, Giorgio Giulini (storico ufficiale della città di Milano, nonché musicista), Maria Gaetana e Maria Teresa Agnesi, Francesco Saverio Quadrio, Angelo Theodoro Villa, il conte Aresi, Giuseppe Casati, Stefano Simonetta, Carlo Antonio Tanzi, il poeta dialettale Domenico Balestrieri, la poetessa Francesca Manzoni, Giuseppe Parini (dal 1754), Gian Carlo Passeroni, Pietro Verri, il marchese Giuseppe Foppa, il violinista Carlo Zuccari, Carlo Firmian, *etc*. Per altri dati sull'attività letteraria dell'Accademia: [85, 1, pp. 38-45, 65-92, 245-299].

[129]. La notizia riportata da Giulini rimanda a un'opera di A. Corbellini: 'Curiosi almanacchi di un frate e di un prete pavesi', in: *Bollettino della Società pavese di storia patria*, 1910, ff. 1-2, p. 87 e segg.

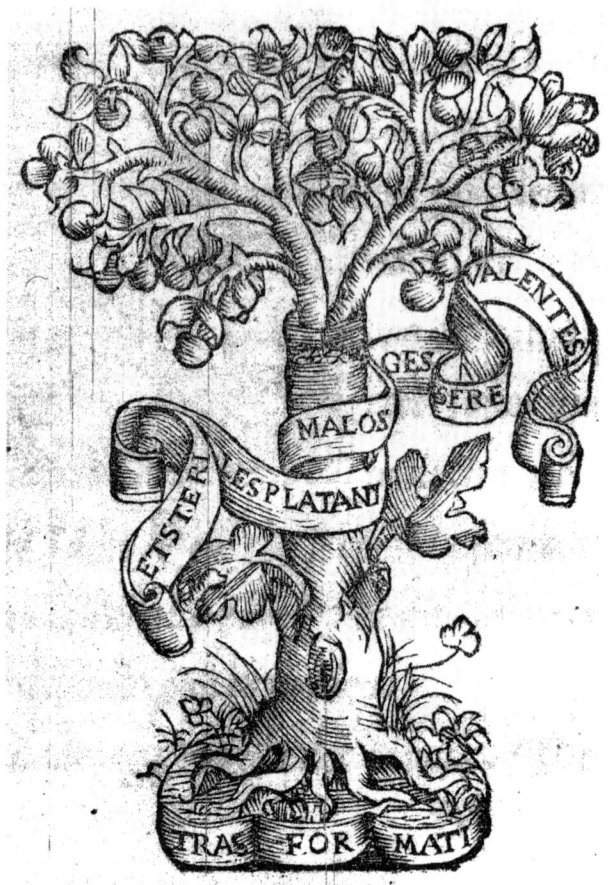

Ill. 9: emblema dell'Accademia dei Trasformati, in: *Sonetti degli Academici Trasformati di Milano* (Milano, Biblioteca Nazionale Braidense).

1763

[44] [50] Sono datati: alcuni 1763, altri 1767, i 6 *Concertini à 4° Strom.*^{ti} *Soli* in F-Pn, ms. 1217-1222, per 2 vn, va, vc; 2 vn, va, b; 3 vn, b.

[55, p. 11 / 114] [89, pp. 204, 210, 221-226] [101, pp. 84, 88] Dialogo per musica *La invidia giudaica contro Nostro Signor Gesù Cristo in quella di Caino adombrata* (J-C C51; II III), su testo adattato dall'azione sacra *La morte d'Abel* di Metastasio, eseguito nella cripta di S. Fedele: resta il libretto da cui non è chiaro se Sammartini ne sia stato l'autore o solo il direttore («Maestro di capella il Sig. Giambattista Sanmartini»).

[86, I, p. 35][130] Il 10 aprile Sammartini dirige nella chiesa di S. Ambrogio un *Te Deum*, molto probabilmente da lui composto. Riceve per questo 75 lire. Dalla nota di pagamen-

---

[130]. Il documento è conservato all'Archivio Storico Civico di Milano nel fondo *Materie*, n. 675, fasc. 11.

to si ricava il nome degli strumentisti e dei cantanti e lo stipendio che ricevette ognuno. La gazzetta *Ragguaglj di varj paesi* del 13 aprile riporta l'evento, annotando: «Per la fausta notizia [...] della pace stabilita, mediante il cambio delle Sovrane Rettifiche, fra le loro Maestà l'Imperatrice Regina Apostolica Nostra Sovrana e il Re di Prussia, per ringraziare il Signore [...] nella scorsa domenica gli eccellentissimi Signori di Provvisione e Don Giuseppe Croce vicario fecero cantare una Messa ed in seguito l'inno Te Deum nella insigne Imperiale Basilica di S. Ambrogio».

[104, pp. 232-233][131] [articolo di Eugenia Bianchi nel presente volume] Nella lettera scritta il 27 dicembre da Claudio Nicola Stampa ad Antonio Greppi un «Sammartino per il canto» viene citato tra i precettori dell'arciduchessa Beatrice d'Este, assieme a «un Religioso per l'Idioma Latino, e Tedesco», «l'Allovardi per il Ballo» e «un Rusca per la pittura».

La copia calligrafica[132] di una missiva dell'imperatrice Maria Teresa alla contessa Simonetti nata Castelbarco, rivela la premura con cui la sovrana intende che si abbia cura «sur un objet aussi important, que l'est l'Education de quelqu'un, qui m'interesse autant que cette Princesse»; l'educazione della giovane nuora era affidata alla succitata contessa, che doveva svolgere una sorta di controllo anche sull'operato delle altre dame. Non sappiamo se sia stata lei a suggerire il nome di Sammartini tra gli insegnanti di Beatrice d'Este.

[72, p. 278] Viene eseguita a Bologna la cantata *La Reggia de' Fati* (J-C 91.1), composta in collaborazione con Jommelli dieci anni prima.

1764

[52, p. 25] Lo scrittore inglese Laurence Sterne, nel suo romanzo *The sentimental Journey*, che per qualche capitolo è ambientato a Milano, scrive di una accademia di musiche di Sammartini («Martini») che si era tenuta in questa città[133].

L'orchestra che suonava a S. Ambrogio era così composta: 2 oboi (Federici e Mannelli), 14 violini (Zuccari, Luchino, Contino, Boronino, Pasqualino, Brinetto, Ronzi, Marchino, Grandino padre, Grandino figlio, Pavesino, Pasqualino figlio, Astolfino, Borone), 3 viole (Gasparo Fiamenghino, Lenino, Giovanni Battista Fiamenghino), 2 corni da caccia (Brungola, Francese), 2 trombe dritte (Marchese, Bergamino), 1 violoncello (Zappino «col concerto»), 5 contrabbassi (Corbella, Fioretti, Donzelli, Balestrino, Bilgerino) e, all'organo, Pogliani. Gli stipendi più alti sono quelli di Pogliani (25 lire), Zappino (24 lire), Zuccari e Luchino (22 lire), mentre gli altri stanno tra le 7,10 e le 9 lire (4,10 per l'alzamantici; 25 per le bozze). I cantanti, divisi in soprani (Martinenghi, Cairone, Bonaguzzi, Grandati e Berardi), contralti (Lainone, Valcamonica, Grandati nipote e Serbelloni), tenori (Albuzi, Ciprandi, Trivulzi, Severo Ginzani) e bassi (Defilippi, Venino, Caldarola, Villa) ricevettero 20 lire ciascuno di stipendio. La signora Martinenghi, soprano, che cantava «col Motetto», ne ricevette invece 45. Ulteriori ricerche presso l'Archivio della Basilica di S. Ambrogio, effettuate tenendo conto di questa data, non hanno dato purtroppo alcun risultato.

[131]. ASM, *Dono Greppi*, n. 326.
[132]. ASM, *Potenze Sovrane post 1535*, 78.
[133]. Laurence Sterne, *Viaggio sentimentale*, traduzione dall'inglese di Ugo Foscolo, Milano, Istituto Editoriale Italiano 'La Santa', s.d., cap. XXXV, p. 118.

1765

[35, p. 24, nota 1][134] [52, pp. 31-32][135] [53] [articolo di Maria Grazia Sità nel presente volume, in cui vengono presi in considerazione e messi a confronto entrambi i documenti citati da Cesari e Barblan ed altri, ritrovati di recente] In luglio vengono organizzati a Cremona e Pavia grandi festeggiamenti in occasione del passaggio dell'arciduchessa Maria Luisa, infanta di Spagna, che va in sposa all'arciduca Pietro Leopoldo d'Asburgo, a Innsbruck. Sammartini ha il compito di dirigere alcune 'accademie' a Pavia e Cremona[136]. Dai documenti, risultano numerosi dettagli sul trattamento e le ricompense riservati a Sammartini e ai 'sinfonisti milanesi' o «Professori di Sinfonia di Milano»[137]. Le prove delle sinfonie e dei brani vocali da eseguire nelle accademie di Pavia e Cremona si effettuano a Milano, nelle case di Giuseppe Casati e della cantante Caterina Pilai (con una spinetta proveniente da casa Trotti)[138]. Un gruppo di sinfonisti accoglie anche la delegazione di dame e cavalieri provenienti da Genova che arrivano ospiti a Casa Simonetta[139].

[52, pp. 31-32] [55, pp. 17-18 / 120-121] [59, I, p. 47, nota 2] [articolo di Maria Grazia Sità nel presente volume] Nelle 'accademie di suoni, e canti' di Pavia (24 luglio: accademia a Palazzo Botta[140]; 25 luglio: accademia e festa da ballo) e Cremona (26 luglio: accademia in

---

[134]. Cremona, Biblioteca Statale, *Registro delle spese occorse in Cremona ed in Milano, compreso l'aumento delle rappresentazioni nel Teatro per il passaggio e dimora delle Dame, Cavalieri e loro seguito, spediti dall'I.R. Corte, come pure per li trattamenti di Stato, le Accademie di Sinfonia e Canto, e Festa da ballo* [...].

[135]. ASM, *Potenze Sovrane post 1535*, (olim 89) 61.

[136]. La ricca documentazione che si aggiunge al già noto (rinvenuta da chi scrive), viene esaminata dettagliatamente nell'articolo di Maria Grazia Sità nel presente volume. Si tratta di lettere del nobile Casati (cui spetta, tra gli altri, il compito di organizzare la musica e i viaggi dei sinfonisti) e di alcuni suoi corrispondenti, di prospetti per organizzare ogni cosa al meglio, di disposizioni e, a cose fatte, di una gran quantità di ricevute di pagamento, tra cui quelle per i musicisti che ci rendono firme autografe di molti 'sinfonisti' ed altre notizie. La maggior parte degli importanti documenti, conservati presso l'ASM, *Potenze Sovrane post 1535*, nelle cartelle 69, 84 ed anche 69bis, 70, 85 e 86 (*Maria Teresa - Passaggio dell'Infanta di Spagna 1765*), non erano stati citati né da Cesari, né da Barblan (che indicavano invece quelli conservati a Cremona e in ASM, *Potenze Sovrane post 1535*, - olim 89 - 61).

[137]. ASM, *Potenze Sovrane post 1535*, 69, 69bis, 84 e 85.

[138]. La necessità di risparmiare, come si evince da alcune lettere del Casati, aveva probabilmente indotto a integrare musicisti locali e sinfonisti milanesi, riducendo di molto le spese di viaggio e soggiorno. È per questo che in un promemoria per i Cavalieri Delegati, conservato in ASM *Potenze Sovrane post 1535*, 84 viene messa in evidenza la necessità di ingaggiare, a Cremona, musicisti esperti, con una buona lettura a prima vista, dal momento che non ci sarebbe stato tempo per fare molte prove: «1765 8 Giug° [...]. Altra nota de Sinfonisti locali capaci a suonare a prima vista francamente la Musica del San-Martino».

[139]. ASM *Potenze Sovrane post 1535*, 85: *Specificazione delle spese occorse per l'alloggio e li trattamenti di giorni cinque nell'Ill.ma Casa Simonetti alle Dame, e alli Cavalieri di Corte col loro seguito spediti per il rievimento in Genova di S.A.R. l'Infanta Sposa*; sull'ultima pagina: «Sud.° [somme retroscritte] per reintegrazione di mancie date alli trombetti di Corte, e ad una banda d'altri sinfonisti che hanno sonato all'arrivo delle Dame, e de Cavalieri [segue la somma di:] 39,10».

[140]. Un documento del 3 giugno 1765 (ASM, *Potenze Sovrane post 1535*, 86) ci mostra le prime fasi dell'or-

casa Ali[141]) vengono impiegati numerosi musicisti. Gli studiosi hanno sottolineato l'entità delle orchestre, sulla scia di testimonianze quali quella della *Gazzetta di Lugano* (n. 30, 29 luglio 1765, Supplemento; corrispondenza da Pavia del 26 luglio: «numerosissima orchestra a tre ordini di musicali instromenti») e grazie alle notizie ricavate dai registri delle spese. Ad un gruppo di 'sinfonisti' provenienti da Milano si aggiungono infatti alcuni musicisti locali, altri invitati come solisti (Luigi Boccherini, violoncello, Mattia Stabingher, flauto)[142] e i cantanti Caterina Pilai[143] e Antonio Priori. A differenza di Barblan [52, p. 31], Sartori [55, pp. 17-18 / 120-121] specifica che gli strumentisti citati negli elenchi delle spese non formavano un'unica orchestra, ma vennero impiegati chi a Pavia, chi a Cremona, chi in entrambe le occasioni[144]. [articolo di Maria Grazia Sità nel presente volume] Maria Grazia Sità, in base alle liste di spese, calcola che a Pavia l'orchestra era composta da: 15 violini, 1 flauto, 4 oboi, 4 trombe, 3 viole, 2 violoncelli + 1 (Boccherini), 1 fagotto, 5 bassi (distinti tra 'violona' e 'contrabbassi / contro bassi' o 'bassi'); mentre quella di Cremona contava: 18 violini, 1 flauto, 2 oboi, 2 trombe, 4 viole, 2 violoncelli + 1 (Boccherini), 6 bassi. Le composizioni eseguite furono: alcuni concerti dello stesso Sammartini, presso il quale restarono tra l'altro le parti copiate da Fiamenghino (un concerto per due violini; uno per flauto - solista: Mattia Stabingher -); due concerti di Boccherini[145]: uno per Pavia e

---

ganizzazione degli eventi musicali, a Pavia: «Istruzioni che dovrà servire di regola a Cavalieri delegati del Serenissimo Amministratore [...] Si farà adattare il Salone de Casa Botta Alloggio di S.A.R. per l'Accademia di Musica, e Sinfonia alla sera dell'arrivo e per la sera seguente. Il piano dell'Accademia potrebbe essere di far cantare il musico Priorino, la Pillaj, Un concerto del Violon=cello Luchese con un discreto numero di Suonatori di Milano per supplire à quelli che mancano in Pavia. [...] Volendo poi replicare lo stesso trattenimento in Cremona, si duplicherà l'Onorario, e le correlative spese de Viaggi, e Vitto.».

[141]. ASM, *Potenze Sovrane post 1535*, 70: in una lista di *Diverse spese giornali fatte da mè infrascritto per serviggio della Delegazione di S.A.Ser.ma all'occasione del passaggio della Reale Infanta* viene annotato anche «1765 @ 25 Giugno Il simile [cioè: Per trasporto dalla Dogana a Casa Ali] d'un spinettone».

[142]. ASM, *Potenze Sovrane post 1535*, 84: firma autografa di Boccherini in calce a un documento in cui si stabiliscono i suoi obblighi e spettanze; firma di Stabingher sulla ricevuta di pagamento.

[143]. Anche la presenza di Caterina Pilai sia a Pavia, sia a Cremona è stata confermata dai recenti ritrovamenti: oltre ai pagamenti (ASM *Potenze Sovrane post 1535*, 69), dal ritrovamento, in ASM *Potenze Sovrane post 1535*, 70, della *Specifica gen[era]le di tutti li legni, Cavalli da tiro, e sella che sono di servigio, e seguito di S.A.R.* [...], in cui è annotato: «Nota di servigio della Delegazione, cioè Cavalli, che abbisognano per il trasporto delli Sinfonisti, ed altri Officiali [di] gio[r]n[a]ta, che sarà S.A.R. nello Stato di Milano. [...] Questa prima Partita partirà da Pavia per Cremona subito fenita l'Accademia la notte avanti che partirà S.A.R. / Cavalli N° 4 Per una Carozza della Sig.ra Pilaj / 4 Per un Carrettino p[er] il M.ro Priorino, e Luchini / 6 Per una Barca per li Sinfonisti / 1 di sella per il Direttore». Il numero dei cavalli si trova ridotto nel documento: ASM *Potenze Sovrane post 1535*, 84: *Cavalli che abbisognano per il trasporto de Sinfonisti* [...]: «da Pavia a Cremona / 2 Cavalli per la Sig.ra Pillaj / 2 per Maestro, Priorino, e Lucchino / 4 per i Sinfonisti / 1 di sella per il direttore [...] Barca p.ma con Sinfonisti à Sei Cavalli [...] e sono persone compresi 2 servitori [spazio] N. 12 [...] Carratino con li quattro Cavalli del Coppa con entro Sinfonisti [spazio] N. 4».

[144]. L'erroneo conteggio complessivo compare purtroppo ancora in Prefumo, [109, p. 48] assieme alla notizia che a passare da Pavia e Cremona fosse Leopoldo d'Asburgo, invece della sua sposa.

[145]. Barblan [53, p. 128, nota 1] indica a questo proposito un *Concerto a grande orchestra per il violoncello* in Mi bem. Magg., conservato in partitura presso la Biblioteca del Conservatorio 'G.Verdi' di Milano, che «reca

uno per Cremona; alcune sinfonie di Sammartini composte appositamente per quest'occasione[146]; dodici arie e due duetti cantati da Caterina Pilai e Antonio Priori, probabilmente di Sammartini, dato che non viene citato altro autore. Il 10 agosto Sammartini attesta di conservare presso di sé la musica servita per le accademie di Pavia e Cremona, con una dichiarazione autografa: «a di 10: Agosto 1765: Attesto io sottos:to essere presso di me li sud.ti Fogli 297 di musica servita come sopra; ed in fede Io Gio: Batta S. Martino Maestro di Capella»[147]. Gli accordi sul programma da eseguire, controfirmati da Sammartini[148], contemplano quanto segue: «A Pavia si eseguirà la seguente musica / Introduzione d'un Ouverture del Sr S. Martino. / Un Concerto a due Violini del Sudo / Un Aria della Sa Pilai / Un Concerto del Violoncello Boccarini / Un Aria del Sr Priorino / Altro breve Concerto del Sr S. Martino / Un Duetto / Una Sinfonia di partenza / A Cremona si eseguirà quanto Sopra, cambiando però tutte / Le pezze, ed a q[ues]to Fine il Sre S. Martino si / prenderà la pena d'intendersi coi Virtuosi Cantanti / per fissare col di Lui parere le pezze da cantare / e far tirare le opp[ortu]ne Copie in Libri Separati sì / dei Canti, che di tutte le Sinfonie tanto per Cre: / =mona, che per Pavia. / [segue la firma:] Approvo il presente Sistema io Gio: Batta S. Martino». L'annotazione secondo cui Stabingher aveva eseguito a Cremona un concerto per flauto[149], fa pensare ad un cambio di programma o forse il concerto per flauto andava a sostituire, a Cremona, quello per due violini. È la prima testimonianza che abbiamo di un concerto per due violini composto da Sammartini. Ada Gehann [*cfr.* il suo completo e approfondito articolo, nel presente volume, sulla produzione concertistica sammartiniana] ci informa che fin'ora, di Sammartini, si conosce soltanto un concerto a più strumenti per quattro violini (due di concerto e due obbligati: J-C 76, ca. 1761-1764) e che tutti gli altri sono per un violino solo o per altri strumenti. Sempre Gehann indica che negli anni 1760-1766 la produzione sammartiniana di concerti dovette essere molto ricca. La curiosa denominazione del «Altro breve Concerto del Sr S. Martino» potrebbe nascondere forse una 'libera interpretazione', da parte di chi stese il documento poi sottoscritto da Sammartini, della denominazione di 'concertino'.

[59, 1, p. 94][150] Nella *Parte VI* del catalogo Breitkopf è presente un'aria manoscritta, trasposizione dell'aria di Tiberio *Torbida notte* (in *sol*), dall'atto II dell'*Agrippina* (J-C 90). È l'unico lavoro vocale di Sammartini noto che sia stato messo in commercio.

---

chiara la derivazione stilistica di Sammartini» e che lo studioso ipotizza essere stato composto durante il soggiorno milanese. In un documento in ASM, *Potenze Sovrane post 1535*, 69 leggiamo: «S.r Luigi Buccherini di Lucca per onorario dei Concerti di violoncello eseguiti in Pavia, e Cremona». In ASM, *Potenze Sovrane post 1535*, 84 infatti compare la clausola per cui i pezzi eseguiti dovevano essere diversi, a Pavia e a Cremona.

[146]. ASM, *Potenze Sovrane post 1535*, 69: «per aver diretto le accademie di Pavia e Cremona anche con composizione di sinfonie nuove», come si legge nel foglio di ricevuta di 40 zecchini gigliati da lui sottoscritto.

[147]. ASM, *Potenze Sovrane post 1535*, 69. Cfr. Ill. 1.

[148]. ASM, *Potenze Sovrane post 1535*, 84 (un appunto simile anche in 85).

[149]. ASM, *Potenze Sovrane post 1535*, 69: «S.r Mattia Staibingher per onorario del Concerto di Flutta traversiere eseguito in Cremona, e per aver sonato nelle Accademie di Pavia».

[150]. *Catalogo delle sinfonie che si trovano in manoscritto nella officina musica de Giovanni Gottlob Immanuel Breitkopf in Lipsia, in 6 parti*, Leipzig, 1762-1765. Supp. I-XVI, 1766-1787.

1766

Si celebra a Milano il fidanzamento di Maria Beatrice d'Este con Ferdinando d'Asburgo e tra i vari divertimenti, il «Ballo nel Salone della Ringhiera» e le celebrazioni viene annotato per il 16 aprile che (ASM, *Potenze Sovrane*, 76): «terminata la funzione si passerà alla Regia Cappella di Corte ove assisteranno [...] al Te Deum intonato da tutta la solita Musica di Corte». Non resta notizia dell'autore del *Te Deum*, ma non è escluso che fosse Sammartini.

[35, p. 19, nota 1][151] Il 30 aprile (*Ragguaglj* del 7 maggio) «venne fatto un Corso di carrozze al lungo del predetto Borgo della Porta Orientale, che fu sempre mai continuativo persino a notte molto inoltrata, restando disposta [...] una ben intesa Accademia di scielti istromenti musicali da corda, e da fiato sopra d'un altra Orchestra nel principio del precitato Borgo [...]. Finalmente le sopracitate Altezze loro Serenissime [i Principi Esteri], essendosi restituite al Palazzo Ducale, passarono alla Sala de' Spettacoli, dove parteciparono dell'Opera in Musica e della Festa da Ballo in Maschera».

1767

[35, pp. 23-24, nota 4][152] Da quest'anno il suo nome compare ufficialmente tra quelli degli addetti alla corte di Beatrice d'Este con uno stipendio di 8 zecchini gigliati al mese (f. 117,4). Tuttavia [104, pp. 232-233] una lettera del 27 dicembre 1763 di Claudio Nicola Stampa ad Antonio Greppi (*cfr. supra*) ci permette di anticipare la data di inizio del suo incarico. Il suo impiego come maestro di musica dell'arciduchessa verrà riconosciuto nel documento di elargizione di una pensione alla vedova Rosalinda Acquanio [83, p. 98]. Nei documenti esaminati, i pagamenti a Sammartini proseguono fino al settembre 1771.

[56, p. 24] [57, p. 643] Almeno da questo momento è maestro di cappella anche a S. Francesco.

[55, p. 11 / 114] [89, pp. 205, 217-218] [101, p. 84] *Della Passione di Gesù Cristo Signor Nostro* (J-C C52; 13 III) è una delle cantate quaresimali composte per la Congregazione del SS.mo Entierro, presso S. Fedele, di cui resta il libretto (Milano, Biblioteca Nazionale Braidense).

Gerber [15, Teil 1, col. 893][153] annota che vengono pubblicate a Londra sei sonate a tre per violino e tastiera di Sammartini. Si tratta forse delle *Sei Sonate di Cembalo e Violino di G: B: S.ᵗ Martini*, dedicate da E. Ciprandi alla «Marchesana di Rockingamme», ma del 1766.

---

[151] Anche se Cesari non ci informa sulla fonte, sappiamo che il foglio dei *Ragguaglj* si trova conservato in: ASM, *Potenze Sovrane post 1535*, 78bis.

[152]. Anche se Cesari non ci informa sulla fonte, sappiamo che i conteggi dai quali risultano i pagamenti a Sammartini, quale insegnante di musica dell'arciduchessa, sono conservati in: ASM, *Potenze Sovrane post 1535*, 78 e 78bis. Il passo riportato da Cesari è stato qui ampliato.

[153]. «Um 1767 wurden auch zu London 6 Klaviertrios mit Violin gestochen».

1768

[109, p. 48] Secondo i *Ragguaglj di varj paesi* del 13 luglio, Sammartini dirige diverse sue composizioni assieme al maestro di cappella del Duomo, Giovanni Andrea Fioroni, durante un Ottavario in onore del Beato Serafino da Montegranaro, nella Chiesa dell'Immacolata Concezione a Porta Orientale.

[6, IIIa, p. 104][154] [78, p. 6] Alcune sonate a tre di Sammartini (molto probabilmente di Giovanni Battista, piuttosto che di Giuseppe) sono citate da Hiller in un articolo del 3 ottobre sui compositori di musiche per violino ricercati ed apprezzati dagli amatori (*Liebhaber*) come dagli intenditori (*Kenner*): «Vor einiger Zeit waren die Trii des Martini sehr beliebt; vielleicht verdienten sie es nicht so sehr, da sie fast nichts anders als Soli waren, von einem Basse und einer bloß ausfüllenden Mittelstimme begleitet. Jetzt sind bey den Liebhabern die Trii der Herren Hofmann, Hayde und Ditters an die Stelle gekommen». [6, II, pp. 199-202] Non compare, invece, il nome di Sammartini in un elenco di maestri di cappella e compositori italiani presentato da Hiller in un articolo del 28 dicembre 1767 (in cui vengono invece citati «Bernasconi von Meiland […] jetzt am Churfürstl. Bayerischen Hofe als Capellmeister in Diensten» e «Lampugnani von Meiland […] befindet sich noch in Meiland».

[56, pp. 24-25][155] L'8 novembre Sammartini ottiene la nomina a maestro di cappella della corte ducale (S. Gottardo in corte), con patente di S.A.S., succedendo al Vignati. Gli viene raddoppiato lo stipendio: da lire 20.12.6 a lire 45.7.6. *Milano Sacro, almanacco per l'anno 1768* elenca infatti S. Gottardo tra le altre chiese in cui Sammartini era impegnato. Al posto di organista, che aveva retto fino a questo momento, subentra Carlo Monza jr. [89, p. 132] In un documento datato «8 9bre [novembre] 1768»[156] si legge: «Essendo per la promozione di Gio: Battista San Martino al posto di Maestro di Capella di questa R.[egi]a Ducal Capella di Corte rimasta vacante la Piazza d'Organista nella medesima; ed avendo Noi particolare riguardo al merito, e singolare perizia nella Musica, che concorrono nella persona di Carlo Monza, siamo venuti in conferirgli, come in virtù della presente facciamo, la su.[ddet]ta vaccante Piazza, nominandolo, creandolo, ed elegendolo per Organista di questa Reg.[i]a D.[ucal] Capella di Corte […]».

---

[154]. Precisamente nell'articolo: 'Zehnte Fortsetzung des Entwurfs einer musikalischen Bibliothek', IIIa, pp. 103-108.

[155]. ASM, *Culto Parte Antica*, 1072. Prima della scoperta di Barblan, Sartori [55, p. 11 / 114] aveva situato ipoteticamente nel 1771 l'anno di nomina di Sammartini a maestro di cappella della corte ducale, sulla base delle indicazioni fornite nel libretto della *Cantata per musica sopra la SS. Passione di Nostro Signor Gesù Cristo*, cfr. Tavole cronologiche, 1771.

[156]. ASM, *Culto Parte Antica, Milano, S. Gottardo, Cappella Ducale, Musica*, 1079.

Ill. 10: Giulio Cesare BIANCHI, Chiesa di San Gottardo in Corte (Milano, Civica Raccolta di Stampe 'Achille Bertarelli').

1769

[74, n. 1075][157] [86, I, pp. 39, 68-69] In una lettera dell'8 luglio a padre Martini, la contessa Castelbarco d'Adda (che torna a cercare una sistemazione per il suo protetto Melchiorre de Vincenti) dichiara, parlando di Sammartini, che egli è «assai annoso, e cadente»; date tuttavia le mire precise che questa dama aveva su un posto di maestro di cappella, all'epoca occupato da Sammartini, bisogna considerare come parziali queste osservazioni e tenere conto di altri giudizi coevi, come quello di Burney (*cfr.* TESTIMONIANZE, Burney), che ci presentano Sammartini ancora in piena attività: «devo dunque dirgli, che il suo buon allievo Melchiorre de Vincenti, stato più oltre Sei Anni con plauso Maestro di Cappella della Cattedrale d'Alessandria, nell'anno scorso lo richiamai qui per non lasciarlo inutilmente in quel piccolo e Miserabile Paese, e così esporlo al gran Mondo, ove la Musica garreggia per migliorare la di lui condizione come di fatti non mi sono ingannata poiché avendo egli fatto varie funzioni né ha sempre riportata universale approvazione, ed a quest'ora hà ottenuto alcune Cappelle, e varie Future. Io riconosco un tal bene (dopo Dio) proveniente dalla innarivabile direzione avuta da V.R. e siccome il sud[dett]o nella settimana scorsa ha fatto la Musica per la Festa di S. Giovanni Nepomaceno celebrata al solito nella Chiesa di S. Francesco de' MM.RR.PP. Minor Conventuali, con numerosissimo intervenimento di Nobiltà, seguito con grande acclamazione, così sono a supplicare V.R. graziarmi di passare una sua Valevolissima Commendatizia al P[ad]re Superiore del med[esim]o Convento a fine d'ottenergli la futura dopo il Maestro Sammartino, qual'è assai annoso, e cadente». Ma de Vincenti avrà ancora parecchio da aspettare, a patto poi che le raccomandazioni della Castelbarco d'Adda siano andate tutte a buon fine, infatti Sammartini risulta in carica a S. Francesco fino al momento della morte. Tuttavia rimane la minuta di una lettera che padre Martini probabilmente inviò al padre superiore Giuseppe Cassera: «Essendo ritornato alla Patria il Sig[no]r Melchiorre de Vincenti stato mio scolaro dopo d'aver servito con gradimento di M[aest]ro di Cappella per 6 anni in Alessandria della Paglia, supplico V.P.M.R. assieme con tutti codesti veneratissimi Padri ad accordarli la sostituzione di M[aestr]o di Cappella in codesta nostra Chiesa di S. Francesco al Sig. San Martini, che presentemente serve, sperando io che il sud[dett]o Sig. de Vincenti sia per servirlo con decoro, e aggradimento [? universale] avendo egli quelle doti e qualità che a giorni nostri sono da tutti gradite. Supplico V.P.M.R. di benigno compatimento se a tanto mi sono avanzato, essendo mio costume non solo di aver instruiti tanti, che presentem[en]te sono decorosam[en]te impiegati, ma di assisterli e procurar di collocarli in impieghi decorosi, e vantaggiosi e con ogni più distinta stima».

---

[157]. Lettera dell'8 luglio 1769, Epistolario Martiniano, L.117.37.

ULTIMI ANNI

L'attività compositiva di Sammartini non si riduce nemmeno negli ultimi anni della sua vita, mentre il panorama musicale attorno a lui cambia rapidamente. [20, pp. 66-67] [56, p. 26] [70, p. 15] Diversi autori riferiscono a questo periodo un aneddoto da cui risulta che Sammartini componesse sinfonie da inviare a Vienna: attività, questa, che poteva essere cominciata già prima del 1756, anno in cui ne abbiamo sicura notizia grazie ad una lettera di padre Falasca a padre Martini (TAVOLE CRONOLOGICHE, 1756).

[84] I sei «Quartetti» per 2 vn, va, vc (1772 - 1773) conservati presso la Statens Musikbibliotek di Stoccolma e [86] [90] i sei «Quintetti» per 3 vn, va, b (aprile-settembre 1773) conservati alla Bibliothèque nationale di Parigi, si situano in questo periodo, che vede l'affermazione della generazione di musicisti successiva a Sammartini e l'imposizione estensiva di uno stile che si allontana definitivamente e dalla grazia e dalla leggerezza 'galante' per provarsi in una maniera compositiva più complessa e strutturata. Questo porta, tra l'altro, all'allargamento e allo sviluppo delle neonate forme strumentali cameristiche e sinfoniche. È il momento in cui Sammartini, dopo aver tanto contribuito allo sviluppo stilistico di un'epoca, dà i suoi ultimi saggi, ancora una volta coerenti con la sua personale ricerca artistica.

[59, I, pp. 87-90] L'edizione e la ristampa di sue musiche continuerà anche dopo la morte, almeno fino agli anni Ottanta: alcune sinfonie restano nel catalogo Vénier fino al 1784 e ricompaiono nel catalogo del suo successore, Boyer, nel 1788. Le sonate a tre dell'edizione Huberty, op. V del 1766, in offerta fino al 1770, riappariranno poi nel catalogo del successore, Preudhomme, nel 1779.

1770

[51, pp. 64-75] Il 7 febbraio, in un ricevimento organizzato dal Firmian a palazzo Melzi, Sammartini conosce i Mozart al loro primo viaggio in Italia (erano arrivati a Milano il 23 gennaio). Nella lettera di Leopold Mozart del 10 febbraio, orgoglioso nel raccontare «quali prove del suo sapere abbia dato Wolfgang alla presenza del maestro Sammartini e di una folla delle più competenti persone, destando lo stupore di tutti», Sammartini è l'unico musicista citato [68, p. 312][158]. Dalla stessa lettera sappiamo che i Mozart hanno diverse occasioni di ascoltare musica sacra, tra cui il *Requiem* in onore del defunto Marchese Litta e alcuni Vespri. [51, pp. 64-75] Il 18 febbraio si ha notizia di un altro ricevimento di gala, sempre a palazzo Melzi, presenti i Mozart, al quale interviene Francesco III duca di Modena. Altre due accademie avranno luogo il 23 febbraio e il 12 marzo; tra gli appunti di viaggio

---

[158]. [68, p. 312]: «[...] und es würde zu weitläufig seyn, dir umständlich zu erzehlen, was der Wolfg: in gegenwart des Maestro Sammartino und einer menge der geschicktesten Leute für Proben seiner Wissenschaft abgelegt, und alle in Erstaunung gesetz [...]».

dei due salisburghesi [68, pp. 321-322, *Leopold und Wolfgang Mozarts Reisenotizen*] si trova (non datata) una lista di personaggi che potrebbe rappresentare i convenuti a una delle due accademie[159].

[51, p. 70] [87] Il 15 marzo, di ritorno verso l'Austria dopo un soggiorno a Milano, Mozart scrive a Lodi il suo primo quartetto (KV 80). Molti studiosi hanno visto una relazione tra questo avvenimento e le suggestioni che Mozart può aver ricavato dall'ambiente musicale milanese e da Sammartini in particolare.

[8, pp. 76-111] [8 it., pp. 83-107] Dal 16 al 24 luglio Charles Burney è a Milano (*cfr.* TESTIMONIANZE, Burney), partecipa a diverse accademie, va a teatro e si reca in chiese e conventi ad ascoltare musica sacra. Attraverso il suo resoconto abbiamo conferma del fatto che Sammartini è in questi anni maestro di cappella al Convento di S. Maria Maddalena, dove insegna anche canto, oltre ad essere maestro di cappella in metà delle chiese milanesi e organista in altre due o tre. La musica di Sammartini, che (sempre secondo quanto ci riferisce Burney) è molto nota in Inghilterra, viene ascoltata in diverse occasioni e giudicata in modo accurato e, in alcuni casi, con toni entusiastici. Il 20 luglio Burney assiste nella chiesa di S. Maria del Carmine a una *Messa* di Sammartini e, invitato a un'accademia, ci fa sapere che vi vennero eseguite due o tre overtures di Johann Christian Bach, «una bellissima di Martini» e un concerto per due violini del musicista tedesco Raymond (*cfr.* TESTIMONIANZE, Burney).

---

[159]. Questa lista, oltre ai personaggi 'principali' annota infatti anche i figli degli stessi, le mogli, i camerieri, *etc.*; se, come sembra, rispecchia l'immagine di una privata riunione o accademia, ci permette di collocare ancor meglio Sammartini nel suo mondo ed anzi all'interno o per lo meno a stretto contatto di una stretta cerchia di notabili milanesi, italiani e austriaci: [68, pp. 321-322] «Milano / Il Sgr. Duca di Modena incipriato / La Sigr.ª Principeßa. / la Sgr: Principeßa de Melzia [Melzi]. / Principeßa Bellgioiorio [Belgiojoso], il suo Marito il Vecchio Principe / Comte de Firmian. Comte Rogendorff, C: Fugger, C: Wolkenstein. Se=/cretario Salvadori. Sen: Troger e due della Secretaria / Don Ferdinando Germani, e Sua Sigª Teresa. Sig: Antonio Serventa. / Sgr: Ragnia e suo figlio moglie e figlia. Camerire Wenzl / et altri exc: / Maestro Terreni. / Pittore de Medicis / Marchese Beccaria e moglie. / Conto Somaglia e Sgrª Conteßa etc. / La Sgrª Billottina Teresa agnesi [Maria Teresa Agnesi Pinottini]. / Cavalliere Litta – Confidente carcani. e le tre Sgre Peschine / con tutta la Casa. / Sgª Piccinelli: Sgr: Piccinelli e figlio / Luchini, 1° Violino. Violoncello. Monza. suo fratello Maestro di Capella. / Boroni Violino, Ronzi e figlio. Violini. Pasqualini. Viscontini. / Sgr: Ottani Tenore di Torrino. Aprile Musico Soprano Terzi organi[s]ta / Sammartino Maestro di Chapella. e Fioroni Maestro del D[u]omo. / Comaschini e Marchesini Musici. Abbate Arrosio. / Sgr: Pick. Sgr. Marani, e Sgrª Binetti. Ballarini. / P: Formenti il P: Priore. Il P. Colman. Il P: Fontana Scappato. il P: Ni=/ani. Il P: Ceva Il P: Sacrista. Frat: Alphonso etc. e suo Fratello / le due Sgre Cameriere della Principeßa / Sgr: Grappi [Greppi], e Castiglione. / Mr: du Tems. Marquese Calderara. / Conte Borromeo la conteßa e la Famiglia. / Il Conte Prato / Il Speciale di Medicina Sgr: Boßi. suo fratello l'abbate Giuseppe / Boßi Capellano Reggio. e la Figlia Francesca (?) / Il Sgr: Marchese Araceli. Il Maestro di Ballo Sgr: Bori. / Il Maestro di Capella Plantani[d]a. / Il Sgr: Ciglio Mercante / Il Sgr: Sartorini Musico. la Bernasconi. il Cicognani. / la Sigr: Varese. l'Ettore. La Sgrª Bini prima ballerina ed il suo / padre. la Morelli. il Caßelli, il Cesarini. la Stellati. Sgrª / Agatha et il marito Bosi. Domenico Brunetti. Maestro Lompugnani [Lampugnani] e Piazza. / Dre Stampa. Sgr: Balbi Sgr: Pezzoni drogista.».

Ill. 11: Giulio Cesare BIANCHI, Chiesa di Santa Maria del Carmine (Milano, Civica Raccolta di Stampe 'Achille Bertarelli').

[8, pp. 103-107] Il 22 luglio Burney torna due volte di seguito alla chiesa del Convento di S. Maria Maddalena per ascoltare dei mottetti di Sammartini, cantati meravigliosamente dalle monache (cfr. TESTIMONIANZE, Burney).

[51, pp. 123-135] I Mozart raggiungono Milano il 18 ottobre: le lettere di Leopold restituiscono diversi nomi di musicisti e cantanti con cui loro ebbero a che fare. [51, pp. 127-128] In una lettera del 1 dicembre [68, pp. 405-406][160] Leopold rende conto di un'accademia organizzata dal Firmian il 26 novembre, ma che non ebbe esito brillante, dal momento che tutti i migliori strumentisti si trovavano in quel momento presso le dimore signorili in

---

[160]. [68, pp. 405-406]: «[...] am Montage den 26 sahen wir uns in der accademie, so bey S: E: Gr: Firmian ware. [...] er wird dir auch gesagt haben, was für ein elendes orchester bey dieser Accademie war; indem die gute Leute alle mit den Herrschaften da und dort auf dem Lande sind, und erst in 8 tägen oder 12 zu den Proben der opera zurückkommen werden. [...]».

campagna e non sarebbero tornati che dopo la prima settimana di dicembre. [51, p. 130] [52, p. 29] In una lettera del 15 dicembre [68, p. 408][161], Leopold Mozart descrive l'orchestra del Ducale diretta da Wolfgang il 26 dicembre nel *Mitridate Rè di Ponto* KV 87 (KV 74a)[162] e la dice composta da 60 elementi. [51, p. 132 e nota 4] Barblan sottolinea come l'orchestra del Ducale, dal 1748 al 1770, si fosse accresciuta di 6 violini, un contrabbasso, 2 flauti, 4 corni e, soprattutto, di 2 clarinetti, mettendo in relazione questo fatto con la composizione, da parte di Mozart, del Divertimento per fiati KV 113 (scritto a Milano nel novembre 1771), in cui utilizza questi strumenti. Da una lettera, del 22 dicembre 1770 [68, pp. 410][163], sappiamo Sammartini e altri musicisti benevoli nei confronti del giovane Mozart alle prese con le invidie dell'ambiente artistico e i pregiudizi del pubblico, durante l'allestimento del *Mitridate*. La partenza definitiva da Milano dei Mozart avviene il 4 febbraio 1771.

[55, p. 11 / 114] [89, pp. 206-207, 218-221] [101, pp. 84, 88] La prima cantata del ciclo quaresimale per S. Fedele, intitolata *Della Passione di Gesù Cristo Signor Nostro* su testo adattato dall'azione sacra *La Passione di Gesù Cristo* di Metastasio, reca sul libretto (Milano, Biblioteca Nazionale Braidense) l'indicazione di Sammartini come maestro di cappella del SS.mo Entierro e di Giovanni Andrea Fioroni come autore della musica.

1771

[55, p. 11 / 114] [89, pp. 193, 207], [101, pp. 83-84] Del ciclo quaresimale per il SS.mo Entierro resta la *Cantata per musica sopra la SS. Passione di Nostro Signor Gesù Cristo*, nel cui libretto (Milano, Biblioteca Nazionale Braidense) è annotato: «La musica è del Sig. Giambattista Sanmartino Maestro di Cappella della Regia Ducal Corte e della suddetta congregazione». In realtà si tratta della ripresa della cantata 1751/II (J-C 118).

L'arciduca Ferdinando Carlo d'Austria assume il governo della Lombardia Austriaca e sposa, a Milano, l'arciduchessa Maria Ricciarda Beatrice d'Este. Da un recente ritrovamento sappiamo che Sammartini compone la musica per la solenne cerimonia di ringraziamento che la Città di Milano celebra in S. Ambrogio, il 27 ottobre, in onore degli sposi (*cfr. infra*). Non sappiamo se Sammartini sia stato coinvolto in altre iniziative, anche se sembra plausibile che gli siano stati affidati altri incarichi.

---

[161]. [68, p. 408]: «[...] den 17ten wird die erste Probe mit dem ganzen Orchester seyn, welches in 14 Prim= und 14 Secunden folglich in 28 Violinen, 2 Clavier, 6 Contra Baß, 2 Violoncelli, 2 Fagotti, 6 Violen, 2 Hautb: und 2 Flautotraversi, welche, wo keine flauti dabey sind, allzeit mit 4 Hautb: mit spielen. 4 Corni di Caccia, und 2 Clarini etc. folglich in 60 Personen bestehet. [...]»; non nomina le trombe e i timpani.

[162]. La tragedia *Mithridate* di Racine venne tradotta in italiano da Giuseppe Parini e adattata a libretto da Vittorio Amadeo Cigna-Santi.

[163]. [68, pp. 410]: «[...] die grösten und ansehnlichsten Capellmeister dieser Statt, die alles vertrauen haben, nämlich Sgr: Fioroni und Sammartino sind unsere wahren freunde, wie auch Lampugnani, Piazza, Colombo, etc. [...]».

Sala Verde e Banchetto

ILL. 12: *Sala Verde e Banchetto* [allestiti nell'ottobre 1771 per le nozze degli arciduchi Ferdinando d'Austria e Maria Beatrice d'Este; il banchetto ebbe luogo il 16 ottobre] (Milano, Civica Raccolta di Stampe 'Achille Bertarelli').

[51, p. 159, nota 2][164] In vista dei festeggiamenti per le nozze dell'arciduca, si legge, in una lettera del 29 giugno indirizzata al regio amministratore delle Finanze, conte Arconati, che, secondo una disposizione del principe Kaunitz: «nell'Oratorio della Misericordia presso il palazzo del fu Maresciallo marchese Clerici, vi si faccia, a comodo del Serenissimo Arciduca Governatore, un palco stabile [...] per collocarvi nelle occorrenze l'orchestra; che vi si faccia un organo portatile e un pulpito [...]». Secondo Barblan fu in questa sala che gli arciduchi novelli sposi trascorsero la sera del 15 ottobre (si veda *infra*).

[51, pp. 150-161 e 185-187] I Mozart raggiungono Milano il 21 agosto. Oltre alla composizione dell'*Ascanio in Alba*, Wolfgang porta a termine le sinfonie KV 92 e KV 112 e il Divertimento KV 113 per archi e fiati, eseguiti nelle accademie che si tengono presso il Firmian e a casa dell'austriaco Signor von Mayer. I Mozart ripartiranno da Milano ai primi di dicembre[165].

---

[164]. ASM, *Potenze Sovrane post 1535*, (olim 90) 62.
[165]. [51, Tav. XXXI e pp. 185-186] È del 12 dicembre una lettera di Maria Teresa all'arciduca Ferdinando in cui gli consiglia nel *post scriptum*: «Vous me demandez de prendre a votre service le jeune Salzburger[.] Je

Echi dei preparativi per i festeggiamenti emergono da alcuni documenti recentemente rinvenuti[166]: il 27 settembre l'ingegnere e architetto Dionigi Maria Ferrario annuncia che «per l'adattamento di una Festa da ballo» si dovrà provvedere a «novo pavimento di legnami posticcio» poiché «si pensa di formare sopra di esso dall'un lato verso lo Scalone del Senato la grande Orchestra a tre ordini, compresa la loggia in cima.». Il 5 ottobre lo stesso ingegnere, a seguito di una missiva del 3 ottobre sul medesimo argomento, fornisce al Ministro Plenipotenziario un rapporto sulla «sicurezza della grande Orchestra che si va disponendo nel Salone avanti l'Aula del Senato».

Le nozze si celebrano il 15 ottobre, giorno di S. Teresa, onomastico dell'Imperatrice. I festeggiamenti durano parecchi giorni con intrattenimenti, giochi, parate, e molta musica: esecuzione di sinfonie all'aperto, accademie di canto, concerti, feste da ballo, la grande cerimonia in S. Ambrogio, *etc*. Il Teatro Ducale viene restaurato per l'occasione e vi viene rappresentato il *Ruggiero, ovvero l'eroica gratitudine*, di Johann Adolf Hasse, su testo di Metastasio, e – il 17 ottobre – la serenata *Ascanio in Alba* KV 111 di Wolfgang Amadeus Mozart, su libretto di Giuseppe Parini [8, p. 17, 19, 21]. Da un documento recentemente rinvenuto si apprende che probabilmente l'arciduca Ferdinando, sulla via di Milano, sostò a Lodi, dove venne allestito uno spettacolo teatrale[167].

[35, p. 19, nota 1] Il *Giornale delle feste fatte in occasione delle nozze delle LL.AA.RR.*, del 27 ottobre 1771, accenna al «Passeggio con grandi sinfonie, serenate, etc.», ornamento musicale alla festa di nozze degli arciduchi.

[51, p. 157, nota 1] Barblan cita il *Diario storico-politico* di un certo Minola (manoscritto conservato alla Biblioteca Ambrosiana di Milano) che accenna agli avvenimenti e riporta, in particolare, che durante i festeggiamenti all'aperto: [51, p. 159] «di tanto in tanto da molti professori d'istromenti veniva eseguita un'armoniosa musica».

[9] Giuseppe Parini, nella sua *Descrizione* dell'evento, ci lascia un resoconto scrupoloso di tutti gli avvenimenti, annotando anche le occasioni in cui si ascoltò musica, ma senza soffermarsi su particolari che potrebbero essere stati interessanti per noi: il 15 ottobre, [9, p. 6] «Celebrata la solennità [della benedizione nuziale, in Duomo] […] tornarono le LL. AA.

---

ne sais comme quoi[,] ne croiant pas que vous ayez besoing d'un compositeur, ou des gens inutils[.] Si cela pourtant vous ferais plaisir[,] je ne veux vous l'empecher[.] Ce que je dis[,] est pour ne vous charger de gens inutils[,] et jamais des titres a ces sortes de gens comme a votre service[.] Cela avilit le service[,] quand ces gens courent le monde comme des gueux[;] il at outre cela une grande famille. Pour le grand maitre je me laisserai le tems [pas de gg?]».

[166]. ASM, *Potenze Sovrane post 1535*, 78.

[167]. ASM, *Potenze Sovrane post 1535*, 78: si tratta di un documento in cui il marchese Castellini approva lo stanziamento di una somma «da affidare al marchese Sommariva [?] di Lodi, per servirsene a far preparare in detta Città uno Spettacolo Teatrale per la venuta del Reale Arciduca».

RR. l'Arciduca e l'Arciduchessa sua Sposa verso il R. D. palazzo [...]. Era disposto nel ducal palazzo un nobilissimo concerto, formato de' musici e de' sonatori più eccellenti, al quale poiché le AA.LL.RR. e SS. ebbero assistito per qualche tempo, passarono nella grande sala che serve per le feste e per gl'inviti solenni, dove cenarono pubblicamente al suono di lieta sinfonia». [9, pp. 7-9] «Il dì sedici seguente diedesi principio alle preparate pubbliche feste con quella intitolata *Il Banchetto delle spose*[168] [...] In quella parte del corso che è più vicino a Porta Orientale si scelse un grande spazio, atto a rappresentarvi una vasta sala di R. giardino, determinata e cinta da alti e larghi portici[169] [...] vagamente architettati di ramuscelli e di fronde [...]. Le facciate parimenti dello stesso verde [...] erano aperte sotto a due grandi archi [...]. La lunghezza dei portici era giudiziosamente interrotta nel mezzo da due altri grandi archi simili a quelli delle facciate, i quali davano assai largo spazio a due palchi, l'uno dei quali posto alla mano destra della sala era preparato per uso de' Principi [...]; e l'altro corrispondente dall'altro lato doveva servire per la numerosa sinfonia a perpetuo decoro delle successive feste. Sotto ai grandi porticati poi stendevasi per tutta la lunghezza una gradinata a quattro ordini di sedili, disposta dalla parte destra per la nobiltà e dall'altra per li cittadini». [9, pp. 11-13] «Da questa chiesa [la basilica di S. Stefano] pertanto vennero i quattrocento e più convitati al luogo della festa, preceduti da numerosa ed allegra sinfonia. [...] Lo spettacolo di questo pranzo riuscì nuovo e bellissimo [...] il bell'ordine e la campestre vaghezza del luogo, [...] il numero, la pompa, la vivacità, le grazie delle dame e de' cavalieri [...] che occupavano tutta la gradinata dell'uno de' portici; la folla innumerabile, l'eleganza, il brio de' cittadini [...] dall'altro. [...] finalmente il suono continuo della sinfonia [...] i quali oggetti tutti occupavano in un sol tratto l'animo degli spettatori». Segue la descrizione del Teatro Ducale restaurato, della rappresentazione del *Ruggero* di Hasse che si fece il 16 sera[170] e dei balletti[171]. [9, p. 20] «I trattenimenti del giorno diciassette seguente consistettero nel giro delle carrozze, che chiamasi corso alla romana [...] e nella serenata che recitossi la

---

[168]. Parini spiega che si trattava dell'elargizione, da parte di Maria Teresa, di una dote di 150 lire a cinquecento fanciulle dello Stato di Milano; in quell'occasione fu allestito anche un banchetto pubblico, al quale, per ovvie ragioni, poterono essere invitate solo duecentoventi giovani coi loro sposi.

[169]. [9, p. 46] «È qui luogo opportuno d'avvertire che inventore e direttore di questa illuminazione [sul corso di Porta Orientale], come anche di tutto l'apparato d'architettura [...] è il sig. Giuseppe Piermarini architetto di S.M. la Imperadrice Regina».

[170]. [9, p. 17] «era opera dell'illustre Metastasio poeta Cesareo e aveva per titolo: *Il Ruggiero, ovvero l'eroica Gratitudine*. [...] La musica di quest'opera era parimenti lavoro di rinomato maestro, cioè del signor Gio. Adolfo Hasse, detto il Sassone. N'eseguivano le parti di canto le signore Girelli e Falchini, e i signori Manzoli, Tibaldi, Solzi ed Uttini. Le parti del suono poi venivano eseguite da questa riputata orchestra di Milano, renduta assai più numerosa del solito».

[171]. [9, pp. 17-19] intitolati *La Corona della Gloria* del «Sig. Pick» e *Pico e Canente* del «Sig. Favier»; [9, p. 19]: «Facevano le principali parti nell'esecuzione di questi balli i due nominati signori Pick e Favier, e le signore Lablache e Binetti».

sera in teatro. [...] Stendevasi adunque il giro delle predette carrozze per tutto il lunghissimo tratto che conduce dalla piazza del Duomo fino alle mura della Porta Orientale [...] girando anche per tutto lo spazio contenuto tra i verdi portici, dove dal palco destinato per la musica ascoltavasi una continua sinfonia». [9, p. 21] «Giunta la notte, e intervenute le LL. AA. RR. al teatro [...] diedesi principio alla rappresentazione della serenata intitolata l'*Ascanio in Alba*[172]». Il 18 dopo pranzo si passeggiò, in carrozza, sopra le mura, quindi vi fu [9, p. 23] «la gran veglia nel palazzo ducale con intervento il più numeroso [...] di tutta la nobiltà e di straordinaria quantità di forestieri». Il 19 [9, pp. 23-32] vi fu la «Mascherata de' Facchini»[173] «con sfilata di carri allegorici, alcuni dei quali con musica[174] e, alla sera [9, p. 33] «colla recita della Serenata ebber fine i divertimenti di questo giorno». Domenica 20 e lunedì 21 non vi furono pubblici spettacoli, ma la sera del 21 il Duca di Modena diede un ballo. Martedì 22 si fece la corsa dei barberi [9, pp. 33-39], preceduta da una sfilata di cavalli e carri, ta cui uno 'musicale': [9, p. 37] «Sopra questo carro, dov'erano disposti varii sedili di verdura, stavano in diverse graziose maniere situati buon numero di sonatori». Mercoledì 23 [9, pp. 39-40] fu replicato il corso delle carrozze alla romana e alla sera, dopo l'opera, vi fu «un pubblico ballo mascherato in teatro». Giovedì 24 [9, pp. 40-42] vi fu lo spettacolo della Cuccagna e [9, p. 42] «Terminò questo lepido spettacolo [...] fra lo strepito della numerosa sinfonia e le risa universali degli spettatori. La sera vi fu rappresentazione della Serenata, e illuminazione di tutto il teatro». Venerdì 25 [9, pp. 42-43] si passeggiò sulle mura e la sera «si diede grande appartamento alla corte». Sabato 26 [9, p. 42] «fu corso delle carrozze con sinfonia in Porta Orientale, poscia opera in teatro, e ballo in gala e mascherato alla corte». La mattina di domenica 27 [9, pp. 42-43] «poi venne impiegata in un solenne rendimento di grazie [...]. Si celebrò questa funzione con molto decoro e maestà nella Imp. Basilica di Santo Ambrogio»: non a caso, nella chiesa che, oltre ad intitolarsi al santo patrono cittadino, vantava una nutrita orchestra stabile.

Alcune notizie sulla cerimonia in S. Ambrogio si apprendono dalle: *Memorie della Funzione fatta dalla Città in ringraziamento dell'Altissimo del seguito felice arrivo di S.A.R. il*

---

[172]. [9, p. 21] «Questo drammatico componimento, autore del quale è l'ab. Parini, conteneva una perpetua allegoria relativa alle nozze [...]. La musica del detto dramma du composta dal signor Amadeo Volfango Mozart, giovinetto già conosciuto per la sua abilità in varie parti d'Europa»; segue una breve descrizione della rappresentazione, della decorazione, delle scene (dei fratelli Galliari, come per la prima sera) e dei balletti (di Favier).

[173]. [9, p. 24] «[...] abitatori d'alcune valli sopra il Lago Maggiore. [...] Quelli poi che rappresentano tal gente colla mascherata così detta de' Facchini o Facchinata, sono persone civili addette ad un corpo che chiamasi la magnifica Badia».

[174]. [9, p. 27] «Seguitò un grosso coro di sinfonia, il quale serviva di festoso accompagnamento al primo trionfo che immediatamente succedeva» e [9, p. 30] «Tutto questo lunghissimo seguito era di tanto in tanto interrotto con altri cori di sinfonia e con trionfi diversi, tutti egualmente che gli altri nel carattere della mascherata».

Ser.*mo* Arciduca Ferdinando d'Austria e delle effettuate Sue Reali Nozze con la Ser.*ma* Principessa Maria Beatrice Ricciarda d'Este (ASM, *Potenze Sovrane post 1535*, 75). Il 7 ottobre Matteo Ordogno [Ordoñez?] de Rosales, vicario di provvisione, propone «che la Città [...] dovesse dare una pubblica dimostrazione di giubilo col far cantare una Solenne Messa con successivo Te Deum». Firmian, ministro plenipotenziario, aderisce all'iniziativa e delega lo stesso Vicario e i nobili Roberto Orrigoni e Gian Galeazzo Serbelloni ad occuparsi, tra le altre cose, della musica e della disposizione degli arredi e delle panche, alcune delle quali vengono «disposte lateralmente al lungo della Chiesa fatto alle Orchestre nella Nave di mezzo». L'avvenimento «restò fissato [...] alla mattina», come riporta anche Parini [9], anche se una frase lascia dubbiosi («Giunte pertanto le ore 17 del citato giorno 27 ottobre»). Ad ogni modo, arrivati tutti gli invitati, «dal Capitolo di S. Ambrogio [...] si cominciò la gran Messa, che fu cantata da quel Monsignor Preposto. Durante la Messa vi furono alle Cappelle per commodo della Nobiltà diverse Messe private fatte celebrare dalla Città, ed all'elevazione, e fine della Messa cantata parimenti i Trombetti, e Timpani vi suonarono i loro stromenti. La Musica della Messa, e del Te Deum fu componimento del Sammartino M.ro di Capella: Le parti di Musica erano 17. e quelle di Sinfonia 36. nel modo descritto in Nota a parte, e vi fu mottetto cantato dal Soprano Comaschino e Concerto di Violoncello eseguito dal Valotta. Finita la Gran Messa si cantò il Te Deum [...]». Potrebbe trattarsi del *Te Deum* J-C 115 [70, pp. 166-168] che sulla fonte, in CZ-Pn, risulta: «posto in Musica d'a[nn]o 1771». Purtroppo la perdita della «Nota a parte» ci impedisce di ricostruire meglio l'avvenimento, tuttavia i numeri indicati dovrebbero riferirsi ai cantanti e agli strumentisti presenti ed è molto probabile che siano stati di Sammartini anche il mottetto e il concerto per violoncello.

Riprendiamo il resoconto di Parini [9, p. 43] secondo il quale la giornata proseguì, dopo la cerimonia, con il corso delle carrozze, la Serenata e il ballo mascherato. Lunedì 28 ci fu la [9, pp. 43-44] «corsa de' calessetti» preceduta dalla consueta cerimonia e con «lo stesso apparato e numero di sinfonia e carri descritti di sopra», cui seguì ancora la Serenata in teatro e il «gran ballo in gala e mascherato a corte». Martedì 29 il Duca di Modena diede un pranzo [9, p. 44] in cui «furono massimamente osservabili la dignità e la grandezza dell'assemblea, la magnificenza del servigio, la preziosità e l'ornamento della mensa, e la copia straordinaria della decorazione musicale» e la sera vi fu lo spettacolo dell'illuminazione di Porta Orientale e, al posto della Serenata, un'accademia di canto [9, pp. 46-47]. L'ultimo giorno (mercoledì 30 ottobre) si rifece la corsa dei barberi, ma per non ripetere la stessa pompa d'accompagnamento già vista, [9, pp. 47-48] «E i dieci trombettieri che precedevano, e il carro della sinfonia, e quello che portava il premio, e i cavalli, e le persone di seguito comparvero tutti di disegno e d'abito e d'ornamenti alla chinese [...] Inventore di questi carri e così degli altri sopra descritti fu il sig. Fossati macchinista». [9, p. 49] «Frattanto questo giorno, ultimo delle prescritte feste, fu terminato alla sera con ballo in gala e mascherato alla corte, e con opera e ballo mascherato in teatro, il quale nel corso di questi giorni fu sempre aperto gratuitamente a tutte le persone nobili e civili».

Ill. 13: *La Cuccagna e Tempio illuminato eretti dal Corso di Porta Orientale per le nozze degli Arciduchi Ferdinando e Maria Beatrice* [24 ottobre 1771] (Milano, Civica Raccolta di Stampe 'Achille Bertarelli').

1772

[55, p. 13 / 116] Azione accademica al Collegio dei Nobili Regio Imperiale Longone che comprende anche *Iride* (J-C C16), una cantata: «con musica di Gio. Battista Sammartino, maestro di cappella della Regia Ducal Corte», posta nella seconda parte della rappresentazione di Francesc'Antonio Mainoni dal titolo: *Ciro in Media. Rappresentazione accademica dedicata alle LL. AA. RR. il serenissimo Ferdinando arciduca d'Austria e la serenissima arciduchessa Maria Beatrice d'Este principessa di Modena dai convittori del Collegio* [...][175].

[51, pp. 165-177] Mozart è di nuovo a Milano per mettere in scena, il 26 dicembre, il suo *Lucio Silla* (KV 135), su libretto di Giovanni de Gamerra, con l'aggiunta di varianti e correzioni di Pietro Metastasio. Vi giunge con il padre il 4 novembre e vi rimarrà fino alla fine del febbraio 1773 [51, p. 208] Nei giorni 21, 22 e 23 dicembre si tengono grandi accademie strumentali e vocali organizzate dal Firmian, presenti i Mozart, per celebrare l'elevazione a cardinale del fratello del ministro, Leopold Ernst.

1773

[86] [90] Compone i 6 quintetti per archi conservati in F-Pn, D. 11.622.

[52, p. 32] [55, p. 13 / 116] [56, p. 26, nota 46] [89] [101] Il 13 ed il 14 maggio, quattro cantate di Sammartini vengono eseguite nelle Scuole di S. Alessandro. Gli *Acta Collegii* registrano (a p. 389: «In Aula Scholae [...] varii concentus musicae et variae cantiunculae per duos excellentissimos professores decantatae») l'evento senza citare espressamente Sammartini, come fa invece la gazzetta di Milano del 19 maggio, che riporta la notizia.

[89, pp. 208-210], [101, pp. 84-85] Ci restano i libretti delle prime quattro cantate quaresimali composte per l'Entierro (J-C C53-56; 5, 12, 19, 26 III; 6 IV); i testi di Guido Riviera corrispondono a quelli delle cantate del 1743 (Milano, Biblioteca Nazionale Braidense). Probabilmente, come per la cantata eseguita nel 1771, si tratta di una replica.

[articolo di Marina Toffetti nel presente volume][176] Il 28 marzo Sammartini è eletto tra i membri della nuova commissione di concorso per il posto di primo organista della cappella del Duomo di Milano, assieme a Carlo Monza e Giovanni Battista Bonazza, con l'assistenza del maestro di cappella del Duomo, Giovanni Andrea Fioroni.

[55, p. 13 / 116] [56, p. 26] [articolo di Marina Toffetti nel presente volume, con la trascrizione dei documenti][177] Il 6 maggio sostiene dunque il suo incarico di commissa-

---

[175]. Alla festa collaborarono anche il compositore milanese Carlo Sala (per le arie dei balli) e gli insegnanti di musica del Collegio: Giovanni Aber (flauto), Giuseppe Lenta (clavicembalo) e Giuseppe Roelli (violoncello).

[176]. AVFD, *Archivio Storico* 434, Capo XXVIII, fasc. II, n. 5.

[177]. AVFD, *Archivio Storico*, 404*bis*, capo XXVII, par. II B, fasc. 34, n. 8 (mentre l'indicazione data da Barblan è: Milano, Arch. della Fabbrica del Duomo, cart. 404).

rio, assieme a Carlo Monza e Giovanni Zucchinetti (che nel frattempo aveva sostituito Bonazza). Al giudizio messo per iscritto da Monza, Sammartini aggiunge solo: «Io Gio: Batta S. Martino mi uniformo pienamente col sud.^{to} voto del Sig.^r Maestro Monza».

[52, p. 32] La gazzetta di Milano (Barblan non fornisce ulteriori indicazioni) è l'unica fonte che segnali la rappresentazione del ballo *Il trionfo dell'amore*, «composto da Giambattista Martin» e andato in scena al Ducale il 29 dicembre. Probabilmente non si tratta tuttavia di Sammartini, ma di un ballerino il cui nome è simile a quello del compositore milanese[178].

[56, p. 26][179] [57, p. 658 e nota 1][180] In agosto Sammartini non si associa ai «Professori di musica della Cappella di Corte» che chiedono all'arciduca un aumento di salario, motivato da un «ampliamento del servizio» e dalla «decadenza in questo Dominio di tale professione». La richiesta viene fatta «per i soli Professori della Cappella, senza comprendervi il Maestro della Cappella Sammartino perché provvisto di altre risorse».

[41, p. 145] [55, p. 14 / 117][181] In autunno il duca di Cumberland, fratello di Giorgio III d'Inghilterra e appassionato cultore della musica di Sammartini, è a Milano, ospite a palazzo Belgioioso. Il conte Alberico Balbiano di Belgioioso racconta dell'avvenimento e dell'incontro con Sammartini in una lettera al fratello: «Il Reale Duca suonò egli medesimo più di un'ora di seguito: vi era Sammartini, il quale piace moltissimo al prelodato sovrano, che ama passionatamente la composizione dell'arte di quell'autore».

1774

[66, p. 271][182] Muore la sorella Rosa: «Rosa Sam-Martino figlia del fu Alesssandro, di anni 76, morte per febbre acuta» come da documento nell'Archivio di Stato di Milano; «La

---

[178]. Raffaella Valsecchi, nel suo articolo: *Il Regio Ducal Teatro di Milano 1768-1776: cronologia degli spettacoli*, in: [93, pp. 151-182: 175], riporta la scheda del dramma per musica *Il Tolomeo* (musica di Giuseppe Colla, poesia di Luigi Salvioni). Nella scheda vengono citati i titoli dei tre balli: il primo è *Il trionfo dell'amore* (libretto conservato alla Biblioteca del Conservatorio 'G.Verdi' di Milano) con musica di «Gio. Battista Martin», il quale compare anche tra i nomi dei primi ballerini. [notizia comunicata da Marina Vaccarini Gallarani (Milano)] Un «Monsieur Martin», in qualità di compositore dei balli e di ballerino, compare anche sul libretto del dramma giocoso *L'olandese in Italia* rappresentato al Teatro Ducale nell'autunno del 1770 (libretto conservato a Bologna, Civico Museo Bibliografico Musicale).

[179]. ASM, *Culto Parte Antica*, 1079.

[180]. Barblan ricava da una *Nota delle Funzioni che si fanno per ordine della I. R. Corte* del 1768 (di cui non indica la fonte) che le funzioni sostenute dai musicisti della cappella ammontavano a 96 all'anno in varie sedi (S. Celso, Monastero Maggiore, Chiesa delle Vergini Spagnole, Chiesa delle Monache scalze di S. Teresa, SS.mo Entierro, Chiesa di S. Nazaro), oltre al servizio normale e a quello straordinario prestato a S. Gottardo.

[181]. Sartori cita come fonte: GIULINI, Alessandro. 'Episodi di vita milanese tratti dal carteggio inedito di un gentiluomo del '700', in *Nuova Antologia*, 1 maggio 1926, p. 9. Mancano riferimenti precisi per localizzare la lettera citata.

[182]. Un documento si trova in: ASM, *Popolazione Parte Antica*, 170; un altro è conservato nell'Archivio parrocchiale di S. Alessandro in Zebedia.

Ill. 14: *Veduta della Chiesa di S. Sebastiano*, in: Latuada, Serviliano. *Op. cit.* (vedi Ill. 2a), vol. III, tavola fuori testo tra le pp. 124-125.

Sig.ra Rosa S. Martino figlia del fù Sig. Alessio S. Martino abitante in questa parrocchia […]», secondo il documento conservato nell'Archivio di S. Alessandro.

1775

[39, p. 287][183] Sammartini, «abitante sotto questa Parrocchia […] Munito dei SS. Sacramenti della Penitenza, Eucarestia, Estrema Unzione, premessi gli atti di Fede, di Speranza, di Carità e di Pentimento, compartitagli la Benedizione Papale coll'applicazione dell'Indulgenza Plenaria […]», muore il 15 gennaio di «Peripneumonia». [66, p. 270][184].

---

[183]. Dal *Registro dei morti* della parrocchia di S. Alessandro in Zebedia.
[184]. ASM, *Popolazione Parte Antica*, 169 e 170.

L'atto di morte, redatto da Don Enrico Magnocavallo curato di S. Alessandro, è del 17 gennaio e riporta: «Il Signor Giovanni Battista S. Martino, marito della Sig.ra Rosalinda Acquania [...] è passato da questa vita, morendo il giorno quindici del mese suddetto [...] in età d'anni settantaquattro». Venne sepolto il 18 gennaio nella chiesa di S. Alessandro.

[39, p. 288][185] [52, p. 33] [56, p. 27] È del 17 gennaio la minuta di una supplica de «Li Musici» di Milano al conte Giacomo Durini per ottenere un ornamento funebre, appartenente alla Congregazione dei Musici, che era stato probabilmente sequestrato dopo la soppressione dell'ordine dei Gesuiti: «Li Musici di questa Citta che si congregavano nella Casa di S. Fedele, hanno domandato lo Strato funereo stato appreso nella soppressione dei Gesuiti, per usarne nel solenne Uffizio con cui intendono suffragare il defunto Maestro S. Martino. V.a. E.za però si compiacerà di fare ai medesimi dare in imprestito detto Panno da Morti [...]». La richiesta fu probabilmente accettata e [40] [56, p. 27] «la mattina del 18 gli fu cantata, con apparato funebre, da tutta la Cappella musicale del Duomo, ed altri Musici, coll'accompagnamento di copiosa scelta sinfonia, l'Ufficio e la Messa solenne. Il qual onorevole Suffragio gli fu fatto sì per essere socio della Congregazione dei Musici, quanto perché nella Sua professione di Musico fu eccellentissimo Maestro, e celebre per chiarissima fama. A sì strepitosa funzione intervenne gran concorso di persone, alla quale fu dato fine coll'intervento di tutti li nostri Religiosi Sacerdoti, e Chierici con gestatoria all'assoluzione del feretro».

Sulla Congregazione dei Musici, che aveva sede in S. Fedele, ci informa Marina Vaccarini Gallarani [89, pp. 125-133][186], la quale riporta e analizza l'*Istromento, e capitoli* [...] della Congregazione con l'ausilio di due documenti, uno del 1707 e uno del 1734. Datata 1773 è l'«Umilissima Supplica della Ven.[erand]a Congregazione de' Musici» in cui si chiede, a seguito della soppressione dell'ordine dei Gesuiti, che la Congregazione possa essere trasferita nella chiesa di S. Satiro per poter continuare a provvedere ai funerali e all'assistenza dei congregati. La supplica è firmata da Carlo Ambrogio Grandati, Prefetto; Ambrogio Lucca Viganò, primo Assistente; Francesco Ronzi, secondo Assistente; Carlo Monza, Capo di Consulta; P. Gio. Battista Farina, Segretario. In nessuno dei documenti citati compare il nome di Sammartini, che non si può attestare se facesse o no parte della Congregazione.

[58, p. 153] [70, pp. 16-18] L'almanacco *La Galleria delle Stelle* (Milano, Biblioteca Nazionale Braidense) annuncia, per l'anno appena cominciato, 24 esecuzioni musicali di Sammartini in 11 diverse chiese milanesi: S. Ambrogio, S. Maria della Passione, S. Alessandro, S. Dionigi, S. Giuseppe, S. Francesco, S. Michele al Gallo, S. Maria del Carmine, S. Maria delle Grazie, S. Teresa, S. Satiro. Non vengono citate, forse perché in questo periodo non vi erano in programma delle funzioni, le chiese di S. Sebastiano, presente nell'elenco del 1761,

---

[185]. ASM, *Studi Parte Antica*, 165.
[186]. ASM, *Culto Parte Antica*, 1504.

Ill. 15: I. G. Sciller, *Facciata della Chiesa di S. Alessandro de P.P. Barnabiti*, in: Latuada, Serviliano. *Op. cit.* (vedi Ill. 2a), vol. III, tavola fuori testo tra le pp. 100-101.

e di S. Gottardo in Corte, di cui era divenuto maestro di cappella nel 1768. Per completare il quadro delle attività svolte da Sammartini nelle chiese milanesi (oltre a quanto accennato nel corso di queste Tavole cronologiche), si ricorda che Amintore Galli [30, p. 859] lo dice organista anche nella chiesa di S. Giovanni in Conca, senza però citare la fonte della notizia.

[44, p. 58] È del 7 febbraio la supplica di Rosalinda Acquanio all'Imperatrice Maria Teresa per ottenere un sussidio in danaro. [83, pp. 97-98][187] Il governo asburgico non trova motivazioni sufficienti a conferire un sussidio straordinario, tuttavia, considerato il fatto che si tratta della vedova di Sammartini, musicista famoso e che per giunta era stato maestro di musica dell'arciduchessa Beatrice, per intercessione speciale di Maria Teresa accorda, il 6 marzo, una pensione annua: «L'Imperatrice Vedova, Regina d'Ungheria [...] Nostro

---

[187]. ASM, *Dispacci Reali*, 253. Il documento è riprodotto in [109, p. 52].

amatissimo Figlio, Serenissimo Arciduca Ferdinando, Nostro Luogotenente, Governatore, e Capitano Generale della Lombardia Austriaca. Ci ha il Nostro Cancelliere di Corte, e Stato, reso conto con suo Rapporto di una Supplica di Rosalinda Acquania, Vedova del poc'anzi defunto Maestro di Capella di codesta Regio Ducale Corte Giambattista San Martino, colla quale, attese le gravi strettezze, in cui asserisce essa di averla lasciata il detto fu di lei Marito, di modo che non abbia la medesima con che onestamente sostentarsi, ha creduto di rivolgersi al Governo, affine d'impetrare per il di lui mezzo un qualche sollievo nella sua indigenza. Fatta da Noi pertanto attenzione sul merito di tale istanza, stata inoltrata, di commissione del Serenissimo Arciduca Governatore, dal Ministro Plenipotenziario Conte di Firmian al predetto Nostro Cancelliere di Corte, e Stato, sotto li 7. dello scaduto Febbrajo, non vi abbiamo ritrovato verun titolo giustificato, per cui poter la Supplicante aspirare al conseguimento di un straordinario Sussidio. Da un altro canto però avendo Noi riflettuto alla testimonianza, data dal Governo, delle notorie angustie della Supplicante, ed al trattarsi della Vedova di un Soggetto, il quale, oltre l'essersi reso generalmente celebre nella sua professione, ha altresì avuto l'onore d'instruire nella Musica la Serenissima Arciduchessa, Nostra Dilettissima Nuora; Ci siamo determinata ad usare verso la Supplicante medesima un atto della Reale Nostra Beneficenza, con accordarle, come in virtù del presente accordiamo, per grazia speciale però, alla sumentovata Rosalinda Acquania, Vedova San Martino, un'annua Pensione di Lire Cinquecento su Codesti Fondi Camerali, fino a che continuerà a vivere nello stato Vedovile, mentre, nel caso, ch'essa passasse à secondi voti, intendiamo, che tal Pensione debba immediatamente cessare secondo la natura di simili Assegni a Vedove, e la pratica generale. In conseguenza di che sarà della attenzione del Serenissimo Arciduca Governatore l'abbassare i suoi Ordini alle parti, ove conviene, per l'adempimento di questa graziosa Nostra Determinazione. E preghiamo Dio, che conservi il Serenissimo Arciduca per gran numero d'anni. Vienna 6. Marzo dell'anno 1775. K. R. Maria Theresa».

1778

[74, n. 4826][188] [86, I, pp. 44-45, 69] In una lettera del 15 aprile, Giovenale Sacchi comunica a padre Martini che all'Ufficio Postale si trova il ritratto di Sammartini, come egli aveva richiesto, specificando che si tratta di una copia molto fedele di un quadro precedente, dipinta da Domenico Riccardi: «All'Ufficio della Posta troverete il ritratto del Sig.r San Martino. [...] Il ritratto è del Sig.r Ricciardi, che ha fatto il mio. E l'Originale donde è preso è fatto già da molti anni, ma ho testimonio che gli somigliava assaissimo. Se il P.re Maestro volesse fargli aggiungere il nome con l'età. Il Sig.r Gio: Battista S. Martino (così scriveva il suo nome egli stesso) Milanese morì l'anno 1775 a 17 di Gennajo in età d'anni 74».

---

[188]. Lettera del 15 aprile 1778, Epistolario Martiniano, I.10.26.

Alcune testimonianze e giudizi dei suoi contemporanei

Vengono inserite in questa sezione le testimonianze e giudizi generali su Sammartini espressi da alcuni suoi contemporanei, oltre ad alcune voci di dizionari e lessici del XIX secolo. Sono stati esclusi i giudizi e le testimonianze meno estese, per le quali si rimanda alle Tavole cronologiche riferite agli anni: 1730, 1737, 1738, 1739, 1755 (Pietro Antonio Locatelli), 1756 (padre Giovanni Falasca), 1768 (Johann Adam Hiller), 1769 (contessa Castelbarco d'Adda), 1770 (Leopold Mozart), 1775 (Congregazione dei Musici di Milano, necrologio), 1778 (invio del ritratto di Sammartini a padre Martini da parte di padre Giovenale Sacchi). Si rimanda alle Tavole cronologiche anche per tutti i lusinghieri giudizi su Sammartini apparsi nei resoconti delle gazzette milanesi e straniere o nella corrispondenza degli ufficiali dello stato asburgico nell'arco degli anni 1726 – 1775, che si è ritenuto superfluo inserire in questa sezione.

1726. Johann Joachim Quantz

[4, pp. 235-236] Johann Joachim Quantz, in viaggio attraverso l'Italia, raggiunge in giugno Milano. Apprezza soprattutto i violini dell'orchestra del Teatro Ducale, ne critica invece i bassi e i fiati, salvando però il bravo oboista San Martino: [4, pp. 235-236]: «Das Mayländische Orchester hatte vor andern viel vorzügliches: Besonders in Ansehung der Violinisten, worunter verschiedene geschickte Leute waren. Tedeschini, ein Schweizer, war der brave Anführer davon. Es fehlete aber auch hier, so wie in ganz Italien an Bässen, und, den guten Hoboisten San Martino ausgenommen, auch an Blasinstrumenten». Tra i compositori, cita Sammartini e Fiorini e loda le doti delle monache, nel canto: «Die beyden Kirchencomponisten San Martino, des Hoboisten Bruder, und Fiorini waren nicht übel. Unter den Nonnen traf man verschiedene mit schönen Stimmen begabte Sängerinnen an, welchen es an der guten Art zu singen nicht fehlete. Wir ich denn überhaupt, in Italien, vom weiblichen Geschlechte, schönere Stimmen, und bessere Sängerinnen in den Klöstern, als auf den Theatern gefunden habe». Paragonando l'orchestra di Torino, con quella di Milano, afferma [4, p. 236]: «Um 30 May gieng ich von Mailand nach Turin. Das dafige Königliche Orchester, welches der berühmte und angenehme Violinist, Somis anführte, war zwar mit guten Leuten besetzet, übertraf aber das mailändische nicht».

1747. Carteggio tra Girolamo Chiti[189] e padre Martini

Lettera del 6 settembre 1747 di Girolamo Chiti a padre Martini; Bologna, Civico Museo Bibliografico Musicale, Epistolario Martiniano, I.11.129; [74, n. 1342]

---

[189]. Gerolamo Michelangiolo Chiti (1679-1759) fu sacerdote, musicista e trattatista di questioni musicali. Stu-

Lettera del 16 settembre 1747 di padre Martini a Girolamo Chiti; Bologna, Civico Museo Bibliografico Musicale, Epistolario Martiniano, I.11.131; [74, n. 1345]

L'argomento di cui si tratta in questo carteggio è il giudizio su una prova di concorso sostenuta dal musicista Delfini. Chiti illustra le prove d'esame più tradizionali e accenna alla questione che vede coinvolto il candidato Delfini, il quale – non soddisfatto dei giudizi ricevuti dagli esaminatori – voleva appellarsi ad altri maestri al di fuori di Roma. Vengono citate Milano e Napoli – secondo Chiti 'scuole' poco adatte ad esprimersi su questo stile – e Bologna: «[…] onde chi vuol fare il maestro di cappella, se esaminassi in Roma, è necessario passi per questa strada, quale per verità è un poco a' giorni nostri poco frequentata […] Il Delfini overo Delfino intiero su questo stile s'impegnò e pare habbia affascinato la Corte [?][…]; volendo mandar fuori a vedere se la nostra critica sia giusta, a dicono un certo Martino o S. Martini di Milano. […]» e più avanti: «voleva, per quel che sentii, l'esaminato tentar Bologna, ma io allora ne godevo, ma poi sento Napoli o Milano che credo in questo stile digiuni»[190].

Padre Martini consiglia a Chiti che: «Per ogni qualvolta il medesmo Delfini voglia ricorrere a Milano dal S. Martini, o a Napoli lasci correr tutto: una condizione sola io vorrei, ed è che lei, con li altri signori maestri censori non accettassero alcuna difesa se non in scriptis, e la ragione è per ché siccome al giorno d'oggi si compone più per una certa prattica che per veri fondamenti, ogni qualvolta, che debbano metter in scritto le loro raggioni, o si ritireranno perché non sono capaci, o diranno ragioni così scipite ed inconsistenti, che, da giudici facilmente diventeranno Rei, lasci pur che corrino […]». Più avanti, dopo aver approvato il metodo di Chiti che insisteva nel proporre un'Antifona come prova di concorso, padre Martini riprende il discorso biasimando coloro che non si attengono ai precetti del più severo contrappunto: «[l'Antifona] io la lascerei nelle sue note precise, come si trova nel Canto fermo perché, o sono capaci, o incapaci: se capaci, serve per maggior decoro di chi concorre, se non sono capaci, vadino a studiare, e così la povera Musica non andrà in rovina, come purtroppo succede: e se vogliono farla da bizzarri, ed ignoranti presuntuosi,

---

diò a Roma con il celebre Pitoni e dal 1727 entrò a far parte della basilica di S. Giovanni in Laterano, prima come coadiutore di Gasparini, poi come suo successore. Fu uno dei quattro 'esaminatori e maestri' della Congregazione di S. Cecilia. Tenne un fitto epistolario con padre Martini, in cui discuteva soprattutto di questioni di teoria della musica, ma oltre ai problemi scientifici trattati, sono importanti le notizie che il Chiti forniva in merito alla musica sacra che si faceva nella società romana del suo tempo. Egli indica insistentemente come proprio modello il Palestrina e nella *Divisione del contrappunto*, scritta nel 1713, elenca criticamente le diverse tendenze (Palestrina, Berardi, Scarlatti) della musica sacra del tempo. *Cfr.* Dizionario Biografico degli Italiani, Roma, Istituto della Enciclopedia italiana, 1960-, vol. xxv, pp. 53-56.

[190]. La questione che riguarda la musica ecclesiastica, legata alle grandi scuole italiane tradizionali, è complessa; la crescente commistione tra i generi e gli stili, la nuova prassi compositiva che contamina la severità e purezza dello stile antico, dava luogo a vere e proprie battaglie tra teorici e compositori, nel tentativo disperato di mantenere delle definizioni e dei confini. Molti degli elementi compositivi, in precedenza ritenuti tra loro incompatibili, scopriranno nello stile delle nuove generazioni le loro peculiari e complementari funzioni.

scrivano le loro raggioni, e così sempre più si scoprirà la loro ignoranza». Sammartini, tra coloro a cui il Delfini si poteva appellare in contrasto con il giudizio espresso da padre Martini, Chiti, *etc.*, viene quindi indirettamente considerato tra i 'bizzarri' della nuova scuola, che rifiutano l'osservanza di certe regole senza essere in grado di spiegare le proprie ragioni, anche se il rifiuto di un certo sistema implica che non si discuta poi proprio sulle basi dello stesso, per giustificare le proprie scelte. In ogni caso questa lettera indica come Sammartini venisse interpellato per problemi che riguardavano la pratica del contrappunto.

1760. Lettera di Johann Christian Bach a padre Martini

Lettera del 30 agosto 1760, n. 327; di Johann Christian Bach a padre Martini; Bologna, Civico Museo Bibliografico Musicale, Epistolario Martiniano, L.117.8; [74, n. 2767]

In una lettera del 30 agosto 1760 indirizzata a padre Martini, Johann Christian Bach annuncia due grandi accademie strumentali, organizzate dalla città di Milano, da tenersi a Casalmaggiore e a Mantova in occasione del passaggio della principessa Isabella di Borbone-Parma che si reca a Vienna per sposare all'arciduca Giuseppe d'Asburgo. Vi dovrebbe partecipare anche Sammartini, di cui Johann Christian Bach - a detta sua - teme fortemente il confronto, conoscendo il suo valore nel comporre musica strumentale (*cfr.* Tavole cronologiche, 1760): «Oltre che devo scrivere l'Opera per Turino come ebbi l'onore a dirci, sono ancora destinato d'andare tra pochi giorni a Casal maggiore e Mantua per dirigere due grandi Accademie Instrumentali, che dà la Città di Milano in occasione dello passaggio che farà in questi due luoghi, la Principessa di Parma. V. R. vede di ciò, che avendo dovuto fare tante Sinfonie e Concerti, non m'ha punto mancato della fatica, avendoci di più dovuto mettere ogni applicazione avendo insieme un Compositore forte, come S. Martino che V. R. conoscerà per fama ed assai bravo per questa sorte di Musica. Dio lo sa che Figura farò, però mi consolo quando penso che non è questo che mi deve fare Credito». Viene dato per scontato che Sammartini sia universalmente conosciuto e rispettato soprattutto per un determinato genere di musica, cosa che d'altra parte consola un po' il giovane Bach che in questi anni si orientava piuttosto verso il genere operistico.

1762. Carteggio tra Giovanni Battista Sammartini e padre Martini

Lettera di Giovanni Battista Sammartini a padre Martini dell'8 settembre 1762, Bologna, Biblioteca del Convento di S. Francesco, MS 53, p. 127

Lettera di padre Martini a Giovanni Battista Sammartini del 14 settembre 1762, Bologna, Biblioteca del Convento di S. Francesco, MS 53, p. 128.

L'argomento di discussione verte sulle prove di concorso (avvenute il 7 giugno) per l'incarico di maestro di cappella della chiesa di Santa Maria della Scala. Padre Martini viene interpellato in proposito da: Johann Christian Bach, Giovanni Andrea Fioroni (maestro di uno dei concorrenti, Carlo Monza), dal prevosto di S. Maria della Scala e, infine, da Sammartini (che probabilmente figurava tra gli esaminatori). Viene criticata da due degli esaminati (Chiesa e Monza) la lunghezza del segmento di *cantus firmus* da elaborare a quattro voci in stile antico; mentre il terzo candidato (Pietro Valle, che finisce assai prima degli altri il compito d'esame), viene accusato di aver conosciuto in anticipo, e dunque adeguatamente preparato, la prova assegnata. Martini risponde a Bach che il soggetto proposto poteva ben essere uno di quelli usati da Palestrina ([71, p. 64, nota 6], MS. 53, p. 75: «alle Fughe de nostri tempi, o de tempi poco lontani da noi, egli non ha carattere di Sogetto; Se poi lo prendiamo nello stile a Cappella praticato dal Palestrina, egli può benissimo esser un sogetto simile a quelli praticati dal Palestrina, il quale di qualunque Canto fermo ne formava a parte a parte i Sogetti delle Sue Messe, Inni, etc.»). Inoltre, in seguito alla lettera del prevosto di S. Maria della Scala - che chiedeva di esprimere un giudizio sulle prove d'esame - e dopo quella speditagli da Fioroni, padre Martini segnala come maggiormente meritevole Carlo Monza. Tuttavia, nel frattempo, la commissione d'esame aveva già assegnato il posto a Melchiorre Chiesa. Pare che, nonostante padre Martini si piegasse al giudizio della commissione, rispondendo a Sammartini che [71, p. 68, nota 16], MS. 53, p. 55: «I voti dei Periti sogliono per lo più essere non ellettivi, ma consultivi», in realtà non fosse rimasto soddisfatto della scelta, come risulta da una lettera a Fioroni nella quale si rammarica della mancata assegnazione del posto all'allievo di questi, Monza. Il carteggio scambiato tra i diversi personaggi sopra menzionati e le voci che sicuramente saranno circolate in proposito, spinse con ogni probabilità Sammartini a chiedere un definitivo chiarimento, di persona, a padre Martini (nella lettera che segue). Purtroppo non abbiamo la possibilità di trascrivere per intero anche la risposta di padre Martini[191].

«Molto Rev.do Padre Sig. mio [?]. Per mancanza d'occasioni, non di stima e di considerazione per la degna Persona di V. P. M.º Rev.da, non l'ho fin ora incomodata con mie righe. Abbisognandomi però una notizia, che unicamente da Lei posso aver veridica, debbo ora rompere un si lungo silenzio, cominciando col recarle un incomodo. Son qui diverse le opinioni circa il giudizio da V. P. M.º Rev.da pe'l concorso della Scala. Chi lo dice favorevole al B, e chi al C. Il fatto sta che quest'ultimo fu prescelto. Da Lei soltanto si può sapere se sia giusta, o no questa preferenza. La supplico dunque di tal grazia col maggior calore assicurandola che Le sono altrettanto obbligato quanto sono ammiratore delle sue rare qualità e virtù. Mi prometto dalla sperimentata gentilezza di V. P. M.º Rev.da questa notizia, della quale può esser certo che non ne abuserò. Mi sarà questa più grata se Ella si compiacerà

---

[191]. Non è stato possibile prendere direttamente visione di questi importanti documenti e dunque per queste e altre informazioni si rimanda all'articolo di Brofsky: [71]. Secondo l'opinione di Churgin e Jenkins [70, p. 10, nota 4], riportata da Brofsky [71, p. 66], la lettera non sarebbe autografa.

di accompagnarla con molti suoi riveriti comandi perché possa aver campo di manifestarle l'ossequio [?] .... Di Vostra Reverenza Umil.^{mo} Divot.^{mo} ed Obbl.^{mo} Servitor Gio: Batta S. Martino Maestro di Cappella».

1770. CHARLES BURNEY A MILANO

Il 16 luglio Burney avvia il resoconto del suo soggiorno a Milano, colpito dalla grandezza e popolosità della città e citando da subito Sammartini: [8, p. 76] «In this city, which is very large and populous, music is much cultivated. Signor Battista San Martini is organist of two or three churches here; I had a letter to him from Signor Giardini, which procured me a very agreeable reception. He is brother of the famous Martini of London, who so long delighted us with his performance on the hautbois, as well as by his compositions. The music of Signor Battista San Martini of Milan is well known in England.». Dopo alcune osservazioni sulle caratteristiche del Duomo [8, p. 77], descrive l'incontro con «Jean Andre Fioroni» (17 luglio); seguono cenni alle opere andate in scena al Teatro Ducale durante il carnevale e ai principali interpreti, cantanti e ballerini. Quindi [8, pp. 81-82] si adopra in una descrizione del teatro e dei deplorevoli costumi del chiassoso pubblico, che si acquieta solo al momento di ascoltare arie e duetti, e accenna brevemente all'orchestra: «The first violin was played by Lucchini: the band is very numerous, and orchestra large in proportion to the size of the theatre, which is much bigger than the great opera-house at Turin.». Segue, il 18 luglio, il resoconto di una visita alla [8, p. 84] Biblioteca e Pinacoteca Ambrosiana, con diversi commenti a riguardo e [8, p. 86] all'osservatorio astronomico di padre Boscovich. Il 19 luglio [8, p. 90] Burney accenna alla seconda opera che ha visto; seguono una gita in cima al Duomo e visite a S. Vittore e a S. Maria delle Grazie, con descrizione di alcuni dei costumi cittadini.

Con il 20 luglio Burney fornisce un quadro della presenza e dell'alto livello del dilettantismo musicale, a Milano, nel quale inserisce anche un interessante confronto tra le sinfonie 'milanesi' di Johann Christian Bach e quelle dello stesso autore pubblicate in Inghilterra [8, p. 91]: «A private concert in Italy is called an *accademia*; the first I went to was composed entirely of *dilettanti*; *il padrone*, or the master of the house, played the first violin, and he had a very powerful hand; there were twelve or fourteen performers, among whom were several good violins; there where likewise two German flutes, a violoncello, and small double base; they executed, reasonably well, several of our Bach's symphonies, different from those printed in England: all the music here is in MS. But what I liked most was the vocal part by *La Signora Padrona della Casa*, or lady of the house; she had an agreeable well-toned voice, a good shake, the right sort of taste and expression, and sung (sitting down, with the paper on the common instrumental desk) wholly without affectation, several pretty airs of Traetta.» [8, p. 92] «Upon the whole, this concert was much upon a level with our own private concerts among gentlemen in England, the performers were sometimes in and sometimes out; in general, however, the music was rather better chosen, the execution more brilliant and full of fire, and the singing much nearer perfection than we can often boast on such occasions; not, indeed, in point of voice or execution, for in respect to them our females are, at least, equal to our neighbours, but in the *portamento* or direction of the voice, in expression and in discretion.».

La giornata dovette risultare intensa per il viaggiatore inglese [8, p. 93] «The same day, Friday, July 20, there was music at three different churches [...]. [...]at the church of *Santa Maria Secreta*; it was a *Messa in musica*, by Signor Monza, [...]»; [8, pp. 95-96] «The second mass I heard to-day was composed by Battista San Martini, and performed under his direction at the church of the Carmini; the symphonies were very ingenious, and full of the spirit and fire peculiar to that author. The instrumental parts in his compositions are well written; he lets none of the performers de long idle; and the violins, especially, are never suffered to sleep. It might, however, sometimes be wished that he would ride his *Pegasus* with a curbbridle; for he seems absolutely to run away with him. Without metaphor, his music would please more if there were fewer notes, and fewer *allegros* in it: but the impetuosity of his genius impels him to run on in a succession of rapid movements, which in the end fatigue both the performer and the hearers.». Partecipavano all'esecuzione: il soprano Marchesini, l'eccellente tenore Ciprandi e inoltre «The band was but indifferent; the first violin was played by Zuccherini, who is reckoned here a good musician. I find performances of this kind but ill attended, no people of fashion are ever seen at them; the congregation seems to consist principally of the clergy, trades-people, mechanics, country clowns, and beggars, who are, for the most part, very inattentive and restless, seldom remaining in the church during the whole performance. San Martini is *Maestro di Capella* to half the churches in Milan, and the number of masses he has composed is almost infinite; however his fire and invention still remain in their utmost vigour.». E per concludere il veramente eccezionale venerdì 20 luglio [8, pp. 97-98]: «I was carried to one of the largest *accademia* of Milan, where there were upwards of thirty performers, and among them several good ones. Madame Dé sung; [...] The master at the harpsichord was Signor Scotti; two or three of Mr. Bach's overtures were played, and very much approved; and an excellent one of Martini, with a duet violin concerto of Raymond, a German, very well written, and, though difficult, well performed, by two violins of different powers, but both good in their way [...]. These were all *virtuosi* or professors, the rest of the band was made up of *dilettanti*.»

Sabato 21: visita a Palazzo Simonetta, in quel momento disabitato e quasi in rovina, famoso per il particolare effetto di eco che si produce tra le sue mura. Una riflessione avulsa da avvenimenti particolari (prima di una breve relazione sulla serata passata al Ducale [8, p. 102]) ci mette al corrente della vivacità della vita musicale a Milano, all'epoca: [8, p. 101] «The composers to be found in this city are innumerable. I was carried to-day to hear three ladies sing, who are sisters, and I found at their house Signor Lampugnani, who is their master: he lives constantly at Milan [...] There was at the same house a good performer on the violin, Signor Pasqualini, who accompanied the songs with great neatness and judgment».

La testimonianza che segue è di grande rilevanza, in quanto ci restituisce, da parte di un così fine ascoltatore e intenditore, un momento musicale di particolare bellezza, che si deve ancora una volta alla penna di Sammartini [8, p. 103]: «*Sunday* 22. This morning, after hearing the Ambrosian service in all its perfection, at the *Duomo*, I went to the Convent of *Santa Maria Maddalena*; I heard several motets performed by the nuns; it was their feast-day. The composition was by Signor B. S. Martini, who is *Maestro di Capella*, and teaches to sing at this convent. He made me ample amends for the want to slow movements in his mass on Friday, by an *adagio* in the motet of to-day, which was truly divine, and divinely sung by one of the sisters, accompanied, on the organ only, by another. It was by far the best singing, in every respect, I had heard since my arrival in Italy; where there is so much, that one soon grows fastidious». Entusiasta, Burney tornerà sul luogo per riascoltare la funzione [8, pp. 106-107]. Le pagine che seguono riguardano un'accademia allestita al Ducale, incontri con la nobiltà locale, alcune altre visite alla Biblioteca Ambrosiana, a S. Stefano, alle biblioteche e alle collezioni di quadri del conte Pertusati («Portusali», che viene citato soltanto nell'edizione del 1773) e del conte Firmian («Count Fermian», dal quale è invitato a pranzo), oltre ad alcune osservazioni di vario tipo sulla città. Curiosamente è solo nella seconda edizione (del 1773) che Burney torna a citare Sammartini, assieme a Fioroni e Lampugnani, nelle considerazioni finali, mentre nella prima edizione il *Diario* si interrompe con il 24 luglio e riprende al 26: [8 it., p. 107]: «Ripensai.... ed ai Signori Maestri Martini, Fioroni e Lampugnani, così versati nella pratica dell'armonia nella scuola lombarda».

Va aggiunto anche l'importante riferimento a Sammartini, questa volta in veste di esecutore (e compositore) all'organo, di cui Burney si ricorda nelle sue riflessioni sull'esperienza romana e altre note, incluse nella prima edizione a stampa del diario, tra il resoconto sul soggiorno a Roma (5-13 ottobre) e quello a Napoli (14-16 ottobre): [8, p. 289]: «But with regard to the organ, I have frequently heard it judiciously and spiritedly played in Italy. At Milan, San Martini has a way peculiar to himself of touching that instrument, which is truly masterly and pleasing».

1770. GIOVENALE SACCHI

Giovenale Sacchi cita Sammartini a proposito della difficoltà di eseguire a tempo e correttamente alcuni passi di musica: la citazione [per la cui segnalazione ringrazio Kathleen K. Hansell (Chicago, IL)] è molto pertinente, considerati il gusto di Sammartini per le figure ritmiche complesse (soprattutto nella musica da camera) e il carattere brioso di alcuni movimenti, che induce fin troppo facilmente a un accelerato tempo di esecuzione, come viene testimoniato anche da Burney. Al di là di ciò, molto interessante è per noi il riferimento ad una «Orchestra Milanese» che, indicata in tal modo, si delineerebbe come una vera e propria 'istituzione' cittadina.

Il vivo interesse, a Milano, per la musica strumentale orchestrale, è confermato da numerosi e vari indizi, ininterrottamente e per diversi decenni. Si considerino: il frequente impiego di orchestre durante le funzioni religiose (orchestre 'stabili', come a S. Ambrogio e orchestre invitate in altri casi); il costituirsi di gruppi di dilettanti accanto a quelli di professionisti, impiegati sia in accademie cittadine, sia in altre occasioni (*cfr.* Tavole cronologiche, 1724, 1742, 1748, 1758 e Testimonianze, Burney); iniziative pubbliche, quali quelle promosse dal Pallavicini, con l'allestimento di orchestre di addirittura 60 elementi (*cfr.* Tavole cronologiche, 1749 - 1752); la sentita esigenza di costituire, nel 1758, un'Accademia Filarmonica ([70, Introduction, ill. 10] «non solo a particolare piacere degli accademici, quanto per ornamento di questo pubblico, e per più facile adestramento della civile Gioventù alla musica inclinata»; *cfr.* Tavole cronologiche, 1758, 1760); il naturale, progressivo, consolidarsi di quel gruppo di strumentisti che, ad esempio nelle trasferte a Casalmaggiore e Mantova (1760) e a Pavia e Cremona (1765), venivano già individuati come i 'Professori di Sinfonia' o i 'Sinfonisti Milanesi'. Tutto ciò permette di individuare nell'«Orchestra Milanese», che per Sacchi è realtà universalmente nota e già da anni apprezzata per l'altissimo livello raggiunto, il naturale sbocco di un importante percorso. Manca l'ultimo anello di congiunzione tra i dati esposti sopra e - forse - l'effettiva costituzione, anche giuridica, di una tale istituzione. Colpisce, infine, l'immagine vivissima di Sammartini in ascolto, mentre i suoi affiatati orchestrali eseguono composizioni sue e di altri: [7.2, pp. 26-27] «Le Sonate del nostro Sig. Gio. Battista Sammartini [è possibile che, in questo contesto, Sacchi si riferisca a composizioni orchestrali, oltre che cameristiche], che a noi tanto piacciono, non sono per la ragione del Tempo delle più facili a sonare. Forse perciò meno perfettamente si eseguiscono da' nostri Professori? Essi appieno satisfanno alla delicatissima orecchia del famoso Autore, che presente le ascolta; e generalmente e in queste, e in tutte le composizioni degli altri sogliono insieme andare con tanta concordia, che egli è un diletto non pure ad udirli, ma sì eziandio a starli a vedere, perché pare, che una sola mano spinga, e ritragga tutti gli archi. Bene è il vero che l'Orchestra Milanese è delle più celebri d'Italia, già è gran tempo; la qual lode quanto appresso di noi è più antica, tanto è da curare con maggior diligenza, che non languisca, e perdasi. Ma quello, che da alquanti si sa, qual difficoltà è, che dagli altri similmente fare si possa, quanto studio vi pongano?»

1776 - 1789. Charles Burney, A General History of Music

È bene confrontare i giudizi sulla musica di Sammartini dati da Burney 'a caldo', nel corso dei suoi viaggi, con le notizie brevi che fornisce nella sua *General History of Music*. Nei 18 anni trascorsi tra il soggiorno italiano del 1770 e la pubblicazione di quest'opera, il panorama musicale è cambiato e sono emersi molti nuovi e valenti musicisti di cui Burney rende conto. Subito dopo Sammartini, largo spazio viene dato, ad esempio, a Boccherini. Di Sammartini, nella sezione dedicata a *The Violin in Italy from the XVI Century*, si riassumono i tratti fondamentali [14, III, p. 573]: «Battista San Martini, of Milan, though the violin does not seem to have been his instrument, produced for it an incredible number of spirited and agreeable compositions, between the year 1740 and 1770, when I saw him at Milan; at which time he was maestro di capella to more than half the churches in that city, for which he furnished masses upon all the great festivals. He was brother to the celebrated player on the hautbois, whose perfomance and compositions were so long and so justly admired in London».

In un altro punto, in cui si tratta brevemente delle sonate a tre di Pergolesi, Sammartini viene considerato tra coloro che diedero inizio a un nuovo stile, cioè il primo stile classico [14, IV, p. 557]: «If the Sonatas ascribed to Pergolesi, for two violins and a base, are genuine, which is much to be doubted, it will not enhance their worth sufficiently to make them interesting to modern ears, accustomed to the bold and varied compositions of Boccherini, Haydn, Vanhal, &c. They are composed in a style that was worn out when Pergolesi began to write; at which time another was forming by Tartini, Veracini, and Martini of Milan, which has been since polished, refined, and enriched with new melodies, harmonies, modulation, and effects».

1812. Giuseppe Carpani, Le Haydine

Giuseppe Carpani[192] doveva conoscere bene la musica di Sammartini, come emerge dai suoi scritti, e forse ebbe contatti diretti con lui. Riporta per lo più notizie di prima mano e, con apprezzabile atteggiamento di storico e biografo scrupoloso, offre le prime considerazioni propriamente analitiche e storiche sulla figura di Sammartini, rispetto ai giudizi più o meno estemporanei dei 'viaggiatori'.

Cita Sammartini tra i primi compositori che si dedicarono interamente alla musica strumentale [20, pp. 10-11] (a differenza di Burney che considerava Sammartini principalmente come musicista di chiesa, anche se aveva avuto occasione di lodare la sua abilità nello scrivere per strumenti), ma per quanto riguarda, ad esempio, il suo ruolo nell'evoluzione del genere sinfonico, fornisce un giudizio piuttosto confuso e che viene inserito più che altro per ribadire i meriti di Haydn nel portare «a un apice di tale perfezione» [20, p. 11] le prime innovazioni ascrivibili a Sammartini.

[20, p. 32] «(Haydn) faceva attenzione a quanto udir poteva di lodata musica d'altri autori. A questo modo, imparando da tutti e non procedendo sotto l'immediata direzione di nessuno, giunse a formarsi uno stile tutto suo. Se ne possono trovare, in quanto alla teoria, de' semi nel sullodato [Carl Philipp Emanuel] Bach, in quanto alla condotta nel Fux e nel

---

[192]. Giuseppe Carpani (1752-1825), librettista, musicografo, commediografo, poeta e scrittore; comasco di nascita, visse a Vienna dopo l'occupazione francese della Lombardia e strinse contatti e amicizie con diversi musicisti, tra cui Haydn, Beethoven e Rossini. Cfr. Pestelli, Giorgio. 'Carpani, Giuseppe', in: *Dizionario Enciclopedico Universale della Musica e dei Musicisti*, 13 voll., diretto da Alberto Basso, Torino, UTET, 1983, *Le Biografie*, vol. II (1985), p. 120.

Porpora, e per la parte ideale, di molto bei cenni nelle opere del milanese Sammartini, del Jomelli, e di qualche altro de' contemporanei sinfonisti».

[20, pp. 58-60] «Ella è osservazione certa, che l'incontro di molti grandi ingegni in un'epoca stessa serve allo sviluppo ed aumento d'ognuno di essi […]. Vivevano, allorché l'Haydn incominciò la sua carriera, in Germania ed in Italia […] uomini distintissimi nella professione; né vivevano invano per lui, che tutti li osserva, e da tutti prender sapeva il buono e il meglio […]. Erano questi, per tacer di molti altri, il Tartini in Padova, […] il maestro Vivaldi […]; in Vienna il Toeschi e lo Stamitz […]; e viveva il Gasmann. Né van passati sotto silenzio lo Starzer […], l'Abel […], Telemann […], il Teller […], il Birch […], il Gallo […], il Mann […], il Wogenzeil […], il Boccherini […], il Pugnani […], il Reüter […], Jommelli […], il Benda […], Wanhal».

[20, p. 61] «Di quanti sopra ho nominati e di quanti altri per brevità tralascio, nessuno io credo somministrò più occasione di meditare e di osservare al nostro Haydn, che il già nominato Emanuele Bach, il milanese Sammartini, ed il lucchese Boccherini. Haydn confessava il moltissimo che doveva al primo di questi. Lasciava intendere che ponderate aveva le squisite composizioni del terzo; ma più volte mi disse di non dover nulla al secondo, aggiungendo di più, ch'egli era un imbroglione».

L'influenza stilistica di Sammartini su Haydn, evidente per Carpani, veniva decisamente respinta da Haydn stesso, in un momento in cui (al tempo cioè della stesura delle *Haydine*) Sammartini era probabilmente considerato un compositore ormai fuori moda, offuscato proprio dal «sole Haydiniano», come dice Carpani stesso [20, p. 11]. Carpani tuttavia contrasta l'affermazione di Haydn con diverse argomentazioni[193]:

[20, pp. 61-62] «Io però ne appello a chiunque vorrà imparzialmente esaminare le prime composizioni dell'Haydn, e confrontarle con quelle del Sammartini. Vedrà egli di quante idee, di quante bizzarrie e di quante invenzioni di questo rinomato scrittore si giovasse l'Haydn, non già da vile plagiario, ma da maestro. Ad un ingegno come il suo bastava l'udire per imbeversi, anche senza una volontà determinata, di quanto lo colpiva». E più avanti: [20, p. 62] «Io non mi dimenticherò mai che, 30 anni sono, trovandosi il Mislivicek in Milano ad un'accademia, e sentendovi alcune vecchie sinfonie del Sammartini, della cui musica non aveva in prima contezza quel valente Boemo, proruppe, me presente, in questa esclamazione: =ho trovato il padre dello stile d'Haydn!=. Nel che, per dir vero, il Mislivicek disse troppo. Lo stile d'Haydn, considerato complessivamente, è tutto suo, tutto nuovo, e, dirò così, di getto. Il maestro Venceslao Pichl inclinava anch'egli alla opinione del suo patriotto, ma non la portava tant'oltre». L'Haydn potè contrarre facilmente il gusto del Sammartini, ed imitarne le mosse, il fuoco, il brio, e certe belle stravaganze che regnano in quella musica piena d'idee e d'invenzioni. Osservate nel primo quartetto di Haydn in beffà,

---

[193]. *Cfr.* sull'argomento l'articolo di Bathia Churgin [82].

al principio della seconda parte del primo tempo, quel movimento di secondo e viola; e voi che conoscete lo stile del Sammartini, dite se quello non gli rassomiglia».

E a riprova del fatto che Haydn ebbe occasioni concrete per ascoltare e assimilare la musica di Sammartini: [20, pp. 66-67] «Mi resta a spiegarvi come l'Haydn di Vienna potesse trar profitto dai parti originali e numerosi del Sammartini di Milano. [...] Prima del Pallavicini era stato governatore della Lombardia Austriaca il conte d'Harrach. Questi aveva il primo portato a Vienna la musica del Sammartini, la quale subito ottenne applausi e voga in quella gran capitale così amante d'un tal genere di passatempi. Il conte Palfi, gran cancelliere d'Ungheria, il conte Schönborn e il conte Mortzin facevano a gara in procurarsene della nuova, e la sfoggiavano in que' loro concerti quasi giornalieri. L'Haydn, giovinetto e studioso, potè e dovette udirla più volte, e più ancora quando passò dal servizio del conte Mortzin a quello del principe Niccola Esterhazy, dove se ne riceveva di nuova ogni mese, atteosché il Principe fissato aveva al suo servizio, siccome il conte Palfi, anche la lontana penna del Sammartini. Sino allo spirare di questo maestro vi fu in Milano un banchiere per nome Castelli, destinato dal Principe a pagargli otto zecchini d'oro per qualunque composizione gli desse per sua Altezza. Sammartini doveva darne almen due al mese; ma era in sua balìa il fornirne di più, al prezzo indicato. Io mi sovvengo benissimo d'aver udito nella mia gioventù il banchiere lagnarsi col Sammartini, già fatto vecchio e pigro nello scrivere, che da gran tempo non gli avesse dato nulla per Vienna, da dove gli venivano fatte continue ricerche; al che il Sammartini sogghignando soleva rispondere: = farò, farò; ma il cembalo m'ammazza=. Ciò nonostante il solo archivio musicale di casa Palfi vanta più di mille composizioni di questo autore».

Carpani rafforza il suo giudizio su Sammartini con quelli espressi da tre grandi personalità dell'epoca: [20, p. 65] «Acciò non crediate che una particolare prevenzione mi porti ad esaltare di tanto il Sammartini, vi recherò il giudicio di tre celebri conoscitori a lui coevi. L'uno si era il filosofo Rousseau, l'altro il dottissimo Burney, e l'ultimo il Quantz. Il primo nel suo Dizionario di musica, alla pag. 66, parlando di composizioni eccellenti, non ne nomina veramente che due. Un adagio (dic'egli) di Tartini, un andante di Sammartini; e di fatti questi suoi andanti eran degni d'Anacreonte. Il secondo lo nomina più volte nel suo Viaggio musicale. Eccovene alcuni squarci [...]. Mi perdoni il mio Haydn; ma l'uomo di cui Burney poteva parlar così, non era certo un imbroglione, né il compositore da cui prender nulla [...]. [20, p. 67] L'ultimo degl'indicati autori che esaltano il Sammartini si è il Quantz, che, favellando de' suoi viaggi in Italia, dice d'aver udita la musica del Sammartini in Milano superiore a quella di qualunque altro maestro di quella capitale; ed avvertite che ci vivevano di que' tempi un Palladini, un Vignati, un Lampugnani, un Fioroni».

Ma arriva anche il momento in cui mettere in evidenza alcune 'pecche', anche se frammiste ad ammirate osservazioni di altro tipo, che necessitano di un'approfondita riflessione: più sorprendente di tutte è la supposizione della scarsa conoscenza del contrappunto da parte di Sammartini: [20, pp. 62-63] «ma l'Haydn era troppo buon contrappuntista, e troppo amico dell'ordine e di quella regolata condotta che si trova in uno stile puro e ragionato, per imitare di proposito quel capricciosissimo Milanese, che nel creare non badava più che tanto alla tessitura, ma seguitava all'impazzata gl'impeti della sua fervida fantasia, e quindi aveva qua e là de' lampi bellissimi, contigui a masse disordinate e di colore indeciso»;

e più avanti: [20, pp. 63-64] «Sammartini, siccome l'Haydn, dotato di una mente creatrice, imparò il contrappunto da sè e si diede a scrivere musica strumentale, singolarmente dei trio e delle sinfonie. Il generale Pallavicini, governatore di Milano, gli fece comporre le prime sinfonie a grande orchestra. Si sonavano esse in pien'aria sulla mezzaluna della cittadella, a divertimento dei cittadini che a diporto trovavansi nella sottoposta spianata le sere d'estate. Il Paladini, che morì troppo giovane, il Lampugnani, che il primo cominciò a lussureggiare negli accompagnamenti delle arie, ed altri, gareggiavano su quel parapetto, divenuto sede e teatro di una guerra tutta piacevole, col Sammartini, il quale tutti li vinse per la copia, il fuoco e la novità, sebbene rimanesse molto al di sotto del Paladini e degli altri per la scienza degli accordi».

E infine: [20, p. 64] «Fu in quelle sinfonie che si sentì per la prima volta il giuoco separato delle viole, che da prima sonavano col basso; e che udironsi movimenti continuati di violini secondi, i quali si fecero con bella novità scorrere per un modo tutto diverso da quello dei violini primi. Anche il Sammartini aveva pratica cognizione di tutti gli strumenti, e fu da lui che la apprese il Gluck, stato per più anni suo scolare. Se a questi pregj unito avesse il Sammartini una più fondata teorica e una maggiore applicazione, avrebbe avuto l'Italia il suo Haydn prima che lo avesse l'Alemagna».

Più che discutere sul fatto se Sammartini sapesse o meno il contrappunto, rileviamo la tendenza a ricorrere a un'opinione divenuta comune[194], senza però che con essa si riuscisse ad esprimere effettivamente la realtà. Poteva un compositore così versatile, attivo e abile,

---

[194]. Aneddoti e giudizi analoghi li ritroviamo espressi anche per altri compositori contemporanei. Un parallelismo con queste problematiche è già stato rilevato dall'analisi del carteggio tra Chiti e padre Martini (*supra*) e per citare qualche altro esempio: a detta di Burney (*cfr.* BROWN, Bruce Allan - RUSHTON, Julian. *Op. cit.* - vedi nota 63 -; la citazione si trova in: BURNEY, Charles. 'Sketch of the Life of Haendel', in: *An Account of the Musical Performances in Westminster Abbey and the Pantheon, May 26th, 27th, 29th; and June the 3rd and 5th, 1784*; London, 1775), Haendel, dopo aver ascoltato nel gennaio 1746 *La caduta dei Giganti*, avrebbe osservato che «[Gluck] knows no more of contrapunto as mein cock [?cook]». Nel giudizio di La Borde [13, III, cap. IV, p. 194] su Lampugnani si legge: "Professeur estimé parmi les Modernes. Il a excellé dans la partie du chant, & a dû plus à la nature que a l'étude. Lampugnani s'appliqua fortement à tirer un nuveau partie des instruments. C'est par conséquent à lui qu'on attribue la nouvelle manière qui s'est introduite de nos jours». Anche queste testimonianze indicano come, in delicati momenti di cambio di stile e di gusto, sia facile che sorgano incomprensioni dovute all'impiego di parametri di valutazione legati a concezioni compositive tra di loro

giudice di concorsi in Duomo e in altre chiese, nonché organista e insegnante, avere delle reali carenze in fatto di teoria e contrappunto? Sembra piuttosto che ci si trovi di fronte a una critica nei confronti del modo di comporre più libero e moderno di Sammartini che in alcuni momenti arrivava a colpire la sensibilità del pubblico. Evidentemente non tutte le 'bizzarrie' potevano essere accettate senza riserva da chi, per altro, non avendo termini per definire un disagio di nuova invenzione, non poteva che ricorre a vecchi termini e modi di dire per esprimerlo. Carpani era inoltre già a conoscenza della capacità dei compositori più giovani di utilizzare e conciliare elementi diversi e di organizzare efficacemente la struttura melodico-tematica con le strette regole della teoria antica; è dunque possibile che notasse ancor di più la mancanza di compromessi dello stile sammartiniano, in piena rottura nei confronti della tradizione. Emerge dunque la difficoltà nell'inquadrare e considerare l'importante ruolo del compositore di transizione, capace di esaurire possibilità che verranno poi abbandonate e, allo stesso tempo, in grado di suggerire altre strade da seguire. Non bisogna infatti dimenticare il merito di Sammartini nell'aver saputo creare quello stacco tra epoca ed epoca che permetterà alla generazione successiva di attingere di nuovo dal passato.

Carpani elenca una serie di innovazioni nella tecnica della composizione per strumenti che si devono a Sammartini (oltre alle «idee, bizzarrie e invenzioni», alle «belle stravaganze» e alla «novità»). Si tratta di espedienti da lui messi in particolare risalto, indizio della vicinanza del compositore ai problemi più attuali della tecnica violinistica della sua epoca: [20, p. 63] «Devesi a lui l'uso del mordente, delle note sincopate, delle contro-arcate, e delle punteggiature continuate; le quali grazie, se pure si conoscevano, non erano in grande uso: egli le introdusse nel violino, com'è facile rilevare dalle sue composizioni, confrontate con quelle dei precedenti scrittori».

Aggiunge qualche notizia sulle composizioni vocali di Sammartini, anche se poco esauriente: [20, p. 63] «È cosa ben rimarchevole, che anche il Sammartini non fu al pari dell'Haydn sì felice nella musica vocale, come lo era nella strumentale. Eccitato dai generali voti della sua patria, compose un'opera seria per quel teatro, e non piacque punto. Chè anzi era egli il primo a burlarsi di sè medesimo quando si rammentava della sua produzione. Fu però essa la prima e l'ultima di tal genere, mentre non volle più

---

incommensurabili. Hawkins osserva invece, a proposito di Giuseppe Sammartini: [11, II, p. 895]: «The merits of Martini as a composer of music in many parts, where unquestionably very great. He had a fertile invention, and gave into a style of modulation less restrained by rule than that of his predecessors, and by consequence affording greater scope for his fancy. Those who ascribe his deviation from known and established rules to the want of musical erudition, are grossly mistaken; he was so thoroughly skilled in the principles of harmony; and his singularities can therefore only be ascribed to that boldness and self-possession which are ever the concomitants of genius; and in most of the licences he has taken, it may be observed that he is in a great measure warranted by the precepts, and indeed by the example, of Geminiani».

comporre pel teatro; e, fuori di qualche oratorio sacro, non abbiamo di lui altra cosa drammatica»[195].

La musica sacra offre infine l'ultima occasione per paragonare i due compositori: [20, p. 146] «L'Haydn, che conobbe di buon'ora e la tisichezza della musica ecclesiastica degli antichi, e il lusso profano degli Italiani, non che il genere monotono e non bastantemente espressivo di quella de' suoi compatrioti, pensò a farsi una maniera tutta sua e tutta nuova, col prender nulla o poco della melodia teatrale; ma conservando nella solidità dell'armonia una parte de' pregi dell'antica scuola, seppe unire insieme un gran giuoco d'orchestra e cantilene enfatiche, grandiose, solenni, ed altre, dove il senso lo comportava, tenere, divote, dignitose o brillanti, sparse qua e là di fiori e di grazie. Il Sammartini lo aveva anche in questo preceduto, [...] ed incontrò le stesse critiche dell'Haydn, essendo prima di lui caduto egli pure negli stessi errori [...]. Le Messe dell'Haydn, scritte a questa maniera, rapiscono per quel misto di grave, d'ameno, di scolastico, d'immaginoso e di pio che le caratterizzano».

Dopo aver tanto parlato di Haydn, Carpani ci fornisce in due righe un'altra notizia interessante, approfondita e verificata in seguito dagli studiosi: [20, p. 64-65] «Egli [Sammartini] come dissi, fu maestro del Gluck per dieci anni; e basta confrontare la musica strumentale di Gluck con quella del maestro per capire quanto gli dovesse».

Altri contributi

Tra i dizionari, i lessici e le enciclopedie, notiamo che Sammartini comincia a comparire già nel Settecento e poi ai primi dell'Ottocento; seguirà quindi un momento di assoluto silenzio su di lui, in cui sembrerà essere stato completamente dimenticato anche dagli italiani stessi, per poi ricomparire alla fine dell'Ottocento ed acquisire sempre maggiore importanza, grazie agli studi avviati su di lui. Verranno citati solo i dizionari più importanti e che riportano le annotazioni più estese.

Charles-Henri de Blainville [3], che confessa di non essere mai stato in Italia, conosce il nome di Sammartini e lo cita per elogiare le sue sonate a tre, all'interno di una disquisizione sul 'Genere Sonabile' in cui vengono nominati innanzitutto Vivaldi e Tartini: «Quelques Trios de Martini, Locatelli, Besozzi, valent bien encore qu'on y fasse attention [...]».

---

[195]. Sembra strano che Carpani non ricordi altra composizione drammatica di Sammartini, è tuttavia interessante il bozzetto che ci fornisce, di un Sammartini spiritoso tanto da essere pronto a ridere dei suoi insuccessi: un aneddoto che contribuisce a definire una personalità senz'altro pronta a tentare qualche novità e altrettanto pronta a giudicarla come un tentativo che in ogni modo non intacca i successi avuti altrove e la sicurezza del suo mestiere.

JEAN JACQUES ROUSSEAU [7, p. 27] cita Sammartini nel suo *Dictionnaire* del 1768, sotto la voce «Adagio» e non per indicare la sua bravura nello scrivere *Adagi*, ma piuttosto perché era evidentemente un nome noto a tutti e si prestava all'esempio che Rousseau voleva fare: «Le mot Adagio se prend quelquefois substantivement, & s'applique pour métaphore aux morceaux de Musique d'ont il détermine le mouvement [...] l'on dira: un *Adagio* de Tartini, un *Andante* de S. Martino, un *Allegro* de Locatelli».

Le notizie biografiche date da LA BORDE [13, III, p. 233] nel 1780, non sono molte, ma precise: «Sammartino, Maître de chapelle au service de l'Archiduc de Milan, Compositeur d'une grand réputation. Sa musique instrumentale est estimée et répandu, même en Allemagne. Il a composé des opéra autrefois: actuellement il ne travaille que pour l'église».

Nel lessico di GERBER [15, ristampa anastatica, I, A-Z, coll. 892-893, 'Martini'] sono riportate notizie che erano già note attraverso Burney e Quantz sulla sua attività e i generi musicali da lui trattati: sinfonie, composizioni da camera e un numero di messe praticamente infinito: «für das Theater hat er schon lange nicht mehr gearbeit». Una notizia interessante è che: «In Deutschland sind außer ein Paar Dutzend Sinfonien, 6 Violinconzerte, und auch verschiedene Operarien von ihm in Manuscript».

Nei complementi al lessico di Gerber, J. F. REICHARDT [16, ristampa anastatica, IV, coll. 72-73, pp. 56-59 della ristampa anastatica], alla voce 'Gluck (Christoph)', riporta un brano che dice aver trovato in un manoscritto francese scritto per mano di un cavaliere viennese: «Ausser dem Anekdoten [...], erzählt das von mir liegende französische Manuscript von der Hand eines Kavaliers in Wien noch folgende: 'Gluck der im Jahr 1738 in dem Hause des Prinzen Melzi in Mayland als Musiker engagirt war, und schon verschiedene Beweise von seinem musikalischen Genie gegeben hatte, wurde aufgefordet, eine grosse Oper fürs Mayländische Theater zu komponieren [...]'»). Si tratta di un aneddoto che riguarda, a cui era stata commissionata un'opera per il teatro milanese[196]. Secondo la fonte citata da Reichardt: «Gluck war ein vertrauter Freund von Sanmartino, der damals einen grossen Namen hate und zu Mayland lebte», lasciando intendere che tra i due musicisti, più che la gerarchia di un rapporto tra maestro e allievo, vi fosse un'amicizia alla pari.

Proseguendo con l'aneddoto: «Gluck [...] entfernte er sich von der gewöhnlichen Bahn der andern Komponisten seiner Zeit und schrieb eine ganz expressive Musik. Ein Genre, worin er nachher so sehr excellirte, und welches er so zu sagen erschaffen hat». Tuttavia, alla prima prova in teatro risultò che: «Die Ohren der Zuhorer waren an dieses Genre nicht gewöhnt, und alle lachten in ihren Bart und hielten sich über den jungen Komponisten auf». Secondo l'aneddoto, l'espediente ritrovato da Gluck fu quello di comporre 'alla maniera italiana' un'ultima aria che gli era rimasta da fare: «ganz nach den Wünschen der Italiäner, die dieses lieben, weil sie im Theater nur ein superficielles

---

[196]. Saint-Foix [33, p. 30] individua l'opera nell'*Artaserse*, rappresentato a Milano il 26 dicembre 1741 e commenta il brano riportato da Reichardt. Un altro commento, di Bathia Churgin, si trova in [75, p. 117, nota 2]..

Vergnügen suchen, ohne die Arbeit zu ergründen, und auf das Ganze zu achten». L'aria fu creduta essere di Sammartini e Gluck non smentì questa voce che aiutò l'opera ad avere successo, ma quando il pubblico cominciò ad apprezzare le altre arie e a notare la differenza con questa, tanto da dire che rovinava l'opera, allora, sempre secondo la fonte: «Nun rächte sich Gluck und bestärkte das so voreilig errathende Publikum in der Meinung, jene Arie sey wirklich von Sammartino».

È impossibile risalire alla verità, dietro a questo racconto in cui confluiscono molti elementi, non ultimo la critica piuttosto di parte, di Reichardt, nei confronti della musica italiana e del pubblico ad essa abituato. L'amicizia di Gluck con Sammartini e la 'vendetta' sul pubblico sfruttando il suo nome, sono poi due note in evidente contrasto. Si sa invece che Gluck riprese la musica di Sammartini in due lavori drammatici successivi: il I movimento della sinfonia J-C 44, quale overture de *Le Nozze d'Ercole e d'Ebe* (Dresda, 1747) e il finale della sinfonia J-C 57 in *La Contesa dei numi* (Copenhagen, 1749) e questo veniva spesso considerato come omaggio, più che come plagio.

I biografi tedeschi di Haydn citano Sammartini solo brevemente e all'interno di notizie e aneddoti che verranno poi riprese da Carpani. GEORG AUGUST GRIESINGER (1769 - 1845) [18, p. 648] scrive nel suo articolo: «[...] Dem Verfasser dieses wurde mit vieler Zuverlässigkeit erzählt, der Violinspieler Misliwezech, ein Böhme von Geburt, habe während seines Aufenthalts in Mayland Quartetten auffühten gehört, und als ihm der schon siebenzigjärige Johann Baptista Sammartini als Komposítor derselben genannt wurde, habe er ganz erstaunt ausgerufen: Endlich kenne ich den Vorganger Haydns, und das Muster, nach welchem er sich gebildet hat!».

La voce 'San-Martini ou Martino' del dizionario CHORON-FAYOLLE del 1811 [19, II, p. 267] è in sostanza la traduzione francese di quanto riportato in Gerber.

Nella *Nuova Teoria di musica* di CARLO GERVASONI [22, p. 32], stampata a Parma nel 1812, si trova citato Sammartini genericamente tra i musicisti del XVIII secolo («i milanesi Giuseppe Paladini e Giambattista San Martino»)[197], mentre il suo nome viene taciuto nella *Descrizione generale dei Virtuosi Filarmonici Italiani, che sono fioriti dall'Epoca gloriosa della nostra Musica fino al presente* [22, pp. 77-302], dove sono citati invece anche alcuni dei suoi contemporanei milanesi, come Melchiorre Chiesa, Giovanni Andrea Fioroni, il fagottista Gaetano Grossi, Felice Giardini, Giovanni Battista Lampugnani, Luigi Marchesi, Carlo Monza, l'abate Isidoro e Gaetano Piantanida, Gaetano e Pietro Piazza, Agostino Quaglia.

PIETRO LICHTENTHAL [23, II, p. 198][198], cita curiosamente Sammartini all'interno della voce: «SINFONIE A PROGRAMMA, od ISTORICHE, e se si vuole anche PITTORICHE, chiamansi quelle che

---

[197]. Per altri musicisti, ma non per questi due, Gervasoni aggiunge delle note. Tra i musicisti citati [22, pp. 28-32] figurano Corelli, Geminiani, i Somis, Locatelli, Veracini, Albinoni, Tartini, Torelli, Marcello, Caldara, A. Scarlatti, Leo, Feo; tuttavia sono taciuti alcuni nomi importanti, come quello di Vivaldi. Più avanti si tratta di Pergolesi, della scuola tartiniana, di operisti come Jommelli, Piccinni e Sacchini.

[198]. Si ringrazia Maria Grazia Sità (Milano), per la segnalazione della notizia.

dipingono oggetti storici. Il Sammartini ed altri, e dopo di loro anche il Dittersdorf ne hanno composte varie. Le *sette parole* di Haydn appartengono pure a questa specie di sinfonia».

FRANÇOIS JOSEPH FÉTIS, nella sua *Biographie universelle* [24, VII, pp. 31-32 / 388], fornisce un ritratto di Sammartini frammentario e contraddittorio, descrivendolo come compositore originale e pieno di talento, fecondo e buon organista, ma sminuendone i meriti col dire che non ebbe una formazione musicale vera e propria e che si comportò sempre in modo inconcludente, morendo in povertà: «Sammartini ou San Martin (Jean-Baptiste), compositeur distingué, naquit à Milan vers la fin du dix-septième siècle, ou dans les premières années du dix-huitième[199]. Homme de génie, il était né pour l'art; mais son éducation fut négligée, et il n'eut point d'autre maître que lui-même pour l'harmonie et le contrepoint[200]. La nature lui avait donné particulièrement le genre d'imagination convenable à la musique instrumentale; sans modèle, il composa un nombre immense de trios, de quatuors et de symphonies, où, parmi beaucoup de choses communes et négligées, se trouvent à chaque instant des traits pleins d'invention et de charme. Organiste de deux ou trois églises[201], et maître de chapelle du couvent de femmes appelé *Sainte-Marie-Madeleine*, à Milan, il vivait encore dans cette ville en 1770, lorsque Burney la visita. Il écrivait des messes pour les religieuses de ce couvent, et leur donnait des leçons; mettant à tout ce qu'il faisait la même insouciance, la même *laisser aller* qu'il avait eu dans toute sa vie, et qui le laissait, à ses derniers jours, dans la position peu fortunée où il avait toujours vécu[202]. Le général Pallavicini, gouverneur de Milan, lui commanda sa première symphonie à grand orchesstre, qui fut exécutée en 1734[203], et qui excita l'enthousiasme de l'auditoire. Plusieurs musiciens de mérite ont remarqué une singulière analogie qui se trouve entre les formes des symphonies de Sammartini et les premiers ouvrages de Haydn en ce genre, et l'on rapporte que Mysliveczeck étant à Milan dans un concert, et entendant pour la première fois les vieilles symphonies[204] de Sammartini, s'écria: *J'ai trouveé le père du style de Haydn.*

---

[199]. Si sa che in realtà nacque nel 1700 o nel 1701.

[200]. Non si sa nulla di preciso della sua educazione, ma da diversi elementi quali: l'attenzione del padre, Alexis, per l'educazione dei figli (come si evince dal testamento); il fatto che Sammartini venisse citato come 'Maestro di cappella' già a partire dal 1724 (a differenza del fratello maggiore al quale non viene attribuito tale titolo) e usasse apporre questo titolo alla firma; il fatto che facesse parte di commissioni giudicatrici in Duomo e in altre chiese milanesi, disquisendo di questioni inerenti lo stile osservato, si è portati a pensare che quest'affermazione sia infondata e si basi su un'interpretazione personale di alcune affermazioni di Carpani.

[201]. La fonte di questa affermazione è Burney.

[202]. Ciò non risulta da alcun documento, mentre invece si ha testimonianza dei grandi onori con cui venne celebrato il suo funerale. Il governo asburgico non riscontrò motivazioni sufficienti per elargire alla vedova, che l'aveva richiesto, un sussidio straordinario, anche se -per i meriti del compositore e il fatto che era stato maestro di musica dell'arciduchessa -, le accordò una pensione annua (*cfr.* TAVOLE CRONOLOGICHE, 1773 e 1775).

[203]. Per le rettifiche a questa notizia riportata da Carpani e Fétis, *cfr.* TAVOLE CRONOLOGICHE, 1734.

[204]. Questo ci permette di individuare la fonte di Fétis in Carpani [20, p. 62], anziché in Griesinger [18, p. 648], che riporta l'aneddoto come se il compositore boemo avesse ascoltato dei quartetti di Sammartini, invece che delle sinfonie.

Le comte de Harrac, gouverneur de la Lombardie autrichienne, fut le premier qui porta la musique de Sammartini à Vienne, où elle obtint un succès de vogue. Les comtes de Palfy, de Schoenborn et de Morzin, ainsi que le prince Esterhazy, ne négligèrent rien pour se procurer tout ce qu'il écrivait, et ce dernier donna mission à un banquier de Milan, nommé Bastelli[205], de payer à Sammartini huit sequins d'or pour chaque nouvelle symphonie dont il fournirait le manuscrit. Ce compositeur s'essaya aussi dans la musique de théâtre, mais n'y réussit pas. Le *Catalogue Thématique* de Breitkopf (Leipsick, 1762, p. 21) indique les thèmes de dix-huit symphonies de Sammartini, et le supplement (*ibid.*, 1774, p. 14) en fait connaître trois autres. Dans les mêmes catalogues, on trouve les thèmes de trente-six trios pour deux violons et basse; enfin, on y voit les thèmes de six concertos pour le violon, avec deux violons, alto, et basse d'accompagnement; mais le nombre des compositions de cet artiste est beaucoup plus considerable: une note que j'ai trouvée sur une de ses messes manuscrites, à Venise[206], le porte à *deux mille huit cents.* On a gravé à Londres, en 1767, six de ses trios, et à Paris, chez Leclerc, vingt-quatre symphonies, en quatre oeuvres, ainsi que six petits trios ou nocturnes pour flûte ou violon. Il a paru aussi à Amsterdam, sous le nom de cet artiste, six sonatas en trios pour deux violons et basse, op. 1».

La voce riflette la sua derivazione da opere e opinioni riferite da altri studiosi: alcune notizie sono evidentemente riprese da Carpani e da Burney, con leggere modifiche, aggiunte e storpiature, come succede al nome del banchiere Castelli (citato da Carpani), divenuto 'Bastelli'.

In un articolo del 1895, WECKERLIN [27, p. 3] afferma che, essendo divenuto Haydn tanto celebre, chi si trovò ad essergli contemporaneo fu facilmente oscurato dalla sua fama e dimenticato, come accadde a Sammartini. Anche Weckerlin ammette che Haydn fu influenzato da C. Ph. E. Bach, Boccherini e Sammartini; aggiunge però che dall'analisi di 8 sinfonie di Sammartini, conservate alla Bibliothèque nationale di Parigi e di alcune altre che egli stesso comprò a Berlino a un'asta, queste risultano poco sviluppate, hanno il carattere più di «divertissements» che di sinfonie e conclude che Haydn non avrebbe dunque avuto motivo di esserne geloso.

EITNER [25, VIII, pp. 407-410], a differenza dei precedenti, offre relativamente poche notizie sul compositore, ma propone un esempio musicale tratto da un *Dixit Dominus* e soprattutto un esteso elenco delle sue opere, ordinato in base alle biblioteche dove queste sono conservate: elenco importante per noi (anche se ovviamente molto incompleto), poiché testimonia di fonti andate purtroppo disperse nel corso del XX secolo.

---

[205]. «Castelli», in Carpani [20, p. 66].

[206]. Questa è la nota più interessante, dato che si tratta di una notizia di prima mano, anche se il numero così alto fa pensare piuttosto a una cifra che si riferisse ad altro, ad esempio una segnatura, come suggerito da Eitner [29, VIII, p. 407]. La fonte visionata da Fétis, purtroppo non ci è nota.

Altri, come l'abate Giuseppe Bertini (*Dizionario Storico-Critico degli Scrittori di Musica e de' più celebri artisti di tutte le nazioni sì antiche che moderne*, Palermo, dalla Tipografia Reale di guerra, 1815, p. 20), Gustav Schilling (*Encyclopädie der gesamten musikalischen Wissenschaften oder Universal Lexicon der Tonkunst* [...], Bd. 4, Stuttgard, Köhler Verlag, 1840, p. 572) o Carlo Schmidl (*Dizionario Universale dei musicisi*, Milano Ricordi, s.d., la prefazione è datata Trieste 1887, p. 444) riportano notizie e frasi giuste, errate o incomplete, dedotte con ogni probabilità dalle opere di Rousseau, Carpani, Gerber e Fétis.

Indice alla cronologia

[1] (1711) Prina, Girolamo Antonio. *Il Trionfo di S. Gaudenzio Primo Vescovo e protettore dell'inclita città di Novara nel solennissimo Glorioso Trasporto del Sacro Adorabile suo Corpo seguito alli 14 giugno dell'anno 1711*, Milano, Marc'Antonio Pandolfo Malatesta, 1711.

[2] (1711) Ruggero, Don Francesco Girolamo. *Dichiarazione della eccellente musica seguita in Novara coll'intervento de' primi virtuosi d'Itaglia nell'occasione del Famoso Trasporto del Sagro Corpo di S. Gaudenzio Primo Vescovo e protettore di detta città spiegata dal Prete Francesco Girolamo Ruggero di Novara*, Vercelli, Pietr'Antonio Gilardone, 1711.

[3] (1754) Blainville, Charles-Henri de. *L'Esprit de l'art musical, ou Reflexions sur la musique, et ses différentes parties*, Genève, s.e., 1754.

[4] (1755) Quantz, Johann Joachim. 'Lebenslauf, von ihm selbst entworfen', in: Marpurg, Friedrich Wilhelm. *Historisch-Kritische Beyträge zur Aufnahme der Musik*, Berlin, Schützens Witwe, 1755, Bd. 1, Drittes Stück, pp. 197-250.

[5] (1762) *The Breitkopf Thematic Catalogue: The Six Parts and Sixteen Supplements 1762-87*, edited by Barry S. Brook, New York, Dover, 1966 (American Musicological Society, Music Library Association Reprint series).

[6] (1766) Hiller, Johann Adam. *Wöchentliche Nachrichten und Anmerkungen die Musik betreffend*, Leipzig, im Verlag der Zeitungs-Expedition, 1766 - 1770. Nachdruck Hildesheim-New York, Georg Olms, 1970.

[7] (1768) Rousseau, Jean Jacques. *Dictionnaire de musique*, Paris, Duchesne, 1768.

[7.2] (1770) Sacchi, Giovenale. *Della divisione del tempo nella musica, nel ballo e nella poesia*, Milano, Giuseppe Mazzucchelli nella stamperia Malatesta, 1770. Ristampa Bologna, Forni, 1969 (Bibliotheca musica bononiensis, sezione II, 45).

[8] (1771) Burney, Charles. *The Present State of Music in France and Italy* [...], London, Becket and Co., 1771 (²1773). La traduzione italiana a cura di Enrico Fubini, *Viaggio musicale in Italia*, Torino, E.D.T., 1979, [8, it.] si basa sulla seconda edizione inglese, che presenta alcune differenze e integrazioni rispetto alla prima.

[9] (1771) Parini, Giuseppe. *Descrizione delle Feste celebrate in Milano per le Nozze delle LL. Altezze Reali l'Arciduca Ferdinando d'Austria e l'Arciduchessa Maria Beatrice D'Este fatta per ordine della Real Corte l'anno delle medesime nozze* MDCCLXXI *da Giuseppe Parini*. Milano, dalla Società Tipogr. de' Classici Italiani, 1825.

[10] (1773) BURNEY, Charles. *The Present State of Music in Germany, the Netherlands, and United Provinces*, London, Becket, 1773.

[11] (1776) HAWKINS, John. *A General History of the Science and Practice of Music* [...], with a new introduction by Charles Cudworth, London, Payne, 1776; ²1853, 2 vols., London, J. Alfred Novello, Reprint: American Musicological Society, Music Library Association reprint series, 2 vols., New York, Dover Publications, 1963, vol. II, pp. 894-895.

[12] (1780) FONTANA, Francesco. 'Commentarius de vita scriptisque Georgii Iulini comitis et patricii mediolanensis', in: FABRONIO, Angelo. *Vitae italorum doctrina excellentium qui saeculis XVII et XVIII floruerunt*, Pisa, 1778 - 1787, vol. III.

[13] (1780) LA BORDE, Jean-Benjamin de. *Essai sur la musique ancienne et moderne*, 4 voll., Paris, Onfroy, 1780, vol. III, p. 233. *III Tome, Livre Cinquième, Compositeurs Italiens par ordre chronologique, selon la derniere note qui nous a été envoyée*, cap. IV.

[14] (1789) BURNEY, Charles. *A General History of Music from the Earliest Ages to the Present Period*, by Charles Burney, Mus. D. F.R.S., 4 vols., London, Printed for the Author: and Sold by Payne and Son, at the Mews-Gate; Robson and Clark, Bond-Street; and G. G. J. and J. Robinson, Paternoster-Row, 1776, ²1789.

[15] (1790) GERBER, Ernst Ludwig. *Historisch-biographisches Lexicon der Tonkünstler*, 2 Bde., Leipzig, J. G. I. Breitkopf, 1790 - 1792. Nachdruck: *Historisch-biographisches Lexikon der Tonkünstler (1790 - 1792) und Neues historisch-biographisches Lexikon der Tonkünstler (1812 - 1814): mit den in den Jahren 1792 bis 1834 veröffentlichen Ergänzungen sowie der Erstveröffentlichung handschriftlicher Berichtigungen und Nachträge*, hrsg. von Othmar Wessely, 4 Bde., Graz, Akademische Druck- und Verlagsanstalt, 1966 - 1969, Teil 1 A-Z, coll. 892-893.

[16] (1792) REICHARDT, Johann Friedrick. 'Drei Berichtigungen und Zusätze, zum Gerberschen Lexicon der Tonkünstler u.s.w.' (1792), in: GERBER, Ernest Ludwig. *Historisch-biographisches Lexikon der Tonkünstler (1790 - 1792) und Neues historisch-biographisches Lexikon der Tonkünstler (1812 - 1814): mit den in den Jahren 1792 bis 1834 veröffentlichen Ergänzungen sowie der Erstveröffentlichung handschriftlicher Berichtigungen und Nachträge*, hrsg. von Othmar Wessely, 4 Bde., Graz, Akademische Druck- und Verlagsanstalt, 1969, Bd. IV, coll. 72-75 (pp. 56-59).

[17] (1799) DE BROSSES, Charles. *Lettres historiques et critiques sur l'Italie, de Charles De Brosses avec des notes relatives à la situation actuelle de l'Italie, et la liste raisonnée des Tableaux et autres monuments qui ont été apportés à Paris, de Milan, de Rome, de Venise, etc.*, 3 voll., Paris, Ponthieu, 1799; edizione italiana a cura di C. Levi e G. Natali, *Viaggio in Italia. Lettere familiari*, Milano-Roma, 1957.

[18] (1809) GRIESINGER, Georg August. 'Biographische Notizen über Joseph Haydn', in: *Allgemeine Musikalische Zeitung*, XI Jhr., n. 41 (12 July 1809). Lo stesso anche in: *Biographische Notizen über Joseph Haydn*, Leipzig, Breitkopf und Härtel, 1810.

[19] (1810) CHORON, Alexandre Étienne - FAYOLLE, François Joseph. *Dictionnaire historique des musiciens, artistes et amateurs, morts ou vivans*, [...]. *Précédé d'un sommaire de l'histoire*

de la musique, 2 voll., Paris, Valade, 1810 - 1811. Nachdruck: Hildesheim-New York, Georg Olms, 1971, vol. II, p. 267.

[20] (1812) CARPANI, Giuseppe. *Le Haydine ovvero Lettere su la vita e le opere del celebre maestro Giuseppe Haydn*, Milano, Buccinelli, 1812.

[21] (1812) GERBER, Ernest Ludwig. *Neues Historisch-biographisches Lexikon der Tonkünstler*, 4 Bde., Leipzig, A. Kühnel, 1812 - 1814. Nachdruck: *Historisch-biographisches Lexikon der Tonkünstler (1790 - 1792) und Neues historisch-biographisches Lexikon der Tonkünstler (1812 - 1814): mit den in den Jahren 1792 bis 1834 veröffentlichen Ergänzungen sowie der Erstveröffentlichung handschriftlicher Berichtigungen und Nachträge*, hrsg. von Othmar Wessely, 4 Bde., Graz, Akademische Druck- und Verlagsanstalt, 1966 - 1969, Bde. II-IV.

[22] (1812) GERVASONI, Carlo. *Nuova Teoria di Musica ricavata dall'odierna pratica [...] opera di Carlo Gervasoni milanese*, Parma, Stamperia Blanchon, 1812.

[23] (1836) LICHTENTHAL, Pietro. *Dizionario e Bibliografia della musica*, 4 voll., Milano, Fontana, 1836, vol. II, p. 198.

[24] (1844) FÉTIS, François Joseph. *Biographie universelle des musiciens et bibliographie générale de la musique*, 8 voll., Bruxelles, Leroux-Meline, 1835 - 1844, vol. VII, pp. 31-32; [2]1875 - 1878, p. 388-389.

[25] (1874) KELLER, (P.) Sigismund. Comunicazione sulle opere di Giovanni Battista Sammartini conservate ad Einsiedeln, in: *Monatshefte für Musikgeschichte*, hrsg. von der Gesellschaft für Musikforschung, red. von Robert Eitner, 1874, Bd. VI, pp. 46-47.

[26] (1894) PAGLICCI-BROZZI, Antonio. *Il Regio Ducal Teatro di Milano nel sec. XVIII. (1701 - 1776)*, Milano, Ricordi, 1894, pp. 114-129.

[27] (1895) WECKERLIN, Jean Baptiste. 'Jean Baptiste Sammartini et Joseph Haydn', in: *Le Ménestrel*, LXI (jan. 1895), p. 3.

[28] (1897) CAMBIASI, Pompeo. 'Note intorno all'esercizio del Regio Ducal Teatro di Milano l'anno 1737-38', in: *Gazzetta musicale di Milano*, LII (1897), pp. 462-468.

[29] (1900) EITNER, Robert. *Biographisch-bibliographisches Quellen-Lexikon der Musiker und Musikgelehrten der christlichen Zeitrechnung bis zur Mitte des neunzehnten Jahrhunderts*, 10 Bde., Leipzig, Breitkopf & Härtel, 1900 - 1904; 2. verbesserte Auflage, 11 Bde., Nachdruck: Graz, Akademische Druck- u. Verlagsanstalt, [2]1959 - 1960, Bd. VIII, pp. 407-410.

[30] (1900) GALLI, Amintore. *Estetica della Musica, ossia del Bello nella musica sacra, teatrale e da concerto in ordine alla loro storia*, Torino, Fratelli Bocca, 1900, pp. 855 e segg.

[31] (1901) TORCHI, Luigi. *La musica instrumentale in Italia nei secoli XVI, XVII e XVIII*, Torino, Fratelli Bocca, 1901; edizione anastatica moderna, Bologna, Arnaldo Forni, 1980.

[32] (1913) SAINT-FOIX, George de. 'La Chronologie de l'œuvre instrumentale de Jean Baptiste Sammartini', in: *Sammelbände der Internationalen Musikgesellschaft*, XV (1913 - 1914), pp. 308-324.

[33] (1913) Saint-Foix, George de. 'Les Débuts Milanais de Gluck', in: *Gluck-Jahrbuch*, I (1913), pp. 28-46.

[34] (1913) Torrefranca, Fausto. *Le origini della sinfonia. Le sinfonie dell'imbrattacarte (G. B. Sammartini)*, Torino, Fratelli Bocca, 1915. Lo stesso anche in: *Rivista Musicale Italiana*, XX (1913), pp. 291-346; XXI (1914), pp. 97-121; XXII, 1915, pp. 431-446.

[35] (1916) Cesari, Gaetano. 'Giorgio Giulini musicista. Contributo alla storia della sinfonia in Milano', in: *Nel secondo centenario della nascita del conte Giorgio Giulini istoriografo milanese*, 2 voll., Milano, Stucchi, Ceretti e C., 1916, vol. I, pp. 139-239. Lo stesso (da cui si cita in queste Tavole cronologiche) in: *Rivista Musicale Italiana*, XXIV (1917), pp. 1-34 e 210-271.

[36] (1916) Giulini, Alessandro. 'Note biografiche di Giorgio Giulini', in: *Nel secondo centenario della nascita del conte Giorgio Giulini istoriografo milanese*, 2 voll., Milano, Stucchi, Ceretti e C., 1916, vol. I.

[37] (1917) Cesari, Gaetano. 'Sei sonate notturne di G. B. Sanmartini', in: *Rivista Musicale Italiana*, XXIV (1917), pp. 479-482.

[38] (1920) Sondheimer, Robert. 'Giovanni Battista Sammartini', in: *Zeitschrift für Musikwissenschaft*, III (November 1920), pp. 83-110.

[39] (1921) Saint-Foix, George de. 'Découverte de l'acte de décès de Sammartini', in: *La Revue Musicale*, II (June 1921) pp. 287-288.

[40] (1921) Saint-Foix, George de. 'Histoire musicale: une découverte', in: *Rivista Musicale Italiana*, XXVIII (1921), pp. 317-318.

[41] (1926) Giulini, Alessandro. *A Milano nel Settecento. Studi e profili*, Milano, La famiglia meneghina editrice, 1926.

[42] (1929) Sondheimer, Robert. 'Sammartini' in: *Cobbet's Cyclopedic Survey of Chamber Music*, 2 vols., edited by Walter Willson Cobbet, 1929, London-New York, Oxford University Press, ²1963, vol. II.

[43] (1930) La Laurencie, Lionel de. *Inventaire critique du Fonds Blancheton de la Bibliothèque du Conservatoire de Paris*, 2 voll., Paris, E. Droz, 1930 - 1931 (Publications de la Société française de musicologie, 2/1-2), vol. I, pp. 11-13.

[44] (1933) Vianello, Carlo Antonio. *La giovinezza di Parini, Verri e Beccaria*, Milano, s.e., 1933, pp. 58 e segg.

[45] (1938) Roncaglia, Gino. 'Una sonata inedita di G. B. Sammartini', in: *Rivista Musicale Italiana*, XLII (1938), pp. 492-494.

[46] (1939) Roncaglia, Gino. 'Ancora intorno a una sonata di G. B. Sammartini', in: *Rivista Musicale Italiana*, XLIII/1-2 (1939), pp. 72-74.

[47] (1939) Saint-Foix, George de. 'Sammartini et les chanteurs de son temps', in: *Rivista Musicale Italiana*, XLIII/3-4 (1939), pp. 357-363.

[48] (1948) Pincherle, Marc. *Antonio Vivaldi et la musique instrumentale*, 2 voll., Paris, Floury, 1948, vol. I, pp. 24-25.

[49] (1953) MISHKIN, Henry G. 'Five Autograph String Quartets by G. B. Sammartini', in: *Journal of the American Musicological Society*, VI (1953), pp. 136-145.

[50] (1955) RAIMONDI, Mattew. *Giovanni Battista Sammartini's Contribution to the Development of the Early String Quartet*, M.A. thesis, New York (NY), Columbia University, 1955.

[51] (1956) *Mozart in Italia. I viaggi*, a cura di Guglielmo Barblan, *Le Lettere* a cura di Andrea Della Corte, Milano, Ricordi, 1956.

[52] (1958) BARBLAN, Guglielmo. 'Sanmartini e la Scuola sinfonica milanese', in: *Musicisti Lombardi ed Emiliani*, a cura di A. Damerini e G. Roncaglia, Siena, Accademia musicale Chigiana, 1958, pp. 21-24; lo stesso anche in: *Chigiana*, XV (14-21 settembre 1958), pp. 21-40.

[53] (1959) BARBLAN, Guglielmo. 'Boccheriniana', in: *La Rassegna Musicale*, XXIX/2 (giugno 1959), pp. 123-128.

[54] (1959) MISHKIN, Henry G. 'The Published Instrumental Works of Giovanni Battista Sammartini: a Bibliographical Reappraisal', in: *The Musical Quarterly*, XLV (July 1959), pp. 361-374.

[55] (1960) SARTORI, Claudio. 'G. B. Sammartini e la sua corte', in: *Musica d'oggi*, III (1960), pp. 106-121. Lo stesso, in un estratto con numerazione diversa: pp. 3-18.

[56] (1962) BARBLAN, Guglielmo. 'Contributo alla biografia di G. B. Sanmartini alla luce dei documenti', in: *Festschrift für Erich Schenk*, hrsg. von Othmar Wessely, Graz-Wien, H. Böhlaus, 1962 (Studien zur Musikwissenschaft, Beheifte der Denkmäler der Tonkunst in Österreich, 25), pp. 15-27.

[57] (1962) BARBLAN, Guglielmo. 'La musica strumentale e cameristica a Milano nel '700', in: *Storia di Milano*, 17 voll., [Milano], Fondazione Treccani degli Alfieri per la Storia di Milano, 1953 - 1966, XVI: *Principio di secolo (1901 - 1915)*, parte X *La musica a Milano nell'età moderna*, cap. IV *La musica strumentale e cameristica a Milano nel '700*, 1962, pp. 619-660.

[58] (1962) SARTORI, Claudio. 'Sammartini post-mortem', in: *Hans Albrecht in memoriam*, hrsg. von W. Brennecke und H. Haase, Kassel, Bärenreiter, 1962, pp. 153-155.

[59] (1963) CHURGIN, Bathia. *The Symphonies of G. B. Sammartini*, 2 vols., Ph.D. Diss., Cambridge (MA), Harvard University, 1963; Ann Arbor (MI), UMI (74.26, 282), 1974.

[60] (1963) CHURGIN, Bathia - JENKINS, Newell. 'Sammartini, Giovanni Battista', in: *Die Musik in Geschichte und Gegenwart. Allgemeine Enzyklopädie der Musik*, 17 Bde., hrsg. von Friedrich Blume, Kassel, Bärenreiter, 1949 - 1986, Bd. XI (1963), coll. 1336-1343; *Supplement*, E-Z, vol. XVI (1979), coll. 1636.

[60.2] (1964) JENKINS, Newell - CHURGIN, Bathia. 'Sammartini, Giovanni Battista', in: *Enciclopedia della Musica*, 4 voll., Milano, Ricordi, 1963 - 1965, vol. IV (1964), pp. 105-106.

[61] (1966) SARTORI, Claudio. Alcuni appunti conservati alla Biblioteca del Conservatorio di musica 'G. Verdi' di Milano, Misc. 151/10 (notizie non pubblicate) e una lettera

scritta a Sartori il 13 luglio 1966 da Goffredo Beltrame, bibliotecario della Biblioteca Franzoniana di Genova.

[62] (1967) CHURGIN, Bathia. 'New Facts in Sammartini Biography: The Authentic Print of the String Trios, Op. 7', in: *Journal of American Musicological Society*, XX/1 (Spring 1967), pp. 107-112.

[63] (1968) *The Symphonies of G. B. Sammartini. Volume 1: The Early Symphonies*, edited by Bathia Churgin, Cambridge (MA), Harvard University Press, 1968 (Harvard Publications in Music, 2).

[64] (1974) DONÀ, Mariangela. 'Notizie sulla famiglia Sammartini', in: *Nuova rivista musicale italiana*, VIII (1974), pp. 3-8.

[65] (1975) CHURGIN, Bathia. 'G. B. Sammartini and the Symphony', in: *The Musical Times*, n. 116 (Januar 1975), pp. 26-29.

[66] (1975) INZAGHI, Luigi. 'Nuova luce sulla biografia di G. B. Sammartini', in: *Nuova rivista musicale italiana*, IX (aprile-giugno 1975) pp. 267-271.

[67] (1975) JENKINS, Newell. '«Ho trovato il padre dello stile di Haydn»', (25-31 agosto 1975), in: *Chigiana*, XXXII, N. S. 12 (1977), pp. 373-377.

[68] (1975) *Mozart. Briefe und Aufzeichnungen*, 7 Bde., Gesamtausgabe hrsg. von der Internationalen Stiftung Mozarteum Salzburg gesammelt von Wilhelm A. Bauer und Otto Erich Deutsch auf Grund deren vorarbeiten erläutert von Joseph Heinz Eibl, Kassel, Bärenreiter, 1975, Bde. I, V, VII.

[69] (1976) INZAGHI, Luigi. 'Nozze affrettate di G. B. Sammartini', in: *Nuova rivista musicale italiana*, X (1976/4), pp. 634-639.

[70] (1976) JENKINS, Newell - CHURGIN, Bathia. *Thematic Catalogue of the Works of Giovanni Battista Sammartini: Orchestral and Vocal Music*, Cambridge (MA), Harvard University Press, 1976.

[71] (1977) BROFSKY, Howard. 'J. C. Bach, G. B. Sammartini, and Padre Martini: A Concorso in Milan in 1762', in: *A Musical Offering: Essays in Honour of Martin Bernstein*, edited by Edward H. Clinkscale and Claire Brook, Stuyvesant (NY), Pendragon Press, 1977 (Festschrift series, 1), pp. 63-68.

[72] (1977) JENKINS, Newell. 'The Vocal Music of Giovanni Battista Sammartini', in: *Chigiana*, XXXII, N. S. 12 (1977), pp. 277-309.

[73] (1978) MARLEY, Marie Annette. *The Sacred Cantatas of Giovanni Battista Sammartini*, Ph.D. Diss., University of Cincinnati, 1978; Ann Arbor (MI), UMI (78-21049), 1978.

[74] (1979) SCHNOEBELEN, Anne. *Padre Martini's Collection of Letters in the Civico Museo Bibliografico Musicale in Bologna. An Annotated Index*, New York, Pendragon Press, 1979.

[75] (1980) CHURGIN, Bathia. 'Alterations in Gluck's Borrowings from Sammartini', in: *Studi musicali*, IX/1 (1980), pp. 117-134.

[76] (1980) CHURGIN, Bathia - JENKINS, Newell. 'Sammartini, Giovanni Battista', in: *The New Grove Dictionary of Music and Musicians*, edited by Stanley Sadie, 20 vols., London, Macmillan, ^{6}1980, vol. XVI, pp. 452-457.

[76.2] (1980) HANSELL, Kathleen K. *Opera and Ballet at the Regio Ducal Teatro of Milan, 1771 - 1776: A Musical and Social History*, Ph.D. Diss., Berkeley (CA), University of California, 1980.

[77] (1981) CHURGIN, Bathia. 'The Italian Symphonic Background to Haydn's Early Symphonies and Opera Overtures', in: *Haydn Studies, Proceedings of the International Haydn Conference, Washington D.C., 1975*, edited by Jens Peter Larsen, Howard Serwer, James Webster, New York-London, Norton, 1981, pp. 329-336. Revised reprint in: *Orbis musicae*, XII (Tel Aviv University, 1998), pp. 73-82.

[78] (1981) *Giovanni Battista Sammartini. 'Sonate a tre stromenti'. Six notturnos for string trio, Op. 7. A new edition with historical and analytical essays*, edited by Bathia Churgin, Chapel Hill, The University of North Carolina Press, 1981.

[79] (1984) BORRONI, Daniela. *L'archivio musicale della chiesa di S. Maria presso S. Celso in Milano*, Milano, tesi di laurea, datt., Università Statale di Milano, a.a. 1984 - 1985.

[80] (1984) *Giovanni Battista Sammartini: Ten Symphonies*, edited by Bathia Churgin, New York-London, Garland, 1984 (The Symphony 1720 - 1840, a comprehensive collection of full scores in 60 vols., edited by Barry S. Brook and Barbara B. Heyman, series A/II).

[81] (1985) ZEIFAS, Natalia. 'Dimenticato «Padre delle sinfonie»', in: *La musica sovietica*, n. 2 (1985), pp. 91-95.

[82] (1986) CHURGIN, Bathia. 'The Recapitulation in Sonata-Form Movements of Sammartini and Early Haydn Symphonies', in: *Joseph Haydn: Bericht über den Internationalen Joseph Haydn Kongress: Wien, Hofburg, 5. - 12. September 1982*, hrsg. von Eva Badura-Skoda, München, Henle, 1986, pp. 135-140.

[83] (1986) PREFUMO, Danilo. 'Nuovi documenti sui fratelli Sammartini', in: *Nuova rivista musicale italiana*, XX/1 (1986), pp. 94-98.

[84] (1987) GLASER, Margalit. *A Study of Six String Quartets in Stockholm by Giovanni Battista Sammartini*, M.A. thesis, Ramat-Gan, Bar-Ilan University, 1987.

[84.2] (1988) HANSELL, Kathleen K. 'Il ballo teatrale e l'opera italiana', in: *Storia dell'opera italiana*, Parte II: *I sistemi*, a cura di Lorenzo Bianconi e Giorgio Pestelli, Torino, EDT, 1988 (biblioteca di cultura musicale), vol. V, *La spettacolarità*, pp. 175-306.

[85] (1989) SERGENT-MARCEAUX, Maria Assunta. *L'attività musicale di Giorgio Giulini*, tesi di laurea, datt., Università Statale di Milano, a.a. 1989 - 1990.

[86] (1991) CATTORETTI, Anna. *Giovanni Battista Sammartini. I Quintetti per archi del 1773*, 2 voll., tesi di laurea, datt., Università degli Studi di Pavia, Scuola di Paleografia e Filologia musicale, a.a. 1991 - 1992.

[87] (1991) CHURGIN, Bathia. 'Did Sammartini influence Mozart's earliest String Quartets?', in: *Bericht über den Internationalen Mozart-Kongreß, Salzburg 1991*, hrsg. von Rudolf Angermüller, Dietrich Berke, Ulrike und Wolfgang Hofmann, *Mozart-Jahrbuch* (1991/I), pp. 529-539.

[88] (1992) CHURGIN, Bathia. 'Harmonic and Tonal Instability in the Second Key Area of Classic Sonata Form', in: *Convention in Eighteenth- and Nineteenth-Century Music: Essays in Honor of Leonard G. Ratner*, edited by Wye J. Allanbrook, Janet M. Levy and William P. Mahrt, Stuyvesant (NY), 1992 (Festschrift series, 10), pp. 23-57.

[88.2] (1992) PIETROGRANDE, Chiara. 'Giovanni Battista Sammartini. Una figura chiave del Settecento musicale', in: *Rivista Internazionale di Musica Sacra*, XIII/1-2 (1992), pp. 3-77.

[89] (1992) VACCARINI GALLARANI, Marina. *La lauda spirituale, la cantata sacra e l'oratorio nella vita religiosa e musicale dei PP. Gesuiti a Milano (1563 - 1773)*, tesi di diploma, datt., del corso superiore di Musicologia, Conservatorio di Musica 'G. Verdi' di Milano, a.s. 1992 - 1993.

[90] (1993) CATTORETTI, Anna. '1771 - 1773: gli ultimi quintetti per archi di Giovanni Battista Sammartini, i primi di Luigi Boccherini', in: *Chigiana*, XLIII, N. S. 23 (1993), pp. 193-229.

[91] (1993) CHURGIN, Bathia. 'Sammartini and Boccherini: Continuty and Change in the Italian Instrumental Tradition of the Classic Period', in: *Chigiana*, XLIII, N. S. 23 (1993), pp. 171-191.

[92] (1995) GEHANN, Ada Beate. *Giovanni Battista Sammartini. Die Konzerte*, Frankfurt am Main, Peter Lang, Europäische Hochschulschriften, Reihe XXXVI - Musikwissenschaft, Bd. 143, 1995.

[93] (1995) *Intorno all'Ascanio in Alba di Mozart: una festa teatrale a Milano*, a cura di Guido Salvetti, Lucca, Lim, 1995 (Quaderni del Corso di Musicologia del Conservatorio 'G. Verdi' di Milano, 2).

[94] (1995) *La scena della gloria. Drammaturgia e spettacolo a Milano in età spagnola*, a cura di Annamaria Cascetta e Roberta Carpani, Milano, Vita e Pensiero, 1995.

[95] (1996) HÄFNER, Klaus. *Der badische Hofkapellmeister Johann Melchior Molter (1696 - 1765) in seiner Zeit. Dokumente und Bilder zu Leben und Werk (mit einem Beitrag von Rainer Fürst). Eine Ausstellung der Badischen Landesbibliothek Karlsruhe zum 300. Geburtstag des Komponisten*, hrsg. von der Badischen Landesbibliothek Karlsruhe, Karlsruhe, Badischen Landesbibliothek, 1996, pp. 361-365.

[96] (1996) INZAGHI, Luigi - PREFUMO, Danilo. *Giambattista Sammartini. Primo maestro della sinfonia (1700 - 1775)*, Torino, Eda, 1996.

[97] (1997) FORNI, Marica. *Il Palazzo Regio Ducale di Milano a metà Settecento*, Civiche Raccolte d'Arte Applicata ed Incisioni - Castello Sforzesco, Settore Cultura e Spettacolo del Comune di Milano, 1997 (suppl. monografico al vol. XX, anno XXIII, 1996), pp. 28-34, 50-64, 93-122.

[98] (1997) *Pietro Antonio Locatelli. Opera Omnia*, 10 voll., edizione critica diretta da Albert Dunning, London-Mainz, Schott, 1995 - 2002, vol. IV: *Sei Introduzioni teatrali e Sei Concerti, Opera IV*, a cura di Anna Cattoretti (*Sei Introduzioni teatrali*) e Livia Pancino (*Sei Concerti*), 1997; vol. X: *Catalogo tematico, lettere, documenti e iconografia*, a cura di Albert Dunning, 2001.

[99] (1997) *Sammartini e il suo tempo. Fonti manoscritte e stampate della musica a Milano nel Settecento*, a cura di Marco Brusa e Attilio Rossi, Roma, CIDIM - Società Italiana di Musicologia, 1997 (supplemento a *Fonti Musicali Italiane*, 1/1996).

[100] (1997) VACCARINI GALLARANI, Marina. 'L'ambrosianità del contesto nella storia dell'oratorio milanese', in: *L'oratorio musicale italiano e i suoi contesti (secc. XVII - XVIII)*, atti del convegno internazionale, Perugia, Sagra Musicale Umbra, 18-20 settembre 1997, a cura di Paola Besutti, Firenze, Olschki, 2002, pp. 453-488: 470.

[101] (1997) VACCARINI GALLARANI, Marina. 'Le cantate sacre per i cinque Venerdì di Quaresima eseguite nella Congregazione del Santissimo Entierro in San Fedele a Milano', in: *Rivista Internazionale di Musica Sacra*, XVIII/1-2 (1997), pp. 65-91.

[102] (1998) RAVIZZA, Filippo Emanuele. *La scuola clavicembalistica milanese nel Settecento: le sonate di Giovanni Battista Sammartini*, tesi di laurea, datt., Università degli Studi di Pavia, Scuola di Paleografia e Filologia musicale, a.a. 1998 - 1999.

[103] (1999) FARINA, Cosetta. *I Notturni con flauto di Giovanni Battista Sammartini conservati a Praga*, tesi di laurea, datt., Università degli Studi di Milano, a.a. 1999 - 2000.

[104] (1999) SITÀ, Maria Grazia. 'Filarmonici a Milano tra Settecento e Ottocento', in: *Accademie e Società Filarmoniche in Italia. Studi e ricerche*, a cura di Antonio Carlini, Trento, Filarchiv-Società Filarmonica di Trento, 1999 (Quaderni dell'Archivio delle Società Filarmoniche Italiane, 2), pp. 223-271.

[105] (2000) *La musica a Milano, in Lombardia e oltre. 2*, a cura di Sergio Martinotti, Milano, Vita e Pensiero, 2000 (La città e lo spettacolo, 8).

[106] (2001) CHURGIN, Bathia. 'Sammartini, Giovanni Battista', in: *The New Grove Dictionary of Music and Musicians*, Second Edition, 29 vols., edited by Stanley Sadie, London, Macmillan, 2001, vol. XXII, pp. 209-215.

[107] (2001) CHURGIN, Bathia. 'Sammartini, Giuseppe', in: *The New Grove Dictionary of Music and Musicians*, Second Edition, 29 vols., edited by Stanley Sadie, London, Macmillan, 2001, vol. XXII, pp. 215-217.

[108] (2002) *Giovanni Battista Sammartini. Four Concertos*, edited by Ada Beate Gehann, Middleton (WI), A-R Editions, 2002 (Recent Researches in the Music of the Classical Era, 67, general editor Eugene K. Wolf).

[109] (2002) PREFUMO, Danilo. *I fratelli Sammartini*, Milano, Rugginenti, 2002.

[110] (2003) COLOMBO, Matilde. *La sonata italiana per flauto traverso nella prima metà del Settecento*, tesi di laurea, datt., Università degli Studi di Pavia, Facoltà di Musicologia, a.a. 2002 - 2003, pp. 469-549.

Si riportano infine le seguenti notizie, per le quali non è stata citata, dagli autori, la fonte e che perciò non sono verificabili:

[96, p. 150] 1741, 5 gennaio. Sammartini dirige un'accademia in S. Alessandro, in cui si esibisce il violinista Carlo Zuccari.

[96, p. 153] 1754, 9 febbraio. Sammartini viene eletto Maestro di cappella in S. Maria della Passione.

Notes on the Text and Abbreviations

In the bibliographical references the specifications and names of towns are given in the language of the article or contribution concerned.

Abbreviations

a.a	anno accademico
a.a.O.	am angeführten Ort
Anm.	Anmerkung
b. / bb.	battuta / battute
Bd. / Bde.	Band / Bände
Beisp.	Beispiel
bzw.	beziehungsweise
c. / cc.	carta / carte
cap. / capp.	capitolo / capitoli
cart.	cartella / cartelle
cfr.	confronta
col. / coll.	colonna / colonne
datt.	dattiloscritto
d.h.	das heißt
doc. / docc.	documento / documenti
ed.	edizione / edition
es.	esempio
ex.	example
f. / ff.	folgende / folgenden
fasc.	fascicolo / fascicoli
fig. / figg.	figura / figure
hrsg.	herausgegeben
m. / mm.	misura; measure / misure; measures
mov.	movimento / movement
ms. / mss.	manoscritto / manoscritti
MS	manuscript
n. / nn.	numero; number / numeri; numbers
Nr.	Nummer
op. cit	*opere citato*
p. / pp.	pagina; page / pagine; pages
par.	paragrafo / paragrafi
r.	*recto*
rist.	ristampa
S.	Seite
sec. / secc.	secolo / secoli
s.d.	senza data
s.e.	senza edizione
s.l.	senza luogo
segg.	pagine seguenti
suss.	susseguenti
T.	Takt
u.a.	und andere
v.	*verso*
vgl.	vergleiche
vol.; voll. / vol. vols.	volume; volume / volumi; volumes
vv.	versi
z.B.	zum Beispiel

Notes on the Text and Abbreviations

The musical instruments are abbreviated as follows. In some cases the author has chosen to retain a form close to that of the original sources:

Instrument	Articles in Italian	Articles in English	Articles in German
corno / horn / Horn	cr / cn / cor	hn	Cor.
fagotto / bassoon / Fagott	fg		
flauto / flute / Flöte	fl	fl	Fl.
flauto dolce / recorder / Blockflöte		rec	
oboe / oboe / Oboe	ob	ob	Ob.
tromba / trumpet / Trompete	tr	tr	Tr.
violino / violin / Geige	vn	vn	Vl.
violino solo	vn s	vn s	
violino principale	vn p	vn p	Vl. princ.
violino di concerto			Vl. di conc.
violini / violins	vni	vns	
viola / viola / Viola, Bratsche	va	va	Vla.
violoncello / violoncello, cello / Violoncello, Cello	vc	vc	Vlc.
violoncello piccolo		vc piccolo	
contrabbasso / contrabass / Kontrabaß	cb	cb	Cb.
basso / bass / Basso, Baß	basso / bs	bass	B.
basso continuo	b.c.	b.c.	
clavicembalo / harpsichord / Cembalo, Clavicembalo	clv	hpd	
organo / organ / Orgel	org		
obbligato	obbl.		
solo	s / solo		solo
tutti	tutti		
unis.	unisono	unisono	
alto / alto / Alt	A	A	
basso / bass / Baß	B	B	
canto / cantus / Cantus	C	C	
soprano / soprano / Sopran	S	S	
tenore / tenor / Tenor	T	T	

Index

Certain works by Sammartini, not included in the catalogue of the vocal and orchestral works compiled by Newell Jenkins and Bathia Churgin, are here given the provisional catalogue numbers proposed in the articles of the present volume. The same applies to the works of other composers (for which there are still no catalogues) cited in the articles of Sarah Mandel-Yehuda, Jeohash Hirshberg and Simon McVeigh, and Eugene K. Wolf. For all these references see the catalogues included in the respective articles.

The index begins with four numbered categories with entries ordered alphabetically: 1 - Operas / 2 - Libraries and Archives / 3 - Places and Institutions / 4 - Theatres, Orchestras and Concert Halls.

The entries indicating either 'family' or 'brothers' precede those including a proper name (e.g. SAMMARTINI, family / SAMMARTINI, brothers / SAMMARTINI Giovanni Battista).

Numbers in brackets serve either to distinguish two or more people of the same name or, in the case of incomplete names, to indicate the possibility that the entry could correspond to a complete name already included in the index.

The Italian surnames containing the particle 'de' begin with the particle (DE' FILIPPI, Santino); the French and Spanish surnames, on the other hand, begin with the following word (LA LAURENCIE, Lionel de; POUPLINIÈRE, Alexandre Jean Joseph La Riche de la; SAINT-FOIX, Georges de; MORALES, Cristóbal de); though with exceptions (DE BROSSES, Charles).

Rulers and regents are listed by their proper names (Maria Theresa of Habsburg, Archduchess of Austria - Maria Theresa I, Queen of Hungary and Bohemia, Empress).

Members of the nobility are listed by placename, family or surname; their title is specified in the absence of a proper name or surname.

The name of the instrument (for the musicians), profession or condition (*abate*, Blessed, *Padre*, *Monsignor*, etc.), is indicated in brackets only if it helps to identify the person concerned; the category of 'musician', for example, is generally indicated either in the case of little-known musicians (often members of one of the orchestras cited in the volume, where their instrument is not known) or to distinguish them from a person of the same name. Opera singers are designated simply as 'singer', whereas singers of the chapel and other singers mentioned mainly in religious contexts are indicated by voice-type ('soprano', 'bass', etc.) or simply as '*cantore*', to avoid confusion among people of the same name.

I – Operas and Ballets

Acis und Galatea 556
Adelaide 67
Adriano in Siria 81
Agrippina moglie di Tiberio 15, 32, 40, 80-81, 83, 85, 87-90-92, 134, 264, 578-579
Alcide al bivio 366
Alessandro nelle Indie 67, 81
Alessandro Severo 67, 74-76
Ambleto 75
Antigona 67, 81
Antigone 592
Argenide 67
Argippo 76
Arianna e Teseo 81
Arminio 76, 81
Arsace 32, 89, 571
Artamene 571
Artaserse 32, 81, 89, 370, 376, 571, 643
Artimene 32
Ascanio in Alba 18, 617-618, 620
Candace 32, 67
Ciro in Armenia xv, 25-28, 30-36, 592
Ciro in Media 623
Cleonice 571
Coralbo 64
Costantino 75, 561
Demetrio 76, 89, 571
Demofoonte 32, 79, 81-82, 89-90, 571, 584, 592
Emira 584
Eneide 18
Eumene 75
Fedra 571
Flavio Anicio Olibrio 75
Gianguir 67, 75, 81
Giulia 584
Gli uccellatori 584
Griselda 75
Idaspe 67
Il gran Tamerlano xiii
Il maestro di musica 590
Il tributo campestre 408
Il trionfo dell'amore 624
Ipermestra 89-90, 571
Ippolito 89, 571
Irene 69-71

La buona figliola 366
La caduta de' decemviri 543
La caduta dei giganti 640
La calunnia delusa 563
La clemenza di Tito 32
La contesa dei numi 41, 571, 644
La corona della gloria 619
La fede ne' tradimenti 67
La finta schiava 89, 571
La fortezza al cimento 76, 81
La forza dell'amore e dell'odio 76
La gara dei Genj 15, 90, 579-580
La morte di Agamennone 15
La pace fra Seleuco e Tolomeo 81
La pastorale offerta 591
La reggia de' Fati 591
La tirannide debellata 81
L'Ambizione superata dalla Virtù xi, 15, 40, 68, 73-74, 89, 91, 342, 570
L'amor fra nemici 67
Le feste d'Imeneo 365
Le nozze d'Ercole e d'Ebe 41, 264, 571, 644
L'isola disabitata 403
L'olandese in Italia 624
Lucio Papirio dittatore 75
Lucio Silla 623
Lucio Vero 28, 592
Medo 543
Memet x, 40-42, 61, 63-66, 68-71, 73, 79, 91, 93, 532, 569
Merope 67
Mitridate Eupatore 73
Mitridate re di Ponto 18, 616
Nino 67
Nitocri 32
Olimpiade 67, 581
Orfeo 18, 49
Pallade e Marte 252
Parnasso in festa 556
Pico e Canente 619
Polypheme 555
Poro 89, 571
Porsena (Porsenna) 81
Rodelinda regina de' Longobardi 67
Ruggiero, ovvero l'eroica gratitudine 618-619
Scipione nelle Spagne 32
Semiramide 32, 67

Siface 571
Sismano nel Mogol 18
Sofonisba 32, 89, 571
Statira 75
Stratonica 67
Tamerlano 81
Tetide 366
Teuzzone 75
Tigrane 67, 89, 571
Tolomeo 624
Zidiana 75
Zoe 32

2 - LIBRARIES AND ARCHIVES

Agen, Archives départementales 139
Assisi, Cattedrale S. Rufino 314
Basel, Öffentliche Bibliothek der Universität xi, 100, 102, 104, 107, 109, 113, 129-130
Berkeley, University of California, Music Library 30-31, 35-36, 130, 246-247, 295, 319, 325
Berlin, Staatsbibliothek - Preußischer Kulturbesitz, Musikabteilung 140, 240, 295-296, 298-299, 314, 316, 325-327, 435
Bologna, Archivio di Stato 587
Bologna, Biblioteca Comunale dell'Archiginnasio 576
Bologna, Biblioteca del Convento di S. Francesco 603, 631
Bologna, Civico Museo Bibliografico Musicale vi, 28, 73, 80, 289, 292, 294, 297-298, 302-303, 309, 324, 326, 329, 370, 418, 439, 443-444, 461, 470-472, 553, 570, 592, 624, 629-631, 652
Boston, Public Library 130
Brescia, Seminario Vescovile 317, 319
Brussels, Biliothèque du Conservatoire Royal de Musique 67-68, 74, 113, 115, 292, 324, 570
Cambridge (MA), Harvard Theater Collection 597
Cambridge, Cardiff Public Libraries, Central Library 115
Cambridge, Rowe Music Library, King's College 242
Casale Monferrato, Biblioteca Civica 'Giovanni Canna' 247, 252-253
Casalmaggiore, Biblioteca Civica 'A. E. Mortara' 536
Copenhagen, Det Kongelige Bibliotek 112, 135

Cremona, Biblioteca Statale 365, 371-372, 378, 601, 606
Darmstadt, Hessische Landes- und Hochschulbibliothek 101, 239, 531
Dresden, Sächsische Landesbibliothek - Staats- und Universitätsbibliothek xi, 32-36, 115, 142, 170, 189, 192, 237-240, 242-243, 570
Einsiedeln, Stiftsbibliothek 60, 62, 73, 133-134, 289, 295, 299, 315, 320, 325, 327, 493-495, 497, 499, 501, 504-507
Genoa, Biblioteca del Liceo Musicale 'N. Paganini' 40, 243, 291, 323
Genoa, Biblioteca Franzoniana 493-494, 497, 505-508, 595, 597, 599, 652
Härnösand, Länsmuseet Västernorrland 141
Heiligenkreuz, Zisterzienserstift, Musikarchiv 63
Isola Bella (Lago Maggiore), Biblioteca privata Borromeo 35
Karlsruhe, Badische Landesbibliothek xi, 100-109, 113-119, 121, 129, 134, 139, 142
Karlsruhe, Generallandesarchiv 585, 591
Leeds, Leeds Public Libraries, Music Department, Central Library 115
Leipzig, Musikbibliothek der Stadt Leipzig 252
London, British Council 130
London, British Library 130, 236, 238, 297, 309, 326
Lund, Universitetsbiblioteket xi, 237, 241
Manchester, Central Public Library, Henry Watson Music Library 240
Meiningen, Staatliche Museen, Abteilung Musikgeschichte - Max Reger-Archiv 64
Melk an der Donau, Benediktinerstift 107, 113-114
Milan, Archivio della Basilica di S. Ambrogio 605
Milan, Archivio della Curia Arcivescovile 476, 552
Milan, Archivio della Veneranda Fabbrica del Duomo 286, 288, 333-339, 417, 419-432, 434-438, 441, 443, 445-448, 450-451, 452-460, 466, 470, 473, 569, 576, 578-579, 623
Milan, Archivio di Stato 19, 67, 79, 197, 285, 365, 367-370, 373-374, 376-380, 385-392, 394-396, 398-412, 450, 476, 478, 551, 553-554, 556-557, 561, 565-567, 581, 583, 586-587, 589, 595-596, 598, 600-601, 605-610, 617-618, 621, 624-627
Milan, Archivio parrocchiale del Duomo 558
Milan, Archivio Storico Civico 559, 604

Milan, Biblioteca Ambrosiana   13, 18-19, 73, 90, 286, 479, 552, 578-580, 582-583, 594, 598, 618, 633, 635
Milan, Biblioteca del Conservatorio di musica 'G. Verdi'   xi, 2, 32, 34-36, 73, 113, 135, 293, 297, 314, 319-320, 324, 326, 607, 624
Milan, Biblioteca Nazionale Braidense   25, 28, 73, 80, 90, 288, 479, 493-494, 496-498, 500, 503, 563-568, 579-580, 582-583, 585, 595, 604, 609, 616, 623, 626
Milan, Biblioteca privata De Micheli   320
Milan, Biblioteca teatrale Livia Simoni (Museo teatrale alla Scala)   73
Milan, Biblioteca Trivulziana   112
Modena, Biblioteca Estense   566-567, 595
Monza, Archivio del Collegio della Guastalla   563, 581-582, 592
Munich, Bayerische Staatsbibliothek   40, 493-501, 503-507
Münster, Universitäts- und Landesbibliothek   142, 201
Naples, Biblioteca Nazionale 'Vittorio Emanuele III'   536
Naples, Conservatorio di Musica S. Pietro a Majella, Biblioteca   534, 536-537
New Haven (Conn.), Yale University, Irving S. Gilmore Music Library   xiv, 512
Olomuc (Olmütz), Státní Archiv   584
Paris, Bibliothèque de l'Arsenal   64-66
Paris, Bibliothèque nationale de France   x, 30-31, 35-36, 40, 73, 84, 90, 100, 107-108, 113-115, 121, 130, 133, 197, 568, 576, 579, 589, 594, 598, 604, 613, 623, 646
Paris, Bibliothèque nationale de France, Fonds Blancheton   x, 41, 133, 235, 240-241, 243-244, 246-248, 250-251, 253, 255, 257-260, 531, 533, 557, 576
Pavia, Biblioteca   582
Prague, Národni Muzeum, Hudebni Oddéleni   56, 60, 100-102, 104-110, 113-114, 116-117, 127-129, 133, 246, 291-292, 298, 323-324, 485, 487, 493-494, 497, 499-504, 522, 531, 533, 538, 576, 591-592, 600, 621
Regensburg, Bischöfliche Zentralbibliothek   137-138, 151, 200-201
Regensburg, Fürstlich Thurn und Taxis'sche Hofbibliothek   108-110, 112-114, 116, 140, 232
Rheda, Fürstlich zu Bentheim-Tecklenburgische Musikbibliothek (in D-MÜu)   142, 201
Rochester (NY), Sibley Music Library, Eastman School of Music   130
Rome, Archivio storico della Compagnia di Gesù   564
Rome, Biblioteca Cassanatense   40
Rome, Biblioteca Musicale Governativa del Conservatorio di Santa Cecilia   73, 90
Rome, Biblioteca Nazionale Centrale 'Vittorio Emanuele II'   80
Rostock, Universitätsbibliothek   226
Sarnen, Klosterbibliothek der Benediktinerinnen-Abtei St. Andreas   137, 198
Schwerin, Mecklenburgische Landesbibliothek, Musikabteilung   139, 240
Stockholm, Kungliga Biblioteket   115, 130
Stockholm, Statens Musikbibliotek   xi, 52-53, 100, 133, 237-238
Turin, Biblioteca Civica Musicale 'A. Della Corte'   73
Turin, Biblioteca Nazionale Universitaria   90
Toronto, University of Toronto, Faculty of Music - Thomas Fisher Rare Book Library   73
Trento, Archivio delle Società Filarmoniche Italiane   363
Udine, Fondo Ricardi di Nietro   113-115, 135
Uppsala, Universitetsbiblioteket   xi, 112, 115
Urbana, University of Illinois at Urbana Champaign, Music Library   287
Venice, Biblioteca Marciana   580, 582
Verona, Biblioteca Civica   28
Vienna, Österreichische Nationalbibliothek   28, 63-64, 235, 536-537, 569, 576, 597
Washington (D.C.), Library of Congress, Music Division   80, 130, 242
Wiesentheid, Musiksammlung des Grafen von Schönborn-Wiesentheid   205, 235-236, 239-240
Wolfenbüttel, Herzog-August-Bibliothek   102, 104, 107, 109, 129
Wolfenbüttel, Niedersächsisches Staatsarchiv   137, 140, 143, 151, 198-200
Zurich, Zentralbibliothek   xi, 42, 101-105, 107, 109-110, 112-116, 119, 129, 246

3 - PLACES AND INSTITUTIONS

Alessandria, Cathedral 612
Amsterdam - Cremona, Fondazione - Stichting Pietro Antonio Locatelli xiv-xvi, 511, 533
Bologna, Basilica of S. Petronio 441
Bressanone, Castle 366
Cantù, S. Francesco 558
Cantù, S. Paolo 558
Casalmaggiore, Confraternita del SS. Sacramento 533
Casalmaggiore, Orphanage 536
Casalmaggiore, S. Rocco 537
Casalmaggiore, S. Stefano 535-536
Cerro, Convento dei Padri Cappuccini 581
Cremona, palazzo Ala-Ponzone 377
Cremona, Palazzo Civico 380, 381
Einsiedeln, Benedictine Abbey xi, 40, 494, 499
Esterháza, Castle 598
Ferrara, palazzo Cervella 536
Florence, Duomo 288
Genoa, palazzo Carignano 376
Genoa, palazzo Sauli 376
Genoa, palazzo Tursi 376
Gorgonzola, villa Serbelloni 559
Guastalla, Chiesa dei Serviti 536
Heiligenkreuz, Abbey x, 569
Leipzig, Thomaskirche 252
Mantua, S. Barbara 405
Milan, Accademia dei Trasformati x, 3, 552, 603-604
Milan, Accademia di Brera 6
Milan, Accademia Filarmonica x, xii, 3, 363, 551, 595-596, 598-599, 636
Milan, Arcadia 20
Milan, Badia dei Banchieri 8
Milan, Cappella Ducale 450, 551, 609-610
Milan, Castello Sforzesco x, xii, 14, 203, 564, 572, 583, 586-590, 654
Milan, Chiesa delle Monache scalze di S. Teresa 624
Milan, Chiesa delle Vergini Spagnole 624
Milan, Chiesa dell'Immacolata Concezione 610
Milan, Civica Raccolta di Stampe 'A. Bertarelli' 5, 7, 13-15, 20, 22, 565, 587-588, 590, 611, 615, 617, 622
Milan, Civico Gabinetto dei Disegni 17
Milan, Collegio dei Barnabiti 3, 6, 14
Milan, Collegio dei Fisici 8
Milan, Collegio dei Gesuiti a Brera 6, 14
Milan, Collegio delle Vergini Spagnole, *opera pia* 15, 79, 582
Milan, Collegio Longone dei Nobili 286, 568, 571, 586, 623
Milan, Congregazione dei Musici 626, 629
Milan, Congregazione del SS.mo Entierro di N. S. Gesù Cristo 4, 42, 286, 445, 476, 478, 493, 496-498, 500, 503, 509, 564, 566, 567, 568, 576, 579, 586, 595, 609, 616, 623, 624, 655
Milan, Congregazione della Soledad della SS.ma Vergine Addolorata 476
Milan, Congregazione dell'Immacolata Concezione 565, 570, 592
Milan, Convento dei Cappuccini di San Vittore agli Olmi 12
Milan, Duomo 7, 12-13, 331-333, 335, 338, 550, 586, 618, 620, 633, 635 - Musical chapel ix, xiii, xv, 286, 288, 331-332, 335, 417-420, 422-424, 430, 433, 437, 441, 445, 449, 450-451, 454, 550, 552, 569, 576, 578-579, 584, 610, 623, 626
Milan, Nostra Signora Annunziata 458
Milan, palazzo Belgiojoso 624
Milan, Palazzo Civico del Broletto 560
Milan, palazzo Clerici 20, 617
Milan, Palazzo Ducale 4, 8, 368, 370, 586-587, 591, 609, 616, 619, 623-624, 654
Milan, palazzo Imbonati 3
Milan, palazzo Litta 19, 20
Milan, palazzo Melzi 21, 613
Milan, palazzo Pertusati 20
Milan, palazzo Sforza Visconti di Caravaggio 22, 581
Milan, Pinacoteca Ambrosiana 633
Milan, S. Alessandro in Zebedia 3, 286, 418, 451, 557, 568-569, 593, 598, 623-627
Milan, S. Ambrogio 1, 23, 285-286, 420, 422, 552, 554, 559, 565-567, 569, 578-579, 598, 604-605, 616, 618, 620-621, 626, 636
Milan, S. Antonio 593
Milan, S. Celso 141, 552, 561, 595, 598, 624, 653
Milan, S. Dalmazio 550, 568, 578, 580, 582
Milan, S. Dionigi 286, 598, 626
Milan, S. Eufemia 555
Milan, S. Fedele 4, 286, 476-478, 493-494, 496-498, 500, 503, 509, 550, 564-568, 579, 591, 595, 597, 604, 609, 616, 626, 655

Milan, S. Fermo 22
Milan, S. Francesco 287, 476, 589, 592, 595, 598, 609, 612, 626
Milan, S. Giorgio al Palazzo 552, 567
Milan, S. Giovanni in Conca 22, 552, 627
Milan, S. Giovanni Itolano 558
Milan, S. Giovanni Laterano 558
Milan, S. Giuseppe 585, 626
Milan, S. Gottardo 287, 450, 552, 598, 610-611, 624, 627
Milan, S. Lorenzo Maggiore 553, 557
Milan, S. Maria al Cerchio 552, 558, 567
Milan, S. Maria del Carmine 12, 286, 598, 614- 615, 627, 634
Milan, S. Maria del Giardino 476
Milan, S. Maria della Pace 476
Milan, S. Maria della Passione 286, 567, 598-599, 626
Milan, S. Maria della Scala 11, 285, 433, 436, 438, 445, 449, 468, 564, 603, 632
Milan, S. Maria delle Grazie 286, 476, 579, 598, 602, 626, 633
Milan, S. Maria di Caravaggio dei padri Trinitari Scalzi xiii, 584
Milan, S. Maria Fulcorina 567
Milan, S. Maria Maddalena 12, 286, 288, 552, 568-569, 614-615, 635, 645
Milan, S. Maria Podone 13
Milan, S. Maurizio al Monastero Maggiore 624
Milan, S. Michele al Gallo 626
Milan, S. Nazaro 624
Milan, S. Nicolao 554, 557-558
Milan, S. Pietro in Camminadella 559, 569
Milan, S. Redegonda 12
Milan, S. Satiro 626
Milan, S. Sebastiano 286, 598, 625-626
Milan, S. Sempliciano 420, 564, 567
Milan, S. Sisto 557
Milan, S. Stefano 619, 635
Milan, S. Teresa 626
Milan, S. Vittore al Corpo 554, 557-558, 633
Milan, Scuole Palatine 8
Milan, Senaura, *luogo pio* 559-560
Milan, villa Simonetta 21, 634
Milan, Veneranda Fabbrica del Duomo 417, 419, 421-423, 425-426, 428-435, 437, 445-449, 451, 452-456, 459, 466, 473-474

Novara, S. Gaudenzio 560
Osek, Monastery 60, 522
Pavia, palazzo Botta 377, 606
Pavia, Certosa 377
Pavia, Collegio Borromeo 377
Piacenza, Duomo 442
Prague, Jesuit College 493, 499
Prague, S. Francesco 494, 497, 499-500, 503, 573, 591-592, 600
Prague, Archive of the Military Order of the Knights of the Cross with the Red Star (Kreuzherren) xi, 573
Rheda, Schloß Hohenlimburg 142
Rome, Campidoglio (*musici del*) 435
Rome, Cappella Giulia 435
Rome, Congregazione di S. Cecilia 630
Rome, S. Giovanni in Laterano 288, 630
Tivoli, Duomo 435
Trento, S. Maria Maggiore 366
Venice, S. Marco 288
Vienna, Althan-Lobkowitz Palast 570
Vienna, Belvedere 366
Vienna, Große Redoutensaal 366
Vigevano, S. Paolo dei Barnabiti 578
Znujmo Hradište sv. Hipolyta (St. Pölten) 573

4 - Theatres, Orchestras and Concert Halls

Amsterdam, Schouwburg xi, 573
Bressanone, theater 366
Cremona, theater 375
Genoa, Teatro di S. Agostino 376
Lodi, Teatro del Broletto 63, 93, 569
London, Covent Garden 556
London, Hickford's room 555-556
London, Musical Found 556
London, Swan and Castle Concerts 556
London, theatre 556
London, Theatre in the Haymarket 555
Mantua, Regio Ducal Teatro 367, 601
Milan, Nuovo Regio Ducal Teatro 15, 561
Milan, Teatro alla Scala 12, 15, 374
Milan, Teatro delle Commedie o di Corte 15
Milan, Teatro Regio Ducale xiii, 8, 15-18, 23, 25-27, 31, 35, 67, 73-76, 79-82, 89, 92, 203-204, 364, 370, 378, 380-381, 392, 561-562, 570-571, 578, 581-583,

618-620, 624, 629, 633-635, 643, 649 - orchestra xii, 89, 141, 204, 392, 553-554, 557-558, 562-563, 566, 616, 619, 629, 635
Naples, Teatro di S. Bartolomeo 70
New York, Clarion Music Society 512
Paris, Académie Royale de Musique 590
Paris, Concert Spirituel x, 571, 583, 589
Pavia, Teatro Omodeo 64-66, 93, 569
Piacenza, Regio Ducal Teatro 75
Turin, theatre 566 - orchestra 629
Venice, Teatro Grimano di San Giovanni Crisostomo 70
Verona, theatre 28
Vienna, Burgtheater 366, 594
Vienna, Hoftheater 569

A

ABEL, Carl Friedrich 115
ABEL, Christian Ferdinand 638
ABER, Johann (Giovanni) (flute, oboe) xii, 392, 413-414, 623
ACCIAI, Giovanni 476
ACQUANIO, Rosalinda 287, 558-559, 592, 609, 626-628
ACQUANIO, Stefano Antonio 558
ADLER, Israel 254
AESCH, Marian Müller von 134
AGAWU, Kofi Victor 261
AGNELLI, Antonio (publisher) 32
AGNESI, family ix
AGNESI, Maria Gaetana 32, 603
AGNESI PINOTTINI, Maria Teresa xii, xv, 23, 25, 27-28, 31-36, 603, 614
AGRELL, Johan 248, 287
A-HE. *See:* 2 - Libraries and Archives: Heiligenkreuz, Zisterzienserstift, Musikarchiv
ALA (ALI), family 380-381, 398, 402, 607
ALBERT, G. Matteo. *See:* ALBERTI, Giuseppe Matteo
ALBERTI, Giuseppe Matteo 538, 596 - *Concertino* 596; *Dodici sinfonie a quattro, op. 2*, Amsterdam, Le Cène, 1725 538
ALBERTI, Domenico 286-287, 298, 320 - *Sonata. See:* SAMMARTINI, Giovanni Battista: *GBS/Sp-son clv 4* (Domenico Alberti)
ALBERTINI (1), — (musician) - *Overture (1)* 596; *Overture (2)* 596; *Overture (3)* 596; *Overture (4)* 596; *Overture (5)* 596; *Overture (6)* 596; *Overture (7)* 596; *Quintetto* 596; *Trio* 596
ALBERTINI (Albertino) (1?) (2), — (violin) 402
ALBERTOLLI, Giocondo 4
ALBINONI, Tomaso 81, 644
ALBRECHT, Otto E. 290
ALBUZIO (1), Ottavio (singer, *cantore*) 90, 450, 580
ALBUZIO (1?) (2), — (tenor) 605
ALDWELL, Edward 249
ALFIERI, Ascanio 79
ALI. *See:* ALA (ALI), family
ALIPRANDI, Giuseppe (painter) 380
ALLAN BROWN, Bruce 570
ALLANBROOK, Wye Jamison 261, 654
ALLEN-RUSSELL, Ann van 203
ALLORTO, Riccardo 335, 369, 445, 494
ALLOVARDI. *See:* ALOUARD, Pietro (choreographer, dancer)
ALONE, — (tenor) 585
ALOUARD, Pietro (choreographer, dancer) 3, 383, 605
A-M. *See:* 2 - Libraries and Archives: Melk an der Donau, Benediktinerstift
AMADORI. *See:* TEDESCHI, Giovanni, known as Amadori (singer)
AMOREVOLI, Angelo Maria (singer) 67-76, 369, 373-375, 570, 601-602
ANACREON 639
ANGELERI, Pietro (bass) 422
ANGERMÜLLER, Rudolf 653
ANNONI, Ada 4, 14, 76
ANOIDI, — (musician) - *Ouverture* 596
ANTONIANI (ANTONIANO), Antonio (psaltery) 23, 568
Antonio (Farnese), Duke of Parma and Piacenza 535, 537
APPIANI, Federico 468
APPIANI, Giovanni (archlute) 560
APPIANI, Giuseppe (1) (oboe) 560
APPIANI, Giuseppe (2) (singer) 76, 570
APRILE, Giuseppe (singer) 614
AQUANEA. *See:* ACQUANIO
ARACELI, — (Marquis) 614
ARAYA, Francesco 92
ARCHINTO, family ix, 558, 576, 592
ARCHINTO, Alberico (Cardinal) 593
ARCHINTO, Carlo 593

Archinto, Lodovico 593
Arconati, — (Count) 617
Aresi, — (Count) 603
Armellino, Antonio (viola) 374-375, 581, 585, 602
Arrighi, Giacomo 537
Arrigoni, Carlo 555
Arrosio, — (*abate*) 614
ASM. *See:* 2 - Libraries and Archives: Milan, Archivio di Stato
Astolfi, —, known as Astolfino (violin) 402, 605
Astolfino. *See:* Astolfi, —, known as Astolfino (violin)
Attanasio, Virgilia 11
Auregi, — 599
Avertperg, — Prince of 367
AVFD. *See*: 2 - Libraries and Archives: Milan, Archivio della Veneranda Fabbrica del Duomo
A-Wn. *See*: 2 - Libraries and Archives: Vienna, Österreichische Nationalbibliothek

B

Bach, Carl Philipp Emanuel 245, 290, 303-304, 349, 510, 585, 637-638, 646 - *Sonaten, freien Fantasien und Rondos* 290
Bach, Johann Christian xii-xii, 2, 43, 111, 184, 197, 304, 335, 369-370, 372-373, 375, 510, 584, 596, 601-603, 614, 631-634, 652 - *Vil Trofeo d'un'alma ingrata* (Aria with ob, hn, vn, va, b), 1764 596; *Sinfonia* 375; *Sinfonia* (1763) 602; *Six Trios or Notturnos, op. 2* 111; *Symphony in G minor, op. 6, no. 6* 43
Bach, Johann Sebastian 37, 252, 510
Badura-Skoda, Eva 47, 263, 513, 653
Bagliani. *See:* Baliani
Bagnolese Pinacci, Anna (singer) 76-77
Baier, Francesco (trumpet) 581
Bak. *See:* Bach, Johann Christian
Balata, Nicola 70
Balbi, Ignazio xii, xv, 25, 28-31, 35-36, 444, 471-472, 564, 592, 614
Balestrieri, Domenico 578, 583, 603
Balestrini (1), Giovanni, known as Balestrino (violin) 392, 413-414, 581, 585, 605
Balestrino (1). *See:* Balestrini (1), Giovanni, known as Balestrino (violin)
Balestrino (2), (contrabass) 585
Balliani (Baliani), Carlo xii, 75, 286, 419-420, 422, 424, 427, 430, 433-434, 453, 456-458, 466, 468, 564, 569, 576, 578-579
Bandello, Matteo 70
Baratti, Caterina (singer) 28
Barba, Daniel 28
Barbagelata, Cinzia xvi
Barbarisi, Gennaro 1, 9
Bärbel, Pelker 584
Barberini, Ottavia (singer) 28
Barbieri (1), Gian (Giovanni) Domenico (architect) 15, 562
Barbieri (1?) (2), Giovanni (costume designer) 32, 67
Barbieri (1?) (2?) (3), Giovanni Domenico (manager) 67
Barbieri, Patrizio 441
Barblan, Guglielmo xiv, 1, 14-15, 21, 27, 75-76, 204-205, 285-287, 304-305, 375, 391-392, 397, 417-418, 420, 427, 450-451, 563, 565, 568-571, 576, 578-579, 581, 583, 585, 587, 596, 599, 606-607, 610, 616-618, 623-624, 651
Barié, Ottavio 3
Barigozzi Brini, Amalia 13
Barni, Giovanni Maria (bass) 422, 424, 430, 453, 455, 457, 576
Baroggi, Giuseppe Antonio 380
Barsanti, Francesco 120, 130-131
Bartlett, Clifford 244
Barzaghi, Francesco (violin) 402, 450, 581
Barzago. *See:* Barzaghi, Francesco (violin)
Bascapè, Giacomo Carlo 8, 15
Basili, Andrea 435
Basso, Alberto 27, 316, 637
Bastelli. *See:* Castelli (banker)
Bastiglia, Anna (singer) 28
Battaglino, Carlo Siro 380
Battistini, Giacomo (*maestro di cappella*) 560
Bauer, Wilhelm A. 652
B-Bc. *See*: 2 - Libraries and Archives: Brussels, Biliothèque du Conservatoire Royal de Musique
Beatrice (Maria Beatrice) Ricciarda Cybo d'Este, Duchess of Massa and Carrara ix, 3, 6, 20, 75, 287, 378, 450, 551, 605, 609, 614, 616-617, 619-623, 627-628, 647
Beccaria, Cesare 3, 22, 614
Beda venerabilis 469

BEETHOVEN, Ludwig van 37, 43, 47, 132, 260, 637 -
    Op. 53 132; Op. 57 52; Op. 58 260
BELCREDI, — (Marquis, lawyer) 595
BELGIOJOSO, family ix
BELGIOIOSO (Belgiojoso), Alberico Balbiano di 614,
    624
BELGIOIOSO (Belgiojoso), — (Princess) 614
BELISONI (Belizoni), Pio 397
BELIZONI. See: BELISONI (Belizoni), Pio
BELLAVIGNA, Giovanni. Battista (musician) 563
BELLO, — (musician) - Quintetto 596
BELLOTTI, Giovanni Battista (bassoon) 581
BELTRAME, Goffredo 652
BELZNAR, — (musician) - Ouverture 596
BENCINI, Pietro Paolo 435
BENDA, Franz 638
BENEDETTO DA COPERTINO (Blessed) 593
BENEDETTO XIV (Pope) 593
BENNA (Del Bene), Antonio Filiberto Turinese 558
BENNA (Del Bene), Margherita 558, 567, 592
BEN-ZUR, Michal 203
BERARDI (1), Angelo 630
BERARDI (2), — (soprano) 605
BERGAMINO (trumpet) 605
BERKE, Dietrich 653
BERNACCHI, Antonio Maria 29
BERNARDI, Claudio 476
BERNASCONI (1), Andrea 596, 610
BERNASCONI (2), — (female) 614
BERNINI, Clemente 587
BERNSTEIN, Martin 652
BERTINI, Giuseppe 647
BERTINI, Oddo Piero 557
BESOZZI (1), Alessandro (bass) 422
BESOZZI (2), — 642 - Pastorale 596
BESOZZI (3 and 4), —, — (Antonio and Gaetano?)
    (oboe, bassoon) 555
BESUTTI, Paola 475, 655
BIANCHI, Giovanni (Giuseppe's father) (violin) 560,
    563
BIANCHI, Giuseppe (Giovanni's son) (violin) 563,
    581
BIANCHI, — (Giuseppe?) (violin) 560
BIANCHI, Eugenia xv, 4, 575, 605
BIANCHI, Francesco (1) 445
BIANCHI, Francesco (2) (cantore) 450
BIANCHI, Giulio Cesare (engraver) 611, 615

BIANCHI, Giuseppe (ingegnere) 368
BIANCONI, Carlo 21
BIANCONI, Lorenzo 73, 653
BIBIENA. See: GALLI BIBIENA.
BILGERINO. See: BILGERO, —, known as Bilgerino
    (contrabass)
BILGERO, —, known as Bilgerino (contrabass) 402,
    605
BILLOTTINA. See: AGNESI PINOTTINI, Maria Teresa
BINAGHI, Eugenio (violin) 402, 581
BINETTI, — (female dancer) 614, 619
BINI (1), — (female dancer) 614
BINI (2), — (dancer's father) 614
BIRCH (PÜRK), Wenzel Raimund Johann 638
BITTI, — (Martino?) (oboe, bassoon) 555
BLAINVILLE, Charles-Henri de 642, 647
BLANCHETON, Pierre Philibert de x, 133, 205, 248
BLANCHINI, — 247
BLANTINI, — 247 - Symphony in F-Pn, op. VI, no. 295
    247. See also: BLANCHINI, —
BLUME, Friedrich 27, 39, 651
BOCCHERINI, Leopoldo 363, 384-385, 391, 396, 402-
    403
BOCCHERINI, Luigi xi, xiii, 111, 304, 342, 363, 378,
    384-386, 389, 396, 402-403, 510, 607-608, 636-
    638, 646, 654 - Concerto (vc) 389, 607; Concerto
    (vc, 1765) 608; Sestetti e Ottetti, op. 38 111; Sonatas
    (vc) 342
BOETHIUS, Anicius Manlius Severinus 469
BOIVIN (publisher) 536
BOLLA, Gaspare 595
BONAGUZZI (1), — (soprano) 605
BONAGUZZI (2), Francesco (violin) 450
BONAPARTE, Napoleon 135
BONAZZA, Giovanni Battista 446, 470, 623-624
BONIFACI, — 29
BONONCINI, Antonio 75
BONONCINI, Giovanni Battista 555
BONONCINI, Giovanni Maria (theorist) 468
BORESI, Luigi (violin) 373, 602
BORI, — (dancing master) 614
BORONI, Giuseppe. See: BORRONI, Giuseppe, known
    as Borroncino or Boronino (violin)
BORONINO (Borroncino). See: BORRONI, Giuseppe,
    known as Borroncino or Boronino (violin)
BORRANI, Giuseppe 13
BORROMEO DEL GRILLO, Clelia 19

Borromeo, family ix, 614
Borromeo, Federigo (Federico) 4, 6
Borromeo, Renato 13
Borrone. *See also:* Borroni
Borroni, Carlo (harpsichord, organ) 23, 566, 568
Borroni, Daniela 653
Borroni, Giuseppe, known as Borroncino or Boronino (violin) 197, 389-390, 393, 396, 413-416, 450, 605, 614
Borroni, — (Giuseppe's father?) (violin) 605
Borsani, Antonio (oboe) 582
Borsani, Francesco (trumpet) 581
Borsani, Giovanni Battista (trumpet) 392-393, 413, 415
Borsani, Pietro 392
Borsani, — (Francesco? Giovanni Battista?) (trumpet) 585
Borsano. *See:* Borsani
Boscovich, Ruggero Giuseppe (*padre*) 633
Bosi (1), Agata 614
Bosi (2), — 614
Bossaglia, Rossana 13
Bossi, — (doctor) 614
Bossi, Federico, known as Bossino (violin) 560, 563
Bossi, Francesca 614
Bossi, Giuseppe (*abate*) 614
Bossi, Paolo 382
Bossi, Pietro Francesco 595
Bossino. *See:* Bossi, Federico, known as Bossino (violin)
Botta, family 377, 380, 382-383, 389, 396-397, 607
Bottegal, Attilio xvi
Bourbon - Parma, family 375
Bourbon - Spain, family 375
Boyer (publisher) 613
Bramanti, Ambrogio 285, 566-567
Brambilla, — (violin) 402
Brasca, Giovanni, known as Braschino (violin) 581, 585
Braschino. *See:* Brasca, Giovanni, known as Braschino (violin)
Breitkopf (publisher) xi, 140, 539, 573, 603, 608, 646-647
Bremner, (publisher) 583
Brenet, Michel 571
Brennecke, Wilfried 288
Brevi, Giovanni Battista (organ) 560

Brinckmann, Johannes 238, 244
Brinetto. *See:* Brini, Gaetano, known as Brinetto (violin)
Brini, Gaetano, known as Brinetto (violin) 392, 413-414, 581, 605
Brioschi, Antonio xii, xv, 58, 111, 123, 132, 245-260, 532-533, 536, 538-539, 544, 547, 596 - *Overture* (5) 596; *Overture* (6) 596; *Overture* (7) 596; *Overture* (8) 596; *Overture* (9) 596; *Symphonies* 245; *Symphonies* (in F-Pn) 247, 253, 260; *Symphony in D major* 246; *Symphony in E moll major* 247, 251-253; *Symphony* in F-Pn, op. i, no. 11 247; *Symphony* in F-Pn, op. i, no. 12 247; *Symphony* in F-Pn, op. i, no. 2 247, 250; *Symphony* in F-Pn, op. i, no. 32 247-248, 254-256; *Symphony* in F-Pn, op. i, no. 33 247; *Symphony* in F-Pn, op. i, no. 36 247; *Symphony* in F-Pn, op. i, no. 38 247, 251-253; *Symphony* in F-Pn, op. i, no. 39 247; *Symphony* in F-Pn, op. i, no. 44 247; *Symphony* in F-Pn, op. i, no. 48 247, 251-252, 254; *Symphony* in F-Pn, op. i, no. 49 247, 251-252, 254; *Symphony* in F-Pn, op. ii, no. 2 250; *Symphony* in F-Pn, op. ii, no. 54 247, 251-252, 254, 260; *Symphony* in F-Pn, op. ii, no. 55 247; *Symphony* in F-Pn, op. ii, no. 59 247, 250-253; *Symphony* in F-Pn, op. ii, no. 61 247; *Symphony* in F-Pn, op. ii, no. 64 247; *Symphony* in F-Pn, op. ii, no. 65 247; *Symphony* in F-Pn, op. ii, no. 67 247-248; *Symphony* in F-Pn, op. ii, no. 72 247, 250; *Symphony* in F-Pn, op. ii, no. 73 247, 251-252; *Symphony* in F-Pn, op. ii, no. 80 247; *Symphony* in F-Pn, op. ii, no. 81 247, 251, 254; *Symphony* in F-Pn, op. v, no. 206 247; *Symphony* in F-Pn, op. v, no. 226 251-253; *Symphony* in F-Pn, op. vi, no. 295 251-253, 256, 257-259 - Brioschi, Antonio? - *Symphony* in F-Pn, op. i, no. 42 247; *Symphony* in F-Pn, op. iii, no. 101 247; *Symphony* in F-Pn, op. v, no. 203 247; *Symphony* in F-Pn, op. v, no. 205 247; *Symphony* in F-Pn, op. v, no. 212 247
Briscoe, James R. 252
Brivi. *See:* Brini, Gaetano (violin)
Brivio (1), Giuseppe, known as 'della tromba' (trumpet) 560, 563
Brivio (2), Giuseppe Ferdinando (violin) xii, xv, 81, 92, 111, 205, 216, 226-227, 235, 563 - *Concerto* (in F-Pn) 205; *Concerto* (no. 1) 226; *Concerto* (no. 2) 226-227; *Concerto* (ob) (in D-ROu) 226
Brivio (2?), Giuseppe Ferdinando (manager) 67, 76

BROFSKY, Howard 433, 436, 438, 445, 449-550, 603, 632, 652
BROOK, Barry S. 137, 140, 245, 264, 481, 509, 538, 653
BROOK, Claire 433, 652
BROSCHE, Günter 28
BROSCHI, Carlo, known as Farinelli (singer) 555
BROSCHI, Riccardo 67, 81
BROTTI, — (musician) 452
BROWN, Bruce Alan 38, 571, 640
BRUGOLA, Baldassarre (trumpet) 392-393, 413, 415
BRUGOLA (BRUGORA), Pietro (trumpet) 392, 413-414, 581, 605
BRUGOLA (BRUGORA), — (Baldassarre? Pietro?) (trumpet) 585
BRUGORA. *See:* BRUGOLA
BRUNETTI, Domenico 614
BRUNGOLA. *See:* BRUGOLA (Brugora), Pietro (trumpet)
BRUSA, Marco xv, 25, 27, 92, 101, 141, 204, 247, 494, 655
BRUSA, Pietro (trumpet) 581
BUDDAY, Wolfgang 147, 149, 157
BUGANZA, Giovanni Battista (librettist) 403, 408
BURNEY, Charles xi-xiii, 11-12, 15, 19, 21, 286, 288, 331, 335, 337, 339, 552, 555-557, 569, 584, 612, 614-615, 633, 635-637, 639-640, 643, 645-648
BUSCA, Ludovico 459
BUSI, Leonida 441
BUTTAZZI, Grazietta 10
BUZIO, Carlo. *See:* BUZZI, Carlo
BUZZI, Carlo (architect) 574

C

CAFFARELLI. *See:* MAJORANO, Gaetano, known as Caffarelli (singer)
CAFFI, Bernardo 435
CAIROLI, Giuseppe (publisher) 6, 8, 477, 561
CAIRONE, — (soprano) 585, 605
CALAMANI, Andrea (violin) 398
CALDARA, Antonio 67, 75, 535-536, 553, 560, 644
CALDARA, Melchiorre 595
CALDAROLA, Giovanni Battista (bass) 419-420, 422, 450, 452, 605
CALDERARA, — (Marquis) 614
CALEGARI, — (organ) 441
CALORI BALLIANI, Giovanni Franco 596

CALORI PROVANA BALLIANI, family 553, 596
CALVI, Carlo Antonio (violin) 563, 581-582
CALVI, Giantomaso 23
CAMBIASI, Pompeo 649
CAMERLOHER, Joseph 248
CAMOLINO (trumpet) 402. *See also:* DALL'ORO, Mauro (trumpet)
CANETTA, Carlo 378
CANNABICH, (Johann) Christian (Innocenz Bonaventura) xiii, 584
CANOBBIO, Stefano (contrabass, violona) 398, 402-403
CANTELLI (MARIANI), Stella Fortunata (singer) 67-68
CANTELLI, Stella Onorata. *See:* CANTELLI (MARIANI), Stella Fortunata (singer)
CANTÙ, Giovanni (organ) 286, 422, 424, 427, 455-457, 576
CANZIANI, Nadal (costume designer) 28
CAPORALE, Andrea (cello) 556
CAPRA, Carlo 1, 3, 9
CAPSONI, Siro Severo 603
CARBONELLI, — (violin) 555
CARCANI (1), Giacomo (Giuseppe's son) 442
CARCANI (2), Giuseppe (theorist) 419, 439, 441-443, 460, 464-466
CARCANI (3), — 614
CARCANO, Francesco 19
CARDANO, Gerolamo 603
CARERI, Enrico 435
CARESTINI, Giovanni Battista (singer) 81-82, 86, 578-579
Carl Friedrich, Margrave of Baden-Durlach xi, 139, 550-551, 585, 591
Carl Theodor, Elector xiii
Carl Wilhelm Ferdinand, Prince of Braunschweig 138, 140
CARLINI, Antonio 363, 655
Carlo Emanuele III (Savoy), King of Sardinia 76
CARPANI, Giuseppe x, 92, 289, 304, 549, 552, 570-571, 594, 637-639, 641-642, 644-647, 649
CARPANI, Roberta 476, 654
CASANOVA, Giacomo 132
CASARINI LATILLA, Domenica (singer) 81, 579
CASATI, family 380
CASATI (1), Giuseppe 380, 388, 396, 603, 606
CASATI (2), — 452
CASCETTA, Annamaria 476, 654

Caselli (1), Michelangelo (organ) 335, 422, 424, 427, 434, 438, 454-458, 576
Caselli (1?) (2), — 614
Caselli (2?) (3), — 396
Casera, — (padre). *See:* Cassera, Giuseppe (padre)
Casnedi, Ottavio 79
Cassera, Giuseppe (padre) 29, 612
Castel San Pietro, Alessandro di 79
Castelbarco d'Adda, family ix
Castelbarco d'Adda, Maria Giuseppa 450, 597, 612, 629
Castelli (1), — (banker) 639, 646
Castelli (2), — (singer) 373, 601
Castellini, — 387, 618
Castello, Francesco (painter, architect) 575
Castiglione. *See:* Castiglioni
Castiglioni (1), Federico 446, 449
Castiglioni (2), Gerolamo 378, 402
Castiglioni (3), Giovanni Antonio (violin) 392-393, 413, 415
Castiglioni (4), — 614
Catalano (Catelano, Cattellanno). *See:* Villa, Carlo Giuseppe, known as Cattellanno or Catelano or Catalano (viola)
Cattaneo, Andrea (choreographer) 28, 81-82
Cattaneo, Benedetto (violin) 560
Cattani, Andrea. *See:* Cattaneo, Andrea (choreographer)
Cattoretti, Anna xi, 92, 100, 113, 121, 197, 289, 418, 450, 511, 653-654
Cavalieri, Federico 12
Cavanna, Giuseppe 587
Cavari, Lorenzo 73
Cazzaniga, Ambrogio (bassoon) 581
Ceriali, Stefano (viola) 398
Cerini, Rosa (singer) 67
Cerminati, Antonia, known as la Napoletanina (singer) 76, 570
Ceruti, Venanzio 381
Cervella, — (Baron) 536
Cesari, Gaetano xiv, 1, 3, 12, 14-15, 19, 21, 23, 89, 92, 286-287, 450, 509, 566, 568, 578-579, 581-582, 586, 606, 609, 650
Cesarini (Cesarino?) (1) 614
Cesarino (2) (violin) 402
Cesati Cozzi, Francesco 580
Ceva, — (padre) 614

Charles —, Duke 366
Charles of Bourbon, Prince of Asturias – Charles IV of Spain 375
Charles III of Spain 376
Charles VI (Habsburg), Emperor 28, 89, 205, 570
CH-Bu. *See:* 2 - Libraries and Archives: Basel, Öffentliche Bibliothek der Universität
CH-E. *See:* 2 - Libraries and Archives: Einsiedeln, Benediktinerkloster Stiftsbibliothek
Chelleri, Fortunato 247, 248 – *Symphony* in F-Pn, op. v, no. 206 247
Chiesa, Carlo 384, 397
Chiesa, Melchiorre xii, 111, 132, 135, 317, 320, 422, 424, 433, 438, 445, 449, 454, 460, 592, 603, 632, 644 – *Overture* (1) 596; *Overture* (2) 596; *Overture* (3) 596; *Sonata*. *See:* Sammartini, Giovanni Battista: GBS/Sp-son clv 3 (Melchiorre Chiesa?)
Chiti, Girolamo Michelangiolo 418, 580, 629, 630-631, 640
Choron, Alexandre Étienne 644, 648
CH-SAf. *See:* 2 - Libraries and Archives: Sarnen, Klosterbibliothek der Benediktinerinnen-Abtei St. Andreas
Churgin, Bathia x, xiv-xvi, 37, 40-41, 63-64, 68, 73-74, 76, 84, 89-91, 99-100, 103, 106, 108, 116-117, 123, 133, 137-141, 145, 197-198, 204, 224, 232, 245-246, 252, 254, 256-257, 259, 263-265, 267, 270, 279, 289, 304-305, 308, 317, 319, 341-342, 344, 356, 364, 370, 378, 391, 477, 479-481, 493-494, 497, 504-506, 508-511, 522, 532, 540, 550, 556, 565, 571, 573, 575, 580, 585-587, 592, 594, 597-598, 600, 632, 638, 643, 651-655
CH-Zz. *See:* 2 - Libraries and Archives: Zurich, Zentralbibliothek
Ciavatta, Augusto 73
Ciccolini, Alessandro 536
Cicognani, — (singer?) 614
Cicognini, Giacinto Andrea 67
Ciglio (Giglio?), — 614
Cigna-Santi, Vittorio Amadeo 616
Cimarosa, Domenico 596
Ciprandi (1), Ercole 287, 300, 308, 609
Ciprandi (2), — (tenor) 605, 634
Cirani, Enrico 536
Cirani, Paola 533, 535-537
Civeri (Civerio), Giacomo (Giacopo) (violin) 533
Clam-Gallas, Christian Philipp xi, 133

CLEGG, — (violin) 556
CLERICI, family ix, 576, 582
CLERICI, Giorgio Antonio 20
CLINKSCALE, Edward H. 433, 652
COCCHI, Gioacchino 584
COHEN, Aaron I. 27
COINTNER, Ferdinando (violin) 581
COINTUER, Ferdinando. *See:* COINTNER, Ferdinando (violin)
COLLA, Giuseppe 624
COLLE, Enrico 4
COLLINS Judd, Cristle 206
COLLOREDO, Girolamo 76
COLMAN, — (*padre*) 614
COLMO, Vigilio (*padre*) 405
COLOMBO (1), Matilde 655
COLOMBO (2), Rosa Maria 9
COLOMBO (3), — (musician) 616
COMASCHINO (soprano) 614, 621
CONE, Edward T. 260
CONSTANT, Pierre 571
CONTI (1), Pietro, known as Contino (violin) 392, 413-414, 581, 585, 596, 605
CONTI (2), —. *See:* CONTINO (2), Giovanni Augusto (cello or contrabass)
CONTI (1?) (2?) (3), — (musician) - *Overture* (1) 596; *Overture* (2) 596; *Pastorale* 596
CONTINO (1). *See:* CONTI (1), Pietro, known as Contino (violin)
CONTINO (2), Giovanni Augusto (cello or contrabass) 581
CORBELLA. *See:* CORBELLI
CORBELLI (Corbella), Carlo (contrabass) 392-393, 396, 402-403, 414- 416, 581, 605
CORBELLI, Giovanni (organ) 335, 422, 423, 427, 437, 444, 446, 455, 458, 466, 470
CORBELLINI, A. 603
CORBETTA. *See:* CORBELLI
CORELLI, Arcangelo 43, 131, 230, 343-345, 555, 644
CORRETTE, Michel 290
CORSINI, Antonio (cello) 397, 403
CORTI, Pompeo (oboe) 397
COUPERIN, François 312
COURCELLE, Francesco 67
Cox (publisher) 583, 589
COZZI, Giacomo xii, 75, 466, 564
CRISTIANI, family 378, 559

CRIVELLI, family ix
CROCE, Cristoforo 595
CROCE, Francesco (architect) 15, 90, 368, 591
CROCE, Giovanni (tenor) 423, 430, 453, 455, 457, 576
CROCE, Giuseppe 605
CROLL, Gerhard 366, 597
C-Tu. *See:* 2 - Libraries and Archives: Toronto, University of Toronto, Faculty of Music - Thomas Fisher Rare Book Library
CUCUEL, Georges 589
CUDWORTH, Charles 648
Cumberland, William August, Duke of xi, 583, 624
CZ-Pnm. *See:* 2 - Libraries and Archives: Prague, Národni Muzeum, Hudebni Oddéleni

D

D'ADDA, Febo 459
D'AGAY, Frédéric 532
DAL POZZO, family 66
DAL RE, Marc'Antonio 5, 7, 15-16, 22, 565, 587, 588
D'ALAI, Mauro 223, 226, 243
DALLA CASA, Filippo 553
D'ALLAY, Maurin. *See:* D'ALAI, Mauro
DALL'ORO, Mauro (trumpet) 397, 402. *See also:* CAMOLINO (trumpet)
DAMERINI, Adelmo 533, 651
DAOLMI, Davide 15, 561
DARBELLAY, Étienne 440
DARIO, Giovanni Antonio (violin) 392, 402, 413-414
DAUBE, Johann Friedrich 262
DAVID, Hans T. 203
DAY, James 280
D-B. *See:* 2 - Libraries and Archives: Berlin, Staatsbibliothek - Preußischer Kulturbesitz, Musikabteilung
D-Dl. *See:* 2 - Libraries and Archives: Dresden, Sächsische Landesbibliothek - Staats- und Universitätsbibliothek
D-Ds. *See:* 2 - Libraries and Archives: Darmstadt, Hessische Landes- und Hochschulbibliothek
DE BROSSES, Charles xii, 1, 6-7, 532, 552, 573, 575, 648
DE FEDERICI. *See also:* FEDERICI
DE' FILIPPI, Giuseppe Santino (bass) 422, 424, 430, 453, 455, 457, 576, 585, 605
DE FLORENTIIS, Graziella 332, 423, 450

DE GAMERRA, Giovanni 623
DE MADDALENA, Aldo 1
DE MARTINI, Carlo xvi
DE MEDICIS, — (painter) 614
DE TIPALDO, Emilio 23
DE VINCENTI, Melchiorre 597, 612
DEFILIPPI. *See:* DE' FILIPPI, Giuseppe Santini (Santino) (bass)
DEGRADA, Francesco 21, 81
DEL BENE. *See:* BENNA
DEL CONVITO, Giovanna 6
DEL ROSSO, Cristoforo (singer) 81, 579
DELFINI, — (musician) 418, 580, 630-631
DELICH, Luciana 63
DELLA CORTE, Andrea 651
DELLA VOLPE, Lelio (publisher) 316, 440
DELLABORRA, Mariateresa xv, 40, 331, 333, 336, 397, 569-570, 578, 580
DELL'ACQUA, — (violin) 585
DELLI ALLESSANDRI, Antonio (scenographer) 67
DEUTSCH, Otto Erich 652
DEVOTO, Mark 260
DEVRIÈS, Anik 601
DI CAPUA, Rinaldo 532
DIANA, Francesco, known as Spagnoletto (violin) 398
DIANA, Gaetano (known as Spagnoletto) (violin) 398
DITTERSDORF, Karl Ditters von 43, 111, 610
D-KA. *See:* 2 - Libraries and Archives: Karlsruhe, Badische Landesbibliothek
DK-Kk. *See:* 2 - Libraries and Archives: Copenhagen, Det Kongelige Bibliotek
D-LEm. *See:* 2 - Libraries and Archives: Leipzig, Musikbibliothek der Stadt Leipzig
D-Mbs. *See:* 2 - Libraries and Archives: Munich, Bayerische Staatsbibliothek
D-MEIr. *See:* 2 - Libraries and Archives: Meiningen, Staatliche Museen, Abteilung Musikgeschichte - Max Reger-Archiv
D-MÜu. *See:* 2 - Libraries and Archives: Münster, Universitäts- und Landesbibliothek
DOMMER, Arrey von 495
DÖMMING, Johann Martin 142
DONÀ, Mariangela 553, 652
DONATI, Claudio 9
DONATO-VILAIN, Ghislana 533

DONI, Riccardo xvi
DONZELLI, Bartolomeo (contrabass) 392-393, 396, 402-403, 414-416, 605
DORIA, A. 6
DORIA, Selvaggia 590
DORIA PAMFILI, Giorgio 376
DOUNIAS, Minos 188
DREYFUS, Laurence 206
D-ROu. *See:* 2 - Libraries and Archives: Rostock, Universitätsbibliothek
D-Rp. *See:* 2 - Libraries and Archives: Regensburg, Bischöfliche Zentralbibliothek
D-Rtt. *See:* 2 - Libraries and Archives: Regensburg, Fürstlich Thurn und Taxis'sche Hofbibliothek
D-SWl. *See:* 2 - Libraries and Archives: Schwerin, Mecklenburgische Landesbibliothek, Musikabteilung
DU TEMS, — 614
DUNI, Egidio Romualdo 81, 92
DUNNING, Albert xv-xvi, 188, 305, 538, 557, 592-593, 654
DURAZZO, — (Count) 597
DURINI, Carlo 18
DURINI, Giacomo 626
DUSSEK, Franz Joseph 111
D-W. *See:* 2 - Libraries and Archives: Wolfenbüttel, Herzog-August-Bibliothek
D-Wa. *See:* 2 - Libraries and Archives: Wolfenbüttel, Niedersächsisches Staatsarchiv
D-WD. *See:* 2 - Libraries and Archives: Wiesentheid, Musiksammlung des Grafen von Schönborn-Wiesentheid

E

EGIZIELLO (singer) 590
EGK, Friedrich, Count of Hungersbach x, 584
EIBL, Joseph Heinz 652
EICHNER, Ernest - *Quartetto no. 4* (fl, vn, va, b) 596
EINSTEIN, Alfred 571
EITNER, Robert 33, 36, 101, 103-109, 444, 646, 649
ELAGABALUS 77
Elisabetta Cristina, Duchess of Brunswick-Lueneburg, Empress 28
ELISI, Filippo (singer) 90, 580
ELMI, Agata (singer) 81, 579
EMANUELE, Tommaso (oboe) 392, 413-414
EMANUELE, Tommaso? (oboe) 585, 605
EMERSON, John A. 30

ENGELHART, — 237, 241
Enrichetta d'Este, Princess (daughter of the Duke of Modena) 537
ERNST, Albert 142
ESPOSITO, Edoardo 9
ESTERHÁZY, family x
ESTERHÁZY, Nikolaus I 639, 646
ESTIEN, Charles 248
ESTIEN, — M.me (publisher) 583
ETTORE, — 614
Eugenio of Savoy, Prince 4
EVERETT, Paul 222

F

FABRONIO, Angelo 89, 568
FACCIOLI, — 599
F-AG. *See:* 2 - Libraries and Archives: Agen, Archives départementales
FAGNANI, Ambrogio 434, 459
FAGNANO. *See:* FAGNANI
FAITELLI? (FAINELLI?), — (musician) - *4 Sonate* 596
FALASCA, Giovanni (*padre*) x, 552, 594, 613, 629
FALCHINI, — (female dancer? -, singer) 376, 619
FALLOWS, David 62
FANNA, Antonio 203
FARINA, Cosetta xv, 100, 552, 575, 584, 655
FARINA, Giovanni Battista (*padre*) 626
FARINELLI. *See:* BROSCHI, Carlo, known as Farinelli (singer)
FARNESE, family 537
FARNESE, Antonio *See:* Antonio (Farnese), Duke of Parma and Piacenza
FASCETTI, Giovanni Lorenzo 438, 450, 460, 595, 598, 600
FAVIER, — (choreographer, dancer) 619
FAVOLE, Paolo 23
FAYOLLE, François Joseph 644, 648
FÉ, Giuseppe 63
FEDELE, Giovanni Battista (notary) 566
FEDELI, Vito 560
FEDER, Georg 143
FEDERICI, family 554
FEDERICI, Baldassarre (oboe) 554, 581-582
FEDERICI, Francesco (Baldassarre's son) (oboe) 392-393, 413, 415, 554, 581
FEDERICI, Gerolama 552, 554, 573
FEDERICI, Giuseppe (1) (oboe) 563

FEDERICI, Giuseppe (2) (Francesco's nephew) (oboe) 392-393, 413, 415
FEDERICI, — (Baldassarre? Francesco? Giuseppe-1?, Giuseppe-2?) (oboe) 554
FEDERICI, — (Francesco? Giuseppe-2?) (oboe) 585, 605
Frederick the Great, King of Prussia 134
FEIL, Arnold 172
FEO, Leonardo 644
Ferdinand Charles of Habsburg - Lorraine, Archduke - Ferdinand I, Duke of Modena and Reggio 6, 20, 75, 609, 616-623, 628, 647
FERRADINI, A. 584, 596 - *Sonata* (fl, b) 596
FERRARI BARASSI, Elena 66
FERRARI, Litterio (singer) 26
FERRARI, Lucia 533
FERRARIO (FERRARI) (1), Antonio (cello) 398, 403
FERRARIO (FERRARI) (2), Carlo (cello) 581
FERRARIO (FERRARI), — (Antonio? Carlo?) (cello) 582
FERRARIO (FERRARI) (3), — (viola) 560
FERRARIO, Dionigi Maria (architect) 618
FERRINI, Gerolamo, (known as Giromino?) (trumpet) 397, 402
FERTONANI, Cesare 1
FÉTIS, François Joseph 31-32, 36, 286, 495, 569-570, 645-647, 649
FIAMENGHINO (1), Antonio (violin) 560
FIAMENGHINO (1?) (2), Antonio (viola) 563, 581
FIAMENGHINO, Gaspare Goré (viola) 393, 413-414, 581, 605
FIAMENGHINO, Giovanni Battista (viola) 374-375, 387-388, 392, 581, 602, 605, 607
FIAMENGHINO, — (Antonio? Gaspare Goré? Giovanni Battista?) (viola) 594
FIAMENGHINO, — (Gaspare Goré? Giovanni Battista?) (viola) 585
FILLION, Michelle 51
FINAZZI, Filippo (singer) 67-68
FINSCHER, Ludwig 32, 38-39, 110, 143, 197, 435
FIORETTI, Antonio Maria, known as Guglielmino (contrabass) 563
FIORETTI, Cesare Maria 381
FIORETTI, Giulio (contrabass, violona) 391-393, 396, 402-403, 414-416, 581, 605
FIORINI (FIORINO), Francesco 478, 558, 564, 566, 629
FIORINI. *See also:* FIORONI, Giovanni Andrea

673

Fiorio, Maria Teresa 12
Fiorone, Pietro (contrabass) 397, 402-403
Fioroni, Giovanni Andrea xii, xv, 111, 331-333, 335-337, 339, 424, 427, 438, 441, 445-446, 449, 478, 567, 580, 603, 610, 614, 616, 623, 632-633, 635, 639, 644 - *Cantate psallite, motetto a 8, pieno con organi obbligati* 333; *Caeli facies, mottetto a 2 bassi con organi obbligati* 336-338; *Ecce nunc, canto solo con organo obbligato* 335, 338; *Gloria in Pastorale a 8 voci con due organi obbligati* 333-334; *Lux turbato, motetto a 2, tenore e basso con organo obbligato* 335; *Salve Regina, canto solo con cembalo obbligato* 338-339 - Fioroni, Giovanni Andrea? 558, 566, 629
Firmian, Carlo Giuseppe ix, 4, 21, 23, 370, 571, 576, 582, 585, 599, 603, 613-615, 617, 621, 623, 628, 635
Firmian, Leopold Ernst 623
Fischer, Wilhelm 222
Flaminghino. *See:* Fiamenghino
Fontana (1), Francesco 566, 568, 648
Fontana (2), Roberto 3
Fontana (3), — (*padre*) 614
Foppa, Giuseppe 603
Forkel, Johann Nikolaus 203, 280
Formenti, — (*padre*) 614
Fornari, Giacomo 304, 531
Forni, Marica 587, 654
Forschner, Hermann 174
Foscolo, Ugo 605
F-Pa. *See:* 2 - Libraries and Archives: Paris, Bibliothèque de l'Arsenal
F-Pn. *See:* 2 - Libraries and Archives: Paris, Bibliothèque nationale de France
Francesco III d'Este, Duke of Modena 26, 571, 595, 597, 613-614, 620-621
Francese. *See:* Poggio, Pietro, known as Francese (trumpet)
Franchi, Giuseppe 4
Francis Stephen, Duke of Lorraine - Francis II, Grand Duke of Tuscany - Francis I, Emperor 14, 41, 375, 405, 408, 575
Franzino, Tomaso di fu Antonio 559
Fratieri, — (musician) - *Quintetto* 596
Frederick Augustus II, King of Poland - Friedrich Augustus III, Elector of Saxony 32-33, 35
Fredricis, Gerolama. *See:* Federici, Gerolama
Frigimelica Roberti, Girolamo (librettist) 69-70, 73

Frisi, Paolo 3, 22
Frugoni, Carlo Innocenzo (librettist) 365
Fubini, Enrico 286, 647
Fugger, — (Count) 614
Fuller, Sarah 206
Fürst, Rainer 654
Fux, Johann Joseph 441-442, 465-468, 637

G

Gabrielli, Caterina (singer) 366
Gaffuri, — (violin) 402
Galeazzi, Francesco 263, 356
Galeotti, Stefano (cello) 366
Galilei, Vincenzo 469
Galimberti, Ferdinando xii, 246-247, 596 - *Overture* (1) 596; *Overture* (2) 596; *Overture* (3) 596; *Trio* (1) 596; *Trio* (2) 596 - Galimberti, Ferdinando? - *Symphony* in F-Pn, op. III, no. 101 247
Galimberti, Francesco (violin) 392, 413-414
Galiori, Giulio (draftsman) 13
Galli Bibiena, brothers 17
Galli Bibiena, Ferdinando (scenographer) 17
Galli Bibiena, Antonio (scenographer) 408
Galli, Amintore 563, 627, 649
Galli, Giuseppe (violin) 398
Galliari, brothers (scenographers) 15-16, 18, 81-82, 620
Galliari, Bernardino (scenographer) 16
Galliari, Fabrizio (scenographer) 16
Galliari, Gaspare (scenographer) 16-17
Galliari, Giovanni Antonio (scenographer) 16
Gallo, Pietro Antonio 638
Galuppi, Baldassarre 67, 286-287, 304, 581, 596 - *Overture* 596
Galuzzi, Andrea (architect, painter) 368
Gandini, Isabella (singer) 90, 580
Ganduzio, — (viola) 560
Garms, Elisabeth 11-12
Garms, Jörg 11-12
Gaspari, Gaetano 3, 20
Gasparini, Francesco 75, 81, 561, 630
Gassa, Giuseppe Antonio (violin) 397
Gassmann, Florian Leopold 111, 584, 638
Gattinoni, — (*abate*) 599
GB-CDp. *See:* 2 - Libraries and Archives: Cambridge, Cardiff Public Libraries, Central Library
GB-Ckc. *See:* 2 - Libraries and Archives: Cambridge,

Rowe Music Library, King's College
GB-Lbl. *See:* 2 - Libraries and Archives: London, British Library
GB-Lcm. *See:* 2 - Libraries and Archives: London, British Council
GB-LEc. *See:* 2 - Libraries and Archives: Leeds, Leeds Public Libraries, Music Department, Central Library
GB-Mp. *See:* 2 - Libraries and Archives: Manchester, Central Public Library, Henry Watson Music Library
GEHANN, Ada Beate   xv, 100, 137, 140-142, 144-145, 147, 154, 194, 232, 575, 608, 654-655
GEMIN, M.   20
GEMINIANI, Francesco   120, 131, 230, 555, 641, 644
GENESI, Mario Giuseppe   64
GENTILI-TEDESCHI, Massimo   100
George III, King   xi, 624
GERBER, Ernst Ludwig   32, 36, 551, 609, 643-644, 647-649
GERBER, Rudolf   366
GERMANI, Ferdinando   614
GERMANI, Giovanni (violin)   398
GERMANI, Teresa   614
GERSTEL, Miri   203
GERVASONI, Carlo   644, 649
GHERLINZONI, — (*Cavalier*)   369
GHEZZI, Antonio (architect, scenographer)   26-27, 381
GIAIJ, Antonio   81
GIANELLA, Luigi   111
GIARDINI, Felice   xiii, 589, 644
GIBELLINI, Pietro   9, 19
GIEDDE, Werner Hans Rudolph Rosenkrantz   135
GILARDONE, Pietr'Antonio (publisher)   647
GINZANI, Severo (tenor)   605
GIORGINO (violin)   585. *See also:* TEDESCHINO or TODESCHINO (2) (Schreivogel?), Giorgio (violin)
GIRELLI, — (female singer)   619
GIROMINO. *See also:* FERRINI, Gerolamo, (known as Giromino?) (trumpet)
GIULINI, family   ix
GIULINI, Alessandro   15, 603, 624, 650
GIULINI, Giorgio   xii, 1, 12, 15, 22-23, 92, 111, 132, 246, 286, 557, 566, 568, 583, 603, 648, 650, 653 - *Overture* (1)   596; *Overture* (2)   596; *Overture* (3)   596; *Overture* (4)   596; *Overture* (5)   596; *Trio* (1) 596; *Trio* (2)   596 - GIULINI, Giorgio?   559
GIULINI, Laura   23
Josepha of Bavaria, Princess   366
GIUSEPPE DA Copertino (Blessed)   592
GIUSSANI (1), Giuseppe (alto)   430, 432, 578, 585
GIUSSANI (2), Severo (bass)   424, 427, 430, 455, 457-458, 576
GIUSSANI (3), —. *See:* GIUSSANINO (tenor)
GIUSSANINO (tenor)   585
GLASER, Margalit   100, 653
GLUCK, Christoph Willibald   xii-xiii, 41, 49, 79-82, 89-90, 264, 366, 570-571, 640, 642-644, 650, 652 - *Sinfonia*, 1744   571; *Six Sonatas* (2 vn, b), London, Simpson, 1746   571
GOETHE, Wolfgang   38
GOLDONI, Carlo   19, 366
GONELLA, Giuseppe   436
GONZAGA, family   533, 535-536
GRAMATOWSKI, Wiktor   564
GRANDATI (1), Antonio (soprano)   450, 605
GRANDATI (2), Carlo Ambrogio   626
GRANDATI (2?) (3), — (Antonio's nephew, alto)   605
GRANDI, Gaetano, known as GRANDINO (1) (violin)   560, 563, 581
GRANDI, Giovanni Maria (Gaetano's son), known as GRANDINO (2) (violin)   392-393, 413, 415, 581-582, 605
GRANDI, — (Gaetano? Giovanni Maria?) (violin)   585
GRANDI, — (Gaetano and Giovanni Maria? Giovanni Maria and his son?) (violin)   605
GRANDINO. *See:* GRANDI, Gaetano; GRANDI, Giovanni Maria; GRANDI, — (Giovanni Maria's son?)
GRASSI, Giuseppe, known as GRASSINO (alto)   430-431, 433, 458, 578
GRASSINO. *See:* GRASSI, Giuseppe, known as GRASSINO (alto)
GRAVE, Floyd K.   58, 584
GREENE, Maurice   555
GREENZWEIG, Eli   43
GREGORI, G. — (engraver)   590
GREPPI, family   ix
GREPPI, Antonio   3, 9, 19, 374, 605, 609, 614
GREPPI, Edoardo   9, 15, 18
GRIESINGER, Georg August   644, 645, 648
GRIMALDELLO, — (musician) - *Overture*   596
GRIMANI, Maria Margarita   252

GRONEFELD, Ingo 101, 103-105, 107-109, 142-143, 201
GRONMAN, M.A. 584
GROSSATESTA, Gaetano (choreographer) 76
GROSSI, Gaetano (bassoon) 644
GUALA (GUALLA), — (bassoon) 397, 402
Guastalla and Sabbioneta, —, Duchess of 535
GUELFI, Giuseppe (bass) 424, 430, 455, 457, 576
GUGLIELMINO *See*: FIORETTI, Antonio Maria, known as Guglielmino (contrabass)
GUIDETTI, Armando 564
GUILLEMAIN, Louis-Gabriel 248
GUMPENHUBER, Philipp 597
GYROWETZ, Adalbert 111

H

HAAS, Robert 205, 536
HAASE, Hans 288
HABERKAMP, Gertraut 138, 200-201
HABSBURG, family 375, 408, 534-535
HABSBURG - AUSTRIA, family 536
HAFFNER, Johann Ulrich 316
HÄFNER, Klaus 139, 654
HAIMO, Ethan 264
HAMILTON, William 140
HÄNDEL, Georg Friedrich 230, 513, 555-556, 640
HANSELL, Kathleen K. xvi, 28, 592, 635, 653
HANSELL, Sven 27, 34
HANSLICK, Eduard 585
HARRACH, Ferdinand Bonaventura von x, 583, 639, 646
HARRACH, Renate von. *See*: MELZI D'ERYL (VON HARRACH), Renate
HARRER, Gottlob 248, 252
HÄRTWIG, Urte 33
HASSE, Johann Adolf 81, 222-223, 240, 366, 596, 618-619 - *Fortuna divitias auferre, non animum potest* (Cantata with fl) 596
HATTEN, Robert 261
HAWKINS, John 555-567, 583, 641, 648
HAYBURN, Robert F. 511
HAYDE. *See*: HAYDN, Franz Joseph
HAYDN, Franz Joseph x, 1, 37-39, 43-44, 47, 51, 60, 110-111, 132, 143, 147-149, 152, 155, 157-158, 160, 162, 168, 170-174, 176-179, 183-184, 188-189, 196-197, 263-264, 271, 303-304, 513-514, 529, 589, 598, 610, 637-640, 642, 644-646, 648-649, 652-653 - *Concerto in F* (hpd), Hob. XVIII:3 168, 174; *Concerto in D* (hpd or fp), Hob. XVIII:11 162, 174, 179; *Concerto in A* (vn), Hob. VIIa:3 143, 148-149, 152, 155, 158, 170, 173, 176-178, 183-184; *Concerto in C* (vn), Hob. VIIa:1 143, 158, 160, 170-171, 173; *Concerto in G* (vn), Hob. VIIa:4 143, 148, 155, 158, 160, 170, 174, 178, 183, 188; Masses 513-514, 529; *St. Cecilia Mass* 513; Quintet Hob. II:2 110; Symphony no. 26 37; Symphony no. 39 37; Symphony no. 44 37; Symphony no. 45 37; Symphony no. 49 37, 43, 60; Symphony no. 52 37
HAYDN, Michael 43
HEARTZ, Daniel 38
HELL, Helmut 543
HEYMAN, Barbara B. 137, 245, 264, 481, 509, 538, 653
HILL, John Walter 205
HILLER, Johann Adam 610, 629, 647
HIRSHBERG, Jehoash xv, 215, 240, 243-244, 560
HOFFMANN-ERBRECHT, Lothar 38
HOFMANN, Leopold 43, 514, 610 - *Missa in D* 514
HOFMANN, Ulrike 653
HOFMANN, Wolfgang 653
HOLM, Anna Lena 53
HOLZBAUER, Ignaz xiii, 584, 598
HÖRNER, Stephan 584
HORSLEY, Imogene 263
HORTSCHANSKY, Klaus 162
HOSLER, Bellamy 280
HUBERTY (publisher) 613

I

I-Ad. *See*: 2 - Libraries and Archives: Assisi, Cattedrale S. Rufino
I-Bc. *See*: 2 - Libraries and Archives: Bologna, Civico Museo Bibliografico Musicale
I-BRs. *See*: 2 - Libraries and Archives: Brescia, Seminario Vescovile
I-CMbc. *See*: 2 - Libraries and Archives: Casale Monferrato, Biblioteca Civica 'Giovanni Canna'
IEPI. *See*: JESSI, Giovanni Battista (oboe)
I-Gl. *See*: 2 - Libraries and Archives: Genoa, Biblioteca del Liceo Musicale 'N. Paganini'
I-Ibborromeo. *See*: 2 - Libraries and Archives: Isola Bella (Lago Maggiore), Biblioteca privata Borromeo
ILLIANO, Roberto xvi, 533
I-Ma. *See*: 2 - Libraries and Archives: Milan, Biblioteca Ambrosiana

I-Mb. *See*: 2 - Libraries and Archives: Milan, Biblioteca Nazionale Braidense
IMBONATI, Giovanni Maria 603
I-Mc. *See*: 2 - Libraries and Archives: Milan, Biblioteca del Conservatorio di musica 'G. Verdi'
I-Md. *See*: 2 - Libraries and Archives: Milan, Archivio della Veneranda Fabbrica del Duomo
I-Mdemicheli. *See*: 2 - Libraries and Archives: Milan, Biblioteca privata De Micheli
I-Mscala. *See*: 2 - Libraries and Archives: Milan, Biblioteca teatrale Livia Simoni (Museo teatrale alla Scala)
I-Mt. *See*: 2 - Libraries and Archives: Milan, Biblioteca Trivulziana
I-Nc. *See*: Naples, Conservatorio di Musica S. Pietro a Majella, Biblioteca
I-Nn. *See*: Naples, Biblioteca Nazionale 'Vittorio Emanuele III'
INZAGHI, Luigi 75, 81, 90, 392, 417-418, 433, 451, 553, 556, 559, 603, 652, 654
I-Rc. *See*: 2 - Libraries and Archives: Rome, Biblioteca Cassanatense
I-Rn. *See*: 2 - Libraries and Archives: Paris, Bibliothèque nationale de France
IROSUOLO?, — (musician) - *Overture* 596
I-Rsc. *See*: 2 - Libraries and Archives: Rome, Biblioteca Musicale Governativa del Conservatorio di Santa Cecilia
Isabella (Maria Isabella) of Bourbon - Parma 365-370, 374, 376
ISRAEL, Carl 587
I-Tci. *See*: 2 - Libraries and Archives: Turin, Biblioteca Civica Musicale 'A. Della Corte'
I-Tn. *See*: 2 - Libraries and Archives: Turin, Biblioteca Nazionale Universitaria
I-UDricardi. *See*: 2 - Libraries and Archives: Udine, Fondo Ricardi di Nietro
I-VEc. *See*: 2 - Libraries and Archives: Verona, Biblioteca Civica

J

JACKSON, Barbara G. 252
JACOMELLI, Geminiano 75-76
JANDER, Owen 260
JAVORSKY, Dorothea 63
JEDECK, Raimund 139
JENKINS, Newell x, xiv, 40-41, 45, 50, 63-64, 68, 71, 73-74, 76-77, 84, 89-91, 103, 106, 108, 116-117, 133, 137-138, 140, 198, 238, 244, 246, 252, 289, 308, 317, 319, 477, 479, 493-494, 497, 504-506, 508, 509, 511-513, 522, 532, 550, 565, 575, 591, 632, 651-652, 364, 391
JESSI, Giovanni Battista (oboe) 397
JOMELY. *See*: JOMMELLI, Niccolò
JOMMELLI, Niccolò xii, 28, 38, III, 364, 435, 510, 591-592, 594, 598, 605, 638, 644
Joseph of Habsburg - Lorraine, Archduke - Joseph II, Emperor 6, 364-366, 374, 408, 582, 591, 601, 631
JOZZI, Giuseppe 286-287

K

KAUNITZ, Wenzel Anton 370, 617
KELLER, Sigismund (*Vater*) 40, 495, 499, 504, 649
KELLERI. *See*: CHELLERI, Fortunato
KENDRICK, Robert L. 27, 32, 34
KINDLER, Klaus 137-138, 198-200
KIRAKOWSKA, Susan 230
KIRKENDALE, Ursula 553
KIRNBERGER, Johann Philipp 280
KLEIN, Rachel 203
KLEINAU, Hermann 140
KNOLLER, Martin 4
KOCH, Heinrich Christoph 62, 147-148, 150, 178, 181, 189, 262-263
KOLLMANN, Augustus Frederic Christopher 262-263
KRAMER, Richard 245
KREBS, Johann Ludwig 131
KUNZE, Stefan 531
KUSAN-WINDWEH, Kara 172
KÜSTER, Konrad 149, 169

L

LA BORDE, Jean-Benjamin de 640, 643, 648
LA CHEVARDIÈRE (publisher) 42, 583, 598
LA LAURENCIE, Lionel de 248, 571, 650
LABLACHE (La Blanche?), — (female dancer) 619
LAINONE, — (alto) 605
LALLI, Domenico (librettist) 67
LAMPUGNANI, Giovanni Battista xii, 19, 67, 89, 92, III, 132, 135, 246, 571, 584, 610, 614, 616, 634-635, 640, 644 - *Concertino* 596
LAMPUGNANI, Virgilio (violin) 563, 581
LANCE, Evelyn B. 205, 215, 556

LANDMANN, Ortrun 142-143
LANDOLFI, Carlo Ferdinando 384, 391
LANDON, H. C. Robbins 37, 132
LANDRIANI, Carlo Francesco (bass) 419-420, 422-424, 427, 452-453
LANZA VECCHIA (LANZAVECCHIA), Costantino (musician) 563
LANZETTI, Salvatore 557
LARSEN, Jens Peter 51, 265, 598, 653
LARUE, Jan 43, 45, 51, 60, 63, 247, 255, 264, 265, 271, 353-355, 533, 569
LASALLE D'OFFEMENT, Adrien-Nicolas de x
LATILLA, Gaetano 532
LATUADA, Serviliano 6, 8, 12, 14, 477-478, 561-562, 572, 574, 577, 599, 625, 627
LAURENTI, Gerolamo 596 - *Concerto* 596
LE CÈNE (publisher) 538
LE CLERC / LECLERC (publisher) 341, 583, 601, 646
LE HURAY, Peter 280
LENINO (LENTINO?) (viola) 605. *See also*: LENTA, Giuseppe (2) (viola)
LENTA, Giuseppe (1) (harpsichord) 623
LENTA, Giuseppe (2) (viola) 374-375, 392-393, 396, 413-416, 602
LENZI, Daniela 17
LEO, Leonardo 92, 339, 436, 532, 543, 644
Leopold (Peter Leopold) of Habsburg - Lorraine, Archduke - Leopold I, Grand Duke of Tuscany - Leopold II, Emperor 15-16, 90, 375, 378, 405, 408, 554, 580, 606-607
Leopold II, Bishop of Olmütz 584
LESLE, — Count of 367
LESTER, Joel 249
LESURE, François 102, 290, 575, 601
LEUHUSEN, Carl 52
LEVI, Chiara 534-535, 648
LEVY PISETSKY, Rosita 10
LEVY, Janet M. 261, 654
LICHTENTHAL, Pietro 381, 644, 649
LIECHTENSTEIN, Joseph Wenceslaus, Prince of 591
LIECHTENSTEIN, —, Marshal, Prince of 365, 367
LIECHTENSTEIN, —, (Marshal's nephew) Prince of 367
LIONNET, Jean 435
LITTA, family ix, 378, 576
LITTA, Agostino xiii, 29, 370, 584
LITTA (1), — 613-614

LITTA (2), — (priest) 471
LITTA VISCONTI ARESE, Antonio 65
LITTA VISCONTI ARESE, Pompeo Giulio 370, 373-374, 378, 602
LOBKOWITZ, family 583
LOBKOWITZ, Ferdinand Philipp 571
LOCATELLI, Pietro Antonio xvi, 120, 188, 557, 592-593, 629, 642-644, 654
LODI, Antonio 381
LOHMANN, Heinz 143
Louise-Elisabeth of Bourbon, Princess of France 365
LOVATI, Francesco 380
LUCCA VIGANÒ, Ambrogio 626
LUCHINO. *See*: ROSCIO, Luca Felice, known as Luchino (violin)
LUCINI, — (male) 380
LUCINI, Luigi Maria (Cardinal) 579
LUINO, Domenico (singer) 26
LULLY, Jean-Baptiste 131
LURAGHI, Ambrogio (violin) 563, 581
LURAGHI, Giuseppe (bass) 419-420, 452

M

MACHAUT, Guillaume de 206
MACHIO, Giacomo 111, 564
MACINTYRE, Bruce C. 513-514
MADONIS, Luigi 558
MAGGI, Valentino (violin) 373, 602
MAGNOCAVALLO, Enrico (priest) 626
MAHAUTS, Antoine 142
MAHLING, Christoph-Hellmut 143
MAHRT, William P. 261, 654
MAILLARD, Jean-Christophe 139
MAININI (1), (Giovanni) Francesco (musician) 28
MAININI (2), (Giovanni) Francesco (costume designer) 26-28, 31-32, 67, 76, 81, 370, 408
MAINONI, Francesc'Antonio (librettist) 623
MAJNINO (Majnini), Francesco. *See*: MAININI (2), (Giovanni) Francesco (costume designer)
MAJORANO, Gaetano, known as Caffarelli (singer) 557
MALATESTA (publisher) 26-27, 73, 80, 82, 90, 476, 480, 493, 496-498, 500, 503, 595, 647
MALIPIERO, Riccardo 1, 19
MANACORDA, Giambattista (violin) 560
MANARA, Felice (violin) 398

MANDEL-YEHUDA, Sarah xv, 58, 245, 247, 252, 532, 596
MANFERRARI, Umberto 28
MANFREDI, Gianvito (librettist) 27-28, 36
MANGEAN, M.me — (publisher) 583
MANGONE, Fabio (*ingegnere*) 6
MANN. *See*: MONN, Mathias Georg
MANNELLI. *See*: EMANUELE, Tommaso (oboe)
MANZOLI. *See*: MANZUOLI, Giovanni (singer)
MANZONE, — (choir master) 458-459
MANZONI, Francesca 603
MANZUOLI, Giovanni (singer) 366, 619
MARANI, — (dancer) 614
MARCELLO, Benedetto 99, 593, 644
MARCHESI (DE MARCHESI), Giovanni (trumpet) 581, 605
MARCHESI, Luigi 644
MARCHESINI, — (soprano) 614, 634
MARCHI (DE MARCHI), Giovanni Maria xii, 92, 422, 454-455, 564
MARCHINO. *See*: VILLANI, Marco, known as Marchino (violin)
MARCONE, Giuseppe (viola) 581
Maria Anna of Habsburg - Austria (daughter of Ferdinand III, second wife of Filippo IV of Spain) 574
Maria Carolina of Austria, Archduchess 589
Maria Isabella of Bourbon - Parma, infanta 601, 631
Maria Louisa of Bourbon - Spain - Grand Duchess of Tuscany 375-378, 383, 385, 387, 398, 403, 405, 408, 554, 606-607
Maria Luigia of Bourbon - Parma, Princess of Parma and Piacenza 375-377
Maria Theresa of Habsburg, Archduchess of Austria - Maria Theresa I, Queen of Hungary and Bohemia, Empress 3, 14-15, 20-21, 32, 90, 364-365, 367, 375, 378, 383, 408, 509, 535, 575, 580, 605, 617-619, 627
MARIOTTI, Giovanni (violin) 398
MARLEY, Marie Annette 50, 494, 509-511, 652
MARLIANI, Carlo 434, 459
MARLIANO. *See*: MARLIANI
MARPURG, Friedrich Wilhelm 249, 647
MARTIN, Giovanni Battista 624
MARTINELLI, Antonio 555
MARTINENGHI, — (female singer) 585, 605
MARTINETTO 458

MARTINEZ, Pietro (violin) 581, 585
MARTINI, brothers. *See*: SAMMARTINI, brothers
MARTINI venetian 551
MARTINI, Giovanni Battista (*padre*) x, xiii, 28-31, 36, 316, 335, 369, 418-419, 433, 436, 438-445, 449-450, 460- 462, 467, 469-472, 550-552, 580, 592-594, 597, 601, 603, 612-613, 628-632, 640, 652 - *Sonate per l'organo e il cembalo*, Bologna, Lelio della Volpe, 1747 316; *idem*, *Sonata I* 316-317
MARTINI, Jean-Paul, known as Tedesco 551
MARTINI. *See also*: SAMMARTINI
MARTINO (oboe) 553. *See also*: SAMMARTINI, Alessio; *See also*: SAMMARTINI, Giuseppe (Gioseffo Francesco Gaspare Melchiorre Baldassarre)
MARTINO. MARTINO Milanese. *See*: SAMMARTINI
MARTINOTTI, Sergio 392, 441, 655
MARX, Hans Joachim 435
MASSA, — (*abate, cantore*) 402
MATTEI, Camilla (singer) 26
MATTEI, Colomba (singer) 26, 30-31
MATTEI, — (Camilla? Colomba?) (singer) 376
MAURI, Antonio (notary) 553
MAYER, — von 617
MAZZINGHI, — (musician) 287
MAZZOCCA, Fernando 1, 4, 9
MAZZUCCHELLI, Giovanni Maria (musician) 563
MAZZUCCHELLI, Giuseppe (publisher) 497, 595, 647
MCVEIGH, Simon xv, 215, 560
MEIJER, Bert W. xv
MELONCELLI, Raoul 435
MELZI - MELZI D'ERYL, family ix, 576
MELZI D'ERYL, Antonio Maria xii, 89, 570-571, 643
MELZI D'ERYL (VON HARRACH), Renate 571, 614
MENDEL, Arthur 203
MERCORI, Giacomo 13
MERLO, Carlo Giuseppe (architect) 13
MESSI, Francesco 286, 422, 424, 427, 430, 456-458, 576, 578
METASTASIO (Pietro Trapassi) 33, 366, 376, 403, 478-479, 616, 618-619, 623
MEYER, Leonard 204
MIGLIAVACCA, — (librettist) 366
MILANINO, Giuseppe (violin) 397
MILLER (1), Michael 511
MILLER (2), — (bassoon) 556
MIMI (female dancer) 376
MINELLI, Giovanni Battista 29

MINOLA, — 618
MISCHIATI, Oscar 442
MISHKIN, Henry G. 115, 556, 651
MISLIVICEK. *See*: MYSLIVECEK, Josef
MOHR, Wilhelm 244
MOLTER, Johann Melchior 134, 139, 654
MOMPELLIO, Federico 331-332, 418, 424, 427, 433-434, 436-438, 441, 445-446, 449
MONANNI, Giambattista (publisher) 366
MONELLE, Raymond 261
MONESTIROLI, Giuseppe (contrabass) 398, 402-403
MONISTEROLI. *See*: MONESTIROLI
MONN, Mathias Georg 638
MONTEROSSO, Raffaello 205, 533
MONTEVERDE, — 375
MONTICELLI, Angelo Maria (singer) 76, 570
MONTICELLI, Maria Marta (singer) 67-68
MONTICINI, — (musician) - *Quintetto* 596
MONZA, Carlo jr. xi, 111, 135, 287, 419, 433, 438, 445-446, 449-450, 470, 474, 478, 567, 603, 610, 614, 623-624, 626, 632, 634, 644
MONZA, Giovanni (cello) 392-393, 396, 403, 414-416, 614
MORABITO, Fulvia xvi
MORALES, Cristóbal de 440, 462, 469
MORANDOTTI, Alessandro 4, 9
MORELLI (1), Giovanni 203
MORELLI (2), — (female) 614
MORIA (publisher) 594
MORIGGIA, — (Marquis) 557
MORIGIA, Paolo 569
MOROTTI, Ilaria 298, 320
MORTZIN, — (Count) 639, 646
MOZART, Leopold 18, 21, 613-617, 629
MOZART, Wolfgang Amadeus xiii, 17-18, 21, 37, 43, 99, 143, 147-149, 153, 155, 158-160, 168-169, 171-174, 176, 179, 183-184, 186-188, 191-192, 194-197, 267, 273, 283, 303-304, 510, 613-618, 620, 623, 653
  - *Concertos* (vn) 149; *KV 80* xiii, 614; *KV 87* (*KV 74a*) 616; *KV 92* 617; *KV 111* 617-618, 620-621, 654; *KV 112* 617; *KV 113* 616-617; *KV 135* 623; *KV 175* 188, 192; *KV 190* 273; *KV 207* 143, 149, 160, 171, 176, 273; *KV 211* 143, 148, 155, 158, 160, 168, 171, 176, 183-184, 191, 194; *KV 216* 143, 148, 155, 168-169, 171, 176, 183-184, 186; *KV 218* 143, 148-149, 158, 160, 179, 183-184, 273; *KV 219* 143, 148, 168, 172, 174, 176, 179, 183-184, 187; *KV 271* 283; *KV 285* 99; *KV 285a* 99; *KV 285b* 99; *KV 298* 99; *KV 314* 168, 172, 187, 192; *KV 364* 195; *KV 365* 267; *KV 421* 37; *KV 457* 37; *KV 466* 37; *KV 475* 37; *KV 478* 37; *KV 491* 37; *KV 516* 37; *KV 550* 37
MÜLLER, Katharina 100
MÜLLER, Marianus (*Vater*) xi
MYSLIVEÇEK, Josef xiii, 638, 644-645

N

NABUCCO, — (musician) - *Overture* 596
NANINO, Giovanni Maria 469
NARCISO DA MILANO (friar) 424, 456, 576
NARDIN. *See*: NARDINI, Pietro (violin)
NARDINI, Pietro (violin) 366
NATALI, G. — 648
NAVA, Agostino (musician) 563
NEGRI, Antonio, known as Negrinetto (cello) 582, 585
NEGRI, Giovanni (cello) 450
NEGRINETTO. *See*: NEGRI, Antonio, known as Negrinetto (cello)
NEGRINO, Antonio (*maestro di cappella*, harpsichord) 563
NEWMAN, William S. 262, 344
NIANI, — (*padre*) 614
NICOLINI, — (publisher) 70
NICOLINO (singer) 376
NICORA, Laura 18, 75
NIUBÓ, Marc 100
NOSEDA, Gustavo 135
NOVATI, Francesco 18
NOVELLI, Felice (singer) 81, 579
NULLI, Giuseppe 560
NYHRÉN, Carl 141

O

ODESCALCHI (ERBA ODESCALCHI), Benedetto (Cardinal) 12, 578
ODONELLI, — (General) 585
O'KEEFE, Simon 262
OLDRINI, Gaspare 63
OLIANI, — (shoemaker) 408
OLLESON, Edward 510
OMODEI (HOMODEI), family 66
OMODEI (HOMODEI), Giacomo 66
ORDOGNO (ORDOÑEZ) DE ROSALES, Matteo 621

Ordoñez, Carlos de 43
Orlandi, Giovanni Francesco (violin) 373, 602
Orlandini, Giuseppe Maria 67, 76, 81
Orrigoni, Roberto 621
Orrigoni (Origone), — (tenor) 585
Ottani, Bernardino Gaetano (singer) 614
Ottavi, — (singer) 376
Ozzola, Lara 63

P

P.S.K. See: Keller, Sigismund (*Vater*).
Pachta, Filip xi, 133, 246
Paganelli, Giuseppe Antonio 67
Paganini, — (leader of theatre company) 380
Paglicci-Brozzi, Antonio xiii, 67, 76, 649
Pagnani. See: Pugnani, Gaetano
Paisiello, Giovanni 111
Paladini (Palladini, Paladino), Giuseppe xi-xii, 111, 134, 420, 564, 567-569, 580, 640, 644
Palasutti, Domenico (musician) 563
Palestrina, Giovanni Pierluigi da 440, 462, 469, 510, 630, 632
Pálffy, family 583
Pálffy, — Count 639, 646
Pallavicini, Gian Luca ix-x, 14-16, 21, 90, 364, 570, 576, 580-581, 583, 586-591, 636, 639-640, 645
Palmerini, —, known as Palmerino di Mantova (bass) 422, 424, 453, 455
Pancino, Livia 654
Papa. See: Gassa, Giuseppe Antonio (violin)
Parenti (1), Gaetano (oboe) 556, 563
Parenti (2), — (contrabass) 563, 585
Parenti (1?) (3), — 563
Pariati, Pietro 75
Parini, Giuseppe 3, 9, 17-19, 21-22, 552, 559, 603, 616, 618-621, 647, 650
Parrino and Mutio (publishers) 70
Pascali (Paschali), Gaetano Eugenio 364, 591
Paschali. See: Pascali, Gaetano Eugenio
Pasi, Antonio 29
Pasquali, Giambattista (publisher) 75
Pasquali, Niccolò 552
Pasqualinetto. See: Peruccone, Giuseppe (Pasquale's son), known as Pasqualinetto (violin)
Pasqualini. See: Pasquali, Niccolò
Pasqualino. See: Peruccone, Pasquale, known as Pasqualino (violin)

Pasquini, Giovanni Claudio (librettist) 27-28, 36
Passera, Luigi (violin) 402
Passeroni, Gian Carlo 603
Pavan, Franco xvi, 553
Pavesino (violin) 605
Pecchio, Luigi 599
Pedrocco, Francesco 20
Pelker, Bärbel 197
Pellegrino (, —) (*cantore*, alto) 585
Penati, Onofrio (oboe) 560
Pérez Forte, Javier (musician) xvi
Pergolesi, Giovanni Battista 304, 466, 468, 512, 525, 532, 590, 637, 644
Perogalli, Carlo 23
Peroni. See: Perroni, Giovanni (cello)
Perri, Gabriele (musician) 563
Perroni (1), Giovanni (cello) xii, xv, 205, 216, 228-230, 235, 478, 563 - *Five Concertos* (vc) (in D-WD) 205; *Concertos* (vc) 205, 216, 228; *Concerto* (vc) (no. 1) 228; *Concerto* (vc) (no. 2) 228-230; *Concerto* (vc) (no. 3) 230; *Concerto* (vc) (no. 4) 228-229; *Concerto* (vc) (no. 5) 229; *Oratorio* 205
Perroni (2), Giuseppe Maria (violin) 560, 563
Perroni (2?) (3), — (musician, Giovanni's brother) 205
Pertusati, — (Count) 205, 635
Peruccone (Perruccone), Giuseppe (Pasquale's son), known as Pasqualinetto (violin) 392-393, 413, 415, 605
Peruccone (Perruccone), — (Giuseppe? Pasquale?) (violin) 614, 634
Peruccone (Perruccone), Pasquale, known as Pasqualino (violin) 392, 413-414, 581, 605
Pescetti, Giovan Battista 67
Peschi (Beschi ?), family 614
Pestelli, Giorgio 1, 4
Pezzoni, — (male) 614
Philip of Bourbon - Spain - Philip I, Duke of Parma, Piacenza and Guastalla ix, 112, 365, 370, 376-377, 576, 600
Philip IV (Bourbon) of Spain 509
Philip V (Bourbon) of Spain 376
Philip, Prince of Hesse-Darmstadt 536
Piani, Giovanni Antonio 344
Piantanida, Antonio 580, 614
Piantanida, Gaetano 644
Piantanida, Isidoro (*abate*) 644

Piazza, Gaetano xii, 111-112, 135, 317, 319-320, 439-445, 449, 460-462, 464, 466-467, 469-472, 593, 614, 616, 644 - *Concertino Notturno* 112; *Concerto a 6. Notturno* 112; *Sonata. See*: Sammartini, Giovanni Battista: *GBS/Sp-son clv 1* (Gaetano Piazza?); *See*: Sammartini, Giovanni Battista: *GBS/Sp-son clv 1*
Piazza, Pietro 644
Piazzini. *See*: Piazza, Gaetano
Piccinelli, family 614
Piccinni, Nicola 366, 596, 644
Picenardi, Michele 602
Picenardi, — (Marquis) 375
Pichl, Wenzel 111, 638
Pick, — (choreographer, dancer) 614, 619
Piermarini, Giuseppe 4, 6, 8, 619
Piero 555
Pietrantoni, Laura 64
Pietrasanta, — (architect) 15
Pietro francese. *See*: Poggio, Pietro, known as Francese (trumpet)
Pietrogrande, Chiara 494, 654
Pilai (Pilaj), Caterina (singer) 377, 380, 383-384, 387, 389, 392, 396, 408, 606-608
Pilaia, Cattarina. *See*: Pilai (Pilaj), Caterina (singer)
Pinacci, Giovan Battista (singer) 76
Pincherle, Marc 573, 650
Pinottini, Pietro Antonio 25
Pinto, Sandra 3
Pisarri, Ferdinando 32
Pisendel, Johann Georg 142, 143
Pistachio (Pistocchi?), — (musician) - *Overture* 596
Piston, Walter 259, 260
Pitoni, Giuseppe Ottavio 630
Platti (Plati), brothers (Giovanni Benedetto and —) (harpsichord or violin, oboe) 366
Platti, Giovanni Battista 99
Pleyel, Ignaz Joseph 43
Plutarch 82
Poggio, Pietro, known as Francese (trumpet) 392-393, 413-414, 605
Pogliani, — (organ) 605
Pohl, Carl Ferdinand 589
Poli, Giovanni Battista (violin) 398
Pollarolo, Carlo Francesco 70
Pompilio, Angelo 440
Poni, Antonio (singer) 408

Pontio, Pacifico (publisher) 569
Poole, H. Edmond 331
Porcelli, Maria Costanza Margherita 537
Porpora, Nicola 67, 436-437, 532, 638
Porta (de Porta), Giovanni 67, 75, 81, 532
Portowitz, Adena xv, 575, 598
Pouplinière, Alexandre Jean Joseph La Riche de la x, 589
Prato, — (Count) 614
Prefumo, Danilo 75, 81, 90-91, 287, 397, 417-418, 433, 451, 553, 556, 578-580, 589, 607, 653-655
Preston, John (publisher) 288
Preudhomme, — (publisher) 613
Prina, Girolamo Antonio 647
Prina, Giuseppe (violin) 581
Priori, Antonio (singer) 26, 377, 384-385, 387, 389, 392, 395-397, 607-608
Priorino. *See*: Priori, Antonio (singer)
Pritchard, Brian W. 70, 535
Priuli Valmarana, Cecilia 28
Proske, Carl 138
Pugnani, Gaetano xiii, 120, 369, 373, 375, 602, 638
Pulli, Pietro 436-437
Puricelli, Antonio (manager) 67, 76
Puteanus, Erycius 469

Q

Quadrio, Francesco Saverio 31-32, 36, 603
Quadrio, Giovanni Battista 380
Quaglia, Agostino 288, 335, 438-439, 443, 445-446, 449, 459, 466, 644
Qualin, — (soprano) 585
Quantz, Johann Joachim 99, 134, 263, 556-558, 566, 629, 639, 643, 647
Questorino (Quistorino), Gaetano (violin) 392, 413-414
Quinzana (*Suor*) 12

R

Racine, Jean 616
Ragnia, family 614
Raimondi, Alfonso 20
Raimondi, Mattew 651
Rainone, Romolo (alto) 450, 585
Ramanzini, Dionigi 28
Ramot, Na'ama 203
Randel, Don Michael 531, 538

Raspé, Paul 68
Ratner, Leonard G. 38, 51, 212, 249, 261-263, 271, 344, 347, 349, 356, 654
Ravizza, Filippo Emanuele xv, 289, 552, 568, 575, 598, 655
Raymond, — (musician) 614
Refardt, Edgar 129
Reichardt, Johann Friedrich 571, 643-644, 648
Reilly, Edward R. 263
Reimer, Erich 196
Renardi, — (musician) - *Overture* 596
Reüter. *See*: Reutter, Georg
Reutter, Georg 28, 638
Reutter, Jochen 138, 200-201
Rhau, Günter 109
Rhodes, David J. 197
Ricardi di Netro, Federico 135
Ricardi, Giovanni Battista (scenographer) 26-27
Riccardi, Domenico (painter) vi, 628
Ricci, Carlo (violin) 533
Ricci, G. 6
Ricciardi. *See*: Riccardi, Domenico
Richini, Giulio (*ingegnere*) 587
Richino, Francesco Maria (*ingegnere*) 6
Riemann, Hugo 245
Riepel, Joseph 147, 149, 212, 347
Righini, Pietro (scenographer) 15, 17, 76
Rinaldi, Giuseppe (1) (viola) 398
Rinaldi, Giuseppe (1?) (2) 559-560
Risi, J. C. 473
Riva, Giovanni Maria 14
Riviera, Guido (librettist) 15, 80-82, 90, 478-479, 578-580, 623
Rizzi, Vittorio 533, 535-536
Robinson, Michael F. 92
Rockingamm (Rockingham), —, Marchioness of 287, 609
Rodeschini, — (Marquis) 398
Roe, Stephan 584
Roelli, Giuseppe (cello) 623
Rogendorff, — Count of 614
Rogier. *See*: Ruggero (2) (Rogier, Ruggeri), Francesco (cello or contrabass)
Rolla, Giuseppe (violin) 397
Romagnoli, Angela 100

Romani, Giovanni 533, 535-537
Roncaglia, Gino 533, 650-651
Ronchetti, Pietro (violin) 392, 403, 413-414
Ronzi (1), Francesco (violin) 392-393, 413, 415, 605, 614, 626
Ronzi (2), — (Francesco's son) (violin) 614
Rosand, Ellen 59
Rosati, — 453
Roscio, Giovanni Antonio (Luca Felice's father) (violin) 563
Roscio, Luca Felice, known as Luchino (violin) xii, 197, 373-374, 389-390, 392-396, 413-416, 450, 585, 593, 602, 605, 607, 614, 633 - *Sinfonia* 373, 602
Rosemberg, — Count of 383
Rossa, Maddalena 557
Rossetti (1), Alessio (musician) 596
Rossetti (1?) (2), — (violin) 402
Rossi Lürig, Alessandra xvi
Rossi, Attilio 27, 92, 101, 141, 204, 247, 494, 655
Rossi, Luca Felice. *See*: Roscio, Luca Felice, known as Luchino (violin)
Rossi, Marco 335, 417-418, 423-424, 437, 445-446, 451
Rossi, Scipione, Marquis of S. Secondo 383
Rossi. *See*: Roscio
Rossini, Gioachino 637
Rossio. *See*: Roscio
Rotelli, Ettore 1
Rousseau, Jean Jacques 639, 643, 647
Rovaldi, Francesco (violin) 398
Rozio, Giovanni Antonio 67. *See also*: Roscio, Giovanni Antonio (Luca Felice's father) (violin)
Rudolf, Max 38
Ruggero (1), Francesco Girolamo 647
Ruggero (2) (Rogier, Ruggeri), Francesco (cello or contrabass) 560, 563, 581, 585
Ruggi Romano, known also as Ruge o Rouge, Filippo (publisher) 583
Rusca, Grazioso (painter) 3, 605
Rusca, Lodovico 434
Rushton, Julian 570-571, 640
Ruspoli, family 553
Russell, Tilden A. 245, 257
Rutova, Milada 131

683

Rywosch, Bernard 37

S

S. Antonio da Padova 476
S. Bernardo 579
S. Carlo Borromeo 4, 6, 13, 332, 475, 586
S. Caterina 596
S. Fedele da Simaringa 581
S. Gaudenzio 553, 560, 647
S. Giovanni Nepomuceno 564, 589, 595, 612
S. Giuliana 536
S. Giuseppe 585, 591
S. Giuseppe da Lionessa 581
S. Martini. S. Martino. *See*: Sammartini
S. Tommaso d'Aquino 476
S.t Martino. *See*: Sammartini
Sacchi, Giovenale (*padre*) 551, 593, 628-629, 635-636, 647
Sacchini, Antonio Maria Gaspare 644
Sadie, Julie Ann 27
Sadie, Stanley 25, 27, 38, 141, 204, 264, 378, 435, 532, 570, 584, 652, 655
Saint Martin, Alexis. *see*: Sammartini, Alessio
Saint-Foix, George de xiv, 74, 78, 90, 102, 115-116, 130-131, 287, 293-294, 418, 451, 556, 571, 589, 594, 643, 649-650
Sala, Carlo (musician) 111, 623
Sala, Giuseppe (1) (publisher) 99
Sala, Giuseppe (2) (violin) 402
Sala, Massimiliano xvi
Saletta, Antonio (violin) 582
Sali, — (musician) - *Overture* 596. *See also*: Sala, Carlo
Salomone, Giuseppe, known as 'di Vienna' (choreographer) 26
Salvadori, — 614
Salvetti, Guido 364, 476, 654
Salvioli (1), Carlo 27-28, 31-32
Salvioli (2), Giovanni 27-28, 31-32
Salvioli (3), — (contrabass) 560
Salvione, — (violin) 585
Salvioni de Marchi, Regina (singer) 76
Salvioni, Carlo (singer) 76, 570
Salvioni, Luigi 624
Sammartini, family 550-551, 555, 559-560, 592
Sammartini, brothers 141, 554, 558, 563

Sammartini, Alessio 552-555, 557-558, 560, 564, 625, 645
Sammartini, Anna Maria Genoveffa Felicita (Carlo's daughter) 557
Sammartini, Anna Maria Giovanna 557
Sammartini, Antonio 247, 553-555, 557-558, 563, 568, 579 - *Symphony in* F-Pn, op. III, no. 148 247
Sammartini, Carlo (Carlo Ambrogio Gasparo Antonio) 553-555, 557-558
Sammartini, Francesca (Anna Francesca Margherita Maddalena) 554-555
Sammartini, Francesco Simone Achille (Carlo's son) 557
Sammartini, Gaspare Andrea (Carlo's son) 557
Sammartini, Giovanni Antonio Gaspare (Carlo's son) 557
Sammartini, Giovanni Battista vi, ix-xvi, 1-3, 11, 13-16, 19, 21-23, 28, 38, 40-45, 47-53, 55-62, 63-64, 66-68, 70-71, 73, 75-76, 80-82, 86, 89-90, 92, 99-100, 102, 111-113, 116-117, 119-122, 129, 131, 133-135, 137, 139-150, 152-153, 155, 158, 160, 162, 167-172, 174-175, 178, 181, 183, 186, 188, 191, 195, 197, 204, 216, 224, 232-234, 245-248, 252, 260, 263-265, 272-273, 278, 281-283, 285-288, 290, 298-299, 302-311, 317, 319-321, 341-342, 344-350, 358-359, 363-364, 369-370, 372-374, 378, 384, 387-391, 394, 396-399, 403, 409-412, 417-420, 422, 424, 427, 430, 433, 437, 445-446, 449-451, 456-458, 470, 474-475, 477-481, 483-489, 493-501, 503-504, 509-515, 517-520, 522-524, 527-529, 531-533, 536, 539-540, 544, 547, 549-561, 563-571, 573, 575-576, 578-587, 589-610, 612-616, 621, 623-646, 649-652, 654-655
Works:
Chamber Works: *A Collection*...Book I, London, Walsh, 1761, *Sonata II* (GBS-son clv 21) 287, 298; *idem, Sonata III* (1st mov.: GBS-son clv 10) 287, 294; *idem, Sonata III* (2nd mov.: GBS/Sp-son clv 5) 287, 319; *A Collection*... Book II, London, Walsh, 1762, *Sonata II* (1st, 3rd mov.: GBS/D-son clv 2) 287, 313; *idem, Sonata II* (2nd mov.: GBS-son clv 7) 287, 293; *idem, Sonata IV* (1st, 2nd mov.: GBS-son clv 16) 287, 296; *A Collection*...Book III, London, Walsh, 1764, *Sonata II* (1st mov.: GBS-son clv 14) 287, 296; *idem, Sonata II* (2nd, 3rd mov.: GBS/D-son clv 8) 287, 315; *idem, Sonata III* (GBS-son clv 5) 287, 293; *A Favourite Lesson for the Harpsichord*

or Piano Forte…, London, Preston, 1775, 1st mov: GBS/D-son clv 7 288, 315; *idem*, 2nd, 3rd mov.: GBS/Sp-son clv 2 288, 318-319; *A Second Set of Six Sonatas, op. 7* (2 fl or 2 vn), London, Walsh, 1757 119; *A Third Set of Six Sonatas or Duets by St. Martini of Milan, op. 10* (2 fl or 2 vn), London, Walsh, 1763 115, 119; *Breve Concerto* (1765) 389, 608; *Chamber Music* 137; *Concerti Grossi, op. 6* (arranged by Francesco Barsanti, from Sammartini's Notturni), London, Walsh, 1757 104-105, 107, 109-110, 116, 130; *Concertini* (1763 - 1767) 598; *Concertini* (fl, 2 vn, vc), 1750 584; *Concertini* (in CH-Bu) 129; *Concertini* (in D-KA) 100-101, 129; *Concertini* (with fl) 99; *Concertini a 4 strumenti soli* (in F-Pn) 100; *Concertino* 596; *Duet*, in: *Scielta di sei duetti* (2 fl or 2 vn or 2 fg), Paris, Bayard, n.d. 119; *Marcia, J-C 86* 72; *Menuet* (hpd - from *J-C 33*) in: Corrette, Michel. *Les Amusemens* […] Livre II, Paris, n.d. 290; *Minuets* in: *Rutherford's compleat collection*, London, Rutheford, c. 1775 - 1780 119; *Minuets perform'd at Court*, London, Walsh, 1749 119; *Notturno* (2 fl, b; in I-UDricardi) 135; *Notturno in A* (GBS-qt fl 12) 101-102, 108, 110, 112, 114-116, 119, 121-122, 124, 126, 128; *Notturno in A* (GBS-qt fl 13) 101, 109; *Notturno in C* (GBS-qt fl 1) 101-102; *Notturno in C* (GBS-qt fl 2) 103; *Notturno in C* (GBS-qt fl 3) 101, 103; *Notturno in D* (GBS-qt fl 4) 101, 104-105; *Notturno in D* (GBS-qt fl 5) 104; *Notturno in D* (GBS-qt fl 6) 101, 104-105, 110; *Notturno in D* (GBS-qt fl 7) 100, 105-106, 112-115, 117, 119-120, 124, 130; *Notturno in D* (GBS-qt fl 8) 101, 106; *Notturno in G* (fl, vn, b; in CZ-Pnm, I-UDricardi) 112, 114-115, 123, 125, 127; *Notturno in G* (GBS-qt fl 10) 102, 107, 110, 112, 114, 117, 125, 128; *Notturno in G* (GBS-qt fl 11) 101, 108; *Notturno in G* (GBS-qt fl 9) 101-102, 106, 110, 112-115, 117-121, 123, 125-126, 128; *Notturno* (fl, vn, b; in I-UDricardi) 135; *Notturni* xv; *Notturni* (14) (in S-Uu) 112; *Notturni* (4) (fl, 2 vn, b; in CZ-Pnm) 112; *Notturni* (55) (2 vn, b; in I-Mc) 113; *Notturni* (7) (fl, 2 vn, b; in CH-Zz) 112; *Notturni* (with fl; in CZ-Pnm) 100; *Partia* (in D-KA) 101; *Pastorale* (1) 596; *Pastorale* (2) 596; *Quartet in C* (fl, vn, va, b; in CZ-Pnm / Clam-Gallas) 133; *Quartets* 100; *Quartets* (2 vn, va, vc, c. 1772 - 1773) 613; *Quartets* (7) (fl, 2 vn, b; in CH-Zz) 112; *Quartets* (in S-Skma) 100; *Quartets* (with fl) 99, 100; *Quintets* (3 vn, va, vc, 1773, in F-Pn) 613, 623; *idem*, no. 5 121; *idem*, no. 6 121; *Raccolta musicale…*, Norimberga, Haffner, 1765, Sonata V (GBS/D-son clv 10) 316; *Sei Sonate del Signor San Martini, op. 4* (vc, b), Paris, Le Clerc, 1742 341-348, 350, 358-359; *idem*, Sonata I 343-345, 348-349; *idem*, Sonata II 343, 348-349; *idem*, Sonata III 343, 346, 348, 351-354, 357; *idem*, Sonata IV 343, 346, 348; *idem*, Sonata V 343, 348-349; *idem*, Sonata VI 343-344, 348-349, 356; *Sei Sonate di Cembalo e Violino*, London, n.p. (E. Ciprandi), 1766 (GBS-son clv/vl 1-6) 287, 308, 609; *idem*, Sonata I (GBS-son clv/vl 1) 300; *idem*, Sonata II (GBS-son clv/vl 2) 300; *idem*, Sonata III (GBS-son clv/vl 3) 301; *idem*, Sonata IV (GBS-son clv/vl 4) 301; *idem*, Sonata V (GBS-son clv/vl 5) 301; *idem*, Sonata VI (GBS-son clv/vl 6) 302; *Sei Sonate di Cembalo e Violino*, London, Venier, n.d. (repr. n.p., E. Ciprandi, 1766) (GBS-son clv/vl 1-6) 287, 308; *Sei Sonate notturne del Signor Giuseppe San Martini [Giovanni Battista Sammartini], op. 6* (2 vn, b), Paris, Le Clerc, c. 1765 112; *Sei Sonate notturne, op. 7* (2 vn, b), Paris, Le Clerc, 1763 - 1767 112, 370, 601; *Select minuets…* Book II, London, Walsh, c. 1744 119; *Select minuets…* Book IV, London, Walsh, c. 1760 119; *Six Easy Solos composed by Sig. Gio. Battista St Martini* (fl or vn, b), London, Bremner, 1765 119; *Six Select Sonatas…*, London, Thompson, 1769, Sonata III (1st, 2nd mov.: GBS-son clv 9) 287, 294; *idem*, Sonata III (3rd mov.: GBS-son clv 24) 287, 299; *idem*, Sonata IV (1st mov.: GBS-son clv 12) 287, 295; *idem*, Sonata IV (2nd mov.: GBS/D-son clv 1) 287, 313; *idem*, Sonata V (GBS/Sp-son clv 4), 287, 318, 320; *Six Solos, op. 8* (fl or vn, b), London, Walsh, 1759 119; *Six Sonatas op. 5* (2 vn, b), London, Walsh, 1756 130; *Six Sonatas composed by Bapt. St. Martini of Milan* (fl, vn, b), London, Hummel, 1762 108, 114-115, 127, 129; *Six Sonatas call'd Notturni's, op. 9* (fl, 2 vn, b), London, Walsh, 1762 100-102, 104-105, 107, 109, 112, 114, 116, 118, 129-130; *Sonata* (fl, 2 vn, b; in D-Ds) 101; *Sonata in F major* (hpd) (in I-Bc, CH-E) 289; *Sonata* (in Breitkopf, 1767) 116; *Sonata* (in I-UDricardi) 135; *Sonata a quattro* (in D-KA) 101; *Sonata per armandolino* 596; *Sonata, GBS-son clv 1* 291, 303, 305-306, 323;

685

Sonata, GBS-son clv 2 291, 303, 306, 323; *Sonata, GBS-son clv 3* 292, 303, 306, 323; *Sonata, GBS-son clv 4* 292, 306, 324; *Sonata, GBS-son clv 5* 293, 303, 306, 324; *Sonata, GBS-son clv 6* 293, 306-307, 324; *Sonata, GBS-son clv 7* 293, 303, 305-306, 324; *Sonata, GBS-son clv 8* 293, 303, 306, 324; *Sonata, GBS-son clv 9* 294, 303, 306, 324; *Sonata, GBS-son clv 9-23* 303; *Sonata, GBS-son clv 10* 294, 303, 306, 325; *Sonata, GBS-son clv 11* 295, 304, 306-307, 325; *Sonata, GBS-son clv 12* 295, 304, 306, 325; *Sonata, GBS-son clv 13* 295, 304, 306, 325; *Sonata, GBS-son clv 14* 295, 304, 306, 317, 325; *Sonata, GBS-son clv 15* 296, 303-304, 306, 325; *Sonata, GBS-son clv 15-25* 303; *Sonata, GBS-son clv 16* 296, 304, 306, 326; *Sonata, GBS-son clv 17* 296, 303, 306, 326; *Sonata, GBS-son clv 18* 297, 303-306, 326; *Sonata, GBS-son clv 19* 297, 306, 321, 326; *Sonata, GBS-son clv 20* 297, 304, 306, 326; *Sonata, GBS-son clv 21* 297, 304, 306, 317, 326; *Sonata, GBS-son clv 22* 298, 304, 306, 327; *Sonata, GBS-son clv 23* 298, 303-304, 306, 327; *Sonata, GBS-son clv 24* 299, 306, 327; *Sonata, GBS-son clv 25* 299, 306, 327; *Sonata, GBS-son clv/vl 1* 299, 309-313, 328; *Sonata, GBS-son clv/vl 1-6* 305, 308; *Sonata, GBS-son clv/vl 1-7* 303; *Sonata, GBS-son clv/vl 2* 300, 309-311, 328; *Sonata, GBS-son clv/vl 3* 300, 309-312, 328; *Sonata, GBS-son clv/vl 4* 301, 309-312, 328; *Sonata, GBS-son clv/vl 5* 301, 309-311, 328; *Sonata, GBS-son clv/vl 6* 302, 309-311, 328; *Sonata, GBS-son clv/vl 7* 302, 309-311, 321, 329; Sonata, in: *Six Sonatas* (2 fl or 2 vn, b), London, Walsh, 1753 119; *Sonatas* xv, 40; *Sonatas* (2 fl, b; in I-UDricardi) 115, 135; *Sonate a tre stromenti di Giambatista Sanmartino Milanese, op. 7*, Milan, 1760 ix, 112, 344, 370, 576, 600; *Sonate a tre, op. 5*, Huberty, 1766 613; *Sonate notturne* (6) (in I-Mt) 112; *Sonate notturne del Signor Giuseppe San Martini [G. B. Sammartini], op. 6*, Paris, Le Clerc, [c. 1765] 112; *Trio* (1) 596; *Trio* (2) 596; *Trio* (3) 596; *Trio* (4) 596; *Trio* (5) 596; *Trio* (6) 596; *Trio Sonata* (fl, vn, b; in S-Uu: Carl Friedrich Abel) 115; *Trio Sonatas* (2 fl, b) 99; *Trio Sonatas* (in Breitkopf, 1762) 116; *Trio Sonatas called Notturni* (24) (in CH-Zz) 112; *Trios* 344; works in: *Warlike music*, Book I, London, Walsh, 1758 119; XII *Sonate del Signor Giuseppe San Martini Milanese* [G. B. Sammartini], op. 2 (2 vn, b; 3 vn, b), Paris, Leclerc, 1742 575; XII *Sonate da Giuseppe St. Martini Milanes* [G. B. Sammartini], op. 5 (8: 2 vn, b; 4: fl, 2 vn, b), Paris, Le Clerc, 1751 100-101, 105, 107, 109-110, 114-115, 118, 130; XX *Sonate ... op. 2*, Paris, Venier, 1760, Sonata VII (GBS/Sp-son clv 3) 286, 318, 320

CONCERTOS: *Concerto* (2 vn, 1765) 389, 608; *Concertos* xv, 137-138, 216, 232, 387-388; *Concertos* (fl) 99; J-C 69 139-140, 142, 144-146, 149, 155, 168, 172, 176, 190, 192, 196, 232, 234, 391; J-C 70 140, 144-145, 182, 190, 196; J-C 71 139, 143, 147, 149-150, 154-156, 161-162, 172, 176-179, 185-194, 232-233, 391; J-C 72 139, 176, 178-179, 192, 194, 232, 391; J-C 72.1 137, 140-141, 143-144, 147, 152-154, 156, 160, 170-172, 174-177, 184-186, 188, 196, 198; J-C 73 138-140, 142, 144-145, 149, 157-159, 162, 171, 179, 181, 188, 190, 197, 232, 391, 589, 597; J-C 73.1 138, 140, 143-144, 146-157, 159-161, 163, 165, 167-169, 171, 173-181, 183-194, 196, 198; J-C 73.2 138, 140, 144-149, 152-153, 155, 160, 169, 171-173, 175-176, 184, 186-187, 189-191, 193, 195-196, 199; J-C 74 139-140, 142-143, 149, 153-155, 159, 162, 172-173, 176-177, 186-187, 191, 194, 232, 234; J-C 74.1 152; J-C 75 139-142, 162, 172-173, 179, 194, 232; J-C 76 138, 140, 144, 150, 152, 155-158, 169, 174, 176-178, 181-183, 186, 188-189, 196-197, 608; J-C 77 139, 144-145; J-C 77.1 139, 149, 153, 174, 179, 190, 196, 232-234; J-C 77.2 138, 140, 143-146, 148-154, 156-158, 160, 162-163, 165-183, 185-192, 194-196, 199; J-C 78 140, 144-146, 149, 152, 154-158, 164, 168, 172, 174-177, 179, 182-183, 185-186, 188-191, 193, 196; J-C 78.1 (olim J-C C 9) 138, 140, 143-144, 147, 150, 152-153, 156-158, 162-164, 166, 174, 176-178, 184-192, 196, 199; J-C 78.2 138, 140, 144-145, 153-156, 168, 172-173, 175-177, 184-186, 188, 190, 193, 196, 200; J-C C 8. See: J-C D 81.2; J-C C 8.1 142, 201; J-C C 9. See: J-C 78.1; J-C C 10 142; *Six Concertos* (vn) 643

SYMPHONIES: J-C 1 51, 61; J-C 2 145; J-C 4 xi, 150, 584; J-C 6 51; J-C 7 224, 344, 532, 540, 544; J-C 8 38-39, 42-44, 60-61; J-C 9 38-39, 41; J-C 12 584; J-C 14 58, 252; J-C 15 532; J-C 17 584; J-C 18 51, 581; J-C 20 51; J-C 21 145, 196; J-C 23 38-41, 532, 568; J-C 26 x, 145, 158, 171-172, 185, 195, 264, 279, 282; J-C 28 145; J-C 31 145; J-C 33 290, 344, 532, 540, 584; J-C 36 532; J-C 38 41, 72, 532, 568-569; J-C 39 51, 58, 252; J-C 44 41, 264,

266-269, 272, 571, 644; *J-C 46* 264, 269-273, 280; *J-C 47* 319; *J-C 49* 51; *J-C 51* 130; *J-C 52* 48, 264, 271, 274-278; *J-C 56* 38-39, 42-44, 57-60; *J-C 57* 38-39, 41-52, 55-56, 61-62, 571, 644; *J-C 58a* 38-39, 42-44, 52, 55-56, 584; *J-C 58b* 42, 52; *J-C 59* 38-40, 532, 568; *J-C 60* 145; *J-C 62* 158, 175; *J-C 63* 145; *J-C 65* 246, 573; *J-C 66a* 41, 72, 532, 568-569; *Ouvertura* 389; *Ouverture* (1765) 608; *Overture* 596; *Overtures* 38, 42, 44, 62; *Sinfonia* 389; *Sinfonia* (1765) 608; *Symphonies* x, xv, 38, 40-45, 48, 51, 60, 62, 137, 144, 150, 185, 197, 224, 342, 344-345, 384, 387-388, 509, 643

VOCAL WORKS: *Arias* 643; *Cantate Italiane* (1742) 578; *J-C 88* 40, 63, 568-569; *J-C 89* 73, 89, 570; *J-C 90* 40, 84, 264, 578, 608; *J-C 91* 580; *J-C 91.1* 591, 605; *J-C 91.2* 591; *J-C 95* 68; *J-C 97* 68; *J-C 98* 40; *J-C C 13* 586; *J-C C 14* 591; *J-C C 15* 591; *J-C C 16* 623

VOCAL SACRED WORKS: *Dixit Dominus* 647; *J-C 100* xv, 40, 511-512, 522-528, 573; *J-C 100-108* 511; *J-C 101-103* 511; *J-C 102* 40; *J-C 103* 40, 573; *J-C 104* 511-512, 514; *J-C 104-108* 511, 573; *J-C 105* 40, 512-513; *J-C 105-106* 511; *J-C 106* 40, 512-514; *J-C 107* 514-516, 520, 522; *J-C 107-108* 511; *J-C 109-110* 511; *J-C 111* 40, 43, 61, 511; *J-C 111-115* 511; *J-C 112* 40, 43, 45, 511, 573, 585; *J-C 113* 512-514; *J-C 114* 573; *J-C 114-115* 511; *J-C 115* 621; *J-C 116* 63, 74, 511, 565, 570, 592; *J-C 117* 38, 40, 42, 60, 477, 480, 483-484, 487-488, 490-491, 493, 495, 586, 591, 600; *J-C 117-121* 480, 489, 573, 586; *J-C 117-124* 511; *J-C 118* 38-39, 42, 50-51, 53-54, 56, 62, 477, 484-485, 488-489, 494-496, 511, 586, 591, 595, 600, 616; *J-C 119* 38-39, 42, 54, 477, 483, 488, 494-495, 498, 586, 592; *J-C 120* 42, 477, 483, 485, 488-489, 492, 495, 500-502, 504, 586, 592; *J-C 121* 42, 62, 477, 485-487, 489, 495, 501-503, 586, 591, 600; *J-C 122* 38, 42, 57, 477, 495, 504-508, 597; *J-C 123* 477, 494-495, 505-508, 511, 597; *J-C 124* 40, 62, 477, 495, 504-508, 599; *J-C C 17* 573; *J-C C 18* 285, 564, 567; *J-C C 20* 564; *J-C C 20-23* 564; *J-C C 20-56* 40; *J-C C 21* 564; *J-C C 22* 564; *J-C C 23* 564; *J-C C 24-27* 566; *J-C C 25* 566; *J-C C 26* 566; *J-C C 27* 566; *J-C C 28* 567; *J-C C 29* 567; *J-C C 29-33* 567; *J-C C 30* 567; *J-C C 31* 567; *J-C C 32* 567; *J-C C 33* 567; *J-C C 34* 568; *J-C C 35* 81, 578; *J-C C 36* 579; *J-C C 36-38* 479, 579; *J-C C 37* 81, 579; *J-C C 38* 81, 579; *J-C C 39* 580; *J-C C 40* 580; *J-C C 40-41* 580; *J-C C 41* 580; *J-C C 42* 583; *J-C C 43* 595; *J-C C 44* 595; *J-C C 45* 595; *J-C C 45-47* 595; *J-C C 46* 595; *J-C C 47* 595; *J-C C 48* 505, 507-508, 597; *J-C C 49* 505-508, 597; *J-C C 50* 602; *J-C C 51* 478-479, 604; *J-C C 52* 609; *J-C C 53* 478, 623; *J-C C 53-56* 479, 623; *J-C C 54* 478, 623; *J-C C 55* 478-479, 623; *J-C C 56* 479, 623; *Lenten Cantatas* xv, 40, 42-44, 60, 62; *Lenten Cantatas* (1747) 581; *Mass* (1743) 579; *Mass* (1747) 581; *Mass* (1752) 589; *Mass and Te Deum* (1756) 593; *Mass and Te Deum* (1761) 602; *Mass and Te Deum* (1771) 621; *Mass and Vespri* (1753) 592; *Mass in honour of S. Bernardo* (1743) 579; *Sacred music* 511; *Te Deum* (1742) 578; *Te Deum* (1763) 604

DOUBTFUL AND SPURIOUS WORKS

CHAMBER WORKS: *Sonata* (1) (mandolino/armandolino, b) 596; *Sonata* (2) (mandolino/armandolino, b) 596; *Sonata a mandolino* (mandolino, fl I, fl II?, b) 596; *Sonata di armandolino e basso* 596; *Sonata per salterio* 596; *Sonata, GBS/D-son clv 1* 313; *Sonata, GBS/D-son clv 2* 313, 316-317; *Sonata, GBS/D-son clv 3* 314; *Sonata, GBS/D-son clv 4* 314, 316; *Sonata, GBS/D-son clv 5* 314; *Sonata, GBS/D-son clv 6* 314, 317; *Sonata, GBS/D-son clv 7* 314-315; *Sonata, GBS/D-son clv 8* 315, 317; *Sonata, GBS/D-son clv 9* 315; *Sonata, GBS/D-son clv 10* 316; *Sonata, GBS/Sp-son clv 1* (Gaetano Piazza?) 317, 319; *Sonata, GBS/Sp-son clv 2* 318-319; *Sonata, GBS/Sp-son clv 3* (Melchiorre Chiesa?) 318, 320; *Sonata, GBS/Sp-son clv 4* (Domenico Alberti) 318, 320; *Sonata, GBS/Sp-son clv 5* (Gaetano Piazza?) 319-320

CONCERTOS: *Concerto* (vn) 596; *J-C D 75* 141, 144, 172; *J-C D 76* 142, 237; *J-C D 77* 141; *J-C D 78* 142; *J-C D 79* 141, 172, 186, 188, 190, 194; *J-C D 80* 142, 237; *J-C D 81* 142; *J-C D 81.2* (*olim J-C C 8*) 138-140, 162, 171, 190-191, 196, 200, 232; *J-C D 82* 141, 144, 172; *J-C D 82.1* 138-140, 149-150, 172, 190, 194, 196, 201; *J-C D 83* 141, 172, 178; *J-C D 84* 141, 144, 145, 189, 195-196; *J-C D 84.1* 138-139, 141, 148, 150, 172, 177, 179, 188, 190-191, 201

SYMPHONIES: *J-C D 5* 573; *J-C D 15* 252

VOCAL SACRED WORKS: *J-C D 86-98* 511; *J-C D 87* 142, 573

SAMMARTINI, Giuseppe (Gioseffo Francesco Gaspare

Melchiorre Baldassarre) xii, xv, 23, 112, 116, 120, 130, 141-143, 205, 212-216, 230-231, 233, 236, 244, 551-558, 560-561, 563-564, 566-568, 583, 592-593, 610, 629, 633, 641, 655 - *Concerti a cinque … Libro I*, Amsterdam, Roger, 1717 244; *idem, no. 1* 238; *idem, no. 7* 231; *Concerti grossi, op. 5*, London, Walsh, 1760 131; *Concerto* (ob) (no. 1) 244; *Concerto in G* (ob) (no. 9) 212-214; *Concertos* 205, 215; *Sinfonia* (in: *La Calunnia delusa*) 564; *Six Concertos* 555; *Six Sonatas, op. 3* (2 vn, b), London, Walsh, 1743 131, 592; *Six Trios and Six Solos, op. 1* (Six Trios: 2 fl, b?; Six Solos: fl) 592; *Sonatas* (2 fl) 555; *Three Concertos, op. 8* (ob) 230; *Twelve Sonatas* 555; *Twelve Sonatas* (fl, b), London, Walsh, 1727 556; *Vuoi saper* (Aria) 564 - SAMMARTINI, Giuseppe? *Concerto* (vn) 596

SAMMARTINI, Guglielmo 552-553

SAMMARTINI, Maria Maddalena (Maria Maddalena Agata Antonia Giovanna) 554-557, 567

SAMMARTINI, Marianna Rosa 554, 559-560, 569, 603

SAMMARTINI, Rosa (Rosa Maria Antonia) 554-555, 557, 624

SAMMARTINI, — (Antonio? Carlo? Giovanni Battista?) 563

SAMMARTINO. *See*: SAMMARTINI

SAMUEL, Rhian 27

SAN MARTINI. *See*: SAMMARTINI

SANFILIPPO, Guido 535

SANMARTINI. SANMARTINO. *See*: SAMMARTINI

SAOLI, Alessandro (Blessed) 578

SARRO, Domenico Natale 532

SARTI, Giuseppe 438, 441, 445

SARTIRANA, — (bass) 585

SARTORI, Claudio xiv, 27, 40, 63-64, 70, 74-77, 81, 89, 92, 285, 288, 418, 435, 441, 509, 560, 563-565, 567, 570, 579, 585, 598, 607, 610, 624, 651-652

SARTORINI, — (musician) 614

SAULI, Domenico 376

SCACCABAROZZI, Carlo Antonio (musician) 563

SCACCIA (1), Angelo Maria, known as Scaccino (violin) xii, xv, 204-205, 207-212, 215-224, 226-227, 230, 233, 239, 244, 563-564, 581 - *Concerto* (vn) (no. 1) 220-221; *Concerto* (vn) (no. 2) 217-218, 227; *Concerto* (vn) (no. 5; Hasse?) 216, 223; *Concerto* (vn) (no. 6) 222; *Concerto* (vn) (no. 8) 216; *Concerto* (vn) (no. 13) 217; *Concerto in A moll* (vn) (no. 4) 217, 221; *Concerto in A moll* (vn) (no. 10) 216-217, 222; *Concerto in B, op. 1/1* (vn) (no. 13) 207-212, 222; *Concerto in D* (vn) (no. 3) 219-221; *Concerto in F* (vn) (no. 7) 219; *Concertos* 205, 216; *Sei Concerti, op. 1*, Amsterdam, Le Cène, c.1730 244; *idem, no. 1* 241; *idem, no. 2* 242; *idem, no. 3* 239; *idem, no. 4* 241; *VI Concerti*, Amsterdam, Witvogel, 1736, *Concerto no. 1* 241

SCACCIA (2), Carlo Federico, known as Scaccino (Angelo Maria's father) (violin) 563

SCACCIA (3), Giuseppe (*abate*, cello or contrabass) 581

SCACCIA, (1?) (4) — (viola) 560

SCACCIA, (2?) (5) —, known as Scaccino (violin) 560

SCARLATTI, Alessandro 532, 630, 644

SCARLATTI, Domenico 70, 557

SCARPETTA, Umberto xv, 332, 567

SCHACHTER, Carl 249

SCHEIBE, Johann Adolph 539

SCHEURLEER, Daniel F. 573

SCHIASSI, Gaetano Maria 67, 75-76

SCHILLING, Gustav 647

SCHIMTZ-GROPENGIESSER, Frauke 110

SCHITO, Maria Maddalena 27, 73

SCHLAGER, Karlheinz 290

SCHMID, Manfred Hermann 149, 169, 179, 184, 187

SCHMID, Martin xi

SCHMIDL, Carlo 27, 647

SCHNOEBELEN, Anne 29, 369, 418, 439, 442-444, 461, 470, 652

SCHÖNBORN, family 583

SCHÖNBORN, — (Count) 639, 646

SCHÖNBORN, Rudolf Franz Erwein Count of 205, 228

SCHREIVOGEL (SCHRAIFOGHEL), Giovanni Federico, known as Todeschino (violin) 23, 560, 563, 566, 581, 629

SCILLER, I. G. (engraver) 599, 627

SCOLARI, — (musician) - *Overture* 596

SCOTTI TOSINI, Aurora 6, 21

SCOTTI, Antonio (1) (cello or contrabass) 581, 596

SCOTTI, Antonio (1?) (2) - *Diverse sonate per l'arciliuto* 596; *Sonata a liuto e basso* 596; *Sonata per arciliuto* (1) 596; *Sonata per arciliuto* (2) 596; *Sonata per arciliuto* (3) 596; *Sonata per liuto* 596

SCOTTI (2?) (3), — (harpsichord) 634

SEIFERT, Herbert 25

SENAGO, Bernardo (violin) 563
SERAFINO DA MONTEGRANARO (Blessed) 610
SERBELLONI, family ix, 21, 559, 576, 603
SERBELLONI, Gian Galeazzo 559, 621
SERBELLONI, Maria Vittoria (née Ottoboni) 21, 23, 559, 603
SERBELLONI, — (alto) 605
SEREGNI, Giovanni 3, 9, 19-22
SERGENT-MARCEAUX, Maria Assunta 653
SERINI, Giovanni Battista 99
SERMANTINI, Eleonora, known as la Polacca (singer) 76
SERVENTA, Antonio 614
SERWER, Howard 51, 265, 653
SFORZA VISCONTI DI CARAVAGGIO, family ix
SFORZA VISCONTI DI CARAVAGGIO, Filippo 21, 581-582
S-HÄ. *See*: 2 - Libraries and Archives: Härnösand, Länsmuseet Västernorrland
SHANY, Tova xv, 341, 552, 568
SILVANI, Francesco (librettist) 67
SIMONETTA, family ix, 378, 380, 576, 606
SIMONETTA, Stefano 21-22, 603
SIMONETTA, — (Countess) 605
SIMONETTI, family. *See*: SIMONETTA, family
SIMONETTI, Silvana 27
SISMAN, Elaine R. 39, 261
SITÀ, Maria Grazia xv-xvi, 197, 363, 551, 591, 598, 601 602, 606, 607, 644, 655
S-L. *See*: 2 - Libraries and Archives: Lund, Universitetsbiblioteket
SNOOK-LUTHER, Susan P. 262
SOLARINI, — (SALULINI, Paolo?) (violin) 573
SOLZI, — (singer) 619
SOMAGLIA, family 614
SOMFAI, László 366
SOMIS, Giovanni Battista 223, 240, 344, 552, 560, 596, 629, 644 - *Concerto a 4* 596
SOMIS, Lorenzo 644
SOMMARIVA, — (Marquis) 618
SOMMARIVA, Giuseppe 18, 79
SONDHEIMER, Robert xiv, 129, 650
SONNECK, Oscar George Theodore 27
SPAGNOLETTI. *See*: DIANA, Francesco and Gaetano
SPAGNOLETTO. *See*: DIANA, Francesco, known as Spagnoletto (violin)
SPANÒ, Francesco, known as Silvio (librettist) 64

SPONTINI, Gasparo 111
SPRETI, Vittorio 65
S-Sk. *See*: 2 - Libraries and Archives: Stockholm, Kungliga Biblioteket
S-Skma. *See*: 2 - Libraries and Archives: Stockholm, Statens Musikbibliotek
ST. MARTIN. ST. MARTINI. ST. MARTINO. *See*: SAMMARTINI
STABILI SCARLATTI, Barbara (singer) 76, 81, 579
STABINGHER, Mattia (Mathias) xii, xiii, 384-385, 389, 396, 403, 607-608
STAMITZ, Johann Wenzel Anton xiv, 123, 510, 598, 638
STAMPA, Claudio Nicola 3, 75, 381, 605, 609, 614
STARZER, Joseph 638
STEBLIN, Rita 37
STEINBECK, Wolfram 162, 168
STELLATI, — (female) 614
STENMAN, Inger 141
STERNE, Laurence 583, 605
STERNFELD, Frederick 510
STIEGER, Franz 28, 63, 569
STRAMBI, Orsola (singer) 28
STREICHER, Johannes 495
STROHM, Reinhard 73
SUETONIUS 82
SULZER, Johann Georg 280
S-Uu. *See*: 2 - Libraries and Archives: Uppsala, Universitetsbiblioteket
SUZZARA, Antonio Ramesini 403
SYLVA-TAROUCA, Emanuel Teles Count of 586, 589

T

TABARRINI, Marco 6
TACITUS 82
TAGLIABUE, Alberto 10, 11
TALBOT, Michael 203, 207, 218, 435, 513, 533, 536, 553
TANTALORA, Francesco 595
TANTALORA, Nicola 595
TANZI, Carlo Antonio 603
TANZI, Marco 535
TARTINI, Giuseppe 120, 188, 441, 552, 557, 596, 637-638-639, 642-644 - *Concerto* (vn) 596
TASCA, Francesco (violin) 581
TEDESCHI, Giovanni, known as Amadori (singer) 26, 29-31
TEDESCHINO or TODESCHINO (I). *See*: SCHREIVOGEL

(Schraifoghel), Giovanni Federico, known as Todeschino (violin)
Tedeschino or Todeschino (2) (Schreivogel?), Giorgio (violin) 581. *See also*: Giorgino (violin)
Tedeschino or Todeschino (3) (Schreivogel?), Giuseppe (violin) 581
Tedeschino or Todeschino. *See also*: Schreivogel (Schraifoghel)
Telemann, Georg Philipp 99, 638
Teller, Florian Johann 638
Termini, Olga 70
Terraroli, Vittorio 13
Terreni, — (musician) 614
Terzi, Antonio (organ) 335, 446, 614
Tesi Tramontini, Vittoria (singer) 67, 76, 570
Tessarini, Carlo 120, 215-216, 248 - *Concertos* 215, 216; *Six Trios, op. 6*, Paris, c. 1744 248
Thomas, Günter 143
Thompson, Charles and Samuel (publishers) 287
Thomsen-Fürst, Rüdiger 197
Thulemeier, — 240
Thurn, — Count of 377
Tibaldi (1), Pellegrino (*ingegnere*) 6
Tibaldi (2), — (singer) 619
Tiepolo, Giambattista 20
Tintori, Giampiero 27, 73
Tinzi, Giuseppe 595
Todeschinetto (Tedeschino, Giuseppe?) 585. *See also*: Tedeschino
Todeschino, (Federico). *See*: Schreivogel (Schraifoghel), Giovanni Federico, known as Todeschino (violin)
Toeschi, Alessandro 638
Toffetti, Marina xv, 286, 288, 569, 576, 578-579, 623
Torchi, Luigi xiv, 302-303, 649
Torelli, Giuseppe 644
Tornielli Cacciapiatti, Ottavia 23
Torrefranca, Fausto xiv, 304, 311, 650
Torri, Luigi 436
Töttcher, Hermann 142, 237, 244
Tovey, Donald 260
Traballesi, Giuliano 4
Traetta, Tommaso 38, 365, 403, 408, 596
Trani, — (horn) 585
Traun and Abensberg, Otto Ferdinand Count of 79-80, 566, 578

Traun and Abensberg, Karl Joseph 566
Trecziak, Joanna 68
Triulzi (Trivulzi), Francesco (tenor) 450, 605
Troger, — 614
Trotti, family 380, 606
Trotti, Luigi 378

U

Uberti, Giovanni Battista (violin) 397
US-BEm. *See*: 2 - Libraries and Archives: Berkeley, University of California, Music Library
US-Bp. *See*: 2 - Libraries and Archives: Boston, Public Library
Useda (Uzeda) Bigiogero, Giuseppa, known as la Spagnoletta (singer) 81, 579
US-NH. *See*: 2 - Libraries and Archives: New Haven (Conn.), Yale University, The Library of the School of Music
US-R. *See*: 2 - Libraries and Archives: Rochester (NY), Sibley Music Library, Eastman School of Music
US-U. *See*: 2 - Libraries and Archives: Urbana, University of Illinois at Urbana Champaign, Music Library
US-Wc. *See*: 2 - Libraries and Archives: Washington (D.C.), Library of Congress, Music Division
Uttini, — (singer) 619

V

Vaccarini Gallarani, Marina xv-xvi, 363-365, 475, 494, 511, 565, 567-568, 570, 573, 575-576, 578, 580, 582, 586, 591, 595, 597, 599, 624, 626, 654-655
Vaini (Vajni), family 367-368
Vaini (Vajni), Giulio Cesare 367, 601
Vaini (Vajni) Offredi, Barbara 367
Valaperta, Giuseppe (viola) 581
Valcamonica, Stefano (alto) 450, 605
Valdstejn. *See:* Waldstein, family
Valentini, Giuseppe 132, 596 - *Concerto a 4* 596
Valle, Pietro Paolo 418, 433-439, 443-444, 458-459, 461, 466-467, 470, 579, 603, 632
Vallotti, Francesco Antonio 419, 439, 441-442, 460, 462, 464
Valotta, — (cello) 621
Valsecchi, Franco 3, 4, 6
Valsecchi, Raffaella 624
Van Ghelen, Pietro 64

Van Malder, — (violin)   366
Vanhal, Jan Krtitel   43, 111, 637-638
Vanvitelli, —   6
Varese, — (female)   614
Varese, Giuseppe   456
Vasacofr[an]chi?, — (musician) - *Overture*   596
Vasmetotti, — (General)   566
Vénier, Jean Baptiste (publisher)   60, 62, 286, 287, 308, 583, 613
Venini, Giuseppe (bass)   450, 605
Venino (bass)   585. *See also*: Venini, Giuseppe (bass)
Venturucci, — (*Monsignor*)   559
Veracini, Francesco Maria   205, 344, 552, 573, 644
Verble, Charles R.   xv, 573, 575
Verdi, — (singer)   376
Verga, Francesco (violin)   392-393, 402-403, 413, 415
Verri, Alessandro   4, 15, 18-19, 23
Verri, Pietro   3, 4, 9, 15, 18-19, 22-23, 603
Vessia, Gian Nicola   332, 423, 433, 436
Vester, Frans   111
Viale Ferrero, Mercedez   16-17
Vianello, Carlo Antonio   9-11, 19, 559, 650
Vignati, Giuseppe   xii, 75, 81, 287, 450, 563, 597, 600, 610, 639
Villa (1), Angelo Theodoro   603
Villa (2), Carlo Giuseppe, known as Cattellanno or Catelano or Catalano (viola)   392-393, 396, 413-416
Villa (3), — (bass)   605
Villani, Marco, known as Marchino (violin)   392, 413-414, 450, 605
Vincent, Richard (Thomas?) (oboe)   556
Vincent, Thomas (Richard?) (oboe)   555, 556
Vinci, Leonardo   532, 543, 571
Vincis, Claudia   100
Viotti, Giovanni Battista   145
Viotti, — (*Monsignor*) - *3 duetti per 2 violoncelli*   596
Virgil   603
Visconti Borromeo Arese, Giulio   65, 585
Visconti Borromeo, Paola   64, 65
Visconti Litta, Paola   64
Visconti, Carlo Giuseppe, known as Viscontino (violin)   392-393, 413, 415, 614
Visconti, Caterina (singer)   90, 369, 373, 375, 580, 590, 601

Visconti, Fulvia   20
Visconti, Giovanni Battista   459
Viscontino. *See*: Visconti, Carlo Giuseppe, known as Viscontino (violin)
Vitali, Antonio Tommaso   560
Vito, — (musician) - *Overture*   596
Vivaldi, Antonio   43, 140, 144-145, 203, 207, 215-216, 218, 222, 224, 233, 304, 343, 513, 514, 536, 544, 558, 573, 596, 638, 642, 644 - *Concerto F. I 207*   596; *Concertos*   215-216, 218; *Improvvisata*   596; *P. 446 (J-C D 5), P. 447 (J-C 65)*   573; *RV Anh. 64*   222; *RV 595*   513-514; *Sonatas, op. 2* (vn)   343; *Sonatas, op. 5* (vn)   343
Vizzani, Jacopo (engraver)   537
Volpi, — (viola)   560

W

Wagenseil, Georg Christoph   157, 594, 638
Waisman, Leonardo   xi
Waldstein, family   xi
Waldstein, Emanuel Philipp von   132
Waldstein, Ferdinand Ernst von   132
Waldstein, Joseph von   132
Wales, Frederick Prince of   555-556
Wales, — Princess of   555
Walsh, John (publisher)   287, 317, 556, 583
Wanhal. *See*: Vanhal, Jan Krtitel
Ward-Perkins, Hugh   xvi
Webster, James   39, 51, 265, 653
Weckerlin, Jean Baptiste   646, 649
Wellesz, Egon   510
Wenzl, —   614
Wessely, Othmar   286, 648, 649
White, Chappell   145
Wiedeman, — (flute)   556
Willson Cobbet, Walter   650
Winter, Robert   123
Witvogel, Gerhard Fredrik (publisher)   241
Witzemann, Wofgang   435
Wogenzeil. *See*: Wagenseil, Georg Christoph
Wolf, Eugene K.   xiv-xv, 50, 52, 137, 140, 215, 244-245, 263-264, 511, 531, 533, 538-539, 543, 596, 655
Wolff, Christoph   203
Wolkenstein, — (Count)   614

WÖRMANN, Wilhelm 320
WOTQUENNE, Alfred-Camille 67-68
WÜRTZ, Roland 584

Z

ZANI, Andrea xiv-xv, 215-216, 531, 533-541, 543-547, 596 - *Concertino* 596; *Concerto a 4* 596; *Concertos* 215-216; *Dodici concerti, op. 4* (vn) 535; *Sei sonate, op. 6* (vn), Paris, Boivin, *post* 1740 535; *op. 1*, reprinted as Opera Terza, Paris, Le Clerc and Boivin 536; *op. 3* 536; *Pensieri armonici, 12 sonate, op. 5* (vn, b) 535; *Sei sinfonie da camera ed altretanti concerti da chiesa, op. 2* (vn I, vn I di rinforzo, vn II, va, b), Casalmaggiore, 1729 534, 536-537, 540, 544- 547, 596; *idem, Sinfonia no. 1* 539, 544- 546; *idem, Sinfonia no. 2* 540, 544; *idem, Sinfonia no. 3* 538, 541, 544, 546; *idem, Sinfonia no. 4* 539, 544; *idem, Sinfonia no. 5* 540-541; *idem, Sinfonia no. 6* 538-540, 544

ZANI, Angelo Maria (horn) 537
ZANI, Francesco (Andrea's father) (violin) 533
ZANOTTI, Gino 603
ZAPPA, Francesco, known as Zappino (cello) 605
ZAPPA, Paolo 384, 396,
ZARLINO, Giuseppe 440, 462, 469, 593
ZATTI, Susanna 16-17
ZECHMEISTER, Gustav 594
ZEIFAS, Natalia 653
ZEMIDI, — (violin) 402
ZENO, Apostolo 74- 76
ZOBELEY, Fritz 235-236, 239, 240
ZUCCARI, Carlo, known as Zuccherini or Zuccherino (violin) XII, XV, 3, 23, 205, 216, 223-226, 230, 233, 242390, 392-393, 396, 402, 413, 415, 568, 571, 581, 585, 603, 605, 634 - *Concertos* (vn) 205, 223; *Concerto* (vn) (no. 2) 226; *Concerto* (vn) (no. 3) 223-225; *Concerto* (vn) (no. 5) 223, 226; *Concerto* (vn) (no. 6) 226; *Concerto* (vn) (no. 7) 224-225; *Concerto* (vn) (no. 8) 224, 226
ZUCCARINO, ZUCCHERINI, ZUCCHERINO. *See*: ZUCCARI, Carlo, known as Zuccherini or Zuccherino (violin)
ZUCCHINETTI, Giovanni 446, 474, 624